SHEILA LUKINS
U★S★A

KOCH ★ BUCH

Illustrationen von Carolyn Vibbert

KÖNEMANN

Copyright © 1997 Sheila Lukins
Illustrations © 1997 Carolyn Vibbert

© 1997 Workman Publishing Company, Inc.
708 Broadway
New York, NY 10003-9555

All rights reserved. No portion of this book may be reproduced–mechanically, elecronocally or by any other means, including photocopying–without written permission of the publisher.

Originaltitel: USA Cookbook

Thanks to the following for sharing their recipes with me: page 33: Marion Cunningham's Raised Waffles. From *The Breakfast Book* by Marion Cunningham. Copyright © 1987 by Marion Cunningham. Reprinted by permission Alfred A. Knopf, Inc.; page 69: Queen's Cake and page 549: Colonial Gingerbread. Recipes from the *Raleigh Tavern Bake Shop*. Published by the Colonial Wiliamsburg Foundation, Wiliamsburg, VA; page 293: Portobellos in Tomato Sauce and page 321: Polenta with Mascarpone. From *Cafe Pasqual's Cookbook: Spirited Recipes from Santa Fe* by Katharine Kagel. Copyright © 1993 by Katharine Kagel. Reprinted by permission of Chronicle Books; page 359: Country Meat Loaf with Mushroom Gravy. From *The Mushroom Book* by Michael McLaughlin. Copyright © 1994 by Michael McLaughlin. Reprinted by permission of Chronicle Books.

Workman Books are available at special discounts when purchased in bulk for premium and sales promotions as well as for fund-raising or educational use. Special editions or book excerpts can also be created to specification. For details, contact, the Special Sales Director at the adress above.

© 1998 der deutschen Ausgabe:
Könemann Verlagsgesellschaft mbH
Bonner Str. 126, D-50968 Köln
Übersetzung aus dem Amerikanischen
(für Agents–Producers–Editors):
Ina Breuing, Köln; Karin Hirschmann, Gütersloh; Isabel Schmidt, München
Redaktion und Satz der deutschen Ausgabe: Agents–Producers–Editors, Overath
Projektkoordination: Sylvia Hecken
Druck und Bindung:
Imprimerie Herissey, Evreux
Printed in France
ISBN 3-8290-0876-7

10 9 8 7 6 5 4 3

Ich widme dieses Buch

meinen beiden Töchtern Molly und Annabel

in der Hoffnung, daß sie eines Tages Gelegenheit haben,

die Vereinigten Staaten so kennenzulernen

wie einst ihre Mutter.

Ich liebe Euch mehr,

als sich mit Worten ausdrücken läßt.

Ich widme es außerdem

Laurie Griffith,

meiner treuen Freundin,

seelenverwandten Küchenfee und Reisegefährtin,

ohne die dieses Buch nie verwirklicht worden wäre.

DANK

★ ★ ★

Ich kann mir nicht vorstellen, daß viele große Buchprojekte so begonnen haben wie bei mir. Ich glaube, daß dafür einige Besprechungen und ausgefeilte Präsentationen vonnöten sind. Als ich durch die Staaten tourte, um mein *All Around the World Cookbook* vorzustellen, sprach ich mit Suzanne Rafer, einer hervorragenden Redakteurin, über mein neues Vorhaben, ein USA-Kochbuch zu schreiben. Sie war davon so begeistert, daß sie mich gleich nach Hause schickte, damit ich anfange. Dies ist unser viertes gemeinsames Buch, und einmal mehr gilt ihr mein herzlichster Dank. Übrigens, Suzanne, ich habe da wieder so eine Idee …

Suzanne nenne ich an erster Stelle, da ich Peter Workman nicht so gut kenne, aber ich muß sagen, daß Peter und das gesamte Workman-Team meine Arbeit sehr wohlwollend, einfühlsam und mit viel Engagement unterstützt haben, und es ist mir eine große Ehre, seit 1981 mit ihnen allen zusammenzuarbeiten.

Es ist wohl kein Tag vergangen, ohne daß ich mit Arthur Klebanoff, meinem Agenten und guten Freund, gesprochen habe. Dank seiner wertvollen Ratschläge bin ich gut vorangekommen, und auch seinen feinen Humor möchte ich nicht missen.

Walter Anderson, der Herausgeber der Zeitschrift *Parade*, gibt mir immer wieder neue Anregungen. Er gab mir die Chance, so viele Menschen kennenzulernen, und dafür bin ich ihm noch heute sehr dankbar. Für ihn zu arbeiten macht wirklich Spaß. Da wir gerade bei der *Parade* sind: Eine Woche wäre nicht komplett ohne ein Arbeitstreffen mit der Redakteurin Fran Carpentier. Sie ist wirklich eine tolle Frau.

Tausend Dank an Jon Rowley, Dale DeGroff, Steve Olson, Judith Choate und Lynnia Milliun. Sie alle sind Koryphäen auf ihrem Fachgebiet, haben ihr ganzes Können für dieses Buch aufgeboten und ihre beruflichen Erfahrungen mit mir geteilt.

Mein aufrichtiger Dank gilt auch meiner lieben Schwester Elaine Yanell und meiner bezaubernden Mutter Berty Olderman, die jederzeit für mich da waren. Danken möchte ich außerdem Sandi Butchkiss, Francesca Peretti und Sally Waxman, die geholfen haben, wenn Not am Mann war.

Alle Achtung, Paul Hanson, das Buchcover ist dir diesmal wieder prima gelungen. Es gefiel mir auf Anhieb. Anerkennung verdient auch Lisa Hollander für das lockere und ansprechende Buchdesign, das von Lori S. Malkin genial umgesetzt wurde, ebenso Carolyn Vibbert für ihre anschaulichen Illustrationen. Danken möchte ich weiterhin Kathie Ness, Margery Tippie, Emily Nolan, Carrie Schoen, Lori Eisenkraft-Palazzola und Cathy Dorsey für die Redaktion sowie Laura Stanley für die redaktionelle Beratung und allen meinen Freunden bei Workman, einschließlich Nancy Murray (Herstellung), Steve Pesola (Korrektur), Andrea Glickson (Marketing), Ellen Morganstern und Kim Yorio (Werbung), Janet Harris (Vertrieb), David Schiller (Werbetexter) und Carolan Workman (Lizenzen).

Nicht zu vergessen ist Lula Mae Green, ohne die ich nie ein neues Buch in Angriff genommen hätte und die sich wie keine andere aufs Hähnchen-Brutzeln versteht.

INHALT

Einführung:
Kreuz und quer durch die USA 13

TEIL I: DIE FRÜHSTÜCKSECKE

Obst und Frühstücksgetreide
★ 21 ★

Ob cremiger Himbeer-Melonen-Shake oder eine große Schüssel Granola »Morgenduft«: Schnell, nahrhaft und appetitlich sollte das Frühstück sein, um den Start in einen arbeitsreichen Tag zu erleichtern. Balsam für die Seele liefern am frühen Morgen auch der Haferbrei mit Cranberries und Walnüssen, der fruchtige Zitrussalat und das frische Heidelbeer-Kompott, letzteres ein echter Muntermacher.

Eierspeisen
★ 29 ★

Piekfein oder schlicht und einfach zubereitet – Eier schmecken in jeder Aufmachung, vom deftigen Spiegelei-Sandwich zum Mitnehmen bis zum duftigen Cheddar-Omelett mit Schnittlauch oder als Rührei mit Wildpilzen. Sie können aber auch aus Resten einen appetitlichen Frühstücks-Burrito zaubern, gefüllt mit reifer Avocado und würziger Cajun-Wurst. Ein himmlisches Vergnügen, das zu jeder Tageszeit schmeckt.

Pancakes, Waffeln und diverse Beilagen
★ 43 ★

Gibt es zum gemütlichen Sonntagsfrühstück etwas Köstlicheres als Buttermilch-Pfannkuchen mit Mais oder Apfel-Zimt-Waffeln? Hier finden Sie die Rezepte und dazu jede Menge herzhafter Beilagen wie Schinkensteak mit *Real Redeye Gravy*, Maisgrütze sowie ein duftiges Käse-Maisgrütze-Soufflé.

TEIL II: ZWEITES FRÜHSTÜCK

Muffins und süße Brote
★ 69 ★

Buttermilch-Donuts, Scones mit Pekannüssen und Ahornsirup, Kürbisbrot mit Pekannüssen, Hafer-Muffins mit Rosinen. Mit diesen feinen Sachen läßt sich die Frühstückspause so recht versüßen, vor allem, wenn es dazu heiße Schokolade oder einen starken Kaffee gibt.

INHALT

TEIL III: DER MITTAGSTISCH

Die Salatbar
★ 93 ★

Salat ist eine oft vernachlässigte Beilage, dabei kann er so vielfältig sein. Gut zubereitet, wird er zur delikaten Gaumenfreude – doch vorsicht, daß er dem Hauptgericht nicht die Schau stiehlt! Das könnte durchaus passieren bei dem herbstlichen Entensalat mit im Ofen gebackenen roten Beten, oder beim Eiersalat mit Räucherlachs auf Pumpernickel. Ein Klassiker darf natürlich nicht fehlen: Kartoffelsalat – hier in acht Variationen.

Sandwiches
★ 123 ★

Hier finden Sie überraschende Kombinationen und lernen wirklich amerikanische Klassiker kennen: das Pastrami-Reuben-Sandwich, mit gegrillten Zwiebeln oder das Riesensandwich mit Truthahn-Fleischklößchen, fein mit Fenchelsamen abgeschmeckt. Andere leckere Möglichkeiten bieten Fajitas mit Chili-Garnelen-Füllung oder – *last but not least* – die Quesadillas mit Entenfleisch und karamelisierten Zwiebeln.

TEIL IV: DIE BLAUE STUNDE

Cocktails und Co.
★ 159 ★

Erfrischende Drinks mit oder ohne Alkohol, vom klassischen *Martini* und dem *Cosmopolitan* mit seinem Erdbeergeschmack bis hin zum spritzig-leichten *Kir Royale* oder dem *Ginger Spice Cooler*, der Sie schnell wieder in Schwung bringt. Und natürlich fehlen weder der *American Beauty Cocktail* noch der *Ramos Fizz* – die beste Medizin gegen einen tüchtigen Kater.

Cocktail-Snacks
★ 171 ★

Passen Sie auf, sonst werden sich Ihre Gäste bei der nächsten Party heimlich in die Küche schleichen und Ihre Mais- oder Möhren-Ingwer-Küchlein direkt aus der Pfanne stibitzen. Sie können sich außerdem sicher sein: Keiner von ihnen wird Appetit-Happen wie *Schweinerippchen mit Ahornsirup*, *gegrillte Garnelen in Koriander-Pesto* oder gar *Cocktail-Quesadillas* ablehnen.

TEIL V: DINNER

Relishes etcetera
★ 199 ★

Die hier vorgestellten Salsas, eingelegten Gurken, Relishes und Chutneys schmecken alle kräftig-aromatisch. Sandwiches, Würstchen und Steaks lassen sich mit diesen würzigen Extras wunderbar aufpeppen. Auch Rezepte für Mango-Barbecue-Sauce, Piccalilli-Maissalat und Chow-Chow finden Sie hier.

Brote
★ 219 ★

Es gibt kaum etwas Köstlicheres als den Duft von Brot im Ofen. Weißes Toastbrot, Roggenmischbrot, deftiges Schwarzbrot nach Bostoner Art, Chili-Käse-Brot – die Auswahl ist riesig. Hier finden Sie das Richtige für Sandwiches und für Beilagen – oder bestreichen Sie Ihr Brot einfach mit Butter und beißen Sie hinein.

Suppen
★ 235 ★

Deftig oder raffiniert abgeschmeckt – Suppen stehen das ganze Jahr über auf dem Speiseplan. Ein kühles Gemüse-Gazpacho schmeckt an heißen Sommertagen, die indianische Suppe mit Wildreis dagegen, wenn es draußen richtig kalt ist. Ein klassisches Frühlingsgericht ist die Straußfarnsuppe, und eine Kürbissuppe paßt zum Herbst. Eine Rindfleisch-Gemüse-Suppe ist zu jeder Jahreszeit eine Wohltat für Leib und Seele.

Salate zum Dinner
★ 275 ★

Hier sind so unterschiedliche Salate vertreten wie wunderbar saftiger, zarter Spinatsalat mit karamelisierten Birnen und Ziegenfrischkäse, kräftig abgeschmeckter Kirsch-Möhren-Salat, Fenchel-Brot-Salat oder Gemüsezwiebelsalat. Gegrilltes oder getoastetes Brot ist zu jedem Salat die passende Beilage. Auch aus Paprikaschoten, Zuckererbsen und Spargel lassen sich köstliche Salate zubereiten.

Bauernmärkte
★ 295 ★

Decken Sie sich auf dem Markt mit frischem Gemüse ein und wählen Sie nach Lust unter den farbenfrohen Gerichten aus: Möhren mit Ahornsirupbutter, Fenchel-Eichelkürbis-Püree oder gedünsteten Rotkohl (mit Kirschen und Cajun-Wurst), Maque Choux, Auberginencurry oder Lauchstreifen in Rahm. Auch Klassiker wie Maispudding und Kartoffelpüree dürfen hier natürlich nicht fehlen.

Nudeln, Körner & Bohnen
★ 331 ★

Hier sind ganz alltägliche und altbewährte Gerichte zusammengestellt, die sich in den USA großer Beliebtheit erfreuen. Planen Sie gleich kräftige Portionen ein, wenn es *Macaroni and Cheese, Monday Red Beans and Rice* oder *Down-and-Dirty Rice* gibt. Das gleiche gilt selbstverständlich für Penne mit Paprika, Polenta mit Mascarpone, gebackene Bohnen nach Texas Art und und und ...

Rindfleisch
★ 357 ★

Als Braten oder Barbecue, gegrillt, fritiert, zu Burgern verarbeitet oder gewürfelt als Zutat für Pies – die Zubereitungsmöglichkeiten von Rindfleisch sind unendlich. Wie wär's mit Rippchen in kräftiger Zwiebelsauce oder mit einem Hackbraten? Oder mit Ochsenbrust, abgeschmeckt mit Oliven, Kapern und Sultaninen? Aber auch Fleisch-Kartoffel-Pies, Sloppy Joes und gebackene Rinderlende sind nicht zu verachten!

Schweinefleisch & Schinken
★ 387 ★

Hier finden Sie saftiges Schweinefleisch in ganz unterschiedlichen, manchmal vielleicht überraschenden Kombinationen: Schweinekotelett im Countrystil (mit Orangenmarmelade und Bourbon), Schweinekoteletts mit Sauerkirschen, Pflaumen und Aprikosen, Schweinelendchen in Cidre, glasierten Landschinken und vieles mehr.

Lamm
★ 403 ★

Saftig-zartes Lammfleisch eignet sich aufgrund seines ausgeprägten Geschmacks gut für die Kombination mit ganz unterschiedlichen Zutaten, was Gerichte wie Lammcarré in Kräuterkruste oder die bescheideneren Lammfleisch-Burger zeigen. Probieren Sie auch den Eintopf mit Bohnen und Eskariol und das Cincinnati-Chili nach New Yorker Art, das mit einer Handvoll mediterraner Gewürze abgeschmeckt wird.

Geflügel und Wild
★ 419 ★

Gegrillt, knusprig frittiert, in einem Mantel aus buttrigem Blätterteig, mit Curry scharf gewürzt, in einer milden Sahnesauce, als Barbecue – hier findet sich das richtige Geflügelrezept für jeden Geschmack. Haben Sie schon einmal gebratenen Fasan in Bourbon-Sauce gegessen? Oder Kaninchen mit Thymian und Zwiebeln? Die Krönung der Wildrezepte ist aber sicher das Kaninchenragout mit Cranberries.

Fisch
★ 453 ★

Katfisch, Heilbutt in Macadamiakruste mit Kokoscurry, kurzgebratene Thunfischsteaks, Stachelmakrele mit Papayacreme und Papayasauce, gegrillter Schwertfisch in Zitronen-Kapern-Sauce – das sind einige der Highlights dieses Kapitels. Sie finden hier ebenfalls köstliche, schnell zuzubereitende Gerichte wie gegrillte Forelle oder das süßlich-knusprige Seezungensandwich.

Meeresfrüchte
★ 485 ★

Was hat das Meer Besseres zu bieten als seine »Früchte«? Probieren Sie Freddie Gautreau's Venusmuscheln, gegrillte Garnelen am Spieß oder

INHALT

gefüllten Hummer vom Grill. Oder steht Ihnen der Sinn mehr nach dem Garneleneintopf, wie er in South Carolina zubereitet wird? Unbedingt empfehlenswert sind auch gegrillte Krabben in Tomatensauce und kurzgebratene Jakobsmuscheln in Chipotlecreme.

TEIL VI: ZUM NACHTISCH

Fruchtdesserts und Kuchen
★ 509 ★

Hier finden Sie Cobbler mit zwei Beerensorten, Pfirsich-Crunch, Backbirnen, Obstsalat aus Beeren, Schokoladenpudding mit Sahnehaube, Reispudding nach Carolina-Art. Und viele köstliche Kuchen und *pies*: Kirschkuchen mit Sauerkirschen, Apfelkuchen mit kandiertem Ingwer, *pie* aus Süsskartoffeln und Zitronen-*pie*.

Kuchen & Plätzchen
★ 543 ★

Der beste amerikanische Käsekuchen, Kokostorte, *Lady Baltimore Cake*, der sommerlichste Erdbeerkuchen, »School's out« Strawberry Shortcake, der mächtigste Schokoladenkuchen, den man sich vorstellen kann, und noch viele andere Köstlichkeiten mehr: Hafer-Schokoplätzchen, Erdnußbutterplätzchen und Hafer-Kirschplätzchen.

Eis & heiß
★ 569 ★

Hier finden Sie eine große Auswahl an traditionellen, aber auch originellen kalten Desserts wie Zartbitter-Schokoladeneis, Praliné-Eis oder Blutorangensorbet. Natürlich fehlen auch die dazu passenden herrlichen Saucen und Sirups nicht: heiße Schokoladensauce, Karamelsauce, Heidelbeersirup und noch viel mehr. Blitzschnell zubereitete Erfrischungen sind die eisgekühlte Kirschcola und verschiedene Limonaden.

Volksfeste und Festivals 587

»On the Road« in den USA 591

US-Lebensmittel einkaufen 596

Verwendete Literatur (Auswahl) 597

Verzeichnis der amerikanischen Rezeptnamen 599

Verzeichnis der Infotexte 604

Thematisches Verzeichnis der deutschen Rezeptnamen 605

Einführung
KREUZ UND QUER DURCH DIE USA

Seit ich selbst koche und schreibe, und das sind inzwischen gut 25 Jahre, entwickelt und verändert sich die nordamerikanische Küche, ja, sie ist heute lebendiger und interessanter denn je. Die US-Amerikaner sind zu kritischen Verbrauchern geworden und fordern angesichts der großen Auswahl an Lebensmitteln in den Geschäften vor allem Frische, Geschmack und Vielfalt. Aus der Fülle von regionalen Produkten, die von Landwirten auf Bauernmärkten (von denen es immer mehr gibt – eine sehr interessante neue Entwicklung) angeboten werden, wählen wir inzwischen ganz selbstverständlich nur Produkte bester Qualität: steinvermahlenes Mehl, extra natives Olivenöl, Hühner aus artgerechter Aufzucht und aromatische frische Kräuter. Amerikaner, die sich ausschließlich von Hamburgern und Hotdogs ernähren, sind ein Mythos, der heute jeder Grundlage entbehrt. Es ist also an der Zeit, ein amerikanisches Kochbuch zu schreiben.

Meine Suche nach neuen, typisch amerikanischen Rezepten sollte mich in sämtliche Regionen der Vereinigten Staaten führen. Ich wollte dort die Feinschmeckerrestaurants, Eßlokale und Snackbars ausfindig machen. Ich wollte die Obst-, Korn- und Gemüseernte sowie den Fischfang miterleben und die anschließenden Dorffeste und Jahrmärkte mitfeiern. Mein Ziel war es, auf diesen Reisen unverfälschte Hausmannskost – leckere, klassische Gerichte – kennenzulernen und auf talentierte, jedoch bislang unbekannte Köchinnen und Köche zu treffen. Meine Reisen dauerten zusammengenommen mehr als drei Jahre. Ich aß Bisonfleisch in South Dakota, Bärenfleisch im hügeligen Texas, fuhr sämtliche Ananasplantagen Hawaiis ab und fischte im eisigen Golf von Alaska – immer auf der Suche nach den neuesten, ältesten, außergewöhnlichsten, authentischsten und besten amerikanischen Gerichten.

AUFBRUCH

Die Arbeit an diesem Buch begann mit einem Besuch des *Lima Bean Festival*, das jedes Jahr in West Cape May stattfindet, einer kleinen Stadt im Herzen von New Jersey, wo die meisten Limabohnen angebaut werden. Anläßlich dieses »Kochfestes« bereiteten Kirchengruppen, städtische Organisationen und sogar Grundschulklassen Dutzende von Bohnengerichten zu. Die großartige Stimmung, die an diesem Tag herrschte, war ansteckend – ich habe versucht, sie für das entsprechende Kapitel dieses Buches einzufangen.

AB IN DEN SÜDEN, DANN WESTWÄRTS

In New Orleans und Louisiana Bayou Country lernte ich schon bald die kräftig gewürzten Gerichte der Cajun und Kreolen schätzen. In

Georgia tat ich mich an äußerst großzügigen Portionen Brathähnchen, gebratenen grünen Tomaten und Kartoffelsalat gütlich. Auf der ruhigen Insel St. Helena an der Küste South Carolinas probierte ich einen Garneleneintopf, den *Frogmore Stew*, der als einheimische Spezialität gilt. Das großzügig gewürzte Gericht wird aus Garnelen, Räucherwurst und Mais zubereitet. Das Essen fand

im Freien statt und wurde auf mit Zeitungspapier gedeckten Picknicktischen serviert. In Wakefield, Virginia, sah ich beim *planking* (Räuchern auf trockenen Eichenholzbrettern) von gut 900 Kilo frisch gefangenem Maifisch zu – dem Höhepunkt eines großartigen Festes. Es folgte ein Frühstück im nahegelegenen Virginia Diner, das aus *Creamy Grits Under Sausage Gravy* (Maisgrütze mit Wurstsauce) und *Dropped Ham Biscuits* (Schinkenbrötchen) bestand. Einfach sagenhaft! Natürlich konnte ich den Staat nicht verlassen, ohne dem berühmten Räucherschinken die gebührende Ehre zu erweisen. In einer Räucherkammer in Smithfield konnte ich genüßlich den unvergleichlichen Duft von gut 110 000 kg Räucherschinken einatmen. Smithfield-Schinken werden seit 1779 auf die heute noch übliche Weise geräuchert.

In den großflächigen Staaten im Zentrum der USA wird intensive Landwirtschaft betrieben. Sie bieten eine Fülle hervorragender althergebrachter Rezepte. Ich begann meine Reise in Wisconsin, wo jährlich mehr als 900 Millionen Kilogramm Käse hergestellt werden. Am nordwestlichen Rand des Staates befinden sich die großen Milchwirtschaftsbetriebe, die das meiste »weiße Gold« der Nation produzieren. Dort grasen friedlich Holsteiner-Kühe auf endlosen saftig-grünen Wiesen. Am Lake Michigan, dem südwestlichsten der fünf Großen Seen, wachsen Sauerkirschen in Hülle und Fülle; sie sind dort in der Hauptsaison auf jedem Festtagskuchen zu finden. Die Weißfische aus dem Lake Michigan erfreuen sich das ganze Jahr über großer Beliebtheit, besonders aber bei den *fish boils* (Fischfeste) in Door County. Im tiefsten Norden von Minnesota fuhr ich durch Moorlandschaften, wo die Chippewa-Indianer noch Wildreis von Hand ernten. In St. Paul schlenderte ich über den dortigen Bauernmarkt, wo an jenem spätherbstlichen Tag unglaubliche Mengen an einheimischen Äpfeln, Fruchtsäften, Gemüsen, Apfelwein und winterfesten Blumen angepriesen wurden – ein richtiges Spektakel. In Kansas City, Missouri, suchte ich direkt das legendäre Rasthaus »Stroud's« auf, dessen Brathähnchen seit der Eröffnung im Jahre 1933 nichts von ihrer Popularität eingebüßt haben. Meine nächste Etappe war das angesehene »Arthur Bryant's«, wo ich köstliche Schweinerippchen verzehrte, die mit einer ordentlichen Portion der berühmten Sauce des Hauses (ein wohlgehütetes Geheimnis) serviert wurden. Hemmungslos machte ich mich dann auch noch über ein saftiges *Brisket Sandwich* (Rinderbrust-Sandwich) her. Dieser Ort ist allen Barbecue-Fans in den USA ein Begriff, und seit dieser Reise gehöre ich auch zu dieser Fangemeinde.

In Texas und in sämtlichen Südstaaten schwärmen die Leute für rauchiges, langsam gegrilltes Fleisch. Hingebungsvoll und ausdauernd wachen sie über ihr Fleisch auf dem Grill, wie eine liebevolle Mutter, die den Schlaf ihres Babys bewacht. In diesen Gegenden würde niemand lachen, wenn man Barbecue als eine Kunstform bezeichnen würde! Im Restaurant »Sonny Bryan's« in Dallas sah ich Barbecue-Fans in andächtiger Stille ihr Essen verzehren. Sie wirkten auf mich geradezu wie passionierte Museumsbesucher, die vor den großen Kunstwerken der Welt in tiefe Andacht versinken.

DAS LAND DER CHILLIES UND DIE WESTKÜSTE

★ ★ ★

Im Südwesten der Vereinigten Staaten galt meine ganze Aufmerksamkeit den verschiedenen Chilisorten. Die fruchtige Schärfe von Chilischoten gibt vielen Gerichten aus dieser Region das gewisse Etwas. Als ich in New Mexico ankam, waren mir Land und Leute, vor allem aber ihre Kochkunst gleich vertraut. Wie viele meiner Landsleute war ich schon seit Jahren ein begeisterter Fan der mexikanischen Küche. Gerichte aus dem Südwesten sind mittlerweile so beliebt, daß man in den USA fast überall auf Mesquiteholz geräucherte *chipotles*, scharfe kleine *serranos* und sogar feurige *habaneros* erstehen kann. (Hierzulande lohnt es sich, in gut sortierten Supermärkten oder in Feinkostgeschäften nachzufragen.) In Santa Fe, wo ich vier Tage blieb, wird am schärfsten gewürzt. Noch heute habe ich den Geschmack der Lamm-Quesadillas im »Coyote Café« von Mark Miller auf der Zunge, und die *Grilled Portobello Mushrooms over Creamy Mascarpone* (Geröstete Waldchampignons mit Mascarpone), die ich in Katharine Kagels »Café Pasqual« probierte, werde ich wohl auch mein Lebtag nicht vergessen. Selbst das Frühstück ist absolut landestypisch: angefangen bei den *Piñon Hotcakes* (Pinien-Küchlein) im »Tecolote Café« bis hin zum *Breakfast Burrito* (Frühstücks-Burrito) im »Inn« der Anasazi-Indianer.

Auch in Kalifornien, das als die Geburtstätte der modernen amerikanischen Küche gilt, warteten einige legendäre Restaurants auf mich. Um die Bay herum zieht es viele ins »Chez Panisse« von Alice Water. Dieser Gourmet-Tempel ist nicht nur für seine exzellente Gastronomie bekannt, sondern auch für die Unterstützung des ökologischen Landbaus. Aber auch San Francisco bietet überall kulinarische Genüsse der besonderen Art. Niemals würde ich die Stadt verlassen, ohne vorher bei Judy Rodgers im »Zuni Café« oder bei Jeremiah Towers im »Stars« gegessen zu haben. Es ist jedesmal ein spannendes Vergnügen, die Gerichte dieser talentierten Spitzenköche zu probieren, die viele Neuheiten in der amerikanischen Küche kreieren. Auf der Weiterreise könnte mich nichts auf der Welt davon abbringen, in Thomas Kellers »French Laundry« oder in Michael Chiarellos »Tra Vigne« in Napa zu Abend zu essen oder in Wolfgang Puck's »Spago and Chinoise on Main« und Mark Peels und Nancy Silvertons »Campanile« in Los Angeles haltzumachen. Kalifornien hat jedoch nicht nur Restaurants zu bieten, sondern auch phantastische Weinanbaugebiete, die man sich keinesfalls entgehen lassen sollte. Fast 90 Prozent der amerikanischen Weine stammen aus dieser Region.

Das kalifornische *Gilroy Garlic Festival* (Knoblauchfestival) durfte ich natürlich nicht auslassen, denn es gilt als der Vorläufer aller amerikanischen Festivals rund ums Essen. An die 150 000 Menschen kommen hier jährlich zusammen, um sich mit Knoblauchzöpfen zu schmücken und sich an den Speisen gütlich zu tun, die ausnahmslos alle – sogar die Eiscreme – Knoblauch enthalten. Bis heute kann ich noch nicht glauben, daß ich tatsächlich Knoblaucheis gegessen habe!

Ich könnte in diesem Stil fortfahren. Schließlich habe ich ungefähr fünfzig Reisen unternommen, und es gäbe eine Menge zu erzählen. Ich habe noch andere erstklassige Restaurants und Festivals im ganzen Land besucht, die Katfisch, Artischocken, Käse, Erdbeeren, Krabben, Pfirsichen, Äpfeln, Mais oder Zwiebeln zu Ehren gefeiert werden. Dabei spielt es keine Rolle, ob das jeweilige Produkt tatsächlich aus der betreffenden Gegend stammt oder nur dorthin eingeführt wurde: Gefeiert wird auf jeden Fall.

Daß sich kulinarische Traditionen zum Teil auch vermischen, häufig mit verblüffenden Ergebnissen, konnte ich besonders auf Hawaii feststellen. Die dortigen Stars in der Küche, geschult in der klassischen französischen Kochkunst, verstehen es, bei der ethnischen Vielfalt des Landes (Polynesier, Chinesen, Thailänder und Filipinos) aus den typischen Zutaten und Zubereitungsmethoden der einzelnen Kochtraditionen eine absolut neue, hundertprozentig amerikanisierte Küche zu kreieren.

Zu einem wirklich guten Essen gehört natürliche auch ein guter Wein oder ein gutes Bier. Nordamerikanische Wein- und Biersorten werden inzwischen auch über unseren Kontinent hinaus geschätzt. Die meisten Spitzenweine werden in Kalifornien angebaut, aber auch Weine aus Oregon, Washington und New York finden zunehmend Anklang. Da mittlerweile außer in Alaska in allen Staaten der USA Wein angebaut wird, ergeben sich für die Zukunft ganz neue Perspektiven. Auch hiesige Biersorten behaupten sich mittlerweile gut auf dem Markt. Heute gibt es Hunderte von kleinen Brauereien und Bierlokalen, in denen jedes Jahr immer neue Sorten gebraut werden.

Ich habe in meinem Buch bei vielen Gerichten Vorschläge gemacht, welche Wein- und Biersorte dazu gereicht werden kann. Natürlich wird es in Europa oft sehr schwierig sein, das vorgeschlagene Bier oder den empfohlenen Wein zu bekommen; und viele Sorten werden Sie sicher erst bei einer Reise in die USA probieren können.

ZURÜCK AM HEIMISCHEN HERD

★ ★ ★

Zwischen den einzelnen Etappen und natürlich nach Abschluß meiner Reisen bin ich heimgekehrt und habe wie eine Wilde gekocht. Meine Erinnerungen, Fotos und bestimmte Zutaten, die ich von meinen Reisen mitgebracht hatte, halfen mir bei meinem Vorhaben, ein Buch zu schreiben, das die kulinarische Vielfalt meiner Heimat widerspiegelt. Wenn Sie nun meine kulinarischen Reiseerlebnisse lesen, dazu vielleicht auch einige Rezepte ausprobieren, dann hoffe ich, daß Sie in Gedanken mitreisen, mit mir frühstücken, zu Mittag und zu Abend essen und mit mir in Feldern mit reifendem Gemüse und Korn stehen.

Ich hoffe, daß ich Ihnen mit diesem Buch den Einfallsreichtum, die Individualität und die Vielfalt der US-amerikanischen Küche näherbringen kann. Ich möchte Sie auf ihre Besonderheiten aufmerksam machen und dabei gleichzeitig ein Loblied auf die Kochkünste meiner Landsleute anstimmen.

—*Sheila Lukins*

Hinweise für die deutsche Ausgabe

★ ★ ★

cup-Maß / »Tassen«: In den USA werden zum Kochen sowohl feste als auch flüssige Zutaten mit dem sogenannten *cup*-Maß abgemessen. Es handelt sich dabei um ein Hohlmaß, bei dem die Zutaten nach ihrem Volumen gemessen werden. Für Flüssigkeiten ist die Umrechnung in die uns vertrauten Liter sehr einfach: 1 *cup* entspricht 250 ml. Bei Gewichten dagegen ist die Entsprechung des *cup*-Maßes jeweils von der auszuwiegenden Zutat abhängig. Wir haben bei den nachstehenden Rezepten die *cups* mit »Tassen« (nicht zu vergleichen mit den gewöhnlichen Kaffee- oder Teetassen!) übersetzt und die Mengen jeweils umgerechnet. Wenn Sie die Gelegenheit haben, ein *cup*-Maß zu besorgen, sollten Sie das unbedingt tun – so bleibt Ihnen das Abwiegen oft sehr kleiner Mengen erspart!

Bezugsquellen für Zutaten: Mit Sicherheit werden Sie bei einigen der aufgeführten Zutaten Schwierigkeiten haben, sie zu besorgen. Vielleicht haben Sie in gut sortierten Supermärkten, in Feinkost- und Delikatessengeschäften, in Reformhäusern und eventuell sogar bei größeren Tankstellen Erfolg. Auch eine Suche im Internet lohnt sich, denn dort werben Anbieter, die sich auf den Versand auch ganz ausgefallener Produkte spezialisiert haben. Auf S. 596 finden Sie eine Adressenliste, wo unter anderem Geschäfte, die sich auf Lebensmittel aus den USA spezialisiert haben, aufgeführt sind.

Wein und Bier: Die Empfehlungen, welche Wein- oder Biersorte die jeweiligen Rezepte am besten ergänzen, sind in der deutschen Ausgabe unverändert übernommen worden, obwohl längst nicht alle hier erhältlich sind. Die Gerichte verlieren zu viel an Authentizität, wenn man versuchen wollte, ersatzweise ähnliche Sorten anzugeben. Einige nordamerikanische Weine und Biere sind aber ganz ohne Schwierigkeiten erhältlich.

Rezeptnamen/Register: In der Regel erscheinen sämtliche Rezepte mit ihren amerikanischen Namen und einer deutschen Übersetzung. Das Register (S. 599–623) enthält ein alphabetisches Verzeichnis der amerikanischen Rezeptnamen. Es schließt sich ein thematisches Register an, wo die Rezepte noch einmal mit ihren deutschen Namen aufgeführt sind.

TEIL I

DIE FRÜHSTÜCKS-ECKE

Die Frühstücksecke

Obst und Frühstücksgetreide

Die Woche über kommt das Frühstück leider oft zu kurz. Die meisten von uns sind morgens noch zu verschlafen oder viel zu sehr in Eile, so daß es meist nur zu einem Kaffee reicht. Falls es etwas Warmes gibt, dann in der Regel Hafer- oder Weizenflocken aus der Tüte, rasch in heiße Milch eingerührt. Lustvoll, geschweige denn ausgiebig zu frühstücken, ist so gut wie unmöglich.

Auch wenn Sie nur eine Kleinigkeit essen, sollte diese nahrhaft, sättigend und gesund sein. Die Obstsalate, Shakes und Frühstücksgetreide, die Sie auf den folgenden Seiten finden, sind in Minutenschnelle zubereitet. Granola läßt sich wunderbar im voraus herstellen. Und wenn Sie morgens vielleicht zehn Minuten mehr erübrigen können, bereiten Sie doch mal das fruchtige Heidelbeer-Kompott auf Joghurt oder heißen Frühstücksbrei zu. So können Sie den Tag gutgelaunt beginnen und allem, was da kommt, gelassen entgegensehen.

Raspberry Melon Smoothie

Himbeer-Melonen-Shake

Morgens in aller Frühe bereite ich mir gern einen Shake mit frischen Früchten zu. Die im Rezept angegebenen Sorten können Sie leicht durch anderes Obst ersetzen – z.B. anstelle der Himbeeren auch Heidelbeeren nehmen.

3 Tassen (660 g) reife Kantalup-Melone (z.B. Charentais), gewürfelt
½ Tasse (80 g) frische Himbeeren, vorsichtig gewaschen
250 g Naturjoghurt (Magerstufe)
1 EL Zucker
2 Minzezweige, zum Garnieren

Melonenwürfel, Himbeeren, Joghurt und Zucker im Mixer pürieren. Nach Belieben mit Eiswürfeln servieren und mit Minzezweigen garnieren.
Für 2 Personen

2 Tassen (320 g) reife Erdbeeren, vorsichtig gewaschen und entstielt
1 reife Banane
250 g Naturjoghurt (Magerstufe)
2 EL Honig, nach Belieben
2 ganze reife Erdbeeren, zum Garnieren

Die entstielten Erdbeeren mit Banane, Joghurt und Honig im Mixer kurz pürieren. Das Püree in zwei Gläser füllen und je eine Erdbeere auf den Glasrand setzen.
Für 2 Personen

Rosy Strawberry Banana Smoothie

Erdbeer-Bananen-Shake

Spiced Broiled Grapefruit

Gegrillte Grapefruit

Dieser Shake wird aus Erdbeeren und reifen Bananen gemixt. Gesünder kann man einen Sommertag kaum beginnen. Die Zubereitung erfolgt blitzschnell im Mixer, und schon kurze Zeit später sind Sie aus der Tür. Nur ausgereifte, duftende Beeren verwenden!

Warten Sie, bis die rosafleischigen Grapefruits auf den Markt kommen (Dezember bis Februar); diese sind süßer als die weißfleischigen. Eine Prise Kardamom – nach Safran das teuerste Gewürz – verleiht dem kräftigen Ahornsirup einen angenehm blumigen Geschmack. Gegrillte Grapefruit ist genau das Richtige für einen kalten Wintermorgen. Die hier angegebene Menge läßt sich leicht verdoppeln oder verdreifachen.

EINE LECKERE ÜBERRASCHUNG

Im Jahr 1929 pflückte ein Arbeiter sechs rosafleischige Grapefruits von einem Baum in einer Obstplantage im unteren Tal des Rio Grande. Leider konnte er sich nicht mehr erinnern, von welchem Baum diese Früchte stammten, und so mußte sich der Plantagenbesitzer bis zur nächsten Ernte gedulden, um den Baum ausfindig zu machen. Erstaunlicherweise war es nur ein einzelner Ast, der diese Grapefruits trug. Von diesem Ast schnitt man einige Reiser ab und veredelte damit andere Bäume. So entwickelten sich dann ganze Plantagen.

Rosafleischige Grapefruits sind ausgesprochen saftig und erfrischend und im Gegensatz zu den weißfleischigen weniger bitter, so daß sie gut ohne Zucker gegessen werden können. Falls Sie die rosafleischige Sorte noch nicht kennen, haben Sie wirklich etwas verpaßt.

1. Den Backofengrill auf höchste Stufe stellen.
2. Die Grapefruithälften mit einem Messer aus der Schale lösen und Kerne entfernen. Die Hälften auf ein Backblech setzen.
3. Den Zucker mit Kardamom mischen.
4. Die Grapefruithälften mit Ahornsirup beträufeln, Zucker darüber streuen und Butterflöckchen obenauf setzen.
5. Die Grapefruithälften im Backofen auf der obersten Schiene 4–5 Minuten backen, bis die Oberfläche leicht gebräunt ist. Sofort servieren.

Für 2 Personen

SUNBURST SALAD
FRUCHTIGER ZITRUSSALAT

Dieser fruchtig-herbe und zugleich süße Salat weckt die Lebensgeister. Sehr gut schmeckt er auch, wenn Blutorangen oder Tangelos (Kreuzung aus Tangerine und Grapefruit) den Grapefruitspalten hinzugefügt werden.

1 Grapefruit, möglichst eine rosafleischige Sorte, halbiert
1 EL brauner Zucker
½ TL Kardamom, gemahlen
1 EL Ahornsirup
1 TL Butter

1 rosafleischige Grapefruit
1 weißfleischige Grapefruit
2 Navelorangen
1 Limette
2 EL Honig
2 EL frische Minze, gehackt
4 kleine Zweige frische Minze, zum Garnieren

1. Alle Zitrusfrüchte mit einem Messer schälen, dabei auch die pelzige Fruchthaut ablösen. Es ist am einfachsten, wenn man die Früchte zunächst an beiden Enden kappt und dann die Schale mitsamt der weißen Fruchthaut abzieht. Um die Früchte kleinzuschneiden, mit dem Messer zwischen die Trennhäute fahren und ein Stück nach dem anderen herauslösen, dabei auch die Kerne entfernen und den austretenden Saft auffangen. Die Fruchtspalten in einer Schüssel mischen.

2. Honig in einer kleinen Schüssel mit dem Fruchtsaft mischen. Über die Früchte gießen und behutsam vermengen.

3. Zum Servieren die gehackte Minze unter den Salat rühren. Den Salat auf vier Schalen verteilen und mit Minzezweigen garnieren.

Für 4 Personen

Dew Drop Fruit Salad

Obstsalat »Tautropfen«

Erfrischend, farbenfroh und sommerlich leicht ist dieser Frühstückssalat die ideale Beilage zu frischen Heidelbeer-Muffins. Sie sollten darauf achten, daß die Melone schön reif ist. Verwenden Sie für die Kugeln einen mittelgroßen Melonen- oder Kugelausstecher.

2 Tassen (440 g) Honigmelonenkugeln
2 Tassen (440 g) Kantalupmelonenkugeln
1 Tasse (160 g) frische Heidelbeeren, vorsichtig in reichlich Wasser geschwenkt
1 Tasse (160 g) frische Himbeeren, vorsichtig in reichlich Wasser geschwenkt

2 EL Orangensaft, frisch gepreßt
2 EL Zitronensaft, frisch gepreßt
2 EL frische Minze, gehackt

1. Die Melonenkugeln in eine mittelgroße Schüssel geben. Heidelbeeren und Himbeeren trockentupfen und behutsam untermengen.

2. Kurz vor dem Servieren den Salat mit Zitronensaft beträufeln und vorsichtig die Minze unterrühren. Sofort servieren.

Für 4 Personen

Red, White, and Blue Breakfast Parfait

Frühstücksparfait Rot-Weiss-Blau

Feiertage wie den Memorial Day (Trauertag zum Gedenken an die Gefallenen am letzten Montag im Mai) oder den Unabhängigkeitstag am 4. Juli kann man mit einem Frühstück wie diesem beginnen. Von Seattle bis Maine reifen im Sommer die Beeren für dieses Rezept.

2 Tassen (320 g) reife Erdbeeren
1 EL Zucker
1 EL Orangensaft, frisch gepreßt
1 kg Naturjoghurt (Magerstufe)
2 EL Honig
2 TL unbehandelte Orangenschale, feingerieben
2 Tassen (320 g) frische Himbeeren
2 Tassen (320 g) frische Heidelbeeren
1 EL frische Minze, gehackt
4 kleine Zweige frische Minze, zum Garnieren

1. Die Erdbeeren kleinschneiden, in eine Schüssel geben und mit Zucker und Orangensaft mischen. Die Beeren bei Zimmertemperatur 1 Stunde durchziehen lassen.

2. Den Joghurt in ein feinmaschiges Sieb geben und 30 Minuten abtropfen lassen. Dann in eine Schüssel geben und Honig und Orangenschale unterrühren. Beiseite stellen.

3. Himbeeren und Heidelbeeren in einer Schüssel mischen und die Minze unterrühren.

4. Zum Anrichten des Parfaits die Mischungen in vier 250-ml-Gläser geben: zuerst ¼ Tasse (40 g) Beerenmischung, dann ¼ Tasse (80 g) Joghurt und 1 Eßlöffel Erdbeeren. Diesen Vorgang wiederholen. Mit 2 Eßlöffeln Joghurt, 1 Eßlöffel Erdbeeren und Minzezweigen garnieren.

Für 4 Personen

CRANBERRY WALNUT MAPLE OATMEAL

HAFERBREI MIT CRANBERRIES UND WALNÜSSEN

Ein kalter Winter ist die beste Jahreszeit für eine Schüssel Haferbrei mit Ahornsirup und Cranberries (oder Preiselbeeren).

625 ml Apfelsaft ohne Zuckerzusatz
125 ml Wasser
½ TL Zimt, gemahlen
1 Prise Salz
1½ Tassen (140 g) Haferflocken
½ Tasse (70 g) getrocknete Cranberries
3 EL Ahornsirup
½ Tasse (70 g) Walnüsse, gehackt
Schlagsahne, zum Servieren
brauner Zucker, zum Servieren

1. Apfelsaft mit Wasser, Zimt und Salz in einem gußeisernen Topf zum Kochen bringen. Haferflocken und die Cranberries einstreuen, dann den Ahornsirup zugießen. Die Mischung erneut aufkochen lassen und bei mittlerer Hitze unter gelegentlichem Rühren 10 Minuten köcheln lassen, bis der Brei die gewünschte Konsistenz hat.

2. Walnüsse unterrühren und den Haferbrei sofort servieren. Schlagsahne und braunen Zucker getrennt dazu reichen.

Für 4 Personen

CINNAMON RAISIN OATMEAL

HAFERBREI MIT ROSINEN UND ZIMT

Meine Freundin Francesca Bill hat mir ausgiebig erklärt, warum sie den Brei gerade so zubereitet. Laut Francesca sollte das Verhältnis zwischen kernigen oder groben Haferflocken und der Flüssigkeit stets 2:1 betragen. Damit der Haferbrei schön cremig wird, muß er bei niedriger Temperatur gekocht werden, denn wenn die Haferflocken zu schnell garen, nehmen sie keine Flüssigkeit mehr auf. Das langsame Garen hat zudem den Vorteil, daß nicht ständig gerührt werden muß. Die Rosinen dienen als Zuckerersatz und die Bananen als süße Garnierung anstelle von Sirup. Hin und wieder verfeinere ich den Haferbrei mit einem Stich Butter oder einer Handvoll gehackter Nüsse.

1½ Tassen (130 g) kernige Haferflocken
750 ml kalte Milch
½ TL Zimt, gemahlen
½ Tasse (100 g) Rosinen oder getrocknete Kirschen
2 reife Bananen, zerdrückt

DIE HOHE SCHULE DES HAFERS

Heute verstehe ich viel besser als in meiner Kindheit, wieso eine Schüssel mit dampfendem Haferbrei einfach zu einem kalten Wintermorgen gehört. Als Kind war mir Haferbrei – pappig und schleimig! – ein Greuel. Heute bin ich schlauer und horte in meinem Vorratsschrank Hafer als ganze Körner oder als Flocken, je nach Verwendungszweck.

Beim Einkauf von Hafer sollte man wissen, wofür man ihn braucht:

HAFER: Die ganzen Körner mit Keim und Schalen sehen aus wie brauner Langkornreis und sind reich an Ballaststoffen, Eiweiß und den Vitaminen B und E. Dank seines süßlichen, nußartigen Aromas ist Hafer das ideale Frühstücksgetreide und in vielen Rezepten auch eine gute Alternative zu Reis. Da die Garzeit für die ganzen Körner aber etwa 45 Minuten beträgt, sind sie für ein schnelles Frühstück nicht zu empfehlen.

HAFERSCHROT ODER -GRÜTZE besteht aus dem grob zerteilten Korn und enthält noch reichlich Vitamin B. Hafergrütze benötigt 30 Minuten zum Garen und ist daher nicht für eine Morgenmahlzeit geeignet. Sie sollten sich dieses Vergnügen gelegentlich am Wochenende gönnen.

KERNIGE ODER GROBE HAFERFLOCKEN werden aus dem vorbereiteten, d. h. kurz gedämpften und gedarrten ganzen Korn gepreßt. Die meisten stellen sich unter Haferflocken wohl diese Art vor. Die Flocken benötigen kaum mehr als 5 Minuten Garzeit. Wenn in einem Rezept Haferflocken verlangt werden, sind in der Regel diese groben Flocken gemeint. Sie können aber auch auf die unten aufgelisteten zurückgreifen.

ZARTE HAFERFLOCKEN sind kleiner als die kernigen und werden aus geschroteten und gedämpften Haferkörnern gepreßt, so daß sie in etwa 1 Minute zu feinem Brei kochen.

SCHMELZFLOCKEN ODER INSTANTFLOCKEN werden aus dem vorgekochten und gemahlenen Haferkorn hergestellt und enthalten praktisch keine Mineralstoffe und Vitamine mehr. Meist sind sie mit Aromastoffen und Zucker angereichert. Sie werden gern als schnelles Frühstück genommen, sind aber zum Backen ungeeignet.

1. Haferflocken mit Milch und Zimt in einem gußeisernen Topf aufsetzen und bei sehr milder Hitze etwa 5 Minuten unter gelegentlichem Rühren köcheln lassen.

2. Rosinen unterrühren und den Haferbrei noch 3–5 Minuten köcheln lassen, bis er die gewünschte Konsistenz hat. Die zerdrückten Bananen darüber geben und sofort servieren.

Für 4 Personen

MORNING GLORY GRANOLA

GRANOLA »MORGENDUFT«

Selbstgemachtes Granola ist fix zubereitet und schmeckt weitaus besser als gekauftes. Sobald die trockenen Zutaten gemischt sind, brauchen Sie nur noch etwas Honig und braunen Zucker zu erwärmen, alles gründlich zu vermengen und eventuell eine Prise Salz zuzugeben. Das fertige Granola anschließend gut trocknen lassen, dann luftdicht verpacken. Granola schmeckt köstlich mit Milch und Bananenscheiben oder als Knusperauflage über Joghurt mit Heidelbeer-Kompott. Eine Handvoll Granola vertreibt auch gut den kleinen Hunger zwischendurch.

2 Tassen (180 g) grobe Haferflocken
½ Tasse (40 g) grobe Weizenkleie
½ Tasse (50 g) Kokosraspel
½ Tasse (70 g) Mandeln, grobgehackt
½ Tasse (60 g) Sonnenblumenkerne
125 ml Distelöl
3 EL Honig
¼ Tasse (45 g) brauner Zucker
1 TL Vanilleextrakt oder 2–3 Tropfen Vanillearoma
½ TL Zimt, gemahlen
¼ TL Muskatnuß, gemahlen
¼ TL Salz (nach Belieben)
½ Tasse (85 g) Trockenaprikosen, grobgehackt
½ Tasse (85 g) getrocknete Kirschen
½ Tasse (100 g) Rosinen
Schale von 1 unbehandelten Orange, feingerieben
Naturjoghurt (Magerstufe), zum Servieren (nach Belieben)
Heidelbeer-Kompott (Rezept s. S. 28), zum Servieren (nach Belieben)

1. Den Backofen auf 160°C vorheizen. Ein Backblech mit Rand oder eine flache Backform leicht einölen.

2. Haferflocken mit Weizenkleie, Kokosraspel, Mandeln und Sonnenblumenkernen in einer großen Schüssel mischen. Beiseite stellen.

3. Öl mit Honig, Zucker, Vanillearoma, Zimt, Muskat und eventuell Salz in einen kleinen Topf geben und den Zucker bei mittlerer Hitze unter Rühren auflösen. Die Flüssigkeit vorsichtig unter die trockenen Zutaten in der Schüssel rühren.

4. Die Mischung gleichmäßig auf dem Backblech oder in der Form verteilen und etwa 30 Minuten goldbraun backen; gelegentlich rütteln.

5. Das Granola zurück in die Schüssel geben und die restlichen Zutaten zugeben. Gründlich vermengen und anschließend komplett auskühlen lassen, dabei gelegentlich umrühren. Dann in luftdichte Behälter füllen.

6. Zum Frühstück pro Portion 125 g Joghurt in eine Müslischale geben, mit Granola bestreuen und einen Löffel Kompott darauf verteilen.

Ergibt etwa 1,5 kg

Fresh Blueberry Compote
Frisches Heidelbeer-Kompott

★

Heidelbeeren sind im Frühsommer reif, und Liebhaber dieser auf beiden Seiten des Atlantiks beheimateten Beeren backen dann Heidelbeer-Pies und Heidelbeer-Muffins oder verspeisen die süßsäuerlich schmeckenden Beeren gleich schüsselweise roh mit reichlich Schlagsahne. Die größeren Beeren mit festerer Schale, die sogenannten Kulturheidelbeeren, stammen hauptsächlich von hochwachsenden Büschen, es gibt aber auch die wildwachsenden Heidelbeeren von niedrigen Sträuchern. Sie sind kleiner und aromatischer als die kultivierten Beeren. Beide Sorten werden auch tiefgefroren angeboten.

Ich kaufe Heidelbeeren gern auf dem Markt, wenn ich Kompott kochen möchte. Damit die Beeren nicht matschig werden oder zerfallen, nehme ich sie aus dem Sirup, sobald sie genügend davon aufgenommen haben. Auf diese Weise behalten sie ihre Form und eignen sich gut als Beigabe zu Granola, Waffeln, Pfannkuchen oder Eis. Dank der Zitronensäure schmeckt das Kompott nicht übermäßig süß.

900 g frische Heidelbeeren, vorsichtig in Wasser geschwenkt
½ Tasse (125 g) Zucker
1 EL unbehandelte Zitronenschale, feingerieben
2 EL Zitronensaft, frisch gepreßt

1. Die Beeren in einen schweren Topf geben und Zucker und Zitronenschale zufügen. Den Topf rütteln, damit die Zutaten gut gemischt werden. Dann Zitronensaft zugießen und mit einem Gummispatel verrühren.

2. Den Topfinhalt bei mittlerer Hitze unter gelegentlichem Rütteln des Topfes langsam aufkochen lassen (dauert etwa 15 Minuten). Den Topf von der Kochstelle nehmen, das Kompott umrühren und auf Zimmertemperatur abkühlen lassen.

3. Die Beeren mit einem Schaumlöffel aus der Flüssigkeit heben (den Sirup nach Belieben als Garnitur für Eiscreme oder als Zutat in Milch-Shakes zurückbehalten) und das Kompott in den Kühlschrank stellen.

Ergibt etwa 3 Tassen (750 ml)

Die Frühstücksecke

Eierspeisen

Ein wichtiger Bestandteil des amerikanischen Frühstücks sind Eier in allen möglichen Variationen. Sie schmecken gut und sind zudem leicht verdaulich. Die reiche Auswahl an amerikanischen Eierspeisen ist im wesentlichen für den morgendlichen Verzehr gedacht. In einigen Restaurants pflegt man noch eine sehr blumige Sprache für traditionelle und allseits beliebte Eierspeisen: Da ist die Rede von *Dead-eyes* (»Tote Augen«), *Adam and Eve on a raft* (»Adam und Eva auf einem Floß«) und *Stars and stripes*. Etwas ausgefallenere Speisen wie das klassische Denver-Omelett bleiben dem sonntäglichen Brunch vorbehalten. Rühreier gibt es in einfacher Ausführung wie auch »aufgepeppt«, z. B. mit Wildpilzen, Ziegenkäse aus Sonona oder Cheddar aus Vermont.

In diesem Kapitel empfehle ich zu einigen Eierspeisen Wein oder Bier. Überrascht? Gerade Pfannengerichte haben in den letzten Jahren eine Aufwertung erfahren. Vorbei die Zeiten, da sie als schnelles Resteessen verpönt waren. Inzwischen machen sie als raffiniertes Hauptgericht oder als köstliche Beilage Furore. Die exzellent schmeckenden Rühreier sind das beste Beispiel.

Sheila's Basic Scrambled Eggs

Rührei (Grundrezept)

Es gibt viele Arten, Rührei zuzubereiten. Man kann Milch oder Wasser zugeben, damit das fertige Rührei schön locker ist. Manche mögen es kräftig angebraten, andere lieber noch weich und fast flüssig. Ich persönlich bevorzuge eine cremige Konsistenz. Dafür gibt man einen Löffel saure Sahne zu und läßt das Rührei bei ganz schwacher Hitze stocken, bis es sich weich und blaßgelb aufplustert. Dazu paßt gut ein knusprig getoastetes Sauerteigbrot mit Kirschkonfitüre. Aber vielleicht möchten Sie Ihr Rührei lieber mit Räucherfisch oder -fleisch oder frischen Kräutern verfeinern? Hier nun mein Grundrezept:

2 Eier
1 gehäufter TL saure Sahne
Salz und frisch gemahlener
  schwarzer Pfeffer
1 TL Butter

1. In einer kleinen Schüssel Eier mit saurer Sahne, Salz und Pfeffer gründlich verschlagen.
2. Die Butter bei mittlerer Hitze in einer beschichteten Pfanne zerlassen und bis zum Rauchpunkt erhitzen. Die Eier in die Pfanne gießen und unter Rühren mit einer Gabel behutsam stocken lassen, dabei die feste Eimasse mit der Gabel vom Rand immer wieder in die Mitte schieben, bis die Eier gerade die gewünschte Konsistenz haben: Das dauert ca. 1½ Minuten für cremig-weiche Eier und 2 Minuten für festeres Rührei.

Für 1 Person

California Garden Goat Cheese Scramble

Rührei auf kalifornische Art

Mit Kalifornien verbinde ich vor allem viel frisches Gemüse und Ziegenkäse. Wenn Sie beides mit Eiern kombinieren, dann haben Sie das Glanzstück für ein herrliches Frühlings-Brunch. Verrühren Sie den Käse nicht mit den Eiern, sondern geben Sie ihn erst zum Schluß über das fertige Rührei. Falls Sie die Eier etwas fester mögen, lassen Sie sie 30 Sekunden weiterstocken.

Wein: Sonoma County (CA) Sauvignon Blanc

1 kleine Zucchini, geputzt
½ Tasse (200 g) Kürbisfleisch, kleingeschnitten
8 Eier
2 EL saure Sahne
1 TL frischer Dill, feingehackt
Salz und frisch gemahlener schwarzer Pfeffer
1 EL Butter
¼ Tasse (40 g) rote Paprikaschote, gewürfelt
60 g weicher Ziegenkäse, zerbröckelt,
  zum Garnieren

1. Die Zucchini in kleine Würfel schneiden, dabei Samenkerne entfernen.
2. Kürbis 30 Sekunden in kochendem Wasser blanchieren. Gründlich abtropfen lassen und beiseite stellen.
3. Eier mit saurer Sahne und Dill in einer großen Schüssel verquirlen und mit Salz und Pfeffer abschmecken.
4. Butter in einer beschichteten Pfanne bei mittlerer Temperatur bis zum Rauchpunkt erhitzen. Kürbis, Zucchini und Paprikaschote zugeben und unter Rühren 5 Minuten garen.
5. Die Temperatur herunterschalten und die Eier in die Pfanne gießen. Die an den Seiten

bereits gestockte Eimasse mit einer Gabel zur Mitte schieben, bis das Rührei nach 4–5 Minuten die gewünschte Konsistenz hat.

6. Mit dem zerbröckelten Käse bestreuen und sofort servieren.

Für 4 Personen

POPEYE SCRAMBLED EGGS

SPINAT MIT RÜHREI

Ein phantastisches Gericht mit frischem Spinat, dem eine Garnierung aus saurer Sahne und knusprig ausgebratenen Speckstreifen das gewisse Etwas verleiht. Popeye wäre von dieser Variante seiner Lieblingsspeise sicher begeistert gewesen.

2 Streifen Frühstücksspeck
etwa 350 g junger frischer Spinat
4 Eier
3 EL saure Sahne
1 Msp. Muskatnuß, gemahlen
Salz und frisch gemahlener schwarzer Pfeffer
2 TL Butter

1. Speck in einer beschichteten Pfanne bei mäßig starker Hitze in etwa 5 Minuten knusprig ausbraten. Die Speckstreifen auf Küchenpapier abtropfen lassen, dann zerteilen.

2. Spinat gründlich waschen, das Wasser weitgehend abschütteln. Die harten Blattstiele entfernen, die Blätter quer in gut 1 cm breite Streifen schneiden und dann in einen großen Topf geben. Zugedeckt bei starker Hitze etwa 3 Minuten garen, bis die Blätter leicht zusammenfallen, dabei den Topf gelegentlich rütteln. Den Spinat abtropfen lassen, in ein sauberes Geschirrtuch wickeln und soviel Flüssigkeit wie möglich herausdrücken.

3. Eier in einer Schüssel mit 1 Eßlöffel saurer Sahne verquirlen und mit Muskatnuß, Salz und Pfeffer abschmecken. Spinat unterrühren.

4. Die Butter in einer beschichteten Pfanne bei mittlerer Temperatur bis zum Rauchpunkt erhitzen. Die Eier in die Pfanne gießen und 1 1/2–2 Minuten stocken lassen. Feste Eimasse vom Rand aus mit einer Gabel zur Mitte schieben.

5. Das fertige Rührei mit der restlichen sauren Sahne und dem Speck garnieren.

Für 2 Personen

WILD MUSHROOM SCRAMBLE

RÜHREI MIT WILDPILZEN

Früher hatte ich immer Probleme beim Anbraten von Pilzen. Besonders frustrierend war es bei Eier-Pilz-Gerichten, denn die aus den Pilzen austretende Flüssigkeit ruinierte die Konsistenz und verlieh der Speise eine unappetitliche bräunliche Farbe. Um das zu vermeiden, gehe ich heute folgendermaßen vor: Zuerst säubere ich die Pilze mit feuchtem Küchenpapier und entferne die Stiele. Man sollte Pilze auf keinen Fall waschen, da sie sonst schwammig werden.

Die gesäuberten Pilze gare ich in einer anderen Pfanne und mische sie erst ganz zum Schluß unter die Eier. Auf diese Weise ergänzen sich beide Zutaten vortrefflich in Aroma und Konsistenz.

Wein: Napa Valley (CA) Pinot Noir

60 g frische Shiitake-Pilze
60 g frische Zuchtchampignons oder Wildpilze wie Pfifferlinge oder Steinpilze
2 TL Butter
1 TL Pflanzenöl
1 Prise Muskatnuß, gemahlen
4 Eier
1 EL saure Sahne
Salz und frisch gemahlener schwarzer Pfeffer
1 TL frischer Schnittlauch, kleingeschnitten, oder frischer Kerbel, gehackt

1. Pilze mit feuchtem Küchenpapier abreiben. Die Stiele entfernen und die Pilzhüte in Julienne-Streifen schneiden.

2. Einen Teelöffel Butter und das Öl in einer beschichteten Pfanne bis zum Rauchpunkt erhitzen. Die Pilze zugeben, mit Muskat bestreuen und 4 Minuten bei starker Hitze unter gelegentlichem Rütteln der Pfanne garen. Die Pilze in eine Schüssel umfüllen und beiseite stellen. Die Pfanne mit Küchenpapier sauberwischen.

3. Eier mit saurer Sahne, Salz und Pfeffer in einer mittelgroßen Schüssel gründlich verquirlen. Die restliche Butter bei mittlerer Hitze in der Pfanne zerlassen und bis zum Rauchpunkt erhitzen. Die Eier in die Pfanne gießen und etwa 1 1/2 Minuten stocken lassen, falls das Rührei weich sein soll, oder 30 Sekunden länger für eine festere Konsistenz. Dabei mit einer Gabel die am Rand gestockte Eimasse immer wieder zur Mitte schieben.

4. Das Rührei in zwei kleinen Schüsseln oder auf Serviertellern anrichten, die Pilze gleichmäßig darauf verteilen, anschließend mit Schnittlauch oder Kerbel garnieren und sofort servieren.

Für 2 Personen

UPTOWN HAM AND EGGS

SCHINKEN-RÜHREI AUF DIE FEINE ART

Gewöhnlich bestehen *ham and eggs* aus zwei Eiern und ein paar dünnen Scheiben Schinken. Dazu gibt es reichlich gebutterten Toast und ein Schälchen mit Traubengelee. Hier ist meine Variante dieses Rezeptes:

1 EL Butter
120 g gekochter Schinken, in dicke Scheiben geschnitten
4 Eier
2 EL saure Sahne
Salz und frisch gemahlener schwarzer Pfeffer
2 TL frischer Schnittlauch, kleingeschnitten

1. Butter in einer beschichteten Pfanne bis zum Rauchpunkt erhitzen. Schinken zugeben und unter Rühren 5 Minuten braten, bis er leicht gebräunt ist. Die Temperatur herunterschalten.

2. Inzwischen Eier mit saurer Sahne, Salz und Pfeffer in einer Schüssel gründlich verquirlen.

3. Die Eier in die Pfanne gießen und je nach bevorzugter Konsistenz 1 1/2–2 Minuten stocken lassen, dabei die feste Eimasse immer wieder mit einer Gabel vom Rand zur Mitte schieben. Das fertige Rührei mit Schnittlauch garnieren und sofort servieren.

Für 2 Personen

Saturday Morning Salami and Eggs

Samstagmorgen-Frühstück mit Rührei und Salami

★★★

Ich kenne dieses Gericht schon aus meiner Kindheit und kann mich noch heute dafür begeistern. Abgerundet wird das Ganze durch Toastbrot mit Orangenmarmelade.

1 EL Butter
120 g Salami, in dünne Scheiben geschnitten
4 Eier
3 EL Milch
Salz und frisch gemahlener schwarzer Pfeffer
1 Eiertomate, in dünne Scheiben geschnitten
1 EL frischer Schnittlauch, kleingeschnitten

1. Butter bei mäßig starker Hitze in einer beschichteten Pfanne zerlassen und bis zum Rauchpunkt erhitzen. Salami zugeben und 5 Minuten leicht bräunen. Dabei mehrmals wenden. Die Temperatur herunterschalten.

2. In der Zwischenzeit Eier mit Milch, Salz und Pfeffer in einer Schüssel gut verquirlen.

3. Die Eier in die Pfanne gießen und je nach gewünschter Konsistenz 1½–2 Minuten stocken lassen, dabei die feste Eimasse mit einer Gabel immer wieder vom Rand zur Mitte schieben. Das Rührei auf zwei Teller verteilen, mit Tomatenscheiben belegen und mit **Schnittlauch** garnieren. Sofort servieren.

Für 2 Personen

Fried Egg Sandwich to Go

Spiegelei-Sandwich

Seitdem Laurie Griffith mit mir zusammenarbeitet, hat sie uns schon häufig diese ungewöhnliche Kombination von süß und pikant zubereitet.

1 TL Butter
1 Scheibe geräucherter Schinken (etwa 60 g)
1 Hamburger-Brötchen
1 EL Erdbeerkonfitüre
1 Ei
Salz und frisch gemahlener schwarzer Pfeffer
1 Scheibe Schweizer Käse (etwa 60 g)

1. Butter bei mittlerer Temperatur in einer beschichteten Pfanne bis zum Rauchpunkt erhitzen. Schinken zugeben und in 3–4 Minuten leicht bräunen. Dabei mehrmals wenden.

2. In der Zwischenzeit das Brötchen vortoasten.

3. Das Brötchen durchschneiden. Die Konfitüre auf der unteren Hälfte verstreichen und mit dem gebratenen Schinken belegen.

4. Das Ei aufschlagen, in die Pfanne geben und bei mittlerer Hitze 1–2 Minuten braten, bis das Eiweiß fest und die Unterseite leicht gebräunt ist. Dann das Ei mit einem Holzspatel behutsam wenden. Mit Salz und Pfeffer würzen und mit der Käsescheibe belegen. Etwa

1 Minute abgedeckt weiterbraten, bis der Käse ganz geschmolzen ist. Das Ei auf den Schinken legen und mit der oberen Brötchenhälfte abdecken.
Für 1 Person

MOLLY'S EGG-IN-THE-HOLE
MOLLYS EI IM BROT

Diese Eierspeise haben meine Tochter Molly und ich zum ersten Mal in einem Film gesehen. Molly hat sie nach ihren Vorstellungen abgewandelt, und ich kenne niemanden, der diese Speise besser zubereiten könnte als sie.

1 Scheibe Sauerteigbrot (Bauernbrot), mindestens 1 cm dick
1 EL extra natives Olivenöl
1 Ei
Salz und frisch gemahlener schwarzer Pfeffer

1. Mit einem Plätzchenausstecher von etwa 4–5 cm Durchmesser eine runde Scheibe aus dem Brot ausstechen.
2. Öl bei mittlerer Temperatur in einer beschichteten Pfanne erhitzen. Das Brot und die ausgestochene Scheibe hineinlegen und 2 Minuten auf einer Seite braten, dann wenden. Das Ei an einer scharfen Kante aufschlagen und in die Öffnung im Brot gleiten lassen. Das Ei mit Salz und Pfeffer bestreuen und bei geschlossenem Pfannendeckel etwa 4 Minuten braten, bis das Eiweiß fest ist. Mit dem kreisrunden Toast sofort auf einem Teller servieren.
Für 1 Person

HAM AND EGG SALAD FOR BRUNCH
EIERSALAT MIT SCHINKEN

Dieser Eier-Schinken-Salat wird mit Senf-Mayonnaise verfeinert. Eine Handvoll gehackte Frühlingszwiebeln und knackige rote Paprikastückchen sorgen für die richtige Konsistenz. Den Salat anschließend mit Tomate garnieren und mit Schwarzbrot (Pumpernickel) servieren.

HARTGEKOCHTE EIER

Die rohen Eier unter warmem Wasser abspülen. In einem Topf mit kaltem Wasser bedecken und das Wasser bei mittlerer Hitze aufkochen lassen. Dann die Temperatur reduzieren und die Eier in exakt 13 Minuten hartkochen. Das Wasser abgießen und die Eier unter fließendem kaltem Wasser abschrecken.

6 hartgekochte Eier
Salz und frisch gemahlener schwarzer Pfeffer
60 g gekochter Schinken, in dünne Scheiben geschnitten
1 kleine Frühlingszwiebel (das Grün bis auf 2–3 cm entfernt), feingehackt
1 EL rote Paprikaschote, feingewürfelt
1 EL glatte Petersilie, grobgehackt
3 EL Mayonnaise
2 TL Dijon-Senf

1. Geschälte Eier erst vierteln, dann grob hacken. In eine Schüssel geben und mit Salz und Pfeffer abschmecken. Den Schinken kleinschneiden und Frühlingszwiebel, Paprika und Petersilie zugeben. Alles mit einer Gabel gründlich mischen.

2. In einer zweiten Schüssel Mayonnaise und Senf verrühren, dann unter den Salat mischen. Sofort servieren oder zugedeckt bis zu 2 Tagen im Kühlschrank aufbewahren.

Für 4 Personen

BACON AND EGG SALAD

EIERSALAT MIT SPECK

Servieren Sie diesen Eiersalat auf einer dicken Scheibe Toast. Statt Eier und Speck ganz traditionell mit Ketchup zu servieren, verfeinere ich nur die Salatsauce damit.

6 hartgekochte Eier
3 dicke Scheiben Frühstücksspeck (etwa 90 g)
Salz und frisch gemahlener schwarzer Pfeffer
125 g Mayonnaise
1 TL Ketchup

1. Die geschälten Eier erst vierteln, dann grob hacken und in eine Schüssel geben.

2. Speck in Würfel schneiden und in einer beschichteten Pfanne 4–5 Minuten knusprig ausbraten. Mit einem Schaumlöffel herausheben und auf Küchenpapier abtropfen lassen.

3. Den Speck unter die gehackten Eier mischen, mit Salz und Pfeffer abschmecken und gründlich durchrühren.

4. Mayonnaise und Ketchup in einer kleinen Schüssel mischen und unter den Salat rühren. Sofort servieren.

Für 4 Personen

SOUTHWESTERN SUNRISE

SONNENAUFGANG IM SÜDWESTEN

Für dieses Gericht aus dem Südwesten werden die Eier in Auflaufförmchen gebacken. Sie eignen sich gut zum Brunch oder als Vorspeise. Frisches Koriandergrün oder Schnittlauch sind das I-Tüpfelchen auf dem aromatischen Eiergericht.

Wein: New Mexico sparkling wine

2 TL Butter
1 rote Paprikaschote, halbiert und gegrillt (s. S. 150)
½ kleine reife Avocado, entkernt, geschält und feingewürfelt
2 Eier
Salz und frisch gemahlener schwarzer Pfeffer
2 EL Monterey Jack oder junger Gouda, gerieben
2 TL saure Sahne
1 EL frisches Koriandergrün, gehackt, oder frischer Schnittlauch, kleingeschnitten

1. Den Backofen auf 160 °C vorheizen.

2. Die Butter auf zwei 250 ml fassende Auflaufförmchen verteilen, die Förmchen auf ein

Backblech stellen und etwa 2 Minuten in den Backofen schieben, bis die Butter zerlassen ist.

3. Die Förmchen mit je einer Paprikahälfte auslegen und die gewürfelte Avocado darauf verteilen. Je ein Ei aufschlagen und in die Förmchen gleiten lassen. Mit Salz und Pfeffer bestreuen. Die Eier mit je 1 Eßlöffel Käse würzen. Die Förmchen zurück in den Ofen stellen und die Eier etwa 15 Minuten backen. Anschließend mit je 1 Teelöffel saurer Sahne garnieren und mit Koriander oder Schnittlauch bestreuen. Sofort servieren.

Für 2 Personen

HOT AND SMOOTH BREAKFAST BURRITO

FRÜHSTÜCKS-BURRITO

Um diesen üppigen *Burrito* (»Eselchen«) zuzubereiten, benötigen Sie eine milde reife Avocado und ofenfrische Weizentortillas. Eine scharfe Salsa ist die ideale Ergänzung. Der Burrito läßt sich übrigens wunderbar aus der Hand essen.

Wein: Santa Barbara County (CA) Pinot Blanc

2 Weizentortillas
1 kräftig gewürztes Räucherwürstchen wie Chorizo oder Andouille, in 5 mm dicke Scheiben geschnitten
4 Eier
2 EL Milch
1 TL Koriandergrün, gehackt
Salz und frisch gemahlener schwarzer Pfeffer
1 TL Butter
½ reife Avocado, entsteint, geschält und in kleine Würfel geschnitten
½ Tasse (60 g) Monterey Jack oder junger Gouda, gerieben
2 EL saure Sahne oder Naturjoghurt (Magerstufe)
Salsa Rosa (s. S. 214), zum Servieren
Salsa Verde (s. S. 213), zum Servieren

1. Den Backofen auf 180 °C vorheizen.
2. Tortillas in Alufolie wickeln und im Ofen wärmen, bis die Füllung fertig ist.
3. Die Wurst in einer beschichteten Pfanne bei mittlerer Hitze 3–4 Minuten braun braten, dann zum Abtropfen auf Küchenpapier legen. Die Pfanne mit Küchenpapier auswischen.
4. Eier mit Milch, Koriandergrün, Salz und Pfeffer in einer mittelgroßen Schüssel gründlich verquirlen. Butter in einer beschichteten Pfanne bei mittlerer Temperatur bis zum Rauchpunkt erhitzen. Die Eier in die Pfanne gießen und unter Rühren stocken lassen, bis sie gerade fest werden. Dabei die feste Eimasse mit einer Gabel vom Rand zur Mitte schieben. Die gebratenen Wurstscheiben und die gewürfelte Avocado zugeben und die Eier etwa 1 ½ Minuten bis zur gewünschten Konsistenz stocken lassen.
5. Die Tortillas aus dem Ofen nehmen und das Rührei darauf verteilen. Mit dem geriebenen Käse bestreuen und saure Sahne darüber geben. Die Tortillas dann aufrollen und mit der Nahtstelle nach unten auf einen Teller legen. Jede Portion mit reichlich Sauce sofort servieren.

Für 2 Personen

The Classic Denver Omelet
Klassisches Denver-Omelett

Dieser amerikanische Klassiker geht auf ein überladenes Weißbrot-Sandwich zurück, mit reichlich gehackten Zwiebeln, grünen Paprika und Schinken. Mir schmeckt diese feine Eierspeise mit den Originalzutaten am besten. Man kann sie jedoch auch auf viele Arten variieren: Es bietet sich zum Beispiel an, das Omelett mit einer Salsa zu servieren. Ich selbst kann aber dem traditionellen Schuß Ketchup nicht widerstehen.

Wein: Texas Chenin Blanc
Bier: Colorado amber ale

1 Scheibe Frühstücksspeck, in gut 1 cm dicke Würfel geschnitten
2 EL rote Paprikaschote, feingewürfelt
2 EL grüne Paprikaschote, feingewürfelt
2 EL rote Zwiebel, feingewürfelt
1 Scheibe Kochschinken
2 Eier
3 EL Milch
Salz und frisch gemahlener schwarzer Pfeffer
1 TL frischer Schnittlauch, kleingeschnitten
2 TL Butter
1 EL saure Sahne, zum Garnieren (nach Belieben)
milde Frühstücks-Salsa (s. nachfolgendes Rezept; nach Belieben)

1. Den Speck in einer beschichteten Pfanne bei mittlerer Hitze 5 Minuten knusprig ausbraten. Mit einem Schaumlöffel herausnehmen und auf Küchenpapier abtropfen lassen. Das ausgebratene Fett bis auf 1 Eßlöffel abgießen.

2. Paprikaschoten und Zwiebel in das verbliebene Fett in der Pfanne geben und bei schwacher Hitze unter Rühren 5 Minuten anbraten. Das Gemüse in eine Schüssel umfüllen und Speckwürfel und Schinken zugeben.

3. In einer zweiten Schüssel Eier und Milch gründlich verquirlen, mit Salz und Pfeffer würzen, dann Schnittlauch und die Gemüsemischung unterrühren.

4. Butter in einer beschichteten Pfanne bei mittlerer Temperatur bis zum Rauchpunkt erhitzen. Die Eiermischung in die Pfanne gießen und ohne zu rühren etwa 10 Sekunden stocken lassen, bis die Eimasse am Rand fest zu werden beginnt. Gestockte Masse sofort mit einer Gabel in die Mitte ziehen, damit die noch flüssige Eimasse zum Rand fließt. Darauf achten, daß sich die festen Zutaten gleichmäßig verteilen. Etwa 45 Sekunden weitergaren, bis die Eier überall leicht gestockt sind, dann abgedeckt etwa 30–45 Sekunden weitergaren, bis das Omelett die gewünschte Festigkeit erreicht hat.

5. Das fertige Omelett zur Hälfte auf einen Teller gleiten lassen, dann die andere Hälfte darüber klappen. Mit einem Klecks saurer Sahne garnieren und nach Belieben die milde Frühstücks-Salsa getrennt dazu reichen.

Für 1–2 Personen

Mellow Breakfast Salsa
Milde Frühstücks-Salsa

Diese milde Salsa aus Avocado, reifer Tomate und roter Zwiebel ist die ideale Verfeinerung für Omeletts. Wenn Sie es gern etwas pikanter mögen, geben Sie einfach 1–2 Teelöffel feingehackten Jalapeño-Chili dazu.

½ reife Avocado, entsteint, geschält und in kleine Würfel geschnitten
1 EL Limettensaft, frisch gepreßt
1 reife Tomate, halbiert, entkernt und feingewürfelt
3–4 EL rote Zwiebel, feingewürfelt
1 EL frischer Schnittlauch, kleingeschnitten
Salz und frisch gemahlener schwarzer Pfeffer

Avocado-Würfel in einer Schüssel mit dem Limettensaft mischen. Die übrigen Zutaten unterheben. Die Salsa getrennt zum Omelett servieren.
Ergibt etwa 1½ Tassen (375 ml)

verteilt. Die Eier in die Pfanne gießen und unter Rühren etwa 10 Sekunden stocken lassen. Feste Eimasse sofort mit einer Gabel vom Rand in die Mitte ziehen, die Pfanne dabei schräg halten, damit noch flüssiges Ei zum Rand fließt.

3. Sobald das Omelett gleichmäßig leicht gestockt ist, 1–1½ Minuten weiterbraten, mit Käse bestreuen und das fertige Omelett zur Hälfte auf einen Teller gleiten lassen. Anschließend die andere Hälfte darüber klappen und sofort servieren.
Für 1 Person

CHEDDAR CHIVE OMELET

CHEDDAR-OMELETT MIT SCHNITTLAUCH

Je älter ein Käse ist, desto ausgeprägter ist sein Aroma. Versuchen Sie, für diese edle Eierspeise einen Cheddar zu bekommen (*vintage cheddar*, z. B. Coon). Frische Kräuter runden den kräftigen Geschmack ab.

Wein: California sparkling Moscato
Bier: Vermont copper ale

2 Eier
2 TL frischer Schnittlauch, kleingeschnitten, oder frischer Estragon oder Kerbel, gehackt
Salz und frisch gemahlener schwarzer Pfeffer
2 TL Butter
¼ Tasse (30 g) Cheddar, gerieben

1. Eier mit Kräutern, Salz und Pfeffer in einer kleinen Schüssel gründlich verquirlen.
2. Butter in einer beschichteten Pfanne bei mittlerer Temperatur bis zum Rauchpunkt erhitzen. Die Pfanne schwenken, damit sich das Fett

WEEKEND EGGS BENEDICT

EIER BENEDICT

Mag sein, daß viele Amerikaner diesen Klassiker kulinarisch ein wenig antiquiert finden, für mich wird er jedoch stets etwas Besonderes bleiben. Das Geheimnis liegt in der köstlichen Sauce hollandaise: Es gibt nichts Vergleichbares, das dieses an sich gewöhnliche Gericht in so etwas Edles verwandeln könnte. Anstelle des kanadischen Specks eignen sich auch gedämpfter Spinat oder Spargelstangen.

Sauce hollandaise (s. nachfolgendes Rezept)
4 Eier
4 Scheiben kanadischer Speck
2 englische Muffins (weiche Hefebrötchen)
1 EL Butter
glatte Petersilie, zum Garnieren

EIER POCHIEREN

In einem Topf, dessen Material nicht mit Säure reagiert, 1 Liter Wasser und 1 Eßlöffel Weißwein- oder Apfelessig bei mittlerer Temperatur zum Kochen bringen. Ein Ei in eine Tasse schlagen, dann behutsam ins siedende Wasser gleiten lassen. Es hat sich bewährt, Eier einzeln zu pochieren, weil sie sonst ineinanderfließen. Das Ei nach 3–4 Minuten mit einem Schaumlöffel herausheben und sofort in eine Schüssel mit kaltem Wasser tauchen, um den Garvorgang zu stoppen (›abschrecken‹). Damit die pochierten Eier nicht auskühlen, bis zur Weiterverwendung in eine Schüssel mit warmem Wasser legen, doch nicht länger als 5–10 Minuten. Mit Küchenpapier trockentupfen und ausgefranstes Eiweiß abschneiden.

1. Sauce hollandaise zubereiten und bis zum Servieren warm halten.
2. Die Eier pochieren (s. Kasten oben).
3. Eine beschichtete Pfanne bei mittlerer Temperatur erhitzen und die Speckscheiben etwa 2 Minuten braten, bis sie angebräunt sind. Wenden und weitere 1½ Minuten braten. Den Speck aus der Pfanne nehmen und auf Küchenpapier abtropfen lassen.
4. Die englischen Muffins halbieren und toasten. Die Hälften mit etwas Butter bestreichen.
5. Je zwei Muffin-Hälften auf einen Teller legen und jede Hälfte mit einer Scheibe Speck belegen. Die gut abgetropften pochierten Eier auf die belegten Muffin-Hälften legen. Sauce hollandaise über die Eier geben, mit Petersilie garnieren und sofort servieren.
Für 2 Personen

SUNNY HOLLANDAISE SAUCE
SAUCE HOLLANDAISE

3 Eigelb
1 EL Zitronensaft, frisch gepreßt
100 g Butter, zerlassen
Salz und frisch gemahlener weißer Pfeffer
1 Spritzer Tabasco

1. Einen Kochtopf knapp zur Hälfte mit Wasser füllen. Das Wasser erhitzen, bis es dampft. Dann die Hitze reduzieren. Darauf achten, daß die Temperatur konstant bleibt, das Wasser aber nicht siedet.
2. In einem zweiten, etwas kleineren Topf oder in einer Edelstahlschüssel Eigelbe und Zitronensaft gut verquirlen. Den Topf bzw. die Schüssel auf den Topf mit dem dampfenden Wasser stellen, ohne daß der Topf- bzw. Schüsselboden das Wasser berührt, und die Eigelbe schaumig schlagen. Die zerlassene Butter langsam zugießen, dabei ständig weiterschlagen, bis die Butter ganz aufgenommen ist. Die Sauce vom Wasserbad nehmen.
3. Mit Salz, weißem Pfeffer und Tabasco abschmecken, anschließend warm servieren (s. Hinweis).

Ergibt etwa eine ¾ Tasse (200 ml)

Hinweis: Falls sich die Sauce wieder trennt oder flockig wird, rasch einen Eiswürfel unterrühren, bis sie wieder glatt ist.

Garden Hash

Bunte Gemüsepfanne

★★★

Diese farbenfrohe Gemüsepfanne sollte selbst leidenschaftliche Fleischesser überzeugen. Wenn Sie dazu pochierte Eier servieren, wird sie zu einer sättigenden Mahlzeit, und die doppelte Menge ergibt ein leckeres, vollwertiges Abendessen.

Wein: North Carolina Scuppernong
Bier: American lager

1 große weiße Rübe (etwa 225 g)
1 große festkochende Kartoffel (etwa 225 g)
3 EL Gemüsebrühe, vorzugsweise selbstgemacht (s. S. 273)
1 Tasse (130 g) Zwiebel, feingewürfelt
1 Tasse (150 g) rote Paprikaschote, feingewürfelt
1 Tasse (150 g) grüne Paprikaschote, feingewürfelt
1 Tasse (250 g) Maiskörner (aufgetaut, falls Tiefkühlware)
1 TL getrockneter Thymian
Salz und frisch gemahlener schwarzer Pfeffer
4 EL glatte Petersilie, gehackt
2 EL Olivenöl, evtl. etwas mehr
6 pochierte Eier (s. S. 39; nach Belieben)

1. Rübe und Kartoffel schälen und in kleine Würfel schneiden. In einem großen Topf mit Wasser zum Kochen bringen und etwa 8 Minuten bißfest garen. Abtropfen lassen und in eine große Schüssel umfüllen.

2. Die Brühe in eine beschichtete Pfanne gießen und Zwiebel- und Paprikawürfel zugeben. Bei mittlerer Hitze unter Rühren 4–5 Minuten garen. Mais zugeben und 1 Minute mitkochen lassen. Alles unter die Rüben-Kartoffel-Mischung rühren und mit Thymian, Salz, Pfeffer und 3 Eßlöffeln Petersilie würzen.

3. Vom Olivenöl 2 Eßlöffel abnehmen und in die Pfanne geben. Die Gemüsemischung zufügen, glattstreichen und mit einem Teller oder einer kleineren Pfanne beschweren. Bei mittlerer Hitze etwa 5–7 Minuten garen, bis die Unterseite leicht gebräunt ist. Die Masse portionsweise wenden; falls nötig, noch etwas Öl zugießen und das Ganze weitere 5 Minuten garen, bis sich eine goldgelbe Kruste gebildet hat.

4. Die Gemüsepfanne auf eine Servierplatte umfüllen und mit der restlichen Petersilie bestreuen. Nach Belieben mit den pochierten Eiern belegen und servieren.

Für 6 Personen

Pastrami Vegetable Hash

Pastrami-Gemüsepfanne

★★★

In den letzten zwei Jahrzehnten hat sich bei morgendlichen Pfannengerichten das Mengenverhältnis von Fleisch zu Gemüse stark gewandelt – heute wird eindeutig dem Gemüse der Vorzug gegeben. Hier möchte ich die Zubereitung mit Pastrami empfehlen: mageres Rindfleisch, das trockengepökelt, gut gepfeffert und geräuchert ist. Ersatzweise können Sie natürlich auch Corned beef oder Reste vom Roastbeef verwenden.

Wein: Russian River Valley (CA) Pinot Noir

2 rotschalige Kartoffeln (je etwa 240 g), geschält und in kleine Würfel geschnitten
225 g mageres Pastrami, Roastbeef oder amerikanisches Corned beef, feingewürfelt
110 g Frühstücksspeck in dicken Scheiben, feingewürfelt
1 Zwiebel, grobgehackt
1 rote Paprikaschote, entstielt, entkernt und feingewürfelt
1 grüne Paprikaschote, entstielt, entkernt und feingewürfelt
¼ TL Muskatnuß, gemahlen
Salz und frisch gemahlener schwarzer Pfeffer
Schale von 1 unbehandelten Orange, feingerieben
3 EL glatte Petersilie, gehackt
6 pochierte Eier (s. S. 39; zum Servieren)

1. Die Kartoffelwürfel in kochendem Salzwasser 8 Minuten bißfest garen. Abtropfen lassen und in eine Schüssel geben. Das Rindfleisch untermengen.

2. Speck in einer beschichteten Pfanne bei mittlerer Hitze 5 Minuten ausbraten. Zwiebel und Paprika zugeben und 5 Minuten unter Rühren anbraten. Mit einem Schaumlöffel herausheben und zu den Kartoffeln und dem Fleisch geben. Das Fett bis auf 2 Eßlöffel abgießen.

3. Die Mischung mit Muskat, Salz, Pfeffer, Orangenschale und 2 Eßlöffeln Petersilie würzen und kräftig mit einem Gummispatel durchrühren.

4. Die Mischung gleichmäßig in der Pfanne verteilen und mit einem Teller oder einer kleineren Pfanne beschweren. Bei mäßig starker Hitze 5 Minuten garen, bis die Unterseite schön goldbraun ist. Die Masse mit einem Pfannenheber wenden und 5–7 Minuten weitergaren, bis auch die andere Seite eine goldbraune Kruste hat. Auf Teller verteilen und nach Belieben mit den pochierten Eiern belegen. Das Pfannengericht mit der restlichen Petersilie garnieren und sofort servieren.

Für 6 Personen

PFANNENGERICHTE – MEHR ALS NUR RESTEVERWERTUNG

Morgendliche Pfannengerichte, die in den USA *hashes* heißen, sind keineswegs eine billige Mahlzeit aus bunt zusammengewürfelten Vortagsresten: Im Gegenteil, vor fünfzig Jahren war das »Ritz Chicken Hash« der teuerste Posten auf der Speisekarte im New Yorker Ritz Carlton, und das Ansehen dieser Speise stieg im ganzen Land ungemein.

Schon die Gattin des ersten amerikanischen Präsidenten, Martha Washington, soll ein *hash* mit Fleisch, Zwiebeln und Kräutern zubereitet haben.

»Corned beef hash« oder »cornbeef Willie« war um 1900 ein beliebtes Abendessen. Vor allem mit Spiegeleiern schmecken Pfannengerichte sehr gut, liegen aber schwer im Magen und sind leider sehr cholesterinreich. Gesundheitsbewußte Köche verwenden daher mehr Gemüse und weniger Fleisch und würzen mit frischen Kräutern, süßen Paprikaschoten und milden Frühlingszwiebeln, die es damals noch nicht gab. Ob wohl jemals eine dieser neuen Kreationen den Status eines »Ritz Chicken Hash« erreicht? Ich könnte es mir gut vorstellen.

Chicken Apple Hash

Hähnchen-Apfel-Pfanne

Bevor Pfannengerichte auf den Speisekarten der vornehmen US-amerikanischen Restaurants zu finden waren, benötigte man als Zutaten lediglich Reste aus dem Kühlschrank. Heutzutage findet man alles Nötige auf dem Markt. Mit pochierten Eiern und einer würzig-pikanten Chilisauce wird aus dem Frühstücksessen ein feines Mittagessen.

Wein: New England Vidal Blanc
Bier: San Francisco Anchor Steam Beer

1 rotschalige Kartoffel, geschält und in kleine Würfel geschnitten
3 EL extra natives Olivenöl
1 Zwiebel, feingewürfelt
½ Tasse (75 g) rote Paprika, feingewürfelt
½ Tasse (75 g) grüne Paprika, feingewürfelt
1 ganze Hähnchenbrust ohne Haut und Knochen, gegart und feingewürfelt
1½ TL frischer Thymian, gehackt, oder ½ TL getrockneter Thymian
Salz und frisch gemahlener schwarzer Pfeffer
1 Tasse (125 g) ungeschälter Golden-Delicious-Apfel, feingewürfelt
3 EL glatte Petersilie, gehackt
4 pochierte Eier (s. S. 39), zum Servieren (nach Belieben)
Garden Chili Sauce (s. S. 215; zum Servieren), nach Belieben

1. Die Kartoffelwürfel in einen kleinen Topf geben, mit Salzwasser bedecken und in etwa 8 Minuten bißfest garen, dann abgießen, abtropfen lassen und beiseite stellen.

2. Vom Olivenöl 2 Eßlöffel abnehmen und in einer beschichteten Pfanne bei mittlerer Temperatur erhitzen. Zwiebel zugeben und unter Rühren 5 Minuten glasig dünsten. Paprikawürfel zugeben und 5 Minuten weitergaren, dabei die Pfanne leicht rütteln.

3. Die Temperatur heraufschalten, restliches Öl zugießen und Hähnchenfleisch und Kartoffel zugeben. Mit Thymian, Salz und Pfeffer bestreuen und unter Rühren 5 Minuten braten. Die Mischung mit einem Teller oder einer kleineren Pfanne beschweren und 5 Minuten weiterbraten, bis die Unterseite gebräunt ist. Portionsweise mit einem Spatel wenden, wieder beschweren und 5 Minuten weitergaren, bis sich eine schöne Kruste gebildet hat.

4. Apfelwürfel und Petersilie zugeben, weitere 5 Minuten braten, zwischendurch noch zwei- oder dreimal wenden. Die Apfelstückchen sollten weich und leicht gebräunt sein. Auf einer Servierplatte anrichten und sofort auftragen oder nach Belieben die pochierten Eier darauf verteilen und mit Chilisauce übergießen.

Für 4 Personen

Die Frühstücksecke

Pancakes, Waffeln und diverse Beilagen

Wie wäre es am Sonntag mit Pancakes, Waffeln oder French Toast? Bevorzugen Sie sie mit Ahornsirup übergossen, mit Früchten, Ingwer oder Gelee? Oder lieber herzhaft mit Speck? Hier finden Sie jede Menge Tips und Anregungen. Die Zubereitung dieser Gerichte ist im Grunde ganz einfach, doch um darin Perfektion zu erlangen, bedarf es einer gewissen Technik. Damit Sie erstklassige Pancakes erhalten, sollten Sie die Tips des Experten Doug Grina von »Al's Breakfast« in Dinkeytown, Minneapolis, beherzigen: Im Kasten auf der nächsten Seite verrät er Ihnen seine Geheimnisse …

Blue Wally Pancakes

Heidelbeer-Pfannkuchen

"Al's Breakfast« liegt inmitten von Dinkeytown, dem Universitätsviertel von Minneapolis, und dort gibt es ganz phantastische Pancakes. Egal, ob Sie nun Appetit auf eine kleine, mittlere oder große Portion verspüren, diese Heidelbeer-Pfannkuchen mit gehackten Walnüssen in zerlassener Butter und naturreinem Ahornsirup aus Minnesota sorgen für den richtigen Start in den Tag. Als Bob Dylan noch im nahegelegenen »The Ten O'Clock Scholar« seine Folksongs spielte, bevor er dann später nach New York ging, gehörte »Al's Breakfast« zu den Orten, wo er sich bevorzugt aufhielt. Noch heute kann man Doug Grina, den Mitbesitzer von »Al's Breakfast«, durch das Schaufenster hindurch öfter beim Wenden seiner Pancakes beobachten. Es ist mir gelungen, Doug ein paar wertvolle Backtips und darüber hinaus einige der besten Rezepte für seine berühmten Pancakes zu entlocken.

Die Pancakes bei »Al's«

»Al's Breakfast« ist ein winziges, überaus beliebtes Restaurant unweit der Universität im Stadtteil Dinkeytown von Minnesota. Dort wird täglich zwischen sechs Uhr morgens und ein Uhr mittags Frühstück serviert. Al Bergstrom eröffnete sein Restaurant 1950 und war bis 1973 der alleinige Besitzer. Heute stehen Doug Grina und Jim Brandes vor der runden, gußeisernen Spezialplatte, *griddle* genannt, und bereiten in bewährter Tradition einige der besten Pancakes, Waffeln und Eierspeisen der Nation zu. Die Schlangen vor dem Laden beweisen es. Hier nun ihre Tips:

• Die trockenen Zutaten unter die flüssigen mischen (und nicht umgekehrt!). So wird der Teig schön locker.

• Sollen Früchte und Nüsse unter den Teig gemischt werden, diese erst unter die trockenen Zutaten rühren. Auf diese Weise werden sie gleichmäßig im Teig verteilt. Oder man streut sie auf die einzelnen Teigportionen, denn nicht alle mögen Nüsse im Pancake.

• Die Pancakes werden schön locker, wenn man den Teig vor dem Backen 30 Minuten bei Zimmertemperatur quellen läßt.

• Für die Teigzubereitung keinen Mixer verwenden. Durch zu starkes Rühren verliert das Backpulver seine Triebkraft, da die Freisetzung von Kohlensäure verhindert wird.

• Der erste Pancake gerät meist nicht so gut, doch mit der Zeit hat man den Dreh raus und die Pancakes werden immer besser.

• Bei »Al's« besteht ein kleiner Stapel aus zwei Pancakes, ein mittlerer aus drei und ein großer aus vier Stück – je nachdem, wie groß oder wie klein der Hunger ist.

1½ Tassen (185 g) Auszugsmehl
1½ Tassen (185 g) Weizenvollkornmehl
2½ TL Backpulver
1 TL Salz
1 Tasse (160 g) frische Heidelbeeren
1 Tasse (125 g) Walnüsse, gehackt
3 Eier
3 Tassen (750 ml) Milch
6 TL Butter sowie Extrabutter,
  zum Ausbacken
1 EL Honig
Ahornsirup, zum
  Servieren

1. Mehl, Backpulver und Salz in einer großen Schüssel gut verrühren. Heidelbeeren und Walnüsse untermischen und beiseite stellen.

2. In einer zweiten großen Schüssel Eier verquirlen, dann Milch unterrühren. Die 6 Eßlöffel Butter mit Honig in einem Topf bei geringer Hitze zerlassen und unter die Eiermilch rühren.

3. Mehlmischung in die Flüssigkeit streuen, rasch zu einem glatten Teig verrühren und diesen 30 Minuten bei Zimmertemperatur ruhen lassen.

4. Die restliche Butter in einer mittelgroßen beschichteten Pfanne bei mäßiger Temperatur bis zum Rauchpunkt erhitzen. Pfanne leicht schwenken, damit sich das Fett verteilt. 3 Eßlöffel Teig in die Pfanne geben und etwa 30 Sekunden backen, bis der Pancake Bläschen wirft, dann vorsichtig wenden und auf der anderen Seite etwa 30 Sekunden goldbraun backen. Den restlichen Teig ebenso verarbeiten, nach Bedarf etwas Butter zugeben. Die Pancakes sofort mit Ahornsirup beträufelt servieren oder aufeinanderstapeln, mit Alufolie abdecken und im Ofen bei 100 °C warm halten.

Ergibt 24 Pancakes; für 6–8 Personen

BUTTERMILK CORN PANCAKES

BUTTERMILCH-PFANNKUCHEN MIT MAIS

In Minneapolis gibt es die mit Abstand besten Pancakes. Ich mußte Doug Grina, den Koch und Mitbesitzer von »Al's Breakfast« (s. S. 26), regelrecht beknien, damit er mir das Geheimnis ihrer Zubereitung verriet. »Im Grunde ist es gar kein Geheimnis«, meinte er, »man braucht das Backpulver nur mit Buttermilch zu verrühren. Das erhöht die Triebkraft um einiges mehr, als wenn man gewöhnliche Milch nimmt.« Geheimnis hin, Geheimnis her, die Pancakes schmekken einfach phantastisch!

3 Tassen (375 g) Mehl
2½ TL Backpulver
1½ TL Zucker
1 TL Salz
1½ Tassen (375 g) Maiskörner, gekocht
2 Eier
1 l Buttermilch
3 EL Butter sowie Extrabutter, zerlassen, zum Backen
Ahornsirup, zum Servieren

1. Mehl, Backpulver, Zucker und Salz in einer großen Schüssel vermengen. Den Mais unterrühren und beiseite stellen.

2. In einer zweiten Schüssel Eier verquirlen. Buttermilch zugießen und 3 Eßlöffel von der zerlassenen Butter unterrühren.

3. Die Mehlmischung zu der Flüssigkeit geben und das Ganze zu einem glatten Teig verrühren. Den Teig 30 Minuten bei Zimmertemperatur ruhen lassen, damit das Backpulver seine Triebkraft entfaltet.

4. Eine beschichtete Pfanne mit zerlassener Butter ausstreichen und bei mittlerer Temperatur erhitzen. 3 Eßlöffel Teig in die Pfanne geben und etwa 40 Sekunden backen, bis sich auf dem Pancake kleine Blasen zeigen. Den Pan-

cake behutsam wenden und etwa 40 Sekunden goldbraun backen. Mit dem restlichen Teig ebenso verfahren. Bei Bedarf etwas Butter in die Pfanne geben, damit der Pancake nicht anbrennt. Die Pancakes direkt aus der Pfanne mit Ahornsirup beträufelt servieren oder aufeinanderstapeln, mit Alufolie abdecken und im Ofen bei 100 °C warm halten.

Ergibt 24 Pancakes; für 6–8 Personen

GINGERBREAD BUTTERMILK PANCAKES

BUTTERMILCH-PFANNKUCHEN MIT PFEFFERKUCHENGEWÜRZ

★★★

Würzig wie ofenwarmer Pfefferkuchen, verströmen diese Pancakes wohlige Herbstdüfte. Die Kombination von Buttermilch und Backpulver bewirkt, daß der Teig schön aufgeht und die fertigen Pancakes herrlich locker sind.

2 Tassen (250 g) Mehl
1 TL Backpulver
½ TL Salz
1 TL Ingwer, gemahlen
½ TL Muskatnuß, gemahlen
½ TL Zimt, gemahlen
¼ TL Nelken, gemahlen
2 Eier
2 Tassen (500 ml) Buttermilch
1 Tasse (250 ml) Milch
3 EL Melasse
2 EL brauner Zucker
2½ EL Butter, zerlassen
1 TL Butter
Ahornsirup, zum Servieren
Apfelmus (s. S. 218), zum Servieren

1. Mehl mit Backpulver, Salz und allen Gewürzen in einer großen Schüssel gründlich vermengen und beiseite stellen.

2. Eier in einer zweiten Schüssel verquirlen. Buttermilch, Milch, Melasse, braunen Zucker und zerlassene Butter zugeben und alles gut verrühren.

3. Die Mehlmischung zu der Flüssigkeit geben und glattrühren. Den Teig 30 Minuten bei Zimmertemperatur quellen lassen.

4. Den Teelöffel Butter in einer beschichteten Pfanne bei mittlerer Hitze zerlassen, das Fett dabei gut verteilen. 3 Eßlöffel Teig in die heiße Pfanne geben und daraus einen goldbraunen Pancake backen (etwa 40 Sekunden auf jeder Seite). Den restlichen Teig anschließend auf die gleiche Weise verarbeiten, zwischendurch nach Bedarf etwas Butter in die Pfanne geben, damit der Teig nicht haften bleibt. Die Pancakes direkt aus der Pfanne – mit Ahornsirup und Apfelmus – servieren oder aufeinanderstapeln, mit Alufolie abdecken und im Ofen bei 100 °C warm halten.

Ergibt 20 Pancakes; für 6–8 Personen

Was sich so alles hinter dem »Pancake« verbirgt

Was einst im Amerikanischen als *flapjack*, *griddle cake* oder *sweatpad* bezeichnet wurde, heißt heute fast überall in Amerika Pancake. Dabei kam dieser Begriff erst Ende des 19. Jahrhunderts auf. Heute gibt es eine Unmenge von Rezeptideen für Pancakes – und ständig kommen neue hinzu. In einem Pancake House findet man z. B. Pancakes aus Buchweizenmehl, Buttermilch und Sauerteig, mit Banane, Beeren, Apfel, Kürbis, Schokolade, Nüssen und mehr. Doch damit nicht genug: Es fehlen noch die diversen *toppings* – alles, was obendrauf kommt – und die verschiedenen Größen, so zum Beispiel die »Silberdollars«, Mini-Pancakes, die besonders bei Kindern heiß begehrt sind.

Zu den raffinierteren Kreationen gehören die souffléartigen Pancakes aus dem Backofen, Blinis (mit Hefe und Eischnee) und hauchdünne französische Crêpes, die auch in den Vereinigten Staaten seit Generationen bekannt sind. Die Einwohner von Virginia bereiteten sie einst aus einem mit Weißwein angereicherten Teig zu und nannten sie »Papier-Pfannkuchen«.

Der eher robuste »Johnnycake«, eine Art Maiskuchen aus Maismehl, Salz und Milch oder Wasser, zählt zu den Nationalgerichten der USA. Eingeführt wurde er von den Indianern, und die in der Tradition des Maismahlens einst sehr bewanderten Bewohner von Rhode Island sind bis heute um absolute Authentizität bemüht. Ein fünfzigjähriges Bundesgesetz verlangt, daß nur eine alte indianische Maissorte, der Whitecap-Flint-Mais, für »Rhode Island Johnnycakes« verwendet werden darf.

Apple Puff Pancake

Apfel-Pfannkuchen aus dem Ofen

Dieser mit Apfelstückchen übersäte Pfannkuchen wird – trotz seines Namens – nicht in der Pfanne, sondern im Ofen gebacken. Bestäuben Sie ihn mit Puderzucker und servieren Sie ihn zu knusprig gebratenem Speck oder kleinen Frikadellen sowie etwas Kirschkonfitüre.

4 EL Butter, zerlassen
3 Äpfel (z. B. Golden Delicious), geschält, entkernt und in etwa 2–3 cm große Stücke geschnitten
1 EL brauner Zucker
1 TL Zimt, gemahlen
4 Eier
½ Tasse (125 ml) Milch
1 TL Vanilleextrakt oder 2–3 Tropfen Vanillearoma
1 Prise Salz
½ Tasse (60 g) Mehl
1 EL Puderzucker

1. Den Backofen auf 230 °C vorheizen. Eine feuerfeste Pie-Form oder eine gußeiserne Pfanne von 30 cm Durchmesser einfetten.

2. Von der flüssigen Butter 2 Eßlöffel abnehmen und in einer beschichteten Pfanne bei mittlerer Temperatur erhitzen. Apfelstücke zugeben, mit Zucker und Zimt bestreuen und unter Rühren 10 Minuten dünsten.

3. Eier mit Milch, der übrigen Butter, Vanillearoma und Salz in einer mittelgroßen Schüssel gut verquirlen. Das Mehl unterrühren.

4. Die Apfelstückchen auf dem Boden der vorbereiteten Form oder Pfanne verteilen und die Teigmischung darüber gießen.

5. In den Backofen schieben und etwa 20 Minuten backen, bis der Pfannkuchen goldbraun ist. Mit Puderzucker bestäuben und – in Stücke geschnitten – sofort servieren.

Für 4 Personen

SHEILA'S BASIC WAFFLES

WAFFELN (GRUNDREZEPT)

Obwohl in herkömmlichen Waffelrezepten ganze Eier verwendet werden, trenne ich Eigelb und Eiweiß. Das steifgeschlagene Eiweiß ziehe ich unter den fertigen Teig. So werden die Waffeln sehr viel lockerer und außen schön knusprig.

2 Tassen (250 g) Mehl
2 EL brauner Zucker
1 EL Backpulver
½ TL Salz
3 Eier, getrennt
1½ Tassen (375 ml) Milch
4 EL Butter, zerlassen
1 TL Vanilleextrakt oder 2–3 Tropfen Vanillearoma
Butter, zum Servieren
Ahornsirup, zum Servieren
frische Beeren, zum Servieren

1. Ein beschichtetes Waffeleisen vorheizen.

2. Mehl, Zucker, Backpulver und Salz in einer Schüssel mischen und beiseite stellen.

3. In einer zweiten Schüssel die Eigelbe mit Milch, Butter und Vanillearoma verquirlen. Die Mehlmischung zu der Flüssigkeit geben und glattrühren.

4. Die Eiweiße zu steifem Schnee schlagen und mit einem Gummispatel unter den Teig heben.

5. Etwa 125 ml Teig auf die untere Hälfte des vorgeheizten Waffeleisens geben und gleichmäßig mit einem Spatel verstreichen. Das Waffeleisen schließen und die Waffel etwa 2 Minuten backen, dann herausnehmen. Mit dem restlichen Teig auf die gleiche Weise verfahren. Die Waffeln warm mit Butter, Ahornsirup und frischen Beeren servieren.

Ergibt 8 Waffeln; für 4 Personen

Hinweis: Vor nicht allzu langer Zeit aß ich in einem Restaurant zum Frühstück eine so köstliche Speckwaffel, daß ich schon fast an Zauberei glaubte. Doch als ich die Waffeln bei mir zu Hause ausprobierte, kam ich dem Zauber bald auf die Spur. Gehen Sie, wenn Sie Speckwaffeln zubereiten, am besten folgendermaßen vor: Etwas Speck knusprig ausbraten und auf Küchenpapier abtropfen lassen. Kurz vor dem Schließen des Waffeleisens ein paar Speckstreifen in den flüssigen Teig legen. Auch hierzu passen Butter, Ahornsirup und Beeren.

WHOLE-WHEAT SOUR CREAM WAFFLES
WEIZENVOLLKORNWAFFELN MIT SAURER SAHNE

Diese Vollkornwaffeln mit Pekannüssen, die mit zerlassener Butter und (echtem) Ahornsirup serviert werden sollten, ergeben eine wunderbar sättigende Mahlzeit an einem kalten Wintermorgen. Damit sich die Nüsse gleichmäßig auf den Waffeln verteilen, streue ich sie auf den Teig, bevor ich das Waffeleisen schließe. Etwas Zimt im Teig verleiht den Waffeln eine angenehm würzige Note.

1½ Tassen (185 g) Weizenvollkornmehl
½ Tasse (60 g) Auszugsmehl
2 EL brauner Zucker
1 EL Backpulver
½ TL Salz
¼ TL Zimt, gemahlen
3 Eier, getrennt
1 Tasse (250 g) saure Sahne
1 Tassen (250 ml) Milch
4 EL Butter, zerlassen
½ Tasse (60 g) gehackte Pekannüsse (nach Belieben)
Butter, zum Servieren
Ahornsirup, zum Servieren

1. Ein beschichtetes Waffeleisen vorheizen.
2. Beide Mehlsorten mit Zucker, Backpulver, Salz und Zimt in einer Schüssel vermengen und beiseite stellen.
3. In einer zweiten Schüssel die Eigelbe mit saurer Sahne, Milch und zerlassener Butter verquirlen. Die Mehlmischung in die Flüssigkeit sieben und glattrühren.
4. Die Eiweiße zu steifem Schnee schlagen und mit einem Gummispatel unter den Teig heben.
5. Die untere Hälfte des vorgeheizten Waffeleisens zu zwei Dritteln mit Teig füllen und gleichmäßig verteilen. Nach Belieben 1 Eßlöffel gehackte Pekannüsse über den Teig streuen. Das Waffeleisen schließen und die Waffel 2 Minuten backen. Die fertige Waffel herausnehmen und den restlichen Teig auf die gleiche Weise verarbeiten. Die Waffeln heiß mit Butter und Ahornsirup servieren.

Ergibt 8 Waffeln; für 4 Personen

APPLE CINNAMON WAFFLES
APFEL-ZIMT-WAFFELN

Granny-Smith-Äpfel, Zimt und Vanille verleihen diesen Waffeln ihr besonderes Aroma. Wie im Grundrezept das geschlagene Eiweiß unter den Teig heben, damit sie schön locker werden. Heiß mit Frikadellen, in Butter gebratenen Äpfeln, Butter und Ahornsirup servieren.

2 Tassen (250 g) Mehl
2 EL brauner Zucker
1 EL Backpulver
½ TL Zimt, gemahlen
½ TL Salz
3 Eier, getrennt
1 Tasse (250 ml) Milch
1 Tasse (250 g) Naturjoghurt (Magerstufe)
4 EL Butter, zerlassen
1 TL Vanilleextrakt oder 2–3 Tropfen Vanillearoma
1 EL Zitronensaft, frisch gepreßt
2 Granny-Smith-Äpfel, geschält und entkernt
Butter, zum Servieren
Ahornsirup, zum Servieren
Butter-Sautéed Apples (s. folgendes Rezept), zum Servieren
Zesty Sausage Patties (s. S. 58), zum Servieren

1. Ein beschichtetes Waffeleisen vorheizen.
2. Mehl mit Zucker, Backpulver, Zimt und Salz in einer Schüssel vermischen. Beiseite stellen.
3. In einer zweiten Schüssel Eigelbe mit Joghurt, Milch, Butter und Vanillearoma verquirlen. Mehlmischung hineinsieben und glattrühren.
4. Zitronensaft in eine Schüssel geben. Äpfel in die Schüssel reiben und gründlich mit dem Saft vermischen, dann unter den Teig rühren.
5. Die Eiweiße steif schlagen und mit einem Gummispatel unter den Teig heben.
6. Etwa 125 ml Teig auf die untere Hälfte des vorgeheizten Waffeleisens geben und gleichmäßig verteilen, das Waffeleisen schließen und die Waffel 2 Minuten backen. Den restlichen Teig genauso verarbeiten. Sofort mit Butter, Ahornsirup, gebratenen Äpfeln und Frikadellen servieren.

Ergibt 10 Waffeln; für 5 Personen

BUTTER-SAUTÉED APPLES
IN BUTTER GEBRATENE ÄPFEL

3 EL Butter
4 Äpfel (z. B. Golden Delicious oder Granny Smith), geschält, entkernt und in etwa 2–3 cm große Stücke geschnitten
2 EL brauner Zucker
1 TL Zimt, gemahlen

Butter in einer großen beschichteten Pfanne bei relativ hoher Temperatur erhitzen. Die Apfelstücke zugeben und mit Zucker und Zimt bestreuen. 10–15 Minuten unter Rühren braten, bis die Äpfel weich sind.

Für 4–6 Personen

WAFFELN

Holländische Siedler brachten die ersten Waffeln nach Amerika. Sie hatten ihre Waffeleisen – mit langen Griffen versehene Gerätschaften, die direkt ins offene Feuer gehalten wurden – stets griffbereit am Herd stehen. Auch Thomas Jefferson, der 3. Präsident der Vereinigten Staaten, soll ein solches Waffeleisen besessen haben.

Die ersten elektrischen Waffeleisen kamen kurz vor der Jahrhundertwende auf, doch erst in den 40er Jahren wurden sie zum festen Bestandteil praktisch jedes amerikanischen Haushalts.

Mit den heutigen Waffeleisen dauert das Bakken oft weniger als 4 Minuten, und sie lassen sich mühelos reinigen.

Die sogenannten »Belgischen Waffeln« sind etwas dicker als herkömmliche Waffeln und werden häufig auf Jahrmärkten angeboten. Sie enthalten Hefe und werden in speziellen Eisen mit einem tiefen Wabenmuster gebacken. Diese Waffeln waren übrigens die Sensation der New Yorker Weltausstellung 1967. Vor allem mit Erdbeeren und Sahne wurden sie in großen Mengen an die hungrigen Besucher verkauft.

Der Waffelteig kann Stunden im voraus zubereitet werden, die Waffeln allerdings nicht. Sie schmecken nur frisch aus dem Waffeleisen – mit Ahornsirup, Honig oder frischem Obst (zum Frühstück; später am Tag mag ich sie am liebsten mit Eiscreme und heißer Fudge-Sauce).

Banana Buttermilk Waffles

Bananen-Buttermilch-Waffeln

Zerdrückte Bananen, eine Prise Muskatnuß und Joghurt verleihen diesen Waffeln ihr besonderes Aroma. Die frisch gebackenen Waffeln mit einem Klecks saurer Sahne oder Joghurt und frischen Himbeeren servieren – und fertig ist ein leckeres spätes Frühstück oder ein leichtes Mittagessen.

2 Tassen (250 g) Mehl
2 EL brauner Zucker
1 EL Backpulver
½ TL Salz
½ TL Zimt, gemahlen
¼ TL Muskatnuß, gemahlen
3 Eier, getrennt
1 Tasse (250 g)
  Naturjoghurt (Magerstufe)
1 Tasse (250 ml) Buttermilch
4 EL Butter, zerlassen
1 TL Vanilleextrakt oder 2–3 Tropfen
  Vanillearoma
2 sehr reife Bananen
1 EL Zitronensaft, frisch gepreßt
Butter, zum Servieren
Ahornsirup, zum Servieren

1. Ein beschichtetes Waffeleisen vorheizen.
2. Mehl mit Zucker, Backpulver, Salz, Zimt und Muskat in einer Schüssel vermischen. Beiseite stellen.
3. In einer zweiten Schüssel die Eigelbe mit Joghurt, Buttermilch, Butter und Vanillearoma verschlagen. Die Mehlmischung in die Flüssigkeit sieben und glattrühren.
4. Die Bananen grob zerdrücken und mit dem Zitronensaft in einer Schüssel vermischen, dann die Masse in den Teig einrühren.
5. Die Eiweiße zu steifem Schnee schlagen und mit einem Gummispatel unter den dünnflüssigen Teig heben.
6. Etwa 125 ml Teig auf die untere Hälfte des Waffeleisens geben und mit einem Spatel gleichmäßig verteilen. Das Waffeleisen schließen und die Waffel 2 Minuten backen. Die fertige Waffel herausnehmen und den restlichen Teig auf die gleiche Weise verarbeiten. Heiß mit Butter und Ahornsirup servieren.

Ergibt 10 Waffeln; für 5 Personen

Marion Cunningham's Raised Waffles

Hefewaffeln à la Marion Cunningham

Als ich mich so richtig mit der Waffelzubereitung beschäftigte, Rezepte tauschte und mit neuen experimentierte, riet mir eine befreundete Waffelspezialistin, einmal die herrlich lockeren Hefewaffeln von Marion Cunningham auszuprobieren. In den USA ist sie berühmt für ihre köstlichen Frühstücksideen, und diese Waffeln gehören ohne Zweifel zu den besten. Süß sind sie ideal zum Frühstück oder zum Brunch, mit einem Klecks saurer Sahne und Kaviar eignen sie sich auch als Mittagessen. Achten Sie aber auf das Timing: Der Teig muß einen Tag im voraus zubereitet werden.

½ Tasse (125 ml) warmes Wasser
1 Päckchen Trockenhefe
2 Tassen (500 ml) warme Milch
½ Tasse (125 g) Butter, zerlassen
1 TL Salz
1 TL Zucker
2 Tassen (250 g) Mehl

etwas Pflanzenöl, zum Einfetten des
    Waffeleisens
2 Eier
¼ TL Natron

1. Warmes Wasser in eine große Rührschüssel gießen, die Trockenhefe einstreuen und 5 Minuten stehen lassen, bis sich die Hefe aufgelöst hat.

2. Die Milch mit zerlassener Butter, Salz, Zucker und Mehl zugeben und gründlich verrühren (am besten mit einem Schneebesen oder einem Handrührgerät, um Klumpenbildung zu vermeiden). Die Schüssel mit Frischhaltefolie abdecken und den Teig bei Zimmertemperatur über Nacht ruhen lassen.

3. Am nächsten Tag ein beschichtetes Waffeleisen vorheizen und leicht einfetten.

4. Kurz vor dem Backen Eier und Natron gründlich unter den recht dünnflüssigen Teig rühren. Etwa 125 g Teig auf die untere Hälfte des vorgeheizten Waffeleisens geben, rasch mit einem Spatel verteilen und das Eisen schließen. Die Waffel 2–3 Minuten goldbraun und knusprig backen. Mit dem restlichen Teig ebenso verfahren.

Ergibt 8 Waffeln

Hinweis: Im Kühlschrank bleibt der Teig mehrere Tage frisch.

ANNABEL'S FRENCH TOAST
ANNABELS ARME RITTER

Meine Tochter Annabel ist bei der Zubereitung des legendären *French toast* unschlagbar. Das Geheimnis liegt im ausgewogenen Verhältnis von Eiern und Kaffeesahne. Das Tüpfelchen auf dem i ist, daß Annabel das Challah, ein gehaltvolles Hefebrot, vor dem Braten in der Eier-Kaffeesahne einweicht. Sie serviert den Toast mit zerlassener Butter, Ahornsirup und Marmelade.

4 Eier
½ Tasse (125 ml) Kaffeesahne oder nur Milch
¼ TL Vanilleextrakt oder 1 Tropfen Vanillearoma
2 EL Zucker
¼ TL Zimt, gemahlen
¼ TL Salz
3 TL Butter, gegebenenfalls etwas mehr
8 Scheiben Challah (jüdisches Hefebrot mit Eiern und Safran) oder anderes gehaltvolles Brot, je etwa 2–3 cm dick
zerlassene Butter, zum Servieren
Ahornsirup, zum Servieren
Marmelade, zum Servieren

1. Die Eier mit Kaffeesahne, Vanillearoma, Zucker, Zimt und Salz in einer flachen Schüssel verquirlen.

2. Von der Butter 1 Teelöffel abnehmen und in einer mittelgroßen beschichteten Pfanne erhitzen. Je zwei Brotscheiben etwa 1 Minute in der Eier-Kaffeesahne-Mischung einweichen, dabei das Brot leicht zusammenpressen, damit es möglichst viel Flüssigkeit aufnimmt. Die getränkten Brotscheiben in die heiße Pfanne legen und auf jeder Seite etwa 3 Minuten goldbraun backen.

3. Direkt aus der Pfanne servieren oder mit Alufolie bedecken und im Ofen bei etwa 120 °C warm halten, bis die restlichen Scheiben gebak-

ken sind. Bei Bedarf vor jeder neuen Portion noch etwas Butter in die Pfanne geben, damit das Brot nicht anbrennt.

4. Butter, Ahornsirup und Marmelade getrennt dazu reichen.
Für 4 Personen

FRENCH TOAST AND JELLY
ARME RITTER MIT KONFITÜRE

★★★

French toast ist nicht etwa ein typisch amerikanisches Gericht, sondern stammt in Wirklichkeit aus Europa. Wir kennen es als »Arme Ritter«, die Franzosen als *pain perdu* (»verlorenes Brot«), da man für dieses Rezept gut altes Brot verwenden kann. Die französische Bezeichnung ist auch in der Cajun- und Kreolen-Küche in Louisiana geläufig. Challah oder eine mit Eiern angereicherte Brioche ergeben den besten *French toast*. In diesem Rezept sorgt die Konfitürefüllung für eine süße Überraschung.

4 Eier
1 Tasse (250 ml) Milch
¼ TL Vanilleextrakt oder 1 Tropfen Vanillearoma
½ TL Zucker
¼ TL Zimt, gemahlen
1 Msp. Muskatnuß, gerieben
8 Scheiben Challah (jüdisches Hefebrot mit Eiern und Safran) oder anderes gehaltvolles Hefebrot mit Eiern, je etwa 2–3 cm dick
½ Tasse (180 g) Erdbeer-, Himbeer- oder Aprikosenkonfitüre
4 TL Butter
Ahorn- oder Himbeersirup, zum Servieren

1. Eier mit Milch, Vanillearoma, Zucker, Zimt und Muskat in einer flachen Schüssel verquirlen. Beiseite stellen.

2. Mit einem scharfen Messer in jede Brotscheibe vorsichtig eine etwa 5 cm breite Tasche schneiden, darauf achten, daß die Tasche kein Loch bekommt. Die Tasche innen mit 1 Eßlöffel Konfitüre bestreichen.

3. In einer beschichteten Pfanne 1 Teelöffel Butter bei mittlerer Temperatur bis zum Rauchpunkt erhitzen. Jeweils zwei Brotscheiben in die Eiermilch tunken und dann in die heiße Pfanne legen. Die Brotscheiben etwa 3 Minuten goldbraun braten, wenden und auf der anderen Seite nochmal etwa 2 Minuten backen. Die restlichen Brotscheiben auf die gleiche Weise bakken, gegebenenfalls zwischendurch etwas Butter zugeben. Die Toasts direkt aus der Pfanne servieren oder mit Alufolie abgedeckt warm halten.
Für 4 Personen

BRUNCH HAM-AND-CHEESE FRENCH TOAST
ARME RITTER MIT SCHINKEN UND KÄSE

Die folgende French-Toast-Variante besteht aus einer gehaltvollen Eier-Kaffeesahne-Mischung, mildem Cheddar und Schwarzwälder

Die Herstellung von Ahornsirup

Ahornsirup wird in Zuckersudhäusern hergestellt, die sich dort befinden, wo auch die Ahornbäume wachsen und angezapft werden: am Rande der schneereichen Hügel in den kalten, waldigen Regionen Nordamerikas. Gut ein Drittel der in den USA erzeugten Menge wird in Vermont produziert. Also begann ich dort mit meinen Recherchen, und zwar auf der »Butternut Mountain Farm« nördlich vom Wintersportzentrum Stowe.

Man braucht je nach Jahreszeit und Wetterverhältnissen zwischen 30 und 50 Gallonen Ahornsaft – das sind 120–200 Liter –, um eine einzige Gallone Ahornsirup – etwa 4 Liter – herzustellen.

Schon die Indianer ritzten die Bäume zur Saftgewinnung an und legten glühendheiße Steine in die Flüssigkeit, um daraus Sirup zu machen. Die Siedler gingen dazu über, Löcher in die Baumstämme zu bohren, und kochten den gewonnenen Ahornsaft dann über offenem Feuer ein. Die heutigen Methoden sind ähnlich einfach. Der Ahornsaft wird oftmals noch mit Auffangeimern gesammelt und dann in Tanks umgefüllt, die auf Traktoren oder Pferdeschlitten transportiert werden. Zuweilen wird der Saft durch Plastikschläuche direkt in Sammelbehälter geleitet, auf manchen Farmen sogar über mehrere Meilen Entfernung. Aus dem Sammelbehälter gelangt der Saft gefiltert in einen erhöhten Tank im Zuckersudhaus. Dieser Tank ist an einen *evaporator* oder Verdampfer angeschlossen, eine offene Pfanne über einem Holzfeuer, die in flache Kanäle unterteilt ist. Die verdampfende Flüssigkeit tritt am Ende als Ahornsirup aus.

Wie beim Wein spielen hier Boden und Lage eine entscheidende Rolle. Außerdem kommt es bei der Saftgewinnung auf die Ahornart an. Ein wichtiger Faktor ist auch das Wetter: Da der Ahornsaft am besten fließt, wenn es nachts friert und tagsüber taut, darf es weder zu kalt noch zu warm sein. In jedem Frühjahr beginnt für die Farmer ein Wettlauf mit der Zeit, denn an wärmeren Tagen wird der Ahornsaft leicht »wolkig« und bitter. Der im Februar gewonnene Saft ist am konzentriertesten und ergibt die größte Menge Sirup. Gegen Ende der Erntezeit – im April – wird der Saft immer flüssiger, so daß man im Vergleich zum Februar fast die doppelte Menge Saft für die gleiche Menge Sirup benötigt. Der Saft muß unverzüglich nach dem Sammeln eingekocht werden, da er schnell verdirbt. Für einen hellen Ahornsirup von guter Qualität ist es wichtig, daß der Saft rasch eingedickt wird, möglichst innerhalb einer Stunde.

David Martin, der Besitzer der »Butternut Mountain Farm«, erläuterte mir die verschiedenen Gradbezeichnungen des Sirups. Die Graduierung sagt etwas über den Zeitpunkt der Saftgewinnung aus. Der zu Beginn der Ernte hergestellte »Fancy«

oder »Grade AA« ist farblich am hellsten und geschmacklich am mildesten. Diese Qualitätsstufe sollte möglichst für Kuchenglasuren und anderes feines Naschwerk verwendet werden. Der »Grade A medium«, in den USA die Standardsorte, ist

etwas ausgeprägter im Geschmack und eignet sich hervorragend für Pancakes, Waffeln und *French toasts*. »Grade A dark« und »Grade B« schmecken zunehmend kräftiger und sind farblich dunkler, also genau das Richtige für gebackene Bohnen, Fleisch, Jamswurzeln und alle Desserts, die ein kräftiges Aroma vertragen.

Bei meinem Besuch auf »Flaherty's Maple Sugar Farm and Maple Trails Resort« in Bemidji, Minnesota, machten mir die Flahertys ein Frühstück, zu dem auch selbstgebackene *scones* mit Ahornsirup und Pekannüssen gehörten (Sie finden das Rezept im Kapitel *Zweites Frühstück*). Für seinen persönlichen Bedarf an Ahornsirup greift Dan Flaherty, obwohl er sonst mit modernster Technik arbeitet, weiter auf die altbewährte Methode mit Auffangeimerchen zurück. Auf Dans Rat hin bewahre ich Ahornsirup im Kühlschrank auf, damit er nicht gärt oder auskristallisiert.

Schinken und ist zum Frühstück oder zum Brunch ein absoluter Renner. Der Ahornsirup zu den Toasts mag etwas zu üppig erscheinen, erweist sich aber als die perfekte Ergänzung.

2 Eier
4 EL Kaffeesahne
2 TL Vanilleextrakt oder 5 Tropfen Vanillearoma
1 EL Zucker
1 Msp. Zimt, gemahlen
1 Msp. Salz
4 Scheiben gutes Weißbrot
4 TL weiche Butter
1 EL Honigsenf
2 Scheiben (je etwa 30 g) milder Cheddar oder junger Gouda
4 dünne Scheiben (je etwa 30 g) Schwarzwälder Schinken, Kasseler oder Pancetta (italienischer Bauchspeck)
Ahornsirup oder Puderzucker, zum Servieren

1. Die Eier mit der Kaffeesahne, Vanillearoma, Zucker, Zimt und Salz in einer flachen Schüssel verquirlen. Beiseite stellen.

2. Zwei Brotscheiben mit je einem Teelöffel Butter bestreichen. Die restlichen Brotscheiben mit dem Honigsenf bestreichen. Auf die mit Senf bestrichenen Scheiben je eine Scheibe Käse und zwei Scheiben Schinken oder Kasseler legen und mit den gebutterten Scheiben abdecken.

3. In einer beschichteten Pfanne 1 Teelöffel Butter bei mittlerer Temperatur zerlassen. Ein Sandwich in die Eier-Kaffeesahne-Mischung tunken und dabei darauf achten, daß beide Seiten gut getränkt sind. In die Pfanne legen und auf jeder Seite 2–3 Minuten backen, bis der Käse geschmolzen und das Sandwich außen goldbraun und knusprig ist. Das zweite Sandwich in der restlichen Butter goldbraun backen.

4. Die Sandwiches diagonal durchschneiden und heiß mit Ahornsirup oder mit Puderzucker bestäubt servieren.

Für 2 Personen

Laurie's Luscious Cinnamon Toast

Lauries Zimt-Toast

Nur einmal habe ich einen besseren Zimt-Toast gegessen als bei meiner Freundin Laurie, und das war im Okura-Hotel in Tokio. Laurie bevorzugt Weißbrot für den Toast, während ich immer Challah oder Brioche verwende, jeweils in gut 1 cm dicke Scheiben geschnitten. Wie auch immer: Wichtig ist, daß die Butter mit Zucker und Zimt eine dünne Knusperschicht auf dem Toast bildet. Servieren Sie den Toast direkt aus dem Ofen, ohne Beilagen.

2 EL Zucker
1 TL Zimt, gemahlen
4 Scheiben gutes Weißbrot
8 TL weiche Butter

1. Den Grill vorheizen.
2. Zucker und Zimt in einer kleinen Schüssel mischen.
3. Die Brotscheiben auf ein Backblech legen und nur auf einer Seite etwa 45 Sekunden toasten. (Vorsicht, das Brot verbrennt schnell!)
4. Die Brotscheiben wenden. Je 2 Teelöffel Butter gleichmäßig auf der ungetoasteten Seite der Brotscheiben verstreichen. Mit je 1½ Teelöffel Zucker und Zimt gleichmäßig bestreuen. Das Backblech unter den Grill schieben und die Brotscheiben etwa 1½ Minuten weitertoasten, bis die Oberseite goldbraun ist und Blasen wirft. Sofort servieren.

Für 2 Personen

Ham Steak with Sheila's Redeye Gravy

Schinkensteak mit Sheila's Redeye Gravy

Redeye Gravy ist eine Spezialität aus dem tiefen Süden der USA. Sie wird auch als Kaffeesauce bezeichnet, weil der Bratenfond eines Schinkens zur geschmacklichen Abrundung mit etwas Wasser und starkem Kaffee abgelöscht wurde, um daraus eine Sauce zuzubereiten. Die kleinen roten, fast verbrannten Fettpartikel, die dabei vom Pfannenboden abgekratzt werden und nach oben steigen, haben eine gewisse Ähnlichkeit mit roten Augen.

Ich löse die »roten Augen« mit einer Mischung aus Portwein und etwas Hühnerbrühe vom Pfannenboden. Ein wenig rotes Johannisbeergelee sorgt für die authentische Rotfärbung der Sauce. Alles in allem ein feines Essen zum Brunch oder mit Maisgrütze und Grüngemüse zum Dinner.

1 gekochter, geräucherter (Virginia-)Schinken (etwa 1–1,25 kg), in 4 cm dicke Scheiben geschnitten
2 Zwiebeln, längs halbiert und in hauchdünne Scheiben geschnitten
½ Tasse (100 g) Rosinen
½ Tasse (125 ml) entfettete Hühnerbrühe, vorzugsweise selbstgemacht (s. S. 271)
½ Tasse (125 ml) Tawny-Portwein
2 EL roter Portwein
1 EL rotes Johannisbeergelee

1. Überschüssiges Fett von den Schinkenscheiben entfernen, kleinschneiden und in einer großen beschichteten Pfanne bei mittlerer Hitze in etwa 10 Minuten auslassen. Die ausgebratenen Fettstückchen mit einem Schaumlöffel herausheben und wegwerfen.

2. Die Schinkenscheiben in die Pfanne legen und bei mittlerer Hitze von beiden Seiten insgesamt 10 Minuten braten. Dann auf eine vorgewärmte Platte legen und das Fett in der Pfanne bis auf 2 Eßlöffel abgießen.

3. Zwiebeln und Rosinen in die Pfanne geben und bei mittlerer Hitze unter gelegentlichem Rühren etwa 10 Minuten schmoren.

4. Brühe, die zwei Sorten Portwein und rotes Johannisbeergelee zugeben. Die Flüssigkeit zum Kochen bringen und 5 Minuten weiter kochen lassen, dabei alle braunen Krusten vom Boden und vom Rand ablösen. Die Temperatur herunterschalten und die Sauce bei mittlerer Hitze weitere 5 Minuten köcheln lassen.

5. Vor dem Servieren den Schinken quer in dünne Scheiben schneiden, auf Tellern anrichten und mit der Sauce übergießen.

Für 6 Personen

CAROLYN'S CREAMED DRIED BEEF ON BISCUITS
CHIPPED BEEF IN SAHNESAUCE

★★★

Als Carolyn Maxwell und ich in den 60er Jahren in New York Zimmergenossinnen waren, gab es nur drei Dinge, die wir uns zum Essen leisten konnten: Thunfisch aus der Dose, Spaghetti und sonntags zum Frühstück Carolyns Spezialität: *chipped beef* in Sahnesauce auf Toast. Mittlerweile serviere ich die Speise auf Buttermilch-Brötchen mit weichem Rührei als Beilage.

225 g Chipped beef (gepökeltes, geräuchertes und anschließend zwei Wochen getrocknetes Rindfleisch) in dünnen Scheiben (ersatzweise Bündner Fleisch, in dünne Scheiben geschnitten)
2 EL Butter
3 EL Schalotten, feingehackt
2 EL Mehl
1 Tasse (250 ml) entfettete Hühnerbrühe, vorzugsweise selbstgemacht (s. S. 271)
2 EL halbtrockener Sherry (Amontillado)
¾ Tasse (200 ml) Crème double oder Schlagsahne
1 Prise Muskatnuß, gemahlen
1 Prise Cayennepfeffer
4 Buttermilch-Brötchen (s. S. 233) oder getoastete englische Muffins, zum Servieren

1. Die Fleischscheiben nebeneinander in einem Sieb unter fließendem kaltem Wasser abspülen, um überschüssiges Salz zu entfernen. Abtropfen lassen und mit Küchenpapier abtupfen. Die Scheiben auf einem Küchentuch auslegen und gründlich trocknen lassen, dann zerpflücken.

2. In der Zwischenzeit Butter in einer mittelgroßen beschichteten Pfanne bei mäßiger Temperatur erhitzen. Schalotten zugeben und unter Rühren 4–5 Minuten glasig dünsten.

3. Für die hellbraune Mehlschwitze das Mehl zugeben und unter Rühren 2 Minuten anschwitzen, bis es etwas Farbe angenommen hat.

4. Brühe, Sherry und Sahne in die Mehlschwitze rühren und mit Muskat und Cayennepfeffer würzen. Die Sauce bei milder Hitze etwa 6 Minuten leicht einkochen lassen (nicht salzen!). Das Fleisch zugeben und gut durchwärmen. Auf warme Buttermilch-Brötchen verteilen und servieren.

Für 4 Personen

Zesty Sausage Patties
Würzige Frikadellen

Frikadellen kann man leicht selbst zubereiten. Sie schmecken köstlich, wenn sie mit Orangenschale abgeschmeckt werden. Diese kleinen Frikadellen können gut anstelle von Speck oder Bratwürstchen zum Frühstück oder Brunch serviert werden. Falls Sie eine pikantere Variante bevorzugen, nehmen Sie statt mild gewürzter Bratwurst scharf gewürzte. Servieren Sie dazu Waffeln, Pancakes, Eier oder in Butter gebratene Äpfel.

450 g Schweinehack von der Schulter
225 g mild gewürzte Bratwurst, ohne Haut
2 EL glatte Petersilie, gehackt
1 EL frischer Thymian, gehackt, oder
  1 TL getrockneter Thymian
2 TL unbehandelte Orangenschale, feingerieben
½ TL Salz oder nach Geschmack
½ TL schwarzer Pfeffer, grobgemahlen

1. Alle Zutaten in eine große Schüssel geben und mit den Händen gut mischen. Danach die Hände gründlich waschen. Die Mischung zugedeckt 30 Minuten in den Kühlschrank stellen.
2. Aus der Fleischmasse 14–16 flache Frikadellen von etwa 5 cm Durchmesser formen. Falls die Mischung zu sehr klebt, die Hände anfeuchten.
3. Die Frikadellen in einer beschichteten Pfanne ohne Fett bei mittlerer Hitze auf jeder Seite etwa 4 Minuten braun braten.

Ergibt 14–16 Frikadellen;
für 8 Personen

Southern Sausage Gravy
Bratwurstsauce nach Art des Südens

Meine Leidenschaft für Bratwurstsauce und Brötchen entdeckte ich im Restaurant »Miche Mache«, das noch bis vor kurzem in Stamford, Connecticut, existierte. Ich war dort zum Gospel-Brunch eingeladen, und während wir dem Soul-Gesang von Jean Cheek und ihrem Trio »Faces« lauschten, genossen wir das vom Besitzer des Restaurants eigenhändig zubereitete *soul food* (»Seelen-Nahrung«).

Zu Hause habe ich mich von der hervorragenden Wurstsauce dazu inspirieren lassen, meine eigene Variation zu kreieren. Um dem Ganzen mehr Pfiff zu geben, wählte ich eine schärfere Wurstsorte als die sonst übliche und gab reichlich frischen Thymian dazu, was die Cajun-Note verstärkte. Das Ergebnis ist ein herzhaftes Kraftfrühstück, zu dem man am besten Rührei, gebratenen Schinken und fruchtiges Ananas-Relish serviert.

225 g milde oder süßliche Bratwurst, ohne Haut
225 g würzige Bratwurst (z. B. Chipolata),
  ohne Haut
3 EL Mehl
¾ Tasse (200 ml) Milch
¾ Tasse (200 ml) entfettete Hühnerbrühe,
  vorzugsweise selbstgemacht (s. S. 271)
1½ TL frischer Thymian, gehackt, oder
  ¼ TL getrockneter Thymian
Salz und frisch gemahlener schwarzer Pfeffer
6 Buttermilch-Brötchen (s. S. 233), zum Servieren

1. Die Wurstmasse in einer großen beschichteten Pfanne bei mäßig starker Hitze anbräunen und dabei mit einem Löffel krümelig auflockern. Mit einem Schaumlöffel herausheben und in eine Schüssel geben.

2. Das ausgebratene Fett bis auf 3 Eßlöffel abgießen, Mehl einstreuen und bei starker Hitze 1 Minute unter Rühren anschwitzen, bis das Mehl leicht gebräunt ist. Die Pfanne von der Kochstelle nehmen.

3. Milch und Brühe langsam zugießen, dabei ständig rühren, bis eine glatte Sauce entstanden ist. Die Pfanne zurück auf den Herd stellen und die Sauce in 2–3 Minuten leicht einkochen lassen. Thymian zugeben und mit Salz und Pfeffer abschmecken.

4. Das krümelige Brät unter die Sauce rühren und bei mittlerer Temperatur kurz erhitzen. Über die aufgeschnittenen Brötchen geben und sofort servieren.

Für 6 Personen

Küchenpapier trocken, dann werden sie beim Braten schön knusprig. Dazu serviere ich gerne Spiegel- oder Rührei.

1 Zwiebel
1 EL Olivenöl
1 EL Butter
350 g Hühnerleber, gesäubert
1 Prise getrockneter Thymian
Salz und frisch gemahlener schwarzer Pfeffer

1. Zwiebel halbieren und in hauchdünne Scheiben schneiden.

2. Öl und Butter in einer großen beschichteten Pfanne erhitzen. Die Zwiebel zugeben und bei mittlerer Hitze unter Rühren 10 Minuten dünsten, bis sie weich und leicht gebräunt ist.

3. Die Hühnerlebern zugeben und mit Thymian, Salz und reichlich frisch gemahlenem Pfeffer würzen. Die Lebern 5–7 Minuten braten, bis sie außen schön braun und innen noch rosa sind, zwischendurch die Pfanne ab und zu rütteln. Sofort servieren.

Für 4 Personen

BREAKFAST CHICKEN LIVERS AND ONIONS

HÜHNERLEBER MIT ZWIEBELN

Der ständige Kampf gegen hohe Cholesterinwerte hält zwar viele davon ab, regelmäßig Leber zu essen, aber ab und zu darf man ruhig ein bißchen schummeln, und für solche Fälle empfehle ich diese schmackhaften Hühnerlebern. Überschüssiges Fett schneide ich von den Lebern ab und tupfe die einzelnen Stücke mit

LIGHTLY CREAMED MUSHROOMS

CHAMPIGNONS IN SAHNESAUCE

Pilze in Sahnesauce sind ein echter Klassiker zum Brunch, insbesondere, wenn sie auf getoasteten Brötchen oder englischen Muffins als Beilage zu gebratenem Schinken oder Frühstücksspeck serviert werden. Zum Andicken der Sahnesauce wird meist eine dicke Mehlschwitze (Roux) verwendet, was ich für überflüssig halte.

Ich lasse die Sahne einfach etwas einkochen: Das ergibt eine feine, leichte Sauce.

2 EL Butter
2 EL Schalotten, feingehackt
300 g Champignons, gesäubert und in dünne Scheiben geschnitten
1 Prise Cayennepfeffer
1 Prise Muskatblüten, gemahlen
3 EL entfettete Hühnerbrühe, vorzugsweise selbstgemacht (s. S. 271)
2 EL Tawny-Portwein
½ Tasse (125 ml) Crème double oder Schlagsahne
Salz nach Geschmack
1 EL frischer Schnittlauch, kleingeschnitten
2 Buttermilch-Brötchen (s. S. 233) oder 1 leicht getoasteter englischer Muffin, zum Servieren

1. Butter in einer großen beschichteten Pfanne bei geringer Hitze zerlassen. Schalotten zugeben und unter Rühren 5 Minuten glasig dünsten.

2. Pilze zufügen und bei starker Hitze unter Rühren 5 Minuten weich dünsten, dann mit Cayennepfeffer und Muskatblüte würzen.

3. Die Brühe und den Portwein zugießen, die Temperatur ein wenig herunterschalten und die Flüssigkeit 5 Minuten köcheln lassen. Dann Sahne zugeben und das Ganze erneut 5 Minuten köcheln lassen. Mit Salz abschmecken und den Schnittlauch unterrühren, anschließend über die aufgeschnittenen Brötchen oder die getoasteten Muffin-Hälften geben und sofort servieren.
Für 2 Personen

DENVER PETE'S HOME FRIES

BRATKARTOFFELN

★★★

Eines Morgens um 5 Uhr auf dem Weg zum Flughafen stoppte ich in »Pete's Kitchen« in Denver, wo jedes Frühstücksgericht mit einem gepflegten Restaurantessen mithalten kann. Bei »Pete's« werden die Kartoffeln in der Schale gebacken und dann mit grünen Paprikaschoten und Zwiebeln aufgebraten – ein perfekteres Kartoffelgericht kann man sich zum Frühstück kaum vorstellen.

Wenn Sie Kartoffeln backen, legen Sie ein paar zusätzlich mit in den Backofen. Damit können Sie am nächsten Morgen Bratkartoffeln nach dem Spezialrezept von »Pete's Kitchen« zubereiten. Als kleinen Farbtupfer streuen Sie gehackte Petersilie über das fertige Gericht.

4 rotschalige Kartoffeln (je etwa 225 g)
3 EL Olivenöl, gegebenenfalls auch etwas mehr
1 große grüne Paprikaschote, in 2–3 cm große Stücke geschnitten
1 große Zwiebel, in 2–3 cm große Stücke geschnitten
grobes Salz und frisch gemahlener schwarzer Pfeffer
1½ EL glatte Petersilie, gehackt, zum Garnieren

1. Den Backofen auf 190 °C vorheizen.

2. Die Kartoffeln waschen, trockentupfen und mehrmals mit einer Gabel einstechen. 1 Stunde im Ofen backen, dann leicht abkühlen lassen und mit Schale in etwa 2–3 cm große Stücke schneiden.

3. Öl in einer großen beschichteten Pfanne bei mittlerer Temperatur erhitzen. Paprika und Zwiebel zugeben und unter Rühren 10 Minuten glasig dünsten.

4. Die Kartoffelstückchen in die Pfanne geben und unter das Gemüse mischen. Großzügig mit grobem Salz und Pfeffer würzen. 10–12 Minuten knusprig und goldbraun braten, dabei die Kartoffeln hin und wieder mit einem Spatel wenden. Mit Petersilie garnieren und heiß servieren.
Für 4–6 Personen

Bratkartoffeln: *Hash Browns* oder *Home Fries*

Es gab Zeiten, da hätte ich *hash browns* niemals den Vorzug vor *home fries* gegeben, doch das ist heute anders.

Hash browns werden in Schnellimbissen zubereitet. Es handelt sich dabei um grobgehackte oder geraspelte rohe Kartoffeln, die als flache Kuchen in Schweineschmalz oder Butter gebraten werden, bis sie auf beiden Seiten goldbraun und knusprig sind.

Home fries werden zu Hause zubereitet. Dazu werden gekochte Kartoffeln in nicht zu dünne Scheiben geschnitten und in Schweineschmalz oder Butter in der Pfanne auf beiden Seiten knusprig braun gebraten. Ich verwende am liebsten am Vortag gebackene Kartoffeln, zerkleinere sie mitsamt der Schale und brate sie mit Zwiebeln in Olivenöl an, bis die Kartoffelschalen schön knusprig und die Zwiebeln goldbraun sind. Das Ganze würze ich mit grobem Salz und frisch gemahlenem schwarzem Pfeffer, und gelegentlich mische ich eine kleingehackte grüne Paprikaschote darunter, wie im Rezept auf der gegenüberliegenden Seite beschrieben. Beide Varianten sind ausgesprochen lecker!

Hash-Brown Pancake
Rösti

Früher habe ich *home fries* (s. o.), die aus gekochten Kartoffeln zubereitet werden, *hash browns* (s. o.) vorgezogen, weil diese fast immer außen kaum gebräunt und innen halbroh serviert werden. Dann aber habe ich mich für dieses Buch an den Herd gestellt und eine ordentliche Portion *hash browns* zubereitet, und ich muß sagen, sie schmeckten ganz ausgezeichnet.

Das folgende pfannkuchenartige Kartoffelgericht ist zwar recht groß, hält aber in der Regel gut zusammen. Es sollte heiß mit Ketchup serviert werden.

2 rotschalige Kartoffeln, geschält
Salz und frisch gemahlener schwarzer Pfeffer
1 EL Erdnuß- oder anderes Pflanzenöl
1 EL Butter

1. Kartoffeln über einer Schüssel grob raspeln. Mit Salz und Pfeffer würzen.
2. Öl und Butter in eine mittelgroße beschichtete Pfanne geben und bei mittlerer Temperatur erhitzen. Die geraspelten Kartoffeln zugeben, glattstreichen und zu einem Pfannkuchen formen.
3. Die Rösti abgedeckt 10–12 Minuten braten, bis die Unterseite gebräunt ist. Vorsichtig wenden und zugedeckt weitere 10 Minuten braten, bis die andere Seite braun und knusprig ist. In vier Stücke schneiden und anschließend sofort servieren.

Für 4 Personen

Grits (Maisgrütze) – Die Leibspeise der Südstaatler

Grits ist mehr als nur ein traditionelles Südstaaten-Gericht, *grits* ist im Süden geradezu eine Institution.

Jeder Südstaatler wird Ihnen bestätigen, daß es mit dieser Maisgrütze etwas Besonderes auf sich hat. Niemand ißt sie pur, denn so schmeckt sie langweilig. Ein Stich Butter und etwas Salz wirken bereits Wunder, aber noch besser ist sie mit Zukker, Ahornsirup oder einem würzigen Käse. Grütze ist kein ausschließliches Frühstücksessen. In den Südstaaten ißt man *grits* zu jeder Tageszeit, zum Beispiel in Eintöpfen und Schmorgerichten, in Soufflés und Füllungen, Fleischklößchen und fritierten Küchlein. Sie wird sogar in Broten und Pizza verbacken. Mit Eiern wird die Grütze nach dem Erkalten schnittfest wie Polenta.

Abgeleitet vom altenglischen *grytte*, bezeichnete *grits* ursprünglich die Kleie und die Spreu, die nach dem Vermahlen von Getreide übrigbleiben. Seit dem 16. Jahrhundert versteht man darunter jedoch das enthülste und grobgemahlene Getreide selbst. Obwohl im Prinzip jedes Getreide für *grits* in Frage kommt, verwenden die Amerikaner nur die von der Schale befreiten, getrockneten Körner von ausgereiftem Mais, der bei den Indianern *ustatahamen* heißt. Die Einwanderer übernahmen ihn von den amerikanischen Ureinwohnern und nannten ihn *hominy*.

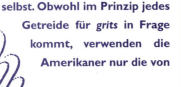

Verschiedene Maisgrützen

Die Leibspeise der Südstaatler gibt es natürlich auch anderswo, wenn auch nicht immer in dieser großen Auswahl. Die Firmen Quaker Oats, Carnation und Martha White Foods vertreiben Maisgrütze in sämtlichen Bundesstaaten der USA, und die steinvermahlene Variante – die beste – ist in ausgesuchten Feinkostläden oder über den Versandhandel erhältlich. In Deutschland bekommt man die mittel- bis grobkörnige Grütze in Supermärkten, italienischen Feinkostläden, Reformhäusern oder Naturkostläden unter der Bezeichnung ›Polenta‹.

Steinvermahlene Maisgrütze (Maisgrieß): Hierfür werden in den USA die ganzen getrockneten Maiskörner mitsamt Keimling und dazugehörigem Nährgewebe nach alter Tradition zwischen Mahlsteinen vermahlen. Steinvermahlene Grütze ist nährstoffreicher, ölhaltiger und geschmackvoller als die handelsüblichen Sorten, aber sie wird auch schnell ranzig, wenn sie nicht gekühlt oder tiefgefroren wird. Überhaupt sollte Grütze nur in gut schließenden Behältern aufbewahrt werden. Diese Grütze benötigt etwa 20–30 Minuten

Garzeit und sollte für die hier genannten Rezepte verwendet werden.

Gewöhnliche Maisgrütze: Die gröbste Sorte der drei in den USA handelsüblichen Produkte benötigt zwar eine längere Garzeit (20–30 Minuten) als die Schnellkoch- und die Instantgrütze, sie schmeckt aber auch wesentlich besser.

Schnellkochgrütze: Diese Sorte findet man gewöhnlich in amerikanischen Supermärkten. Für ihre Herstellung wird herkömmliche Grütze leicht gedämpft und anschließend zusammengepreßt, um die Getreidepartikel aufzuschließen. Diese Grütze ist in 3–5 Minuten gar.

Instantgrütze: Ausgangsbasis für dieses Produkt, das man in den Südstaaten eigentlich gar nicht als *grits* bezeichnet, ist die gewöhnliche Grütze. Die dehydrierten *grits* quellen rasch wieder zu ihrer ursprünglichen Größe auf, wenn sie mit kochendem Wasser übergossen werden. Für die hier vorgestellten Rezepte eignet sich die Instantgrütze allerdings nicht.

Creamy Grits
Sahnige Maisgrütze

Maisgrütze gehört in den Südstaaten sowohl beim Abendessen als auch beim Frühstück zu den beliebtesten Gerichten. Die mit Sahne verfeinerte Variante habe ich morgens oft mit einem Löffel braunem Zucker und abends mit einer Shrimp-Wurstsauce gegessen. Mittlerweile glaube ich zu wissen, warum sich Südstaatler, wenn sie fern der Heimat sind, nach dieser Leibspeise sehnen.

6 Tassen (1½ l) Wasser
1½ Tassen (240 g) grober Maisgrieß (Polenta)
1 TL Salz
1½ EL Butter
3 EL Crème double oder Schlagsahne

1. Wasser in einem schweren Topf aufkochen lassen.
2. Maisgrieß und Salz auf einmal hineinschütten und gut unterrühren. Auf niedrige Temperatur herunterschalten und die Grütze zugedeckt 20 Minuten zu einem glatten, dicken Brei kochen lassen; zwischendurch immer wieder umrühren.
3. Butter und Sahne unterrühren und sofort servieren.

Für 4 Personen

Cheese Grits Souffle
Maisgriess-Soufflé mit Käse

Dieses Gericht ist von Kansas City bis nach Memphis äußerst beliebt. Kein Wunder, denn es schmeckt ausgezeichnet, ist unkompliziert in der Zubereitung und eine willkommene Abwechslung zu Kartoffeln und Reis. Die Eier sollten vor dem Einrühren in die Soufflémasse mit einer Tasse (200 g) heißem Maisgrieß »temperiert« werden, denn sonst entsteht beim anschließenden Mischen Rührei.

6 Tassen (1½ l) Wasser
Salz nach Geschmack
1½ Tassen (240 g) grober Maisgrieß (Polenta)
2 Eier
1½ Tassen (190 g) Cheddar, geraspelt
2 EL Butter
½ TL Tabasco oder nach Geschmack
frisch gemahlener schwarzer Pfeffer
Paprikapulver

1. Den Backofen auf 180 °C vorheizen. Eine Soufflé- oder Backform von etwa 2 Litern Fassungsvermögen mit Butter ausstreichen.

2. Das Wasser mit 1 Teelöffel Salz in einem großen schweren Topf aufkochen lassen. Den Maisgrieß langsam einstreuen. Auf niedrige Temperatur herunterschalten und die Grütze zugedeckt etwa 20 Minuten zu einem dicken Brei kochen lassen; hin und wieder umrühren.

3. Die Eier in einer kleinen Schüssel verquirlen. 1 Tasse (200 g) Grütze abnehmen und unter die Eier rühren. Diese Mischung zusammen mit Käse, Butter und Tabasco unter die restliche Grütze rühren. Mit Salz und Pfeffer abschmecken. So lange rühren, bis der Käse und die Butter geschmolzen sind.

4. Die Masse in die vorbereitete Form füllen und mit Paprika bestäuben. 45 Minuten im Ofen backen, bis das Soufflé innen gar ist und sich auf der Oberseite eine schöne braune Kruste gebildet hat. Sofort servieren.
Für 4–6 Personen

SOUTHERN FRIED GRITS
GEBRATENE MAISGRÜTZE

Achten Sie beim Kauf von Maisgrütze auf die Qualität und nehmen Sie ein Vollwertprodukt, z. B. Polenta. Sobald die gekochte Grütze fest geworden ist, muß sie etwa drei Stunden gut durchkühlen, bevor sie gebraten wird. Sie können mit dekorativen Förmchen beliebige Motive aus der erstarrten Grütze ausstechen und diese dann braten.

1 l Milch
4 große Knoblauchzehen, geschält und zerdrückt
1 Tasse (160 g) grober Maisgrieß (Polenta)
1 Tasse (125 g) Monterey Jack (ersatzweise Edamer),
  geraspelt
¼ Tasse (40 g) rote Paprikaschote, feingehackt
¼ Tasse (40 g) grüne Paprikaschote, feingehackt
½ Tasse (30 g) Basilikumblätter, gehackt
Salz und frisch gemahlener schwarzer Pfeffer
3 EL (60 g) Mehl
1 EL Olivenöl, gegebenenfalls etwas mehr
1 EL Butter, gegebenenfalls etwas mehr

1. Eine runde Backform von 24 cm Durchmesser mit Butter ausstreichen.

2. Milch mit Knoblauch in einem schweren Topf bei mäßig starker Hitze kurz aufkochen lassen, dann den Knoblauch herausnehmen. Den Maisgrieß unter ständigem Rühren langsam in die kochendheiße Milch rieseln lassen. Die Grütze bei milder Hitze unter ständigem Rühren etwa 20 Minuten köcheln lassen, bis ein dicker Brei entstanden und die Milch vollständig absorbiert ist.

3. Den Topf von der Herdplatte nehmen und Käse, rote und grüne Paprika, Basilikum, Salz und Pfeffer unterrühren. Die Masse in die vorbereitete Form füllen und mit einem Teigschaber glattstreichen. Auf Raumtemperatur abkühlen lassen, dann zugedeckt 2–3 Stunden in den Kühlschrank stellen, bis die Masse erstarrt ist.

4. Acht gleich große Stücke aus der Masse schneiden und diese leicht mit Mehl bestäuben.

5. Öl und Butter in einer großen beschichteten Pfanne bei relativ hoher Temperatur erhitzen. Die Polenta-Stücke portionsweise etwa 1 Minute auf jeder Seite braten, bis sie goldbraun und knusprig sind. Bei Bedarf noch etwas Öl und Butter zugeben.

Für 8 Personen

TEIL II

ZWEITES

FRÜHSTÜCK

Zweites Frühstück

Muffins und süße Brote

Es ist 11 Uhr vormittags, Zeit für eine Kaffeepause. Nach einem guten Start in den Tag haben Sie Ihren Rhythmus gefunden, und ein Teil der Arbeit – ob zu Hause oder im Büro – ist erledigt. Gönnen Sie sich also eine kleine Belohnung! Lassen Sie die Arbeit Arbeit sein. Machen Sie es sich gemütlich und sammeln Sie Kraft für den restlichen Tag. Köstlichkeiten wie Rosinen-Dattel-Kuchen, Muffins mit Gelee oder Scones mit Pekannüssen und Ahornsirup zu einer Tasse heißer Schokolade eignen sich hervorragend für ein zweites Frühstück. Für den kleinen Hunger empfehlen sich ein Buttermilch-Donut oder eine Scheibe vom delikaten Cranberry-Orangen-Brot. Oder wie wär's mit einem leckeren Kleie-Muffin? Dazu gehört ein gut zubereiteter Kaffee. Wenn Sie ihn wie auf Seite 57 beschrieben kochen, duftet es bei Ihnen zu Hause bald genauso verführerisch wie in Ihrem Lieblingscafé.

ZESTY BLUEBERRY MUFFINS

HEIDELBEER-MUFFINS

In der Heidelbeersaison können einem diese Muffins so richtig den Tag versüßen. Aber auch außerhalb der Erntezeit schmecken sie ganz vorzüglich. Tiefkühlware, bei der die Beeren einzeln schockgefrostet werden, läßt man antauen und mischt sie dann unter den Teig. Ebenso köstlich schmecken die Muffins mit schwarzen Himbeeren oder Brombeeren. Mit ein paar Löffeln Maismehl wird der Teig etwas griffiger in der Konsistenz.

½ Tasse (125 g) weiche Butter
1 Tasse (250 g) Zucker plus 2 EL extra
2 Eier
1 TL Vanilleextrakt oder 2–3 Tropfen Vanillearoma
½ TL unbehandelte Zitronenschale, feingerieben
1¾ Tassen (220 g) Mehl
¼ Tasse (40 g) feines Maismehl
2 TL Backpulver
¼ TL Salz
1 Msp. Zimt, gemahlen
½ Tasse (125 ml) Milch
2½ Tassen (380 g) frische Heidelbeeren

1. Den Backofen auf 190 °C vorheizen. Die 12 Vertiefungen einer Muffinform einfetten oder mit Papiermanschetten auslegen.

2. In einer großen Schüssel Butter und Zucker mit einem elektrischen Handmixer schaumig rühren. Die Eier einzeln zugeben und kräftig unterrühren, dann Vanille und Zitronenschale unterrühren.

3. In einer zweiten Schüssel Mehl, Maismehl, Backpulver, Salz und Zimt verrühren. Die Hälfte der Mehlmischung zu der Eiermischung geben, dann die Milch zugießen und alles gründlich verrühren. Die restliche Mehlmischung unterheben, den Teig aber nicht zu lange rühren.

4. Behutsam die Heidelbeeren unterheben. Den Teig in die einzelnen Vertiefungen der Muffinform füllen und anschließend gleichmäßig mit dem restlichen Zucker bestreuen. Die Muffins dann im vorgeheizten Ofen 25–35 Minuten auf mittlerer Schiene backen, bis sie goldbraun sind und bei der Stäbchenprobe kein Teig mehr kleben bleibt.

5. Die Muffins 15 Minuten in der Form abkühlen lassen, dann auf ein Kuchengitter stürzen und auskühlen lassen.
Ergibt 12 Muffins

CRANBERRY BLUEBERRY-BUCKLE MUFFINS

CRANBERRY-HEIDELBEER-MUFFINS MIT ZIMTSTREUSELN

Diese fruchtigen Muffins sind eine willkommene Abwechslung zu den eher schweren Varianten mit Kleie und Vollkornweizenmehl, die in den USA gewöhnlich im Winter zum Frühstück gegessen werden. Wenn Sie tiefgefrorene Heidelbeeren verwenden, hat das den Vorteil, daß die Beeren besser ihre Form behalten. Ich lasse sie fast ganz auftauen und rühre sie dann behutsam unter den Teig. Die Cranberries mit ihrem herb-säuerlichen Geschmack bilden einen angenehmen Kontrast zu den süßen Zimtstreuseln.

STREUSEL
¼ Tasse (60 g) Zucker
2 EL Mehl
½ TL Zimt, gemahlen
2 EL Butter, kleingeschnitten

TEIG
2 Tassen (250 g) Mehl
½ Tasse (125 g) Zucker
2 TL Backpulver
1 TL Salz
1 Ei
1 Tasse (250 ml) Buttermilch
½ Tasse (125 g) Butter, zerlassen
½ Tasse (80 g) frische Cranberries oder Preiselbeeren
½ Tasse (80 g) frische oder gefrorene Heidelbeeren

1. Den Backofen auf 200 °C vorheizen. Die 12 Vertiefungen einer Muffinform einfetten oder mit Papiermanschetten auslegen.
2. Alle Zutaten für die Streusel in einer Küchenmaschine zu einer krümeligen Masse verarbeiten und beiseite stellen.
3. Für den Muffinteig Mehl mit Zucker, Backpulver und Salz in einer großen Schüssel gründlich mischen.
4. In einer zweiten Schüssel das Ei verquirlen, die Buttermilch und die zerlassene Butter unterrühren.
5. Diese Flüssigkeit zu der Mehlmischung gießen und grob zu einem Teig verrühren. Anschließend die Beeren zugeben und alles behutsam zu einem glatten Teig verrühren.
6. Die Vertiefungen der Muffinform zu drei Vierteln mit Teig füllen und jeweils 2 Teelöffel Streusel darauf verteilen. Die Muffins im vorgeheizten Ofen auf der mittleren Schiene etwa 30 Minuten backen. Sie sind fertig, wenn bei der Stäbchenprobe kein Teig mehr kleben bleibt.
7. Die Muffins 15 Minuten in der Form abkühlen lassen, dann auf ein Kuchengitter stürzen und ganz auskühlen lassen.
Ergibt 12 Muffins

CRANBERRY WALNUT MUFFINS

CRANBERRY-WALNUSS-MUFFINS

★★★

Diese locker-leichten Muffins mit dem herb-säuerlichen Geschmack von Cranberries schmecken zum zweiten Frühstück genauso gut wie zum Nachmittagskaffee. Sie passen auch als süße Überraschung in den Brotkorb, der in den USA traditionsgemäß zum *New England boiled dinner* (s. S. 362) gereicht wird.

2 Tassen (250 g) Mehl
1¼ Tassen (310 g) Zucker
2 TL Backpulver
½ TL Salz
2 Eier
½ Tasse (125 ml) Buttermilch
3 EL Butter, zerlassen
1 EL Zitronensaft, frisch gepreßt
1 Tasse (160 g) frische Cranberries oder Preiselbeeren
½ Tasse (60 g) Walnüsse, grobgehackt
1 TL unbehandelte Zitronenschale, feingerieben

1. Den Backofen auf 200 °C vorheizen. Die 12 Vertiefungen einer Muffinform einfetten oder mit Papiermanschetten auslegen.
2. Mehl mit Zucker, Backpulver und Salz in einer Schüssel gründlich mischen. Beiseite stellen.
3. In einer zweiten Schüssel die Eier verquirlen. Buttermilch, flüssige Butter und Zitronensaft unterrühren.

4. Diese Flüssigkeit mit der Mehlmischung zu einem Teig verrühren, anschließend Cranberries, Walnüsse und Zitronenschale behutsam unterrühren.

5. Den Teig in die Vertiefungen der Muffinform füllen und im Ofen auf der mittleren Schiene etwa 20 Minuten backen. Die Muffins sind durchgebacken, wenn bei der Stäbchenprobe kein Teig mehr kleben bleibt.

6. Die Muffins 15 Minuten in der Form abkühlen lassen, dann auf ein Kuchengitter stürzen und vollständig auskühlen lassen.

Ergibt 12 Muffins

JELLY MUFFINS
MUFFINS MIT GELEE

Ich liebe Donuts mit Gelee, aber normalerweise ist mir ihre Zubereitung zu aufwendig. Da kam mir irgendwann die Idee, daß mit Gelee gefüllte Muffins, frisch aus dem Ofen, eine gute Alternative sein müßten – und so ist es! Anstelle von Himbeergelee können Sie natürlich auch andere Sorten nehmen.

1¾ Tassen (220 g) Mehl
½ Tasse (125 g) Zucker
2 TL Backpulver
½ TL Natron
½ TL Salz
1 Ei
¾ Tasse (200 ml) Buttermilch
6 EL Butter, zerlassen
1 TL unbehandelte Orangenschale, feingerieben
8 gehäufte TL Himbeergelee

1. Den Backofen auf 200 °C vorheizen. 8 Vertiefungen eines Muffinblechs einfetten oder mit Papiermanschetten auslegen.

2. Mehl mit Zucker, Backpulver, Natron und Salz in einer Schüssel mischen und beiseite stellen.

3. In einer zweiten Schüssel das Ei verquirlen. Buttermilch, zerlassene Butter und Orangenschale zugeben und gründlich verrühren.

4. Die Mehlmischung zu dieser Flüssigkeit geben und mit einem Holzlöffel zu einem Teig verrühren.

5. Die einzelnen Vertiefungen der Muffinform jeweils zur Hälfte mit Teig füllen. Mit dem Zeigefinger oder einem Teelöffel in die Teigmitte eine kleine Mulde drücken und jeweils einen Teelöffel Gelee hineingeben. Den restlichen Teig darauf verteilen und glattstreichen.

6. Die Muffins im vorgeheizten Ofen auf der mittleren Schiene etwa 20 Minuten backen. Sie sind durchgebacken, sobald bei der Stäbchenprobe kein Teig mehr kleben bleibt.

7. Die fertigen Muffins 15 Minuten in der Form abkühlen lassen, dann auf ein Kuchengitter stürzen und ganz auskühlen lassen.

Ergibt 8 Muffins

STEFFI'S BRAN MUFFINS
KLEIE-MUFFINS

Dieses Rezept verdanke ich meiner Freundin Steffi Berne, und es sind die einzigen Kleie-Muffins, die ich wirklich gern esse. Steffi hat mir wichtige Tips für die Zubereitung verraten: Man darf den Teig auf keinen Fall zu lange rühren und die trockenen Zutaten nur unterheben, sonst werden die Muffins hart und zäh. Die Muffins können mit Rosinen, Korinthen, getrockneten Heidelbeeren, Feigen oder auch Aprikosen gefüllt werden.

1½ Tassen (120 g) Weizenkleie
1¼ Tassen (300 ml) Milch
1 Tasse (125 g) Weizenmehl
¼ Tasse (30 g) Vollkornweizenmehl
⅓ Tasse (80 g) Zucker
1 EL Backpulver
1 Msp. Muskatnuß, frisch gemahlen
1 Prise Salz
gut ¼ Tasse (40 g) getrocknete Heidelbeeren oder Korinthen
1 Ei
3 EL Pflanzenöl

1. Den Backofen auf 200 °C vorheizen. Die 12 Vertiefungen einer normalgroßen oder 24 Vertiefungen einer Mini-Muffinform einfetten oder mit Papiermanschetten auslegen.

2. Weizenkleie und Milch in einer großen Schüssel verrühren und beiseite stellen.

3. In einer zweiten mittelgroßen Schüssel die Mehlsorten mischen und Zucker, Backpulver, Muskat, Salz und getrocknete Beeren gründlich unterrühren.

4. Ei und Öl zu der eingeweichten Kleie geben und mit einem Holzlöffel oder einem Handmixer kräftig verrühren. Die trockenen Zutaten mit einem Holzlöffel vorsichtig unterheben, so daß der Teig gerade eben zusammenhält. Nicht rühren.

5. Den Teig in die Vertiefungen der Muffinform füllen und im vorgeheizten Ofen auf der mittleren Schiene 20 Minuten backen, bis sich die Muffins fest anfühlen und bei der Stäbchenprobe kein Teig mehr kleben bleibt.

6. Die Muffins 15 Minuten in der Form abkühlen lassen, dann auf ein Kuchengitter stürzen. Warm servieren.

Ergibt 12 große oder 24 kleine Muffins

Hinweis: Diese Muffins lassen sich tiefgekühlt bis zu einem Monat aufbewahren. Nach dem Backen auf Raumtemperatur abkühlen lassen und dann einfrieren. Vor dem Servieren die gefrorenen Muffins auf ein Backblech legen und 10 Minuten im auf 180 °C vorgeheizten Ofen backen.

OATMEAL RAISIN MUFFINS

HAFER-MUFFINS MIT ROSINEN

Diese Frühstücks-Muffins werden mit groben Haferflocken gebacken. Sie schmecken besonders gut mit Butter und Orangenmarmelade. Und wenn es dazu noch eine Tasse frisch aufgebrühten Kaffee oder eine heiße Schokolade gibt, ist das Geschmackserlebnis komplett.

1 Tasse (90 g) Haferflocken
    plus 1 EL extra
1 Tasse (250 ml) Buttermilch
¾ Tasse (100 g) Vollkornweizenmehl
¾ Tasse (100 g) Weizenmehl
2 TL Backpulver
½ TL Zimt, gemahlen
½ TL Salz
2 Eier
½ Tasse (90 g) brauner Zucker
¾ Tasse (260 g) Honig
6 EL Butter, zerlassen
1 TL Vanilleextrakt oder
    2–3 Tropfen Vanillearoma
½ Tasse (100 g) Rosinen

1. Den Backofen auf 200 °C vorheizen. Die 12 Vertiefungen einer Muffinform einfetten oder mit Papiermanschetten auslegen.

2. Haferflocken und Buttermilch in einer kleinen Schüssel verrühren und beiseite stellen.

3. In einer zweiten Schüssel die Mehlsorten mit Backpulver, Zimt und Salz mischen und beiseite stellen.

4. In einer dritten Schüssel die Eier und den Zucker mit einem Handmixer schaumig schlagen. Den Honig unterrühren, dann die zerlassene Butter und die Vanille zugeben und alles gründlich mischen.

5. Die Mehlmischung zu der Eiermischung geben und mit einem Holzlöffel zu einem Teig verrühren. Dann behutsam Haferflocken und Rosinen unterheben.

6. Die Vertiefungen der Muffinform zu drei Vierteln mit Teig füllen. Die restlichen Haferflocken darüber streuen. Die Muffins im vorgeheizten Ofen auf der mittleren Schiene 20 Minuten backen, bis bei der Stäbchenprobe kein Teig kleben bleibt.

7. Die Muffins 15 Minuten in der Form abkühlen lassen, dann auf ein Kuchengitter stürzen und auskühlen lassen.

Ergibt 12 Muffins

BERTA'S CARROT MUFFINS

MÖHREN-MUFFINS

Diese Muffins sind die neueste Abwandlung des klassischen Möhrenkuchens meiner Mutter. Sie schmecken wunderbar mit *schmear* (Slangausdruck in New Yorker Delikatessenläden für *cream cheese*, den mild-aromatischen Frischkäse mit über 70 % F. i. Tr.) oder einem hier erhältlichen milden Frischkäse.

1 Tasse (125 g) Mehl
1 Tasse (125 g) Weizenvollkornmehl
2 TL Backpulver
1 TL Natron
½ TL Salz
1 TL Zimt, gemahlen
1 Ei
½ Tasse (90 g) brauner Zucker
¾ Tasse (200 g) saure Sahne
½ Tasse (125 g) Butter, zerlassen
¾ Tasse (150 g) gekochte Möhren, püriert
⅓ Tasse (50 g) abgetropfte Ananas aus der Dose, kleingeschnitten
1 TL Vanilleextrakt oder 2–3 Tropfen Vanillearoma
½ Tasse (60 g) Walnüsse, grobgehackt
½ Tasse (45 g) Kokosraspel

1. Den Backofen auf 200 °C vorheizen. Die 12 Vertiefungen einer Muffinform einfetten oder mit Papiermanschetten auslegen.

2. Die Mehlsorten mit Backpulver, Natron, Salz und Zimt in einer Schüssel mischen.

3. In einer zweiten Schüssel Ei und Zucker schaumig schlagen. Saure Sahne, Butter, Möhrenpüree, Ananas und Vanille unterrühren.

4. Die trockenen Zutaten zu der Eimischung geben und mit einem Holzlöffel leicht verrühren. Walnüsse und Kokosraspel unterheben.

5. Die Vertiefungen der Muffinform zu gut drei Vierteln mit Teig füllen. Die Muffins im vorgeheizten Ofen auf der mittleren Schiene 20 Minuten backen. Sie sind fertig, wenn bei der Stäbchenprobe kein Teig mehr kleben bleibt.

6. Die Muffins 15 Minuten in der Form abkühlen lassen, dann auf ein Kuchengitter stürzen und auskühlen lassen.

Ergibt 12 Muffins

Kaffee – perfekt zubereitet

Seit einigen Jahren wächst in den USA das Interesse an qualitativ hochwertigen Kaffeebohnen und exotischen Zubereitungen. Galt das zunächst nur für San Francisco und die Pazifikküste, breitete sich diese neue Vorliebe doch rasch nach Süden und Osten aus. So gibt es heute auch in Manhattan, wo ich lebe, gleich um die Ecke eine gepflegte Espressobar, in der alle erdenklichen Kaffeegenüsse angeboten werden.

Da mir nichts über meine erste Tasse Kaffee am Morgen geht, bereite ich sie mir am liebsten selbst zu. Ich verwende dabei nur die besten Bohnen, die ich in einem Fachgeschäft oder einem Delikatessenladen kaufe. Dort werden die Bohnen luftdicht verschlossen aufbewahrt, und das garantiert absolute Frische. Auch zu Hause bewahre ich die Bohnen fest verschlossen an einem kühlen, dunklen Ort auf – am besten im Kühlschrank. Bohnen, die ich nicht innerhalb einer Woche verbrauche, friere ich direkt ein. Ich mahle die Bohnen erst unmittelbar vor dem Aufbrühen und verwende immer nur frisches, kaltes Leitungswasser. Am liebsten brühe ich den Kaffee von Hand auf, aber auch das aus Frankreich stammende Cafetière-Prinzip (Kaffeepulver wird in einem feuerfesten Glaskrug mit kochendheißem Wasser übergossen und nach einigen Minuten mit der Filtervorrichtung nach unten gedrückt) ergibt einen guten Kaffee. Für Cafetièren eignet sich grobes Kaffeepulver am besten, während man, um den Kaffee von Hand aufzubrühen, mit feinem Pulver einen besseren Geschmack erzielt. Wichtig ist nicht zuletzt das richtige Maß: Auf 250 ml Wasser rechnet man 2 gestrichene Eßlöffel Kaffeepulver.

Die gängigsten Kaffeesorten auf dem US-Markt reichen von fein-aromatischem Kona-Kai-Kaffee von Hawaii bis zu den ausgeprägt würzigen Sorten aus Indonesien. Die Geschmacksrichtungen des Kaffees aus den übrigen Anbaugebieten liegen zwischen diesen beiden Extremen: Ostafrikanische Sorten haben ein eher kräftiges Aroma, während Kaffee aus Zentral- und Südamerika einen ausgewogenen Geschmack und kaum Säure hat. Auch das Rösten der Bohnen hat nachhaltige Auswirkungen auf das Aroma. Die mittlere oder ›amerikanische‹ Röstung bringt ein volles, ausgeprägtes Aroma hervor, die starke oder ›französische‹ dagegen macht den Kaffee dunkler und stärker. Bei der ›europäischen‹ Röstung mischt man zwei Teile französische und einen Teil amerikanische Röstung, bei der ›Wiener‹ Röstung verhält es sich genau anders herum. Espresso schließlich basiert auf der doppelten oder ›italienischen‹ Röstung.

Es gibt zwei Verfahren, um Kaffee zu entkoffeinieren. Beim chemischen Verfahren kommen die Bohnen direkt mit Lösungsmitteln in Kontakt, die Methylenchlorid enthalten. Auf solche Weise entkoffeinierter Kaffee schmeckt fast so gut wie ›richtiger‹ Kaffee. Bei der Entkoffeinierung mit heißem Wasser und Wasserdampf dagegen gehen mehr Öle und Geschmacksstoffe verloren. Obwohl es keine Hinweise darauf gibt, daß das chemische Verfahren gesundheitliche Risiken birgt, bevorzugen mißtrauische Konsumenten die zweite Methode.

Applesauce Pecan Muffins

Muffins mit Apfelmus und Pekannüssen

Diese Muffins werden mit Apfelmus und saurer Sahne zu einem echten Festtagsschmaus. Den Muffinteig auf keinen Fall zu lange rühren, sonst wird das Gebäck hart. Die trockenen Zutaten vorsichtig unter die flüssigen heben, bis ein glatter Teig entstanden ist.

1½ Tassen (190 g) Mehl
2 TL Backpulver
1 TL Natron
½ TL Salz
1 TL Zimt, gemahlen
½ TL Piment, gemahlen
1 Msp. Nelken, gemahlen
1 Msp. Muskatnuß, gemahlen
1 Ei
½ Tasse (125 g) Zucker
½ Tasse (125 g) Butter, zerlassen
⅓ Tasse (80 g) saure Sahne
1 TL Vanilleextrakt oder 2–3 Tropfen Vanillearoma
½ Tasse (125 g) Apfelmus, vorzugsweise selbstgemacht (s. S. 218)
¾ Tasse (90 g) Pekannüsse, gehackt
10 Pekannüsse, halbiert

1. Den Backofen auf 200 °C vorheizen. 10 von den 12 Vertiefungen einer Muffinform einfetten oder mit Papiermanschetten auslegen.
2. Mehl mit Backpulver, Natron, Salz und Gewürzen in einer Schüssel mischen, dann beiseite stellen.
3. In einer zweiten Schüssel Ei und Zucker leicht schaumig schlagen. Zerlassene Butter, saure Sahne, Vanille und Apfelmus unterrühren.
4. Die trockenen Zutaten zu der Eimischung geben und mit einem Holzlöffel rasch glattrühren. Die gehackten Nüsse unterheben.
5. Die 10 Vertiefungen der Muffinform zu drei Vierteln mit Teig füllen und jeweils mit einer Nußhälfte belegen. Die Muffins im vorgeheizten Ofen auf der mittleren Schiene 20 Minuten goldgelb backen. Sie sind fertig, wenn bei der Stäbchenprobe kein Teig mehr haften bleibt.
6. Die Muffins 15 Minuten in der Form abkühlen lassen, dann auf ein Kuchengitter stürzen und auskühlen lassen.
Ergibt 10 Muffins

Pumpkin Pecan Tea Bread

Kürbisbrot mit Pekannüssen

Der sahnige Frischkäse macht dieses Kürbisbrot ziemlich gehaltvoll. Im Herbst schmeckt es hervorragend zu einem kräftigen Vermont Cheddar und zu amerikanischen Persimonen, im Sommer wird es mit in Scheiben geschnittenen Pfirsichen und einer Sahnehaube serviert.

2 Tassen (250 g) Mehl
2 TL Backpulver
1 TL Natron
1 TL Zimt, gemahlen
1 TL Piment, gemahlen
½ TL Ingwer, gemahlen
½ TL Muskatnuß, gemahlen
½ TL Salz

½ Tasse (125 g) weiche Butter
½ Tasse (115 g) Doppelrahmfrischkäse
   (zimmerwarm)
1 Tasse (250 g) Kristallzucker
½ Tasse (90 g) brauner Zucker
2 Eier
1 Tasse (200 g) Kürbispüree (s. S. 321, aber ohne
   Butter, Zucker, Gewürze und saure Sahne)
½ Tasse (125 g) saure Sahne
1 TL Vanilleextrakt oder 2–3 Tropfen Vanillearoma
1 Tasse (125 g) Pekannüsse, gehackt

1. Den Backofen auf 180 °C vorheizen. Zwei Kastenformen (je 22 cm) leicht einfetten. Die Böden jeweils mit einem Stück Backpapier auslegen und ebenfalls einfetten. Die Formen mit Mehl ausstreuen und überschüssiges Mehl abklopfen.
2. Mehl mit Backpulver, Natron, Zimt, Piment, Ingwer, Muskat und Salz in eine Schüssel sieben und beiseite stellen.
3. In einer zweiten Schüssel Butter, Frischkäse und Zucker mit einem Mixer schaumig schlagen. Die Eier nacheinander unterrühren. Kürbispüree, saure Sahne und Vanille zugeben und gründlich verrühren.
4. Die Mehlmischung zugeben und alles zu einem glatten Teig verrühren. Dann die Pekannüsse unterheben.
5. Den Teig in die vorbereiteten Formen füllen und im vorgeheizten Ofen auf der mittleren Schiene etwa 1 Stunde backen. Wenn bei der Stäbchenprobe kein Teig mehr kleben bleibt, sind die Brote gar.

6. Die Brote zunächst 15 Minuten in den Formen abkühlen lassen, dann mit einem Messer am Rand entlangfahren, um sie zu lösen. Die Kürbisbrote herausnehmen, das Papier abziehen, die Laibe auf ein Kuchengitter setzen und auskühlen lassen.
Ergibt 2 Brote

CRANBERRY ORANGE BREAD
CRANBERRY-ORANGEN-BROT

★★★

Dieses fein-aromatische Kuchenbrot schmeckt besonders gut getoastet und mit sahnigem Frischkäse bestrichen. Genausogut können Sie es mit einer dünnen Scheibe gekochtem Schinken belegen und mit Rührei servieren. In den USA wird dieses schmackhafte Brot gern zum *Thanksgiving Day* (Erntedankfest) und auch zu Weihnachten verschenkt.

2 Tassen (250 g) Mehl
1 Tasse (250 g) Zucker
1 TL Backpulver
1 TL Natron
½ TL Salz
1 Ei
½ Tasse (125 ml) Orangensaft,
   frisch gepreßt
3 EL Buttermilch
3 EL Butter, zerlassen
1½ Tassen (125 g) frische Cranberries oder
   Preiselbeeren, grobgehackt
½ Tasse (60 g) Pekannüsse, grobgehackt
1 EL unbehandelte Orangenschale,
   feingerieben

1. Den Backofen auf 180 °C vorheizen. Eine Kastenform (22 cm) leicht einfetten.

2. Mehl mit Zucker, Backpulver, Natron und Salz in einer großen Schüssel gründlich mischen.

3. Das Ei in einer zweiten Schüssel verquirlen. Orangensaft, Buttermilch und Butter unterrühren.

4. Die flüssige Mischung zur Mehlmischung gießen und glattrühren. Cranberries, Pekannüsse und Orangenschale unterheben.

5. Den Teig in die vorbereitete Form füllen und im Ofen auf der mittleren Schiene etwa 1 Stunde backen. Gegen Ende der Backzeit die Garprobe machen: Wenn bei der Stäbchenprobe kein Teig mehr kleben bleibt, ist das Brot gar.

6. Das Brot 15 Minuten in der Form abkühlen lassen, dann mit einem Messer am Rand der Form entlangfahren, um es zu lösen. Das Brot herausnehmen und auf einem Kuchengitter auskühlen lassen.

Ergibt 1 Brot

ZUCCHINI LEMON LOAF

ZUCCHINI-ZITRONEN-BROT

Dieses saftige Brot läßt sich durch die Zugabe von saurer Sahne noch verfeinern. Es eignet sich zum Nachmittagskaffee oder zum zweiten Frühstück, mit einer Kugel Zitroneneis serviert sogar zum Dessert. Ein einfacher Zitronenguß, der auf das noch warme Kuchenbrot aufgetragen wird, rundet das Aroma ab.

TEIG
1½ Tassen (190 g) Mehl
1½ TL Backpulver
½ TL Natron
½ TL Salz
1 TL Zimt, gemahlen
½ TL Muskatnuß, gemahlen
¼ TL Nelken, gemahlen
2 Eier
½ Tasse (125 ml) Pflanzenöl
1 Tasse (250 g) Zucker
3 EL saure Sahne
1 TL Vanilleextrakt oder 2–3 Tropfen Vanillearoma
Schale von 1 unbehandelten Zitrone, feingerieben
1 Tasse (140 g) ungeschälte Zucchini, geraspelt
½ Tasse (60 g) Walnüsse, gehackt

GLASUR
½ Tasse (75 g) Puderzucker
2 EL Zitronensaft, frisch gepreßt

1. Den Backofen auf 180 °C vorheizen. Eine Kastenform (22 cm) leicht einfetten und mit Mehl ausstreuen.

2. Für den Teig Mehl mit Backpulver, Natron, Salz und Gewürzen in einer Schüssel mischen und beiseite stellen.

3. Mit einem elektrischen Handmixer die Eier in einer zweiten Schüssel leicht verquirlen. Öl, Zucker, saure Sahne, Vanille und Zitronenschale zugeben und alles gründlich verschlagen. Die Mehlmischung zugeben und kurz unterrühren. Die Zucchiniraspel und die Nüsse behutsam unterheben.

4. Den Teig in die vorbereitete Form füllen und im Ofen auf der mittleren Schiene 55–60 Minuten backen. Das Brot ist gar, wenn bei der Stäbchenprobe kein Teig mehr kleben bleibt. Das fertige Brot 10 Minuten in der Form abkühlen lassen, dann mit einem Messer vom Rand lösen und aus der Form nehmen. Das Brot auf ein Kuchengitter setzen und auskühlen lassen.

5. Für den Guß (s. Hinweis) Puderzucker und Zitronensaft in einen kleinen Topf geben und un-

ter gelegentlichem Rühren zum Kochen bringen. Zwei Minuten weiterrühren und kochen lassen, dann vom Herd nehmen. Das noch warme Kuchenbrot mit einem Stäbchen oder einer Stricknadel im Abstand von etwa 2–3 cm auf der Oberseite einstechen. Den Guß auftragen, dann das Kuchenbrot auskühlen lassen.

Ergibt 1 Brot

Hinweis: Zum Einfrieren den Guß weglassen. Sobald das Brot ganz aufgetaut ist, kurz im Ofen aufbacken, dann mit Schritt 5 fortfahren.

LEMON POPPY-SEED LOAF

ZITRONEN-MOHN-KUCHEN

Dieses kleine Kuchenbrot mit der zarten Konsistenz eines traditionellen *pound cake* und dem fruchtig-sauren Zitronengeschmack eignet sich ausgezeichnet zum zweiten Frühstück oder zum Nachmittagskaffee. Auch zu Zitroneneis paßt es ausgesprochen gut. Die übliche Mohnmenge habe ich für dieses Rezept reduziert, damit der Mohn nicht so stark herausschmeckt.

1½ Tassen (190 g) Mehl
2 TL Backpulver
½ TL Salz
½ Tasse (125 g) weiche Butter
1 Tasse (250 g) Zucker
2 Eier
½ Tasse (125 g) saure Sahne
¼ Tasse (35 g) Mohnsamen
2 EL Zitronensaft,
    frisch gepreßt
1 EL unbehandelte Zitronenschale,
    feingerieben

1. Den Backofen auf 180 °C vorheizen. Eine Kastenform (22 cm) einfetten und mit Mehl ausstreuen.
2. Mehl mit Backpulver und Salz in eine Schüssel sieben und beiseite stellen.
3. In einer zweiten Schüssel Butter und Zucker mit einem Handmixer schaumig rühren. Eier zugeben und gründlich untermischen. Saure Sahne, Mohnsamen, Zitronensaft und -schale unterrühren.
4. Die Mehlmischung zugeben und unterrühren. Den Teig in die vorbereitete Form füllen und im vorgeheizten Ofen auf mittlerer Schiene 55–60 Minuten backen. Das Kuchenbrot ist durchgebacken, wenn bei der Stäbchenprobe kein Teig mehr kleben bleibt.
5. Das fertige Brot 10 Minuten in der Form abkühlen lassen, dann mit einem Messer vom Rand der Form lösen und herausnehmen.

Ergibt 1 Brot

BANANA GINGERBREAD

PFEFFERKUCHEN MIT BANANE

Dieses würzige Kuchenbrot schmeckt zu jeder Tageszeit. Probieren Sie es einmal warm mit selbstgemachtem Vanille- oder Pralineneis und einer Ananas-Ingwer- oder einer Butterscotch-Sauce.

Ein paar Worte zu Tee in den USA

Falls der amerikanische Kongreß jemals nach einem offiziellen Nationalgetränk suchen sollte, würde ich Tee vorschlagen. Dieses Getränk verdient, wie ich meine, eine gewisse Anerkennung, denn schließlich verdanken wir unsere Identität unter anderem einer Schar rebellierender Siedler, die im Jahr 1773 wutentbrannt ganze Teeladungen in den Bostoner Hafen warfen.

Der Pro-Kopf-Verbrauch der Amerikaner liegt heute bei gut 30 Litern Tee jährlich. In den Supermärkten werden überwiegend einfache Orange-Pekoe-Mischungen, kalter Tee in Flaschen sowie diverse Eistees angeboten. Die Verbraucher verlangen aber auch zunehmend feinere und teurere Teesorten.

Es lohnt sich durchaus, sein Wissen über die vielen verschiedenen Teesorten zu erweitern. Sie alle zu probieren, bedürfte es allerdings eines ganzen Menschenlebens. Am besten kauft man den Tee in einem Spezialgeschäft, wo er lose angeboten wird. Die wichtigsten Sorten sind:

Assam: Ein kräftiger und würziger Schwarztee aus Assam, einer im Nordosten Indiens gelegenen Provinz.

Darjeeling: Ein dunkler Tee mit einzigartigem Aroma, der in Indien am Fuße des Himalaya angebaut wird. Der Lieblingstee vieler Teekenner.

Ceylon: Verschiedene Schwarztees aus Ceylon, dem heutigen Sri Lanka (unter anderem auch das Herkunftsgebiet von Orange Pekoe, eine Bezeichnung, die sich nicht auf die Zitrusfrucht, sondern auf die Blattqualität bzw. die Sortierung bezieht).

Earl Grey: Eine angenehme Schwarzteemischung aus chinesischen Keemun- und indischen Darjeeling-Tees, aromatisiert mit Bergamottöl, das diesem Tee seinen typischen Geschmack verleiht.

Englische Mischung: Eine kräftige, belebende Mischung aus indischen und Ceylon-Tees, der ideale ›Aufwachtee‹.

Lapsang Souchong: Chinesischer Schwarztee mit einem sehr ausgeprägten, aber angenehm rauchigen Geschmack.

Russische Mischung: Eine Komposition aus feinen chinesischen Schwarztees, Darjeeling und Ceylon-Tee; auch Karawanentee genannt.

Gunpowder (aus China) und **Bancha** (aus Japan): Beides Grüntees, wobei der japanische körperreicher und kräftiger im Geschmack ist als der chinesische.

Jasmintee: Ein mit duftenden Jasminblüten aromatisierter chinesischer Grüntee.

Oolong: Ein halbfermentierter Tee aus China (mit Eigenschaften von Grün- und Schwarztee).

In den Vereinigten Staaten wird Tee nur auf der Insel Wadmalaw vor der Küste von South Carolina angebaut. Die Charleston Teeplantage wurde erst 1987 gegründet, hat sich aber bereits einen Namen gemacht. Der milde Classic Tea wird in einigen der besten Restaurants von Charleston serviert und sogar im Weißen Haus getrunken.

2 Tassen (250 g) Mehl
1 TL Backpulver
½ TL Salz
1½ TL Ingwer, gemahlen
1 TL Zimt, gemahlen
½ TL Piment, gemahlen
¼ TL Nelken, gemahlen
¼ TL Muskatnuß, gemahlen
½ Tasse (125 g) weiche Butter
½ Tasse (90 g) brauner Zucker
½ Tasse (125 g) Melasse oder Zuckerrübensirup
3 EL Honig
2 Eier
½ Tasse (125 g) saure Sahne
2 vollreife Bananen, zerdrückt

1. Den Backofen auf 180 °C vorheizen. Eine Kastenform (22 cm) einfetten und mit Mehl ausstäuben.

2. Mehl mit Backpulver, Salz und Gewürzen in eine Schüssel sieben und anschließend beiseite stellen.

3. In einer zweiten großen Schüssel Butter, braunen Zucker, Melasse und Honig mit einem elektrischen Handmixer schaumig rühren. Eier einzeln zugeben und jeweils gründlich verrühren. Die saure Sahne und die zerdrückten Bananen unterrühren.

4. Die Mehlmischung zugeben und glattrühren. Den Teig in die vorbereitete Form füllen und im vorgeheizten Ofen auf mittlerer Schiene 55–60 Minuten backen. Zum Ende der Backzeit die Garprobe machen: Ein in die Mitte eingestochenes Holzstäbchen muß beim Herausziehen sauber bleiben.

5. Das Kuchenbrot 10 Minuten in der Form abkühlen lassen, dann mit einem Messer am Rand entlangfahren, um es zu lösen. Das Brot herausnehmen und auf einem Kuchengitter ganz auskühlen lassen oder noch warm (aber nicht heiß!) servieren.

Ergibt 1 Brot

FLAHERTY'S MAPLE PECAN SCONES

SCONES MIT PEKANNÜSSEN UND AHORNSIRUP

Während ich mich auf Dan Flahertys Zuckerahorn-Plantage in Bemidje, Minnesota, aufhielt, wurde mir von seiner Frau Donna ein ungewöhnliches zweites Frühstück serviert. Den obligatorischen Kaffee brühte Donna nicht mit Wasser, sondern mit dem süßen Saft der Ahornbäume auf. Dazu gab es die mit Ahornsirup aromatisierten Scones und einen weichen, schaumig aufgeschlagenen Brotaufstrich, der halb aus Butter und halb aus frisch gekochtem Ahornsirup bestand. Ich trinke Kaffee sonst immer schwarz, daher war der von den Flahertys zubereitete eine echte Überraschung, jedoch eine sehr angenehme. Der Kaffee muß sehr stark gewesen sein, um die Süße des Ahornsafts abzumildern. Doch wie auch immer: Mir schmeckte dieser Kaffee so gut, daß ich mir zu den herrlich duftenden Scones eine zweite Tasse nicht entgehen ließ.

3½ Tassen (440 g) Mehl
1 Tasse (125 g) Pekannüsse, feingehackt
4 TL Backpulver
1 TL Salz
⅔ Tasse (160 g) festes Pflanzenfett (z. B. Palmin)
½ Tasse (250 ml) Milch plus 1 EL extra
½ Tasse (125 ml) Ahornsirup

1. Den Backofen auf 220 °C vorheizen. Ein Backblech einfetten.
2. Mehl mit Pekannüssen, Backpulver und Salz in einer Schüssel gründlich mischen. Das Pflanzenfett kleinschneiden und mit einem Spatel oder zwei Gabeln oder Messern in die Mehlmischung einarbeiten, bis der Teig eine grobkrümelige Konsistenz hat.
3. Milch und 5 Eßlöffel Ahornsirup zugießen und mit einer Gabel zu einem weichen, glatten Teig verarbeiten.
4. Den Teig auf einer Arbeitsfläche einige Male leicht durchkneten, dann halbieren und eine Hälfte zu einer runden Platte von etwa 18 cm Durchmesser ausrollen. Die Teigplatte vierteln und die einzelnen Stücke im Abstand von etwa 2–3 cm auf das vorbereitete Backblech legen. Die zweite Teighälfte ebenso verarbeiten.
5. Die Teigoberfläche mehrmals mit einer Gabel einstechen und mit dem restlichen Sirup bestreichen.
6. Die Scones 15–18 Minuten backen, bis sie goldbraun sind.
7. Die Scones 10 Minuten auf einem Kuchengitter abkühlen lassen und warm servieren.

Ergibt 8 Scones

Keys Caramel Rolls
Karamelbrötchen

Barbara Hunn war so freundlich, mir das Rezept für diese köstlichen Brötchen zu verraten, die in den Zwillingsstädten Minneapolis und St. Paul heißbegehrt sind. Die Karamelbrötchen wurden schon bald, nachdem Barbara mit ihrer Herstellung begonnen hatte, zu einem ihrer Markenzeichen. Das war 1974, ein Jahr nach der Eröffnung ihres ersten »Key«-Restaurants. Mittlerweile besitzt sie acht dieser Restaurants im Großraum Minneapolis und St. Paul, und in allen wird gute amerikanische Hausmannskost serviert. Laut Barbara liegt das Geheimnis ihres Erfolges in der Qualität der Speisen, die zu einem vernünftigen Preis von fachlich geschultem und stets freundlichem Personal serviert werden. Sie muß wohl recht haben, denn schon um halb sieben in der Frühe stehen die ersten Gäste Schlange nach diesen Brötchen.

½ Tasse (125 g) Zucker
1 TL Zimt, gemahlen
½ Tasse (125 g) Butter
1½ Tassen (270 g) brauner Zucker
½ Tasse (125 ml) Crème double oder Schlagsahne
2 Laibe (je etwa 450 g) tiefgefrorener Fertigteig für Weißbrot (s. Hinweis), aufgetaut

1. Zucker und Zimt in einer kleinen Schüssel mischen.
2. In einem kleinen Topf Butter mit Zucker und Sahne bei geringer Hitze unter Rühren zerlassen. Die Mischung in eine gläserne Backform (30 x 21 cm) gießen und beiseite stellen.
3. Auf einer mit Mehl bestäubten Arbeitsfläche den aufgetauten Brotteig zu einem etwa 35 x 11 cm großen Rechteck ausrollen. Den Teig mit der Hälfte des Zimtzuckers bestreuen und vom schmalen Ende her aufrollen. Die Teigrolle in drei gleich große Stücke von etwa 4 cm Länge

schneiden. Den restlichen Brotteig genauso vorbereiten.

4. Die Brötchen in zwei Reihen – jeweils drei Stück nebeneinander – in die mit der Buttermischung gefüllte Form legen. Zugedeckt an einem warmen Ort 45–60 Minuten bis zur doppelten Größe aufgehen lassen.

5. Den Backofen auf 180 °C vorheizen.

6. Die Brötchen im vorgeheizten Ofen auf der mittleren Schiene etwa 15 Minuten backen.

7. Die Brötchen etwa 15 Minuten in der Form lassen, damit sie abkühlen. Dann vorsichtig auf eine Servierplatte oder ein Tablett stürzen (Vorsicht, die Form enthält reichlich Karamelsauce!) und bis zum Servieren warm halten.

Ergibt 6 große Brötchen

Hinweis: Tiefgefrorener Fertigteig für Weißbrot ist in Supermärkten erhältlich.

Cakey Buttermilk Donuts
Buttermilch-Donuts

Die Amerikaner lieben Donuts über alles. Ich selbst bevorzuge die kuchenartigen Donuts; diese sind auch weniger zeitaufwendig als die mit Hefe zubereiteten.

2 Eier
1 Tasse (250 g) Zucker
1 Tasse (250 ml) Buttermilch
3 EL Butter, zerlassen
3½ Tassen (440 g) Mehl
1 EL Backpulver
1 TL Salz
¼ TL Piment, gemahlen
¼ TL Muskatblüte, gemahlen
Pflanzenöl, zum Fritieren
Puderzucker, zum Bestäuben
(nach Belieben)

1. Eier in einer großen Schüssel mit einem Schneebesen schaumig schlagen. Nach und nach Zucker einrieseln lassen, dabei ständig weiterschlagen, bis die Masse cremig ist.

2. Buttermilch und zerlassene Butter unterrühren.

3. Mehl mit Backpulver, Salz, Piment und Muskatblüte in eine zweite Schüssel sieben. Die Mehlmischung zur Eimischung geben und vorsichtig unterheben, aber nicht zu lange rühren. Den fertigen Teig 20 Minuten im Kühlschrank ruhen lassen.

4. Einen großen, gußeisernen Topf 5 cm hoch mit Öl füllen und dieses auf 180–190 °C erhitzen (Fett-Thermometer benutzen).

5. Während das Öl heiß wird, den Teig auf einer leicht bemehlten Arbeitsfläche gut 5 mm dick ausrollen. Mit einem Donut-Förmchen von etwa 6 cm Durchmesser ringförmige Plätzchen ausstechen. Falls Sie keinen Donut-Ausstecher zur Hand haben, runde Plätzchen in der entsprechenden Größe ausstechen und mit einem Apfelausstecher das Mittelstück entfernen. Die Teigreste zurückbehalten.

6. Sobald das Öl die richtige Temperatur hat, die Donuts portionsweise ins heiße Öl gleiten lassen und auf jeder Seite 1½ Minuten ausbacken (s. Hinweis). Die fertigen Donuts mit einem Schaumlöffel aus dem Öl heben und zum Abtropfen auf Küchenpapier legen. Anschließend die runden Mittelstücke ausbacken (jeweils 30 Sekunden pro Seite). Darauf achten, daß die Tem-

peratur nicht absinkt, gegebenenfalls die Hitze hochschalten.

7. Die Donuts nach Belieben mit Puderzucker bestäuben und warm servieren.

Ergibt 28 Donuts

Hinweis: Beim Ausbacken stets Abstand zum Herd halten und am besten lange Ärmel als Schutz vor heißen Fettspritzern tragen.

ORANGE SOUR CREAM DOUGHNUTS

DONUTS MIT SAURER SAHNE

Diese kuchenartigen Donuts duften nach Orangen und haben einen angenehmen, leicht säuerlichen Geschmack.

2 Eier
1 Tasse (250 g) Zucker
¾ Tasse (200 g) saure Sahne
3 EL Milch
3 EL Butter, zerlassen
1 EL Orangenmarmelade, erhitzt
2 TL unbehandelte Orangenschale, feingerieben
3½ Tassen (440 g) Mehl
1 EL Backpulver
1 TL Salz
½ TL Muskatnuß, gemahlen
Pflanzenöl, zum Ausbacken
Puderzucker, zum Bestäuben (nach Belieben)

1. Eier in einer großen Schüssel schaumig schlagen. Nach und nach den Zucker einrieseln lassen, dabei ständig weiterschlagen, bis die Masse cremig ist.

2. Saure Sahne, Milch, Butter, Orangenmarmelade und Orangenschale unterrühren.

3. Mehl mit Backpulver, Salz und Muskat in eine zweite Schüssel sieben. Die Mehlmischung zum Eischaum geben; behutsam und nicht zu lange unterrühren. Den Teig 20 Minuten im Kühlschrank ruhen lassen.

4. Einen großen, gußeisernen Topf 5 cm hoch mit Öl füllen und dieses bei mittlerer Temperatur auf 180–190 °C erhitzen (Fett-Thermometer benutzen).

5. Während das Öl heiß wird, den Teig auf einer leicht bemehlten Arbeitsfläche etwa 5 mm dick ausrollen. Mit einem Donut-Förmchen von etwa 6 cm Durchmesser ringförmige Plätzchen ausstechen. Falls Sie keinen Donut-Ausstecher zur Hand haben, runde Plätzchen in der entsprechenden Größe ausstechen und mit einem Apfelausstecher das Mittelstück entfernen. Die Teigreste zurückbehalten.

6. Sobald das Öl die richtige Temperatur hat, die Donuts portionsweise ins heiße Öl gleiten lassen und auf jeder Seite 1½ Minuten ausbacken, bis Ober- und Unterseite schön gebräunt sind. Die fertigen Donuts mit einem Schaumlöffel aus dem Öl heben und zum Abtropfen auf Küchenpapier legen. Dann die runden Mittelstücke ausbacken (jeweils 30 Sekunden pro Seite).

7. Die fertigen Donuts nach Belieben mit Puderzucker bestäuben und warm servieren.

Ergibt 28 Donuts

RISE AND SHINE COFFEE CAKE
ROSINEN-DATTEL-KUCHEN

Dieser kompakte Kuchen mit viel Butter und reichlich Rosinen und Datteln ist sehr üppig und lohnt auch ganz sicher den Aufwand, den der Hefeteig erfordert. Durch die Glasur bleibt der Kuchen lange frisch, doch erfahrungsgemäß wird er bei mir innerhalb kürzester Zeit aufgegessen.

VORTEIG
3 EL warmes Wasser
1 Päckchen Trockenhefe
½ Tasse (125 ml) Milch, angewärmt
1 Tasse (125 g) Mehl

TEIG
1 Tasse (200 g) Rosinen
¾ Tasse (190 g) weiche Butter
3 Eier, leicht verquirlt
6 EL Zucker
1 TL Salz
½ TL Muskatnuß, gemahlen
½ Tasse (125 ml) Milch, angewärmt
2 EL Honig
1 TL Vanilleextrakt oder 2–3 Tropfen Vanillearoma
Schale von 2 unbehandelten Orangen, feingerieben
4½ Tassen (560 g) Mehl
1 Tasse (200 g) Datteln, entsteint und grobgehackt

GLASUR
¼ Tasse (60 g) Butter
¾ Tasse (115 g) Puderzucker
2 EL Wasser
1 EL Cognac

1. Für den Vorteig das warme Wasser in eine mittelgroße Schüssel geben, Hefe darin auflösen und 5 Minuten stehen lassen, bis sie schäumt. Dann warme Milch und Mehl zugeben und zu einem weichen Teig verrühren. Zugedeckt an einem warmen Ort 30 Minuten ruhen lassen.

2. Rosinen mit kaltem Wasser bedecken und 30 Minuten quellen lassen, dann gut ausdrücken.

3. Den Vorteig in eine große Rührschüssel umfüllen. Butter, Eier, Zucker, Salz, Muskat, warme Milch, Honig, Vanille und Orangenschale zugeben und alles gründlich verrühren. Mit Hilfe eines Mixers oder einer Küchenmaschine das Mehl tassenweise untermischen und kneten, bis ein glatter Teig entstanden ist. Andernfalls das Mehl nach und nach von Hand unterrühren und alles zu einem glatten Teig verarbeiten; den Teig auf eine leicht bemehlte Arbeitsfläche geben und etwa 10 Minuten weiterkneten, bis er weich und elastisch ist. Rosinen und Datteln einarbeiten. Der Teig sollte seidig-weich und leicht klebrig sein. Den Teig in eine gebutterte Schüssel legen und zugedeckt an einem warmen Ort 1 Stunde gehen lassen.

4. Den aufgegangenen Teig auf einer leicht bemehlten Arbeitsfläche mit dem Handballen etwas kneten, bis er sein ursprüngliches Volumen hat, dann eine Kugel formen.

5. Den Boden einer Springform von 24 cm Durchmesser mit Back- oder Pergamentpapier auslegen. Das Papier und die Seitenwände der Form einfetten. Die Teigkugel mitten in die Form legen und zugedeckt nochmals 1 Stunde gehen lassen, bis sie ihr Volumen verdoppelt hat.

6. Nach 40 Minuten den Backofen auf 180 °C vorheizen.

7. Den Hefeteig im vorgeheizten Ofen auf der mittleren Schiene etwa 1¼ Stunden backen. Der Kuchen ist fertig, wenn bei der Stäbchenprobe kein Teig mehr kleben bleibt. Falls die Oberfläche zu schnell braun wird, den Kuchen mit Alufolie abdecken.

8. Den fertigen Kuchen auf einem Kuchengitter 10 Minuten in der Form abkühlen lassen.

9. Zwischenzeitlich die Glasur vorbereiten: Butter, Puderzucker und Wasser in einen kleinen Topf geben und unter Rühren langsam zum Kochen bringen. Die Temperatur herunterschalten und die Mischung 5 Minuten leise köcheln lassen. Den Topf von der Kochstelle nehmen und den Cognac unterrühren. Weiterrühren, bis die Glasur durchscheinend ist.

10. Den Metallring von der Springform lösen. Ein großes Stück Backpapier unter das Kuchengitter legen. Die warme Glasur auf den Kuchen gießen und an den Seiten herunterfließen lassen. Anschließend den Kuchen abkühlen lassen.

Für 12 Personen

CAROLE SOLIE'S FRESH BERRY BUNDT CAKE

BEERENKUCHEN

Bei einem Besuch in Appletown, Wisconsin, übernachtete ich im »Bed and Breakfast Inn« von Carole Solie. Am nächsten Morgen traute ich meinen Augen kaum: Im Speisesaal war das feinste Frühstück angerichtet, das man sich vorstellen kann, und auf einer Kuchenplatte thronte dieser köstliche Beerenkuchen – zu allem Überfluß gab es auch noch Hafermehl-Pancakes mit Ahornsirup, Rühreiern und Speck.

¾ *Tasse (190 g) weiche Butter*
2 *Tassen (500 g) Zucker*
3 *Eier*
3 *Tassen (375 g) Mehl und 1 EL extra*
1 *EL Backpulver*
½ *TL Salz*
¾ *Tasse (200 ml) Milch*
1½ *Tassen (240 g) frische Erdbeeren, in Scheiben geschnitten, oder ganze Heidelbeeren*
Puderzucker, zum Bestäuben
1 *Tasse (160 g) ganze frische Erdbeeren oder (160 g) Heidelbeeren*

1. Den Backofen auf 180 °C vorheizen. Eine Gugelhupfform von 3 Litern Fassungsvermögen einfetten und gut mit Mehl ausstreuen.

2. In einer großen Schüssel Butter und Zucker mit einem elektrischen Handmixer schaumig rühren. Eier nacheinander zugeben und jeweils gründlich verrühren. Die Masse sollte ziemlich fest sein.

3. Mehl, Backpulver und Salz in eine zweite Schüssel sieben. Die Mehlmischung abwechselnd mit Milch unter die Eimasse rühren. Den zusätzlichen Eßlöffel Mehl unter die geschnittenen Erdbeeren bzw. die Heidelbeeren rühren, dann die Beeren vorsichtig unter den Teig heben.

4. Den Teig in die vorbereitete Form füllen und im vorgeheizten Ofen auf der mittleren Schiene etwa 1¼ Stunden backen. Der Kuchen ist fer-

Ein paar Worte zu Kaffee in den USA

Was bestellt man eigentlich in den USA, wenn man ins Café geht? Hier einige Vorschläge:

Espresso: Dieser Kaffee wird in einer Espressomaschine zubereitet, die das heiße Wasser mit großem Druck durch das feingemahlene Kaffeepulver von stark gerösteten Bohnen preßt. Espresso ist sehr stark und wird gewöhnlich aus kleinen Tassen getrunken.

Espresso doppio: Wer es verträgt, trinkt die doppelte Menge.

Espresso macchiato: Ein Täßchen Espresso mit einem Schuß aufgeschäumter Milch.

Espresso con panna: Wie oben, nur mit geschlagener Sahne anstelle von aufgeschäumter Milch.

Caffe americano: Ein Täßchen Espresso, verdünnt mit heißem Wasser.

Cappuccino: Ein Kaffeegetränk aus Espresso und heißer Milch mit einer Haube aus aufgeschäumter Milch. Cappuccino kann mit gemahlenem Zimt oder Kakaopulver garniert werden.

Caffe latte: Ein Espresso, der mit der dreifachen Menge heißer Milch getrunken wird.

Caffe mocha: Ein Espresso mit heißer Milch und Schokoladensauce, meist von einer Sahnehaube gekrönt.

Café au lait: Ein Kaffeegetränk aus gleichen Teilen Kaffee und heißer Milch.

»Skinny«: Zubereitet mit Magermilch (»skinny latte«).

Espresso granita: Ein kalter und süßer Kaffee, der halbgefroren durchgerührt wird und die Konsistenz von ›Schneematsch‹ hat. Der italienischen *granita di caffè* nachempfunden.

tig, wenn bei der Stäbchenprobe kein Teig mehr kleben bleibt.

5. Den Kuchen 15 Minuten in der Form abkühlen lassen, dann auf ein Kuchengitter stürzen und ganz auskühlen lassen.

6. Zum Servieren den Kuchen vorsichtig auf eine Servierplatte setzen und mit Puderzucker bestreuen. Die ganzen Beeren in die Mitte füllen.

Für 16 Personen

Queen's Cake

Korinthenkuchen

Bei meinem Besuch im historischen Museumsdorf Colonial Williamsburg verbrachte ich viel

Tee Aufbrühen

Die meisten Tees sind einfach zuzubereiten. Man nehme eine Teekanne und losen Tee, dazu Wasser, das man kurz aufkochen läßt. Die Kanne mit heißem Wasser ausspülen, um sie anzuwärmen. Die Teeblätter hineingeben – 1 gehäufter Teelöffel auf 250 ml und noch einen Extralöffel für die Kanne – und mit kochendem Wasser aufgießen. Den Deckel auflegen und den Tee 3–5 Minuten ziehen lassen, dann durch ein feinmaschiges Sieb in eine zweite Kanne umgießen.

Zeit im »Raleigh Tavern Bake Shop«, um mich an den dortigen Backwaren nach Originalrezepten aus dem 18. Jahrhundert gütlich zu tun. Etwa ein Dutzend Gebäcksorten war vertreten. Dieser Korinthenkuchen kann als zweites Frühstück oder zum Nachmittagskaffee serviert werden.

1 Tasse (250 g) weiche Butter
1 Tasse (250 g) Zucker
5 Eier, zimmerwarm
1 TL Zitronenaroma
1 TL Orangenextrakt oder Orangenlikör
2 Tassen (250 g) Mehl
    plus 1 EL extra
½ TL Backpulver
½ TL Zimt, gemahlen
2 Tassen (300 g) Korinthen

1. Den Backofen auf 160 °C vorheizen. Eine Kastenform (22 cm) leicht einfetten. Den Boden der Form mit einem Stück Back- oder Pergamentpapier auslegen und ebenfalls einfetten. Dann die Form mit Mehl ausstreuen.
2. In einer großen Schüssel Butter und Zucker mit einem Handmixer schaumig rühren. Die Eier jeweils einzeln einrühren. Zitronen- und Orangenaroma unterrühren.
3. Die 2 Tassen Mehl mit Backpulver und Zimt in eine zweite Schüssel sieben. Die Mehlmischung in mehreren Portionen zu der Eimischung geben und jeweils gut verrühren.
4. Den zusätzlichen Eßlöffel Mehl unter die Korinthen rühren und die Mischung unter den Teig heben.
5. Den Teig in die Form füllen und im vorgeheizten Ofen auf der mittleren Schiene 1 Stunde und 20 Minuten backen. Der Kuchen ist durchgebacken, wenn bei der Stäbchenprobe kein Teig mehr kleben bleibt.
6. Den fertigen Kuchen 10 Minuten in der Form abkühlen lassen, dann mit einem Messer herauslösen und auf ein Kuchengitter stürzen. Das Papier abziehen und den Kuchen auskühlen lassen.

Ergibt 1 Kuchen

Santa Fe Heavenly Hot Chocolate

Heisse Schokolade

★★★

Als ich bei stürmischem Aprilwetter in Santa Fe eintraf, gönnte ich mir erst einmal im »Inn of the Anasazi« eine heiße Schokolade. Nachdem ich mich einigermaßen mit dem schlechten Wetter abgefunden hatte, konzentrierte ich mich auf den Geschmack des köstlichen, gehaltvollen Getränks, das mich sehr an die leckere Schokolade aus Mexiko erinnerte. Ich konnte einen Hauch von Zimt und braunem Zucker identifizieren.

*40 g hochwertige Zartbitterschokolade,
 in Stücke gebrochen*
1½ TL brauner Zucker
1 Msp. Zimt, gemahlen
1 Tasse (250 ml) Vollmilch

Schokolade, braunen Zucker, Zimt und 3 EL Milch in einen kleinen Topf geben und bei mittlerer Temperatur unter ständigem Rühren erhitzen, bis eine glatte Paste entstanden ist. Dann die restliche Milch langsam unter Rühren zugießen und erhitzen. Die Schokolade heiß in einem großen Becher servieren.
Für 1 Person

Teil III

Der Mittagstisch

Der Mittagstisch

Die Salatbar

Salat zum Mittagessen bedeutet für die Amerikaner eine vollständige, sättigende Mahlzeit. Die meisten »Salatteller« in *coffee shops* und *luncheonettes* bestehen aus einer ordentlichen Portion Hühner-, Eier-, Thunfisch- oder Schinkensalat oder aus einem Berg von Kartoffeln mit reichlich Mayonnaise. Die leichteren und kalorienärmeren Salate als Beilagen haben damit nur wenig zu tun. Ihnen ist in diesem Buch ein eigenes Kapitel gewidmet: »Salate zum Dinner«.

Einige Rezepte mögen uns ungewohnt erscheinen, etwa der herbstliche Entensalat mit gebackenen Rüben und Orangen-Honig-Vinaigrette, Garnelen-Sellerie-Salat mit Remoulade oder auch die pikante Tomaten-Orangen-Mayonnaise. Bei anderen verspricht schon der Name einen Gaumenschmaus, so z. B. der bunte Kohlsalat mit reichlich Paprika und Möhren für ein Picknick. Gerade dafür bietet sich natürlich auch Kartoffelsalat ideal an, für den Sie in diesem Kapitel acht verschiedene Rezepte finden: vom texanischen Kartoffelsalat mit Ei und süßsaurem Relish bis hin zu einer Variante mit rosa Lachs und Dill. Kartoffelsalat wird immer gern gegessen, deshalb sollten Sie ruhig reichlich davon zubereiten.

Cheery Cherry Chicken Salad

Geflügelsalat mit Kirschen

★★★

Wenn die prallen, rubinroten Süßkirschen Saison haben, kann ich nicht widerstehen. Dieser Salat ist eine besonders gelunge Kreation.

Wein: Russian River Valley (CA) Gewürztraminer

3 Tassen (480 g) gekochtes Hühnerfleisch, grob zerteilt
3 Tassen (450 g) frische Süßkirschen, entsteint
2 Selleriestangen, in 5 mm lange Stücke geschnitten
¾ Tasse (70 g) Walnußhälften
Salz und frisch gemahlener schwarzer Pfeffer
½ Tasse (125 ml) Mayonnaise
½ Tasse (125 g) Naturjoghurt (Magerstufe)
2 EL frischer Estragon, gehackt, oder 1 EL getrockneter Estragon

1. Das Hühnerfleisch mit Kirschen, Sellerie und Walnußhälften in einer großen Schüssel mischen. Gut verrühren und mit Salz und Pfeffer abschmecken.
2. In einer kleinen Schüssel Mayonnaise mit Joghurt und Estragon verrühren. Mit einem Gummispatel das Dressing behutsam unter die Salatzutaten heben. Sofort servieren oder zugedeckt bis zu 8 Stunden im Kühlschrank aufbewahren.

Für 6 Personen

Chili Chicken Salad

Feuriger Geflügel-Paprika-Salat

★★★

Hier ist ein erfrischender Geflügelsalat für schwüle Sommertage – mit einer feurigen Note nach Südwest-Manier und einem pikanten Dressing. Der Salat schmeckt auch als Füllung einer Weizen-Tortilla ausgezeichnet.

Wein: Colorado Viognier
Bier: Southwestern amber ale

4 Tassen (640 g) gekochtes Hühnerfleisch, grob zerteilt
½ Tasse (75 g) rote Paprikaschote, feingewürfelt
½ Tasse (75 g) grüne Paprikaschote, feingewürfelt
¼ Tasse (40 g) entsteinte schwarze Oliven, gehackt
2 Frühlingszwiebeln (mit 7–8 cm Grün), schräg in hauchdünne Scheiben geschnitten
3 EL Koriandergrün, gehackt
½ Tasse (125 ml) Mayonnaise
½ Tasse (125 g) saure Sahne
2 EL Limettensaft, frisch gepreßt
1 TL frischer Jalapeño-Chili, feingehackt, oder nach Geschmack
½ TL unbehandelte Orangenschale, feingerieben
¼ TL Chilipulver
1 Msp. Kreuzkümmel, gemahlen
Salz und frisch gemahlener schwarzer Pfeffer
1 reife Avocado
rote Salatblätter (nach Möglichkeit Eichblattsalat), zum Garnieren
kernlose blaue Weintrauben, zum Garnieren

1. Hühnerfleisch, Paprikawürfel, Oliven, Frühlingszwiebeln und 2 Eßlöffel Koriandergrün in einer großen Schüssel mischen.
2. In einer zweiten Schüssel Mayonnaise mit saurer Sahne, 1 Eßlöffel Limettensaft, Jalapeño-Chili, Orangenschale, Chilipulver und Kreuz-

kümmel verrühren, anschließend mit Salz und Pfeffer abschmecken.

3. Den restlichen Eßlöffel Limettensaft in eine kleine Schüssel geben. Das Fruchtfleisch der Avocado in kleine Würfel schneiden und unter den Limettensaft rühren, um eine Braunfärbung zu verhindern.

4. Den fertigen Salat auf Salatblättern anrichten. Die Avocadowürfel darauf verteilen und das restliche Koriandergrün darüber streuen. Mit blauen Trauben garnieren.

Für 6 Personen

APRICOT, HAM, AND CHEESE SALAD

SCHINKEN-KÄSE-SALAT

Es macht mir großen Spaß, klassische amerikanische Rezepte abzuwandeln, wie ich es für dieses Buch oft gemacht habe. Aus der ganz gewöhnlichen Zusammenstellung von Schinken und Käse läßt sich z. B. durch die Zugabe von säuerlichen Trockenaprikosen und einer süßen Aprikosenmayonnaise ein feines Mittagessen zaubern, das Sie getrost auch Ihren Gästen vorsetzen können.

Wein: Washington State Riesling

DRESSING
½ Tasse (125 ml) Mayonnaise
½ Tasse (125 g) saure Sahne oder Naturjoghurt (Magerstufe)
1½ EL Aprikosenkonfitüre
1½ EL Honigsenf

SALAT
170 g Gruyère am Stück
450 g gekochter Schinken, in nicht zu kleine Stücke geschnitten
2 Selleriestangen, in knapp 5 cm lange Stücke geschnitten
2 Frühlingszwiebeln (mit 7–8 cm Grün), schräg in hauchdünne Scheiben geschnitten
1 rote Paprikaschote, halbiert und längs in schmale Streifen geschnitten
½ Tasse (75 g) weiche Trockenaprikosen, in zwei Hälften geschnitten
2 EL glatte Petersilie, grobgehackt
Salz und frisch gemahlener schwarzer Pfeffer

1. Für das Dressing die Mayonnaise mit saurer Sahne, Aprikosenkonfitüre und Honigsenf in einer kleinen Schüssel gut verrühren. Beiseite stellen.

2. Für den Salat den Käse mit einem Käsehobel oder einem sehr scharfen Messer in hauchdünne Scheiben schneiden (etwa 8 cm lang und 5 cm breit).

3. Den Käse mit Schinken, Stangensellerie, Frühlingszwiebeln, Paprika, Trockenaprikosen und Petersilie in eine große Schüssel geben. Das Dressing darüber gießen und mit einem großen Gummispatel vorsichtig untermengen; darauf achten, daß die Käsescheiben nicht zusammenkleben. Mit Salz und Pfeffer abschmecken und sofort servieren.

Für 6–8 Personen

Ein paar Worte zu Wein und Bier

★★★

Der dritte amerikanische Präsident, Thomas Jefferson, war ein großer Staatsmann, aber auch ein Feinschmecker. Sowohl daheim in Amerika als auch im fernen Ausland widmete er sich den kulinarischen Genüssen. Als Botschafter der USA in Frankreich probierte er die edelsten Weine direkt in den Anbaugebieten und war bei seiner Rückkehr fest entschlossen, die USA zu einer Weinbau-Nation zu machen. Er importierte Weinreben und dazu auch gleich die Weinbauern zu ihrer Pflege und führte auf seinem Besitz in Monticello, Virginia, die europäische Kunst der Winzerei ein.

Die USA zu einem der bedeutenden Weinbauländer zu machen, gelang Jefferson zwar nicht, doch mittlerweile finden insbesondere kalifornische Weine weltweit Beachtung.

Obgleich in einigen Staaten traditionell Wein angebaut wurde, nahm die Winzerei erst in der Nachkriegszeit zu. Amerikanische Weine gewinnen seitdem stetig an Qualität, was mit zum Teil grundlegenden Veränderungen im Weinbau einhergeht. Innovative Winzer ließen durch neue Technologien die bis dahin produzierte billige Massenware (*jug wines* oder Karaffenweine, die nicht in Flaschen gefüllt, sondern vom Faß in Karaffen abgezapft und offen ausgeschenkt wurden) in Vergessenheit geraten. Als in den 60er Jahren die Zahl der Weingüter explosionsartig zunahm, gingen vor allem kalifornische Winzer im Napa Valley dazu über, im kleinen Rahmen qualitativ hochwertige Weine herzustellen. Damals kam in Amerika der Begriff *boutique winery* (»Boutiquen-Winzerei«) auf. Heute stammen fast 90 % der amerikanischen Weine aus Kalifornien, der Rest verteilt sich vor allem auf die Staaten Washington, Oregon und New York (wo französische Einwanderer bereits 1677 im Tal des Hudson River Wein anbauten).

Amerikanische Weine kommen in der Regel unter dem Namen ihres Herkunftsstaates in den Handel bzw. unter dem Namen der Rebsorte (»Varietal«), aus der sie hergestellt werden: Ein Varietal muß zu 75 % aus der auf dem Etikett genannten Rebsorte bestehen, und wenn ein bestimmtes Anbaugebiet (AVA = *American Viticultural Area*) auf dem Etikett vermerkt ist, muß der Anteil dieser Sorte sogar 85 % betragen. Zu den bedeutendsten und meistverbreiteten Rebsorten auf amerikanischen Weingütern zählen Chardonnay (in den USA der beliebteste Weißwein), Sauvignon blanc, Cabernet Sauvignon (die Rebsorte, die den kalifornischen Weinanbau populär machte), Pinot noir und der weitverbreitete rote Zinfandel.

Ein kalifornischer Cabernet Sauvignon – solide, ausgeglichen,

gefällig – paßt ausgezeichnet zu dunklem Fleisch, Wild, Lamm und anderen deftigen Gerichten. Ein trockener, würziger Sauvignon blanc aus Texas eignet sich dagegen ideal für Fisch und Schalentiere, schmeckt aber ebenso gut zu einem handgeschöpften Ziegenkäse. Ein körperreicher kalifornischer Merlot paßt gut zu Gerichten mit mediterranem Einschlag, ein trockener Johannisberg Riesling dagegen zur Küche der Pazifikküste. Der rote Zinfandel verträgt sich mit süßen Speisen wie auch mit würzigen Barbecue-Gerichten. Ein weißer Kalifornier in der Tradition eines Côtes du Rhône läßt Geflügel zu einem echten Genuß werden, während ein feiner Chardonnay aus dem Staat Washington der passende Wein zu einem *gumbo*, einem kreolischen Eintopfgericht, ist.

Amerikanisches Bier

Es gibt nichts Amerikanischeres als ein eiskaltes Bier an einem heißen Sommertag – zum Hot dog beim Baseball oder frisch vom Faß zum Barbecue im Hinterhof. Trotzdem überrascht es die meisten Leute zu hören, daß in den USA mehr Bier gebraut wird als in allen anderen Ländern der Erde zusammen.

Die Liebe der Amerikaner zum Bier ist geradezu eine patriotische Pflicht. Kaum an Land, brauten die Pilgerväter ihr eigenes Bier, in diesem Fall Ale. Im Jahre 1773 kamen die Mitglieder der Geheimorganisation »Sons of Liberty« in konspirativer Absicht zusammen und planten die Boston Tea Party, die die amerikanische Revolution einleitete. Und dabei wurde nachweislich krügeweise Bier getrunken. 100 Jahre später gab es in den Vereinigten Staaten bereits mehr als 4000 Brauereien, die allerdings während der Prohibition, die erst 1933 aufgehoben wurde, ihre Produktion einstellen mußten. In den 40er Jahren entstanden dann wieder kleine regionale Brauereien, die jedoch schnell von den großen Brauereien aufgekauft wurden. In den 60er Jahren gab es nur noch zehn große unabhängige Hersteller. Da trat Fritz Maytag auf den Plan: Er kaufte die Anchor Brewing Company in San Francisco und rettete sie so vor dem Untergang. Er verhalf der handwerklichen Braukunst im kleinen Stil zu neuer Popularität und erschloß einen neuen Markt für frisches, von Hand gebrautes Bier.

Wie Wein kann auch Bier Speisen geschmacklich abrunden bzw. verbessern. Die jeweilige Sorte sollte also dem Gericht angemessen sein. Helle, leichte Biere sollten mit leichten Gerichten, dunklere, vollmundige Biere mit gehaltvollen oder deftigen kombiniert werden. Helle bis bernsteinfarbene Biere harmonieren gut mit würzig-pikanten Gerichten, und Biere mit Bittergeschmack eher mit gebratenen. Die weichen, fast schwarzen Stout-Biere mit ihrem intensiven Bittergeschmack passen z. B. perfekt zu Wild, deftigen Eintöpfen, Steaks und gegrillten Pilzen, während hellere Lagerbiere, Pilsener und milde Ales zu Salaten, gegrillten Meeresfrüchten und Geflügelgerichten serviert werden können.

Bier sollte innerhalb von sechs Monaten nach dem Abfüllen getrunken werden. Amerikanische Brauereien geben inzwischen das Haltbarkeitsdatum auf dem Etikett an. Achten Sie also beim Einkauf von amerikanischen Bieren darauf. Lagern Sie Bierflaschen aufrecht im hinteren Teil des Kühlschranks, wo sie nicht so leicht umfallen. Die meisten Biere, vor allem Ale, Stout und Porter, schmecken am besten mit einer Temperatur von 7–10 °C, denn dann entfaltet sich ihr Aroma am besten. Weizen- und Lagerbiere trinkt man kühl, aber nicht direkt aus dem Kühlschrank.

Die Weine und Biere, die zu vielen Rezepten vorgeschlagen werden, sind allgemeine Empfehlungen. Sie dienen lediglich als Anhaltspunkt, welche Sorte Wein oder Bier die zubereitete Speise am besten zur Geltung bringt. Ich hoffe, daß Sie so die Vielfalt der amerikanischen Weine und Biere besser kennenlernen.

ORANGE, HAM, AND AVOCADO SALAD

SCHINKEN-AVOCADO-SALAT

Ein leichter Sommersalat mit Schinken, Avocados, Tomaten und Basilikum. Dazu hauchdünne Orangenscheiben und kräftiger Rosinen-Pumpernickel, dick bestrichen mit Blauschimmelkäse, servieren.

Wein: California Chardonnay

*450 g Schinken mit Honigkruste,
 in mundgerechte Stücke geschnitten
2 reife Eiertomaten,
 in dünne Scheiben geschnitten
½ kleine rote Zwiebel, längs in hauchdünne
 Scheiben geschnitten
½ Tasse (25 g) frisches Basilikum, zerpflückt
2 EL Zitronensaft, frisch gepreßt
2 reife Avocados, halbiert, entsteint und geschält
Salz und frisch gemahlener schwarzer Pfeffer
½ Tasse (125 ml) Orange Honey Dressing
 (s. folgendes Rezept)
1 Kopf Frisée, abgespült und trockengetupft*

    1. Schinken mit Tomaten, Zwiebel und Basilikum in einer großen Schüssel vermengen.
    2. Zitronensaft in eine kleine Schüssel geben. Die Avocadohälften mit der flachen Seite nach unten auf ein Küchenbrett legen und längs in dicke Scheiben schneiden. Die Scheiben in den Zitronensaft legen und wenden, damit sie nicht braun werden, dann mit dem Zitronensaft zu der Schinken-Tomaten-Mischung geben. Mit Salz und Pfeffer abschmecken.
    3. Das Dressing zugeben und alle Zutaten vorsichtig mit einem großen Gummispatel mischen.
    4. Den Salat auf Friséeblättern anrichten.
Für 4–6 Personen

ORANGE HONEY DRESSING

ORANGEN-HONIG-DRESSING

Ein süßlich-scharfes Dressing aus frisch gepreßtem Orangensaft und Knoblauch, das zu Gemüse- und Obstsalaten paßt. Einfaches Olivenöl verwenden – extra natives Olivenöl würde das Aroma der Zutaten zu sehr überdecken.

*1 kleine Knoblauchzehe, feingehackt
¼ TL grobes Salz
1½ TL Dijon-Senf
1 TL Honig
2 EL Orangensaft, frisch gepreßt
½ Tasse (125 ml) Olivenöl
frisch gemahlener schwarzer Pfeffer*

    1. Knoblauch mit Salz, Senf, Honig und Orangensaft in einer Schüssel mit einem Schneebesen verrühren.
    2. Das Olivenöl langsam zugießen, dabei ständig weiterschlagen, bis die Sauce cremig wird.
    3. Mit Pfeffer abschmecken. Das Dressing ist im Kühlschrank bis zu 2 Tagen haltbar. Vor dem Servieren auf Zimmertemperatur bringen.
Ergibt knapp eine ¾ Tasse (200 ml) Sauce

BLT SALAD

SPECK-TOMATEN-SALAT

Ein BLT-Sandwich ist fast so amerikanisch wie eine *Apple pie*, und ich ziehe es jedem Club-Sandwich vor, wenn ich in einem Restaurant oder

Imbiß zu Mittag esse. Eines Tages hatte ich die Idee, die BLT-Kombination (**B**acon = Speck, **L**ettuce = Salat, **T**omatoes = Tomaten) zu einem Salat zu verarbeiten, mit einem cremigen Ranch-Dressing anzumachen und noch eine Handvoll knuspriger Croûtons unterzumischen. Wenn Sie den Salat mit nur wenig Dressing anmachen, können Sie den Rest getrennt dazu servieren. Nach dem Salat eine Auswahl an leckeren Käsesorten servieren.

Bier: Minnesota light lager

225 g Frühstücksspeck (oder Bauchspeck), kleingeschnitten (etwa 2,5 x 0,5 cm)
4 Tassen (320 g) Baguette, gewürfelt
1 TL getrockneter Thymian
Salz und frisch gemahlener schwarzer Pfeffer
5 Tassen (etwa 170 g) gemischte junge Salatblätter, gewaschen und trockengetupft
4 reife Tomaten, in kleine Würfel geschnitten
2 EL frischer Schnittlauch, kleingeschnitten
½ Tasse (125 ml) Ranch Dressing (s. folgendes Rezept) plus Extrasauce, zum Servieren

1. Den Speck in einer beschichteten Pfanne bei mäßiger Hitze etwa 15 Minuten ausbraten, dann zum Abtropfen auf Küchenpapier geben. 2 Eßlöffel Fett zurückbehalten.

2. Den Backofen auf 180 °C vorheizen.

3. Die Brotwürfel in einer Schüssel mit dem zurückbehaltenen Fett, Thymian, Salz und Pfeffer mischen, auf einem Backblech verteilen und 12–15 Minuten im Ofen rösten, bis sie goldbraun sind, dabei das Blech ein- oder zweimal kräftig schütteln.

4. Die Salatblätter in eine große Schüssel geben und mit Speck, Tomaten, gerösteten Brotwürfeln und Schnittlauch mischen. Den Salat anschließend mit Salz und Pfeffer abschmecken.

5. Kurz vor dem Servieren das Ranch Dressing untermischen. Zusätzliches Dressing getrennt dazu servieren.

Für 4 Personen

RANCH DRESSING

RANCH-DRESSING

Es heißt, daß das Ranch Dressing ursprünglich als Salatsauce gedacht war, andere Leute dagegen behaupten, daß es eigentlich eine Dip-Sauce zu gebratenen Zucchini war. Wie dem auch sei, es ist mit Sicherheit eine amerikanische Erfindung. Die Grundsauce können Sie anschließend nach Belieben variieren: mit frischen Kräutern oder auch mit Speckwürfeln.

4 EL Naturjoghurt (Magerstufe)
4 EL Mayonnaise
½ Tasse (125 ml) Buttermilch
2 TL Zwiebel, feingerieben
1 kleine Knoblauchzehe, zerdrückt
Salz und grobgemahlener schwarzer Pfeffer
1 EL frischer Schnittlauch, kleingeschnitten

Joghurt, Mayonnaise und Buttermilch mit einem Schneebesen kräftig verrühren, dann Zwiebel und Knoblauch unterrühren. Die Sauce mit Salz und reichlich Pfeffer abschmecken, anschließend den Schnittlauch unterheben. Bis zur Weiterverwendung kann das Dressing zugedeckt bis zu 8 Stunden im Kühlschrank aufbewahrt werden.

Ergibt etwa 1¼ Tassen (gut 300 ml)

Autumn Duck Salad
Herbstlicher Entensalat

Dieser herzhafte Entensalat ist ein wunderbares Abendessen, wenn Sie das Bedürfnis haben, sich etwas Gutes zu tun, beispielsweise nachdem Sie bergeweise Laub zusammengeharkt oder die Garage entrümpelt haben, oder aber einfach am Wochenende.

Allerdings erfordert der Salat einige Vorbereitungen, doch der Aufwand lohnt sich allemal. Braten Sie die Ente schon am Vortag, und backen Sie auch die roten Beten im voraus.

Genauso köstlich schmeckt der Salat, wenn Sie das Entenfleisch durch Hühner- oder Putenfleisch ersetzen.

Bier: Brooklyn lager

2 große Bunde Rauke, harte Stiele entfernt, gewaschen und trockengetupft
1½ Tassen (300 g) reife Mango, feingewürfelt
1 TL frischer Schnittlauch, kleingeschnitten, plus 2 EL extra
Salz und frisch gemahlener schwarzer Pfeffer
10 EL Orange Honey Dressing (s. S. 98)
2 Tassen (320 g) Entenfleisch von der Bratente (s. S. 445), kleingeschnitten
1½ Tassen (265 g) gekochte schwarze Bohnen, bei Dosenware abgespült und abgetropft
2 EL glatte Petersilie, gehackt
1 Tasse (100 g) Oven-Roasted Beets, gewürfelt (s. S. 297)

1. Die Raukeblätter mit 1 Tasse (200 g) Mangowürfel in eine Schüssel geben und mit dem Teelöffel Schnittlauch bestreuen. Mit Salz und Pfeffer abschmecken und 2 Eßlöffel Dressing untermischen. Den Salat auf vier Tellern anrichten und dabei die Mango gleichmäßig verteilen.

2. Das kleingeschnittene Entenfleisch mit Bohnen, Petersilie und 1 Eßlöffel Schnittlauch in einer Schüssel vermengen. Mit Salz und Pfeffer abschmecken und mit 6 Eßlöffeln Dressing anmachen. Die Mischung anschließend auf dem Salat anrichten.

3. Die restlichen 2 Eßlöffel Dressing unter die gewürfelten roten Beten mischen und dekorativ auf dem Entenfleisch anrichten. Die restlichen Mangowürfel darauf verteilen und mit dem übriggebliebenen Schnittlauch garnieren. Sofort servieren.

Für 4 Personen

Wissenswertes über Enten

Es gab Zeiten, da war es in New York außer in Chinatown oder in Feinschmeckergeschäften schwierig, an frische oder tiefgefrorene Enten zu kommen. In Restaurants mußte Entenfleisch mindestens einen halben Tag im voraus bestellt werden. Heute findet man Entenfleisch auf jedem Wochenmarkt. In den USA ist es vorwiegend die Pekingente, auch bekannt als Long-Island-Ente. Diese Rasse wird überall in den USA gezüchtet. Ihr Fleisch ist angenehm mild und eignet sich gut zum Braten. Andere verbreitete Rassen sind Moschus, deren Fleisch kräftiger schmeckt als das der Pekingente, und Mulard, die man vor allem zur Herstellung von Stopfleber züchtet.

Dressy Fresh Tuna Salad

Salat von frischem Thunfisch

★★★

Salat mit Thunfisch gibt es in vielen Variationen: von der Konserve mit reichlich Mayonnaise bis hin zu köstlich zubereiteten Steaks auf einem Bett aus feinen Salatblättern. Für dieses Rezept wird frischer Thunfisch in der Pfanne gebraten. Eine leichte Vinaigrette bringt den feinen Fischgeschmack richtig zur Geltung. Den Salat mit Schnittlauch oder Basilikum garnieren.

Wein: Texas Sauvignon blanc
Bier: Mid-Atlantic pale ale

450 g frisches Thunfischsteak (etwa 2–3 cm dick)
3 EL Olivenöl
1 EL Schalotten, feingehackt
½ TL schwarzer Pfeffer, grobgemahlen
2 reife Tomaten
1 Tasse (190 g) Spargelspitzen, blanchiert
225 g gemischte junge Salatblätter, gewaschen und trockengetupft
125 ml Shallot Mustard Vinaigrette (s. folgendes Rezept)
Salz und frisch gemahlener schwarzer Pfeffer
2 EL frischer Schnittlauch, kleingeschnitten

1. Das Fischsteak in vier gleich große Stücke teilen, in eine Schüssel geben und mit Öl, Schalotten und Pfeffer mischen. 15 Minuten durchziehen lassen.

2. Den Thunfisch in einer beschichteten Pfanne bei mäßiger Hitze 5 Minuten auf einer Seite anbraten, dann die Stücke wenden und auf der anderen Seite etwa 3 Minuten weiterbraten. Den Fisch anschließend noch etwa 5 Minuten in der Pfanne ruhen lassen.

3. Tomaten erst längs halbieren, dann quer in dünne Scheiben schneiden. Die Tomatenscheiben in eine große Schüssel geben, mit den Spargelspitzen und Salatblättern mischen und etwas Dressing unterrühren. Den Salat mit Salz und Pfeffer abschmecken.

4. Den Salat auf 4 Tellern anrichten und mit 1 Eßlöffel Schnittlauch bestreuen.

5. Die gebratenen Thunfischsteaks in dünne Scheiben schneiden und diese fächerförmig auf dem Salat anordnen. Mit etwa 2 Teelöffeln Dressing beträufeln und mit dem restlichen Schnittlauch garniert servieren.

Für 4 Personen

Shallot Mustard Vinaigrette

Schalotten-Senf-Vinaigrette

★

Diese feine, aromatische Vinaigrette paßt ausgezeichnet zu Meeresfrüchte- und Blattsalaten.

1 EL Dijon-Senf
1½ TL Zucker
Salz und frisch gemahlener schwarzer Pfeffer
3 EL Apfelessig
½ Tasse (125 ml) Olivenöl
2 EL Schalotten, feingehackt

1. Senf, Zucker, Salz, Pfeffer und Essig mit einem Schneebesen in einer Schüssel verrühren.

2. Das Öl langsam zugießen, dabei kräftig schlagen. Die Schalotten unterrühren und alles mit Salz und Pfeffer abschmecken. Die Sauce kann bis zu 2 Tagen im Kühlschrank aufbewahrt werden. Vor dem Servieren kurz aufschlagen.

Ergibt etwa 1 Tasse (250 ml)

Granny Smith Tuna Salad
Thunfischsalat mit Äpfeln

Nach diesem köstlichen Salat werden Sie kaum je wieder zu Thunfisch aus der Dose greifen. Er besteht aus frischem, auf den Punkt gegartem Thunfisch mit säuerlichen Äpfeln und knackigem Stangensellerie, angemacht mit einer würzigen Mayonnaise. Ich esse den Salat am liebsten auf getoastetem Mehrkornbrot, belegt mit Tomatenscheiben und ganzen Basilikumblättern.

Wein: Finger Lakes (NY) dry Riesling
Bier: New York State amber lager

1 EL Olivenöl
2 frische Thunfischsteaks (je etwa 225 g)
½ Tasse (75 g) Stangensellerie, feingewürfelt
½ Tasse (75 g) ungeschälter Granny Smith, feingewürfelt
2 Frühlingszwiebeln (mit 7–8 cm Grün), in dünne Scheiben geschnitten
Salz
½ Tasse (125 ml) Mayonnaise
2–3 EL frisches Basilikum, feingehackt

1. Öl in einer großen beschichteten Pfanne bei mäßiger Temperatur erhitzen. Die Fischsteaks auf einer Seite 5 Minuten anbraten, dann vorsichtig wenden und etwa 3 Minuten weiterbraten. Anschließend den Fisch etwa 5 Minuten in der Pfanne ruhen lassen.

2. Den gebratenen Fisch in mundgerechte Stücke zerteilen und in einer großen Schüssel mit Sellerie, Äpfeln und Frühlingszwiebeln mischen. Den Salat salzen.

3. Mayonnaise und Basilikum in einer kleinen Schüssel verrühren und mit einem Spatel unter den Thunfischsalat heben.
Für 4 Personen

Fresh Great Lakes Whitefish Salad
Fischsalat

Geräucherten Whitefish (bei uns Maräne, Renke oder Felchen) gibt es in den USA in jedem Delikatessengeschäft. Nachdem ich den köstlichen Süßwasserfisch vom Lake Michigan probiert hatte, kam mir die Idee, dieses klassische Rezept mit ungeräuchertem Fisch auszuprobieren. Dieser Salat sollte – wie das Originalgericht auch – mit Pumpernickel oder getoasteten Brötchenringen (*bagels*) serviert werden. Tomatenviertel, bestreut mit gehackter roter Zwiebel und Dill, sind als Beilage ideal. Vorsicht, daß beim Zerteilen des Fischs keine Gräten zurückbleiben. Whitefish – egal welcher Herkunft – ist nämlich recht grätenreich.

Wein: Michigan Peninsula Seyval Blanc
Bier: Wisconsin lager

etwa 560 g Poached Whitefish (s. folgendes Rezept)
½ Tasse (75 g) Stangensellerie, feingewürfelt
2 Frühlingszwiebeln (mit 7–8 cm Grün), schräg in hauchdünne Scheiben geschnitten
2 EL frischer Dill, gehackt
3 EL saure Sahne
3 EL Mayonnaise
Salz und frisch gemahlener schwarzer Pfeffer

1. Kopf, Haut und Gräten vom pochierten Fisch entfernen, das Fleisch in mundgerechte Stücke zerteilen und in eine Schüssel geben (es sollten etwa 450 g Fleisch übrigbleiben). Dann mit Sellerie, Frühlingszwiebeln und Dill vermengen.

2. Saure Sahne und Mayonnaise in einer Schüssel verrühren. Dann das Dressing vorsichtig mit einem Gummispatel unter den Salat heben. Mit Salz und Pfeffer abschmecken.

Für 6 Personen

POACHED WHITEFISH

POCHIERTE MARÄNE

2 Tassen (500 ml) Wasser
1 Tasse (250 ml) trockener Weißwein
einige blaßgrüne Sellerieblätter
4 Zweige glatte Petersilie
½ Möhre
4 schwarze Pfefferkörner
1 Maräne (Renke, Felchen, etwa 560 g),
  geschuppt und ausgenommen

1. Wasser, Wein, Sellerieblätter, Petersilie, Möhre und Pfefferkörner in einer Schwenkkasserolle (Sauteuse) bei mittlerer Hitze zum Kochen bringen. Die Temperatur herunterschalten und den Fisch zugeben. Ohne Deckel etwa 10 Minuten pro 2,5 cm Dicke des Fischs pochieren.

2. Den Fisch mit einem Schaumlöffel aus dem Sud herausnehmen und abkühlen lassen, dann je nach Rezept weiterverarbeiten.

Für 6 Personen als Salat

DRESS-UP LOBSTER, FAVA, AND BARLEY SALAD

HUMMER-BOHNEN-SALAT MIT PERLGRAUPEN

Ich esse sehr gern Graupen und mische dieses einfache Getreide sogar mit erlesenen Köstlichkeiten wie Hummer. Diese pikante Zusammenstellung kann gut als sättigendes Hauptgericht serviert werden oder in entsprechend kleineren Portionen auch als feine Vorspeise für eine kleine Abendgesellschaft. Vorweg gibt es noch eine feine Erbsensuppe und als krönenden Abschluß ein überbackenes Orangen-Rhabarber-Dessert.

Wein: Monterey County (CA) Chardonnay
Bier: Washington State India pale ale

½ Tasse (95 g) ungekochte Perlgraupen
Wasser oder entfettete Hühnerbrühe,
  vorzugsweise selbstgemacht (s. S. 271)
450 g frische dicke Bohnen
  (ohne Schalen etwa 1 Tasse oder 160 g)
225 g gekochtes Hummerfleisch
  (von einem etwa 560 g schweren Hummer),
  in 2–3 cm große Stücke geschnitten
2 kleine reife Tomaten, entkernt und
  kleingeschnitten
2 EL frischer Oregano oder Majoran,
  grobgehackt
1 EL frische Minze, grobgehackt
1 EL unbehandelte Zitronenschale,
  feingerieben
Salz und frisch gemahlener schwarzer Pfeffer
½ Tasse (125 ml) Lemony Dressing
  (s. folgendes Rezept)
8 Tassen (160 g) gemischte junge Salatblätter,
  gewaschen und trockengetupft
4 kleine Zweige frischer Oregano oder Majoran,
  zum Garnieren

1. Die Graupen in einem Sieb unter fließendem Wasser abspülen und in einem Topf, 5 cm hoch mit Wasser oder Hühnerbrühe gefüllt, aufkochen lassen. Die Temperatur herunterschalten und die Graupen 45 Minuten garen, bis sie bißfest sind. Abtropfen lassen und in eine große Schüssel umfüllen.

2. Die dicken Bohnen in einen großen Topf mit kochendem Wasser geben. 30 Sekunden blanchieren, abgießen und in kaltem Wasser abschrecken. Die Bohnenkerne aus den Schalen drücken und mit Hummerfleisch, Tomaten, Oregano, Minze, Zitronenschale, Salz, Pfeffer und 3 Eßlöffeln Dressing behutsam unter die Graupen mischen.

3. Zum Servieren die Salatblätter mit dem restlichen Dressing anmachen. Anschließend auf 4 Tellern verteilen, die Salatmischung darauf anrichten und mit Oregano oder Majoran garnieren.

Für 4 Personen

LEMONY DRESSING

ZITRONEN-DRESSING

★

Diese leichte und erfrischende Salatsauce ist ideal zum Überziehen von Meeresfrüchten, Gemüse oder feinen Blattsalaten. Verwenden Sie einfaches Olivenöl, da das extra native der ersten Pressung für den Zitronensaft zu intensiv schmeckt. Bereiten Sie ruhig großzügige Mengen zu, denn das Dressing läßt sich gut im Kühlschrank aufbewahren.

6 EL Zitronensaft, frisch gepreßt
1 EL unbehandelte Zitronenschale, feingerieben
1 EL Dijon-Senf
1 EL Zucker
Salz und frisch gemahlener schwarzer Pfeffer
¾ Tasse (200 ml) Olivenöl

1. Den Zitronensaft mit Zitronenschale, Senf, Zucker, Salz und Pfeffer in eine kleine Schüssel geben und mit einem Schneebesen kräftig verrühren.

2. Das Öl langsam zugießen, dabei ständig weiterschlagen, bis die Sauce cremig wird. Gegebenenfalls mit Salz und Pfeffer nachwürzen. Das Dressing hält sich zugedeckt bis zu einer Woche im Kühlschrank. Kurz aufschlagen und mit Zimmertemperatur servieren.

Ergibt etwa 1¼ Tassen (gut 300 ml)

CRAB LOUIS SALAD WITH HARD-COOKED EGGS

KREBSSALAT LOUIS MIT HARTGEKOCHTEN EIERN

★★★

Dieser saftige Salat wird mit dem süßen Fleisch von frischen kalifornischen Taschenkrebsen (*dungeness crabs*) aus dem Pazifik zubereitet. Am Fisherman's Wharf in San Francisco kann man rotweiß karierte Pappschachteln randvoll mit Krebsfleisch kaufen, dazu gibt es das würzig-pikante Louis-Dressing. Zuweilen serviere ich abends Krebsfleisch mit Louis-Dressing als ersten Gang eines Menüs, manchmal bereite ich den feinen Salat als vollständige Mittagsmahlzeit zu.

Wein: Willamette Valley (OR) Müller-Thurgau
Bier: San Francisco Anchor Steam Beer

LOUIS-DRESSING

½ Tasse (125 ml) Mayonnaise
3 EL saure Sahne
2 EL Chilisauce
1 EL Zitronensaft, frisch gepreßt
2 EL grüne Paprikaschote, feingewürfelt
1–2 EL Frühlingszwiebel, gehackt
1 EL frischer Estragon oder frischer Schnittlauch,
   kleingeschnitten
Salz und frisch gemahlener schwarzer Pfeffer

SALAT

450 g frisches Krabbenfleisch oder Fleisch
   von kalifornischen Taschenkrebsen,
   ausgelöst und Knorpelstücke entfernt
4 Tassen (80 g) gemischte junge Salatblätter,
   gewaschen und trockengetupft
4 EL Orange Honey Dressing (s. S. 98)
4 hartgekochte Eier,
   in Scheiben geschnitten
2 TL frischer Estragon, gehackt

   1. Für das Louis-Dressing Mayonnaise mit saurer Sahne, Chilisauce, Zitronensaft, Paprika, Frühlingszwiebel und 1 Eßlöffel Estragon in einer Schüssel verrühren. Mit Salz und Pfeffer abschmecken und beiseite stellen.
   2. Für den Salat das Krebsfleisch in einer Schüssel mit 200 ml Louis-Dressing vermengen. Nochmals mit Salz und Pfeffer abschmecken.
   3. Zum Servieren die Salatblätter durch Orange Honey Dressing ziehen und auf 4 Tellern anrichten. Das Krebsfleisch auf das Salatbett häufen, mit Eischeiben garnieren und den gehackten Estragon darüber streuen.

Für 4 Personen

ORANGE-SCENTED CRAB SALAD

KRABBENSALAT MIT MELONEN

Dieser Meeresfrüchtesalat schmeckt vor allem im Sommer herrlich erfrischend. Geben Sie das Basilikum erst kurz vor dem Servieren dazu,

---

TASCHENKREBSE KOCHEN

Ehe die lebenden, zwischen 450 und 1350 g schweren Krebse gekocht werden, sollte man sie 20 Minuten auf Eis oder im Gefrierfach kühlen, um den Stoffwechsel der Tiere zu verlangsamen.

Garen Sie die Krebse anschließend in einem großen Topf mit kochendem Meerwasser oder Salzwasser. Kleinere Exemplare (450–900 g) werden in etwa 8 Minuten pro 450 g gar, größere benötigen etwa 10 Minuten. Die Krebse abkühlen lassen und trockentupfen. Zuerst Scheren und Beine mit Drehbewegungen vom Körper trennen. Dann den Körper mit Hilfe eines Messers im Panzer lösen und herausheben. Den Körper teilen und das Fleisch mit einem Teelöffel herausheben, das Panzerfleisch ebenfalls herausschaben. Scheren und Beine mit einem Nußknacker aufbrechen und dann das Fleisch mit einer Hummergabel herausziehen.

damit sich die grünen Blätter durch die Säure von Essig und Orangensaft nicht verfärben. Richten Sie das Ganze auf Radicchioblättern an.

Wein: Russian River Valley (CA)
      Gewürztraminer
Bier: California lager

*450 g frisches Krabbenfleisch,
    ausgelöst und Knorpelstücke entfernt*
*1½ Tassen (330 g) Kugeln von Kantalupmelonen
    (s. Hinweis)*
*2 Tassen (440 g) Kugeln von Wassermelonen
    (s. Hinweis)*
*1 Tasse (160 g) Eiertomaten,
    entkernt und feingewürfelt*
1½ TL frischer Ingwer, feingehackt
2 EL Orangensaft, frisch gepreßt
1 EL Rotweinessig
½ TL Dijon-Senf
Salz und frisch gemahlener schwarzer Pfeffer
3 EL extra natives Olivenöl
½ TL unbehandelte Orangenschale, feingerieben
2 EL frisches Basilikum, gehackt
*2 Köpfe Radicchio, zerteilt,
    gewaschen und trockengetupft*

1. Das Krabbenfleisch mit Melonenkugeln, Tomaten und Ingwer in eine große Schüssel geben und behutsam mischen. Beiseite stellen.

2. Orangensaft mit Essig, Senf, Salz und Pfeffer in einer kleinen Schüssel verrühren. Unter ständigem Schlagen mit einem Schneebesen das Olivenöl langsam zugießen. Weiterschlagen, bis die Sauce cremig wird, dann die Orangenschale unterrühren.

3. Kurz vor dem Servieren das Dressing mit Basilikum unter den Krabbensalat rühren. Auf einer Platte anrichten, die am Rand mit Radicchioblättern ausgelegt ist.

Für 6 Personen

Hinweis: Die Melonenkugeln mit einem Kugelausstecher kleiner oder mittlerer Größe aus dem Fruchtfleisch der Melonen ausstechen.

Shrimp Remoulade Parfait
Garnelen in Remoulade

In Louisiana sind Garnelen in Remoulade sehr beliebt. Wenn die Meeresfrüchte abwechselnd mit reifen Papayas, Tomaten und Weintrauben geschichtet werden, bekommen sie eine aufregend neue Note. Der kräftige Geschmack der Kräutermayonnaise paßt ausgezeichnet zu den süßen Früchten.

*450 g gekochte Riesengarnelen, geschält
    und den Darm entfernt*
½ Tasse (75 g) Stangensellerie, feingewürfelt
2½ EL frischer Estragon, gehackt
Rémoulade Sauce (s. folgendes Rezept)
2 Tassen (40 g) roter Blattsalat, zerpflückt
*1 Tasse (160 g) grüne oder blaue
    kernlose Weintrauben, quer halbiert*
*4 reife Eiertomaten, entkernt und
    in kleine Würfel geschnitten*
¾ Tasse (135 g) reife Papaya, geschält und gewürfelt

1. Die vorbereiteten Garnelen quer durchschneiden und mit Selleriewürfeln und 2 Eßlöffeln Estragon in einer Schüssel mischen. ½ Tasse (125 ml) der Remoulade unterrühren. Beiseite stellen.

2. Zum Anrichten des Salates je 1 Eßlöffel Remoulade in 4 große Kelchgläser (von etwa 350 ml Fassungsvermögen) geben. Dann jeweils ½ Tasse (10 g) Blattsalat darauf verteilen und mit je ½ Tasse (80 g) Trauben bedecken. Die Garnelenmischung gleichmäßig auf die Gläser verteilen und noch eine Schicht Tomaten- und Papayawürfel darüber geben. Je 2 Teelöffel Remoulade zugeben und mit dem restlichen Estragon bestreuen. Übriggebliebene Remoulade können Sie nach Belieben getrennt zum Salat reichen, so daß sich jeder selbst bedienen kann.

Für 4 Personen

RÉMOULADE SAUCE
REMOULADE

Diese Kräutermayonnaise stammt ursprünglich aus Frankreich und ist heute dank der Akadier, französischer Bauern, die zwischen 1632 und 1654 aus den Centre-Ouest-Provinzen auswanderten, fest in der Cajun-Küche verankert.

1 Tasse (250 ml) Mayonnaise
1 EL Dijon-Senf
2 TL körniger Senf
1 TL Estragonessig
¼ TL Tabasco oder mehr
2 TL kleine Kapern, abgetropft und gehackt
1 EL glatte Petersilie, gehackt
*1 Frühlingszwiebel (mit 7–8 cm Grün),
    in hauchdünne Scheiben geschnitten*
Salz und frisch gemahlener schwarzer Pfeffer

Alle Zutaten in einer kleinen Schüssel verrühren und abschmecken. Die Remoulade zugedeckt (höchstens 8 Stunden) im Kühlschrank aufbewahren.
Ergibt etwa 1 ¼ Tassen (300 ml)

BAYOU SHRIMP AND CELERY ROOT REMOULADE
GARNELEN-SELLERIE-SALAT MIT REMOULADE

Knollensellerie mit seinem ausgeprägt erdigen Geschmack ist sehr vielseitig zu verwenden: roh in Salaten, gebacken oder blanchiert. Um eine Sellerieknolle vorzubereiten, benötigen Sie ein großes, scharfes Messer. Knollensellerie harmoniert gut mit Garnelen, und mit Remoulade wird daraus ein herzhafter Salat (s. Hinweis).

Wein: Virginia Chardonnay
Bier: Mid-Atlantic lager

2 Sellerieknollen (je etwa 450 g)
*etwa 900 g rohe Riesengarnelen,
    geschält und den Darm entfernt*
*1¼ Tassen (300 ml) Remoulade
    (s. gegenüberliegende Spalte)*
3 EL glatte Petersilie, gehackt
*Salz und frisch gemahlener
    schwarzer Pfeffer*

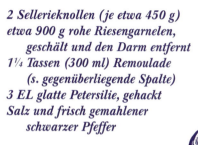

1. Wurzel- und Blattansatz der Sellerieknollen mit einem großen, scharfen Messer abtrennen, dann die unebenen Knollen sorgfältig schälen. Die geschälten Knollen zuerst in hauchdünne Scheiben, dann in feine Streifen (Julienne) schneiden und diese bis zur Weiterverwendung in kaltes Wasser legen, weil sie sich sonst verfärben.

2. Die vorbereiteten Garnelen in kochendem Wasser 1–2 Minuten garen. Abgießen, unter fließendem kaltem Wasser abspülen, gründlich abtropfen lassen und dann trockentupfen.

3. Die Selleriestreifen zum Abtropfen in ein Sieb geben und gründlich trockentupfen. Mit den Garnelen in einer großen Schüssel mischen. Die Remoulade unterrühren, den Salat mit Petersilie bestreuen und mit Salz und Pfeffer abschmecken. Bis zum Servieren zugedeckt mindestens 1 Stunde im Kühlschrank durchziehen lassen.

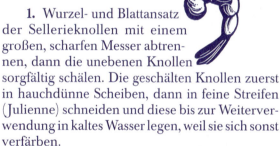

Für 6 Personen

Hinweis: Falls Sie den Salat ohne Garnelen servieren möchten, reichen auch 250 ml Remoulade. Alle anderen Schritte wie beschrieben ausführen.

CONVENTIONAL GRILL EGG SALAD

EIERSALAT CONVENTION GRILL

★★★

Als ich auf der Suche nach Kochrezepten die USA bereiste, machte ich es mir zur Angewohnheit, die Lokale, in denen ich einkehrte, genau zu studieren. Ich schaute immer, was die anderen Gäste bestellten und wie die servierten Gerichte dann wirklich aussahen. Im »Convention Grill« in Minneapolis sah ich einmal, wie die Bedienung ein riesiges Sandwich mit einer guten Portion Eiersalat in Dillmayonnaise aus der Küche trug. Das Sandwich sah so verlockend aus, daß ich es kaum erwarten konnte, es zu Hause auszuprobieren. Ich bin bei Eiersalaten immer sehr kritisch, doch hier muß ich sagen: Dieser Salat schmeckt wirklich so köstlich, wie er aussieht. Besonders gut ist er auf einem Salatbett oder auf Pumpernickel, belegt mit jungem Blattsalat.

8 hartgekochte Eier
¾ Tasse (200 ml) Mayonnaise
1 TL Dijon-Senf
Salz und frisch gemahlener weißer Pfeffer
2 EL frischer Dill, gehackt

1. Die geschälten Eier längs halbieren und das Eigelb vom Eiweiß trennen. Die Eiweißhälften vierteln und in eine Schüssel geben. Das Eigelb grob hacken und unter das Eiweiß mischen.

2. Die restlichen Zutaten behutsam unterrühren. Den Eiersalat bis zum Servieren zugedeckt im Kühlschrank aufbewahren.
Für 6 Personen

SMOKED SALMON EGG SALAD

EIERSALAT MIT RÄUCHERLACHS

Dieser cremige Eiersalat enthält einige beliebte Zutaten in ungewohnter Zusammenstellung. Ist der Räucherlachs nicht zu salzig, harmoniert er gut mit den hartgekochten Eiern. Als Würze reichen dann frisch gemahlener schwarzer Pfeffer und ein Spritzer Zitronensaft. Geben Sie kein Salz dazu, da die Kapern und der Lachs viel Salz enthalten. In den USA wird der Salat gern lauwarm gegessen. Dazu gibt es getoastete Brötchenringe (*bagels*) oder Mehrkornbrot, hauchdünne rote Zwiebelringe und Tomaten.

6 hartgekochte Eier
60 g hauchdünne Scheiben Räucherlachs
2 TL Schalotten, feingehackt
2 TL kleine Kapern, abgetropft
2 TL frischer Dill, feingehackt
frisch gemahlener schwarzer Pfeffer
3 EL saure Sahne
2 EL Mayonnaise
Schale von 1 unbehandelten Zitrone, gerieben
1 TL Zitronensaft, frisch gepreßt

1. Die geschälten Eier vierteln, dann grob hacken und in eine Schüssel geben.

2. Den Lachs zerpflücken oder in schmale Streifen schneiden. Mit einer Gabel behutsam unter die Eier mischen, dann Schalotten, Kapern, Dill und Pfeffer unterrühren.

3. Die restlichen Zutaten in einer zweiten Schüssel verrühren. Das Dressing vorsichtig unter den Salat mischen.
Für 4 Personen

Eula Mae Dore's Potato Salad

Kartoffelsalat a la Eula Mae Dore

Eula Mae Dore ist das Oberhaupt der Familie McIlhenny, in deren Betrieb die weltberühmte Würzsauce Tabasco hergestellt wird. Im Anschluß an eine interessante Führung durch den Betrieb auf Avery Island im Cajun-Land erkundigte ich mich bei ihr nach dem Kartoffelsalat, den sie zu würzigem Brathuhn und Andouille-Gumbo reicht. Nach einigem Bitten und Betteln verriet sie mir schließlich ihre Rezepte. Sie verwendet nur rotschalige Kartoffeln, jeweils eine Knolle pro Person, und ein hartgekochtes Ei pro Kartoffel. Vom Stangensellerie nimmt sie nur die blaßgrünen, knackig-zarten inneren Stangen, dazu rote und grüne Paprika, beides feingewürfelt als farblicher Kontrast. Das Ganze ergibt einen cremigen Kartoffelsalat mit reichlich Ei – ganz im Stil der Südstaaten. Ich serviere dazu gerne kaltes Brathühnchen und Schüsseln mit dampfend heißem Gumbo.

6 rotschalige Kartoffeln
    (insgesamt etwa 900 g), abgebürstet
Salz
6 hartgekochte Eier
1 Tasse (250 ml) Mayonnaise
¼ Tasse (40 g) Stangensellerieherzen,
    feingewürfelt
2 EL rote Paprikaschote, feingewürfelt
2 EL grüne Paprikaschote, feingewürfelt
2 EL Gewürzgurke, feingewürfelt
frisch gemahlener schwarzer Pfeffer

1. Die Kartoffeln in einen Topf geben, mit Wasser bedecken, 1 Teelöffel Salz zugeben und zum Kochen bringen. Die Kartoffeln bei mäßiger Hitze etwa 25 Minuten kochen, bis sie weich sind, dann abtropfen lassen. Sobald die Knollen handwarm sind, schälen.

2. Die Eier schälen, die Eigelbe herauslösen und in einer großen Schüssel mit einer Gabel zerdrücken. Mayonnaise unterrühren. Die Eiweiße grob hacken und unter die Mayonnaise rühren.

3. Die Kartoffeln erst vierteln, dann in etwa 5 mm dicke Scheiben schneiden. Die Kartoffelscheiben mit den restlichen Zutaten gründlich unter die Mayonnaise mischen und den Salat mit Salz und Pfeffer abschmecken.
Für 6 Personen

BOARDING HOUSE POTATO SALAD

KARTOFFELSALAT AUS GEORGIA

Bei einem Besuch in Savannah, Georgia, zog es mich zu »Mrs. Wilkes's Boarding House« in der West Jones Street Nr. 107 bei Whitaker, wo das berühmte Speiselokal bereits seit den 40er Jahren ansässig ist. Man findet das Haus aber auch ohne Adresse, indem man einfach dem Besucherstrom und dem verführerischen Duft folgt. In diesem Lokal verstand ich zum ersten Mal, was es heißt, wirklich gute, preiswerte Hausmannskost vorgesetzt zu bekommen. Der Kartoffelsalat von Mrs. Wilkes inspirierte mich zu der folgenden Variation. Die Zutaten mögen etwas altbacken scheinen, aber sie haben sich nun einmal bewährt. Wenn ich diesen Salat serviere, weiß ich schon im voraus, daß alle Gäste mindestens einmal (meist jedoch mehrmals) ordentlich zugreifen. Wenn Sie den Salat zur nächsten Familienfeier oder für ein sommerliches Picknick zubereiten möchten, brauchen Sie die angegebenen Mengen nur zu verdoppeln – dann reicht es für alle.

4 rotschalige Kartoffeln (insgesamt etwa 1,1 kg), geschält und in kleine Würfel geschnitten
Salz
½ Tasse (75 g) Stangensellerie, feingewürfelt
½ Tasse (75 g) rote Paprikaschote, feingewürfelt
⅓ Tasse (50 g) Gewürzgurken, gehackt
2 EL rote Zwiebel, feingehackt
4 hartgekochte Eier, kleingeschnitten
1 Tasse (250 ml) Mayonnaise
1 TL Dijon-Senf
1 EL Rotweinessig
frisch gemahlener schwarzer Pfeffer

1. Kartoffelwürfel und 1 Teelöffel Salz in einen Topf geben, mit kaltem Wasser bedecken und zum Kochen bringen. Die Temperatur etwas herunterschalten und die Kartoffeln etwa 10 Minuten garen. Abtropfen lassen und in eine Schüssel umfüllen.
2. Sellerie-, Paprika- und Gurkenwürfel, rote Zwiebel und Eier zugeben und alles gut vermengen.
3. Mayonnaise in einer kleinen Schüssel mit Senf und Essig verrühren, mit Salz und Pfeffer abschmecken und vorsichtig unter den Salat heben. Zugedeckt 3–4 Stunden im Kühlschrank ziehen lassen. Den Salat zimmerwarm servieren.
Für 6–8 Personen

LONE STAR CREAMY POTATO SALAD

TEXANISCHER KARTOFFELSALAT

In Texas fand ich einen Kartoffelsalat, der sich mit meinem Hausrezept messen kann. Das war in einem Restaurant in Houston, doch schon bald entdeckte ich ihn auf vielen anderen Speisekarten im *Lone Star State* (Texas). Typisch texanisch sind die hartgekochten Eier und das süß-saure Relish im Salat.

*3 rotschalige Kartoffeln
  (insgesamt gut 1 kg), geschält*
3 hartgekochte Eier, grobgehackt
*⅓ Tasse (50 g) rote Paprikaschote,
  feingewürfelt*
¾ Tasse (200 g) saure Sahne
½ Tasse (125 ml) Mayonnaise
3 EL süß-saures Relish
*grobes Salz und grobgemahlener
  schwarzer Pfeffer*

1. Die Kartoffeln grob zerteilen und in einem Topf mit Salzwasser zum Kochen bringen. Bei mäßiger Hitze etwa 15 Minuten weiterkochen lassen, bis sie gerade weich sind. Abtropfen lassen.

2. Wenn die Kartoffeln handwarm sind, in mundgerechte Stücke schneiden. In einer Schüssel vorsichtig mit den Eiern und Paprikawürfeln vermengen.

3. In einer zweiten Schüssel saure Sahne mit Mayonnaise und dem Relish verrühren. Das Dressing unter den Salat mischen und mit Salz und Pfeffer abschmecken.

Für 4–6 Personen

RED, WHITE, AND BLUE ROASTED POTATO SALAD

KARTOFFELSALAT AUS GEBACKENEN KARTOFFELN

Dieses Rezept stammt von meiner Freundin Linda Gollober, die ihre Kartoffeln in San Francisco auf dem Wochenmarkt (»Ferry Plaza«) kauft. Dem reichhaltigen Sortiment regional angebauter Kartoffelsorten wird bei diesem Salat in hervorragender Weise Rechnung getragen. Auch bei uns sind ganz unterschiedliche Sorten auf dem Markt: Die roten Frühkartoffeln haben festes Fleisch, Clivia oder Granola sind vorwiegend festkochend, Irmgard oder Bintje mehlig-festkochend. Der Salat kann als sättigende Beilage zu einem saftigen Steak oder zu gegrillten Rippchen serviert werden.

DRESSING
1 EL Dijon-Senf
3 EL Weißweinessig
*1 EL Zitronensaft,
  frisch gepreßt*
1 Prise Zucker
*½ Tasse (125 ml) extra
  natives Olivenöl*

KARTOFFELSALAT
*350 g rotschalige
  Frühkartoffeln (z. B. Rosella)*
*350 g kleine, vorwiegend festkochende
  Kartoffeln (z. B. Clivia, Granola)*
*350 g kleine mehlig-festkochende Kartoffeln
  (z. B. Irmgard, Bintje)*
3 EL extra natives Olivenöl
½ TL grobes Salz
Salz und frisch gemahlener schwarzer Pfeffer
2 EL Schalotten, gehackt
2 EL glatte Petersilie, gehackt

1. Den Backofen auf 180 °C vorheizen.

2. Für das Dressing Senf, Essig, Zitronensaft und Zucker in einer kleinen Schüssel verrühren. Das Öl erst tropfenweise, dann in dünnem Strahl zugießen, dabei mit einem Schneebesen kräftig rühren, bis die Sauce glatt und cremig ist. Beiseite stellen.

3. Für den Salat die Kartoffeln gründlich unter fließendem Wasser abbürsten und trockentupfen, dann halbieren und auf zwei Schüsseln verteilen: die nicht rotschaligen Kartoffeln in eine Schüssel, die rotschalige Sorte in die andere geben. Alle Kartoffeln mit Olivenöl beträufeln und mit Salz bestreuen, dann gründlich verrühren. Sämtliche Kartoffeln auf einem Backblech ausbreiten. Die rotschaligen im vor-

geheizten Ofen 45 Minuten, die anderen Sorten 30 Minuten backen, dann alle gegarten Kartoffeln in eine große Schüssel umfüllen.

4. Die Kartoffeln 15–20 Minuten abkühlen lassen, dann das Dressing vorsichtig unterziehen. Den Salat mit Salz und Pfeffer abschmecken und mit Schalotten und Petersilie garnieren. Zimmerwarm servieren.

Für 6 Personen

CHIFFON POTATO SALAD

FEINER KARTOFFELSALAT

Diese Salatkomposition hat nur wenig mit Hausmannskost gemeinsam, sondern ist eher festlichen Anlässen vorbehalten. Knackige Gurkenwürfel und Avocados bilden einen angenehmen Kontrast zu den Kartoffeln. Die u. a. mit Zitronensaft zubereitete Vinaigrette rundet den Salat geschmacklich ab.

6 EL Zitronensaft, frisch gepreßt
4 EL Weißweinessig
½ Tasse (125 ml) Olivenöl
2 Kopfsalate (je etwa 350 g)
6 rotschalige Kartoffeln (insgesamt etwa 1350 g)
Salz
schwarzer Pfeffer, grobgemahlen
1 Salatgurke, geschält
  und in kleine Würfel geschnitten
4 Selleriestangen, in kleine Würfel geschnitten
6 Frühlingszwiebeln (mit 7–8 cm Grün), schräg
  in hauchdünne Scheiben geschnitten
2 reife Avocados
2 EL glatte Petersilie, gehackt, zum Garnieren

1. Für die Vinaigrette 4 Eßlöffel Zitronensaft mit Essig und Öl in einer kleinen Schüssel kräftig verrühren. Beiseite stellen.

2. Salatblätter unter fließendem kaltem Wasser waschen. Trockentupfen und beiseite legen.

3. Kartoffeln schälen, längs halbieren und die Hälften in 5 mm dicke Scheiben schneiden. Die Scheiben in einen Topf geben, mit Wasser bedecken, 1 Teelöffel Salz zugeben und zum Kochen bringen. Die Kartoffeln bei mittlerer Hitze 8–10 Minuten weiterkochen, bis sie gerade weich sind. Nicht zu lange garen! Abtropfen lassen und in eine Schüssel umfüllen. Die Hälfte der Vinaigrette unter die noch warmen Kartoffeln rühren, mit Salz und Pfeffer abschmecken.

4. Gurke, Sellerie und Frühlingszwiebeln in einer Schüssel vermengen. 8–10 Salatblätter zum Garnieren zurückbehalten, den Rest in mundgerechte Stücke zerpflücken und zugeben.

5. Kurz vor dem Servieren das Gemüse mit der restlichen Vinaigrette anmachen. Die Kartoffeln zugeben und alles vorsichtig vermengen.

6. Mit den zurückbehaltenen ganzen Salatblättern eine große Platte oder Salatschüssel auslegen und den Kartoffelsalat in die Mitte häufen.

7. Den übrigen Zitronensaft in eine Schüssel geben. Avocados halbieren, entsteinen und schälen. Das Fruchtfleisch in dicke Scheiben schneiden und in den Zitronensaft legen, dann auf dem Salat anordnen und alles mit gehackter Petersilie garnieren.

Für 12 Personen

Ein paar Worte zu Kartoffeln

Es gibt kaum ein anderes Nahrungsmittel, das so vielseitig, wohlschmeckend, preiswert und obendrein noch gesund ist: Kartoffeln enthalten viele Vitamine, Mineralstoffe und langkettige Kohlenhydrate wie Stärke und Zellulose.

Das bescheidene Knollengewächs hat im Vergleich zu vielen anderen Gemüsesorten eine lange Geschichte. Die ersten Kartoffeln, die von den Anden nach Europa kamen, landeten 1588 beim Papst und waren ein Geschenk des spanischen Königs Philipp II. Mitgebracht hatte sie der Spanier Pizarro, der für die Krone in der südlichen Neuen Welt Eroberungszüge unternahm. Der päpstliche Botaniker pflanzte die Knollen aus. Die Erträge nannte er »kleine Trüffeln« (*tartuficolini*), doch gegessen hat er die seltsamen Knollen nicht. Keine 200 Jahre später ernährten sie bereits Millionen Menschen – vom Süden Spaniens bis zu den Britischen Inseln. Nach der Französischen Revolution erklärte die Pariser Kommune Frankreich zur Republik und befahl per Dekret den Verzehr von Kartoffeln.

Kartoffeln wird man nie leid; und anders als unsere Mütter und Großmütter können wir heute unter einer Vielzahl von Sorten in unterschiedlichen Größen und Kochtypen wählen. Auf Wochenmärkten in den USA entdecke ich manchmal alte, fast schon in Vergessenheit geratene Sorten. Doch sie alle aufzulisten, würde den Rahmen dieses Buches sprengen.

Hier ein paar Tips für den Einkauf von Kartoffeln: Stärkereiche Kartoffeln (mehlig-festkochende Sorten wie Irmgard und Datura) werden beim Kochen sehr weich und zerfallen. Sie sind daher ideal zum Backen oder Pürieren.

Vorwiegend festkochende Sorten, die auch nach dem Kochen noch relativ fest sind, eignen sich gut für Gratins und Kartoffelsalate. Die wichtigsten Sorten sind Granola, Bintje und Grata oder allgemein junge Kartoffeln. Frühkartoffeln haben eine zarte, dünne Schale und sind nicht lange lagerfähig. Sie sind nur im Frühling und Frühsommer im Handel.

Festkochende Sorten wie Hansa, Nicola und Sieglinde sind stärkearme Kartoffeln mit gelbem Fleisch. Sie sind auch nach dem Garen – ob im Ofen gebacken, gekocht oder gedämpft – noch schön fest und lassen sich gut in Scheiben schneiden.

In letzter Zeit findet man auf Wochenmärkten zunehmend Kartoffelsorten, die sich farblich von den herkömmlichen abheben, z. B. die oval geformte, rotschalige Symfonia, die sich als festkochende Kartoffel gut zur Herstellung von Pommes frites eignet.

Kartoffeln sollte man in einem kühlen, trockenen und dunklen Keller aufbewahren, auf keinen Fall im Kühlschrank, weil sich die Stärke bereits bei Temperaturen unter 3 °C chemisch verändert und bei Frost in Zucker umgewandelt wird. Die ideale Temperatur zur Lagerung liegt bei 4–8 °C; wenn es wärmer ist, beginnen die Knollen schnell zu keimen, und dabei gehen wertvolle Inhaltsstoffe verloren.

Alaskan Potato Salad

Kartoffelsalat aus Alaska

Nach meinem Geschmack kann es gar nicht genug verschiedene Kartoffelsalate geben. Egal, ob sie aus Louisiana, Texas oder Alaska stammen, jeder hat seinen Reiz. Der folgende Salat enthält zwar keine der für Alaska typischen Zutaten, aber ich habe ihn dort zum ersten Mal gegessen, und zwar in der »Tutka Bay Lodge« in Homer, zubereitet von Mrs. Stone, der Mutter des Besitzers, die von der Insel Kodiak an der Südküste Alaskas stammt.

6 rotschalige Kartoffeln (insgesamt etwa 900 g), gründlich abgebürstet
2½ TL Salz
4 Scheiben Frühstücksspeck
1 Tasse (130 g) Zwiebeln, gehackt
2 EL Mehl
2 EL Zucker
½ TL Selleriesamen
frisch gemahlener schwarzer Pfeffer
¾ Tasse (200 ml) Wasser
4 EL Apfelessig
4 EL glatte Petersilie, gehackt

1. Kartoffeln, 1 Teelöffel Salz und Wasser zum Kochen bringen. Bei mäßiger Hitze die Kartoffeln 25 Minuten weiterkochen, bis sie weich sind.
2. Währenddessen die Speckscheiben in einer beschichteten Pfanne bei mittlerer Hitze etwa 8 Minuten ausbraten. Mit einem Schaumlöffel herausnehmen und auf Küchenpapier legen. Das Fett zurückbehalten.
3. Die Kartoffeln abgießen. Wenn sie handwarm sind, schälen und in 5 mm dicke Scheiben schneiden. Die Scheiben in eine große Schüssel geben, den Speck zerkrümeln und zu den Kartoffeln geben.
4. Das zurückbehaltene Fett mäßig erhitzen und Zwiebeln 10 Minuten darin braten. Mehl, Zucker, das restliche Salz, Selleriesamen und Pfeffer unterrühren. 3 Minuten weiterbraten, dabei rühren.
5. Die Temperatur etwas erhöhen. Wasser und Essig zugießen und unter ständigem Rühren zum Kochen bringen. 1 Minute weiterkochen lassen. Die Sauce über die Kartoffeln gießen und behutsam untermischen. Petersilie unterrühren und den Salat heiß oder warm servieren.

Für 6–8 Personen

Orange Ducky Potato Salad

Kartoffelsalat mit Entenfleisch

Rotschalige Frühkartoffeln und zartes Entenfleisch, verfeinert mit frischen grünen Bohnen und würziger Orangenschale, ergeben einen Salat, der nicht nur im Sommer gut schmeckt.

Wein: Long Island (New York) Cabernet Franc
Bier: Montana red ale

4 Tassen (640 g) gegartes Entenfleisch, kleingeschnitten (s. Hinweis)
8 mittelgroße rotschalige Frühkartoffeln, gewaschen und geviertelt
120 g grüne Brechbohnen oder Prinzeßbohnen, Fäden entfernt und einmal durchgeschnitten
grobes Salz und frisch gemahlener schwarzer Pfeffer
Schale von 1 unbehandelten Orange, gerieben
6 EL Orange Honey Dressing (s. S. 98), evtl. auch etwas mehr
2 EL glatte Petersilie, gehackt
1 Bund Rauke oder 1 Kopf Frisée-Salat, harte Stiele entfernt, Blätter gewaschen und getrocknet

1. Das Entenfleisch in eine Schüssel geben.
2. Die Kartoffeln in einem Topf mit Salzwasser etwa 10 Minuten kochen, bis sie weich sind. Mit einem Schaumlöffel herausheben und zum Entenfleisch geben. Die Bohnen im Kartoffelwasser 3–4 Minuten garen. Mit kaltem Wasser abschrecken, gründlich abtropfen lassen und zur Kartoffel-Fleisch-Mischung geben.
3. Mit Salz und Pfeffer abschmecken, Orangenschale, Dressing und 1 Eßlöffel Petersilie zugeben und gut vermengen.
4. Den Kartoffelsalat auf Salatblättern anrichten und mit der restlichen Petersilie bestreuen. Nach Belieben zusätzlich mit Dressing beträufeln und servieren.

Für 6 Personen

Hinweis: Es lohnt sich, extra für diesen köstlichen Salat eine Ente zu braten. Das Rezept dafür finden Sie auf S. 445.

FRESH SALMON POTATO SALAD

KARTOFFELSALAT MIT LACHS

Während meines Aufenthaltes in Alaska war ich überrascht, noch so viele Überreste russischer Kochtradition vorzufinden. Ich habe mich davon zu sehr schmackhaften Kreationen anregen lassen, unter anderem zu diesem leichten Salat mit Kartoffeln, Lachs und Dill. Zerpflücken Sie das Lachsfilet vorsichtig: einfach der Struktur des Fleisches folgen und die Stücke mit den Fingern ablösen.

Wein: Hudson Valley (NY) Seyval Blanc
Bier: Chicago pale ale

3 Tassen (750 ml) Wasser
1 Tasse (250 ml) trockener Weißwein
3 Zweige glatte Petersilie
1 Lorbeerblatt
4 schwarze Pfefferkörner
225 g Lachsfilet
2 rotschalige Kartoffeln (insgesamt etwa 450 g), geschält und in kleine Würfel geschnitten
Salz
½ Tasse (75 g) Stangensellerie, feingewürfelt
3 hartgekochte Eier, grobgehackt
2–3 Frühlingszwiebeln (mit jeweils 7–8 cm Grün), schräg in hauchdünne Scheiben geschnitten
2 EL frischer Dill, gehackt, evtl. etwas mehr
schwarzer Pfeffer, grobgemahlen
¾ Tasse (200 ml) Lemon Dill Yogurt Dressing (s. folgendes Rezept)
225 g gemischte junge Salatblätter
frische Dillzweige, zum Garnieren

1. Wasser mit Wein, Petersilie, Lorbeer und Pfeffer in einem großen Topf zum Kochen bringen. Die Temperatur herunterschalten und den Sud 10 Minuten köcheln lassen. Das Lachsfilet hineingeben und bei halb aufliegendem Deckel etwa 5 Minuten pochieren, bis sich das Fleisch leicht mit einer Gabel zerpflücken läßt. Das Filet behutsam herausnehmen und beiseite stellen. Den Sud weggießen.
2. Die Kartoffeln und 1 Teelöffel Salz in einen Topf geben, mit Wasser bedecken und zum Kochen bringen. Bei mittlerer Hitze 5–8 Minuten weiterkochen lassen, bis die Stückchen gerade weich sind. Abgießen, abtropfen lassen, in eine große Schüssel umfüllen und abkühlen lassen.
3. Sobald die Kartoffeln abgekühlt sind, Sellerie, Eier, Frühlingszwiebeln und Dill zugeben und vermengen.
4. Das Lachsfilet mit Küchenpapier trockentupfen und grob zerpflücken, dabei Haut

und Gräten entfernen. Die Lachsstücke zu der Salatmischung geben und das Ganze mit Salz und Pfeffer abschmecken.

5. ½ Tasse (125 ml) vom Dressing abnehmen und behutsam unter den Salat mischen.

6. Zum Servieren die Salatblätter durch das restliche Dressing ziehen und auf 4 Teller verteilen. Den Kartoffelsalat in die Mitte häufen und mit frischem Dill garnieren.

Für 4 Personen

Lemon Dill Yogurt Dressing

Joghurt-Dressing mit Zitrone und Dill

★

Dieses cremige Dressing, das an eine gehaltvolle Mayonnaise erinnert, hat wenig Kalorien und ist trotzdem eine wohlschmeckende Alternative zu den herkömmlichen Dressings. Der Joghurt gibt eine angenehm säuerliche Note.

*1 Tasse (250 g) Naturjoghurt (Magerstufe),
   1 Stunde im Sieb abgetropft*
1 EL Zitronensaft, frisch gepreßt
1 TL unbehandelte Zitronenschale, feingerieben
3 EL extra natives Olivenöl
¼ TL schwarzer Pfeffer, grobgemahlen
2 TL frischer Dill, gehackt

1. Joghurt mit Zitronensaft und -schale in einer kleinen Schüssel verrühren. Langsam das Olivenöl zugießen, dabei ständig mit dem Schneebesen schlagen, bis die Sauce cremig ist.

2. Pfeffer und Dill unterrühren, dann das Dressing zugedeckt bis zu 8 Stunden im Kühlschrank ziehen lassen.

Ergibt etwa 1¼ Tassen (gut 300 ml)

Backyard Macaroni Salad

Makkaroni-Salat

Makkaroni-Salat ist genau das Richtige, wenn Ihnen deftige Hausmannskost schmeckt. Ich habe den Salat mit verschiedenen Nudelsorten probiert, aber am besten eignen sich kurze Makkaroni oder Hörnchennudeln. Mit süß-saurem Relish servieren, und wenn Sie es exotisch mögen, mit reifer Mango garnieren.

225 g kurze Makkaroni oder Hörnchennudeln
3 EL Milch
*3 reife Eiertomaten, entkernt und
   feingewürfelt*
4 EL rote Paprikaschote, feingewürfelt
4 EL grüne Paprikaschote, feingewürfelt
4 EL rote Zwiebel, feingehackt
4 EL frischer Dill, gehackt
¾ Tasse (200 ml) Mayonnaise
3 EL saure Sahne
*2 EL süß-saures Relish
   (nicht abtropfen lassen)*
Salz und frisch gemahlener schwarzer Pfeffer
*½ Tasse (100 g) reife Mango, geschält
   und gewürfelt, zum Garnieren*

1. Die Makkaroni in kochendem Salzwasser 6–8 Minuten garen, gelegentlich umrühren. Abgießen, unter kaltem Wasser abspülen, abtropfen lassen und in eine große Schüssel geben.

2. Die Nudeln mit Milch vermischen, dann das Gemüse mitsamt Tomatensaft und Dill unterrühren.

3. In einer zweiten Schüssel Mayonnaise mit saurer Sahne, Relish, Salz und Pfeffer verrühren. Den Salat mit dem Dressing anmachen, dann zugedeckt mindestens 4 Stunden im Kühlschrank durchziehen lassen. Zimmerwarm servieren, eventuell nachwürzen und mit Mangowürfeln garnieren.

Für 6 Personen

EAST NORWALK COLESLAW
WEISSKOHLSALAT

Als Kind lebte ich in East Norwalk, Connecticut. Die Mutter meiner besten Freundin Carol Yacklus lud mich gelegentlich zum Essen ein. Am liebsten aß ich ihren wunderbaren Weißkohlsalat. Als meine Mutter Jahre später zufällig Mrs. Yacklus wiedertraf, erzählte sie ihr, daß ich bis heute von diesem Salat schwärme. Freudestrahlend überließ sie meiner Mutter das Rezept, so daß ich den köstlichen Weißkohlsalat heute selbst zubereiten kann. Er paßt sehr gut zu Sandwiches und Hackbraten, Sie können ihn aber natürlich auch zu einer Grillparty servieren.

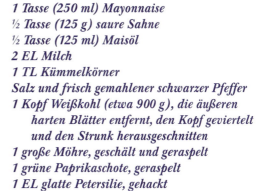

1 Tasse (250 ml) Mayonnaise
½ Tasse (125 g) saure Sahne
½ Tasse (125 ml) Maisöl
2 EL Milch
1 TL Kümmelkörner
Salz und frisch gemahlener schwarzer Pfeffer
1 Kopf Weißkohl (etwa 900 g), die äußeren harten Blätter entfernt, den Kopf geviertelt und den Strunk herausgeschnitten
1 große Möhre, geschält und geraspelt
1 grüne Paprikaschote, geraspelt
1 EL glatte Petersilie, gehackt

1. In einer kleinen Schüssel Mayonnaise mit saurer Sahne, Öl, Milch, Kümmel, Salz und Pfeffer verrühren.

2. Den Weißkohl in feine Streifen schneiden und mit Möhre und Paprikaschote in eine große Schüssel geben. Mit zwei Gabeln das Mayonnaise-Dressing und die Petersilie untermischen. Den Salat nochmals mit Salz und Pfeffer abschmecken, dann zugedeckt mindestens 4 Stunden im Kühlschrank ziehen lassen. Zimmerwarm servieren.

Für 6–8 Personen

CORKY'S MEMPHIS-STYLE COLESLAW
WEISSKOHLSALAT MEMPHIS

Meine Promotion-Tour für mein letztes Buch führte mich auch nach Memphis, Tennessee, wo ich Zeit für einen Abstecher zu Elvis Presleys Graceland fand und anschließend noch bei »Corky's« zum Barbecue einkehrte. Außer phantastischen Grillgerichten gibt es in diesem rustikal eingerichteten Lokal – mit Holzwänden, rot eingedeckten Tischen und Country-music im Hintergrund – einen deftigen Kohlsalat, der hervorragend zu Corky's scharfer Barbecue-Sauce auf Tomatenbasis paßt. Er ist eine wunderbare Beilage zu gegrillten Schweinerippchen, in Scheiben geschnittener Rinderbrust auf Brötchen oder zu zarter Schweineschulter.

1 Kopf Weißkohl (etwa 900 g), die äußeren harten Blätter und den Strunk entfernt, kleingeschnitten
2 Möhren, geschält und geraspelt
1 grüne Paprikaschote, feingewürfelt
2 EL Zwiebel, gerieben
2 Tassen (500 ml) Mayonnaise
¾ Tasse (185 g) Zucker
3 EL Dijon-Senf
3 EL Apfelessig
2 EL Selleriesamen
1 TL Salz
1 Msp. frisch gemahlener weißer Pfeffer

1. Weißkohl mit Möhren, Paprika und Zwiebel in einer großen Schüssel vermengen. Beiseite stellen.
2. In einer zweiten Schüssel die restlichen Zutaten verrühren. Das Dressing gründlich unter den Krautsalat mischen.
3. Den Salat zugedeckt mindestens 3 Stunden im Kühlschrank ziehen lassen. Zimmerwarm servieren.
Für 6 Personen

Zesty Picnic Slaw
Bunter Krautsalat

Dieser pikant-würzige Krautsalat ist nur mit Essig und Öl angemacht. Er paßt hervorragend zu kaltem Schweinebraten oder zu Ente auf getoastetem Bauernbrot; auch auf Hamburgern macht er sich gut. Am besten schmeckt der Salat, wenn man ihn vor dem Servieren ein paar Stunden ziehen läßt. Als perfekte Ergänzung bietet sich ein kühles Bier an.

DRESSING
1 kleine Knoblauchzehe
¼ TL grobes Salz
1½ TL Dijon-Senf
1½ TL unbehandelte Orangenschale, gerieben
2 EL Orangensaft, frisch gepreßt
1 EL Apfelessig
½ TL Zucker
3 EL extra natives Olivenöl
3 EL einfaches Olivenöl
Salz und frisch gemahlener schwarzer Pfeffer

KRAUTSALAT
4 Tassen (300 g) Rotkohl, in feine Streifen geschnitten
4 Tassen (300 g) Weißkohl, in feine Streifen geschnitten
1 rote Paprikaschote, in feine Streifen geschnitten
1 grüne Paprikaschote, in feine Streifen geschnitten
1 gelbe Paprikaschote, in feine Streifen geschnitten
2 Möhren, geschält und geraspelt
1 TL Kümmelkörner
Salz und frisch gemahlener schwarzer Pfeffer
2 EL frischer Schnittlauch, kleingeschnitten

1. Für das Dressing den Knoblauch mit dem Salz zerdrücken, dann mit Senf, Orangenschale, Orangensaft, Essig und Zucker in eine Schüssel geben und verrühren.

2. Die Ölsorten langsam zugießen, dabei ständig mit einem Schneebesen schlagen, bis die Sauce dick und cremig ist. Mit Salz und Pfeffer abschmecken und beiseite stellen.

3. Für den Salat das gesamte Gemüse mit dem Kümmel in einer großen Schüssel vermengen. Das Dressing untermischen und den Salat mindestens 3 Stunden zugedeckt im Kühlschrank ziehen lassen. Vor dem Servieren nochmals mit Salz und Pfeffer abschmecken und den Schnittlauch unterrühren.

Für 6 Personen

FOURTH OF JULY HAM AND CABBAGE SLAW
SCHINKEN-KRAUTSALAT

Dieser festliche Salat besteht aus zartgrünen Krautstreifen und pinkfarbenen Schinkenstreifen. Er wird mit einem pikanten Mayonnaise-Dressing angemacht. Am besten bereiten Sie den Salat schon am Vortag zu, damit er gut durchziehen kann.

Bei vielen amerikanischen Familien gibt es diesen Salat zum Nationalfeiertag am 4. Juli, zusammen mit gegrilltem Huhn, Kartoffelsalat und einer Süßkirschen-Pie als Dessert.

DRESSING
½ Tasse (125 ml) Mayonnaise
½ Tasse (125 g) saure Sahne
3 EL Honigsenf
1 EL Dijon-Senf
1 TL Selleriesamen
4 EL frischer Dill, gehackt

KRAUTSALAT
1 Kopf Weißkohl (etwa 900 g),
 die äußeren harten Blätter und den Strunk entfernt, in feine Streifen geschnitten
450 g gebackener Schinken am Stück,
 in feine Streifen geschnitten
2 Möhren, geschält und geraspelt
1 grüne Paprikaschote,
 in feine Streifen geschnitten
4 Frühlingszwiebeln (mit jeweils 7–8 cm Grün),
 schräg in hauchdünne Scheiben geschnitten
3 EL frischer Dill, gehackt
Salz und frisch gemahlener
 schwarzer Pfeffer

1. Für das Dressing alle angegebenen Zutaten in einer kleinen Schüssel gut verrühren. Beiseite stellen.

2. Für den Salat den Kohl in einer großen Schüssel mit Schinkenstreifen, Möhren, Paprika, Frühlingszwiebeln und Dill gut vermengen.

3. Das Dressing über den Salat geben, untermengen und alles mit Salz und Pfeffer abschmecken. Zugedeckt mindestens 4 Stunden oder noch besser über Nacht im Kühlschrank ziehen lassen. Zimmerwarm servieren.

Für 8 Personen

A Russian Dressing Trio

Russisches Dressing in drei Variationen

Obwohl Russisches Dressing inzwischen ein »typisch amerikanischer« Sandwichaufstrich ist, geht es, wie der Name sagt, auf ein russisches Rezept zurück. Folglich war dieses Dressing immer zu finden, wenn osteuropäische Einwanderer Delikatessengeschäfte eröffneten. Das handschriftlich festgehaltene Rezept für dieses Dressing tauchte erstmals 1922 auf. Hier nun drei Abwandlungen davon: Bei der ersten Variation handelt es sich um einen einfachen Sandwichaufstrich. Das nächste, gehaltvollere Dressing eignet sich gut für Salate und für die klassischen Salatherzen. Zur Verfeinerung eines Garnelen- oder Krabben-Cocktails empfiehlt sich die pikant-würzige Variante mit Chilisauce und Meerrettich. Sie basiert auf Ketchup und Mayonnaise, so daß sowohl die Zutaten als auch ihre Verarbeitung leicht zu merken sind.

Russian Sandwich Dressing

Sandwichdressing

Dieses Dressing schmeckt ausgezeichnet auf einem Sandwich mit hellem Putenfleisch, kaltem Hackbraten oder Roastbeef.

½ Tasse (125 ml) Mayonnaise
2 EL Ketchup
1½ EL süß-saures Relish

Alle Zutaten gut in einer kleinen Schüssel verrühren. Das Dressing kann zugedeckt bis zu 24 Stunden im Kühlschrank aufbewahrt werden.

Ergibt etwa eine ¾ Tasse (200 ml)

Russian Salad Dressing

Russisches Salatdressing

Diese Variation paßt ideal zu Krabbenfleisch, Hummer oder Garnelensalat.

¾ Tasse (200 ml) Mayonnaise
3 EL Ketchup
1½ EL süß-saures Relish
1 hartgekochtes Ei, feingehackt

Dressing oder Vinaigrette

Salatsaucen werden oft mit Essig zubereitet – es geht aber auch ohne. Zur Abwechslung macht sich eine Sauce mit Mayonnaise oder einer Mischung aus Zitronensaft und Olivenöl gut. Eine echte Vinaigrette muß jedoch, wie der Name es bereits andeutet, Essig (französisch *vinaigre*) enthalten, sonst spricht man von Dressing.

Alle Zutaten in einer kleinen Schüssel verrühren. Zugedeckt kann das Dressing bis zu 8 Stunden im Kühlschrank aufbewahrt werden.
Ergibt etwa 1 Tasse (250 ml)

RUSSIAN SEAFOOD DRESSING

MEERESFRÜCHTE-DRESSING

★

Für Meeresfrüchte darf auch ein Dressing etwas anspruchsvoller sein.

½ Tasse (125 ml) Mayonnaise
2½ EL Chilisauce
1 Spritzer Tabasco
¼ TL geriebener Meerrettich (tafelfertig zubereitet), abgetropft
1 Eiertomate, entkernt und sehr fein gewürfelt
1 TL Kapern, abgetropft und grobgehackt
1 TL unbehandelte Zitronenschale, fein gerieben
1 TL frischer Dill, feingehackt

Alle Zutaten in einer kleinen Schüssel verrühren. Das Dressing kann zugedeckt bis zu 24 Stunden im Kühlschrank aufbewahrt werden.
Ergibt etwa eine ¾ Tasse (200 ml)

AVOCADO MINT MAYONNAISE

AVOCADOCREME MIT MINZE

★★★

Bei frisch zubereiteter Mayonnaise mit rohem Eigelb besteht unbestreitbar Salmonellengefahr. Als Alternative bietet sich deshalb eine Variante aus reifen Avocados an. Diese »falsche Mayonnaise« genannte Creme schmeckt herrlich zu Little Beef Pancakes (s. S. 157), macht sich aber auch sehr gut als Dip für rohes Gemüse. Statt Minze können Sie auch frisches Basilikum oder Estragon verwenden.

2 reife Avocados, halbiert, entsteint und geschält
3 EL Limettensaft, frisch gepreßt
3 EL extra natives Olivenöl
4 EL frische Minze, gehackt
Salz und frisch gemahlener schwarzer Pfeffer

1. Die Avocadohälften mit dem Limettensaft übergießen und anschließend mit einer Gabel leicht zerdrücken.
2. Die Avocadomasse in eine Küchenmaschine geben und pürieren. Bei laufendem Gerät langsam das Olivenöl zugießen.
3. Die Avocadocreme in eine Schüssel umfüllen, Minze unterrühren und anschließend mit Salz und Pfeffer abschmecken. Sofort servieren.
Ergibt etwa 2 Tassen (500 ml)

CAESAR DRESSING

CAESAR-DRESSING

★★★

Wenn mir die Zubereitung von Caesar-Salat mit Sardellenfilets, Croûtons usw. zu aufwendig ist, rühre ich einfach dieses Dressing zusammen und mische es unter knackigen Blattsalat. Mit frisch geriebenem Parmesankäse ist der Salat dann fast stilecht. Er paßt hervorragend als Beilage zu gegrilltem oder gebratenem Hühnchen.

1 kleine Knoblauchzehe
¼ TL grobes Salz
1½ TL Dijon-Senf
2 EL Zitronensaft, frisch gepreßt
3 EL extra natives Olivenöl
3 EL einfaches Olivenöl
1 TL Zucker
Salz und frisch gemahlener schwarzer Pfeffer

1. Die Knoblauchzehe zusammen mit dem Salz fein zerdrücken, dann mit Senf und Zitronensaft in einer Schüssel gut verrühren.

2. Die Ölsorten langsam zugießen, dabei mit einem Schneebesen ständig weiterschlagen, bis die Sauce cremig wird. Mit Zucker, Salz und Pfeffer abschmecken. Das Dressing kann zugedeckt bis zu 2 Tagen im Kühlschrank aufbewahrt werden. Zimmerwarm servieren.
Ergibt knapp eine ¾ Tasse (160 ml)

DRESS-UP TOMATO ORANGE MAYONNAISE
TOMATEN-ORANGEN-MAYONNAISE

Die ungewöhnliche Kombination von Tomate und Orange lernte ich mit einem »Kalbsbraten Marengo« kennen. Später habe ich diese Mayonnaise als Dressing für gekochten Hummer ausprobiert. Sie schmeckt auch vorzüglich zu Krebs-Hummer-Küchlein, Lachs-Küchlein oder gebratenem Lachs.

½ Tasse (125 ml) Mayonnaise
3 EL saure Sahne
2 TL Tomatenmark
¼ Tasse (35 g) Tomaten, entkernt und feingewürfelt
2 EL frischer Estragon, gehackt
1½ TL unbehandelte Orangenschale, feingerieben
Salz und frisch gemahlener schwarzer Pfeffer

Mayonnaise mit saurer Sahne und Tomatenmark in einer kleinen Schüssel verrühren. Die restlichen Zutaten unterrühren und mit Salz und Pfeffer abschmecken.
Ergibt etwa 1 Tasse (250 ml)

Der Mittagstisch

Sandwiches

Das Sandwich ist eines der variationsreichsten Gerichte der amerikanischen Küche. Überall pflegt man die Kunst, ein gutes Sandwich zuzubereiten, vom Coffee-shop bis zum Delikatessengeschäft, im Nobelrestaurant wie in der heimischen Küche. Man liebt es, die Grundzutaten immer neu zusammenzustellen, bereichert die Mayonnaise mit Knoblauch oder tauscht den Eisbergsalat gegen Avocado, Rauke und Spinat aus. Auch mit Zutaten, die nicht zusammenzupassen scheinen, sind die Amerikaner sehr experimentierfreudig: Ob Salsas, Chutneys, pikante Gelees, gegrilltes Gemüse oder Käse, alles wird kombiniert – Hauptsache, es schmeckt! Lassen Sie sich also von meinen Kreationen überraschen.

Auch Salat-Klassiker wie *Cobb Salad* (Bunter Geflügelsalat) oder »Krabbensalat Louis« lassen sich zu einem Sandwich verarbeiten. Schließlich möchte ich Ihnen neue Variationen traditioneller Sandwiches vorstellen: z. B. »Pastrami Reuben«, »BLT« oder *Meatball Grinder* (»Backenzahn«).

Rich Little Po' Boy
Louisiana-Sandwich »Po' Boy«

Über die Entstehung des berühmten Louisiana-Sandwiches »Po' boy« gibt es viele Geschichten. Sicher ist, daß es während der Weltwirtschaftskrise aufkam. Dem Schriftsteller und New-Orleans-Kenner Buddy Stall zufolge waren die Brüder Clovis und Denny Martin die Erfinder dieses Sandwiches, das bereits für einen *nickel* (Fünfcentstück) zu haben war. Die beiden stellten jedoch fest, daß das herkömmliche französische Stangenbrot sich wegen seines lockeren Inneren und der spitz zulaufenden Enden nicht so gut für ihre Zwecke eignete. Daher baten sie einen Bäcker, eine etwa 30 cm lange Brotstange mit abgerundeten Ecken zu backen. Seitdem ist dieses Sandwich in New Orleans eine Institution. Ursprünglich war es nur mit Roastbeef belegt, mittlerweile bekommt man es in allen möglichen Variationen. Bei der Bestellung eines »Po' boy« werden Sie stets gefragt, ob Sie es *dressed*, also garniert, mögen. Bejahen Sie das, denn die Garnitur besteht aus Salat, Tomate, Käse und Mayonnaise. Hier meine Variation:

Bier: Seattle porter

3 kleine reife Tomaten, halbiert
Salz und frisch gemahlener schwarzer Pfeffer
1 längliches Brot (z. B. Ciabatta, etwa 30 cm lang)
3 EL Rémoulade Sauce (s. S. 107)
110 g Roastbeef (blutig oder rosa),
  in hauchdünne Scheiben geschnitten
4 dünne Scheiben vollreifer Brie-Käse, gekühlt
4–6 Salatblätter, gewaschen und trockengetupft

1. Den Backofengrill vorheizen und einen Ofenrost etwa 7–8 cm unterhalb der Wärmequelle einschieben.

2. Tomatenhälften mit der Hautseite nach oben auf den Rost legen und 8 Minuten unter dem Grill rösten, bis die Haut Blasen wirft und sich zu verfärben beginnt. Die Schnittflächen der Tomaten mit Salz und Pfeffer bestreuen und beiseite stellen.

3. Das Brot längs halbieren und beide Hälften aushöhlen. Die Schnittflächen mit der Remoulade bestreichen. Das Roastbeef auf der unteren Hälfte verteilen, Käse versetzt darauf anordnen und mit Salatblättern abdecken.

4. Die gegrillten Tomatenhälften auf die obere Brothälfte legen und leicht mit einer Gabel zerdrücken. Die Brothälften zusammenklappen und das Sandwich einmal durchschneiden.

Für 2 Personen

Philly Cheese Steak Sandwich, Sheila Style
Käse-Steak-Sandwich a la Sheila

Als gebürtige Philadelphierin lasse ich es mir nicht nehmen, meine eigene Variation des Käse-Steak-Sandwiches vorzustellen. Es schmeckt natürlich anders als auf dem Reading Terminal Market, schließlich ist meine Kreation aus der Upper West Side von Manhattan, aber mit der traditionellen Zubereitung kann sie es allemal aufnehmen.

Francine Maroukian über Philadelphias Käse-Steaks

Als die Köchin und Kochbuchautorin Francine Maroukian beim »Silver Palate« arbeitete, erzählte sie oft von ihren Wochenenden in Philadelphia und schwärmte von den phantastischen *Philly Cheese Steaks*. Zwar bin ich in Philadelphia geboren, doch habe ich nie recht verstanden, was es damit auf sich hat. Deshalb bat ich sie, mir das Besondere an diesem Sandwich zu erklären, was sie auch tat:

»Käse-Steaks gehören nun einmal zu Philadelphia. Sie mögen vielleicht unscheinbar sein, doch sie sind unnachahmlich – und nirgendwo anders in den Vereinigten Staaten oder sonstwo auf der Welt zu finden. Das ist so, und alle sind sich darüber einig. Über den Rest bestehen allerdings Meinungsverschiedenheiten: Was die Grundzutaten betrifft, ist Philadelphia sogar in zwei geradezu verfeindete Lager gespalten.

Käse-Steaks gehören auf ein etwa 30 cm langes Stück Stangenbrot oder Baguette-Brötchen mit knuspriger, aber nicht zu trockener und spröder Kruste und weicher, lockerer Krume. Das je nach Geschmack dünn geschnittene oder ›rasierte‹ (in angefrorenem Zustand hauchdünn geschnittene) Fleisch wird mit dem Käse gebraten – die Konsistenz kann dann an Rührei erinnern.

Und jetzt kommen wir zu dem Punkt, den man einfach unbesehen glauben muß: Man hat grundsätzlich die Wahl zwischen zwei Käsesorten. Die eine ist *Whiz* bzw. *Cheez Whiz*. Er wird warm direkt auf das Brötchen gegeben, darauf kommt dann das gegarte Fleisch. Die andere Sorte ist *American*, amerikanischer Käse (meist Monterey Jack) in Scheiben. Der Käse wird auf das zu garende Fleisch gelegt, damit er Blasen wirft, schmilzt und schließlich herunterläuft. Das Fleisch mitsamt dem Käse wird dann auf das Brot gelegt, oder aber das Brötchen wird aufgeschnitten und damit gefüllt.

Dazu gibt es *toppings*, also alles, was ›oben drauf‹ kommt. Sie werden in Schälchen zur Selbstbedienung angeboten. Für ein authentisches Geschmackserlebnis sollte jedoch auf jegliche Beigabe verzichtet werden. Die einzige Ausnahme sind gebratene Zwiebeln. Ich zähle sie auch eher zu den Wahlmöglichkeiten als zu den *toppings*, weil die Zwiebeln extra mit dem bevorzugten Käse bestellt werden müssen.

Und es gibt noch ein Problem für ›Nicht-Philadelphier‹: Die Sandwiches werden nicht auf einem Teller, sondern in Alufolie und braunen Papiertüten serviert. Und sie verkaufen sich wie warme Semmeln. Damit die anderen in der Schlange schneller an der Reihe sind, sollte man den Bestellcode benutzen (s. Kasten S. 126).

Allerdings spielen auf der Suche nach den besten Sandwiches nicht immer nachvollziehbare, sondern eher subjektive Überlegungen eine Rolle. Sie haben mit der Stadt, dem Regionalpatriotismus oder mit den eigenen Wurzeln zu tun. Im Grunde genommen ist es daher unmöglich, die perfekten Käse-Steaks zu beschreiben.«

Bier: Pennsylvania Octoberfest

MARINADE
3 EL Olivenöl
3 EL Rotweinessig
1 große Knoblauchzehe, feingehackt
1 EL Dijon-Senf

SANDWICH
1 Rindersteak (etwa 450 g), überschüssiges Fett entfernt und quer zur Faser in 3 oder 4 Stücke geschnitten
8 große Scheiben Bauernbrot
4 TL Dijon-Senf
Karamelisierte Zwiebeln (s. S. 314, dieselbe Menge)
110 g Monterey Jack (ersatzweise Edamer), gerieben (ergibt knapp 1 Tasse)
50 g Vermont Cheddar (ersatzweise Gouda), gerieben (ergibt knapp ½ Tasse)

1. Für die Marinade alle angegebenen Zutaten in einer Schüssel verrühren. Das Rindfleisch in die Marinade legen und lose abgedeckt mindestens 3 Stunden oder über Nacht im Kühlschrank ziehen lassen.
2. Den Ofengrill vorheizen (s. Hinweis).
3. Kurz vor dem Servieren das Fleisch aus der Marinade nehmen und mit Küchenpapier trockentupfen, dann auf dem Bratrost 3–4 Minuten auf jeder Seite bräunen, bis es den gewünschten Gargrad (zwischen blutig und rosa) erreicht hat. Das gegrillte Fleisch auf ein Küchenbrett legen und 10 Minuten ruhen lassen, dann quer zur Faser in dünne Scheiben schneiden. Zum Warmhalten die Fleischscheiben mit Alufolie lose abdecken. Den Bratrost säubern und abtrocknen.
4. Die Brotscheiben von einer Seite unter dem Grill bräunen (nicht anbrennen lassen!). 4 Scheiben auf der getoasteten Seite mit je 1 Teelöffel Senf bestreichen. Etwa 3 Eßlöffel von den karamelisierten Zwiebeln darauf verteilen und mit den Fleischscheiben belegen.
5. Den geriebenen Käse in einer kleinen Schüssel mischen. Die ungetoastete Seite der übrigen 4 Brotscheiben gleichmäßig damit bestreuen. Die Scheiben etwa 1 Minute im Ofen überbacken, bis der Käse geschmolzen ist und Blasen wirft. Das Brot mit der Käseseite nach unten auf das Rindfleisch legen. Die Sandwiches halbieren und gleich servieren.

Für 4 Personen

Hinweis: Dieses Sandwich läßt sich auch gut auf dem Gartengrill zubereiten. Dazu müssen Sie das Brot nicht extra vortoasten. Die Scheiben einfach belegen wie unter Punkt 4 und 5 angegeben, dann auf den Grill legen.

BESTELLCODES FÜR KÄSE-STEAKS

One Whiz: Bitte ein Käse-Steak mit *Cheez Whiz*.

One American: Bitte ein Käse-Steak mit amerikanischem Käse.

One Wit: Bitte ein Käse-Steak mit Zwiebeln.

One Wit Whiz: Bitte ein Käse-Steak mit Zwiebeln und *Cheez Whiz*.

One Wit American: Bitte ein Käse-Steak mit Zwiebeln und amerikanischem Käse.

One Works: Bitte ein Käse-Steak mit Zwiebeln, Paprikaschoten, Pilzen und einem Schuß Tomatensauce.

One Works Whiz: Selbst herausfinden!

Gold's Deli Grilled Pastrami

Pastrami-Sandwich

Immer nach dem Englisch-Unterricht in der High School fuhren meine Freundin Wendy Posner und ich zu »Gold's Delicatessen« in der Post Road in Westport, Connecticut, und aßen dort ein gegrilltes Pastrami-Sandwich. Einst heißgeliebt, ist es mir in guter Erinnerung geblieben. Mit Sauerkraut wird daraus ein Reuben-Sandwich. Richtig authentisch schmeckt es, wenn Sie Roggenbrot verwenden.

Bier: New York State amber ale

2 Scheiben Roggenbrot
2½ TL weiche Butter
1½ TL Dijon-Senf
4 Scheiben (etwa 60 g) Pastrami (ersatzweise Bündner Fleisch)
2 dünne Zwiebelscheiben
2 Tomatenscheiben
2 Scheiben (etwa 60 g) Schweizer Käse (z. B. Emmentaler oder Gruyère)

1. Die Brotscheiben auf ein Stück Backpapier legen, anschließend auf einer Seite mit je einem ¾ Teelöffel Butter und auf der Rückseite mit Senf bestreichen.

2. Pastrami auf die mit Senf bestrichene Seite legen, dann mit Zwiebel, Tomate und Käse belegen. Mit der zweiten Brotscheibe – die gebutterte Seite nach oben – abdecken. Das Backpapier darüber schlagen und das Sandwich flachdrücken.

3. Die restliche Butter bei mittlerer Temperatur in einer beschichteten Pfanne erhitzen. Das Sandwich aus dem Papier nehmen, in die Pfanne legen und 3 Minuten braten, bis es goldbraun ist. Während des Bratens das Sandwich mit einem Pfannenheber öfters flachdrücken. Wenden und 2 Minuten weiterbraten.

Für 1 Person

Pastrami Reuben

Pastrami-Reuben-Sandwich

In New York City gibt es ein Delikatessen-Restaurant namens »Reuben's«, das von 1935 bis Anfang der 90er Jahre in der 58. Straße tonangebend war. Wie es in Anekdoten aus jener Zeit heißt, hatte ein Politiker keine Chance, gewählt zu werden, wenn er sich nicht beim Verspeisen eines gewaltigen Sandwiches ablichten ließ. Rasch erlangte das Restaurant auch außerhalb von New York weithin Berühmtheit, vor allem durch das überaus beliebte Reuben-Sandwich, das inzwischen in fast jedem amerikanischen Restaurant auf der Speisekarte steht und längst zu einer US-amerikanischen Institution geworden ist. Das Original besteht aus Corned beef auf Roggentoast und wird mit Sauerkraut und echtem Schweizer Käse belegt und anschließend gegrillt. Für dieses Rezept habe ich das Corned beef der klassischen Sandwich-Kreation allerdings durch Pastrami und gegrillte Zwiebeln ersetzt.

Bier: San Francisco Anchor Steam Beer

2 TL Pflanzenöl
1 Zwiebel, in Scheiben geschnitten
4 Scheiben Roggenbrot
2 EL weiche Butter
2 EL Thousand Island Dressing
   (s. folgendes Rezept)
8 Scheiben (etwa 110 g) magere Pastrami
   (ersatzweise Bündner Fleisch)
3 EL Sauerkraut, abgetropft
4 Scheiben (etwa 110 g) Schweizer Käse
   (z. B. Emmentaler oder Gruyère)

1. Öl in einer beschichteten Pfanne bei mäßiger Temperatur erhitzen. Zwiebelscheiben zugeben und unter gelegentlichem Rühren 10–12 Minuten dünsten, bis sie goldbraun sind. Beiseite stellen.
2. Auf einer Unterlage aus Backpapier jede Brotscheibe auf einer Seite buttern. Die Rückseite der Brotscheiben mit dem Dressing bestreichen.
3. Das Dressing gleichmäßig mit Zwiebeln, Pastrami, Sauerkraut und Käse belegen und eine zweite Brotscheibe mit dem Dressing nach unten darauf legen. Das Backpapier darüber schlagen und das Sandwich mit der Hand flachdrücken.
4. Die Sandwiches aus dem Papier nehmen und bei mäßig starker Hitze in der beschichteten Pfanne etwa 3 Minuten auf jeder Seite braten, bis der Käse geschmolzen und das Brot außen schön knusprig ist. Die Sandwiches einmal durchschneiden und servieren.
Für 2 Personen

THOUSAND ISLAND DRESSING

THOUSAND-ISLAND-DRESSING

★

Dieser amerikanische Saucenklassiker – ein Mittelding zwischen Russischem und Louis-Dressing – wurde vom damaligen Geschäftsführer des »Drake Hotel« in Chicago erfunden. Kurz nach einer Rundreise mit seiner Frau zu den Thousand Islands unweit von Ontario kreierte er ein neues Dressing. Beim Anblick der Sauce meinte seine Frau, die Konsistenz erinnere sie an die Thousand Islands, und so kam die Sauce zu ihrem Namen. Meine Variation ist eine Würzsauce, die sich vielseitig verwenden läßt: sei es für ein Pastrami-Reuben-Sandwich, sei es für einen frischen Krabben-Cocktail.

¾ *Tasse (200 ml) Mayonnaise*
3 EL Naturjoghurt (Magerstufe)
3 EL Chilisauce
3 EL grüne Paprikaschote, feingewürfelt
2 EL gegrillte rote Paprikaschote (s. Kasten S. 150),
   feingewürfelt
1 TL Zwiebel, gerieben

Alle Zutaten in einer kleinen Schüssel verrühren. Sofort servieren oder zugedeckt bis zu 8 Stunden im Kühlschrank aufbewahren.
Ergibt etwa 1¾ Tassen (gut 450 ml)

MY HERO

»HELDEN«-SANDWICH

★ ★ ★

Je nachdem, woher das »Helden«-Sandwich stammt, unterscheiden sich die Zutaten. Ich bezeichne das Sandwich hier als »Hero«, obgleich es in meiner Heimatstadt Philadelphia »Hoagie« genannt wird.

Bier: New England lager

»HELDEN-VEREHRUNG«

Die Amerikaner lieben Sandwiches über alles – und beileibe nicht nur die Klassiker, sondern vor allem die überdimensionalen regionalen Sandwich-Kompositionen mit meist sehr anschaulichen Namen wie z. B. »Hoagies« oder »Heroes«. Selbst ein »Dagwoods« ist mir begegnet, benannt nach der amerikanischen Comic-Figur, die sich mitten in der Nacht ein Riesensandwich mit einer überlappenden Scheibe Schweizer Käse und einer aufgespießten Olive einverleibt. In Philadelphia heißt ein solches Sandwich »Hoagie«, was sich vermutlich von der Schiffswerft Hog Island ableitet, wo während des Ersten Weltkriegs italienische Arbeiter ihre Sandwiches verspeisten. »Hero« (Held) heißt dagegen ein riesiges Sandwich, das nur Helden schaffen, wie in den 30er Jahren jemand in einem Artikel über das New Yorker »Manganaro's deli« behauptete. Und dort wird nach wie vor ein »Helden«-Sandwich mit allerlei Zutaten aus der italienischen Antipasti-Küche belegt: Fleisch, Käse, Paprikaschoten und Tomaten. In Neuengland heißt der »Hero« zuweilen auch »Grinder« (»Backenzahn«) und besteht aus heißen Fleischbällchen, Sauce, Paprikaschoten und dergleichen. Nomen est omen: Um ihn zu verspeisen, braucht man wahrlich kräftige Kiefer.

Auch New Orleans ist berühmt für seine Sandwiches: Da gibt es das runde »Muffuletta«, garniert mit Salat, Knoblauch und grünen Oliven, und das magenfüllende »Po' Boy«, das oft nur so trieft vor Sauce. Kubanische Einwanderer pressen in einer *plancha*, einer Art Sandwich-Eisen, Schweinebraten, Schinken, Käse und süßsauer Eingelegtes zwischen Weißbrotscheiben. Vielleicht wollen Sie dem Ganzen einen eigenen Namen geben? Mit etwas Glück landet das Rezept dann unter diesem Namen in einem Kochbuch.

---

1 Baguette-Brötchen (etwa 20 cm lang)
2 TL extra natives Olivenöl
   plus 1 EL extra
16 Blätter Rauke
1 reife Eiertomate
1 EL Balsamessig
Salz und frisch gemahlener schwarzer Pfeffer
3 Scheiben (je etwa 3 mm dick) Mozzarella
   (etwa 110 g)
4 ganze Basilikumblätter, gewaschen und
   trockengetupft
2 dünne Scheiben (etwa 60 g) Parmaschinken
4 dünne Scheiben (etwa 30 g) Genueser Salami

1. Das Baguette-Brötchen der Länge nach aufschneiden und in der Mitte etwas aushöhlen. Die Schnittflächen mit je 1 Teelöffel Olivenöl einpinseln.

2. Harte Stiele von der Rauke entfernen. Blätter waschen, trockentupfen und in eine Schüssel legen.

3. Die Tomate längs halbieren und die Kerne herausschaben. Die Tomatenhälften längs in feine Streifen schneiden. Zu den Blättern der Rauke geben und mit dem übrigen Eßlöffel Olivenöl und dem Balsamessig anmachen. Mit Salz und Pfeffer abschmecken.

4. Die untere Baguette-Hälfte mit Käse, Basilikum, Schinken und Salami belegen und den Salat darauf verteilen. Die andere Hälfte vom Brot auflegen und das Sandwich einmal durchschneiden.
Für 1 Person

ROASTED LAMB AND YELLOW PEPPER SANDWICH
SANDWICH MIT LAMMBRATEN UND GELBER PAPRIKA

Reste eines sonntäglichen Lammbratens lassen sich wunderbar zu einer herzhaften Sommermahlzeit verarbeiten, z. B. mit gegrilltem Gemüse und frischem Blattsalat. Frische Minzeblätter geben dem leicht erdigen Geschmack des Sandwiches eine besondere Note.

Wein: California Rhône-style Mourvèdre
Bier: Washington State porter

4 Scheiben Bauernbrot, getoastet
4 EL Knoblauchmayonnaise
  (s. folgendes Rezept)
1 großes Bund Rauke, Stiele entfernt
8 dünne Scheiben »rosa« Lammbraten
2 gelbe Paprikahälften, gegrillt
  (s. Kasten S. 150)
2 TL frische Minze, feingehackt

1. Die getoasteten Brotscheiben auf einer Seite mit je 1 Eßlöffel Mayonnaise bestreichen. Zwei Scheiben gleichmäßig mit Rauke, Lammfleisch und je einer gegrillten Paprikahälfte belegen.

2. Die belegten Scheiben mit gehackter Minze bestreuen und die übrigen Brotscheiben mit der Mayonnaiseseite nach unten darauf legen. Die Sandwiches halbieren.
Für 2 Personen

ROASTED GARLIC MAYONNAISE
KNOBLAUCHMAYONNAISE

Ein simpler Trick zur Verfeinerung von einfacher Mayonnaise besteht darin, ein oder zwei gegarte Knoblauchzehen zuzugeben. Hierzu eine oder zwei ungeschälte Zehen auf ein Stück Alufolie geben, mit Olivenöl beträufeln, einwickeln und 1 Stunde im 180 °C heißen Backofengrill garen. Danach braucht man die weiche Knoblauchmasse nur noch aus der Schale zu drücken.

3 EL Mayonnaise
1 oder 2 gegarte Knoblauchzehen (s.o.)
Salz und frisch gemahlener schwarzer Pfeffer

Alle Zutaten in einer kleinen Schüssel verrühren. Die Knoblauchmayonnaise zugedeckt bis zu 8 Stunden im Kühlschrank aufbewahren.
Ergibt etwa 3 EL

BELEGTE BROTE

Für mich gibt es zwei Sorten von belegten Broten: feine Schnittchen und herzhafte Sandwiches. Erstere sind dem skandinavischen Smørrebrød nachempfunden und bestehen aus dünnen, leicht gebutterten Scheiben Roggenbrot, Pumpernickel oder anderem Körnerbrot, belegt mit geräuchertem Fisch, Fleisch, Pasteten und einer Garnierung. Sie eignen sich sehr gut als Vorspeise oder als leichtes Mittagessen. Die meisten Amerikaner bevorzugen jedoch die zweite Sorte: dick mit Fleisch bepackte und von cremiger Sauce triefende warme Brote. Als Belag ist fast alles geeignet: Bratenreste von Truthahn, Huhn, Roastbeef, in Scheiben geschnittenes Steak, Hackbraten oder auch gegrilltes Gemüse – der Phantasie sind keine Grenzen gesetzt. Bei der Zubereitung dieser Brote sollten Sie folgendes beachten:

- **Die Brotsorte sollte geschmacklich nicht dominieren, deshalb empfehlen sich ein relativ festes Weißbrot oder aber ein selbstgebackenes White Toasting Loaf (s. S. 220).**
- **Das (getoastete) Brot großzügig mit Fleisch- oder Geflügelscheiben belegen und mit einem guten Schuß heißer Sauce begießen.**
- **Als Beilage Kartoffelbrei, Maiscreme, grüne Bohnen oder etwas anderes reichen, was die Sauce gut aufnimmt.**
- **Diese Brote werden zwangsläufig mit Messer und Gabel gegessen; dennoch genügend Servietten bereithalten, denn man bekleckert sich leicht mit der Sauce.**

THE HOT BROWN

BROWN-SANDWICH

In der Industriestadt Louisville, Kentucky, sind das Kentucky Derby, eines der wichtigsten Pferderennen der Welt, die Juleps mit Minze, aber auch das »Hot Brown«, das Brown-Sandwich, zu Hause. Während die beiden Erstgenannten wahrscheinlich jeder Amerikaner kennt, ist letzteres in der Regel nur den Einheimischen ein Begriff. Das »Brown Hotel« wurde 1925 eröffnet, und bereits drei oder vier Jahre später kreierte Küchenchef Fred K. Schmidt dieses legendäre Truthahn-Sandwich mit Sauce Mornay (Käsesauce), das er mit gebratenem Speck und Pfefferschoten garnierte. Bald war das Brown-Sandwich Stadtgespräch. Der derzeitige Geschäftsführer des »Brown Hotels«, Franklin Dye, war so freundlich, mir das Rezept für das noch immer sehr beliebte Gericht zu verraten. Mit einem Relish aus frischen Cranberries oder ersatzweise Preiselbeeren (s. S. 202) wird daraus ein ganz besonderes Geschmackserlebnis.

Bier: American pale ale

½ Tasse (110 g) Butter
6 EL Weizenmehl
3–3½ Tassen (750–875 ml) Milch
¾ Tasse (75 g) Parmesan, frisch gerieben
1 Ei, verquirlt
Salz und frisch gemahlener schwarzer Pfeffer
1 Prise Cayennepfeffer
8–12 Scheiben Weißbrot, leicht getoastet
650–1000 g gekochte Truthahnbrust (ersatzweise Putenschnitzel), in Scheiben geschnitten
8–12 Streifen Frühstücksspeck, ausgebraten

1. Butter in einem schweren Topf bei mittlerer Hitze zerlassen. Mehl mit einem Schneebesen unterrühren und 2 Minuten anschwitzen, dabei weiterrühren. Langsam 3 Tassen (750 ml) Milch, 6 Eßlöffel Parmesan und das Ei unterrühren und bei mittlerer Hitze etwa 10 Minuten einkochen lassen. Die Sauce darf nicht mehr aufkochen. Falls sie zu dick geraten ist, mit bis zu ½ Tasse (125 ml) Milch verdünnen. Von der Kochstelle nehmen und mit Salz, Pfeffer und Cayennepfeffer abschmecken.

2. Den Backofengrill vorheizen.
3. Für jede Portion 2 Scheiben Toast auf einen hitzebeständigen Teller legen. Das Brot mit etwa 170 g in Scheiben geschnittenem Truthahnfleisch belegen und reichlich Sauce darübergeben (pro Sandwich etwa 160–200 ml). Jedes Sandwich mit je 1 Eßlöffel vom übrigen Parmesan bestreuen.
4. Die belegten Brote portionsweise 1½ Minuten unter den heißen Grill schieben, bis die Oberfläche gebräunt ist. Aus dem Ofen nehmen und jede Portion mit 2 Speckstreifen garnieren.

Für 4–6 Personen

NUMBER ONE HOT OPEN TURKEY SANDWICH

BELEGTES BROT MIT TRUTHAHNBRUST

Wenn ich an ein »Blue Plate Special« (s. folgende Seite) denke, fällt mir zuerst ein belegtes Brot mit Truthahnbrust ein, dann eines mit Hackbraten. Heiße Truthahnbrust auf Weißbrotscheiben angerichtet, dazu Kartoffelbrei und das Ganze mit hausgemachter Sauce übergossen – welch ein Genuß!

Wein: California light Grenache
Bier: Minnesota lager

2 dicke Scheiben frisches Weißbrot, vorzugsweise ein helles Toastbrot (s. S. 220)
6 Scheiben (je 30 g) gebratene Truthahnbrust vom Thanksgiving Turkey (s. S. 440)
½ Tasse (100 g) heißes Kartoffelpüree
⅓–½ Tasse (80–125 ml) heiße Scratch White Gravy (s. folgendes Rezept)
Relish von frischen Cranberries (ersatzweise Preiselbeeren; s. S. 202), zum Servieren

Brotscheiben leicht überlappend auf einem angewärmten Teller anordnen und mit Truthahnfleisch belegen. Kartoffelbrei daneben aufhäufen und alles mit der heißen Sauce übergießen. Das Relish getrennt dazu servieren.
Ergibt 1 Portion

SCRATCH WHITE GRAVY
HELLE SAUCE

★

Wenn man Mehl ein bis zwei Minuten anschwitzt, verliert es den Mehlgeschmack und läßt sich wunderbar zu einer glatten Sauce verarbeiten. Die Sauce paßt ausgezeichnet zum obigen Rezept und sollte dazu auch reichlich verwendet werden.

3 EL Truthahn- oder Hühnerfett oder Butter
3 EL Zwiebel, feingehackt
3 EL Weizenmehl
2 Tassen (500 ml) entfettete Truthahn-
 oder Hühnerbrühe, vorzugsweise
 selbstgemacht (s. S. 271)
1 Tasse (250 ml) Milch
Salz und frisch gemahlener schwarzer Pfeffer
3 EL Mayonnaise

1. In einem schweren Topf das Fett erhitzen oder die Butter zerlassen. Zwiebel zugeben und unter Rühren in 5–8 Minuten glasig dünsten. Mehl einstreuen und unter Rühren 2–3 Minuten anschwitzen, bis die Mischung brodelt.
2. Den Topf von der Kochstelle nehmen. Unter kräftigem Rühren Brühe und Milch langsam zugießen und die Flüssigkeit glattrühren. Den Topf wieder auf den Herd stellen und die Flüssigkeit bei mäßig starker Hitze unter Rühren aufkochen lassen. Die Sauce weitere 2 Minuten unter ständigem Rühren sämig einkochen lassen.
3. Mit Salz und Pfeffer abschmecken und heiß servieren.
Ergibt etwa 3 Tassen (750 ml)

WAS IST EIN »BLUE PLATE SPECIAL«?

Blue Willow, ein weltberühmtes Porzellandesign, wurde erstmals 1780 in England hergestellt. Es geht auf die chinesische Geschichte eines Liebespaares zurück, das, vom Vater der Braut verfolgt, über eine Brücke flüchtet. Das Paar kommt zu Tode (wie, ist unbekannt), doch ihre Seelen leben in zwei Vögeln weiter, ein Motiv, das sich ständig auf dem Porzellan wiederholt.

Blue Willow wird seit 1800 nach Amerika exportiert, seit etwa 1900 wird es von Sears Roebuck und Woolworth als Massenware vermarktet. In der Weltwirtschaftskrise kamen Grillteller mit Blue-Willow-Muster auf den Markt. Sie waren in mehrere Fächer unterteilt – für Fleisch, Kartoffeln und Gemüse – und wurden von Restaurants verwendet, so daß die Bezeichnung »Blue Plate Special« bald für deftiges, preiswertes Restaurantessen stand. Heute ist Blue Willow ein unter Sammlern gefragtes Porzellan. Doch um die Menüs zu genießen, brauchen sie kein solches Stück.

Turkey Meatball Grinder
Riesen-Sandwich mit Truthahn-Fleischklösschen

Dieses Sandwich kommt aus italienischen Restaurants in den Staaten. Es ist eine Art italienisches »Helden«-Sandwich, gefüllt mit Fleischklößchen, Würstchen und dergleichen. Mit dem Trend zur »schlanken Küche« ist Truthahn inzwischen die bevorzugte Fleischeinlage dieses Sandwiches. Die Truthahn-Hackfleischklößchen in der deftigen Tomatensauce sind auch eine beliebte moderne Abwandlung des Klassikers Spaghetti mit Fleischklößchen in Tomatensauce.

Bier: New England lager

TOMATENSAUCE
3 EL extra natives Olivenöl
1 Zwiebel, gehackt
1 grüne Paprikaschote, längs halbiert und quer in feine Streifen geschnitten
1 rote Paprikaschote, längs halbiert und quer in feine Streifen geschnitten
2 Knoblauchzehen, geschält und leicht zerdrückt
2 Dosen (je 800 g) geschälte italienische Eiertomaten, abgetropft (den Saft aufgefangen und zurückbehalten) und gehackt
2 EL Tomatenmark
2 TL getrockneter Oregano
1 Prise Zucker
Salz und frisch gemahlener schwarzer Pfeffer
3 EL glatte Petersilie, gehackt

TRUTHAHN-FLEISCHKLÖSSCHEN
900 g Truthahn-Hackfleisch
1 Zwiebel, gerieben
1 EL Knoblauch, feingehackt
1 TL getrocknetes Basilikum
1 TL getrockneter Oregano
1 TL Fenchelsamen
Salz und grobgemahlener schwarzer Pfeffer
1 Ei, verquirlt (nach Belieben)
2 EL Olivenöl, gegebenenfalls auch etwas mehr

3 Weißbrote (etwa 40 x 8 cm), jeweils in 3 Stücke geschnitten, oder 8 französische Baguette-Brötchen (etwa 12 x 8 cm)

1. Für die Tomatensauce Öl in einem großen schweren Topf erhitzen. Zwiebel, Paprika und Knoblauch zugeben und bei mittlerer Hitze 15 Minuten weich dünsten, dabei gelegentlich rühren. Die Tomaten zusammen mit 1 Tasse (250 ml) des aufgefangenen Saftes, Tomatenmark, Oregano, Zucker, Salz und Pfeffer in etwa 25 Minuten zu einer dicken Sauce einkochen lassen.

2. Die Sauce gegebenenfalls nachwürzen. Die Knoblauchzehen herausnehmen, mit einem Löffel zerdrücken und zurück in den Topf geben. Die Petersilie unterrühren und die Sauce beiseite stellen.

3. Für die Fleischklößchen sämtliche Zutaten bis auf das Olivenöl in eine Schüssel geben und vermengen. Aus der Fleischmasse von Hand 24 Klößchen von knapp 4 cm Durchmesser formen.

4. Olivenöl in einer beschichteten Pfanne bei mäßig hoher Temperatur erhitzen und die Fleischklößchen darin portionsweise 10–12 Minuten braten, bis sie gebräunt sind, dabei die Pfanne gelegentlich kräftig rütteln. Die fertigen Klößchen zum Abtropfen auf Küchenpapier legen. Gegebenenfalls etwas Öl zugießen und die restlichen Fleischklößchen braten.

5. Die Tomatensauce bei mittlerer Hitze erwärmen. Die Fleischklößchen hineingeben und 12 Minuten darin ziehen lassen.

6. Inzwischen die Brote oder Brötchen längs halbieren und beide Hälften in der Mitte etwas aushöhlen.

SANDWICHES

7. Zum Servieren jeweils etwa 3 EL Sauce über das ausgehöhlte Brot gießen, so daß die Krume gut feucht ist. Je 3 Fleischklößchen darauf verteilen.
Für 8 Personen

REALLY THICK CHICKEN REUBEN

EXTRADICKES REUBEN-SANDWICH MIT HUHN

Diese Variation des klassischen Reuben-Sandwiches ist leicht, schmackhaft und sieht weitaus appetitlicher aus als das mit Corned beef belegte Original. Erreicht wird dies durch ein wenig Sauerkraut und frisch zubereitetes Thousand Island Dressing. Lassen Sie, sobald Sie die Zubereitung des Reuben-Sandwiches beherrschen, Ihrer Phantasie freien Lauf: Wie wäre es mit einer Scheibe Rinderbrust mit Cheddar und buntem Krautsalat auf gegrilltem Sauerteigbrot?

Bier: Maryland pale ale

1 ganze Hähnchenbrust, entbeint, enthäutet und längs halbiert
1 EL Olivenöl
Salz und frisch gemahlener schwarzer Pfeffer
2 EL weiche Butter
4 Scheiben Roggen- oder Bauernbrot
2 EL Thousand Island Dressing (s. S. 128)
3 EL Sauerkraut, abgetropft
½ reife Avocado, geschält, entsteint und längs in Scheiben geschnitten
2 Scheiben Monterey Jack (ersatzweise Edamer)

1. Den Backofen-Grill vorheizen.

2. Die Hähnchenbrustfilets flach auf ein Stück Backpapier legen. Das Papier darüber schlagen und mit einem Nudelholz über das Fleisch rollen, um es flachzudrücken. Das Papier zurückklappen, das Fleisch mit Olivenöl einpinseln und dann mit Salz und Pfeffer einreiben.

3. Die Brustfilets – etwa 7 cm von der Wärmequelle entfernt – unter den vorgeheizten Grill schieben und 2–3 Minuten auf jeder Seite grillen, bis das Fleisch durchgegart ist. Beiseite stellen.

4. Auf einem sauberen Stück Backpapier die Brotscheiben jeweils auf einer Seite mit Butter, auf der anderen Seite mit dem Dressing bestreichen.

5. Die Brusthälften auf die mit Dressing bestrichene Seite zweier Brotscheiben legen, Sauerkraut und Avocadoscheiben darauf verteilen und mit Käse bedecken. Die übrigen 2 Brotscheiben mit der Dressingseite nach unten auf den Käse legen. Das Backpapier über die Brote schlagen und diese etwas flachdrücken.

6. Die Brote aus dem Papier nehmen und bei mäßiger Hitze in einer beschichteten Pfanne etwa 3 Minuten auf jeder Seite braten, bis der Käse geschmolzen und das Brot außen schön knusprig ist. Jedes Sandwich einmal durchschneiden und gleich servieren.
Für 2 Personen

SOUTH-OF-THE-BORDER CHICKEN WITH MANGO

HÜHNCHEN-SANDWICH MIT MANGO

Wenn es bei mir zu Hause Hühnchen-Sandwich mit Mango gibt, dann weiß jeder, daß ich einen ausgesprochen guten Tag habe. Falls für diese exotische Zusammenstellung keine Mango erhältlich ist, kann man auf Avocado ausweichen.

Bier: Colorado amber ale

gut 200 g eingelegte Chillies
½ Tasse (125 ml) Mayonnaise
8 Scheiben Rosinen-Pumpernickel, leicht getoastet
450 g gekochtes weißes Hühnerfleisch,
  in etwa 24 Scheiben geschnitten
4 Tassen (80 g) gemischte junge Salatblätter,
  gewaschen und trockengetupft
4 Scheiben reife Mango oder Avocado, geschält

1. Die Chillies samt Sauce im Mixer fein pürieren. Das Püree in eine kleine Schüssel umfüllen. 1 Eßlöffel davon zurück in den Mixer geben (den Rest zum späteren Gebrauch einfrieren), die Mayonnaise zugeben und glattrühren.
2. Die Brotscheiben jeweils auf einer Seite mit etwas Chili-Mayonnaise bestreichen.
3. Das Hühnerfleisch auf 4 Brotscheiben verteilen. Mit Salat belegen und eine Scheibe Mango obenauf legen. Die restlichen Brotscheiben – mit der Mayonnaiseseite nach unten – als Deckel verwenden. Die Sandwiches halbieren und sofort servieren.
Für 4 Personen

COBB SALAD »CLUB«
CLUB-SANDWICH MIT BUNTEM GEFLÜGELSALAT

Dieser bunte Geflügelsalat, der in der einen oder anderen Form in fast jedem amerikanischen Restaurant auf der Speisekarte steht, wurde 1926 von Bob Cobb im »Brown Derby Restaurant« in Los Angeles kreiert. Wenn man so will, stellt dieser Salat eine geniale Art der Resteverwertung dar, wenngleich bestimmte Zutaten wie Kopfsalat, Tomaten, Huhn, Speck, Avocado, hartgekochte Eier, Schnittlauch und Blauschimmelkäse inzwischen Standard sind. Viele dieser Grundzutaten habe ich für das Club-Sandwich übernommen. Den aromatischen Blauschimmelkäse gebe ich aber nicht auf das Sandwich, sondern mische ihn unter die Mayonnaise mit dem Ergebnis, daß das Sandwich leichter zu handhaben und zu essen ist. Übrigens kann ein US-amerikanisches Club-Sandwich aus zwei oder drei Scheiben Toast bestehen – es gibt allerdings eine Kontroverse darüber, ob nun die eine oder andere Version die korrekte ist. Bei mir zu Hause richte ich die Füllung auf einem Baguette-Brötchen an.

Bier: Minnesota ale

BLAUSCHIMMELKÄSE-MAYONNAISE
3 EL Mayonnaise
3 EL saure Sahne
3 EL Blauschimmelkäse, zerkrümelt
1 TL Schnittlauch, kleingeschnitten
frisch gemahlener schwarzer Pfeffer

SANDWICH
4 dicke Scheiben Frühstücksspeck
½ reife Avocado, geschält, entsteint und längs in
  dünne Scheiben geschnitten
1 EL Zitronensaft, frisch gepreßt
2 weiche Weizenbrötchen
2 hartgekochte Eier, in Scheiben geschnitten
110 g gekochte Hühnerbrust, enthäutet, entbeint
  und längs in dünne Scheiben geschnitten
1 reife Eiertomate, längs in dünne Scheiben
  geschnitten
1 TL Schnittlauch, kleingeschnitten
2 große Blätter Kopfsalat, gewaschen und
  trockengetupft
Kartoffelchips, zum Servieren
Mixed Pickles, zum Servieren

1. Für die Blauschimmelkäse-Mayonnaise die Mayonnaise mit der sauren Sahne in einer Schüssel verrühren. Blauschimmelkäse, Schnittlauch und Pfeffer mit einer Gabel unterrühren, bis alles eine leicht körnige Konsistenz hat. Beiseite stellen.

2. Für das Sandwich den Speck in einer Pfanne bei mittlerer Hitze auf einer Seite etwa 8 Minuten, dann auf der anderen Seite weitere 3–4 Minuten braun braten. Auf Küchenpapier abtropfen lassen und beiseite stellen.

3. Avocadoscheiben durch den Zitronensaft ziehen, um eine Braunfärbung zu verhindern.

4. Brötchen längs halbieren und innen aushöhlen. Beide Hälften mit der Mayonnaise bestreichen. Eischeiben auf der unteren Hälfte verteilen, mit Avocado belegen und darauf Hühnerfleisch verteilen. Mit Tomatenscheiben bedecken und mit Schnittlauch bestreuen.

5. Die Speckscheiben auf dem Sandwich anordnen, mit einem Salatblatt abdecken und die andere Brötchenhälfte auflegen. Mit Kartoffelchips und Mixed Pickles servieren.

Ergibt 2 Sandwiches

Gorgeous Smoked Duck and Cashew Butter

Sandwich mit geräucherter Entenbrust und Cashewmus

Ein Mittagessen im einladenden Restaurant »Bayonna« im French Quarter von New Orleans sollte man sich auf keinen Fall entgehen lassen. Die Hauptgerichte auf der Speisekarte sind vom Feinsten und durch und durch innovativ, doch führte mich meine Suche nach typisch amerikanischer Kost letztlich zu einem Sandwich mit geräucherter Entenbrust und Cashewmus, das unglaublich köstlich schmeckte. (Sie finden Cashewmus in Naturkostläden und Reformhäusern. Falls Sie dennoch auf Erdnußbutter zurückgreifen müssen, ist das nicht schlimm, denn auch sie ist durchaus delikat.) Noch pikanter schmeckt das Sandwich mit »Robin Lee's Dilly Beans« (s. S. 208) als Beilage.

Wein: Russian River Valley (CA) Pinot Noir
Bier: Louisiana lager

5 EL Olivenöl
2 große rote Zwiebeln, längs halbiert und in dünne Scheiben geschnitten
2 EL brauner Zucker
225 g Entenbrust, geräuchert
8 Scheiben gutes Roggenbrot
3 EL Cashewmus oder Erdnußbutter
3 EL Gelee von roten Paprikaschoten

1. 2 Eßlöffel Olivenöl in einer beschichteten Pfanne erhitzen. Zwiebeln zugeben und 15 Minuten bei milder Hitze dünsten, bis sie sehr weich sind. Mit braunem Zucker bestreuen und weitere 5 Minuten garen.

2. Das meiste Fett von der Entenbrust abtrennen und das Fleisch in hauchdünne Scheiben schneiden.

3. Jeweils eine Seite der Brotscheiben mit dem restlichen Olivenöl bestreichen. Die Brotscheiben wenden und die Rückseite mit dem Cashewmus bestreichen.

4. Die mit Cashewmus bestrichenen Seiten von 4 Brotscheiben gleichmäßig mit den Zwiebeln bedecken und mit dem Fleisch belegen. Gelee auf den entsprechenden Seiten der anderen 4 Scheiben verteilen und diese mit der Geleeseite nach unten auf das Fleisch legen.

5. Eine beschichtete Pfanne bei mittlerer Temperatur erhitzen und die Sandwiches darin 3–4 Minuten auf jeder Seite braten, bis sie goldbraun sind. Die Sandwiches halbieren.

Für 4 Personen

GRILLED ALOHA CLUB

CLUB-SANDWICH ALOHA

Bei grilltem *ahi* (hawaianische Bezeichnung für eine einheimische Thunfischart), kombiniert mit süßer Ananas, knusprig gebratenem Speck und Basilikum-Mayonnaise, drängt sich die Assoziation mit Hawaii auf. Als Garnierung reichen ein paar Salatblättchen. *Aloha*! Statt *ahi* können Sie auch gewöhnlichen Thunfisch verwenden.

Wein: Monterey County (CA) Chardonnay
Bier: California amber lager

BASILIKUM-MAYONNAISE
6 EL Mayonnaise
1 TL Olivenöl
1 TL Zitronensaft, frisch gepreßt
1 EL frisches Basilikum, gehackt
Salz und frisch gemahlener
    schwarzer Pfeffer

MARINADE
3 EL Olivenöl
3 EL Reisweinessig
1 EL Knoblauch, feingehackt
2 EL frisches Basilikum, feingehackt
Salz und frisch gemahlener
    schwarzer Pfeffer

SANDWICH
4 Scheiben frische Ananas,
    holziges Mittelstück entfernt
4 Thunfischsteaks
    (je etwa 170 g)
8 Scheiben Frühstücksspeck
8 Scheiben Sauerteigbrot,
    leicht getoastet
2 Tassen (40 g) gemischte junge
    Salatblätter

1. Für die Basilikum-Mayonnaise alle angegebenen Zutaten in einer Schüssel verrühren und zugedeckt im Kühlschrank ziehen lassen.

2. Für die Marinade alle aufgeführten Zutaten in einer Schüssel verrühren und beiseite stellen.

3. Den Backofengrill vorheizen.

4. Währenddessen die Sandwiches vorbereiten. Dazu die Ananasringe 15 Minuten in die Marinade legen.

5. Die Ananasringe aus der Marinade nehmen, abtropfen lassen und unter den heißen Grill schieben. Bei starker Hitze etwa 1½ Minuten auf jeder Seite grillen.

6. Die Thunfischsteaks in die Marinade legen, wenden und 15 Minuten darin ziehen lassen.

7. In der Zwischenzeit den Speck in einer beschichteten Pfanne knusprig ausbraten: erst 6 Minuten auf der einen, dann 2 Minuten auf der anderen Seite. Auf Küchenpapier abtropfen lassen.

8. Den Bratrost gut einölen und die Fischsteaks – etwa 7 cm von der Wärmequelle entfernt – 2–3 Minuten auf jeder Seite grillen.

9. Zum Servieren jeweils eine Seite der getoasteten Brotscheiben mit je 1½ Teelöffeln Basilikum-Mayonnaise bestreichen. Die Fischsteaks auf 4 Brotscheiben verteilen, mit je 1 Ananasring, 2 Speckscheiben und einem Viertel der Salatblättchen belegen. Die restlichen Brotscheiben mit der Mayonnaiseseite nach unten auflegen. Die Sandwiches halbieren und sofort servieren.

Für 4 Personen

Hawaiian Tuna Melt
Thunfisch-Sandwich Hawaii

Frischer Thunfisch anstelle der herkömmlichen Konserven macht aus einem amerikanischen Standard-Sandwich etwas ganz Besonderes. Nehmen Sie zur Abwechslung einen englischen Muffin oder ein weiches Vollkornbrötchen aus dem Naturkostladen oder Reformhaus als Unterlage.

Wein: Napa Valley (CA) Chenin Blanc
Bier: Hawaiian pale ale

1 gebratenes Thunfischsteak (etwa 170 g; s. S. 481)
1 englisches Muffin oder 1 weiches Hefebrötchen, halbiert und leicht getoastet
2 EL Green Goddess Dressing (s. folgendes Rezept)
⅓ Tasse (15 g) Alfalfasprossen
½ kleine reife Avocado, geschält, entsteint und in dünne Scheiben geschnitten
½ kleine reife Mango oder Papaya, geschält, Kern bzw. Samen entfernt, in dünne Scheiben geschnitten
2 Scheiben Monterey Jack (ersatzweise junger Gouda oder Bel Paese)
1 TL frischer Schnittlauch, kleingeschnitten

1. Den Backofengrill vorheizen.
2. Das Fischsteak entlang der Faser in dünne Scheiben schneiden.
3. Die Muffin- oder Brötchenhälften auf ein Backblech legen. Beide Hälften mit je 1 Eßlöffel Salatsauce bestreichen und darauf den Thunfisch verteilen. Mit Alfalfa, Avocado, Mango und Käse belegen.
4. Die belegten Brötchen etwa 1 Minute unter den heißen Grill schieben, bis der Käse geschmolzen ist. Die überbackenen Brötchen mit Schnittlauch bestreuen.

Für 1–2 Personen

Green Goddess Dressing
Grüne Salatsauce

In den *Golden Twenties* noch eine der beliebtesten Salatsaucen in San Francisco, gerät dieser Klassiker derzeit unverdientermaßen in Vergessenheit. Dabei hat das »Green Goddess Dressing«, das seinen amerikanischen Namen dem Theaterstück »The Green Goddess« verdankt, durchaus Grund, kulinarisch aufzutrumpfen, vor allem in Verbindung mit frischem Thunfisch oder Chicoreesalat oder anstelle von Tatarsauce auf Krebs- oder Lachsküchlein.

2 Tassen (500 ml) Mayonnaise
8 Sardellenfilets, abgetropft
2 Frühlingszwiebeln (mit 7–8 cm Grün), geputzt
3 EL frischer Schnittlauch, kleingeschnitten
3 EL frische glatte Petersilie, gehackt
2 EL frischer Estragon, gehackt
3 EL Estragonessig

1. Mayonnaise in eine Schüssel geben.
2. Sardellenfilets mit den Frühlingszwiebeln fein hacken und unter die Mayonnaise mischen. Die frischen Kräuter und den Essig unterrühren. Sofort servieren oder zugedeckt bis zu 8 Stunden im Kühlschrank aufbewahren.

Ergibt etwa 3 Tassen (750 ml)

BLYTHE'S TUNA FISH SANDWICH

THUNFISCH-SANDWICH

Das absolut leckerste Thunfisch-Sandwich servierte mir meine Freundin Blythe an einem heißen Sommertag auf ihrer Terrasse im Bundesstaat New York. Da sie wußte, daß ich gern Rezepte abwandle, riet sie mir, hier auf keinen Fall die Gemüsezwiebel zu ersetzen. Laut Blythe schmeckt das Sandwich am besten mit frisch geernteten Tomaten aus dem Garten. Als Getränk zu diesem Sandwich empfiehlt sich ein spritziger Cidre oder ein Traubensaft.

2 Dosen Thunfisch im eigenen Saft, abgetropft
1 kleine milde Gemüsezwiebel, feingewürfelt
1 hartgekochtes Ei, grobgehackt
3 EL Mayonnaise, evtl. auch etwas mehr
12 Scheiben Mehrkorn- oder Roggenbrot, getoastet
6 Tomatenscheiben (je 5 mm dick)

Das Thunfischfleisch zerpflücken und in eine Schüssel geben. Frühlingszwiebel und Ei untermischen, dann Mayonnaise unterrühren. Die Mischung auf 6 Brotscheiben verteilen, mit Tomaten belegen und die restlichen Brotscheiben als Deckel auflegen. Die Sandwiches halbieren und sofort servieren.
Für 6 Personen

RED'S EATS LOBSTER ROLLS

HUMMERBROTE

Auf dem Weg nach Boothbay Harbor, einem Ferienort in Maine, halte ich regelmäßig am »Red's Eats« in Wiscasset, denn dort gibt es – heißbegehrte – Hummerbrote zum Mitnehmen. Einmal wartete ich wieder geduldig, bis ich an die Reihe kam, um einige der köstlichen Brote in Empfang zu nehmen: Hot dogs, gefüllt mit Hummerschwanz in cremiger Mayonnaise. Für dieses Rezept habe ich die Mayonnaise verfeinert.

Wein: Long Island (NY) Chardonnay
Bier: Boston amber lager

ORANGEN-ESTRAGON-MAYONNAISE
2 Tassen (500 ml) Orangensaft,
    frisch gepreßt
½ Tasse (125 ml) Mayonnaise
½ Tasse (125 g) saure Sahne
2 TL frischer Estragon, gehackt,
    oder ¾ TL getrockneter Estragon
Salz

SANDWICH

450 g gekochtes Hummerfleisch (s. Hinweis)
1 Tasse (140 g) Stangensellerie, gewürfelt
1 EL frischer Estragon, gehackt
6 Hot-dog-Brötchen, der Länge nach aufgeschnitten
2 EL weiche Butter (nach Belieben)

1. Für die Mayonnaise den Orangensaft in einem kleinen Topf erhitzen und bei mittlerer Temperatur etwa 20 Minuten kochen, bis er eindickt. Es sollten etwa 3 Eßlöffel übrigbleiben.

2. Den Sirup mit Mayonnaise, saurer Sahne, Estragon und Salz in einer Schüssel verrühren. Mindestens 2 Stunden zugedeckt im Kühlschrank durchziehen lassen.

3. Das Hummerfleisch in kleine Würfel schneiden. In einer Schüssel mit einer ¾ Tasse (200 ml) Mayonnaise, Sellerie und Estragon mischen.

4. Die Brötchen toasten. Nach Belieben mit Butter, dann mit der restlichen Mayonnaise bestreichen und mit Hummerfleisch füllen. Dazu einen kleinen Löffel verwenden. Sofort servieren.

Für 6 Personen

Hinweis: Ein 560 g schwerer Hummer ergibt etwa 110 g Hummerfleisch. Mehr über Hummer auf S. 500.

CRAB LOUIS AND AVOCADO MELT

KREBSFLEISCH-TOAST MIT AVOCADO

Diese überbackenen Toasts werden mit Krebsfleisch belegt und mit Louis-Dressing und Avocado verfeinert. Eigentlich müßten die 8 Toasts für 8 Personen reichen, aber sie schmecken so ausgezeichnet, daß sie in der Regel schon bei nur 4 Personen eher knapp bemessen sind.

Wein: Monterey County (CA) Riesling
Bier: California extra special bitter

LOUIS-DRESSING

3 EL Mayonnaise
2 EL saure Sahne
1 EL Chilisauce
1½ TL Zitronensaft, frisch gepreßt
1 EL grüne Paprikaschote, feingewürfelt
1 EL Frühlingszwiebel, gehackt
1½ TL frischer Estragon, gehackt, oder frischer Schnittlauch, kleingeschnitten
Salz und frisch gemahlener schwarzer Pfeffer

SANDWICH

450 g frisches Krebsfleisch (vom Taschenkrebs), alle Knorpel entfernt
½ Tasse (75 g) Stangensellerie, feingewürfelt
½ Tasse (80 g) Eiertomaten, entkernt und feingewürfelt
1 TL unbehandelte Zitronenschale, feingerieben
½ TL getrockneter Estragon
Salz und frisch gemahlener schwarzer Pfeffer
½ Tasse (125 ml) Mayonnaise
8 Scheiben Sauerteigbrot (etwa 10 x 10 cm), leicht getoastet
1 reife Avocado, geschält, entsteint und in dünne Scheiben geschnitten
170 g Monterey Jack (ersatzweise Edamer), gerieben (etwa 1½ Tassen)
2 EL frischer Schnittlauch, kleingeschnitten, oder glatte Petersilie, gehackt

1. Für das Dressing Mayonnaise mit saurer Sahne, Chilisauce, Zitronensaft, Paprika, Frühlingszwiebel und Estragon in einer Schüssel verrühren. Mit Salz und Pfeffer abschmecken.

2. Für den Belag das Krebsfleisch mit Sellerie, Tomate, Zitronenschale, Estragon, Salz, Pfeffer und Mayonnaise mischen.

3. Den Backofengrill vorheizen.

4. Jeden Toast mit dem Dressing bestreichen und den Krebssalat darauf verteilen. Mit den Avocadoscheiben abdecken. Mit geriebenem Käse bestreuen und die Brote auf ein Backblech legen.

5. Die Brote unter den Grill schieben, bis der Käse gerade geschmolzen ist. Mit Schnittlauch oder Petersilie bestreuen und sofort servieren.
Für 8 Personen

CAESAR SANDWICH

CAESAR-SANDWICH

In den letzten Jahren hat Caesar-Salat (Römischer Salat mit Croûtons und Sardellen) wieder vermehrt in amerikanischen Restaurants Eingang gefunden. Irgendwann kam mir die Idee, einmal Sandwiches mit Caesar-Salat auszuprobieren. Dabei habe ich mich entschlossen, auf die Croûtons zu verzichten, nicht aber auf die Sardellen, und die fast rohen Eier habe ich durch hartgekochte ersetzt.

Bier: California wheat beer

DRESSING
*1 EL Zitronensaft,
    frisch gepreßt
¾ TL Dijon-Senf
½ TL Knoblauch,
    feingehackt
1 TL Zucker
Salz und frisch gemahlener
    schwarzer Pfeffer
2 EL extra natives Olivenöl
2 EL einfaches Olivenöl*

SANDWICH
*4 Hamburger-Brötchen oder
    Baguette (etwa 12 x 10 cm), aufgeschnitten
2 EL extra natives Olivenöl
2 Knoblauchzehen, halbiert
1 Dose Sardellen (90 g Einwaage) in Öl
    oder 12 Sardellenfilets
4 hartgekochte Eier,
    in Scheiben geschnitten
2 EL glatte Petersilie, gehackt
frisch gemahlener schwarzer Pfeffer
55–85 g Parmesan,
    hauchdünn gehobelt
1 Kopf Römischer Salat,
    die großen, harten Außenblätter
    und Stiele entfernt, gewaschen
    und trockengetupft*

1. Für das Dressing Zitronensaft mit Senf, Knoblauch, Zucker, Salz und Pfeffer in einer Schüssel verrühren. Die Ölsorten langsam zugießen, dabei mit einem Schneebesen schlagen, bis die Sauce dickflüssig ist. Beiseite stellen.

2. Den Backofengrill vorheizen.

3. Die Brötchenhälften etwas aushöhlen, die Schnittflächen mit Olivenöl einpinseln und mit Knoblauchzehen einreiben. Die Brötchenhälften mit der Schnittfläche nach oben auf ein Backblech legen und leicht toasten.

4. Die unteren Hälften mit jeweils 3 Sardellenfilets und den Eischeiben belegen. Mit Peter-

silie und Pfeffer bestreuen und mit dem Käse belegen.

5. Die Salatblätter in mundgerechte Stücke reißen, durch das Dressing ziehen und auf die Brötchen verteilen, die obere Brötchenhälfte auflegen und sofort servieren.

Für 4 Personen

MAINE SCALLOP ROLLS
HOT DOGS MIT JAKOBSMUSCHELN

Meinen ersten Hot dog mit Jakobsmuscheln verspeiste ich auf dem Muschelfestival von Yarmouth und war begeistert.

Sie sollten für dieses Rezept nur kleine Jakobsmuscheln verwenden.

Damit die Muscheln nicht zuviel Flüssigkeit abgeben, portionsweise (jeweils etwa 100 g) bei mittelstarker Hitze garen und auf keinen Fall salzen, bevor sie gar sind. Mit frisch zubereiteter Tatarsauce servieren.

EIN PAAR WORTE ZU JAKOBSMUSCHELN

Von allen Muscheln sind Jakobsmuscheln, von denen in den USA nur der runde weiße Muskel, die sogenannte Nuß, gegessen wird, die zartesten. Ihr cremiges, durchscheinendes Fleisch schmeckt einfach köstlich.

- **Bay Scallops** haben die Größe eines kleinen Gummiballs. Sie zählen zu den schmackhaftesten Muscheln überhaupt. Im Gegensatz zu ihren größeren Verwandten treten sie nur örtlich begrenzt auf. In den USA werden sie vorwiegend rund um die Inseln Nantucket (Massachusetts) und Long Island (New York) gefangen, und zwar im Spätherbst und Winter. Bay Scallops werden rasch bei starker Hitze gegart, aber nicht zu viele Muscheln auf einmal in die Pfanne geben und erst salzen, wenn sie gar sind, sonst ziehen sie zuviel Flüssigkeit und werden zäh.

- **Sea Scallops** sind die größeren Jakobsmuscheln, die es das ganze Jahr über an den Atlantik- und Mittelmeerküsten gibt. Ihre Schalen erreichen einen Durchmesser von etwa 14 cm. Das feste, weiße Fleisch sollte nicht zu lange gegart werden!

Wein: Long Island (NY) Pinot Blanc
Bier: Maine pale ale

2 TL Pflanzenöl
*450 g ausgelöstes Fleisch
    kleiner Jakobsmuscheln*
Paprikapulver
frisch gemahlener schwarzer Pfeffer
Salz
*4 Hot-dog-Brötchen, der Länge nach
    aufgeschnitten und leicht getoastet*
Tatarsauce (s. S. 458), zum Servieren

1. Die Hälfte der Butter und des Öls bei mäßiger Temperatur in einer beschichteten Pfanne erhitzen. Pro Hot dog etwa 110 g Muschelfleisch 2 Minuten braten, dabei die Pfanne öfters rütteln und die Muscheln mit Paprikapulver und Pfeffer bestreuen. Sobald die Muscheln gar sind, salzen und in die Hot dogs geben.

2. Die zweite Portion Muschelfleisch in dem heißen Fett wie oben braten.

3. Die Pfanne mit Küchenpapier auswischen und die restliche Butter und das Öl hineingeben. Das verbliebene Muschelfleisch wie oben zubereiten.

4. Die Hot dogs sofort servieren; die Tatarsauce getrennt dazu reichen.
Für 4 Personen

GARDEN SHOWER SHRIMP ROLLS

GARNELENBROTE

Viele Amerikaner schwören auf leckere Hummerbrote. Weil aber frischer Hummer nicht immer erhältlich und deshalb relativ teuer ist, gibt es bei mir das ganze Jahr über ersatzweise Garnelenbrote, und sie kommen bei meinen Gästen immer gut an.

Wein: Hudson Valley (NY) Tocai Friulano
Bier: Massachusetts India pale ale

1100 g mittelgroße rohe Garnelen
*4 Selleriestangen, feingewürfelt
    (die Blätter zurückbehalten)*
3 schwarze Pfefferkörner
3 Zweige glatte Petersilie
*2½ Tassen (400 g) kernlose blaue
    Trauben, halbiert*
*2 EL frischer Estragon, gehackt,
    oder 1½ TL getrockneter
    Estragon*
*1 EL unbehandelte Orangenschale,
    feingerieben*
Salz und frisch gemahlener schwarzer Pfeffer
¾ Tasse (200 ml) Mayonnaise
½ Tasse (125 g) saure Sahne
*12 Hot-dog-Brötchen, der Länge nach
    aufgeschnitten*
*kernlose rote Trauben,
    zum Garnieren*

1. Die Garnelen schälen und den schwarzen Darm entfernen.

2. Die Sellerieblätter mit Pfefferkörnern und Petersilienzweigen in einem mittelgroßen Topf mit Wasser zum Kochen bringen. Die Garnelen zugeben, umrühren und 3 Minuten kochen. Abgießen, die Garnelen unter fließendem kaltem Wasser abspülen und abtropfen lassen. Mit Küchenpapier trockentupfen und einmal durchschneiden, die Hälften in eine große Schüssel geben.

3. Die Selleriewürfel mit Trauben, Estragon, Orangenschale, Salz und Pfeffer unter die Garnelen mischen.

4. In einer zweiten Schüssel Mayonnaise mit saurer Sahne verrühren. ⅓ Tasse (gut 80 g) abnehmen, den Rest unter den Garnelensalat rühren.

5. Die Hot-dog-Brötchen etwas aushöhlen.

6. Die Brötchen innen mit dem zurückbehaltenen Dressing bestreichen und mit dem Garnelensalat füllen. Mit Trauben garniert servieren.
Für 12 Personen

Pan-Seared Chipotle-Shrimp Fajitas

Fajitas mit Chili-Garnelen-Füllung

Für diese gefüllten Tortillas werden die Garnelen in einer Mischung aus Chillies und anderen im amerikanischen Südwesten beliebten Zutaten eingelegt und erhalten so ein kräftig würziges Aroma. Die Fajitas stellen eine angenehme Abwechslung zu den sonst üblichen Versionen mit Rind- oder Hühnerfleisch dar.

Bier: New Mexico India pale ale
       mit einem Schuß Tequila

8 Weizentortillas
1 Dose (etwa 215 g) eingelegte Chillies
680 g mittelgroße Garnelen, geschält und den Darm entfernt
1½ EL Olivenöl
1½ EL Limettensaft, frisch gepreßt
1½ EL Knoblauch, feingehackt
½ TL Kreuzkümmel, gemahlen
Salz und frisch gemahlener schwarzer Pfeffer
Schwarze-Bohnen-Salat (Menge Rezept S. 356)
Guacamole (Menge Rezept S. 194)
1 reife Papaya, geschält, entkernt und feingewürfelt
4 EL Koriandergrün, gehackt

1. Den Backofen auf 120 °C vorheizen.
2. Die Tortillas in Alufolie einwickeln und im Ofen erwärmen.
3. Die Chillies mit der Sauce im Mixer pürieren.
4. Die Garnelen mit 3 Eßlöffeln Chilipüree, Olivenöl, Limettensaft, Knoblauch, Kreuzkümmel, Salz und Pfeffer in einer Schüssel vermengen; 15 Minuten durchziehen lassen.
5. Die Hälfte der Garnelen in einer beschichteten Pfanne bei mittlerer Temperatur erhitzen und auf jeder Seite etwa 1–2 Minuten garen lassen. Die andere Hälfte ebenso verarbeiten.
6. Die Tortillas in einen Brotkorb legen, Garnelen, Schwarze-Bohnen-Salat, Guacamole und Papayawürfel in Schälchen servieren. So kann jeder seine Tortillas nach Belieben füllen und zum Schluß mit Koriandergrün bestreuen.
Für 4 Personen

Walla Walla Tomato and Sardine Sandwich

Sandwich mit Gemüsezwiebeln, Tomaten und Sardinen

Die amerikanischen Walla-Walla-Zwiebeln sind auch in den USA nur schwer zu beschaffen. Sie werden im Bundesstaat Washington angebaut, und es empfiehlt sich, immer gleich einen kleinen Vorrat zu besorgen. Ersatzweise können Sie aber auch sehr milde Gemüsezwiebeln verwenden.

Bier: Seattle India pale ale

*4 Scheiben Bauernbrot,
    getoastet oder im Ofen geröstet
2 EL Mayonnaise
4 Scheiben (je 5 mm dick) sehr milde
    Gemüsezwiebel
1 Dose Ölsardinen
    von bester Qualität, abgetropft
4 Tomatenscheiben
    (je 5 mm dick)
grobgemahlener schwarzer Pfeffer*

   1. Die Brotscheiben auf einer Seite mit Mayonnaise bestreichen.
   2. 2 Brotscheiben mit je 2 Zwiebelscheiben, 2 Ölsardinen und 2 Tomatenscheiben belegen, mit Pfeffer bestreuen und die restlichen Brotscheiben auflegen.
   Für 2 Personen

ROASTED TOMATO SANDWICHES

SANDWICH MIT GEBACKENEN TOMATEN

Gebackene Tomaten gehören zu vielen Sandwiches. Sie passen z. B. wunderbar zu Ziegenkäse, und mit frischem Basilikum wird daraus eine leichte, sommerliche Mahlzeit, die einfach zuzubereiten ist.

Wein: Napa Valley (CA) Sangiovese (Rotwein)

*4 reife Tomaten,
    entkernt
4 EL extra natives Olivenöl
etwas Zucker (s. Hinweis)
450 g weicher Ziegenkäse
2 TL unbehandelte Orangenschale,
    fein abgerieben
2 TL frisches Basilikum,
    feingehackt
Salz und frisch gemahlener
    schwarzer Pfeffer
4 Scheiben knuspriges
    Bauernbrot
8 ganze frische
    Basilikumblätter*

   1. Den Backofen auf 120 °C vorheizen.
   2. Die Tomaten halbieren und auf ein Backblech setzen. Mit 1 Eßlöffel Olivenöl beträufeln und etwas Zucker darauf streuen. Die Tomatenhälften auf mittlerer Schiene 3 Stunden backen, dann vorsichtig vom Blech lösen und auf einen Teller setzen.
   3. Während die Tomaten backen, den Ziegenkäse zerteilen und in einer Schüssel mit 2 Eßlöffeln Olivenöl, Orangenschale, Basilikum, Salz und Pfeffer mischen. In den Kühlschrank stellen.
   4. Die Brotscheiben leicht toasten und auf einer Seite mit der Käsemischung bestreichen. Jeweils 2 Basilikumblätter und 2 Tomatenhälften darauf verteilen, mit Salz und Pfeffer bestreuen und das restliche Öl darüber träufeln. Sofort servieren.
   Für 4 Personen

Hinweis: Nicht den Zucker weglassen, denn er nimmt den Tomaten die Säure.

Das legendäre »Whistle Stop Cafe«

Während des Pfirsich-Festivals im US-Bundesstaat Georgia machte ich einen kleinen Abstecher zum »Whistle Stop Café«, das durch den Kinofilm »Grüne Tomaten« Berühmtheit erlangt hat. Das Lokal liegt gut 12 km abseits vom Highway an einer sanft gewundenen Landstraße. Gleich daneben befindet sich die Bahnlinie, wo in regelmäßigen Abständen Züge vorbeirauschen. Allerdings: Pfeifende Lokomotiven gibt es nicht mehr.

Schon bei meiner Ankunft fiel mir auf, wie viele Leute in Schaukelstühlen vor dem Lokal saßen. Die Erklärung war schnell gefunden: Man mußte sich an einem Brett an der Tür eintragen lassen und dann darauf warten, daß ein Tisch frei wurde. Schließlich nahm ich am Tresen Platz und beobachtete, in welchen Mengen gebratene grüne Tomaten (etwa 8 goldbraune Scheiben davon auf einem Teller) aufgetragen wurden. Die Hitze schien den Appetit der Anwesenden dabei in keiner Weise zu beeinträchtigen. Als mein Teller endlich vor mir stand, genoß ich jede Tomatenscheibe.

Der Peach Cobbler (s. S. 512–514), zubereitet mit frischen Pfirsichen, erwies sich als nicht weniger verführerisch. Der erfrischende Eistee, der in einem großen Krug dazu serviert wurde, ist ein absolutes Muß.

Wenn Sie gebratene grüne Tomaten ebenso mögen wie ich oder sie zumindest einmal probieren möchten oder falls Ihnen einfach der Film gefallen hat, dann schauen Sie doch mal rein. Sie finden das Lokal an der McCrackin Street in Juliette, Georgia. Sie können es auch telefonisch unter der Nummer (912) 994–3670 erreichen.

Bacon, Lettuce, and Fried Green Tomato Sandwich

Sandwich mit Speck, Salat und gebratenen grünen Tomaten

★★★

Es ist jedes Jahr wieder schmerzlich und schön zugleich, wenn der Sommer zu Ende geht. Doch beim Gedanken an grüne Tomaten freue ich mich auf den Herbst. Obwohl ich nicht aus den Südstaaten stamme, liebe ich die knusprig gebratenen Scheiben dieser unreifen Früchte über alles.

Bier: Southern lager

8 dicke Scheiben Frühstücksspeck
¾ Tasse (90 g) Mehl
¼ Tasse (steingemahlenes) Maismehl
*Salz und frisch gemahlener
    schwarzer Pfeffer*
1 Tasse (250 ml) Milch
*3 EL Olivenöl,
    gegebenenfalls auch etwas mehr*
*8 Scheiben (je 5 mm dick)
    grüne Tomaten*
3 EL Mayonnaise
1 EL Chilisauce
8 Scheiben Roggenbrot, leicht getoastet
*2 große Bunde Rauke,
    harte Stiele entfernt, die Blätter
    gewaschen und trockengetupft*

1. Den Speck in einer beschichteten Pfanne bei mittlerer Hitze ausbraten, etwa 6 Minuten auf der einen und 2 Minuten auf der anderen Seite. Dann auf Küchenpapier abtropfen lassen. Das Bratfett in eine Tasse abseihen und die Pfanne mit Küchenpapier auswischen.

2. Mehl, Maismehl, Salz und Pfeffer in einer Schüssel verrühren. Milch einrühren, bis die Mischung die Konsistenz von Pfannkuchenteig hat.

3. Olivenöl und das Bratfett in der Pfanne bei mittlerer Temperatur erhitzen. Die Tomatenscheiben durch den Teig ziehen, abtropfen lassen und etwa 3 Minuten auf jeder Seite braten. Bei Bedarf etwas Öl nachgießen. Die Scheiben dann auf Küchenpapier abtropfen lassen.

4. In einer kleinen Schüssel Mayonnaise und Chilisauce verrühren.

5. Die Brotscheiben auf einer Seite mit etwa 1½ Teelöffeln Mayonnaise bestreichen. 4 Brotscheiben mit je 2 Speckstreifen, 2 Tomatenscheiben und Salatblättern belegen. Die restlichen Brotscheiben mit der Mayonnaiseseite nach unten auflegen und sofort servieren.
Für 4 Personen

A SUMMER TOMATO SANDWICH

SOMMERLICHES TOMATENSANDWICH

Wenn die Tomaten im Garten reif werden, esse ich sie am liebsten direkt vom Strauch oder verwerte sie für Tomatensandwiches. Puristen bevorzugen ihr Sandwich ohne Salz und Pfeffer, ich mag es aber lieber ein bißchen würzig. Nehmen Sie nur reife Tomaten und frisches Brot. Dazu schmeckt Eistee mit Minze.

3 EL Mayonnaise, evtl. etwas mehr
4 Scheiben gutes Weißbrot, ohne Rinde
2 reife Tomaten
*grobes Salz und frisch gemahlener
    schwarzer Pfeffer*

Die Brotscheiben auf einer Seite mit Mayonnaise bestreichen. Die Tomaten in 5 mm dicke Scheiben schneiden und auf 2 Brotscheiben verteilen. Mit grobem Salz und Pfeffer bestreuen und die restlichen Brotscheiben mit der Mayonnaiseseite nach unten auflegen. Die Sandwiches einmal durchschneiden und sofort servieren.
Für 2 Personen

Grilled Tomato, Bacon, and Cheddar Sandwich

Käsesandwich mit gegrillten Tomaten und Speck

Bereits ein paar wenige Spritzer Ahornsirup runden das Aroma dieses saftigen Sandwiches mit gegrillten Eiertomaten, reifem amerikanischem Cheddar und Speck herrlich ab. Das Sandwich schmeckt vorzüglich zu einer sämigen Tomatencremesuppe. Doch geben Sie gut acht: Bei diesem Sandwich sind die gebutterten Seiten außen!

Bier: Vermont amber ale

2 reife Eiertomaten, der Länge nach halbiert
Salz und frisch gemahlener schwarzer Pfeffer
6 Scheiben Frühstücksspeck
4 Scheiben Roggenbrot
2 EL weiche Butter
4 dünne Scheiben (etwa 60 g) reifer Vermont Cheddar (ersatzweise mittelalter Gouda)
1 EL Ahornsirup

1. Den Backofengrill vorheizen.
2. Die Schnittflächen der Tomatenhälften mit Salz und Pfeffer bestreuen. Die Tomaten mit der Schnittfläche nach unten auf ein Backblech legen und etwa 8 Minuten grillen, bis die Haut schwarz wird.
3. Den Speck in einer beschichteten Pfanne ausbraten, erst 6 Minuten auf der einen, dann weitere 2 Minuten auf der anderen Seite. Anschließend den Speck auf Küchenpapier abtropfen lassen.
4. Die Brotscheiben jeweils auf einer Seite mit Butter bestreichen. Den Käse auf die ungebutterte Seite von 2 Scheiben legen, diese mit 3 Scheiben Speck abdecken und mit etwas Ahornsirup beträufeln. Jeweils 2 Tomatenhälften darauf legen und flachdrücken. Die restlichen Brotscheiben mit der Butterseite nach oben auflegen.
5. Die Sandwiches in einer Pfanne bei mittlerer Hitze auf jeder Seite 3–4 Minuten braten, bis sie goldbraun und schön knusprig sind, dabei hin und wieder gut flachdrücken. Die fertigen Sandwiches servieren, solange sie noch sehr heiß sind.

Für 2 Personen

Grilled Vegetable and Indiana Goat Cheese Sandwich

Sandwich mit Gemüse und Ziegenkäse

Für dieses Sandwich eignet sich im Grunde jeder streichfähige Ziegenkäse. Die Gemüsefüllung wird von zwei Scheiben Bauernbrot zusammengehalten, die jeweils mit ein wenig Öl bestrichen sind. Das »Grünzeug« in Form von knackiger Rauke steuert eine leicht pfeffrige Note bei.

Wein: California Sauvignon Blanc-Sémillon blend
Bier: Wisconsin brown lager

Eine Paprikaschote grillen

1. Den Backofengrill vorheizen.
2. Die Paprikaschote der Länge nach halbieren, Stielansatz, Samen und Scheidewände entfernen. Die Hälften mit der Schnittfläche nach unten auf ein Backblech legen und 12–15 Minuten grillen (Entfernung zum Grill: 7–8 cm), bis die Haut Blasen wirft und schwarz wird.
3. Die Paprikahälften in eine Papier- oder Plastiktüte geben. Fest zubinden und etwa 15 Minuten schwitzen lassen. Anschließend die Haut abziehen und und die Paprika je nach Rezept weiterverarbeiten.

---

6 Auberginenscheiben
3 EL Olivenöl
Salz und frisch gemahlener schwarzer Pfeffer
4 Scheiben rote Zwiebel
2 reife Tomaten, in 1–2 cm dicke Scheiben
   geschnitten
4 Scheiben Bauernbrot, getoastet
etwa 60 g streichfähiger Ziegenkäse
   (Ziegenfrischkäse)
1 rote Paprikaschote, gegrillt
   (s. Kasten oben)
Rauke (nach Belieben)

1. Den Backofengrill vorheizen.
2. Die Auberginenscheiben beidseitig mit Olivenöl einpinseln und 4–5 Minuten auf jeder Seite grillen. Mit Salz und Pfeffer bestreuen.
3. Die Zwiebelscheiben auf beiden Seiten einölen und 6–7 Minuten pro Seite grillen. Mit Salz und Pfeffer bestreuen.
4. Die Tomatenscheiben ebenfalls mit Öl einpinseln und 4–5 Minuten auf jeder Seite grillen, dann mit Salz und Pfeffer bestreuen.
5. Die Brotscheiben etwas einölen und goldbraun rösten.
6. 2 Brotscheiben mit Ziegenkäse bestreichen und je 3 Auberginenscheiben darüber legen. Dann Tomatenscheiben, Zwiebeln, je eine Paprikahälfte und eventuell Raukeblätter übereinander schichten. Die restlichen Brotscheiben auflegen und die Sandwiches einmal durchschneiden.

Für 2 Personen

Pimiento Cheese with Cucumber Sandwich

Sandwich mit pikantem Käse und Gurke

Pimiento Cheese, ein pikanter Käseaufstrich mit Paprika, stammt aus den Südstaaten und ist in letzter Zeit wieder zu Ehren gelangt. Für dieses Rezept habe ich statt der üblichen Paprika aus dem Glas eine frische Schote gegrillt und die geriebene Zwiebel gegen eine milde Frühlingszwiebel ausgetauscht. Ein Spritzer Tabasco oder Worcestersauce sorgt für mehr Pep. Am besten schmeckt dieses Sandwich mit frischem Weißbrot und Gurkenscheiben.

1 rote Paprikaschote, gegrillt (s. Kasten S. 150)
225 g reifer Cheddar (ersatzweise Gouda),
   grobgerieben

½ Tasse (125 ml) Mayonnaise
1 Frühlingszwiebel (mit 7–8 cm Grün),
    schräg in dünne Scheiben geschnitten
1 EL glatte Petersilie, gehackt
Salz und frisch gemahlener schwarzer Pfeffer
8 Scheiben frisches gutes Weißbrot
dünne Scheiben ungeschälte Salatgurke

1. Die gegrillte Paprika fein würfeln und in einer Schüssel mit Käse, Mayonnaise, Frühlingszwiebel und Petersilie mischen. Mit Salz und Pfeffer abschmecken.

2. Die Mischung auf 4 Brotscheiben verteilen, mit Gurkenscheiben belegen und die restlichen Brotscheiben auflegen.

Für 4 Personen

INDIAN TACO

INDIANISCHER TACO
(TEX-MEX-SANDWICH)

Tacos werden in South Dakota mit ausgebackenem indianischem Brot zubereitet, auf dem sich die Taco-Füllungen der Tex-Mex-Küche türmen. Die besten Tacos gibt es im »Woodenknife Café« in Interior, einer kleinen Stadt an der Grenze zu Nebraska, wo Tacos zum Frühstück gegessen werden.

Bier: Colorado lager

450 g Rinderhackfleisch
1 Tasse (250 ml) Tomatensauce (s. S. 134)
1 EL Tomatenmark
1 EL Honig
1 TL Kreuzkümmel, gemahlen
Salz und frisch gemahlener schwarzer Pfeffer
4 ausgebackene indianische Brote
    (s. S. 226)
4 Tassen (80 g) grüner Salat, zerpflückt
1 Tasse (160 g) reife Tomaten, feingewürfelt
1 Tasse (130 g) rote Zwiebeln, grobgehackt
½ Tasse (60 g) schwarze Oliven,
    in Scheiben geschnitten und entsteint
1 Tasse (125 g) gereifter Cheddar (ersatzweise
    mittelalter Gouda), gehobelt
⅓ Tasse (80 g) saure Sahne
½ Tasse (125 ml) Salsa Rosa (s. S. 214)
    oder eine andere Sauce
2 EL Koriandergrün oder glatte Petersilie,
    gehackt, zum Garnieren

1. Das Hackfleisch ohne Fett in einer beschichteten Pfanne bei mittlerer Hitze etwa 5 Minuten anbraten. Austretendes Fett abgießen und Tomatensauce, Tomatenmark, Honig, Kreuzkümmel, Salz und Pfeffer unterrühren.

2. Je ein Brot auf einen Teller legen und das Fleisch darauf verteilen. Mit Salat, Tomaten, Zwiebeln, Oliven und Käse belegen und je einen Löffel saure Sahne und Salsa darüber geben. Mit Koriandergrün oder Petersilie garnieren.

Für 4 Personen

BARBECUED
CHICKEN QUESADILLAS

QUESADILLAS MIT HUHN

Mit Barbecue-Sauce, zwei verschiedenen Käsesorten und frischem Spinat können Sie aus Fleischresten ganz einfach eine köstliche Füllung machen.

QUESADILLAS

Quesadillas stammen ursprünglich aus Mexico. Die Quesadillas im amerikanischen Stil sind eigentlich Sandwiches: Käse und andere Zutaten werden zwischen zwei Weizentortillas im Ofen ge- oder überbacken oder aber in der Pfanne gebraten, was ich perönlich vorziehe. Für die Füllung brauchen Sie lediglich etwas Phantasievolles aus Ihren Beständen im Kühlschrank zusammenzustellen, angefangen bei Geflügel über Fisch und Meeresfrüchte bis hin zu Gemüse und Kräutern. Die Zutaten, für die Sie sich entschieden haben, mischen Sie dann einfach mit Käse – am besten mit einer milden und einer schärferen Sorte. Und seien Sie bei den Zutaten ruhig großzügig: Das Geheimnis einer wirklich guten Quesadilla liegt in üppigen Mengen an Kräutern, Gemüse und Käse.

Wein: California Pinot Noir
Bier: California pale ale

4 Weizentortillas
60 g milder amerikanischer Cheddar
  (ersatzweise junger Gouda), gerieben
½ Tasse (80 g) gekochtes Hühnerfleisch,
  kleingeschnitten
3 EL Barbecue-Sauce (s. S. 373)
2 Frühlingszwiebeln (mit 7–8 cm Grün),
  schräg in dünne Scheiben geschnitten
2 TL Koriandergrün, gehackt
6–8 frische Spinatblätter, harte Stiele entfernt,
  gewaschen und trockengetupft
60 g gereifter Cheddar (ersatzweise
  mittelalter Gouda), gerieben
2 Tassen (500 ml) Mangocreme
  (s. folgendes Rezept)
  oder Papaya-Relish (s. S. 200)
  oder Ananas-Relish (s. S. 204)

1. 2 Tortillas gleichmäßig mit dem milden Käse bestreuen.
2. Hühnerfleisch und Barbecue-Sauce mischen, gleichmäßig auf den beiden Tortillas verteilen, dann mit Frühlingszwiebeln und Koriander bestreuen.
3. Spinatblätter auflegen und mit dem anderen Käse bestreuen. Jeweils mit einer zweiten Tortilla bedecken und das Ganze flachdrücken.
4. Eine beschichtete Pfanne stark erhitzen, dann jede Tortilla bei mittlerer Hitze 3–4 Minuten pro Seite braten, bis sie leicht gebräunt ist; während des Bratens flachdrücken und einmal behutsam wenden. Die erste Quesadilla im schwach geheizten Ofen (120 °C) warm halten, bis die zweite fertig ist.
5. Die Quesadillas vierteln; Mangocreme oder Papaya- bzw. Ananas-Relish getrennt dazu servieren.

Für 2 Personen

Velvety Mango Cream
Mangocreme

Diese sahnige Creme auf Basis einer reifen Mango ist genau die richtige Saucenbeilage für pfannenfrische Quesadillas. Zum Servieren fülle ich die Creme in einen Spritzbeutel und verziere dann den Tellerrand damit. Sie paßt auch ausgezeichnet zu gebratener Ente.

1 reife Mango, geschält, entkernt und das
  Fruchtfleisch in 2–3 cm große Stücke geschnitten
½ Tasse (125 g) saure Sahne
Saft von 1 Limette
1 oder 2 Spritzer Tabasco
¼ TL Kreuzkümmel, gemahlen
Salz

Alle Zutaten bis auf das Salz in eine Küchenmaschine geben und fein pürieren. Die Creme in eine Schüssel umfüllen und mit Salz abschmecken. Zugedeckt bis zu 24 Stunden im Kühlschrank aufbewahren.
Ergibt etwa 2 Tassen (500 ml)

Duck and Caramelized Onion Quesadillas
Quesadillas mit Entenfleisch und karamelisierten Zwiebeln

Für diese Quesadillas, die ich vor allem an kalten Wintertagen gern anbiete, müssen Sie nicht extra eine Ente braten, Sie können auch auf dunkles Hühnerfleisch ausweichen.

Wein: Amador County (CA) Zinfandel
Bier: Rocky Mountain brown ale

2 EL Olivenöl
1 große rote Zwiebel,
  längs halbiert und
  in Scheibchen geschnitten
1 EL Zucker
Salz und frisch gemahlener
  schwarzer Pfeffer
1 EL Balsamessig
4 Weizentortillas
110 g amerikanischer Cheddar
  (ersatzweise Gouda), gerieben
¼–½ Tasse (40–80 g) gegartes Enten-
  oder Hühnerfleisch, kleingeschnitten
2 EL glatte Petersilie, gehackt
Mangocreme (s. linke Spalte),
  Ananas-Relish (s. S. 204) oder
  Pfirsich-Relish (s. S. 201)

1. Öl in eine heiße Pfanne geben und die Zwiebel braten, bis sie glasig ist.

2. Die Zwiebel mit Zucker, Salz und Pfeffer bestreuen und 3 Minuten braten. Dabei die Pfanne schwenken, bis die Zwiebeln karamelisiert sind. Essig darüber träufeln und weitere 2 Minuten garen, dann von der Kochstelle nehmen.

3. Die Hälfte des Käses auf 2 Tortillas streuen, das Geflügelfleisch darauf verteilen und jeweils die Hälfte der Zwiebeln darüber geben. Mit Petersilie und dem restlichen Käse bestreuen.

4. Jede der beiden Tortillas mit einer zweiten abdecken und flachdrücken.

5. Eine beschichtete Pfanne stark erhitzen, dann jede Quesadilla bei mittlerer Hitze 3–4 Minuten auf jeder Seite braten, bis sie leicht gebräunt ist; während des Bratens flachdrücken und einmal wenden. Die erste Quesadilla im schwach geheizten Ofen (120 °C) warm halten, bis die zweite fertig ist.

New American Ham and Cheese Quesadillas

Quesadillas mit Schinken und Käse

Selbst Schinken und Käse schmecken zwischen zwei Tortillas aufregend neu. Eingelegtes Gewürzgemüse oder Chowchow nach Art der Pennsylvania-Deutschen sind perfekte Beilagen zu diesen Quesadillas.

Bier: Pennsylvania amber lager

4 Weizentortillas
1 TL Dijon-Senf
110 g amerikanischer Cheddar
  (ersatzweise Gouda), gerieben
4 dünne Scheiben gekochter Schinken
6 hauchdünne Tomatenscheiben
1 kleiner Champignon, gesäubert
  und in feine Scheiben geschnitten
2 Frühlingszwiebeln (mit 7–8 cm Grün),
  in hauchdünne Scheiben geschnitten
1½ EL glatte Petersilie, gehackt
Eingelegtes Gewürzgemüse (s. S. 210) oder
  Chowchow nach Art der
  Pennsylvania-Deutschen (s. S. 205)

1. 2 Tortillas mit Senf bestreichen, mit der Hälfte des geriebenen Käses bestreuen, mit Schinken belegen und die Tomatenscheiben darauf verteilen.

2. Pilzscheiben, Frühlingszwiebeln und Petersilie auf die Tomaten streuen, dann den restlichen Käse darauf verteilen. Jeweils eine zweite Tortilla auflegen und flachdrücken.

3. Eine beschichtete Pfanne stark erhitzen, dann jede Quesadilla bei mittlerer Hitze 3–4 Minuten auf jeder Seite so lange braten, bis sie leicht gebräunt ist; während des Bratens mehrmals flachdrücken und einmal wenden. Die erste Quesadilla im schwach geheizten Ofen (120 °C) warm halten, bis die zweite fertig ist.

4. Die Quesadillas vierteln und die Beilage getrennt dazu servieren.
Für 2 Personen

Shrimp Quesadillas

Quesadillas mit Garnelen

Diese Quesadillas sind genau das Richtige für heiße Tage. Dazu Papaya- oder Ananas-Relish servieren.

Wein: Santa Barbara County (CA)
     Sauvignon Blanc
Bier: Texas lager

110 g kleine Garnelen, geschält
  und den Darm entfernt
4 Weizentortillas
110 g amerikanischer Cheddar
  (ersatzweise Gouda), gerieben
3 EL Guacamole (s. S. 194) oder zerdrückte Avocado
Papaya-Relish (s. S. 200) oder
  Ananas-Relish (s. S. 204)

6. Die Quesadillas vierteln und Mangocreme oder Relish getrennt dazu servieren.
Für 2 Personen

1. Die Garnelen in kochendem Salzwasser 1 Minute garen. Abgießen und abtropfen lassen.

2. Die Hälfte des Käses auf 2 Tortillas verteilen, ebenso die Garnelen. Guacamole auf die Garnelen geben und alles mit dem restlichen Käse bestreuen.

3. Jeweils eine zweite Tortilla auflegen und die Quesadilla flachdrücken.

4. Eine beschichtete Pfanne stark erhitzen und jede Quesadilla bei mittlerer Hitze 3–4 Minuten auf jeder Seite braten, bis sie leicht gebräunt ist; während des Bratens mehrmals flachdrücken und einmal wenden. Die erste Quesadilla im schwach geheizten Ofen (120 °C) warm halten, bis die zweite fertig ist.

5. Die Quesadillas vierteln und das Relish getrennt dazu servieren.

Für 2 Personen

Salmon Quesadillas with a Schmear

Quesadillas mit Räucherlachs und Ziegenkäse

★★★

Brötchenringe (*bagels*) mit Räucherlachs und Frischkäse muß man in einem der berühmten New Yorker Delikatessenläden gegessen haben, damit es stilecht ist. Also versuche ich erst gar nicht, sie zu imitieren, sondern stelle Ihnen lieber gleich diese zugegebenermaßen etwas eigenwillige Variante vor.

Wein: Washington State Dry Riesling
Bier: New Mexico copper lager

4 Weizentortillas
110 g weicher Ziegenkäse
3 EL saure Sahne
2 kleine Tomaten,
  entkernt und feingewürfelt
2 TL Kapern, abgetropft
1½ TL frischer Schnittlauch,
  kleingeschnitten
1 TL unbehandelte Zitronenschale,
  feingerieben
frisch gemahlener
  schwarzer Pfeffer
110 g Räucherlachs,
  in dünne Scheiben geschnitten
Mexikanische Sauce (s. S. 214)

1. Die Hälfte des Ziegenkäses auf 2 Tortillas verteilen. Jeweils 1 Eßlöffel saure Sahne darüber geben.

2. Die beiden Tortillas gleichmäßig mit Tomaten und Kapern belegen und mit Schnittlauch, Zitronenschale und etwas Pfeffer bestreuen. Anschließend die Tortillas mit Räucherlachs belegen.

3. Den restlichen Ziegenkäse und die saure Sahne darauf verteilen.

4. Jeweils eine zweite Tortilla auflegen und die Quesadilla flachdrücken.

5. Eine beschichtete Pfanne stark erhitzen und jede Quesadilla bei mittlerer Hitze 3–4 Minuten auf jeder Seite braten, bis sie leicht gebräunt ist; während des Bratens mehrmals flachdrücken und einmal behutsam wenden. Die erste Quesadilla im schwach geheizten Ofen (120 °C) warm halten, bis die zweite fertig ist.

6. Die Quesadillas vierteln und die Sauce getrennt dazu reichen.

Für 2 Personen

Teil IV

Die Blaue Stunde

Die blaue Stunde

Cocktails und Co.

Der Essayist und Schriftsteller Bernard De Voto bezeichnet in seiner Abhandlung über Martini die »blaue Stunde«, die eigentlich zwei Stunden – von fünf Uhr nachmittags bis sieben Uhr abends dauert – als die Zeit des Tages, in der Leute aus den verschiedensten Bereichen der Gesellschaft zusammenkommen, um abzuschalten und sich zu erholen. Die folgenden Muntermacher – mit und ohne Alkohol – entstammen einer zweihundertjährigen Tradition und sind fester Bestandteil der amerikanischen Kultur.

Bei der Auswahl der Cocktails war mir Bar-Chef Dale DeGroff behilflich, der früher im Hotel »Bel Air« in Los Angeles arbeitete und heute den Barbetrieb im New Yorker »Rainbow Room« managet.

The Martini

Ob geschüttelt, gerührt, pur oder »on the rocks« (auf Eis), mit Oliven, Zitronen- oder Orangenscheiben oder gar mit Austern: Der König unter den Cocktails ist zweifellos der Martini.

Über die Entstehung dieses Cocktails ist nicht viel bekannt, fest steht aber, daß ein Martini im späten 19. Jahrhundert zur Hälfte aus Gin und zur Hälfte aus süßem Vermouth (Wermut) bestand. Kurz nach der Jahrhundertwende mixte dann der Bar-Chef Martini di Arma di Taggia in der berühmten Bar des New Yorker »Knickerbocker Hotels« die Martinis aus gleichen Teilen Gin und trockenem Vermouth zusammen. (Der gleichlautende Name des Bar-Mixers ist jedoch reiner Zufall: Das Mixgetränk entstand bereits um 1860.)

Als nach der Prohibition Alkohol in den Vereinigten Staaten endlich wieder legalisiert wurde, nahm der Martini-Konsum stark zu, nicht zuletzt auch dank der Spielfilmreihe »Thin Man«, in dem die Protagonisten große Mengen davon trinken. Dort wird Martini noch mit 3 Teilen Gin und 1 Teil trockenem Vermouth gemixt, doch im Laufe der Jahre verschoben sich die Proportionen, bis dann in den 60er Jahren auf 11 Teile Gin nur 1 Teil Vermouth kam. Heute beträgt das Verhältnis 32:1. Wenn allerdings noch das letzte bißchen Vermouth verschwindet, dann ist dieser Cocktail kein Martini mehr.

Dieser Martini wird mit grüner Olive und Zitronenschale serviert.

Eiswürfel
2 Spritzer trockener französischer Vermouth
6–8 EL Gin oder Wodka
1 grüne spanische Olive, entsteint
1 Streifen unbehandelte Zitronenschale, zum Garnieren

1. Ein Martiniglas zum Durchkühlen in den Kühl- oder Gefrierschrank stellen.
2. Einen Shaker mit Eiswürfeln füllen.
3. Erst Vermouth, dann Gin oder Wodka über das Eis gießen. Bei Verwendung von kleinen Eiswürfeln 30mal mit einem Barlöffel umrühren, bei Eiswürfeln in Standardgröße 50mal.
4. Die Olive in das Martiniglas geben und den Martini durch ein Barsieb zugießen. Die Zitronenschale flämmen (s. Kasten S. 162), dann ins Glas fallen lassen und servieren.

Für 1 Person

The Manhattan

Dies ist der typische Rye Cocktail (mit Rye Whiskey), wie er in den USA getrunken wird – nur in Minnesota und Wisconsin mixt man ihn mit Weinbrand und im Süden mit Bourbon (s. Hinweis).

Eiswürfel
3 EL Rye Whiskey (Straight oder Blended Rye)
1 EL süßer italienischer Vermouth (s. Hinweis)
2 Spritzer Angostura Bitter
1 Maraschinokirsche mit Stiel, zum Garnieren

1. Ein Cocktailglas zum Durchkühlen in den Kühl- oder Gefrierschrank stellen.
2. Einen Shaker mit Eiswürfeln füllen.
3. Den Whiskey mit Vermouth und Angostura über das Eis geben und verrühren.
4. Den Manhattan durch ein Sieb in das Glas gießen, mit der Kirsche garnieren und servieren.
Für 1 Person

Hinweis: Für einen trockenen Manhattan einen trockenen Vermouth nehmen und den Cocktail mit Zitronenschale garnieren. Bei Verwendung von Brandy oder Bourbon bleiben die Proportionen gleich.

AMERICAN BEAUTY COCKTAIL

★★★

Ich weiß leider nicht, was zuerst da war: die Rose »American Beauty« oder der gleichnamige Cocktail. Bar-Chef Dale DeGroff hält den Geschmack für ambrosisch (göttlich) – vollmundig und etwas süß – und bezeichnet den Cocktail als Stärkungsmittel mit belebender Wirkung.

Eiswürfel
2 EL Weinbrand
2 EL trockener Vermouth
2 EL Orangensaft,
   frisch gepreßt
½ EL Grenadine
½ EL rubinroter Portwein (Ruby Port)
1 unbehandelte Rosenblüte,
   zum Garnieren

1. Ein Cocktailglas zum Durchkühlen in den Kühl- oder Gefrierschrank stellen.
2. Einen Shaker mit Eiswürfeln füllen.
3. Weinbrand, Vermouth, Orangensaft, Grenadine und Portwein über das Eis gießen und kräftig durchschütteln.
4. Durch ein Sieb in das Cocktailglas gießen, mit der Rosenblüte garnieren und servieren.
Für 1 Person

BETWEEN THE SHEETS (»IM BETT«)

★★★

Dieser Cocktail ist ein Verwandter des »Side Car« (s. folgendes Rezept).

Eiswürfel
3 EL Weinbrand
1 EL Bénédictine
1 EL Cointreau
1 EL Zitronensaft, frisch gepreßt
1 Streifen unbehandelte Orangenschale,
   zum Garnieren

1. Ein Cocktailglas zum Durchkühlen in den Kühlschrank oder ins Eisfach stellen.
2. Einen Shaker mit Eiswürfeln füllen.
3. Weinbrand, Bénédictine, Cointreau und Zitronensaft über das Eis gießen, kräftig durchschütteln und durch ein Sieb in das Cocktailglas gießen.
4. Die Orangenschale über dem Cocktail flämmen (s. Kasten S. 162), in den Drink geben und servieren.
Für 1 Person

Hinweis: Für einen süßeren Drink etwas Zuckersirup zugeben (s. S. 170 *Simple Sugar Sirup for Drinks*).

Eine Zitrusschale Flämmen

Ein sehr effektvoller Trick, um einen Drink mit Orangen- oder Zitronengeschmack zu aromatisieren.

Einen etwa 5 cm langen und 1–1,5 cm breiten Schalenstreifen von einer frischen unbehandelten Orange oder Zitrone abschälen und die weiße Innenhaut so weit wie möglich entfernen. Ein langes Streichholz entzünden und mit dem Schalenstreifen über den Drink halten. Das aus der Schale austretende Öl ins Glas tropfen lassen.

Sidecar

Dieser Cocktail wurde in den 40er Jahren in »Harry's American Bar« in Paris kreiert. Er ist nach dem Beiwagen des Motorrads benannt, mit dem der Gast, für den dieser Drink gemixt wurde, regelmäßig vorfuhr. Der *Side Car* schmeckt leicht süß und zitronenfrisch.

1 Zitronenspalte
sehr feiner Zucker
Eiswürfel
2 EL Weinbrand
2 EL Cointreau
1½ EL Zitronensaft, frisch gepreßt
1 Streifen unbehandelte Orangenschale,
    zum Garnieren

1. Den Rand eines Cocktailglases mit der Schnittfläche der Zitronenspalte einreiben. Etwas Zucker in eine Untertasse schütten und den feuchten Glasrand sofort in den Zucker tauchen, bis er von einer Kruste überzogen ist. Das Glas im Kühl- oder Gefrierschrank gut durchkühlen lassen.
2. Einen Shaker mit Eiswürfeln füllen.
3. Weinbrand, Cointreau und Zitronensaft über das Eis gießen und kräftig durchschütteln.
4. Den Cocktail durch ein Sieb in das Glas gießen. Mit dem Schalenstreifen garnieren und servieren.

Für 1 Person

Cosmopolitan

Dale DeGroff wurde einmal in der Zeitschrift *The New Yorker* irrtümlich als Erfinder des *Cosmopolitan* gelobt. Aus zuverlässiger Quelle weiß DeGroff aber, daß der Drink aus Miami Beach stammt und von einer Frau namens Cheryl Cook kreiert wurde. Bisher konnte er Cheryl jedoch noch nicht ausfindig machen. Der *Cosmopolitan* gilt in den USA derzeit als absoluter Favorit unter den Cocktails.

Eiswürfel
2 EL Wodka Zitrone
2 EL Cointreau
1 EL Limettensaft, frisch gepreßt
4 EL Cranberrysaft oder Preiselbeersaft
1 Streifen unbehandelte Zitronenschale,
    zum Garnieren

1. Ein großes Martiniglas zum Durchkühlen in den Kühl- oder Gefrierschrank stellen.

2. Einen Shaker mit Eiswürfeln füllen.
3. Wodka, Cointreau und die beiden Säfte über das Eis gießen und kräftig durchschütteln.
4. Durch ein Sieb in das Cocktailglas gießen, die Zitronenschale über dem Glas flämmen (s. Kasten S. 162), zugeben und servieren.
Für 1 Person

BRONX COCKTAIL

Der *Bronx Cocktail* ist ein Klassiker aus dem 19. Jahrhundert, der in der Herrenbar »Big Brass Rail« im alten »Waldorf Hotel« (vor dem Astoria-Flügel, wo heute das Empire State Building steht) gemixt wurde. Der Cocktail wurde von dem Bar-Meister Johnny Solon kreiert, angeblich nach einem Besuch im Zoo der Bronx. Der noch immer sehr beliebte Drink ist eine feste Größe auf der Speisekarte im »Rainbow Room«.

Eiswürfel
3 EL Gin
1 EL süßer Vermouth (rot)
1 EL trockener Vermouth
4 EL Orangensaft, frisch gepreßt
1 Spritzer Angostura Bitter
1 Streifen unbehandelte Orangenschale,
  zum Garnieren

1. Ein großes Martiniglas zum Durchkühlen in den Kühl- oder Gefrierschrank stellen.
2. Einen Shaker mit Eiswürfeln füllen.
3. Gin, beide Sorten Vermouth, Orangensaft und Angostura über das Eis gießen und kräftig durchschütteln.
4. Durch ein Sieb in das Glas gießen, die Orangenschale über dem Glas flämmen (s. Kasten S. 162), zugeben und servieren.
Für 1 Person

THE FITZGERALD

Diesen Drink hat Dale DeGroff kreiert, und ursprünglich hieß er »The Gin Thing«. Ein Redaktionsmitglied der Zeitschrift *The New Yorker* schlug vor, nicht nur Hemingway, sondern auch F. Scott Fitzgerald die Ehre zu erweisen und einen Drink nach ihm zu benennen. So kam der Cocktail zu seinem Namen. Der zitronige Fitzgerald ist ein idealer Sommerdrink.

Eiswürfel
4 EL Gin
2 EL Zitronensaft, frisch gepreßt
2 EL Simple Sugar Syrup for Drinks (s. S. 170)
4 Spritzer Angostura Bitter
1 Zitronenscheibe, zum Garnieren

1. Ein Old-Fashioned-Cocktailglas mit Eiswürfeln füllen.
2. Einen Shaker mit Eiswürfeln füllen. Gin, Zitronensaft, Sirup und Angostura zugeben und kräftig durchschütteln.
3. Durch ein Sieb in das Cocktailglas gießen, mit der Zitronenscheibe garnieren und servieren.
Für 1 Person

My Mai Tai
Mai Tai

Ein Mai Tai ist ein exotischer Drink, für den Rum, Curaçao und ein Schuß cremiger Mandelmilchsirup gemixt werden. Die etwas zeitaufwendige Garnierung ist allemal die Mühe wert, und dann fehlt eigentlich nur noch ein atemberaubender Sonnenuntergang auf Hawaii.

Eiswürfel
Saft von 1 Limette
3 EL Rum
1½ EL Curaçao
3 Spritzer Orgeat syrup (s. Hinweis S. 170)
geschabtes oder gestoßenes Eis, zum Servieren
1 Spieß mit frischer Ananas
1 Maraschinokirsche
1 Papierschirmchen (nach Belieben)

1. Einen Shaker mit Eiswürfeln füllen.
2. Limettensaft, Rum, Curaçao und Mandelmilchsirup über das Eis gießen und kräftig durchschütteln.
3. In einen zur Hälfte mit geschabtem oder gestoßenem Eis gefüllten *tumbler* (Highballglas) abseihen.
4. Mit dem Ananasspieß und der Kirsche garnieren. Zum Schluß kann noch ein Papierschirmchen aufgesetzt werden.

Für 1 Person

Aunt Mare's Bloody Mary
Bloody Mary

Wer sich auf »Bloodys« spezialisiert hat, der schwört auf sein eigenes Rezept. Die Tante meiner Freundin Wende Sasse bildet da keine Ausnahme. Bei jedem Besuch wird uns dieser Drink serviert, und er schmeckt wirklich gut!

etwa 3 EL grobes Salz
1 Limettenspalte
Eiswürfel
3 EL Wodka
¾ Tasse (200 ml) Tomatensaft
1 Spritzer Tabasco
1 Spritzer Worcestersauce
1 Prise weißer Pfeffer, gemahlen
1–2 Zweige frischer Dill, zum Garnieren

1. Das Salz auf einen kleinen Teller geben. Die Limettenspalte einschneiden und den Glasrand eines bauchigen Weinglases langsam durch die Limettenspalte ziehen. Den Glasrand anschließend in das Salz dippen, so daß eine Salzkruste entsteht.
2. Einen kleinen Krug mit Eiswürfeln füllen. Wodka, Tomatensaft, Tabasco, Worcestersauce und Pfeffer zugeben und umrühren. Durch ein Sieb in das Weinglas gießen, mit Dill garnieren und servieren.

Für 1 Person

Bloody Bull

Dieses Rezept gab mir Wende Sasse für mein *New Basics Cookbook*, während ihre Tante das vorangehende zu diesem Buch beisteuerte. Als Wende ihren Mann kennenlernte, war der *Bloody Bull* der erste Drink, den er ihr mixte, und er gewann damit ihr Herz.

Eiswürfel
2 EL Wodka
3 EL Rinderbouillon oder -brühe (hier eignet sich ein Fertigprodukt), gut gekühlt
3 EL Tomatensaft
Saft von ½ Zitrone, frisch gepreßt
Salz und frisch gemahlener schwarzer Pfeffer
1 dünne Zitronenscheibe, eingeschnitten

1. Ein Old-Fashioned-Cocktailglas mit Eiswürfeln füllen.
2. Den Wodka über das Eis gießen und umrühren. Bouillon, Tomatensaft und Zitronensaft zugeben und nochmals umrühren. Mit etwas Salz und Pfeffer bestreuen, die eingeschnittene Zitronenscheibe auf den Rand stecken und servieren.

Für 1 Person

Kentucky Colonel

Der *Kentucky Colonel* stammt aus den 40er oder 50er Jahren. Vermutlich kreierte ihn der Bar-Chef des Hotels »Bel Air« in Los Angeles für Joseph Drowne, den damaligen Besitzer, der aus Kentucky kam und ein ausgesprochener Bourbon-Fan war.

Eiswürfel
3 EL Bourbon Whiskey
2 EL Bénédictine

1. Ein Old-Fashioned-Cocktailglas mit Eiswürfeln füllen.
2. Einen Shaker mit Eiswürfeln füllen. Bourbon und Bénédictine zugießen und kräftig durchschütteln.
3. Durch ein Sieb in das Glas gießen und servieren.

Für 1 Person

Dale's Mint Julep

Der Julep gehört zu den beliebtesten Erfrischungsgetränken in den amerikanischen Südstaaten und in England. Während sich alkoholfreie Varianten in Persien bis ins Jahr 1400 n. Chr. zurückverfolgen lassen, beansprucht der Süden der USA für sich die Erfindung der alkoholischen Juleps, die je nach Bundesstaat lange Zeit mit Weinbrand, Bourbon- und Rye-Whiskey oder Rum zubereitet wurden. Ihre Garnierung gibt immer wieder Anlaß zu heftigen Kontroversen, da in dieser Beziehung jeder starr an seinen Prinzipien festhält. So zerreiben die Virginier beispielsweise die Minze nie und halten die Bewohner Kentuckys für Frevler, weil sie es tun. Es gibt sogar alte Rezepte, die neben Minze auch Ananas und Pfirsich vorschreiben. Hier nun die Variante von Dale DeGroff:

2 große Zweige frische Minze (Krause Minze)
2 EL Southern Comfort (amerikanischer Whiskey-Likör)
¼ TL sehr feiner Zucker
zerstoßenes Eis
3 EL Bourbon Whiskey

Die typisch amerikanische Spirituose

Bourbon Whiskey ist die meistgetrunkene Spirituose in den Vereinigten Staaten, ja, allem Anschein nach erlebt der klassische amerikanische Whiskey (der meiste Bourbon wird in Kentucky und Tennessee produziert) derzeit ein Comeback. Bourbon ist vollmundig und aromatisch, außerdem läßt er sich gut mit Fruchtbrandys, Likören, Bitter-Getränken, Fruchtsäften und Limonaden mixen. Bourbon veredelt Schinken- oder Truthahnglasuren und schmeckt in Schokoladenkuchen geradezu göttlich. Kenner trinken ihren Bourbon natürlich pur.

Bourbon ist ein Whiskey, der aus fermentiertem Getreide hergestellt wird und mehrere Jahre in Fässern aus amerikanischer Steineiche lagert. Wenn ein unverschnittener Whiskey aus einer fermentierten Getreidemischung mindestens 51 % Mais enthält, wird er als Straight Bourbon Whiskey bezeichnet. Die meisten Bourbons enthalten jedoch weitaus mehr Mais – bis zu 79 % –, weshalb sie so würzig schmecken. Der technische Begriff des *sour mash* (»saure Vergärung«), den man auf vielen Bourbon-Etiketten findet, weist darauf hin, daß ein kleiner Teil der ausgegorenen Maische zurückbehalten wurde, um damit die Gärung der nächsten Partie in Gang zu halten – es hat also nichts mit saurem Geschmack zu tun. Fast alle Bourbon-Hersteller nutzen die Sour-mash-Methode für den Gärprozeß, allerdings teilweise auch ohne sie öffentlich auszuweisen.

Die wachsende Nachfrage nach Whiskey hat inzwischen auch neue, erstklassige Sorten hervorgebracht. Jeder Bourbon ist einzigartig, was auf feine, jedoch bedeutsame Unterschiede beim Destillieren und bei der Lagerung zurückgeht. Tester vergleichen den Geschmack und Geruch von edlem Whiskey mit »Karamel«, »Ahornsirup«, »Eiche« und »Muskat«. Bei besonders feinen Bourbons sprechen sie von »Zitrone«, »Klee« oder »frischem Heu«.

1. Mehrere Blätter von einem Minzezweig abzupfen und in einen *tumbler* (Highballglas) geben.

2. Den Whiskey-Likör und den feinen Zucker zugeben. Mit einem Barlöffel aufrühren (s. Hinweis), um die Minze zu quetschen.

3. Den *tumbler* mit zerstoßenem Eis auffüllen, den Bourbon über das Eis gießen und so lange verrühren, bis das Glas beschlägt. Den zweiten Minzezweig ins Glas stecken und sofort servieren.

Für 1 Person

Hinweis: »Aufrühren« bedeutet quetschen, mit dem Löffel so lange ausdrücken, bis die Minze genügend Aroma an die Flüssigkeit abgegeben hat.

WISCONSIN CHERRY BOUNCE
AUFGESETZTER MIT KIRSCHEN

★★★

Für dieses alkoholische Getränk aus der Kolonialzeit werden Früchte und Zucker mit Spirituosen übergossen und gewöhnlich noch mit Gewürzen verfeinert. Erfunden wurde der »Bounce« angeblich von den Nachfahren der Skandinavier, die sich im Door County von Wisconsin (dem nördlichen Teil der Halbinsel, oberhalb von Green Bay) niederließen, wo es reichlich Sauerkirschen gibt. Setzen Sie diesen Likör im Sommer auf, wenn die Kirschen reif sind – zwischen Mitte Juli und Anfang August –, dann haben Sie zu Weihnachten ein edles Tröpfchen, das in formschönen Likörgläsern am besten zur Geltung kommt.

*2 Tassen (360 g) reife Sauerkirschen
    mit Steinen, Stiele entfernt
½ Tasse (125 g) Zucker
1 Flasche (¾ l) Wodka*

1. Die Sauerkirschen in eine sterilisierte Flasche mit 1 Liter Fassungsvermögen füllen.
2. Zucker und Wodka in einen kleinen Topf geben und bei mittlerer Temperatur 5 Minuten unter Rühren erhitzen, bis sich der Zucker ganz aufgelöst hat. Etwas abkühlen lassen, dann in die Flasche gießen.
3. Die Flasche verkorken und mindestens 1 Monat, besser 4–6 Monate kühl und dunkel aufbewahren. Die Kirschen vor dem Servieren entfernen.
Ergibt etwa 750 ml

RAINBOW PUNCH

★★★

Der Rainbow Punch ist der beliebteste alkoholfreie Cocktail im berühmten New Yorker »Rainbow Room«. Die Garnierung für diesen kalten Punsch darf ruhig etwas ausgefallen sein. Mit einem Zesteur können Sie hübsche Spiralen aus Orangen- und Zitronenschale herstellen und diese um eine Scheibe Ananas drapieren. Es ist schön, daß diese exotischen Getränke ein Comeback erleben.

*Eiswürfel
6 EL Orangensaft,
    frisch gepreßt
6 EL Ananassaft
1 EL Limettensaft,
    frisch gepreßt
1 EL Simple Sugar Syrup
    for Drinks (s. S. 170)
2 Spritzer Grenadine
2 Spritzer Angostura Bitter
1 Schuß Sodawasser*

Einen Shaker mit Eiswürfeln füllen und alle Zutaten bis auf das Sodawasser zugeben. Kräftig durchschütteln, durch ein Sieb in ein großes Kelchglas gießen, etwas Sodawasser zugießen und servieren. Nach Belieben garnieren.
Für 1 Person

LIME RICKY

Die »Rickys« gehören zu den Longdrinks, und dieser hier ist nahezu alkoholfrei. Anstelle des normalerweise üblichen Gins oder Whiskeys wird Angostura Bitter verwendet, der auf Alkoholbasis hergestellt wird.

2 EL Limettensaft, frisch gepreßt
2 EL Simple Sugar Syrup
    for Drinks (s. S. 170)
3 Spritzer Angostura Bitter
Eiswürfel
½ Tasse (125 ml) Mineralwasser
    mit Kohlensäure
2 dünne Limettenscheiben,
    zum Garnieren

    1. Limettensaft, Sirup und Angostura über Eiswürfel in einen mittelgroßen *tumbler* (Highballglas) geben und verrühren.
    2. Mit Mineralwasser auffüllen, Limettenscheiben aufstecken und servieren.
Für 1 Person

CITRUS CREAM
ZITRUS-SAHNE

Dieses Getränk erinnert mich stets an Orangenlimonade mit Vanille-Eiscreme. Mit frisch gepreßten Fruchtsäften schmeckt es einfach wunderbar!

Eiswürfel
3 EL Orangensaft, frisch gepreßt
2 EL Grapefruitsaft, frisch gepreßt
2 EL Simple Sugar Syrup
    for Drinks (s. S. 170)
3 EL Grenadine
3 EL Kaffeesahne, Crème double
    oder Schlagsahne
1 Prise Zimt, gemahlen,
    zum Garnieren

    1. Ein großes Cocktailglas zum Durchkühlen in den Kühl- oder Gefrierschrank stellen.
    2. Einen Shaker mit Eiswürfeln füllen. Säfte, Zuckersirup, Grenadine und Sahne über das Eis gießen und kräftig durchschütteln.
    3. In das gut gekühlte Cocktailglas abseihen, mit Zimt garnieren und servieren.
Für 1 Person

RAMOS FIZZ

Dale DeGroff erzählte mir, daß er während seiner Zeit im Hotel »Bel Air« in Los Angeles mit diesem Getränk so manchen Kater bei seinen Gästen vertrieben hat. Die Zitrussäfte enthalten wertvolles Vitamin C, und der Alkoholgehalt ist minimal.

Eiswürfel
3 EL Gin
1 EL Zitronensaft, frisch gepreßt
1 EL Limettensaft, frisch gepreßt
1 Eiweiß
2 EL Milch
3 EL Simple Sugar Syrup
    for Drinks (s. S. 170)
1 Spritzer Orangenblütenwasser
2 EL Sodawasser

1. Einen Shaker mit Eiswürfeln füllen. Alle Zutaten bis auf das Sodawasser zugeben und so lange und kräftig wie möglich durchschütteln.
2. Durch ein Sieb in einen kleinen *tumbler* (Highballglas) gießen, mit Sodawasser auffüllen und sofort servieren.
Für 1 Person

VIRGIN KIR ROYALE

ALKOHOLFREIER KIR ROYALE

Mittlerweile sind diverse alkoholfreie Weine, auch Schaumweine, erhältlich. Pur schmecken sie meist nicht gerade überwältigend, aber als Grundlage für alkoholfreie Cocktails sind sie bestens geeignet.

2 EL Himbeersirup
150 ml alkoholfreier Schaumwein, gut gekühlt
1 Streifen unbehandelte Zitronenschale,
    zum Garnieren
1 frische Himbeere, zum Garnieren

Den Himbeersirup in ein Sektglas geben und langsam mit dem Schaumwein aufgießen. Mit Zitronenschale und Himbeere garnieren und servieren.
Für 1 Person

VIRGIN MELON DAIQUIRI

ALKOHOLFREIER DAIQUIRI MIT MELONE

Wenn die Melonen süß und saftig sind, lohnt es sich, dieses erfrischende Getränk gleich krügeweise zuzubereiten. Eventuell noch einen Schuß Rum zugeben.

½ Tasse (110 g) gewürfelte Honig-
    und Zuckermelone, gemischt
6 EL alkoholfreier Weißwein, gut gekühlt
3 EL Simple Sugar Syrup
    for Drinks (s. S. 170)
2 EL Zitronensaft, frisch gepreßt
¾ Tasse (150 g) gestoßenes Eis
1 kleines Stück Melone, zum Garnieren
1 reife Erdbeere, zum Garnieren

Die Melonenwürfel mit Wein, Sirup und Zitronensaft in einen Mixer geben. Das Eis zufügen und alles fein pürieren. Den Daiquiri anschließend in ein großes Kelchglas gießen, mit Melone und Erdbeere garnieren und servieren.
Für 1 Person

VIRGIN ROYAL HAWAIIAN

ALKOHOLFREIER ROYAL HAWAIIAN

Der echte *Royal Hawaiian* auf Gin-Basis war vor vielen Jahren der Renner im »Royal Hawaiian Hotel« von Honolulu und ist bis heute in den gesamten USA beliebt. Wenn Sie Lust auf das Original haben, brauchen Sie nur einen Schuß Gin zuzugeben.

Eiswürfel
6 EL Ananassaft
2 EL Orgeat syrup (s. Hinweis)
2 EL Zitronensaft, frisch gepreßt
1 EL Simple Sugar Syrup
  for Drinks (s. rechte Spalte)

1. Ein Cocktailglas zum Durchkühlen in den Kühl- oder Gefrierschrank stellen.
2. Einen Shaker mit Eiswürfeln füllen und alle Zutaten zugeben. Kräftig durchschütteln, durch ein Sieb in das Glas gießen und servieren.
Für 1 Person

Hinweis: *Orgeat syrup* wird aus Mandeln, Zucker und Rosenwasser hergestellt und ist hier schwer erhältlich. Versuchen Sie, ihn bei einer der im Anhang angegebenen Adressen zu bekommen.

GINGER SPICE COOLER

Angostura Bitter und Ginger Ale machen alkoholfreien Wein zu einem spritzigen Getränk, das nicht nur gut schmeckt, sondern auch wunderbar den Durst stillt.

Eiswürfel
½ Tasse (125 ml) alkoholfreier Weißwein,
  gut gekühlt
2 Spritzer Angostura Bitter
6 EL Ginger Ale, gut gekühlt
1 Stück frisches Zuckerrohr oder
  eine beliebige Frucht, zum Garnieren

1. Ein großes Kelchglas mit Eiswürfeln füllen. Wein und Angostura zugießen und mit Ginger Ale auffüllen.
2. Mit Zuckerrohr oder einem Fruchtstück garnieren und servieren.
Für 1 Person

SIMPLE SUGAR SYRUP FOR DRINKS

EINFACHER ZUCKERSIRUP FÜR DRINKS

2 Tassen (500 ml) Wasser
1 Tasse (250 g) Zucker

1. Wasser und Zucker in einen Topf geben und zum Kochen bringen. Bei geringer Hitze 3–4 Minuten unter gelegentlichem Rühren den Zucker auflösen.
2. Erkalten lassen und fest verschlossen im Kühlschrank aufbewahren. Die benötigten Mengen bei Bedarf entnehmen. Der Sirup ist bis zu 3 Monaten haltbar.
Ergibt etwa 2½ Tassen (625 ml)

DIE BLAUE STUNDE

Cocktail-Snacks

Die besten Partys sind die, auf denen die Gäste durch mehr als nur Drinks aufgewärmt werden. Cocktail-Snacks heben die Stimmung, stillen den kleinen Hunger und helfen, das Eis zu brechen. Über Pancakes und Club Sandwiches ist schon so manche Konversation zustande gekommen. Diese Snacks lassen das Beisammensein zu etwas Besonderem werden, zu etwas nicht Alltäglichem.

Sie können zum Beispiel Häppchen mit Krabbencreme reichen, ehe Sie Ihre Gäste mit einem Mardi-Gras-Supper bewirten. Wenn Sie etwas aus der Küche des amerikanischen Südwestens auftischen, können Sie den Appetit mit Knuspergarnelen im Teigmantel anregen, gewürzt mit Limette und Jalapeño-Chillies. In diesem Kapitel erwarten Sie außerdem eingelegte Garnelen aus Florida, eine Ziegenkäse-Lachs-Creme aus Seattle sowie Hühner-Kebabs aus San Francisco. Und nicht zu vergessen die würzigen Hühnerflügel, die heute in den gesamten USA verbreitet sind. Gibt es einen besseren Einstieg in ein typisches amerikanisches Menü?

CONFETTI CORN FRITTERS
AUSGEBACKENE MAISKÜCHLEIN

Am besten, Sie bitten alle Ihre Gäste in die Küche, damit diese Küchlein frisch aus dem Topf verspeist werden können. Falls Ihre Küche zu klein ist für die ganze Meute, richten Sie die Küchlein in einem Korb an, den Sie zuvor mit einer Stoffserviette ausgelegt haben. So bleiben sie eine Weile knusprig. Die kleinen roten Paprikawürfel und die Maiskörner verfeinern nicht nur den Geschmack, sondern verleihen dem Ganzen eine interessante Konsistenz. Die Küchlein gut abtropfen lassen, sonst sind sie zu fettig.

1 Tasse (250 g) frische oder gefrorene Maiskörner
1 rote Paprikaschote, in winzige Würfel geschnitten
1½ Tassen (185 g) Weizenmehl
½ Tasse (80 g) gelbes Maismehl
1 EL Backpulver
1 EL Zucker
2 TL Chili-Gewürzmischung
1½ TL Kreuzkümmel, gemahlen
1 TL Salz
½ TL frisch gemahlener schwarzer Pfeffer
1 Msp. Cayennepfeffer
2 Eier, verquirlt
1 Tasse (250 ml) Milch
2 EL frischer Schnittlauch, kleingeschnitten
Pflanzenöl oder Maiskeimöl, zum Ausbacken
Hot Stuff Tartar Sauce (s. folgendes Rezept), zum Servieren

1. Die Maiskörner 2 Minuten in kochendem Salzwasser blanchieren. Mit einem Schaumlöffel herausnehmen und gut abtropfen lassen. Die Paprikawürfel blanchieren und abtropfen lassen.

2. Mehl, Maismehl, Backpulver, Zucker, Chili-Gewürzmischung, Kreuzkümmel, Salz, Pfeffer und Cayennepfeffer in eine große Rührschüssel sieben.

3. In einer zweiten Schüssel die Eier mit Milch, Schnittlauch, Mais und Paprikawürfeln mischen und unter die Mehlmischung rühren. Den Teig zugedeckt 30 Minuten im Kühlschrank ruhen lassen.

4. Das Öl etwa 2–3 cm hoch in einen schweren Topf gießen und bei mittlerer Temperatur auf 190 °C erhitzen. Mit einem Teelöffel 5 oder 6 Häufchen Teig ins heiße Öl gleiten lassen. Vorsicht Spritzgefahr! Nicht zu viele Küchlein auf einmal ausbacken. Zum Wenden einen Schaumlöffel benutzen.

5. Die Maisküchlein nach etwa 1 Minute mit dem Schaumlöffel herausnehmen, wenn sie goldbraun sind. Auf Küchenpapier gut abtropfen lassen, dann sofort servieren. Zum Dippen eine Schale mit *Hot Stuff Tartar Sauce* reichen.

Ergibt etwa 100 Küchlein

HOT STUFF TARTAR SAUCE
SCHARFE TATARSAUCE

Wer Maisküchlein oder gebratene Garnelen etwas aufpeppen möchte, serviert dazu eine scharfe Sauce wie diese, appetitlich angerichtet in einer formschönen Schale. Sie sollten Ihre Gäste allerdings vorwarnen, denn die Sauce ist höllisch scharf. Eine mildere Variante finden Sie auf S. 458 in diesem Buch.

1 Tasse (250 ml) Mayonnaise
1 TL Dijon-Senf
1 TL Tomatenmark
1 TL Zitronenschale, feingerieben
1 EL Zitronensaft, frisch gepreßt
2 Spritzer Tabasco, evtl. auch etwas mehr
2 EL Cornichons, sehr fein gehackt
2 EL Schalotten, feingehackt
2 EL glatte Petersilie, gehackt
1 TL Jalapeño-Chillies, geputzt und feingehackt
1 EL kleine Kapern, abgetropft
Salz und frisch gemahlener schwarzer Pfeffer

Mayonnaise mit Senf, Tomatenmark, Zitronenschale, Zitronensaft, Tabasco und Cornichons in einer Schüssel verrühren. Schalotten, Petersilie, Chillies, Kapern, Salz und Pfeffer unterrühren und zugedeckt mindestens 1 Stunde, jedoch höchstens 2 Tage im Kühlschrank ziehen lassen.
Ergibt etwa 1½ Tassen (325 ml)

2 Tassen (500 g) Maiskörner, gegart
⅔ Tasse (165 ml) Crème double oder Schlagsahne
⅔ Tasse (110 g) gelbes Maismehl
⅔ Tasse (80 g) Mehl
1 TL Backpulver
½ TL Salz
1 Msp. frisch gemahlener schwarzer Pfeffer
3 Eier, verquirlt
⅓ Tasse (75 g) Butter, zerlassen
3 EL Pflanzenöl, evtl. etwas mehr

1. Maiskörner und Sahne in einer Küchenmaschine oder im Mixer pürieren. Das Püree in eine Schüssel umfüllen.

2. Maismehl, Weizenmehl, Backpulver, Salz und Pfeffer unter das Püree rühren. Die Eier und die zerlassene Butter zugeben und alles gründlich mischen.

3. Etwa 2 Teelöffel Öl in eine beschichtete Pfanne geben und bei mittlerer Temperatur erhitzen. Den Teig teelöffelweise in die Pfanne geben und die Küchlein etwa 1 Minute auf jeder Seite braten, bis sie goldbraun sind. Auf Küchenpapier abtropfen lassen. Den restlichen Teig ebenso verarbeiten; bei Bedarf etwas Öl nachgießen. Die Küchlein hübsch anrichten und sofort servieren.
Ergibt etwa 100 Küchlein

COCKTAIL CORN CAKES

GEBRATENE MAISKÜCHLEIN

Diese kleinen Maisküchlein machen sich gut als Appetithäppchen. Obendrauf können Sie einen Klecks Avocadopüree, ein Löffelchen frischen Lachskaviar (Keta-Kaviar) oder einfach etwas kleingeschnittenen frischen Schnittlauch geben.

ZUCCHINI HERB PANCAKES

ZUCCHINIPÜFFERCHEN

Aus geraspelten Zucchini und Kartoffeln lassen sich herrlich lockere Püfferchen zaubern. Mit einem Löffel Mangocreme ergibt diese originelle Zubereitung eine feine Vorspeise, die selbst auf der vornehmsten Cocktail-Party gut ankommt. Die kleinen Pfannkuchen können auch gut als würzige Unterlage für Kaviar verwendet werden. Denken Sie beim Servieren an Servietten.

2 geschälte Zucchini (etwa 450 g), grobgeraffelt
1 TL grobes Salz
1 mehlig-festkochende Kartoffel, geschält
1 EL gehackter frischer Estragon oder
  1 TL getrockneter Estragon
2 EL Mehl
Salz und grobgemahlener schwarzer Pfeffer
1 Ei, verquirlt
2 EL Olivenöl
2 EL Butter
½ Tasse (125 ml) Velvety Mango Cream (s. S. 153), zum Servieren

1. Zucchiniraspel in einem Durchschlag mit grobem Salz bestreuen und 30 Minuten ziehen lassen. Abspülen und abtropfen lassen, dann in einem sauberen Geschirrtuch ausdrücken. Zusätzlich mit Küchenpapier trockentupfen, dann in eine Schüssel umfüllen.

2. Die Kartoffel grob raffeln (zügig arbeiten, damit sich die Knolle nicht verfärbt) und mit der Flüssigkeit zu den Zucchini geben. Estragon, Mehl, Salz und Pfeffer unterrühren, dann nacheinander die Eier einrühren.

3. Je 1 Eßlöffel Olivenöl und Butter bei mittlerer Temperatur in einer beschichteten Pfanne erhitzen, bis die Butter aufschäumt.

4. Pro Püfferchen 1 gestrichenen Eßlöffel Gemüsemischung in die Pfanne geben (etwa 5 gleichzeitig) und mit einem Pfannenheber flachdrücken, bis sie einen Durchmesser von etwa 5 cm haben. Auf jeder Seite 3 Minuten goldbraun und knusprig braten. Bei Bedarf restliches Öl und Butter zugeben.

5. Die Püfferchen auf Küchenpapier abtropfen lassen. Möglichst sofort servieren. Andernfalls 15 Minuten vor dem Servieren auf ein Backblech legen, mit Alufolie abdecken und im Ofen (120 °C) aufwärmen. Auf jedes Püfferchen einen Klecks *Velvety Mango Cream* geben.
Ergibt etwa 25 Püfferchen

LITTLE CARROT GINGER PANCAKES
MÖHREN-INGWER-KÜCHLEIN

Der Ingwer verleiht diesen kleinen Pfannkuchen einen Hauch von Exotik. Als Hauptgang oder Beilage können Sie die Küchlein etwas größer (7–8 cm im Durchmesser) zubereiten und dazu Apfelmus reichen: schmeckt phantastisch! Bei dieser Größe kommen Sie auf etwa 15 Stück.

6 Möhren (etwa 350 g), geschält und grobgeraffelt
1 mehlig-festkochende Kartoffel, geschält
3 EL frischer Schnittlauch, kleingeschnitten
1 EL frischer Ingwer, gerieben
2 TL unbehandelte Orangenschale, feingerieben
2 EL Weizenmehl
Salz und grobgemahlener schwarzer Pfeffer
1 Ei, verquirlt
2 EL Olivenöl
2 TL Butter

1. Die Möhren in eine Schüssel geben. Die Kartoffel grob raffeln, dabei zügig arbeiten, damit sie sich nicht verfärbt, und mit der Flüssigkeit zu den Möhren geben. Schnittlauch, Ingwer und Orangenschale zugeben und alles gut vermengen. Mit Mehl, Salz und Pfeffer abschmecken und das Ei gut unterrühren.

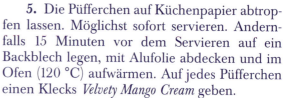

2. Je einen Eßlöffel Öl und Butter bei mittlerer Temperatur in einer großen beschichteten Pfanne erhitzen und aufschäumen lassen.

3. Pro Pfannkuchen einen gestrichenen Eßlöffel Gemüsemischung (etwa 5 gleichzeitig) ins heiße Fett geben und mit einem Pfannenheber flachdrücken – die Pfannkuchen sollten einen Durchmesser von etwa 5 cm haben. Auf jeder Seite 3 Minuten braten, bis sie goldbraun sind. Den restlichen Teig ebenso verarbeiten und bei Bedarf noch Öl und Butter zugeben.

4. Die Pfannkuchen auf Küchenpapier abtropfen lassen. Sofort servieren oder andernfalls 15 Minuten vor dem Servieren auf ein Backblech legen, mit Alufolie abdecken und im Ofen bei 120 °C aufwärmen.

Ergibt etwa 30 Pfannkuchen

LITTLE BEET HORSERADISH PANCAKES

PIKANTE ROTE-BETE-PFANNKUCHEN

Winzige Pfannkuchen mit würziger Avocadocreme ergeben einen leichten, appetitlichen Snack, der immer wieder gern gegessen wird. Daß ich eine Schwäche dafür habe, läßt sich nicht leugnen. Ich finde, die süßlich schmeckenden roten Beten und die feine Schärfe des Meerrettichs verbinden sich hier zu einer gelungenen Mischung. Obwohl ich diese Pfannkuchen wie alle Gemüsepfannkuchen gern »solo« serviere, sieht es auch sehr hübsch aus, wenn verschiedene Sorten – zum Beispiel Rote-Bete-Pfannkuchen, Zucchinipüfferchen und Möhrenpfannkuchen – mit frischen Blüten garniert auf einem Tablett angerichtet werden. Alle genannten Pfannkuchen lassen sich gut im voraus zubereiten und sollten in dem Fall 15 Minuten vor dem Servieren im schwach geheizten Ofen bei 120 °C aufgewärmt werden.

450 g rote Bete, geschält und geraffelt
225 g mehlig-festkochende Kartoffeln, geschält und geraffelt
1 Ei, verquirlt
2 EL Mehl
1 EL tafelfertiger Meerrettich, abgetropft
Salz und frisch gemahlener schwarzer Pfeffer
3 EL Olivenöl
3 EL Butter
Avocado Mint Mayonnaise (s. S. 121), zum Servieren

1. Rote-Bete- und Kartoffelraspel mit Ei und Mehl in einer Schüssel gut mischen, dann den Meerrettich unterrühren und die Mischung mit Salz und Pfeffer abschmecken.

2. Je 1 Eßlöffel Olivenöl und Butter bei mittlerer Temperatur in einer großen beschichteten Pfanne aufschäumen lassen.

3. Die Gemüsemischung eßlöffelweise zugeben (etwa 5 gleichzeitig) und mit einem Pfannenheber flachdrücken, so daß Pfannkuchen von etwa 5 cm Druchmesser entstehen. 3–4 Minuten auf jeder Seite braten. Die restliche Gemüsemischung ebenso verarbeiten und bei Bedarf Öl und Butter zugeben. Die Pfannkuchen auf Küchenpapier abtropfen lassen. Auf jeden Pfannkuchen einen Klecks Avocado Mint Mayonnaise geben und sofort servieren.

Ergibt etwa 30 Pfannkuchen

CAJUN SPICED PECANS

PEKANNÜSSE IM CAJUNSTIL

Pekannüsse, nahe Verwandte der Walnüsse, finde ich einfach unwiderstehlich. Für dieses Re-

ZYDECO

Wissen Sie, wie die afro-amerikanische Variante der Cajun-Musik, das temporeiche *zydeco*, zu seinem Namen kam? Soweit ich weiß, gibt es verschiedene Theorien. Diese Musik, die meist von einer mehrköpfigen Band mit Akkordeon, Lead- und Baßgitarre, Waschbrett sowie Schlagzeug gespielt wird, nannte man ursprünglich (und teilweise noch heute) *Lala*. Im Jahr 1950 kam Clifton Chenier, der King des *Lala*, mit einem Hit heraus, der sich »Les haricots ne sont pas salés« nannte, was »Die Bohnen sind nicht gesalzen« heißt. Aus »Les haricots« wurde angeblich im Lauf der Jahre in der Cajun-Aussprache *zydeco*, ein Begriff, der seither fest mit diesem lebendigen Musikstil verknüpft ist. Soviel zu Theorie Nr. 1.

Theorie Nr. 2 leitet *zydeco* von »fais-do-do« ab, was für die traditionelle Tanzveranstaltung der Cajuns steht (franz. *faites do-do* = »schlaft jetzt« – die Aufforderung der Eltern, die tanzen gehen wollen, an die Kinder). Nachlässig ausgesprochen, könnte sich daraus diese Verballhornung entwickelt haben.

Wie dem auch sei, zu dieser mitreißenden Musik muß man einfach tanzen, außer man legt gerade eine kleine Pause ein, um die ebenso unwiderstehlichen Cajun-Gerichte zu verspeisen.

zept habe ich sie mit den Zydeco-Aromen aus dem Land der Cajuns und den Bayou-Orten Abbeyville und New Iberia verfeinert. Diese Nüsse sind eine köstliche Knabberei bei netter Unterhaltung und guter Musik. Am besten bereitet man sie an Tagen mit niedriger Luftfeuchtigkeit zu, dann trocknen sie gut durch. Das Rezept läßt sich problemlos verdoppeln – Sie brauchen dann nur ein zweites Backblech.

2 EL Butter
1 EL Olivenöl
1 EL Worcestersauce
½ TL Tabasco
¾ TL Kreuzkümmel, gemahlen
½ TL Paprikapulver edelsüß
½ TL Knoblauchpulver
2 Tassen (180 g) Pekannußhälften
2 TL grobes Salz

1. Den Ofen auf 160 °C vorheizen.
2. Butter und Öl in einem schweren Topf bei milder Temperatur erhitzen. Worcestersauce, Tabasco, Kreuzkümmel, Paprika- und Knoblauchpulver unterrühren und 2–3 Minuten bei schwacher Hitze köcheln lassen.
3. Die Nußhälften zugeben und mit der Sauce überziehen, dann auf einem Backblech ausbreiten und 15 Minuten backen; zwischendurch das Blech hin und wieder rütteln.
4. Die heißen Nüsse in einer Schüssel mit Salz bestreuen und gut mischen. Dann erneut auf dem Blech ausbreiten und bei Raumtemperatur abkühlen und trocknen lassen. Luftdicht verschlossen aufbewahren.

Ergibt etwa 2 Tassen (200 g)

Tiny Tomato Surprises

Gefüllte Kirschtomaten

In meiner Jugend konnte ich mir nichts Schöneres vorstellen als bei »Schrafft's« zu Mittag zu essen. »Schrafft's« war eine besonders bei Frauen sehr beliebte Restaurantkette, wo es die besten Sandwiches, Salate und diverse andere Speisen gab, die irische Kellnerinnen, adrett in Schwarz mit weißer Schürze und Häubchen gekleidet, höflich und zuvorkommend servierten. Mein Lieblingsessen bei »Schrafft's« war der *Tomato Surprise*, eine ausgehöhlte Tomate mit gezacktem Rand, gefüllt mit Thunfisch-, Geflügel-, Krabben-, Garnelen- oder Eiersalat und garniert mit krauser Petersilie. Zum Cocktail habe ich die Tomaten-Überraschung zu mundgerechten Häppchen abgewandelt. Sie bestehen nun aus Kirschtomaten, gefüllt mit Garnelensalat in einer Avocado-Kräuter-Mayonnaise.

100 Kirschtomaten
450 g mittelgroße Garnelen, geschält und den Darm entfernt
4 EL Mayonnaise
4 EL saure Sahne
1 EL Limettensaft, frisch gepreßt
½ kleine Avocado, geschält
2 EL frischer Schnittlauch, kleingeschnitten
1 EL frischer Dill, gehackt
Salz und frisch gemahlener schwarzer Pfeffer

1. Mit einem scharfen Messer einen Deckel von den Tomaten abschneiden und die Früchte mit einem kleinen Löffel (Mokkalöffel) aushöhlen.

2. Die Garnelen in einen Topf mit kochendem Wasser geben, die Temperatur herunterschalten und die Garnelen bei geringer Hitze 1 Minute garen. Abtropfen und abkühlen lassen, dann fein würfeln.

3. Avocado mit einer Gabel zerdrücken. Mayonnaise, saure Sahne und Limettensaft zugeben und alles glattrühren. 1 Eßlöffel Schnittlauch und den Dill unterrühren und mit Salz und Pfeffer abschmecken. Die Garnelen unterrühren.

4. Den Garnelensalat in die ausgehöhlten Tomaten füllen. Darauf achten, daß die Füllung gut verteilt ist, damit die Tomaten später nicht umfallen. Auf Bleche setzen, mit Frischhaltefolie abdecken und bis 30 Minuten vor dem Servieren in den Kühlschrank stellen. Zum Servieren die Tomaten mit dem restlichen Schnittlauch bestreuen.

Ergibt 100 gefüllte Kirschtomaten

More Cocktail Tomato Surprises

Mit Krabbencurry gefüllte Kirschtomaten

Dieser erfrischende Cocktail-Snack schmeckt vorzüglich zu einem gut gekühlten (California) Riesling oder zu einem schäumenden (amerikanischen) Lager. Als Vertreter der leichten Küche sind die mit Krabbencurry gefüllten Minitomaten wie geschaffen als Auftakt für ein festliches Sommermenü.

100 Kirschtomaten
½ Tasse (125 ml) Mayonnaise
2 TL Mango-Chutney, feingehackt
2 TL Currypulver
225 g frisches Krabbenfleisch, ausgelöst und Knorpelstücke entfernt
3 EL Korinthen
2 EL Stangensellerie, feingehackt
2 EL Apfel (Granny Smith), feingehackt

Salz
2 EL frischer Schnittlauch, kleingeschnitten, zum Garnieren

1. Mit einem scharfen Messer einen Deckel von den Tomaten abschneiden und die Früchte mit einem kleinen Löffel (Mokkalöffel) aushöhlen.
2. Mayonnaise mit Chutney und Currypulver in einer Schüssel verrühren. Das Krabbenfleisch mit einer Gabel zerteilen und mit Korinthen, Sellerie und Apfel unter die Mayonnaise rühren. Mit Salz und Pfeffer abschmecken.
3. Die Mischung behutsam in die ausgehöhlten Tomaten füllen, darauf achten, daß die Füllung gut verteilt ist, damit die Früchte später nicht umfallen. Auf Bleche setzen, mit Frischhaltefolie abdecken und bis 30 Minuten vor dem Servieren in den Kühlschrank stellen. Zum Servieren mit Schnittlauch bestreuen.

Ergibt 100 gefüllte Kirschtomaten

ALL-AMERICAN DEVILED EGGS

TEUFELS-EIER

Auf meine Frage nach einem typisch amerikanischen Cocktail-Snack antwortet fast jeder wie aus der Pistole geschossen *deviled eggs*. Daher dürfen sie auch in diesem Kochbuch nicht fehlen. Für die Teufels-Eier benötigt man hartgekochte Eier und das richtige Maß an Würze. Richten Sie sie auf einem edlen Tablett an, geben Sie einen Löffel Lachskaviar obendrauf – und allgemeine Bewunderung ist Ihnen sicher.

6 Eier
1 TL Dijon-Senf
1 oder 2 Spritzer Tabasco
Salz

¼ TL frisch gemahlener schwarzer Pfeffer
1 EL frischer Schnittlauch, kleingeschnitten
3 EL Mayonnaise
Paprikapulver, zum Garnieren
ganze Schnittlauchhalme, zum Garnieren

1. Die Eier in einen Topf legen, mit warmem Wasser abspülen und abtropfen lassen. Mit kaltem Wasser auffüllen und zum Kochen bringen. Die Temperatur herunterschalten, bis das Wasser nur noch köchelt, und die Eier exakt

WAS ZUM TEUFEL IST EIN TEUFELS-EI?

Scharf-würzige Speisen wie *Devils on Horseback* (Austern im Speckmantel mit Zitronensaft und scharfer Pfeffersauce), *Deviled Crab* (Krabbenfleisch in Sahne, Senf und Cayennepfeffer) oder *Deviled Almonds* (pikante Mandeln, vermischt mit Butter, Chutney, süß-saurem Gemüse, Worcestersauce, Salz und Cayennepfeffer) stehen bei den Amerikanern mit dem Teufel im Bunde: Sie werden mit Senf, scharfer Pfeffersauce oder Cayennepfeffer zubereitet und sind dementsprechend scharf. Aber auch tiefdunkle und schwere Speisen wie der verlockende *Devil's Food Cake* (gehaltvolle dunkle Schokoladentorte) sind »teuflisch«. Doch ein bißchen Teufelskost hat noch keinem geschadet. Man kann sie genießen, ohne deshalb gleich vom Glauben abzufallen.

13 Minuten kochen. Abgießen, die Eier unter kaltem Wasser abspülen und schälen. Lose abdecken und 15 Minuten in den Kühlschrank legen.

2. Die Eier längs halbieren und behutsam das Eigelb herausnehmen. Die Eigelbe in eine Schüssel geben und mit einer Gabel zerdrücken. Senf, Tabasco, Salz, Pfeffer und Schnittlauch zufügen und die Mayonnaise unterrühren.

3. Die Eiweißhälften mit der Paste füllen (eventuell mit Hilfe eines Spritzbeutels) und mit Paprika bestreuen. Die gefüllten Eier auf einer mit Schnittlauchhalmen garnierten Servierplatte anrichten.

Ergibt 12 Eihälften

Oysters Rockefeller

Austern Rockefeller

Dieser amerikanische Klassiker wurde im ausgehenden 19. Jahrhundert von Jules Alciatore bei »Antoine's« in New Orleans kreiert – zu Ehren eines der reichsten Männer der USA: John D. Rockefeller. Die Zubereitung dieser edlen Speise hat seither von Küchenchef zu Küchenchef immer wieder Abwandlungen erfahren, so daß es heute bis auf einige Grundzutaten nicht mehr viel mit dem Original gemein hat. Das Rezept für das Blattgemüse auf den Austern wird wohl ein Geheimnis des »Antoine's« bleiben. Meine Variante enthält Mangold, Fenchel und Estragon, um den Geschmack des Anislikörs zu unterstreichen. Bei der Zubereitung habe ich mich an das Original gehalten: ein Bett aus Steinsalz, das nicht nur für einen festen Stand der Austern sorgt, sondern auch die Hitze gut hält. Wenn Sie die Austern nicht auf Salz garen möchten, setzen Sie sie einfach auf ein Backblech. Auch dann sind sie überaus köstlich. Pro Person rechne ich 4 Austern.

Wein: Napa Valley (CA) sparkling wine

1 großes Bund Mangold (etwa 450 g), gründlich gewaschen
6 EL Butter
3 EL Schalotten, feingehackt
3 EL frischer Fenchel, feingehackt
1 EL frischer Estragon, gehackt oder 1½ TL getrockneter Estragon
2 EL Pernod (französischer Anislikör)
Salz und frisch gemahlener schwarzer Pfeffer
3 EL Semmelbrösel
24 frische Austern in der geöffneten Schale
6 Tassen (1½ kg) grobes Steinsalz

1. Den Backofengrill vorheizen.
2. Den Strunkansatz des Mangolds herausschneiden und die Blätter grob hacken.
3. Die Butter in einer Pfanne bei schwacher Temperatur zerlassen. Schalotten und Fenchel zugeben und zugedeckt 5 Minuten braten; zwischendurch ein- oder zweimal umrühren. Mangold und Estragon unterrühren und zugedeckt bei mittlerer Hitze 5 Minuten garen. Pernod zugießen und mit Salz und Pfeffer abschmecken.
4. Die abgekühlte Gemüsemischung mit den Semmelbröseln in einem Mixer etwa 1 Minute pürieren. Den Motor abstellen und das Püree vom Rand des Mixbechers schaben.
5. Die Austern mit einem scharfen Messer öffnen und aus dem unteren Schalenteil lösen, ohne die Flüssigkeit zu verschütten. Die Austern bleiben auf der Schale.
6. Einen Teelöffel der Gemüsemischung auf jede Schalenhälfte geben und mit einer Gabel flachdrücken. Eine flache ofenfeste Backform 2–3 cm hoch mit Steinsalz füllen und die Schalenhälften hineindrücken. Die Form eine Handbreit von der Wärmequelle entfernt unter den heißen Grill schieben und 2–3 Minuten überbacken. Sofort servieren.

Für 8 Personen

Die Kunst, eine Auster zu essen

★ ★ ★

Jon Rowley, ein anerkannter Experte für Fisch und Meeresfrüchte mit Wohnsitz in Seattle, begegnete mir zum ersten Mal bei einem Lachsessen im New Yorker Restaurant »Sign of the Dove«. Das ist Jahre her. Wenn ich heute eine Frage zu seinem Spezialgebiet habe, rufe ich ihn einfach an.

Wie viele andere Menschen esse auch ich leidenschaftlich gern Austern, und ich könnte stundenlang zuhören, wenn Jon über diese begehrten Schaltiere erzählt. Ich kann mir nicht vorstellen, daß es jemanden gibt, der mehr darüber weiß. Was lag also näher, als ihn zu bitten, mir für dieses Buch das Ritual des Austernschlürfens zu erklären:

Mehr als jedes andere Nahrungsmittel sind Austern ein Fest für die Sinne. Zunächst kommt der Augenschmaus: Rohe Austern werden traditionell auf einer Servierplatte auf zerstoßenem Eis angerichtet, und zwar kreisförmig mit der Spitze nach außen – wie die Blütenblätter einer Blume. Austern von guter Qualität und zudem fachmännisch geöffnet sind, wenn sie eiskalt in ihrem Saft serviert werden, so schön anzusehen, daß sie eigentlich keine Garnierung mehr benötigen – sie ziehen auch so die Blicke auf sich. Vergessen Sie die Gabel, greifen Sie einfach nach einer Austernschale. Sobald Sie die kühle Feuchte der rauhen Schale spüren, läuft Ihnen das Wasser im Mund zusammen. Sie fangen bereits an, die Auster zu »erschmecken«. Wenn Sie sie dann zum Mund führen, halten Sie einen Moment inne, um das Meer zu riechen. Je weniger Zeit seit dem Öffnen der Auster verstrichen ist, um so ausgeprägter ist der Meeresduft. Legen Sie nun den Kopf in den Nacken und schlürfen Sie die Auster mit geschlossenen Augen. Falls sie vor dem Öffnen eisgekühlt war und eben erst geöffnet wurde, ist sie so kühl wie ein eisiger Windstoß bei Ebbe.

Beim bedächtigen Kauen der Auster wird Ihr Gaumen nacheinander von einer Vielzahl verschiedenster Geschmacksempfindungen überschwemmt. Ist die Auster gut genährt, prall und fest, schmecken Sie zuerst die Süße des Glykogens, der Leberstärke, die durch die Körperwärme bereits im Mund zu Zucker umgewandelt wird. Der süße Geschmack hält nicht lange vor, bald schmeckt die Auster an der Zungenspitze, an den Seiten und schließlich am Zungengrund und am Gaumensegel im hinteren Mundbereich nach Salz, verschiedenen Mineralstoffen, Algen und anderen Weichtieren. Jede Auster schmeckt dabei einzigartig. Der faszinierendste, am schwersten zu beschreibende und in Verbindung mit Wein oder Ale bedeutendste Geschmack ist der Nachgeschmack – das, was an Aromen zurückbleibt, wenn die Auster bereits heruntergeschluckt ist. Dieser Nachgeschmack beschert Zunge, Wangen und Gaumen ein echtes Geschmackserlebnis.

Wenn Sie die Auster mitsamt Austernwasser geschluckt haben, spülen Sie mit einem spritzigen

trockenen Weißwein oder einem malzigen Porter- oder Stout-Bier nach. Essen Sie dazu ein Stück knuspriges, nicht zu kräftiges Roggenbrot, etwa ein französisches *Pain de seigle*, um die Geschmacksknospen zu neutralisieren, ehe Sie zur nächsten Auster greifen.

Austern sind immer ein Beginn, der Auftakt zu einer Erfahrung, die das Leben wirklich bereichert.

Bevor Austern zum Augenschmaus werden, müssen sie sachgemäß geöffnet werden. Das Öffnen ist eine Kunst für sich. Abgesehen von den Unterschieden der verschiedenen Austernarten, ist jede Auster auch noch einzigartig in ihrer Form und stellt somit beim Öffnen eine echte Herausforderung dar. Bislang ist es nicht gelungen, einen Austernknacker zu erfinden, der besser funktioniert als eine geübte Hand. Es gibt indes viele verschiedene Austernmesser und ebensoviele Öffnungsmethoden: Mal wird an der Spitze der Auster angesetzt, mal am seitlichen Schalenrand. In den Restaurants werden die Austern meist am Scharnier geöffnet, um zu verhindern, daß die Schale absplittert.

In dem Moment, in dem ein geübter »Austernöffner« nach der Auster greift und sie mit der gewölbten Seite nach unten in die Handfläche legt, legt er sich seinen »Angriffsplan« zurecht. Mit erstaunlichem Geschick findet er sofort jene unsichtbare weiche Stelle am Scharnier, sprengt das Schalenpaar mit einer kräftigen Drehbewegung auf und fährt sicher am Schalenrand entlang, um den Schließmuskel zu lösen, der die Schalenhälften zusammenhält. Wenn er die obere Schalenhälfte abgenommen hat, fährt er mit dem Messer unter das Austernfleisch, um den Schließmuskel der unteren Muschelschale zu lösen, so daß die Auster ausgeschlürft werden kann. (In Frankreich lockert man den unteren Schließmuskel als Zeichen der Frische nicht.)

Sachgemäß geöffnet, deutet nichts darauf hin, daß die Auster soeben aufgebrochen wurde. Austernfleisch und Mantel sind sauber und unverletzt. Die meisten rohen Austern werden im Restaurant verzehrt, da die Prozedur des Öffnens die meisten Menschen abschreckt. Dabei ist der Vorgang leichter, als es aussieht, vorausgesetzt, man hat das richtige Werkzeug.

1. Die Austern unter fließendem kaltem Wasser abbürsten, besonders die Kerbe am Scharnier, um Schlamm und Sand zu entfernen.

2. Vor dem Öffnen die Austern 1 Stunde in Eis legen, damit sie gut gekühlt sind.

3. Um sich nicht an der rauhen Schale zu verletzen, die Auster auf einen dicken Handschuh oder ein gefaltetes Küchentuch betten und mit einer Hand festhalten. Die flache Seite zeigt nach oben, das Scharnier zum Körper. Mit der anderen Hand den Austernbrecher oder ein kurzes kräftiges Messer am Scharnier zwischen die Schalenhälften stoßen. Sobald die Messerspitze das Scharnier durchtrennt, mit einer kräftigen Drehbewegung die Schalen aufhebeln und das Messer waagerecht zwischen den Schalen durchziehen, um den Schließmuskel zu durchtrennen.

4. Die Schale aufklappen und die obere Hälfte abheben und wegwerfen. Den Muskel in der unteren Schalenhälfte mit dem Messer lockern, dabei behutsam vorgehen, damit die kostbare Muschelflüssigkeit nicht verschüttet wird.

5. Die geöffnete Auster in der Schalenhälfte auf zerstoßenes Eis setzen. Das makellose Austernfleisch sollte beim Öffnen auf keinen Fall mit dem Messer verletzt werden. Falls es dennoch passiert, dreht man die Auster einfach um. Niemand außer Ihnen wird den Trick bemerken. Ja, es gibt sogar einige professionelle Austernöffner, die das Austernfleisch regelmäßig umdrehen, weil sie der Ansicht sind, daß die Unterseite besser aussieht.

Panhandle Pickled Shrimp
Eingelegte Garnelen

★★★

Jo Manning, Köchin und Kochbuchautorin aus Jacksonville (Florida), war so freundlich, mir das Rezept für die eingelegten Garnelen zu überlassen. Die pinkfarbenen Krustentiere sehen so hübsch aus, daß sie am besten in einem Glas zur Geltung kommen. Sie eignen sich ideal als Auftakt eines Picknicks oder eines spätsommerlichen Menüs. Ein wichtiger Tip vorweg: Garnelen auf keinen Fall zu lange garen, sonst werden sie hart und zäh. Eine Minute Garzeit reicht völlig aus, denn sie »garen« noch in der Marinade nach.

¾ Tasse (200 ml) Wasser
½ Tasse (125 ml) Olivenöl
½ Tasse (125 ml) Pflanzenöl
4 EL Zitronensaft, frisch gepreßt
2 unbehandelte Zitronen, in 3 mm dicke Scheiben geschnitten
10 schwarze Pfefferkörner
3 kleine Lorbeerblätter
1½ TL Zucker
1½ TL Salz
½ TL Dillsamen
½ TL Senfkörner
¼ TL Selleriesamen
1 Msp. frisch gemahlener schwarzer Pfeffer
1100 g mittelgroße rohe Garnelen, geschält und den Darm entfernt
1 mittelgroße Zwiebel, in 6 mm dicke Scheiben geschnitten und in Ringe zerteilt
3 EL gehackte glatte Petersilie

1. Alle Zutaten bis auf die Garnelen, Zwiebelringe und Petersilie in einen großen Topf geben, der nicht mit Säure reagiert. Zum Kochen bringen und 10 Minuten ohne Deckel köcheln lassen.

2. Die Garnelen zufügen und kurz köcheln lassen, bis sie sich leuchtendrosa färben. Auf keinen Fall zu lange garen! Mit einem Schaumlöffel herausnehmen und in eine Schüssel geben. Die Kochflüssigkeit abkühlen lassen.

3. Die Garnelen abwechselnd mit Zwiebelringen und Petersilie in ein großes Glas schichten. Zwischen den einzelnen Schichten mit der Kochflüssigkeit aufgießen. Das Glas gut verschließen und die Garnelen mindestens 24 Stunden im Kühlschrank durchziehen lassen. Die eingelegten Garnelen halten sich im Kühlschrank 1 Woche.

Für 10–12 Personen

Cilantro Pesto Grilled Shrimp
Gegrillte Garnelen in Koriander-Pesto

★★★

Die besten gegrillten Garnelen habe ich bei »Rosario's« in San Antonio gegessen, dazu einen herrlichen Koriander-Pesto mit butterweichen Pinienkernen, um den kräftigen Knoblauchgeschmack ein wenig abzumildern. Das Ganze inspirierte mich zum nachfolgenden Rezept. Die Garnelen lassen sich besser handhaben, wenn man das Schwanzende nicht entfernt.

Wein: Finger Lakes (NY) dry Riesling
Bier: Texas Belgian-style white beer

680 g rohe Riesengarnelen (etwa 36 Stück), geschält, den Darm entfernt, mit Schwanzende
¾ Tasse (200 ml) San Antonio Cilantro Piñon Pesto (s. folgendes Rezept)

1. Die Garnelen in einer Schüssel mit 6 Eßlöffeln Pesto vermischen. 30 Minuten ziehen lassen.

2. Einen Backofen- oder Gartengrill stark erhitzen.

3. Die Garnelen auf lange Metallspieße stecken. Die Spieße portionsweise, etwa eine Handbreit von der Wärmequelle entfernt, auf jeder Seite 3 Minuten grillen.

4. Die Garnelen von den Spießen ziehen und in eine Schüssel geben. Mit dem restlichen Pesto vermischen und sofort servieren.

Für 6–8 Personen

SAN ANTONIO CILANTRO PIÑON PESTO

KORIANDER-PESTO MIT PINIENKERNEN

★

Im Schmelztiegel der amerikanischen Küche steht Pesto nicht mehr zwangsläufig für Basilikumsauce. In diesem Rezept wurde der Pesto durch das verbreitete Küchenkraut Koriander der Küche des amerikanischen Südwestens angepaßt und verleiht gegrillten Garnelen, gegrilltem Lachs oder Geflügel eine peppige Note.

*3 Tassen (locker gefüllt, 180 g) frisches
    Koriandergrün, gewaschen und trockengetupft
2 EL Pinienkerne
1 TL Knoblauch, feingehackt
1 Prise Kreuzkümmel, gemahlen
Salz und frisch gemahlener schwarzer Pfeffer
½ Tasse (125 ml) extra natives Olivenöl*

1. Das Koriandergrün in eine Küchenmaschine geben und stoßweise grob hacken. Pinienkerne, Knoblauch, Kreuzkümmel, Salz und Pfeffer zufügen und zerkleinern, aber nicht pürieren.

2. Bei eingeschaltetem Gerät langsam das Olivenöl zugießen, bis eine glatte Sauce entsteht. Den Pesto in ein Glas umfüllen und fest verschlossen bis zu 3 Tagen im Kühlschrank aufbewahren.

Ergibt knapp eine ¾ Tasse (200 ml)

CRISPY SHRIMP NESTLED IN A BLANKET

KNUSPERGARNELEN IM TEIGMANTEL

★★★

Diese würzigen Garnelen nach Art des amerikanischen Südwestens sind auf jeder Cocktailparty ein beliebter Snack. Appetitlich angerichtet in einem Strohkörbchen mit einer Sweet Jalapeño Sauce zum Dippen, sind sie ruckzuck aufgegessen. Man sollte das Schwanzende der Garnelen nicht entfernen: Es fungiert als natürlicher Griff und macht das Essen zu einer sauberen Angelegenheit. Nicht vergessen, für die Schalenabfälle eine kleine Schüssel bereitzustellen.

2 EL Limettensaft, frisch gepreßt
1 TL unbehandelte Limettenschale, feingerieben
1 TL frischer Jalapeño-Chili, feingehackt
  und entkernt
½ TL Kreuzkümmel, gemahlen
½ TL Chili-Gewürzmischung
1 Prise Zimt, gemahlen
1 Prise Cayennepfeffer
Salz
32 rohe Riesengarnelen (etwa 600 g),
  geschält, den Darm entfernt, mit Schwanzende
4 Scheiben tiefgefrorener Phyllo-Teig (je etwa
  40 x 30 cm), aufgetaut
½ Tasse (125 g) Butter, zerlassen
2–3 EL Pflanzenöl
Sweet Jalapeño Sauce (s. folgendes Rezept),
  zum Servieren

1. Limettensaft mit Limettenschale, Chilischote, Kreuzkümmel, Chili-Gewürzmischung, Zimt, Cayennepfeffer und Salz in einer Schüssel verrühren.

2. Die Garnelen zugeben und mit der Marinade mischen. Abgedeckt bei Zimmertemperatur 1 Stunde ziehen lassen.

3. Die Teigscheiben auf ein sauberes Geschirrtuch legen. Den Teig erst mit einer Lage Backpapier, dann mit einem angefeuchteten Geschirrtuch abdecken und bis zum Gebrauch ruhen lassen.

4. Eine Teigscheibe quer auf eine saubere Arbeitsfläche legen. Den Teig mit zerlassener Butter bestreichen, eine zweite Teigscheibe darauf legen und ebenfalls mit Butter bestreichen. Den Teig quer in 8 etwa 5 cm breite Streifen schneiden. Die Streifen jeweils längs halbieren, so daß insgesamt 16 Teigrechtecke entstehen. Die Garnelen abtropfen lassen. Je eine Garnele so an den unteren Rand des Teigstreifens legen, daß das Schwanzende beim Zusammenrollen herausschaut. Sorgfältig aufrollen, dann den Teig rundum mit zerlassener Butter bestreichen und beiseite stellen. Den gesamten restlichen Teig und die Garnelen ebenso verarbeiten.

5. Einen Eßlöffel Öl bei mäßig starker Temperatur in einer beschichteten Pfanne erhitzen. Jeweils 8 Garnelen im Teigmantel auf jeder Seite 30 Sekunden braun braten. Auf Küchenpapier abtropfen lassen und sofort servieren. Süße Jalapeño Sauce zum Dippen dazu reichen.

Ergibt 32 Stück

SWEET JALAPEÑO SAUCE

SÜSSE JALAPEÑO SAUCE

Süß, vollmundig und ideal zum Dippen für die würzigen Knuspergarnelen ist diese Sauce, die Sie am besten in einem Schälchen inmitten der auf einem farbenfrohen Tablett servierten Garnelen reichen. Die Sauce paßt auch vorzüglich zu den *San Fran Chicken Kebabs* auf S. 187.

¾ Tasse (165 g) Jalapeño-Chili-Gelee
¾ Tasse (200 ml) Apfelsaft
3 EL brauner Zucker

1 EL Apfelessig
1 EL Knoblauch, feingehackt
1 TL unbehandelte Limettenschale, feingerieben
½ TL Salz

1. Alle Zutaten in einen schweren Topf geben. Bei mittlerer Hitze und ohne Deckel unter gelegentlichem Rühren etwa 30 Minuten köcheln lassen, bis die Sauce eine marmeladenähnliche Konsistenz hat.

2. Die Sauce abkühlen lassen und dann zugedeckt in den Kühlschrank stellen, bis sie fest wird, oder bis zu 1 Woche aufbewahren. 20 Minuten vor Gebrauch aus dem Kühlschrank nehmen.

Ergibt etwa 1 Tasse (250 ml)

HOT TIME PARTY SHRIMP

PARTY-GARNELEN IM CAJUN-STIL

Peppen Sie Ihre Party-Snacks doch einmal mit gebratenen Garnelen im Cajun-Stil auf und reichen Sie dazu eine Hot Stuff Tartar Sauce. Garnelen von der Küste Maines und der Ostküste Floridas (*rock shrimps*) bieten sich hierfür geradezu an. Ihr festes, süßes Fleisch erinnert an Hummer. Kaufen Sie diese Garnelenart nach Möglichkeit geschält. Ungeschälten Garnelen rücken Sie am besten mit Gummihandschuhen zu Leibe, da man sich an den harten Schalen leicht die Haut zerkratzt. Die Schale mit einer Schere an der Rückenwölbung einschneiden und vom Fleisch lösen. Den Darm abziehen, die Garnelen abspülen und mit Küchenpapier trockentupfen. Die Garnelen sollten noch am Tage des Einkaufs verzehrt werden, da sie leicht verderben. Falls keine *rock shrimps* erhältlich sind, kann man auf große Garnelen ausweichen.

450 g kleine Garnelen (rock shrimps, s. o.) oder große rohe Garnelen, geschält und gedrittelt
1 Tasse (160 g) gelbes Maismehl
2 TL Chili-Gewürzmischung
1 TL Kreuzkümmel, gemahlen
1 TL Salz
½ TL Cayennepfeffer
1 Tasse (250 ml) Milch
1 Tasse (250 ml) Maiskeimöl
Hot Stuff Tartar Sauce (s. S. 172)

1. Den Darm aus den Garnelen entfernen, dann das Fleisch abspülen und mit Küchenpapier trockentupfen.

2. Maismehl mit Chili-Gewürzmischung, Kreuzkümmel, Salz und Cayennepfeffer in einem tiefen Teller mischen.

3. Milch in eine Schüssel gießen. Die Garnelen in die Milch tauchen und mit einem Schaumlöffel in die Mehlmischung geben. Gründlich darin wälzen und überschüssige Mehlmischung abschütteln.

4. Das Öl in einer gußeisernen Pfanne bei mittlerer Temperatur erhitzen.

5. Sobald das Öl heiß ist, die Garnelen in kleinen Portionen 3 Minuten braten, bis sie goldbraun und knusprig sind. Mit einem Schaumlöffel aus der Pfanne heben und auf Küchenpapier abtropfen lassen. Sofort servieren und die Sauce getrennt dazu reichen.

Für 8 Personen

Simply Super Shrimp Nachos
Würzige Garnelen-Nachos

★★★

Im »Rosario's« in San Antonio gibt es die köstlichsten Tex-Mex-Gerichte des gesamten Südwestens. Als ich dort einmal die Garnelen auf Maischips probiert hatte, war ich davon so begeistert, daß ich sie – leicht abgewandelt – in mein neues Kochbuch aufnehmen wollte. Die Zubereitung dieses Snacks ist denkbar einfach. Allerdings sollte man versuchen, statt der normalgroßen Chips möglichst große Tortilla-Chips aufzutreiben – es paßt einfach mehr Füllung darauf.

Bier: Arizona ale

24 mittelgroße rohe Garnelen (etwa 340 g), geschält und den Darm entfernt
1 EL extra natives Olivenöl
2 TL Limettensaft, frisch gepreßt
¼ TL Chili-Gewürzmischung
¼ TL Kreuzkümmel, gemahlen
1 Prise Salz
2 Knoblauchzehen, geschält und durch die Presse gedrückt
48 große flache Maischips
1½ Tassen (375 ml) Guacamole (s. S. 194)
2 reife Eiertomaten, entkernt und feingewürfelt
½–¾ Tasse (60–90 g) Monterey Jack (ersatzweise Edamer), gerieben
48 kleine Scheiben Jalapeño-Chillies (Konserve), abgetropft
2 EL Koriandergrün oder glatte Petersilie, gehackt

1. Die Garnelen abspülen, gründlich abtropfen lassen und mit Küchenpapier trockentupfen. In eine Schüssel geben.
2. Olivenöl mit Limettensaft, Chili-Gewürzmischung, Kreuzkümmel, Salz und Knoblauch in einer kleinen Schüssel verrühren. Die Garnelen in die Marinade legen und 15 Minuten durchziehen lassen.
3. Eine beschichtete Pfanne bei mäßiger Temperatur 2 Minuten erhitzen. Die Garnelen aus der Marinade heben und auf jeder Seite 2 Minuten scharf anbraten, dann längs halbieren und zugedeckt in den Kühlschrank stellen.
4. Den Backofengrill vorheizen.
5. Die Maischips auf Blechen ausbreiten. Auf jeden Chip eine Garnelenhälfte mit der Schnittfläche nach unten legen.
6. Je 1 Teelöffel Guacamole auf die Garnelen geben und erst mit Tomatenwürfeln, dann mit geriebenem Käse bestreuen. Je 1 Chilischeibe in die Mitte setzen und festdrücken. Zum Schluß mit Koriandergrün bestreuen.
7. Kurz vor dem Servieren die Nachos etwa eine Handbreit von der Wärmequelle entfernt 1 Minute überbacken, bis der Käse schmilzt. Sofort servieren.

Ergibt 48 Nachos

Savannah Cocktail Crab Bites
Cocktail-Krabbenküchlein

★★★

Den Ursprung dieser Mini-Krabbenküchlein würde ich eher tief im Süden als in Maryland vermuten. Sie schmecken einfach phantastisch und werden lediglich durch zerkrümelte Cracker zusammengehalten. Die mit gebackenem Schinken verfeinerten und anschließend in *Hot Stuff*

Tartar Sauce gedippten Krabbbenküchlein sind genau das Richtige für den kleinen Hunger vor dem Abendessen. Die Küchlein vor dem Braten unbedingt kühl stellen, weil sie sonst beim Garen zerfallen.

225 g frisches Krabbenfleisch, ausgelöst und Knorpelstücke entfernt
¼ Tasse (50 g) Schinken mit Honigkruste, sehr fein gewürfelt
3 EL grüne Paprikaschote, sehr fein gewürfelt
2 EL frischer Schnittlauch, kleingeschnitten
1 EL Zwiebel, grobgerieben
1 TL unbehandelte Orangenschale, feingerieben
½ Tasse (125 ml) Mayonnaise
2½ EL Dijon-Senf
1 Prise Cayennepfeffer
Salz und frisch gemahlener schwarzer Pfeffer
1 Ei, leicht verquirlt
25 salzige Cracker, zerkrümelt
3 EL Pflanzenöl
Hot Stuff Tartar Sauce (s. S. 172), zum Servieren

1. Krabbenfleisch, Schinken, Paprika, Zwiebel, Schnittlauch und Orangenschale in einer Schüssel mischen.

2. In einer zweiten Schüssel Mayonnaise mit Senf, Cayennepfeffer, Salz und Pfeffer verrühren. Die gewürzte Mayonnaise unter die Krabbenmischung heben. Das verquirlte Ei unterrühren und die Masse mit 3 Eßlöffeln Crackerbröseln binden.

3. Die Masse von Hand zu Küchlein von etwa 2–3 cm Durchmesser und gut 1 cm Stärke formen und in den restlichen Crackerbröseln wälzen. Auf einem Teller lose abgedeckt 1 Stunde kalt stellen.

4. 2 Eßlöffel Öl in einer beschichteten Pfanne bei mittlerer Temperatur erhitzen. Die Krabbenküchlein auf jeder Seite in etwa 2½ Minuten braten. Sofort servieren und die Sauce separat dazu reichen.

Ergibt etwa 30 Krabbenküchlein

SAN FRAN CHICKEN KEBABS
HÜHNER-KEBABS

Diese knusprigen Hühnerspieße werden vor dem Backen in eine asiatisch anmutende Marinade eingelegt und anschließend mit Sweet Jalapeño Sauce zum Dippen gereicht.

Wein: Monterey County (CA) Riesling

MARINADE
3 EL Hoisinsauce
3 EL Reisweinessig
2 EL Erdnußöl
2 EL Sesamöl aus gerösteten Samen
3 EL frischer Ingwer, feingehackt

KEBABS
2 ganze Hühnerbruststücke (je etwa 450 g), enthäutet und entbeint, in etwa 2 cm große Würfel geschnitten
80 Zuckererbsen-Schoten (etwa 450 g), kurz blanchiert
Sweet Jalapeño Sauce (s. S. 184), zum Servieren

1. Alle aufgeführten Zutaten für die Marinade in einer Schüssel verrühren. Das Hühnerfleisch zugeben, gründlich darin wenden und zugedeckt bei Raumtemperatur 2 Stunden ziehen lassen.

2. 40 Bambusspieße von je etwa 15 cm Länge 30–60 Minuten wässern.

3. Kurz vor dem Servieren den Backofen auf 230 °C vorheizen.

4. Auf jeden Spieß eine auf die Hälfte gefaltete Zuckererbsen-Schote, dann zwei Stücke Hühnerfleisch stecken (die Würfel sollten sich nicht berühren) und mit einer weiteren Schote abschließen.

5. Die Spieße auf ein Backblech legen und im Ofen 5–7 Minuten backen, bis das Fleisch gar ist.

6. Die Kebabs sofort servieren und ein Schälchen mit der Sauce dazu reichen.

Ergibt 40 Spieße

BUFFALO CHICKEN WINGS
WÜRZIGE HÜHNERFLÜGEL

Es war im Jahre 1940, als Frank und Teresa Bellissimo in ihrer »Anchor Bar« in Buffalo, New York, zu diesem Gericht »beflügelt« wurden. Dem Vernehmen nach bestellte Sohn Dominic eines Freitagabends einen kleinen Imbiß für sich und seine Freunde. Teresa, die an jenem Tag versehentlich eine viel zu große Lieferung von Hühnerflügeln erhalten hatte, fritierte daraufhin eine ordentliche Portion davon und servierte sie den Jungs in scharf gewürzter Margarine zusammen mit Blauschimmel-Dressing, einer Spezialität des Hauses. Alles Weitere ist Geschichte. Heute, fast 60 Jahre später, ist das Backsteingebäude auf der Ecke Main und North noch immer berühmt für seine in ganz Amerika beliebte Vorspeise.

Bier: Ihr jeweiliges Lieblingsbier

DIE »ANCHOR BAR«

Die rustikale Einrichtung des Lokals aus dunklem Holz hat sich über die Jahre kaum verändert, bis auf die wachsende Sammlung von Erinnerungsstücken, die die Original-Holztheke in der »Anchor Bar« zieren. Begeisterte Besucher aus allen Bundesstaaten schicken ihre Nummernschilder als Bardekoration, und Berühmtheiten signieren großformatige Glanzabzüge für die Wand im Speiseraum. Die fritierten Hühnerflügel sind die Spezialität des Lokals. Sie werden mit Möhren- und Selleriestreifen und einem Blauschimmel-Dressing zum Dippen gereicht. Edie Bellissimo, die Frau Dominics, lenkt die Geschicke der geheiligten Stätte, wo die einzige Abwechslung darin besteht, daß freitags und samstags Jazzmusiker aufspielen. Die Bellissimo-Rezepte für die Hühnerflügel und den Dip werden übrigens streng gehütet, deshalb finden Sie hier eine von mir kreierte Variante.

4 große Selleriestangen, geputzt
4 große Möhren, geschält
24 Hühnerflügel (insgesamt etwa 1,8 kg), die Spitzen entfernt, gewaschen und trockengetupft
½ Tasse (125 g) Butter
2 EL Tabasco, evtl. auch etwas mehr
1 Tasse (250 ml) Erdnußöl

1 Tasse (250 ml) Pflanzenöl
grobes Salz und frisch gemahlener schwarzer Pfeffer
Maytag Blue Dip (s. folgendes Rezept)

1. Sellerie und Möhren in dünne, fingerlange Streifen schneiden und beiseite stellen.
2. Die Hühnerflügel mit einem scharfen Messer oder einer Geflügelschere am Gelenk halbieren. Beiseite stellen.
3. Die Butter mit Tabasco in einem Topf zerlassen. In eine große Schüssel gießen und beiseite stellen.
4. Erdnuß- und Pflanzenöl in einem tiefen Topf bei mittlerer Temperatur erhitzen. Sobald das Öl eine Temperatur von 190 °C erreicht hat, die Hühnerflügel portionsweise etwa 10 Minuten fritieren, bis sie goldbraun und knusprig sind. Dann mit einem Schaumlöffel herausheben und zum Abtropfen auf Küchenpapier legen. Anschließend in die Schüssel mit der Tabasco-Butter geben und gründlich darin wenden. Mit Salz und Pfeffer bestreuen.
5. Die heißen Hühnerflügel zusammen mit den Sellerie- und Möhrenstreifen und dem Dressing servieren.
Für 4–6 Personen

MAYTAG BLUE DIP

BLAUSCHIMMEL-DRESSING

★

Dies ist das Dressing für die weithin beliebten Buffalo Chicken Wings. Es schmeckt aber auch vorzüglich zu frischem Gemüse und eignet sich als Salatsauce zu herben Blattsalaten oder als Saucenbeilage zum Hamburger. Das Original-Dressing wird zwar mit Roquefort zubereitet, aber ich bevorzuge einen milden, krümeligen Blauschimmelkäse (Maytag Blue) aus Iowa. Der Käse wird behutsam untergemischt, sonst bekommt die Sauce eine unschöne Graufärbung.

1 Tasse (250 g) saure Sahne
1 Tasse (250 ml) Mayonnaise
¾ Tasse (70 g) milder Blauschimmelkäse, grob zerkrümelt
1 EL Apfelessig
1 EL Zitronensaft, frisch gepreßt
2 Spritzer Tabasco
1 EL Zwiebel, gerieben
½ TL Knoblauch, feingehackt
2 EL glatte Petersilie, gehackt
Salz und frisch gemahlener schwarzer Pfeffer

Saure Sahne und Mayonnaise in einer Schüssel verrühren und den Käse behutsam unterheben. Die restlichen Zutaten unterrühren, mit Salz und Pfeffer abschmecken und in den Kühlschrank stellen. Das Dressing hält sich etwa 1 Woche.
Ergibt etwa 2 Tassen (500 ml)

NORTH CAROLINA TACOS AL PASTOR

TACOS MIT GRILLFLEISCH

Wenn Sie Schweinefleisch grillen, ganz gleich auf welche Art, dann sollten Sie nicht an der Menge sparen, sondern vielmehr hoffen, daß noch genügend zum Einfrieren übrigbleibt – zusammen mit würziger Sauce. Dann können Sie

damit jederzeit diese köstlichen Tacos, garniert mit fruchtigem Relish, zubereiten. Achten Sie beim Einkauf darauf, daß die Maistortillas ganz frisch sind, dann bleiben sie schön weich und biegsam. Ältere Exemplare brechen leicht, so daß die Sauce heraustropft. Auf jeden Fall genügend Papierservietten bereithalten.

24 frische Maistortillas (von 10 cm Durchmesser; s. Hinweis)
2 Tassen (320 g) kleingeschnittenes Grillfleisch vom Schwein (s. a. S. 394), aufgewärmt
½ Tasse (60 g) Monterey Jack (ersatzweise Edamer), sehr fein gerieben (nach Belieben)
1 Tasse (250 ml) Fresh Pineapple Relish (s. S. 204) oder Summer Peach Relish (s. S. 201)
4 Frühlingszwiebeln (mit 7–8 cm Grün), schräg in dünne Scheiben geschnitten
3 EL gehacktes Koriandergrün

1. Den Ofen auf 180 °C vorheizen.
2. Die Tortillas in Alufolie wickeln und dann 10–15 Minuten im Ofen aufwärmen.
3. Eine warme Tortilla in die Handfläche legen und die Ränder leicht hochbiegen. 1 Eßlöffel Grillfleisch in die Mitte geben, darauf nach Belieben 1 Teelöffel Käse verteilen und etwa 2 Teelöffel Relish nach Wahl. Mit Frühlingszwiebeln und Koriandergrün bestreuen, zusammenrollen und die Tacos auf einer Servierplatte mit der Nahtstelle nach unten anrichten. Darauf achten, daß die Tacos nicht aufgehen und die Füllung herausquillt. Mit den restlichen Tacos ebenso verfahren, dabei zügig arbeiten, damit die Tacos bis zum Servieren warm bleiben.

Ergibt 24 Tacos

Hinweis: Falls keine Maistortillas von 10 cm Durchmesser erhältlich sind, mit der Schere aus größeren Tortillas entsprechende ausschneiden.

SPICED MAPLE COCKTAIL RIBS

WÜRZIGE SCHWEINERIPPCHEN MIT AHORNSIRUP

Hier verbindet sich die Küche Vermonts mit einem Hauch des amerikanischen Südwestens. Das Ergebnis ist eine köstliche Glasur für *spareribs*, Leckerbissen, von denen man nie genug bekommt. Nun brauchen Sie nur noch ein kühles Bier und eine Menge Papierservietten.

Bier: Wisconsin nut brown ale

900 g Schweinerippchen, in Stücke geschnitten
Salz und frisch gemahlener schwarzer Pfeffer
4 EL Ahornsirup
4 EL Dijon-Senf
2 EL Melasse
2 EL Apfelessig
1 TL Kreuzkümmel, gemahlen

1. Den Ofen auf 180 °C vorheizen.
2. Die Rippchen in eine Fettpfanne legen, mit Salz und Pfeffer bestreuen und 45 Minuten im Ofen backen.
3. Währenddessen die restlichen Zutaten in einer Schüssel verrühren und beiseite stellen.
4. Die Fettpfanne aus dem Ofen nehmen und alles Fett abgießen. Die Rippchen mit ½ Tasse (125 ml) Marinade übergießen und darin wenden. Wieder in den Ofen schieben und weitere 30 Minuten garen; gelegentlich wenden und eventuell mit der restlichen Marinade bestreichen. Sofort servieren.

Für 10 Personen

Hinweis: Die angegebenen Mengen dieses Rezeptes lassen sich problemlos verdoppeln.

THE COCKTAIL CLUB
COCKTAIL-CLUB-SANDWICH

Mir geht es wie vielen anderen: Manchmal habe ich Heißhunger auf ein leckeres Club-Sandwich, das, wie ich meine, nicht nur zur Mittagszeit, sondern auch abends schmeckt, wenngleich es sich weniger als Hauptspeise für eine Dinner-Party eignet. Dafür bietet es sich jedoch in einer Miniaturausgabe als Appetithäppchen an, das zum Cocktail gereicht wird.

Wein: Sonoma Valley (CA) Gewürztraminer
Bier: Wisconsin nut brown ale

6 Streifen Frühstücksspeck
etwa 1 Tasse (125 g) Schweizer Käse,
 gerieben
110 g gebackener Kasseler,
 feingewürfelt
2 EL glatte Petersilie, gehackt
¾ Tasse (200 ml) Mayonnaise
 plus 1 EL extra
Salz und frisch gemahlener
 schwarzer Pfeffer
40 Roggenschnittchen (z. B. Partybrot)
2 Tassen (40 g) gemischte junge Salatblätter,
 gewaschen und trockengetupft
20 Scheiben gegrillte Eiertomaten (s. S. 325)

1. Den Speck in einer großen beschichteten Pfanne bei mittlerer Hitze knusprig ausbraten – 6 Minuten auf der einen, dann etwa 3 Minuten auf der anderen Seite. Auf Küchenpapier abtropfen lassen.
2. Käse und Kasseler, den fein zerkrümelten Speck, Petersilie und 6 Eßlöffel Mayonnaise in einer Schüssel vorsichtig mischen. Mit Salz und Pfeffer abschmecken.
3. Jedes Schnittchen auf einer Seite mit ½ Teelöffel Mayonnaise bestreichen. Die Käse-Fleisch-Mischung auf der Hälfte der Schnittchen verteilen. Mit Salatblättchen und je 1 Tomatenscheibe belegen. Die restlichen Brotscheiben mit der Mayonnaiseseite nach unten auflegen.
4. Zum Servieren die Mini-Sandwiches diagonal durchschneiden.
Ergibt 40 Mini-Sandwiches

SUMMER COCKTAIL QUESADILLAS
SOMMERLICHE COCKTAIL-QUESADILLAS

Wenn Sie Weizentortillas mit einer pikanten Paste bestreichen und mit sonnengereiften Tomaten und frischem Basilikum belegen, ergibt das einen wohlschmeckenden Cocktail-Snack für sommerlich-schwüle Abende im Juli oder August, genau das Richtige, um einem phantastischen Sonnenuntergang beizuwohnen. Übriggebliebene Tortillastreifen kann man knusprig ausbraten und zu Guacamole Soup reichen.

7 Weizentortillas
½ Tasse (125 ml) Muffuletta Slather (s. S. 193)
48 Scheiben Slowly Roasted Plum Tomatoes
 (s. S. 325)
48 kleine Basilikumblätter
1 Tasse (125 g) Monterey Jack
 (ersatzweise Edamer), feingerieben

1. Mit einem Förmchen 96 runde Plätzchen von 5 cm Durchmesser aus den Weizentortillas ausstechen.

2. 48 Tortillas auf zwei Backbleche verteilen. Jede Tortilla mit je ½ Teelöffel Muffuletta Slather bestreichen. Darauf 1 Tomatenscheibe und 1 Basilikumblättchen legen. Mit je 1 Teelöffel Käse bestreuen und die restlichen Tortillascheiben auflegen. Die Mini-Quesadillas behutsam flachdrücken.

3. Eine beschichtete Pfanne bei mittlerer Temperatur stark erhitzen und die Quesadillas portionsweise darin braten – auf jeder Seite etwa 1½ Minuten, bis der Käse innen geschmolzen ist. Die Quesadillas während des Bratens mit einem Pfannenheber flachdrücken. Im schwach geheizten Ofen bei 120 °C warm halten, bis alle Quesadillas fertig sind.

Ergibt 48 Quesadillas

Deep South Crab Dollop

Krabbencreme aus dem amerikanischen Süden

Auf der Suche nach einem cremigen Topping für meine Sesamplätzchen dachte ich spontan an die Cajun- und die kreolische Küche, und schon bald kam ich auf Krabben, die in diesem Rezept durch die Zugabe von Piment und Kreuzkümmel eine besonders interessante Note erhalten.

2 Tassen (320 g) frisches Krabbenfleisch, ausgelöst und Knorpelstücke entfernt
3 Frühlingszwiebeln (mit 7–8 cm Grün), in dünne Scheiben geschnitten
½ Tasse (125 ml) Mayonnaise
3 EL saure Sahne
3 EL grüne Paprikaschote, geraspelt
2 Spritzer Tabasco
1½ TL frischer Schnittlauch, kleingeschnitten
½ TL unbehandelte Zitronenschale, feingerieben
¼ TL Kreuzkümmel, gemahlen
1 Msp. Piment, gemahlen
Salz und frisch gemahlener schwarzer Pfeffer
Dixie Benne Wafers (s. folgendes Rezept)

1. Das Krabbenfleisch und die Frühlingszwiebeln in einer Schüssel mischen.

2. In einer zweiten Schüssel Mayonnaise mit saurer Sahne, Paprika, Tabasco, Schnittlauch, Zitronenschale, Kreuzkümmel und Piment verrühren. Die Mischung behutsam unter das Krabbenfleisch heben. Mit Salz und Pfeffer abschmecken. Zugedeckt in den Kühlschrank stellen, aber nicht länger als 24 Stunden.

3. Auf *Dixie Benne Wafers* servieren.

Ergibt etwa 2 Tassen (500 g)

Dixie Benne Wafers

Sesamplätzchen

Als ich noch den »Silver Palate« besaß, verkaufte ich Sesamplätzchen en masse und kam mir so richtig kultiviert vor, eine echte Spezialität der Südstaaten im Regal stehen zu haben.

Die Plätzchendosen waren immer in Null Komma nichts weg. Heute backe ich diese Plätzchen selbst. Sesamkörner wurden durch die afrikanischen Sklaven in den amerikanischen Süden gebracht, die die Körner als Glücksbringer rund um ihre Behausungen aussäten. Die Köche auf den Plantagen verarbeiteten den Sesam zu Süßigkeiten, Kuchen und Pasten. Diese würzigen Plätzchen mit dem milden Sesamgeschmack eignen sich vorzüglich als Snack zum Cocktail. Sie sind auch gerade recht, um den kleinen Hunger zu stillen.

2 Tassen (250 g) Mehl
2 EL Zucker
1 TL Salz und etwas Salz extra, zum Bestreuen
¼ TL Kreuzkümmel, gemahlen
1 Msp. Cayennepfeffer, evtl. auch etwas mehr
½ Tasse (125 g) kaltes pflanzliches Backfett
  (z. B. Palmin)
¼ Tasse (60 g) kalte Butter, kleingeschnitten
⅔ Tasse (100 g) Sesamkörner, geröstet
  (s. Hinweis)
½ Tasse (125 ml) kalte Milch

1. Den Ofen auf 180 °C vorheizen.
2. Mehl mit Zucker, 1 Teelöffel Salz, Kreuzkümmel und Cayennepfeffer in eine Schüssel sieben.
3. Mit zwei Messern das Backfett und die Butter in die trockenen Zutaten einarbeiten, bis ein krümeliger Teig entsteht. Die Sesamkörner untermischen.
4. Nach und nach die Milch zugießen, bis ein geschmeidiger Teig entsteht. Den Teig zu einer Kugel formen.
5. Die Kugel auf einer leicht bemehlten Arbeitsfläche etwa 3 mm dick ausrollen. Mit einem runden Förmchen von 5 cm Durchmesser Plätzchen ausstechen. Die Plätzchen auf ein ungefettetes Backblech setzen.
6. Die Plätzchen im vorgeheizten Ofen auf mittlerer Schiene 20 Minuten backen, bis sie goldgelb und knusprig sind. Die noch heißen Plätzchen mit etwas Salz bestreuen und dann auf dem Backblech auskühlen lassen. Die Plätzchen können luftdicht verschlossen bis zu 1 Woche aufbewahrt werden.
Ergibt etwa 75 Plätzchen

Hinweis: Zum Rösten die Sesamkörner ohne Fett in einer beschichteten Pfanne bei mittlerer Hitze 2–3 Minuten ständig rühren, bis sie goldbraun sind.

MUFFULETTA SLATHER
MUFFULETTA-PASTE

Runde Muffuletta-Sandwiches, die italienische Version der »Po' boys« mit viel Fleisch und Käse und scharfem Olivensalat, sind eine Spezialität aus New Orleans. In diesem Rezept habe ich mich auf den Olivensalat beschränkt und ihn mit allerlei guten Sachen zu einer köstlichen Paste als Aufstrich für gegrilltes oder getoastetes Bauernbrot verarbeitet.

¾ Tasse (120 g) entsteinte grüne kalifornische oder
  spanische Manzanilla-Oliven
¾ Tasse (120 g) entsteinte schwarze kalifornische
  oder griechische Kalamata-Oliven
1 Knoblauchzehe, feingehackt
1 TL kleine Kapern, abgetropft

3 EL extra natives Olivenöl
1 TL Zitronensaft, frisch gepreßt
2 EL frisches Basilikum, gehackt
frisch gemahlener schwarzer Pfeffer

1. Oliven mit Knoblauch und Kapern in einer Küchenmaschine grob zerkleinern. Anhaftende Masse vom Schüsselrand abkratzen. Bei laufendem Gerät Öl und Zitronensaft langsam zugießen und das Ganze zu einer glatten Paste verarbeiten.

2. Die Paste in eine Schüssel umfüllen und Basilikum und Pfeffer von Hand unterrühren. Die Paste bei Zimmertemperatur 1 Stunde ziehen lassen. Fest verschlossen hält sie sich im Kühlschrank 3–5 Tage.

Ergibt etwa 1 Tasse (250 ml)

Seattle Slather

Ziegenkäse-Lachs-Creme

Zu diesem Aufstrich inspirierten mich die Genüsse der nordwestlichen Pazifikküste, allen voran der Lachs. Auf dünnen Scheiben von getoastetem Boston Brown Bread schmeckt die Paste einfach umwerfend.

Wein: Yakima Valley (WA) Riesling
Bier: Seattle pale ale

225 g milder, weicher Ziegenkäse, zimmerwarm
3 EL saure Sahne
1 EL Wodka
3 EL frischer Schnittlauch, kleingeschnitten
2 EL süß-sauer eingelegte Gurken, sehr fein gewürfelt
1 EL kleine Kapern, abgetropft und grobgehackt
1 EL unbehandelte Orangenschale, feingerieben
frisch gemahlener schwarzer Pfeffer
60 g Räucherlachs in Scheiben, feingewürfelt

1. Den Ziegenkäse mit saurer Sahne und Wodka in einer Schüssel verrühren.

2. Mit einem Gummispatel behutsam Schnittlauch, Gurken, Kapern, Orangenschale und Pfeffer unterheben; eventuell nachwürzen. **Zuletzt den Lachs unterrühren.**

3. Die Mischung in eine Servierschüssel umfüllen und 1–2 Stunden im Kühlschrank ziehen lassen. 15 Minuten vor dem Servieren herausnehmen.

Ergibt etwa 1½ Tassen (375 ml)

Guacamole

Guacamole
(Würzige Avocadocreme)

Ich mag die Avocadocreme am liebsten, wenn sie glatt und trotzdem noch ein wenig stückig ist. Also püriere ich eine Frucht und zerdrücke die anderen mit der Gabel, bevor ich beides behutsam vermenge. Die Originalzutaten Limettensaft und Koriandergrün können Sie ohne weiteres durch Zitronensaft und Petersilie oder frisches Basilikum ersetzen.

Die Avocado – so gut, so grün

Der erste Europäer, der eine Avocado probierte, war Hernandez de Oviredo 1526. Es dauerte nicht lange, bis die spanischen Siedler die »Butter des Urwalds«, wie die grünen Früchte von den Maya und Azteken genannt wurden, ebenso schätzten wie die Ureinwohner und sie bald überall dort kultivierten, wo das Klima es zuließ. Heute werden Avocados in allen tropischen und subtropischen Gebieten angebaut: in der Karibik, in Afrika, im Mittleren Osten, in Mittel- und Südamerika, in Florida und Kalifornien. Von den über 400 Avocadosorten mag ich die birnenförmige »Hass«-Avocado am liebsten. Ihr cremigsahniges Fruchtfleisch schmeckt angenehm nussig und läßt sich gut verarbeiten. Aber auch pur sind sie köstlich. Man braucht die Avocadohälften nur mit etwas Salz und Limettensaft zu würzen und dann auszulöffeln.

Eine »Hass«-Avocado ist reif, wenn sie weich und ihre runzlige Schale fast schwarz verfärbt ist. Dann wird sie halbiert, entsteint und mit Meeresfrüchten oder reifen Melonenkugeln gefüllt. Man kann das Fruchtfleisch auch würfeln und eine Quesadilla damit füllen oder mit Käse und Meeresfrüchten vermischt als Sandwich-Belag überbacken. Pürierte Avocado ergibt auch einen köstlichen Mayonnaiseersatz.

Nach dem Aufschneiden sollte eine Avocado möglichst rasch verzehrt werden, da sich das Fruchtfleisch bräunlich verfärbt, sobald es mit Sauerstoff in Berührung kommt. Deshalb sofort mit Zitronen- oder Limettensaft beträufeln – das ist nicht nur gut für das Aussehen, die Säure bekommt auch dem Aroma. Ähnliches bewirken saure Sahne, Salsa und Mayonnaise. Sonst bräunliches Avocadofleisch mit einem Löffel abheben.

Guacamole sollte immer erst kurz vor dem Servieren zubereitet werden, da sich die Creme rasch bräunlich verfärbt. Gegen das Verfärben legen manche den Stein in die Guacamole (zum Servieren herausnehmen). Auf jeden Fall sollten Sie die Creme, mit Frischhaltefolie abgedeckt, höchstens 4 Stunden im Kühlschrank aufbewahren. Reichen Sie dazu eine Schale Maischips.

3 reife Avocados, geschält und entkernt
3 EL Limettensaft, frisch gepreßt
1 TL Knoblauch, feingehackt
½ Tasse (80 g) Tomaten, entkernt und feingewürfelt
2 EL Koriandergrün, gehackt
Salz

1. Eine Avocado mit Limettensaft und Knoblauch in der Küchenmaschine pürieren.
2. Die restlichen 2 Avocados in einer Schüssel mit einer Gabel grob zerdrücken.
3. Die pürierte Avocado mit Tomatenwürfeln und Koriandergrün unterrühren. Die Creme mit Salz abschmecken. Sofort servieren (s. o.).

Ergibt gut 2 Tassen (gut 500 ml)

Teil V
DINNER

DINNER

Relishes etcetera

Alles, was zwischen süß-sauer und scharf den Gaumen kitzelt, verbinde ich mit Genuß. Deshalb tauchen Relishes, Chutneys, süß-sauer Eingelegtes, Salsas, Fruchtpasten oder Ketchups in diesem Kochbuch immer wieder auf, verleihen sie doch so manchem Gericht eine höchst interessante Note.

In der »Dog Team Tavern« in Middlebury, Vermont, saß ich einmal vor einem sich drehenden Relish-Rad etwa von meiner Größe. Daran hingen Kupfergefäße, die mit eingelegten roten Beten, *piccalilli* (englisches Senfgemüse), weißen Bohnen, Hüttenkäse und süß-scharfer Apfelpaste gefüllt waren. All dies diente als würzige Beilage zur pizzagroßen Hefeschnecke auf dem Tisch. Von Lancaster, Pennsylvania, bis Maui, Hawaii, fand ich die tollsten Ideen: von *chow-chow* (süß-sauer eingelegtes Gemüse) bis Kirsch-Relishes, von Mango-Grillsauce bis zu *salsas*. Wo immer ich hinkam, gab es interessante Zutaten, die meine Phantasie beflügelten. Ich hoffe, es ergeht Ihnen mit dem folgenden Kapitel ebenso.

Silky Papaya Relish

Papaya-Relish

Dieses samtig-weiche und erfrischende Relish aus vollreifer Papaya und Jalapeño-Chillies ist die ideale Beigabe zu Gerichten aus dem amerikanischen Südwesten. Sie werden sehen, das peppt Bohnensalate, Quesadillas, Omeletts und pfannengebratene Rindersteaks erst richtig auf. Frisch zubereitet schmeckt das Relish am besten.

1 reife Papaya (etwa 450 g)
1½ TL Jalapeño-Chilischote,
    entkernt und feingehackt
3 EL rote Zwiebel, feingehackt
2 EL Koriandergrün, gehackt
Schale von 1 unbehandelten Limette, feingerieben
3 EL Limettensaft, frisch gepreßt

   1. Die Papaya schälen, halbieren und die Samen entfernen. Das Fruchtfleisch fein würfeln und in eine mittelgroße Schüssel geben.
   2. Chilischote, rote Zwiebel, Koriandergrün und Limettenschale mit der feingewürfelten Papaya vermengen. Den Limettensaft unterrühren. Bis zum Gebrauch zugedeckt in den Kühlschrank stellen – nicht länger als 4 Stunden!
   Ergibt etwa 2 Tassen (500 ml)

Maccan Family Zucchini Relish

Zucchini-Relish

Das Relish-Rezept stammt von Roe Maccan Griffith, der Mutter einer Freundin. Im Sommer mache ich stets große Mengen von diesem Relish und streiche es auf Frikadellen, Sandwiches und kalten Braten. Es ist einfach herzustellen und schmeckt so gut und erfrischend, daß es das ganze Jahr über vorrätig sein sollte.

4 mittelgroße Zucchini, geraffelt
2 große Zwiebeln, geraffelt
6½ TL Salz
1 Tasse (150 g) grüne Paprikaschote, Stielansatz und
    Samen entfernt, feingewürfelt
1 Tasse (150 g) rote Paprikaschote, Stielansatz und
    Samen entfernt, feingewürfelt
2¼ Tassen (310 g) Zucker
1¼ Tassen (300 ml) Weißweinessig
2 TL Muskatnuß, gemahlen
2 TL Senfpulver
1½ TL Kurkuma, gemahlen
1½ TL Maisstärke
1 TL Selleriesalz
¼ TL frisch gemahlener schwarzer Pfeffer

   1. Die Zucchini mit Zwiebeln und Salz in einer großen Schüssel mischen und zugedeckt über Nacht in den Kühlschrank stellen.
   2. Die Zucchinimischung in ein feinmaschiges Sieb geben und abtropfen lassen. Gründlich unter kaltem Wasser abspülen, dann erneut 1 Stunde abtropfen lassen.
   3. Vier Einmachgläser von 1 Liter Fassungsvermögen in kochendem Wasser sterilisieren.
   4. Die Zucchini-Zwiebel-Mischung in einen großen, schweren Topf umfüllen und die rest-

lichen Zutaten unterrühren. Zum Kochen bringen, die Temperatur reduzieren und unter gelegentlichem Rühren 30 Minuten köcheln lassen, bis die Masse eingedickt ist.

5. Die Gläser bis 5 mm unter den Rand mit dem heißen Relish füllen und sterilisieren. Oder zugedeckt bis zu 3 Wochen im Kühlschrank aufbewahren.

Ergibt etwa 5 Tassen (1¼ Liter)

Hinweis: Das Rezept läßt sich gut verdoppeln.

SUMMER PEACH RELISH

PFIRSICH-RELISH

Die gängigen Grillbeilagen können von Zeit zu Zeit eine kleine Auffrischung vertragen. Wie wär's, wenn Sie gleich mit diesem Rezept anfangen? Kaum hatte ich entdeckt, wie gut die-

EIN PAAR WORTE ZU PFIRSICHEN

Ob Pfirsiche nun zu Kompott oder Relish verarbeitet werden oder ob sie einfach roh gegessen werden – die Früchte sollten in jedem Fall reif und makellos sein.

– »Rote Bäckchen« auf einem Pfirsich sind kein Zeichen für Reife. Achten Sie auf einen matten, gelbgrundigen Goldton. Er sagt Ihnen, ob Ihr Pfirsich reif geerntet wurde.

– Den Reifezustand eines Pfirsichs erkennen Sie auch am Duft: Pfirsiche gehören zu den Rosengewächsen und sollten entsprechend angenehm duften.

– Kaufen Sie keine Pfirsiche mit grünlicher Haut. Solche Früchte wurden unreif geerntet und reifen auch durch längeres Lagern nicht nach, sondern werden mit der Zeit nur welk und schrumplig.

– Pfirsiche sind sehr druckempfindlich; gehen Sie also behutsam mit ihnen um. Sie sollten weich, aber nicht matschig sein.

– Harte Pfirsiche reifen nach, wenn man sie 1–2 Tage bei Zimmertemperatur liegen läßt.

– Reife Pfirsiche gehören in den Kühlschrank und sollten innerhalb einer Woche verbraucht werden.

– Zum Häuten werden Pfirsiche 30 Sekunden in kochendes Wasser gelegt und dann in Eiswasser abgeschreckt. Die Haut läßt sich dann problemlos abziehen.

– Aufgeschnittene Pfirsiche laufen nicht braun an, wenn sie mit Zitronensaft beträufelt werden.

ses Relish schmeckt, fand ich dafür überall Verwendung: angefangen bei meinen bevorzugten Grillgerichten bis hin zum kalten Truthahn-Sandwich. Es läßt sich zu unzähligen Gelegenheiten servieren. Also nicht vergessen, das Relish zur Pfirsichernte im Juli zuzubereiten. Ein Spritzer Zitronensaft nach dem Kochen steigert den Geschmack.

6–8 vollreife Pfirsiche, enthäutet und gewürfelt
3 EL Zitronensaft, frisch gepreßt
1 rote Paprikaschote, Stielansatz und Samen entfernt, feingewürfelt
3 EL rote Zwiebel, gewürfelt
2 TL grüne Jalapeño-Chilischote, feingehackt (nach Belieben auch etwas mehr)
1 EL frischer Ingwer, feingehackt
1 EL kandierter Ingwer, feingehackt
1 TL Salz
¼ TL Muskatblüte, gemahlen
1 Tasse (200 g) helle Sultaninen
1 Tasse (250 ml) Apfelessig

1. Die vorbereiteten Pfirsiche in einen großen, schweren Topf geben und 2 Eßlöffel Zitronensaft unterrühren. Die restlichen Zutaten zugeben und alles gründlich vermengen. Aufkochen lassen, einmal kurz rühren, dann bei mittlerer Hitze 30 Minuten köcheln lassen.
2. Den Topf von der Kochstelle nehmen und das Relish auf Zimmertemperatur abkühlen lassen. Den restlichen Zitronensaft unterrühren. Beim Abkühlen dickt das Relish ein. Fest verschlossen bis zu 4 Wochen im Kühlschrank aufbewahren.

Ergibt etwa 5 Tassen (1¼ Liter)

Fresh Whole-Cranberry Relish
Relish von frischen Cranberries

Von allen bisher ausprobierten Mixturen ist und bleibt dieses Relish mein absoluter Favorit. Ich bereite es jedes Jahr im Herbst zu, wenn die frischen Cranberries auf den Markt kommen. In den USA sind die Beeren meist in Beuteln zu 350 g abgepackt. Man muß für dieses Rezept also zwei Beutel kaufen und den Rest anderweitig verwerten bzw. einfrieren.

4 Tassen (640 g) frische Cranberries oder Preiselbeeren, verlesen und gewaschen
2 Tassen (500 g) Zucker
½ Tasse (125 ml) Cranberry-Saft oder Preiselbeersaft
½ Tasse (125 ml) Orangensaft, frisch gepreßt
1 EL Schale einer unbehandelten Orange, feingerieben

1. Alle Zutaten in einem großen, schweren Topf gründlich vermengen. Bei mittlerer Hitze zum Kochen bringen und etwa 10 Minuten köcheln lassen, bis die Beeren aufplatzen.
2. Den Schaum mit einem Metallöffel abschöpfen und das Relish auf Zimmertemperatur abkühlen lassen. Fest verschlossen bis zu 2 Monaten im Kühlschrank aufbewahren.

Ergibt 10 Portionen

CRANBERRIES: IN NORDAMERIKA ZU HAUSE

Ein für die Ernte geflutetes Cranberry-Feld bietet einen herrlichen Anblick: ein Meer von scharlachroten Beeren, von Laubbäumen in den prachtvollsten Herbstfarben umgeben. Dieser Anblick bot sich mir an einem kühlen Oktobernachmittag bei strahlendblauem Himmel. Ich befand mich im Cranberry-Land, in South Carver, Massachusetts. Im Südosten dieses Bundesstaates werden auf einer Fläche von über 5000 ha weltweit die meisten Cranberries produziert. Die säuerlich schmeckenden Früchte, der Preiselbeere nah verwandt, werden hier schon seit Anfang des 19. Jahrhunderts kultiviert.

In der Nacht zuvor geflutet, wurde das Gelände an jenem Morgen von einem sogenannten »Rührbesen« bearbeitet. Die Maschine wirbelte die am Boden liegenden Pflanzen auf und schüttelte dabei die Beeren ab. Bei meiner Ankunft trieben diese zu Millionen auf dem Wasser, um von einer anderen Maschine eingesogen und dann über ein Förderband auf einen Lastwagen geladen zu werden. Die so geernteten Beeren werden meist zu Saft, Fertigsaucen und Relishes verarbeitet. Zum Verzehr bestimmte Beeren erntet dagegen ein Gefährt mit Metallkämmen.

Die wie die Heidelbeere und die Concord-Traube ursprünglich in Nordamerika heimische Pflanze wurde als wildwachsende Beere schon lange vor Ankunft der Pilgerväter (1620) von den Indianern als Nahrungs- und Färbemittel sowie als Medizin verwendet. Die Siedler nannten sie nach der rosa Blüte und dem Stiel, der wie ein Kranichhals (Kranich = *crane*) gebogen ist, *cranberry*. Sie lernten rasch, es den Ureinwohnern gleichzutun. Außerdem erkannte man, daß die Beeren dem Skorbut vorbeugten.

Mittlerweile werden über 100 Sorten Cranberries bzw. Preiselbeeren in Europa, Asien und auf dem amerikanischen Kontinent kultiviert – überall dort, wo es gemäßigtes Klima und feuchten, sauren Boden gibt. In den USA wachsen die Beeren zum Teil auf jahrhundertealten Sträuchern. Im wesentlichen gibt es vier Sorten:

Early Black: kleine, dunkle Beeren, die erstmals 1850 auf Cape Cod kultiviert wurden.

McFarlin: ovale Beeren, die bei Züchtern in Washington und Oregon sehr beliebt sind.

Searles: tiefrote Beeren aus Wisconsin.

Howes: großfruchtige, ovale Beeren und die meistvermarktete Sorte. Sie wird vorwiegend in Massachusetts und New Jersey angebaut.

Ich koche das ganze Jahr über mit Cranberries, verwende sie für Fleischsaucen und Glasuren, Brote, *pies* und Kompotte. Cranberrysauce schmeckt nicht nur zu gebratenem Truthahn. Probieren Sie sie mal zu einem Curry oder einem Sandwich mit Thunfischsalat. Versuchen Sie auch getrocknete Cranberries – sie eignen sich besonders gut für Füllungen.

Sollten Sie die – in Mitteleuropa schwer erhältlichen – Cranberries nicht bekommen, dann nehmen Sie statt dessen einfach Preiselbeeren.

Fresh Pineapple Relish
Ananas-Relish

Wenn Ihnen ein gekauftes Relish nicht fein genug ist, probieren Sie einmal dieses Ananas-Relish aus saftig-süßen frischen Früchten. Es ist kinderleicht zubereitet, sieht nicht nur appetitlich aus, sondern schmeckt auch ganz phantastisch zu gebackenem Schinken, gebratenem Huhn und saftigen Hamburgern. Ich mag es auch sehr gern auf einem Thunfisch-Sandwich.

1 mittelgroße reife Ananas, geschält und gewürfelt
2 Zwiebeln, feingewürfelt
1 rote Paprikaschote, Stielansatz und Samen entfernt, feingewürfelt
4 Knoblauchzehen, feingehackt
2 EL frischer Ingwer, feingehackt
1 Tasse (200 g) helle Sultaninen
1 kleine getrocknete rote Chilischote, zerdrückt
1 TL Salz
¼ TL gemahlener Zimt
1 Tasse (180 g) brauner Zucker
½ Tasse (125 ml) Apfelessig

1. Alle Zutaten in einen schweren Topf geben und zum Kochen bringen. Bei mittlerer Hitze unter gelegentlichem Rühren 30 Minuten köcheln lassen.

2. Das Relish auf Zimmertemperatur abkühlen lassen, dann bis zum Gebrauch zugedeckt im Kühlschrank aufbewahren. Zimmerwarm zu Schweinefleisch, Fisch oder Geflügel servieren.

Ergibt etwa 4 Tassen (1 Liter)

Piccalilli Corn Salad
Piccalilli-Maissalat

Von dieser Neuauflage eines amerikanischen Klassikers werden Sie begeistert sein: *Piccalilli* (englisches Senfgemüse) mit frischem Mais ergibt einen phantastischen Salat, der als Beilage, Topping oder auch pur verzehrt werden kann. Eine besonders interessante Note bekommt er durch das Currypulver. Die Petersilie in diesem Rezept können Sie ohne weiteres durch zerpflückte Basilikumblätter oder gehacktes Koriandergrün ersetzen. Die Kräuter gebe ich immer erst kurz vor dem Servieren hinzu, damit Farbe und Aroma nicht von der Vinaigrette beeinträchtigt werden.

6 frische Maiskolben
1 Tasse (120 g) Salatgurke, feingewürfelt
1 Tasse (150 g) grüne Paprikaschote, Stielansatz und Samen entfernt, feingewürfelt
1 Tomate, Kerne entfernt und feingewürfelt
3 EL rote Zwiebel, feingehackt
1 Frühlingszwiebel (mit etwa 8 cm Grün), schräg in dünne Scheiben geschnitten
3 EL Olivenöl
2 EL Apfelessig
½ TL Dijon-Senf
½ TL Knoblauch, feingehackt
½ TL Zucker
1 Prise Currypulver
Salz und frisch gemahlener schwarzer Pfeffer
2 EL glatte Petersilie, gehackt

1. Die Hüllblätter und Fäden von den Maiskolben entfernen und den harten Stielansatz abschneiden. Jeden Kolben auf das abgeschnittene Stielende stellen und festhalten. Mit einem kleinen scharfen Messer von oben nach unten am Kolben entlangschneiden, dabei möglichst viele Körner abtrennen. Die Maiskörner in Salzwasser 2–3 Minuten blanchieren, dann unter fließendem kaltem Wasser abschrecken. Gründlich abtropfen lassen.

2. Den Mais mit Gurke, Paprika, Tomate, roter Zwiebel und Frühlingszwiebel in einer Schüssel mischen.

3. Olivenöl mit Essig, Senf, Knoblauch, Zucker, Currypulver, Salz und Pfeffer in einer kleinen Schüssel vermengen. Das Dressing über den Maissalat gießen und gut vermischen. Vor dem Servieren Petersilie unterrühren.

Ergibt 8 Portionen

PENNSYLVANIA DUTCH CHOW-CHOW

CHOW-CHOW
(SÜSS-SAUER EINGELEGTES GEMÜSE)

★★★

Von allen Speisen, die ich in Lancaster County, Pennsylvania, probiert habe, fand ich nichts so köstlich wie *chow-chow*, jene traditionelle Mischung aus süß-sauer eingelegtem Gemüse nach Art der Pennsylvania-Deutschen. Sie darf auf keinem Eßtisch fehlen, und alle Amish und Mennoniten, die ich traf, hatten ganzjährig einen Vorrat davon im Keller.

Bei einem Wochenendbesuch in Lancaster lud mich Ruth Fox, eine überaus charmante Mennonitin, am Freitagabend zum Essen ein und servierte unter anderem das beste *chow-chow* meines Lebens. Das Gemüse – Blumenkohl, Gurken, gelbe und grüne Bohnen, dunkelrote Kidneybohnen und rote Paprikaschoten – hatte sie so akkurat geschichtet, daß jedes Glas ein Kunstwerk war. Meine Nachforschungen ergaben übrigens, daß sich das Wort *chow-chow* möglicherweise vom kantonesischen Wort *choy* für »gemischt« ableitet und sich ursprünglich auf eine Würzmischung aus Orangenschale und Ingwer bezog. Chinesische Arbeiter, die im 19. Jahrhundert zum Bau der Eisenbahn nach Amerika kamen, hatten es aus ihrer Heimat mitgebracht.

1 Blumenkohl, in Röschen zerteilt und geputzt

2 Tassen (280 g) grüne Bohnen, geputzt und in etwa 2–3 cm lange Stücke geschnitten

2 Tassen (280 g) gelbe Wachsbohnen, geputzt und in etwa 2–3 cm lange Stücke geschnitten

2 Tassen (240 g) Möhren, geschält und gewürfelt

2 Tassen (280 g) Stangensellerie, gewürfelt

2 Tassen (240 g) Salatgurke, gewürfelt

2 Tassen (340 g) frische Limabohnen (ersatzweise dicke Bohnen)

2 Tassen (500 g) Maiskörner

1 rote Paprikaschote, Stielansatz und Samen entfernt, feingewürfelt

1 grüne Paprikaschote, Stielansatz und Samen entfernt, feingewürfelt

1 Tasse (160 g) weiße Perlzwiebeln

1 Dose dunkelrote Kidneybohnen (etwa 410 g), abgetropft und abgespült

6 Tassen (1½ l) Apfelessig

6 Tassen (1,5 kg) Zucker

2 EL grobes Salz

1. Vier Einmachgläser von 1 Liter Fassungsvermögen in kochendem Wasser sterilisieren.

2. Einen großen Topf mit Wasser zum Kochen bringen und die Gemüse nacheinander bißfest garen: den Blumenkohl 2 Minuten, die grünen und die Wachsbohnen je 1 Minute, die Möhren und den Sellerie je 2 Minuten, die Gurke 30 Sekunden, die Limabohnen 1–2 Minuten, den Mais 1 Minute, die Paprikaschoten je 1 Minute und die Zwiebeln 1–2 Minuten.

3. Das bißfest gegarte Gemüse sogleich mit einem Schaumlöffel aus dem kochenden Wasser heben und in einen großen Topf geben, der nicht mit Säure reagiert. Die Zwiebeln nach dem Abtropfen schälen, dann zum anderen Gemüse im Topf geben.

4. Kidneybohnen zugeben und Essig, Zucker und Salz unterrühren. Alles bei starker Hitze aufkochen lassen, dann den Topf sofort von der Kochstelle nehmen.

5. Das Gemüse in die sterilisierten Gläser geben und mit der Kochflüssigkeit bis 5 mm unter den Rand auffüllen. Die Gläser verschließen und im Wasserbad einkochen.

6. Bis zum Verzehr 6 Wochen kühl und dunkel lagern. Angebrochene Gläser im Kühlschrank aufbewahren.

Ergibt etwa 4 Liter

SWEETLY PICKLED BEETS

SÜSS-SAURE ROTE BETE

Ein festliches Ereignis beging meine Familie am liebsten mit einem Essen in Patricia Murphys »Candlelight Room« in Westchester County, New York. Im stets gut besuchten Lokal mußten wir immer warten, bis ein Tisch frei wurde. In der Zwischenzeit flanierten wir durch den angrenzenden Park und statteten dem Andenkenladen einen Besuch ab. Das Restaurant im ländlichen Stil hatte wirklich Charme. Aber was mich vor allem reizte, waren die hier gereichten Snacks. Allgemeiner Beliebtheit erfreuten sich die dampfenden Popovers, rasch ausgebackenes, stark aufgehendes Gebäck aus Eierteig, das in Stoffservietten warm gehalten wurde. Immer hieß es, ich äße zuviel davon. Was vermutlich stimmte ... Doch es schmeckte einfach so gut, daß ich nicht aufhören konnte. Es folgte ein Riesentablett mit süß-sauer Eingelegtem, darunter Holzäpfel, Wassermelonenschalen, Maiskörner, Hüttenkäse mit Kräutern und vor allem leckere Rüben. Die Erinnerung daran inspirierte mich ungemein, und so darf ein Rezept mit roten Beten an dieser Stelle nicht fehlen. Servieren Sie sie zu kaltem Geflügel und Fleisch und vor allem zu Hüttenkäse.

etwa 900 g rote Bete (6–8 Stück)
1 TL Selleriesamen
1 Tasse (250 g) Zucker
4 TL Senfpulver
Salz
1½ Tassen (375 ml) Apfelessig

1. Die roten Beten gründlich waschen und Wurzel- und Blattansätze bis auf 2–3 cm einkürzen. In einen Topf geben, mit Wasser bedecken und aufkochen lassen. Die Hitze reduzieren und die roten Beten 45–60 Minuten garen, bis sie bißfest sind. Die Flüssigkeit bis auf etwa 250 ml abgießen und die roten Beten abtropfen lassen. Sobald sie auf Handwärme

abgekühlt sind, Schale abziehen. Wurzel- und Blattansatz abtrennen, die Knollen in 5 mm dicke Scheiben schneiden und in eine Schüssel geben.

2. Die Selleriesamen in ein Mullsäckchen binden. Zucker, Senfpulver und Salz in einer kleinen Schüssel mischen.

3. Essig mit der übrigen Kochflüssigkeit und dem Mullsäckchen in einen Topf geben und zum Kochen bringen. Die Zuckermischung unterrühren und den Sud erneut aufkochen lassen. Bei geringer Hitze 5 Minuten köcheln lassen. Das Mullsäckchen entfernen. Die heiße Flüssigkeit über die roten Beten gießen und mindestens 24 Stunden zugedeckt bei Zimmertemperatur stehen lassen. Fest verschlossen halten sie sich im Kühlschrank bis zu 1 Monat.

Ergibt 8 Portionen

Ein Markt mit Herz

Der Lancaster Central Market im Herzen von Pennsylvania Dutch Country ist eine lebendige, blühende Szenerie, ein Handelszentrum mit altmodischem Einschlag. Wer dort Dienstag, Freitag oder Samstag bei Morgengrauen eintrifft, kann beobachten, wie die Erzeugnisse der Region aus Autos, Lastwagen und Buggys (leichte, einspännige, meist offene Wagen mit zwei oder vier hohen Rädern) zu den Marktständen gekarrt werden: gepökeltes Fleisch, süß-sauer Eingelegtes, Eingemachtes, Käse und *pies* sowie handgearbeitete Quilts, Möbel und Spielzeug – alles von Amish und Mennoniten gefertigt. Früchte und Gemüse kommen erntefrisch von den nahen Farmen, während die Metzgerstände Geflügel, Schweine- und Rindfleisch aus der Region anbieten. Die Zeit ist hier seit 1742 mehr oder weniger stehengeblieben. Die Markthalle, ein ansehnliches Gebäude im neoromanischen Stil, die Motorfahrzeuge und die Touristen haben zwar das Äußere, nicht aber das Innere, den Geist dieses sehr traditionsreichen Ortes verändert. Er fungiert noch immer als Zentrum für eine autarke Agrargemeinschaft, und das ist heute eine Seltenheit.

Die Amish von Lancaster County sind fest entschlossen, am einfachen Landleben festzuhalten und den Kontakt mit der Außenwelt zu meiden. Obwohl sie nicht allzuweit von Philadelphia leben, hat die Stadt sie nur wenig beeinflußt. Viele sprechen noch immer ihren Dialekt, ein Kauderwelsch aus altertümlichem Pfälzisch und Englisch, und tragen robuste, schmucklose Kleidung wie im 19. Jahrhundert.

Der Lebensstil der Mennoniten ist etwas liberaler, aber gleichfalls geprägt von einem gottesfürchtigen Leben. Die Eßgewohnheiten beider Religionsgemeinschaften gleichen sich sehr. Ich bin ihrer bodenständigen, herzhaften Küche, die ihren Lebensstil widerspiegelt, sehr zugetan. Und nie verlasse ich den Markt ohne *chow-chow*, jenen süß-sauer eingelegten Gemüsemix in leuchtenden Herbstfarben. Meist kaufe ich auch einige Tüten mit Nudeln, handgeformte Brezeln, Apfelpaste und einen deftigen gefüllten Trogkuchen. Auch Einfaches kann sehr schmackhaft sein!

ROBIN LEE'S DILLY BEANS
DILLBOHNEN

Erstmals probierte ich die leckeren Dillbohnen von Robin bei einem Dinner im »James Beard House«, New York City, wo ihr Mann, Inhaber des »Slightly North of Broad« in Charleston, South Carolina, gerade als Gastkoch tätig war. Robin war so freundlich, ihr Rezept zur Verfügung zu stellen, und hier ist es. Die grünen, im Sommer reifen Bohnen eignen sich ausgesprochen gut für Pickles. Hier werden sie aufrecht ins Glas gepackt.

900 g frische grüne Bohnen,
    Spitze und Stielansatz entfernt
4 Knoblauchzehen, geschält
1 TL Cayennepfeffer
    (nach Belieben auch etwas mehr)
4 große Zweige frischer Dill
2½ Tassen (625 ml) Apfelessig
2½ Tassen (625 ml) Wasser
3 EL grobes Salz

1. Vier Einmachgläser von 0,5 Litern Fassungsvermögen in kochendem Wasser sterilisieren.

2. Einen großen Topf mit Wasser zum Kochen bringen und die grünen Bohnen darin 4–5 Minuten garen, bis sie bißfest sind. Anschließend die Bohnen gründlich abtropfen lassen.

3. In jedes Glas 1 Knoblauchzehe, ¼ Teelöffel Cayennepfeffer und 1 Dillzweig geben. Die Bohnen senkrecht – bis 5 mm unter den Rand – in die Gläser schichten.

4. Essig, Wasser und grobes Salz in einem Topf zum Kochen bringen. Die Gläser bis 5 mm unter den Rand mit dem heißen Sud auffüllen. Fest verschließen und im heißen Wasserbad einkochen.

5. Die Bohnen bis zum Verzehr mindestens 2 Wochen kühl und dunkel aufbewahren. Kalt servieren.

Ergibt etwa 2 Liter

PICKLED WATERMELON RIND
WASSERMELONEN-PICKLE

Ich weiß noch, wie gern ich als Kind Wassermelonen-Pickle gegessen habe. Und als ich bei der Recherche für dieses Buch diverse sommerliche Jahrmärkte besuchte, wurden diese alten Erinnerungen wieder wach. Ja, bei den appetitlich im Vorratsregal aufgereihten Gläsern durfte Wassermelonen-Pickle nicht fehlen, und ich bekam große Lust, mich selbst an einem zu versuchen.

Und das ist dabei herausgekommen. Die Zubereitung dauert zwar eine Weile, ist aber im Prinzip nicht schwierig. Und das fertige Pickle schmeckt umwerfend gut. Da nur das Weiße der Melonenschale verwendet wird, fällt jede Menge saftiges rotes Fruchtfleisch an, von dem man bei der Arbeit ausgiebig naschen kann. Das Pickle gehört zu den Essigspezialitäten, die den ganzen Winter über schmecken, besonders in der Weihnachtszeit zu Truthahn und gebackenem Schinken.

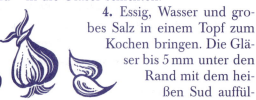

1 Wassermelone (etwa 9 kg)
2 l Wasser
½ Tasse (110 g) grobes Salz
1½ TL ganze Gewürznelken
1½ TL ganze Pimentkörner
¼ TL Senfkörner
1 Zimtstange (etwa 7–8 cm lang)
3½ Tassen (875 g) Zucker
1 Tasse (250 ml) Apfelessig
1 unbehandelte Zitrone, in dünne Scheiben geschnitten

1. Die Wassermelone längs halbieren, dann in 2–3 cm dicke Scheiben schneiden. Die grüne Außenschale mit einem kleinen scharfen Messer abschneiden. Das Fruchtfleisch abtrennen und anderweitig verwenden. Die verbleibende weiße Schale in 2–3 cm lange Stücke schneiden und beiseite stellen.

2. Das Salz in Wasser 5 Minuten bei mittlerer Hitze unter Rühren auflösen. Den Topf von der Kochstelle nehmen und die Schalenstücke zugeben. Umrühren und bei Raumtemperatur mindestens 6 Stunden, besser noch über Nacht, stehen lassen.

3. Drei Einmachgläser von 0,5 Litern Fassungsvermögen in kochendem Wasser sterilisieren.

4. Die Schalenstücke abtropfen lassen, gründlich abspülen und erneut abtropfen lassen. In einen großen Topf geben, mit kaltem Wasser bedecken und zum Kochen bringen. Die Schalenstücke bei milder Hitze 20 Minuten köcheln lassen. Abgießen und beiseite stellen.

5. Nelken, Piment, Senfkörner und Zimtstange in ein Mullsäckchen binden und mit Zucker, Essig und Zitronenscheiben in einen großen, schweren Topf geben. Die Flüssigkeit aufkochen lassen, die Hitze etwas reduzieren und den Sud 10 Minuten köcheln lassen.

6. Die Schalenstücke zugeben und 8–10 Minuten köcheln, bis sie glasig sind. Das Mullsäckchen herausfischen und wegwerfen.

7. Das heiße Pickle mitsamt der Kochflüssigkeit bis 5 mm unter den Rand in die sterilisierten Gläser füllen und fest verschließen. Nach Belieben zusätzlich im heißen Wasserbad einkochen, dann kühl und dunkel lagern. Angebrochene Gläser im Kühlschrank aufbewahren. Nicht eingekochtes Pickle hält sich im Kühlschrank bis zu 6 Monaten.

Ergibt etwa 1½ Liter

SPICED CANTALOUPE PICKLES

KANTALUP-MELONEN-PICKLE

★★★

Saftig, wohlschmeckend und angenehm knackig, können die eingelegten Melonen zu gebratenem Schweinefleisch, Truthahn oder gebackenem Schinken serviert werden. Damit Sie die Früchte Ihrer Arbeit wirklich genießen können, sollten Sie Kantalup-Melonen wählen, die noch recht fest (aber nicht grün) sind. Mit reifen Melonen wird das Pickle matschig. Vielleicht haben Sie diese Spezialität bisher nur in Delikatessenläden gesehen und die Zubereitung scheint Ihnen zu schwierig. Nun, Sie haben mein Wort, daß es nicht so ist. Probieren Sie's einfach mal aus und lassen Sie sich vom Ergebnis überraschen.

3 große, feste Kantalup-Melonen
3 EL Einmach-Gewürzmischung
1 Zimtstange (etwa 5 cm lang)
3 Tassen (750 ml) Apfelessig
2 Tassen (500 ml) Wasser
4 Tassen (1 kg) Zucker

1. Die Melonen entkernen und schälen, dann das Fruchtfleisch in 2–3 cm große Würfel schneiden; dies sollte etwa 12 Tassen (2,7 kg) ergeben.

2. Die Gewürzmischung und die Zimtstange in ein Mullsäckchen binden und mit Essig und Wasser in einen großen Topf geben, der nicht mit Säure reagiert. Die Flüssigkeit zum Sieden bringen, dann bei mittlerer Hitze 5 Minuten köcheln lassen. Den Topf von der Kochstelle nehmen, die Melonenwürfel zugeben und 1½–2 Stunden stehen lassen, gelegentlich umrühren.

3. Vier Einmachgläser von 0,5 Litern Fassungsvermögen in kochendem Wasser sterilisieren.

4. Den Zucker in die Flüssigkeit rühren und das Ganze aufkochen lassen. Bei schwacher Hitze unter gelegentlichem Rühren 45 Minuten köcheln, bis die Melonenstücke glasig, aber noch relativ fest sind.

5. Die Melonenstücke auf die sterilisierten Gläser verteilen. Die Gläser bis 5 mm unter den Rand mit dem heißen Sirup auffüllen, Luftblasen entweichen lassen. Die Gläser verschließen und im heißen Wasserbad einkochen, anschließend kühl und dunkel lagern. Angebrochene Gläser im Kühlschrank aufbewahren.

Ergibt etwa 2 Liter

BREAD-AND-BUTTER PICKLES

SÜSS-SAURE GURKEN

Früher kaufte ich meine süß-sauren Gurken von Harriet Tanner, deren Mann den besten Mais im nordwestlichen Connecticut anbaut, doch meine Vorräte reichten nie. So tüftelte ich ein eigenes Rezept aus und lege inzwischen Gurken nur noch selbst ein. Meiner Meinung nach paßt diese beliebte amerikanische Essigspezialität zu fast allem. Mittags stelle ich gern ein Glas davon auf den Tisch, und ehe man sich's versieht, ist es leer.

1,8 kg Einmachgurken (je etwa 15 cm lang), Spitze und Stielansatz abgetrennt, in 5 mm dicke Scheiben geschnitten
900 g kleine Zwiebeln, in dünne Scheiben geschnitten
⅓ Tasse (90 g) grobes Salz
Eiswürfel
3 Tassen (750 ml) Apfelessig
2 Tassen (500 g) Zucker
2 EL Senfkörner
2 TL Kurkuma, gemahlen
2 TL Selleriesamen
1 TL Ingwer, gemahlen
1 TL schwarze Pfefferkörner

1. Gurken, Zwiebeln und Salz in einer großen Schüssel mischen. Mit Eiswürfeln bedecken und 2 Stunden stehen lassen. Die Lake abgießen, das Gemüse abspülen und abtropfen lassen.

2. Sechs Einmachgläser von 0,5 Litern Fassungsvermögen in kochendem Wasser sterilisieren.

3. Den Essig mit Zucker und allen Gewürzen in einen großen, schweren Topf geben, der nicht mit Säure reagiert, und zum Sieden bringen. Das Gemüse zugeben, erneut aufkochen und 1 Minute weiterkochen lassen, dann den Topf von der Kochstelle nehmen.

4. Das heiße Gemüse in die Gläser füllen. Die Gläser bis 5 mm unter den Rand mit dem heißen Sud auffüllen; schwenken, damit die Luftblasen entweichen können. Die Einmachgläser fest verschließen und im heißen Wasserbad einkochen. Die süß-sauren Gurken bis zum Verzehr mindestens 2 Wochen kühl und dunkel lagern. Nach dem Öffnen im Kühlschrank aufbewahren.

Ergibt etwa 1½ Liter

Erv Nussbaum's Dill Pickles

Dillgurken

Mein Schwager Donald Yanell behauptet alljährlich, ich gäbe nicht eher Ruhe, bis er endlich die Dillgurken einlegte, die sein Freund, der Künstler und Gartengestalter Erv Nussbaum, kreierte. Sobald die Gurken im Glas sind, setzt die Gärung durch die Hefe im Roggenbrot ein. Kochen ist also nicht erforderlich. Der August ist der beste Monat zum Ansetzen der Pickles. Dann gibt es reichlich Gurken, und der Dill steht in voller Blüte.

Dill trocknen

Im Sommer steht der Dill in voller Blüte. Seine großen strahlenförmigen Dolden mit den vielen kleinen gelben Blüten sind vor allem etwas fürs Auge, doch sie können auch eine enorme Würzkraft entfalten. Sie werden an einem kühlen, dunklen Platz und in lockeren Sträußen kopfüber hängend getrocknet. Zum Einlegen sollten die Stiele noch ein wenig biegsam sein. Wenn es nur um das Kraut und die Samen geht, kann der Dill ganz trocknen.

6 Tassen (1½ l) kaltes Wasser
½ Tasse (135 g) grobes Salz
8 Knoblauchzehen, grob zerteilt
2 TL Dillsamen
1 TL Einmach-Gewürzmischung
gut 3 kg Einmachgurken, gründlich gewaschen
1 großes Bund getrocknete Dillblüten (s. Kasten linke Spalte) oder frischer Dill
½ Scheibe Roggenbrot (Hefebrot)

1. Wasser und Salz in einem etwa 4 Liter fassenden, fest schließenden Glas verrühren. Knoblauch, Dillsamen und Gewürzmischung zugeben und rühren, bis das Salz aufgelöst ist.

2. Gurken in das Glas schichten. Eventuell noch kaltes Wasser zugießen, so daß die Flüssigkeit bis 1 cm unter dem Rand steht.

3. Die getrockneten Dillblüten auf die Gurken geben. Die halbe Brotscheibe darauf legen und etwas andrücken. Das Glas fest verschließen, dann auf den Kopf stellen, damit die würzenden Zutaten sich gut im Glas verteilen.

4. Das Glas wieder umdrehen und 3 Wochen kühl und dunkel, jedoch nicht im Kühlschrank, lagern.

5. Nach 3 Wochen das Brot und die Dillblüten entfernen. Das Glas erneut fest verschließen und in den Kühlschrank stellen. Dillgurken halten sich bis zu 1 Jahr.

Ergibt etwa 4 Liter

Bing Cherry Chutney

Kirsch-Chutney

Mit diesem rubinroten Chutney kann ich meiner Leidenschaft für Süß-Saures frönen. Sind die Kirschen erst einmal entsteint, geht die weitere Zubereitung schnell vonstatten. Und Sie erhalten eine typisch amerikanische

Würzsauce, die hervorragend zu Wildgeflügel, gebratener Schweinelende oder zum Truthahn an Thanksgiving paßt. Wer es lieber etwas herber mag, verwendet statt mildem Apfelessig einen Rotweinessig.

4 Tassen (600 g) frische Süßkirschen, entsteint
1 rote Paprikaschote, Stielansatz und Samen entfernt, feingewürfelt
½ Tasse (60 g) rote Zwiebel, feingewürfelt
2 EL frischer Ingwer, feingehackt
2 TL Knoblauch, feingehackt
1 Tasse (200 g) helle Sultaninen
1 kleine getrocknete rote Chilischote, zerrieben
1 TL Salz
¼ TL Zimt, gemahlen
1 Tasse (250 g) Zucker
½ Tasse (125 ml) Apfelessig

1. Alle Zutaten in einen gußeisernen Topf geben und aufkochen lassen, dann bei mittlerer Hitze unter häufigem Rühren im offenen Topf 30 Minuten köcheln.

2. Den Topf von der Kochstelle nehmen und das Chutney auf Raumtemperatur abkühlen lassen. Zugedeckt kalt stellen. Fest verschlossen hält sich das Chutney bis zu 6 Wochen im Kühlschrank.
Ergibt etwa 4 Tassen (1 Liter)

Papaya Confetti Sauce

Pikante Papaya-Sauce

Dieses erfrischende und feinwürzige Relish erinnert in seiner Konsistenz eher an eine Salsa. Es verleiht diversen Speisen Pep, so zum Beispiel Quesadillas mit Garnelen, Krabbenküchlein oder gebratenen Hähnchenschnitzeln.

1 vollreife Papaya, halbiert, entkernt und geschält
3 EL Limettensaft, frisch gepreßt
1 reife Eiertomate, entkernt und feingewürfelt (etwa 2 EL)
1–2 TL grüne Jalapeño-Chilischote, entkernt und feingehackt
1 TL Koriandergrün, grobgehackt
Salz

1. Die Papayahälften nochmals halbieren. Eines dieser Stücke fein würfeln (ergibt etwa 4 EL). Beiseite stellen.

2. Das übrige Fruchtfleisch mit Limettensaft in einer Küchenmaschine fein pürieren. Das Püree in eine Schüssel umfüllen.

3. Das gewürfelte Fruchtfleisch mit Tomate, Chili und Koriandergrün unterrühren. Mit Salz und Pfeffer abschmecken. Zugedeckt höchstens 24 Stunden im Kühlschrank aufbewahren.
Ergibt etwa 1 Tasse (250 ml)

Petoskey Sour Cherry Salsa

Sauerkirsch-Salsa

Zur Sauerkirschzeit hatte ich in Michigan einmal Gelegenheit, in einem herrlichen Obstgarten am Ufer des Lake Charlevoix Kirschen zu pflücken. Die märchenhaft schöne Umgebung mit den weiß-blauen, liebevoll restaurierten Hütten und den schwer behangenen Kirschbäumen gewann durch den tiefblauen Himmel noch an Zauber. Ich denke gern an diesen Tag zurück.

Aber die Sauerkirschzeit ist relativ kurz. Deshalb sollten Sie sich rechtzeitig bei Ihrem

Gemüsehändler oder auf dem Wochenmarkt nach dem genauen Erntezeitpunkt erkundigen, damit Ihnen die aromatischen Früchte nicht entgehen. Reichen Sie die edle Salsa zu Schweine-, Reh- und Hirschbraten oder zu Wildgeflügel.

*2 Tassen (300 g) frische Sauerkirschen,
    entsteint und grobgehackt*
*½ Tasse (75 g) rote Paprikaschote, Stielansatz und
    Samen entfernt, feingewürfelt*
⅓ Tasse (40 g) rote Zwiebel, feingewürfelt
1 TL Knoblauch, feingehackt
*1 TL grüne Jalapeño-Chilischote oder eine andere
    Chilisorte, entkernt und feingehackt
    (nach Belieben auch etwas mehr)*
3 EL Apfelessig
3 EL Zucker
1 EL Zitronensaft, frisch gepreßt
1–2 EL Koriandergrün, grobgehackt (nach Belieben)
Salz

1. Kirschen mit Paprika, Zwiebel, Knoblauch, Chili, Essig, Zucker und Zitronensaft in einen großen Topf geben, den Deckel halb auflegen und bei mittlerer Temperatur erhitzen. Unter gelegentlichem Rühren 10 Minuten köcheln, bis die Gemüsezutaten weich sind.

2. Dann im offenen Topf weitere 5 Minuten köcheln lassen, gegebenenfalls die Temperatur reduzieren, falls die Salsa zu stark kocht.

3. Die Salsa in eine Schüssel umfüllen und auf Raumtemperatur abkühlen lassen. Das Koriandergrün nach Belieben unterrühren und die Sauce mit Salz abschmecken. Nicht sofort zum Verzehr bestimmte Sauce zugedeckt bis zu 24 Stunden im Kühlschrank aufbewahren.

Ergibt etwa 2 Tassen (500 ml)

CREAMY SALSA VERDE
SALSA VERDE

An einem Samstagmittag während des jährlich stattfindenden Festivals von San Antonio, Texas, geht es in der »Liberty Bar« besonders hoch her. Und so heiß wie die Atmosphäre dort ist auch diese Sauce. Am liebsten hätte ich die Speisekarte einmal rauf und runter bestellt, denn alles hörte sich verlockend an. Schließlich entschied ich mich für gegrillte Wachteln in Salsa Verde und war restlos überzeugt. Wieder zu Hause, kochte ich das Gericht gleich nach. Die Sauce, fand ich dabei heraus, paßt nicht nur ausgezeichnet zu Wachteln, sondern ist auch ein idealer Dip zu Tortilla-Chips und eine phantastische Beilage zu Quesadillas mit Entenfleisch und karamelisierten Zwiebeln, zu Hühner-Kebabs und Schweinebraten.

2 Jalapeño-Chilischoten, halbiert und entkernt
900 g Tomatillos, Hüllen entfernt
*3 Frühlingszwiebeln (mit 7–8 cm Grün),
    in Scheiben geschnitten*
¾ Tasse (45 g) Koriandergrün, gehackt
1½ TL Knoblauch, feingehackt
*½ Tasse (120 ml) entfettete Hühnerbrühe,
    vorzugsweise selbstgemacht (s. S. 271)*
1 TL Maisstärke
1½ EL Butter
3 EL Limettensaft, frisch gepreßt
½ TL Zucker
3 EL Crème double oder Schlagsahne

1. Den Backofengrill vorheizen.
2. Die Chillies mit der Schnittfläche nach unten auf ein Backblech legen und 12–15 Minuten grillen, bis die Haut verkohlt ist. In eine Papiertüte geben, diese fest verschließen und die Chillies 10 Minuten darin schwitzen lassen. Anschließend die Haut abziehen, das Frucht-

fleisch grob hacken und beiseite stellen. (Hierbei möglichst Gummihandschuhe tragen, um Hautreizungen zu vermeiden.)

3. Tomatillos grob hacken und mit den Chillies, Frühlingszwiebeln, ½ Tasse (20 g) Koriandergrün, Knoblauch und Hühnerbrühe in einen schweren Topf geben. Bei mittlerer Hitze 10 Minuten halb abgedeckt kochen; dabei 1–2mal rühren. 4 Eßlöffel der Flüssigkeit abnehmen und beiseite stellen. Die Sauce auf Zimmertemperatur abkühlen lassen, in der Küchenmaschine fein pürieren und wieder in den Topf geben.

4. Die zurückbehaltene Flüssigkeit mit Stärke anrühren und zum Püree geben. Bei mittlerer Hitze unter Rühren 5 Minuten kochen, bis die Sauce eindickt. Butter, Limettensaft und Zucker unterrühren und etwas abkühlen lassen.

5. Die Salsa durch ein Sieb streichen, dann in die Küchenmaschine umfüllen, Sahne und das restliche Koriandergrün zugeben und alles zu einer glatten Sauce verarbeiten. Bis zum Verzehr kalt stellen. Zum Dippen zimmerwarm servieren; gegebenenfalls auch erwärmen.
Ergibt etwa 2 Tassen (500 ml)

Pico de Gallo

Pico de gallo (Mexikanische Sauce)

Diese Salsa aus dem amerikanischen Südwesten heißt übersetzt »Hahnenschnabel«, denn einst wurde sie mit den Fingern gegessen bzw. nach Hühnerart »gepickt«. Sie besteht aus rohem Gemüse, wird also nicht gekocht, und schmeckt zu den unterschiedlichsten Gerichten, von Fisch bis Geflügel, auch als Dip für Chips.

3 Tomaten, feingewürfelt
3 EL Schalotten, feingehackt
2 EL Koriandergrün, gehackt
2 EL Limettensaft, frisch gepreßt
Salz und frisch gemahlener schwarzer Pfeffer
1 EL Jalapeño-Chilischote, feingehackt,
　oder auch etwas mehr (nach Belieben)

Alle Zutaten in einer Schüssel gründlich mischen und bis zum Verzehr 1 Stunde ziehen lassen, möglichst nicht länger. Frisch servieren.
Ergibt etwa 1 Tasse (250 ml)

Roasted Rosy Salsa

Salsa rosa

Das intensive Röstaroma macht diese Salsa zu einer echten Spezialität des amerikanischen Südwestens, wie sie überall zwischen San Antonio und Santa Fe gegessen wird. Sie eignet sich sowohl als Würzsauce wie auch als Dip für Maistortillas und wird durch die Zugabe von ein oder zwei weiteren Chilischoten noch pikanter.

2 rote Paprikaschoten, Stielansatz und Samen
　entfernt, halbiert
1 rote Jalapeño-Chilischote, halbiert und entkernt
1 grüne Jalapeño-Chilischote, halbiert und entkernt
2 Zwiebeln, geschält und halbiert
2 große Tomaten, halbiert
1 Knoblauchzehe, geschält
2 EL extra natives Olivenöl
½ TL Kreuzkümmel, gemahlen
Saft von 1 Limette

1. Den Backofengrill vorheizen.
2. Paprikaschoten, Chillies und Zwiebeln mit der Schnittfläche nach unten auf ein Backblech legen und 8 cm von der Wärmequelle entfernt 12–15 Minuten rösten, bis die Haut verkohlt ist. Die Paprika- und Chilischoten in eine Papiertüte geben, diese fest verschließen und die Schoten 10 Minuten darin schwitzen lassen. Die Zwiebeln beiseite legen.
3. Tomaten und Knoblauch auf das Backblech legen und 12–15 Minuten auf beiden Seiten grillen, bis sie weich und angekohlt sind.
4. Die angekohlte Haut von den Paprikaschoten, Chillies und Tomaten abziehen, dabei Gummihandschuhe tragen, um Hautreizungen zu vermeiden. Das Gemüse grob hacken und in einen schweren, gußeisernen Topf geben.
5. 1 Eßlöffel Olivenöl und den Kreuzkümmel zum Gemüse geben und im offenen Topf unter Rühren bei starker Hitze etwa 3 Minuten kochen lassen. Den Topf von der Kochstelle nehmen und die Mischung etwas abkühlen lassen.
6. Die Mischung in einer Küchenmaschine stoßweise fein und gleichmäßig hacken, aber nicht pürieren.
7. Die Salsa in eine Schüssel umfüllen und das übrige Olivenöl und den Limettensaft unterrühren. Gegebenenfalls etwas nachwürzen und bei Raumtemperatur servieren oder zugedeckt bis zu 2 Tagen im Kühlschrank aufbewahren.

Ergibt etwa 1½ Tassen (375 ml)

GARDEN CHILI SAUCE

GARTENFRISCHE CHILISAUCE

Gartenfrische Sommergemüse, pikant gewürzt, sind die Hauptzutaten in dieser typisch amerikanischen Sauce. Sie paßt gut zu Hot dogs und Hamburgern, und ich verwende sie gern anstelle von Ketchup und Senf. Wer es lieber etwas schärfer mag, nimmt statt einer zwei rote Chillies. Ich esse diese Sauce auch gern auf einem gegrillten Käse-Sandwich oder zu einem Omelett.

etwa 2,7 kg Eiertomaten, geschält, entkernt und grobgehackt
2 Tassen (300 g) rote Paprikaschoten, Stielansatz und Samen entfernt, gewürfelt
2 Tassen (240 g) Zwiebeln, grobgehackt
1–2 scharfe rote Chilischoten, entkernt und feingehackt (ergibt 1–2 EL)
1 Tasse (180 g) brauner Zucker
3 EL grobes Salz
3 EL Einmach-Gewürzmischung
1 EL Senfkörner
1 EL Selleriesamen
2½ Tassen (625 ml) Apfelessig
2 EL Zitronensaft, frisch gepreßt

1. Vier Einmachgläser von 0,5 Litern Fassungsvermögen in kochendem Wasser sterilisieren.
2. Tomaten mit Paprika, Zwiebeln, Chillies, braunem Zucker und grobem Salz in einen schweren Topf geben, der nicht mit Säure reagiert, und bei mittlerer Hitze 45 Minuten köcheln.
3. Die Gewürzmischung mit Senfkörnern und Selleriesamen in ein Mullsäckchen binden. Das Säckchen zum Gemüse geben und dieses bei reduzierter Hitze in 45 Minuten um die Hälfte einkochen lassen, zwischendurch gelegentlich umrühren.
4. Essig zugießen und bei schwacher Hitze weitere 40 Minuten köcheln, dann den Zitronensaft unterrühren.

5. Die heiße Sauce bis 5 mm unter den Rand in die Gläser füllen. Fest verschließen und im heißen Wasserbad einkochen. Anschließend die Gläser kühl und trocken lagern. Nach dem Öffnen im Kühlschrank aufbewahren.
Ergibt etwa 2 Liter

Maui Mango Barbecue Sauce

Mango-Barbecue-Sauce

★★★

Auf der Hawaii-Insel Maui aß ich erstmals diese dickflüssige süß-saure Sauce zu gegrilltem Fisch und war sofort begeistert. Ich konnte es kaum erwarten, sie zu Hause nachzukochen. Was dabei herauskam, war dem Original sehr ähnlich und überaus schmackhaft. Die Barbecue-Sauce paßt gut zu Lachs und Ente, aber ebensogut zu Lamm. Sie fügt sich wunderbar in die verschiedenen Kochstile der Pazifikküste ein. Verwenden Sie sie reichlich.

1 reife Mango, geschält, Stein entfernt und das Fruchtfleisch kleingewürfelt
1 Tasse (250 ml) Mango-Chutney (Fertigprodukt oder zubereitet nach dem Rezept S. 460)
½ Tasse (60 g) Zwiebeln, feingehackt
1 EL Knoblauch, sehr fein gehackt
1 Dose geschälte Eiertomaten (etwa 800 g), zerdrückt, mitsamt Saft
2 EL Apfelessig
1 EL Melasse
1 TL Tabasco

1. Alle Zutaten in einen gußeisernen Topf geben und zugedeckt bei schwacher Hitze 15 Minuten köcheln lassen, bis eine dickliche Sauce entstanden ist. Abseits von der Kochstelle etwas abkühlen lassen.

2. Die Sauce in einer Küchenmaschine fein pürieren. Bis zu 3 Tagen zugedeckt im Kühlschrank aufbewahren.
Ergibt etwa 5 Tassen (1¼ Liter)

Spiced Tomato Ketchup

Tomatenketchup

Während man im 17. Jahrhundert fermentierte Walnüsse, Pilze oder Beeren als Ketchup bezeichnete, verstehen heute darunter alle – nicht nur die Amerikaner – eine Flasche optimal gewürztes Tomatenpüree. Der Name leitet sich übrigens von dem malaiischen Wort *kechap* ab (das eine gewürzte Fischsauce bezeichnet). Der kräftige Geschmacksveredler, wie wir ihn heute kennen, wurde erstmals im späten 19. Jahrhundert von der H.J. Heinz Company in Pennsylvania produziert. Da die Herstellung von Ketchup zeitaufwendig ist, lassen die meisten Hobbyköche es lieber bleiben. Doch ich habe festgestellt, daß sich der Mehraufwand lohnt.

Nachdem ich körbeweise reife Tomaten eingekauft hatte, begann ich mit der Zubereitung. Leider schlug mein erster Versuch fehl. Erstens hatte ich zu wäßrige Tomaten genommen, zweitens schmeckte die Sauce bitter, weil ich zu großzügig mit Piment umgegangen war. Also machte ich einen zweiten Versuch mit reifen Eiertomaten und war vorsichtiger mit den Gewürzen. Kleine feste Tomaten ergeben die beste

Konsistenz. Unerläßlich ist ein schwerer Topf, der nicht mit Säure reagiert, denn Sie müssen etwa 3 Stunden Kochzeit einplanen. Das Ergebnis wird Sie überraschen: Ihr eigener Ketchup schmeckt viel besser als jedes Fertigprodukt.

8 ganze Gewürznelken
8 schwarze Pfefferkörner
4 ganze Pimentkörner
1 Zimtstange (etwa 7–8 cm lang)
¼ TL Senfkörner
4,5 kg reife Eiertomaten, Kerne entfernt, geviertelt
2 große Zwiebeln, grobgehackt
2 Knoblauchzehen, geschält und zerdrückt
⅓ Tasse (80 ml) Apfelessig
1 EL brauner Zucker
1 EL Zitronensaft, frisch gepreßt
Salz

1. Gewürze in ein Stück Mulltuch einbinden.
2. Tomaten mit Zwiebeln, Knoblauch und dem Gewürzsäckchen in einen großen gußeisernen Topf geben. Den Topfinhalt zum Kochen bringen, die Temperatur reduzieren und alles bei mittlerer Hitze im offenen Topf unter gelegentlichem Rühren 1 Stunde köcheln lassen.
3. Die Mischung mit einem Löffel kräftig durch ein Sieb streichen, so daß nur die Haut im Sieb zurückbleibt. Die flüssige Masse und das Gewürzsäckchen zurück in den Topf geben. Essig und Zucker zugeben und offen bei schwacher Hitze unter gelegentlichem Rühren 2 Stunden einkochen lassen. Den Topf von der Kochstelle nehmen und das Säckchen entfernen.
4. Die Masse etwas abkühlen lassen und in der Küchenmaschine fein pürieren.
In eine Schüssel umfüllen, Zitronensaft unterrühren und mit Salz würzen. Zugedeckt bis zu 3 Wochen im Kühlschrank aufbewahren.

Ergibt etwa 4 Tassen (1 Liter)

LANCASTER APPLE BUTTER
SÜSS-SAURE APFELPASTE

Bis zu meinem Besuch in Lancaster County, Pennsylvania, hatte ich mir unter *apple butter* immer diesen undefinierbaren Mix vorgestellt, der in Gläsern verkauft oder in gemütlichen Lokalen auf dem Land angeboten wird. Von den Mennoniten und Amish wurde ich dann mit einer ganz köstlichen Paste bewirtet. Es war also an der Zeit, etwas mehr über diesen typisch amerikanischen Brotaufstrich zu erfahren. Zunächst einmal kommt nicht jeder x-beliebige Apfel in Frage. Es muß ein mürber Kochapfel sein, zum Beispiel Gravensteiner oder Boskop, eventuell auch Cox Orange oder Ingrid Marie. Die Früchte werden erst in Cidre gekocht und dann mit einem Hauch von Zimt und einem Spritzer Essig im Ofen gebacken, bis daraus eine dicke, dunkle und sehr aromatische Masse – eben *apple butter* – entsteht. Gewiß braucht das folgende Rezept mehr Zeit als ein Gang zum Supermarkt, aber die Mühe lohnt sich. Der fertige Aufstrich ist bis zu 3 Wochen haltbar – vorausgesetzt, Sie essen nicht gleich beim Probieren alles auf einmal auf.

etwa 2,7 kg Kochäpfel (z. B. Gravensteiner, Boskop,
  Cox Orange oder Ingrid Marie)
1 Tasse (250 ml) Cidre
1 EL Zimt, gemahlen
3 EL Apfelessig
2 Tassen (360 g) brauner Zucker

1. Äpfel schälen, das Kerngehäuse entfernen, dann vierteln. Die Apfelstücke in einen feuerfesten Topf geben, Cidre zugießen und bei mittlerer Hitze zum Kochen bringen. Die Äpfel bei geringer Hitze im geschlossenen Topf 30 Minuten köcheln, bis sie weich sind.
2. Den Ofen auf 180 °C vorheizen.

3. Die Äpfel samt der Kochflüssigkeit über einer Schüssel durch ein Sieb streichen. Die Masse wieder in den Topf umfüllen, Zimt, Essig und braunen Zucker hinzufügen und ohne Deckel 3 Stunden im heißen Ofen backen, dabei gelegentlich umrühren. Auf Raumtemperatur abkühlen lassen und zugedeckt bis zu 3 Wochen im Kühlschrank aufbewahren.

Ergibt etwa 5 Tassen (1¼ Liter)

SHAKER APPLESAUCE
APFELMUS DER SHAKER

★★★

Bei Pittsfield, Massachusetts, liegt das Hancock Shaker Village, eine historische Siedlung dieser Sekte, wo Besucher während der Sommermonate jeden Samstag zu Abend essen können. Im *great cook room*, einer großen Souterrain-Küche im traditionellen Shaker-Stil, wird wie eh und je beste Hausmannskost zubereitet. Einmal aß ich ein goldfarbenes Apfelmus als Beilage. Die Köchin verriet mir, daß sie zuerst einen Sirup aus Cidre koche und dann die Äpfel »hineinwerfe«. Beim Nachkochen ging ich etwas behutsamer zu Werke. Der Cidre unterstreicht den herbstlichen Geschmack der Apfelmischung. Zusätzliches Aroma erhält das grobe Mus durch Zimtstange und Zitronenschale.

8 Äpfel (eine Mischung aus McIntosh, Golden Delicious, Red Delicious und Granny Smith)
1 EL Zitronensaft, frisch gepreßt
1 Tasse (250 ml) Cidre
½ Tasse (125 g) Zucker
1 TL Schale von einer unbehandelten Zitrone, feingerieben
1 Zimtstange (etwa 2–3 cm lang)

1. Die Äpfel entkernen, schälen, in Stücke schneiden und sofort mit Zitronensaft mischen.
2. Die Apfelstücke mit den übrigen Zutaten in einen gußeisernen Topf geben und zum Kochen bringen. Die Hitze reduzieren und die Äpfel halb abgedeckt in 15 Minuten sehr weich kochen.
3. Die Mischung im offenen Topf weitere 5 Minuten kochen lassen.
4. Den Topf von der Kochstelle nehmen und die Zimtstange entfernen. Das Apfelmus auf Raumtemperatur abkühlen lassen und bis zum Gebrauch höchstens 5 Tage zugedeckt im Kühlschrank aufbewahren.

Ergibt etwa 4 Tassen (1 Liter)

SAVORY HERBED FARMER CHEESE
FRISCHKÄSE MIT KRÄUTERN

Zu meinen liebsten Kindheitserinnerungen gehört auch *cottage cheese*, der perfekt zu säuerlichen Relishes und Essiggemüse paßt. Die folgende Variante mit Schnittlauch und Zitronenschale habe ich jedoch für Erwachsene kreiert.

680 g körniger Frischkäse
3 EL frischer Schnittlauch, kleingeschnitten
1½ TL Schale von einer unbehandelten Zitrone, feingerieben
Salz und frisch gemahlener schwarzer Pfeffer

Den Frischkäse in eine Schüssel geben und die restlichen Zutaten behutsam unterrühren, damit die kleinen, geschmeidigen Körnchen der Käsemasse weitgehend erhalten bleiben. Bei Raumtemperatur servieren.

Ergibt 8–10 Portionen

DINNER

Brote

Was paßt am besten zu einer magenwärmenden Suppe? Was macht ein gutes Sandwich noch besser? Womit läßt sich eine Sauce am besten auftunken? Natürlich mit gutem Brot, frisch aus dem Ofen. Beim Brotbacken füllt sich die Küche mit den lieblichsten Düften. Wenn Sie das herrliche Brotaroma schon lange nicht mehr in der Nase hatten, rate ich Ihnen, die Ärmel hochzukrempeln und sich ans Kneten zu machen. Es ist eine Arbeit, die tief befriedigt, ohne viel Arbeit zu sein. Brotteige, die lange gehen, oder Vorteige, die bereits am Tag zuvor angesetzt werden müssen, verlangen nur gute Planung und kaum mehr Zeit als einfache Rührteige, jene amerikanischen Klassiker also, die schnell ohne Hefe zubereitet werden können. Sie finden hier eine Auswahl an bekannten Rezepten wie etwa das gedämpfte Schwarzbrot nach Bostoner Art und das Maisbrot. Besonders zu empfehlen ist das helle Toastbrot, das Weizenbrot mit ganzen Körnern und der Rosinen-Pumpernickel.

White Toasting Loaf
Helles Toastbrot

Dieses Allzweckbrot mit dem angenehm säuerlichen Geschmack von Buttermilch eignet sich gut für Sandwiches und natürlich für den morgendlichen Toast. Es ist so unkompliziert zuzubereiten, daß das Backen bald Routine wird. Außerdem bleibt es lange frisch, wenn Sie es nach dem Genuß der ersten Scheiben gleich in Folie wickeln und im Kühlschrank aufbewahren. Damit das Brot beim Aufschneiden nicht reißt, empfiehlt sich ein Messer mit Wellenschliff.

3 EL warmes Wasser
1 EL Zucker
1 Päckchen Trockenhefe
4½–5 Tassen (560–625 g) Weizenmehl
2 TL Salz
6 EL Butter, zerlassen und auf Zimmertemperatur abgekühlt
1½ Tassen (375 ml) Buttermilch, zimmerwarm

1. Warmes Wasser und Zucker in einer kleinen Schüssel verrühren. Die Hefe einstreuen, gründlich mischen und etwa 5 Minuten ruhen lassen, bis die Masse anfängt zu schäumen.

2. 4½ Tassen (560 g) Mehl und das Salz in einer großen Schüssel mischen. In einer zweiten großen Schüssel die zerlassene Butter mit der Buttermilch und der angerührten Hefe verrühren. Nach und nach das Mehl mit beiden Händen einarbeiten, bis ein fester Teig entsteht.

3. Den Teig auf eine bemehlte Arbeitsfläche geben und 10 Minuten kneten. Sollte der Teig weiterhin kleben, das restliche Mehl zugeben. Den Teig zu einer Kugel formen.

4. Eine Schüssel großzügig buttern. Die Teigkugel hineinlegen und darin wenden, bis sie ganz von einer dünnen Butterschicht überzogen ist. Die Schüssel mit Frischhaltefolie abdecken und den Teig an einem warmen Ort etwa 1½ Stunden gehen lassen, bis er das Doppelte seines Volumens erreicht hat.

5. Den Teig abschlagen. Dazu den Teig auf einer bemehlten Arbeitsfläche 5mal mit dem Handballen leicht durchkneten. Wieder in der Schüssel wenden, bis er von einer dünnen Butterschicht überzogen ist. Abdecken und den Teig nochmals 1 Stunde gehen lassen, bis er das Doppelte seines Volumens erreicht hat.

6. Zwei Kastenformen (25 cm) einfetten.

7. Den Teig in zwei Stücke teilen. Jede Hälfte zu einem 23 x 15 cm großen Rechteck flachdrücken und der Länge nach aufrollen. Die Nahtstellen und die Enden fest zusammendrücken und die Teigenden einschlagen. Die Teigrollen in die Formen legen, locker mit Folie abdecken und etwa 1½ Stunden an einem warmen Ort gehen lassen, bis der Teig das Doppelte seines Volumens erreicht hat.

8. Den Backofen auf 200 °C vorheizen.

9. Die Temperatur auf 190 °C reduzieren und die Brote 15 Minuten, danach bei 180 °C weitere 45–50 Minuten backen, bis sie goldbraun sind und beim Klopfen auf die Unterseite hohl klingen. Falls das Brot zu rasch bräunt, die Oberseite mit Alufolie abdecken.

10. Die Laibe aus den Formen nehmen und zum Abkühlen auf ein Kuchengitter legen.
Ergibt 2 Brote

Whole-Wheat Wheat Berry Bread
Weizenbrot mit ganzen Körnern

Voller Geschmack, angenehm feste Krume und problemlos in der Herstellung: Das sind die Vorzüge dieses Brotes, das sich gut toasten läßt und ein köstliches Sandwich noch köstlicher macht. Weizenkörner, Kürbis- und Sonnenblumenkerne gibt es in Naturkostläden, Reformhäusern und gut sortierten Supermärkten. (Achtung: Die Weizenkörner über Nacht einweichen.) Brotteig geht am besten an einem warmen, zugluftfreien Ort. Ich stelle ihn meist in meinen Gasofen, ein älteres Modell, bei dem ständig eine Zündflamme brennt (die Temperatur sollte aber unter 50 °C bleiben), und lasse die Ofentür offen. Nach diesem Rezept kann man auch problemlos knusprige Körnerbrötchen zubereiten (s. Kasten rechts).

1 Tasse (200 g) Weizenkörner
3½ Tassen (875 ml) Wasser
1 Päckchen Trockenhefe
1½ Tassen (375 ml) warmes Wasser
3 Tassen (375 g) Weizenmehl
2 Tassen (250 g) Weizenvollkornmehl
1 EL Salz
1 Tasse (360 g) Honig
1 Tasse (120 g) Kürbiskerne, geröstet (s. Hinweis)
1 Tasse (110 g) grobgehackte Pekannüsse, angeröstet (s. Hinweis)
½ Tasse (50 g) Sonnenblumenkerne

1. Die Weizenkörner über Nacht in Wasser einweichen.
2. Die Körner am nächsten Tag abtropfen lassen und mit Wasser in einen Topf geben. Aufkochen lassen, die Temperatur reduzieren und die Körner bei halb aufliegendem Deckel 1 Stunde kochen, bis sie weich sind. Abtropfen und auf Raumtemperatur abkühlen lassen.
3. Hefe mit warmem Wasser in einer kleinen Schüssel anrühren und etwa 5 Minuten stehen lassen, bis die Mischung leicht schäumt.

WEIZENBRÖTCHEN

Für Brötchen wird der Teig zu einem Quadrat von knapp 20 cm Seitenlänge und etwa 2–3 cm Dicke flachgedrückt. Die Teigplatte anschließend in Quadrate (oder andere Formen) von knapp 4 cm Seitenlänge schneiden. 1 Ei mit 4 Eßlöffeln Wasser verquirlen und die Teigoberfläche damit bestreichen. Jeweils 1 Tasse Sonnenblumen- (10 g) und Kürbiskerne (120 g) mischen und auf eine saubere Arbeitsfläche streuen. Die Brötchen in den Samen wälzen. Ein Backblech mit Backpapier auslegen oder mit Maismehl bestreuen und die Brötchen im Abstand von 2–3 cm darauf legen. Mit Frischhaltefolie abdecken und 30–60 Minuten an einem warmen Ort gehen lassen, bis sie das Doppelte ihres Volumens erreicht haben. Bei 190 °C etwa 30 Minuten backen, bis sie goldbraun und knusprig sind. Ein Brötchen aufreißen, um zu prüfen, ob es durchgebacken ist. Die fertigen Brötchen auf einem Kuchengitter abkühlen lassen.
Ergibt etwa 24 Brötchen

4. Die beiden Mehlsorten und das Salz in einer Schüssel mischen.
5. In einer zweiten Schüssel die angerührte Hefe mit Honig mischen. Die Mehlmischung zugeben und zu einem weichen Teig verrüh-

ren. Den Teig auf eine leicht bemehlte Arbeitsfläche geben und 10 Minuten kneten. Er ist jetzt weich und sehr klebrig. Falls er beim Kneten zu sehr klebt, die Hände mit Mehl bestäuben.

6. Die Weizenkörner mit Kürbiskernen, Nüssen und Sonnenblumenkernen in einer Schüssel mischen und gründlich (2–3 Minuten) unter den Teig kneten. Den Teig zu einer Kugel formen.

7. Eine große Schüssel großzügig mit Butter ausstreichen. Den Teig hineingeben und darin wenden, bis er von einer dünnen Fettschicht überzogen ist. Die Schüssel mit Frischhaltefolie abdecken und den Teig an einem warmen Ort etwa 1½ Stunden gehen lassen, bis er das Doppelte seines Volumens erreicht hat.

8. Zwei Kastenformen von 25 cm Länge einfetten.

9. Den Teig kurz durchkneten, in zwei Stücke teilen und in die Kastenformen legen.

10. Die Formen locker mit Folie abdecken und die Brotlaibe etwa 1½ Stunden an einem warmen Ort gehen lassen, bis sie das Doppelte ihres Volumens erreicht haben.

11. Den Backofen auf 200 °C vorheizen.

12. Die Brote auf mittlerer Ofenschiene zunächst bei 200 °C 30 Minuten, dann bei 180 °C weitere 45–60 Minuten backen, bis sie schön braun sind. Falls sie zu rasch bräunen, mit Alufolie abdecken. Die Brote sind durchgebacken, wenn sie beim Klopfen auf die Unterseite hohl klingen. Die Brote aus der Form nehmen und zum Abkühlen auf ein Kuchengitter setzen.

Ergibt 2 Brote

Hinweis: Um die Kürbiskerne zu rösten, diese auf einem Backblech ausbreiten und für 7–15 Minuten in den 180 °C heißen Ofen schieben, dabei das Blech gelegentlich rütteln. Nach 5 Minuten Röstzeit die Kerne erstmals überprüfen und weiter im Auge behalten, damit sie nicht verbrennen.

Um die Pekannüsse zu rösten, die Nüsse auf einem Backblech ausbreiten und 5–7 Minuten im 180 °C heißen Ofen backen.

NEW DELI RYE BREAD
ROGGENMISCHBROT

Für dieses Sauerteigbrot benötigen Sie einen *starter*, der bereits am Vortag angesetzt werden muß, es empfiehlt sich also eine entsprechende Zeitplanung. Der Sauerteigansatz macht das Brot zu etwas Besonderem, und zum Starten brauchen Sie nur ein wenig Hefe. Sie werden dieses Roggenmischbrot bald nicht mehr missen wollen: Mit Schinken und gegrilltem Käse schmeckt es phantastisch, erst recht aber getoastet und mit Himbeermarmelade. Probieren Sie es auch mal mit Corned beef und Pastrami (ersatzweise Bündner Fleisch). Das zweite Brot einfrieren, bis das erste aufgegessen ist.

SAUERTEIGANSATZ
¼ TL Trockenhefe
1 Tasse (250 ml) warmes Wasser
1½ Tassen (185 g) Weizenmehl
½ Tasse (60 g) Roggenmehl

TEIG
2 TL Trockenhefe
1 Tasse (250 ml) warmes Wasser
1 EL Salz
3 EL Pflanzenöl
2 EL Zucker
3 EL Kümmelkörner
2½ Tassen (310 g) Weizenmehl
1½ Tassen (185 g) Roggenmehl,
*   gegebenenfalls etwas mehr*
gelbes Maismehl, zum Bestäuben des Backblechs

1. Für den Sauerteigansatz am Vortag die Hefe mit dem warmen Wasser in einer mittelgroßen Schüssel verrühren und 5 Minuten stehen lassen, bis die Mischung leicht schäumt.

Grundsätzliches zu Hefebroten

Zum Brotbacken bevorzuge ich Trockenhefe, denn im Gegensatz zu frischer Hefe ist sie etwa 2 Jahre haltbar. Ein Frischetest bei Hefe (dazu die Hefe unter Zugabe von etwas Zucker in warmem Wasser auflösen) war früher unerläßlich. Nur Hefe, die nach dem Anrühren mit Wasser leicht zu schäumen beginnt, ist aktiv und läßt den Teig aufgehen. Weil sie heute mit Verfallsdatum ausgezeichnet werden muß, erübrigt sich der Test. Um ganz sicher zu gehen, führe ich ihn aber trotzdem durch.

- Da Hefepilze bei zu großer Hitze absterben, darf das Wasser zum Auflösen der Hefe nicht wärmer als 43 °C sein. Am besten gärt Hefe bei Temperaturen um 30 °C.

- Durch das Teigkneten quillt das Klebereiweiß (Gluten) und verleiht dem fertigen Brot seine lockere Krume. Wenn der Teig glatt und geschmeidig ist und auf Fingerdruck nachgibt, ist er lange genug durchgearbeitet worden.

- Die Schüssel für den Teig wird vorher gründlich gefettet, am besten mit Butter oder Pflanzenöl. Zum Einfetten der Backform sollte stets Butter verwendet werden.

- Brotteig muß an einem warmen, zugluftfreien Ort gehen. Ideal ist ein Gasofen mit Zündflamme. Wer keinen Gasofen hat, kann auch eine Schüssel mit kranheißem Wasser auf den Ofenboden stellen; sie erfüllt den gleichen Zweck.

- Die Ofenhitze gibt den letzten Wachstumsschub, ehe die Hefezellen absterben. Deshalb stellt man Brot in einer Kastenform dann in den heißen Ofen, wenn der Teig bis zum Rand der Form aufgegangen ist.

- Um zu prüfen, ob Brot durchgebacken ist, klopft man auf die Unterseite: Es muß dumpf und hohl klingen. In einer Form gebackenes Brot auf ein sauberes Geschirrtuch stürzen und dagegen klopfen. Bleibt das dumpfe Geräusch aus, läßt man das Brot noch eine Weile backen.

Dann beide Mehlsorten zugeben und alles mit den Händen gut vermischen. Die Schüssel mit Frischhaltefolie abdecken und den Sauerteigansatz über Nacht an einem warmen Ort gehen lassen.

2. Für den Hauptteig am folgenden Tag Hefe und warmes Wasser in einer großen Schüssel verrühren und 5 Minuten stehen lassen, bis die Mischung leicht schäumt. Dann den Sauerteigansatz unterrühren. Salz, 2 Eßlöffel Pflanzenöl, Zucker und Kümmelkörner zugeben und alles gründlich verrühren. Nach und nach das Weizenmehl und 1½ Tassen (185 g) Roggenmehl einstreuen und mit beiden Händen zu einem festen Teig verarbeiten.

3. Den Teig auf eine bemehlte Arbeitsfläche geben und etwa 10 Minuten kneten, bis er glatt und geschmeidig ist. Wenn der Teig beim Kneten klebt, noch etwas Roggenmehl einarbeiten.

4. Eine große Schüssel mit dem übrigen Pflanzenöl einfetten. Den Teig zu einer Kugel formen, in die Schüssel legen und darin wenden, bis er von einer dünnen Ölschicht überzo-

gen ist. Die Schüssel mit Frischhaltefolie abdecken und den Teig 1 Stunde an einem warmen Ort gehen lassen, bis er das Doppelte seines Volumens erreicht hat.

5. Den Teig auf einer sauberen Arbeitsfläche 5 mal durchkneten und in zwei Stücke teilen. Jede Hälfte zu einem ovalen Laib von etwa 20 cm Länge formen, dabei die Enden spitz zulaufen lassen.

6. Ein großes Backblech mit Maismehl ausstreuen. Die Brote auf das Blech legen und mit Frischhaltefolie abdecken. 30 Minuten an einem warmen Ort gehen lassen, bis sie das Doppelte ihres Volumens erreicht haben.

7. Inzwischen den Ofen auf 220 °C vorheizen. 15 Minuten vor dem Backen eine ofenfeste Form mit kochendheißem Wasser füllen und auf den Boden des Backofens stellen, damit beim Backen Dampf entsteht.

8. Die Brote an der Oberfläche viermal etwa 5 mm tief mit einer Rasierklinge oder einem kleinen Messer schräg einkerben. Die Laibe auf mittlerer Schiene 40 Minuten backen, bis sie schön braun sind. Falls sie zu rasch bräunen, mit Alufolie abdecken. Die Brote sind durchgebacken, wenn sie beim Klopfen auf die Unterseite dumpf und hohl klingen. Zum Abkühlen die Laibe auf ein Kuchengitter setzen.

Ergibt 2 Brote

RAISIN PUMPERNICKEL BREAD
ROSINEN-PUMPERNICKEL

★★★

Roggenmehl mit seinem geringen Gehalt an Gluten (Klebereiweiß) ist die Voraussetzung für eine angenehm feste, saftige Konsistenz. Auf diese Festigkeit kommt es beim Pumpernickel an. Die Zugabe von Kakaopulver und Kaffee macht dieses Brot noch herzhafter, während der leicht süße Geschmack von Melasse und braunem Zucker herrührt. Diese Variante mit Rosinen schmeckt am besten dünn aufgeschnitten, mit gebackenem Schinken belegt und mit körnigem Senf bestrichen.

SAUERTEIGANSATZ
1 Msp. Trockenhefe
½ Tasse (125 ml) plus 2 EL warmes Wasser
1 Tasse (125 g) Auszugsmehl
⅓ Tasse (40 g) Roggenmehl

TEIG
1½ Tassen (300 g) Rosinen
2 Tassen (500 ml) warmes Wasser
1 Päckchen Trockenhefe
1 Tasse (250 ml) aufgebrühter Kaffee, zimmerwarm
½ Tasse (180 g) Melasse
1 Tasse (80 g) grobe Weizenkleie
½ Tasse (60 g) Roggenmehl
⅓ Tasse (70 g) ungesüßtes Kakaopulver
3 EL brauner Zucker
6–6¼ Tassen (750–800 g) Weizenvollkornmehl
1 EL Salz
gelbes Maismehl, zum Bestreuen des Backblechs

1. Für den Sauerteigansatz am Vortag die Hefe mit warmem Wasser in einer mittelgroßen Schüssel anrühren und 5 Minuten stehen lassen, bis die Mischung leicht schäumt. Beide Mehlsorten zugeben und alles gründlich vermengen. Die Schüssel mit Frischhaltefolie abdecken und den Vorteig über Nacht bei Raumtemperatur ruhen lassen.

2. Für den Hauptteig am folgenden Tag die Rosinen in eine Schüssel geben, mit warmem Wasser bedecken und 1 Stunde quellen lassen.

3. Die Rosinen abtropfen lassen und beiseite stellen; die Einweichflüssigkeit aufbewahren.

4. Von der Einweichflüssigkeit 1¼ Tassen (300 ml) abnehmen und in einem kleinen Topf etwas erwärmen. In eine große Schüssel gießen und die Hefe darin auflösen. Den Sauerteigansatz mit Kaffee, Melasse, Weizenkleie, Roggenmehl, Kakaopulver und braunem Zucker zugeben und alles gründlich verrühren.

5. Weizenvollkornmehl und Salz zugeben und alles zu einem festen Teig verarbeiten.

6. Den Teig auf eine bemehlte Arbeitsfläche geben und etwa 10 Minuten kneten, bis er glatt und geschmeidig ist. Die Rosinen unterkneten und gegebenenfalls noch etwas Vollkornmehl, falls der Teig zu sehr klebt. Den Teig zu einer lockeren Kugel formen.

7. Eine große Schüssel mit reichlich Butter ausstreichen. Den Teig hineingeben und darin wenden, bis er von einer dünnen Butterschicht überzogen ist. Die Schüssel mit Frischhaltefolie abdecken und den Teig 1 Stunde an einem warmen Ort gehen lassen, bis er das Doppelte seines Volumens erreicht hat.

8. Ein großes Backblech großzügig mit Maismehl bestreuen. Den Teig in zwei Stücke teilen und diese jeweils zu einem runden Laib formen. Die Laibe auf das Backblech setzen, mit Frischhaltefolie abdecken und 1 Stunde an einem warmen Ort gehen lassen.

9. In der Zwischenzeit den Backofen auf 190 °C vorheizen. 15 Minuten vor dem Backen eine ofenfeste Form mit kochendheißem Wasser füllen und auf den Boden des Backofens stellen, damit während des Backens Dampf entsteht.

10. Die Brote mit einem kleinen scharfen Messer an vier Stellen schräg einkerben (etwa 5 mm tief). Die Laibe auf der mittleren Schiene etwa 70–75 Minuten backen. Sie sind durchgebacken, wenn sie beim Klopfen auf die Unterseite hohl klingen. Dann auf einem Kuchengitter auskühlen lassen.

Ergibt 2 kleine runde Laibe

PARKER HOUSE ROLLS
PARKER-HOUSE-BRÖTCHEN

Diese Brötchen-Kreation verdanken wir angeblich einem Bäcker im Bostoner »Hotel Parker House«, der sie Mitte des 19. Jahrhunderts einem ungehaltenen Gast vorsetzte. Der Bäcker packte in aller Eile etwas halbfertigen Teig in den Ofen, und das Ergebnis waren die duftiglockeren Brötchen mit dem berühmten Falz nicht ganz in der Mitte.

1 Päckchen Trockenhefe
3 EL warmes Wasser
3–3½ Tassen (375–425 g) Weizenmehl
¼ Tasse (60 g) Zucker
1 TL Salz
1 Tasse (250 ml) Milch, zimmerwarm
1 großes Ei, zimmerwarm
3 EL Butter, zimmerwarm
2 EL Butter, zerlassen und auf Zimmertemperatur abgekühlt

1. Für den Teig am Vortag die Hefe mit dem warmen Wasser in einer kleinen Schüssel verrühren und etwa 5 Minuten stehen lassen, bis die Mischung anfängt zu schäumen.

2. 3 Tassen (375 g) Mehl mit Zucker und Salz in einer großen Schüssel mischen und beiseite stellen.

3. Die Milch und das Ei in einer mittelgroßen Schüssel vermischen. Die Butter unterrühren. (Keine Sorge, wenn die Butter nicht ganz eingearbeitet wird – das geschieht beim nächsten Arbeitsschritt.)

4. Eine Mulde in die Mehlmischung drücken und die aufgelöste Hefe mit den anderen flüssigen Zutaten hineingießen. Das Mehl behutsam in die Flüssigkeit einarbeiten, bis ein klebriger Teig entsteht.

5. Den Teig auf eine bemehlte Arbeitsfläche geben und unter Zugabe des übrigen Mehls 7 Minuten kneten, bis er geschmeidig ist.

6. Eine große Schüssel mit Butter einfetten. Den Teig hineingeben und darin wenden, bis er ganz von einer Fettschicht überzogen ist. Die Schüssel mit Frischhaltefolie abdecken und den Teig etwa 1 Stunde an einem warmen Ort gehen lassen, bis er sein Volumen verdoppelt hat.

7. Den aufgegangen Teig 5 mal leicht durchkneten. Die Schüssel erneut einfetten und den Teig darin wenden. Abdecken und über Nacht in den Kühlschrank stellen.

8. Am nächsten Tag den Teig auf eine bemehlte Arbeitsfläche legen und in zwei Stücke teilen. Jede Hälfte zu einem 20 x 14 cm großen Rechteck von gut 1 cm Dicke flachdrücken. Jedes Rechteck 4 mal quer und 1 mal längs durchschneiden, so daß pro Rechteck 8 Teigstücke entstehen. Diese gleichmäßig mit zerlassener Butter bestreichen und die Schmalseiten zur Mitte hin falten – nicht fest zusammendrücken, damit der Falz bestehenbleibt.

9. Zwei Kastenformen von 25 cm Länge einfetten. Je 2 Brötchen nebeneinander, die Nahtseite nach oben, in einer Richtung anordnen. Mit Frischhaltefolie abdecken und 1½ Stunden an einem warmen Ort gehen lassen, bis die Brötchen ihr Volumen verdoppelt haben.

10. Den Backofen auf 180 °C vorheizen.

11. Die Folie entfernen und die Brötchen auf der mittleren Schiene etwa 25–30 Minuten backen, bis sie goldbraun sind. Die Formen aus dem Ofen nehmen und die Brötchen in der Form etwas abkühlen lassen. Dann auseinanderbrechen und noch warm servieren.
Ergibt 16 Brötchen

INDIAN FRY BREAD

AUSGEBACKENES INDIANISCHES BROT

Von diesem indianischen Fladenbrot gibt es unzählige regionale Abwandlungen, denn jeder Stamm hatte sein, ja jede Familie ihr eigenes Rezept. Seit ich das Brot als indianischen Taco in South Dakota probiert habe, bevorzuge ich diese Zubereitung. Die Fladenbrote schmecken aber auch mit einer leckeren Chilifüllung ausgezeichnet, garniert mit Guacamole und mexikanischer Sauce. In dieser Kombination sind sie auch ein schnelles und schmackhaftes Abendessen. Die süße Variante mit Honig und viel Puderzucker ist ebenfalls wärmstens zu empfehlen.

3 Tassen (375 g) Weizenmehl
1 EL Backpulver
½ TL Salz
1½ Tassen (375 ml) warmes Wasser
4 Tassen (1 l) Pflanzenöl

1. Mehl mit Backpulver und Salz in eine große Schüssel sieben. Warmes Wasser zugießen und alles mit einem Holzlöffel verrühren, bis ein Kloß entsteht. Den Teig auf einer bemehlten Arbeitsfläche 1–2 Minuten durchkneten, bis er glatt ist. Nicht zu lange kneten, weil der Teig sonst seine Elastizität verliert. Anschließend in einer Schüssel mit Frischhaltefolie abgedeckt etwa 1 Stunde im Kühlschrank ruhen lassen.

2. Öl in einem schweren, mittelgroßen Topf auf 180 °C erhitzen.

3. Eine saubere Arbeitsfläche mit Mehl bestäuben. Eigroße Portionen vom Teig abnehmen und zu einer Kugel rollen. Jede Teigkugel mit einem bemehlten Nudelholz zu Fladen von 15 cm Durchmesser ausrollen. Jeden Fladen in der Mitte mit einem Messer einkerben und mehrmals mit einer Gabel einstechen.

4. Die Fladen nacheinander – auf jeder Seite etwa 1½ Minuten – im heißen Öl goldbraun ausbacken. Sie sollten außen schön knusprig und innen noch weich sein. Auf Küchenpapier abtropfen lassen.

5. Die Fladen sofort servieren, denn sie schmecken nur frisch richtig gut.
Ergibt 12 Fladen

JALAPEÑO CHEESE BREAD

CHILI-KÄSE-BROT

★★★

Der Hartweizengrieß gibt diesem Brot eine schöne gelbe Farbe und eine angenehm feste Struktur, gleichzeitig liefern die Chilistückchen jene deftige Schärfe, die für die Küche des Südwestens typisch ist. Zum ersten Mal habe ich dieses Brot in einem Restaurant in Houston, Texas, gegessen – und war hellauf begeistert: ein perfektes Sandwich-Brot, zum Beispiel mit einer Füllung aus gegrilltem Gemüse oder Fleisch. Und es eignet sich auch fürs Picknick. Reichen Sie diese Köstlichkeit zu *Brisket BBQ with Goode's Mop* (s. S. 365), zu *Spareribs* (s. S. 394) oder *Super-crispy Buttermilk Fried Chicken* (s. S. 422). Dazu all die leckeren Beilagen: Ein solches Festmahl werden Sie so schnell nicht vergessen.

1 EL Butter
3 EL grüne Jalapeño-Chilischote, Samen und Scheidewände entfernt, feingehackt
1 Päckchen Trockenhefe
3 EL warmes Wasser
1 Tasse (250 ml) Milch, zimmerwarm
3 EL Butter, zerlassen und auf Zimmertemperatur abgekühlt
1 Ei, verquirlt, zimmerwarm
2½–3 Tassen (310–375 g) Weizenmehl
1½ Tassen (270 g) Hartweizengrieß plus 1 EL extra
2 EL Zucker
1 TL Salz
225 g junger Cheddar (ersatzweise junger Gouda), gerieben

1. Butter bei schwacher Hitze in einer kleinen Pfanne zerlassen. Chillies zugeben und 5 Minuten braten, bis sie weich sind. Auf Raumtemperatur abkühlen lassen.

2. In einer großen Schüssel Hefe mit warmem Wasser anrühren und 5 Minuten stehen lassen, bis die Mischung anfängt zu schäumen. Dann die Milch, die zerlassene Butter und das Ei unterrühren.

3. In einer mittelgroßen Schüssel 2½ Tassen (310 g) Mehl mit 1½ Tassen (270 g) Hartweizengrieß sowie Zucker und Salz mischen. Die trockenen Zutaten nach und nach in die Flüssigkeit einstreuen und alles gründlich vermengen, bis eine feste Teigmasse entstanden ist.

4. Den Teig auf einer bemehlten Arbeitsfläche etwa 10 Minuten durchkneten, bis er glatt und geschmeidig ist. Gegebenenfalls das restliche Mehl einarbeiten. Den Teig zu einer Kugel formen.

5. Eine große Schüssel großzügig mit Butter einfetten. Den Teigkloß hineinlegen und wenden, bis er ganz von einer Fettschicht überzogen ist. Mit Frischhaltefolie abdeckt 1 Stunde an einem warmen Ort gehen lassen, bis der Teig sein Volumen verdoppelt hat.

6. Den Teig auf einer bemehlten Arbeitsfläche 5 mal leicht durchkneten und dann die Chillies einarbeiten. Den Teig zu einem rechteckigen Laib formen.

7. Eine Kastenform (25 cm) einfetten und mit 1 Eßlöffel Grieß ausstreuen.

8. Den Teig in die Form legen und mit Frischhaltefolie abgedeckt 1 Stunde an einem warmen Ort gehen lassen, bis er sein Volumen verdoppelt hat.

9. Den Backofen auf 180 °C vorheizen.

10. Die Folie entfernen und das Brot auf mittlerer Schiene 1 Stunde backen, bis es eine goldbraune Kruste hat und beim Klopfen auf die Unterseite hohl klingt. 10 Minuten in der Backform abkühlen lassen, dann herausnehmen und auf einem Kuchengitter auskühlen lassen.

Ergibt 1 Brot

Boston Brown Bread
Schwarzbrot nach Bostoner Art

Das Schwarzbrot nach Bostoner Art ist schwer und saftig. Es wird im Wasserbad gegart und war im 18. Jahrhundert bei den Puritanern sehr beliebt, die es traditionell am Sabbat zu gebackenen Bohnen nach Bostoner Art reichten. Die noch heute populäre Brotspezialität gelingt mühelos und schmeckt am besten warm und mit kalter Butter bestrichen. Im Herbst gibt es dazu selbstgemachte Lancaster Apple Butter und einen ausgereiften Vermont Cheddar. Ich backe mein Schwarzbrot stets in einer sauberen 500-g-Kaffeedose, damit das Brot die typische Zylinderform erhält. Bei einer Feier zum 100. Geburtstag Fannie Farmers kredenzte der Bostoner Küchenchef Jasper White dünne, getoastete Scheiben dieses Brotes, gebuttert und mit Räucherlachs belegt. Eine lukullische Sensation!

½ Tasse (100 g) helle Sultaninen
½ Tasse (125 ml) Cidre plus 2 EL extra
½ Tasse gelbes Maismehl
½ Tasse (60 g) Weizenvollkornmehl
6 EL Roggenmehl
2 EL grobe Weizenkleie
1 TL Natron
½ TL Salz
1 Tasse (250 ml) Buttermilch
⅓ Tasse (120 g) Melasse
2 EL Honig
2 mittelgroße Möhren, grobgeraffelt

1. Die Sultaninen 15 Minuten in ½ Tasse Cidre (125 ml) einweichen.

2. Die 3 Mehlsorten, Weizenkleie, Natron und Salz in einer großen Schüssel vermengen.

3. Buttermilch, Melasse, Honig und 2 Eßlöffel Cidre in einer kleinen Schüssel verrühren. Die Mischung unter die trockenen Zutaten rühren.

4. Die gequollenen Sultaninen samt Einweichflüssigkeit und die geraffelten Möhren unter den Teig rühren.

5. Eine saubere Kaffeedose (für 500 g) einfetten. Den Teig in die Dose füllen und diese mit einer doppelten Lage Alufolie fest verschließen. Die Dose in einen hohen Topf stellen (oder mit 2 Töpfen arbeiten, wobei ein Topf als Deckel fungiert) und mit kochendem Wasser füllen, so daß die Dose halb bedeckt ist. Einen Deckel auflegen und das Brot bei recht schwacher Hitze etwa 1½ Stunden im Wasserbad garen (das Wasser sollte leicht sieden). Das Brot ist gar, wenn beim Stäbchentest kein Teig kleben bleibt. Der Wasserpegel sollte während des Garens nicht absinken, d.h. gegebenenfalls etwas Wasser nachgießen.

6. Das fertige Brot in der Form mindestens 10 Minuten abkühlen lassen, dann erst herausnehmen. Das abgekühlte Brot in einer Plastiktüte bis zu 1 Woche im Kühlschrank aufbewahren.

Ergibt 1 Brot

CONFETTI SPOONBREAD

LÖFFELBROT

Dieses souffléähnliche Maisbrot wird in den USA traditionell aus weißem oder gelbem Maismehl gebacken. Es verdankt seinen Namen angeblich dem Umstand, daß es mit dem Löffel gegessen wird. Ein namhafter Experte behauptet dagegen, das amerikanische Wort *spoonbread* sei vom indianischen Wort *suppawn* abgeleitet, was soviel wie Porridge bedeutet. Jedenfalls darf es nicht zu lange im Ofen bleiben, schließlich soll es schön duftig und innen noch etwas feucht sein.

¼ Tasse (60 g) tiefgefrorene Maiskörner
¼ Tasse (40 g) Paprikaschote, Stielansatz und Samen entfernt, feingewürfelt
1 Tasse (160 g) Maismehl
3 Tassen (750 ml) Milch
1 TL Salz
1 TL Backpulver
2 EL Butter, zerlassen
3 Eier, getrennt

1. Den Backofen auf 190 °C vorheizen. Eine ofenfeste Soufflé- oder Auflaufform von etwa 2 Litern Fassungsvermögen einfetten.

2. Einen Topf mit Wasser zum Kochen bringen und den Mais darin etwa 2 Minuten blanchieren. Die Körner mit einem Schaumlöffel herausnehmen, unter fließendem kaltem Wasser abspülen und abtropfen lassen, dann trockentupfen.

3. Die Paprikawürfel im kochenden Wasser 2 Minuten blanchieren, unter kaltem Wasser abspülen, abtropfen lassen und trockentupfen.

4. Das Maismehl mit 2 Tassen (500 ml) Milch in einem schweren Topf verrühren und bei mäßiger Hitze unter ständigem Rühren etwa 5 Minuten kochen, bis ein fester Brei entstanden ist. Darauf achten, daß der Maisbrei nicht anbrennt. Den Topf von der Kochstelle nehmen.

5. Salz, Backpulver, Butter und die restliche Milch unterrühren.

6. Die Eigelbe schaumig schlagen und unter den Maisbrei rühren, dann den Mais und die Paprikawürfel unterrühren. Die Eiweiße zu steifem Schnee schlagen und mit einem Teigschaber behutsam unter den Teig heben. Nicht zu lange rühren, sonst fällt die Masse zusammen.

7. Den Teig in die vorbereitete Form geben und 35–45 Minuten backen, bis das Brot goldbraun ist. Sofort servieren.

Für 4–6 Personen

Lobet das Brot und reichet den Käse

★★★

Amerikaner essen für ihr Leben gern Käse. Und so sind die USA nicht nur der weltweit größte Käseproduzent, sie importieren auch mehr Käse als alle anderen Länder. Ob mild-aromatisch, kräftig oder scharf, cremigzart oder hart, Käse paßt perfekt zu einem knusprigen Brot und einem guten Glas Wein, krönt ein feines Essen oder ist eine schnelle und schmackhafte Zwischenmahlzeit.

Käseherstellung in den USA

Angesichts der Käseherstellung bei den alten Sumerern vor bereits 6000 Jahren ist die amerikanische Tradition noch sehr jung. Die Lust auf Käse erreichte Amerika aber bereits mit den ersten Siedlern, die neben den überlieferten Rezepten auch die alten Methoden der Käseherstellung mitbrachten. Die amerikanischen Käsesorten sind daher fast ausschließlich Abwandlungen von Käseklassikern aus anderen – vor allem europäischen – Ländern. Ausnahmen sind der Monterey Jack (ein ungefärbter Cheddar aus Kalifornien), der Colby (eine mildere Variante des Cheddar; ein Rührbruchkäse mit weichem, orangegelb gefärbtem Teig) und der halbweiche, aromatische Brick.

Über Generationen wurde Käse von Hand in kleinen Mengen zubereitet. Die Milch stammte meist von dem Hof, wo der Käse produziert wurde. Keine zwei Partien Käse waren gleich, obwohl die besten Käsehersteller es verstanden, die Qualität zu halten. Im 19. Jahrhundert wurde die handwerkliche durch eine fabrikmäßige Käseherstellung abgelöst, aus der sich eine standardisierte Massenproduktion entwickelte. Die Romantik der Käserei ging dabei verloren, und amerikanischer Käse wurde zunehmend zur Einheitsware ohne besonderen Charakter.

Bauernkäse

Echte Delikatessen werden noch immer von Hand zubereitet, und das ist bei Käse nicht anders. Seit nunmehr 20 Jahren gibt es in den USA handgeschöpften Käse zu kaufen. Überall in den Vereinigten Staaten produzieren kleine Farmen mittlerweile wieder Käse, der sich in Aroma und Charakter ganz erheblich von der Supermarktware unterscheidet. Sorgfältig hergestellter Cheddar, Brie, Camembert, Blauschimmel- und Ziegenkäse sind für einige Überraschungen gut.

Bei meiner Rundreise durch die USA besuchte ich auch regionale Käsehersteller, deren Erzeugnisse ich mit Genuß verkostete. Die unten aufgeführten Käseproduzenten vertreiben ihren Käse über den Versandhandel, zum Teil überall in den USA. Für die deutschen Leser sei hier nur angefügt, daß es auch in der BRD zahlreiche Direktvermarkter für handgeschöpften Käse gibt.

Coach Farm
Pine Plains, New York
(518) 398-5325

Miles und Lilian Cahn, früher für ihre Lederwaren berühmt, produzieren heute zusammen mit ihrer Tochter Susan einen ganz vorzüglichen Ziegenkäse und eine Art Trinkjoghurt aus Ziegenmilch und -joghurt. Während meines Besuchs auf ihrem Hof überzeugte mich vor allem ihr weißlicher Ziegenfrischkäse mit dem angenehm säuerlichen Geschmack und der cremigzarten Konsistenz.

Shelburne Farms
Shelburne, Vermont
(802) 985-8686

Der bäuerliche Betrieb am malerischen Lake Champlain produziert einen erstklassigen Rohmilch-Cheddar. Die nicht pasteurisierte Milch stammt von den 60 reinrassigen Schweizer Kühen auf dem Hof und verleiht diesem Cheddar sein charakteristisches Aroma und seinen ausgeprägten Geschmack. Wer einmal die aromatische Shelburne-Variante probiert, hat das Gefühl, noch nie echten Cheddar gegessen zu haben.

Cabot Creamery Cooperative
Cabot, Vermont
(802) 563-2231; (802) 563-2604

Die 1919 gegründete Molkerei setzt ganz auf Qualität und stellt einen vorzüglichen Cheddar her. Die Produktpalette umfaßt auch Butter und eine Vielzahl anderer Milchprodukte, darunter diverse Käsesorten. Bei meinem Besuch probierte ich einen exzellenten »wachsartigen« Cheddar in drei verschiedenen Reifegraden: mild, kräftig und ausgereift. Mit zunehmender Reife entwickelt dieser Käse ein sehr kräftiges, eigenwilliges Aroma. Besonders empfehlenswert: der *private* (18 Monate gereift) und der *vintage* (mit einer Reifezeit von mindestens 30 Monaten).

Capriole, Inc.
Greenville, Indiana
(800) 448-4628

Zusammen mit ihrem Mann stellt Judy Schad eine Vielfalt preisgekrönter Ziegenkäse her, die landesweit in Käsefachgeschäften oder über den Versandhandel verkauft werden. Handgeschöpfter Ziegenkäse hat die feinste Konsistenz. Wer noch nie Ziegenkäse gegessen hat, sollte einmal Judys Banon probieren: Er ist zart, mild und schmeckt himmlisch. Für Liebhaber von eher würzigem Ziegenkäse empfehle ich den ausgezeichneten Wabash Cannonball oder den Mont St. Francis.

Maytag Blue Cheese
Newton, Iowa
(800) 247-2458

Die Maytag Dairy Farm wurde von Elmer H. Maytag gegründet und gehört zu den besten amerikanischen Herstellern von Blauschimmelkäse. Bei meinem Besuch in Newton erfuhr ich, daß Maytags Hobby die Zucht von Holsteinern war, einer Rinderrasse mit besonders hochwertiger Milch. Ohne Aussicht auf schnelles Geld suchte Maytag nach einer günstigen Vermarktung dieser Milch und stieß auf die Abteilung Milchwirtschaft der Iowa State University. Dort wurde ihm geraten, die neuentwickelte Herstellungsmethode für Blauschimmelkäse auszuprobieren. So entstand der Maytag Blue, der seine Berühmtheit allein der Mundpropaganda verdankt.

Laura Chenel's Chèvre
Sonoma, California
(707) 996-4477

Seit 1981 beliefert Laura Chenel die Restaurants und regionalen Bauernmärkte im Großraum San Francisco mit ihrem wunderbaren *chèvre* (Ziegenkäse). Als eine der ersten in Amerika begann sie schon Anfang der 70er Jahre, die überschüssige Ziegenmilch auf dem eigenen Hof zu verarbeiten. Ihr Angebot an Frischkäsen und ausgereiften Sorten umfaßt Fromage blanc, Cabecou, Crottin und Taupinière.

COUNTRY CORNBREAD

MAISBROT

Maisbrot läßt sich in vielerlei Größe und Gestalt backen: in einer runden oder quadratischen Backform, in einer Pfanne, in Muffin-Förmchen, als kleine Teebrötchen oder auch als ganzer Laib. Ich mag mein Maisbrot am liebsten süßlich und innen noch etwas feucht, und das folgende Rezept entspricht exakt meinen Vorstellungen. Joghurt und *Creamed corn* verfeinern den Geschmack.

1½ Tassen (240 g) gelbes Maismehl
½ Tasse (60 g) Weizenmehl
3 EL Zucker
1 EL Backpulver
½ TL Salz
½ Tasse (125 ml) Milch
½ Tasse (125 g) Naturjoghurt (Magerstufe)
2 EL Butter, zerlassen
2 EL Pflanzenöl
2 Eier, verquirlt
1 Tasse (260 g) Creamed Corn (s. S. 303)

    1. Den Backofen auf 200 °C vorheizen. Eine runde Backform von 22 cm Durchmesser einfetten.
    2. Das Maismehl mit Weizenmehl, Zucker, Backpulver und Salz in einer Rührschüssel gründlich mischen.
    3. In einer zweiten Schüssel Milch mit Joghurt, zerlassener Butter, Öl und Eiern verrühren. Die Flüssigkeit zur Mehlmischung geben und leicht vermengen. Dann den Mais unterrühren.
    4. Den Teig in die vorbereitete Form füllen und dann auf mittlerer Schiene 45 Minuten backen, bis das Brot goldgelb ist. Es ist fertig, wenn bei der Stäbchenprobe kein Teig mehr kleben bleibt.
    5. Das Maisbrot 15–20 Minuten in der Form abkühlen lassen, dann herausnehmen und auf einem Kuchengitter auskühlen lassen. Zum Servieren anschneiden.
Für 6 Personen

ROLLED BAKING POWDER BISCUITS

MILCHBRÖTCHEN

Nichts geht über diese kleinen Brötchen, wenn sie ofenfrisch aufgeschnitten und dick mit Butter und Erdbeermarmelade bestrichen werden. Legt man sie so in eine Backform, daß sie sich berühren, erhält man weiche, weiße *biscuits*, wie sie in den USA genannt werden. Wer sie lieber knusprig mag, legt sie mit 2–3 cm Abstand auf ein Backblech. Benutzt man kein beschichtetes Backblech, erhält man schön gebräunte Unterseiten. Für pikante Brötchen gibt man Kräuter, Hackfleisch und/oder Käse zu, nachdem Pflanzenfett und Butter eingearbeitet sind. *Biscuits* passen perfekt zu Brathühnchen und zu einem deftigen Frühstück mit Bratwürsten und Eiern. In Georgia serviert man sie vor dem Dinner heiß mit Orangenmarmelade.

2 Tassen (250 g) Weizenmehl
1 EL Backpulver
1 TL Salz
2 EL festes, kaltes Pflanzenfett (z. B. Palmin)

BISCUITS – TYPISCH AMERIKANISCHE BRÖTCHEN

Damit diese Brötchen gelingen, d. h. duftig-zart und locker werden, sollten Sie möglichst wenig mit dem Teig hantieren. Behandeln Sie ihn so behutsam wie Pastetenteig und arbeiten Sie ihn nicht zu lange durch. Nur kneten, bis alle Zutaten gerade vermengt sind (etwa 30 Sekunden). Danach wird der Teig zum Ausstechen flachgedrückt. Man kann die Teigmasse auch mit dem Löffel auf das Backblech setzen wie bei den Schinkenplätzchen (s. S. 234).

Auch welches Fett und wieviel davon Sie verwenden, spielt eine Rolle. Weniger Fett läßt Brötchen lockerer werden, mehr Fett macht sie gehaltvoller. Butter gibt zwar den besten Geschmack, macht Gebäck aber schwer, während es durch festes Pflanzenfett lockerer wird, aber dafür weniger gut schmeckt. Daher nimmt man oft beide Fette. Vor allem die Südstaatler haben eine Schwäche für Buttermilchbrötchen. Auch Sahnebrötchen erfreuen sich großer Beliebtheit.

---

2 EL kalte Butter
⅔ Tasse (170 ml) Milch plus 2 EL extra

1. Den Backofen auf 230 °C vorheizen.
2. Das Mehl mit Backpulver und Salz in eine Schüssel sieben. Mit zwei Messern das kalte Fett und die Butter in die trockenen Zutaten einarbeiten, bis eine grobkrümelige Masse entsteht. Milch zugießen und alles mit den Fingerspitzen vermischen, bis sich der Teig zu einer Kugel formen läßt.
3. Den Teigkloß auf einer bemehlten Arbeitsfläche 12–15mal kneten. Anschließend 2 cm dick ausrollen und mit einem Förmchen runde Brötchen von 5 cm Durchmesser ausstechen. Die übrigen Teigabschnitte verkneten, wieder ausrollen und weitere Brötchen ausstechen. Die Brötchen so auf ein ungefettetes und unbeschichtetes Backblech legen, daß sie sich berühren. 10–12 Minuten backen, bis sie goldgelb sind. Heiß servieren.

Ergibt 9 Brötchen

ROLLED BUTTERMILK BISCUITS

BUTTERMILCHBRÖTCHEN

Ich esse diese Brötchen für mein Leben gern, denn durch die Buttermilch bleiben sie innen saftig und schmecken angenehm säuerlich. Damit die Brötchen schön locker werden, dürfen Sie den Teig nicht zu lange kneten (höchstens 12–15mal). Zum Ausstechen brauchen Sie ein Förmchen mit scharfem Rand (ein stumpfes Förmchen quetscht den Teig und verhindert das Aufgehen beim Backen). Frisch aus dem Ofen schmecken die Brötchen am besten.

2 Tassen (250 g) Weizenmehl
1 TL Backpulver
½ TL Salz
2 EL festes, kaltes Pflanzenfett (z.B. Palmin)
2 EL kalte Butter
1 Tasse (250 ml) Buttermilch

   1. Den Backofen auf 230 °C vorheizen.
   2. Das Mehl mit Backpulver und Salz in eine Schüssel sieben. Mit zwei Messern das kalte Fett und die Butter in die trockenen Zutaten einarbeiten, bis eine grobkrümelige Masse entsteht. Die Buttermilch zugießen und alles mit den Fingerspitzen vermischen, bis sich der Teig zu einer Kugel formen läßt.
   3. Den Teigkloß auf einer bemehlten Arbeitsfläche 12–15 mal kneten, dann 2 cm dick ausrollen. Mit einem Förmchen runde Brötchen von 5 cm Durchmesser ausstechen. Die übrigen Teigabschnitte verkneten, ausrollen und weitere Brötchen ausstechen. Die Brötchen so auf ein unbeschichtetes Backblech legen, daß sie sich berühren. 10–12 Minuten backen, bis sie goldbraun sind. Heiß servieren.
   Ergibt 9 Brötchen

DROPPED HAM BISCUITS

SCHINKENBRÖTCHEN

★★★

Diese Brötchen werden im Prinzip wie die typisch amerikanischen *biscuits* zubereitet, allerdings ist der Teig durch die Extramilch so locker, daß er vom Löffel fällt. Ich nehme dafür am liebsten einen Holzlöffel. Pro Brötchen rechnet man 4 Eßlöffel Teig. Der gewürfelte Schinken darin sorgt für eine pikante Note.

2 Tassen (250 g) Weizenmehl
1 EL Backpulver
1 TL Salz
2 EL festes, kaltes Pflanzenfett,
   (z.B. Palmin)
2 EL kalte Butter
60 g Schwarzwälder Schinken,
   feingewürfelt
1½ Tassen (375 ml) Milch

   1. Den Backofen auf 230 °C erhitzen. Ein unbeschichtetes Backblech leicht einfetten.
   2. Mehl mit Backpulver und Salz in eine Schüssel sieben. Mit zwei Messern das kalte Fett und die Butter in die trockenen Zutaten einarbeiten, bis eine grobkrümelige Masse entsteht. Den Schinken untermischen, dann die Milch zugießen und alles mit einem Holzlöffel soeben verrühren; der Teig sollte locker vom Löffel fallen.
   3. Jeweils 4 Eßlöffel Teig pro Brötchen auf das vorbereitete Backblech setzen, dabei zwischen den Häufchen etwa 2–3 cm Abstand lassen. 10–12 Minuten backen, bis die Brötchen goldbraun sind. Heiß servieren.
   Ergibt 12 Brötchen

DINNER

Suppen

Über meine Suppen wache ich mit mütterlicher Fürsorge. Ich hege und pflege sie, wache über ihr Aroma. Gute Suppen erwidern diese Liebe: Sie sind nahrhaft, gesund und schmecken.

Zunächst besorge ich Gemüse und Kräuter, Fisch, Geflügel und rotes Fleisch. All das lege ich vor mir auf den Küchentisch und warte auf eine Inspiration. Meist dienen Zwiebeln, Lauch, Schalotten und/oder Knoblauch als geschmackliche Initialzündung. Manchmal füge ich Kräuter und Gewürze schon früh hinzu und lasse die aromatischen Öle tief in die Suppe eindringen. Manchmal spielen frische Gemüse die Hauptrolle, etwa in der *Garden Broccoli Vegetable Soup*, sie können aber auch Fleisch oder Geflügel ergänzen. In meinen Fisch- und Muschelsuppen wimmelt es von Meeresfrüchten, Austern, Krebsen, Heilbutt und Venusmuscheln. Es gibt auch leichtere Versionen, so die *Light and Spicy Tomato Soup*, die *Celery Apple Soup* und andere. Für alle Rezepte nehme ich nur frische Zutaten. Und eigentlich kann ich mir kein Nahrungsmittel vorstellen, das sich nicht in einem Topf Suppe verwenden ließe.

Guacamole Soup

Avocadosuppe

Ob in Santa Fe (mit Taco Chips) oder in Tucson, in Wyoming oder sonstwo in den Vereinigten Staaten, wo immer Guacamole serviert wird, bleibt nirgendwo ein Löffel übrig. Jeder scheint sie zu mögen. Also kam mir die Idee, eine Sommersuppe auf Guacamole-Basis zu kreieren. Und es gibt nichts Besseres! Serviert wird sie in dekorativen Schüsseln, vor einem Dinner mit pikanten Fajitas und Quesadillas. Gartenfrische Kräuter, z. B. ganzer Schnittlauch mit seinen lavendelfarbigen Blüten oder Kapuzinerkresse, sind samt Stengeln eine wunderschöne Garnierung. Servieren Sie sie mit etwas getoastetem *Jalapeño Cheese Bread* (s. S. 227) oder *Country Cornbread* (s. S. 232).

4 reife Avocados
4 EL Limettensaft, frischgepreßt
3 Tassen (750 g) Naturjoghurt (Magerstufe)
3 Tassen (750 ml) entfettete Hühnerbrühe, vorzugsweise selbstgemacht (s. S. 271), gekühlt
2 TL Salz
1 Msp. frisch gemahlener schwarzer Pfeffer
5 reife Eiertomaten, entkernt und gewürfelt
2 EL frischer Schnittlauch, kleingeschnitten, zum Garnieren

1. Zwei Avocados schälen und entkernen. Das Fleisch grob hacken und in eine Schüssel geben. Mit 2 Eßlöffeln Limettensaft verrühren.
2. Joghurt, Brühe und gehackte Avocado in einem Mixer oder einer Küchenmaschine glatt pürieren. Das Püree wieder in die Schüssel geben und Salz und Pfeffer einrühren.
3. Die restlichen Avocados schälen, entkernen und würfeln. Mit dem verbleibenden Limettensaft mischen und zusammen mit den Tomaten in die pürierte Suppe geben. 1–2 Stunden vor dem Servieren kalt stellen. Mit Schnittlauch garnieren und servieren.

Für 6 Personen

Roasted and Fresh Vegetable Gazpacho

Gemüsegazpacho

Ich habe zwar im Laufe der Jahre viele verschiedene *Gazpachos* erfunden, aber erst seit kurzem gebe ich gebackenes Gemüse hinein. Ich finde, daß sein intensives Aroma diese traditionellerweise nicht gekochte Suppe aufs angenehmste bereichert.

GEMÜSE ZUM BACKEN
2 rote Paprikaschoten, Stielansatz und Samen entfernt, grobgewürfelt
2 rote Zwiebeln, grobgehackt
3 reife Tomaten, entkernt und grobgehackt
3 EL frische glatte Petersilie, gehackt
3 EL extra natives Olivenöl
Salz und frisch gemahlener schwarzer Pfeffer

FRISCHE GEMÜSE
1 Salatgurke, geschält und grobgehackt
2 reife Tomaten, entkernt und grobgehackt
1 rote Paprikaschote, Stielansatz und Samen entfernt, grobgehackt
2 Schalotten, grobgehackt

AUSSERDEM
2 Tassen (500 ml) Tomatensaft
½ Tasse (125 ml) Rotweinessig
4 EL extra natives Olivenöl
2 Spritzer Tabasco
Salz und frisch gemahlener schwarzer Pfeffer
1–1½ reife Avocados, geschält, entkernt und gewürfelt, zum Garnieren
2 EL Zitronensaft, frischgepreßt
3 EL frische glatte Petersilie, gehackt
1 Salatgurke, geschält und in Würfel geschnitten, zum Garnieren

1. Den Ofen auf 200 °C vorheizen.
2. Die Zutaten für das gebackene Gemüse mischen und in eine flache Backform legen. 30 Minuten backen, dabei ein- oder zweimal umrühren. In eine große Schüssel geben und sämtliches frische Gemüse und 250 ml Tomatensaft zugeben. Beiseite stellen.
3. In einer Schüssel den restlichen Tomatensaft mit Essig, Olivenöl, Tabasco, Salz und Pfeffer vermischen und alles unter das Gemüse rühren.
4. Die Mischung portionsweise in eine Küchenmaschine geben und stoßweise (6–8 mal an- und wieder ausschalten) zerkleinern, so daß noch etwas Struktur erhalten bleibt. Die Suppe in eine Schüssel gießen, salzen und pfeffern und dann mindestens sechs, jedoch nicht länger als 24 Stunden vor dem Servieren abgedeckt kalt stellen.
5. Avocadowürfel mit Zitronensaft verrühren, damit sie sich nicht verfärben. Anschließend Petersilie in die Suppe rühren und eisgekühlt, garniert mit Avocadowürfeln und Gurken, servieren.

Für 6–8 Personen

INDIAN SUMMER BORSCHT
SPÄTSOMMERLICHER BORSCHTSCH

Anfangs kochte ich sommerlichen Borschtsch mit Milch und Eiern, damit er schön sämig wurde. Aber in Zeiten des leichten und fettarmen Essens hatte ich den Ehrgeiz, die Üppigkeit zu reduzieren, ohne Geschmack und Beschaffenheit von einer meiner Lieblingssuppen aufs Spiel zu setzen. Nun röste ich die rote Bete langsam und koche sie dann in Apfelsaft. Der Magerjoghurt garantiert den richtigen Geschmack und die überraschende Cremigkeit. Insgesamt entsteht eine perfekte süß-saure Mischung, die an einen traditionellen Borschtsch erinnert.

1,4 kg rote Bete (etwa 12 mittelgroße)
4 Tassen (1 l) Apfelsaft
4 Tassen (1 l) Wasser
6 EL Zitronensaft, frisch gepreßt
1 Prise Salz
2½ Tassen (625 g) Naturjoghurt (Magerstufe)
6 große Radieschen, feingewürfelt, zum Garnieren
½ Tasse (60 g) Salatgurke, gewürfelt, zum Garnieren

1. Den Ofen auf 180 °C vorheizen.
2. Die roten Beten gut waschen, Strunk und Wurzeln bis auf jeweils 2–3 cm abschneiden. Dann einzeln in Alufolie wickeln und auf ein Backblech legen. 1½ Stunden backen, aus dem Ofen nehmen und kurz in der Folie abkühlen lassen. Wenn sie kühl genug sind, Gummihandschuhe anziehen, die Knollen häuten und dann grob raspeln.
3. Die geraspelten roten Beten in einen Topf geben. Apfelsaft, Wasser und Zitronensaft zugießen, salzen und zum Kochen bringen. Die

Hitze reduzieren und 15 Minuten halb abgedeckt köcheln lassen, dabei eventuell an die Oberfläche steigenden Schaum abschöpfen. Die Suppe vom Herd nehmen und abkühlen lassen.

4. 2 Tassen (500 g) Joghurt in eine Schüssel geben und mit 3 Tassen (750 ml) Suppe verrühren. Diese Mischung nach und nach gründlich in die Suppe einrühren. Im Kühlschrank gut durchkühlen lassen.

5. Die Suppe auf 8 Schälchen verteilen und jedes mit einem Eßlöffel Joghurt, Radieschenwürfeln und Gurke garnieren.

Für 8 Personen

DRESS-UP CUCUMBER DILL SOUP

GURKEN-DILL-SUPPE

Diese pikante, leichte Gurkencremesuppe wird durch körnigen, deutlich salzigen Rogen von Weißfisch aus den Großen Seen oder dem nordwestlichen Pazifik verfeinert. Sie eignet sich durchaus auch für jede elegante Dinnerparty. Dieser Kaviar (ersatzweise Lachskaviar) ist nicht übermäßig teuer und in einigen Fischgeschäften erhältlich.

2 EL Olivenöl
1 Zwiebel, grobgehackt
3 Salatgurken, ungeschält und grobgehackt
1 großes Bund frischer Dill, Blätter gehackt (Stengel beiseite legen)
6 Tassen (1½ l) entfettete Gemüse- oder Hühnerbrühe, vorzugsweise selbstgemacht (s. S. 273 bzw. 271)
½ Tasse (125 ml) Schlagsahne
1 Tasse (120 g) Salatgurke, feingewürfelt
60–120 g Weißfisch- oder Lachskaviar

1. Öl in einem großen Topf bei mäßiger Temperatur erhitzen. Zwiebel zugeben und dünsten, bis sie glasig wird. Dann gehackte Gurke zufügen und unter Rühren weitere 5 Minuten dünsten.

2. Die Dillstengel mit Küchenschnur zusammenbinden und mit der Brühe in den Topf geben. Zum Kochen bringen, die Hitze reduzieren und halb abgedeckt 15 Minuten köcheln lassen, bis die Gurken gar sind. 3 Eßlöffel gehackten Dill einrühren und die Suppe abkühlen lassen. Die Dillstengel wieder entfernen.

3. Die Suppe in einer Küchenmaschine pürieren, in eine Schüssel gießen und Sahne, 2 Eßlöffel Dill und die gewürfelte Gurke zugeben. Die Suppe mindestens 4 Stunden kalt stellen.

4. Die Suppe in kleinen Portionen mit etwas Kaviar servieren – wenn Sie gern Kaviar essen, nehmen Sie ruhig ein wenig mehr. Die Suppe mit dem restlichen Dill garnieren.

Für 4–6 Personen

PEAR AND WATERCRESS SOUP

SUPPE AUS BIRNEN UND BRUNNENKRESSE

Birnenliebhaber werden das subtile Aroma dieser Herbstsuppe zu schätzen wissen. Saftige Anjou-Birnen, zusammen mit Zucchini und dem pfeffrigen Geschmack der Brunnenkresse, ergeben eine wunderbare Vorspeise, vor allem als einleitenden Gang vor Wildgeflügel oder Schweinebraten. Farbiger wird das Ganze, wenn Sie jede Portion mit einer leuchtend orangefarbenen oder gelben Kapuzinerkresseblüte garnieren.

2 EL Butter
1 Zwiebel, gehackt
4 reife Anjou-Birnen, geschält, entkernt und in 1–2 cm große Würfel geschnitten
2 Zucchini, geputzt und in 1–2 cm große Würfel geschnitten
5 Tassen (1¼ l) entfettete Hühnerbrühe, am besten selbstgemacht (s. S. 271)
2 Bunde Brunnenkresse, gut gewaschen, harte Stengel entfernt
1 Tasse (250 ml) Schlagsahne
Salz und frisch gemahlener weißer Pfeffer

1. Butter bei geringer Hitze in einem großen Topf zerlassen. Zwiebel zugeben und 10 Minuten unter Rühren andünsten.

2. Birnen, Zucchini und 4 Tassen (1 l) Hühnerbrühe zufügen. Zum Kochen bringen, die Hitze reduzieren und die Suppe 40 Minuten halb abgedeckt leicht köcheln lassen.

3. Den Topf vom Herd nehmen und Brunnenkresse einrühren. Abdecken und 5 Minuten stehen lassen, bis die Brunnenkresse zusammenfällt.

4. Die Suppe portionsweise in einer Küchenmaschine pürieren. In den Topf zurückgießen und die restliche Brühe und die Sahne einrühren. Mit Salz und Pfeffer abschmecken. Die Suppe vor dem Servieren wieder aufwärmen, aber nicht aufkochen lassen.

Für 6–8 Personen

CELERY APPLE SOUP

SELLERIE-APFEL-SUPPE

Bei einer Suppe aus Stangensellerie nehme ich immer die Blätter dazu, weil sie ein intensives Aroma entfalten, das ich sehr mag. Die Mischung von Stangensellerie und Apfel macht diese Suppe zu einer leichten Vorspeise, die noch genug Platz für die folgende Hauptmahlzeit läßt. Waschen Sie den Sellerie immer sehr gründlich, vor allem an der Basis, da sich hier oft viel Schmutz festsetzt.

2 TL Pflanzenöl
2 Tassen (260 g) Zwiebeln, grobgehackt
1 EL Knoblauch, feingehackt
8 Selleriestangen mit Blättern, gewaschen und gehackt
2 Granny-Smith-Äpfel, geschält, entkernt und grobgehackt
1 EL getrockneter Estragon
6 Tassen (1½ l) entfettete Gemüse- oder Hühnerbrühe, vorzugsweise selbstgemacht (s. S. 273 bzw. 271)
1 Tasse (250 ml) Apfelsaft
½ Tasse (30 g) frische glatte Petersilie, gehackt, plus 2 EL extra
Salz und frisch gemahlener schwarzer Pfeffer

1. Öl in einem großen Topf bei mäßiger Temperatur erhitzen. Dann Zwiebeln, Knoblauch, Sellerie, Äpfel und Estragon zugeben und unter zeitweiligem Rühren 15 Minuten andünsten.

2. Brühe und Apfelsaft zugießen. Die Hitze erhöhen und die Suppe zum Kochen bringen. Die Hitze wieder reduzieren und die Suppe 40 Minuten köcheln lassen, bis der Sellerie gar ist. ½ Tasse (30 g) Petersilie einrühren und die Suppe leicht abkühlen lassen.

3. Die Suppe portionsweise in einer Küchenmaschine ganz glatt pürieren. In den Topf zurückgießen und langsam wieder aufwärmen. Mit Salz und Pfeffer abschmecken, mit der restlichen Petersilie garnieren und sofort servieren.

Für 6 Personen

Chippewa Wild Rice Soup
Indianische Suppe mit Wildreis

Es herrschte Eiseskälte, als ich diese Wildreissuppe im Chippewa-Reservat in Bemidji, Minnesota, zum ersten Mal aß (s. Kasten S. 341). Wieder zu Hause, nutzte ich einen frostigen New Yorker Januartag, um mit einer eigenen Variante der beliebten Suppe aus dem Mittleren Westen meine Reise Revue passieren zu lassen. Die meisten Rezepte empfehlen etwas Sherry, den ich nur als Option offenlasse, da ich die Suppe in ihrer ursprünglichen Form vorziehe, also voller Wintergemüse, Wildreis und Huhn. Wenn Sie eine intensive Brühe wollen, nehmen Sie nicht zuviel Wasser: 2 Liter reichen völlig. Sobald das Huhn sein Aroma entfaltet hat, nehmen Sie es heraus und schneiden Sie es in kleine Stücke, die dann in die Suppe kommen.

½ Tasse (70 g) Wildreis
12 Tassen (3 l) Wasser
Salz
1 Huhn (etwa 1,4 kg), in Stücke geschnitten
4 Selleriestangen mit Blättern,
   in 1–2 cm große Stücke geschnitten
4 Möhren, geschält und in 1–2 cm große Stücke geschnitten
3 Pastinaken, geschält und in 1–2 cm große Stücke geschnitten
2 Zwiebeln, in 1–2 cm große Stücke geschnitten
3 Knoblauchzehen, leicht zerdrückt
1 kleines Bund frischer Dill, mit Küchenschnur zusammengebunden
3 EL trockener Sherry (nach Belieben)
3 EL glatte Petersilie

1. Den Wildreis in einem Sieb unter kaltem Wasser gut waschen. Abtropfen lassen.
2. 4 Tassen (1 Liter) Wasser mit 2 Teelöffeln Salz zum Kochen bringen. Den Reis bei mittlerer Hitze darin 40 Minuten al dente garen. Abgießen und 1½ Tassen (180 g) beiseite stellen.
3. Während der Reis kocht, das Huhn waschen und überschüssiges Fett abschneiden. In einen großen Suppentopf geben, das restliche Wasser und 1 Teelöffel Salz zufügen und aufkochen lassen. Eventuell an die Oberfläche gestiegenen Schaum abschöpfen.
4. Sämtliches Gemüse und Dill zufügen. Den Topf wieder abdecken und die Suppe bei mittlerer Hitze 45 Minuten köcheln lassen, bis das Huhn gar ist.
5. Das Huhn herausnehmen und abkühlen lassen. Dann häuten, Knochen entfernen und das Fleisch in große Stücke schneiden. Wieder in den Topf geben und den Dill entfernen.
6. Wildreis und nach Belieben Sherry in die Suppe geben. Bei mittlerer Hitze 15 Minuten ohne Deckel köcheln lassen, abschmecken und Petersilie unterrühren. Sofort servieren.

Für 6–8 Personen

Blue Ribbon Split Pea Soup
Gourmet-Erbsensuppe

Wenn Sie das nächste Mal einen Schinken übrig haben, nehmen Sie ihn für diese Suppe. An einem kalten Sonntagabend gibt es nichts Sättigenderes als Erbsensuppe mit Pumpernickel, Cheddar und *Fresh Whole-Cranberry Relish* (s. S. 202). Kommt in die Suppe noch ein Lorbeerblatt, etwas Thymian und eine Prise Estragon, wird sie zu einem kulinarischen Erlebnis.

VEGETABLE SPLIT PEA SOUP

GEMÜSESUPPE MIT ERBSEN

Aus einem Topf voller Gemüse, angedickt mit wenigen geschälten Erbsen, entsteht eine Suppe, die leicht süß und sehr aromatisch schmeckt. Wenn ich keine Schinkenknochen finden kann, kaufe ich Eisbein, das der Brühe den gleichen intensiven Geschmack verleiht. Mit knusprigem Brot und einem grünen Salat ist ein großer Topf dieser Suppe eine vollständige Mahlzeit.

¾ Tasse (150 g) halbe grüne Schälerbsen
8 Tassen (2 l) entfettete Hühnerbrühe, vorzugsweise selbstgemacht (s. S. 271)
1 fleischiger Schinkenknochen oder ein Eisbein (s. o.)
2 Selleriestangen, grobgehackt
1 Lorbeerblatt
½ Tasse (30 g) frische glatte Petersilie, gehackt
½ TL getrockneter Estragon
½ TL getrockneter Thymian
2 EL Olivenöl
1 EL Butter
6 Möhren, geschält, längs halbiert und quer in 1–2 cm große Stücke geschnitten
3 Zwiebeln, grobgehackt
2 Lauchstangen (mit 8 cm Grün), Wurzeln enfernt, gut gewaschen, trockengetupft und in 1–2 cm große Stücke geschnitten
3 Knoblauchzehen, feingehackt
2 Zucchini, geputzt und in 1–2 cm große Stücke geschnitten
300 g frischer Spinat, gewaschen, harte Stengel entfernt und quer in 2–3 cm breite Streifen geschnitten
4 reife Tomaten, entkernt und in 1–2 cm große Würfel geschnitten
Salz und frisch gemahlener schwarzer Pfeffer

---

1 fleischiger Schinkenknochen oder 1 Eisbein
450 g halbe grüne Schälerbsen
2 Möhren, geschält
2 Selleriestangen
1 Zwiebel
1 Pastinake
1 Lauchstange (mit 8 cm Grün), Wurzeln entfernt, längs halbiert, gut gewaschen und trockengetupft
2 EL Olivenöl
1 Lorbeerblatt
4 Zweige frischer Thymian oder 1 TL getrockneter Thymian
1 TL getrockneter Estragon
4 Tassen (1 l) entfettete Hühnerbrühe, vorzugsweise selbstgemacht (s. S. 271)
4 Tassen (1 l) Wasser
Salz und frisch gemahlener schwarzer Pfeffer
2 EL frische glatte Petersilie, gehackt

1. Das Fett vom Schinkenknochen abschneiden und den Knochen beiseite legen. Die Erbsen verlesen und dabei eventuell vorhandene Steine entfernen. Waschen, abgießen und beiseite stellen.

2. Möhren, Sellerie, Zwiebel, Pastinake und Lauch fein würfeln. Öl in einem großen Topf erhitzen und das gesamte Gemüse 10–12 Minuten andünsten.

3. Die Erbsen zugeben und 1 Minute andünsten. Dann alle Kräuter, den Knochen, Brühe und Wasser zugeben. Alles zum Kochen bringen, die Hitze reduzieren und 45 Minuten halb abgedeckt unter zeitweiligem Rühren köcheln lassen, bis die Erbsen gar sind.

4. Knochen, Lorbeer und Thymianzweige entnehmen. Wenn der Knochen abgekühlt ist, das Fleisch lösen und in den Topf zurücklegen. Die Suppe wieder erhitzen, mit Salz und Pfeffer abschmecken und Petersilie unterrühren. Sofort servieren.

Für 6 Personen

1. Die Erbsen verlesen und dabei eventuell vorhandene Steine entfernen; waschen und abgießen.

2. Erbsen und Brühe in einen großen Topf geben und zum Kochen bringen. Schinkenknochen, Sellerie, Lorbeerblatt und 3 Eßlöffel Petersilie sowie Estragon und Thymian zufügen. Die Hitze reduzieren und 45 Minuten halb abgedeckt köcheln lassen.

3. Inzwischen Olivenöl und Butter in einem separaten Topf bei mäßiger Temperatur erhitzen. Möhren, Zwiebeln, Lauch und Knoblauch zugeben. Halb abgedeckt unter gelegentlichem Rühren etwa 20 Minuten garen, bis das Gemüse zart ist. In die Suppe geben, nachdem diese 45 Minuten geköchelt hat, und halb abgedeckt weitere 30 Minuten köcheln lassen; dabei ein- oder zweimal umrühren. Den Schinkenknochen entnehmen und beiseite stellen. Das Lorbeerblatt entfernen.

4. Zucchini in die Suppe geben und weitere 15 Minuten kochen, dabei direkt auf dem Topfboden umrühren.

5. Spinat zufügen und 10 Minuten leicht köcheln lassen. Tomaten und die restliche Petersilie unterrühren. Die Suppe vom Herd nehmen und mit Salz und Pfeffer abschmecken. Wenn der Knochen abgekühlt ist, das Fleisch in kleinen Stücken ablösen und unter die Suppe rühren. Aufwärmen und servieren.

Für 6–8 Personen

SWEET SWEET PEA SOUP

ZUCKERERBSENSUPPE

Bei einer Frühjahrshochzeit im Garten oder bei einem leichten Lunch für Freunde wäre diese Zuckererbsensuppe sicher der Hit. Sie schmeckt heiß oder kalt einfach köstlich, vor allem mit einem mit Krabben oder Geflügelsalat belegten Sandwich. Wenn Sie die Suppe kalt servieren, nur entfettete Brühe verwenden, sonst setzt sich das Fett an der Oberfläche ab. Neben Radieschen können Sie auch gewürfelte Gurken, frisch geernteten Schnittlauch und sogar ein oder zwei Schnittlauchblütenköpfe verwenden.

3 EL Butter
2 Tassen (260 g) Zwiebeln, grobgehackt
8 Tassen (2 l) entfettete Hühnerbrühe,
  vorzugsweise selbstgemacht (s. S. 271)
etwa 1150 g tiefgekühlte Erbsen, aufgetaut
1 Tasse (60 g) frische Minzeblätter,
  grobgehackt
1 Tasse (250 ml) Schlagsahne
Salz und frisch gemahlener weißer Pfeffer
8 Radieschen, gewürfelt, zum Garnieren

1. Butter in einem großen Topf bei geringer Hitze zerlassen. Zwiebeln zufügen und unter zeitweiligem Rühren glasig werden lassen.

2. Hühnerbrühe und Erbsen zugeben, zum Kochen bringen, die Hitze reduzieren und die Suppe 15 Minuten halb abgedeckt köcheln lassen. Dann die Minze unterrühren und leicht abkühlen lassen.

3. Die Suppe portionsweise in einer Küchenmaschine ganz glatt pürieren. Das Püree nach und nach durch ein Sieb in eine Schüssel streichen. Die im Sieb zurückgebliebenen festen Bestandteile mit einem Löffel zerdrücken, damit möglichst viel Flüssigkeit in die Schüssel tropft.

4. Sahne unterrühren und alles mit Salz und Pfeffer abschmecken. Wenn die Suppe kalt gegessen wird, abdecken und im Kühlschrank bis zum Servieren kalt stellen. Soll die Suppe heiß gegessen werden, wieder zurück in den Topf gießen und unter Rühren aufwärmen. Nicht aufkochen lassen!

5. Die Suppe in Suppentassen und mit Radieschen garniert servieren.

Für 6–8 Personen

SUNSET RED LENTIL SOUP

SUPPE AUS ROTEN LINSEN

Die frische, leicht orange Farbe gibt dieser Linsensuppe den besonderen Pfiff. Nicht nur Gaumen-, sondern auch Augenschmaus, erinnert sie an die grandiosen Sonnenuntergänge im Südwesten. Außerdem erhöht es den Genuß, daß diese Suppe kaum Fett enthält.

1 Navelorange
2 EL Olivenöl
3 Zwiebeln, längs halbiert und in Scheiben geschnitten
4 Möhren, geschält und geraspelt
½ TL Salz
1 Msp. frisch gemahlener schwarzer Pfeffer
2 TL getrockneter Majoran
1 Dose (800 g) geschälte Eiertomaten, zerdrückt, mit Saft
1 gehäufter EL Tomatenmark
1 TL brauner Zucker
6 Tassen (1½ l) entfettete Gemüse- oder Hühnerbrühe, vorzugsweise selbstgemacht (s. S. 273 bzw. 271)
1 Tasse (200 g) getrocknete rote Linsen, gewaschen und abgetropft
3 EL frische glatte Petersilie, gehackt

1. Die Orange so schälen, daß ein langer Streifen Schale entsteht. Fleisch vom Inneren der Schale abkratzen und diese beiseite legen. Die Orange halbieren und auspressen; den Saft beiseite stellen.

2. Olivenöl bei geringer Hitze in einem großen schweren Topf erhitzen. Zwiebeln und Möhren zugeben und etwa 15 Minuten unter zeitweiligem Rühren andünsten. In den letzten 2 Minuten Pfeffer und Majoran darüber streuen.

3. Tomaten, Tomatenmark, Zucker, Brühe, Orangenschale, Orangensaft und Linsen zugeben. Das Ganze zum Kochen bringen, die Hitze reduzieren und 30 Minuten halb abgedeckt unter zeitweiligem Umrühren köcheln lassen.

4. Die Orangenschale entfernen, erneut abschmecken und Petersilie unterrühren. Heiß servieren.

Für 6 Personen

MAUDE ABRAMS SCHOOL LIMA BEAN SOUP

LIMABOHNENSUPPE

Beim Lima Bean Festival in Cape May, New Jersey, erhielt die erste Klasse der Maude Abrams School für ihre köstliche Suppe den Hauptpreis. Nach der ermüdenden dreistündigen Fahrt von Manhattan zum Festival wurde sie gerade rechtzeitig serviert, um meine Lebensgeister wieder zu wecken. Ich gebe zum Schluß eine kleine Menge Sahne zu, so hat die Suppe eine noch glattere Struktur. Meiner Meinung nach paßt sie zu jedem Sonntags-Lunch im Winter, zu gegrillten Würsten und zu Kopfsalat.

Limabohnen von der Quelle

Frisch gepflückte Limabohnen gehören zu den Köstlichkeiten des Sommers. Die großen weißen Samen sind so süß und fleischig, daß man sie einfach mit etwas Butter, Salz und Pfeffer essen kann. Auch lassen sie sich gut für phantasievollere Rezepte verwenden, wie ich bei meiner »Pilgerfahrt« nach West Cape May, New Jersey, erfuhr. Jedes Jahr im September rollt man dort für die große Fordhook-Limabohne (die mit der kleineren Babylimabohne verwandt ist) den roten Teppich aus und feiert sie mit Spielen, Livemusik und vielen herzhaften Hausmachergerichten.

Die Reise nach West Cape May war meine erste Recherchetour für dieses Kochbuch, also war ich sehr aufgeregt. Und hungrig. Ich ging von Stand zu Stand und aß mich von einem Ende des Wilbraham-Parks zum anderen durch. Erstkläßler der Maude Abrams School servierten mir zunächst einen Pappbecher randvoll mit ihrer Suppe aus dicken Limabohnen, gewürzt mit Majoran und Oregano. Mitglieder der Afrikanisch-Methodistischen Episkopalkirche boten gegrillte, gebackene und mit Butter zubereitete Limabohnen an – ich mußte einen ganzen Teller davon essen. Außerdem gab es Kasserollen mit Limabohnen, Schinken und Tomaten, Limabohnen mit großen Gemüsestücken, mit gegrilltem Schweinefleisch, ja sogar ein ganzes Spanferkel, das für Sandwiches tranchiert wurde. Dazu trank ich frische Limonade.

Bürgermeister John Vasser jr. ernannte mich zum Ehrengast, also mußte ich die Limabohnenkönigin des Jahres auswählen. Gott sei Dank mußte ich lediglich in einen Kasten greifen und einen Namen ziehen: den der 19jährigen Ashley Rupert. Sie schlüpfte in ihren königlichen Umhang, ein grünes Sweatshirt in Übergröße, und ließ sich huldigen. Da die Stände inzwischen langsam abgebaut wurden, zeigte mir Bürgermeister Vasser ein Limabohnenfeld. Die Ranken mit ihren dunkelgrünen herzförmigen Blättern waren voller Bohnen, die letzten der Saison. Erntemaschinen kamen näher, und ich war versucht, Bohnen zu pflücken und mitzunehmen, bevor sie ein für allemal verschwanden.

Frische Limabohnen werden im allgemeinen in der Schote verkauft, die fest und dunkelgrün sein sollte. Kaufen Sie wenn möglich *Fordhooks*, da sie ein intensiveres Aroma haben als Babylimabohnen. Die Schoten halten im Kühlschrank bis zu einer Woche. Enthülsen Sie die Bohnenkerne erst kurz vor der Verarbeitung. Kochen Sie sie einfach in Salzwasser (etwa 15 Minuten oder bis sie zart sind) oder suchen Sie im Register nach einem Rezept, das Ihnen zusagt. Die Gerichte sind alle von meinem Besuch in West Cape May inspiriert!

350 g getrocknete Limabohnen
110 g Frühstücksspeck in Scheiben, ohne Schwarte, gewürfelt
1 EL Butter
4 Möhren, geschält und grobgehackt
4 Selleriestangen, grobgehackt
1 Zwiebel, grobgehackt
1 TL getrockneter Majoran
1 TL getrockneter Oregano
7 Tassen (1¾ l) entfettete Hühnerbrühe, vorzugsweise selbstgemacht (s. S. 271)
1 mittelgroße Kartoffel, geschält und grobgehackt
½ Tasse (125 ml) Kaffeesahne
3 EL frische glatte Petersilie, gehackt
Salz und frisch gemahlener schwarzer Pfeffer

1. Die Bohnen verlesen und dabei eventuell vorhandene Steine entfernen. 5 cm hoch mit kaltem Wasser bedecken und über Nacht einweichen (s. Kasten S. 354).

2. Die Bohnen abgießen, mehrfach mit kaltem Wasser abspülen und abtropfen lassen.

3. Den Speck in einem Topf bei niedriger Hitze 3–5 Minuten ausbraten. Butter, Möhren, Sellerie und Zwiebel zugeben und etwa 10 Minuten andünsten. Anschließend Majoran und Oregano zufügen.

4. Die Bohnen, 6 Tassen (1½ Liter) Brühe und die Kartoffel zufügen, zum Kochen bringen und eventuell an die Oberfläche steigenden Schaum abschöpfen. Die Hitze reduzieren und die Suppe halb abgedeckt 45 Minuten kochen lassen; von Zeit zu Zeit auf dem Topfboden umrühren.

5. Kaffeesahne und ½ Tasse (125 ml) Suppe in einem Mixer pürieren. Das Püree mit der restlichen Brühe und der Petersilie wieder in die Suppe einrühren. Salzen und pfeffern und heiß servieren.

Für 6–8 Personen

Sheila's Black Bean Soup
Schwarze Bohnensuppe

Schwarze Bohnensuppe wird immer populärer, sei es mit Sherry und einer dünnen Limonenscheibe wie in South Carolina, sei es mit kubanischen Gewürzen wie in Miami. Mein Rezept hat von beiden Varianten etwas und dazu noch eine Note der spezifischen Würze der südwestlichen Staaten.

450 g getrocknete schwarze Bohnen
1 Eisbein
2 EL extra natives Olivenöl
1 große Zwiebel, grobgewürfelt
4 große Knoblauchzehen, leicht zerdrückt
gut 3 l Wasser
2 Lorbeerblätter
1 kleine getrocknete rote Chilischote
2 EL Kreuzkümmel, gemahlen
1 EL getrockneter Oregano
1 Bund frischer Koriander, möglichst mit Wurzeln, gewaschen
4 EL frische glatte Petersilie, gehackt
Salz und frisch gemahlener schwarzer Pfeffer
1 rote Paprikaschote, Stielansatz und Samen entfernt, gewürfelt
1 EL brauner Zucker
2 EL trockener Sherry
2 TL frischer Limettensaft
1 Tasse (250 g) saure Sahne oder ½ Tasse (125 ml) trockener Sherry, zum Verfeinern
dünne Limettenscheiben, zum Garnieren

1. Die Bohnen verlesen und dabei eventuell vorhandene Steine entfernen. 5 cm hoch mit kaltem Wasser bedecken und über Nacht einweichen (s. Kasten S. 354). Die Bohnen abgießen und mehrmals mit kaltem Wasser abspülen. Beiseite stellen.

2. Das Eisbein in einem großen Topf mit Wasser bedecken und aufkochen lassen. 10 Minuten kochen, dann abgießen.

3. Das Öl in einem großen Topf bei mäßiger Temperatur erhitzen. Die Zwiebel darin fast glasig dünsten, dann Knoblauch zugeben und weitere 5 Minuten dünsten.

4. Eisbein, Bohnen, Wasser, Lorbeer, Chilischote, Kreuzkümmel und Oregano zufügen. Stengel und Wurzeln von 4 großen Korianderzweigen zerdrücken und mit Küchengarn zusammenbinden. Die restlichen Korianderblätter hacken und beiseite stellen (Sie benötigen etwa 3 Eßlöffel). Die Stengel mit 2 Eßlöffeln Petersilie in den Topf geben.

5. Die Suppe zum Kochen bringen, dann die Hitze reduzieren und die Suppe ohne Deckel 1½ Stunden köcheln lassen. Eventuell an die Oberfläche steigenden Schaum abschöpfen.

6. Das Eisbein herausnehmen. Wenn es abgekühlt ist, das Fleisch vom Knochen lösen und dieses in den Topf geben. Die Korianderstengel entfernen.

7. Knoblauch, Zwiebeln und 2 Tassen (½ Liter) Suppe in einem Mixer oder einer Küchenmaschine pürieren. Das Püree wieder unter die Suppe rühren, mit Salz und Pfeffer abschmecken.

8. Paprika, Zucker, Sherry, Limettensaft, Koriander und die restliche Petersilie zugeben und weitere 30 Minuten kochen; den Lorbeer entfernen. Jeden Suppenteller mit einem Klecks Sauerrahm oder etwas Sherry und mit 1 Limettenscheibe garniert serviert servieren.

Für 6 Personen

EAST COAST ASPARAGUS HERB SOUP

SPARGEL-KRÄUTER-SUPPE

Jedes Jahr Ende April wachsen auf den Beeten der Ostküste Unmengen grünen Spargels. Jetzt, wenn er am besten schmeckt, bereite ich ihn auf jede nur erdenkliche Weise zu, und ich verbinde die Jahreszeit ganz und gar mit seinem intensiven Aroma. Diese sämige Suppe ist so sättigend und nahrhaft, daß sie nur in kleinen Portionen serviert werden sollte. Ich unterstreiche ihre Frische – übrigens eine ideale Vorspeise für *Blushing Spring Shrimp & Peas* (s. S. 494) –, indem ich sie mit delikaten, leicht blanchierten Spargelspitzen garniere. Wenn Sie den Spargel einkaufen, suchen Sie feste, intensiv grüne Exemplare mit festen Spitzen aus. Und denken Sie daran, ein großes Bund tiefgrünen Dill dazu zu kaufen!

700 g frischer grüner Spargel
1 EL Butter
1 EL Olivenöl
1 Zwiebel, gehackt
2 reife Tomaten
4 Tassen (1 l) entfettete Gemüse- oder Hühnerbrühe, vorzugsweise selbstgemacht (s. S. 273 bzw. 271)
6 EL frischer Dill, gehackt
½ TL getrockneter Estragon, zerdrückt
1 Prise Cayennepfeffer
½ Tasse (125 ml) Schlagsahne

1. Die harten Spargelenden entfernen; die Spitzen abschneiden und aufheben. Die restlichen Spargelstangen in 2–3 cm große Stücke schneiden.

2. Butter und Öl bei geringer Temperatur in einem großen Topf erhitzen. Die Zwiebel darin unter zeitweiligem Umrühren glasig dünsten.

3. Eine Tomate kleinschneiden und mit den Spargelstücken in den Topf geben. Alles mischen, dann die Brühe, 4 Eßlöffel Dill, Estragon und Cayennepfeffer zugeben. Aufkochen lassen, dann die Hitze reduzieren und 15 Minuten weiterkochen, bis der Spargel gar ist. Abkühlen lassen.

4. Inzwischen die Spargelspitzen in einem kleinen Topf in kochendem Wasser 2–3 Minuten blanchieren, bis sie gerade gar sind. Unter kaltem Wasser abspülen und beiseite stellen. Die restliche Tomate entkernen, würfeln und ebenfalls beiseite stellen.

5. Die Suppe nach und nach in einer Küchenmaschine glatt pürieren, dabei langsam die Sahne zugeben. Dann die Suppe in den Topf zurückgießen.

6. Vor dem Servieren die Suppe wieder aufwärmen. In Schüsselchen schöpfen, mit Spargelspitzen und Tomatenwürfeln garnieren, mit dem restlichen Dill bestreuen und servieren.

Für 4 Personen

LEMON BASIL ARTICHOKE SOUP

ARTISCHOCKENSUPPE

★★★

Zwar ist hausgemachte Artischockensuppe ein Luxus: Sie macht viel Arbeit, ohne daß dabei große Mengen herauskommen. Sie schmeckt aber exzellent, und wenn Sie sie einmal gegessen haben, werden Sie danach süchtig. Ihr Geheimnis liegt darin, daß nicht nur die kleingehackten Artischockenherzen verwendet werden, sondern auch das sehr aromatische Mark, das mühsam von den Blattenden heruntergeschabt werden muß. Ich füge gern etwas Sahne zu; sie sorgt für eine angenehm cremige Konsistenz, warum also nicht einmal sündigen und bei anderen Gelegenheiten gesünder essen?! Diese elegante Suppe sollte in kleinen dekorativen Tassen serviert werden.

4 große Artischocken, geputzt (s. Kasten S. 248)
Salz
2 EL Olivenöl
1 EL Butter
2 Zwiebeln, grobgehackt
2 Selleriestangen, gewürfelt
1 rotschalige Kartoffel, grobgewürfelt
5½–6 Tassen (1¼–1½ l) entfettete Hühnerbrühe, vorzugsweise selbstgemacht (s. S. 271)
3 EL Zitronensaft, frisch gepreßt
1 Tasse (60 g) frisches Basilikum, grobgehackt
1 Tasse (250 ml) Schlagsahne (nach Belieben)
2 reife Eiertomaten, entkernt und feingewürfelt, zum Garnieren
3 EL Basilikumblätter, in feine Streifen geschnitten, zum Garnieren

1. Einen großen Topf mit Wasser zum Kochen bringen, Salz zugeben und die Artischocken etwa 40 Minuten darin garen. Abgießen und abkühlen lassen.

2. Alle großen Blätter ablösen, das Mark herauskratzen und beiseite stellen. Die kleinen violettfarbenen Blätter in der Mitte sowie das Heu entfernen und wegwerfen. Die Herzen in kleine Stücke schneiden und beiseite stellen.

3. Öl und Butter in einem großen Topf bei niedriger Temperatur erhitzen. Zwiebeln und Sellerie unter zeitweiligem Rühren etwa 10 Minuten andünsten. Artischockenfleisch, Kartoffeln, Brühe und Zitronensaft zugeben und zum Kochen bringen. Die Hitze reduzieren und die Suppe halb abgedeckt 20 Minuten köcheln lassen.

Artischocken: Die schönen Disteln

Artischocken sind Blüten, die als Knospen ein Gaumenschmaus und blauviolett erblüht eine Augenweide sind. In Monterey County, Kalifornien, östlich der dramatischen Küstenlandschaft von Big Sur, wachsen sie in atemberaubender Üppigkeit. Sie werden per Hand geerntet. 75% der amerikanischen Artischocken stammen von hier; der Rest kommt aus den angrenzenden Landstrichen. Castroville, die nächstgelegene Stadt, hat sich zum »Artischockenzentrum der Welt« erklärt und feiert die Distel mit einem jährlichen Artischocken-Fest, das unter dem Patronat einer Artischockenkönigin steht. 1948 wurde die erste gekrönt: Marilyn Monroe.

Artischocken sind nicht so schwer zuzubereiten, wie es scheint. Schneiden Sie einfach die Stiele an der Basis ab und entfernen Sie die kleinen, zähen, untersten Blätter. Schneiden Sie mit einem Messer die obersten 2–3 cm ab und kappen Sie die restlichen Blattspitzen mit der Schere. Reiben Sie die Artischocken ganz mit Zitrone ein, damit sie sich nicht verfärben, und legen Sie sie in so viel Wasser, daß sie zur Hälfte bedeckt sind. Pro Liter Wasser fügen Sie etwa 1 Teelöffel Salz und 2 Teelöffel Zitronensaft und Olivenöl zu.

Ich gebe auch gern einige Petersilienstengel sowie gehackte Zwiebeln und Möhren hinein. Bringen Sie die Flüssigkeit zum Sprudeln, bedecken Sie den Topf und lassen Sie das Ganze 30–45 Minuten lang kochen, bis eine Gabel leicht in die Artischockenherzen eindringt. Die Artischocken nun vorsichtig aus dem Topf heben und kopfüber auf Küchenpapier abtropfen lassen.

Um eine Artischocke Blatt für Blatt zu essen, tauchen Sie den unteren Teil jedes Blatts in eine Vinaigrette oder einen Gemüsedip. Wenn Sie das Blatt durch die Zähne ziehen, bleibt das Mark der Unterseite hängen; werfen Sie den Rest weg. Die leicht violett gefärbten Blätter in der Mitte werfen Sie ebenfalls weg (mit einer vorsichtigen Drehbewegung lassen sie sich lösen), dann entfernen Sie das Heu in der Mitte mit einem kleinen Löffel oder einem Messer. Schneiden Sie das Artischockenherz vor dem Verzehr in kleine Stücke.

Babyartischocken sind leichter zu essen. Sie lassen sich ganz, halbiert oder geviertelt dünsten. Achten Sie beim Kauf auf Frische, also geschlossene Köpfe mit anliegenden, frischen Hüllblättern. Die Artischocken waschen und in einem Plastikbeutel im Kühlschrank aufbewahren.

---

4. Basilikum unterrühren und die Suppe etwas abkühlen lassen.

5. Die Suppe portionsweise in einer Küchenmaschine ganz glatt pürieren. Das Püree wieder in den Topf geben und nach Belieben Sahne zugießen. Die Suppe bei geringer Hitze aufwärmen und abschmecken. Mit Tomatenwürfeln und Basilikumstreifen garnieren und sofort servieren.

Für 4–6 Personen

August Confetti Corn Chowder
Sommerliche Maissuppe

Wenn der Mais reif und süß ist und der Markt überquillt von Zucchini und Basilikum, dann ist es Zeit für ein *chowder*. Im folgenden Rezept kommen die Kolben in die Brühe, damit sie aromatischer wird. Statt der üblichen Mehlschwitze püriere ich etwas Mais und Kartoffeln, um die Suppe anzudicken. Noch besser schmeckt sie, wenn direkt vor dem Servieren Basilikum, Dill und Frühlingszwiebeln dazugegeben werden.

8 Kolben frischer Zuckermais, geschält
6 Tassen (1½ l) entfettete Hühnerbrühe oder Gemüsebrühe, vorzugsweise selbstgemacht (s. S. 271 bzw. 273)
1 rote Paprikaschote, Stielansatz und Samen entfernt, gewürfelt
1 rotschalige Kartoffel, geschält und gewürfelt
gut 1 l Milch
110 g Frühstücksspeck in Scheiben, ohne Schwarte, in 0,5 cm große Stücke geschnitten
1 Zwiebel, gewürfelt
Salz und frisch gemahlener schwarzer Pfeffer
1 Zucchini, ganz fein gewürfelt
6 EL frische glatte Petersilie, gehackt
½ Tasse (30 g) frische Basilikumblätter, in Streifen geschnitten, zum Garnieren
2 EL frischer Dill, grobgehackt, zum Garnieren
2 Frühlingszwiebeln (mit 8 cm Grün), in feine Scheiben geschnitten, zum Garnieren

1. Die Körner von den Kolben lösen und beiseite stellen. Die Kolben halbieren und in einen Suppentopf geben.
2. Brühe in den Topf gießen und zum Kochen bringen, dann die Temperatur reduzieren. Den Topf abdecken und 20 Minuten leicht köcheln lassen.
3. Während die Brühe kocht, die Paprika in einem kleinen Topf mit kochendem Wasser 1 Minute blanchieren (sonst blutet sie aus und färbt die Suppe rosa), abgießen und beiseite stellen.
4. Die Maiskolben entfernen und die Kartoffelwürfel und die Hälfte der Maiskörner in die Brühe geben. Zum Kochen bringen, die Hitze reduzieren und die Kartoffeln 10–12 Minuten garen. Den Topf vom Herd nehmen und langsam abkühlen lassen.
5. Die Suppe portionsweise in einem Mixer oder einer Küchenmaschine pürieren, bis sie gerade glatt ist (nicht länger!), dann in eine große Schüssel gießen, Milch einrühren und beiseite stellen.
6. Im selben Suppentopf den Speck bei mittlerer Hitze etwa 5 Minuten ausbraten. Zwiebel zugeben und unter ständigem Rühren 10 Minuten glasig werden lassen. Die pürierte Suppe zugießen, mit Salz und Pfeffer abschmecken und bei mittlerer Hitze sehr heiß werden lassen.
7. Zucchini und die restlichen Maiskörner zugeben. Auf mittlerer Stufe 5–8 Minuten ziehen lassen (nicht zum Kochen bringen!).
8. Vor dem Servieren die blanchierte Paprika und 4 Eßlöffel Petersilie unterrühren. Mit Basilikum, Dill, Frühlingszwiebeln und der restlichen Petersilie garnieren und sehr heiß servieren.

Für 6–8 Personen

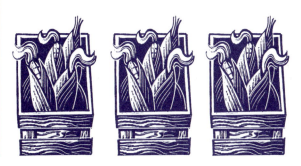

Corn and Lima Chowder

Chowder aus Mais und Limabohnen

Wenn ich an *chowder* denke, kommen mir sofort Muscheln aus dem Nordosten und frischer Mais in den Sinn. Allerdings stammt der Begriff *chowder* von einer ganz anderen Küste. Am wahrscheinlichsten ist, daß diese herzhafte Suppe ihre Wurzeln in den Küstenstädten der Bretagne hat und von dem französischen Wort *chaudière*, »großer Kessel«, kommt. Wenn die Boote nach ihren langen Fischzügen wieder zurück in den Hafen kamen, warfen alle Fischer etwas von ihrem Fang in den Suppentopf und, *voilà*, schon war der *chowder* fertig. Über französische Siedler in Neuschottland trat diese Tradition ihren Siegeszug bis hinunter zu den Küsten Neuenglands an. Wenn der Sommer zu Ende geht und in New Jersey Mais und Limabohnen geerntet werden, mache ich daraus diese ausgezeichnete Suppe. Das Aroma der Zutaten entfaltet sich durch die nach Süßholz schmeckenden Basilikumblätter noch mehr.

2 Zwiebeln
1 rote Paprikaschote, Stielansatz und Samen entfernt
2 rotschalige Kartoffeln, geschält
110 g Frühstücksspeck in Scheiben, ohne Schwarte, in 0,5 cm große Stücke geschnitten
2 El Butter
2 El Mehl
4 Tassen (1 l) entfettete Hühnerbrühe, vorzugsweise selbstgemacht (s. S. 271)
1 Tasse (250 ml) Schlagsahne
3 Tassen (750 g) Mais, gekocht
1 Tasse (160 g) Babylimabohnen, gekocht
Salz und frisch gemahlener schwarzer Pfeffer
3 Frühlingszwiebeln (mit 8 cm Grün), diagonal in dünne Scheiben geschnitten
1 EL frische Basilikumblätter, in feine Streifen geschnitten, zum Garnieren

1. Zwiebeln und Paprika würfeln und separat beiseite stellen. Kartoffeln ebenfalls würfeln, in eine Schüssel geben und mit kaltem Wasser bedecken.
2. Den Speck auf niedriger Stufe in einem Suppentopf etwa 5 Minuten ausbraten. Butter zufügen und unter Rühren zerlassen.
3. Zwiebeln zufügen und 10 Minuten unter Rühren glasig werden lassen. Mehl darüber streuen und 5 Minuten rühren.
4. Brühe und Kartoffeln zugeben. Bei mäßiger Hitze 10–12 Minuten kochen, bis die Kartoffeln gar, aber nicht zerkocht sind. Sahne, Mais, Limabohnen, Salz und Pfeffer zufügen und weitere 7 Minuten kochen, dabei von Zeit zu Zeit umrühren.
5. Paprika und Frühlingszwiebeln zugeben, abschmecken und nochmals 5 Minuten kochen. Mit Basilikum garnieren und sofort servieren.

Für 6 Personen

Garden Broccoli Vegetable Soup

Brokkoli-Gemüsesuppe

Die übliche sahnige, hellgrüne Brokkolisuppe fing an, mich zu langweilen, also experimentierte ich ein wenig und kam auf diese Variation. Die Süße der Möhren und die komplexe Säure der Tomaten bieten einen Gegenpart zum starken Kohlgeschmack des gekochten Brokkolis. Außerdem sorgt das direkt vor dem Pürieren der Suppe zugefügte frische Basilikum für die ansprechende smaragdgrüne Farbe der Suppe.

2 Brokkoli (knapp 700 g)
2 EL Butter
2 EL extra natives Olivenöl
2 Tassen (200 g) Lauch (mit 8 cm Grün),
  gut gewaschen, trockengetupft und feingehackt
2 Möhren, geschält und feingehackt
1 EL Knoblauch, feingehackt
6 Tassen (1½ l) entfettete Hühnerbrühe,
  vorzugsweise selbstgemacht (s. S. 271)
2 reife Eiertomaten, entkernt und kleingehackt
1 TL unbehandelte Zitronenschale, feingerieben
2 Tassen (100 g) frische Basilikumblätter,
  gewaschen
Salz und frisch gemahlener schwarzer Pfeffer

1. Vom Brokkoli die harten Strunkenden abschneiden, die Strünke schälen und dann in kleine Stücke schneiden. Den Brokkoli in kleine Röschen zerteilen und die kleinsten zum Garnieren beiseite legen.

2. In einem Topf Butter und Öl bei mittlerer Temperatur erhitzen. Lauch und Möhren zugeben und 10–12 Minuten unter Rühren andünsten. Knoblauch zufügen und weitere 2–3 Minuten dünsten.

3. Die Brühe zugießen und aufkochen lassen. Brokkoli, Tomaten und Zitronenschale einrühren und erneut zum Kochen bringen. Die Hitze reduzieren und die Suppe mit aufgelegtem Deckel 20–25 Minuten leicht köcheln lassen, bis der Brokkoli zart ist.

4. Inzwischen einen kleinen Topf mit Wasser zum Kochen bringen und die zurückbehaltenen Brokkoliröschen 2 Minuten blanchieren, unter kaltem Wasser abspülen und trockentupfen. Beiseite stellen.

5. Den Topf vom Herd nehmen, Basilikum einrühren und die Suppe zugedeckt 5 Minuten ruhen lassen. Dann portionsweise in einem Mixer oder einer Küchenmaschine pürieren, in den Topf zurückgießen und erwärmen. Salzen und pfeffern.

6. Mit den Brokkoliröschen garnieren und sehr heiß servieren.

Für 4 Personen

Creamy Fiddlehead Fern Soup

Sahnige Straußfarnsuppe

★★★

Norman Legace, ein großer Naturkenner, der im Nordwesten Connecticuts lebt, überraschte mich eines schönen Maitages mit einer Tüte voller Straußfarntriebe – seinem neuesten Fund von der Küste bei Pittsfield, Massachusetts. Aus dem schönen Geschenk kochte ich diese Suppe. Es ist eine köstliche Art, eine Mahlzeit mit gebackenem Lachs auf Lauchbett zu beginnen. Schnittlauch macht das Ganze noch würziger. Und wenn Sie Schnittlauchblüten finden, legen Sie eine oder zwei vor dem Servieren auf die Suppe. In Deutschland steht Straußfarn allerdings unter Naturschutz – beachten Sie daher den Hinweis auf S. 252.

2 EL Butter
2 EL Olivenöl
2 Zwiebeln, gehackt
1 EL Knoblauch, gehackt
¼ TL Muskatblüte, gehackt
1 Prise Cayennepfeffer
570 g frische Straußfarnsprossen, 2–3 cm
  hinter der Spirale abgeschnitten und gewaschen
  (ersatzweise junge Löwenzahnblätter)
5 Tassen (1¼ l) Gemüse- oder entfettete Hühnerbrühe,
  vorzugsweise selbstgemacht (s. S. 273 bzw. 271)
Salz und frisch gemahlener schwarzer Pfeffer
¾ Tasse (200 ml) Schlagsahne
2 EL frischer Schnittlauch, kleingeschnitten, zum
  Garnieren

1. Butter und Öl in einem Topf erhitzen. Zwiebeln fast glasig dünsten, Knoblauch zufügen und weitere 5 Minuten garen, bis die Zwiebeln weich und ganz glasig sind. Mit Muskatblüte und Cayennepfeffer bestreuen und umrühren.

2. Die 12 kleinsten Farnsprossen (Löwenzahnblätter) beiseite legen, die restlichen Sprossen und die Brühe in den Topf geben. Zum Kochen bringen, dann die Temperatur auf eine niedrige Stufe zurückstellen. Halb abgedeckt 10 Minuten kochen, bis die Farnsprossen (Löwenzahnblätter) gar sind. Mit Salz und Pfeffer abschmecken, dann die Suppe abkühlen lassen.

3. Inzwischen einen kleinen Topf Wasser zum Kochen bringen. Die beiseite gelegten Farnsprossen (Löwenzahnblätter) 4 Minuten blanchieren, abgießen, in einer Schüssel mit Eiswasser abschrecken und abtropfen lassen.

4. Die Suppe portionsweise in einer Küchenmaschine pürieren und die Sahne zugießen.

5. Die Suppe vor dem Servieren wieder aufwärmen. In vier kleine Schüsselchen schöpfen, jede mit Schnittlauch und Farnsprossen bzw. Löwenzahnblättern garnieren und servieren.

Für 4 Personen

Hinweis: Farnsprossen stehen in Deutschland unter Naturschutz und sind daher nicht erhältlich. Man kann sie zwar über Versand bestellen, doch empfiehlt die Redaktion nachdrücklich, statt dessen junge Löwenzahnblätter zu nehmen.

YUKON GOLD AND LEEK SOUP

KARTOFFEL-LAUCH-SUPPE (VICHYSSOISE)

Carolyn Maxwell aus Lewistown, Pennsylvania, meine beste Freundin in New York, macht seit jeher die beste Vichyssoise, mit reichlich Butter und Sahne. Ich hasse es zwar, an etwas Perfektem herumzupfuschen, aber wenn junge mehlige Kartoffeln auf den Markt kommen, reduziere ich die Sahnemenge des Originalrezepts etwas. Die cremige Struktur der mehligen Kartoffeln gibt der Suppe einen natürlich buttrigen Geschmack. Die Garnierung mit Forellenkaviar, geschnittenem Schnittlauch und Sauerrahm macht diese Suppe zu etwas Besonderem. Immer wenn ich Carolyn, die inzwischen in Quakertown, Pennsylvania, lebt, besuche, freue ich mich auf ihre Vichyssoise.

4 große Lauchstangen (nur der weiße Teil)
2 EL Apfelessig
3 EL Butter
1 Zwiebel, in dünne Scheiben geschnitten
4 große mehligkochende Kartoffeln, geschält und in dünne Scheiben geschnitten
4 Tassen (1 l) entfettete Hühnerbrühe, vorzugsweise selbstgemacht (s. S. 271)
2 TL Zitronensaft, frischgepreßt
1½ Tassen (375 ml) Milch
2¼ Tassen (560 ml) Schlagsahne
Salz und frisch gemahlener schwarzer Pfeffer
6 TL Weißfisch- oder Forellenkaviar, zum Garnieren
1 Bund frischer Schnittlauch, kleingeschnitten, zum Garnieren
½ Tasse (125 g) saure Sahne, zum Garnieren

1. Den Lauch von den Wurzeln befreien und beide Enden 4 cm tief kreuzförmig einschneiden. In eine Schüssel legen, Essig zugießen und mit kaltem Wasser bedecken. 20 Minuten einweichen lassen, um Erde herauszuspülen. Abgießen und gründlich waschen. Dann den Lauch quer in dünne Scheiben schneiden.

2. Butter in einem Suppentopf bei geringer Hitze zerlassen. Lauch und Zwiebeln zugeben und unter zeitweiligem Rühren glasig werden lassen. Kartoffeln, Hühnerbrühe und Zitronensaft zufügen und das Ganze zum Kochen bringen.

Die Hitze reduzieren und die Suppe 20 Minuten leicht köcheln lassen. Den Topf anschließend halb abdecken und die Suppe unter zeitweiligem Umrühren 20 Minuten ziehen lassen; sie sollte aber nicht kochen. Vom Herd nehmen und abkühlen lassen.

3. Die Suppe portionsweise in einer Küchenmaschine pürieren, dabei die Maschine immer wieder ein- und ausschalten. Die Suppe in den Topf zurückgießen und Milch und 1½ Tassen (380 ml) Sahne hinzufügen. Gut salzen und pfeffern und auf mittlerer Stufe erhitzen. Nicht zum Kochen bringen! Vom Herd nehmen und abkühlen lassen. Über Nacht kalt stellen.

4. Am nächsten Tag die restliche Sahne zugießen. Die Suppe bis zum Verzehr abgedeckt im Kühlschrank aufbewahren. Kalt oder heiß mit Kaviar, Schnittlauch und einem Klecks saurer Sahne garniert servieren.

Für 6 Personen

Creamy Fresh Morel Soup

Morchelrahmsuppe

In der Morchelsaison besuchte ich Boyne City, Michigan, wo ich zum ersten und einzigen Mal in meinem Leben an einem Pilzsuchwettbewerb teilnahm (s. S. 330). Zwar fand ich nicht sehr viele Pilze, aber der Ausflug inspirierte mich zu dieser sahnigen, sehr aromatischen Suppe.

300 g frische Morcheln, geputzt
220 g Champignons, geputzt
3 EL Butter
1 EL Olivenöl
2 Zwiebeln, grobgehackt
Salz und frisch gemahlener schwarzer Pfeffer
4 Tassen (1 l) entfettete Hühnerbrühe, vorzugsweise selbstgemacht (s. S. 271)
½ Tasse (125 ml) Schlagsahne
2 TL frischer Schnittlauch, kleingeschnitten, zum Garnieren

1. 60 g kleinere Morcheln beiseite stellen. Die übrigen längs halbieren und noch einmal abreiben, damit sie auch innen sauber sind. Quer in Scheiben schneiden. Die Kappen der Champignons mit feuchtem Küchenpapier abwischen. Pilze in Scheiben schneiden und beiseite stellen.

2. 2 Eßlöffel Butter und das Öl in einem Topf erhitzen. Zwiebeln zugeben und unter Rühren glasig werden lassen. Die vorbereiteten Morcheln und Champignons zugeben. 2–3 Minuten unter zeitweiligem Rühren garen, dann salzen und pfeffern.

3. Die Hühnerbrühe zugießen und zum Kochen bringen. Die Hitze reduzieren, bis die Flüssigkeit nicht mehr kocht, abdecken und 20 Minuten unter zeitweiligem Umrühren ziehen lassen.

4. Inzwischen die beiseite gestellten Morcheln in der restlichen Butter bei mittlerer Hitze gerade gar werden lassen. Mit einem Schaumlöffel herausnehmen, in eine kleine Schüssel geben und beiseite stellen.

5. Feste Bestandteile mit einem Schaumlöffel aus der Suppe fischen und in eine Küchenmaschine geben.

6. Ein Sieb mit einem Musselintuch oder Küchenpapier auslegen und auf eine Schüssel stellen. Die Brühe abseihen, um eventuell vorhandenen Sand herauszufiltern. Den Suppentopf auswischen.

7. 1 Tasse (250 ml) der passierten Brühe zu der Pilzmischung in die Küchenmaschine geben und alles pürieren. Das Püree mit der restlichen Brühe und der Sahne zurück in den Topf geben. Abschmecken.

8. Vor dem Servieren die Suppe aufwärmen. Auf vier Schüsseln verteilen und jede mit ganzen Morcheln und Schnittlauch garnieren.

Für 4 Personen

Cream of Mushroom Soup

Pilzcremesuppe

Als große Pilzliebhaberin bin ich immer versucht, meine Suppen mit Waldpilzen zu würzen, doch eignen sich einfache Zuchtchampignons genauso gut wie Waldpilze, auch wenn der Geschmack dann etwas anders ist. Eine Spur Thymian oder Majoran verleiht den delikaten Pilzen in dieser nahrhaften, sahnigen Suppe einen wunderbaren Kräutergeschmack.

900 g Champignons, geputzt
2 EL Olivenöl
2 EL Butter
1 große Zwiebel, grobgehackt
1½ EL Knoblauch, gehackt
½ TL getrockneter Thymian
1 Prise Muskatnuß
Salz und frisch gemahlener schwarzer Pfeffer
4½ Tassen (1¼ l) entfettete Hühnerbrühe, vorzugsweise selbstgemacht (s. S. 271)
½ Tasse (125 ml) Schlagsahne
2 EL frischer Schnittlauch, kleingeschnitten, zum Garnieren

1. Die Pilzkappen mit feuchtem Küchenpapier sauberwischen. Die Pilze in Scheiben schneiden.
2. Öl und Butter in einem großen Topf bei mittlerer Temperatur erhitzen. Zwiebel zugeben und unter zeitweiligem Rühren glasig werden lassen. Knoblauch zufügen und weitere 2 Minuten garen.
3. Die Pilze in den Topf geben und ohne Deckel 15 Minuten unter häufigem Rühren andünsten. Mit Thymian, Muskat, Salz und Pfeffer abschmecken.
4. Die Hühnerbrühe zugießen und zum Kochen bringen. Die Hitze reduzieren, den Topf abdecken und die Suppe 30 Minuten köcheln lassen. Dann den Topf vom Herd nehmen und abkühlen lassen.
5. Die Suppe portionsweise in einer Küchenmaschine pürieren, dabei langsam die Sahne zugießen. Die Suppe in den Topf zurückgeben und abschmecken. Vor dem Servieren die Suppe wieder aufwärmen; sie darf aber nicht kochen! Mit Schnittlauch garnieren und sehr heiß servieren.

Für 6 Personen

Home-Style Mushroom Barley Soup

Pilz-Gersten-Suppe Hausmacherart

Dicke Pilz-Gersten-Suppe, die seit jeher in New Yorker Delikateßgeschäften fertig verkauft wird, gehört unbedingt zur guten Hausmannskost. Zumindest meine Familie findet das. Immer, wenn ich sie koche, versuche ich, daran zu denken, die Gerste nicht zu lange zu kochen. Sie sollte *al dente* sein.

gut 2 l entfettete Hühnerbrühe, vorzugsweise selbstgemacht (s. S. 271)
½ Tasse (95 g) Rollgerste, ungekocht, gewaschen und abgetropft
2 Möhren, geschält und gewürfelt
1 EL frischer Salbei, grobgehackt, oder ½ TL getrockneter Salbei
1 EL Butter
1 EL Olivenöl
1 Zwiebel, gehackt
300 g Champignons, geputzt und geviertelt
2 Knoblauchzehen, feingehackt
Salz und frisch gemahlener schwarzer Pfeffer
3 EL frische glatte Petersilie, gehackt

1. Brühe, Gerste, Möhren und Salbei in einem großen Topf zum Kochen bringen. Umrühren, abdecken und 40 Minuten leicht köcheln lassen.

2. Inzwischen Butter und Öl in einer beschichteten Pfanne bei mäßiger Temperatur erhitzen. Zwiebel hineingeben und unter Rühren glasig werden lassen. Die Pilze zugeben und 5 Minuten bei heraufgeschalteter Temperatur unter Rühren andünsten. Die Pilzmischung in die Suppe einrühren und alles mit Salz und Pfeffer abschmecken.

3. Die Suppe halb abgedeckt noch weitere 20 Minuten kochen. Petersilie einrühren und servieren.

Für 4 Personen

Sunny Roasted Red Pepper Soup

Rote Paprikasuppe

★★★

Der intensiv erquickende Geschmack dieser Suppe aus gegrillten Paprika wird durch einen Klecks köstlicher Mangocreme belebt. Zusätzliches südwestliches Flair bekommt sie durch gewürfelte Avocado.

6 rote Paprikaschoten, Stielansatz und Samen entfernt, längs halbiert
1 Lauchstange (mit 5 cm Grün)
1 EL Weißweinessig
3 EL Butter
2 EL Olivenöl
1 Zwiebel, grobgehackt
½ TL Salz
¼ TL frisch gemahlener schwarzer Pfeffer
1 TL Zucker
1 große rotschalige Kartoffel, in dünne Scheiben geschnitten
6 Tassen (1½ l) entfettete Hühnerbrühe, vorzugsweise selbstgemacht (s. S. 271)
½ Tasse (100 g) Velvety Mango Cream (s. S. 153)
½ reife Avocado, geschält und gewürfelt, zum Garnieren

1. Den Backofengrill vorheizen.

2. Sechs Paprikahälften so lange grillen, bis die Haut schwarz wird (s. Kasten S. 150). Dann in eine Papier- oder Plastiktüte legen und 10 Minuten ausdampfen lassen. Enthäuten, grob hacken und beiseite stellen. Die restlichen Paprikahälften ebenfalls grob hacken und beiseite stellen.

3. Den Lauch von den Wurzeln befreien und beide Enden kreuzförmig 4 cm tief einschneiden. In eine Schüssel legen, mit Wasser und Essig bedecken und 15 Minuten stehen lassen. Abgießen und gut waschen, dann abtrocknen und grob hacken.

4. Butter und Öl in einem Suppentopf bei mäßiger Temperatur erhitzen. Lauch, Zwiebel, Salz und Pfeffer zugeben und unter Rühren glasig werden lassen. Die rohen Paprikawürfel zufügen, mit Zucker bestreuen und 5 Minuten dünsten.

5. Geröstete Paprikawürfel, Kartoffel und Hühnerbrühe zufügen. Die Suppe zum Kochen bringen, die Temperatur reduzieren und die Suppe halb abgedeckt etwa 30 Minuten köcheln lassen, bis das Gemüse gar ist. Vom Herd nehmen und leicht abkühlen lassen.

6. Die Suppe portionsweis in einer Küchenmaschine kurz pürieren (nicht ganz glatt). In den Topf zurückgießen und erwärmen, eventuell nachwürzen. In Suppentellern, mit Mangocreme verfeinert und mit gewürfelter Avocado garniert, servieren.

Für 6 Personen

SORREL SOUP

SAUERAMPFERSUPPE

Ich verwende schon immer gern Sauerampfer zum Kochen. Einmal bekam ich ein Päckchen Samen aus Frankreich geschenkt, so daß ich in meinem Garten in Connecticut jedes Jahr Sauerampfer ernten konnte, bis meine Minze ihn überwucherte. Ich hoffe, daß heutzutage, wo sich die Amerikaner immer mehr für Rauke, Korianderblätter und Zitronengras interessieren, auch andere aromatische Kräuter und Blattgemüse wieder eine Chance erhalten und der Sauerampfer, der so lange viel zu wenig beachtet wurde, leichter erhältlich wird. Suchen Sie dieses winterharte Kraut zu Frühjahrsbeginn und machen Sie daraus eine angenehm pikante Suppe. In diesem Rezept habe ich den säuerlichen Geschmack des Sauerampfers durch eine Prise Muskatblüte ausgeglichen und durch den Joghurt ergänzt. Farblich sieht es besonders hübsch aus, wenn Sie geschnittenen frischen Schnittlauch darüber geben, am besten mit seinen sehr schönen lavendelfarbenen Blüten, die man zu Beginn der Saison findet.

2 EL Butter
4 Lauchstangen (mit 8 cm Grün), gut gewaschen, getrocknet und in dünne Scheiben geschnitten
2 Knoblauchzehen, feingehackt
10 Tassen (200 g) frischer Sauerampfer, gewaschen und entstielt
4 Tassen (1 l) Gemüsebrühe, vorzugsweise selbstgemacht (s. S. 273)
Salz und frisch gemahlener schwarzer Pfeffer
½ TL Muskatblüte, gemahlen
2 Tassen (500 g) Naturjoghurt (Magerstufe)
3 EL frischer Schnittlauch, kleingeschnitten, zum Garnieren
6 Schnittlauchhalme mit Blüten, zum Garnieren (nach Belieben)

1. Butter in einem großen Topf zerlassen, Lauch und Knoblauch zugeben und glasig dünsten.

2. Sauerampfer zugeben und 5 Minuten bei geschlossenem Deckel andünsten.

3. Gemüsebrühe, Salz, Pfeffer und Muskatblüte zufügen. Zum Kochen bringen, die Temperatur leicht reduzieren und 20 Minuten ohne Deckel köcheln lassen. Abkühlen lassen.

4. Die Suppe portionsweise in einer Küchenmaschine fein pürieren, dabei nach und nach 1½ Tassen (375 g) Joghurt unterrühren.

5. Wenn die Suppe kalt serviert werden soll, vier Stunden oder über Nacht kalt stellen. Wenn sie heiß serviert werden soll, vorsichtig aufwärmen. Mit 1 guten Eßlöffel Joghurt und Schnittlauch garniert in Suppentellern servieren, nach Belieben noch eine Schnittlauchblüte obenauf legen.

Für 4 Personen

Velvet Squash Soup

Sommerkürbissuppe

An Spätsommertagen, wenn überall gelbe Sommerkürbisse wachsen, haben Sie möglicherweise Lust auf diese leichte, delikate heiße Suppe. Ein wenig frisches Basilikum ergänzt den milden Currygeschmack sehr gut. Servieren Sie ein Schälchen der Suppe als Gang vor *Orange Blossom Butterflied Leg of Lamb* (s. S. 405).

2 EL Butter
2 EL Olivenöl
2 Tassen (200 g) Lauch (mit 8 cm Grün), gewaschen und trockengetupft, in dünne Streifen geschnitten
2 TL Currypulver bester Qualität
6 Tassen (1½ l) entfettete Hühnerbrühe, vorzugsweise selbstgemacht (s. S. 271)
700 g gelber Sommerkürbis (z. B. Krummhalskürbis), geputzt und grobgehackt
2 Tassen (320 g) reife Eiertomaten, entkernt und grobgehackt
Salz und frisch gemahlener schwarzer Pfeffer
3 EL frisches Basilikum, grob zerkleinert, zum Garnieren

1. Butter und Öl bei niedriger Temperatur in einem Topf erhitzen. Lauch zugeben und 10–12 Minuten unter Rühren dünsten. In den ersten 2 Minuten mit Currypulver bestreuen.

2. Die Brühe zugießen und aufkochen lassen. Kürbis und Tomaten zufügen, wieder zum Kochen bringen, dann die Hitze reduzieren und die Suppe abgedeckt 20 Minuten köcheln lassen, bis das Gemüse gar ist. Etwas abkühlen lassen.

3. Die Suppe portionsweise in einer Küchenmaschine pürieren, wieder in den Topf geben, mit Salz und Pfeffer abschmecken, mit Basilikum garnieren und servieren.

Für 4 Personen

Light and Spicy Tomato Soup

Würzige Tomatensuppe

In diesem Buch befinden sich zwei Tomatencremesuppen: die traditionelle, mit Sahne verfeinerte, und diese leichtere Variante, von der man nur die Illusion hat, sie sei üppig. Dafür schneide ich Kartoffeln in Scheiben, koche sie und lege sie dann unten in die Schüssel. Darüber schöpfe ich dann die Suppe. Die leicht mehlige Konsistenz der Kartoffeln, die sich mit der Suppe verbinden, machen diese dicker, so daß man im Grunde eine Tomatencremesuppe ohne Sahne erhält.

2 EL Pflanzenöl
2 Tassen (260 g) Zwiebeln, grobgehackt
1 EL Knoblauch, feingehackt
2 Tassen (500 ml) entfettete Hühner- oder Gemüsebrühe, vorzugsweise selbstgemacht (s. S. 271 bzw. 273)
2 Dosen (à 800 g) Eiertomaten, mit Saft
Schale von 2 unbehandelten Orangen, feingerieben
Saft von 2 Orangen
2 EL Honig
2 Zimtstangen (je 8 cm lang)

½ TL Piment, gemahlen
½ TL Muskatnuß, gemahlen
2 rotschalige Kartoffeln, geschält und in
   0,5 cm dicke Scheiben geschnitten
Salz und grob gemahlener schwarzer Pfeffer
2 EL frischer Schnittlauch, kleingeschnitten,
   zum Garnieren

1. Öl in einem großen Topf erhitzen. Zwiebeln zugeben und 5 Minuten unter Rühren andünsten. Knoblauch zufügen und weitere 5 Minuten dünsten.

2. Brühe, Tomaten mit Saft, Orangenschale und Orangensaft, Honig und sämtliche Gewürze zugeben; die Tomaten dabei zerdrücken. Die Temperatur erhöhen und die Suppe zum Kochen bringen. Die Hitze wieder reduzieren und die Suppe unter gelegentlichem Rühren 30 Minuten köcheln lassen.

3. Währenddessen die Kartoffelscheiben in einem Topf mit Salzwasser zum Kochen bringen und 8 Minuten köcheln lassen, bis sie gerade gar sind. Abgießen und beiseite stellen.

4. Zimtstangen entfernen und die Suppe portionsweise in einer Küchenmaschine sehr glatt pürieren. In den Topf zurückgeben und mit Salz und Pfeffer abschmecken.

5. Vor dem Servieren die Suppe erwärmen. Die Kartoffelscheiben auf 8 Suppenteller verteilen, die Suppe darüber schöpfen und mit Schnittlauch bestreuen. Sofort servieren.

Für 8 Personen

REAL CREAM OF TOMATO SOUP

ECHTE TOMATENCREMESUPPE

Für ein leichtes Abendessen am Sonntag kann ich mir nichts Köstlicheres vorstellen als eine klassische Tomatencremesuppe mit gegrillten Käsesandwiches. Für mich ist dieses Essen eines der am typischsten amerikanischen. Als ich jung war, liebte ich nicht nur die Campbell-Tomatensuppe (und tue es noch heute), sondern hatte auch Gelegenheit, auf den Tomatenfeldern der Firma Campbell in Camden, New Jersey, zu pflücken, zu verkochen und einzumachen. Für dieses Rezept habe ich fleischige Romas (Eiertomaten) mit Nelkenpfeffer und Estragon leicht gewürzt und dann alles mit Sahne glatt püriert. Die Suppe schmeckt heiß oder kalt. Für ein bißchen grüne Farbe geben Sie frischen Schnittlauch darüber.

2 EL Butter
1 große Zwiebel, grobgehackt
1 große Knoblauchzehe, feingehackt
2 EL frische Estragonblätter, gehackt, oder
   1½ TL getrockneter Estragon
½ TL Piment, gemahlen
½ TL Zucker
6 Tassen entfettete Hühnerbrühe, vorzugsweise
   selbstgemacht (s. S. 271)
1,5 kg reife Eiertomaten, geschält und grobgehackt
1 EL Tomatenmark
1 EL unbehandelte Orangenschale, feingerieben
1 Tasse (250 ml) Schlagsahne
2 EL frischer Schnittlauch, kleingeschnitten,
   zum Garnieren

1. Butter in einem großen Topf zerlassen. Zwiebel zugeben und glasig dünsten. Knoblauch, Estragon, Piment und Zucker zufügen und 1 weitere Minute unter Rühren andünsten.

2. Hühnerbrühe, Tomaten und Tomatenmark in den Topf geben und zum Kochen bringen. Die Hitze reduzieren und die Suppe 30 Minuten köcheln lassen. Orangenschale unterrühren, dann abkühlen lassen.

3. Die Suppe portionsweise in einer Küchenmaschine pürieren. Zurück in den Topf geben, Sahne unterrühren und die Suppe wieder erwärmen; nicht aufkochen lassen. Mit Schnittlauch garnieren und servieren.

Für 6–8 Personen

Zucchini and Swiss Chard Soup

Zuchchini-Mangold-Suppe

Die Gemüse in dieser Suppe passen so exzellent zusammen, daß Sie nicht überrascht sein sollten, wenn Ihre Familie oder Gäste die schmackhaften Zutaten nicht identifizieren können. Die Zucchini liefern eine leichte Grundlage, der Lauch eine etwas nach Zwiebeln schmeckende Süße, und der leicht nach Zitrone schmeckende Mangold ergänzt das etwas minzige Basilikum. Nehmen Sie eine frische Kapuzinerkresseblüte als Garnierung.

2 EL Butter
2 EL extra natives Olivenöl
2 Tassen (200 g) Lauch, gut gewaschen und feingehackt
4 Tassen (1 l) entfettete Hühnerbrühe, vorzugsweise selbstgemacht (s. S. 271)
900 g Zucchini, geputzt und grobgehackt
220 g Mangold, gewaschen
1 Tasse (50 g) ganze Basilikumblätter
Salz und frisch gemahlener schwarzer Pfeffer

1. Butter und Öl bei niedriger Temperatur in einem Topf erhitzen. Lauch zugeben und 10–12 Minuten unter Rühren andünsten.
2. Die Brühe zugießen und aufkochen lassen. Zucchini zugeben, erneut zum Kochen bringen und dann die Hitze reduzieren. 20 Minuten abgedeckt köcheln lassen.
3. Währenddessen die Stiele aus dem Mangold lösen, die Blätter übereinander legen und quer in 2–3 cm breite Streifen schneiden.

Ein paar Worte zu Mangold

In letzter Zeit werden zunehmend Blattgemüse gegessen, die als preisgünstig und nahrhaft gelten und leicht zuzubereiten sind. Das gilt auch für eines meiner Lieblingsgemüse, Mangold. Er hat ein wunderbares Aroma und eine schöne grüne Farbe. Mangold ist im Grunde zwei Gemüse in einem: Die langen, gekräuselten Blätter werden genauso zubereitet wie Spinat; die weißen oder rubinroten breiten, saftigen Blattrippen brauchen etwas länger, bis sie gar sind, und werden gedünstet oder geschmort wie Stangensellerie. Blätter und Blattrippen schmecken auch roh. Ich verfeinere Mangold mit frisch gepreßter Zitrone, gemahlenem Muskat, gehacktem Knoblauch oder, wie in meinem Suppenrezept, mit frischem Basilikum. Achten Sie beim Kauf auf gekräuselte, dunkelgrüne Blätter, die keine gelben Flecken aufweisen; je kleiner das Blatt, desto zarter das Gemüse. Mangold läßt sich ungewaschen bis zu fünf Tagen im Gemüsefach aufbewahren.

4. Die Suppe vom Herd nehmen. Mangold und Basilikum zugeben und den Topf abdecken. 5 Minuten stehen lassen, bis der Mangold zusammenfällt.

5. Die Suppe portionsweise in einer Küchenmaschine pürieren, wieder in den Topf gießen, salzen und pfeffern. Vor dem Servieren erwärmen.

Für 4–6 Personen

BAR CHEESE SOUP
KÄSESUPPE

Wenn ich *bar cheese* höre, denke ich an mit hellgelbem Käse gefüllte Gefäße, die einst in Bars standen, neben einem mit Crackern gefüllten Plastikkorb. Der Name schien mir zu dieser aus dem Mittelwesten stammenden rustikalen Suppe zu passen. Sie können auch einen schärferen Cheddar verwenden, ich nehme jedoch lieber einen milden, hellen, der die Suppe leicht gelb färbt.

110 g Frühstücksspeck in Scheiben, ohne Schwarte
   und in 0,5 cm große Würfel geschnitten
2 EL Olivenöl
1 EL Butter
1 große Zwiebel, grobgehackt
2 Möhren, geschält und grobgehackt
1 Selleriestange, grobgehackt
1 EL Mehl
2 mehligkochende Kartoffeln (à 170 g),
   geschält und grobgehackt
4 Tassen (1 l) entfettete Hühnerbrühe,
   vorzugsweise selbstgemacht (s. S. 271)
1 Flasche (0,33 l) Exportbier
2 Tassen (250 g) Cheddar, geraspelt
2 EL frischer Schnittlauch, kleingeschnitten,
   zum Garnieren

1. Den Speck in einer beschichteten Pfanne etwa 5 Minuten anbräunen. Mit einem Schaumlöffel zum Abtropfen auf Küchenpapier legen.

2. Olivenöl und Butter in einem großen Topf erhitzen. Zwiebel, Möhren und Sellerie zugeben und etwa 20 Minuten unter Rühren andünsten.

3. Mehl über das Gemüse streuen und gut einrühren. Kartoffeln, Brühe und Bier zufügen. Zum Kochen bringen, dann die Hitze reduzieren und das Ganze etwa 20 Minuten köcheln lassen, bis die Kartoffeln gar sind. Vom Herd nehmen und etwas abkühlen lassen.

4. Die Suppe abseihen und die Brühe aufheben. Das ausgesiebte Gemüse und 1 Tasse (250 ml) Brühe in einer Küchenmaschine gerade glatt pürieren.

5. Die pürierte Suppe mit der Brühe zurück in den Topf gießen. Die Suppe ganz leicht zum Köcheln bringen und unter ständigem Rühren nach und nach den Käse zugeben. Den gebräunten Speck unterrühren und die Suppe mit Schnittlauch garniert servieren.

Für 4 Personen

ROASTED WINTER VEGETABLE SOUP
WINTERGEMÜSE AUS DEM OFEN

Eine beruhigende, gut gewürzte pürierte Suppe aus Wintergemüse bringt etwas tröstliche Wärme in die eiskalte Jahreszeit. Ein wenig brauner Zucker unterstreicht die natürliche Süße der Gemüse, und die Pinienkerne bilden einen schönen Kontrast zu der glattpürierten Suppe.

2 Butternußkürbisse (à etwa 900 g)
4 Möhren, geschält
220 g Pastinaken, geschält
1 große Zwiebel, in dünne Scheiben geschnitten
¼ Tasse (45 g) brauner Zucker
¼ Tasse (60 g) Butter
9 Tassen (2¼ l) entfettete Hühnerbrühe, bei Bedarf ¼ l zusätzlich, vorzugsweise selbstgemacht (s. S. 271)
½ TL Muskatblüte, gemahlen
2 TL kandierter Ingwer, feingehackt
1 Prise Cayennepfeffer
Salz
½ Tasse (70 g) Pinienkerne, geröstet (s. Kasten oben rechts), zum Garnieren
3 EL frische glatte Petersilie, gehackt, zum Garnieren

PINIENKERNE RÖSTEN

Den Ofen auf 180 °C vorheizen. Eine Schicht Pinienkerne auf ein Backblech geben und 3–5 Minuten duftend goldbraun rösten. Nach 3 Minuten nachsehen, ob sie schon fertig sind, da Pinienkerne leicht verbrennen.

1. Den Ofen auf 180 °C vorheizen.
2. Die Kürbisse längs halbieren und die Kerne mit einem Löffel entfernen. Die Kürbishälften mit der Schnittseite nach oben in eine große Backform legen. Möhren und Pastinaken in kleine Stücke schneiden und mit den Zwiebeln um den Kürbis herum verteilen. Die Schnittflächen der Kürbishälften mit Zucker bestreuen; die Butter überall verteilen. 2½ Tassen (625 ml) Brühe zugießen und die Form mit Alufolie abdecken. 2 Stunden backen, bis das Gemüse zart ist.
3. Die Folie entfernen und das Gemüse leicht abkühlen lassen. Das Kürbisfleisch mit einem Löffel aus der Schale lösen und in einen Suppentopf geben. Das Gemüse und die restliche Brühe zugeben, mit Muskatblüte, kandiertem Ingwer, Cayennepfeffer und Salz abschmecken. Verrühren und zum Kochen bringen, dann die Hitze reduzieren und die Suppe 10 Minuten abgedeckt leicht köcheln lassen.
4. Die Suppe portionsweise in einer Küchenmaschine pürieren. In den Topf zurückgießen und zusätzlich Brühe zugeben, wenn die Suppe zu dick ist. Erwärmen, mit Pinienkernen und Petersilie garnieren und in großen Suppentellern servieren.
Für 10 Personen

Wintergemüse

★★★

Im Winter fühlen sich die meisten von uns zu Hause am wohlsten. Allerdings sind wir in den kalten Monaten verstärkt trostbedürftig, vor allem, wenn es ums Essen geht. Instinktiv stellt sich Appetit auf Winterkürbis, Wurzelgemüse und Knollengewächse ein. Sie schmecken erdig, sind nahrhaft und der Jahreszeit gemäß mild und eignen sich gut für wärmende Suppen, Stews, Sautés und Pürees. Außerdem enthalten sie viele Vitamine und Mineralien. Folgende Gemüse sind in den Wintermonaten leicht erhältlich (s. Register, wo Sie einzelne Gemüse für eine Reihe von Rezepten vorfinden):

Pastinaken: Dieses kalium- und magnesiumreiche, süßlich und nussig schmeckende Gemüse ist mit der Möhre verwandt. Pastinaken wachsen am besten in der Kälte, also ist ihre Saison mitten im Winter. Kaufen Sie knackige kleine Wurzeln (die großen sind oft holzig) und verwenden Sie sie genauso wie Möhren. Ich mag sie besonders gern gewürfelt und in einer Pfanne mit Butter, Zucker und Zitronensaft glasiert oder mit anderem Wurzelgemüse geröstet. Frische Pastinaken halten sich im Kühlschrank bis zu drei Wochen.

Möhren: Jeder kennt Möhren: Der Durchschnittsamerikaner ißt im Jahr knapp 5 kg. Aber haben Sie sie je gedämpft und mit Ahornsirup und Butter versucht, oder mit Ingwer, braunem Zucker, Butter und Kümmel? Geraspelte, mit getrockneten Kirschen gemischte Möhren ergeben einen erfrischenden Salat. Außerdem enthalten Möhren viel Vitamin A (Ihre Mutter hatte also recht, als sie sagte, sie seien gut für Ihre Augen).

Weiße Rüben: Frische weiße Rüben haben ein cremiges, leicht süßliches Fleisch, das den Geschmack von Brühe oder dem Gewürz, mit dem Sie sie kochen, gut aufnimmt. Welchen Typ Sie auch kaufen – es gibt sie grapefruitgroß bis winzig klein –, sie sollten auf jeden Fall eine glatte Haut haben und für ihre Größe schwer sein. Die calciumreichen weißen Rüben lassen sich dämpfen, kochen, dünsten, backen, schmoren oder glasieren. Versuchen Sie sie geröstet in einem Lammstew. Und werfen Sie das köstliche Grün nicht weg. Schneiden Sie es von den Rüben ab, sobald Sie zu Hause ankommen (es verliert leicht das Aroma), und kochen Sie es genauso wie Spinat.

Gelbe Kohlrüben: Diese runde Rübe ist mit der weißen Rübe verwandt. Wenn sie gewachst ist, kann sie ungeschält wochenlang im Kühlschrank aufbewahrt werden. Das orangegelbe Fleisch schmeckt wie eine Kreuzung zwischen weißen Rüben und Kohl. Mit Möhren püriert schmecken Kohlrüben angenehm süß; man kann sie aber auch mit etwas Butter und braunem Zucker essen. Sie enthalten

noch mehr Calcium als weiße Rüben und die doppelte Menge an Vitamin C.

Sellerie (Knollensellerie): Außen bräunlich, knollig und mit rauher Schale und innen weiß und fest – ich liebe ihn! Wenn Sie ihn in der Mitte durchschneiden (nehmen Sie dafür ein kräftiges, sehr scharfes Messer), verströmt er einen berauschenden Duft. Verwenden Sie ihn, blanchiert oder roh, fein geraspelt in Salaten. Machen Sie ihn allein oder gemischt mit Krabben in einer Remouladensoße an. Auch püriert, etwa mit Kartoffeln oder Birnen, schmeckt er himmlisch. Kaufen Sie Knollensellerie so klein wie möglich: je kleiner, desto zarter.

Lauch: Ich esse dieses mit der Zwiebel verwandte Gewächs zwar das ganze Jahr über gern, aber ich finde, daß seine leichte Süße besonders gut zu Wintergerichten paßt. Mit Zwiebeln in Suppen und Stews sorgt er für mehr Geschmack. Er schmeckt geschmort (die klassische Zubereitung), gebacken, gegrillt oder gedünstet. Im Kühlschrank hält er bis zu 5 Tagen. Innen kann er sehr sandig sein, daher muß man ihn gründlich waschen. Um den Sand aus einer im Ganzen gekochten Lauchstange zu entfernen, schneiden Sie die Wurzel an der Basis ab und lassen Sie auch vom Grün nur 8 cm stehen. Dann schneiden Sie den Lauch an jedem Ende 3–5 cm weit ein und legen ihn etwa eine Stunde in mit etwas Essig versetztes Wasser. Lauch enthält mehr Calcium, Eisen, Kalium und Vitamin C als Zwiebeln.

Winterkürbis: Die meisten von uns kennen nur wenige Sorten. Auf Bauernmärkten kann man in der Saison jedoch etwa ein Dutzend neue, aber auch alte, in allen Herbstfarben schillernde Sorten entdecken. Die Auswahl an sogenannten Winterkürbissen wird geringer, sobald der Winter tatsächlich anbricht. Es gibt dann noch höchstens sechs Sorten, die jedoch alle Mineralien, Vitamine und das gegen Krebs helfende Carotin enthalten und somit für eine ausgewogene Ernährung sorgen. Zu ihnen zählt im allgemeinen der Eichelkürbis mit seinem saftigen, nahrhaften orangefarbenen Fleisch und der große, birnenförmige Butternußkürbis, der dem Eichelkürbis in Geschmack und Konsistenz sehr ähnelt. Vermutlich finden Sie auch den merkwürdig geformten Blumen- und den Turbankürbis, die beide orangefarbenes Fleisch haben und sehr süß schmecken. Suchen Sie nach Zucker- (den kleinen eßbaren) oder Goldapfelkürbissen, die Winterkürbisse nach der Saison gut ersetzen. Die riesigen Hubbardkürbisse werden manchmal aufgeschnitten und stückweise verkauft. Sie schmecken zwar gut, sind aber etwas mehlig (das richtige Rezept kann dies korrigieren!). Der längliche Spaghettikürbis schließlich hat ein mildes, gelbes, faseriges Fleisch, das man nach dem Kochen leicht aus der Frucht lösen kann.

Bereiten Sie Winterkürbisse so zu, daß ihr Eigengeschmack erhalten und das Fleisch saftig und zart bleibt. Am einfachsten backen Sie sie im Ofen. Halbieren Sie den Kürbis, löffeln Sie die Samen heraus und legen Sie die Hälften, die Schnittseite nach unten, in eine flache Pfanne oder Backform. In einem auf 180–190 °C vorgeheizten Ofen je nach Größe und Art bis zu 1½ Stunden backen. Gegrillt und geschmort schmecken sie ebenfalls großartig, doch das Schälen und Schneiden des rohen Kürbisses ist sehr zeitaufwendig. Gekocht ißt man ihn zerstoßen, zu Suppen püriert oder als Füllungen in Pies. Winterkürbisse passen gut zu anderen Gemüsen der Saison: Probieren Sie einmal die *Roasted Winter Vegetable Soup* (s. S. 260), sie ist ein besonders wohlschmeckendes Beispiel dafür.

Beef and Vegetable Barley Soup

Rindfleisch-Gemüse-Suppe

Diese Suppe schmeckt besonders herzhaft und aromatisch. Ich mache sie aus Querrippen vom Rind, deren intensiven Geschmack ich liebe. Außerdem gebe ich gern zusätzlich Rinderbrühe ins kochende Wasser, da sie dann noch besser schmeckt. Die verschiedenen Gemüse bringe ich in zwei Portionen ein: Die erste dient dazu, die Brühe zusätzlich zu würzen, die zweite kommt in die bereits gesiebte Brühe und wird erst kurz, bevor die Suppe serviert wird, gekocht. So erhält sich der volle Geschmack, und das Gemüse verkocht nicht. Ein weiteres Geheimnis liegt darin, die rohe Gerste im voraus zu kochen und erst kurz vor dem Servieren gequollen in die Suppe zu geben. Auf diese Weise stimmt die Menge, und das Korn nimmt nicht mehr zuviel Brühe auf. Servieren Sie frisches Roggenbrot zu dieser Suppe.

1,6 kg Querrippe vom Rind, in Stücke geschnitten
3 Möhren
3 Selleriestangen mit Blättern
2 Zwiebeln
4 Gewürznelken
4 Knoblauchzehen
6 Tassen (1½ l) Wasser
2–4 Tassen (½–1 l) entfettete Rinderbrühe, vorzugsweise selbstgemacht (s. S. 270)
15 g getrocknete Steinpilze
4 große frische Petersilienzweige
3 Möhren, geschält und gewürfelt
3 Selleriestangen, gewürfelt
1 Tasse (190 g) gekochte Rollgerste
Salz und frisch gemahlener schwarzer Pfeffer
2 EL frische glatte Petersilie, gehackt

1. Die Rippenstücke mit feuchtem Küchentuch abreiben und mit den nicht geschnittenen Möhren und Selleriestangen in einen großen Suppentopf legen.

2. Die Zwiebeln mit den Nelken spicken und zusammen mit Knoblauch in den Topf geben. Wasser und 2 Tassen (½ Liter) Rinderbrühe zugießen (die Flüssigkeit sollte das Fleisch mindestens 4 cm bedecken). Zum Kochen bringen, den Topf abdecken und etwa 1 Stunde leicht köcheln lassen. Von Zeit zu Zeit an die Oberfläche steigenden Schaum abschöpfen.

3. Steinpilze und Petersilienzweige zufügen und das Ganze 1 Stunde zugedeckt köcheln lassen, bis das Fleisch sehr zart ist und sich leicht vom Knochen lösen läßt.

4. Das Fleisch in eine Schüssel legen, abkühlen lassen und von den Knochen lösen. Wenn es so weit abgekühlt ist, daß man es anfassen kann, eventuell vorhandenes Fett abschneiden und das Fleisch zerteilen. Abgedeckt beiseite stellen.

5. Die Brühe durch ein Sieb in eine Schüssel gießen, dann noch einmal durch ein mit einer doppelten Lage Musselinstoff ausgelegtes Sieb streichen. Die Brühe ohne Deckel für mindestens 4 Stunden oder über Nacht kalt stellen, bis das Fett an die Oberfläche steigt.

6. Das Fett von der Brühe abschöpfen und die Brühe zurück in den Topf gießen.

7. Die gewürfelten Möhren und Sellerie in die Brühe geben und zum Kochen bringen. Das Ganze bei geringer Hitze ohne Deckel etwa 10 Minuten köcheln lassen, bis das Gemüse gar ist. Die gekochte Gerste, das Rindfleisch und, wenn nötig, die restliche Rinderbrühe zugeben. Gut aufwärmen, salzen und pfeffern, gehackte Petersilie unterrühren und in Suppentellern sehr heiß servieren.

Für 4–6 Personen

Berta's Chicken Vegetable Soup
Bertas Hühner-Gemüse-Suppe

Meine Mutter Berta hatte schon immer ein Händchen für perfekt ausgewogene Suppen. Sie scheint instinktiv zu wissen, wie das richtige Verhältnis zwischen Brühe, Kräutern und Gemüse sein muß. Ich mag die Kombination von halben Erbsen und Gerste, mit der diese Suppe angedickt wird, habe das Rezept aber etwas abgewandelt. Meine Mutter verwendet nur Wasser, während die Grundlage meiner Suppe eine Mischung von Hühnerbrühe und Wasser ist, so daß sie noch intensiver schmeckt.

½ Tasse (95 g) Rollgerste, ungekocht
½ Tasse (100 g) halbe grüne oder gelbe Schälerbsen
1 Huhn (etwa 1 kg), geviertelt
4 Tassen (1 l) entfettete Hühnerbrühe, vorzugsweise selbstgemacht (s. S. 271)
2 Tassen (½ l) Wasser
2 große Zwiebeln, in 1,5 cm große Stücke geschnitten
3 Möhren, geschält und in Scheiben geschnitten
3 Pastinaken, geschält und in Scheiben geschnitten
3 Selleriestangen, in Scheiben geschnitten
6 Champignons, jeweils in 6 Stücke geschnitten
Salz und frisch gemahlener schwarzer Pfeffer
2 TL frischer Dill, gehackt

1. Die Gerste waschen und 30 Minuten in kaltem Wasser einweichen. Abgießen und beiseite stellen. Die Erbsen verlesen, waschen, abgießen und beiseite stellen.

2. Das Huhn gut abspülen und in einen Suppentopf legen. Brühe und Wasser zugießen, so daß das Huhn bedeckt ist, und zum Kochen bringen. Sofort das gesamte Gemüse und die Gerste zugeben und umrühren. Wenn die Suppe erneut kocht, die Hitze reduzieren und die Suppe halb abgedeckt 1 Stunde köcheln lassen, bis das Huhn gar ist; dabei an die Oberfläche steigenden Schaum von Zeit zu Zeit abschöpfen.

3. Das Huhn herausnehmen. Wenn es abgekühlt ist, enthäuten und das Fleisch in große Stücke zerteilen. Etwa ein Drittel zurück in den Topf legen (den Rest für einen anderen Zweck aufheben) und wieder erhitzen. Direkt vor dem Servieren salzen, pfeffern und Dill unterrühren.

Für 6 Personen

Nathalie's She-Crab
Krebse mit Madeira

Mein tiefster Dank gilt einer Starköchin aus Atlanta, Georgia: Nathalie Dupree. Sie verriet mir ihr Rezept für diese traditionelle, in den Südstaaten sehr beliebte Speise. Am besten macht man diese nahrhafte und köstliche Suppe im Frühling, wenn die weiblichen Krebse kurz vor dem Laichen stehen und voller Rogen sind, der der Suppe ihr einzigartig pikantes Aroma gibt. Man kann die Suppe aber auch außerhalb der Saison mit Krebsfleischstücken kochen und den Rogen durch hartgekochtes Eigelb ersetzen. Wenn Sie *She-Crab* (*calinectes sapitus*) sehen, dann greifen Sie auf alle Fälle zu. Vor dem Servieren wird traditionell ein Schuß Sherry oder Madeira in die Suppe gegeben.

2 EL Butter
1 Frühlingszwiebel (mit 8 cm Grün), feingehackt
1 Selleriestange, feingehackt
2 EL Mehl
gut 1 l Milch
2½ Tassen (625 ml) Schlagsahne
3 Tassen gekochtes Krebsfleisch, ausgelöst und Knorpelstücke entfernt
½ Tasse (80 g) Krebsrogen oder 2 hartgekochte Eigelb, zerkrümelt
Salz und gemahlener weißer Pfeffer
Tabasco
4 EL trockener Madeira
Paprikapulver

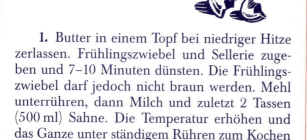

1. Butter in einem Topf bei niedriger Hitze zerlassen. Frühlingszwiebel und Sellerie zugeben und 7–10 Minuten dünsten. Die Frühlingszwiebel darf jedoch nicht braun werden. Mehl unterrühren, dann Milch und zuletzt 2 Tassen (500 ml) Sahne. Die Temperatur erhöhen und das Ganze unter ständigem Rühren zum Kochen bringen. Die Suppe leicht abkühlen lassen, erst dann Krebsfleisch und Krebsrogen zugeben.

2. Vor dem Servieren die Suppe unter Rühren wieder aufwärmen und mit Salz, Pfeffer und Tabasco abschmecken.

3. Während die Suppe durchwärmt, die restliche Sahne steif schlagen.

4. Vor dem Servieren 1 knappen Eßlöffel Madeira in jede Suppenschüssel geben. Die Suppe darauf schöpfen und einen Klecks Sahne obenauf geben. Mit Paprikapulver bestreuen und sofort servieren.

Für 6 Personen

CALIFORNIA SHELLFISH SOUP
SUPPE AUS MEERESFRÜCHTEN

Als wir an unserem *Silver Palate Cookbook* arbeiteten, kochte Michael McLaughlin eine köstliche Suppe aus Meeresfrüchten auf der Grundlage des berühmten Fisch-Stews von San Francisco, des *Cioppino*. Sein Geheimnis liegt in der ungewöhnlichen Mischung einer gut gewürzten Tomatengrundsauce mit dem Qualitätswein California Zinfandel. Diesen Wein sollte man auch zu dieser rustikalen Suppe trinken. Ich serviere sie gern auf lockerem Couscous auf Pastatellern. Ein heißes, knuspriges Brot ist die perfekte Beilage, um die restliche Brühe aufzutunken.

3 EL Olivenöl
2 Tassen (260 g) Zwiebeln, feingehackt
2 rote Paprikaschoten, Stielansatz und Samen entfernt, grobgewürfelt
1 grüne Paprikaschote, Stielansatz und Samen entfernt, grobgewürfelt
6–8 Knoblauchzehen, feingehackt
2 Tassen (500 ml) Fischbrühe, vorzugsweise selbstgemacht (s. S. 272)
2 Tassen (500 ml) roter kalifornischer Zinfandel
1 Dose (800 g) Eiertomaten, geschält und grobgehackt, ohne Saft
1½ EL getrocknetes Basilikum
1 TL getrockneter Thymian
1 Lorbeerblatt
Salz und frisch gemahlener schwarzer Pfeffer
rote Chiliflocken, zerdrückt (ersatzweise Cayennepfeffer)
8 Pfahlmuscheln
8 kleine Venusmuscheln (z. B. Littlenecks oder Cherrystones)
8 Riesengarnelen, geschält und den Darm entfernt
350 g Jakobsmuscheln
1 Tasse (60 g) frische glatte Petersilie, gehackt
300 g Couscous, gekocht (nach Belieben)

1. Öl in einem großen Topf bei niedriger Temperatur erhitzen. Zwiebeln, Paprika und Knoblauch zugeben und etwa 15 Minuten zugedeckt unter gelegentlichem Rühren so lange dünsten, bis das Gemüse weich ist.

2. Brühe, Wein und Tomaten zugeben und die Temperatur heraufschalten.

3. Basilikum, Thymian und Lorbeer unterrühren, mit Salz, Pfeffer und Chiliflocken abschmecken.

4. Die Suppe zum Kochen bringen, dann die Hitze reduzieren und die Suppe halb abgedeckt 30 Minuten köcheln lassen; von Zeit zu Zeit umrühren. (Bis hierher kann man die Suppe einen Tag im voraus zubereiten und zugedeckt im Kühlschrank aufbewahren. Dann schmeckt sie sogar noch besser.)

5. Pfahl- und Venusmuscheln gut abbürsten und die Bärte der Pfahlmuscheln direkt vor dem Kochen entfernen. Alle Muscheln in einen Topf geben, 2–3 Zentimeter Wasser zugießen, zudecken und stark erhitzen. Sobald sich die Muscheln öffnen, mit einem Schaumlöffel herausnehmen und beiseite stellen. Geschlossene Muscheln wegwerfen.

6. Garnelen und Jakobsmuscheln unter kaltem Wasser abspülen und trockentupfen.

7. Vor dem Servieren die Suppe zum Kochen bringen. Garnelen und Jakobsmuscheln hineingeben, 3 Minuten kochen, dann die Venus- und Pfahlmuscheln in der Schale zugeben. Petersilie unterrühren und den Topf vom Herd nehmen. Zugedeckt 1 Minute stehen lassen.

8. Die Suppe in vorgewärmte Schüsseln auf gekochtes Couscous schöpfen und dann die Meeresfrüchte gleichmäßig verteilen. Sofort servieren.

Für 4–6 Personen

NEW ENGLAND CLAM CHOWDER
VENUSMUSCHELSUPPE

Viele Versionen dieser in New England sehr beliebten Mahlzeit werden stark mit Mehl angedickt. Ich finde jedoch, daß das den Geschmack verdirbt und unschön aussieht. In meinem *chowder* sorgen die Kartoffeln für die richtige Konsistenz, außerdem schmeckt die Suppe so leichter und frischer. Quahogmuscheln (hartschalige Venusmuscheln) sind hierfür am besten geeignet. Ihr schmackhafter, dampfender Saft verleiht der Brühe Aroma, und die Speckscheiben sorgen für den traditionell rauchigen Geschmack. Die Verwendung von Speck sollte das Salz überflüssig machen.

2,7 kg Cherrystone-Venusmuscheln oder andere Quahogs
1 Selleriestange mit Blättern, in 5 cm große Stücke geschnitten
1 Möhre, halbiert
2 Lorbeerblätter
3 Zweige frischer Thymian
3 Zwiebeln, grobgehackt
2 Tassen (500 ml) Wasser
½ Tasse (125 ml) Venusmuschelsud (Fertigprodukt)
220 g Frühstücksspeck in Scheiben, ohne Schwarte, in 0,5 cm große Würfel geschnitten
1 EL frischer Thymian, gehackt
2 EL Butter
8 kleine junge Kartoffeln, in 0,5 cm große Würfel geschnitten
2 Tassen (500 ml) Schlagsahne
frisch gemahlener schwarzer Pfeffer
2 EL frische glatte Petersilie, gehackt

1. Die Venusmuscheln in kaltem Wasser gut waschen und mit Sellerie, Möhren, einem Lorbeerblatt, Thymianzweigen und einem Drittel

der gehackten Zwiebeln in einen Suppentopf geben.

2. Wasser und Venusmuschelsud zugießen. Den Topf zudecken und die Suppe etwa 5 Minuten kochen, dabei den Topf von Zeit zu Zeit schwenken, bis die Muscheln sich öffnen. Die Muscheln aus der Schale lösen; Schalen und alle Muscheln, die sich nicht geöffnet haben, wegwerfen. Die Muscheln abdecken und beiseite stellen. Die Brühe durch ein feines Sieb gießen und beiseite stellen.

3. Den Topf auswischen, dann darin den Speck bei geringer Hitze etwa 10 Minuten ausbraten. Die restlichen Zwiebeln, das Lorbeerblatt, den gehackten Thymian und die Butter zugeben. Die Zwiebeln unter Rühren glasig werden lassen.

4. Kartoffeln und passierte Brühe zufügen und alles bei mittlerer Hitze 10–12 Minuten halb abgedeckt köcheln lassen, bis die Kartoffeln gar sind. Eventuell an die Oberfläche steigenden Schaum abschöpfen.

5. Inzwischen die Muscheln grob hacken.

6. Muscheln und Sahne zugeben und 5–7 Minuten kochen, bis die Muscheln gerade gar sind. Nicht zu lange kochen!

7. Das Lorbeerblatt entfernen. Die Suppe gründlich pfeffern, Petersilie unterrühren und sofort servieren.

Für 6–8 Personen

CLAM CHOWDER: DICK MAG ICH ES AM LIEBSTEN

Die Diskussion schwelt schon seit Jahren: Weiß oder rot? Ich spreche hier nicht von Wein, sondern von *clam chowder*. Das mit Tomaten gekochte *Manhattan-chowder* wird in Neu England nicht besonders geschätzt, wo vor allem Crèmesuppen Anklang finden. Das *New Bedford chowder*, das einem das Wasser im Munde zusammenlaufen läßt und das in *Moby Dick* so bejubelt wurde, war natürlich weiß und mit Schiffszwieback und Butter angedickt: das richtige Essen für echte Seebären!

Rote Chowder-Suppe scheint eine Innovation des 20. Jahrhunderts zu sein, möglicherweise von italienischen Emigranten als eine New Yorker Version der neapolitanischen *zuppa di pesce* eingeführt. Oder möglicherweise waren die Tomaten auch nur ein Arme-Leute-Ersatz für Sahne. Woher sie auch kommen mag, sie ist eine gute Idee. Leider ist diese Suppe jedoch nur selten herzhaft genug, um ihrer altehrwürdigen Verwandten Konkurrenz machen zu können. Ich persönlich reichere mein Tomaten-Chowder gern mit Speck in Scheiben und Butter an; zudem verwende ich Hühnerbrühe und aufgehobenen Muschelsaft statt Fischbrühe. Schließlich mache ich die Suppe rustikal, nicht dünn, mit vielen Tomaten, Gemüsen, Muscheln und frischen Kräutern – ein Gericht, das auch den hungrigsten Harpunenjäger satt macht. Und ich serviere dazu immer kleine Cracker.

OLD INN ON THE GREEN SEAFOOD BISQUE

FISCH-MUSCHEL-SHRIMP-SUPPE

Leslie Miller, eine alte Freundin, und ihr Mann, Brad Wagstaff, haben Wunderbares geleistet, als sie das »Old Inn on the Green« in New Marlboro, Massachusetts, restaurierten. Besonders gern erinnere ich mich an die von Küchenchef Christopher Capstick in einer Sommernacht zubereitete, himmlisch schmeckende Suppe. Es war zwar keine klassische amerikanische Fischsuppe, hatte aber die erwartete opulente, cremige Struktur und das volle Aroma. Ich richte diese extravagante Suppe gern mit frischen Kapuzinerkresseblüten an, wobei ich auf jedem Teller eine andersfarbige Blüte verwende.

2 EL Butter
4 große Schalotten, feingehackt
3 Knoblauchzehen, feingehackt
2 EL Cognac
2 EL Mehl
3 EL Tomatenmark
4 Tassen (1 l) Fischbrühe,
*   vorzugsweise selbstgemacht (s. S. 272)*
4 Tassen (1 l) Venusmuschelsud (Fertigprodukt)
1 Prise Safran, zerkrümelt
110 g Seezunge, in 1–2 cm große Würfel geschnitten
110 g Heilbuttfilet, in 1–2 cm große Würfel geschnitten
110 g Jakobsmuscheln (Muskelfleisch), in 1–2 cm große Würfel geschnitten
110 g mittelgroße Garnelen, geschält und den Darm entfernt, in 1–2 cm große Würfel geschnitten
4 Tassen (1 l) Schlagsahne
1 EL frischer Thymian, gehackt
frische Kapuzinerkresseblüten, zum Garnieren
frische Thymianzweige, zum Garnieren

SPEISEN FLAMBIEREN

Seien Sie vorsichtig, wenn Sie mit Alkohol flambieren. Krempeln Sie die Ärmel hoch und halten Sie mit der Pfanne gebührenden Abstand zu Ihrem Gesicht. Nehmen Sie die Pfanne dabei stets vom Herd und beugen Sie sich niemals darüber.

Zum Flambieren den Schnaps oder Likör zum Gericht in die Pfanne gießen und auf niedriger bis mittlerer Hitze anwärmen. Nun die Pfanne vom Herd nehmen. Ein langes Streichholz anzünden, die Pfanne leicht neigen, so daß sich die Flüssigkeit sammelt, dann den Alkohol anzünden und die Pfanne wieder waagerecht halten. Lassen Sie den Alkohol ganz verbrennen, ehe Sie die Pfanne wieder auf den Herd stellen. Die Flamme verlöscht von selbst ziemlich rasch.

1. Butter in einem großen Topf bei mäßiger Hitze zerlassen. Schalotten und Knoblauch zugeben und unter Rühren etwa 8 Minuten leicht anbräunen lassen.

2. Cognac zufügen und leicht erwärmen. Den Topf vom Herd nehmen und die Mischung flambieren (s. Kasten oben).

3. Wenn die Flamme verlöscht ist, Mehl, Tomatenmark und 1 Tasse (250 ml) Fischbrühe einrühren. Etwa 5 Minuten kochen, bis die Suppe Blasen wirft.

4. Die restliche Fischbrühe, Venusmuschelsud und Safran zugeben und gut verrühren.

Die Fisch-, Muschel- und Garnelenwürfel in einer Schüssel mischen und die Hälfte der Mischung in die Suppe geben; den Rest kalt stellen. Die Suppe zum Kochen bringen, dann die Hitze reduzieren und die Suppe 45 Minuten köcheln lassen, bis sich die Flüssigkeit um ein Drittel reduziert hat.

5. Die Sahne einrühren und die Suppe 1 weitere Stunde leicht köcheln lassen.

6. Die restlichen Würfel und den Thymian zugeben und weitere 10 Minuten garen.

7. In Suppenschalen, garniert mit Kapuzinerkresseblüten und kleinen Thymianzweigen, servieren.

Für 6 Personen

OYSTER STEW

AUSTERNSTEW

In Neuengland und den Staaten an der mittleren Atlantikküste wird traditionell entweder an Thanksgiving oder zu Weihnachten Austernstew serviert. Es ist alter Brauch, die frischesten Austern und ihren Saft ganz einfach mit Milch und Sahne zu mischen. Da diese Suppe extrem reichhaltig ist, sind kleine Schälchen als Vorspeise zu einem Festtagsschmaus ausreichend.

4 Tassen (gut 1 kg) Austern ohne Schale, mit Saft
2 Tassen (500 ml) Schlagsahne
1 Tasse (250 ml) Milch
1 oder 2 Spritzer Tabasco
Salz und frisch gemahlener schwarzer Pfeffer
6 EL Butter
2 EL frischer Schnittlauch, kleingeschnitten, zum Garnieren

1. Die Austern abgießen und den Saft aufbewahren.

2. In einem kleinen Topf Sahne und Austernsaft aufkochen lassen, dann mit Tabasco, Salz und Pfeffer abschmecken.

3. Butter in einer beschichteten Pfanne bei mäßiger Hitze zerlassen. Die Austern zugeben und 2–4 Minuten dünsten, bis sich die Ränder kräuseln. Dann in die heiße Sahnemischung geben und abschmecken. Die Suppe in kleine Schälchen verteilen, mit Schnittlauch garnieren und sofort servieren.

Für 6–8 Personen

BEEF BROTH

HAUSGEMACHTE RINDERBRÜHE

Hausgemachte Rinderbrühe ist so viel besser als Fertigbrühen, daß sich die Mühe lohnt, welche zu kochen. Gebackene Gemüse und die Knochen sorgen für einen wunderbaren Geschmack und eine schöne Farbe. Kräuter und Gewürze runden das Aroma ab. Fügen Sie zu Anfang kein Salz hinzu, weil die Brühe, während sie einkocht, konzentrierter und salziger wird. Wenn Sie die Suppe schließlich abgeseiht und entfettet haben, können Sie sie tiefkühlen,

so daß Sie für Suppen, Stews und Saucen stets eine Grundlage zur Hand haben.

4 Zwiebeln, ungeschält
4 Selleriestangen mit Blättern
4 Möhren, ungeschält
4 Tomaten
3 Pastinaken, ungeschält
3 Lauchstangen, geputzt (mit 8 cm Grün), gut gewaschen und trockengetupft
4 Knoblauchzehen, ungeschält
1,4 kg Suppenfleisch vom Rind mit Knochen
1,4 kg Rinderknochen
4½ l Wasser
8 schwarze Pfefferkörner
6 Nelken
4 große Thymianzweige
1 Lorbeerblatt
grobkörniges Salz

1. Den Ofen auf 230 °C vorheizen.
2. Sämtliche Gemüse waschen und grob hacken, in eine ofenfeste Pfanne legen und mit Knoblauch, Fleisch und Knochen bedecken. Ohne Deckel 1 Stunde backen.
3. Fleisch, Knochen und Gemüse in einen großen Suppentopf geben.
4. 1 guten Liter Wasser in die Pfanne gießen und erhitzen, bis es sprudelnd kocht, dabei den Bratensatz vom Pfannenboden lösen. Dann die Flüssigkeit in den Suppentopf gießen, ebenso das restliche Wasser.
5. Pfefferkörner, Nelken, Thymianzweige und das Lorbeerblatt zugeben, zum Kochen bringen und eventuell an die Oberfläche steigenden Schaum abschöpfen. Die Hitze reduzieren und die Suppe 2 Stunden halb abgedeckt köcheln lassen. Noch 1 weitere Stunde ohne Deckel köcheln lassen; nach 30 Minuten mit Salz abgeschmecken.
6. Fleisch und Knochen entfernen. Die Brühe durch ein Sieb in eine Schüssel gießen, dann das Sieb mit zwei Lagen feuchtem Musselintuch auslegen und die Suppe erneut abseihen, dann abkühlen lassen.
7. Wenn die Brühe sofort verwendet werden soll, das Fett an die Oberfläche steigen lassen und die Brühe vollständig entfetten, indem das Fett mit einem Metallöffel oder einem Fettabschöpfer abgeschöpft wird. Andernfalls die abgekühlte Brühe zugedeckt 4 Stunden oder über Nacht kalt stellen und die gehärtete Schicht von der Oberfläche entfernen.
8. Die entfettete Rinderbrühe innerhalb von 3–4 Tagen verwenden oder bis zu 3 Monaten einfrieren.

Ergibt etwa 6 Tassen (1½ Liter)

CHICKEN BROTH

HÜHNERBRÜHE

Die Wunderkur für jede Krankheit und die wichtigste Brühe ihres kulinarischen Repertoires, das ist sie! Einst, als ich anfing zu kochen, lehrte mich meine Mutter, wie man Hühnerbrühe kocht: Man nimmt nicht zuviel Wasser, viel Hühnerfleisch, Pastinakwurzeln, damit sie süßer schmeckt, man läßt die Gemüse ungeschält, damit sie mehr Farbe bekommen, kocht sie nicht zu stark, damit sie klarer wird, und entfettet sie, damit sie reiner und gesünder ist. Kochen Sie genügend Brühe zum Tiefkühlen, damit Sie immer welche vorrätig haben.

2,7 kg Hühnerklein und Hühnerflügel
4 Selleriestangen mit Blättern
4 Möhren, ungeschält und halbiert
2 Zwiebeln, ungeschält und halbiert
2 Pastinaken, ungeschält und halbiert
1 große reife Tomate, halbiert, oder 3 reife Eiertomaten, halbiert
4 Knoblauchzehen, ungeschält und leicht zerdrückt
8 Zweige frische glatte Petersilie, die Stengel leicht zerdrückt
4 Stengel frischer Dill, die Stengel leicht zerdrückt (nach Belieben)
1 großes Bund frischer Thymian
6 schwarze Pfefferkörner
4 Gewürznelken
1 Lorbeerblatt
1 EL grobkörniges Salz
4½ l Wasser

1. Das Hühnerfleisch gut waschen und überflüssiges Fett abschneiden. Mit sämtlichen anderen Zutaten in einen großen Suppentopf legen.
2. Zum Kochen bringen, dann die Temperatur reduzieren und halb abgedeckt 1½ Stunden köcheln lassen, dabei eventuell an die Oberfläche steigenden Schaum abschöpfen. Mit den Gewürzen abschmecken und weitere 30 Minuten kochen. Den Topf vom Herd nehmen und die Brühe etwas abkühlen lassen.
3. Die Brühe durch ein Sieb in eine Schüssel gießen, dann das Sieb mit zwei Lagen feuchtem Musselintuch auslegen und die Brühe erneut durchseihen. Abkühlen lassen.
4. Wenn die Brühe sofort verwendet werden soll, das Fett an die Oberfläche steigen lassen und die Brühe entfetten, indem das Fett entweder mit einem Metallöffel oder einem Fettabschöpfer abgeschöpft wird. Wenn sie nicht sofort verwendet wird, die abgekühlte Brühe abgedeckt 4 Stunden oder über Nacht kalt stellen und die gehärtete Fettschicht entfernen. Die entfettete Brühe innerhalb von 3–4 Tagen aufbrauchen oder bis zu 3 Monaten einfrieren.

Ergibt etwa 4½ Liter

FISHBROTH
FISCHBRÜHE

Fischbrühe ist zwar inzwischen in jedem gut sortierten Supermarkt zu finden, aber natürlich ist selbstzubereitete Brühe sehr viel wohlschmeckender – es gibt nichts Aromatischeres! Kochen Sie gleich mehr als eine Portion und frieren Sie etwas davon ein. Die meisten Fischgeschäfte verkaufen Ihnen sicher gerne Reste, selbst wenn Sie ansonsten keinen Fisch dort kaufen. Fische, Kräuter und Gemüse sind für das Würzen der Brühe wesentlich. Verwenden Sie auf jeden Fall auch die Sellerieblätter sowie Thymian für ein intensives Aroma.

1–1,1 kg Fischreste (Köpfe, Schwänze und Gräten)
2 Zwiebeln, geviertelt
2 Möhren, grobgehackt
2 Selleriestangen mit Blättern, grobgehackt
4 Champignons, geputzt und geviertelt
4 frische Zweige glatte Petersilie, Stiele zerdrückt
2 Zweige frischer Thymian
6 schwarze Pfefferkörner
6 Tassen (1½ l) Wasser
2 Tassen (½ l) trockener Weißwein

Ein paar Tips zur Brühe

Jede Brühe kann durch eine gute Portion Gemüse nur gewinnen. Zwiebeln und Möhren, Sellerie und Pastinaken eignen sich dabei gleichermaßen. Intensiver schmeckende Gemüse wie Brokkoli, Kohl, Rosenkohl, Blumenkohl und rote Bete sollte man dagegen meiden – ihr Geschmack deckt den der Brühe zu.

Ich mag es, wenn die Rinderbrühe eine intensive Farbe hat, also backe ich die Gemüse und Knochen, bevor ich sie koche. Das kostet zwar mehr Zeit, aber Geschmack und Aussehen der Brühe verbessern sich so sehr, daß sich die Mühe lohnt.

Überstürzen Sie nichts. Wenn Sie die Flüssigkeit die richtige Zeit leicht köcheln lassen, wird die Suppe klarer und der Geschmack besser.

Das Entfetten der Brühe schließlich geht am leichtesten, wenn Sie sie mehrere Stunden kühl stellen. Das Fett wird dann an der Oberfläche der Flüssigkeit hart und kann einfach mit dem Löffel abgenommen werden.

1. Die Fischreste unter fließendem Wasser waschen oder das Wasser in einer Schüssel so oft wechseln, bis es klar ist. Mit sämtlichen anderen Zutaten in einen Topf geben und zum Kochen bringen. Die Hitze reduzieren und die Brühe ohne Deckel 25 Minuten köcheln lassen.

2. Die Fischreste und das Gemüse mit einem Schaumlöffel entfernen. Die Brühe etwas abkühlen lassen und dann durch ein mit einer doppelten Lage von feuchtem Musselinstoff ausgelegtes Sieb in eine Schüssel gießen.

3. Die Brühe bis auf Zimmertemperatur abkühlen lassen. Sie hält sich im Kühlschrank bis zu 2 Tagen, tiefgekühlt kann sie bis zu 3 Monaten aufbewahrt werden.

Ergibt etwa 6 Tassen (1½ Liter)

Vegetable Broth

Gemüsebrühe

Auch die im Handel erhältliche Gemüsebrühe kann nie einem Vergleich mit der hausgemachten standhalten. Ich finde die meisten Fertigbrühen zu salzig. Das beste Aroma und die schönste Farbe erzielen Sie, wenn Sie das Gemüse nur waschen, nicht schälen. Pilze schließlich sorgen für den intensiven Geschmack.

1 Zwiebel, ungeschält
2 Knoblauchzehen, ungeschält und leicht zerdrückt
2 Selleriestangen mit Blättern, in große Stücke geschnitten
2 Möhren, ungeschält und in große Stücke geschnitten
2 Lauchstangen, geputzt, gut gewaschen und in große Stücke geschnitten
8 Champignons, halbiert
2 Tomaten, geviertelt
4 junge Kartoffeln, halbiert
4 Gewürznelken
8 Zweige frische glatte Petersilie
2 Zweige frischer Dill
1 Lorbeerblatt
8 schwarze Pfefferkörner
1 TL grobkörniges Salz
10 Tassen (2½ l) Wasser

1. Das Gemüse gut waschen und die Zwiebel mit den Nelken spicken.

2. Sämtliche Zutaten in einen großen Topf geben und zum Kochen bringen. Die Hitze reduzieren und ohne Deckel 1 Stunde köcheln lassen. Abschmecken und weitere 30 Minuten köcheln lassen.

3. Die Brühe sieben und das Gemüse eventuell für einen anderen Zweck aufbewahren.

4. Die Brühe abkühlen lassen, dann zugedeckt kühl stellen oder einfrieren. Im Kühlschrank hält sie sich bis zu 4 Tagen, tiefgekühlt bis zu 3 Monaten lang.

Ergibt etwa 4 Tassen (1 Liter)

Hinweis: Von dieser Brühe können Sie leicht auch die doppelte Menge kochen.

DINNER

SALATE ZUM DINNER

Wir Amerikaner schätzen Salate in jeder Form: ob roh oder gekocht, ganz grün, mit etwas Grün oder ohne Grün. Leichte Salate essen wir als Beilage, als Vorspeise bevorzugen wir dagegen gehaltvollere. Im Grunde ist aber alles, was erfrischt, Farbe hat und knackig ist, tauglich für Salat. So benötigt man auch längst nicht für jedes Rezept Blattsalate – auch junger Spinat, pfeffrige Rauke oder Basilikumblätter erfreuen sich großer Beliebtheit. Oder wie wäre es mit einem Salat aus jungen Gemüsezwiebeln oder scharf angebratenen Paprikaschoten, bestreut mit Blüten? Tomaten gibt es vor allem im Sommer, ein typischer Wintersalat enthält eher Fenchel, Grapefruit und Granatapfelkerne, und Spargel ißt man im Frühjahr. Lassen Sie sich also überraschen …

Liberty Spinach Salad

Spinatsalat

Wer in der »Liberty Bar«, einer In-Kneipe in San Antonio, Texas, einkehrt, kann garantiert mit einen Festschmaus rechnen, vor allem bei der jährlich im April stattfindenden Fiesta. Hier gibt es luxuriöse, südwestamerikanische *haute cuisine*, wie zum Beispiel gegrillte Wachtel auf *Salsa Verde*; hier entdeckte ich auch diesen herrlichen Salat. Er ist, wie ich finde, die gelungenste Art, ein Essen mit einer saftig gebratenen Lammkeule einzuleiten.

KREUZKÜMMELDRESSING
2 EL frischer Limettensaft
1 TL Dijon-Senf
1 TL Knoblauch, feingehackt
1 TL Kreuzkümmel, gemahlen
1 TL Zucker
Salz und grobgemahlener schwarzer Pfeffer
½ Tasse (125 ml) Olivenöl

SALAT
4 reife Kochbirnen
700 g junger Blattspinat, entstielt, gewaschen und abgetrocknet
Salz und frisch gemahlener schwarzer Pfeffer
120 g cremiger Ziegenkäse, zerbröckelt
1 gehäufter EL Schnittlauch, kleingeschnitten

1. Für das Kreuzkümmeldressing Limettensaft, Senf, Knoblauch, Kreuzkümmel, Zucker, Salz und Pfeffer in eine kleine Schüssel geben und miteinander vermischen. Langsam das Öl zugießen und ständig schlagen, bis die Masse andickt. Beiseite stellen.
2. Einen Gartengrill auf mittlere Hitze bringen.
3. Für den Salat die Birnen vierteln und entkernen. Die Viertel in etwa 0,5 cm dicke Scheiben schneiden. Birnen in eine Schüssel geben und sorgfältig von allen Seiten mit 3 Eßlöffeln Dressing benetzen.
4. Einige der Birnenscheiben diagonal auf den Grill legen und etwa 3 Minuten auf jeder Seite grillen, bis sich deutliche Grillstreifen gebildet haben (s. Hinweis). Auf einen Teller legen und beiseite stellen. Mit den verbleibenden Birnen ebenso verfahren.
5. Spinat in eine große Schüssel legen, mit Salz und Pfeffer bestreuen und mit dem verbliebenen Dressing mischen. Den Salat auf 6 Teller verteilen. 6 oder 7 Birnenviertel sternförmig auf dem Spinat anordnen, den Ziegenkäse dekorativ darüber streuen und den geschnittenen Schnittlauch gleichmäßig verteilen. Sofort servieren.

Für 6 Personen

Hinweis: Falls Sie keine Gelegenheit haben, einen Gartengrill zu verwenden, können Sie statt dessen auch auf eine Grillpfanne zurückgreifen, deren geriffelter Boden bei den Birnen das hübsche Streifenmuster hinterläßt. Wenn es gar nicht anders geht, können Sie auch den Backofengrill benutzen.

Blue Plate Special

Dress-Up Cucumber Dill Soup

Seared Fresh Tuna and Noodles

Liberty Spinach Salad

Grilled Scallions

Laurie's Winter Lemon Ice Cream

A Vegetable Spring Salad

Frühlingssalat

Straußfarnsprossen geben diesem Salat einen ungewöhnlichen Geschmack, der an Wald erinnert. Wenn Sie die Farnsprossen zubereiten, reinigen Sie sie gut unter kaltem Wasser und entfernen Sie die trockenen Triebe. Schneiden Sie die Stiele 3 cm hinter den Spiralen ab. Für Salate und Sautés die Farne in kochendem Salzwasser 10 Minuten vorkochen. In Deutschland steht Straußfarn allerdings unter Naturschutz – beachten Sie daher bitte den Hinweis auf S. 252.

450 g grüner Spargel, mitteldick
220 g Straußfarnsprossen, geputzt (s. o.; ersatzweise junge Löwenzahnblätter)
400 g Mesclun (gemischter junger Blattsalat, s. Kasten), gewaschen und abgetrocknet
2 EL frische glatte Petersilie, feingehackt
1 EL frischer Schnittlauch, kleingeschnitten
grobkörniges Salz und grobgemahlener schwarzer Pfeffer
½ Tasse (125 ml) Shallot Mustard Vinaigrette (s. S. 101)
eßbare Blüten, z. B. Veilchen (nach Belieben)

1. Spargelspitzen abschneiden und die Stiele für einen anderen Zweck aufbewahren.

2. In einem kleinen Topf Salzwasser zum Kochen bringen und die Spargelspitzen je nach Größe 1–2 Minuten blanchieren, bis sie eine leuchtend grüne Farbe haben. Abtropfen lassen, unter kaltem Wasser abschrecken, erneut abtropfen lassen und trockentupfen. Bis zum Servieren in Frischhaltefolie eingepackt im Kühlschrank aufbewahren. In einem weiteren Topf Salzwasser zum Kochen bringen und die Farnsprossen (Löwenzahnblätter) 10 Minuten kochen lassen. Abtropfen lassen, in Eiswasser abschrecken, erneut abtropfen lassen und abtrocknen.

3. In einer großen Schüssel die Blattsalate, Farnsprossen (Löwenzahnblätter) und Spargelspitzen mischen. Mit Petersilie, Schnittlauch, Salz und Pfeffer bestreuen und Vinaigrette untermischen. Nach Wunsch mit eßbaren Blüten garnieren.

Für 6 Personen

Mesclun

Mesclun ist eine in Amerika erhältliche Mischung junger, zarter Blattsalate, die oft aus Rauke, Kerbel, Friséesalat, Löwenzahn und Eichblattsalat besteht. Auch bei uns erhält man in größeren Supermärkten solche Salatmischungen fertig eingeschweißt in einem Plastikbeutel.

Wenn Sie selbst mischen, achten Sie darauf, daß die verwendeten Blattsalate auch wirklich jung sind!

Early Garden Salad

Frischer Frühlingssalat

Die beste Zeit für junges Gemüse ist Ende April. In diesem knackig grünen Gartensalat schmeckt es besonders gut. Besonders frühlings-

---

✦✦✦✦✦✦✦✦✦✦✦✦✦✦✦✦✦

Frische dicke Bohnen zubereiten

— ❦ —

Besonders zart sind dicke Bohnen zu Beginn des Frühjahrs, wenn die Erntezeit für junges Gemüse gerade anfängt. Mit fortschreitender Reifezeit bilden sie eine Haut, die beim Kochen hart wird. Diese Haut muß vor der Weiterverarbeitung entfernt werden.

Die Bohnen entschoten (1 Kilo ganze dicke Bohnen ergeben etwa 300 g entschotete Bohnen), in einen Topf mit kochendem Wasser schütten, nach 30 Sekunden abgießen und in eiskaltem Wasser abschrecken. Danach die Häute entfernen. Nun sind sie für knackige Salate gerade richtig.

✦✦✦✦✦✦✦✦✦✦✦✦✦✦✦✦✦

---

1. Wasser in einem großen Topf zum Kochen bringen und den Spargel 2–3 Minuten leicht blanchieren. Kurz unter kaltes Wasser halten und abtupfen. Mit den Zuckererbsen (2–3 Minuten) und dicken Bohnen (30 Sekunden je nach Größe; s. Hinweis) ebenso verfahren. Die dicke Haut der Bohnen entfernen (s. Kasten links) und die Gemüse mit Küchenpapier gründlich abtupfen. Alles in eine Schüssel geben und mit dem Schnittlauch bestreuen.

2. Kurz vor dem Servieren das *Lemony Dressing* (s. S. 104) mit Salz und Pfeffer unter das Gemüse heben. Die Spinatblätter auf 6 Tellern arrangieren und den Salat in die Mitte der Gemüse legen. Mit den Rettichwürfeln bestreuen und servieren.

Für 6 Personen

Hinweis: Um Zeit zu sparen, können die Erbsen und die dicken Bohnen im selben Wasser blanchiert werden; einfach die Zuckererbsen mit einem Schaumlöffel aus dem Wasser nehmen, bevor Sie die dicken Bohnen hineingeben. Der Spargel muß separat gekocht werden, weil er sonst an Geschmack verliert.

---

haft wirkt der Salat, wenn er mit kleinen Veilchen und lavendelfarbenen Schnittlauchblüten garniert wird.

450 g mitteldicker grüner Spargel, holzige Enden entfernt, in 2–3 cm große Stücke geschnitten
220 g Zuckererbsen, Fäden entfernt
700 g dicke Bohnen, enthülst
2 EL frischer Schnittlauch, kleingeschnitten
½ Tasse (125 ml) Lemony Dressing (s. S. 104)
Salz und frisch gemahlener schwarzer Pfeffer
1 Bund (etwa 170 g) frischer Spinat oder Rauke, die Stiele entfernt, gewaschen und trockengetupft
4 große rote Rettiche, feingewürfelt

Mardi Gras Salad

Salat a la Mardi Gras

Ich habe diesen Salat, inspiriert durch die Farben des in New Orleans gefeierten Karnevals – Violett, Grün und Gold – als Vorspeise kreiert. Der grüne Salat wird durch gebratene rote Bete und die wie Konfetti darüber gestreuten Oliven und Paprika zu einer Augenweide wie zu einer Gaumenfreude. In meinem Käseladen fand ich einen amerikanischen, aus reiner Ziegenmilch hergestellten Fetakäse. Er war 60 Tage alt und schmeckte genau richtig, um die

Aromen des Salats zu einer harmonischen Einheit zu verbinden.

6 Tassen (120 g) Friséesalat oder gemischter junger Blattsalat, gewaschen und trockengeschleudert
grobkörniges Salz und frisch gemahlener schwarzer Pfeffer
5 EL Ruby Grapefruit Shallot Dressing (s. folgendes Rezept)
2 Tassen (340 g) Oven-Roasted Beets (s. S. 297), in 2 cm große Würfel geschnitten
3 EL rote Paprikaschote, Stielansatz und Samen entfernt, feingewürfelt
3 EL gelbe Paprikaschote, Stielansatz und Samen entfernt, feingewürfelt
3 EL grüne Paprikaschote, Stielansatz und Samen entfernt, feingewürfelt
3 EL entsteinte schwarze Oliven, kleingeschnitten
½ Tasse (70 g) frischer Fetakäse (vorzugsweise aus Ziegenmilch), zerbröckelt

    1. Gemüse und Salat in eine Schüssel geben, mit dem grobkörnigem Salz und Pfeffer bestreuen und 4 Eßlöffel des Dressings untermischen. Auf 4 Salattellern verteilen.
    2. Die roten Beten mit dem verbleibenden Dressing beträufeln und gleichmäßig auf dem Salat verteilen.
    3. Die gewürfelten Paprikaschoten und die Oliven gleichmäßig auf jedem Teller verteilen. Käse darüber streuen und sofort servieren.
Für 4 Personen

RUBY GRAPEFRUIT SHALLOT DRESSING

GRAPEFRUIT-SCHALOTTEN-DRESSING

Wenn Sie rosa Grapefruit auf dem Markt finden, sollten Sie viele davon kaufen, denn sie schmecken köstlich. Sie eignen sich wunderbar fürs Frühstück, als Dessert oder zum Salat. Heben Sie unbedingt auch welche für dieses ungewöhnliche Dressing auf, das einen Gemüsesalat zu etwas ganz Besonderem macht.

3 EL rosa Grapefruitsaft
1 EL Schalotten, feingehackt
1 TL Dijon-Senf
1 TL Zucker
Salz und frisch gemahlener schwarzer Pfeffer
½ Tasse (125 ml) Olivenöl

    Grapefruitsaft, Schalotten, Senf, Zucker, Salz und Pfeffer in einer kleinen Schüssel mischen. Langsam das Öl hinzugeben, dabei ständig rühren, so daß es andickt. Nach Belieben würzen. Bis zu 2 Tage abgedeckt im Kühlschrank lagern. Vor Verwendung auf Zimmertemperatur bringen.
Ergibt etwa eine ¾ Tasse (200 ml)

RAINBOW ROASTED PEPPER SALAD

PAPRIKASALAT

Gegrillte Paprika sind gesund, schmecken köstlich und sind schön anzuschauen. Sie sind also für zwanglose Mahlzeiten und elegante Einladungen gleichermaßen geeignet: Sie passen phantastisch in Salate und zu gegrilltem Brot und sind der ideale Ersatz für Wintertomaten. Dieser Salat macht jedes Buffet zu etwas Besonderem ... und er ergänzt Fajitas (s. S. 362) auf ideale Weise.

4 große rote und gelbe Paprikaschoten
1–2 TL Knoblauch, kleingehackt
2 TL extra natives Olivenöl
1 TL frischer Zitronensaft
grobkörniges Salz und grobgemahlener schwarzer Pfeffer
15 g frische Basilikumblätter, in feine Streifen geschnitten
frische Kapuzinerkresseblüten oder andere eßbare Blüten, zum Garnieren

1. Backofengrill vorheizen.
2. Die Paprikaschoten längs halbieren, Kerne und Stiel entfernen. Jede Hälfte leicht mit der Hand flachdrücken. Danach mit der Haut nach oben auf ein mit Aluminiumfolie ausgelegtes Backblech legen. Dieses etwa 7 cm unter dem Grill in den Ofen schieben und 12–15 Minuten garen, bis die Haut ganz schwarz ist.
3. Die Paprika in einen Papier- oder Plastikbeutel geben, diesen dicht verschließen und die Paprika 10–15 Minuten ausdampfen lassen. Herausnehmen und die verbrannte Haut entfernen. Die Paprika auf einer dekorativen Platte schön anrichten.
4. Knoblauch gleichmäßig über die Paprika verteilen und mit Olivenöl und Zitronensaft beträufeln. Mit Salz und Pfeffer bestreuen. Das Gemüse 15 Minuten ruhen lassen, damit sich sein ganzes Aroma entfalten kann. Kurz vor dem Servieren mit Basilikum bestreuen und mit den Kapuzinerkresseblüten garnieren.
Für 4 Personen

CHERRY CARROT SALAD

KIRSCH-MÖHREN-SALAT

Wenn Sie nach einer Beilage suchen, die auch für sich gegessen werden kann, ist dieser leichte, delikate Salat genau das richtige. Ich finde, die Spur Kümmel paßt wunderbar zu Schweinefleisch oder Wild.

3 EL Mayonnaise
3 EL Naturjoghurt (Magerstufe) oder saure Sahne
1 EL Zitronensaft, frisch gepreßt
1 TL Zucker
Salz und frisch gemahlener schwarzer Pfeffer
6 Möhren, geschält
½ Tasse (85 g) getrocknete Kirschen
½ TL Kümmel

1. Mayonnaise, Joghurt, Zitronensaft, Zucker, Salz und Pfeffer in einer kleinen Schüssel gut verrühren.
2. Möhren grob in eine Schüssel raspeln und mit den Kirschen und dem Kümmel mischen. Dressing unterrühren. Sofort servieren oder abgedeckt kalt stellen.
Für 4–6 Personen

SIMPLY ASPARAGUS SALAD

SPARGELSALAT

Manchmal schmecken einfach zubereitete Speisen am besten. Diese goldene Regel gilt auch in der Spargelzeit. Zu lange gekochtes Gemüse ist, wie ich finde, ein besonderes Ärgernis; grüner Spargel braucht in kochendem Wasser nicht länger als 2–3 Minuten. Darüber gestreute gehackte Eier und Petersilie lassen ihn noch frischer schmecken. So bedarf es nur noch eines leichten Dressings, und schon ist diese delikate Vorspeise oder Beilage fertig.

36 Stangen grüner Spargel, mitteldick, holzige Enden entfernt
2 EL Zitronensaft, frisch gepreßt
1 TL Zitronenschale, feingerieben
1 TL Dijon-Senf
1 TL Zucker
Salz und frisch gemahlener schwarzer Pfeffer
3 EL Olivenöl
2 hartgekochte Eier, feingehackt
2 EL frische glatte Petersilie, gehackt

1. Wasser in einem Topf zum Kochen bringen, Spargel zugeben und 2–3 Minuten kochen. Abtropfen lassen und unter kaltem Wasser abschrecken. Trockentupfen.

2. Zitronensaft, Zitronenschale, Senf, Zucker, Salz und Pfeffer in eine kleine Schüssel geben. Das Olivenöl langsam unter ständigem Rühren zugeben, so daß es leicht andickt. Beiseite stellen.

3. Eier vorsichtig mit der Petersilie vermischen. Auf jedem Salatteller in der Mitte 6 Spargelstangen anordnen und jede mit der Ei-Petersilie-Mischung bestreuen. Direkt vor dem Servieren auf jede Portion 1 Eßlöffel des Dressings verteilen.

Für 6 Personen

SUMMER BEAN, SUGAR SNAP, AND TOMATO SALAD

BUNTER SOMMERSALAT

Wenn es besonders schöne Sommergemüse gibt, befolge ich die Grundregel, die Zubereitung so einfach wie möglich zu halten. Durch Fehler habe ich gelernt, daß man den frischen Eigengeschmack verdeckt, wenn man zuviel des Guten tut. Bei diesem Salat sollten Sie die Vinaigrette erst unter den Salat mischen, kurz bevor Sie ihn servieren, so daß die leuchtende Farbe der Bohnen und Zuckererbsen nicht verlorengeht.

VINAIGRETTE
1 kleine Knoblauchzehe
¼ TL grobkörniges Salz
2 EL Rotweinessig
2 TL Dijon-Senf
1 Prise Zucker
3 EL extra natives Olivenöl
grobgemahlener schwarzer Pfeffer

SALAT
200 g zarte grüne Bohnen, geputzt
200 g zarte Wachsbohnen, geputzt
100 g Zuckererbsen, Fäden entfernt
1 große Schalotte
3 große reife, entkernte Tomaten
¾ Tasse (40 g) ganze frische Basilikumblätter, gewaschen und trockengetupft
Salz und frisch gemahlener schwarzer Pfeffer

1. Für die Vinaigrette Knoblauch kleinhakken und mit Salz, Essig, Senf und Zucker in eine kleine Schüssel geben. Unter ständigem Rühren langsam das Olivenöl hinzugeben. Mit Pfeffer abschmecken und beiseite stellen.

Kalifornisches Olivenöl

Bei Olivenöl denken Sie vermutlich an Italien und Spanien, vielleicht auch an Portugal oder Griechenland. Aber auch in Kalifornien wird immer mehr Olivenöl gepreßt. Der Boom setzte in den achtziger Jahren ein. Damals entdeckten cholesterinbewußte Amerikaner ihre Liebe zum Olivenöl, da es keine gesättigten Fettsäuren enthält und einen wunderbar intensiven Geschmack hat. Damals begannen äußerst qualitätsbewußte Produzenten mit dem Pressen, die nun großen Erfolg haben. Ich bin sicher, es wird nicht mehr lange dauern, bis ihre Erzeugnisse zu den besten Ölen der Welt gehören.

Im späten 18. Jahrhundert begannen Franziskanermönche in Südkalifornien Oliven anzubauen. Um 1910 gab es im gesamten Staat bereits 1 Million Ölbäume, die seinerzeit eines der besten Öle lieferten. Die nächsten 70 Jahre waren jedoch für die Olivenanbauer nicht gerade erfolgreich, da die Amerikaner zunehmend die billigere Importware bevorzugten. Im Ersten und Zweiten Weltkrieg stiegen die Erlöse wegen sinkender europäischer Exporte wieder, um in den fünfziger Jahren erneut zu fallen. Welche Chance hatte Olivenöl schon in der Hackbraten- und Kartoffelbrei-Ära mit einem hastigen Abendessen vor dem Fernseher?! Die meisten kalifornischen Oliven endeten in Dosen, und das hat sich bis heute nicht geändert. Angesichts der eingeschränkten Produktion und der hohen Anlaufkosten ist kalifornisches Öl immer noch teurer als das der europäischen Konkurrenz. Die beliebtesten kalifornischen Olivensorten für die Ölherstellung sind:

Manzanillo für ein süßes, geschmacksintensives, herzhaftes Öl,
Sevillano für ein kräftiges, grasgrünes Öl,
Mission für ein mild-fruchtiges, pfeffriges Öl,
Picholine für ein süßliches, mildes Öl,
Lucque für ein herbes, pfeffriges Öl.

Obwohl die Öle aller Anbauregionen manches gemein haben, hat jede Marke ihre Besonderheiten. Doch ehe man sich für die Anschaffung einer Kostprobe entscheidet, sollte man sich über ihre Kennzeichnung im klaren sein:

Extra nativ bezieht sich auf grüne oder auch grün-goldene Öle der höchsten Handelsklasse, die von der ersten »Kaltpressung« einer völlig ausgereiften und unbeschädigten Frucht stammen.
Nativ ist ein Öl der ersten Pressung und stammt von Oliven, die leicht fleckig oder nicht ganz reif sind.
Daneben gibt es **Verschnitte** von extra nativem und nativem Olivenöl.

Olivenöl zweiter Pressung wird aus dem Fruchtfleisch gepreßt, das von der ersten Pressung übriggeblieben ist.

Leichte und extra leichte Sorten werden zu einem fast geschmacklosen Produkt gefiltert, das einem ganz normalen Pflanzenöl gleicht. Sie haben jedoch ebenso viele Kalorien wie die anderen Olivenöle.

Die höchsten Handelsklassen enthalten am wenigsten Säure: extra natives Olivenöl weniger als ein Prozent, ein Öl zweiter Pressung bis zu vier Prozent.

Bei der Wahl der Sorte kommt es vor allem darauf an, wie stark die Speisen nach Olivenöl schmecken sollen. Wollen Sie ein ganz leichtes Aroma haben, eignet sich ein Öl zweiter Pressung. Für eine Vinaigrette und herzhafte Saucen nehme ich normalerweise extra natives Olivenöl. Will ich einer gedünsteten Speise ausgeprägten Olivengeschmack geben, koche ich in der Regel mit einer Mischung aus nativem und extra nativem Olivenöl.

Welches Öl Sie auch verwenden, es sollte innerhalb der letzten zwei Jahre abgefüllt worden sein. Offenes Öl sollte luftdicht verschlossen an einem kühlen, dunklen Ort aufbewahrt und innerhalb von vier Monaten verbraucht werden. Gekühlt hält es etwas länger. Es trübt sich zwar im Kühlschrank ein, doch bei Raumtemperatur wird es wieder transparent.

2. Für den Salat Salzwasser zum Kochen bringen und grüne Bohnen 3–5 Minuten weichkochen. Mit einem Schaumlöffel entfernen, gut abtropfen lassen, unter kaltes Wasser halten und erneut abtropfen lassen. Mit den Wachsbohnen (3–5 Minuten) und den Zuckererbsen (2–3 Minuten) ebenso verfahren. Alle Gemüse trockentupfen. In eine große Schüssel geben.

3. Die Schalotte halbieren, dann in Scheiben schneiden. Zu den Bohnen geben. Die Tomaten in 2–3 cm große Würfel schneiden und ebenfalls zu den Bohnen geben.

4. Die Basilikumblätter übereinanderschichten, aufrollen und sehr dünn diagonal schneiden. Dem Salat beimischen, mit Salz und Pfeffer abschmecken und gut durchmischen. Kurz vor dem Servieren Vinaigrette zugeben. Zimmerwarm servieren.

Für 4–6 Personen

Tomato Salad in a Bread Bowl
Tomatensalat in der Brotschüssel

Bei diesem Rezept werden die saftigsten der Sommertomaten regelrecht in einen eßbaren Tafelaufsatz verwandelt. Dieser Salat paßt ausgezeichnet zu Hamburgern beim Barbecue. Man kann ihn aber auch wunderbar zu einem Picknick mitnehmen. Dazu muß man ihn – ohne das getoastete Brot – in ein Plastikgefäß verpacken. Die »Brotschüssel« selbst kommt in eine große braune Papiertüte. Mischen Sie das getoastete Brot dann kurz vor dem Essen in den Salat und füllen Sie die Schüssel damit.

1 großes rundes Bauernbrot, etwa 750 g
1 große Salatgurke, ohne Kerne
8 reife Tomaten, jede in 8 Stücke geschnitten
*1 große gelbe Paprikaschote, geputzt und
   in 0,5 cm große Würfel geschnitten.*
*1 Tasse (155 g) entkernte schwarze Oliven,
   grobgehackt*
*1 kleine rote Zwiebel, längs halbiert und in dünne
   Scheiben geschnitten*
1 TL Knoblauch, feingehackt
*1 Tasse (60 g) frische Basilikumblätter,
   gewaschen, trockengetupft und in feine
   Streifen geschnitten*
*grobkörniges Salz und grobgemahlener
   schwarzer Pfeffer*
3 EL extra natives Olivenöl
2 EL Rotweinessig

1. Den Backofengrill vorheizen.
2. Oben eine dünne Scheibe vom Bauernbrot abschneiden. Für eine andere Verwendung beiseite legen.
3. Das Brot sorgfältig aushöhlen, so daß eine »Schüssel« entsteht; die Wandung der Schüssel sollte etwa 1,5–2 cm dick sein. Die entfernte Brotkrume von Hand in etwa 5 cm große, unregelmäßige Stücke zerreißen. Die Brotstücke auf ein Backblech legen und 3 Minuten leicht unter dem Grill toasten; immer wieder rütteln, damit das Brot nicht verbrennt. Beiseite stellen.
4. Gurken längs vierteln. In etwa 1–2 cm lange Stücke schneiden und in eine Schüssel geben. Tomaten, Paprika, Oliven, rote Zwiebel, Knoblauch und Basilikum zugeben. Mit Salz und Pfeffer abschmecken und gut durchmischen.

Direkt vor dem Servieren das getoastete Brot darüber geben.

5. Olivenöl und Essig über den Salat gießen und vorsichtig mischen.
6. Das ausgehöhlte Brot mit dem Salat füllen und servieren. Falls nötig, Salat nachfüllen.

Für 8 Personen

Summer Farm Stand Tomato Salad

Sommerlicher Tomatensalat

Wenn ich in der Tomatensaison zum östlichen Ende von Long Island fahre, kann ich den von Bauern am Rand der dreispurigen Straße verkauften Tomaten kaum widerstehen. Dann kaufe ich immer gleich kiloweise ein, und esse in den folgenden Tagen in rauhen Mengen saftige Tomatensandwiches. Aber es sind immer genug Tomaten übrig, um neue Salate zu kreieren, und dieser ist eines meiner Highlights.

*½ Tasse (125 ml) Tomato Balsamic Vinaigrette
   oder etwas mehr (s. folgendes Rezept)*
*2 Bunde (170 g) Rauke, ohne Stiele, gewaschen
   und trockengetupft*
*1 kg reife Tomaten in allen Farben (wenn
   möglich rote, orangefarbene und gelbe),
   in 1 cm dicke Scheiben geschnitten*
60–100 g Ricotta
½ TL schwarzer Pfeffer, zerstoßen
4 rote Cocktailtomaten, halbiert
4 kleine gelbe Tomaten, halbiert
*18 ganze, frische Basilikumblätter, gewaschen,
   trockengetupft und in feine Streifen geschnitten*

1. *Tomato Balsamic Vinaigrette* (s. folgendes Rezept) mindestens 2 Stunden im voraus zube-

reiten, damit sich ihr Aroma voll entfalten kann.

2. Die Rauke in ein Küchentuch wickeln und 30 Minuten bis 1 Stunde vor ihrer Verwendung im Kühlschrank aufbewahren.

3. Die Rauke am Rand einer großen Platte arrangieren, einige Blätter aber locker über die ganze Platte verteilen. Die Tomatenscheiben dekorativ in der Mitte anrichten. Vinaigrette mit dem Löffel über die Tomaten geben.

Eine Leidenschaft für Tomaten

Zwar stammen Tomaten vom amerikanischen Kontinent (ursprünglich von der Küstenregion des heutigen Peru), doch erst die Italiener zeigten den Amerikanern, wie man sie ißt, ja sie brachten ihnen bei, daß Tomaten *überhaupt* eßbar waren. Vor dem Ende des 18. Jahrhunderts waren die »Paradiesäpfel« weithin gefürchtet. Viele glaubten, sie seien giftig oder ein zu starkes Aphrodisiakum, um von sittlichen Menschen genossen zu werden. Selbst als Tomatensaucen und Ketchup allgemein akzeptiert waren, blieb das Mißtrauen gegenüber der rohen Frucht. Inzwischen werden Tomaten nicht nur als eines der gesündesten, sondern auch uramerikanischsten Nahrungsmittel geschätzt.

Derzeit werden in den USA über 175 verschiedene Sorten angebaut. Die kleinsten haben nicht einmal die Größe von Blaubeeren, während die sogenannten *Beefsteaks*, riesige Fleischtomaten, 700 g oder mehr wiegen können. Alte Sorten, zum Beispiel *Brandywine* und *Rutgers*, sind zwar schwer aufzutreiben, aber Hybridfleischtomaten oft qualitativ überlegen.

Die aromatischsten Sommertomaten serviert man am besten als einfachen Salat mit frischem Basilikum, extra nativem Olivenöl, Salz und frisch gemahlenem schwarzen Pfeffer. Gelbe Tomaten sind hübscher, aber milder als rote.

Im Winter, wenn es hierzulande keine einheimischen Tomaten gibt, versuchen Sie Importtomaten etwa von den Kanarischen Inseln. Eiertomaten, die für Saucen am besten geeignet sind, schmecken zur Not auch aus der Dose.

Tomaten sind kalorienarm und enthalten viel Kalium, Eisen, Karotin sowie Vitamin A und C. Kaufen Sie stets reife Früchte, es sei denn, Sie wollen ein Gericht aus grünen Tomaten zubereiten. Tomaten nicht im Kühlschrank lagern, da sich ihr Aroma bei unter 10 °C nicht entfalten kann.

4. Den gesalzenen Ricotta grob zerkleinert darüber geben und mit dem zerdrückten Pfeffer bestreuen. Die kleinen Tomatenhälften locker am Rand verteilen, gleichmäßig mit Basilikum bestreuen und servieren.

Für 6–8 Personen

Tomato Balsamic Vinaigrette

Tomaten-Balsamico-Vinaigrette

Küchenchef Dennis Terczak des »Solemio«-Restaurants in Chicago war so freundlich, mir sein köstliches Sommersalat-Vinaigrette-Rezept zu verraten. Er serviert die Sauce auf gegrilltem Mozzarella mit perfekt gedünstetem Spinat auf beiden Seiten des Käses. Zum ersten Mal kostete ich sie, als ich an meinem *New Basics Cookbook* arbeitete, und bis heute ist sie meine Lieblingsvinaigrette; sie paßt perfekt zu Rauke und verleiht Wintertomaten mehr Aroma.

1 große reife Tomate, geschält, entkernt und kleingehackt
1 EL Schalotten, kleingehackt
½ TL Knoblauch, kleingehackt
½ Tasse (125 ml) Tomatensaft aus der Dose
3 EL Balsamessig
3 EL extra natives Olivenöl
Salz und frisch gemahlener schwarzer Pfeffer

1. Tomate in einem schweren Topf bei geringer Hitze etwa 5 Minuten garen, bis die gesamte Flüssigkeit verdampft ist. In eine Schüssel geben und zum Abkühlen beiseite stellen.

2. Die übrigen Zutaten zufügen und gut durchmischen. Vor dem Servieren mindestens 2 Stunden ziehen lassen, damit sich das volle Aroma entfalten kann.

Ergibt knapp 1¾ Tassen (400 ml)

Scintillating Scallions and Ripe Tomatoes

Frühlingszwiebeln mit Tomaten

Dieses Rezept zeigt Frühlingszwiebeln von ihrer besten Seite. Inzwischen verwendet man sie nicht mehr nur als einfache Zutat, um Speisen zu würzen, sondern sie werden auch gegrillt, gebacken, überbacken, zu einer Schleife gewunden und vieles mehr. Auch der Geschmack reifer Tomaten kann – wie hier – mit einer Portion Frühlingszwiebeln verfeinert werden. Garnieren Sie ihn zum Servieren am Rand kreisförmig mit frischem jungen Blattsalat und mit etwas Petersilie.

8 reife Eiertomaten, jede in 8 Stücke geschnitten
4 Frühlingszwiebeln (mit etwa 8 cm Grün), diagonal in dünne Scheiben geschnitten
⅓ Tasse (20 g) frische glatte Petersilie, grobgehackt
3 EL Lemony Dressing (s. S. 104)
4 Tassen (80 g) junger gemischter Blattsalat, gewaschen und trockengeschleudert

1. Tomaten, Frühlingszwiebeln, 15 g Petersilie sowie das *Lemony Dressing* (s. S. 104) in einer

Schüssel mischen. Den Blattsalat auf 4 Salattellern verteilen und den Lauch und die Tomaten in die Mitte geben. Anschließend mit der restlichen Petersilie bestreuen und sofort zimmerwarm servieren.

Für 4 Personen

BLUMENKOHL VERARBEITEN

Guter Blumenkohl hat einen festen weißen Kopf. Er sitzt in hellgrünen Blättern, die keine dunklen Flecken aufweisen dürfen. Zum Zerkleinern den Strunk entfernen und mit einem kleinen Messer die Stiele der größeren Stücke etwas einschneiden. Dann kleine Röschen abbrechen, dabei vom Strunk zur Spitze vorgehen. In sprudelndem Salzwasser mit etwas Zitronensaft etwa 4–5 Minuten kochen, so daß die Röschen weiß bleiben.

DELICATE CAULIFLOWER SALAD
DELIKATER BLUMENKOHLSALAT

★★★

Als Salat schmeckt Blumenkohl besonders gut mit einem aromatischen Kräuterdressing. Blumenkohlsalat rundet den Geschmack von Schweinefleisch oder gebratener Ente hervorragend ab.

1 Blumenkohl (1–1,5 kg)
1 EL Zitronensaft, frisch gepreßt
1 Tasse (250 ml) Mayonnaise
1 EL Dijon-Senf
1 EL körniger Senf
1 EL kleine Kapern, abgetropft
3 EL glatte Petersilie, frisch gehackt
2 EL Estragon, frisch gehackt, oder
  1 TL getrockneter Estragon
1½ TL unbehandelte Zitronenschale,
  feingerieben
Salz und frisch gemahlener schwarzer Pfeffer
1 Ei, hartgekocht und grobgehackt,
  zum Garnieren
½ Tasse (80 g) Tomaten, entkernt und in Würfel
  geschnitten, zum Garnieren

1. Blätter und Strunk des Blumenkohls entfernen und den Kopf in kleine Röschen zerteilen.

2. Salzwasser in einem Topf zum Kochen bringen und Zitronensaft zugießen. Blumenkohl zufügen und 4–5 Minuten kochen, bis er zart ist. Abtropfen lassen und unter kaltem Wasser abschrecken. Erneut abtropfen lassen und trockentupfen. In eine Schüssel geben.

3. In einer separaten Schüssel Mayonnaise, beide Senfsorten, Kapern, 2 Eßlöffel Petersilie, Estragon, Zitronenschale, Salz und Pfeffer miteinander mischen. Mit einem Gummischaber das Dressing unter den Blumenkohl heben. 2–4 Stunden abgedeckt im Kühlschrank ruhen lassen. Vor dem Servieren auf Zimmertemperatur bringen, mit den gehackten Eiern und der verbleibenden Petersilie sowie den Tomaten garnieren.

Für 6 Personen

Walla Walla Onion Salad

Gemüsezwiebelsalat

Aus den in Washington erhältlichen kleinen Walla-Walla-Zwiebeln, die im Juni feilgeboten werden, kann man einen schmackhaften Salat zaubern. Wenn Sie keine Walla-Walla-Zwiebeln finden, können Sie sie leicht auch durch jede andere junge Gemüsezwiebel ersetzen. Servieren Sie den Salat mit leicht gegrilltem Sauerteigbrot. Es eignet sich wunderbar, um den Saft aufzunehmen.

Zwiebeln: süss und scharf

Vidalias, Walla Wallas und Mauis sind amerikanische Süßzwiebeln, weißfleischige Sorten, die so wenig Schwefel enthalten, daß sie nahezu fruchtig schmecken. Wenn Sie diese Zwiebeln hacken, müssen Sie nicht weinen! Roh gegessen, schmecken sie delikat cremig, aber dennoch nach Zwiebel. Ihre schönen Namen stammen von den Orten, wo sie angebaut werden: Vidalia, Georgia, Walla Walla, Washington, und die Hawaii-Insel Maui. Von allen sind Vidalias vermutlich am weitesten verbreitet.

Junge Gemüsezwiebeln verwende ich bevorzugt, wenn sie wenig oder kaum gekocht werden müssen, also meistens in *Relishes* und Salaten. Sie schmecken lecker auf Sandwiches (z. B. auf *Blythe's Tuna Fish Sandwich*, s. S. 140), Hamburgern und in Salaten. Versuchen Sie sie als Zwiebelsalat oder auf einem getoasteten Bauernbrot, das mit Mayonnaise bestrichen und mit Sardinen und reifen Tomaten belegt ist. Bewahren Sie die Zwiebeln sorgfältig auf, denn ihr hoher Wassergehalt macht sie sehr druckempfindlich. Beim Einkauf darauf achten, daß die Haut trocken und papierdünn ist. Außerdem sollten sie an einem kühlen, trockenen Ort aufbewahrt werden und sich nicht berühren. Eine Freundin hängt ihre Vidalias im Keller am Deckenbalken auf – in den Beinen einer alten Strumpfhose.

Bermuda-, spanische und rote Zwiebeln sind zwar nicht so süß, aber mild genug, daß man sie roh essen kann. Die scharfen gelben Zwiebeln sind aber immer noch meine Favoriten: Sie bilden die Grundlage der meisten Suppen, Saucen und Sautés. Gern verwende ich auch Schalotten; ihr herzhafter, nussiger Geschmack – schärfer als der von Zwiebeln, aber nicht so kräftig wie der von Knoblauch – eignet sich ideal für Vinaigrettes und andere Saucen. Die kirschgroßen Silberzwiebeln und die etwas größeren Kochzwiebeln schmecken am besten, wenn man sie kocht, ohne sie kleinzuschneiden, und in einer Sahnesauce oder einem Stew serviert.

2 kleine Walla-Walla-Zwiebeln (ersatzweise
    2 kleine junge Gemüsezwiebeln oder 1 große)
2 EL extra natives Olivenöl
2 EL Zitronensaft, frisch gepreßt
¼ TL Kümmel
grobkörniges Salz und frisch gemahlener
    schwarzer Pfeffer
4 dicke Scheiben Sauerteigbrot, gegrillt oder getoastet

Zwiebeln sehr dünn schneiden. Auf einem großen Teller anordnen, so daß sie leicht über den Rand ragen. Olivenöl und Zitronensaft über die gesamten Zwiebeln geben und mit Kümmel, grobkörnigem Salz und Pfeffer bestreuen. Zur Seite stellen und leicht abgedeckt bei Zimmertemperatur bis zu 1 Stunde ruhen lassen.

Auf dem gegrillten Sauerteigbrot servieren.

Für 4 Personen

AMERICAN BEAN SALAD

AMERIKANISCHER BOHNENSALAT

Zu Frühjahrsbeginn, wenn in den USA frische Cranberrybohnen Saison haben, ist es Zeit für diesen Salat. Die Bohnen sind hübsch bunt gefärbt und werden gern zu Osterlamm serviert. Wenn Sie frische dicke Bohnen finden können, kaufen Sie ein paar Pfund, die Sie entschoten und blanchieren (s. Kasten S. 278) und dann dem Salat hinzufügen.

220 g grüne Bohnen, geputzt
220 g Wachsbohnen, geputzt
700 g frische Cranberrybohnen, geputzt
    und entschotet (ersatzweise Borlotti- oder
    Pintobohnen)
500 g dunkelrote Kidneybohnen aus der Dose,
    gewaschen und abgetropft
4 Frühlingszwiebeln (mit 7–8 cm Grün),
    diagonal in dünne Ringe geschnitten
5 EL frische glatte Petersilie, gehackt
6 EL Lemony Dressing (s. S. 104)
Salz und frisch gemahlener schwarzer Pfeffer

1. Einen großen Topf Wasser zum Kochen bringen, die grünen Bohnen und die Wachsbohnen zufügen und 3–5 Minuten kochen, bis sie gar sind. Abtropfen lassen und unter kaltem Wasser abschrecken. Gut abtropfen lassen, trockentupfen und in eine große Schüssel geben.

2. Inzwischen einen weiteren Topf Wasser zum Kochen bringen und die Cranberrybohnen 15 Minuten gar kochen. Abgießen, unter kaltem Wasser abschrecken, gut abtropfen lassen und zusammen mit den Kidneybohnen, Frühlingszwiebeln und 4 Eßlöffeln Petersilie zu den grünen Bohnen geben.

3. Direkt vor dem Servieren das Dressing unter den Salat mischen. Mit Salz und Pfeffer abschmecken und mit dem verbleibenden Eßlöffel gehackte Petersilie bestreuen.

Für 6 Personen

FABULOUS FENNEL BREAD SALAD

FENCHEL-BROT-SALAT

Dieser knackig erfrischende Fenchel-Brot-Salat eignet sich hervorragend zum Picknick. Sobald Sie die Croutons geröstet und das Gemüse vorbereitet haben, geht es nur noch darum, sie in der richtigen Reihenfolge miteinander zu vermischen: Geben Sie das Basilikum erst zum Schluß dazu, weil es seine Farbe verliert, sobald es mit Essig in Berührung kommt.

*4 Tassen (320 g) Baguettewürfel,
     1–2 cm groß*
½ Tasse (125 ml) extra natives Olivenöl
Salz und frisch gemahlener schwarzer Pfeffer
1 Knolle (etwa 700 g) Fenchel, ohne Kraut
1 große rote Paprikaschote, geputzt
*1 kleine rote Zwiebel, längs und in Scheiben
     geschnitten*
*4 reife Tomaten, jede in 8 Stücke
     geschnitten*
*1 Tasse (155 g) Oliven, entkernt,
     z. B. Niçoise oder Gaeta*
2 EL Rotweinessig
*1 Tasse (60 g) frisches Basilikum,
     feingehackt*

1. Den Ofen auf 180 °C vorheizen.
2. Brotwürfel in eine Schüssel geben und mit 2 Eßlöffeln Olivenöl, Salz und Pfeffer würzen. Die Würfel nebeneinander auf ein Backblech legen und 20 Minuten goldbraun backen, dabei das Backblech ein- oder zweimal rütteln. Beiseite stellen und mit einem Küchentuch locker abdecken.
3. Die Basis der Fenchelknolle entfernen und den Fenchel längs in dünne Scheiben schneiden. Die Paprika ebenfalls längs in dünne Scheiben schneiden. Anschließend in einer großen Schüssel mit Zwiebel, Tomaten und Oliven mischen.
4. Direkt vor dem Servieren die Gemüse in einer Schüssel anrichten. Mit Salz und Pfeffer abschmecken. Mit dem verbleibenden Olivenöl und Essig beträufeln. Basilikum hinzugeben und vorsichtig untermischen. Die gerösteten Brotwürfel zugeben und sofort servieren.
Für 6–8 Personen

★★★★★★★★★★★★★★★★★★★★★

SUCCOTASH

Dieses Stew ist von Kanada bis Chile beliebt. Einst pflanzten die Irokesen und andere amerikanische Ureinwohner die traditionellen Zutaten – Mais (*succotash*), Bohnen und Sommerkürbis – zusammen an, so daß die Bohnenranken an den Maisstauden emporklettern konnten und die Kürbispflanzen wie Mulch wirkten. Die Bohnen hielten auch den Stickstoff im Boden, den der Mais sonst verbraucht hätte. Heute werden die drei »Schwesterpflanzen« eher zusammen gegessen als angebaut. Die Zubereitung von *succotash* ist ganz einfach: Es handelt sich um eine Mischung aus Mais und Limabohnen in einer Sahnesauce, allerdings ohne Kürbis. In Argentinien kommen Fleisch, Kartoffeln, Knoblauch und Paprika dazu; in Chile ersetzt Tomaten die Sahnesauce. *Succotash* schmeckt auch als rahmiges Chowderstew mit leuchtend roter Paprika oder als Sommersalat mit Ente und Roquefortdressing. Oder versuchen Sie es als Salat!

★★★★★★★★★★★★★★★★★★★★★

New World Succotash Salad
Succotashsalat

Als es darum ging, die klassische amerikanische Kombination von Mais und Limabohnen, die traditionell warm als schöne Beilage serviert wird, abzuwandeln, schlug ich alle Vorsicht in den Wind und schuf einen würzigen Salat. Die Mischung von Gurken und Lauch mit etwas Curryvinaigrette und Korianderblättern bildet einen guten Kontrast zu den milden und weicheren Gemüsesorten.

2 Tassen (320 g) gekochte Babylimabohnen
2 Tassen (250 g) gekochter Mais, vorzugsweise frisch
2 Tassen (280 g) feine grüne Bohnen, gekocht und in 1–2 cm große Stücke geschnitten
2 reife Eiertomaten, entkernt und in 1 cm große Würfel geschnitten
1 rote Paprikaschote, geputzt und in 1 cm große Würfel geschnitten
1 Frühlingszwiebel (mit 8 cm Grün), diagonal in dünne Ringe geschnitten
2 EL rote Zwiebeln, feingehackt
3 EL Olivenöl
2 EL Apfelessig
½ TL Dijon-Senf
1 kleine Knoblauchzehe
¼ TL Currypulver
¼ TL Salz
¼ TL Zucker
frisch gemahlener schwarzer Pfeffer
3 EL frischer grüner Koriander oder frische glatte Petersilie, gehackt

1. Alle Gemüse in eine große Schüssel geben.
2. In einer kleinen Schüssel Öl, Essig und Senf miteinander verrühren. Den Knoblauch hacken, Curry und Salz zugeben und mit Zucker in das Dressing rühren. Mit Pfeffer abschmecken und zum Gemüse geben. Den Salat mit Koriander bestreuen und gut gemischt servieren.

Für 6–8 Personen

Garden Orzo Salad
Sommerlicher Nudelsalat

Dieser Nudelsalat paßt sehr gut zum Barbecue oder zu einer Lammkeule. Wollen Sie den Geschmack noch reicher, mischen Sie die Vinaigrette unter die noch warmen Nudeln. Andere frische Kräuter, z. B. Basilikum oder Dill, können statt der Petersilie für einen kräftigeren Geschmack verwendet werden.

VINAIGRETTE
4 EL Rotweinessig
1½ TL Dijon-Senf
1½ TL Zucker
Salz und frisch gemahlener schwarzer Pfeffer
⅔ Tasse (160 ml) Olivenöl

SALAT
3 Tassen (480 g) Couscoussaki (kleine, tropfenförmige, griechische Nudeln)
1 rote Paprika, geputzt und in 0,5 cm große Würfel geschnitten
1 gelbe Paprikaschote, geputzt und in 0,5 cm große Würfel geschnitten
280 g frische oder gefrorene Erbsen, gekocht
1 Tasse (155 g) schwarze Oliven, entkernt
1 mittelgroße rote Zwiebel, in 1 cm große Würfel geschnitten
1 Tasse (200 g) helle Sultaninen
½ Tasse (30 g) frische glatte Petersilie, grobgehackt
Salz und frisch gemahlener schwarzer Pfeffer

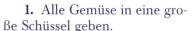

1. Für die Vinaigrette Essig, Senf, Zucker, Salz und Pfeffer in einer Schüssel gut miteinander vermischen. Unter ständigem Rühren langsam das Öl zugeben, bis die Vinaigrette leicht andickt. Beiseite stellen.

2. Für den Salat die Couscoussaki-Nudeln in sprudelndem Salzwasser 5–8 Minuten *al dente* kochen. Abtropfen lassen, unter warmes Wasser halten und erneut abtropfen lassen. Die Nudeln in eine große Schüssel geben und sofort mit der Vinaigrette mischen.

3. Die übrigen Zutaten zugeben und gut durchmischen. Zimmerwarm servieren.

Für 10–12 Personen

AN AMERICAN CHRISTMAS SALAD

AMERIKANISCHER WEIHNACHTSSALAT

Daß dieser Salat wirklich ein Weihnachtssalat ist, hängt in erster Linie mit dem Timing zusammen, denn um die Weihnachtszeit werden in den Obstabteilungen die saftigen rosa Grapefruits und die leuchtend roten Granatäpfel feilgeboten – ebenso wie der leicht nach Anis schmeckende Fenchel. Dieser bunte und intensiv schmeckende Salat, den ich einmal in Urlaubsstimmung komponiert habe, schmeckt als Vorspeise genauso gut wie als Beilage.

1 Fenchelknolle (etwa 450 g)
2 rote oder rosa Grapefruits
¾ Tasse (120 g) reife kalifornische oder griechische Oliven, z. B. Gaeta, mit Kern
½ Tasse (125 ml) Ruby Grapefruit Shallot Dressing (s. S. 279)
frisch gemahlener schwarzer Pfeffer
½ Tasse (75 g) Granatapfelkerne (von 1 Granatapfel)

1. Fenchelkraut entfernen, grob hacken und beiseite stellen. Knollenbasis abschneiden und anschließend die Knolle längs in sehr dünne Scheiben schneiden. In eine Schüssel geben.

2. Die Grapefruits filetieren (den Saft für das Dressing aufbewahren).

3. Die Fenchelscheiben dekorativ in der Mitte von 6 Salattellern arrangieren. 3 Grapefruitspalten in Form einer Blüte mitten auf den Fenchel legen. Die Oliven gleichmäßig auf den Tellern verteilen und auf jeden Salat etwas Dressing träufeln. Nach Wunsch gut mit frisch gemahlenem schwarzem Pfeffer bestreuen. Auf jedem Teller mit ein paar Granatapfelkernen sowie mit dem beiseite gestellten Fenchelkraut dekorieren. Sofort servieren.

Für 6 Personen

ANNE ROSENZWEIG'S WATERMELON SALAD

WASSERMELONENSALAT

Anne Rosenzweig, Chefköchin des 3-Sterne-Restaurants »Arcadia« in New York, kreiert immer wieder neue magische Gerichte. Eines davon ist dieser Salat, den sie mit weichschaligen Krebsen serviert. Der herzhafte und feste Fetakäse bildet einen perfekten Kontrast zur saftig-süßen Wassermelone und dem frischen Geschmack der Minze. Nehmen Sie auf jeden Fall frischen Feta für den Salat.

8 Tassen (1,8 kg) Wassermelone, entkernt, in 2 cm große Würfel geschnitten, eisgekühlt
4 Tassen (560 g) frischer Fetakäse, in 2 cm große Würfel geschnitten, zimmerwarm
2 Tassen (120 g) frische Minzeblätter, gehackt
¾ Tasse (200 ml) extra natives Olivenöl (nach Belieben auch mehr)
Saft von 2 Limetten
frisch gemahlener schwarzer Pfeffer

Direkt vor dem Servieren alle Zutaten in einer großen Schüssel miteinander vermischen. (Wenn Sie dies zu früh tun, verliert die Wassermelone ihr Wasser, und der Salat wird zu flüssig).
Für 12 Personen

Virginia Waldorf Salad
Waldorfsalat Virginia

Als ich zum jährlich stattfindenden Heringsessen nach Wakefield, Virginia, fuhr, hatte ich keine Vorstellung davon, daß ich mich mitten im Erdnußanbaugebiet befinden würde. Als ich jedoch dort war, nutzte ich die Gelegenheit und besuchte ein kleines Erdnußmuseum, das 1890 erbaut worden war.

Es machte mir viel Spaß, dieses Rezept zu Ehren der Erdnuß zu kreieren: ein nicht-klassischer Waldorfsalat mit viel Erdnußgeschmack. Ein wenig Erdnußbutter würzt das leichte Dressing dezent und verbindet alle Zutaten zu einer geschmacklichen Einheit.

3 Anjoubirnen, entkernt und in 1–2 cm große Stücke geschnitten
1 Tasse (140 g) Stangensellerie, in 1 cm große Würfel geschnitten
2 Tassen (320 g) blaue Trauben, halbiert und ohne Kerne
120 g Putenfleisch, geräuchert, in 1 cm große Stücke geschnitten
½ Tasse (85 g) getrocknete Kirschen
½ Tasse (80 g) geröstete Erdnüsse, ungesalzen
¾ Tasse (200 g) Naturjoghurt (Magerstufe)
3 EL Mayonnaise
1 EL Erdnußbutter
15 g frische glatte Petersilie, gehackt
Salz und frisch gemahlener schwarzer Pfeffer

1. Birnen, Sellerie, Trauben, Putenfleisch, getrocknete Kirschen und Erdnüsse in eine große Schüssel geben und sorgfältig durchmischen.

2. In einer separaten Schüssel Joghurt, Mayonnaise, Erdnußbutter und bis auf 2 Teelöffel die gesamte Petersilie miteinander vermengen. Das Dressing vorsichtig unter den Salat mischen und mit Salz und Pfeffer abschmecken. Mit der restlichen gehackten Petersilie garnieren und servieren.
Für 6 Personen

Basil Sauce
Basilikumsauce

Im Sommer, wenn der Basilikum wächst, bewahre ich immer gerne ein Glas dieser frischen, leichten Sauce auf, um sie mit Pasta zu mischen oder um Salatsaucen damit aufzupeppen. Wenn Sie dieses Kraut genauso mögen wie ich, werden Sie zahllose Möglichkeiten finden, sie zu verwenden.

2 Tassen (100 g) frische Basilikumblätter, gewaschen und trockengetupft
4 EL Olivenöl
Salz und frisch gemahlener schwarzer Pfeffer

1. Basilikumblätter in eine Küchenmaschine geben und fein hacken.

2. Während die Maschine läuft, langsam 3 Eßlöffel Olivenöl zugeben und weiterrühren, bis die Sauce andickt. Mit Salz und Pfeffer abschmecken.

3. Sofort servieren oder in einem kleinen Glas mit dem verbleibenden Eßlöffel Öl abdecken und mit einem Deckel verschließen. Kühl stellen und innerhalb von 3–4 Tagen aufbrauchen.

Ergibt etwa 6 Eßlöffel

DINNER

Bauernmärkte

In Amerika werden einige der weltbesten und wohlschmeckendsten Gemüse gezogen – eine großartige, vitaminreiche Vielfalt an Salaten, Knollen, Zwiebeln, Wurzeln und Kürbissen. Wenn wir einen Markt besuchen, am besten einen Bauernmarkt, finden wir die frischesten Waren der Saison, z. B. junge Erbsen, Spargel und neue Kartoffeln im Frühling oder Gartenkürbisse, Blumenkohl und Grünkohl im Herbst. Im Sommer quellen die Stände vor Angeboten über. Im Winter ist die Auswahl weniger farbig, aber nicht weniger köstlich. In diesem Kapitel zeige ich Ihnen, wie Sie Gemüse braten, dünsten, glasieren und zu zarten Pürees verarbeiten können.

Hier habe ich Möhren mit Ahornsirupbutter, Rotkohl mit getrockneten Kirschen und Eichelkürbis mit Fenchel kombiniert. Zu den allseits bekannten und beliebten Speisen zählen Kartoffelpüree, Rahmspinat, gebratene grüne Tomaten, Kohl und rote Beten. Auf Reisen ließ ich mich zu den vegetarischen Chili- und Jambalayagerichten anregen: Sie sind kräftig gewürzt und herzhaft genug, um als Vorspeise gegessen zu werden. Außerdem sind sie nicht nur gesund, sondern schmecken auch wunderbar!

ROASTED ASPARAGUS
Grüner gebackener Spargel

★★★

Seit kurzem finde ich Gefallen an dem intensiv kräftigen Geschmack von gebackenem Spargel. Ein Schuß frischer Zitronensaft und einige Gartenkräuter – das genügt, damit er sein Aroma entfaltet. Er macht sich besonders gut zu *Herb-Crusted Rack of Lamb* (s. S. 408).

500 g grüner Spargel, mäßig dick, holzige Enden entfernt
2 EL extra natives Olivenöl
grobkörniges Salz und frisch gemahlener schwarzer Pfeffer
1 EL frische glatte Petersilie, gehackt
2 Zitronen, halbiert, zum Garnieren

1. Den Ofen auf 200 °C vorheizen.
2. Den Spargel, alle Stangen in eine Richtung weisend, in eine passende feuerfeste Form geben und flachdrücken, so daß alle nebeneinander liegen. Gleichmäßig mit Olivenöl beträufeln und mit Salz und Pfeffer würzen. Mit Alufolie abdecken und auf mittlerer Schiene 10 Minuten backen. Die Folie entfernen und weitere 10 Minuten überbacken. Petersilie darüber streuen und mit den Zitronenhälften servieren.

Für 4 Personen

WELL-DRESSED-ASPARAGUS
Grüner Spargel mit Sauce

★★★

Wenn der Spargel im Frühling Saison hat, esse ich ihn so oft wie möglich, und zwar in allen möglichen Variationen. Restaurants servieren Spargel gern mit einer schnell gemachten Sauce, die kurz vor dem Servieren zubereitet wird. Zum Abschluß kommt noch etwas Petersilie obenauf.

6 EL extra natives Olivenöl
½ Tasse (125 ml) Zitronensaft, frisch gepreßt
2 Knoblauchzehen, feingehackt
3 EL kleine Kapern, abgetropft
1 EL Schale einer unbehandelten Zitrone, feingeschnitten
2 EL glatte Petersilie, frisch gehackt
frisch gemahlener schwarzer Pfeffer
500 g grüner Spargel, mäßig dick, holzige Enden entfernt

1. Öl, Zitronensaft, Knoblauch, Kapern und Zitronenschale in einem kleinen Topf bei mittlerer Hitze 2–3 Minuten kochen, den Topf dabei mehrmals schwenken. 1 Eßlöffel Petersilie einrühren und die Sauce reichlich mit gemahlenem schwarzen Pfeffer würzen. Den Topf vom Herd nehmen.
2. Den Spargel 2–3 Minuten in kochendem Salzwasser garen, bis er weich ist. Abtropfen lassen, trockentupfen und auf einer Platte anrichten. Die Sauce mit einem Löffel über den Spargel geben, die restliche Petersilie darüber streuen. Sofort servieren.

Für 4 Personen

ALL AMERICAN HARVARD BEETS
ROTE BETE AUF HARVARD ART

Angeblich wurden die *Harvard Beets* in einem englischen Gasthaus namens »Harwood's« erfunden. Ein Stammgast, ein russischer Emigrant, sei nach Boston gezogen, habe dort ein Restaurant eröffnet und es nach dem englischen Gasthof benannt. Er habe den Namen seines Restaurants jedoch falsch ausgesprochen, so daß es mehr wie Harvard klang. Ironie des Schicksals angesichts des Standorts – schließlich befindet sich die Harvard University in Boston. So wurde das Gericht, das er aus England mitgebracht hatte, bald unter dem Namen *Harvard Beets* bekannt! Eine andere Version leitet den Namen vom Dunkelrot der Trikots des Harvard Football-Teams her, die der Farbe des Gemüses ähnelt. Woher der Name auch kommen mag, wirklich wichtig ist das Gemüse selbst.

Ich habe diesen süß-sauren roten Beten viele Variationen abgewonnen (meine Schürze spricht Bände davon), aber dieses Rezept ist mir das liebste. Ich mag an diesem Gericht besonders die süße Schärfe kandierten Ingwers.

Im Ofen gebratene rote Bete (s. folgendes Rezept)
125 g Zucker
1 EL kandierter Ingwer, feingehackt
5 EL Rotweinessig
3 EL Orangensaft, frisch gepreßt
1½ EL Maisstärke
Salz und frisch gemahlener schwarzer Pfeffer
1 EL Butter
Schale von 2 unbehandelten Orangen, feingeschnitten

1. Die Haut der gebackenen roten Beten entfernen. 700 g davon in etwa 0,5 cm große Würfel schneiden und beiseite stellen.

2. Zucker, kandierten Ingwer, Essig, Orangensaft, Maisstärke, Salz und Pfeffer in einem schweren Topf gut mischen und 4–5 Minuten unter ständigem Rühren zum Kochen bringen. Wenn die Mischung klar wird und andickt, Butter und Orangenschale einrühren und auf dem Herd lassen, bis die Butter geschmolzen ist.

3. Den Topf vom Herd nehmen und die Sauce über die rote-Bete-Würfel geben. Vorsichtig durchmischen und vor dem Servieren vollständig abkühlen lassen.

Für 4–6 Personen

OVEN-ROASTED BEETS
IM OFEN GEBACKENE ROTE BETE

Wenn Sie rote Bete einmal im Ofen gebacken haben, werden Sie sie nie wieder kochen wollen. Duft und Farbe lassen einem das Wasser im Mund zusammenlaufen. Rote Bete aus dem Ofen sind einfach und schnell zubereitet und lassen sich darüber hinaus ohne weiteres bis zu einer Woche im Kühlschrank aufbewahren. Man kann sie verwenden, um gemischte Salate oder Beilagen aufzupeppen oder auch zum Würzen. Oder Sie schneiden sie in Scheiben, beträufeln sie mit Olivenöl und Zitronen- oder Orangensaft und geben etwas Salz, Pfeffer und frische Petersilie darüber: Schon haben Sie einen Salat, der großen Anklang finden wird.

1 kg rote Bete (etwa 8 Stück)

1. Den Ofen auf 180 °C vorheizen.
2. Die roten Beten gut waschen, Wurzeln und Strünke abschneiden.

3. Jede Knolle einzeln in Alufolie packen. Auf ein Backblech legen und etwa 1 Stunde backen, bis sie gar sind (bei großen Knollen etwa 1½ Stunden). Die Knollen aus dem Ofen nehmen und beiseite stellen, bis sie etwas abgekühlt sind. Auswickeln und häuten. Wenn Sie keine roten Finger haben wollen, sollten Sie dabei Gummihandschuhe tragen. Abdecken und bis zur Weiterverarbeitung kühl stellen.

Für 4–6 Personen

1. Brokkolistauden an den Enden so kürzen, daß jedes Stück etwa 15 cm lang ist. Die äußeren zähen Fasern an den Stilenden entfernen. Beiseite stellen.

2. Für die Sauce die Zutaten in einer Schüssel mischen und beiseite stellen.

3. Für die *Gremolata* die Zutaten in einer kleinen Schüssel gut mischen.

4. Direkt vor dem Servieren den Brokkoli in einem Topf mit kochendem Salzwasser 3 Minuten garen. Abtropfen lassen und in der Mitte einer Servierplatte anrichten. Die Tomatensauce mit einem Löffel darübergeben, mit der *Gremolata* beträufeln und sofort servieren.

Für 6–8 Personen

THUMBS-UP BROCCOLI

BROKKOLI IN TOMATENSAUCE

Finden Sie Brokkoli langweilig? Versuchen Sie das folgende Rezept, und ich garantiere Ihnen, Sie werden nicht enttäuscht sein. Die kalte Tomatensauce läßt sich leicht im voraus zubereiten, ebenso die als Garnierung verwendete *Gremolata* mit dem fruchtigen Orangengeschmack. Stellen Sie einfach beide abgedeckt in den Kühlschrank. Blanchieren Sie den Brokkoli direkt vor dem Servieren und richten Sie ihn auf einem großen Teller dekorativ an.

1 kg Brokkoli

TOMATENSAUCE
4 Tassen (600 g) reife Tomaten, grobgewürfelt
2 EL Schalotten, feingehackt
2 EL extra natives Olivenöl
1 TL Orangensaft, frisch gepreßt
1 Prise Zucker
2 EL glatte Petersilie, gehackt

GREMOLATA
Schale einer unbehandelten Orange, feingerieben
1 Knoblauchzehe, kleingeschnitten
2 EL frische glatte Petersilie, gehackt

THE BEST BRUSSELS SPROUTS EVER

KÖSTLICHER ROSENKOHL

Neulich plauderte ich mit Anne Rosenzweig darüber, was man mit Gemüse alles tun kann. Dabei schlug Anne diese Speise vor, die sie in ihrem Restaurant »Lobster Club« serviert. Nach meinem Probeessen fragte sie: »Ist das nicht der beste Rosenkohl, den du je gegessen hast?« Sie hatte recht! Der Speck verleiht ihm einen kräftigen, intensiven Geschmack und paßt gut zu dem unerwartet knackigen Gemüse; der Schnittlauch darüber wertet es noch weiter auf. Kochen Sie den Rosenkohl nicht zu lange. Wie in der chinesischen Küche sollte er nur garen, bis er bißfest ist.

500 g Rosenkohl
1 EL Olivenöl
1 EL Butter
220 g magerer Speck in Scheiben, ohne Schwarte, feingewürfelt
3 Möhren, geschält und kleingewürfelt
2 TL frischer Schnittlauch, kleingeschnitten

1. Den Rosenkohl unten abschneiden und zähe Außenblätter entfernen. Die Röschen längs teilen und dann in feine Streifen schneiden.
2. Öl und Butter gemeinsam in einem schweren Topf erhitzen. Den Speck zugeben und 5–6 Minuten bei mittlerer Hitze ausbraten, bis er goldgelb wird. Möhren zufügen und unter ständigem Rühren etwa 5 Minuten dünsten, bis sie weich werden.
3. Den Rosenkohl in den Topf geben und 5 Minuten unter Rühren kochen, bis er bißfest ist. Mit Schnittlauch bestreuen und sofort servieren.

Für 4–6 Personen

CREAMY CARAVAY CABBAGE

SAHNEWIRSING MIT KÜMMEL

Kohl gehört zu den meistgekochten Gemüsesorten in den USA, und als sahnige, milde Beilage zu Schinken und Schweinefleisch ist er besonders gefragt. Die delikaten, gekräuselten, losen Blätter des Wirsings unterscheiden sich von den schwereren typischen Kopfkohlarten ganz beträchtlich und können zu einer köstlichen Speise werden. Wer abschließend noch frischen Dill zufügt, veredelt das kräftige Gemüse noch mehr.

1 Wirsing (knapp 1 kg)
220 g magerer Speck in Scheiben, ohne Schwarte, grobgewürfelt
1 TL Kümmel
Salz und frisch gemahlener schwarzer Pfeffer
½ Tasse (125 g) saure Sahne
2 TL Dijon-Senf
2 TL frischer Dill, gehackt

1. Die zähen äußeren Blätter des Wirsings entfernen. Den Kopf der Länge nach halbieren, den Strunk entfernen und die Hälften fein raspeln.
2. Den Wirsing in einen großen Topf mit kochendem Salzwasser geben und 2–3 Minuten kochen, bis er zusammenfällt. Gut abtropfen lassen.
3. Den Speck in einem schweren Topf bei mittlerer Hitze 6–8 Minuten ausbraten, bis er sich goldbraun färbt. Den Wirsing, Kümmel, Salz und Pfeffer zugeben. Sauerrahm und Senf in einer kleinen Schüssel verrühren und unter den Wirsing heben. Bei geringer Temperatur langsam erwärmen, mit gehacktem Dill bestreuen und servieren.

Für 6 Personen

SMOTHERED RED, RED CABBAGE

GEDÜNSTETER ROTKOHL

Obwohl ich mit Speck gekochten Rotkohl zu einer gebratenen Gans liebe, ist es wohl eher zeitgemäß, ihn auf leichtere Art zu genießen. Diese Version ist würzig und hat zusätzlich die Schärfe der Cajun-Wurst. Aromatische getrocknete Kirschen übernehmen die Rolle der sonst favorisierten Rosinen. So paßt der Rotkohl hervorragend zu Wildgeflügel.

1 Rotkohl (knapp 1 kg)
2 Granny-Smith-Äpfel
220 g geräucherte, möglichst scharfe Wurst, grobgewürfelt
2 EL Olivenöl
2 rote Zwiebeln, in dünne Scheiben geschnitten
½ Tasse (125 ml) trockener Rotwein
½ Tasse (125 ml) Rotweinessig
½ Tasse (125 ml) entfettete Hühnerbrühe, vorzugsweise selbstgemacht (s. S. 271)
¼ Tasse (45 g) brauner Zucker
1 TL Thymian, getrocknet
Salz und frisch gemahlener schwarzer Pfeffer
½ Tasse (85 g) getrocknete Kirschen

1. Die harten äußeren Blätter des Kohls entfernen. Den Kohl der Länge nach halbieren, den Strunk entfernen und die Hälften fein raspeln.

2. Die Äpfel schälen, vierteln und entkernen, dann in 2–3 cm große Stücke schneiden.

3. Die Wurst 10 Minuten bei mittlerer Hitze in einem schweren Topf anbräunen. Kohl, Olivenöl und Zwiebeln zugeben und 5 Minuten rühren, bis der Kohl zusammenfällt. Alle übrigen Zutaten außer den Kirschen zufügen und gut mischen. Abdecken und 30 Minuten bei mittlerer Hitze kochen, dabei gelegentlich umrühren.

4. Die getrockneten Kirschen zugeben, das Ganze weitere 30 Minuten zugedeckt kochen, dabei gelegentlich umrühren. Heiß servieren.
Für 6–8 Personen

Maple Butter Carrots
Möhren mit Ahornsirupbutter

Wie die meisten Leute haben sicher auch Sie in Ihrem Kühlschrank Möhren vorrätig; dieses Gemüse ist ja das ganze Jahr über leicht erhältlich. Aber vielleicht suchen Sie nach einer neuen Zubereitung. In diesem Fall sollten Sie etwas Butter mit Ahornsirup verschlagen. Gibt man die Ahornsirupbutter über die heißen Möhren, schmilzt sie und glasiert das Gemüse.

12 Möhren, geschält und in 4 cm große Stücke geschnitten
2 EL Ahornsirupbutter (ersatzweise nur Ahornsirup)
Salz und frisch gemahlener schwarzer Pfeffer
1 Prise Muskatnuß

1. Möhren in Salzwasser 10–12 Minuten weichkochen. Das Salzwasser abgießen, die Möhren sorgfältig abtropfen lassen und wieder in den Topf geben. Sofort mit Ahornsirupbutter mischen und mit Salz und Pfeffer abschmecken.

2. In einer Schüssel anrichten, Muskat darüber streuen und servieren.
Für 4–6 Personen

Cauliflower »Rarebit«
Blumenkohl überbacken

Blumenkohl gehört zu den Wintergemüsen, die, sorgfältig zubereitet, köstlich schmecken. Als Gratin, mit nur einer Spur der scharfen Gewürze, die dem *welsh rabbit* (geschmolzener Käse auf Toast) seinen Kick geben, paßt Blumenkohl ausgezeichnet zu einer Lammkeule oder zu einem gepfefferten *rib-eye steak*.

1 großer Blumenkohl (etwa 2½ Pfund)
2 EL Zitronensaft, frisch gepreßt
3 EL Butter
3 EL Mehl
1 TL Senfpulver
2 Tassen (500 ml) Milch
1 Tasse (125 g) würziger Vermont-Cheddar, ersatzweise pikanter Gouda
½ TL Worcestersauce
2 Spritzer Tabasco
2 EL frischer Schnittlauch, kleingeschnitten
3 EL Semmelbrösel

1. Den Ofen auf 200 °C vorheizen. Eine Backform (30 x 21 x 5 cm) leicht buttern.

2. Die grünen Blätter des Blumenkohls wegschneiden, den Strunk entfernen und den Blumenkohl in kleine Röschen zerteilen. Salzwasser in einem Topf zum Kochen bringen und Zitronensaft zufügen. Den Blumenkohl 10 Minuten leicht köcheln lassen, bis er gar ist. Gut abtropfen lassen und trockentupfen.

3. Butter auf kleiner Stufe in einem schweren Topf zerlassen. Senfpulver und Mehl einrühren, bis eine Paste entsteht. Unter Rühren langsam die Milch zugeben, bis die Mischung cremig wird. Bei geringer Hitze 4–5 Minuten kochen, dabei weiterrühren, bis die Sauce eindickt. Dann Käse, Worcestersauce und Tabasco zugeben und den Topf vom Herd nehmen. Die Petersilie untermischen.

4. Die Blumenkohlröschen dicht nebeneinander so in die Backform geben, daß sie aufrecht stehen. Die Sauce gleichmäßig darüber gießen und mit Semmelbröseln bestreuen. In 40–45 Minuten goldbraun backen.

5. Nach Belieben den Blumenkohl weitere 1–2 Minuten unter dem Backofengrill bräunen, etwa 7 cm vom Grill entfernt. Sofort servieren.

Für 6 Personen

BRAISED AND GLACED CELERY

GESCHMORTER GLASIERTER STANGENSELLERIE

Geschmorter Sellerie mit einer delikaten süß-sauren Sauce ist ein ideales Wintergericht. Es paßt bestens zu gebratenem Wildgeflügel oder zu einem leckeren Wildgericht.

2 Bunde Stangensellerie, geputzt, Blätter und holzige Enden entfernt
4 EL entfettete Hühner- oder Gemüsebrühe, vorzugsweise selbstgemacht (s.S. 271 bzw. 273)
3 EL Zitronensaft, frisch gepreßt
5 EL Butter
1 TL Zucker
1 TL Salz
1 EL frische glatte Petersilie, gehackt

1. Selleriestangen diagonal in etwa 10 cm lange Stücke schneiden. Mit Brühe, Zitronensaft, 2 Eßlöffeln Butter, Zucker und Salz in einen großen Topf geben und zum Kochen bringen. Die Temperatur auf mittlere Hitze reduzieren und den Sellerie 30 Minuten kochen lassen, bis er gar ist. Den Topf dabei von Zeit zu Zeit schwenken.

2. Die verbleibenden 3 Eßlöffel Butter in den Topf geben und den Sellerie darin etwa 10 Minuten bei mittlerer Hitze ohne Deckel leicht anbräunen; dabei den Topf öfter schwenken. Auf einer Platte anrichten, mit Petersilie bestreuen und sofort servieren.

Für 4–6 Personen

Silky Corn Pudding

Maispudding

Ich gehöre zu den Puristen, die einfachen Maispudding lieben – ganz schlicht zubereitet, mit viel Zuckermais und nicht verfälscht durch die Zugabe von Pfeffer oder Speck. Zur Verfeinerung füge ich jedoch einige gedünstete und mit einer Prise Zucker karamelisierte Zwiebeln zu. Besonders gern serviere ich den Maispudding zu einem köstlichen Braten, zu *North-Carolina-Style Pulled Pork* (s. S. 394) oder ganz allgemein zu gegrilltem Fleisch. In Alaska habe ich einmal einen phantastischen Maispudding mit *Grilled Halibut Teriyaki* (s. S. 458) gegessen, so daß ich ihn heute auch zu Fisch serviere.

Zuckermais im Sommer

Jedes Jahr gegen Ende Juli suche ich ungeduldig überall auf den Märkten nach Mais, wohlgemerkt nur nach ganz frischem, das heißt, am selben Tag oder noch besser zur selben Stunde geerntetem. Letzteres ist im allgemeinen jedoch zuviel verlangt. Aber ich übertreibe nicht, es spielt eine Rolle! Der Maiszucker verwandelt sich nämlich in Stärke, sobald der Kolben abgeschnitten wird. Zwei Tage später ist die Süße fast verschwunden. Heben Sie den Mais also nicht auf; und schälen Sie ihn erst unmittelbar vor dem Kochen!

Falls Sie unsicher sind, ob der Mais frisch ist, fragen Sie. Sonst überprüfen Sie die Hüllblätter (sie sollten hell, am besten noch feucht sein und straff sitzen), die Fäden oben (sie dürfen trocken sein, aber nicht brüchig) und den Strunk (er sollte feucht sein). Brechen Sie im oberen Kolbenbereich ein Korn heraus. Tritt ein milchiger Saft aus, ist der Mais so, wie er sein sollte.

Von den vielen Zuckermaissorten schmeckt mir die Sorte Country Gentleman am besten. Auch die Spätsorten Candy Corn und Silver Queen sind sehr fein.

Ich koche Zuckermais 2–4 Minuten in leicht gezuckertem Wasser (1 Teelöffel pro 100 g). Es ist nicht notwendig, ihn in den Hüllblättern zu kochen, nur fürs Grillen oder Braten sollten sie dranbleiben. Fürs Grillen werden sie allerdings zunächst nach hinten geschoben, und die Fäden werden vom Kolben abgezupft. Anschließend kommen die Hüllblätter wieder über den Kolben und werden oben mit einer dünnen Schnur zusammengebunden. Die so vorbereiteten Kolben 10 Minuten in kaltes Wasser legen (sie verbrutzeln, wenn Sie's nicht tun!), dann auf dem heißen Grill 15–30 Minuten unter ständigem Wenden garen. Mit den Hüllblättern servieren. Vergessen Sie nicht, Butter, Salz und Pfeffer bereitzustellen.

*3 Tassen (750 g) frische Maiskörner
   (von etwa 4 Maiskolben)*
2 EL Butter
1 EL Olivenöl
¾ Tasse (90 g) Zwiebeln, grobgewürfelt
1 TL Zucker
3 EL frischer Schnittlauch, kleingeschnitten
4 Eigelb
2 Tassen (500 ml) Schlagsahne
1 TL Dijon-Senf
1 oder 2 Spritzer Tabasco
Salz und frisch gemahlener schwarzer Pfeffer

1. Den Mais in kochendes Wasser geben und 5 Minuten bei mittlerer Hitze garen. Gut abtropfen lassen und beiseite stellen.

2. Butter und Öl in einem schweren Topf bei mittlerer Temperatur erhitzen. Zwiebeln zugeben und 15 Minuten unter häufigem Rühren andünsten, bis sie weich sind. Zucker über die Zwiebeln geben und mit einer Gabel umrühren. Vom Herd nehmen und 5 Minuten ruhen lassen.

3. Inzwischen den Ofen auf 180 °C vorheizen und Wasser zum Kochen bringen.

4. Mais, Zwiebeln und Schnittlauch in einer feuerfesten Backform von 24 cm Durchmesser mischen. Ebenso Eigelb, Sahne, Senf, Tabasco, Salz und Pfeffer mischen und über den Mais geben. Die feuerfeste Form in einen größeren Topf stellen, in diesen so viel von dem kochenden Wasser gießen, daß die Backofenform etwa bis zur Hälfte im Wasser steht. Vorsichtig in den Ofen schieben und 1 Stunde backen, bis der Mais goldgelb ist. Sofort servieren.

Für 6 Personen

CREAMED CORN

Als Kind habe ich mich quasi von *Creamed Corn* aus der Dose ernährt – bis ich erfuhr, daß hausgemachter Sahnemais noch besser ist! In der letzten Augustwoche sind die Maiskolben am süßesten und damit geeignet, mein damaliges Leibgericht zu kochen. Seine zarte Konsistenz erhält er durch das Pürieren und die Zugabe von etwas Sahne. Die ganz zum Schluß zugegebenen ganzen Körner sorgen für eine körnige Struktur. *Creamed Corn* schmeckt köstlich zu Hackbraten und Kartoffelpüree.

8 Kolben Zuckermais
*6 Tassen (1 ½ l) entfettete Hühnerbrühe,
   vorzugsweise selbstgemacht (s. S. 271)*
2 EL Zucker
3 EL Milch
3 EL Sahne
Salz und frisch gemahlener weißer Pfeffer

1. Maiskolben schälen, Körner sorgfältig ablösen und Kolben aufbewahren. Beiseite stellen.

2. Die Brühe in einem großen schweren Topf zum Kochen bringen. Die Temperatur reduzieren, die Kolben zufügen und 20 Minuten zugedeckt köcheln lassen. Vom Herd nehmen, die Kolben herausnehmen und wegwerfen.

3. Maiskörner und Zucker in die Brühe geben und zum Kochen bringen. Hitze reduzieren, teilweise abdecken und 15–20 Minuten köcheln lassen, bis die Körner sehr zart sind. Mit einem Schaumlöffel eine Tasse (250 g) Mais aus der Brühe heben und beiseite stellen.

4. Den restlichen Mais zusammen mit der Brühe nach und nach in einer Küchenmaschine glatt pürieren. Das Püree, die beiseite gestellten Maiskörner, Milch und Sahne in eine Schüssel geben und mit Salz und Pfeffer würzen. Heiß servieren.

Für 6 Personen

Southwestern Grilled Corn with a Flair
Mais vom Grill

Für mich ist die Zeit zwischen Ende Juli und Anfang September herrlich, weil die Natur Garten und Tisch reichlich mit Mais und Tomaten segnet. Beide Gemüse schmecken ohne alle kulinarischen Klimmzüge unübertrefflich, und auch gegrillt sind sie lecker. So muß beim Barbecue im Freien niemand in die Küche rennen, um den Mais dort über Dampf zu garen. Gegrillter Mais ist ein wenig weicher, der Geschmack ist jedoch intensiv und gut. Vorteilhaft ist auch, daß man den Mais vorbereiten kann und ihn dann nur noch auf den Grill legen muß!

6 EL (250 g) Butter, zimmerwarm
1 TL Korianderblätter, frisch gehackt
¼ TL Chilipulver
⅛ TL Kreuzkümmel, gemahlen
8 Kolben Zuckermais

1. Den Gartengrill auf mittlere Hitze bringen.
2. Butter, Koriander, Chilipulver und Kreuzkümmel in einer kleinen Schüssel mischen. Beiseite stellen.
3. Die Hüllblätter vorsichtig von den Kolben lösen und nach hinten klappen, aber nicht abtrennen! Die Fäden entfernen.
4. Die Kolben gleichmäßig mit der gewürzten Butter einreiben, dann die Blätter wieder über die Kolben ziehen. Die Hüllblätter oben mit einem Stück dünner Schnur zusammenbinden. Die Kolben 20 Minuten in eine Schüssel mit kaltem Wasser legen (andernfalls verbrennen sie auf dem Grill).
5. Den Mais etwa 2 Handbreit von der Hitzequelle entfernt 15 Minuten grillen, von Zeit zu Zeit wenden, bis die Blätter fast schwarz sind. Vom Grill nehmen und mit den Blättern servieren. Reichlich Servietten bereithalten!

Für 4 Personen

Eggplant-Zucchini Compote
Auberginen-Zucchini-Mischgemüse

Spätsommerliche Gemüsesorten sind für Eintöpfe wie geschaffen. Zu dieser Komposition inspirierte mich meine Bewunderung für das vielgeliebte klassisch-französische Ratatouille; sie ist daher reich an Kräutern und fruchtigem Olivenöl. Je stärker und intensiver der Geschmack, desto besser.

2 Auberginen (etwa 900 g), ungeschält, grobgewürfelt
2 TL grobkörniges Salz
Olivenöl, zum Braten
3 EL extra natives Olivenöl
2 Zwiebeln, grobgehackt
1 EL Knoblauch, kleingehackt
4 Zucchini (je etwa 220 g), grobgewürfelt
1 rote Paprikaschote, Stielansatz und Samen entfernt, grobgewürfelt
1 große Dose (800 g) italienische Eiertomaten, zerkleinert, mit Saft
1 EL Tomatenmark
1 TL Zucker
1 Tasse (60 g) frisches Basilikum, in kleine Stücke zerpflückt
1 EL frischer Thymian oder
1 TL getrockneter Thymian
Salz und frisch gemahlener schwarzer Pfeffer

1. Die Auberginenwürfel in ein Sieb geben und mit grobkörnigem Salz bestreuen. Für etwa 1 Stunde mit einem schweren Topfdeckel oder mit einem Teller beschweren, auf den man eine schwere Dose stellt; danach kurz abspülen, abtropfen lassen und sorgfältig trockentupfen.

2. Olivenöl 0,5 cm hoch in eine Bratpfanne gießen und auf mittlerer Stufe erhitzen. Die Auberginen portionsweise 3–5 Minuten darin garen, wenn nötig, mehr Öl zufügen. Mit einem Schaumlöffel herausnehmen und in eine mit Küchenpapier ausgelegte Schüssel geben.

3. Das Olivenöl in einem großen schweren Topf bei geringer Temperatur erhitzen. Zwiebeln zufügen und 13 Minuten unter Rühren garen, bis sie fast glasig sind. Knoblauch zugeben und 2 Minuten weitergaren.

4. Zucchini und Paprika zufügen und auf mittlerer Stufe 10 Minuten unter häufigem Rühren so lange garen, bis sie weich sind. Die Auberginen zugeben.

5. Tomaten mit Saft, Tomatenmark, Zucker, Basilikum und Thymian einrühren. Mit Salz und Pfeffer würzen. Bei mittlerer Hitze 15 Minuten köcheln lassen. Den Herd auf geringe Hitze zurückstellen und das Gemüse unter häufigem Rühren weitere 15 Minuten garen. Heiß oder zimmerwarm servieren.

Für 8 Personen

GOLDEN EGGPLANT CURRY

AUBERGINENCURRY

Auberginen in einer üppigen Currycremesauce und mit etwas frischem Basilikum bestreut sind eine gehaltvolle Kost, die Hauptgericht wie auch Beilage sein kann. Servieren Sie die Auberginen als Vorspeise mit Reis oder körnigem Couscous, sie passen aber auch gut zu Schweinelende, Brathähnchen, Lammschlegel oder einem saftigen Grillsteak. Ich mildere die Schärfe des Currypulvers ab, indem ich es einige Minuten brate, ehe ich Flüssigkeit zugebe. So entfaltet sich sein Aroma am besten.

Wein: Russian River Valley (CA) Zinfandel
Bier: Boston amber lager

2 Auberginen (etwa 900 g), ungeschält, grobgewürfelt
2 TL grobkörniges Salz
Pflanzenöl, zum Braten
2 EL Olivenöl
2 Zwiebeln, in 2–3 cm große Würfel geschnitten
1 EL frischer Ingwer, feingehackt
1 EL Knoblauch, feingehackt
2 EL Currypulver bester Qualität
4 große, reife Fleischtomaten (etwa 800 g), geschält und grobgewürfelt, mit Saft
1 EL Mehl
1½ Tassen (375 ml) entfettete Hühner- oder Gemüsebrühe, vorzugsweise selbstgemacht (s. S. 271 bzw. 273)
3 EL Crème double oder Schlagsahne
1 EL Mangochutney, gehackt
Salz
½ Tasse (30 g), frisches Basilikum, in feine Streifen geschnitten

1. Auberginen in ein Sieb geben und mit dem Salz bestreuen. Für etwa 1 Stunde mit einem schweren Topfdeckel oder mit einem Tel-

ler beschweren, auf den man eine schwere Dose stellt. Dann die Auberginen kurz abspülen, abtropfen lassen und sorgfältig trockentupfen.

2. Pflanzenöl 0,5 cm hoch in eine Bratpfanne gießen und auf mittlerer Stufe erhitzen. Die Auberginen nach und nach jeweils 3–5 Minuten garen, wenn nötig, mehr Öl zufügen. Mit einem Schaumlöffel herausnehmen und in eine mit Küchenkrepp ausgelegte Schüssel geben.

3. Olivenöl in einem großen schweren Topf auf mittlerer Stufe erhitzen. Zwiebeln zufügen und 12 Minuten unter Rühren glasig werden lassen, dann Ingwer und Knoblauch zugeben und unter Rühren 2 Minuten garen. Mit Currypulver bestreuen und 2 weitere Minuten erhitzen.

4. Tomaten mit Saft zufügen und zum Kochen bringen. Die Hitze reduzieren und 1 Minute köcheln lassen. Dann mit Mehl bestreuen und 2 Minuten unter Rühren kochen. Die Brühe zufügen, das Ganze zum Kochen bringen und auf geringe Hitze zurückschalten. 10 Minuten ziehen lassen, ohne daß es kocht.

5. Sahne und Chutney zugeben, mit Salz abschmecken und 2 Minuten ziehen lassen, dabei rühren. Die Auberginen unterheben und auf kleiner Stufe weitere 5 Minuten durchziehen lassen. Mit Basilikum bestreuen und sofort servieren.

Für 4–6 Personen

FENNEL AND ACORN SQUASH WHIP

FENCHEL-EICHELKÜRBIS-PÜREE

★★★

Fenchel und Eichelkürbis passen erstaunlich gut zusammen. Der süßliche Winterkürbis schmeckt zwar auch allein, das anisähnliche Aroma des Fenchels hebt jedoch den Geschmack und macht den Kürbis zu einer interessanteren Beilage.

1 kleiner Eichelkürbis (etwa 450 g)
1 große Fenchelknolle, ohne Kraut,
   in 3–5 cm große Stücke geschnitten
3 EL Butter
½ Tasse (125 ml) Orangensaft, frisch gepreßt
Salz und frisch gemahlener schwarzer Pfeffer
1 EL frischer Schnittlauch, frische glatte Petersilie
   oder frische Basilikumblätter, kleingeschnitten,
   zum Garnieren

1. Wasser in einem Topf zum Kochen bringen.

2. Den Kürbis in der Mitte längs durchschneiden. Die Kerne entfernen und die Kürbishälften in große Stücke schneiden. 10 Minuten in dem kochenden Wasser garen. Abtropfen lassen. Wenn er genügend abgekühlt ist, die Schale mit einem Messer entfernen. Das Kürbisfleisch in 1,5 cm große Würfel schneiden und beiseite stellen.

3. Inzwischen einen zweiten Topf mit Wasser zum Kochen bringen. Fenchel zugeben und gar kochen. Abtropfen lassen.

4. Butter in einer großen Pfanne bei mittlerer Hitze in Orangensaft zerlassen und 2 Minuten kochen. Das Gemüse zugeben und unter Rühren 10 weitere Minuten kochen.

5. Das Gemüse in einer Küchenmaschine glatt pürieren. Mit Schnittlauch oder anderen Kräutern garnieren und warm servieren.

Für 4 Personen

SAUTED FIDDLEHEAD FERNS
GEDÜNSTETE STRAUSSFARNSPROSSEN

Bei diesen grünen Voluten handelt es sich um die jungen Triebe des Straußfarns, die in den USA zu Frühjahrsbeginn etwa zwei Wochen lang auf Gemüsemärkten erhältlich sind. Wenn man sie dünstet, eignen sie sich gut als Beilage zu Fischfilets (s. u. und Hinweis S. 252).

220 g Straußfarnsprossen, gut gewaschen
2 EL Olivenöl
2 große Schalotten, längs in Scheiben geschnitten
1 EL Butter
1 TL Knoblauch, feingehackt
2 EL kleine Kapern, abgetropft
2 TL Schale einer unbehandelten Zitrone, feingerieben
2 EL Zitronensaft, frisch gepreßt
2 EL frische glatte Petersilie, gehackt

1. Eine Schüssel mit Eiswasser vorbereiten. Die spiralförmigen Triebe der Farnwedel abschneiden und alle braunen Stellen entfernen.

2. Die Farnsprossen in Salzwasser weich kochen. Abtropfen lassen und sofort in das Eiswasser tauchen. Wieder abtropfen lassen und trockentupfen. Beiseite stellen.

3. Das Öl bei geringer Temperatur in einer Pfanne erhitzen. Schalotten zugeben und 3 Minuten braten. Dann Butter, Knoblauch, Kapern sowie die geriebene Zitronenschale zufügen und 2 Minuten garen, bis die Schalotten glasig sind. Die Farnsprossen zufügen und auf mittlerer Stufe 5 Minuten garen, bis sie leuchtend grün und bißfest sind. Die Pfanne dabei ständig rütteln. Den Zitronensaft und die gehackte Petersilie darüber geben und sofort servieren.

Für 4 Personen

STRAUSSFARNSPROSSEN

Straußfarnsprossen sind sehr wohlschmeckend – ein Frühlingsgeschenk aus dem Wald. Dabei sehen sie gar nicht aus wie etwas Eßbares. Sie ähneln der Schnecke einer Violine und bilden einen eigenartigen Schnörkel, so daß sie wie ein Gemüse vom Planeten Venus wirken. In Olivenöl und Butter gedünstet, schmecken sie wie eine grasige Kreuzung zwischen Artischocken und Spargel.

In den USA sammeln Liebhaber Straußfarnsprossen gern im Wald. In Deutschland dagegen ist dies verboten, da Straußfarnsprossen unter Naturschutz stehen! Doch auch in den USA ist dies nur zu empfehlen, wenn man Erfahrung hat. Andernfalls sollte man Vorsicht walten lassen, denn einige Sorten können große Übelkeit verursachen. Selbst im Laden gekaufte Farne sind potentiell toxisch, wenn sie nicht mindestens 10 Minuten gut durchgegart werden.

Farne halten sich nicht lange und sollten daher schnell verzehrt werden. Gut eingepackt im Kühlschrank sind sie bis zu zwei Tagen haltbar.

Roasted Garlic
Gebackener Knoblauch

Wenn man Knoblauch im Ganzen im Ofen gart, wird er mild und süß. Lösen Sie die gebackenen Knoblauchzehen voneinander und drücken Sie das butterweiche Fleisch aus der Schale. Es schmeckt köstlich auf getoastetem Brot. Oder verwenden Sie es zum Würzen von Mayonnaise oder Kartoffelpüree.

1 Knoblauchzwiebel
3 EL trockener Weißwein
1–2 TL Olivenöl
½ TL Thymian, getrocknet
Salz und frisch gemahlener schwarzer Pfeffer

1. Den Ofen auf 180 °C vorheizen.
2. Die äußere Schale der Knoblauchzwiebel entfernen, dabei die Zehen weder voneinander trennen noch schälen. Oben von der Zwiebel eine 0,5 cm dicke Scheibe abschneiden.
3. Den Knoblauch in eine kleine ofenfeste Form geben. Wein und Olivenöl darüber träufeln und mit Thymian, Salz und Pfeffer bestreuen. Die Form mit Alufolie abdecken und den Knoblauch 1 Stunde im Ofen backen. Von Zeit zu Zeit mit Fett übergießen.

Ergibt eine geröstete Knoblauchzwiebel

Down-Home Greens
Kohl Hausmacherart

Wenn es je ein Gericht gab, für das Sie Ihre Schinkenkeule aufbewahren sollten, dann ist es dieses! Etliche Leute haben an diesem Kohlrezept mitgewirkt, bis es so gut wurde, wie es ist. Zunächst sagte mir Lula Mae Green aus South Carolina, wann der Kohl gekocht werden sollte. Dann meinte meine Partnerin Laurie Griffith, »daß ein Schuß Essig wirklich gut tun würde«. Ich selbst brachte schließlich einen echten Smithfield Landschinken aus Virgina mit nach Hause und kommandierte alle anderen, die an jenem Tag aushalfen, herum. Denken Sie daran, daß Sie den Kohl nicht mehr zusätzlich salzen, wenn Sie ihn mit einer Schinkenkeule kochen, denn das gepökelte Fleisch ist bereits gesalzen.

1 kg Blattkohl, gut gewaschen
2 EL Olivenöl
3 Knoblauchzehen, längs in feine Scheiben geschnitten
1 Schinkenkeule, gepökelt
½ Tasse (125 ml) entfettete Hühnerbrühe, vorzugsweise selbstgemacht (s. S. 271)
frisch gemahlener schwarzer Pfeffer
Salz
1 EL Apfelessig

1. Die Blätter vom Kohl lösen und die zähen Blattstiele entfernen. Etwa 10 Blätter übereinander schichten und vom Stielansatz beginnend aufrollen. Die Rolle quer in 2,5 cm breite Streifen schneiden. Beiseite stellen und mit den verbleibenden Blättern ebenso verfahren.
2. Öl bei geringer Temperatur in einem großen Topf erhitzen. Knoblauch zufügen und 5 Minuten unter Rühren leicht goldbraun braten.
3. Die geschnittenen Kohlblätter in den Topf geben und bei mittlerer Hitze 5 Minuten so lange wenden, bis der Kohl leicht zusammenfällt. Die Schinkenkeule zugeben und die Hühnerbrühe langsam zugießen. Wenn die Brühe anfängt zu kochen, abdecken und alles bei mittlerer Hitze 12–15 Minuten garen, bis der Kohl zart, aber noch knackig ist; den Topf von Zeit zu Zeit schwenken.
4. Die Keule aus dem Topf nehmen und beiseite stellen. Den Kohl mit Pfeffer würzen.

Wenn die Schinkenkeule genügend abgekühlt ist, Fleisch vom Knochen lösen und zum Kohl geben. Wenn nötig, mit Salz abschmecken. Kurz vor dem Servieren den Kohl wieder erwärmen, mit Essig beträufeln und mischen. Sofort servieren.
Für 4–6 Personen

GINGERED SUNCHOKES AND PEARS
TOPINAMBUR UND BIRNEN MIT INGWER

Der Topinambur, poetisch auch »Erdbirne« genannt, gehört zu den wenigen Nahrungsmitteln, die ursprünglich aus Nordamerika stammen. Sein Fleisch ist weiß und hat einen nussigen Geschmack. Er paßt wunderbar zu Äpfeln und Birnen. Als leichtes, lockeres Püree ist Topinambur ein interessanter Ersatz für schwereres Kartoffelpüree. Topinamburs sind klein und etwas knorrig, es macht also ein wenig Mühe, sie zu schälen. Dennoch verwende ich sie lieber geschält als ungeschält. Dieses typisch amerikanische Gemüse sollten Sie unbedingt probieren!

700 g Topinambur, geschält
3 EL Butter
2 Anjoubirnen, geschält, entkernt, in
   1–2 cm große Stücke geschnitten und mit
2 EL frisch gepreßtem Zitronensaft
   beträufelt
2 EL trockener Sherry
1 Prise Ingwer, gemahlen
3 EL saure Sahne
Salz und frisch gemahlener schwarzer Pfeffer
2 EL kandierter Ingwer, grobgehackt,
   zum Garnieren

1. Topinambur in 4 cm große Stücke schneiden, in einen Topf legen und mit Wasser bedecken. Zum Kochen bringen, die Hitze leicht reduzieren und auf mittlerer Stufe 20 Minuten köcheln lassen, bis die Stücke ganz zart sind. Gut abtropfen lassen und beiseite stellen.

2. Inzwischen die Butter in einer beschichteten Pfanne bei mittlerer Hitze zerlassen. Birnen zugeben und 5 Minuten braten, bis sie goldbraun sind. Sherry und Ingwer zufügen und unter häufigem Rühren 15 Minuten kochen, bis sie sehr weich sind.

3. Topinambur und Birnen in einer Küchenmaschine zu einem glatten Brei pürieren. saure Sahne, Salz und Pfeffer zugeben und in der Küchenmaschine mischen. Sofort servieren, andernfalls das Gericht direkt vor dem Servieren bei geringer Hitze vorsichtig erwärmen. Mit kandiertem Ingwer bestreuen und servieren.
Für 6 Personen

CREAMY LEEK RIBBON
LAUCHSTREIFEN IN RAHM

Delikat im Geschmack, von zart-seidiger Textur – so präsentiert sich dieses Mitglied aus der Familie der Liliengewächse. Lauch paßt wunderbar zu gebratenen Schweinelendchen oder gebratenem Wildgeflügel. Das Einweichen in

Essigwasser hilft, den Sand zwischen den Blättern zu entfernen.

4 große Lauchstangen mit 9 cm Grün
2 EL Weißweinessig
1 Gemüse- oder Hühnerbrühwürfel (nach Belieben)
2 TL unbehandelte Orangenschale,
    feingerieben
1 Prise Muskat
Salz und frisch gemahlener schwarzer Pfeffer
1 Tasse (250 ml) Schlagsahne
1 TL frischer Schnittlauch, kleingeschnitten

1. Das knollige Ende jeder Lauchstange kreuzförmig 5 cm tief einschneiden. Den Lauch in eine Schüssel geben, Essig zufügen und mit Wasser bedecken. 30 Minuten stehen lassen, damit der Sand ausspült. Abtropfen lassen und unter fließendem Wasser gut waschen.

2. Wasser in einem Topf zum Kochen bringen, eventuell den Brühwürfel zugeben. Den Lauch ins Wasser legen und 3–5 Minuten bei mittlerer Hitze leicht köcheln lassen, bis er weich wird. Abtropfen lassen, unter kaltem Wasser waschen und die Blätter vorsichtig voneinander trennen. Dann trockentupfen und in eine beschichtete Pfanne geben.

3. Orangenschale, Muskat, Salz und Pfeffer auf den Lauch streuen. Sahne darüber geben und alles 10 Minuten bei mittlerer Hitze kochen, bis die Sahne andickt und den Lauch bedeckt; die Pfanne gelegentlich schwenken. Mit Schnittlauch bestreuen und sofort servieren.

Für 4–6 Personen

NAPA WILD MUSHROOMS
PILZGERICHT AUS NAPA VALLEY

Das Essen bei »Mustard's« in Napa Valley, Kalifornien, schmeckt immer phantastisch. Einmal aß ich dort eine köstliche Vorspeise aus Waldpilzen auf gegrilltem Bauernbrot mit Laura Chenels Cabécou-Ziegenkäse. Das wundervolle Hors d'œuvre inspirierte mich zu diesem Gericht.

3 EL Butter
3 EL extra natives Olivenöl
220 g frische Shiitakepilze, geputzt
120 g frische Egerlinge, geputzt
120 g frische Pfifferlinge, geputzt
3 Knoblauchzehen, feingehackt
1 Schalotte, feingehackt
Salz und frisch gemahlener schwarzer Pfeffer
1 EL glatte Petersilie, gehackt
4 kleine Scheiben Bauernbrot, getoastet oder gegrillt
60 g Ziegenfrischkäse
1 EL frischer Schnittlauch, kleingeschnitten

1. Butter und Öl bei geringer Hitze in einer großen Pfanne erhitzen. Alle Pilze hineingeben. Bei mittlerer Temperatur 3 Minuten leicht goldbraun braten, dabei ständig rühren und die Pfanne schwenken. Dann Knoblauch und Schalotten zufügen und 2 weitere Minuten braten. Mit Salz und Pfeffer abschmecken und mit Petersilie bestreuen.

2. Auf vier kleine Teller jeweils in die Mitte eine Scheibe getoastetes Brot legen. Die Pilze gleichmäßig darauf verteilen und obenauf kleine Stückchen Ziegenkäse geben. Mit Schnittlauch bestreuen und sofort servieren.

Für 4 Personen

Portobellos in Tomato Sauce
Grosse Waldchampignons in Tomatensauce

Meiner Meinung nach ein vegetarisches Traumgericht, diese kräftige Kombination von Waldpilzen und süßer Tomatensauce auf cremiger Polenta. Es ist herzhaft genug, um an einem kalten Winterabend jeden Hunger zu stillen. Die Idee für das Rezept stammt von Katharine Kagel, Wirtin des »Café Pasqual« in Santa Fe, New Mexico. Katharine meint, in die Sauce gehören unbedingt frische Kräuter, und ich finde, sie hat recht, denn diese machen das Gericht besonders köstlich. Die Menge so kräftiger Kräuter wie Thymian und Oregano mag Sie erstaunen, aber das hat seine Richtigkeit. Wenn Sie zweifeln, reduzieren Sie die Menge Oregano auf 2 Eßlöffel. Katharine jedoch nimmt für ihre Gäste die volle Menge!

Wein: Washington State Merlot
Bier: San Francisco Anchor Steam Beer

PILZE
4 Knoblauchzehen, kleingehackt
2 EL frischer Thymian
½ TL Muskatnuß
1 TL frisch gemahlener schwarzer Pfeffer
Saft und in feine Streifen geschnittene Schale von 2 unbehandelten Zitronen
4 EL Balsamessig
½ Tasse (125 ml) Olivenöl
6 sehr große frische Waldchampignons, geputzt

TOMATENSAUCE
2 EL Olivenöl
2 rote Paprikaschoten, Stielansatz und Samen entfernt, gegrillt (s. Kasten S. 150) und grob gehackt
1 rote Zwiebel, in Scheiben geschnitten
4 Knoblauchzehen, kleingehackt
½ Tasse (30 g) frischer Oregano, gehackt
3 EL frischer Thymian, gehackt
10 reife Eiertomaten, geviertelt
1 Tasse (250 ml) Rotwein, am besten Merlot oder Zinfandel
2 Lorbeerblätter
1 Tasse (250 ml) Wasser
Salz und frisch gemahlener schwarzer Pfeffer
Polenta mit Mascarpone (s. S. 339), heiß

1. Alle Zutaten für die Pilze außer den Pilzen selbst in einer Schüssel mischen. Die Pilze unterheben und leicht zugedeckt 2 Stunden bei Zimmertemperatur in der Marinade ziehen lassen.

2. Für die Tomatensauce das Olivenöl in einem großen beschichteten Topf bei mittlerer Temperatur erhitzen. Paprika, Zwiebeln und Knoblauch zugeben und 7–10 Minuten garen, bis sie weich sind. Oregano, Thymian, Tomaten, Wein, Lorbeerblätter, Wasser, Salz und Pfeffer einrühren und das Ganze 35 Minuten ohne Deckel auf die Hälfte der Flüssigkeit einkochen.

3. Die Sauce nach und nach in einen Mixer geben und glatt pürieren, dann durch ein feines Sieb streichen. Mit Salz und Pfeffer abschmecken.

4. Einen Gartengrill auf mittlere Hitze bringen.

5. Die passierte Sauce in einem Topf erwärmen und abdecken, damit sie nicht abkühlt.

6. Die Pilze 3–5 Minuten auf jeder Seite grillen; nur einmal wenden.

7. Die Polenta in tiefe Teller geben, Tomatensauce darüber gießen und pro Portion einen gegrillten Pilz darauf legen.

Für 6 Personen

Von Morcheln und anderen Pilzen

★★★

Boyne City, Michigan, ist die selbsternannte »Pilzhauptstadt der Welt«: Hier bricht Jahr für Jahr der Frühling aus, wenn die Morchel truppweise in Espen- und Mischwäldern rund um die Stadt aus dem Boden schießt. Diese konusförmigen Pilze werden nicht nur wegen ihres erdigen, nussigen Geschmacks geschätzt, sondern auch, weil es soviel Spaß macht, sie zu sammeln. Höhepunkt der Morchelsaison, die nur ein paar Maiwochen dauert, ist die *National Mushroom Hunting Championship* (»Pilzsammelmeisterschaft«) – für Boyne City das, was für New Orleans der Mardi Gras ist.

Aus ganz Amerika kommen dann begeisterte Pilzsammler, um in einem Wettsuchen für wenig Ruhm, aber mit viel Sportsgeist zu kämpfen. Die Teilnehmer treffen sich in einem örtlichen Park und werden mit Bussen zu den Sammelplätzen gebracht. Geländekundige Einheimische schaffen es, in diesen anderthalb Stunden 80 Morcheln oder mehr zu sammeln. Fairerweise gibt es für Fremde eine eigene Klasse. Ich fand bei meinem ersten Versuch nur acht Morcheln – und einen schönen Strauß aus wildem Lauch, Straußfarn und Wiesenblumen.

Morcheln wachsen zwar in ganz Nordamerika, größter Bekannt- und Beliebtheit erfreuen sie sich jedoch im nördlichen Mittelwesten und im pazifischen Nordwesten, wo die feuchten und fruchtbaren Wälder besonders pilzreich sind. Dort wissen die Menschen schon seit Generationen, wie köstlich Morcheln und auch viele andere Waldpilze schmecken, und man fängt jetzt auch anderwärts an, dies zu begreifen. Pilzesammeln wird immer beliebter, ebenso die Zucht von zahlreichen einheimischen und ausländischen Arten. Ich ziehe es vor, sie auf Bauernmärkten und in Feinkostgeschäften zu kaufen, wo meine Ausbeute ohne Zweifel besser ist als in Boyne City. Einige Arten lassen sich gut trocknen; beim Aufquellen entsteht dann eine kräftige braune Brühe.

Pilze einkaufen

Wenn Sie Pilze kaufen, inspizieren Sie sie genau. Sie sollten trocken und nicht fleckig sein, festes Fleisch haben und nicht verfärbt sein. Aufbewahrt werden sie im Kühlschrank in einem Papierbeutel oder Behälter, der mit einem leicht angefeuchteten Tuch abgedeckt ist.

Verbrauchen Sie die Pilze innerhalb weniger Tage, denn sie

sind leicht verderblich. Reinigen Sie sie direkt vor der Zubereitung gründlich. Ich wische sie im allgemeinen nur mit einem feuchten Küchenpapier ab. Wenn das nicht reicht, löse ich die Erde mit einer weichen Bürste, dann wische ich die Pilze mit einem feuchten Tuch ab und trockne sie vorsichtig zwischen Küchenpapier. Das kann lange dauern, ist aber der Mühe wert.

Weltweit gelten über 1800 Pilzarten als eßbar; die restlichen sind ungenießbar bis tödlich giftig. Eine der ungenießbaren Arten, die Frühjahrsmorchel, wächst zuweilen an denselben Stellen wie die genießbaren Morcheln und sieht ihnen sehr ähnlich. Unerfahrene Pilzsucher sollten sich vor einer Verwechslung hüten!

Im folgenden Glossar werden einige besonders empfehlenswerte wildwachsende Pilze beschrieben. Viele davon sind allerdings nicht im Handel erhältlich.

Totentrompete (Herbsttrompete): Sie ist mit dem gelben Pfifferling (s. u.) verwandt. Dieser braunschwarze, intensiv duftende Pilz wird oft als »falsche Trüffel« verwendet. Kleingewürfelt unters Rührei gemischt, sieht er auch so aus, hat aber einen wunderbaren, intensiv buttrigen Geschmack.

Pfifferling: Diese farbenkräftige Spezies schmeckt besonders würzig. Versuchen Sie Pfifferlinge, leicht in Olivenöl und Knoblauch gedünstet, auf gegrilltem Bauernbrot, obendrauf ein Stück Ziegenkäse. Sie passen auch sehr gut zu Geflügel und Eiern sowie in Nudelsaucen mit Sahne.

Rotspitziger Hahnenkamm: Dieser merkwürdige Pilz ähnelt rosa Korallen. Seine köstlichen Fruchtkörper schmecken am besten, wenn sie bei starker Hitze gebacken werden. Ein wenig Butter, Zitronensaft, Petersilie und Pfeffer können den feinen, fast meeresfruchtartigen Geschmack noch heben.

Zuchtegerling: Dieser Pilz der Gattung *agaricus* ist eng mit den überall erhältlichen Zuchtchampignons verwandt. Die Pilze dieser Gruppe schmecken am besten, wenn sie im rohen Zustand eine cremige Farbe haben (Cremechampignons). Es handelt sich um eine robuste Art, die beim Zubereiten viel aromatische Flüssigkeit zieht. Der Pilz ist sehr vielseitig verwendbar. Er schmeckt gefüllt ausgezeichnet, sei es gedünstet, gebraten oder gegrillt.

Samtfuß-Rübling: Ich esse die Büschel dieser Pilze gebraten oder leicht gedünstet. Die Japaner wickeln sie oft in Alufolie ein, um sie zu Fisch oder Geflügel zu grillen. Sie sind zwar sehr mild, aber knakkig und sehen ungewöhnlich aus (kleine Köpfe auf langen schwarzen Stielen) und können Gerichten oft eine interessante geschmackliche Note verleihen.

Morchel: Es gibt etliche verschiedene Morchelarten, von denen manche keine 2,5 cm, andere dagegen bis zu 12 cm groß sind. In Amerika ist die gelbe Morchel, die seit kurzem auch erfolgreich gezüchtet wird, am weitesten verbreitet. Ebenso köstlich munden aber auch weiße Morcheln, eine kleinere Sorte, und schwarze Morcheln, die schwerer zu finden sind. Alle Morcheln schmecken am besten mit Knoblauch und in Butter gedünstet oder als Zutat in einfachen Sahnesaucen. Sie lassen sich auch sehr gut füllen, da sie innen hohl sind. Getrocknete Morcheln quellen gut wieder auf und geben eine besonders würzige Brühe.

Austernpilze: Dieser flache »Holzpilz« schmeckt zart und mild. Er paßt am besten zu Sahnesaucen und Gratins.

Steinpilz: Dieser Speisepilz ist zweifelsohne der Favorit vieler Feinschmecker! Getrocknet wird er meist für Suppen und Saucen verwendet, frische Steinpilze können auch gegrillt, geschmort, gebacken oder gedünstet werden.

Wild Morel Sauté
Gericht aus frischen Morcheln

Ab Mitte Mai werden auf spezialisierten Gemüsemärkten frische Morcheln angeboten. Bewahren Sie sich das folgende Rezept also für eine festliche Gelegenheit in dieser Jahreszeit auf. So zubereitet, schmecken Morcheln absolut köstlich, verlieren aber viel an Volumen. Wenn Sie einigen Ihrer besten Freunde einen echten Festschmaus bereiten wollen, servieren Sie einfach kleine Portionen auf dekorativen Tellern – oder seien Sie egoistisch, laden Sie nur eine weitere Person ein und leisten Sie sich den Luxus zweier großer Portionen. Wenn Sie Ihre Morcheln zu Hause essen wollen, müssen sie nur, wie unten beschrieben, kurz gedünstet werden.

220 g frische Morcheln
2 EL Butter
2 EL Schalotten, feingehackt
1 TL Knoblauch, feingehackt
1 EL glatte Petersilie oder Schnittlauch,
  frisch gehackt bzw. geschnitten

   1. Die Morcheln der Länge nach durchschneiden. Eventuell die vorhandene Erde abtupfen, jedoch nicht waschen.
   2. Butter in einer beschichteten Pfanne auf niedriger Stufe zerlassen. Schalotten und Knoblauch zufügen und auf mittlerer Stufe 3 Minuten unter ständigem Rühren glasig dünsten. Vorsicht, daß sie nicht anbrennen! Die Pilze zugeben und mit den Zwiebeln und dem Knoblauch verrühren. Weitere 4–5 Minuten braten, bis die Pilze gar sind. Mit der Petersilie bestreuen und sofort servieren.
Für 2–4 Personen

Caramelized Onions
Glasierte Zwiebeln

Wenn Sie nach einem *topping* für ein *Philly Cheese Steak Sandwich* (s. S. 124–126) oder ein gegrilltes Porterhouse Steak suchen, sind diese Zwiebeln bestens geeignet. Der wenige Zucker karamelisiert sie genau auf den Punkt.

6 Zwiebeln
2 EL Butter
2 EL Olivenöl
2 EL Zucker
Salz und frisch gemahlener schwarzer Pfeffer

   1. Die Zwiebeln in der Mitte quer halbieren und dann in dünne Scheiben schneiden.
   2. Butter und Olivenöl in einer großen Pfanne auf mittlerer Stufe erhitzen. Die Zwiebeln zugeben und 5 Minuten glasig dünsten, von Zeit zu Zeit wenden.
   3. Mit dem Zucker bestreuen und 30 Minuten weiterdünsten, bis sie karamelisiert sind; dabei von Zeit zu Zeit umrühren. Mit Salz und Pfeffer abschmecken und servieren.
Für 4 Personen

Sonny Bryan's Onion Rings
Sonny Bryans Zwiebelringe

Mein Lieblings-Barbecuelokal in Dallas ist »Sonny Bryan's«, wo täglich die besten Zwiebelringe der Welt serviert werden. Küchenchef

Charlie Riddle hat sein eigenes Spezialrezept, das die Kunden schon seit Jahren bei der Stange hält. Ich mußte Charlie nur ein bißchen schmeicheln, um ihm sein Geheimnis zu entlocken: Der Geschmack rührt von einem Bierteig und die Knusprigkeit daher, daß sie zweimal eingetaucht werden. Seine Ringe sind köstlich, und ich würde nicht versuchen wollen, es besser zu machen als er. Aber das ist auch nicht nötig: Ich finde das Rezept nahezu vollkommen!

4 Eier, verquirlt
1 Tasse (250 ml) Milch
1 Tasse (250 ml) Bier
4 Tassen (500 g) Mehl
2 TL Backpulver
Pflanzenöl oder Pflanzenfett, zum Braten
4 extragroße gelbe Zwiebeln, in 1,5 cm große Scheiben geschnitten und in Ringe zerteilt
grobkörniges Salz

1. Eier, Milch und Bier in einer Schüssel mischen.
2. In zwei Schüsseln je 250 g Mehl und je 1 Teelöffel Backpulver mischen.
3. Öl 7,5 cm hoch in einen großen schweren Topf geben und auf mittlerer Stufe sehr heiß werden lassen (190–200 °C).
4. Die Zwiebelringe in die Eiermischung tauchen und in der ersten Mehlschüssel wenden. Erneut in die Eiermischung tauchen und in der zweiten Mehlschüssel wenden. Die Zwiebelringe vorsichtig nacheinander in kleinen Mengen in das heiße Öl geben.
5. Die Zwiebelringe etwa 3 Minuten goldbraun backen, dabei einmal wenden. Mit einem Schaumlöffel oder einer langstieligen Gabel die Zwiebeln zum Abtropfen auf Küchenpapier legen. Mit grobkörnigem Salz bestreuen und sofort servieren.

Für 8 Personen

PARSNIP AND APPLE WHIP

PASTINAKEN-APFEL-CREME

Diese federleichte Creme schmeckt intensiv nach Herbstäpfeln. Sie könnte bei Ihrem nächsten Schweinebraten ohne weiteres das Kartoffelpüree ersetzen. Die köstliche Süße und das saftige Fleisch der Pastinaken heben diese Wurzeln hier weit über ihre Standardrolle als Suppengemüse hinaus.

700 g Pastinaken, geschält und grobgehackt
2 Granny Smith Äpfel, geschält, entkernt und grobgehackt
3 TL Butter
1 TL Zucker
1 Prise Kardamom, gemahlen
1 Prise Zimt, gemahlen
3 EL saure Sahne
Salz
1 EL frische Petersilie, zum Garnieren

1. Die Pastinaken in einen Topf geben und mit kaltem Wasser bedecken. Zum Sieden bringen und abgedeckt 20 Minuten kochen lassen, bis sie zart sind. Abtropfen lassen und in eine Küchenmaschine geben.

2. Inzwischen die Butter in einer beschichteten Pfanne auf mittlerer Stufe erhitzen. Äpfel zugeben und 10 Minuten braten, die Pfanne dabei von Zeit zu Zeit schwenken. Zucker, Kardamom und Zimt zufügen und weitere 10 Minuten braten, bis die Äpfel weich und leicht goldbraun sind. Ebenfalls in die Küchenmaschine geben und alles mit saurer Sahne zu einer sehr glatten Creme verarbeiten.

3. Alles in eine Schüssel geben, mit Salz abschmecken, mit Schnittlauch bestreuen und sofort servieren.

Für 4–6 Personen

MINTY SWEET PEAS
SÜSSE ERBSEN MIT MINZE

Angeblich war Thomas Jefferson sehr stolz auf die in Monticello angebauten Zuckermarkerbsen und servierte die erste Ernte gern seinen engsten Freunden. Ob das zutrifft oder nicht, eins steht fest: 450 g Erbsen in Schoten ergeben 150 g entschotete Erbsen – genug für zwei. Die besten, zartesten frischen Erbsen gibt es im Frühling. Sollten Sie zu einer anderen Jahreszeit Appetit darauf haben, sind Tiefkühl-Erbsen durchaus geeignet. Verwenden Sie viel frische Minze: Sie ist das ganze Jahr über erhältlich und wertet die kleinen grünen Perlen sehr auf.

½ TL Zucker
300 g entschotete frische Erbsen (900 g Erbsen in Schoten)
2 EL Butter
Salz und frisch gemahlener schwarzer Pfeffer
2 EL frische Minzeblätter, gehackt

1. Einen kleinen Topf mit leicht gesalzenem Wasser etwa 2 cm hoch füllen. Aufkochen lassen und den Zucker mit den Erbsen zufügen. Hitze reduzieren und je nach Größe 5–10 Minuten leicht köcheln lassen, bis die Erbsen leuchtend grün und zart sind. Abtropfen lassen und in eine Schüssel geben.

2. Butter, Salz, Pfeffer und gehackte Minze unter die Erbsen mischen. Sofort servieren.

Für 4 Personen

MASHED YUKON GOLDS
KARTOFFELPÜREE

Kartoffelpüree sollte wie zu Hause köstlich nach Butter schmecken. Gekochte Yukon Golds haben einen buttrigen Geschmack und eine cremige Struktur, sind also, zumindest meiner Meinung nach, die besten Kartoffeln, die es für Kartoffelpüree gibt. In meinem Rezept habe ich die Milch- und Buttermengen nicht genau festgelegt, weil ich weiß, daß hier jeder sein eigenes Maß hat. Einige ziehen ein glattes Kartoffelpüree vor, andere wollen ein bißchen Struktur, wieder andere mögen es relativ fest. Mir ist es am liebsten mit etwas frischem Basilikumöl. So schmeckt es köstlich! Wer Kartoffelpüree wieder aufwärmen will, tut das am besten in der Mikrowelle bei höchster Stufe und im Mikrowellengeschirr mit Deckel. Genießen Sie es zu Brathähnchen, zu Steak oder mit Sauce!

900 g Yukon-Gold-Kartoffeln
½–¾ Tasse (125–200 ml) Milch
2–4 EL Butter, zimmerwarm
Salz und frisch gemahlener schwarzer Pfeffer
3 EL frisches Basilikumöl (s. folgendes Rezept)

1. Salzwasser in einem Topf zum Sieden bringen.

2. Kartoffeln waschen, halbieren und 25 Minuten im Salzwasser garen. Wasser abgießen, gut abtropfen lassen und bei sehr geringer Hitze zurück in den Topf geben. Den Topf etwa 10 Sekunden schwenken, um die verbleibende Feuchtigkeit zu entfernen. Wenn die Kartoffeln ausreichend abgekühlt sind, Schale entfernen.

3. Die Kartoffeln in einer Schüssel oder mit einer Kartoffelpresse zerdrücken. Die Milch in einem kleinen Topf mit Butter erwärmen und unter die Kartoffeln mischen. Mit reichlich Salz und Pfeffer abschmecken und mit einer Gabel flockig schlagen. Mit frischem Basilkumöl beträufeln und sofort servieren.

Für 4 Personen

FRESH BASIL OIL

FRISCHES BASILIKUMÖL

★

Dieses smaragdfarbene, pikante Öl sollte im Sommer zubereitet werden, wenn es reichlich Basilikum gibt. Man kann es in Gemüsesuppen oder auf flockiges Kartoffelpüree geben oder gebratenen Fisch damit würzen. Stellen sie das Öl kühl, denn bei Zimmertemperatur verdirbt es rasch.

1 Tasse (50 g) frische Basilikumblätter, gewaschen
1¼ Tassen (310 ml) extra natives Olivenöl

1. Die Basilikumblätter entstielen. Wasser in einem Topf aufkochen und die Blätter 30 Sekunden darin blanchieren. Abtropfen lassen und sorgfältig zwischen Küchenpapier trocknen.

2. Basilikum und 4 Eßlöffel Olivenöl in die Küchenmaschine geben und glattrühren. Bei laufender Maschine die übrige Tasse (250 ml) Olivenöl langsam zugießen. Die fertige Mischung kann in einem verschließbaren Glas bis zu 5 Tagen im Kühlschrank aufbewahrt werden. Das zimmerwarme Basilikumöl so verwenden oder nach Wunsch zuvor durch ein feines Sieb passieren.

Ergibt 1¼ Tassen (310 ml)

GARLICKY RED-JACKET MASHED POTATOES

KARTOFFELPÜREE MIT KNOBLAUCH

★★★

Es gibt die unterschiedlichsten Kartoffelpüreeliebhaber: Manche verarbeiten gern die Schalen mit, andere lassen ganze Stücke im Brei und wieder andere mögen ihn superglatt. Diese Version paßt hervorragend zu Kohl, Barbecue und

allen Arten von Schweinefleisch. Wählen Sie am besten eine dünnschalige, mehligkochende Kartoffel. Ich füge ein wenig Apfelessig zu, wenn ich mit dem Zerdrücken der Kartoffeln fast fertig bin. Die Essigmenge wählen Sie nach Geschmack.

6 rotschalige Kartoffeln (etwa 900 g),
 nicht geschält, geviertelt
2 EL Olivenöl
2 Knoblauchzehen, feingehackt
½ Tasse (125 g) saure Sahne
½ Tasse (125 ml) Milch, erwärmt
1 EL Apfelessig oder mehr
Salz und frisch gemahlener schwarzer Pfeffer

1. Die geviertelten Kartoffeln in einen Topf geben, mit kaltem Wasser bedecken und aufkochen lassen. Hitze reduzieren und 25 Minuten leicht köcheln lassen, bis sie gar sind. Gut abtropfen lassen.
2. In der Zwischenzeit Olivenöl bei geringer Hitze in einer Pfanne erhitzen, den Knoblauch zufügen, 2 Minuten leicht anbräunen, dabei gelegentlich wenden. Den Knoblauch und die Kartoffeln in eine Schüssel geben.
3. Die Kartoffeln und den Knoblauch mit einer Gabel oder einem Kartoffelstampfer zerdrücken. Die saure Sahne zugeben, langsam die warme Milch zugießen und die Kartoffeln weiter zerdrücken. Den Essig zufügen und mit Salz und Pfeffer abschmecken. Sofort servieren.
Für 4-6 Personen

Pan-Roasted Baby Whites

Kleine Röstkartoffeln

Im Sommer sieht man in Long Island überall auf den Kartoffelfeldern Erntearbeiter, die junge weiße Kartoffeln ausgraben. Diese Knollen haben einen feineren Geschmack und eine dünnere Schale als die rotschaligen; ich finde, sie gehören zu den besten überhaupt. In der Pfanne gebraten, sind sie mit frischen Kräutern und Knoblauch eine herzhafte Beilage für gebratenes Fleisch, Geflügel oder für ein Steak vom Grill.

3 EL Olivenöl
800 g sehr kleine junge weiße Kartoffeln,
 ungeschält, gewaschen (s. Hinweis)
1 TL Knoblauch, feingehackt
1 EL frischer Thymian, gehackt
1 EL frischer Rosmarin, gehackt
1 TL grobkörniges Salz

1. Olivenöl bei mäßiger Temperatur in einer beschichteten Pfanne erhitzen. Kartoffeln zugeben und 25–30 Minuten braten, bis sie gar und gebräunt sind, dabei von Zeit zu Zeit die Pfanne schwenken.
2. Die übrigen Zutaten zufügen, gut durchmischen und sofort servieren.
Für 4-6 Personen

Hinweis: Wenn Sie etwas größere Kartoffeln verwenden, 10 Minuten in Salzwasser vorkochen, bis sie gerade gar sind. Fahren Sie dann fort wie oben beschrieben.

Minty New Potatoes and Fennel

Junge Kartoffeln mit Fenchel und Minze

Durch die Kombination mit anderen Gemüsen sind Kartoffelsalate heute raffinierte Gerichte. Hier kommen Fenchel sowie Minze und Knoblauch hinzu. Fruchtiges Olivenöl und reichlich frisch gemahlener schwarzer Pfeffer verbinden die Aromen zu einer vollkommenen Einheit.

1 Fenchelknolle (etwa 650 g)
450 g kleine junge Salatkartoffeln, mit Schale, gewaschen
3 EL fruchtiges extra natives Olivenöl, nach Wunsch auch mehr
grobkörniges Salz und frisch gemahlener schwarzer Pfeffer
1 TL Knoblauch, feingehackt
3 EL frische Minze, gehackt

1. Den Ofen auf 180 °C vorheizen.
2. Den Fenchel längs halbieren. Das Kraut abtrennen, einen Teil davon aufbewahren und kleinhacken. Die Unterseite der Knolle abschneiden und die Knolle längs in 1–2 cm dicke Scheiben schneiden. Fenchel und Kartoffeln in eine Schüssel geben.
3. Das Olivenöl und reichlich grobkörniges Salz und Pfeffer unter das Gemüse mischen. In einer einzelnen Schicht auf ein Backblech legen und 1¼ Stunden garen.
4. Wenn die Kartoffeln ausreichend abgekühlt sind, halbieren und mit dem Fenchel in eine Schüssel geben. Falls gewünscht, noch zusätzlich Olivenöl darüber gießen. Mit Knoblauch, Minze und, wenn nötig, mit Salz und Pfeffer abschmecken. Nach Belieben mit dem beiseite gelegten Fenchelkraut bestreuen und warm oder zimmerwarm servieren.

Für 6 Personen

PERFECT BAKED POTATOES
OFENKARTOFFELN

Für dieses beliebte amerikanische Gericht brauchen Sie mehlige Kartoffeln ohne Augen oder grüne Flecken. Wenn sie fertig gebacken sind – innen weich, außen mit knuspriger Haut – werden sie dampfend heiß serviert. Sie schmecken köstlich mit ein wenig Salz und Pfeffer oder aufgeschnitten mit einem der *toppings* aus dem Rezept, mit einem Klecks Crème fraîche oder einem Teelöffel schwarzem Kaviar. Sehr gut schmecken dazu auch Naturjoghurt, geriebener Edamer und gehackte frische Korianderblätter.

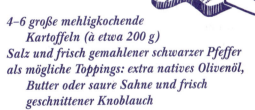

4–6 große mehligkochende Kartoffeln (à etwa 200 g)
Salz und frisch gemahlener schwarzer Pfeffer
als mögliche Toppings: extra natives Olivenöl, Butter oder saure Sahne und frisch geschnittener Knoblauch

1. Den Ofen auf 190 °C vorheizen.
2. Die Kartoffeln unter kaltem Wasser abbürsten und trockentupfen. Mit der Gabel auf allen Seiten einstechen. Auf mittlerer Schiene im Ofen 1¼ Stunden backen, bis die Haut knusprig ist und die Kartoffeln gar sind.
3. Einen 5–7 cm großen Schlitz in die Mitte jeder Kartoffel schneiden und die Enden so zusammendrücken, daß die Haut in der Mitte aufspringt.
4. Mit Salz und Pfeffer bestreuen, etwas Öl, Butter oder saure Sahne und Schnittlauch darüber geben und heiß servieren.

Für 4–6 Personen

WHIPPED SWEET POTATOES

SÜSSKARTOFFELPÜREE

Hier ist mein Rezept für ein wirklich gutes, lockeres Kartoffelpüree aus Süßkartoffeln. Es kann leicht im voraus zubereitet werden und wird dann vor dem Servieren wieder aufgewärmt. Im Herbst und Winter, nicht nur an Thanksgiving, sollte diese köstliche Beilage möglichst häufig auf dem Tisch stehen.

6 mittelgroße Süßkartoffeln, geschält und in 2–3 cm große Stücke geschnitten
4 Möhren (etwa 450 g), geschabt und in 2–3 cm große Stücke geschnitten
2 Hühnerbrühwürfel
6 EL Butter, in kleine Stücke zerteilt
¼ Tasse (45 g) brauner Zucker
2 EL Orangensaft, frisch gepreßt
Muskatnuß
Salz

AUF JEDEN FALL SÜSSKARTOFFEL

Was die meisten Amerikaner Yams nennen, ist in Wirklichkeit eine orangefleischige Süßkartoffel. Die echten Yamswurzeln sind Knollen und nicht einmal mit der Süßkartoffel verwandt, die eine Wurzel ist. Die am weitesten verbreitete Yamswurzel ist 30–60 cm lang und hat weißes, stärkehaltiges Fleisch. Sie wächst in den Tropen und wird vor allem auf den Westindischen Inseln gegessen. Man findet sie höchstens in Feinkostgeschäften, die auf exotische Früchte spezialisiert sind.

Wie es zu der Verwechslung kam, ist unklar. Anscheinend haben Sklaven in den Südstaaten die amerikanische Süßkartoffel nach der ihnen vertrauteren Yamswurzel genannt.

In den Ferien sind Süßkartoffeln gewissermaßen ein Muß. Meine Mutter hat sie immer zerdrückt, gesüßt und dann mit einer Schicht Marshmallowcreme goldbraun gebacken. Die Marshmallowkruste auf dem süßen Kartoffelpüree war für Thanksgiving (Erntedank) genauso wichtig wie der Truthahn. Aber ich behalte Süßkartoffeln nicht nur den besonderen Gelegenheiten vor, ich serviere sie – in Stews, in Pies oder ganz einfach gebacken – den ganzen Winter hindurch. Sie machen einfaches Geflügel oder Schweinefleisch zu etwas Besonderem und passen gut zu einem leichten Abendessen, etwa zu Rühreiern.

Wählen Sie beim Einkauf kleine bis mittelgroße, feste Süßkartoffeln ohne Schnitte oder Druckstellen. Achten Sie darauf, daß sie keine Ausbuchtungen haben (diese erschweren das Schälen), ein paar kleine Härchen sind jedoch kein Problem. Die gelbfleischige Süßkartoffel ist bei weitem nicht so fest und süß wie die orangefleischige, und ganz allgemein sind dunklere Kartoffeln süßer als helle.

1. Die Süßkartoffeln, Möhren und Brühwürfel in einen großen schweren Topf geben und mit kaltem Wasser bedecken. Aufkochen lassen. Die Hitze reduzieren und 15–20 Minuten leicht köcheln lassen, bis die Gemüse ganz zart sind. Abtropfen lassen und 6 Eßlöffel der entstandenen Brühe beiseite stellen. Das Gemüse in eine Schüssel geben.

2. Das Gemüse, die verbleibende Brühe und die restlichen Zutaten mit einer Küchenmaschine pürieren. Sofort servieren oder 15–20 Minuten abgedeckt bei 180 °C im Ofen oder in einem Doppeltopf wieder erhitzen.

Für 6–8 Personen

OCTOBER 31ST
PUMPKIN PUREE

GARTENKÜRBISPÜREE

Im tiefen Winter ist es müßig, den Markt nach frischen Winterkürbissen abzusuchen, und so lande ich schließlich bei Gerichten aus Butternußkürbissen und Süßkartoffeln. Aber im letzten Oktober dachte ich daran, einige Gartenkürbisse extra zu kaufen, und lagerte vier davon als Wintervorrat ein. Die Zubereitung von frischen Gartenkürbissen kann ein wenig Schwierigkeiten machen. Den ersten kochte ich – mit denkbar schlechtem Ergebnis, weil das Gemüse so viel Wasser enthält. Den zweiten buk ich, mit gutem Erfolg. Dieses Kürbispüree ist leicht und paßt wunderbar zu Schweinefleisch, Wild oder *Devilishly Good Chicken* (s. S. 420). Sie können sogar im Herbst eine Extra-Portion machen und einfrieren, so daß Sie im Winter einen kleinen Vorrat von dieser Spezialität im Hause haben.

2 Gartenkürbisse (à etwa 1,8 kg)
¼ Tasse (60 g) Butter, in kleine Stücke zerteilt
¼ Tasse (45 g) brauner Zucker
½ TL Ingwer, gerieben
¼ TL Muskatblüte, gemahlen
¼ TL Muskatnuß
1 Prise Cayennepfeffer
¼ TL Salz
3 EL saure Sahne

1. Den Ofen auf 190 °C vorheizen.

2. Den Gartenkürbis halbieren, Kerne und Fasern entfernen und in Segmente schneiden. Die Segmente mit der Schale nach unten in eine passende flache, ofenfeste Form geben. Mit Alufolie gut abdecken und 1½ Stunden backen, bis sie gar sind. Die Temperatur auf 180 °C reduzieren.

3. Wenn der Kürbis genügend abgekühlt ist, die Haut entfernen. Das Fruchtfleisch in eine Schüssel geben und mit Butter, braunem Zucker, den Gewürzen und dem Salz mischen.

4. Mit einer Küchenmaschine nach und nach glattpürieren. Das Püree in eine Schüssel geben, die saure Sahne unterziehen und eventuell nachwürzen. Zum Aufwärmen in eine ofenfeste Schale geben, abdecken und 15–20 Minuten im Ofen erhitzen.

Für 8 Personen

Grilled Scallions
Gegrillte Frühlingszwiebeln

Diese feinen Zwiebeln sind nicht nur eine hübsche Garnierung, sondern können auch zusammen mit gegrillten Paprikaschoten zu praktisch jedem Gericht aus dem Südwesten der USA gereicht werden. Vorsicht, daß die Frühlingszwiebeln beim Grillen nicht durch den Rost fallen!

18 etwa gleich große Frühlingszwiebeln
2 EL extra natives Olivenöl
1 EL Zitronensaft, frisch gepreßt
½ TL Knoblauch, feingehackt
Salz und frisch gemahlener schwarzer Pfeffer

1. Einen Gartengrill auf mittlere Hitze bringen.
2. Die Wurzeln der Frühlingszwiebeln entfernen und die grünen Enden auf 8 cm kürzen.
3. Olivenöl, Zitronensaft, Knoblauch, Salz und Pfeffer in einer flachen Schale mischen. Die Frühlingszwiebeln zugeben und gut darin wenden.
4. Die Frühlingszwiebeln eine Handbreit von der Wärmequelle entfernt auf jeder Seite 3 Minuten grillen. Sofort servieren.

Für 4–6 Personen

Pan-Fried Scallions
Frühlingszwiebeln aus der Pfanne

Im Jahr 1995 wurde die Frühlingszwiebel zu einem der Gemüse des Jahres. Plötzlich rückte sie, die vorher nur als Aromageber verwendet worden war, in den Mittelpunkt des Interesses, in jeder nur denkbaren Form ein Highlight für die Mahlzeit. An dieser Stelle möchte ich Ihre Aufmerksamkeit ebenfalls auf sie lenken. Sie schmeckt außerordentlich gut, wenn sie rasch in der Pfanne gebraten wird, und wertet jedes einfache Stück Fisch oder Brathähnchen auf. Zum Garnieren reichen etwas Petersilie oder Koriander sowie ein wenig Zitronensaft.

18 gleich große Frühlingszwiebeln
3 EL extra natives Olivenöl
Salz und frisch gemahlener
   schwarzer Pfeffer
1 EL frische glatte Petersilie oder
   Korianderblätter
4–6 Zitronenviertel, zum Garnieren

1. Die Wurzeln der Frühlingszwiebel abschneiden und die grünen Enden auf etwa 8 cm kürzen.
2. Olivenöl bei mittlerer Hitze in eine beschichtete Pfanne geben. Die Hälfte der Zwiebeln zufügen und 5 Minuten leicht anbräunen, dabei einmal wenden. Mit Salz und Pfeffer abschmecken und auf eine Platte geben. Mit den verbleibenden Zwiebeln ebenso verfahren. Mit Petersilie bestreuen und mit der Zitrone als Dekoration sofort servieren.

Für 4–6 Personen

Melting Golden Squash in a Skillet
Gelber Sommerkürbis aus der Pfanne

Ein Gericht, das ich im bekannten »Mrs. Wilkes' Boarding House« in Savannah, Georgia, aß, inspirierte mich zu diesem Rezept. Dort zerging es mir, ganz familiär in einer großen Schüssel gereicht, die ausreichte, um einen Tisch voll hungriger Gäste satt zu bekommen, auf der Zunge. Ich halte mich bei meiner Version etwas mit der Butter zurück, aber ich kann Ihnen versichern, daß Mrs. Wilkes das nicht tut. Doch so oder so schmeckt diese Beilage göttlich!

¼ Tasse (60 g) Butter
4 Tassen (800 g) gelber Sommerkürbis (z. B. Krummhalskürbis), in feine Scheiben geschnitten
1 große Zwiebel, in Ringe geschnitten
3 EL entfettete Hühnerbrühe, vorzugsweise selbstgemacht (s. S. 271)
1 TL Zucker
1 TL Salz
¼ TL frisch gemahlener schwarzer Pfeffer oder mehr
1 EL frische glatte Petersilie, gehackt

Die Butter in einer großen Pfanne bei mittlerer Hitze zerlassen. Den Kürbis, die Zwiebel, die Brühe und den Zucker zufügen. Alles gut vermengen und etwa 20 Minuten garen lassen, bis der Kürbis und die Zwiebeln zart sind; dabei von Zeit zu Zeit umrühren. Mit Salz und Pfeffer abschmecken und mit gehackter Petersilie bestreuen. Sofort servieren.

Für 4 Personen

SUNNY SUMMER SQUASH BAKE
GEBACKENER SOMMERKÜRBIS

Im Sommer gibt es in Amerika viele dünnschalige gelbe Kürbissorten, die allesamt zuckersüß schmecken. Bei der Auswahl sollte man die sehr großen Früchte meiden, da sie zuviele Kerne enthalten. Leicht geröstet und mit etwas fruchtigem Olivenöl wird das Gericht zu einer harmonischen Einheit. Und das Basilikum gibt ihm einen besonderen Pfiff. Es paßt sehr gut zu gegrilltem Lamm oder zu Ochsenbrust-*fajitas*.

1,3 kg gelber Kürbis, gewaschen, Stielansatz und oberes Ende abgeschnitten
2 große Zwiebeln, in 2–3 cm große Stücke geschnitten
1 EL Knoblauch, feingehackt
grobkörniges Salz und frisch gemahlener schwarzer Pfeffer
3 EL extra natives Olivenöl, evtl. etwas mehr
¾ Tasse (45 g) frisches Basilikum, in dünne Scheiben geschnitten

1. Den Ofen auf 180 °C vorheizen.
2. Kürbis in 2–3 cm große Würfel schneiden und in eine große Schüssel geben. Mit Zwiebeln, Knoblauch, Salz, Pfeffer und dem Olivenöl mischen.

3. Alles in eine flache ofenfeste Form geben und 1¼ Stunden backen, bis der Kürbis zart ist; dabei ein- oder zweimal wenden. Die Mischung in eine große Schüssel geben, mit reichlich Salz und Pfeffer abschmecken, und, nach Wunsch, zusätzlich mit etwas Olivenöl beträufeln. Mit Basilikum mischen und sofort servieren.

Für 4–6 Personen

BLUE PLATE CREAMED SPINACH

RAHMSPINAT

Ob er in einer kleinen blau-weißen Porzellanschüssel als das preiswerte Tagesgericht schlechthin serviert wird, ob man ihn zu einer dicken Scheibe Hackbraten oder einem gebratenen Schinkensteak reicht, kein Gericht ist wohltuender oder weckt bei mir mehr Erinnerungen als Rahmspinat. Wenn wir der guten alten Hausmannskost die Ehre geben wollen, müssen wir nur ein oder zwei Gewürze zufügen und darauf verzichten, ständig auf das Cholesterin zu achten.

900 g frischer Spinat
1 EL Butter
1 EL Knoblauch, feingehackt
¾ Tasse (200 ml) Schlagsahne
1 Msp. Muskatnuß
1 Prise Cayennepfeffer
Salz und frisch gemahlener schwarzer Pfeffer

1. Den Spinat sorgfältig waschen und das Wasser abschütteln. Die Blätter entstielen, dann trockentupfen und grob hacken.

2. Butter auf niedriger Stufe in einem schweren Topf zerlassen. Knoblauch zugeben und 2–3 Minuten unter Rühren andünsten. Sahne, Muskat und Cayennepfeffer zugeben. Bei mittlerer Hitze 5 Minuten andicken. Den Spinat einrühren, mit Salz und Pfeffer abschmecken, abdecken und 3 Minuten garen, bis er zusammenfällt. 3–4 Minuten offen kochen lassen, bis die Sahne andickt; hin und wieder umrühren. Sofort servieren.

Für 4 Personen

SCALLOPED GREEN TOMATOES

GEBACKENE GRÜNE TOMATEN

Mich erinnert der Geschmack grüner Tomaten an einen Herbsttag in New England. In Scheiben geschnitten und in einer niedrigen klassisch-französischen Auflaufform knusprig goldbraun gebacken, sind sie ein Genuß.

6 grüne Tomaten (etwa 900 g)
¼ Tasse (60 g) Butter
1 Tasse (110 g) Semmelbrösel
1 EL Zucker
Salz und frisch gemahlener schwarzer Pfeffer
4 Scheiben Frühstücksspeck, zum Garnieren
Saft einer halben Zitrone
1 EL glatte Petersilie, frisch gehackt, zum Garnieren

1. Den Ofen auf 180 °C vorheizen. Eine runde Auflaufform von 24 cm Durchmesser einfetten.
2. Tomaten in Scheiben schneiden.
3. Butter bei geringer Hitze in einem kleinen Topf zerlassen. Vom Herd nehmen und die Semmelbrösel, den Zucker, das Salz und den Pfeffer einrühren.
4. Den Boden der Form mit einer Schicht Tomatenscheiben belegen und etwas von der Semmelbröselmischung darüber streuen. Darauf kommen eine weitere Schicht Tomaten und wieder Brotkrumen, bis die Form gefüllt ist; die letzte Schicht besteht aus Semmelbröseln.
5. Auf mittlerer Schiene 1 Stunde backen, bis die Tomaten gar sind.
6. Inzwischen den Speck in einer beschichteten Pfanne 6–8 Minuten knusprig braten. Die Speckscheiben auf Küchenpapier abtropfen lassen und dann zerkrümeln. Beiseite stellen.
7. Vor dem Servieren den Zitronensaft über die gebackenen Tomaten geben. Mit der gehackten Petersilie und den Speckstückchen bestreuen.

Für 4–6 Personen

SLOWLY ROASTED PLUM TOMATOES

GEBACKENE EIERTOMATEN

Sobald die Tomaten in meinem Garten reif werden, kann ich bisweilen an nichts anderes als ans Verspeisen dieser saftigen roten Früchte denken. Also mache ich aus ihnen Salate, Sandwiches, Saucen, Suppen und was mir sonst noch so einfällt. Meine Besessenheit hat mich dazu gebracht, die reifsten Romas (Eiertomaten) zu braten. Beim langsamen Backen, mit etwas Zucker karamelisiert, kommt ihre natürliche Süße noch besser zu Geltung. Richten Sie sie auf einer Platte an oder servieren Sie sie auf gegrilltem Bauernbrot. Wenn Sie einen Garten besitzen, sind frische Kapuzinerkresseblüten und -blätter eine wunderschöne Garnierung.

24 reife Eiertomaten (etwa 1,8 kg)
2 EL extra natives Olivenöl
2–3 TL Zucker
Salz und frisch gemahlener schwarzer Pfeffer
3 EL frischer Thymian oder
   2 TL getrockneter Thymian

1. Den Ofen auf 120 °C vorheizen. 2 Backbleche mit Backpapier oder Alufolie auslegen.
2. Von jeder Tomate zunächst oben und unten eine dünne Scheibe abschneiden und sie dann quer in drei Scheiben teilen. Die vorbereiteten Backbleche mit je einer Schicht Tomatenscheiben auslegen.
3. Die Tomaten oben mit Olivenöl bepinseln. Mit Zucker, Salz, Pfeffer und 2 Eßlöffeln frischem oder 1½ Teelöffeln getrocknetem Thymian bestreuen. 2 Stunden backen, bis die Tomaten geschrumpft und samtig weich sind.
4. Mit einem Palettmesser die Tomaten vorsichtig auf eine Platte legen. Mit dem verbleibenden Thymian bestreuen und auf gegrilltem oder getoastetem Bauernbrot servieren.

Für 6 Personen

FRESH HERBED TOMATO SAUCE

TOMATENSAUCE MIT FRISCHEN KRÄUTERN

Ich mag es, wenn Tomatensaucen einen intensiv frischen Kräutergeschmack haben. Das ist der Fall, wenn sich ihr Aroma wie hier mit fruchtigem Olivenöl und Knoblauch mischt. Eiertomaten ergeben die gehaltvollste Sauce, die meisten anderen Sorten sind zu wäßrig. Der wenige Zucker wirkt der natürlichen Säure entgegen und sorgt für das leicht süße Aroma.

2,7 kg reife Eiertomaten
3 EL extra natives Olivenöl
4 Knoblauchzehen
2 EL Tomatenmark
½ Tasse (125 ml) Rotwein
½ Tasse (30 g) Basilikumblätter, grob zerpflückt
½ Tasse (30 g) glatte Petersilie, grobgehackt
2 TL getrockneter Oregano
1 TL Zucker
Salz und frisch gemahlener schwarzer Pfeffer

1. Tomaten schälen, entkernen (s. Kasten links unten) und grob hacken. Beiseite stellen.
2. Öl auf mittlerer Stufe in einem großen Topf erhitzen. Knoblauch zugeben und 3–4 Minuten unter Rühren hellgelb werden lassen.
3. Vorsichtig die Tomaten zugeben (Achtung, das heiße Öl könnte spritzen!). Die verbleibenden Zutaten einrühren und 30 Minuten ohne Deckel leicht köcheln lassen, bis die Tomaten zerfallen, dabei von Zeit zu Zeit umrühren.
4. Entweder sofort zu Nudeln servieren oder auf Zimmertemperatur abkühlen und zugedeckt bis zu 2 Tagen kühl stellen. Die Sauce kann auch zur späteren Verwendung eingefroren werden.

Ergibt etwa 2 Liter

SUMMER STEWED TOMATOES

GEDÄMPFTE SOMMERTOMATEN

TOMATEN SCHÄLEN UND ENTKERNEN

Tomaten am Stielansatz kreuzförmig einschneiden. Für 30 Sekunden in einen Topf mit kochendem Wasser geben, dann in eine Schüssel mit Eiswasser, um sie abzuschrecken. Die Haut entfernen und die Tomaten quer halbieren. Über einem Sieb mit einer Schüssel darunter die Kerne mit den Fingern herauslösen oder vorsichtig herausdrücken. Der Saft fließt in die Schüssel, während die Kerne im Sieb aufgefangen werden. Das Sieb abklopfen, so daß der restliche Saft ebenfalls in die Schüssel tropfen kann. Die Kerne beseitigen und nach Rezept vorgehen.

Gedünstete Tomaten aus der Dose sind oft wäßrig und ohne viel Geschmack. Lassen Sie sich durch schlechte Erfahrungen aber nicht davon abhalten, das folgende Rezept zu kochen. Bei meiner verbesserten Version dieses sehr amerikanischen Rezeptes mit Sellerie und Zwiebeln, einer Prise braunen Zuckers und frischen Kräutern werden die langsam gedünsteten Tomaten so gut wie die besten Gemüsegerichte.

8 Fleischtomaten (à gut 200 g)
1 EL Butter
1 EL Olivenöl
4 Selleriestangen, grobgewürfelt
1 Zwiebel, grobgewürfelt
2 Knoblauchzehen, feingehackt
1 EL brauner Zucker
1 Prise Piment, gemahlen
*1 EL frisches Basilikum oder Estragonblätter,
    kleingeschnitten*
2 TL frischer Zitronensaft
Salz und frisch gemahlener schwarzer Pfeffer

1. Tomaten schälen, entkernen (s. Kasten linke Seite) und in große Stücke schneiden. Den Saft separat aufbewahren.
2. Butter und Öl in einem großen schweren Topf bei geringer Temperatur erhitzen. Sellerie, Zwiebel und Knoblauch zufügen und 10 Minuten unter Rühren ausschwitzen lassen. Den verbleibenden Tomatensaft und den braunen Zucker zufügen, der sich zugedeckt bei mittlerer Hitze in 2 Minuten auflöst. Tomaten, Piment und Basilikum zufügen und auf niedriger Stufe teilweise abgedeckt 30 Minuten kochen lassen, dabei von Zeit zu Zeit umrühren. Den Deckel abnehmen und weitere 15 Minuten kochen lassen, bis die Tomaten durchgegart sind. Mit Zitronensaft, Salz und Pfeffer abschmecken. Heiß servieren.
Für 6 Personen

GLACED TURNIPS
WEISSE GLASIERTE RÜBEN

Weiße Rüben kommen in Europa häufiger auf den Tisch, in den USA werden sie viel zu selten gekocht. In diesem Rezept habe ich ihren scharfen Grundgeschmack leicht gedämpft, indem ich sie mit Butter und Zucker glasierte: eine wunderbare, leicht verbesserte Variante, die das Gemüse zu einer reinen Gaumenfreude macht.

6 weiße Rüben (à etwa 100 g)
2 EL Butter
1 EL frischer Zitronensaft
2 TL Zucker
2 EL Schnittlauch, frisch geschnitten

1. Salzwasser in einem Topf zum Sieden bringen.
2. Wurzeln und Stiele entfernen und die weißen Rüben schälen und vierteln. 10 Minuten im sprudelnden Wasser kochen, bis sie zart sind. Abtropfen lassen und trockentupfen.
3. Butter in einer großen beschichteten Pfanne zerlassen. Die weißen Rüben und den Zitronensaft zufügen und gut mischen. Mit dem Zucker bestreuen und bei mittlerer Hitze 10–12 Minuten dünsten, bis die weißen Rüben glasiert und goldbraun sind. Pfanne dabei von Zeit zu Zeit schwenken und die weißen Rüben wenden. Mit Schnittlauch bestreuen und sofort servieren.
Für 4 Personen

ROASTED ROOT VEGETABLES
GEBACKENES WURZELGEMÜSE

Im Februar läßt sich unansehnliches Gemüse durch Backen im heißen Ofen aufpeppen. Zunächst sollte man es über Dampf zart kochen. So behalten Rüben ihre Farbe, und das weiche Gemüse nimmt die Gewürze beim Garen auf. Kommt es dann aus dem Ofen, schmeckt es köstlich und hat einen perlartigen Glanz. Als Füllung einer Schweinekrone (s. S. 390) bringt es Leben in den Winter.

6 Möhren, geschält und je einmal längs und quer in der Mitte durchgeschnitten
6 Pastinaken, geschält und je einmal längs und quer in der Mitte durchgeschnitten
4 Süßkartoffeln, geschält und grobgewürfelt
4 weiße Rüben, geschält und grobgewürfelt
4 rote Beten, geschält und grobgewürfelt
3 EL Olivenöl
2 TL getrockneter Thymian
Salz und frisch gemahlener schwarzer Pfeffer

1. Den Ofen auf 230 °C vorheizen. Wasser in einem Topf mit Dampfsieb zum Sieden bringen.
2. Alle Gemüse je etwa 10 Minuten separat dämpfen, die roten Beten zuletzt. Dann mit einem Schaumlöffel in eine Schüssel geben.
3. Olivenöl, Thymian, Salz und Pfeffer zufügen und das Gemüse mischen.
4. Gemüse in einer Schicht auf 2 großen Backblechen verteilen und 30 Minuten backen, bis es eine schöne Farbe hat und man mit der Gabel leicht hineinstechen kann. Die Backbleche dabei von Zeit zu Zeit rütteln. Sofort servieren.
Für 8–10 Personen

Maque Choux
Maque Choux

Maque Choux ist ein ländliches Gericht aus den Südstaaten. Es wird traditionell aus Mais, Zwiebeln, Paprika und Milch zubereitet, aber es gibt endlos viele regionale Varianten. Auf St. Helena in South Carolina zum Beispiel kommen Okras und Sahne dazu. Weil ich *Succotash* (s. S. 290) liebe, habe ich Paprika durch Limabohnen, die Milch durch Brühe ersetzt und Tomaten, frischen Thymian und Petersilie zugefügt. Mein Maque Choux gibt sich eigentlich nicht mehr als solcher zu erkennen, schmeckt aber dennoch köstlich.

¼ Tasse (60 g) Butter
1 Tasse (130 g) Zwiebeln, grobgehackt
2 Knoblauchzehen, gehackt
3 EL entfettete Hühnerbrühe, vorzugsweise selbstgemacht (s. S. 271)
2 Tassen (500 g) Maiskörner, frisch oder tiefgefroren
1 Tasse (170 g) junge Limabohnen, gekocht
1 Tasse (160 g) Eiertomaten, entkernt und kleingewürfelt
1 TL Zucker
2 EL glatte Petersilie, frisch gehackt
2 TL Thymian, frisch gehackt, oder
  ¾ TL Thymian, getrocknet
Salz und frisch gemahlener schwarzer Pfeffer

BLUE PLATE
S·P·E·C·I·A·L

Mrs. Green's Southern Fried Chicken with Fried Chicken Gravy

Confetti Spoon Bread

Red Rice

Maque Choux

Harvest Sweet Potato Pie

Homey Vanilla Ice Cream

Old-Fashioned Lemonade

1. Butter auf mittlerer Stufe in einer beschichteten Pfanne zerlassen. Zwiebeln zufügen und 10 Minuten glasig werden lassen. Knoblauch zugeben und weitere 2 Minuten braten.

2. Die Brühe und den Mais zufügen und 8 Minuten garen lassen. Die Limabohnen und die Tomaten zugeben, mit Zucker bestreuen und 5 Minuten unter Rühren kochen lassen, bis die Tomaten weich sind. Dann mit Petersilie und Thymian würzen und mit Salz und Pfeffer abschmecken. Sofort servieren.

Für 6 Personen

VEGETABLE CHILI

GEMÜSE-CHILI

★★★

Ich liebe dieses Gemüse-Chili, das genauso authentisch wie ein Chili mit Fleisch schmeckt, und serviere es auf Gemüse mit *Vegetable-Studded Barley* (s. S. 338) in tiefen Schüsseln. Garniert wird es mit Joghurt, geriebenem Monterey Jack und ein paar Sultaninen. Sie können es auch mit einfachem Reis oder Gerste servieren – oder mit irgend etwas anderem, um die aromatische Sauce aufzutunken.

Wein: Dry Creek Valley (CA) Zinfandel
Bier: California pale ale

2 EL einfaches Olivenöl
2 EL extra natives Olivenöl
4 Zwiebeln, grobgehackt
4 Möhren, geschabt und grobgewürfelt
2 EL Knoblauch, grobgehackt
2 EL Chilipulver
2 EL gemahlener Kümmel
220 g junge rotschalige Kartoffeln, grobgewürfelt
1 rote Paprikaschote, geputzt und grobgewürfelt
1 grüne Paprikaschote, geputzt und grobgewürfelt
1 gelbe Paprikaschote, geputzt und grobgewürfelt
2 Dosen (je 800 g) geschälte Eiertomaten, gehackt, mit Saft
1 EL Tomatenmark
1 EL brauner Zucker
2 TL getrockneter Oregano
1 TL Fenchelsamen
2 gelbe Kürbisse, längs halbiert und grobgewürfelt
2 Zucchini, Ende abgeschnitten und grobgewürfelt
3 EL frische glatte Petersilie, gehackt
3 EL frische Korianderblätter, gehackt
Salz und grobgemahlener schwarzer Pfeffer
1 Dose (450 g) Kichererbsen, abgetropft
2 EL frischer Zitronensaft
glatte Petersilie, gehackt, zum Garnieren (nach Wunsch)
frische Korianderblätter, gehackt, zum Garnieren (nach Wunsch)

1. Beide Olivenöle bei mittlerer Temperatur in einem großen, schweren Topf erhitzen. Zwiebeln und Möhren zugeben und 10 Minuten unter Rühren glasig werden lassen. Den Knoblauch zufügen und weitere 2 Minuten braten. Die Hitze reduzieren und den Chili sowie den Kümmel unterrühren. 1 weitere Minute garen lassen.

2. Kartoffeln, sämtliche Paprikaschoten, Tomaten mit Saft, Tomatenmark, braunen Zucker, Oregano und Fenchelsamen einrühren. Aufkochen lassen und 25 Minuten halb zugedeckt leicht köcheln lassen, dabei von Zeit zu Zeit umrühren.

3. Kürbis, Zucchini, Petersilie und Koriander zugeben. Mit Salz und Pfeffer würzen und mit den anderen Gewürzen abschmecken. Die Kichererbsen unterrühren. Anschließend ohne Deckel 20 Minuten leicht köcheln lassen, bis das Gemüse gar ist, dabei von Zeit zu Zeit umrühren.

4. Den Zitronensaft einrühren. Nach Geschmack zusätzlich mit Petersilie und Korianderblättern bestreuen und servieren.

Für 8–10 Personen

VEGETABLE JAMBALAYA
GEMÜSE-JAMBALAYA

Jambalaya, ein beliebter kreolischer Eintopf aus Louisiana, entstand, da seine Zubereitung praktisch und bequem war. Einst wurde er aus einer satten Menge gekochtem Reis und all dem gemacht, was in der Küche verfügbar war: Fleisch, Fisch oder Gemüse. Meine Gemüseversion schmeckt an dem Tag, an dem sie gekocht wird, und ebensogut auch am Tag darauf – sofern etwas davon übrigbleibt.

Wein: Central Coast (CA) Rhône-style blend
Bier: Wisconsin brown lager

3 EL Pflanzenöl
1 Tasse (130 g) Zwiebeln, in Würfel geschnitten
2 große Knoblauchzehen, kleingehackt
¾ Tasse (gut 100 g) Stangensellerie, grobgewürfelt
½ Tasse (120 g) Möhren, grobgewürfelt
1 TL getrockneter Thymian
2 TL Paprikapulver
½ TL Salz
1 Prise Cayennepfeffer
1 Lorbeerblatt
2 grüne Paprikaschoten, geputzt und grobgewürfelt
2 rote Paprikaschoten, geputzt und grobgewürfelt
1 Tasse (160 g) Augenbohnen, gekocht
1 Dose (800 g) Eiertomaten, mit Saft
3½ Tassen (900 ml) Gemüsebrühe, vorzugsweise selbstgemacht (s. S. 273)
2 Zucchini, grobgewürfelt
1¼ Tassen (200 g) weißer Langkornreis
¼ Tasse (15 g) glatte Petersilie, gehackt

1. Öl bei geringer Temperatur in einem großen, schweren Topf erhitzen. Zwiebeln zugeben und 10 Minuten glasig dünsten. Knoblauch, Sellerie und Möhren zufügen und 1 Minute unter ständigem Rühren weitergaren.

2. Thymian, Paprika, Salz, Cayennepfeffer und das Lorbeerblatt untermischen. Alle Paprikaschoten, Augenbohnen, Tomaten nebst Saft und Brühe zugeben. Aufkochen lassen. Den Herd auf mittlere Hitze reduzieren und das Ganze teilweise abgedeckt 10 Minuten weiterkochen. Abschmecken und eventuell nachwürzen. Das Lorbeerblatt entfernen. (Jetzt können Sie die Jambalaya beiseite stellen, um sie später fertigzustellen).

3. Die Zucchini zufügen und die Sauce aufkochen lassen. Den Reis einrühren, abdecken und alles bei geringer Hitze 20 Minuten kochen lassen, bis der Reis gar ist. Abschmecken und eventuell nachwürzen, die Petersilie einrühren und sofort servieren.

Für 6 Personen

DINNER

Nudeln, Körner & Bohnen

Wer hätte vor 1980 geahnt, daß die Amerikaner heute am liebsten Gemüse, Nudeln und Körner essen?! Da sich viele Leute erst neuerdings dafür erwärmen, vergißt man leicht, daß sie schon immer populär waren, sei es zu Fleisch oder Fisch und sogar als Hauptgericht. Einige Gerichte in diesem Kapitel sind über 100 Jahre alt. Den Anfang machen *American Macaroni and Cheese*, die in keinem amerikanischen Kochbuch fehlen dürfen, den Schluß bildet ein köstlicher Salat aus schwarzen Bohnen. Dazwischen gibt es herzhaften *Dirty Rice* aus Louisiana mit gehackter Hähnchenleber, ein Gerstenrisotto, Spaghetti mit Wildsauce und vieles andere. Bohnen sind besonders gesund – reich an Ballaststoffen, fettarm und voller Eiweiß, Vitamine und Mineralien –, und sie schmekken! Genießen Sie *Austin Baked Beans, Charro Pintos* oder andere Bohnengerichte aus diesem Kapitel!

American Macaroni and Cheese
Amerikanischer Nudelauflauf

Ich bin zwar ein großer Fan der klassisch-amerikanischen brutzelnden Kasserolle mit Sahnemakkaroni und Käse, dennoch ist es an der Zeit, dieses biedere Hausmacherrezept etwas zu variieren. Bei meiner moderneren Version habe ich zwei Käsesorten kombiniert, einen milden strohfarbenen Cheddar aus Belmont und einen scharf gewürzten Butterkäse, den Monterey Jack aus Kalifornien. Gedünstete rote Paprika ergänzen und mildern zugleich die Geschmacksimpulse des Monterey Jack. Da die traditionellen kurzen Makkaroni heute nicht mehr fester Bestandteil dieses Rezeptes sind, läßt die Wahl der Röhrenpasta dem Erfindungsgeist ein wenig Raum.

Bier: Exportbier

2 EL Pflanzenöl
450 g kurze Makkaroni
1 Tasse (250 ml) kaltes Wasser
1 rote Paprikaschote, Stielansatz und Samen entfernt, feingewürfelt
1 grüne Paprikaschote, Stielansatz und Samen entfernt, feingewürfelt
4 Tassen (1 l) Milch
¼ Tasse (60 g) Butter
6 EL Mehl
1 TL Paprikapulver
½ TL Salz oder mehr
170 g Monterey Jack, (ersatzweise Edamer), gerieben,
170 g Cheddar (ersatzweise Gouda), gerieben
1 EL frische glatte Petersilie, gehackt

1. Salzwasser mit 1 Eßlöffel Öl in einem großen Topf aufkochen. Die Makkaroni hineingeben, umrühren und etwa 10 Minuten kochen, bis die Pasta al dente ist. Das Wasser abgießen, die Pasta unter kaltes Wasser halten und erneut abtropfen lassen. In eine große Schüssel geben.

2. 1 Eßlöffel Pflanzenöl bei geringer Temperatur in einer beschichteten Pfanne erhitzen. Die grüne und rote Paprikaschote in die Pfanne geben und 10 Minuten unter Rühren ausschwitzen lassen. Mit einem Schaumlöffel herausnehmen und zu den Nudeln geben. Vermischen und beiseite stellen.

3. Den Ofen auf 200 °C vorheizen. Eine 33 x 23 x 6 cm große ofenfeste Form leicht einfetten.

4. Die Milch in einem schweren Topf zum Sieden bringen. Beiseite stellen.

5. Die Butter in einem anderen schweren Topf bei geringer Temperatur zerlassen. Mehl und ½ Teelöffel Paprikapulver zugeben und bei mittlerer Hitze 5 Minuten anschwitzen. Vorsicht, daß das Mehl nicht anbrennt! Topf vom Herd nehmen.

6. Die heiße Milch unter ständigem Rühren langsam in die Mehlmischung gießen. Den Topf wieder auf die Flamme stellen und bei geringer Hitze unter ständigem Rühren 5 Minuten kochen lassen, bis die Flüssigkeit leicht andickt und sämig ist. Mit Salz abschmecken.

7. Beide geriebenen Käsesorten mischen und 1 Tasse (125 g) davon beiseite stellen. Den übrigen Käse unter die heiße Sauce rühren. Diese mit den Nudeln mischen und die Mischung gleichmäßig in die vorbereitete ofenfeste Form geben. Den beiseite gestellten geriebenen Käse und ½ Teelöffel Paprikapulver gleichmäßig auf der Oberfläche verteilen. 25–30 Minuten überbacken, bis der Auflauf brodelt und sich goldgelb färbt. Mit der Petersilie bestreuen und sofort servieren.

Für 8 Personen

Teigwaren aus der Packung

Salzwasser (1 Teelöffel Salz auf 2 Liter Wasser) in einem großen Topf aufkochen, bis es sprudelt (mindestens ein 5-Liter-Topf; rechnen Sie mit 4 Litern Wasser pro 500 g Teigwaren). Falls gewünscht, fügen Sie 1 Eßlöffel Pflanzenöl pro 4 Liter Wasser zu. Geben Sie die Teigwaren ins Wasser, rühren Sie sie um und warten Sie, bis das Wasser wieder kocht. Dann läuft die Uhr für die Kochzeit. So lange kochen, bis die Pasta *al dente* ist (zart, aber bißfest) – wie lange, hängt von Größe und Form ab. Nudeln sofort abgießen und nach Rezept weiterverarbeiten. Wenn ich einen kalten Nudelsalat mache, spüle ich die Stärke unter kühlem Wasser ab. Wie Sie bei heißen Teigwaren vorgehen, müssen Sie für sich selbst entscheiden.

Morels and Butterflies

Farfalle mit Morcheln

Das Morchelnsammeln in den Wäldern von Michigan (s. Text S. 312) inspirierte mich zu mehr Gerichten als ich Pilze fand, aber allein für dieses Rezept hat sich die Tour gelohnt. Denken Sie daran, erst ganz am Schluß zu salzen, da die Pilze sonst Wasser ziehen. Ein Gemüsesalat aus Tomaten, gebackenen roten Beten, grünen Bohnen und Gurken genügt, um eine vollständige, leichte Mahlzeit zu zaubern! Abgerundet wird sie durch warmes, knuspriges Brot.

Wein: Central Coast (CA) Syrah
Bier: Colorado brown ale

350 g Farfalle-Nudeln
220 g frische Morcheln, geputzt
3 EL extra natives Olivenöl
2 EL Butter
2 Knoblauchzehen, feingehackt
2 EL frische glatte Petersilie, gehackt
2 EL frisches Basilikum, in feine Streifen geschnitten
2 TL unbehandelte Zitronenschale, feingerieben
Salz und grobgemahlener schwarzer Pfeffer
geriebener Parmesankäse, zum Servieren

1. Salzwasser in einem großen Topf zum Sieden bringen. Die Nudeln hineingeben und etwa 10 Minuten *al dente* kochen lassen.

2. Inzwischen die Morchelstiele kürzen und die Köpfe quer in Scheiben schneiden, kleine Morcheln ganz lassen.

3. In einer großen beschichteten Pfanne 2 Eßlöffel Olivenöl und die Butter auf mittlerer Stufe erhitzen. Die Pilze und den Knoblauch hineingeben, 3–5 Minuten braten, dabei entweder die Pfanne schwenken oder die Pilze umrühren und beide Kräuter zufügen. Wenn die Pilze gerade gar sind, mit der Zitronenschale, dem Salz und dem Pfeffer bestreuen und fertig garen.

4. Die Nudeln abgießen und in eine große, flache Schüssel geben. Die Pilze untermischen und danach 1 Eßlöffel Olivenöl darüber träufeln. Sofort servieren und Parmesankäse dazustellen.

Für 4 Personen

Penne with Summertime Red and Yellow Peppers

Penne mit Paprika

Die süßen Aromen von Paprika und Tomaten zeichnen diese leichte Sauce aus: Sie verzaubert ein sommerliches, schnell gekochtes Nudelgericht. Ein grüner Salat mit etwas Rauke als Würze paßt perfekt dazu, und ein getoastetes Bauernbrot, das mit extra nativem Olivenöl bestrichen, mit Knoblauch eingerieben und mit Pfeffer bestreut wurde, ergänzt dieses Gericht.

Wein: Santa Barbara County (CA) Nebbiolo
Bier: San Francisco amber ale

3 EL Olivenöl
2 Knoblauchzehen, in dünne Scheiben geschnitten
2 Zwiebeln, grobgehackt
4 gelbe Paprikaschoten, Stielansatz und Samen entfernt und längs in 8 Streifen geschnitten
4 rote Paprikaschoten, Stielansatz und Samen entfernt, längs in 8 Streifen geschnitten
½ Tasse (125 ml) Weißwein
1 Tasse (60 g) Basilikum, in dünne Scheiben geschnitten
4 reife Eiertomaten, entkernt und geviertelt
Salz und frisch gemahlener schwarzer Pfeffer
220 g Penne oder andere röhrenförmige Nudeln
100 g Ricotta salata (s. Hinweis)

1. Salzwasser in einem großen Topf zum Sieden bringen.
2. Inzwischen das Öl bei geringer Temperatur in einem großen schweren Topf erhitzen. Knoblauch zugeben und 2 Minuten unter Rühren braten; den Knoblauch nicht braun werden lassen! Zwiebeln zugeben und 5–7 Minuten glasig dünsten, dabei von Zeit zu Zeit umrühren.
3. Die roten und gelben Paprikaschoten zufügen und bei mäßiger Hitze 10 Minuten unter Rühren garen. Wein und 40 g des Basilikums zugeben und alles 7–10 Minuten unter Rühren weiter kochen lassen, bis die Paprika sehr weich ist.
4. Die Tomaten zugeben und 5 Minuten weichkochen, dann mit Salz und Pfeffer abschmecken. Vom Herd nehmen und in eine große flache Schüssel geben.
5. Während die Tomaten garen, die Nudeln 8–12 Minuten abkochen, bis sie *al dente* sind. Die Nudeln abgießen.
6. Die Nudeln auf die Sauce geben. Das verbleibende Basilikum untermischen, den grobgeriebenen Ricotta darüber geben und leicht untermischen. Sofort servieren.

Für 2–3 Personen

Hinweis: Der italienische Ricotta salata mit seinem wunderbar nussigen Geschmack ist nicht vergleichbar mit dem bekannteren Ricotta-Frischkäse. Es handelt sich um einen gepreßten und getrockneten Schafskäse, der gerade fest genug ist, um gerieben zu werden, und weich genug, um zu krümeln. Man erhält ihn in italienischen Fach- und gut sortierten Käsegeschäften.

Rigatoni with Eggplant and Tomato sauce

Rigatoni mit Auberginen und Tomatensauce

Durch das Olivenöl wird diese gehaltvolle Gemüsesauce sehr saftig. Rigatoni nehmen sie am besten auf, denn durch ihr Streifenmuster haftet die Sauce besser an den Nudeln. Zerkleinerte Basilikumblätter zum Schluß sorgen für ein gartenfrisches Aroma.

Wein: Sonoma County (CA) Cabernet Franc

4 Auberginen (etwa 900 g), sehr grob gewürfelt
2 TL grobkörniges Salz
Olivenöl
4 Knoblauchzehen
2 Zwiebeln, grobgewürfelt
2 Dosen (à 800 g) geschälte italienische Tomaten, grobgehackt, mit Saft
2 EL Tomatenmark
2 TL getrockneter Oregano
10 ganze frische Basilikumblätter
3 EL frische glatte Petersilie, gehackt
1 TL Zucker
Salz und frisch gemahlener schwarzer Pfeffer
1 Tasse (60 g) frische Basilikumblätter, zerrupft
6 reife Eiertomaten, in Stücke geschnitten
500 g Rigatoni-Nudeln

1. Auberginen in ein Sieb geben und mit dem grobkörnigen Salz bestreuen. Die Auberginen 1 Stunde mit einem schweren Topfdeckel oder mit einem Teller beschweren, auf den man eine schwere Dose stellt. Dann leicht waschen, abtropfen lassen und sorgfältig trockentupfen.

2. Olivenöl 0,5 cm hoch in eine beschichtete Pfanne gießen und bei mittlerer Temperatur erhitzen. Die Auberginen nach und nach 3–5 Minuten goldbraun dünsten. Dann mit einem Schaumlöffel die gegarten Auberginen in eine mit Küchenpapier ausgelegte Schüssel geben. Beiseite stellen.

3. 4 Eßlöffel Olivenöl in einen großen schweren Topf geben. Die Knoblauchzehen zufügen und bei mittlerer Hitze 3–5 Minuten goldbraun braten. Vorsicht, daß sie nicht verbrennen! Knoblauch aus dem Öl nehmen und anderweitig verwenden. Den Herd auf geringe Hitze zurückstellen, die Zwiebeln zufügen und unter gelegentlichem Umrühren etwa 10 Minuten glasig werden lassen.

4. Die gehackten Tomaten nebst Saft, das Tomatenmark und die Aubergine zufügen. Oregano, die ganzen Basilikumblätter, Petersilie, Zucker, Salz und Pfeffer unterrühren. Aufkochen, dann die Hitze reduzieren und die Sauce 15 Minuten unter Rühren köcheln lassen. Das zerkleinerte Basilikum und die frischen Tomaten unterrühren. (In diesem Zustand können Sie die Sauce bis zu 4 Tage abgedeckt im Kühlschrank aufbewahren oder einfrieren.)

5. Kurz vor dem Servieren einen großen Topf mit Salzwasser zum Sieden bringen. Die Rigatoni 10 Minuten *al dente* kochen lassen. Inzwischen die Sauce bei geringer Hitze erwärmen. Die Nudeln abgießen und wieder in den Topf geben. 250 ml der Sauce zugeben und gut untermischen. In tiefen Tellern servieren, die verbleibende Sauce darüber geben.

*Als Vorspeise für 4 und
als Beilage für 8 Personen*

HUGHES'S SPAGHETTI WITH VENSION

SPAGHETTI MIT REHFLEISCH

Elizabeth und Mike Hughes, die Eigentümer der »Broken Arrow Ranch« in Ingram, Texas, sind nicht nur für Mikes unvergleichliches Wild bekannt, sondern auch für Elizabeths Wildgerichte. Eines meiner Lieblingsrezepte ist diese einfache Spaghettisauce mit Rehfleisch. Sie hat etwas sehr Appetitliches, das gut zu einer traditionellen üppigen Portion Spaghetti paßt.

Wein: Texas Merlot
Bier: Colorado porter

3 EL Olivenöl
1½ Tassen (200 g) Zwiebeln, feingewürfelt
1 große Knoblauchzehe, feingehackt
450 g Rehfleisch, feingehackt
¾ Tasse (200 ml) entfettete Hühnerbrühe oder Gemüsebrühe, vorzugsweise selbstgemacht (s. S. 271 bzw. 273)
1 Dose (400 g) italienische Eiertomaten, zerdrückt
1 Dose (230 g) fertige Tomatensoße
½ Tasse (125 g) Tomatenmark
1½ Tassen (225 g) grüne Paprikaschoten, Stielansatz und Samen entfernt, grobgewürfelt
120 g Champignons, in 0,5 cm dicke Scheiben geschnitten
1½ Tassen (90 g) frische glatte Petersilie, gehackt
2 TL Worcestersauce
2 TL Rotweinessig
1 TL Tabasco
1½ TL getrockneter Oregano
1½ TL Chilipulver
1½ TL Paprikapulver
1½ TL Zucker
½ TL getrocknetes Basilikum
1½ TL frischer Rosmarin, gehackt oder ½ TL getrockneter Rosmarin
½ TL getrockneter Majoran
1 Lorbeerblatt
Salz und frisch gemahlener schwarzer Pfeffer
350 g Spaghetti

1. 2 Eßlöffel Öl in einem großen schweren Topf auf mäßige Temperatur bringen. Zwiebeln zugeben und 8 Minuten unter Rühren fast glasig dünsten. Knoblauch zufügen und 2 Minuten braten.

2. Die Temperatur etwas erhöhen, das Hackfleisch in den Topf geben und etwa 10 Minuten anbräunen, dabei mehrfach umrühren, um die Klümpchen zu zerkleinern. Den Topf vom Herd nehmen

3. Alle verbleibenden Zutaten außer den Spaghetti und dem übrigen Öl zum Fleisch geben. Den Topf wieder auf den Herd stellen und 40–45 Minuten ohne Deckel bei geringer Hitze leicht köcheln lassen, dabei von Zeit zu Zeit umrühren.

4. Direkt vor dem Servieren Salzwasser in einem großen Topf zum Sieden bringen. 1 Eßlöffel Olivenöl zugeben und die Spaghetti 10–12 Minuten *al dente* kochen. Abgießen und in eine große Nudelschüssel geben. Den Lorbeer aus der Sauce holen, dann die Nudeln mit etwas Sauce vermischen. Die Spaghetti portionsweise auf tiefe Teller verteilen und gleichmäßig mit der verbleibenden Sauce begießen. Sofort servieren.

Für 4 Personen

SUMMER GARDEN NOODLES

NUDELSALAT MIT GEMÜSE

An heißen Tagen sollte der Herd möglichst kalt bleiben. Deshalb verspricht dieses Gericht mit rohem Gemüse auf Linguine eine schnelle, köstliche Vorspeise. Wenn man den Ziegenkäse direkt vor dem Servieren zugibt, wird die Sauce dicker und haftet besser an den Nudeln. Servieren Sie zu diesem Salat einen Krug *Old-Fashioned Lemonade* (s. S. 585).

4 reife Eiertomaten, entkernt und feingewürfelt
1 Salatgurke, geschält und feingewürfelt
1 große rote Paprikaschote, Stielansatz und Samen entfernt, feingewürfelt
1 kleiner gelber Kürbis (ersatzweise gelbe Zucchini), Stielansatz entfernt, feingewürfelt
1 Zucchini, Stielansatz entfernt, feingewürfelt
3 Frühlingszwiebeln (mit 8 cm Grün), in dünne Scheiben geschnitten
½ Tasse (100 g) helle Sultaninen
Schale einer unbehandelten Zitrone, feingeschnitten
Saft einer Zitrone
1 reife Avocado, geschält, entkernt und in etwa 1–2 cm große Würfel geschnitten
4 EL Olivenöl
Salz und frisch gemahlener schwarzer Pfeffer
330 g Linguine-Nudeln
1 Tasse (60 g) frische Basilikumblätter, von Hand zerrupft
120 g frischer Ziegenkäse, zerbröckelt

1. Einen großen Topf Salzwasser zum Sieden bringen.

2. Inzwischen Tomaten, Gurke, Paprika, Kürbis, Zucchini, Frühlingszwiebeln, Sultaninen und Zitronenschale in eine große Schüssel geben. Zitronensaft und Avocado miteinander vermengen und anschließend die Gemüse mit dem Olivenöl zufügen. Mit Salz und Pfeffer abschmecken.

3. Die Nudeln ins kochende Wasser geben und 10 Minuten *al dente* kochen. Abgießen, gut abtropfen lassen und mit dem Gemüse und dem Basilikum mischen. Mit dem zerbröckelten Ziegenkäse bestreuen und sofort servieren.

Für 8 Personen

Portobello Barley Risotto

Gersten-Pilz-Risotto

Wer den klassischen italienischen Arborio-Reis durch herzhafte, rustikale Gerste ersetzt, erhält ein Gericht nach Risotto-Art, das genauso gut schmeckt wie das Original. In diesem Rezept bilden der Wein und die hellen Sultaninen einen interessanten Kontrast zu dem kräftigen Rosmaringeschmack. Ziehen Sie ein cremigeres Risotto vor, geben Sie direkt vor dem Servieren etwas mehr heiße Brühe zu. Mit Parmesankäse bestreut, ist dieses Essen mittags genau das Richtige. Es eignet sich aber auch als leichte Vorspeise am Abend. Dazu brauchen Sie nur noch einen Salat aus Rauke und Tomaten sowie ein heißes, knuspriges Brot.

Wein: Central Coast (CA) Rhône-style blend
Bier: San Francisco Anchor Steam Beer

220 g große Waldchampignons
4 EL Olivenöl
1 Zwiebel, grobgehackt
4½ Tassen (1¼ l) entfettete Hühnerbrühe, vorzugsweise selbstgemacht (s. S. 271)
1 Tasse (190 g) Rollgerste, gewaschen
½ TL Piment, gemahlen
1 EL frischer Rosmarin, gehackt, oder 1 TL getrockneter Rosmarin
½ Tasse (125 ml) lieblicher Weißwein, z.B. Riesling
½ Tasse (100 g) helle Sultaninen
Salz und frisch gemahlener schwarzer Pfeffer
2 EL frische glatte Petersilie, gehackt, zum Garnieren

1. Die Stiele der Pilze einkürzen und die Kappen mit einem feuchten Tuch reinigen. In 2–3 cm große Stücke schneiden.

2. In einem großen Topf 2 Eßlöffel Öl auf mittlere Temperatur bringen. Pilze zufügen und unter häufigem Rühren 5–7 Minuten braten, bis sie leicht gebräunt und weich sind. Aus der Pfanne nehmen und beiseite stellen.

3. Temperatur etwas reduzieren und 2 Eßlöffel Öl und die Zwiebel zufügen. Unter Rühren 10 Minuten braten, bis sie weich werden.

4. Inzwischen die Brühe in einem mittelgroßen Topf zum Kochen bringen. Die Hitze reduzieren, bis die Brühe nur noch leicht köchelt.

5. Gerste, Piment und Rosmarin unter die Zwiebeln mischen. Bei mittlerer Hitze 1 Minute garen, dabei rühren, so daß die Gerste gleichmäßig mit Öl bedeckt ist. Den Wein zufügen und in 5 Minuten fast vollständig verdunsten lassen.

6. ½ Tasse (125 ml) der heißen Brühe in die Gerstenmischung gießen und unter häufigem Rühren bei mittlerer Hitze so lange kochen, bis die Gerste die Brühe vollständig aufgenommen hat. Diesen Vorgang mehrfach wiederholen und darauf achten, daß die Brühe jedesmal vollständig absorbiert ist, bevor weitere Brühe zugegeben wird – es dauert etwa 45 Minuten, bis die Gerste gar und fast die gesamte Brühe aufgenommen ist.

7. Die beiseite gestellten Pilze und die Sultaninen einrühren. Einige Minuten garen lassen, bis das Risotto die gewünschte Konsistenz hat. Mit Salz und Pfeffer abschmecken und jede Portion mit etwas gehackter Petersilie bestreuen. Sofort servieren.

Für 4 Personen

VEGETABLE-STUDDED BARLEY

GEMÜSEGERSTE

Gerste, ein Getreide aus der Familie der Süßgräser, esse ich besonders gern zu Chili-Gerichten und Stews. Aber bei diesem Rezept steht sie stolz für sich allein, mit ihrem ganzen echten Korn. Ich koche das Getreide, bis es gerade gar ist, also etwa 45 Minuten. Halten Sie die Kochzeit möglichst genau ein, da die Körner sonst schnell zu weich werden.

2 Tassen (240 g) Möhren, feingewürfelt
280 g Champignons
1 Tasse (190 g) Rollgerste
4 Tassen (1 l) entfettete Hühnerbrühe,
  vorzugsweise selbstgemacht (s. S. 271)
1 Tasse (250 ml) Wasser
1 EL frischer Thymian, gehackt, oder
  ½ TL getrockneter Thymian
2 EL frische glatte Petersilie, gehackt
  Salz und frisch gemahlener
schwarzer Pfeffer

1. Wasser in einem Topf zum Sieden bringen, Möhren hineingeben und etwa 10 Minuten gar kochen. Abgießen und beiseite stellen.

2. Pilze putzen und vierteln.

3. Die Gerste in einem Sieb waschen und dann in einen großen schweren Topf geben. Brühe, Wasser, Thymian und Pilze zufügen. Zum Sieden bringen, die Temperatur auf mittlere Hitze reduzieren und ohne Deckel 40–50 Minuten leicht köcheln lassen, bis die Gerste gar ist und die Flüssigkeit aufgenommen hat.

4. Möhren und Petersilie unterrühren. Mit Salz und Pfeffer abschmecken und sofort servieren.

Für 6 Personen

Polenta with Mascarpone
Polenta mit Mascarpone

In Santa Fe entdeckte ich rasch, daß es nicht automatisch zu jeder Mahlzeit Chillies und Salsa gibt. Nicht daß ich das erwartet hätte, aber dieses Gericht im »Café Pasqual« war eine echte Überraschung. Die Wirtin Katharine Kagel serviert ihre unwiderstehliche Polenta mit einem sündig-sahnigen italienischen Mascarpone. Wichtiger Hinweis: Es handelt sich dabei nicht um Instant-Polenta, hier müssen Sie für Ihr Abendessen rühren! Versuchen Sie die Polenta mit *Portobellos in Tomato Sauce* (s. S. 311).

8 Tassen (2 l) Wasser
¾ TL Safranfäden
2 TL Salz
2 Tassen (310 g) Polenta (steinvermahlenes Maismehl)
250 g Mascarpone
1 Tasse (125 g) Asiago- oder Parmesankäse, frisch gerieben

Safran und Salz in einen schweren Topf mit Wasser geben. Zum Sieden bringen, langsam die Polenta unter ständigem Rühren zufügen und etwa 10–15 Minuten kochen, bis die Polenta im Geschmack milder wird und beginnt, sich vom Topfrand zu lösen. Beide Käse zufügen und gut durchrühren. In einem Doppeltopf abgedeckt bei möglichst niedriger Hitze warmhalten.

Ergibt 4–6 Portionen

Lentil Barley Vegetable Stew
Linsen-Gerste-Gemüsestew

Das Stew der 90er Jahre! Farbig und gesund, mit Gemüse, Hülsenfrüchten und Körnern. Niemandem wird das Fleisch fehlen, und auch der beste Esser wird hier satt. Servieren Sie das Stew in Schälchen mit warmem, knusprigem Bauernbrot und grünem Salat.

Wein: Oregon Pinot Noir
Bier: California ale

3 EL Olivenöl
4 Möhren, geschält und feingewürfelt
2 Lauchstangen (mit 8 cm Grün), gut gewaschen und feingewürfelt
2 Selleriestangen, feingewürfelt
2 Zucchini, feingewürfelt
1 große Zwiebel, feingewürfelt
1 EL Knoblauch, gehackt
1 EL frischer Thymian oder 1 TL getrockneter Thymian
1 Tasse (200 g) getrocknete Linsen, vorgequollen
½ Tasse (95 g) Rollgerste, gewaschen
6–7 Tassen (1½–1¾ l) Gemüsebrühe, vorzugsweise selbstgemacht (s. S. 273)
2 Tassen (320 g) reife Tomaten, entkernt und grobgewürfelt
1 Tasse (60 g) frische Basilikumblätter, zerrupft
½ Tasse (30 g) glatte Petersilie, grobgehackt
Salz und frisch gemahlener schwarzer Pfeffer

1. Olivenöl in einen großen schweren Topf geben und Möhren, Lauch, Sellerie, Zucchini, Zwiebel und Knoblauch zufügen. Bei geringer Temperatur 15 Minuten unter Rühren dünsten, bis die Gemüse leicht zusammenfallen. Den Thymian untermischen.

2. Die Linsen, die Gerste und 1½ Liter der Gemüsebrühe zufügen. Aufkochen und die Temperatur auf mittlere Hitze reduzieren. Ohne Deckel 30 Minuten leicht köcheln lassen, dabei oft umrühren. Dann die Tomaten, das Basilikum und die Petersilie zufügen, mit Salz und Pfeffer abschmecken und weitere 10 Minuten kochen, bis die Linsen und die Gerste gar sind. Falls das Stew ein wenig trocken wird, die verbleibenden 250 ml Brühe zufügen.

3. Sofort servieren oder bis zu 6 Stunden abgedeckt kühl stellen.

Für 6 Personen

WILD RICE AND AUTUMNAL FRUITS
WILDREIS MIT HERBSTFRÜCHTEN

Der köstlich nussige und bißfeste Wildreis ist eine der wenigen in den Staaten beheimateten Körnerfrüchte. Da er von Hand geerntet wird, ist er recht teuer. Ich habe ihn mit weißem Langkornreis gemischt, einmal, um das Portemonnaie zu schonen, aber auch, weil Wildreis mit weißem Reis besser zu süßem Trockenobst, knackigen Pekannüssen und vielen stark aromatischen Kräutern paßt. Dies hier ist ein ganz besonderes Gericht. Aber kochen Sie den Reis nicht zu lang, weil er sonst seine schöne Form verliert.

4 Tassen (1 l) Wasser
1 Tasse (200 g) Wildreis, gewaschen und abgetropft
4½ Tassen (1¼ l) entfettete Hühnerbrühe, vorzugsweise selbstgemacht (s. S. 271)
2 Tassen (400 g) weißer Langkornreis
2 EL Olivenöl
1 Tasse (130 g) Zwiebeln, feingewürfelt
1 Tasse (140 g) Stangensellerie, feingeschnitten
1 Tasse (170 g) getrocknete Kirschen
Schale von 2 unbehandelten Orangen, gerieben
2 EL frischer Thymian oder
  2 TL getrockneter Thymian
2 TL getrockneter Majoran
1 EL frischer Salbei, gehackt, oder
  1 TL getrockneter Salbei, zerrieben
Salz und frisch gemahlener schwarzer Pfeffer
1 Tasse (90 g) Pekannußhälften
1 Tasse (180 g) Trockenpflaumen, entsteint und geviertelt

1. Wasser in einem schweren Topf zum Sieden bringen. Den Wildreis hineingeben und 30–45 Minuten ohne Deckel bei mäßiger Hitze köcheln lassen, bis er bißfest ist. Nicht zu weich kochen! Durch ein Sieb abgießen und in einer großen Schüssel beiseite stellen.

2. Die Brühe in einem anderen schweren Topf zum Sieden bringen. Den weißen Reis hineingeben und erneut aufkochen. 20 Minuten ohne Deckel bei geringer Hitze köcheln lassen, bis der Reis bißfest ist. Den Reis mit einer Gabel rühren und unter den Wildreis mischen.

3. Olivenöl in einem schweren Topf bei geringer Temperatur erhitzen. Zwiebeln, Sellerie und Kirschen zufügen und 8–10 Minuten unter gelegentlichem Rühren garen, bis die Gemüse zusammenfallen. Unter den Reis mischen.

4. Orangenschale, alle angegebenen Kräuter sowie Salz und Pfeffer zufügen. Pekannüsse und Dörrpflaumen untermischen und warm servieren.

Für 8 Personen

WILD RICE TABBOULEH

TABOULÉ AUS WILDREIS

Dieses Rezept entwickelte ich mit Wildreis, den mir Chippewa-Indianer schenkten, als ich das Leech-Lake-Reservat in Bemidji, Minnesota, besuchte. Bei den Chippewa gehört die Wildreisernte, *mahnomin*, zu den wichtigsten Ereignissen des Jahres, in sozialer wie in wirtschaftlicher Hinsicht. Für die Chippewa ist Wildreis ein Geschenk des »Großen Geistes«. Ich habe schon immer gerne interessante Rezepte mit dieser einzigartigen Gräserpflanze erfunden, und so war mir ihr Geschenk hochwillkommen. Die Zutaten für diesen Wildreis findet man normalerweise in Taboulés aus dem Nahen Osten. Der gepreßte Zitronensaft und die bißfeste Gurke bringen Frische in den erdigen Ge-

WILDREIS

Zum Wildreissammeln mußte ich zunächst in einem kleinen Flugzeug nach Bemidji, Minnesota, fliegen. Die dichtbewaldete Landschaft von rauher Schönheit liegt etwa 250 Meilen nördlich von Minneapolis. Seit Jahrhunderten sammeln hier amerikanische Ureinwohner Wildreis an immer den gleichen Stellen: in Sümpfen, wo er in dichten Büscheln wächst. Meine Chippewa-Führer und ich reisten in Holzkanus. Wie ihre Vorfahren arbeiteten sie paarweise: Einer stakte vom Heck aus das Kanu voran, während der andere mit Zedernstöcken die hohen Halme flink über das Boot zog und die Reiskörner herausklopfte. An Land trockneten sie die Körner erst in der Sonne, dann in einem Eisenkessel über einem Holzfeuer. Früher wurden die Körner von Hand geschält, heute besorgen das Maschinen.

Echter Wildreis darf nur von Hand und von amerikanischen Ureinwohnern vor Ort geerntet werden. Manche züchten ihn auch in überfluteten Reisfeldern – daher das Paradox »gezüchteter Wildreis«. Wildreis ist gar kein echter Reis. Es handelt sich um den Samen eines Wassergrases, der den Reis an Aroma und Nährwert übertrifft. Kenner verwenden nur echten Wildreis und können ihn leicht vom kultivierten Wildreis unterscheiden, der jedoch ebenfalls sehr gut und etwas weniger teuer ist.

Wildreis muß vor dem Kochen gewaschen werden. Zum Garen braucht man mehr Wasser oder Brühe als bei Reis. Ich nehme 1 Liter pro Tasse (200 g) Wildreis. Mit der Garzeit ist es so eine Sache: Einige Sorten brauchen eine halbe Stunde, andere bis zu 45 Minuten. Überprüfen Sie Ihren Reis häufig und schalten Sie den Herd aus, wenn er noch etwas knackig ist. Kochen Sie den Wildreis zu lange, platzen die Körner auf und werden breiig. Wildreis schmeckt pur oder gemischt. Wenn Sie ihn aufpeppen wollen, versuchen Sie *Wild Rice and Autumnal Fruits* (s. S. 340).

schmack. Besonders wichtig beim Wildreis: nicht zu lange kochen! Die Zeit läßt sich allerdings nicht genau festlegen, aber nach 30 Minuten sollte man immer wieder überprüfen, ob er gar ist. Er sollte zart sein und darf auf keinen Fall gummiartig werden.

4 Tassen (1 l) Wasser
Salz
1 Tasse (200 g) Wildreis, gewaschen und abgetropft
3 EL Olivenöl
2 EL frischer Zitronensaft
4 reife Eiertomaten, entkernt und grobgewürfelt
⅓ Salatgurke, grobgewürfelt
1 kleine rote Zwiebel, feingehackt
½ Tasse (30 g) frische glatte Petersilie, gehackt
½ Tasse (30 g) frische Minzeblätter, gehackt
frisch gemahlener schwarzer Pfeffer

1. Wasser mit 1 Eßlöffel Salz in einem schweren Topf aufkochen. Den Wildreis hineingeben und 30–45 Minuten bei mittlerer Hitze ohne Deckel gar kochen lassen. Nicht zu lange kochen! Abgießen, gut abtropfen lassen und in eine große Schüssel geben.

2. Den Reis, während er noch warm ist, mit Öl und Zitronensaft mischen. Anschließend auf Zimmertemperatur abkühlen lassen.

3. Die übrigen Zutaten unter den Reis mischen und mit einer Gabel gut durchrühren. Zimmerwarm servieren.

Für 6 Personen

DOWN-AND-DIRTY RICE

REIS NACH CAJUN-ART

Dirty Rice ist echte Cajun-Seelennahrung aus Louisiana und wird als Beilage serviert. Der Name kommt von der Reisfarbe, die durch Zugabe von gehackten Hühnermägen und Hühnerlebern entsteht, und hat nichts mit dem phantastischen, intensiven Aroma zu tun, das die Bezeichnung schmutzig nicht verdient. Eine Handvoll frische Petersilie wertet das Gericht farblich noch etwas auf.

220 g Hühnerleber, gewaschen und trockengetupft
220 g Hühnermägen, geputzt, gewaschen und trockengetupft
170 g Speck in Scheiben ohne Schwarte, feingewürfelt
½ Tasse (130 g) Zwiebeln, feingewürfelt
½ Tasse (75 g) grüne Paprikaschote, Stielansatz und Samen entfernt, feingewürfelt
3 Knoblauchzwiebeln, feingehackt
1 TL Kreuzkümmel
1 TL grobkörniges Salz
frisch gemahlener schwarzer Pfeffer
½ TL Tabasco oder mehr (nach Belieben)
1 Tasse (200 g) Langkornreis
1 EL Olivenöl
2½ Tassen (650 ml) entfettete Hühnerbrühe, vorzugsweise selbstgemacht (s. S. 271)
2 Frühlingszwiebeln (mit 8 cm Grün), diagonal in dünne Scheiben geschnitten
2–3 EL frische glatte Petersilie, gehackt

1. Die Hühnerlebern mit einem scharfen Messer grob hacken. Beiseite stellen.

2. Die Hühnermägen in einer Küchenmaschine fein hacken, dabei die Maschine mehrere Male ein- und ausschalten. Beiseite stellen.

3. Speck in einem großen schweren Topf bei mittlerer Hitze 6–8 Minuten ausbraten, bis er leicht knusprig ist. Die Lebern und Mägen zufügen und 5 Minuten unter Rühren garen.

4. Zwiebeln und Paprikaschote zugeben und 8 Minuten dünsten, bis die Zwiebeln glasig sind. Knoblauch zugeben und 2 Minuten garen. Kreuzkümmel, grobkörniges Salz, Pfeffer und Tabasco zugeben und 2 Minuten unter Rühren garen lassen.

5. Den Reis und das Öl zugeben und weitere 2 Minuten garen lassen, dabei ständig rühren.

6. Die Brühe zugießen und unter Rühren aufkochen, dann bei mittlerer Hitze 20 Minuten abgedeckt köcheln lassen, bis der Reis gar ist und die Flüssigkeit aufgenommen hat. Mit einer Gabel durchrühren. Frühlingszwiebeln und Petersilie unterheben und servieren.

Für 6 Personen

RED RICE
ROTER REIS

Ich habe *Red Rice* überall im Tiefland von South Carolina probiert, desgleichen in Savannah, Georgia, in jeder erdenklichen Form und Zusammenstellung. Die Mischung aus Reis und Tomaten zählt seit je zu den Lieblingsgerichten der Einheimischen, und sie mundet auch zahlreichen Amerikanern, die aus dem Norden hierhergezogen sind. Man ißt *Red Rice* zu Hause, in kleinen familiären Gasthäusern und selbst in den elegantesten Restaurants.

Das Café von Miss Daisy Mae in der BP-Tankstelle auf Edisto Island, südlich von Charlston, South Carolina, ist eine einschlägige Adresse. Miss Mae kocht diesen Reis täglich in ihren riesigen Töpfen für Hunderte von Menschen. Ich durfte sie beobachten, wie sie ihr Gericht zaubert. Miss Mae nahm außer reifen Tomaten, ein wenig Speck und natürlich Reis nur wenige Zutaten. Ihr Reis schmeckt eher trocken.

Das andere Extrem kredenzt das elegante »Elizabeth's« in Savannah in der 37. Straße, ein preisgekröntes Restaurant. Dort bekam ich einen köstlichen, stark gewürzten *Red Rice* serviert – saftig und ähnlich wie bei einem Risotto noch verfeinert durch Schinken, Zwiebeln und Tomatenwürfelchen.

Die folgende Version ist meine eigene Kreation (die Lizenz zur Kreativität scheint den Kniff der Südstaatenküche auszumachen). Ich habe hier Speck, gekochten Schinken und viele Tomaten zugefügt. Da ich meinen Reis eher saftig liebe, habe ich auch Tomatensaft und Hühnerbrühe verwendet. Eine Cajun-Gewürzmischung aus Salz, Chilipulver, Pfeffer, Knoblauch, Nelkenpfeffer, Koriander, Fenchelsamen, Kardamom, Senf, Mehl, Thymian, Salbei und Oregano rundet das Gericht geschmacklich ab.

120 g Speck in Scheiben, ohne Schwarte, feingewürfelt
1 Zwiebel, feingewürfelt
1 rote Paprikaschote, geputzt und feingewürfelt
2 Tassen (400 g) weißer Langkornreis
220 g gekochter Schinken, feingewürfelt
¼ TL Old Bay Gewürzmischung (s. Kasten S. 496)
1 Dose (400 g) Eiertomaten, gehackt, mit Saft
4 Tomaten, entkernt und in 1–2 cm große Würfel geschnitten, mit Saft
1 TL Zucker
4 Tassen (1 l) entfettete Hühnerbrühe, vorzugsweise selbstgemacht (s. S. 271)

1. Den Speck in einem großen schweren Topf bei mittlerer Hitze 6–8 Minuten ausbraten, bis er leicht knusprig ist. Mit einem Schaumlöffel auf Küchenpapier legen und abtropfen lassen. Bis auf 2 Eßlöffel alles Fett weggießen.

2. Zwiebel und Paprikaschote in den Topf geben und bei geringer Hitze 10 Minuten unter Rühren glasig werden lassen. Reis zugeben und 2 Minuten unter Rühren anbraten. Den beiseite gestellten Speck, Schinken und *Old Bay Gewürzmischung* (s. S. 496) zufügen.

3. Die Tomaten – aus der Dose und frische – mit Saft, Zucker und Hühnerbrühe zufügen. Die Mischung bei großer Hitze aufkochen. Die Temperatur auf mittlere Hitze reduzieren, abdecken und alles 20 Minuten leicht köcheln lassen, bis der Reis fast die gesamte Flüssigkeit aufgenommen hat und gar ist; dabei ein- oder zweimal umrühren. Sehr heiß servieren.

Für 8 Personen

A RISOTTO FOR SPRING

FRÜHLINGSRISOTTO

★★★

Frischer grüner Spargel, knackige Erbsen und Morcheln ergeben zusammen mit Arborio-Reis ein Gericht, das vom Frühling kündet. Wenn Sie keine frischen Morcheln bekommen, nehmen Sie Pfifferlinge oder andere Waldpilze. Ihre Frische zeichnet dieses Gericht aus. Servieren Sie es als Vorspeise oder in kleinen Portionen zum Aperitif. Es kann sogar als Beilage für eine Lammkeule dienen.

Wein: Willamette Valley (OR) Pinot Noir
Bier: Wisconsin brown lager

220 g grüner Spargel, mitteldick, holzige Enden entfernt
1 Tasse (155 g) Erbsen, frisch oder tiefgefroren
170 g frische Morcheln oder andere Waldpilze
3 EL Olivenöl
1 Zwiebel, gehackt
1 große Knoblauchzehe, feingehackt
5 Tassen (1¼ l) entfettete Hühnerbrühe, vorzugsweise selbstgemacht (s. S. 271)
1½ Tassen (300 g) Arborio-Reis
½ Tasse (125 ml) trockener Weißwein
1 EL Schnittlauch, frisch geschnitten, oder frische glatte Petersilie, gehackt
1 EL Butter
Salz und frisch gemahlener schwarzer Pfeffer
Parmesankäse, frisch gerieben, zum Servieren

1. Den Spargel diagonal in etwa 2–3 cm große Stücke schneiden. Wasser in einem Topf zum Sieden bringen und den Spargel 2–3 Minuten kochen lassen, bis er leuchtend grün ist. Abgießen, unter kaltem Wasser abschrecken, abtropfen lassen und beiseite stellen.

2. Wenn Sie frische Erbsen verwenden, 5–7 Minuten kochen lassen, bis sie leuchtend grün sind. Tiefgefrorene Erbsen dagegen zum Auftauen in ein Sieb geben und beiseite stellen.

3. Morcheln längs halbieren und putzen. 1 Eßlöffel Olivenöl in einer beschichteten Pfanne bei mittlerer Temperatur erhitzen. Die Pilze zufügen und 5 Minuten braten, bis sie gerade gar sind, die Pfanne dabei immer wieder schwenken. Beiseite stellen.

4. 2 Eßlöffel Olivenöl in einem großen Topf bei geringer Temperatur erhitzen. Die Zwiebel zufügen und 8–10 Minuten glasig werden lassen, dabei von Zeit zu Zeit umrühren. Knoblauch zugeben und eine weitere Minute garen.

5. Inzwischen die Hühnerbrühe in einem mittelgroßen Topf aufkochen. Die Hitze reduzieren, bis die Brühe nur noch leicht köchelt.

6. Den Reis in den Topf mit der Zwiebel geben und bei mittlerer Hitze gut rühren, so daß alle Körner gleichmäßig mit Öl bedeckt sind. Wein zugießen und 3–4 Minuten unter Rühren kochen lassen, bis die Flüssigkeit ganz vom Reis aufgenommen ist.

7. Etwa 1 Tasse (125 ml) der heißen Brühe in die Reismischung gießen und unter häufigem Rühren bei mittlerer Hitze so lange garen, bis der Reis die Brühe aufgenommen hat. Den Vorgang mehrmals wiederholen, allerdings erst dann neue Brühe zugießen, wenn die gesamte Flüssigkeit vom Reis aufgenommen worden ist. 30–35 Minuten so fortfahren, bis der Reis fast die gesamte Brühe aufgenommen hat und gar ist. Spargel, Pilze, Erbsen und Schnittlauch unterrühren.

8. Sobald der Reis die gesamte Brühe aufgenommen hat, das Risotto aber noch etwas feucht ist, Butter darüber geben und mit Salz und Pfeffer abschmecken. Mit geriebenem Parmesankäse servieren.

Für 4–6 Personen

COWBOY RICE SALAD
REISSALAT

★★★

Nahe der mexikanischen Grenze liebten die Cowboys von ehedem ihre Chillies, sei es das deftig-sättigend rote Chili in dampfenden Schüsseln oder die leichteren Gerichte mit nahrhaftem Gemüse und Bohnen. Nun, diesen Salat hatten die alten Cowboys sicher nicht im Henkelmann. Dennoch ist er für Männer gedacht, die sich im Freien bewegen und so einen herzhaften Appetit entwickeln. Servieren Sie ihn als Vorspeise zum Mittagessen oder als gehaltvolle Beilage zu einem Lachs vom Holzkohlengrill.

220 g Zuckererbsen, Fäden entfernt
1 kleine Zwiebel, feingewürfelt
1 EL Olivenöl
1 Tasse (200 g) weißer Langkornreis
¼ TL Chili-Gewürzmischung
1 Msp. gemahlenes Kurkuma
1 Stückchen Zimtstange (1–2 cm)
3½ Tassen (875 ml) entfettete Hühnerbrühe, vorzugsweise selbstgemacht (s. S. 271)
Salz und frisch gemahlener schwarzer Pfeffer
2 TL unbehandelte Zitronenschale, feingerieben
½ Tasse (75 g) rote Paprikaschote, feingewürfelt
¾ Tasse (120 g) Limabohnen, gekocht
¾ Tasse (120 g) dunkelrote Kidneybohnen
½ Hühnerbrust, entbeint und ohne Haut (etwa 120 g), gekocht und in kleine Stücke zerteilt
1 kleine scharfe Räucherwurst (z. B. Putenwurst), gekocht und in kleine Stücke geschnitten (nach Belieben)
2 EL frische Korianderblätter oder frische glatte Petersilie, gehackt
½ Tasse (125 ml) Luscious Lime Dressing (s. S. 348)
Limettenspalten zum Servieren

1. Wasser in einem Topf zum Sieden bringen, Zuckererbsen zufügen und 2 Minuten kochen, bis sie leuchtend grün sind. Abtropfen lassen, unter kaltem Wasser abschrecken, erneut abtropfen lassen und beiseite stellen.

2. Zwiebel und Olivenöl in einen schweren Topf geben. Bei geringer Hitze 10 Minuten unter Rühren glasig dünsten. Den Reis, die Chiligewürzmischung, Kurkuma und Zimtstange einrühren. Die Hühnerbrühe zugießen und aufkochen. Bei geringer Hitze abgedeckt 20 Minuten köcheln lassen, bis der Reis gar ist.

3. Den Reis mit einer Gabel durchrühren und in eine große Schüssel geben. Mit Salz, Pfeffer und Zitronenschale abschmecken. Zuckererbsen, Paprika, Limabohnen und Kidneybohnen untermischen. Das zerkleinerte Huhn, eventuell die Wurst, Koriander und die Vinaigrette vorsichtig untermischen und abschmecken. Zusammen mit Limettenspalten zimmerwarm servieren.

Für 6 Personen

Amber Waves of Grain ...

	Reis	Vorspeisen und Gemüse	Herzhafte Zutaten
New England	Weißer Langkornreis	Fetter Speck, Schalotten, Zwiebeln, Möhren, Mais, Limabohnen, Brühe	Speck, Schwein gepökelt, Knochenschinken, Melasse, Ahornsirup, Venusmuscheln
Mid Atlantic (New York, Pennsylvania, New Jersey, Delaware, Maryland)	Weißer Langkornreis, weißer Rundkornreis	Schweineschmalz, Zwiebeln, Stangensellerie, Möhren, Limabohnen, Brühe	Gebackener Schinken, weiße Bohnen, Melasse, Sauerkraut, Austern, Venusmuscheln, Krabben
Südstaaten	Weißer und brauner Langkornreis, Texmati, Carolina gold	Pflanzenöl, fetter Speck, Zwiebeln, grüne Paprikaschote, Knoblauch, Tomaten, Brühe	Speck, Schinken, Schwein gepökelt, amerikanische Andouille, Hühnerleber, Krabben, Augenbohnen, rote Bohnen, Grüngemüse
Heartland (Mittlerer Westen)	Weißer Langkornreis, Wildreis	Butter, Zwiebeln, rote Paprikaschote, Knoblauch, Kohl, Mais, Brühe	Speckscheiben, Knochenschinken, Wurst, Schweinegeschnetzeltes, Waldpilze, Käse
Kalifornien	Brauner Reis, weißer Rundkornreis, Calmati-, Jasminreis	Olivenöl, Zwiebeln, Knoblauch, Artischocken, Brühe	Parmaschinken, Huhn, getrocknete Tomaten, Oliven, Wein
Pacific Northwest (Washington, Oregon)	Weißer Langkornreis, Wildreis	Olivenöl, junge Gemüsezwiebeln, Schalotten, Lauch, Pilze, Brühe	Miesmuscheln, Austern, Krabben, Wein, Linsen
Southwest (New Mexico, Arizona, Texas, Nevada, Utah, Colorado)	Weißer Langkornreis, Texmati	Schweineschmalz, Zwiebeln, Knoblauch, Chilischoten, Paprikaschoten, Tomaten, Brühe	Chorizo
Hawaii	Weißer Mittelkornreis, brauner Langkornreis, Jasminreis	Pflanzenöl, Zwiebeln, Knoblauch, Ingwer, Brühe	Jacobsmuscheln, Thunfisch, Ente, Kokosmilch, Sojasauce

Wogt das Gras im Wind (aus einem patriotischen Lied)

Gewürze	»Scharfmacher«	Kräuter	Das gewisse Etwas	Garnierung
Lorbeer, Zimt, Currypulver		Petersilie, Estragon, Schnittlauch	Cranberries, Apfelbrandy, Orangenzeste, rote Zwiebeln, Erbsen	Schnittlauch, Estragon, Hummer
Old Bay Gewürzmischung (s. S. 496)		Dill, Minze	Dillgürkchen, Spargelspitzen	Erdnüsse, Pekannüsse, Brunnenkresse
Old Bay Gewürzmischung (s. S. 496), Lorbeer, rote Chiliflocken, Muskatblüte, Currypulver	Tabasco	Petersilie, Oregano, Thymian		Frühlingszwiebeln, Zitrusfrüchte, Pfirsiche, Wels gekocht und zerkleinert, Pekannüsse
		Petersilie, Dill, Minze	Brandy	Pekannüsse, Sonnenblumenkerne, Cheddar gerieben, Kirschen getrocknet
Safran	Chilischoten	Basilikum, Salbei, Thymian, Rosmarin, Oregano	Saft von Zitrusfrüchten, Essig, Sojasauce, Kapern	Bohnensprossen, Basilikum, Avocado, eßbare Blüten, Joghurt, Monterey Jack gerieben, Ziegenkäse zerkrümelt, Mandeln, Pinienkerne
Kümmel	Scharfes asiatisches Chili-Öl	Minze, Schnittlauch, Dill	Gurkenwürfel, getrocknete Blaubeeren, Wodka	Kaviar, Räucherlachs oder -forelle, Spargelspitzen, Tillamook-Käse gerieben, Haselnüsse
Chilipulver, Kreuzkümmel, Zimt, Vanille	Cayennepfeffer, Chilisauce, Tabasco, Chili in Adobosauce, Chilischoten	Korianderblätter, Schnittlauch	Salsa, Limettenschale	Koriander, Paprika gebraten, Cheddar gerieben, Monterey Jack gerieben, Guacamole, saure Sahne
Currypulver	Scharfes asiatisches Chili-Öl	Zitronengras, Minze, Korianderblätter, Schnittlauch	Ananas, Mango, Papaya, Bananen, Kokosnuß, Limettensaft, Reisweinessig	Kokosnuß, Macadamianüsse, Cashewkerne, Sesam, Bohnensprossen, Frühlingszwiebeln

Luscious Lime Dressing

Limettendressing

Frisch, leicht und richtig schön sauer, paßt dieses Dressing zu frischem Gemüse, Obst und sogar zu kräftigeren Salatvorspeisen, etwa dem *Cowboy Rice Salad* (s. S. 345) oder dem *San Antonio Chicken Fiesta Salad* (s. S. 434).

3 EL frischer Limettensaft
1 TL Honig
2 TL Schale einer unbehandelten Limette, feingerieben
1 TL Knoblauch, feingehackt
Salz und frisch gemahlener schwarzer Pfeffer
½ Tasse (125 ml) Olivenöl

1. Limettensaft, Honig, Knoblauch, Limettenschale, Salz und Pfeffer in einer Schüssel vermischen.

2. Unter ständigem Rühren langsam Olivenöl hineinträufeln, bis alles andickt. Im Kühlschrank bis zu 1 Woche zugedeckt aufbewahren. Vor dem Verzehr auf Zimmertemperatur bringen.

Ergibt etwa eine ¾ Tasse (200 ml)

Monday Red Beans and Rice

Rote Bohnen mit Reis

Einst gab es montags in New Orleans praktisch überall rote Bohnen mit Reis. Traditionell mußten die Bohnen den ganzen Tag mit vielen Gewürzen und Schinken oder herzhafter Andouille-Wurst köcheln, während die Köchin gleichzeitig Wäsche wusch. Lockerer Reis und eine gute Portion Wurst ergänzen dieses Standardgericht. Es ist bis heute ein Lieblingsessen der Bewohner von New Orleans. Salzen Sie die Bohnen erst, wenn sie fertig gegart sind, da sie sonst nicht weich werden. Und verwenden Sie für die Brühe keine Brühwürfel – sie sind für dieses Gericht zu salzig.

Wein: Dry Creek Valley (CA) Zinfandel
Bier: Louisiana lager

1 Tasse (190 g) getrocknete rote Kidneybohnen
1¾ Tassen (450 ml) Rinder- oder Hühnerbrühe, vorzugsweise selbstgemacht (s. S. 271)
¾ Tasse (200 ml) Wasser
1 Tasse (200 g) Tomaten aus der Dose, abgetropft und zerdrückt
2 TL Tabasco
2 Lorbeerblätter
220 g Speckscheiben ohne Schwarte, in 1–2 cm große Streifen geschnitten
2 Möhren, geschabt und in 1–2 cm große Stücke geschnitten
2 Selleriestangen, in 1–2 cm große Stücke geschnitten
1 große Zwiebel, grobgehackt
4 Knoblauchzehen, feingeschnitten
500 g geräucherte Andouille-Wurst (ersatzweise Räucherwurst mit Knoblauch, möglichst scharf), in großen Stücken
Salz und frisch gemahlener schwarzer Pfeffer
gekochter weißer Reis, zum Servieren

1. Die Bohnen verlesen, dabei eventuell vorhandene Steine entfernen, etwa 5 cm mit kaltem Wasser bedecken und über Nacht quellen lassen (oder s. Kasten S. 354).

2. Die Bohnen abgießen, mehrfach mit kaltem Wasser abspülen und abtropfen lassen. Beiseite stellen.

3. Den Ofen auf 180 °C vorheizen.

4. Brühe, Wasser, zerdrückte Tomaten, Tabasco und Lorbeer in einen großen, schweren ofenfesten Topf geben. Aufkochen und vom Herd nehmen.

5. Die Bohnen in die heiße Flüssigkeit geben und Speck, Möhren, Sellerie, Zwiebel und Knoblauch unterrühren. Die Wurst in die Mitte geben, mit Bohnen bedecken und alles im Ofen 1½ Stunden backen. Den Deckel abnehmen und weitere 30 Minuten backen.

6. Das Lorbeerblatt entfernen und wegwerfen. Mit Salz und Pfeffer abschmecken und mit Reis servieren.

Für 6 Personen

DENVER STYLE BAKED BEANS
GEBACKENE BOHNEN NACH DENVER ART

Vor ein paar Jahren lernte ich auf einer meiner Lesereisen Marion Staples kennen. Seither sind wir in Kontakt, und ich war hocherfreut, als sie mir ihr Limabohnenrezept mit folgendem Hinweis zuschickte: »Da ich nun schon so lange im Westen lebe, hat sich mein Gaumen mehr und mehr an die Schärfe gewöhnt, so daß ich immer unbekümmerter mit Kräutern, westlichen Gewürzen, Pfeffer und anderem heißem Zeug hantiere, um meinen Standardrezepten einen Kick zu geben.« Mir geben ihre gebackenen Limabohnen einen Kick! Sie sind eine perfekte Beilage zu Brathähnchen mit Honig, Kartoffelsalat, Piccalilli, Coleslaw und Brötchen.

450 g getrocknete Limabohnen
6 Tassen (1½ l) Wasser
2 Lorbeerblätter
6 Scheiben Speck
1 Tasse (140 g) Stangensellerie, grobgehackt
⅔ Tasse (90 g) Zwiebeln, feingehackt
½ Tasse (75 g) grüne Paprikaschote, Stielansatz und Samen entfernt, feingewürfelt
2 TL frische Korianderblätter, feingehackt
1 Knoblauchzehe, feingehackt
1 Tasse (250 ml) Ketchup
⅔ Tasse (240 g) Melasse
1 TL Senfpulver
1 TL Chili-Gewürzmischung
1 TL Kreuzkümmel, gemahlen
1 Prise frisch gemahlener schwarzer Pfeffer
1 Prise Cayennepfeffer
Salz

1. Die Bohnen verlesen, dabei eventuell vorhandene Steine entfernen, etwa 5 cm mit kaltem Wasser bedecken und über Nacht quellen lassen (oder s. Kasten S. 354).

2. Den Ofen auf 180 °C vorheizen.

3. Die Limabohnen abgießen, mehrfach mit kaltem Wasser abspülen und abtropfen lassen. Mit Wasser und den Lorbeerblättern in einen großen schweren Topf geben. Aufkochen, die Temperatur reduzieren und 30 Minuten köcheln lassen, bis die Bohnen etwas weicher geworden sind. Während sie kochen, ab und zu den Schaum von der Oberfläche abschöpfen.

4. Inzwischen in einer beschichteten Pfanne 2 Scheiben Speck bei mittlerer Hitze 6–8 Minuten anbräunen. Aus der Pfanne nehmen, auf Küchenpapier abtropfen lassen, zerkrümeln und beiseite stellen. Sellerie, Zwiebel, Paprikaschote, Koriander und Knoblauch in die Pfanne geben und bei mittlerer Hitze abgedeckt 10 Minuten dünsten, dabei von Zeit zu Zeit umrühren. Beiseite stellen.

5. Die Limabohnen abgießen, dabei 1½ Tassen (380 ml) der Flüssigkeit aufbewahren und mit den Bohnen in eine Schüssel geben. Die Lorbeerblätter entfernen. Die gekochten Gemüse, Speck, Ketchup, Melasse, Senf, Chilipulver, Kreuzkümmel, Pfeffer und Cayennepfeffer unterrühren.

6. Die Mischung in eine flache ofenfeste Form geben und mit den übrigen vier Scheiben Speck bedecken. 1½ Stunden offen backen, bis die Bohnen zart sind. Aus dem Ofen nehmen und mit Salz abschmecken. Sobald die Bohnen und die Sauce aus dem Ofen genommen werden, dicken sie an.

Für 6–8 Personen

Austin Baked Beans

Gebackene Bohnen nach Texas Art

Von gebackenen Bohnen zu schwärmen, mag etwas albern erscheinen. Aber die Bohnen aus »Jim Goude's Barbecue« in Houston, Texas, rechtfertigen einen solchen Enthusiasmus. Ich verschlang nicht nur seine köstlichen Bohnen zum Lunch, sondern ließ mir vier Portionen nach New York schicken, um dem Erlebnis mehr Dauer zu verleihen. Zu den Bohnen gebe ich in Honig gebackenen Schinken, geräucherten Speck und große Apfelstücke, um die Sauce nach texanischer Art zu süßen. Wenn man bereits beim Kochen Salz zufügt, werden die Bohnen nicht weich. Warten Sie also mit dem Salzen, bis sie gar sind.

450 g getrocknete weiße Bohnen
170 g Speck in Scheiben, ohne Schwarte,
   in 1–2 cm große Würfel geschnitten
1 große Zwiebel, grobgehackt
1 grüne Paprikaschote, geputzt und feingewürfelt
1 rote Paprikaschote, geputzt und feingewürfelt
1 Dose (800 g) Eiertomaten, grobgehackt, mit Saft
220 g Schinken mit Honigkruste, feingewürfelt
1 geräuchertes Schweinekotelett (etwa 220 g),
   feingewürfelt
1 Tasse (250 ml) Ketchup
¾ Tasse (185 g) brauner Zucker
3 EL Honig
3 EL Melasse
1 EL Worcestersauce
1 TL Senfpulver
2 Granny-Smith-Äpfel, geschält, entkernt und
   grobgewürfelt
Salz

1. Die Bohnen verlesen, dabei eventuell vorhandene Steine entfernen, etwa 5 cm mit kaltem Wasser bedecken und über Nacht quellen lassen (oder s. Kasten S. 354).

2. Die Bohnen abgießen, mehrmals mit kaltem Wasser spülen und erneut abtropfen lassen.

3. Die Bohnen dann in einen schweren großen Topf geben und so viel Wasser zufügen, daß sie 5 cm bedeckt sind. Aufkochen, auf mittlere Hitze reduzieren und 45 Minuten leicht köcheln lassen, bis die Bohnen gerade gar, jedoch nicht breiig sind. Während sie kochen, ab und zu den Schaum von der Oberfläche abschöpfen. Abtropfen lassen und beiseite stellen.

4. Den Ofen auf 180 °C vorheizen.

5. Speck in einen schweren ofenfesten Topf geben und bei geringer Hitze 5–6 Minuten ausbraten (er darf nicht braun werden!). Mit einem Schaumlöffel entnehmen und beiseite stellen. Zwiebel in den Topf geben und bei geringer Hitze 10 Minuten glasig dünsten. Beide Paprikaschoten zugeben und weitere 5 Minuten unter Rühren garen.

6. Bohnen, Speck und Tomaten zufügen (den Saft der Tomaten beiseite stellen). Dann die übrigen Zutaten, den Tomatensaft, die Äpfel und das Salz ausgenommen, vorsichtig untermischen. Die Äpfel und 1½ Tassen (125 ml) des beiseite gestellten Tomatensaftes zufügen und dann weitere 2 Stunden ohne Deckel backen, bis die Bohnen angedickt sind und duften. Mit Salz abschmecken und heiß servieren.

Für 6–8 Personen

STEWED WHITE BEANS

BOHNENSTEW

Ich mag meine Bohnen eben gar, also keinesfalls matschig. Um sie zu testen, zerdrücke ich eine zwischen Daumen und Zeigefinger. Wenn ich dabei etwas Widerstand fühle, sind die Bohnen auf den Punkt gekocht. Nun könnte ich sie gleich aus dem Topf essen, doch besser serviert man sie in tiefen Tellern mit knusprigem Brot, etwas Blauschimmelkäse und einem Pinot Noir aus Oregon.

500 g getrocknete weiße Kidneybohnen
3 EL extra natives Olivenöl
1 Zwiebel, feingewürfelt
4 ganze Knoblauchzehen
4 ganze Pimentkörner
4 Möhren, geschabt und grobgewürfelt
2 Selleriestangen, grobgewürfelt
3 große frische Thymianzweige oder
  1 TL getrockneter Thymian
2 Lorbeerblätter
6 Tassen (1½ l) entfettete Hühnerbrühe,
  vorzugsweise selbstgemacht (s. S. 271)
Schale von 1 unbehandelten Zitrone,
  feingerieben
Salz und frisch gemahlener schwarzer Pfeffer

1. Die Bohnen verlesen, dabei eventuell vorhandene Steine entfernen, etwa 5 cm mit kaltem Wasser bedecken und über Nacht quellen lassen (oder s. Kasten S. 354).

2. Die Bohnen abgießen, mehrmals mit kaltem Wasser spülen und abtropfen lassen.

3. Olivenöl in einem großen schweren Topf bei geringer Temperatur erhitzen. Zwiebel zugeben und 10 Minuten glasig dünsten, dabei von Zeit zu Zeit umrühren. Knoblauch und Piment zufügen und 5 weitere Minuten garen.

4. Bohnen, Möhren, Sellerie, Thymian, Lorbeerblätter und die Brühe zugeben und aufkochen. Dann die Temperatur reduzieren und weitere 30 Minuten abgedeckt leicht köcheln lassen. Deckel abnehmen und die Bohnen 15 Minuten garen, bis sie zart, aber nicht breiig sind.

5. Die Knoblauchzehen, die Thymianzweige, den Lorbeer und den Piment entfernen. Zitronenschale zugeben und mit Salz und Pfeffer abschmecken. Die Bohnen nehmen den Großteil der restlichen Flüssigkeit auf, während sie abkühlen. Zimmerwarm servieren.

Für 6–8 Personen

Der amerikanische

	Bohnen	Vorspeisen und Gemüse	Herzhafte Zutaten
New England	Weiße Kidneybohnen, weiße Bohnen, Limabohnen, Cranberrybohnen	Fetter Speck, Zwiebeln, Möhren, Sellerie, Mais, Lauch, Butternußkürbis	Speck, Schwein gepökelt, Knochenschinken, Gerste, brauner Zucker, Melasse, Ahornsirup, Ketchup, Dijonsenf
Mid Atlantic (New York, Pennsylvania, New Jersey, Delaware, Maryland)	Weiße Kidneybohnen, weiße Bohnen, Limabohnen	Erdnußöl, Zwiebeln, Mais, Kohl	Schwein gepökelt, Krabben, Schinken gepökelt, Wurst, Ente, Senf, Melasse
Südstaaten	Augenbohnen, schwarze und rote Bohnen, rote Kidneybohnen, Limabohnen, Feuerbohnen	Fetter Speck, Schwein gepökelt, Vidaliazwiebeln, Knoblauch, Yamswurzeln, Kohl, Paprika	Speck, Schinkenkeule, Schwein gepökelt, Landschinken, amerikanische Andouilette (scharfe Räucherwurst mit Knoblauch)
Heartland (Mittlerer Westen)	Limabohnen, weiße dicke Bohnen, weiße und rote Kidneybohnen, weiße Bohnen, Sojabohnen	Pflanzenöl, fetter Speck, Schwein gepökelt, Zwiebeln, Knoblauch, Sellerie, Möhren, Kohl, Spinat	Knochenschinken, Kielbasa (polnische Räucherwurst), Speck, brauner Zucker, Tomatenmark
Kalifornien	Garbanzobohnen, Favabohnen, schwarze Bohnen, Mungobohnen, Linsen	Olivenöl, Zwiebeln, Knoblauch, Paprika, Auberginen, Tomaten, Oliven	Lamm, Knoblauch geröstet, Teigwaren
Pacific Northwest (Washington, Oregon)	Weiße Kidneybohnen, Linsen	Pflanzenöl, Zwiebeln, Knoblauch, Sellerie, Ingwer, Äpfel	Lachs, Krabben, Waldpilze, Cranberries
Southwest (New Mexico, Arizona, Texas, Nevada, Utah, Colorado)	Anasazibohnen, Appaloosabohnen, gefleckte Feldbohnen, Feuerbohnen	Olivenöl, Zwiebeln, Knoblauch, Paprika	Chorizo (scharf gewürzte Schweinewurst), Kakaopulver
Hawaii	Schwarze Bohnen, rote Kidneybohnen, Augenbohnen, Adzukibohnen, Mungobohnen	Erdnußöl, Zwiebeln, Knoblauch	Spanferkel

Bohnentopf

Gewürze	»Scharfmacher«	Kräuter	Das gewisse Etwas	Garnierung
Lorbeer, Gewürznelken, Senfpulver		Petersilie, Dill, Thymian, Estragon, Schnittlauch	Apfelessig, Apfelmost	Zwiebeln gehackt, Cheddar gerieben, Cranberries getrocknet, Kürbiskerne
Lorbeer, *Old Bay Gewürzmischung* (s. Kasten S. 496)		Schnittlauch, Dill, Kerbel	Trockener Sherry, Orangenkonfitüre, gebratene Tomaten	Tomaten, Frühlingszwiebeln in Julienne-Streifen, Krabben, Orange kandiert
Lorbeer, Gewürznelken, Pfefferkörner, Currypulver	Cayennepfeffer, Tabasco	Petersilie, Majoran	Zitronensaft, Limettensaft, Sherry-Essig, Orangenzesten	Mango, Vidaliazwiebeln, Plantain-Bananen gebacken, Frühlingszwiebeln, Reis
Fenchelsamen, Lorbeer, Piment	Chilipulver, Barbecuesauce, Chilisauce, rote Chiliflocken	Petersilie, Schnittlauch	Apfelessig	Frühlingszwiebeln gebraten, Endivienblätter, Ingwer kandiert
Safran	Chili-Öl	Thymian, Oregano, Rosmarin, Basilikum, Minze, Salbei, Korianderblätter	Rotweinessig, Zitronensaft, Limettensaft, Zitruszesten	Avocado, Tomaten getrocknet, junger grüner Blattsalat, Aprikosen getrocknet, Pesto, Pinienkerne, Monterey Jack, saure Sahne
Kümmel, Koriander		Dill, Schnittlauch, Basilikum, Minze	Apfelessig	Frühlingszwiebeln, Radieschen, Walla-Walla-Zwiebeln, rote Zwiebeln, Alfalfasprossen, Gurke, rote Bete, Eier hartgekocht
Kreuzkümmel, Zimt, Piment	Chilipulver, Chilischoten, Chilisauce	Korianderblätter, Oregano	Limettensaft	Frühlingszwiebeln, Mais, Ananas, Koriander, Pesto, Guacamole, saure Sahne, Pinienkerne, Tortillachips
Currypulver, Ingwer, Zitronengras	Chilisauce, Chilischoten, Chili-Öl	Basilikum, Korianderblätter	Sojasauce, Limettensaft, Reisessig	Ananas, Frühlingszwiebeln, Kokos, Erdnüsse, Rosinen, Sesam, Minze

JAZZED-UP LIMAS AND BLACK-EYED PEAS
LIMA- UND AUGENBOHNEN MIT PEP

★★★

Von meiner Reise nach Georgia ist mir ein Gericht aus Lima- und Augenbohnen besonders im Gedächtnis geblieben. Da ich Rezepte einfach nicht so lassen kann, wie sie sind, habe ich meine Bohnen mit geräucherten Schweinekoteletts und Kohl aufgepeppt und daraus eine vollwertige, rustikale Mahlzeit gemacht. Servieren Sie sie zu Brathähnchen mit Honig und Süßkartoffeln, und schon ist Ihr Festmahl im Südstaatenstil fertig!

Wein: Sonoma County (CA) Cabernet Sauvignon
Bier: Colorado brown ale

220 g getrocknete Augenbohnen
220 g getrocknete Babylimabohnen
120 g Speck in Scheiben, ohne Schwarte, feingewürfelt
1 Zwiebel, gehackt
4 ganze Knoblauchzehen
2 geräucherte Schweinekoteletts (zu je 220 g), feingewürfelt
3 Zweige frischer Thymian oder 1 TL getrockneter Thymian
1 Lorbeerblatt
6 Tassen (1½ l) entfettete Hühnerbrühe ohne Salz, vorzugsweise selbstgemacht (s. S. 271)
440 g grüner Kohl, gewaschen, zähe Stiele entfernt, grobgehackt
1 TL Zitronenschale, feingerieben
grobgemahlener schwarzer Pfeffer

1. Die Bohnen verlesen, dabei eventuell vorhandene Steine entfernen, etwa 5 cm mit kaltem Wasser bedecken und über Nacht quellen lassen (oder s. Kasten unten).

2. Die Bohnen abgießen, mehrfach mit kaltem Wasser spülen und abtropfen lassen.

3. Den Speck bei geringer Hitze in einem großen schweren Topf etwa 8 Minuten ausbraten, bis er leicht gebräunt ist. Die Zwiebeln, den Knoblauch und das Schweinefleisch zufügen und 5 Minuten unter Rühren garen, bis die Zwiebeln leicht glasig sind.

4. Die abgetropften Bohnen mit dem Thymian, dem Lorbeer und der Brühe zugeben. Aufkochen und ab und zu den Schaum von der Oberfläche abschöpfen. Die Temperatur auf mittlere bis geringe Hitze reduzieren und 30 Minuten abgedeckt leicht köcheln lassen.

5. Den Kohl und die Zitronenschale zufügen und erneut aufkochen. Die Temperatur reduzieren und 8 Minuten ohne Deckel köcheln lassen, bis die Bohnen zart, doch nicht breiig sind und der Kohl gar ist. Mit schwarzem Pfeffer abschmecken und heiß servieren.

Für 6–8 Personen

BOHNEN RASCH QUELLEN

Die verlesenen Bohnen mit kaltem Wasser in einen schweren Topf geben, so daß sie etwa 5 cm mit Wasser bedeckt sind. Bei mittlerer Stufe aufkochen und 2 Minuten kochen lassen. Vom Herd nehmen und abgedeckt 1 Stunde stehen lassen. Die Bohnen abgießen, mehrfach mit kaltem Wasser spülen und erneut abtropfen lassen. Nun können Sie die Bohnen laut Rezept weiterverarbeiten.

Charro Pintos

Gefleckte Feldbohnen »Tex-Mex«

Dieses Gericht verbindet die texanische und die mexikanische Küche. Nach Texas gehören die gefleckten, im Ranchstyle gekochten Feldbohnen, nach Mexiko die herzhaften Gewürze der *charro comidas*, also des »Cowboy Dinners«. Servieren Sie dieses Gericht für sich in einem tiefen Teller oder mit Reis bzw. Gerste.

220 g getrocknete, gefleckte Feldbohnen
120 g Speck in Scheiben, ohne Schwarte, kleingewürfelt
1 EL Olivenöl
1 große Zwiebel, grobgewürfelt
4 Knoblauchzehen, feingehackt
3 Möhren, geschabt und grobgewürfelt
2 Selleriestangen, grobgewürfelt
1 Dose (800 g) Eiertomaten, gehackt, ohne Saft (Saft aufbewahren)
6 Tassen (1½ l) Wasser
2 große Zweige frischer Koriander, Stiele leicht zerdrückt
2 Zweige frischer Thymian oder ½ TL getrockneter Thymian
½ TL getrockneter Oregano
3 EL frische Korianderblätter, gehackt
Salz und frisch gemahlener schwarzer Pfeffer

1. Die Bohnen verlesen, dabei eventuell vorhandene Steine entfernen, etwa 5 cm mit kaltem Wasser bedecken und über Nacht quellen lassen (oder s. Kasten links).
2. Abgießen, mehrmals mit kaltem Wasser spülen und abtropfen lassen. Beiseite stellen.
3. Speck in einem großen schweren Topf im Öl bei geringer Hitze etwa 8 Minuten ausbraten, bis er leicht gebräunt ist. Das gesamte Fett bis auf 2–3 Eßlöffel abgießen. Die Zwiebel zugeben und 8 Minuten unter Rühren glasig dünsten. Den Knoblauch zufügen und 2 Minuten garen, dabei von Zeit zu Zeit rühren. Möhren, Sellerie und die Bohnen, Tomaten, ½ Tasse (125 ml) des Tomatensaftes und Wasser zugeben und Korianderzweige, Thymian sowie Oregano unterrühren. Aufkochen, die Temperatur auf mittlere Hitze reduzieren und etwa 1½ Stunden ohne Deckel leicht köcheln lassen, bis die Bohnen zart, aber nicht breiig sind. Ab und zu den Schaum von der Oberfläche abschöpfen.
4. Gehackte Korianderblätter einrühren und mit Salz und Pfeffer abschmecken. Sofort servieren.

Für 6 Personen

Succulent White Beans

Saftige weisse Bohnen

Riad Aamar, ehemaliger Wirt des »Doc's« am Lake Waramaug in New Preston, Connecticut, beglückte unzählige Menschen mit seinen Bohnen. Damit sie saftig wurden, fügte er nach dem Garen ein wenig Brühe zu. Ich nehme als Beilage Penne, aber sie bestehen auch gut allein.

340 g dicke weiße Bohnen
8 Tassen (2 l) Wasser
2 Lorbeerblätter
2 EL extra natives Olivenöl
2 große Knoblauchzehen, in Scheibchen geschnitten
4 Zweige frischer Salbei oder Thymian oder 1 TL getrockneter Salbei oder Thymian
3 reife Eiertomaten, längs geviertelt
2 Tassen (500 ml) entfettete Hühnerbrühe, vorzugsweise selbstgemacht (s. S. 271)
Salz und frisch gemahlener schwarzer Pfeffer
2 EL frische glatte Petersilie, gehackt

1. Die Bohnen verlesen, dabei eventuell vorhandene Steine entfernen, etwa 5 cm mit kaltem Wasser bedecken und über Nacht quellen lassen (oder s. Kasten S. 354).

2. Die Bohnen abgießen, mehrmals mit kaltem Wasser spülen und abtropfen lassen. Bohnen und Lorbeerblätter in einen großen schweren Topf geben und 2 Liter Wasser zugießen. Bei großer Hitze aufkochen, die Temperatur reduzieren und 40–45 Minuten leicht köcheln lassen, bis die Bohnen gar, aber nicht breiig sind. Während sie kochen, ab und zu Schaum von der Oberfläche abschöpfen. Topf vom Herd nehmen.

3. In einem anderen schweren Topf das Olivenöl bei mittlerer Temperatur erhitzen. Den Knoblauch zufügen und 4–5 Minuten leicht bräunen. Bohnen, Salbei, Tomaten und Hühnerbrühe zufügen und bei mittlerer Hitze 5 Minuten garen. Mit Salz und Pfeffer abschmecken, mit Petersilie garnieren und sofort servieren.

Für 4–6 Personen

BLACK BEAN SALAD

SCHWARZE-BOHNEN-SALAT

★★★

Meiner Meinung nach bekommt Bohnensalat am meisten Geschmack, wenn eine Vinaigrette oder ein anderes Dressing untergemischt wird, solange die Bohnen noch warm sind.

DRESSING
2 EL frischer Orangensaft
1 TL Knoblauch, feingehackt
1 TL unbehandelte Orangenschale, feingerieben
¼ TL Kreuzkümmel, gemahlen
Salz und frisch gemahlener schwarzer Pfeffer
3 EL extra natives Olivenöl
2 EL frische Korianderblätter, gehackt

SALAT
220 g getrocknete schwarze Bohnen
4 Tassen (1 l) Wasser
2 Knoblauchzehen, zerdrückt
1 Zwiebel, halbiert
6 Zweige frische glatte Petersilie
2 reife Tomaten, entkernt und feingewürfelt
½ Tasse (75 g) rote Paprikaschote, Stielansatz und Samen entfernt, feingewürfelt
2 Frühlingszwiebeln (mit 8 cm Grün), diagonal in dünne Scheiben geschnitten
½ TL Knoblauch, feingehackt
2 EL frische Korianderblätter, gehackt

1. Für das Dressing Orangensaft, Knoblauch, Orangenschale, Kreuzkümmel, Salz und Pfeffer in einer Schüssel gut vermengen. Unter ständigem Rühren Olivenöl langsam zugießen. Weiterrühren, bis das Dressing leicht andickt. Gehackten Koriander unterrühren und beiseite stellen.

2. Für den Salat Bohnen verlesen, eventuell vorhandene Steine entfernen. Die Bohnen nach der schnellen Methode (s. S. 354) quellen lassen. Die abgetropften Bohnen in einen schweren Topf geben und 1 Liter Wasser zugießen.

3. Knoblauch, Zwiebel und Petersilie zugeben und aufkochen. Den Schaum abschöpfen und die Temperatur auf mittlere Hitze reduzieren. Dann 30–40 Minuten ohne Deckel leicht köcheln lassen, bis die Bohnen gar, aber nicht breiig sind. Abgießen und die Bohnen in eine Schüssel geben.

4. Das beiseite gestellte Dressing unter die noch warmen Bohnen mischen. Kurz vor dem Servieren die Tomaten, die rote Paprikaschote, die Frühlingszwiebeln, den Knoblauch und den Koriander zugeben und gut vermengen. Bei Zimmertemperatur stehen lassen, wenn der Salat sofort gegessen wird. Andernfalls abgedeckt bis zum Verbrauch kühl stellen, jedoch zimmerwarm servieren.

Für 4 Personen

DINNER

Rindfleisch

Seit langem gelten die USA als Nation von Rindfleischessern, und das sind sie auch. Ihre Steakhäuser sind die besten der Welt, ihre gegrillte Ochsenbrust ist legendär, ihre Kinder lieben Hamburger. Und Rinderhackbraten ist noch immer Hausmannskost Nummer eins. Das war nicht immer so. Obwohl Rinder schon mit den spanischen Kolonialherren nach Amerika kamen, lief das Rind- dem Schweinefleisch erst nach 1920 den Rang ab. Erst seit der zweiten Hälfte des 19. Jahrhunderts wurden riesige Trecks von Longhorns durch Texas getrieben, um per Eisenbahn von Kansas City in die Schlachthäuser des Mittleren Westens zu gelangen. Noch heute sind die Texaner und die Einwohner von Kansas stolz auf ihre saftigen *Skirt Steak Fajitas* und die *Barbecued Short Ribs of Beef.* Aus dem Nordosten, wo lange vor allem Corned beef gegessen wurde, stammen langsam köchelnde Gerichte wie das *New England Boiled Dinner.*

Sie werden in diesem Kapitel auch Wild- und Bisonrezepte finden. Heute züchten tüchtige Rancher diese uramerikanischen Rinder wieder, die die Indianer einst jagten.

Roasted Tenderloin Beef

Gebackene Rinderlende

Lange Zeit gab es feine Rinderlende nur zu besonderen Gelegenheiten als Vorspeise. Das Fleisch ist butterzart und entsprechend teuer, so daß man den Geschmack unverfälscht genießen möchte. Zum Würzen braucht es eigentlich nur eine Spur Knoblauch, Salz und Pfeffer. Beim Backen der Rinderlende empfiehlt es sich, den Ofen zunächst stark zu erhitzen, damit sich die Poren schließen. Später sollte man die Hitze reduzieren, damit der Braten saftig bleibt. Im Sommer serviere ich ihn zimmerwarm und lege Tomaten und Basilikumblätter zwischen die einzelnen Scheiben. Das ist eine etwas ungewöhnliche Art der Garnierung, doch sie macht das Gericht leichter und wie geschaffen für eine sommerliche Party.

Wein: Napa Valley (CA) Cabernet Sauvignon
Bier: New York State stout

1 Rinderlende (etwa 1,7 kg)
3 Knoblauchzehen, in dünne Scheiben geschnitten
1 EL Olivenöl
grobkörniges Salz und grobgemahlener schwarzer Pfeffer
5–6 Tomaten, in Scheiben geschnitten
frische Basilikumblätter von einem großen Bund

1. Den Ofen auf 220 °C vorheizen.
2. Mit der Messerspitze das Fleisch leicht einritzen und die Knoblauchscheiben in die Schnittstellen stecken. Das Fleisch mit Olivenöl einpinseln und mit dem Salz und dem Pfeffer einreiben.
3. Das Fleisch in einer niedrigen ofenfesten Form 15 Minuten im Backofen grillen. Dann die Temperatur auf 180 °C reduzieren. Wenn Sie das Fleisch englisch wünschen, braten Sie es 20 Minuten, für *medium* 5 Minuten länger. Den Braten vor dem Anschneiden 20 Minuten abkühlen lassen.
4. Das Fleisch in etwa 1–2 cm dicke Scheiben schneiden und auf einer Platte anrichten, abwechselnd mit je 1 Tomatenscheibe und 1 Basilikumblatt garnieren.

Für 12 Personen

Paul McIlhenny's Tabasco-Seared Steak

Steak mit Tabasco

Ich hatte das Glück, Paul McIlhenny bei Tabasco zu besuchen, ein ehrenwertes Mitglied der Familie, die der Welt die berühmte scharfe Sauce aus Avery Island, Louisiana, schenkte. Als ich dort war, berichtete dieser ausgezeichnete Hobbykoch begeistert von seinem würzigen Ribeye-Steak-Rezept. Zunächst zögerte ich noch etwas, es zu probieren. Ich sah mich schon lodern angesichts der feurigen Mischung aus Tabasco und zerstoßenem Pfeffer, die das ganze Fleisch umhüllte. Nun, genau das Gegenteil war der Fall. Gemeinsam ergänzten diese zwei brennend scharfen Zutaten das Fleisch eher, als daß sie seinen Geschmack erdrückten. Ich kann Ihnen das Rezept nur wärmstens ans Herz legen. Versuchen Sie es, wenn Sie das nächste Mal Ihren Gartengrill anheizen. Am besten servieren Sie das Steak mit *Eula Mae Dore's Potato Salad* (s. S. 109), *Celery Root Rémoulade* (s. S. 107) und Maiskolben.

Wein: Napa Valley (CA) Syrah
Bier: Maine porter

1 Ribeye-Steak, 4 cm dick (etwa 450 g)
Tabasco
schwarzer Pfeffer, zerstoßen

1. Den Gartengrill vorbereiten und auf mittelstarke Hitze bringen.
2. Eine Steakseite mit etwas Tabasco beträufeln und den Tabasco mit einem Löffel gut verteilen. Auf derselben Seite mit reichlich Pfeffer bestreuen. Das Steak mit der gewürzten Seite nach unten 3–5 Minuten grillen.
3. Die andere Seite des Steaks mit Tabasco beträufeln, diesen mit einem Löffel verteilen und Pfeffer darüber geben. Das Steak wenden und 3–5 Minuten englisch braten.
4. Das Steak 5 Minuten ruhen lassen und dann diagonal in dünne Scheiben schneiden. Sofort servieren.

Für 2 Personen

BARBECUED STEAK

STEAK VOM GRILL

Ein Porterhouse-Steak ist phantastisches Rindfleisch, das fast alle Wünsche an ein Steak erfüllt: Es besteht aus einem Stück saftiger Lende, das ein Knochen (an dem sich wunderbar nagen läßt) von einem zarten Filet trennt. Und das Fett gibt ihm zusätzlich Geschmack. Schneiden Sie es also beim Braten nicht weg, sondern erst, wenn das Steak fertig gegrillt ist. Am besten gerät es in dicken Scheiben und sollte erst beim Servieren dünner aufgeschnitten werden.

Wein: Texas Cabernet Sauvignon
Bier: Texas Belgian-style ale

½ *Tasse (150 g) Goode's BBQ Beef Rub (s. folgendes Rezept)*
1 Porterhouse-Steak, 5 cm dick (etwa 1,3 kg)

1. Das Steak überall gut mit *Goode's BBQ Beef Rub* (s. folgendes Rezept) einreiben, dann fest in Frischhaltefolie einwickeln und über Nacht im Kühlschrank lassen.
2. Einen Gartengrill vorbereiten und auf mittelstarke Hitze bringen.
3. Das Steak auf jeder Seite 10–12 Minuten englisch braten (nach Belieben).
4. Das Fleisch 5–10 Minuten stehen lassen, dann in dünne Scheiben schneiden. Sofort servieren.

Für 4 Personen

GOODE'S BARBECUE BEEF RUB

BARBECUE-WÜRZMISCHUNG

★

Sogenannte *rubs* sind trockene Kräuter- und Gewürzmischungen. Mit ihnen reibt man rotes Fleisch, Geflügel und Fisch vor dem Garen ein, um ein intensives Aroma zu erzielen. Dieses Rezept stammt von *pit master* Jim Goode aus Houston, dessen feine Barbecue-Sauce (*Goode's BBQ Mop*) Sie auf S. 366 finden.

Ein Besuch auf Avery Island

Der nicht umsonst weltweit bekannte Tabasco hat seit Jahrzehnten seinen festen Platz in den amerikanischen Vorratsschränken, und fast jede Art von Restaurant, sei es *texmex*, *cajun*, kubanisch oder karibisch, verwendet die Sauce. Die Mutter aller Pfeffersaucen wurde vor 150 Jahren von Edmund McIlhenny erfunden, und noch immer produzieren seine Nachfahren sie auf McIlhenny's Farm. Auf der 10 km² großen Avery-Insel (eigentlich ein Hügel über einer alten Salzlagerstätte) in den Sümpfen der Golfküste von Louisiana wird das Gewürz immer noch hergestellt. Im Lauf der Jahre haben McIlhennys Nachfahren den Ort in ein Paradies verwandelt, es gibt ein Schutzgebiet für Wasservögel, einen Botanischen Garten, Zuckerrohr- und Paprikafelder sowie Alleen mit moosbewachsenen Eichen.

Anfangs hatten die McIlhennys wenig Glück. Im Sezessionskrieg mußten Edmund und seine Nachkommen vor der Nordstaatenarmee fliehen und die Insel verlassen. Das Lager wurde überflutet und die Zuckerrohrernte vernichtet. Dann wendete sich das Blatt. Die noch vor Kriegsbeginn gepflanzten scharfen kleinen mexikanischen Pfefferschoten, die McIlhenny mahlte, mit Salz mischte, 30 Tage in irdenen Gefäßen reifen ließ und dann mit Essig versetzte, wurden zu flüssigem Gold. 1868 verkaufte er Hunderte von Flaschen, erhielt 1870 ein Patent und nannte sein Produkt *tabasco* – ein indianisches Wort, das »Land mit feuchtem Boden« bedeutet.

Die derzeitige Rezeptur unterscheidet sich kaum vom Original. Die Pfefferschoten werden mit Avery-Island-Salz gemischt, dann drei Jahre in Eichenfässern gelagert. Die gereifte Masse wird auf Farbe, Geruch und Feuchtigkeitsgehalt überprüft, bevor sie in große Fässer gepumpt und mit destilliertem weißem Essig gemischt wird. Diese Sauce wird mehrere Wochen lang immer wieder umgerührt, dann gesiebt und schließlich in die schlanken McIlhenny-Fläschchen abgefüllt.

Als ich Avery Island besuchte, war der süße, rauchige und scharfe Tabasco längst fester Bestandteil meines Gewürzschranks. Nun sah ich, wie die Hersteller selbst ihn verwendeten, als ich mit Paul McIlhenny, Edmunds Urenkel, in seinem Vorstandsspeisezimmer den Lunch einnahm. Eula Mae Dore, eine alte Freundin der Familie und wegen ihrer Kochkünste »Avery Islands großer Schatz« genannt, hatte gekocht. Zunächst servierte sie Eistee in mit Minze garnierten Gläsern, dazu Eier-Kartoffelsalat. Paul gab Tabasco-Jalapeño-Sauce auf seinen Salat, und ich tat es ihm nach. Es folgte *gumbo*, gewürzt mit Zwiebeln, Knoblauch, Paprikaschoten und natürlich Tabasco. Es schmeckte himmlisch, aber wie viele große Köche kocht Eula Mae nie nach Rezept. Sie verriet mir jedoch, wie sie ihren Kartoffelsalat macht, den ich in dieses Buch aufgenommen habe (s. S. 109). Und probieren Sie Pauls Rezept für Steak mit Tabasco auf Seite 358 aus!

2½ EL brauner Zucker
2 EL Paprikapulver
2 TL Senfpulver
2 TL Zwiebelpulver
2 TL Knoblauchpulver
1½ TL getrocknetes Basilikum
1 TL gemahlenes Lorbeerblatt
   (s. Hinweis)
¾ TL Koriander, gemahlen
¾ TL Bohnenkraut
¾ TL getrockneter Thymian
¾ TL frisch gemahlener schwarzer
   Pfeffer
¾ TL frisch gemahlener
   weißer Pfeffer
1 Msp. Kreuzkümmel, gemahlen
Salz

Alle Zutaten in einer kleinen Schüssel vermengen. Kann in einem luftdichten Behälter bis zu 4 Monaten aufbewahrt werden.
Ergibt eine ¾ Tasse (200 ml)

Hinweis: Lorbeerblätter erst zerkrümeln und dann in einer sauberen Gewürz- oder Kaffeemühle mahlen.

SPEARFISH CANYON BUFFALO STEAK

BISONSTEAK

★★★

Während ich die Rezepte für dieses Buch entwickelte, besuchte ich auch Bisonfarmen in den Black Hills von South Dakota und hatte dort Gelegenheit, die rückgezüchteten Tiere in freier Natur zu bewundern. Mit der Nachfrage nach magerem Fleisch wächst in den Vereinigten Staaten auch das Interesse an Bisonfleisch, das – wen wundert's – sich zunehmender Beliebtheit erfreut. Das nahrhafte Fleisch ist zart, frei von Hormonen, Steroiden und Antibiotika. Im »Cheyenne Crossing Café« nahe Dead Wood habe ich Bisonsteak und Bisonburger probiert. Sie ließen mir das Wasser im Munde zusammenlaufen.

Zurück in New York, fand ich bei einem örtlichen Metzger Bisonfleisch, also bereitete ich es zu Hause zu. Ich möchte Sie einladen, das gleiche zu tun, doch zuvor einige Tips. Erstens sollten Sie das Steak blutig essen (wegen seiner Magerkeit ist es besser, das Fleisch nicht zu sehr durchzubraten). Und zweitens müssen Sie es möglichst schnell bei großer Hitze zubereiten. Nun bleibt mir nur noch, Ihnen einen guten Appetit zu wünschen!

Wein: Colorado Merlot
Bier: Massachusetts porter

1 Bisonsteak, 4 cm dick (etwa 350 g)
1 TL Olivenöl
grobkörniges Salz und grobgemahlener schwarzer Pfeffer

1. Einen Gartengrill vorbereiten und sehr heiß werden lassen.
2. Das Steak auf beiden Seiten mit Olivenöl bepinseln und mit Salz und Pfeffer bestreuen.
3. Das Steak auf jeder Seite 3 Minuten grillen (es muß blutig sein, weil es kein Fett hat und sonst zu zäh würde). 2–3 Minuten ruhen lassen.
4. Das Steak diagonal in dünne Scheiben schneiden und sofort servieren.
Für 1–2 Personen

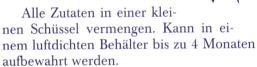

Skirt Steak Fajita Party
Gegrillte Ochsenbrust-Fajitas

Das Bruststück ist vergleichsweise preisgünstig, gehört aber dennoch zu den saftigsten Stücken und eignet sich gut für *Beef Fajitas*. Die meisten Leute rollen sich ihre *fajitas* gerne selbst, stellen Sie also Fleisch und *toppings* mit einem Korb warmer *tortillas* auf den Tisch und gönnen Sie ihnen das Vergnügen. Da *fajitas* üblicherweise aus der Hand gegessen werden und tropfen können, legen Sie einen Packen Servietten daneben.

Wein: Monterey County (CA) Petite-Sirah
Bier: New York State porter

MARINADE
2 EL extra natives Olivenöl
1½ EL frischer Limettensaft
½ TL Chili-Gewürzmischung
½ TL Kreuzkümmel, gemahlen
¼ TL Salz
2 Spritzer Tabasco oder etwas mehr
4 Knoblauchzehen, durch die Presse gedrückt

FAJITAS
1 Stück Ochsenbrust (etwa 670 g), in der Hälfte quer durchgeschnitten
2 EL Olivenöl
2 rote Paprikaschoten, geputzt und in 0,5 cm breite Streifen geschnitten
1 grüne Paprikaschote, geputzt und in 0,5 cm breite Streifen geschnitten
1 rote Zwiebel, längs halbiert und in 0,5 cm breite Scheiben geschnitten
Salz und frisch gemahlener schwarzer Pfeffer
12 Weizentortillas, angewärmt
1½ Tassen (375 ml) Pico de Gallo (s. S. 214)
1½ Tassen (375 ml) Guacamole (s. S. 194)
3 EL frisches Koriandergrün, gehackt

1. Für die Marinade die angegebenen Zutaten vermischen und in einer Schüssel über das Fleisch geben. Leicht abdecken und 2 Stunden im Kühlschrank marinieren lassen.

2. 30 Minuten vor dem Kochen einen Gartengrill stark erhitzen.

3. Wünschen Sie das Fleisch englisch, dann 3–4 Minuten grillen (je nach Dicke). Dann das Fleisch auf einem Küchenbrett 10 Minuten ruhen lassen.

4. Währenddessen Olivenöl in einer beschichteten Pfanne bei mittlerer Stufe erhitzen. Paprikaschoten und rote Zwiebel 8–10 Minuten dünsten, bis sie glasig werden. Mit Salz und Pfeffer abschmecken und zum Servieren in eine Schüssel geben.

5. Das Fleisch quer zur Faser in 0,5 cm dicke diagonale Scheiben schneiden. Auf einer Platte anrichten.

6. Fleisch, Gemüse, einen Korb mit Tortillas, eine Schüssel *Pico de Gallo* (s. S. 214), Guacamole (s. S. 194) und Koriander auf den Tisch stellen. Um eine Fajita zu rollen, ein paar Fleischstreifen in eine Tortilla legen, einige Streifen Gemüse, 1 Löffel *Pico de Gallo*, einen Klecks Guacamole und schließlich etwas Koriander darauf legen. Die Tortilla von rechts und links zusammenrollen und aus der Hand essen.

Für 6 Personen

New England Boiled Dinner
Rindereintopf aus New England

In diesem rustikalen Eintopf mischt man – ähnlich wie im französischen *pot au feu*, dem italienischen *bollito misto* und dem irischen Corned beef mit Kohl – langsam gegartes Fleisch mit herzhaftem Wintergemüse. Man kann zwar Kohl, Rosenkohl oder gelbe Kohlrüben mit dem Fleisch zubereiten, ich koche die Gemüse jedoch lieber separat. Lauch, Möhren und Pastinaken füge ich erst in der letzten halben Stunde hinzu, damit Fleisch und Brühe so aromatisch wie möglich schmecken. Achten Sie darauf, die roten Beten eigens zu kochen, weil sie sonst alles rot färben. Statt frischer Ochsenbrust können Sie natürlich gepökelte nehmen. Das Ergebnis ist stets köstlich, besonders wenn man sie an einer *Horseradish Mustard Tarragon Sauce* (s. folgendes Rezept) und einem *Fresh Whole-Cranberry Relish* (s. S. 202) serviert.

Wein: Long Island (NY) Merlot
Bier: New Hampshire porter

1 Ochsenbrust (2–2,25 kg am Stück)
2 Zwiebeln
8 Nelken
6 Knoblauchzehen
6 schwarze Pfefferkörner
2 TL grobkörniges Salz oder etwas mehr
6 Tassen (1½ l) entfettete Rinderbrühe (oder etwas mehr), vorzugsweise selbstgemacht (s. S. 270)
8 kleine rote Beten, geputzt, 2–3 cm des Stiels stehen und Knolle intakt lassen
4 weiße Rüben (à 220 g), geschält und halbiert
8 kleine rotschalige junge Kartoffeln, geputzt
1 gelbe Kohlrübe (680 g), geschält und in große Stücke geschnitten
450 g Rosenkohl
900 g Grünkohl, entstielt und zerteilt
8 kleine oder 4 große Pastinaken, geschält und evtl. längs halbiert
8 mittelgroße Lauchstangen (mit 8 cm Grün), gut gewaschen
8 Möhren, geschabt und evtl. längs halbiert
6 Tassen (1½ l) Wasser
2 EL frische glatte Petersilie, gehackt
Horseradish Mustard Tarragon Sauce (s. folgendes Rezept), zum Garnieren
Fresh Whole-Cranberry Relish (s. S. 202), zum Garnieren

1. Die Ochsenbrust in einen großen Topf legen. Jede Zwiebel mit vier Nelken spicken und mit Knoblauch, Pfefferkörnern und Salz in den Topf geben. Die Brühe zugießen und zum Kochen bringen. Dann bei geringer Hitze das Fleisch 2½ Stunden teilweise abgedeckt gerade garkochen. Die Menge der Flüssigkeit alle 30 Minuten überprüfen und eventuell mehr Brühe zugießen.

2. Währenddessen die roten Beten in einen mittelgroßen Topf geben, mit Wasser bedecken und zum Kochen bringen; 30–40 Minuten weichkochen, dann abkühlen lassen. Die roten Beten schälen, halbieren und separat vom restlichen Gemüse beiseite stellen.

3. Einen großen Topf mit Salzwasser zum Kochen bringen. Weiße Rüben, Kartoffeln und gelbe Kohlrüben hineingeben. Aufkochen lassen und das Gemüse dann weich werden lassen. Die weißen Rüben brauchen 20–25 Minuten, die Kartoffeln 25–30 Minuten und die gelben Kohlrüben 40–45 Minuten. Wenn die Gemüse gar sind, mit einem Schaumlöffel herausnehmen und beiseite stellen.

4. Während das Gemüse kocht, Strünke und welke Blätter vom Rosenkohl entfernen und jedes Röschen unten kreuzförmig einschneiden.

5. Wenn die ersten Gemüse gar sind, Rosenkohl und Grünkohl dazugeben und garen: Grünkohl braucht 15 Minuten, Rosenkohl 7 Minuten. Mit einem Schaumlöffel entnehmen und beiseite stellen.

6. Die gegarte Ochsenbrust auf einen Teller geben und die Brühe in einen großen Topf gie-

ßen. Das Fleisch in die gesiebte Brühe legen und Pastinaken, Lauchstangen und Möhren zufügen. Das Wasser zugießen (es muß das Gemüse bedecken) und zum Kochen bringen. Die Temperatur reduzieren und 30 Minuten teilweise abgedeckt köcheln lassen, bis das Fleisch zart und das Gemüse weich ist. Den Topf vom Herd nehmen und das Fleisch aus der Brühe heben. Das Gemüse bis zum Servieren in der Brühe liegen lassen.

7. Überschüssiges Fett vom Fleisch abschneiden. Das Fleisch mindestens 15 Minuten stehen lassen, erst dann in Scheiben schneiden. Kurz davor die Brühe bei niedriger Temperatur erhitzen (mit dem Gemüse). Das restliche Gemüse außer den roten Beten in die Brühe geben, um sie aufzuwärmen. Zum Servieren alle Gemüse auf einer Platte anrichten, dann die roten Beten zum Aufwärmen in die Brühe legen.

8. Die Ochsenbrust quer zur Faser diagonal in dünne Scheiben schneiden. Auf eine Platte legen und rundherum mit dem Gemüse garnieren. Kurz vor dem Servieren alles mit etwas heißer Brühe begießen und mit Petersilie bestreuen. Eine Sauciere mit heißer Brühe füllen und dazustellen, ebenso Senf, *Horseradish Tarragon Sauce* (s. folgendes Rezept) und *Fresh Whole-Cranberry Relish* (s. S. 202) getrennt dazu servieren.

Für 8 Personen

Horseradish Mustard Tarragon Sauce

Meerrettich-Senf-Estragon-Sauce

★

Diese leichte und aromatische Sauce ist die klassische Ergänzung zum berühmten *New England Boiled Dinner* oder zu einem traditionellen Rippenbraten. Wenn Sie kein frisches Estragon bekommen, empfehle ich, es durch frischen Schnittlauch zu ersetzen, der meist das ganze Jahr über angeboten wird. Das ist allemal besser als getrocknete Kräuter.

1 Tasse (250 ml) Mayonnaise
2 EL Dijon-Senf
3 EL tafelfertiger Meerrettich, abgetropft
1 EL frischer Estragon, gehackt, oder frischer Schnittlauch, kleingeschnitten
1 Tasse (250 ml) Schlagsahne, steifgeschlagen

In einer kleinen Schüssel Mayonnaise, Senf, Meerrettich und Estragon vermischen. Mit einem Gummiteigschaber die steife Sahne unterheben. Abdecken und vor Verbrauch kühl stellen (schmeckt am besten, wenn sie innerhalb von 6 Stunden gegessen wird).

Ergibt etwa 2 Tassen (½ Liter)

Shaker Cranberry Brisket

Ochsenbrust mit Cranberries

Während meines Aufenthalts im Shaker-Dorf Hancock, Massachusetts, erfuhr ich nicht nur einiges über die religiösen Überzeugungen und Bräuche dieser Gemeinde, sondern profitierte auch aus erster Hand von ihren kulinarischen Fertigkeiten. Die Shakerschwestern des 18. und 19. Jahrhunderts bauten ihre Gemüse selbst an und bereiteten die Mahlzeiten für die ganze Gemeinde. Zu ihren Spezialitäten zählt eine herzhafte Ochsenbrust, der eine Cranberrysauce einen Hauch Süße verleiht. Ich liebe Fleischgerichte mit Früchten. Daher machte mich diese Kombination neugierig, obwohl sie während meines Besuchs nicht auf dem Menüplan stand. Also tüftelte ich unter Verwendung dieser zwei Zutaten mein eigenes Rezept aus. Das mag nicht die offizielle Version sein, schmeckt aber köstlich. Mit *Creamy Leek Ribbons* (s. S. 309) und *Whipped Sweet Potatoes* (s. S. 320) servieren.

Wein: Santa Barbara County (CA) Pinot Noir
Bier: Rhode Island stout

1 Ochsenbrust ohne Fett (2–2,25 kg)
grobgemahlener schwarzer Pfeffer
3 EL Olivenöl
4 Möhren, geschält und in 2–3 cm lange Stücke geschnitten
2 Zwiebeln, längs halbiert und in Ringe geschnitten
2 Knoblauchzehen, leicht zerdrückt
6 Nelken
2 Tassen (500 g) Fresh Whole-Cranberry Relish (s. S. 202)
Salz

1. Den Ofen auf 180 °C vorheizen.
2. Das Fleisch mit reichlich Pfeffer bestreuen und diesen leicht andrücken.
3. Öl in einem schweren ofenfesten Topf erhitzen. Die Temperatur auf mittlere Stufe heraufschalten, das Fleisch hineingeben und 8–10 Minuten auf jeder Seite gut anbräunen. Dann auf einen Teller legen.
4. Möhren, Zwiebeln, Knoblauch und Nelken zugeben und 5 Minuten bei mittlerer Hitze unter Rühren garen. Den Herd ausschalten und das *Fresh Whole-Cranberry Relish* (s. S. 202) zufügen; dann das Gemüse unterrühren.
5. Das Fleisch auf die Gemüse legen und angesammelten Bratensaft darüber gießen. Abdecken und auf mittlerer Schiene 2 Stunden im Ofen backen.
6. Den Topf aus dem Ofen holen, diesen aber eingeschaltet lassen. Die Sauce von der Ochsenbrust herunterkratzen, das Fleisch auf ein Küchenbrett geben, 15 Minuten ruhen lassen und dann quer zur Faser diagonal in dünne Scheiben schneiden. Die Scheiben übereinander wieder in den Topf zurücklegen, vollständig mit der Sauce bedecken und mit Salz und Pfeffer würzen.
7. Das Fleisch 1½ Stunden ohne Deckel weiterschmoren, bis es zart ist; von Zeit zu Zeit mit Sauce begießen. Heiß servieren, zusätzlich Sauce getrennt dazu reichen.

Für 8 Personen

BRISKET BBQ WITH GOODE'S MOP
GEBRATENE OCHSENBRUST MIT WÜRZIGER SAUCE

★★★

In Houston lud mich Jim Goode, erster *pit master* (Küchenchef in einem Barbecue-Restaurant) der Stadt, ein, ihm dabei zuzusehen, wie er das gegrillte Rindfleisch zubereitet, für das er berühmt ist. Nach altem Brauch verteilt er eine würzige Essigsauce mit einem Wischmop über die riesigen Fleischstücke. Jede der 21 Zutaten trägt zu ihrem außerordentlichen Aroma bei. Jedenfalls ist sie es wert, in Ihr Barbecue-Würzsaucen-Repertoire aufgenommen zu werden. Bei meiner Version wird das Fleisch in der Sauce im Ofen gebraten. Zu Hause kann ein Pinsel oder ein Küchenlöffel den Mop ersetzen. Servieren Sie dazu *Loan Star Creamy Potato Salad* (s. S. 110) und *Corky's Memphis-Style Cole Slaw* (s. S. 117).

Wein: California Zinfandel
Bier: Texas lager

1 Ochsenbrust ohne Fett (2–2,25 kg)
½ Tasse (125 ml) BBQ Beef Rub
   (s. S. 359)
2 EL Olivenöl
8 Möhren, geschabt und
   quer halbiert
3 Tassen (750 ml)
   Goode's BBQ Mop
   (s. folgendes
   Rezept)

1. Die Ochsenbrust schon am Vorabend gründlich mit der Barbecue-Würzmischung einreiben. Das Fleisch in Frischhaltefolie einwikkeln und über Nacht kühl stellen.

2. Den Ofen auf 180 °C vorheizen.

3. Olivenöl in einem schweren Topf bei mittlerer Stufe erhitzen und das Fleisch auf beiden Seiten 8–10 Minuten gut bräunen (s. Hinweis). Möhren und *Goode's BBQ Mop* (s. folgendes Rezept) zufügen, dann abdecken und 2 Stunden im Ofen schmoren.

4. Den Topf aus dem Ofen nehmen, diesen jedoch eingeschaltet lassen. Die Sauce von der Ochsenbrust abkratzen, das Fleisch auf ein Küchenbrett legen und 15 Minuten ruhen lassen. Dann quer zur Faser in 0,5 cm dicke Scheiben schneiden. Die Scheiben wieder übereinander legen, zurück in den Topf geben und die Sauce darüber geben. Abdecken und 1½ Stunden braten, bis das Fleisch zart ist; von Zeit zu Zeit mit der Sauce begießen.

Für 8 Personen

Hinweis: Wenn Sie einen möglichst authentischen Grillgeschmack erzielen wollen, sollten Sie das Fleisch auf einem mittelheißen Gartengrill 10 Minuten auf jeder Seite grillen, bevor Sie es in den Ofen schieben.

Goode's BBQ Mop

Würzige Barbecue-Sauce

Wenn Sie dieser würzigen Barbecue-Sauce ein paar Eßlöffel von *Goode's Barbecue Beef Rub* (s. S. 359) beifügen, schmeckt sie sehr intensiv nach Kräutern und Gewürzen. Noch wirkungsvoller unterstützt ein Bund Thymian das Aroma: Sie binden ihn mit einer Schnur zusammen und benutzen das Bündel als Pinsel, wenn Sie das Fleisch mit der Sauce bestreichen.

4 Tassen (1 l) entfettete Rinderbrühe,
   vorzugsweise selbstgemacht (s. S. 270)
2 Lorbeerblätter
1 TL getrockneter Oregano
2 EL Butter
3 EL Zwiebeln, feingehackt
3 EL Stangensellerie, gehackt
3 EL grüne Paprikaschote, geputzt
   und gehackt
3 EL Knoblauch, gehackt
2 EL Goode's BBQ Beef Rub (s. S. 359)
½ TL Senfpulver
½ TL Salz
½ TL frisch gemahlener weißer Pfeffer
½ TL frisch gemahlener schwarzer
   Pfeffer
¼ TL Cayennepfeffer
Schale von 2 unbe-
   handelten Zitronen,
   feingerieben
Saft von 2 Zitronen
2 EL Sojasauce
2 EL Weißweinessig
1 EL Olivenöl
1 EL Sesamöl
450 g geräucherter
   Frühstücksspeck,
   feingehackt

1. Rinderbrühe in einem Topf aufkochen lassen. Die Hitze herunterschalten, so daß die Brühe aufhört zu kochen, dann Lorbeerblätter und Oregano hineingeben.

2. Währenddessen Butter in einer beschichteten Pfanne zerlassen. Zwiebeln, Sellerie, Paprika, Knoblauch, *Goode's Barbecue Beef Rub* (s. S. 359), Senf, Salz, weißen und schwarzen Pfeffer sowie Cayennepfeffer hineingeben. 5–7 Minuten anbräunen, dann alles in die Rinderbrühe geben und gut umrühren.

3. Zitronenschale, Zitronensaft, Sojasauce, Essig und beide Ölsorten in die Brühe geben.

4. Den Speck in einer beschichteten Pfanne etwa 6 Minuten ausbraten. Den Speck und das ausgelassene Fett in die Brühe geben. 45 Minuten bis 1 Stunde leicht köcheln lassen, bis die Mischung um ein Viertel reduziert ist. Abschmecken und in eine Servierschüssel gießen. Übriggebliebene Sauce bis zu maximal 3 Tagen im Kühlschrank aufbewahren oder einfrieren.

Ergibt etwa 6 Tassen (1½ Liter)

EIN GROSSER PIT MASTER, DER GRILLT WIE DER TEUFEL

Der große Houstoner *pit master* (Barbecue-Küchenchef) Jim Goode läßt den Tag langsam angehen. Ich fand ihn vor einem der beiden »Goode's Barbecues« am Kirby Drive, als er vor dem Ansturm zum Lunch sein Auto wusch. Jim grillt Ochsenbrust, honiggeräucherten Schinken, tschechische Würste, Jalapeño-Schweinswürstchen und pikantes Schweinefleisch. Er serviert *Barbecue Po'boys*, ein Jalapeño-Maisbrot und einen exzellenten *Pekan-Pie*. Ich kam mit großem Appetit zum Lunch, konnte aber bei diesem Angebot nicht alles versuchen. Also wählte ich Ochsenrippe, dazu etwas Kartoffelsalat mit *pickles* und scharfe gebackene Bohnen nach Texasart. Das Essen fand an langen Picknicktischen statt, auf denen Salz, Pfeffer und Tabasco standen.

Die Touristen lieben Goode, weil er eine Show abzieht. Ich lernte ihn als dramatische Erscheinung mit wallendem pechschwarzem Bart kennen. Seine Barbecuehäuser hat er mit Bisonköpfen, Schlangenhäuten und ausgestopften Gürteltieren geschmückt; in jedem gibt es eine »Hall of Fame«, vollgestopft mit Souvenirs, Barbecue-Saucen, Marinaden, Salsas, getrockneten Pfefferschoten, Kochbüchern und Holz zum Räuchern. Sein Handwerk ist Texas pur, und er ist ein Wahrzeichen des Staates.

Die »Goode Company BBQ Restaurants« liegen in 5109 Kirby Drive, Houston, Texas 77098, südlich von Highway 59, Tel. 001(713)522–2530, und in 8911 Katy Freeway, Houston, Texas 77024, Tel. 001(713) 464–1901. Sie sind täglich von 11–22 Uhr geöffnet.

Sumptuous Southwestern Brisket

Festliche Ochsenbrust

Meine Nichte, die meist an Rosch-Ha-Schana, dem jüdischen Neujahrsfest, die Ochsenbrust macht, übertrug mir diese Aufgabe, während ich an diesem Buch arbeitete. Früher bereiteten wir das Fleisch zu diesem Fest traditionell mit Zwiebeln, Möhren und Tomaten zu. Doch nun wollte ich etwas Neues probieren. Eine eben beendete Reise durch den Südwesten inspirierte mich, Zimt, Oliven, Kapern, Sultaninen und Chilischoten zuzufügen. Das war an Rosch-Ha-Schana ein Wagnis, aber meine Familie war begeistert. Das Aromabukett gelang so gut, daß ich Sie einlade, das Rezept bei Ihrem nächsten Familientreffen auszuprobieren. Bis auf weiteres wird wohl der Job als Rosch-Ha-Schana-Köchin an mir hängenbleiben.

Wein: California Zinfandel
Bier: Texas lager

1 Ochsenbrust ohne Fett (2–2,25 kg)
grobgemahlener schwarzer Pfeffer
2 EL Olivenöl
2 Zwiebeln, längs halbiert und in Ringe geschnitten
6 Möhren, geschält und diagonal in 2–3 cm lange Stücke geschnitten
2 EL Knoblauch, feingehackt
1 TL Zimt, gemahlen
2 Dosen (à 800 g) Eiertomaten
1 Tasse (155 g) kleine grüne spanische Oliven ohne Kern
½ Tasse (100 g) helle Sultaninen
2 EL kleine Kapern, abgetropft
1 EL brauner Zucker
1 kleine getrocknete Chilischote oder nach Belieben
Salz

1. Den Ofen auf 180 °C vorheizen.

2. Die ganze Ochsenbrust mit Pfeffer bestreuen und diesen leicht andrücken.

3. Das Öl in einem großen ofenfesten Topf auf mittlerer Stufe erhitzen. Das Fleisch hineingeben, 8–10 Minuten auf jeder Seite gut anbräunen und dann auf einen großen Teller legen.

4. Den Großteil des Fetts aus dem Topf wegschütten. Zwiebeln und Möhren zugeben und bei mittlerer Hitze etwa 10 Minuten unter Rühren garen, wobei der Bodensatz immer wieder mit dem Pfannenheber gelöst werden muß. Knoblauch und Zimt einrühren und noch 1 Minute unter ständigem Rühren weitergaren.

5. Tomaten abgießen, aber 1 Tasse (250 ml) Saft aufheben. Die Tomaten zerdrücken und mit dem Saft, den Oliven, Sultaninen, Kapern, Zucker, Chilischote und Salz in den Topf geben.

6. Das Fleisch auf das Gemüse geben und mit etwas Sauce begießen. Abdecken und 2 Stunden schmoren.

7. Den Topf aus dem Ofen nehmen, diesen aber eingeschaltet lassen. Die Sauce von der Ochsenbrust abkratzen, das Fleisch auf ein Küchenbrett legen und 15 Minuten ruhen lassen. Dann quer zur Faser diagonal in dünne Scheiben schneiden. Die Scheiben aufeinander in den Topf zurückgeben und völlig mit Sauce bedecken. Mit Salz und Pfeffer abschmecken.

8. Unbedeckt 1½–2 Stunden weitergaren, von Zeit zu Zeit mit Saft begießen, bis das Fleisch zart ist. Die Sauce über das Fleisch geben oder getrennt dazu servieren, die Chilischote vor dem Servieren entfernen.

Für 8 Personen

Smothered Beef Shanks

Geschmorte Rinderbeinscheibe

Beinscheiben sind rasch gemacht und sehr gut geeignet, um an einem Wintertag die hungrige Meute satt zu bekommen. Sie haben viel Fleisch, aber achten Sie darauf, daß Sie auch die Markknochen servieren (das Mark schmeckt köstlich und kann mit einem Teelöffel herausgeholt werden). Pfeffern Sie das Fleisch gründlich, während es bräunt, denn dadurch bekommt es noch mehr Geschmack.

Wein: Washington State Cabernet Sauvignon
Bier: Oregon stout

2 EL Olivenöl
6 Rinderbeinscheiben (von der Hinterhesse), etwa 5 cm dick (à 680 g)
Salz und frisch gemahlener schwarzer Pfeffer
2 Zwiebeln, längs halbiert und in Ringe geschnitten
6 Knoblauchzehen
1 Tasse (250 ml) entfettete Rinderbrühe, vorzugsweise selbstgemacht (s. S. 270)
½ Tasse (125 ml) trockener Rotwein
4 große Zweige frischer Thymian oder 1 TL getrockneter Thymian
1–2 EL frische glatte Petersilie, gehackt, zum Garnieren
Eiernudeln, gekocht, zum Servieren

1. Den Ofen auf 180 °C vorheizen.
2. Das Öl in einem großen, ofenfesten Topf erhitzen. Die Beinscheiben hineinlegen und auf mittlerer Stufe, eventuell nacheinander, 15 Minuten auf jeder Seite gut anbraten, salzen und reichlich pfeffern. Das Fleisch aus dem Topf nehmen und beiseite stellen.
3. Die Temperatur reduzieren, Zwiebeln zugeben und 5 Minuten unter Rühren dünsten. Knoblauch zufügen und nochmals 2 Minuten dünsten.
4. Brühe, Wein und Thymian zugeben und zum Kochen bringen. Das Fleisch in den Topf zurücklegen. Abdecken und 3 Stunden im Ofen schmoren, bis das Fleisch zart ist (s. Hinweis). Mit Petersilie bestreuen und in tiefen Tellern auf Eiernudeln servieren. Denken Sie daran, Löffelchen fürs Knochenmark zu decken.

Für 6 Personen

Hinweis: Wenn Sie den Topf aus dem Ofen holen, können Sie das Fleisch herausnehmen und die Sauce mit einem Fettabschöpfer entfetten oder das Fett mit einem Löffel abschöpfen.

All-American Firepot

Amerikanischer Feuertopf

In einer kalten Märznacht kochte ich einmal das Abendessen über offenem Feuer. Ich hatte einen alten Messingtopf neu verzinnen lassen, der genau die richtige Größe für den Eisenhaken über dem Kamin hatte. Der Metzger hatte zwar im Moment keine Fleischrippe da, bot aber statt dessen Rinderbeinscheiben an. Sie schmeckten köstlich fleischig und hatten zudem einen großen Markknochen. Wenn Sie dieses urige Mahl nachkochen wollen, brauchen Sie Hartholz, das einen rotglühenden Kohlenteppich ergibt. Während des Garens müssen Sie Holz nachlegen, damit das Feuer 3–4 Stunden brennt. Auch viel Brühe ist nötig, weil beim langen Köcheln sehr viel verdampft. Dieses Essen läßt sich zwar auch auf dem Herd zubereiten, verliert dann aber den rauchigen Holzgeschmack (s. Hinweis). Sonst brauchen Sie nur noch ein gutes Brot, einen schönen Käse und eine gute Flasche Rotwein, um das Essen abzurunden.

Wein: kalifornischer Sonoma County Merlot
Bier: Porter

6 Rinderbeinscheiben (von der Hinterhesse),
  4 cm dick (à 450 g)
6 Knoblauchzehen
6 Möhren, in 2–3 cm große Stücke geschnitten
4 Selleriestangen, in 2–3 cm große Stücke geschnitten
12 Stengel frische glatte Petersilie
4 Zwiebeln, halbiert
6 Gewürznelken
4 schwarze Pfefferkörner
1 Prise Salz
4 Zweige frischer Thymian oder
  1½ TL getrockneter Thymian
1 Lorbeerblatt
4½ l Wasser
450 g Champignons, mit einem feuchten Tuch
  gesäubert
2 Hähnchen (à 1,1 kg), jeweils in 8 Stücke
  geschnitten
⅓ Tasse (65 g) Rollgerste, gewaschen
3 EL frische glatte Petersilie, gehackt

1. In einem offenen Kamin ein Feuer entfachen, idealerweise mit zwei verschiedenen Sorten Hartholz.

2. Beinscheiben, Knoblauch, Möhren, Sellerie und Petersilie in einen großen, schweren Topf mit Metallgriffen geben. Die Zwiebeln mit den Nelken spicken, dann Pfefferkörner, Salz, Thymian und Lorbeer zugeben.

3. Den Topf 13–15 cm über dem Holz an den Haken über der Feuerstelle hängen und Fleisch und Gemüse mit Wasser ganz bedecken. Alles zum Kochen bringen und eventuell nach oben steigenden Schaum mit einem langstieligen Löffel abschöpfen. Weitere 1½ Stunden köcheln lassen; darauf achten, daß das Fleisch stets mit Flüssigkeit bedeckt ist.

4. Währenddessen die Pilzkappen vierteln und die Stiele grob hacken.

5. Hähnchenunter- und -oberschenkel sowie die Pilzstiele in den Topf geben und weitere 1½ Stunden kochen lassen.

6. Hähnchenbruststücke zugeben und 45 Minuten kochen. Dann Gerste zufügen und 15 Minuten kochen; Schaum von der Oberfläche abschöpfen. Die Pilzkappen hineingeben und weitere 15 Minuten garen.

7. Das gegarte Fleisch sollte zart sein und sich fast von selbst vom Knochen lösen. Abschmecken, mit Petersilie bestreuen und in großen, tiefen Tellern servieren. Vergessen Sie nicht die Löffelchen für das Knochenmark.

Für 6–8 Personen

Hinweis: Wenn Sie den Feuertopf auf dem Herd zubereiten, in Schritt 3 die Zutaten bei starker Hitze zum Kochen bringen. Die Temperatur reduzieren und alles 2 Stunden köcheln lassen. Die Zutaten wie oben beschrieben zugeben: Hähnchenunter- und -oberschenkel 30 Minuten vor den Bruststücken in den Topf geben. Die Bruststücke 30 Minuten kochen, dann Gerste zugeben, 15 Minuten kochen, anschließend die Pilze zugeben und das Ganze weitere 15 Minuten kochen. Die Gerste probieren um festzustellen, ob sie gar ist.

Meat-and-Potatoes Pot Pie
Fleisch-Kartoffel-Pie

Grundlage für dieses Gericht ist ein Rindfleischstew. Ich gebe immer ein wenig Tomatenmark und rotes Johannisbeergelee dazu, da es meiner Meinung nach die Sauce abmildert und abrundet. Knusprig gebratene Kartoffelscheiben auf der Fleischpastete bilden eine schöne Kruste.

Wein: Washington State Cabernet Sauvignon
Bier: Boston amber lager

220 g Frühstücksspeck in Scheiben, in 0,5 cm große Würfel geschnitten
2 EL Olivenöl, evtl. etwas mehr
1,25 kg mittlere Beinscheibe ohne Knochen (Hinterhesse), in 4 cm große Würfel geschnitten
1 Zwiebel, gewürfelt
1 EL Knoblauch, feingehackt
1 EL Mehl
1 Dose (800 g) Eiertomaten, zerdrückt, mit Saft
1¼ Tassen (310 ml) entfettete Hühnerbrühe, vorzugsweise selbstgemacht (s. S. 271)
½ Tasse (125 ml) trockener Rotwein
1 EL Tomatenmark
1 EL rotes Johannisbeergelee
3–4 Zweige frischer Thymian oder 1 TL getrockneter Thymian
2 Lorbeerblätter
1 langer dünner Streifen unbehandelte Orangenschale
3 Möhren, geschält und in 2–3 cm große Stücke geschnitten
280 g Champignons, geputzt und geviertelt
1 Tasse (170 g) weiße Kidneybohnen, gekocht
Salz und grobgemahlener schwarzer Pfeffer
2 rotschalige Kartoffeln, geschält und in dünne Scheiben geschnitten
3 EL frische glatte Petersilie, geschnitten
2 EL Butter, zerlassen

1. Den Ofen auf 180 °C vorheizen.

2. In einem schweren, ofenfesten Topf den Speck auf mittlerer Stufe 8–10 Minuten ausbraten. Mit einem Schaumlöffel herausheben und beiseite legen. Das Olivenöl zum Fett in den Topf gießen.

3. Das Fleisch in zwei Portionen bei mittlerer bis starker Hitze anbräunen, eventuell noch etwas Öl zugießen. Das Fleisch in eine Schüssel legen.

4. Zwiebel in den Topf geben und auf niedriger Stufe 8–10 Minuten dünsten, bis sie glasig ist. Knoblauch zugeben und 2 Minuten mitbraten. Mit Mehl bestreuen und 1 weitere Minute unter Rühren garen.

5. Die restlichen Zutaten außer Kartoffeln, Petersilie und Butter in den Topf geben, desgleichen den Bratensaft und den Speck. Auf mittlerer Stufe zum Kochen bringen, dann den Topf in den Ofen stellen. 1 Stunde abgedeckt backen.

6. Den Deckel abnehmen, abschmecken und 1 weitere Stunde backen, bis das Fleisch zart ist.

7. Etwa 30 Minuten, bevor das Stew fertig ist, einen kleinen Topf mit Wasser zum Kochen bringen. Die Kartoffeln 4 Minuten darin kochen, abgießen und mit Küchenpapier gut abtrocknen.

8. Petersilie unter das Stew rühren, dieses dann mit einem Schaumlöffel in eine runde Auflaufform oder eine Backform füllen. Das Fleisch mit so viel Sauce begießen, daß es gerade bedeckt ist. Die Kartoffeln spiralförmig und einander überlappend auf dem Stew anrichten. Mit Butter einpinseln, gründlich salzen und pfeffern. 45 Minuten backen, bis die Kartoffeln goldgelb und gar sind. Sofort servieren.

Für 6 Personen

Short Ribs Baked in Beer
Gebackene Ochsenrippe in Biersauce

Grundlage dieses Rezeptes ist ein belgischer Klassiker – *carbonade de bœuf* –, bei dem ich allerdings das traditionelle Ragout bzw. die Beinscheibe durch die Hohe Rippe vom Ochsen, eines meiner liebsten Fleischstücke, ersetzt habe. Der Schlüssel zu einer wirklich guten *carbonade* liegt darin, das Fleisch beim Anbräunen ausgiebig mit schwarzem Pfeffer zu würzen und die richtige Menge braunen Zucker über die Zwiebeln zu streuen. Das Bier und die Zwiebeln verkochen zu einer üppigen Sauce, die zum Braten gereicht wird. Nudeln mit Estragonbutter sind eine delikate Beilage.

Wein: Washington State Merlot
Bier: Oregon Belgian-style ale

2 EL Pflanzenöl
6 Stück Hohe Rippe vom Rind (je 220 g)
frisch gemahlener schwarzer Pfeffer
6 Zwiebeln, längs halbiert und in Ringe geschnitten
4 ganze Knoblauchzehen
½ TL getrockneter Thymian
1 EL Mehl
3 EL brauner Zucker
1½ Tassen (375 ml) dunkles Bier
2 EL frische glatte Petersilie, gehackt

1. Ofen auf 180 °C vorheizen.
2. Das Öl in einem großen, ofenfesten Topf auf mittlerer bis hoher Stufe erhitzen. Die Rippenstücke nacheinander 4–5 Minuten anbräunen und auf beiden Seiten gut pfeffern. Dann aus dem Topf nehmen und beiseite stellen.
3. Die Hitze auf mittlere Stufe reduzieren und Zwiebeln, Knoblauch und Thymian in den Topf geben. Mehl und Zucker über die Zwiebeln streuen und weitere 10 Minuten garen. Von Zeit zu Zeit umrühren.
4. Die Rippenstücke mit Bratensaft wieder in den Topf geben, Bier zugießen und zum Kochen bringen. Abgedeckt im Ofen 2½ Stunden schmoren. Den Deckel abnehmen und weitere 30 Minuten schmoren, bis das Fleisch gar ist.
5. Die Rippenstücke auf einer Platte anrichten. Zwiebeln mit einem Schaumlöffel herausheben und auf das Fleisch geben. Das Fett mit einem Metalllöffel von dem Bratensaft abschöpfen. Fleisch und Zwiebeln mit dem Saft begießen, mit Petersilie bestreuen und sofort servieren.

Für 6 Personen

Barbecued Short Ribs of Beef
Gegrillte Fleischrippen vom Rind

Wenn Sie Appetit auf wirklich saftige Rippen haben, sind diese hier genau das richtige. Ich backe sie erst im Ofen und übergieße sie dabei immer wieder mit einer hausgemachten *Backyard Barbecue Sauce* (s. folgendes Rezept). Erst dann lege ich sie auf den Grill. Das ist eine sichere Methode, um die Rippen vor dem Austrocknen zu bewahren. Bei guten Essern rechnen Sie ein Rippenstück pro Person, andernfalls schneiden Sie das zarte Fleisch vom Knochen und dann in feine Scheiben. Sechs Stücke reichen auf jeden Fall für 6 Personen. Halten Sie stets eine Extraportion Sauce vorrätig.

Wein: Central Coast (CA) Nebbiolo
Bier: Pennsylvania marzen-style lager

2,7 kg Hohe Rippe vom Rind
Salz und frisch gemahlener schwarzer Pfeffer
2 Tassen (500 ml) Backyard Barbecue Sauce (s. folgendes Rezept) plus Sauce extra, zum Dippen (s. Hinweis)

1. Ofen auf 180 °C vorheizen.
2. Die Rippenstücke mit der Fleischseite nach oben in eine ofenfeste Form legen. Salzen und pfeffern und 15 Minuten backen. Dann mit *Backyard Barbecue Sauce* (s. folgendes Rezept) einpinseln und 1¾ Stunden backen; alle 15–20 Minuten mit Sauce übergießen. Ein- oder zweimal wenden.
3. Inzwischen einen Gartengrill vorbereiten und auf mäßige Hitze bringen.
4. Die Rippenstücke herausnehmen und etwa eine Handbreit von den Kohlen entfernt auf den Grill legen, die fleischige Seite nach oben. Nach 10 Minuten wenden, um die fleischige Seite zu grillen. Alle 8–10 Minuten mit *Backyard Barbecue Sauce* übergießen. Wenn das Fleisch eine schöne dunkle Farbe hat, ist es fertig.
5. Eventuell vor dem Servieren die Knochen auslösen und das Fleisch in Scheiben schneiden. Jeder sollte ein Schälchen mit *Backyard Barbecue Sauce* zum Dippen vor sich stehen haben.
Für 6 Personen

Hinweis: Bewahren Sie die Sauce fürs Dippen separat von der Sauce auf, mit der Sie das Fleisch übergießen. Letztere nach Gebrauch wegießen.

BACKYARD BARBECUE SAUCE
TOMATEN-BARBECUE-SAUCE

Jeder hat seine Lieblings-Barbecue-Sauce und seine Meinung darüber, ob sie brennend scharf oder mild sein sollte. Bei dieser hier handelt es sich um eine mildere, mit Tomaten gemachte Sauce, die allerdings viele würzig-aromatische Zutaten enthält. Das Rauchsalz in meiner Variante sorgt für den Rauchgeschmack.

2 EL Pflanzenöl
1 Zwiebel, längs halbiert und in Ringe geschnitten
4 Knoblauchzehen, halbiert
1 Dose (800 g) italienische Eiertomaten, zerdrückt, mit Saft
1½ Tassen (375 ml) Ketchup
1 Tasse (250 ml) Orangensaft, frisch gepreßt
6 EL Zitronensaft, frisch gepreßt
6 EL Rotweinessig
½ Tasse (125 ml) Wasser
2 EL Rauchsalz (nach Belieben)
3 EL Honig
¼ Tasse (45 g) brauner Zucker
3 EL kandierter Ingwer, feingehackt
2 EL Zuckerrübensirup
1 EL Worcestersauce
¼ TL Tabasco
2 EL Chili-Gewürzmischung
1 EL Koriander, gemahlen
1 EL Senfpulver
1 TL Salz

1. Öl in einem schweren Topf auf mittlerer Stufe erhitzen. Zwiebel zufügen und 5 Minuten goldbraun braten, dabei von Zeit zu Zeit umrühren. Knoblauch zugeben und noch 1 Minute weiterbraten.

2. Die restlichen Zutaten gut unterrühren, alles aufkochen lassen, dann bei sehr niedriger Stufe und ohne Deckel 45 Minuten bis 1 Stunde köcheln lassen, bis die Sauce andickt und glatt wird; dabei häufig umrühren.

3. Zwiebel und Knoblauch mit einem Schaumlöffel herausheben und wegwerfen. Die Sauce würzen und eventuell etwas Wasser zugießen, wenn sie zu dick wird. Nochmals 2 Minuten kochen, dann abkühlen lassen. Kann verschlossen im Kühlschrank bis zu einer Woche aufbewahrt werden.

Ergibt etwa 5 Tassen (1¼ Liter)

AROMATIC MEAT LOAF
WÜRZIGER HACKBRATEN

Beim folgenden Hackbraten kombiniere ich drei Sorten Hackfleisch mit viel pikanten Gewürzen und ein bißchen Schärfe. Dieser Braten schmeckt nicht nur exotisch, sondern duftet auch außerordentlich intensiv.

Wein: California Rhône-style blend
Bier: Vermont brown ale

1 Zwiebel
1 Selleriestange
1 Möhre, geschält
1 grüne Paprikaschote
1 große Knoblauchzehe
2 EL Pflanzenöl
1 TL getrocknetes Basilikum
1 TL Chili-Gewürzmischung
1 TL Zimt, gemahlen
1 TL Muskatnuß, gemahlen
½ TL Piment, gemahlen
Salz und frisch gemahlener schwarzer Pfeffer
680 g Schweinehackfleisch
450 g Rinderhackfleisch
220 g Kalbshackfleisch
½ Tasse (125 ml) Schlagsahne
3 EL Ketchup
2 TL Steaksauce
½ TL Tabasco
1 Ei, leicht verquirlt
1½ Tassen (120 g) Brotkrumen, am besten frisch
220 g Frühstücksspeck, in Streifen geschnitten

1. Den Ofen auf 180 °C vorheizen.

2. Zwiebel, Sellerie, Möhre, Paprikaschote und Knoblauch fein hacken.

3. Öl auf mittlerer Stufe in einer beschichteten Pfanne erhitzen und das Gemüse hineingeben. 10–12 Minuten unter Rühren garen. Basilikum, Chili-Gewürzmischung, Zimt, Muskat, Piment, Salz und Pfeffer zugeben und alles gut durchmengen.

4. Das gesamte Hackfleisch in eine große Schüssel geben und mit der Hand das Gemüse sorgfältig untermischen.

5. Sahne, Ketchup, Steaksauce, Tabasco und das Ei erst in einer separaten Schüssel vermengen, gründlich unter das Fleisch mischen; dann noch die Brotkrumen einrühren.

6. Aus dem Fleisch einen großen ovalen Laib formen und in eine große Auflaufform aus Glas geben. Oben mit den Speckstreifen belegen. 1 Stunde backen, bis der Braten gar ist. In Scheiben schneiden und sofort servieren.

Für 8 Personen

Sunday Southwest Meat Loaf

Sonntagshackbraten

In den achtziger Jahren, als Hausmannskost auf den Speisekarten junger Köche eine wichtige Rolle spielte, gewann der Hackbraten seine einst vorrangige Rolle, die er im häuslichen Speiseplan spielte, zurück. Ich selbst kann diesem saftig-feuchten, gut gewürzten Braten auf der Karte nicht widerstehen, vor allem, wenn er zusammen mit Kartoffelbrei auf den Tisch kommt. Bei diesem Hackbraten stand der Südwesten der Vereinigten Staaten Pate. Er schmeckt ausgesprochen lecker und paßt gut zu *Piccalilli Corn Salad* (s. S. 204) – und vergessen Sie nicht den Kartoffelbrei als Beilage!

Der ruhmreiche amerikanische Hackbraten

Ich hätte das ganze Buch mit Hackbraten-Rezepten füllen können, gesammelt in Hunderten von Restaurants, Diners und bei Privatleuten aus den ganzen USA. Offenbar bereitet jede amerikanische Familie Hackbraten auf ihre eigene Art zu, die auf langer Tradition beruhen kann. Nur hätten möglicherweise wenige Leser Interesse an einem solchen Buch. Wenn Ihre altbekannte Version Ihnen schon seit Jahren lieb ist, warum sollten Sie dann anderswo suchen?

Wir Amerikaner essen Hackbraten seit der Kolonialzeit; Mitte des 19. Jahrhunderts stand er auf den Lunchtheken aus Nickel. Einst hauptsächlich aus Kalbfleisch gemacht, überwiegt heute Rindfleisch. Viele Rezepte empfehlen zudem Kalb- und Schweinefleisch, damit der Braten aromatischer und lockerer wird. Truthahnhackbraten, ein Neuling, ist eine Hausmannskost für diejenigen, die rotes Fleisch nicht mögen.

Gute Hackbraten sind sehr kräftig gewürzt. Gehen Sie freizügig mit Gewürzen um, denn der Geschmack läßt nach, wenn das Fleisch gebacken ist. Beginnen Sie mit Zwiebeln, viel Knoblauch und frischen Kräutern. Auch Feuchtigkeit ist wichtig. Geben Sie viele »nasse« Zutaten in das Fleisch (Ketchup oder Tomatensauce, Sahne, Eier oder Brühe) und verwenden Sie so wenig Füllstoffe (Brot) wie möglich. Mischen Sie alles nicht zu sämig durch und lassen Sie den Braten nicht zu lange im Ofen. Ich mag es, wenn er gerade so fest ist, daß man ihn frisch schneiden, aber auch so zart, daß man ihn gut im Kühlschrank aufbewahren – und die Reste für die weltbesten Sandwiches verwenden kann.

Wein: Amador County (CA) Zinfandel
Bier: Minnesota pale ale

2 Tassen (120 g) Brotwürfel
4 EL Olivenöl
1 EL Kreuzkümmel, gemahlen, plus 2 TL extra
1 EL Muskatnuß, gemahlen, plus 1 TL extra
1 Zwiebel, feingehackt
½ Tasse (75 g) rote Paprikaschote, geputzt und feingehackt
½ Tasse (75 g) grüne Paprikaschote, geputzt und feingehackt
½ Tasse (50 g) Frühlingszwiebeln, feingehackt (weißer und grüner Teil)
1 EL Knoblauch, feingehackt
450 g Rinderhackfleisch
450 g Schweinehackfleisch
2 Eier
4 EL Crème double oder Schlagsahne
4 EL Ketchup
Salz und frisch gemahlener schwarzer Pfeffer

1. Den Ofen auf 180 °C vorheizen.
2. Die Brotwürfel mit 2 Eßlöffeln Öl und je 1 Eßlöffel Kreuzkümmel und Muskat in einer Schüssel mischen. Die Würfel auf ein Backblech legen und 15 Minuten rösten, dabei einmal wenden. Auf Zimmertemperatur abkühlen lassen.
3. Die gerösteten Würfel in einer Küchenmaschine mittelfein zerkleinern, in eine Schüssel geben und 30 Minuten ruhen lassen.
4. Das restliche Öl in einer beschichteten Pfanne auf niedriger Stufe erhitzen. Zwiebel, Paprikaschoten und Frühlingszwiebeln zufügen. 8 Minuten unter Rühren andünsten. Knoblauch zugeben und 5 Minuten garen. Das Gemüse in die Schüssel geben, in der die Brotkrumen mit Öl beträufelt wurden, und abkühlen lassen. Das Rinder- und Schweinehackfleisch gut untermischen.
5. Die Eier in einer Schüssel leicht schlagen. Sahne, Ketchup, restlichen Kreuzkümmel, 1 Teelöffel Muskat, Salz und Pfeffer zufügen. Mit den Händen leicht unter das Fleisch und das Gemüse mischen. Genügend gewürzte Brotkrumen hineingeben, daß sich alles verbindet.
6. Die Mischung zu einem ovalen Laib formen und in eine passende Backform legen. 35–40 Minuten backen, aber nicht zu lange, sonst trocknet der Braten aus! Nachdem Sie ihn aus dem Ofen geholt haben, vorsichtig den Schaum entfernen, der sich um den Braten herum angesammelt hat.
7. Den Braten mindesten 10 Minuten ruhen lassen, erst dann anschneiden. Heiß oder warm servieren.

Für 6 Personen

PICADILLO MEAT LOAF

HACKBRATEN PICADILLO

Die süße bis herzhafte, mit diesem klassisch-südwestamerikanischen Gericht verbundene Würze kitzelt meinen Gaumen schon seit jeher, sei es bei *stew*, *Neat Sloppy Joes* (s. S. 383) oder in einem modischen neu kreierten Hackbraten. Ich nehme an, daß dieser stark gewürzte Braten – mit Sultaninen und Zimt aromatisiert – bald zu Ihrem Favoriten fürs Abendessen avanciert. Haben Sie wenig Zeit, bereiten Sie ihn am Sonntag zu und essen ihn die Woche über auf. Reste schmecken besonders gut. Servieren Sie ihn mit *Black Bean Salad* (s. S. 356), gerösteten roten Paprika und warmem *Country Cornbread* (s. S. 232).

Wein: Sonoma County (CA) Zinfandel
Bier: New England oatmeal stout

2 TL Olivenöl
1 Zwiebel, gewürfelt
1 rote Paprikaschote, geputzt und gewürfelt
4 Knoblauchzehen, feingehackt
4 reife Eiertomaten, entkernt und gewürfelt
½ Tasse (100 g) helle Sultaninen
½ Tasse (120 g) gefüllte grüne Oliven, grobgehackt
2 EL kleine Kapern, abgetropft
1½ TL getrockneter Thymian
½ TL Kreuzkümmel, gemahlen
¼ TL Piment, gemahlen
¼ TL Zimt
½ Tasse (125 ml) Chilisauce oder Ketchup
1 Ei, leicht verquirlt
Salz und frisch gemahlener schwarzer Pfeffer
450 g Rinderhackfleisch
450 g Schweinehackfleisch

1. Den Ofen auf 180 °C vorheizen.
2. Öl in einer beschichteten Pfanne auf niedriger Stufe erhitzen. Zwiebel und Paprikaschote 8 Minuten unter Rühren andünsten. Knoblauch zugeben und weitere 2 Minuten braten. Die Mischung in eine Schüssel geben und abkühlen lassen.
3. Tomaten, Sultaninen, Oliven, Kapern, Thymian, Kreuzkümmel, Piment und Zimt zu Zwiebel und Paprikaschote geben.
4. In einer separaten Schüssel Chilisauce oder Ketchup, Ei, Salz und Pfeffer gut mischen und beiseite stellen.
5. Das gesamte Hackfleisch vorsichtig unter das Gemüse mischen. Die Saucenmischung dazugießen und alles mit den Händen gut vermengen.
6. Das Fleisch zu einem großen Laib formen und in eine entsprechende Backform legen. Auf mittlerer Schiene 1 Stunde backen, bis der Braten gar ist.
7. Vor dem Anschneiden 10 Minuten ruhen lassen.

Für 6 Personen

Country Meat Loaf with Mushroom Gravy

Ländlicher Hackbraten mit Pilzsauce

Michael McLaughlin, Meisterkoch, Kochbuchautor und ein guter Freund, macht einen saftig-opulenten Hackbraten, den er in seinem *Mushroom Book* beschreibt. Seine Sauce aus frischen, noch intensiv nach Wald schmeckenden Shiitakepilzen gibt dem Gericht einen solchen Glanz, daß es auf den elegantesten Diners serviert werden kann.

Wein: Central Coast (CA) Pinot Noir
Bier: California porter

450 g frische Champignons, geputzt
6 El Olivenöl
2 Tassen (260 g) Zwiebeln, gehackt
1 große rote Paprikaschote, geputzt und feingewürfelt
6 Knoblauchzehen, feingehackt
3 EL frischer Majoran, feingehackt, oder 1 TL getrockneter Majoran
450 g Rinderhackfleisch
450 g Kalbshackfleisch
450 g Finocchiona-Wurst, ohne Pelle
3 Eier, leicht verquirlt
¾ Tasse (80 g) getrocknete Brotkrumen
3½ Tassen (875 ml) entfettete Hühnerbrühe, vorzugsweise selbstgemacht (s. S. 271)
3 TL Salz
¾ TL frisch gemahlener schwarzer Pfeffer
¼ TL rote Chiliflocken, evtl. etwas mehr, ersatzweise Cayennepfeffer
450 g frische Shiitake-Pilze, geputzt und in dicke Scheiben geschnitten
¼ Tasse (30 g) Mehl

1. Den Ofen auf 180 °C vorheizen.
2. Die Stiele der Champignons fein hakken, die Kappen in dicke Scheiben schneiden.
3. 3 Eßlöffel Olivenöl in einer großen Pfanne auf mittlerer Stufe erhitzen. Die Champignonstiele, Zwiebeln, Paprikaschote, die Hälfte des Knoblauchs und 2 Eßlöffel Majoran zugeben. Das Gemüse 10 Minuten weichkochen, dabei ein- oder zweimmal umrühren. Die Pfanne vom Herd nehmen und auf Zimmertemperatur abkühlen lassen.
4. Das gesamte Hackfleisch und die Wurst in einer großen Schüssel vermengen. Die Gemüsemischung, Eier, Brotkrumen, 1½ Tassen (125 ml) Hühnerbrühe, 2 Teelöffel Salz und den Pfeffer leicht untermischen. Alles zu einem Laib formen und in einen ofenfesten Bratentopf geben.
5. Den Hackbraten auf mittlerer Schiene 1 Stunde 10 Minuten backen, dann herausnehmen und auf einem Kuchengitter 5 Minuten ruhen lassen. Danach den Braten auf einer Platte hübsch anrichten. Den Bratentopf nicht waschen.
6. Das restliche Olivenöl auf mittlerer Stufe in einer großen Pfanne erhitzen. Den restlichen Knoblauch und die Chiliflocken zugeben. Zudecken und 1 Minute weitergaren lassen, dabei ein- oder zweimal umrühren. Die Champignons und die Shiitake-Pilze zufügen und mit dem restlichen Salz würzen. Zugedeckt 5 Minuten garen lassen, dabei ein- oder zweimal umrühren. Die Pfanne vom Herd nehmen.
7. Den Bratentopf mit dem Bratensaft bei mittlerer Temperatur erhitzen. Mehl hineingeben und unter Rühren goldbraun werden lassen; Bratensatz immer wieder vom Topfboden lösen. Den Topf vom Herd nehmen und die restliche Hühnerbrühe langsam unter Rühren zugießen. Die Pilze in die Brühe geben, dann bei mittlerer Hitze zum Sieden bringen. Etwa 4 Minuten köcheln lassen, bis die Sauce andickt und die Pilze gar sind. Abschmecken und eventuell nachwürzen.
8. Den Hackbraten in dicke Scheiben schneiden und heiß mit der Pilzsauce servieren.

Für 8 Personen

BEST-TIME-CHILI

CHILI CON CARNE

Für mich ist jederzeit Chili-Zeit, aber ich muß zugeben, daß der beste Augenblick dafür eine Superbowl-Party zum Footballmeisterschaftsfinale ist. Dieses Rezept macht viele hungrige Mägen satt, und es passen sowohl traditionelle als auch kreative Toppings dazu. Ich schlage für den Anfang ein paar vor, aber zögern Sie nicht, sie zu variieren. Sultaninen und gewürfelte Avocados würden zum Beispiel diejenigen Zutaten gut ergänzen, die ich auf der Liste vermerkt habe.

Wein: California Zinfandel
Bier: Texas lager

3 EL Olivenöl
1 große Zwiebel, grobgehackt
1 grüne Paprikaschote, geputzt und gewürfelt
1 rote Paprikaschote, geputzt und gewürfelt
2 EL Knoblauch, feingehackt
450 g Finocchiona-Wurst, ohne Pelle
900 g Rinderhackfleisch
3 EL Tomatenmark
1½ EL ungesüßtes Kakaopulver
3 EL Chili-Gewürzmischung
2 EL Kreuzkümmel, gemahlen
½ TL Zimt
2 TL getrockneter Oregano
½ TL rote Chiliflocken, evtl. etwas mehr, ersatzweise Cayennepfeffer
¼ TL frisch gemahlener schwarzer Pfeffer
2 Dosen (à 800 g) italienische Eiertomaten, abgetropft, den Saft aufbewahren
½ Tasse (125 ml) trockener Rotwein
2 Dosen (à 410 g) rote Kidneybohnen, abgetropft
1 TL Salz oder nach Geschmack
½ Tasse (30 g) frische glatte Petersilie oder frische Korianderblätter, gehackt
Naturjoghurt (Magerstufe), zum Garnieren
geriebener Monterey Jack (ersatzweise Edamer), zum Garnieren
reife Eiertomaten, entkernt und gewürfelt, zum Garnieren
Frühlingszwiebeln (weißer und grüner Teil), in dünne Ringe geschnitten, zum Garnieren

1. Öl in einem großen Topf auf mittlerer Stufe erhitzen. Zwiebel und Paprikaschoten zugeben und 10 Minuten garen, dabei von Zeit zu Zeit umrühren. Knoblauch zufügen und weitere 2 Minuten garen.

2. Die Wurst bröckchenweise in den Topf geben und 10 Minuten gut anbräunen, dabei oft umrühren. Das Hackfleisch zugeben und weitere 15 Minuten unter ständigem Rühren anbräunen.

3. Tomatenmark, Kakaopulver, Chili-Gewürzmischung, Zimt, Oregano, Chiliflocken und schwarzen Pfeffer zufügen und weitere 2 Minuten auf niedriger Stufe unterrühren.

4. Tomaten, 1 Tasse (125 ml) des Safts sowie Rotwein zugeben und bei mittlerer Hitze 15 Minuten köcheln lassen. Die Kidneybohnen zufügen und weitere 15 Minuten köcheln lassen, damit sich das Aroma richtig entfalten kann. Salz und Petersilie unterrühren. In Schälchen servieren und die Garnierung getrennt dazu reichen.

Für 6–8 Personen

HOG NECK CHILI

SCHWEINENACKEN-CHILI

Dieses rustikale Chili aus Rind- und Schweinefleisch wurde durch den Gewinner der »Washington State Chili Championship« inspiriert, die Anfang der neunziger Jahre anläßlich der »Raymond-Messe« stattfand. Drei verschiedene Typen von Chili sorgen sowohl für Schärfe als auch für gutes Aroma, und das fertige Gericht wird mit einem Schuß Bourbon zu einer geheimnisvoll köstlichen Komposition. Es ist leicht zu verstehen, warum diese »Schüssel Rotes« den Hauptpreis gewann.

HOT, HOT, HOT

Die Küche der Südweststaaten bedient alle, die Scharfes mögen, sei es mit einem leichten Gaumenkitzel, sei es durch ein köstliches schleichendes Brennen oder einen Generalangriff auf die Geschmacksnerven. Bei meinen Reisen durch Texas und New Mexico gab es überall scharfe Chilischoten, in klassischen *fajitas* und Chili con carne, Salsas, Barbecues und Marinaden. In Santa Fe war das Essen am schärfsten. Die Gerichte präsentieren sich allgemein in einer leuchtend roten oder grünen Sauce – oder in beiden: Das nennt sich dann *Christmas-style*.

In New Mexico bewunderte ich die *ristras*, leuchtende Trauben roter Anaheim-Chilischoten, die an Türen und an Häuserwänden trockneten. Getrocknet schmecken sie schärfer, über Holzfeuer geröstet süßer. Die Einwohner New Mexicos essen sie auf beiderlei Art und sehen sie eher als Nahrungsmittel denn als Gewürz. Texaner und die Leute aus Arizona dagegen ziehen oft Chilipulver den Chilischoten vor.

In Mexiko nennt man alle Paprikagewächse – auch die süßen – Chillies, während anderswo nur die scharfen Varianten so heißen. Ihr englischer Name *pepper* mag daher rühren, daß spanische Entdecker die ersten waren, die von ihnen kosteten und sie mit dem schwarzen Pfeffer verglichen, der *pimienta*. Und weil diese Früchte einen intensiveren Geschmack hatten, wurden sie mit der männlichen Form des Wortes – *pimiento* – bezeichnet.

Warum Menschen Chilischoten so mögen, ist ein Rätsel. Das Vergnügen, das sie bereiten, ist Schmerz; doch aus irgendeinem Grund lieben wir es, unsere Geschmacksnerven zu foltern. Wissenschaftler vermuten, daß Chili – wie Aerobic und Sex – die Endorphinproduktion anregt.

Nicht alle Chillies sind gleich. Aber die Unterschiede sind gering, ihre Schärfe ausgenommen. So ist ein Habanero-Chili etwa 1000mal (!) schärfer als ein Jalapeño-Chili. Anaheim-Chillies sind geröstet so mild, daß man sie aufs Brot legen kann. Beliebt sind die mittelscharfe Poblano – eine getrocknete Anchoschote – und die scharfe Serrano-Chilischote, letztere besonders in der mexikanischen Küche. Hinzu kommt die Chipotle, eine über Mesquitholz geräucherte Jalapeño, die den Barbecue-Saucen Feuer gibt.

Wenn Sie sich bei Ihrem Chili nicht sicher sind, würzen Sie verhaltener als im Rezept empfohlen. Und seien Sie bei Chillies stets vorsichtig: Während der Zubereitung sollten Sie Gummihandschuhe tragen oder die Hände mit Plastiktüten schützen und darauf achten, daß nichts in Augen und Gesicht kommt. Wenn Ihre Haut oder die Augen durch den Kontakt mit Chili anfangen zu brennen, sofort handeln! Joghurt, Milch oder Mayonnaise kommen auf die Haut, die Augen werden mit kaltem Wasser ausgespült.

Wollen Sie scharfe Chillies abmildern, schneiden Sie die Kerne und die Mittelrippen heraus und verwenden Sie nur das Fruchtfleisch.

RINDFLEISCH

Bier: Helles Bier

450 g Rinderkamm ohne Knochen
450 g Schweineschulter ohne Knochen
450 g Hüftsteak ohne Knochen
2 EL Pflanzenöl
8 Knoblauchzehen, feingehackt
2 Zwiebeln, grobgehackt
3 EL Bourbon
4 getrocknete Ancho-Chilischoten, entkernt und entstielt
1 Flasche (0,33 l) Bier
2 Dosen (à 800 g) italienische Eiertomaten, abgetropft und grobgehackt
1 Tasse (250 ml) trockener Rotwein
1 rote Paprikaschote, feingehackt
4 Champignons, geputzt und feingehackt
⅓ Tasse (50 g) reife Oliven, entkernt und feingehackt
1 EL Kreuzkümmel, gemahlen
1 EL getrockneter Oregano
Salz und frisch gemahlener schwarzer Pfeffer
1 Serrano-Chilischote, entkernt und entstielt
110 g Jalapeño-Chillies, gehackt
gekochter weißer Reis, zum Servieren

1. Das Fett vom Fleisch abschneiden und aufheben. Das Fleisch in 1–2 cm große Würfel schneiden und beiseite stellen. Das Fett in 2–3 cm große Stücke schneiden und in einem großen Topf bei geringer Hitze 15–20 Minuten ausbraten, dann sofort die festen Bestandteile herausnehmen und wegwerfen.

2. Öl in den Topf gießen und auf mittlerer Stufe erhitzen. Knoblauch und Zwiebeln etwa 5 Minuten unter häufigem Rühren leicht anbräunen. Das gesamte Fleisch und den Bourbon zugeben. 1 Stunde ohne Deckel köcheln lassen; gelegentlich umrühren.

3. Während das Fleisch köchelt, die Ancho-Chilischoten vorbereiten: Zusammen mit dem Bier in einen kleinen Topf geben und bei mittlerer Hitze aufkochen lassen. Die Hitze reduzieren und das Fleisch 30 Minuten ohne Deckel leicht köcheln lassen.

4. Das Bier zum Fleisch gießen. Die Ancho-Chilischoten in eine Küchenmaschine geben und ganz glatt pürieren. Das Püree, die gehackten Tomaten und den Rotwein unter das Fleisch mischen. Alle restlichen Zutaten (außer dem Reis) hineingeben und gut unterrühren.

5. Das Chili ohne Deckel auf niedriger Stufe 2 Stunden leicht köcheln lassen, damit sich das Aroma entfaltet; von Zeit zu Zeit umrühren. Mit Reis servieren.

Für 6–8 Personen

SAVORY VENSION CHILI

WÜRZIGES REHCHILI

In den Vereinigten Staaten hatte Rehfleisch viele Jahre lang den Ruf, zu intensiv zu schmecken, und wurde daher meist abgelehnt. Inzwischen hat das handelsübliche Fleisch häufig eine deutlich mildere Note, weil das »Wild« in entsprechenden Farmen gezüchtet wird. Dennoch hat Reh noch immer einen unbestreitbar eigenen, kräftigen Geschmack, der sich wunderbar für ein Chili eignet – der Geschmack ergänzt sich ausgezeichnet mit Kreuzkümmel, Oregano und Chilipulver. Dieses Rezept mit Bohnen und Möhren ähnelt mehr einem Stew als das darauffolgende. Servieren Sie dieses Chili als zeitgemäßes, leichtes Gericht mit Gerste.

Wein: California Rhône-style blend
Bier: Washington State pale ale

110 g Frühstücksspeck ohne Schwarte in Scheiben, in 0,5 cm große Würfel geschnitten
1 Zwiebel, grobgehackt
6 Möhren, geschält, längs halbiert und in 2–3 cm große Stücke geschnitten
2 TL Chili-Gewürzmischung
2 TL Kreuzkümmel, gemahlen
1 TL getrockneter Majoran oder Oregano
¼ TL rote Chiliflocken, ersatzweise Cayennepfeffer
900 g Rehschulter ohne Knochen, in 1–2 cm große Würfel geschnitten
1 Dose (800 g) italienische Eiertomaten, zerdrückt
1½ Tassen (375 ml) entfettete Rinder- oder Hühnerbrühe, vorzugsweise selbstgemacht (s.S. 270 bzw. 271)
½ Tasse (125 ml) trockener Rotwein
3 EL Tomatenmark
1 Dose (410 g) rote Kidneybohnen, abgetropft
1 Tasse (170 g) Baby-Limabohnen
gekochter weißer Reis oder Gerste, zum Servieren

1. Den Speck in einer großen beschichteten Pfanne 6–8 Minuten ausbraten, bis er goldbraun ist. Mit einem Schaumlöffel herausnehmen und beiseite stellen. Die Pfanne nicht spülen.

2. 2 Eßlöffel des Fetts bei mittlerer Hitze in einen schweren Topf geben, Zwiebel und Möhren zufügen, mit Chili-Gewürzmischung, Kreuzkümmel, Majoran, Chiliflocken bestreuen und 5 Minuten garen, dann den Speck hineingeben.

3. Alles Fett bis auf 1 Eßlöffel entnehmen und wegschütten. Den Rest auf mittlerer bis hoher Temperatur erhitzen, das Rehfleisch nach und nach in kleinen Mengen hineingeben und anbräunen. Dann sofort mit einem Schaumlöffel herausnehmen. Das Fleisch muß rasch anbräunen, eventuell die Temperatur erhöhen.

4. Tomaten, Brühe, Wein und Tomatenmark in den Topf geben. Unter gelegentlichem Umrühren 40 Minuten ohne Deckel sieden lassen. Nicht kochen, da das Fleisch sonst austrocknet!

5. Sämtliche Bohnen zugeben und abschmecken. 10 Minuten ziehen lassen, bis das Fleisch weich ist. Heiß mit Reis oder Gerste servieren.

Für 6 Personen

NICE AND HOT VENSION CHILI

SCHARFES REHCHILI

Ich halte dieses edle Rehchili für eine gehobene Version des Gerichtes. Das magere Fleisch bekommt sein Feuer durch 1 oder 2 Löffel Chipotle-Chillies in Adobo und muß nicht mit Bohnen gestreckt werden. Finocchiona, eine italienische Wurst, paßt gut zu Wild und gibt dem Essen viel Aroma. Weil Wild rasch gart, dauert die Zubereitung dieses Chilis nicht länger als 1½ Stunden. Lassen Sie es nie kochen, da sonst das Fleisch austrocknet!

Wein: Texas Merlot
Bier: Wisconsin dark lager

RINDFLEISCH

4 EL Olivenöl
1 große Zwiebel, in 1–2 cm große Würfel geschnitten
450 g Finocchiona-Wurst, ohne Pelle
2 TL Chili-Gewürzmischung
2 TL Kreuzkümmel, gemahlen
1 TL getrockneter Oregano
½ TL rote Chiliflocken, ersatzweise Cayennepfeffer
900 g Rehschulter ohne Knochen, in 4 cm große Würfel geschnitten
2 Tassen (400 g) italienische Eiertomaten aus der Dose, zerdrückt
2 Tassen (½ l) entfettete Rinderbrühe, vorzugsweise selbstgemacht (s. S. 270)
3 EL Tomatenmark
1 EL Chipotle-Chillies in Adobo, evtl. etwas mehr
1 EL brauner Zucker
1 rote Paprikaschote, geputzt und gewürfelt
Salz und frisch gemahlener schwarzer Pfeffer
3 EL frische glatte Petersilie, gehackt
gekochter weißer Reis, zum Servieren

1. 2 Eßlöffel Öl in einem großen, schweren Topf auf niedriger Stufe erhitzen. Zwiebel zugeben und etwa 10 Minuten dünsten, dabei gelegentlich rühren.

2. Die Wurst bröckchenweise in den Topf geben und bei mittlerer bis starker Hitze 10 Minuten anbräunen, dabei oft rühren. Während die Wurst brät, mit Chili-Gewürzmischung, Kreuzkümmel, Oregano und Chiliflocken würzen.

3. Das restliche Öl in eine große beschichtete Pfanne gießen. Das Fleisch portionsweise nach und nach bei mittlerer Hitze je etwa 5 Minuten anbräunen. Das Fleisch sollte rasch anbräunen, evtl. die Temperatur erhöhen. Tomaten, Brühe, Tomatenmark, Chilischoten und Zucker zugeben, ohne Deckel unter gelegentlichem Umrühren 1 Stunde auf mittlerer Stufe

sieden lassen. Die Paprikaschote zufügen und 30 Minuten sieden lassen, bis das Fleisch gar ist. Das Chili sollte nicht kochen. Mit Salz und Pfeffer abschmecken und die Petersilie einrühren. Mit Reis servieren.

Für 4–6 Personen

NEAT SLOPPY JOES

SLOPPY JOES MIT RINDFLEISCH

Das Gericht besteht aus Rinderhackfleisch mit Zwiebeln, Stangensellerie, grünem Paprika und einigen Zutaten, die man meist zur Hand hat, und soll nun mit einer Spur Zimt und Chilipulver aufgepeppt werden. Ich habe es auch mit magerem »Beefalofleisch« probiert (s. Kasten S. 384) und fand, daß es gut schmeckte. Während meine Partnerin Laurie und ich an dem Gericht arbeiteten, erzählte sie mir, daß man in Kansas die Brötchen mit Mayonnaise bestreicht, bevor man Sloppy Joes serviert. So versuchten wir es, und ich muß zugeben, daß es vorzüglich zueinander paßte. Kein Brötchen und nicht ein Stück Fleisch blieben übrig. *Bread-and-Butter Pickles* (s. S. 210), Kartoffelchips und ein kühles *root beer* bzw. *ginger ale* ergänzen die Mahlzeit.

2 EL Olivenöl
1 Tasse Zwiebeln (130 g),
    grobgehackt
2 Selleriestangen, gewürfelt
1 grüne Paprikaschote, geputzt und gewürfelt
2 Knoblauchzehen, feingehackt
900 g Rinder- oder Bisonhackfleisch
1 TL Chili-Gewürzmischung
½ TL Zimt, gemahlen
2 Tassen (500 ml) Fresh Herbed Tomato Sauce
    (s. S. 325)
½ Tasse (125 ml) Ketchup
2 EL Tomatenmark
2 TL Worcestersauce
¼ TL Tabasco
Salz und frisch gemahlener schwarzer Pfeffer
6 Hamburgerbrötchen, getoastet
Mayonnaise, zum Bestreichen (nach Belieben)

1. Öl in einer Pfanne auf mittlerer Stufe erhitzen. Zwiebeln, Sellerie und Paprika zugeben. Etwa 10 Minuten unter Rühren garen. Knoblauch zufügen und weitere 2 Minuten garen.

2. Die Hitze auf mittlere bis hohe Stufe heraufschalten und das Hackfleisch bröckchenweise zugeben. Etwa 10 Minuten gut anbräunen und die Klümpchen durch Rühren weiter zerteilen. Chili-Gewürzmischung und Zimt darüber streuen und gut untermischen.

3. Die Temperatur herunterschalten, die restlichen Zutaten sowie Salz und Pfeffer zugeben und 20 Minuten unter Rühren weiterkochen. Abschmecken.

4. Sofort auf Hamburgerbrötchen servieren. Brötchen vorher mit Mayonnaise bestreichen.
Für 6 Personen

SAGTEN SIE BEEFALO?

Die Amerikaner finden immer häufiger an einem Fleisch Gefallen, das wie Rindfleisch schmeckt, aber weniger Cholesterin enthält als enthäutetes Hühnchen und sogar viele Fischarten. Es heißt *Beefalo* oder *Beefalo Beef*, auf deutsch »Büffelrind«, denn es handelt sich dabei um eine Kreuzung zwischen Rind und Bison. Das erste fruchtbare Büffelrind wurde 1957 geboren, aber es hat sehr lange gedauert, bis die Rasse ausreichend Fleisch liefern konnte. Es sind schöne Tiere – groß und stämmig, und ihr Gesicht ähnelt mehr dem einer Kuh als dem eines Bisons.

Es spricht viel für diese Tiere. Sie werden auf freier Weide gezüchtet, ohne Steroide oder Wachstumshormone, gegen die Kälte schützt sie eher ihr zottiges Fell als eine Fettschicht. Sie brauchen nur selten Antibiotika und fressen fast nur Gras bzw. Heu, was ihr Fleisch zart und saftig macht. Und da das Fleisch so wenig Fett hat, gart es (mehr oder weniger) doppelt so schnell wie Rindfleisch. Wenn Sie es bekommen können, versuchen Sie das Rezept für *Neat Sloppy Joes* auf dieser Seite.

The Maytag Blue Cheeseburger

Cheeseburger aus Blauschimmelkäse

In Iowa wird »Maytag Blue« hergestellt, einer der besten Blauschimmelkäse Amerikas. Handgemacht, reift er sechs Monate lang, und sein cremig-würziger Geschmack ist beim Biß in diese Burger eine köstliche Überraschung. Ich mache sie gern extragroß. Obenauf *Fresh Pineapple Relish* (s. S. 204) und Ketchup, serviert mit *Pan-Roasted Baby Whites* (s. S. 318) – welcher Hamburger könnte besser schmecken?!

1,4 kg Rinderhackfleisch
1 kleine Zwiebel, gerieben
Ketchup
2 TL Worcestersauce
2 TL frischer Thymian, gehackt, oder
 ½ TL getrockneter Thymian
Salz und frisch gemahlener schwarzer Pfeffer
110 g Blauschimmelkäse, z. B. Sahnegorgonzola,
 in 6 Stücke zerteilt
1 TL Pflanzenöl
6 Hamburgerbrötchen, getoastet
Fresh Pineapple Relish (s. S. 204), zum Garnieren

1. Das Fleisch in eine Schüssel geben. Zwiebel, Ketchup, Worcestersauce, Thymian, Salz und Pfeffer mit den Händen leicht untermischen.
2. Aus dem Fleisch 6 etwa 8 cm breite und 4 cm dicke Burger formen. Zum Füllen der Burger etwas Fleisch aus der Mitte entnehmen und die Vertiefung mit einem Stück Blauschimmelkäse füllen, dann mit Fleisch zudecken.
3. Öl in einer beschichteten Pfanne bei mittlerer Temperatur erhitzen. Die Burger – eventuell portionsweise – 5 Minuten auf einer Seite braten, dann umdrehen und auf der anderen Seite weitere 3 Minuten braten. So werden Sie außen knusprig und innen englisch. Je nach Geschmack entsprechend länger in der Pfanne lassen. Die Burger auf die getoasteten Brötchen legen und mit Ketchup und dem *Fresh Pineapple Relish* servieren.

Ergibt 6 Cheeseburger

Chili Burger

Chiliburger

Dieser wunderbaren Burger-Variante gibt die Chili-Gewürzmischung die nötige Schärfe, die gehackten Tomaten in der Mischung dagegen machen das Fleisch schön saftig. Stellen Sie zum Garnieren der Hamburger einige Schüsselchen mit den *toppings* bereit, die am besten zum Chili passen: saure Sahne, Frühlingszwiebeln, gehackte Tomaten und geriebener Monterey Jack (ersatzweise Edamer). Idealerweise werden die Burger auf gutem gegrilltem Mehrkornbrot serviert.

Bier: American lager

450 g Rinderhackfleisch
1 reife Tomate, entkernt und gewürfelt
½ Tasse (80 g) entkernte schwarze Oliven, gehackt
1 TL Knoblauch, feingehackt
½ TL Dijon-Senf
1 EL Chili-Gewürzmischung
¼ TL getrocknetes Basilikum
¼ TL getrockneter Oregano
Schale einer unbehandelten Zitrone, feingerieben
2 EL frischer Dill oder frische glatte Petersilie, gehackt
Salz und frisch gemahlener schwarzer Pfeffer
4 Hamburgerbrötchen, am besten Vollkorn, getoastet
4 EL saure Sahne, zum Garnieren
3 Frühlingszwiebeln (mit 8 cm Grün), in dünne Ringe geschnitten, zum Garnieren (nach Belieben)
2 frische reife Tomaten, gehackt, zum Garnieren (nach Belieben)
½ Tasse (65 g) geriebener Monterey Jack (ersatzweise Edamer), zum Garnieren (nach Belieben)

1. Einen Gartengrill vorheizen.

2. Das Fleisch in einer Schüssel gut mit Tomaten, Oliven, Knoblauch, Senf, Chili-Gewürzmischung, Basilikum, Oregano, Zitronenschale und Dill mischen. Dann aus dem Fleisch 4 Burger formen.

3. Die Burger eine Handbreit über den Kohlen 3–4 Minuten auf jeder Seite grillen (englisch) oder noch 1–2 Minuten länger (medium oder ganz durchgebraten).

4. Sofort auf den getoasteten Brötchen servieren und nach Wunsch saure Sahne, Frühlingszwiebeln, Tomaten und Käse dazustellen.

Ergibt 4 Burger

DINNER

Schweinefleisch & Schinken

Bis weit ins 20. Jahrhundert hinein war Schweinefleisch die bevorzugte Fleischsorte Amerikas. Schon die nach Westen ziehenden Pioniere führten riesige Vorräte gepökeltes Schweinefleisch mit sich. Auch wenn das Rind inzwischen dem Schwein den Rang abgelaufen hat, wird es noch viel gegessen, vor allem im Süden und in der Landesmitte, wo Schweinefleisch-Barbecues eine große Tradition haben. Schweinefleisch ist wunderbar saftig. Es paßt zu jedem Gewürz, jeder Sauce und bietet unendlich viele Variationsmöglichkeiten. Gerne serviere ich es mit Früchten wie Ananas oder getrockneten Cranberries, doch läßt es sich auch gut mit Möhren und Sommerkürbis dünsten, aber auch langsam auf dem Gartengrill braten, bis es zart ist. Oder versuchen sie doch einmal *Cider-Splashed Roasted Pork Loin*.

Pineapple Smothered Porkloin

Schweinelende mit Ananas

Zwischen meinen Stippvisiten an den herrlichen Stränden und den Fahrten durch die grandios-dramatischen Landschaften hatte ich bei meiner Hawaii-Reise auch Gelegenheit, eine Ananasplantage zu besuchen. Der Genuß von sonnengereiften, frisch gepflückten Ananas war ein angenehmer Nebeneffekt meiner Reise. Ja, bei dieser Frucht hat die Natur wirklich ihr Bestes gegeben!

Ananas und Schweinefleisch lassen sich ausgezeichnet kombinieren, besonders bei diesem von Hawaii inspirierten Braten. Langsam gart hier die Ananas zu einer dicken Marmelade, die zuerst als Marinade dient und auf der anschließend der Braten präsentiert wird. Das saftige, süß-saure Schweinefleisch schmeckt so köstlich, daß sich das Warten lohnt.

Wein: Sonoma County (CA) Pinot Noir
Bier: Oregon porter

1 reife Ananas
2½ Tassen (310 g) Zucker
2 Tassen (500 ml) Wasser
4 EL helle Sojasauce, am besten japanische
Zehen einer großen Knoblauchzwiebel, geschält und leicht zerdrückt
1 Schweinelende ohne Knochen (etwa 1,25 kg)

1. Die Ananas schälen, die holzige Mitte ausstechen und in 1–2 cm große Stücke schneiden. Etwa 5 Tassen (750 g) verwerten, den Rest aufbewahren.

2. Ananasstücke, Zucker und Wasser in einem schweren Topf zum Kochen bringen. Die Temperatur reduzieren und 40 Minuten bis 1 Stunde ohne Deckel köcheln lassen, bis die Ananas das Aussehen von Marmelade hat. Abkühlen lassen.

3. Die entstandene Ananasmarmelade mit Sojasauce und Knoblauch in eine ofenfeste Form mit Deckel geben. Die Schweinelende zufügen und gut mit der Sauce bedecken. Abdecken und über Nacht im Kühlschrank marinieren lassen; ein- oder zweimal wenden.

4. Den Ofen auf 180 °C vorheizen.

5. Die Schweinelende abgedeckt in der Marinade 20 Minuten garen. Die Temperatur auf 160 °C reduzieren, den Deckel entfernen und weitere 45 Minuten garen, dabei von Zeit zu Zeit mit dem Saft begießen. Die innere Temperatur des Bratens sollte 65–70 °C erreichen. Lassen Sie das Fleisch 10 Minuten ruhen. Die Knoblauchzehen aus der Sauce entfernen.

6. Die Schweinelende dünn schneiden und mit etwas Sauce begießen. Die restliche Sauce in einer Sauciere dazu servieren.

Für 6 Personen

Cider-Splashed Roasted Pork Loin

Schweinelendchen in Cidre

Eine gebratene Schweinelende mit Cidre paßt ebensogut zu einem eleganten wie zu einem gemütlichen Abendessen, es ist schlicht eine Frage der Garnierung. Das heutzutage sehr magere Schweinefleisch erzwingt, finde ich, die Zugabe von etwas Fett, auch sollte es in einer Flüssigkeit geschmort und häufig übergossen werden. Wenn Sie es heiß mit *Garlicky Red-Jacket*

Mashed Potatoes (s. S. 317), *Down-Home Greens* (s. S. 308) oder gedünstetem Spinat servieren, wird daraus ein wunderbares Sommerdinner. Servieren Sie die Lende warm zu einem Obstrelish oder -chutney und Ihrem Lieblingssalat.

Wein: Russian River Valley (CA) Pinot Noir
Bier: California stout

1 Schweinelende ohne Knochen (etwa 1,8 kg)
2 Knoblauchzehen, in dünne Scheiben geschnitten
2 EL Butter, zimmerwarm
1 TL getrockneter Thymian
Salz und frisch gemahlener schwarzer Pfeffer
½–¾ Tasse (125–200 ml) Cidre

1. Den Ofen auf 180 °C vorheizen.
2. Das Fleisch mit einer Messerspitze überall einritzen und mit den Knoblauchscheiben spicken. Dann in einen flachen Bratentopf geben und die Butter auf dem Fleisch verteilen.
3. Das Fleisch mit Thymian, Salz und Pfeffer bestreuen. ½ Tasse (125 ml) Cidre in den Topf gießen und das Fleisch 1 ½ Stunden schmoren, bis es gar ist (die Innentemperatur muß zwischen 65–70 °C liegen), dabei von Zeit zu Zeit übergießen. Während das Fleisch schmort, nach und nach den restlichen Cidre zugießen. Das Fleisch vor dem Anschneiden mindestens 10 Minuten ruhen lassen.

Für 8 Personen

ASIAN-STYLE BARBECUED PORK TENDERLOIN
SCHWEINELENDE VOM GRILL AUF ASIATISCHE ART

Wenn man seine Schweinelende mit Rich Davis' asiatischer Marinade würzt, wird das Fleisch zart und bleibt auch während des langen Grillens über Holzkohle oder Holz saftig. Rich Davis aus Kansas City, ein grillbegeisterter Gastronom, erfand eine kommerziell erfolgreiche Sauce im Kansas-City-Barbecue-Stil. Seine Barbecue-Sauce besteht aus Melasse, Tomaten und Gewürzen. Die pikante Barbecue-Sauce im folgenden Rezept geht zwar in eine andere Richtung, doch auch sie läßt einem das Wasser im Mund zusammenlaufen. Genießen Sie dazu ein Glas Rotwein.

Wein: Napa Valley (CA) Gamay Beaujolais
Bier: New York State lager

MARINADE
½ Tasse (125 ml) Sojasauce
2½ EL Sesamöl
1½ EL Knoblauch, feingehackt
2 TL Limettensaft, frisch gepreßt
2 TL Reisweinessig
1½ TL Ingwer, gemahlen
½ TL Zucker

1 Schweinelende ohne Knochen (2¼ Pfund)
Asian-Style Barbecue Sauce (s. folgendes Rezept)

1. Für die Marinade alle Zutaten in einer kleinen Schüssel mischen. Das Fleisch in eine Auflaufform aus Glas legen, mit der Marinade begießen und das Fleisch mehrfach darin wenden. Locker mit Plastikfolie abdecken und etwa 3 Stunden kalt stellen.

2. Einen Gartengrill mäßig erhitzen.

3. Das Fleisch 45 Minuten bis 1 Stunde grillen, bis es gar ist; dabei von Zeit zu Zeit wenden. Das Fleisch sollte im Innern eine Temperatur von 65–70 °C haben.

4. Die Lende mindestens 10 Minuten stehen lassen, bevor sie in Scheiben geschnitten wird. Diagonal dünne Scheiben schneiden und auf einer Platte anrichten. Etwas Barbecue-Sauce über das Fleisch geben und sofort servieren. Noch Sauce zusätzlich servieren.

Für 6–8 Personen

ASIAN-STYLE BARBECUE SAUCE
BARBECUE-SAUCE IM ASIATISCHEN STIL

★

Rich Davis' Barbecue-Sauce im asiatischen Stil sorgt für eine pikante, intensive Glasierung. Sie können sie für Schweinelenden, *spareribs* und Huhn verwenden. Nehmen Sie ruhig *Rich Davis' K.C. Masterpiece-Sauce* als Grundlage, aber meine *Backyard Barbecue Sauce* (s. S. 373) eignet sich ebensogut.

¾ Tasse (200 ml) fertige Barbecue-Sauce (s. Hinweis)
2 EL Sojasauce
1 TL Erdnußöl
1 EL Reisweinessig
½ TL Knoblauch, feingehackt
½ TL Anis, frisch gemahlen
½ TL Ingwer, gemahlen

Alle Zutaten in einem kleinen Topf mischen und 5 Minuten leicht köcheln lassen. Die Sauce vom Herd nehmen und abkühlen lassen.

Ergibt 1 Tasse (250 ml)

Hinweis: Ruhig die doppelte Menge zubereiten, da sich die Sauce im Kühlschrank bis zu 3 Wochen hält.

CROWN ROAST OF PORK
GEFÜLLTE SCHWEINEKRONE

★★★

Eine gefüllte Schweinekrone schmückt jeden Tisch, vor allem an Festtagen. Für dieses großartige Gericht wird ein Schweinekotelettstück an seinen zwei Enden zu einem Spalier zusammengebunden, nachdem die Knochenenden völlig von Fleisch oder Fett befreit worden sind. Dieses Fleisch (und Fett) verarbeitet der Metzger im allgemeinen zu einer Farce, mit der sich die Krone füllen läßt. Auch wenn dieses gehackte Fleisch oft für eine würzige Füllung herhalten muß, friere ich es lieber ein und hebe es für einen anderen Zweck auf. Statt dessen fülle ich das Spalier mit Gemüse. Packen Sie die gesäuberten Knochenenden in Alufolie, damit sie nicht verbrennen. Vor dem Servieren die Folie entfernen und die Knochenenden mit Papiermanschetten dekorieren.

Wein: Williamette Valley (OR) Pinot Noir
Bier: Connecticut oatmeal stout

1 Rippenstück mit Knochen (15–16 Rippen, etwa 3,8 kg), vorbereitet wie auf S. 409 beschrieben (s. Kasten)
2 Knoblauchzehen, in Scheibchen geschnitten
1–2 EL Olivenöl
Salz und frisch gemahlener schwarzer Pfeffer
1 Tasse (250 ml) Apfelsaft oder Cidre
Roasted Root Vegetables (s. S. 327)
8 lange Rosmarinzweige, zum Garnieren

1. Den Ofen auf 180 °C vorheizen.
2. Mit einer scharfen Messerspitze kleine Schlitze ins Fleisch schneiden und es mit den Knoblauchscheiben spicken.
3. Das Fleisch leicht mit Öl einreiben und rundherum mit Salz und Pfeffer bestreuen. In eine flache, ofenfeste Form geben und die Knochenenden mit kleinen Stücken Alufolie abdecken, damit sie nicht verbrennen. Den Cidre unten in die Form gießen.
4. 2¼–2½ Stunden braten (15–18 Minuten pro 450 g Fleisch), bis das Fleisch eine Innentemperatur von 65–70 °C erreicht. Dabei von Zeit zu Zeit mit dem Bratensaft übergießen. Temperatur und Garzustand nach etwa 2 Stunden zum ersten Mal überprüfen.
5. Wenn das Rippenstück fertig ist, mit den gesäuberten Knochenenden nach oben kreisförmig auf eine große Platte stellen und die Mitte mit Gemüse füllen (restliches Gemüse separat in einer Schüssel servieren). Rosmarinzweige um die oberen Knochenenden binden und diese eventuell mit Papiermanschetten dekorieren.
6. Beim Servieren zunächst das Gemüse entnehmen. Dann das Rippenstück von oben nach unten in Koteletts schneiden.

Für 8 Personen

BRAISED PORK

GESCHMORTE SCHWEINESCHULTER

Geschmorte Schweineschulter ist ebenso saftig wie aromatisch und wird gern auch kalt gegessen. Langsam geschmort schmeckt sie am besten. Wir essen sie bei kaltem Wetter vor allem mit herbstlichem Obst und Gemüse.

Wein: Washington State Riesling

1 Schweineschulter ohne Knochen (etwa 1,25 kg)
1 TL getrockneter Oregano
1 TL getrockneter Thymian
1 TL grobkörniges Salz
½ TL Muskatblüte, gemahlen
½ TL grob gemahlener schwarzer Pfeffer
2 EL Olivenöl
2 große Zwiebeln, längs halbiert und in Scheiben geschnitten
⅔ Tasse (130 g) getrocknete Cranberries oder Preiselbeeren
2 Tassen (500 ml) Apfelsaft
1 Tasse (250 ml) Riesling
3 ganze Pimentkörner
1 Lorbeerblatt
1 EL rotes Johannisbeergelee
680 g Butternußkürbis, geschält und in 1–2 cm dicke Würfel geschnitten
4 Möhren, geschabt und in 1–2 cm dicke Stücke geschnitten
1 EL Stärkemehl

1. Den Ofen auf 160 °C vorheizen. Das Fleisch mit feuchtem Küchenpapier abreiben.
2. Oregano, Thymian, Salz, Muskatblüten und Pfeffer in einer kleinen Schüssel mischen. Das Fleisch überall mit dieser Gewürzmischung einreiben.
3. Öl in einem großen, ofenfesten Bratentopf mäßig erhitzen, das Fleisch auf jeder Seite 8–10 Minuten anbräunen und auf einen Teller legen. Die Temperatur reduzieren und Zwiebeln und Cranberries zugeben.
4. Apfelsaft, Wein, Piment, Lorbeer, Johannisbeergelee, Kürbis und Möhren zufügen. Zum Kochen bringen, dabei um-

rühren und entstehenden Bratensatz mit einem Pfannenheber vom Topfboden lösen. Das Fleisch auf das Gemüse legen und mit dem Bratensaft begießen. Zudecken und 2½ Stunden braten, bis es zart ist, dabei zweimal wenden. Dann das Fleisch aus dem Ofen nehmen, ein paar Minuten ruhen lassen und dann auf ein Küchenbrett legen. Die Gemüse mit einem Schaumlöffel aus der Flüssigkeit heben und in eine Schüssel geben.

5. ½ Tasse (125 ml) Bratensaft in einer kleinen Schüssel mit dem Stärkemehl mischen. Unter ständigem Rühren wieder zurück in den Topf gießen. Das Gemüse zugeben und 5 Minuten kochen lassen. Danach den Topf vom Herd nehmen und Piment und Lorbeer herausholen.

6. Das Fleisch in 1–2 cm dicke Scheiben schneiden und die Sauce sowie das Gemüse separat dazu servieren.

Für 6–8 Personen

Bier: Midwestern lager

GENTLEMAN JACK COUNTRY PORK RIBS

SCHWEINEKOTELETT IM COUNTRYSTIL

Schweinekoteletts im Countrystil sind sogenannte Stielkoteletts und stammen aus der Schulterpartie des Schweins. Bitten Sie den Metzger, das Stück in die einzelnen Rippen zu zerlegen. Die Koteletts, die Sie dabei erhalten, sind im Gegensatz zu *spareribs* so groß und haben so viel Fleisch am Knochen, daß ein Kotelett pro Person völlig ausreicht.

6 Stielkoteletts vom Schwein (à 220 g)
4 EL Kentucky Bourbon
4 EL Orangenmarmelade, glattgerührt
2 Knoblauchzehen, sehr fein gehackt
2 TL Orangensaft, frisch gepreßt
2 TL brauner Zucker
2 Gewürznelken
Frisch gemahlener schwarzer Pfeffer, nach Geschmack

1. Die Schweinekoteletts in eine große Schüssel geben.

2. In einer anderen Schüssel Bourbon, Marmelade, Knoblauch, Orangensaft, Zucker, Nelken und Pfeffer vermischen. Die Koteletts mit der Mischung begießen, mit Frischhaltefolie abdecken und über Nacht kalt stellen. Vor dem Kochen zimmerwarm werden lassen.

3. Den Ofen auf 180 °C vorheizen und einen Gartengrill auf mittlere Hitze bringen.

4. Die Koteletts aus der Marinade nehmen und in eine große, ofenfeste Form legen. Die Marinade aufbewahren. Das Fleisch 35 Minuten braten und von Zeit zu Zeit mit der Marinade begießen.

5. Die restliche Marinade in einen kleinen Topf geben. Aufkochen lassen, dann bei geringer Hitze etwa 10 Minuten köcheln lassen, bis sie leicht eindickt.

6. Zum Schluß die Koteletts etwa eine Handbreit über den Kohlen auf den Grill legen. Gut mit der angedickten Marinade bepinseln und 8–10 Minuten grillen, bis sie braun und glasiert sind. Dabei ein- oder zweimal wenden.

Für 6 Personen

Südstaaten-Barbecue

Obwohl ich in Sachen Barbecue kein Experte bin, weiß ich doch, daß es in den Südstaaten eine ernste Angelegenheit ist. Wenn die Leute dort über Barbecue sprechen, können Sie sicher sein, daß sie nicht ein kleines Grillfest hinter dem Haus meinen. Das Fleisch der Südstaaten-Barbecues stammt von ganzen Schweinen oder nur Schweineschultern, von Rippchen, Ochsenbrust, Hammel, Hähnchen und sogar Zicklein. Man ißt das Fleisch grob- oder feingehackt, in kleinen Stücken oder in Scheiben, mit weichem Weißbrot, Brötchen, Maisbrotfladen oder einfach ohne alles. Barbecuebeilagen sind Krautsalat, Zwiebeln, Pickles, gebackene Bananen, Kartoffelsalat, Maiskolben, Pommes frites und sogar nahrhaftere Vorspeisen wie Haschee auf Reis oder *Brunswick Stew* (aus Hühnchen, Kaninchen oder Eichhörnchenfleisch mit Gemüse). Kaum zu glauben – all das steckt hinter dem Begriff »Barbecue«!

Bei diesem breiten Spektrum erstaunt es nicht, daß Barbecue-Definitionen immer Anlaß zu lebhaften Diskussionen bieten. Doch gibt es einige Dinge, über die bei den großen *pit masters* – also jenen Köchen, die über den Grill wachen – Einigkeit herrscht: Das Fleisch muß bei geringer Hitze (nie über 120 °C) über Hartholzfeuer, zum Beispiel über Apfel-, Eichen- oder gar Pekanholz, langsam, das heißt bis zu 12 Stunden, garen. Kohle oder Propan sind bei echten Barbecues verpönt. Dann ist das Fleisch so aromatisch, rauchig, unglaublich zart, saftig – einfach köstlich.

Außerdem liegt das gewisse Etwas des Barbecue in der Sauce. Die Sauce, mit der das garende Fleisch übergossen wird, hält es außen feucht. Direkt vor dem Servieren kommt eine weitere hinzu. Die Rezepte werden im allgemeinen streng gehütet – jeder Koch hat zumindest eine geheime Zutat und Kochtechnik, die er nicht preisgibt, und außerdem ein paar spezielle, über den Töpfen gemurmelte Zaubersprüche.

Jeder Staat, ja jede Region hat andere Saucen. Nur ein Beispiel: Durch North Carolina führt der Highway 1. Westlich davon schwört man auf eine scharfe Essig-Pfeffersauce. Dagegen ist die Sauce im östlichen Teil milder und schmeckt ein wenig nach Tomate. Bei Saucen anderer Regionen bilden Senf, Tomaten und Ketchup die Grundlage, dazu viele zusätzliche Gewürze, so daß es sie in allen nur erdenklichen Variationen gibt.

Wenn Sie Barbecue mögen, versuchen Sie auf jeden Fall das Rezept auf S. 394 (*North-Carolina-Style Pulled Pork Barbecue*). Wenn Sie meine Sauce nachkochen möchten, haben Sie dazu meinen Segen. Es wird Ihnen vielleicht dabei helfen, selbst *pit master* Ihres eigenen »Backofen-Barbecues« zu werden. Nur den Zauberspruch, den ich über meine Sauce spreche, nehme ich mit ins Grab, aber das versteht sich wohl von selbst!

BARBECUED SPARERIBS

SPARERIBS

Schweinerippenspeere, also *spareribs*, müssen sorgfältig gebraten werden, um saftig und aromatisch zu bleiben. Im Unterschied zu den meisten traditionellen Grillköchen lege ich sie nicht direkt auf den Rost und schaue zu, wie sie verkohlen. Ich backe sie vielmehr im Ofen, übergieße sie dabei mit Sauce und gebe ihnen auf dem Grill nur den letzten Schliff. Tun Sie's mir nach – ich wette, Sie werden zufrieden sein.

Wein: Dry Creek Valley (CA) Zinfandel
Bier: Wisconsin lager

2 Schweinerippchen (à etwa 1,5 kg)
Salz und frisch gemahlener schwarzer Pfeffer
1½ Tassen (375 ml) Backyard Barbecue Sauce (s. S. 373), plus Sauce zum Dippen extra

1. Den Ofen auf 180 °C vorheizen.
2. Die Rippchen mit der Fleischseite nach oben auf ein Backblech legen und überall mit Salz und Pfeffer bestreuen. 15 Minuten im Ofen braten.
3. Die Rippchen rundum mit der Barbecue-Sauce einpinseln und 15 Minuten braten, dabei öfters begießen. Dann aus dem Ofen nehmen.
4. 30 Minuten bevor die Rippchen fertig sind, einen Gartengrill auf mittlere Hitze bringen.
5. Die Rippchen mit der Fleischseite nach oben auf den Grill legen, etwa eine Handbreit über den Kohlen. 10 Minuten grillen, dann wenden und weitere 5 Minuten grillen, dabei häufig mit Sauce begießen. Die Rippchen auseinanderschneiden und mit einem Schüsselchen Barbecue-Sauce zum Dippen servieren.

Für 8 Personen

NORTH CAROLINA-STYLE PULLED PORK BARBECUE

SCHWEINEBARBECUE IM NORTH-CAROLINA-STIL

Obwohl ich im Nordosten der USA aufgewachsen bin, habe ich mich doch schon hier und da über das *southern barbecue* geäußert. Und warum auch nicht? Ich habe in den Südstaaten viel davon gegessen und eine eigene Meinung dazu, obwohl es sich nicht lohnt, deswegen einen Streit vom Zaun zu brechen. Am besten verrate ich Ihnen einfach nur mein eigenes Rezept. Während meiner Tüfteleien hatte ich besonders North Carolina im Blick, einen Bundesstaat, der in zwei Lager geteilt ist. Die Idee für eine Tomatensauce als Grundlage stammt aus dem östlichen Teil North Carolinas, das Hinzufügen von Essig aus dem westlichen. Ich habe daraus ein harmonisches

Ganzes komponiert. Wenn Sie das Fleisch beim Garen abdecken und die Temperatur etwas höher als üblich wählen, erzielen Sie in noch kürzerer Zeit ein tadelloses Ergebnis.

Wein: Amador County (CA) Barbera
Bier: Pennsylvania double bock

BARBECUE-SAUCE
2 Dosen (à 800 g) italienische Eiertomaten, kleingehackt, mit Saft
½ Tasse (125 ml) Melasse
½ Tasse (180 g) Honig
3 EL Tomatenmark
2 EL Knoblauch, grobgehackt
2 Lorbeerblätter
2 EL Kreuzkümmel, gemahlen
1 TL schwarzer Pfeffer, zerstoßen
1½ TL rote Chiliflocken, ersatzweise Cayennepfeffer
6 Tassen (1½ l) Wasser
1⅓ Tassen (330 ml) Apfelessig
Salz nach Geschmack

2 EL Olivenöl
1,8 kg Schweinehaxe
weiche Brötchen oder Weißbrotscheiben, zum Servieren
Zesty Picnic Slaw oder Corky's Memphis-Style Coleslaw (s. S. 118 bzw. 119), zum Servieren
Bread-and-Butter Pickles (s. S. 210), zum Servieren

1. Die Barbecue-Sauce schon am Vortag zubereiten: Tomaten, Melasse, Honig, Tomatenmark, Knoblauch, Lorbeer, Kreuzkümmel, schwarzen Pfeffer und Chiliflocken in einem großen schweren Topf aufkochen lassen. Die Hitze auf mittlere Stufe zurückschalten und 1½ Stunden köcheln lassen, bis die Sauce eingedickt ist.
2. Wasser und Essig zugeben und die Sauce erneut zum Kochen bringen. Die Temperatur wieder auf mittlere Stufe zurückschalten und die Sauce weitere 1½ Stunden köcheln lassen. Lorbeerblätter entfernen, die Sauce salzen und abkühlen lassen. Abdecken und über Nacht kalt stellen.
3. Den Ofen auf 135 °C vorheizen.
4. Öl auf mittlerer Stufe in einem Bräter erhitzen. Das Fleisch hineingeben und auf jeder Seite 8 Minuten anbräunen. Herausnehmen und den Bräter auswischen.
5. Ein Gitter in den Topf legen. Das Fleisch auf das Gitter legen und mit 2½ Tassen (625 ml) Barbecue-Sauce übergießen. Abgedeckt 4 Stunden schmoren, bis das Fleisch gar ist und das Fleischthermometer an der dicksten Stelle eine Innentemperatur von 65–82 °C zeigt. Von Zeit zu Zeit übergießen. Dann das Fleisch aus dem Ofen nehmen und abkühlen lassen.
6. Inzwischen die aufgehobene Barbecue-Sauce erwärmen.
7. Wenn das Fleisch abgekühlt ist, überflüssiges Fett wegschneiden und wegwerfen. Das Fleisch grob zerkleinern, in eine große Schüssel geben und mit der warmen Sauce begießen. Auf Brötchen oder Brot und mit *coleslaw* (s. S. 117) oder *pickles* garniert servieren. Nach Belieben die restliche Barbecue-Sauce dazustellen.
Für 8 Personen

TACO POLISH-STYLE

TACO AUF POLNISCHE ART

Im April reiste ich nach Texas zur großen Fiesta von San Antonio. Dort stellte ich überrascht fest, daß viele Bürger dieser Stadt aus Polen stammen, was mir gleich der unverkennbare Duft gegrillter Kielbasawürste verriet; er allein schon ließ mir das Wasser im Munde zusammenlaufen. Zusammen mit *Guacamole* (s. S. 194) und *Pico de Gallo* (s. S. 214) in einer Mehltortilla serviert, bedeuteten sie für mich ein wahrhaft interkulturelles Erlebnis.

Eine Nacht in Old San Antonio

Die texanische Küche ist so vielfältig wie der Staat selbst. Wollten Sie alle Varianten durchprobieren, müßten Sie jahrelang dort speisen. Oder fahren Sie im April zur Fiesta nach San Antonio. Dann steigt hier nämlich die größte kulinarische Party westlich von New Orleans.

100 000 Besucher kommen und finden ein riesiges Angebot vor. Viele Gerichte spiegeln den Kulturmix des *Lone Star State* wider: mexikanisch, deutsch, *cajun*, irisch, afroamerikanisch und mehr. Sie können den Abend mit einem *Kielbasa Taco* beginnen und mit einer Schwarzwälder Kirschtorte beschließen. Dazwischen gibt es Barbecue, *Gumbo*, *Catfish*, *Tamales*, Würstchen, *Shish Kebab*. Kommen Sie unbedingt hungrig!!

Das Festmahl nennt sich »A Night in Old San Antonio«, doch in Wirklichkeit dauert es vier Nächte. Es ist das Kernstück eines jahrhundertealten Stadtfests mit Musik, Kunst und Sport und findet zur Erinnerung an die texanische Unabhängigkeit von Mexiko statt. Bei einer Glitzerparade, angeführt von Musikkapellen und phantastisch gekleideten »Royals« und ihrem Hofstaat, überschüttet man sich gegenseitig mit frischen Blumen. Über 150 Events, darunter Kostümbälle, Popkonzerte und Leichtathletikwettkämpfe, folgen in den nächsten neun Tagen. All das wird noch gesteigert durch die Angebote von etwa 240 Straßenverkäufern. Das Viertel La Villita, am berühmten River Walk gelegen, bietet dafür eine prächtige Kulisse.

Ich war fast erschlagen von dem grandiosen Angebot an Speisen. Aus allen Richtungen stiegen mir Hunderte von Düften in die Nase, und überall fiel mein Blick auf Papierschlangen und bunte Fahnen. Auch La Villitas historische, aus luftgetrockneten Ziegeln gebaute Häuser hinderten am raschen Vorankommen: Glücklicherweise hatte ich die einheimische Betsy Schultz an meiner Seite. Sie führte mich zunächst zum Mexican Village, einem von mehr als einem Dutzend unterschiedlicher Stadtviertel. Dort spielte eine Tajanoband auf, während wir *Gorditas* kosteten – Fleisch in einer gegrillten und aufgeschlitzten Maistortilla, sowie *Pico de Gallo*. Im Texas Village versuchte ich *Homestyle Stage-Coach Barbecue*, *Steer-on-a-stick* (mariniertes Rinderkebab), *Texas Caviar* (scharfer Salat aus schwarzen Bohnen), *Texas Bird Legs* (saftige gegrillte Truthahnbeine) und *Shypoke Eggs* (gegrillter Käse mit Jalapeño, der so gebraten wird, daß er wie Spiegelei aussieht).

Regelrecht vollgestopft wanderten wir durch die anderen Viertel und wurden den ganzen Weg von Live-Musik – Mariachi, Western Swing, Country und Jazz – begleitet. Betsy zerschlug einige mit Konfetti gefüllte Eier auf meinem Kopf (eine andere, altehrwürdige Fiestatradition), aber ich war einfach zu satt, um es ihr heimzuzahlen.

Das nächste Mal, wenn ich komme, werde ich noch viel zu probieren haben – und das nächste Mal bleibe ich die ganzen vier Nächte!

Bier: Texas lager

1 Kielbasawurst, ersatzweise eine andere scharfe Räucherwurst (etwa 450 g), quer geviertelt und dann längs halbiert
4 Weizentortillas
½ Tasse (125 ml) Pico de Gallo (s. S. 214)
½ Tasse (125 ml) Guacamole (s. S. 194)
1½ EL frische Korianderblätter, gehackt

1. Einen Gartengrill auf starke Hitze bringen.
2. Die Wurststücke eine Handbreit über den Kohlen etwa 5 Minuten auf jeder Seite gut anbräunen lassen.
3. In der Zwischenzeit die Weizentortillas in Alufolie wickeln und am äußeren Rand des Grills ein paar Minuten vorwärmen.
4. 2 Wursthälften in die Mitte einer Tortilla legen und auf jede 2 Eßlöffel *Pico de Gallo* sowie gehackte Korianderblätter geben und die Tortillahälften übereinander klappen. Sofort servieren.

Für 4 Personen

LARRY SMITH'S MOTHER'S PORK CHOPS

SCHWEINEFILETKOTELETTS MIT SALBEI

Mein guter Freund und Kollege Larry Smith ist nördlich von Michigan auf dem Land geboren und aufgewachsen. Schon lange erfreut mich Larry mit Erzählungen von Mamas Bohnensuppe und ihren Schweinefiletkoteletts, die es während seiner Kindheit einmal die Woche gab. Ich denke, es waren Salbei und Zwiebeln, die den Koteletts einen derart festen Platz in der Erinnerung sicherten. Ich möchte Larry und seiner Mom dafür danken, daß sie mir dieses wirklich gute Rezept anvertraut haben.

Servieren Sie die Koteletts mit Butternudeln und *Shaker Applesauce* (s. S. 218).

Wein: Washington State Merlot
Bier: Midwestern pale ale

4 Schweinefiletkoteletts, 2–3 cm dick (à etwa 220 g)
Salz und frisch gemahlener schwarzer Pfeffer
1 EL getrocknete Salbeiblätter, zerrieben
2 EL Olivenöl
4 große Zwiebeln, längs halbiert und in Scheiben geschnitten
3 EL trockener Weißwein
2 EL frischer Salbei, gehackt

1. Die Koteletts auf beiden Seiten salzen und pfeffern und dann mit getrocknetem Salbei gut einreiben.
2. Das Olivenöl in einer großen gußeisernen Pfanne auf mittlerer Stufe erhitzen und die Koteletts auf beiden Seiten je 3–4 Minuten anbräunen. Die Temperatur reduzieren und die Koteletts ohne Deckel weitere 20 Minuten garen, dabei einmal wenden. Dann auf einen Teller legen und beiseite stellen.
3. Die Temperatur heraufschalten und die Zwiebeln 10 Minuten dünsten, bis sie glasig werden. Den Wein zugießen und weitere 5 Minuten kochen. Bratensatz mit dem Pfannenheber lösen. Die Sauce salzen, pfeffern und den frischen Salbei einrühren. Die Koteletts in die Pfanne zurücklegen und die Zwiebeln darüber häufen. Sobald das Fleisch durchgewärmt ist, sofort servieren.

Für 4 Personen

Iowa Fruit-Stuffed Pork Chops

Schweinekoteletts mit Früchten

Ich komme nicht oft auf die Idee, Fleischproduzenten ein Rezept zu widmen, aber an dieser Stelle möchte ich es tun. Iowa, der größte Schweinefleischproduzent der USA, liefert das beste Fleisch der Welt. Und hochwertiges Schweinefleisch ist nicht nur für die Zubereitung dieser Koteletts, sondern auch für die anderen Rezepte dieses Buchs wichtig. Sie werden mit getrockneten Früchten garniert und im Ofen gebraten: ein aromatisches Gericht, das Sie Ihrer Familie, aber auch Gästen servieren können. Danke, Iowa!

Wein: Dry Creek Valley (CA) Zinfandel
Bier: California porter

½ Tasse (85 g) getrocknete Sauerkirschen
½ Tasse (90 g) getrocknete Pflaumen, entsteint
½ Tassen (85 g) getrocknete Aprikosen, geviertelt
1¼ Tassen (310 ml) entfettete Hühnerbrühe, vorzugsweise selbstgemacht (s. S. 271)
½ Tasse (125 ml) Bourbon
4 Schweinekoteletts, etwa 4 cm dick (à 340 g), in jedes eine Tasche zum Füllen geschnitten
2 EL Olivenöl
1 TL Thymian, getrocknet
Salz und frisch gemahlener schwarzer Pfeffer
4 EL Butter

1. Alle Trockenfrüchte mit etwa einer ¾ Tasse (200 ml) Hühnerbrühe und dem Bourbon mischen. 1 Stunde einweichen.
2. Den Ofen auf 180 °C vorheizen.
3. Das Obst abgießen und die Flüssigkeit auffangen und aufheben. Die Taschen in den Koteletts gleichmäßig mit den Früchten füllen und mit Zahnstochern wieder verschließen.
4. Olivenöl bei mittlerer Temperatur in einer großen Pfanne erhitzen und die Koteletts 5 Minuten auf jeder Seite anbräunen. In einen niedrigen ofenfesten Topf legen und mit Thymian, Salz und Pfeffer bestreuen. 2 Eßlöffel Butter darauf verteilen und die aufgefangene Flüssigkeit der Trockenfrüchte zugießen.
5. Die Koteletts 30 Minuten schmoren, bis sie ganz durch sind, dabei zweimal mit der Flüssigkeit begießen.
6. Die Koteletts auf einen Teller legen und locker mit Alufolie abdecken, damit sie warm bleiben. Eventuell vorhandenen Schaum aus dem Topf abschöpfen. Die restliche Brühe hineingießen und bei mittlerer Temperatur 2 Minuten unter Rühren erhitzen. 2 Eßlöffel Butter einrühren, die Sauce würzen und in einer Sauciere zu den Koteletts servieren.

Für 4 Personen oder mehr

Cider-Glazed Apricot Ham with Raisin Sauce

Mit Cidre glasierter Aprikosenschinken in Rosinensauce

Zu festlichen Anlässen wie Ostern, Weihnachten oder Thanksgiving (Erntedankfest) soll etwas Festliches auf den Tisch kommen, und das ist oft ein großer Schinken. An meiner köstlichen Version tat sich die ganze Familie mehrere Tage gütlich. Erst gab es die Schinkenscheiben mit gewürzter Cidre-Rosinensauce zum Dinner, später die Reste als Frühstücksschinken mit Eiern, und zum Lunch kamen sie auf extradicke Sandwiches.

Wein: Oregon Pinot Gris
Bier: Missouri lager

1 tafelfertiger Schinken mit Knochen (6,5–7,2 kg)
etwa 35 Gewürznelken
3 EL Aprikosenmarmelade
3 EL Dijon-Senf
1¼ Tassen (225 g) brauner Zucker
4 Tassen (1 l) Cidre oder mehr
450 g getrocknete Aprikosen
½ Tasse (100 g) helle Sultaninen
1 Prise Salz
1 Zimtstange (7–8 cm lang)
1½ EL Stärkemehl
3 EL Wasser

1. Den Ofen auf 180 °C vorheizen.
2. Die Schwarte und überschüssiges Fett vom Schinken entfernen, aber nicht ins Fleisch schneiden! Mit dem Messer dann ein Rautenmuster in die Oberfläche ritzen.
3. Den Schinken in eine flache, ofenfeste Form legen. 8 Gewürznelken beiseite legen und den Schinken mit den restlichen Nelken spikken, und zwar an den Stellen, wo sich die Schnitte kreuzen.
4. Aprikosenmarmelade in einem kleinen Topf schmelzen. Den Schinken oben und auf den Seiten erst mit Marmelade, dann mit Senf einpinseln. 1 Tasse (180 g) Zucker auf der Oberfläche verteilen und andrücken.
5. ½ Liter Cidre unten in die Form gießen und den Schinken 45 Minuten backen, dabei häufig übergießen. Die Aprikosen in den Bratensaft legen und weitere 45 Minuten backen, bis der Schinken braun glasiert ist.
6. Während der Schinken bäckt, den restlichen Cidre, 45 g Zucker, Sultaninen und Salz in den oberen Teil eines Doppeltopfes geben. Über siedendem Wasser etwa 10 Minuten erhitzen, bis der Zucker sich aufgelöst hat und die Sauce heiß ist.
7. Die 8 zuvor beiseite gelegten Nelken und die Zimtstange in ein Stück Musselintuch binden. In einer Schüssel Stärkemehl mit Wasser verrühren, dann zur Cidremischung geben, den Gewürzbeutel zufügen und die Sauce 20 Minuten kochen, bis sie eindickt; dabei gelegentlich rühren.
8. Den gebackenen Schinken auf einer Platte anrichten. Die Aprikosen aus der Form nehmen und in jedem Rautenfeld mit Zahnstochern eine Aprikose befestigen. Das Fett von dem Bratensaft in der Form abschöpfen. Den entfetteten Bratensaft in die Sauce geben und zum Schinken servieren. Vor dem Servieren das Gewürzsäckchen aus der Sauce nehmen.

Für 20–25 Personen

Landschinken

Neugierig auf Virginias phantastischen Schinken, machte ich mich auf nach Smithfield. Die pittoreske Küstenstadt ist berühmt für ihre Art, den Schinken zu trocknen und zu räuchern. Die Besichtigung eines Räucherhauses hielt allemal, was ich mir davon versprochen hatte, und bei meinem Rundgang waren riesige Schinken allgegenwärtig: 110 Tonnen geräucherte Schinkenkeulen, sorgfältig über meinem Kopf aufgehängt, wirkten wie surrealistische Stalaktiten. Ich fragte mich bang, ob die Schinken wirklich so gut befestigt waren, wie es den Anschein hatte. Dennoch lernte ich einiges über diese berühmte Einrichtung.

Smithfield-Schinken gehören zu den sogenannten Landschinken oder Schinken im Südstaatenstil. Sie werden in einer Mischung aus Salz, Zucker und Konservierungsstoffen trockengepökelt (sonst ist das Naßpökeln die gängigere Methode) und dann über einer Auswahl von Harthölzern, zum Beispiel Hickory-, Eichen-, Pflaumen- und Apfelholz, geräuchert. Auf diese Weise entwässern gepökelte Schinken und verlieren einen beträchtlichen Teil ihres ursprünglichen Gewichts. Nach dem Smithfield-Verfahren reift eine Keule mindestens 6 Monate. Die dort hergestellten Schinken zeichnen sich durch eine seidige Struktur, ein moschusartiges Aroma und einen kräftig-salzigen, sehr charakteristischen Geschmack aus. Und sie unterscheiden sich ganz wesentlich von den naßgepökelten Schinken.

Nur Schinken, die nach ganz genauen Vorgaben 180 Tage in Smithfield trockengepökelt wurden, dürfen sich »echte Smithfield-Schinken« nennen. Doch auch in Virginia gibt es noch andere Landschinken. Sie brauchen zur Reifung mehr oder weniger Zeit. Kürzer gepökelte Schinken sind milder und saftiger als länger abgehangene, schmecken aber trotzdem köstlich. Wie Wein variiert Schinken in Aroma und Geschmack, von einer Firma zur anderen, ja sogar von Jahr zu Jahr ganz erheblich. Wichtig ist, daß Sie einen Schinken nach Ihrem Geschmack finden.

Wenn Sie einen Landschinken zubereiten, ist es einfacher und üblicher, zunächst den dicken Beinknochen wegzusägen, sofern er einen hat. Mit einer Bügelsäge läßt sich das zwar durchaus bewerkstelligen, doch der Gang zum Metzger ist möglicherweise die bessere Entscheidung. Rufen Sie ihn jedoch an, bevor Sie mit Ihrem guten Stück vorbeikommen. Ehe Sie einen Landschinken einweichen, müssen Sie zunächst die unansehnliche, wenngleich harmlose Schimmelschicht abkratzen, die ihn bedeckt. Sobald er gereinigt ist, können Sie ihn einweichen. Rechnen Sie mit zwei Tagen, wenn er jünger ist als ein Jahr, und mit drei Tagen bei älteren Exemplaren. Der Schinken kommt in klares Wasser, das täglich gewechselt werden muß. So läßt er sich entsalzen, wird weicher und saftiger.

Landschinken sind nicht ganz einfach zu schneiden. Mir wurde gesagt, am zartesten schmecken sie als feine, höchstens 3 mm dicke Scheiben. Dazu braucht man jedoch ein sehr scharfes Messer. Sie legen den Schinken mit der mageren Seite nach oben auf ein Küchenbrett. Von ihr werden zunächst einige Scheiben heruntergeschnitten, damit der Schinken eine gute Auflage erhält. Dann umdrehen und auf die Anschnittfläche legen. Zunächst am Knochen einen kleinen Keil entfernen. Dann dünne Scheiben senkrecht zum Knochen schneiden und immer den gleichen Winkel zu ihm halten – nur so werden die Scheiben wirklich dünn. Die Scheiben dann mit einem horizontalen Schnitt ganz lösen.

Den Schinken mit *Rolled Buttermilk Bisquits* (s. S. 233) und *Traditional Fried Ham and Real Redeye Gravy* (s. folgende Seite, für den echt südstaatlerischen Geschmack) servieren. Ein gebratener Landschinken hält sich gut verschlossen im Kühlschrank etwa 6 Wochen. Wie anderes Fleisch auch hält er sich länger, wenn er nicht in Scheiben geschnitten, sondern in großen Stücken aufbewahrt wird. Man kann ihn auch einfrieren.

GLAZED COUNTRY HAM

GLASIERTER LANDSCHINKEN

Für dieses Rezept verwende ich am liebsten einen Landschinken, der etwa 90 Tage abgehangen und also weniger salzig ist als die länger gelagerten. Im Vergleich zu den echten Smithfield-Schinken ist er auch kleiner, da der lange Beinknochen abgesägt wurde. Schinken dieser Größe sind für meine Person leichter zu bewältigen und entsprechen besser meinen Bedürfnissen. Sobald ich den Schinken fertig gekocht und Haut und überschüssiges Fett weggeschnitten habe, glasiere ich ihn im Ofen. Den glasierten Schinken schneide ich dann mit einem sehr scharfen Messer in hauchdünne Scheiben. Vergessen Sie nicht, daß es sich um einen gepökelten Schinken handelt, der – wie Parmaschinken – sehr fein geschnitten am besten ist.

Servieren Sie Landschinken wie Parmaschinken – über schmalen Stücken Kantalup- oder Honigmelone oder mit pochierten Eiern und Speck auf Muffins. Oder servieren Sie ihn im Südstaatenstil mit warmen, weichen, dick mit Orangenmarmelade bestrichenen Brötchen.

Wein: Sonoma County (CA) white Zinfandel
Bier: Mid-Atlantic pilsener

1 gut abgehangener Landschinken (etwa 6,3 kg)
3–4 EL Dijon-Senf
½ Tasse (90 g) brauner Zucker
1½–2 Tassen (375–500 ml) Apfelsaft

1. Den Schinken unter fließendem Wasser mit einer harten Bürste gut säubern, um den (harmlosen) Schimmel von der Oberfläche zu entfernen. In kaltem Wasser 48 Stunden abgedeckt wässern; das Wasser zweimal wechseln.

2. Das Wasser abgießen und den Schinken in einem Bratentopf auf den Herd stellen, mit

Wasser bedecken und zum Kochen bringen. Die Temperatur reduzieren und ohne Deckel oder teilweise abgedeckt etwa 3½ Stunden leicht köcheln lassen (17 Minuten pro 500 g Fleisch). Immer wieder Wasser nachgießen, so daß der Schinken bedeckt bleibt. Er ist fertig gekocht, wenn ein Fleischthermometer an der dicksten Stelle zwischen 60 °C (sehr saftig) und 68 °C (etwas trockener) anzeigt.

3. Den Schinken abkühlen lassen, dann Haut und überschüssiges Fett entfernen.

4. Den Ofen auf 180 °C vorheizen.

5. Den Schinken in eine flache ofenfeste Form legen, rundherum mit Senf bestreichen und mit Zucker bestreuen. Den Apfelsaft unten in die Form gießen.

6. Den Schinken 45 Minuten backen, bis er gut glasiert ist, dabei oft mit Flüssigkeit übergießen.

7. Den Schinken in hauchdünne Scheiben schneiden und servieren.

Für 25–30 Personen

TRADITIONAL FRIED HAM AND REAL REDEYE GRAVY

GEBRATENER SCHINKEN MIT REAL REDEYE GRAVY

Weiter vorne im Buch finden Sie meine Rezeptvariante für Schinken mit *Real Redeye Gravy*

(s. S. 56). Nun ist es Zeit fürs Dinner und für das traditionelle Rezept. Geben Sie die Sauce über den gebratenen Schinken und servieren Sie ihn mit *Creamy Grits* (s. S. 63) und *Down-Home Greens* (s. S. 308).

2 Scheiben gepökelter Schinken, je 0,5 cm dick, ohne Haut
½ Tasse (125 ml) Wasser
½ Tasse (125 ml) aufgebrühter Kaffee

1. Eine beschichtete Pfanne bei mittlerer Temperatur erhitzen. Den Schinken etwa 3 Minuten auf jeder Seite anbräunen, dann auf einen Teller legen und warm halten. Den Bratensaft bis auf 2 Eßlöffel abgießen.

2. Wasser und Kaffee in den verbleibenden Bratensaft in der Pfanne einrühren und zum Kochen bringen; dabei ständig weiterrühren. Den Bratensatz mit einem Pfannenheber lösen. Den Schinken mit der Sauce begießen und servieren.

Für 2 Personen

Dinner

Lamm

Saftiges Lammfleisch ist eine Delikatesse, die aufgrund ihres ausgeprägten Geschmacks auch in Amerika immer mehr Liebhaber findet. Gerade aufgrund dieses Aromas benutze ich gerne Zutaten, die ebenfalls einen kräftigen Charakter haben. So lassen sich sehr reizvolle Kontraste schaffen: Die *Deviled Lamb Chops* (»Feurige Lammkoteletts«) zum Beispiel entfalten auf der Zunge eine würzige Schärfe, während bei den *Chinatown Lamb Chops* (»Lammkoteletts Chinatown«) Ingwer und Soja ungewöhnliche Akzente setzen. Der *Light Lemony Lamb Salad* (»Leichter Lammfleischsalat mit Zitrone«) besticht durch seine Frische, und das *Santa Fe Lamb Stew* (»Lammfleisch-Eintopf Santa Fe«) entfaltet durch die Mischung aus Zwiebeln, Knoblauch, Chili, Kreuzkümmel, Zimt und Orangenschale eine vielfältige Geschmackspalette.

Besonders gern serviere ich Lamm als deftigen Eintopf mit Bohnen und Gemüse oder auch als Chili. Manchmal sind die einfachsten Rezepte eben doch die besten, wie etwa ein mit Knoblauch gewürzter, zart gegarter Lammbraten – einfach köstlich!

Napa Valley Leg of Lamb

Lammkeule Napa Valley

Mich erinnert das Napa Valley immer an die Provence, was vielleicht an den ähnlichen klimatischen Verhältnissen und Anbaukulturen oder auch an der Lebensart liegt. Dieses Rezept könnte in beiden Regionen gleichermaßen zu Hause sein. Die Keule schmeckt als rustikales Mittagsgericht zu gedünsteten weißen Bohnen und Spinatsalat ebenso gut wie als Abendessen zu in der Pfanne gerösteten, kleinen weißen Kartoffeln.

Wein: Napa Valley (CA) Cabernet Sauvignon

1 Lammkeule (3–3,5 kg)
4 große Knoblauchzehen, in dünne Scheiben geschnitten
3 EL extra natives Olivenöl
1 EL schwarzer Pfeffer, zerstoßen
2 TL getrockneter Oregano
2 TL getrockneter Estragon
2 TL getrockneter Thymian
2 TL getrockneter Rosmarin
2 Bunde frischer Rosmarin, zum Garnieren

1. Den Ofen auf 200 °C vorheizen.
2. Das Lammfleisch mit einem spitzen, scharfen Messer fein einschneiden und mit Knoblauchscheiben spicken.
3. Die Lammkeule in einen flachen Bräter legen und mit Olivenöl bestreichen. Pfeffer und getrocknete Kräuter in einer kleinen Schüssel mischen und anschließend über das Lammfleisch streuen. Die Keule in den Backofen schieben und die Temperatur sofort auf 180 °C reduzieren. Etwa 1½ Stunden braten, bis das Bratenthermometer an der dicksten Stelle der Keule 55 °C (englisch) oder 60 °C (medium) anzeigt. Vor dem Tranchieren 10 Minuten ruhen lassen. Die Innentemperatur steigt während der Ruhezeit noch leicht an. Wenn Sie das Lammfleisch durchgegart bevorzugen, noch etwa 10 Minuten weiterbraten.
4. Die Lammkeule auf eine Servierplatte legen und mit den Rosmarinzweigen garnieren. Das Fleisch in dünne Scheiben schneiden und servieren.

Für 8 Personen

Butterflied Leg of Lamb Mosaic

Lammrollbraten

Die Zubereitung einer entbeinten Lammkeule kann etwas kompliziert sein, da das Fleisch unterschiedlich dick ist. Deshalb habe ich eine Methode zum Braten im Backofen entwickelt, mit der hervorragende Resultate erzielt werden. Individuelle Wünsche – ob englisch, medium oder gar – werden berücksichtigt, da der Rollbraten außen stärker, zur Mitte hin jedoch medium oder englisch durchgebraten ist (die Endstücke sind selbstverständlich gut durchgegart). Da das Fleisch nicht überall gleich dick ist, erübrigt sich auch das Bratenthermometer. Stimmt die Ofentemperatur, gelingt das Gericht aber in jedem Fall!

Wein: Central Coast (CA) Cabernet Sauvignon
Bier: San Francisco porter

2 Knoblauchzwiebeln
2 EL Olivenöl
Salz und frisch gemahlener schwarzer Pfeffer
1 Lammkeule, entbeint (etwa 1,8 kg,
    s. Hinweis S. 406)
170 g luftgetrocknete, in Öl eingelegte Tomaten,
    abgetropft (Öl aufbewahren)
1 Tasse (60 g) frische ganze Basilikumblätter,
    gut zusammengedrückt
3 gegrillte rote Paprikaschoten (s. Kasten S. 150)

1. Den Ofen auf 180 °C vorheizen.
2. Die Außenhaut von den Knoblauchzwiebeln abziehen und von den Spitzen etwa 1–2 cm abschneiden. Die Knollen in eine Backform legen, mit Olivenöl beträufeln und salzen und pfeffern. Mit Alufolie zudecken und 1 Stunde im Backofen garen. Die Folie entfernen und 15 Minuten weiterbacken. Das anschließend aus den Zehen gedrückte Fleisch sollte weich und streichfähig sein. Beiseite stellen und abkühlen lassen. Die Temperatur auf 190 °C erhöhen.
3. Die Lammkeule auseinanderklappen und auf eine glatte Fläche legen. Die dickeren Stücke mit einem langen Messer ablösen, denn zum Füllen sollte das Fleisch gleichmäßig dick sein.
4. Die Knoblauchmasse in eine kleine Schüssel geben. Zu einer cremigen Paste verrühren.
5. Die Knoblauchpaste auf das Lammfleisch streichen und mit Salz und Pfeffer bestreuen. Tomaten gleichmäßig auf dem Fleisch verteilen und Basilikumblätter darüber legen. Die gegrillten Paprikahälften darauf verteilen.
6. Das Lammfleisch längs wie eine Biskuitrolle zusammenrollen und an mehreren Stellen mit Küchengarn zusammenbinden.
7. Das Fleisch in einen flachen Bräter legen und mit dem restlichen Öl der getrockneten Tomaten bestreichen. Salzen und pfeffern und im Ofen auf mittlerer Schiene 1 Stunde garen. Vor dem Schneiden 10–15 Minuten ruhen lassen.

Für 6–8 Personen

Orange Blossom Butterflied Leg of Lamb

Lammrollbraten Florida

Einen Lammrollbraten sollte man beim Grillen aufgrund des unterschiedlich dicken Fleisches gut im Auge behalten. Bei diesem Rezept habe ich nicht die übliche Sojasauce oder Rotweinmarinade verwendet, sondern eine neue Variante kreiert. Durch die Marmelade in der Marinade schmeckt das Lamm wunderbar nach Karamel.

Wein: Napa Valley (CA) Rhône-style blend
Bier: Massachusetts cream stout

MARINADE
6 EL extra natives Olivenöl
6 EL Orangensaft, frisch gepreßt
3 EL Orangenmarmelade
2 EL unbehandelte Orangenschale,
    feingerieben
2 EL Knoblauch, feingehackt
Salz und frisch gemahlener
    schwarzer Pfeffer

1 Lammkeule, entbeint (etwa 1,8 kg,
    s. Hinweis)
Frühlingszwiebeln (mit 7–8 cm Grün),
    diagonal in dünne Scheiben geschnitten,
    zum Garnieren

1. Für die Marinade alle Zutaten in einem kleinen, schweren Topf mischen und bei geringer Hitze 2–3 Minuten kochen, bis die Marmelade flüssig wird, dabei ständig rühren.
2. Das Lammfleisch in eine große Schüssel legen und mit der Marinade bestreichen. Die Schüssel abdecken und 6–8 Stunden oder über

Nacht kalt stellen. Das Fleisch ab und zu wenden, damit es die Marinade gut aufnehmen kann.

3. Einen Gartengrill vorbereiten und auf mäßige Hitze bringen. Den Rost gut einölen, damit die Marinade nicht daran haften bleibt.

4. Das Fleisch 40–50 Minuten (medium) grillen, alle 15 Minuten wenden und immer wieder mit der Marinade bestreichen.

5. Das Fleisch auf ein Tranchierbrett legen. 10 Minuten stehen lassen, dann schräg in dünne Scheiben schneiden, auf einer Servierplatte anrichten und mit Frühlingszwiebeln garnieren.

Für 6–8 Personen

Hinweis: Lassen Sie die Lammkeule vom Metzger entbeinen. Das entbeinte Fleisch der Länge nach aufschneiden und flach auf den Grill legen.

Light Lemony Lamb Salad

Leichter Lammfleischsalat mit Zitrone

Sollten Sie zufällig von einer gebratenen oder gegrillten Lammkeule etwas Fleisch übrig haben, dann verwenden Sie es für diesen Salat. Er ist eine gute Grundlage für grüne Bohnen und rote Beten und rundet den kräftigen Fleischgeschmack mit einer süßlichen Komponente ab. Die Kombination mit Pekannüssen und Basili-

Ein paar Worte zu Lamm

Der delikate Geschmack von saftigem, zartem Lammfleisch paßt hervorragend zu zahlreichen Gerichten und erlaubt die unterschiedlichsten Zubereitungsarten. Damit sich das Aroma voll entfalten kann, sollte man für die diversen Stücke die jeweils beste Garmethode anwenden.

Eine entbeinte Lammkeule oder Koteletts lassen sich gut braten und grillen und sollten englisch bis medium serviert werden. Damit das Essen ein wahrer Genuß wird, sollten Sie die Koteletts mindestens 2–3 cm dick schneiden lassen.

Eine Lammkeule läßt sich gut braten, da sie besonders zart ist. Aus einem Stück gebratener Lammrippe (Rippenkotelett) läßt sich schnell ein Festmahl für besondere Anlässe zaubern. Vorderhaxe vom Lamm eignet sich besonders gut zum Schmoren. Läßt man das Fleisch bei geringer Hitze 1½–2 Stunden garen, wird es so zart, daß es auf der Zunge zergeht. Aus gehacktem Lammfleisch kann man köstliche Burger oder Chiligerichte zubereiten.

Lamm läßt sich mit zahlreichen Kräutern und Gewürzen verfeinern, z. B. mit Rosmarin, Basilikum, Lorbeerblättern, Zimt, Curry, Knoblauch, Oregano und frisch gemahlenem Pfeffer.

Beim Kauf von frischem Lamm sollten Sie darauf achten, daß das Fleisch rosarot ist. Je heller die Farbe, desto milder schmeckt das Fleisch. Je tiefer das Rot ist, desto intensiver ist der Fleischgeschmack.

kum mag auf den ersten Blick ungewöhnlich erscheinen, die Zutaten ergänzen sich jedoch sehr gut. Mit frischem Brot ist der Salat eine köstliche Vorspeise für ein Abendessen.

Wein: Virginia Rhône-style blend
Bier: Pennsylvania double bock

250 g dünne grüne Bohnen, Enden entfernt
gut 4 Tassen (80 g) gemischter junger Blattsalat
2 EL Schalotten, feingehackt
½ Tasse (125 ml) Lemony Dressing (s. S. 104)
Salz und frisch gemahlener schwarzer Pfeffer
1 Tasse (100 g) Oven-Roasted Beets (s. S. 297), in kleine Würfel geschnitten
½ Tasse (120 g) Pekannußhälften
12 dünne Scheiben gekochtes Lammfleisch, ohne Fett
3 EL Basilikumblätter, in feine Streifen geschnitten

1. Grüne Bohnen in einem Topf mit leicht gesalzenem Wasser 4–5 Minuten kochen lassen, bis sie gar sind, aber noch Biß haben. Abschütten, mit kaltem Wasser abspülen und abtropfen lassen.
2. Blattsalat waschen und trockentupfen. In vier gleich große Portionen aufteilen und diese auf 4 Tellern anrichten.
3. Bohnen mit Schalotten in einer Schüssel mischen. Vor dem Servieren 2 Eßlöffel Dressing unter die Bohnen heben. Salzen und pfeffern und die Bohnen in die Mitte des Blattsalats geben.
4. Die roten Beten in eine kleine Schüssel geben und Dressing unterheben. Auf den grünen Bohnen anrichten und Pekannüsse darüber streuen. Pro Portion drei Scheiben Lammfleisch leicht versetzt auf den Salat legen.
5. Über jeden Salat 2–3 Teelöffel des restlichen Dressings träufeln. Basilikumblätter zerpflücken und das Lamm damit bestreuen.

Für 4 Personen

Garden Lamb Chops

Lammkoteletts mit frischem Gemüse

★★★

Gegrillte Lammkoteletts sind köstlich in Kombination mit leicht angedünstetem und dann gekühltem Gemüse sowie einer Knoblauchsauce. Arrangieren Sie alle Zutaten dekorativ auf einer großen Servierplatte.

Wein: Santa Barbara County (CA) Pinot Noir
Bier: American pale ale

MARINADE UND LAMMFLEISCH
½ Tasse (125 ml) extra natives Olivenöl
⅓ Tasse (80 ml) Limettensaft
3 große Knoblauchzehen, kleingehackt
3 EL frische Korianderblätter, gehackt
1 TL Kreuzkümmel, gemahlen
16 Rippenkoteletts vom Lamm, etwa 2–3 cm dick, ohne Knochen (s. Kasten S. 409)

GEMÜSE
450 g Zuckererbsen, Enden entfernt
16 Babymöhren, geschabt, am besten mit etwa 2–3 cm Grün
250 g sehr dünne grüne Bohnen, Enden entfernt
450 g dünner Spargel, holzige Enden entfernt

ZUM GARNIEREN
Knoblauchsauce (s. folgendes Rezept)
250 g gelbe oder rote Kirschtomaten
6 hartgekochte Eier, halbiert
3–4 EL frische Minzeblätter, kleingeschnitten
6–8 frische Minzezweige

1. Für die Marinade alle angegebenen Zutaten einschließlich des Kreuzkümmels in eine flache Form geben und gut verrühren. Die Lammkoteletts in der Marinade wenden, um sie gleichmäßig zu bedecken. Abgedeckt 6–8 Stunden im Kühlschrank ziehen lassen.

2. Einen Gartengrill vorbereiten; eine Schüssel mit Eiswasser neben den Herd stellen.

3. Für das Gemüse einen Topf mit Salzwasser zum Kochen bringen und nacheinander Zuckererbsen, Möhren, grüne Bohnen und Spargel blanchieren, bis das Gemüse zart, aber noch knackig ist (Zuckererbsen 2–3 Minuten, Möhren 7–8 Minuten, Bohnen 5 Minuten, Spargel 2–3 Minuten). Das fertige Gemüse mit einem Schaumlöffel aus dem Wasser nehmen und in das Eiswasser tauchen, um den Garprozeß abzubrechen. Das Gemüse trockentupfen und beiseite stellen.

4. Die Lammkoteletts etwa 5 Minuten auf jeder Seite knapp 10 cm über der Glut (medium) grillen und immer wieder mit der Marinade bestreichen. Länger grillen, falls das Fleisch stärker durchgaren soll.

5. Die Knoblauchsauce in eine Sauciere geben und in die Mitte einer großen Servierplatte stellen. Lammkoteletts, Gemüse, Tomaten und Eier dekorativ um die Sauciere herum anrichten. Das Lammfleisch mit kleingeschnittener Minze bestreuen, mit Minzezweigen garnieren und servieren.

Für 8 Personen

GARLIC SAUCE

KNOBLAUCHSAUCE

Dies ist eine würzige Variation der Mayonnaise mit gebackenem Knoblauch. Sie können sie zu Sandwiches mit kaltem Fleisch oder als Rohkostdip servieren.

8 Knoblauchzehen, ungeschält
1 EL Olivenöl
1 Tasse (250 ml) Mayonnaise
Tabasco
Salz und frisch gemahlener schwarzer Pfeffer

1. Den Ofen auf 180 °C vorheizen.

2. Die Knoblauchzehen auf einen kleinen feuerfesten Teller legen und mit Olivenöl beträufeln. Mit Alufolie abdecken und eine Stunde im Ofen backen. Alufolie entfernen und 15 Minuten weiterbacken. Abkühlen lassen.

3. Das Knoblauchmus aus der Schale in eine kleine Schüssel drücken und zu einer cremigen Paste verrühren. Mayonnaise, Tabasco, Salz und Pfeffer zufügen und alle Zutaten verrühren. Die Sauce kann zugedeckt bis zu 5 Tagen im Kühlschrank aufbewahrt werden.

Ergibt etwa 1 Tasse (250 ml)

HERB-CRUSTED RACK OF LAMB

LAMMCARRÉ IN KRÄUTERKRUSTE

Das »Ernie's« gehörte in den 50er und 60er Jahren zu den beliebtesten Restaurants von San Francisco. Während der Woche sah man dort abends immer wieder dieselben Gäste, denn jeder, der etwas auf sich hielt, dinierte dort. Deshalb mußte man sich immer schon frühzeitig einen Tisch reservieren, wenn man sich das *Herb-Crusted Rack of Lamb* und das *Grand Marnier Soufflé* nicht entgehen lassen wollte. Heute gibt es das »Ernie's« leider nicht mehr, doch soll mit diesem Rezept zumindest das unvergeßliche Lammcarré wieder zu Ehren kommen.

Lassen Sie das Rippenstück am besten von Ihrem Metzger so zurechtschneiden, daß die Knochen sauber ausgelöst sind. Falls Sie das selbst tun wollen, halten Sie sich bitte an die folgenden Anweisungen. Die Garzeit für das Rippenstück ist so berechnet, daß die Koteletts medium werden. Dabei habe ich berücksichtigt, daß sie noch etwas weitergaren, nachdem man sie aus dem Ofen genommen hat. Da die Koteletts klein sind, sollten Sie vier Stück pro Person rechnen. Für sechs großzügig bemessene Portionen brauchen Sie wahrscheinlich drei Rippenstücke.

Ein Rippenstück vorbereiten

Um die Knochen aus einem Lammrippenstück zu lösen, wird dieses mit der dicken Seite nach unten auf eine glatte Fläche gelegt. Mit einem scharfen Messer der Länge nach das Rippenstück bis zum Knochen einschneiden, etwa 5 cm vom Rand entfernt. Von dieser Linie aus alles Fleisch zwischen den Knochenenden herausschneiden und die Knochen sauber abschaben. Die Fleischreste können aufgehoben, zerkleinert und anderweitig verwendet werden.

Wein: Long Island (NY) Cabernet Sauvignon
Bier: Texas Belgian-style ale

2 EL Semmelbrösel, frisch gerieben
2 Knoblauchzehen, geschält
1 Msp. grobes Salz
2 EL frische Rosmarin- oder Thymianblätter, gehackt (oder ½ TL getrocknete Blätter)
1 TL schwarzer Pfeffer, grobgemahlen
3 EL extra natives Olivenöl
1 Rippenstück vom Lamm (8 Koteletts), Knochen ausgelöst

1. Den Ofen auf 200 °C vorheizen.
2. Semmelbrösel in eine Schüssel geben.
3. Knoblauch und Salz mischen, dann die Mischung mit Rosmarin und Pfeffer zu den Semmelbröseln geben. 2 Eßlöffel Olivenöl zufügen.
4. Das Rippenstück halbieren, so daß auf jeder Seite vier Koteletts sind. Die dicke Seite des Rippenstücks mit dem restlichen Öl bestreichen. Das Rippenstück und die Endkoteletts bis auf die Unterseite mit der Semmelbröselmischung bestreuen und diese festdrücken.
5. Das Rippenstück in eine passende Auflaufform geben und 20–25 Minuten braten (medium), bis das Bratenthermometer im Fleisch 60 °C anzeigt. Die Koteletts auseinanderschneiden und servieren.

Für 2–3 Personen

Chinatown Lamb Chops

Lammkoteletts Chinatown

Zwar kommt kaum jemand auf die Idee, in einem chinesischen Restaurant Lamm zu bestellen (wenn es überhaupt auf der Karte steht), doch paßt der intensive Fleischgeschmack des Lamms durchaus in die chinesische Küche. Ich könnte mir gut vorstellen, daß auch Sie die Kombination aus einer Marinade nach asiatischer Art und Lammkoteletts für eine gelungene Zusammenstellung halten.

Wein: Napa Valley (CA) Cabernet Sauvignon
Bier: Colorado brown ale

MARINADE
3 EL milde Sojasauce
3 EL Kleehonig
2 EL asiatische Chilisauce
  (in Asienshops erhältlich)
1 EL frischer Ingwer, gehackt
1 EL Knoblauch, gehackt
Saft und feingeriebene Schale von
  1 unbehandelten Limette

6 Lendenkoteletts vom Lamm, knapp 4 cm dick

  1. Für die Marinade alle Zutaten in einer großen Schüssel mischen.
  2. Die Lammkoteletts in der Marinade wenden, bis sie vollständig bedeckt sind. Im Kühlschrank zugedeckt 2–3 Stunden marinieren lassen und von Zeit zu Zeit wenden.
  3. Den Gartengrill vorbereiten und mäßig erhitzen oder den Backofengrill vorheizen.
  4. Die Lammkoteletts etwa 8 cm von der Wärmequelle entfernt von beiden Seiten 4–5 Minuten (medium) grillen.
  Für 4–6 Personen

DEVILED LAMB CHOPS
FEURIGE LAMMKOTELETTS

Da die meisten Menschen nicht mit scharf gewürzten Lammkoteletts rechnen, ist dieses »teuflische« Gericht eine echte Überraschung. Schichten Sie die gegrillten Lammkoteletts auf der einen Hälfte einer großen Platte übereinander und legen Sie die gegrillten Maiskolben auf die andere Hälfte. Statt Wein oder Bier schmeckt dazu auch ein Krug Eistee.

Wein: Sonoma County (CA) Cabernet
  Sauvignon
Bier: Pennsylvania double bock

MARINADE
3 EL extra natives Olivenöl
2½ EL Dijon-Senf
2 EL Zitronensaft, frisch gepreßt
1 EL Worcestersauce
1 EL Knoblauch, feingehackt
1½ TL Tabasco
½ TL Paprika
Salz
8 Rippenkoteletts vom Lamm, in gut 2–3 cm
  dicke Scheiben geschnitten, ohne Knochen
  (s. Kasten S. 409)

  1. Für die Marinade sämtliche Zutaten in einer großen Schüssel mischen.
  2. Die Lammkoteletts in der Marinade wenden und 6–8 Stunden zugedeckt im Kühlschrank ziehen lassen. Von Zeit zu Zeit wenden.
  3. Einen Gartengrill vorbereiten und mäßig erhitzen oder den Backofengrill vorheizen.
  4. Jede Seite der Koteletts etwa 8 cm von der Wärmequelle entfernt 4–5 Minuten medium grillen; dabei mehrmals mit Marinade bepinseln.
  Für 3–4 Personen

Sour Cherry Lamb Shanks

Vorderkeulen vom Lamm mit Sauerkirschen

★★★

Der leicht herbe Geschmack getrockneter Sauerkirschen aus Nordmichigan bringt das Aroma des Lammfleischs hervorragend zur Geltung. Durch die mitgekochten Möhren und Tomaten wird der Geschmack dieses Stews optimal abgerundet. Ich serviere es auf Couscous und mit knusprig gebackenem Brot, das in den Saft getunkt wird.

Wein: California Grenache
Bier: Washington State India pale ale

4 Vorderkeulen vom Lamm (je etwa 450 g)
1 TL schwarzer Pfeffer, grobgemahlen
Salz
3 EL Olivenöl
6 Möhren, geschabt und in 1–2 cm breite Stücke geschnitten
1 Zwiebel, längs halbiert und in Scheiben geschnitten
1 Tasse (250 ml) entfettete Hühnerbrühe, vorzugsweise selbst zubereitet (s. S. 271)
1 Tasse (250 ml) trockener Weißwein
2 EL Kleehonig
4 Knoblauchzehen, leicht zerdrückt
2 Zimtstangen (jeweils knapp 8 cm lang)
4 frische Salbeiblätter
1 Prise Piment, gemahlen
1 Tasse (160 g) reife Strauchtomaten, kleingeschnitten und entkernt
1½ Tassen (230 g) getrocknete Sauerkirschen
3 EL frische glatte Petersilie, kleingehackt
gekochter Couscous oder weißer Reis, zum Servieren

1. Den Ofen auf 175 °C vorheizen.
2. Das Lamm reichlich pfeffern und salzen.
3. 2 Eßlöffel Olivenöl in einem feuerfesten Topf erhitzen. Zwei Vorderkeulen zufügen und von allen Seiten jeweils etwa 8 Minuten bei mittlerer Hitze anbraten. Auf eine Platte legen; die restlichen Vorderkeulen ebenso anbraten.
4. Fett aus dem Topf gießen und restliches Olivenöl zufügen. Möhren und Zwiebel zugeben und bei mäßiger Hitze unter Rühren 10–12 Minuten dünsten, bis sie anfangen, weich zu werden.
5. Die Vorderkeulen zusammen mit dem Fleischsaft in den Topf zurückgeben. Hühnerbrühe, Wein, Honig, Knoblauch, Zimtstangen, Salbei und Piment zufügen. Aufkochen lassen, anschließend abdecken und in den Ofen stellen. 1 Stunde braten, bis das Fleisch zart ist.
6. Tomaten und Kirschen zufügen und alles ohne Deckel 45 Minuten weiterbraten lassen.
7. Zimtstangen entfernen, Petersilie unterrühren und auf Couscous oder Reis servieren.

Für 4 Personen

Lamb Stew with Beans and Escarole, too

Lammeintopf mit Bohnen und Eskariol

★★★

Die Idee zu diesem Gericht stammt von einer baskischen Gemeinde in Idaho. Die ersten baskischen Emigranten kamen in diesen Landesteil, um als Schafhirten zu arbeiten, und viele von ihnen ließen sich am Snake River nieder. Inzwischen ist Boise die Heimat der größten baskischen Gemeinde außerhalb Europas. Dieses Gericht ist nicht so stark gepfeffert, wie sonst in der baskischen Küche üblich, aber dennoch sehr deftig und nahrhaft.

Wein: Columbia Valley (WA) Merlot
Bier: Seattle porter

3 EL extra natives Olivenöl
3 Lammschultern (je etwa 1,4 kg), entbeint und in knapp 4 cm dicke Stücke geschnitten
Pfeffer, grobgemahlen
1 große Zwiebel, in dicke Scheiben geschnitten
1 EL Knoblauch, gehackt
1 Dose (800 g) italienische Strauchtomaten, enthäutet und kleingeschnitten (etwa 100 ml des Saftes aufbewahren)
1½ Tassen (375 ml) entfettete Rinderbrühe, vorzugsweise selbstgemacht (s. S. 270)
1 Tasse (250 ml) trockener Rotwein
2 EL Tomatenmark
1 TL Zucker
1 EL frische oder 1 TL getrocknete Thymianblätter
3 Tassen (500 g) Cannellini-Bohnen aus der Dose, abgetropft
4 Tassen (400 g) Eskariol, grobgeschnitten
Salz

1. Olivenöl in einem großen schweren Topf bei mittlerer Temperatur erhitzen. Die Lammstücke reichlich pfeffern und dann portionsweise 8–10 Minuten anbraten, anschließend in eine Schüssel legen.

2. Den Fleischsaft aus der Schüssel in den Topf zurückgießen. Die Zwiebel bei niedriger Hitze etwa 8 Minuten dünsten, bis sie glasig ist; dabei ständig rühren. Knoblauch zufügen und weitere 2 Minuten dünsten.

3. Tomaten, Tomatensaft, Brühe, Wein, Tomatenmark, Zucker und Thymian zufügen. Das Lammfleisch zurück in den Topf geben. Alles kurz aufkochen lassen, die Temperatur reduzieren, den Topf abdecken und alles bei mittlerer Hitze 1 Stunde weiter köcheln lassen, aber nicht kochen (gegebenenfalls die Hitze reduzieren).

4. Bohnen und Eskariol unterrühren und das Ganze ohne Deckel 15 Minuten köcheln lassen, bis das Lammfleisch zart und gar ist. Mit Salz und Pfeffer abschmecken.

Für 6 Personen

NEHMEN SIE DOCH EINMAL ESKARIOL STATT SPINAT

Den in der italienischen Küche populären Eskariol (Winterendivie) sollten Sie einmal probieren. Man kann ihn entweder roh im Salat oder nach italienischer Art zubereitet servieren, also leicht in Olivenöl mit Knoblauch und einem Spritzer Zitrone sautiert. Eskariol entwickelt in Suppen ein delikates Aroma, verleiht aber auch Eintöpfen eine interessante Note und paßt ausgezeichnet zu Lammfleisch.

Sie sollten beim Kauf darauf achten, daß die Blätter breit und blaßgrün sind und sich frisch und fest anfühlen.

Was seinen Nährwert betrifft, ist dieses Blattgemüse kaum zu überbieten. Es ist reich an Karotin, Vitamin C, Kalium, Kalzium, Ballaststoffen und Eisen und hat wenig Kalorien. Er ist das ganze Jahr über erhältlich, wobei die Haupterntezeit zwischen Frühjahr und Herbst liegt.

SPRINGTIME LAMB STEW

FRÜHLINGSLAMMEINTOPF

Ein kulinarischer Höhepunkt im Frühling – dann, wenn das Lamm besonders zart und die Zuckererbsen reif sind – ist dieses Gericht in jedem Fall. Anstatt der sonst üblichen Zwiebeln verwende ich hier karamelisierte Schalotten, die das süße Aroma dieses Eintopfs betonen.

Wein: Central Coast (CA) Rhône-style blend
Bier: Wisconsin dark lager

4 Vorderkeulen vom Lamm (je etwa 450 g)
grobkörniges Salz und frisch gemahlener schwarzer Pfeffer
3 EL Olivenöl
2 EL Butter
6 Schalotten, geschält und, sofern groß, in Scheiben geschnitten
2 TL Zucker
4 Knoblauchzehen, zerdrückt
2 EL Kartoffelstärke oder Mehl
2 EL Tomatenmark
1 EL rotes Johannisbeergelee
2½ Tassen (625 ml) entfettete Hühnerbrühe, vorzugsweise selbstgemacht (s. S. 271)
1 Tasse (250 ml) trockener Rotwein
1 TL getrockneter Thymian
4 kleine weiße Rüben, geschält, halbiert und anschließend geviertelt
230 g Babymöhren, geschabt
4 EL frischer Estragon, gehackt, oder 1 EL getrockneter Estragon
1 Tasse (155 g) grüne Erbsen
450 g Zuckererbsen
3 EL frische Blattpetersilie, gehackt
gebutterte heiße, gekochte Gerste, Couscous oder mittelgroße Eiernudeln, zum Servieren

1. Die Vorderkeulen salzen und pfeffern. Öl in einer beschichteten Pfanne auf mittlerer Stufe erhitzen und je zwei Vorderkeulen etwa 8 Minuten von allen Seiten gut anbraten. Das Lammfleisch in einen ofenfesten Schmortopf legen. Öl aus der Pfanne gießen und diese mit einem Papiertuch auswischen.

2. Den Ofen auf 180 °C vorheizen.

3. Butter bei niedriger Hitze in der Pfanne zerlassen. Die Temperatur etwas höher stellen. Schalotten zufügen und unter Rühren 8–10 Minuten dünsten, bis sie weich und leicht gebräunt sind. Mit Zucker bestreuen und 5 Minuten weiterdünsten. Dabei die Pfanne rütteln. Die Schalotten mit einem Schaumlöffel in den Schmortopf geben, ebenso die Knoblauchzehen.

4. Kartoffelstärke, Tomatenmark, rotes Johannisbeergelee, Hühnerbrühe, Wein und Thymian in die Pfanne rühren. Gut umrühren und zum Kochen bringen. Die Hitze auf mittlere Temperatur reduzieren und das Ganze unter Rühren 4–5 Minuten kochen lassen, bis die Sauce leicht eingedickt ist. Die Sauce zum Lamm in den Schmortopf geben und gut unterheben.

5. Weiße Rüben und Möhren in kochendem Salzwasser etwa 10 Minuten garen. Das Gemüse mit einem Schaumlöffel herausheben und mit 2 Eßlöffeln Estragon zum Lamm geben. Umrühren, den Schmortopf zudecken und in den Ofen stellen. 1¼ Stunden schmoren. Den Deckel abnehmen und das Lamm etwa 30 Minuten weiterschmoren, bis es zart ist, dabei gelegentlich wenden.

6. Kurz bevor das Lamm gar ist, einen Topf mit Wasser zum Kochen bringen. Grüne Erbsen in das kochende Wasser geben und 7–10 Minuten kochen lassen, bis sie bißfest sind (aufgetaute Erbsen zum Aufwärmen nur 1–2 Minuten kochen). Die Erbsen mit einem

Schaumlöffel aus dem Topf heben, in eine Schüssel geben und warm halten. Zuckererbsen in das kochende Wasser geben und 2 Minuten kochen lassen, bis sie leuchtend grün sind. Abtropfen lassen und in die Schüssel zu den anderen Erbsen geben. Das Gemüse beiseite stellen, bis das Lamm gar ist.

7. Das Lammfleisch aus dem Ofen nehmen und grüne Erbsen, Zuckererbsen und die restlichen 2 Eßlöffel Estragon zugeben. Abschmecken und die Petersilie unterrühren. Sofort in tiefen Tellern auf Gerste, Couscous oder Eiernudeln servieren.

Für 4 Personen

Santa Fe Lamb Stew
Lammeintopf Santa Fe

Haben Sie schon einmal Süßkartoffeln mit Lammfleisch kombiniert? Wenn Sie diesen Eintopf probieren, werden Sie feststellen, wie apart diese Zusammenstellung schmeckt, besonders mit gerösteten Pinienkernen und auf Polenta serviert.

Wein: Dry Creek Valley (CA) Zinfandel
Bier: California extra-special bitter

3 EL Olivenöl
1 große Zwiebel, gerieben
2 EL Knoblauch, feingehackt
1 TL Chili-Gewürzmischung
1 TL Kreuzkümmel, gemahlen
½ TL Zimt, gemahlen
Salz und frisch gemahlener schwarzer Pfeffer
1,4 kg Lammschulter, entbeint und in knapp 4 cm große Stücke geschnitten
2 ½ Tassen (625 ml) entfettete Hühnerbrühe, vorzugsweise selbstgemacht (s. S. 271)
1 getrocknete Anchopfefferschote, ohne Stiel und Samenkörner
Schale von 1 unbehandelten Orange, in breite Streifen geschnitten
4 Möhren, geschabt, der Länge nach halbiert und in 2–3 cm große Stücke geschnitten
2 Süßkartoffeln, geschält und in 2–3 cm große Stücke geschnitten
2 gegrillte rote Paprika (s. Kasten S. 150), in 2–3 cm große Stücke geschnitten
½ Tasse (80 g) getrocknete Aprikosenhälften
Polenta mit Mascarpone (s. S. 339), zum Servieren
3 EL Pinienkerne, geröstet (s. Kasten S. 261), zum Garnieren
2 EL frische Korianderblätter, gehackt, zum Garnieren

1. Olivenöl, Zwiebel, Knoblauch, Chili-Gewürzmischung, Kreuzkümmel, Zimt, Salz und Pfeffer in einem großen schweren Topf mischen. Gut verrühren, das Fleisch zufügen und darin wenden, bis es ganz bedeckt ist.

2. Brühe, Pfefferschote, Möhren, Orangenschale und Süßkartoffeln zugeben. Alles bei großer Hitze zum Kochen bringen, dann bei mittlerer Hitze mit halb aufgelegtem Deckel 30 Minuten köcheln lassen. Anschließend gegrillte Paprika und getrocknete Aprikosen zufügen und das Ganze mit halb aufgelegtem Deckel 30 Minuten weiterkochen lassen, bis das Lamm-

fleisch und das Gemüse zart sind. Pfefferschote und Orangenschale herausnehmen und wegwerfen.

3. Den Eintopf mit einem Löffel über der Polenta verteilen, mit Pinienkernen und Korianderblättern bestreuen und anschließend sofort servieren.

Für 4–6 Personen

Bowl of Red with Heirloom Beans

Feuertopf mit Anasazi- oder Kidneybohnen

Eine der populärsten, heute in den USA wieder erhältlichen unveredelten Bohnenarten ist die rosa-beigefarbene Anasazibohne, die auch

---

Ein paar Worte zu Obst und Gemüse

Wenn Sie einen eigenen Garten besitzen, geraten Sie vielleicht bei alten Obst- und Gemüsearten auch ins Schwärmen. Damit Sie sich eine Vorstellung von der Fülle alter Obst- und Gemüsesorten machen können, die bis heute angebaut werden, fragen Sie einfach bei Bauern oder Baumschulen in Ihrer Nähe nach. Sie werden erstaunt sein über die Vielfalt! Und dabei hat jede Anbauregion hat ihre eigenen Sorten. Für nähere Auskünfte und auch für praktische Tips können Sie sich an einen der untenstehenden Vereine wenden.

Altes Obst und Gemüse wird nicht nur wegen seines Aussehens und Geschmacks angebaut. Der Erhalt alter »Sortenlinien« fördert die biologische Vielfalt und garantiert hochwertige Nahrungsmittel. Landwirte kultivieren diese alten Sorten am liebsten in ihrer natürlichen Umgebung, da sie dort normalerweise ohne Schädlingsbekämpfungsmittel gut gedeihen.

Der Erhalt alter Obst- und Gemüsesorten wird von gemeinnützigen und staatlichen Genbänken sowie von Samentauschorganisationen gefördert. Er ist ein sinnvoller Beitrag zum Fortbestand der Landwirtschaft und damit zur Nahrungsversorgung allgemein

Pomologen-Verein e.V.
Geschäftsstelle
z. Hdn. Wilfried Müller
Brünlasberg 52
08280 Aue / Sachsen
Tel. und Fax: 03771–722493

Verein zum Erhalt der Nutzpflanzenvielfalt
z. Hdn. Ursula Reinhard
Sandbachstr. 5
38162 Schandelah
Tel. und Fax: 05306–1402

Jacob's cattle bean (»Jakobs Viehbohne«) genannt wird. Sie ist mit der Kidneybohne verwandt und wurde einst von den Anasazi-Indianern im Südwesten Amerikas angebaut. Anasazis sind in Feinkostläden erhältlich, ersatzweise können Sie aber auch Kidneybohnen verwenden. Servieren Sie den Feuertopf mit warmem *Country Cornbread* (s. S. 232).

Bier: American lager

240 g getrocknete Anasazi- oder Kidneybohnen
1 getrocknete Anchopfefferschote
3 EL Olivenöl
2 rote Paprikaschoten, Stielansatz und Samen entfernt, in 1–2 cm große Würfel geschnitten
1 große Zwiebel, grobgehackt
1 kg Lammschulter, entbeint und in 1–2 cm große Würfel geschnitten
2 EL Knoblauch, gehackt
2 EL Chili-Gewürzmischung
2 TL Kreuzkümmel, gemahlen
2 TL getrockneter Oregano
2 EL Melasse
1 Dose (800 g) geschälte italienische Strauchtomaten, kleingeschnitten, mit Saft
2 EL Tomatenmark
1 Flasche (350 ml) Lagerbier
Salz
gekochter Reis oder eine andere Getreideart und Guacamole (s. S. 194), zum Servieren
½ Tasse (125 g) Naturjoghurt (Magerstufe), zum Servieren
½ Tasse (100 g) Schalotten, in dünne Scheiben geschnitten, zum Servieren

1. Bohnen verlesen und über Nacht in kaltem Wasser einweichen, wobei die Bohnen etwa 5 cm mit Wasser bedeckt sein müssen (s. Kasten S. 354).

2. Die Bohnen abtropfen lassen und mehrmals unter kaltem Wasser abspülen. Anschließend erneut abtropfen lassen.

3. Die Bohnen in Wasser aufkochen lassen. Auf mittlerer Hitze ohne Deckel 1 Stunde köcheln lassen. Abtropfen lassen und beiseite stellen.

4. Während die Bohnen kochen, die Anchopfefferschote 30 Minuten in warmem Wasser einweichen. Aus dem Wasser nehmen, Stengel und Samenkerne entfernen und in einem Mixer mit 2 Eßlöffeln von dem Einweichwasser pürieren. Beiseite stellen.

5. Olivenöl in einem großen schweren Topf leicht erhitzen. Paprika und Zwiebel zufügen und 10 Minuten unter mehrmaligem Rühren dünsten. Das Lammfleisch zufügen und bei mittlerer Temperatur unter ständigem Rühren 5 Minuten bräunen. Die Temperatur auf mäßige Hitze reduzieren.

6. Knoblauch, Chili-Gewürzmischung, Kreuzkümmel, Oregano, Melasse, Tomaten samt Saft, Tomatenmark und Bier unterrühren. Die Bohnen und 1–2 Eßlöffel der pürierten Pfefferschote zufügen. Aufkochen lassen, die Temperatur auf mittlere Hitze reduzieren, halb zudecken und 1¼ Stunden köcheln lassen, bis das Lammfleisch und die Bohnen zart sind. Mit den Gewürzen abschmecken und nach Belieben nachsalzen. In kleinen Schüsseln auf Reis servieren und Guacamole, Joghurt und Schalotten dazu reichen.

Für 4–6 Personen

NEW YORK-STYLE CINCINNATI CHILI

CINCINNATI-CHILI NACH NEW YORKER ART

In Cincinnati wird Chili auf ganz besondere Weise zubereitet. Diese berühmte, leicht süßliche Kreation aus Fleisch und Gewürzen wird ungewöhnlicherweise auf Nudeln serviert. Zwei prominente Familien streiten um die Ehre, dieses Gericht als erste in Cincinnati eingeführt zu haben. Nicholas Lambrinides untermauerte 1949 mit der Eröffnung des Restaurants »Skyline Chili«, das mittlerweile zu einer äußerst beliebten Restaurantkette gewachsen ist, sein Anrecht auf den Titel, der erste gewesen zu sein. Der bulgarische Emigrant Athanas Kiradjieff, Besitzer des Restaurants »Empress Hot Dog Stand«, führte jedoch bereits 1922 eine Chilivariation ein, die mit bulgarischen Gewürzen zubereitet wird. Wie in seiner Heimat servierte auch er seine Kombination aus fein zerkleinertem Lamm- und Rindfleisch auf einer Portion Nudeln.

Das Cincinnati-Chili wird in vier Variationen gereicht: 1. nur Chili und Spaghetti, 2. zusätzlich mit Cheddar, 3. mit Bohnen oder Zwiebeln und mit Käse überbacken oder 4. mit Bohnen, Zwiebeln und mit Käse überbacken. Außerdem werden dazu Austerncracker serviert, die man über dem Chili zerbröselt. Das Fleisch wird bei meiner Version nicht so fein zerkleinert wie bei einem typischen Cincinnati-Chili. Statt Wein oder Bier paßt hierzu auch eine eisgekühlte Cola.

Wein: Napa Valley (CA) Rhône-style blend
Bier: Midwestern lager

2 EL Olivenöl
1 Tasse (130 g) Zwiebeln, kleingehackt
2 Knoblauchzehen, feingehackt
450 g Gehacktes vom Lamm
450 g Gehacktes vom Rind
2 EL ungesüßtes Kakaopulver
2 EL Chili-Gewürzmischung
2 TL Kreuzkümmel, gemahlen
¼ TL Zimt, gemahlen
¼ TL Piment, gemahlen
¼ TL Koriander, gemahlen
¼ TL Kardamom, gemahlen
1 Dose (800 g) Strauchtomaten, zerdrückt, mit Saft
2 EL Tomatenmark
2 EL Rotweinessig
2 EL Honig
Salz und frisch gemahlener schwarzer Pfeffer
450 g getrocknete Linguine (eine Spaghettisorte)
2 Dosen (je 440 g) dunkelrote Kidneybohnen, abgespült und abgetropft, zum Garnieren
4–6 Frühlingszwiebeln (mit 8 cm Grün), schräg in dünne Scheiben geschnitten, zum Garnieren
225 g geriebener Monterey Jack, ersatzweise Edamer, zum Garnieren

1. Öl und Zwiebeln in einem schweren Topf bei geringer Hitze unter Rühren 10 Minuten dünsten, bis die Zwiebeln glasig werden. Knoblauch zufügen und das Ganze unter mehrmaligem Rühren 2 Minuten kochen lassen. Lamm- und Rindfleisch in den Topf hineinbröseln und bei mittlerer Hitze 10 Minuten gut anbraten. Dabei häufig rühren, damit das Hackfleisch krümelig wird. Überschüssiges Fett abgießen.

2. Kakao und sämtliche Gewürze zum Fleisch geben und das Ganze unter Rühren 1 Minute kochen lassen. Tomaten und Tomatensaft, Tomatenmark, Essig und Honig zugeben. Aufkochen, dann ohne Deckel 20–30 Minuten köcheln lassen, bis sich die verschiedenen Aromen gut gemischt haben. Nachwürzen und großzügig mit Salz und Pfeffer abschmecken.

3. Kurz vor dem Servieren einen Topf Salzwasser zum Kochen bringen. Die Linguine darin 10–12 Minuten garen, bis sie *al dente* sind. Bohnen in einem zugedeckten Kochtopf bei niedriger Temperatur erhitzen.

4. Die Linguine gut abtropfen lassen und gleichmäßig auf 6–8 flachen Nudeltellern verteilen. Zuerst das Chili, anschließend Kidneybohnen und Schalotten und zuletzt geriebenen Käse auf die Nudeln geben. Sofort servieren.

Für 6–8 Personen

LOS ANGELES LAMB BURGERS

LAMMFLEISCH-BURGER

Offensichtlich hat Los Angeles bei diesem Sandwich mit Avocado, Tomate und Alfalfasprossen Pate gestanden. Mit etwas Lammfleisch wird diese kalifornische Variante zu einem saftigen, aromatischen Burger. Achten Sie darauf, daß die Tomate reif und saftig ist!

Bier: California pale ale

450 g mageres Gehacktes vom Lamm
2 EL Zwiebel, grobgehackt
2 EL frische glatte Petersilie,
  grobgehackt
½ TL unbehandelte Zitronenschale,
  feingerieben
Salz und frisch gemahlener schwarzer Pfeffer
1 kleine reife Avocado,
  geschält und enkernt
2 TL frischer Limettensaft
2 EL Naturjoghurt (Magerstufe)
4 Vollkornbrötchen bester Qualität,
  leicht getoastet
1 große reife Tomate, in vier dicke
  Scheiben geschnitten
½ Tasse (25 g) Alfalfasprossen

1. Den Backofengrill vorheizen, sofern die Frikadellen gegrillt werden sollen.

2. Lammfleisch in einer Schüssel mit Zwiebel, Petersilie, Zitronenschale, Salz und Pfeffer mischen. Aus der Masse vier etwa 2–3 cm dicke Frikadellen formen.

3. In einer anderen Schüssel Avocado, Limettensaft und Joghurt pürieren. Mit Salz und Pfeffer abschmecken.

4. Die Frikadellen (etwa 8 cm von der Wärmequelle entfernt) grillen oder in einer Pfanne 5 Minuten von jeder Seite braten, bis das Fleisch durchgegart ist.

5. Die Frikadellen auf die Brötchen legen und mit der Avocadomischung, je einer Tomatenscheibe und Alfalfasprossen garnieren. Sofort servieren.

Für 4 Personen

DINNER

Geflügel und Wild

Wären die amerikanischen Landesväter dem Vorschlag Benjamin Franklins gefolgt, trügen die US-Amerikaner heute alle einen Truthahn im Reisepaß: Er hatte dafür plädiert, den Truthahn zum amerikanischen Nationalvogel zu machen. Aber warum dann nicht den Fasan, die Ente oder das Rebhuhn? In der Küche zumindest spielt heute das Huhn die größte Rolle, wenngleich natürlich auch anderes Geflügel verwendet wird.

So beginne ich dieses Kapitel mit den beliebtesten Geflügelgerichten: Brathähnchen, *Southern Fried Chicken* (Brathähnchen mit Honigdip), *Savory Chicken Pot Pie* (Gebackene Hühnerpastete) u. ä. Es folgen Gerichte wie *Savannah Curry* (Curryhuhn), *Jambalaya* und *Gumbo*. Wenn Sie Huhn mögen, werden Ihnen auch ausgefallenere Gerichte wie dunkle Jungtaube in süßsaurer Sauce oder mit Schinkenspeck gebratenes Rebhuhn in einer sämigen Sauce aus Bourbon, Honig und Butter zusagen. Natürlich fehlt auch der Truthahn zu Thanksgiving (Erntedankfest) nicht. Das Kapitel endet schließlich mit zwei ganz verschiedenartigen Kaninchengerichten.

Rosemary-Roasted Chicken

Brathähnchen mit Rosmarin

Früher bereitete meine Mutter jeden Freitagabend ein gebratenes Hähnchen zu. Ich brate heute Hähnchen nach derselben Methode wie sie, füge jedoch Knoblauch und frische Kräuter hinzu. Rosmarin, Estragon und Salbei passen hervorragend zu Hähnchen.

Wein: Central Coast (CA) Rhône-style blend
Bier: Wisconsin lager

1 Hähnchen (1,8–2 kg)
2 kleine Orangen, halbiert
Salz und frisch gemahlener schwarzer Pfeffer
6 Zweige frischer Rosmarin
2 EL Olivenöl
2 EL Butter
8 Knoblauchzehen, ungeschält
1 große Zwiebel, der Länge nach halbiert und in Scheiben geschnitten
1 Tasse (250 ml) entfettete Hühnerbrühe, vorzugsweise selbstgemacht (s. S. 271)

1. Den Ofen auf 180 °C vorheizen.
2. Sämtliche Innereien entfernen und eventuell für einen anderen Zweck aufheben. Das Hähnchen von innen und außen gut abspülen; sorgfältig trockentupfen. Zwei Orangenhälften auspressen und den Saft über das Hähnchen träufeln, die Bauchhöhle mit Salz und Pfeffer ausstreuen. 2 kleine Rosmarinzweige vorsichtig unter die Brusthaut schieben. 2 Rosmarinzweige und die beiden restlichen Orangenhälften in die Bauchhöhle stecken. Die Beine mit Küchengarn zusammenbinden.
3. Öl und Butter in einem beschichteten ofenfesten Schmortopf oder einem gußeisernen Bräter bei mittlerer Temperatur erhitzen. Das Hähnchen, mit der Brustseite beginnend, rundum anbraten, bis es goldbraun ist, dabei die Haut nicht beschädigen. Herausnehmen und beiseite stellen. Den Bratensaft aufbewahren.
4. Knoblauch und Zwiebel in einem kleinen flachen Bräter mischen. Das Hähnchen auf die Mischung legen und den Bratensaft darüber gießen. Brühe zufügen und alles mit Alufolie abdecken. 30 Minuten im Ofen auf mittlerer Schiene backen.
5. Die Folie entfernen und die Zwiebel-Knoblauchmischung umrühren. Das Hähnchen ohne Deckel eine weitere Stunde braten und alle 15 Minuten begießen, bis klarer Bratensaft austritt, wenn man mit einem scharfen Messer in den Schenkel sticht.
6. Das Hähnchen aus dem Bräter nehmen, 10 Minuten ruhen lassen, dann das Küchengarn entfernen und Orangenhälften und Rosmarin aus der Bauchhöhle nehmen. Das Hähnchen tranchieren und auf einer Servierplatte anrichten. Saft aus der Pfanne mit einem Löffel darüber verteilen. Zwiebel und Knoblauch um das Fleisch herum anrichten und alles mit den restlichen Rosmarinzweigen garnieren.

Für 4 Personen

Devilishly Good Roasted Chicken

Feuriges Brathähnchen

Da das Hähnchen über Nacht in einer scharfen Marinade liegt, trägt es seinen Namen zu Recht. Beim Braten sondert es einen delikaten Bratensaft ab, den man zu Kartoffelpüree oder zerstampften Süßkartoffeln servieren kann. *Sheila's Black Bean Soup* (s. S. 245) eignet sich gut als Vorspeise zu diesem Gericht. Möchten Sie es noch etwas feuriger, z. B. für eine »teuflisch« gute Halloween-Party (am Abend vor Allerheiligen), sollten Sie doppelt soviel Tabasco verwenden.

Wein: California Zinfandel
Bier: Maine amber ale

2 Hähnchen (je etwa 1,1 kg), geviertelt
2 Zwiebeln, in Scheiben geschnitten
1 EL Knoblauch, feingehackt
2 EL Butter
2 EL Olivenöl
2½ EL Dijon-Senf
2 TL Worcestersauce
1½ TL Tabascosauce, nach Belieben auch mehr
1 TL Chili-Gewürzmischung
½ TL Paprikapulver
1 große Prise Salz
⅔ Tasse (165 ml) entfettete Hühnerbrühe, vorzugsweise selbstgemacht (s. S. 271)
1 Prise Paprikapulver, zum Garnieren

1. Hähnchenviertel abwaschen und trockentupfen. Flügelspitzen abschneiden, überschüssiges Fett entfernen und die Viertel in eine Schüssel geben. In Zwiebeln und Knoblauch wenden.

2. Butter und Öl in einem kleinen Topf erhitzen. Senf, Worcestersauce, Tabasco, Chili-Gewürzmischung, Paprikapulver und Salz sowie Zwiebeln und Knoblauch zufügen. Die Hähnchenteile in der Marinade wenden und zugedeckt über Nacht durchziehen lassen.

3. Den Ofen auf 200 °C vorheizen und die Hähnchenteile auf Zimmertemperatur erwärmen.

4. Die Hähnchenteile in einen flachen Bräter geben und mit den Zwiebelscheiben bedecken. Die Brühe zugießen.

5. Den Bräter auf die mittlere Schiene des Ofens stellen und die Temperatur auf 180 °C reduzieren. Die Hähnchenteile unter häufigem Begießen eine Stunde braten, bis sie schön braun sind und klarer Bratensaft austritt, wenn man mit einem Messer in den Schenkel sticht. Überschüssiges Fett abschöpfen und die Sauce in eine Sauciere gießen. Die Hähnchenteile mit Paprikapulver bestreuen und warm servieren; die Sauce getrennt dazu reichen.

Für 6 Personen

Mrs. Green's Southern Fried Chicken

Brathähnchen mit Honigdip

Ich habe schon viele Brathähnchen gekostet, aber keines von ihnen kann sich mit dem von Lula Mae Green aus South Carolina messen. Mrs. Green bereitet Hähnchen auf zwei verschiedene Arten zu. Da sie mir beide Methoden zeigte, möchte ich Ihnen auch beide beschreiben. Beide Male wird das Hähnchen in festem Pflanzenfett gebraten. Während des Bratens wird es abgedeckt, wodurch es eine goldbraune, hauchzarte und sehr knusprige Kruste erhält. Sie sollten das Hähnchen wie Mrs. Green mit einem Schüsselchen Honig zum Dippen servieren. Als Beilage schlage ich *Mashed Yukon Golds* (s. S. 316) oder *Denver Baked Beans* (s. S. 349) und *Shaker Applesauce* (s. S. 218) vor, als Getränk dazu ein Glas eisgekühlte Limonade oder Eistee.

*2 Hähnchen (je etwa 1,1 kg),
    jedes in 8 Teile zerlegt*
2 TL Salz
1 TL frisch gemahlener schwarzer Pfeffer
1 TL Paprikapulver
*1½ Tassen (375 g) festes Pflanzenfett
    (z. B. Palmin)*
⅓ Tasse (80 g) Mehl

1. Überschüssiges Fett von allen Hähnchenteilen entfernen und Flügelspitzen abschneiden. Sämtliche Teile abspülen und sorgfältig trockentupfen. In eine große Schüssel geben.

2. Salz, Pfeffer und Paprikapulver mischen und Hähnchenteile damit einreiben.

3. Pflanzenfett in einer tiefen, schweren Bratpfanne mit 26 cm Durchmesser bei mäßiger Temperatur erhitzen (das Pflanzenfett sollte die Hähnchenteile bis zur Hälfte bedecken).

4. In der Zwischenzeit die Hähnchenteile mit Mehl bestäuben, überschüssiges Mehl wieder abschütteln.

5. Die Hähnchenteile portionsweise bei geschlossenem Deckel von allen Seiten je 12–15 Minuten garen, bis sie goldbraun sind. Auf Küchenpapier abtropfen lassen und sofort servieren.

Für 6 Personen

SUPER-CRISPY BUTTERMILK FRIED CHICKEN

BRATHÄHNCHEN IN BUTTERMILCH

★★★

Wenn Sie Ihr Hähnchen noch knuspriger braten möchten, sollten Sie das zweite Rezept von Lula Mae Green ausprobieren. Ihr Geheimtip ist, die Hähnchenteile in Buttermilch einzulegen, bevor sie mit Mehl bestäubt werden. So bleibt mehr Mehl haften, außerdem wird das Fleisch durch das Einlegen zarter. Servieren Sie das Hähnchen mit einem Krug frischer Limonade oder Eistee, den Sie mit Minzezweigen und Zitronenscheiben garnieren.

2 Hähnchen (je 1,1 kg), jedes in 8 Teile zerlegt
Salz und frisch gemahlener schwarzer Pfeffer
1 Tasse (250 ml) Buttermilch
1½ Tassen (190 g) Weizenmehl
2 TL Paprikapulver
1½ Tassen (375 g) festes Pflanzenfett (z. B. Palmin)
Fried Chicken Gravy (s. folgendes Rezept)

1. Überschüssiges Fett von allen Hähnchenteilen entfernen und Flügelspitzen abschneiden. Hähnchenteile abwaschen und gut trockentupfen. In eine große Schüssel geben und mit Salz und Pfeffer bestreuen. In der Buttermilch wenden und bei Zimmertemperatur etwa 30 Minuten stehen lassen.

2. Mehl mit Paprikapulver und jeweils 1 Teelöffel Salz und Pfeffer mischen.

3. Pflanzenfett in einer tiefen, schweren Pfanne mit 26 cm Durchmesser bei mittlerer Temperatur erhitzen (das Pflanzenfett sollte die Hähnchenteile bis zur Hälfte bedecken).

4. Hähnchenteile aus der Buttermilch nehmen und mit dem gewürzten Mehl panieren. Überschüssiges Mehl abschütteln.

5. Hähnchenteile portionsweise bei geschlossenem Deckel, mit der Hautseite nach oben beginnend, von jeder Seite 12–15 Minuten anbraten, bis sie goldbraun und gar sind. Auf Küchenpapier abtropfen lassen.

6. Hähnchenteile sofort mit *Fried Chicken Gravy* (s. folgendes Rezept) servieren.

Für 6 Personen

Hinweis: Heben Sie etwas von dem Bratfett auf. Es ist auch in kleinen Mengen außerordentlich geschmacksintensiv.

Fried Chicken Gravy

Bratensauce vom Brathähnchen

Diese weiße Sauce schmeckt außerordentlich gut und läßt sich schnell zubereiten, wenn das Hähnchen fertig gebraten ist. Verwenden Sie ein wenig von dem Bratfett für die Sauce!

3 EL Bratfett vom Hähnchen
2 kleine Zwiebeln, der Länge nach halbiert und in Scheiben geschnitten
2 Knoblauchzehen, feingehackt
2 EL Weizenmehl
2 Tassen (500 ml) entfettete Hühnerbrühe, vorzugsweise selbstgemacht (s. S. 271)
1 Prise frisch gemahlener schwarzer Pfeffer

1. Fett in einer beschichteten Pfanne bei mittlerer Temperatur erhitzen. Zwiebeln und Knoblauch unter Rühren 3–4 Minuten anbraten.

2. Mehl zufügen und das Ganze etwa 2 Minuten weiterbraten, bis die Schwitze goldbraun ist, dabei ständig rühren. Brühe zugießen und aufkochen lassen. Die Temperatur reduzieren und die Sauce bei geringer Hitze etwa 3 Minuten köcheln lassen, bis sie eingedickt ist. Mit Pfeffer abschmecken und warm servieren.

Ergibt 2 Tassen (500 ml)

Eistee, der Champagner des Südens

Wenn Sie in die amerikanischen Südstaaten fahren, werden Sie sicher »Tee« oder vielmehr Eistee trinken. Er wird auf zerstoßenem Eis serviert und ständig nachgeschenkt.

Hier ein paar Tips, damit Ihnen der Eistee zu Hause genauso gut gelingt wie in den Südstaaten: Bringen Sie ungefähr einen Liter Wasser zum Kochen. Gießen Sie es über 4–6 Teebeutel in einem hitzebeständigen Gefäß mit etwa 2 Litern Fassungsvermögen. Den Tee 5–7 Minuten ziehen lassen, dann die Beutel herausnehmen. Ungefähr 1 Liter kaltes Wasser, Eis und *Simple Sugar Syrup for Drinks* (einfacher Zuckersirup für Drinks, s. S. 170) zufügen, wenn Sie den Tee etwas vorsüßen wollen. Auf Zimmertemperatur abkühlen lassen und anschließend in den Kühlschrank stellen. Auf diese Weise bleibt der Tee mindestens einen Tag glasklar. Nach einem Tag wird er etwas trübe und bekommt einen säuerlichen Geschmack. Mit Zitronenscheiben garniert servieren.

Für Minze-Eistee frische Minzeblätter in den noch warmen Tee geben. Die Gläser mit Minzezweigen verzieren.

GEFLÜGELSPRACHE

Hier ist eine Liste der im Handel üblichen Klassifizierungen von Geflügel, bei der die Tiere nach Alter und Qualität des Fleisches eingeteilt werden.

Jungtaube: Domestizierte junge Taube mit saftig aromatischem, dunklem Fleisch, wahrscheinlich nur bei ausgewählten Metzgereien erhältlich. Verkauf: im Alter von 4 Wochen mit 450 g oder weniger Gewicht.

Stubenküken: Ein sehr kleines Huhn mit außerordentlich zartem Fleisch. Verkauf: im Alter von 4–6 Wochen mit etwa 700 g oder weniger Gewicht.

Wildhennen: Stammen vom amerikanischen Cornish-Huhn bzw. von den mit White-Rocks-Hühnern gekreuzten Cornish-Hühnern ab; sehr intensiv schmeckendes Fleisch. Verkauf: im Alter von 5–6 Wochen mit etwa 900 g oder weniger Gewicht. Zubereitung: am besten in Einzelstücke zerteilt.

Broiler/Rooster: Relativ mageres junges Hähnchen oder Hühnchen mit weicher, glatter Haut und biegsamem Brustbein. Verkauf: im Alter von 13 Wochen mit etwa 1,6 kg oder weniger Gewicht. Zubereitung: vielfältige Möglichkeiten.

Brathähnchen: Gemästetes Junghuhn oder Masthuhn mit zartem Fleisch und glatter Haut; Brustbein kaum biegsam. Verkauf: mit 1,1–2,3 kg Gewicht. Zubereitung: am besten braten.

Suppenhuhn: Ausgewachsenes Huhn mit eher festem Fleisch; das Brustbein ist nicht biegsam. Verkauf: im Alter von 10 Monaten mit 1,1–3,6 kg Gewicht. Zubereitung: schmoren.

Kapaun: Kastrierter Hahn mit zartem Fleisch und weicher, glatter Haut. Verkauf: im Alter von höchstens 8 Monaten mit 1,8–4,5 kg Gewicht. Zubereitung: am besten braten.

Hühnerzucht

Koschere Hühner: Koschere Produkte müssen nach den jüdischen Gesetzen auf eine bestimmte Weise vorbereitet werden. Aus diesem Grunde haben koschere Hühner im allgemeinen eine bessere Qualität als andere. Zur Zubereitung von koscherem Fleisch gehört auch das Salzen.

Freilandhaltung: Hühner in Freilandhaltung können sich frei bewegen. Oft werden sie gesünder ernährt als in der Massenhaltung. Freilaufende Hühner kosten mehr als andere. Viele Käufer sind der Ansicht, daß sie besser schmecken als kommerziell gehaltene Hühner.

Biologische Haltung: Bei der biodynamischen Hühnerhaltung werden die Hühner mit Futter aufgezogen, das frei von Pflanzenschutzmitteln, Antibiotika, Nebenprodukten, wachstumsfördernden Stoffen und Hormonen ist. Hühner aus Ökohaltung sind im allgemeinen nicht so fett wie kommerziell gehaltene, ihr Gefieder ist heller und gelblicher, und ihr Fleisch schmeckt auch intensiver. Die meisten Biohühner werden freilaufend gehalten.

GRILLED BARBECUED CHICKEN

HÄHNCHEN VOM HOLZKOHLENGRILL

★★★

Ein gutes Grillhähnchen sollte innen saftig und zart sein und eine glänzende Haut haben. Dies ist nicht leicht zu erreichen, wenn das Hähnchen ausschließlich auf dem Grill gebraten wird, da auf diese Weise die Haut leicht verbrennt. Um das zu vermeiden, empfiehlt es sich, das Hähnchen vorzubacken und erst zum Schluß auf den Grill zu legen; dabei immer wieder leicht mit Barbecuesauce bestreichen.

Wein: Montery County (CA) Petite-Sirah
Bier: American lager

2 Brathähnchen (je etwa 900 g–1,1 kg), jeweils geviertelt, innen und außen abgespült und trockengetupft
Salz und frisch gemahlener schwarzer Pfeffer
1 Tasse (250 ml) Barbecuesauce, vorzugsweise Backyard Barbecue Sauce (s. S. 373)

1. Den Ofen auf 200 °C vorheizen.
2. Die Hähnchenviertel in einen großen Bräter legen, mit Salz und Pfeffer bestreuen und mit insgesamt 3 Eßlöffeln Barbecuesauce bestreichen. 15 Minuten backen, dann die Temperatur auf 180 °C reduzieren und die Hähnchenviertel anschließend weitere 40 Minuten braten.
3. In der Zwischenzeit einen Gartengrill vorbereiten und auf mittelmäßig starke Hitze bringen.
4. Die Hähnchenstücke mit der Haut nach unten im Abstand von etwa 8–10 cm zur Glut auf den Grill legen, dann mit der restlichen Barbecuesauce bestreichen und anschließend 15 Minuten grillen; zwischendurch einmal wenden. Sofort servieren.

Für 8 Personen

CREAMED CHICKEN WITH ZUCCHINI AND CORN

HÄHNCHEN IN SAHNESAUCE MIT ZUCCHINI UND MAIS

★★★

Durch die Wahl des Gemüses erhält dieses Hähnchen in Sahnesauce seine besondere Note. Üblicherweise nimmt man in den USA für Sahnesaucen Mais, Zucchini dagegen finden im allgemeinen eher in Tomatensaucen Verwendung. Ich denke jedoch, daß bei diesem Gericht mit den Zucchini eine exzellente Sahnesauce entsteht. Am besten schmeckt diese Kombination, wenn sie auf einer Portion Reis serviert wird.

Wein: Napa Valley (CA) Cabernet Franc
Bier: Oregon pale ale

*110 g Schinkenspeck, ohne Schwarte,
    in kleine Würfel geschnitten*
1 Hähnchen (etwa 1,6 kg), in 8 Teile zerlegt
Salz und frisch gemahlener schwarzer Pfeffer
Paprikapulver
1 EL Olivenöl (nach Bedarf)
*1 große Zwiebel, in kleine Würfel
    geschnitten*
*1 rote Paprikaschote, Stielansatz und Samen
    entfernt, feingewürfelt*
*1 gelbe Paprikaschote, Stielansatz und Samen
    entfernt, feingewürfelt*
*1 Tasse (250 ml) entfettete Hühnerbrühe,
    vorzugsweise selbstgemacht (s. S. 271)*
*2 Zucchini, die Enden entfernt und
    in kleine Würfel geschnitten*
*2 Tassen (250 g) frische oder gefrorene Maiskörner,
    gefrorene Maiskörner aufgetaut*
2 Zweige frischer Thymian
1 Tasse (250 ml) Sahne
warmer gekochter Reis, zum Servieren
*2 EL frische Korianderblätter, gehackt,
    zum Garnieren*

1. Den Schinkenspeck in einen großen, schweren Topf geben und bei mäßiger Temperatur 6–8 Minuten ausbraten, bis er goldbraun ist. Mit einem Schaumlöffel in eine Schüssel umfüllen und beiseite stellen.

2. Die Hähnchenteile abspülen und trockentupfen. Mit Salz, Pfeffer und Paprikapulver würzen, dann in dem ausgelassenen Fett bei mittlerer Temperatur ungefähr 5 Minuten von beiden Seiten anbraten, bis sie goldbraun sind. Bei Bedarf Olivenöl zugeben. Die Hähnchenteile in die Schüssel mit dem Schinkenspeck legen.

3. Zwiebel und beide Paprikaschoten in den Topf geben und 5–7 Minuten dünsten, bis sie weich sind, dabei gelegentlich rühren. Die Brühe zugießen und aufkochen lassen. Die Temperatur reduzieren, alles 2 Minuten köcheln lassen; dabei den Bodensatz lösen.

4. Die Hähnchenteile und den Schinkenspeck wieder in den Topf geben und 10 Minuten auf kleiner Flamme kochen lassen. Zucchini, Mais und Thymian einrühren. Mit aufgelegtem Deckel bei mittlerer Hitze weitere 10 Minuten köcheln lassen.

5. Die Hähnchenteile aus dem Topf nehmen und beiseite stellen. Sahne über das Gemüse geben und aufkochen lassen, die Temperatur reduzieren und alles 3–5 Minuten köcheln lassen, bis die Sahne leicht eindickt. Mit Salz und Pfeffer abschmecken. Die Hähnchenteile in den Topf zurückgeben, mit Gemüse bedecken und anschließend 10 Minuten schmoren.

6. Auf dem gekochten Reis anrichten und mit Korianderblättern garnieren.

Für 4 Personen

SAVORY CHICKEN POT PIE

GEBACKENE HÜHNERPASTETE

★★★

Ich bin ein großer Fan von gebackenen Hühnerpasteten, wobei die traditionelle Mischung mit Fleisch, Möhren und Kartoffeln seit meiner Kindheit meine Lieblingskombination ist. Außerdem werden Lauch und Pastinaken sowie süßsaure getrocknete Kirschen und grüne Pfefferkörner zum Fleisch und zu den Möhren gegeben. Die Hähnchen werden zunächst angebraten, der dabei austretende Bratensaft bildet die Grundlage für die Sauce, die zu der Pastete gereicht wird. Die Füllung kann bereits einen Tag im voraus zubereitet werden; Sie sollten die Pastete allerdings erst kurz vor dem Backen ganz fertigstellen. Mit ihrem Mantel aus buttrigem Blätterteig ist diese Pastete eine ausgefallene Vorspeise.

Wein: Central Coast (CA) Pinot Noir
Bier: Wisconsin lager

*2 kleine Hähnchen (je 900 g–1,1 kg),
 gewaschen und trockengetupft*
2 große Zitronen, halbiert
1 Bund frische Thymianzweige (10–12 Zweige)
2 EL Olivenöl
Salz und frisch gemahlener Pfeffer
*4 Stangen Lauch (mit 7–8 cm Grün),
 gründlich gewaschen und in etwa 1–2 cm große
 Stücke geschnitten*
*4 Möhren, geschabt und in knapp 1–2 cm große
 Stücke geschnitten*
*2 Pastinaken, geschabt und in etwa 1–2 cm große
 Stücke geschnitten*
1½ Tassen (260 g) getrocknete Sauerkirschen
3 EL frische glatte Petersilie, gehackt
*110 g Schinkenspeck, ohne Schwarte, in knapp
 1–2 cm große Würfel geschnitten*
*3 Tassen (750 ml) entfettete Hühnerbrühe,
 vorzugsweise selbstgemacht (s. S. 271)*
¼ Tasse (30 g) Maisstärke
1 EL ganze grüne Pfefferkörner, getrocknet
2 TL unbehandelte Orangenschale, feingerieben
1½ TL getrockneter Thymian
*1 Scheibe fertiger Blätterteig (etwa 230 g);
 falls gefroren, auftauen und bis zur Verwendung
 im Kühlschrank aufbewahren*
1 Eigelb
2 TL Wasser

1. Den Ofen auf 200 °C vorheizen.

2. Die Hähnchen in einen feuerfesten Bräter legen. Außen und innen mit Zitronensaft beträufeln; die ausgepreßten Zitronenhälften und die Hälfte der Thymianzweige in die Hähnchen legen. Die Hähnchen mit Öl bestreichen und innen und außen mit Salz und Pfeffer bestreuen.

3. Die Hähnchen 1½ Stunden braten, bis klarer Saft austritt, wenn man mit einem spitzen Messer in die Schenkel sticht. Beiseite stellen und abkühlen lassen; sämtlichen Fleischsaft aufbewahren. Wird die Pastete noch am selben Tag gebacken, an dem die Füllung zubereitet wird, den Ofen vorheizen.

4. Während die Hähnchen abkühlen, Lauch in einem Topf mit kochendem Wasser 2 Minuten blanchieren. Mit einem Schaumlöffel aus dem Wasser heben, abtropfen lassen und trockentupfen. Möhren und Pastinaken 5 Minuten in kochendem Wasser blanchieren. Abtropfen lassen und trockentupfen. Gemüse mit Kirschen und Petersilie in eine große Schüssel geben.

5. Den Schinkenspeck in eine beschichtete Pfanne geben und bei mäßiger Hitze etwa 10 Minuten goldbraun ausbraten. Mit einem Schaumlöffel in die Schüssel mit dem Gemüse heben.

6. Die Haut von den ausgekühlten Hähnchen entfernen. Das Fleisch von den Knochen lösen und in Stücke von ungefähr 9 x 2,5 cm zerteilen. Zum Gemüse geben, alles gut mischen und mit Salz und Pfeffer abschmecken. Beiseite stellen.

7. Überschüssiges Fett von dem aufbewahrten Fleischsaft abschöpfen oder absieben, den entfetteten Saft in den Bräter zurückgeben und bei niedriger Temperatur erhitzen. 2 Tassen (500 ml) Hühnerbrühe zugießen und 10 Minuten kochen lassen, dabei den Bodensatz lösen. Die Brühe durch ein Sieb in einen schweren Kochtopf gießen und zum Kochen bringen; die Temperatur reduzieren.

8. Maisstärke mit der restlichen Hühnerbrühe vermengen und langsam in die köchelnde Brühe einrühren. Das Ganze 2–3 Minuten verquirlen, bis die Sauce eindickt. Grüne Pfefferkörner, Orangenschale und Thymian zufügen und alles 10 Minuten köcheln lassen.

9. Die Sauce zu den Hähnchen und dem Gemüse geben und alles gut mischen. In eine feuerfeste runde Backform mit etwa 2 Litern Fassungsvermögen füllen. (Sie können die Pastete bis zu diesem Punkt im voraus zubereiten.) Zugedeckt in den Kühlschrank stellen. Vor dem Backen den Ofen auf 200 °C vorheizen.

10. Den Blätterteig auf einer leicht bemehlten Arbeitsfläche ausrollen, so daß er etwa 4–5 cm breiter ist als der Durchmesser der Backform.

11. Das Eigelb mit dem Wasser verquirlen und mit dieser Mischung den Außen- und Innenrand der Backform bestreichen. Den Teig über die gefüllte Form legen und die überhängenden Teigränder bis auf etwa 2,5 cm abschneiden. Den Überhang um den Rand der Form klappen und gut andrücken. Aus den Teigresten kann ein dekoratives Muster geformt und auf die Pastete gesetzt werden. Die Teigoberfläche mit dem verquirlten Ei bepinseln. In den Teig sechs etwa 5 cm lange Schlitze schneiden, damit der Dampf entweichen kann. Die Pastete 50 Minuten backen, bis die Füllung Blasen wirft und der Teig durchgebacken und goldbraun ist.

12. Zum Servieren die Pastete in der Mitte aufschneiden. Die Hähnchenfüllung mit einem Löffel auf Servierteller geben und mit einem Stück Kruste bedecken.

Für 6–8 Personen

La Tasha's Jambalaya– The Real Thing

Das echte Jambalaya

In Charleston, South Carolina, findet jährlich im Oktober das Fest *Taste of Charleston* statt. Als ich dort war, machte ich mich auf in Richtung »Boone Hall Plantage«. Auf dem Weg hielt ich an mehreren Ständen und kostete hier ein bißchen *Gumbo*, dort roten Reis und Krabbenkuchen. Als ich den letzten Stand erreichte, stand dort die Belegschaft von Robert Pinkeys Restaurant »La Tasha's« und servierte Jambalaya. Obwohl ich schon mehr als satt war, fand ich noch Platz für zwei Schüsselchen – so gut war dieser würzige Eintopf! Ich sprach Robert Pinkey mein Lob aus, woraufhin er mir netterweise sein Rezept verriet. Und hier ist es, das einzig wahre Jambalaya-Rezept!

Wein: Russian River Valley (CA) Zinfandel
Bier: Louisiana lager

1 Tasse (250 ml) Pflanzenöl
450 g scharfe geräucherte Wurst, in etwa 2–3 cm große Stücke geschnitten
450 g Andouille-Würstchen, in etwa 2–3 cm große Stücke geschnitten
2 Hähnchen (je 900 g–1,1 kg), jeweils in 8 Stücke zerlegt, gewaschen und trockengetupft
Salz und grobgemahlener schwarzer Pfeffer
3 große Zwiebeln, gehackt
2 Knoblauchzehen, feingehackt
1 Tasse (100 g) Sellerie, in kleine Würfel geschnitten
1 große rote Paprikaschote, Stielansatz und Samen entfernt, in Würfel geschnitten
1 große grüne Paprikaschote, Stielansatz und Samen entfernt, in Würfel geschnitten
2 Lorbeerblätter
1 TL getrocknetes Basilikum
1 Msp. Cayennpfeffer
2 Tassen (400 g) weißer Langkornreis
4½ Tassen (etwa 1¼ l) entfettete Hühnerbrühe, vorzugsweise selbstgemacht (s. S. 271)
1 Tasse (250 ml) fertige Tomatensauce
½ Tasse (125 ml) Tomatenmark plus 2 TL extra
900 g mittelgroße Garnelen, ausgelöst und den Darm entfernt
45 g frische glatte Petersilie, gehackt

1. Öl in einem großen Topf bei mittlerer Temperatur erhitzen. Beide Wurstsorten in den Topf geben und 10 Minuten anbräunen, dabei ständig wenden. Die Wurststücke in eine Schüssel geben und beiseite stellen.

2. Die Hähnchenteile mit Salz und Pfeffer würzen und portionsweise von allen Seiten 10 Minuten anbraten. Aus dem Topf nehmen und in die Schüssel mit den Würsten geben.

3. Zwiebeln in den Topf geben und bei niedriger Temperatur 10 Minuten dünsten. Knoblauch, Sellerie, beide Paprikaschoten, Lorbeerblätter, Basilikum und Cayennepfeffer zufügen und weitere 5 Minuten kochen lassen.

4. Reis in den Topf geben und 5 Minuten kochen lassen, dabei ständig rühren; dann Wurst und Hähnchen in den Topf zurücklegen. Brühe, Tomatensauce und Tomatenmark zufügen und aufkochen lassen. Die Temperatur reduzieren und das Ganze zugedeckt 20–25 Minuten köcheln lassen, bis die Hähnchenteile gar sind.

5. Garnelen und Petersilie unterrühren und zugedeckt 5 Minuten kochen lassen, bis die Garnelen gar sind. Abschmecken, Lorbeerblätter entfernen und sofort servieren.

Für 8–10 Personen

Sandi Hillmer's Wisconsin Cassoulet

Cassoulet

Seit 1986 bin ich Verlagslektorin in der Redaktion Ernährung bei der amerikanischen Zeitschrift *Parade*. Im Herbst 1995 wurde ein Wettbewerb ausgeschrieben, für den die Leser ihr bestes Eintopfrezept einsenden sollten, damit die Redaktion sehen konnte, was wirklich in den Haushalten gekocht wird. Über 15 000 Zuschriften gingen ein, und nach vielem Testen und Kosten gewann das Cassoulet von Sandi Hillmer aus Wisconsin den Preis. Das Gericht ist einfach wunderbar!

Wein: Central Coast (CA) Zinfandel
Bier: Wisconsin brown lager

450 g getrocknete weiße Bohnen
4 Selleriestangen (je etwa 8 cm) mit Blättern
2 Lorbeerblätter
2 Zweige frische glatte Petersilie
110 g Schinkenspeck, ohne Schwarte und in etwa 0,5 cm große Würfel geschnitten
4 EL Olivenöl, je nach Bedarf auch mehr
3 Hühnerbrusthälften, ohne Haut und Knochen (je etwa 140 g), in 4 cm große Stücke geschnitten
1 Schweinelende ohne Knochen (etwa 1,3 kg), in etwa 4 cm große Stücke geschnitten
1 Tasse (130 g) Zwiebeln, gehackt
¾ Tasse (80 g) Sellerie, gehackt
¾ Tasse (105 g) Möhren, geschabt und gehackt
3 Knoblauchzehen, geschält und feingehackt
3 Tassen (750 ml) entfettete Hühnerbrühe, vorzugsweise selbstgemacht (s. S. 271)
1 Dose (etwa 800 g) italienische Strauchtomaten, grobgeschnitten, mit Saft
⅓ Tasse (85 ml) Ahornsirup
¼ Tasse (50 g) brauner Zucker
1 TL getrockneter Thymian
1 Msp. getrocknetes Bohnenkraut
1 Msp. Senfpulver
1 Msp. schwarzer Pfeffer, zerstoßen
230 g Kielbasa (polnische Wurst), in etwa 4 cm große Stücke geschnitten
3 EL frische glatte Petersilie, gehackt, plus 3 EL extra, zum Garnieren
etwa 2 TL Salz

1. Bohnen verlesen. 5 cm hoch mit kaltem Wasser bedecken und über Nacht einweichen lassen (s. Kasten S. 354).

2. Die Bohnen mehrfach mit kaltem Wasser abspülen und abtropfen lassen, in einen großen Topf geben und mit Wasser bedecken. Sellerie, Lorbeer und Petersilienzweige zugeben und bei mittlerer Temperatur 30 Minuten ziehen lassen.

3. In der Zwischenzeit den Schinkenspeck in einen großen Topf geben und bei mäßiger Temperatur 6–8 Minuten ausbraten, bis er goldbraun ist. Den Speck mit einem Schaumlöffel herausheben und beiseite stellen. 2 Eßlöffel Olivenöl in den Topf geben und Hähnchen und Schweinelende portionsweise jeweils 5–6 Minuten anbraten. Das Fleisch mit einem Schaumlöffel in eine Schüssel geben und beiseite stellen.

4. Das restliche Olivenöl in den Topf geben und Zwiebeln, Sellerie und Möhren bei mäßiger Hitze 8–10 Minuten dünsten, bis das Gemüse zusammenfällt.

5. Das Fleisch und den Schinkenspeck mit den Bohnen in den Topf geben (den Sellerie entfernen). Knoblauch, Brühe, Tomaten, Ahornsirup, Zucker und alle getrockneten Kräuter und Gewürze zufügen. Bei schwacher Hitze 1 Stunde ziehen lassen, dabei gelegentlich rühren.

6. Die Kielbasa zugeben und weitere 30 Minuten ziehen lassen, bis alles gar ist. Dabei ein- bis zweimal umrühren.

7. Petersilienzweige und Lorbeerblätter aus dem Cassoulet entfernen. Petersilie unterrühren und alles salzen. Mit den restlichen 3 Eßlöffeln Petersilie garnieren und sofort servieren.

Für 8–10 Personen

Savannah Curry

Curryhuhn »Savannah«

Eliza Leslie schrieb im 19. Jahrhundert in einem Kochbuch, daß dieses ziemlich scharf gewürzte Gericht, das allgemein eher unter dem Namen *Country Captain* bekannt ist, von einem britischen Kapitän stamme. Er soll dieses Rezept von Indien nach Amerika gebracht haben. Die Bewohner Georgias waren von dem Gericht sehr angetan und nahmen es schon bald in ihre Küche auf. Es handelt sich im Grunde um ein deftiges Curryhuhn, wobei die Chutney-Gewürzmischung nicht getrennt serviert, sondern mit dem Huhn zusammen in einem Topf gekocht wird. Das Gericht schmeckt am besten auf Reis.

Wein: Russian River Valley (CA) Gewürztraminer
Bier: Seattle India pale ale

1 Hähnchen (etwa 1,1 kg), in 8 Stücke zerlegt
110 g Schinkenspeck ohne Schwarte,
  in kleine Würfel geschnitten
2–4 EL Olivenöl
⅓ Tasse (40 g) Weizenmehl
Paprikapulver
Salz und frisch gemahlener schwarzer Pfeffer
1 Zwiebel, in Würfel geschnitten
1 grüne Paprikaschote, Stielansatz und
  Samen entfernt, in kleine Würfel geschnitten
2 TL Knoblauch, feingehackt
2 EL Currypulver
1 EL frische oder 1 TL getrocknete
  Thymianblätter
2 Tassen (500 ml) pürierte Tomaten (Fertigprodukt)
2 Tassen (500 ml) entfettete Hühnerbrühe,
  vorzugsweise selbstgemacht (s. S. 271)
2 EL Mango-Chutney, gehackt (s. S. 460)
2 EL Korinthen
2 EL frische glatte Petersilie, gehackt
warmer gekochter weißer Reis,
  zum Servieren

1. Die Hähnchenteile abspülen, überschüssiges Fett entfernen und Flügelspitzen abschneiden. Gründlich trockentupfen.

2. Den Schinkenspeck in einem schweren Topf bei mäßiger Temperatur 6–8 Minuten ausbraten, bis er goldbraun ist, dann mit einem Schaumlöffel in eine Schüssel geben. So viel Olivenöl zufügen, daß etwa 2 Eßlöffel Fett im Topf sind.

3. Mehl, Paprikapulver, Salz und Pfeffer in einer großen Schüssel mischen. Die Hähnchenteile in dem gewürzten Mehl wenden und überschüssiges Mehl wieder abklopfen.

4. Die Hähnchenteile portionsweise bei mittlerer Temperatur jeweils 10 Minuten anbraten. Herausnehmen und beiseite stellen.

5. 2 weitere Eßlöffel Olivenöl, Zwiebel und Paprika in den Topf geben. Bei niedriger Temperatur unter gelegentlichem Rühren 10 Minuten dünsten, bis das Gemüse weich ist. Knoblauch zufügen und weitere 2 Minuten dünsten. Mit Currypulver und Thymian bestreuen und unter Rühren 1 weitere Minute dünsten.

6. Tomaten, Brühe und Chutney zugeben und verrühren. Den Schinkenspeck und die Hähnchenteile zufügen, alles aufkochen lassen und bei mittlerer Temperatur 20–25 Minuten ziehen lassen, bis das Huhn gar ist. Korinthen zufügen und weitere 5 Minuten köcheln lassen. Petersilie einrühren und sofort auf Reis servieren.

Für 4 Personen

»YA YA« GUMBO

HÜHNERTOPF

Es gibt viele verschiedene *Gumbos*, aber keine hat mir so gut geschmeckt wie die von Eula Mae Dore. Obwohl dieses kräftig gewürzte Gericht auch mit Meeresfrüchten, Ente und Wild gekocht werden kann, hält sich Ms. Dore an die traditionellen Zutaten: Huhn und Wurst. Sie dickt ihre *Gumbo* allerdings nicht mit den traditionell verwendeten Okras an, sondern mit Filé-Pulver, das sie am liebsten aus Blättern von Sassafrasbäumen selbst zubereitet. Filé-Pulver ist aber auch in speziellen Lebensmittelgeschäften oder in großen Supermärkten erhältlich. Schon eine Prise läßt die *Gumbo* eindicken. Das Pulver wird auf einem kleinen Teller mit einem winzigen Löffel bei Tisch serviert, so daß sich jeder selbst bedienen kann. Man sollte es auf keinen Fall mitkochen, weil die *Gumbo* sonst recht zähflüssig wird. Außer Wein eignet sich als Getränk zum Essen auch Eistee mit Minze.

Wein: Washington State Chardonnay

1 Hähnchen (1,1–1,3 kg), in 6 Teile zerlegt
4 EL Pflanzenöl
230 g Andouille-Würstchen, in etwa 1–2 cm große Stücke geschnitten
6 Tassen (1½ l) entfettete Hühnerbrühe, vorzugsweise selbstgemacht (s. S. 271)
⅓ Tasse (40 g) Weizenmehl
3 Selleriestangen, in etwa 0,5 cm große Würfel geschnitten
1 große Zwiebel, gehackt
1 grüne Paprikaschote, Stielansatz und Samen entfernt, in kleine Würfel geschnitten
1 EL Knoblauch, feingehackt
4 EL frische glatte Petersilie, gehackt
2 Lorbeerblätter
½ TL getrockneter Thymian
1 TL Tabasco
Salz und frisch gemahlener schwarzer Pfeffer
4 Frühlingszwiebeln (mit etwa 8 cm Grün), in dünne Scheiben geschnitten
2 Tassen (370 g) noch warmer weißer Reis, zum Servieren
Filé-Pulver, zum Servieren

1. Die Hähnchenteile abspülen, überschüssiges Fett entfernen und gut trockentupfen.

2. 2 Eßlöffel Öl in einem großen Topf auf mittlerer Stufe erhitzen und die Wurst darin ungefähr 7 Minuten braun braten. Die Wurst mit einem Schaumlöffel in eine Schüssel geben. Die Hähnchenteile – eventuell in zwei Portionen – in den Topf geben und jeweils etwa 10 Minuten unter Wenden anbraten, bis sie goldbraun sind. Das Fett abgießen.

3. Brühe in den Topf geben, zudecken und bei mäßiger Temperatur 20–25 Minuten ziehen lassen, bis das Hähnchenfleisch zart ist. Die Hähnchenteile aus dem Topf nehmen und zum Abkühlen beiseite stellen. Den Topf mit der Brühe ebenfalls beiseite stellen. Ist das Hähnchen abgekühlt, Haut und Knochen entfernen und das Fleisch in knapp 1–2 cm große Stücke schneiden. Beiseite stellen.

4. In der Zwischenzeit die restlichen 2 Eßlöffel Öl mit dem Mehl in einem gußeisernen Topf oder einer gußeisernen Pfanne mischen und bei mäßiger Temperatur unter ständigem Rühren etwa 30 Minuten kochen, bis die Mischung eine kräftig rotbraune Farbe bekommt. Sellerie, Zwiebel, Paprika, Knoblauch und 2 Eßlöffel Petersilie zugeben und unter Rühren weitere 10 Minuten kochen lassen.

5. Einen Teil der aufbewahrten Brühe zum Gemüse hinzufügen und die gesamte Mischung in den Topf mit der restlichen Brühe geben. Lorbeerblätter, Thymian, Tabasco, Salz und Pfeffer zufügen und aufkochen lassen. Die Temperatur reduzieren und das Ganze bei offenem Deckel etwa 45 Minuten köcheln lassen. Die Hähnchenteile und die Wurst zufügen und noch weitere 15 Minuten ziehen lassen.

6. Den Topf von der Herdplatte nehmen, Schalotten zugeben und das Ganze mit Gewürzen abschmecken. Die *Gumbo* 10 Minuten ruhen lassen.

7. Die *Gumbo* mit einem Schöpflöffel in flache Schälchen verteilen. Mit einem Löffel jeweils etwa 90 g Reis in die Schälchen geben und mit der restlichen gehackten Petersilie bestreuen. Sofort servieren; das Filé-Pulver auf einem Extrateller dazustellen.

Für 4 Personen

MEHLSCHWITZEN

Alle *Gumbos* werden mit einer Mehlschwitze zubereitet, also mit einer Mischung aus Öl und Mehl, die bei mäßiger Temperatur gekocht wird. Sie gibt dem Gericht seine charakteristische nussige Note, durch die sich *Gumbos* von gewöhnlichen Stews abheben. Eine Mehlschwitze erfordert etwas Zeit, da sie unter ständigem Rühren bis zu 30 Minuten kochen muß.

Am besten verwendet man einen schweren gußeisernen Topf oder eine gußeiserne Pfanne. Zum Rühren benötigen Sie einen Schneebesen. Die Mehlschwitze verändert während des Kochens mehrmals ihre Farbe. Sie wird zuerst blaßbeige, dann hellbraun und karamelfarben, nimmt schließlich eine kräftig rotbraune Farbe an und verströmt dann ein wunderbar nussiges Aroma.

Passen Sie auf, daß Sie bei der Zubereitung der Mehlschwitze nicht abgelenkt werden, da sie sehr schnell anbrennt.

CALABACITAS

HÜHNERTOPF MIT ZUCCHINI

Anläßlich der alljährlich stattfindenden *Fiesta* in San Antonio (s. S. 396) aß ich einmal ganz hervorragende *calabacitas* (die spanische Bezeichnung für Zucchini). Dieses Gericht ist Bestandteil der Tex-Mex-Küche, die aus dem Süden von Texas stammt. Das Rezept ist nur selten in Kochbüchern zu finden, sondern wird von Familie zu Familie weitergereicht. Zwar gibt es dieses Gericht in vielen Variationen, doch Mais gehört immer dazu, häufig auch weiße Rüben und Schweinefleisch. Ich bevorzuge allerdings Hähnchen. Servieren Sie den Hühnertopf mit Reis oder warmen Weizentortillas, als Getränk dazu ein eiskaltes Bier.

Bier: Texas lager

230 g Schinkenspeck, ohne Schwarte, in kleine Würfel geschnitten
1 Hähnchen (etwa 1,1 kg), in 8 Stücke zerteilt, abgespült und trockengetupft
Salz
1 Tasse (120 g) Zwiebeln, grobgeschnitten
1 Tasse (150 g) grüne Paprikaschote, Stielansatz und Samen entfernt, grobgeschnitten
2 Knoblauchzehen, gehackt
1 TL Kreuzkümmel, gemahlen
4 Tassen (480 g) Zucchini, in etwa 1–2 cm große Würfel geschnitten
2 Tassen (500 g) frische Maiskörner
450 g Strauchtomaten, geschält und grobgehackt
1 EL grüne Jalapeño-Chillies, feingehackt
frisch gemahlener schwarzer Pfeffer
3 EL frische glatte Petersilie, gehackt
heißer gekochter weißer Reis oder 8 warme Weizentortillas

1. Den Schinkenspeck in einem großen Topf bei mäßiger Hitze 6–8 Minuten ausbraten, dann mit einem Schaumlöffel herausheben.

2. Die Temperatur etwas erhöhen und die Hähnchenteile portionsweise jeweils 10 Minuten anbraten. Die Hähnchenteile mit Salz bestreuen und bewegen, damit sie nicht am Pfannenboden ansetzen, dann in eine Schüssel geben.

3. Zwiebeln und Paprikastücke in den Topf geben, die Temperatur etwas reduzieren und 8 Minuten dünsten. Erst den Knoblauch und nach 2 Minuten den Kümmel zugeben und 1 Minute weiterkochen.

4. Den Speck und die Hähnchenteile mit Zucchini, Mais, Tomaten und Jalapeño-Chillies in den Topf geben; 1 Stunde zugedeckt kochen lassen, bis sich das Fleisch von den Knochen löst.

5. Den Deckel abnehmen und noch weitere 30 Minuten kochen lassen.

6. Mit Salz und Pfeffer würzen und mit Petersilie bestreuen. Auf Reis oder Weizentortillas servieren.
Für 4 Personen

RUSTIC CHICKEN IN REPOSE

RUSTIKALES HÄHNCHEN AUF GEMÜSEBETT

Für dieses Gericht werden Hähnchenbruststücke auf Gemüse gebraten, und das Fleisch nimmt das Aroma des frischen Estragons an, der vor dem Braten unter die Haut gesteckt wird. Die Orangen-Estragon-Sauce rundet das Gericht geschmacklich ab. Servieren Sie das Hähnchen direkt aus dem Ofen zu grünem Salat, knusprigem Brot und einem Glas Wein.

Wein: Oregon Pinot Noir
Bier: California pale ale

2 Knoblauchzehen
1 Msp. grobkörniges Salz
1 EL unbehandelte Orangenschale, feingerieben
Saft von 1 großen Orange
1 EL extra natives Olivenöl
1 EL frische Estragonblätter, feingehackt,
*   oder ½ TL getrocknete Estragonblätter*
frisch gemahlener schwarzer Pfeffer
4 Möhren, geschabt, der Länge nach halbiert
*   und in gut 5 cm dicke Stücke geschnitten*
450 g junge Kartoffeln, gründlich abgebürstet
*   und halbiert*
4 große Strauchtomaten, der Länge nach
*   halbiert und entkernt*
4 kleine Hähnchenbruststücke (je etwa 340 g),
*   mit Haut und Knochen, abgespült und*
*   trockengetupft*
8 frische Estragonzweige

1. Den Ofen auf 220 °C vorheizen.
2. Knoblauch und Salz in einer kleinen Schüssel mischen. Orangenschale, Orangensaft, Olivenöl, gehackten Estragon und Pfeffer zugeben, alles gut mischen und beiseite stellen.
3. Einen Topf mit Salzwasser zum Kochen bringen und Möhren und Kartoffeln 5 Minuten blanchieren. Abtropfen lassen und in eine Schüssel geben. Tomaten zufügen und die Schüssel beiseite stellen.
4. Überschüssiges Fett von den Hähnchenbruststücken entfernen. Jeweils von beiden Seiten je einen Estragonzweig vorsichtig unter die Haut schieben. Anschließend die Bruststücke mit der vorbereiteten Orangen-Würzmischung bestreichen.
5. Die restliche Orangen-Würzmischung zum Gemüse geben und dieses gründlich darin wenden. Das Gemüse in eine ofenfeste rechteckige Auflaufform von 33 x 23 x 6 cm geben. Die Bruststücke dekorativ auf dem Gemüse anrichten, dann 40 Minuten backen und dabei ein- oder zweimal mit dem Saft, der sich in der Form gesammelt hat, bestreichen. Für die Garprobe stechen Sie mit einem spitzen Messer in den dicksten Teil des Fleisches – wenn klarer Saft austritt, ist das Fleisch gar. Auf jeden Teller etwas Gemüse und ein ganzes Bruststück geben und sofort servieren.

Für 4 Personen

SAN ANTONIO FIESTA CHICKEN

HÄHNCHEN A LA SAN ANTONIO FIESTA

Die *San Antonio Fiesta* wird jedes Jahr im April zum Andenken an die Schlacht von San Jacinto am 21. April 1836 gefeiert, die die Unabhängigkeit des Staates Texas von Mexiko besiegelte. Das Fest ist stets gut besucht und das Angebot an Gerichten einfach überwältigend (s. S. 396). Als ich auf der Suche nach Rezepten für dieses Buch war, ging ich davon aus, kulinarische Überraschungen vorwiegend an Orten zu finden, in die ich während meiner Reise nur zufällig kam.

Daher war ich von dem Angebot, das ich in San Antonio vorfand, geradezu überwältigt. Das folgende Gericht servieren Sie am besten mit einem *Cowboy Rice Salad* (s. S. 345).

Wein: Napa Valley (CA) Chenin Blanc
Bier: California wheat beer

6 Hähnchenbrusthälften (insgesamt 900 g–1,1 kg), ohne Haut und Knochen
3 EL extra natives Olivenöl
3 EL frischer Limettensaft
1 EL Knoblauch, feingehackt
1 TL Chilipulver
½ TL Kreuzkümmel, gemahlen
230 g grüne Bohnen, ohne Enden und in 2–3 cm lange Stücke geschnitten
1 Tasse (250 g) frische Maiskörner
3 reife Tomaten, in Würfel geschnitten
2 rote Paprikaschoten, Stielansatz und Samen entfernt, in Würfel geschnitten
4 Schalotten (mit knapp 8 cm Grün), diagonal in dünne Scheiben geschnitten
6 EL frische glatte Petersilie oder frische Korianderblätter, grobgehackt
Salz und frisch gemahlener schwarzer Pfeffer
3 EL Luscious Lime Dressing (s. S. 348)
Radicchioblätter, zum Servieren

1. Die Bruststücke in einer Schüssel in Öl, Limettensaft, Knoblauch, Chilipulver und Kreuzkümmel wenden. 30 Minuten abgedeckt bei Zimmertemperatur oder 2–3 Stunden zugedeckt im Kühlschrank ziehen lassen.

2. In der Zwischenzeit die grünen Bohnen 5 Minuten in einem Topf mit Wasser blanchieren. Mit einem Schaumlöffel aus dem Wasser heben, dann die Maiskörner 2 Minuten blanchieren. Abtropfen lassen und beiseite stellen.

3. Einen Gartengrill vorbereiten und die Kohle gut durchglühen lassen.

4. Die Bruststücke etwa eine Handbreit über der Glut auf den Grill legen und vorsichtig flachdrücken. Etwa 4 Minuten auf jeder Seite grillen, bis sie gar sind (auf keinen Fall zu lange). Die Bruststücke auf einen Teller legen, 10 Minuten abkühlen lassen, in gut 2–3 cm große Würfel schneiden und diese in eine große Schüssel geben.

5. Tomaten, Paprika, Schalotten, Bohnen und Mais zu dem Fleisch geben und vorsichtig mischen. Mit Petersilie bestreuen, mit Salz und Pfeffer abschmecken, mit dem Dressing beträufeln und vorsichtig mischen.

6. Eine Servierplatte mit Radicchioblättern belegen, die Mischung darauf anrichten und servieren.

Für 6–8 Personen

SPICED-UP GRILLED CHICKEN SALAD

WÜRZIGER HÜHNCHENSALAT

Dieser Salat wird aus ausgesprochen wohlschmeckenden Zutaten zubereitet, und so kombiniert schmecken sie einfach hervorragend. Ich mag den Salat am liebsten, wenn das Hähnchenfleisch direkt vom Grill kommt. Drücken Sie die Fleischstücke auf dem Grill vorsichtig flach, damit sie gleichmäßig garen.

Wein: Oregon dry Riesling
Bier: Colorado amber lager

MARINADE
3 EL extra natives Olivenöl
2 EL frischer Orangensaft
2 Knoblauchzehen, feingehackt
2 EL frische Korianderblätter, gehackt
1 EL unbehandelte Orangenschale, feingerieben
1 kleine getrocknete rote Chilischote, zerkleinert
½ TL Kreuzkümmel, gemahlen
½ TL Chilipulver
etwa ½ TL Salz

8 Hähnchenbrusthälften (insgesamt etwa 1,4 kg), ohne Haut und Knochen
Black Bean Salad (s. S. 356)
1½ EL frische Korianderblätter, gehackt
¾ Tasse (200 ml) Summer Peach Relish (s. S. 201)

    1. Für die Marinade alle Zutaten in eine Schüssel geben und gut verrühren.
    2. Mit der flachen Seite eines großen schweren Messers die Bruststücke flachklopfen, in die Marinade geben und darin wenden, so daß sie von allen Seiten damit bedeckt sind. Abdecken und 2–4 Stunden im Kühlschrank ziehen lassen.
    3. Den Gartengrill oder den Backofengrill vorbereiten.
    4. Bruststücke etwa 8 cm von der Wärmequelle entfernt von jeder Seite bei mäßiger Hitze etwa 3 Minuten grillen, bis sie gar sind.
    5. Den *Black Bean Salad* auf vier Teller verteilen und auf jede Portion jeweils zwei Bruststücke legen. Mit Koriander garnieren und *Summer Peach Relish* zugeben. Sofort servieren.
    Für 4 Personen

Santa Fe Border Game Hens

Wildhühnchen Santa Fe

Diese gegrillten Hühnchen ohne Knochen erhalten ihr typisch südwestliches Aroma durch die Marinade aus Kreuzkümmel, Zimt und Limettensaft. Damit die Hühnchen gleichmäßig garen, entferne ich mit einer Küchenschere die Wirbelsäule und breite die Flügel aus, so daß diese während des Grillens nicht unter der Brust liegen. Rechnen Sie pro Person ein Hühnchen. Mit *Vegetable-Studded Barley* (s. S. 338), *Liberty Spinach Salad* (s. S. 276) und *Cumin Dressing* (s. S. 276) servieren.

Wein: Willamette Valley (OR) Pinot Noir
Bier: Illinois amber ale

MARINADE
½ Tasse (125 ml) frischer Limettensaft
3 EL extra natives Olivenöl
1 EL Knoblauch, feingehackt
2 TL Kreuzkümmel, gemahlen
½ TL Zimt, gemahlen
Salz und frisch gemahlener schwarzer Pfeffer

4 Cornish-Hühner (je 340–450 g; ersatzweise Perlhühner)
4 Limettenhälften, zum Servieren
1 Bund frischer Koriander, zum Garnieren

    1. Für die Marinade alle Zutaten in einer kleinen Schüssel verrühren und beiseite stellen.
    2. Innereien der Hühnchen vollständig entfernen (eventuell für einen anderen Zweck aufbewahren). Mit einer Schere die Flügelspitzen abschneiden. Um die Hühnchen auf dem Grill ausbreiten zu können, am Rückgrat entlang einschneiden. Das Rückgrat freilegen, herausschneiden und wegwerfen. Die Hühnchen öffnen und

mit der Haut nach oben auf eine glatte Fläche legen. Mit der flachen Seite eines großen Messers oder mit dem Handballen die Brustbeine durchdrücken, bis sie flach liegen bleiben. Die Hühnchen unter kaltem Wasser gut abspülen und dann trockentupfen. Geöffnet und ausgebreitet in eine große Schüssel legen und mit Marinade begießen, wenden, um sie gleichmäßig mit Marinade zu bedecken; dann abgedeckt 1 Stunde in den Kühlschrank stellen.

3. Einen Gartengrill vorbereiten und den Rost gut einölen.

4. Die Hühnchen abtropfen lassen; die Marinade aufbewahren. Die Hühnchen etwa 8 cm über der Glut mit ausgebreiteten Flügeln und mit der Hautseite nach unten auf den Grill legen. 10 Minuten grillen und dabei mit einem Teil der restlichen Marinade bestreichen. Wenden und nochmals 10 Minuten grillen. Ständig einstreichen, bis sie goldbraun und gar sind. Jeweils ein halbes Hühnchen mit einer Limettenscheibe und einem Korianderzweig garniert servieren.

Für 4 Personen

LACQUERED MAPLE SYRUP GAME HENS

HÜHNCHEN MIT AHORNSIRUP

★★★

Für dieses Gericht lasse ich die Hühnchen zunächst in einer Mischung aus Ahornsirup und Li- mettensaft ziehen und bestreiche sie auch während des Grillens damit. Der Ahornsirup sorgt dafür, daß die fertigen Hühnchen schön glänzen. Servieren Sie auch Ahornsirup getrennt dazu, der über das Fleisch geträufelt werden kann.

Wein: Montery County (CA) Pinot Noir
Bier: Louisiana lager

4 Cornish-Hühner (je 340–450 g; ersatzweise Perlhühner)
4 EL Ahornsirup plus extra Sirup, zum Servieren
2 EL frischer Limettensaft
2 EL Butter, zerlassen
½ TL Salz
½ TL frisch gemahlener schwarzer Pfeffer
1 Msp. Piment, gemahlen

1. Die Hühnchen ausnehmen (Innereien für einen anderen Zweck aufbewahren). Mit einer Schere die Flügelspitzen abschneiden. Um die Hühnchen auf dem Grill ausbreiten zu können, am Rückgrat entlang einschneiden. Das Rückgrat freilegen, herausschneiden und wegwerfen. Die Hühnchen öffnen und mit der Hautseite nach oben auf eine glatte Fläche legen. Mit der flachen Seite eines schweren Messers oder mit dem Handballen die Brustbeine durchdrücken, bis sie flach liegen bleiben. Die Hühnchen unter kaltem Wasser abspülen und trockentupfen. Ausgebreitet in eine große Schüssel legen.

2. Einen Garten- oder Backofengrill vorbereiten, den Grillrost einölen.

3. 4 EL Ahornsirup, Limettensaft, Butter und sämtliche Gewürze in einer kleinen Schüssel verrühren. Die Mischung über die Hühnchen gießen und sie darin wenden, bis sie gut mit der Marinade bedeckt sind. 15–20 Minuten ziehen lassen.

4. Bei Verwendung eines Gartengrills die Hühnchen etwa 10 cm von der Glut entfernt mit der Hautseite nach unten auflegen. 10 Minuten grillen, dabei die Hühnchen ständig mit der Marinade bestreichen. Wenden und 10 Minuten weitergrillen. Dabei ständig einstreichen, bis sie goldbraun und gar sind. Vor dem Servieren 5 Minuten ruhen lassen.

Bei Verwendung eines Backofengrills die Hühnchen mit der Hautseite nach oben 10 cm von den Grillstäben entfernt 10 Minuten grillen, dabei häufig bestreichen. Anschließend wenden und die Hühnchen von der anderen Seite weitere 10 Minuten grillen, bis sie gar sind.

5. Die Hühnchen mit der Hautseite nach oben auf eine Servierplatte legen und mit Ahornsirup servieren.

Für 4 Personen

SWEET-AND-SOUR SQUABS

JUNGTAUBE SÜSS-SAUER

Diese winzigkleinen Wildvögel passen wunderbar zu einer milden, mit viel Gemüse zubereiteten süß-sauren Sauce. Ich serviere Jungtauben gern in einem Nest aus Eiernudeln oder Polenta mit Mascarpone. Damit sie leichter zu essen sind, halbiere ich sie vor dem Servieren und begieße sie dann mit der Sauce. Sie können eine Taube pro Person rechnen.

Wein: Oregon Pinot Noir
Bier: San Francisco Anchor Steam Beer

4 Jungtauben (je etwa 450 g)
Salz und frisch gemahlener schwarzer Pfeffer
3 EL Olivenöl
1 Tasse (120 g) Zwiebeln, in Würfel geschnitten
¾ Tasse (90 g) mittelgroße Möhren, in Würfel geschnitten
½ Tasse (100 g) Sellerie, in Würfel geschnitten
1 EL Knoblauch, feingehackt
1 TL getrockneter Thymian
1 TL getrockneter Salbei
1½ EL Weizenmehl
1½ Tassen (375 ml) trockener Rotwein
2 Tassen (500 ml) entfettete Hühnerbrühe, vorzugsweise selbstgemacht (s. S. 271)
3 EL Rotweinessig
1 EL rotes Johannisbeergelee
1 EL brauner Zucker
4 EL frische glatte Petersilie, gehackt

1. Die Tauben unter kaltem Wasser abspülen und trockentupfen. Innen und außen mit Salz und Pfeffer bestreuen.

2. Olivenöl in einem großen schweren Kochtopf bei mittlerer Temperatur erhitzen und jeweils zwei Tauben gleichzeitig 15 Minuten anbraten. Auf einen Teller legen.

3. Zwiebeln, Möhren, Sellerie, Knoblauch, Thymian und Salbei in den Topf geben und bei niedriger Temperatur 10 Minuten dünsten, dabei mehrmals umrühren. Mit Mehl bestreuen und noch 1 Minute dünsten, wieder mehrmals rühren.

4. Die Temperatur erhöhen; Rotwein, Brühe und Essig zugießen und aufkochen lassen. Die Temperatur auf mittlere Stufe reduzieren und Gelee und braunen Zucker zugeben. Die Tauben in den Topf zurücklegen und mit Sauce begießen. Bei offenem Deckel 1 Stunde ziehen lassen, bis das Fleisch gar ist, dabei immer wieder begießen.

5. Kurz vor dem Servieren 3 Eßlöffel gehackte Petersilie zufügen.

6. Die Tauben auf eine Servierplatte legen und mit der Sauce begießen, mit der restlichen Petersilie bestreuen und servieren. Die übrige Sauce dazu reichen.

Für 4 Personen

Sunday Herb-Roasted Capon
Gebratener Kapaun mit Kräutern

★★★

Dieser saftige Kapaunbraten wird mit Kräutern gewürzt, die vorsichtig unter die Haut und in die Bauchhöhle gesteckt werden. Durch regelmäßiges Begießen bleibt das Fleisch trotz der langen Bratzeit schön saftig. Dekorieren Sie den Kapaun rundherum mit knusprig gebratenen Kartoffeln.

Wein: Central Coast (CA) Pinot Noir
Bier: Oregon golden ale

1 Kapaun (etwa 3,2 kg)
Salz und frisch gemahlener schwarzer Pfeffer
8 Knoblauchzehen, ungeschält
1 Zitrone, geviertelt
6 frische Thymianzweige
6 frische Rosmarinzweige
6 frische Estragonzweige
4 EL Olivenöl
½ TL Paprikapulver
12 kleine vorwiegend festkochende Kartoffeln (z. B. Clivia, Granola; etwa 1,4 kg), gründlich abgebürstet und geviertelt
2 EL frische Rosmarinnadeln, gehackt
¾ Tasse (200 ml) entfettete Hühnerbrühe, vorzugsweise selbstgemacht (s. S. 271)
3 EL frischer Zitronensaft

1. Den Ofen auf 220 °C vorheizen.
2. Den Kapaun innen und außen unter kaltem Wasser gründlich abwaschen und trockentupfen. Überschüssiges Fett einschließlich der Fettpolster um den Bürzel herum mit einem kleinen scharfen Messer entfernen.
3. Die Bauchhöhle mit Salz und Pfeffer würzen. Knoblauchzehen, Zitronenviertel und jeweils vier Thymian-, Rosmarin- und Estragonzweige in die Bauchhöhle stecken.
4. Mit den Händen vorsichtig die Haut über dem Brustfleisch lösen und die restlichen Thymian-, Rosmarin- und Estragonzweige zwischen Haut und Brustfleisch stecken. Die Haut vorsichtig wieder zurückschieben. Die Beine mit Küchengarn zusammenbinden.
5. Den Kapaun in einen Bräter legen. Mit 2 Eßlöffeln Olivenöl bestreichen und mit Salz, Pfeffer und Paprika bestreuen. Kartoffeln um den Kapaun herum legen und mit Salz, Pfeffer und gehacktem Rosmarin würzen. Die verbleibenden 2 Eßlöffel Olivenöl über die Kartoffeln träufeln.
6. Brühe und Zitronensaft mischen; ½ Tasse (125 ml) dieser Mischung in den Bräter gießen. Den Bräter in den Ofen stellen und alles 20 Minuten braten. Die Temperatur auf 180 °C reduzieren und den Kapaun 2 Stunden braten, dabei etwa alle 20 Minuten mit dem Saft, der sich im Bräter gesammelt hat, oder mit der Mischung aus Brühe und Zitronensaft begießen. Der Kapaun ist gar, wenn ein in die dickste Stelle des Vogels hineingestecktes Bratenthermometer 80 °C anzeigt oder wenn beim Einstechen mit einem spitzen scharfen Messer in den Schenkel klarer Fleischsaft austritt.
7. Den Kapaun auf ein Tranchierbrett legen und 15 Minuten ruhen lassen. In der Zwischenzeit die Kartoffeln mit einem Schaumlöffel herausheben und in eine kleine Auflaufform geben. In den Ofen zurückstellen und knusprig backen, solange der Kapaun ruht.
8. Den Bratensaft mit einem Fettabschöpfer entfetten oder das Fett mit einem Metallöffel abschöpfen. Den entfetteten Bratensaft zusammen mit dem beim Tranchieren ausgetretenen Saft in einen kleinen Topf geben und erwärmen.
9. Das Küchengarn entfernen. Den Kapaun tranchieren, rundherum mit Kartoffeln dekorieren und auf einer Platte servieren. Den warmen Bratensaft in einer Sauciere dazustellen.

Für 6 Personen

My Thanksgiving Turkey

Truthahn zum Thanksgiving Day

✯✯✯

Es gibt nur sehr wenig, was ich am Lieblingsessen der Amerikaner zum *Thanksgiving Day* (Erntedankfest) gern ändern würde. Ich habe also vollstes Verständnis dafür, wenn Sie kein Bedürfnis haben, an dieser Stelle weiterzulesen, vor allem, wenn Sie schon ein Truthahn-Rezept haben, mit dem Sie zufrieden sind. Aber ich habe neulich eine Maisbrotfüllung kreiert, die besser gelungen ist als jede andere zuvor. Außerdem habe ich den Truthahn fast die ganze Zeit bei niedriger Temperatur im Ofen gegart. Auf diese Weise blieb das Fleisch durch und durch saftig. Haben Sie also vielleicht nun doch Lust, auch diese Art der Truthahnzubereitung einmal auszuprobieren?

So tranchiert man einen Truthahn

1. Sobald der Truthahn aus dem Ofen kommt, lose mit einem Stück Alufolie bedecken und 15–20 Minuten ruhen lassen, damit sich der Fleischsaft absetzt.

2. Das Küchengarn und die Spieße entfernen. Bei einem gefüllten Truthahn die Füllung mit einem Löffel herausnehmen, in eine Servierschüssel geben und mit Alufolie lose bedecken.

3. Den Truthahn während des Tranchierens mit einer Tranchiergabel festhalten.

4. Die Unterschenkel abtrennen: Mit der Tranchiergabel in den fleischigen Teil des Unterschenkels stechen, dann mit dem Messer die Haut zwischen Unter- und Oberschenkel bis zum Gelenk einschneiden und durchtrennen. Die Unterschenkel nicht zerteilen, da Truthahnliebhaber sonst sehr enttäuscht wären.

5. Die Oberschenkel vom Rumpf trennen: Die Schenkel mit dem Messer vom Rumpf wegdrücken. Läßt sich das Gelenk nicht gut lösen, mit dem Messer durchtrennen und in einzelne Portionen schneiden.

6. Die Flügel auf die gleiche Weise lösen und abtrennen.

7. Die Bruststücke auslösen: Mit dem Tranchiermesser waagerecht an einer Brustunterseite entlangschneiden. Dabei am äußeren Ende in der Nähe des Schenkelansatzes beginnen. Erreicht das Messer den Einschnitt oberhalb des Flügelknochens, lösen sich die Scheiben. Bis zum Brustbein mit dem Schneiden fortfahren. Stets quer zur Fleischfaser schneiden. Nach dem ersten Schnitt sollte der Winkel des Messers nicht mehr geändert werden. Mit langen, durchgehenden Bewegungen schneiden, damit glatte und gleichmäßige Scheiben entstehen. Ist die erste Hälfte der Brust in Scheiben geschnitten, mit der zweiten Hälfte in gleicher Weise verfahren.

Wein: Russian River Valley (CA) Gewürztraminer oder Willamette Valley (OR) Pinot Noir

BRÜHE AUS DEN INNEREIEN
Innereien und Hals vom Truthahn (s. u.)
1 Tasse (340 g) zusätzliche Innereien (ersatzweise vom Huhn)
4 Hühnerrücken (knapp 800 g)
2 Selleriestangen, mit Blättern
2 Zwiebeln, ungeschält
2 Knoblauchzehen, zerdrückt
4 Zweige frische glatte Petersilie
4 ganze Knoblauchzehen
3 schwarze Pfefferkörner
1 Lorbeerblatt
Salz

TRUTHAHN
1 Truthahn (gut 8 kg), mit Innereien und Hals
1 Orange, halbiert
Paprikapulver
Salz und frisch gemahlener schwarzer Pfeffer
etwa 2,5–3 kg Cherry Cornbread Stuffing (s. folgendes Rezept)
110 g Butter, zimmerwarm

SAUCE MIT DEN INNEREIEN
Bratensaft (vom Truthahn)
¼ Tasse (60 g) Butter
4 EL Mehl
2 EL Madeira
1 TL getrockneter Thymian
Salz und frisch gemahlener schwarzer Pfeffer
1 EL frische glatte Petersilie, gehackt
Innereienmischung (s. Schritt 1 und 2)
Brühe aus den Innereien, bei Bedarf

2–3 große Bund frischer Salbei, zum Garnieren

1. Für die Brühe Innereien, Hals und Hühnerrücken abspülen. Alle übrigen Zutaten in einen Topf geben und knapp mit Wasser bedecken. Aufkochen lassen, dann die Temperatur reduzieren. Ungefähr 1 Stunde köcheln lassen, bis Innereien, Hals und Hühnerrücken zart sind, dabei den an die Oberfläche steigenden Schaum abschöpfen. Die Brühe in eine Schüssel abseihen. Die Innereien, Truthahnhals und Hühnerrücken aufbewahren, das Gemüse wegwerfen. Die Brühe sollte etwa 3½ Tassen (875 ml) ergeben.

2. Abgekühltes Fleisch von Truthahnhals und Hühnerrücken zerkleinern und die Haut entfernen. Die Innereien fein hacken und mit den Fleischstückchen mischen, dann zugedeckt in den Kühlschrank stellen.

3. Den Ofen auf 160 °C vorheizen.

4. Den Truthahn gründlich von innen und außen abspülen und anschließend trockentupfen. Überschüssiges Fett entfernen.

5. Orangenhälften in der Bauchhöhle ausdrücken. Bauchhöhle und Halsansatz mit Paprikapulver, Salz und Pfeffer ausstreuen, mit *Cherry Cornbread Stuffing* (s. folgendes Rezept) füllen; dafür etwa 750 g für den Halsansatz und etwa 2 kg für die Bauchhöhle verwenden (s. Hinweis S. 444). Mit kräftigem Küchengarn verschließen oder mit einer dicken Nadel und festem Bindfaden zunähen. Die Beine mit Küchengarn zusammenbinden.

6. Den Truthahn rundum mit Butter einreiben und mit Paprikapulver, Salz und Pfeffer bestreuen.

7. Den Truthahn mit der Brustseite nach oben in einen großen feuerfesten Bräter legen. 2 Tassen (500 ml) Brühe auf den Boden des Bräters gießen und den Truthahn lose mit Alufolie abdecken. Die restliche Fleischbrühe zugedeckt in den Kühlschrank stellen. Den Truthahn in den Ofen schieben und 1½ Stunden braten.

8. Die Folie entfernen und den Truthahn weitere 2½ Stunden braten. Alle 30 Minuten mit dem Saft, der sich im Bräter gesammelt hat, begießen.

9. Die Ofentemperatur auf 180 °C erhöhen und nochmals 1–1¼ Stunden braten, bis ein in die dickste Stelle des Schenkels gestecktes Bratenthermometer etwa 80 °C anzeigt. Der Truthahn ist gar, wenn beim Einstechen mit einem kleinen spitzen Messer in den Oberschenkel klarer Fleischsaft austritt.

10. Den Truthahn aus dem Ofen nehmen, auf eine Platte legen und mit Alufolie lose abgedeckt etwa 20 Minuten ruhen lassen.

11. Die gesamte Füllung herausnehmen und in eine Schüssel geben. Zum Warmhalten mit Alufolie abdecken.

12. Für die Sauce mit den Innereien den Bratensaft im Bräter erhitzen und den gesamten Bodensatz lösen. Um den Fond zu entfetten, Bratensaft in einen Saucentrenner gießen oder das Fett mit einem Metallöffel abheben. Den entfetteten Saft in einen Meßbecher gießen.

13. Butter in einem Topf bei mittlerer Hitze zerlassen. Mehl einrühren und 2–3 Minuten weiterrühren, bis das Mehl leicht braun wird. 2 Tassen (500 ml) vom entfetteten Bratenfond unter ständigem Rühren zugießen, bis die Mischung glatt ist. Die Sauce aufkochen lassen und die Temperatur auf mäßige Hitze reduzieren. Madeira, Thymian, Salz, Pfeffer, Blattpetersilie und die Innereienmischung zugeben. Etwa 10 Minuten ziehen lassen, bis die Sauce eingedickt ist. Dabei immer wieder umrühren. Soll die Sauce dünner sein, noch etwas Bratenfond zufügen, bis sie die gewünschte Konsistenz hat. Nach Belieben nachwürzen.

14. Den Truthahn vor dem Tranchieren vorführen. Tranchiertes Fleisch auf einer großen dekorativen Platte anrichten. Mit frischem Salbei garnieren und mit der Sauce servieren.

Für etwa 16 Personen

CHERRY CORNBREAD STUFFING

KIRSCH-MAISBROT-FÜLLUNG

Probieren Sie doch einmal eine andere Füllung für Ihren Truthahn als die traditionelle mit Brot. Die getrockneten Kirschen oder Cranberries sorgen für einen kräftigen, süß-sauren Geschmack und bieten eine interessante Abwechslung zu den üblicherweise verwendeten Rosinen. Wenn

---

MENÜVORSCHLAG FÜR THANKSGIVING

**Oyster Stew or
Creamy Fresh Morel Soup**

**My Thanksgiving Turkey
with Cherry Cornbread Stuffing
and Giblet Gravy**

**Roasted Root Vegetables
Best Brussels Sprouts Ever
Whipped Sweet Potatoes
October 31st Pumpkin Purée**

**Fresh Whole-Cranberry Relish
Shaker Applesauce
Sweetly Pickled Beets
Lancaster Apple Butter**

**Boston Brown Bread
Vermont Cheddar Cheese**

**Wende's Blue-Ribbon Apple Pie with
Candied Ginger
Southern Pecan Pie My Way**

Sie kein Schweinefleisch verwenden möchten, können Sie es auch durch eine gut gewürzte Truthahnwurst ersetzen.

Country Cornbread (doppelte Menge, s. S. 232),
  am Vortag zubereitet, lose eingepackt und bei
  Zimmertemperatur aufbewahrt
4 EL Olivenöl
4 EL frische Thymianblätter oder
  1 EL getrockneter Thymian
Salz und frisch gemahlener schwarzer Pfeffer
gut 900 g Brät vom Schwein
2 EL Butter
3 Tassen (390 g) Zwiebeln, gehackt
6 Selleriestangen, gehackt
1 Tasse (150 g) getrocknete Kirschen oder
  Cranberries
1 Tasse (150 g) entsteinte Pflaumen
4 EL frische gehackte Salbeiblätter
  oder 2 TL getrockneter Salbei
3 EL frische glatte Petersilie, gehackt
2 Tassen (500 ml) entfettete Hühnerbrühe,
  vorzugsweise selbstgemacht (s. S. 271)
Salz und frisch gemahlener schwarzer Pfeffer

1. Den Ofen auf 180 °C vorheizen.

2. Das Maisbrot in etwa 2–3 cm große Würfel schneiden. Die Brotwürfel mit 2 Eßlöffeln Olivenöl, 2 Eßlöffeln Thymian sowie Salz und Pfeffer in eine große Schüssel geben und gut wenden. Die Würfel auf zwei Backbleche verteilen und 15 Minuten backen, bis sie leicht geröstet sind. 30 Minuten auf Zimmertemperatur abkühlen lassen, dann in die Schüssel zurückgeben.

3. In der Zwischenzeit das Brät in einer beschichteten Pfanne bei mäßig starker Temperatur 15–20 Minuten braten, bis es gar und leicht gebräunt ist. Dabei das Brät zerteilen und überschüssiges Fett abgießen. Mit einem Schaumlöffel in die Schüssel mit dem Maisbrot geben und, wenn nötig, noch weiter zerteilen.

4. Das restliche Öl mit Butter in einem schweren Topf erwärmen. Zwiebeln und Sellerie unter Rühren bei niedriger bis mittlerer Hitze 10 Minuten darin dünsten, bis das Gemüse zusammenfällt. Anschließend Kirschen und Pflaumen einrühren und 5 Minuten weiterdünsten. Die Mischung unter das Maisbrot heben.

DAS ERSTE THANKSGIVING

Als die Ernte eingefahren war, schickte unser Gouverneur vier Männer auf die Vogeljagd, um uns, nachdem wir gemeinsam die Früchte unserer Arbeit eingebracht hatten, ein ganz besonderes Fest zu bereiten. ... Wir begegneten vielen Indianern, unter denen sich auch ... Häuptling Massasoit und an die neunzig seiner Mannen befanden, die wir drei Tage lang unterhielten und bewirteten. Seine Leute gingen anschließend auf die Jagd und erbeuteten fünf Rehe, brachten sie in unsere Siedlung und machten sie unserem Gouverneur, den Hauptmännern und den anderen zum Geschenk. Mag auch nicht immer alles in so großer Fülle vorhanden sein wie damals, beschert uns Gottes Güte doch so viele Gaben, daß wir uns wünschen, unsere Reichtümer häufig mit Euch teilen zu dürfen.

EDWARD WINSLOW,
DRITTER GOUVERNEUR DER KOLONIE PLYMOUTH

5. Den restlichen Thymian, Salbei und Petersilie mit einem Gummispatel mit dem Maisbrot vermischen. Nach und nach die Brühe portionsweise in die Mischung geben, bis die Füllung die gewünschte Feuchtigkeit aufweist. Nach Belieben würzen. Die Füllung abkühlen lassen, bevor der Truthahn damit gefüllt wird.
16 Tassen (etwa 4 kg), für einen 9–11 kg schweren Truthahn (s. Hinweis)

Hinweis: Sollte noch Füllung übrig sein, kann diese separat 20–25 Minuten abgedeckt in einer ofenfesten Form bei 180 °C gebacken werden.

Bayou Turkey Burger
Bayou Truthahnburger

Gehacktes Truthahnfleisch läßt sich gut mit einer scharfen Cajun-Würzmischung kombinieren. Wenn der Burger dann mit Avocados garniert wird, erhält er einen kalifornischen Touch.

Gehacktes Truthahnfleisch sollte langsam angebraten werden, damit es schön bräunt. Achten Sie darauf, daß das Fleisch auch in der Mitte durchgebraten ist.

Bier: Boston lager

450 g Truthahnfleisch, gehackt
2 Frühlingszwiebeln (mit 7–8 cm Grün), in dünne Scheiben geschnitten
1 rote Paprikaschote, Stielansatz und Samen entfernt, feingehackt
1 TL Knoblauch, feingehackt
2 EL frische Korianderblätter, gehackt
¾ TL getrockneter Thymian
½ TL Kreuzkümmel, gemahlen
½ TL Paprikapulver
Chiliflocken
Salz und frisch gemahlener schwarzer Pfeffer
4 Hamburgerbrötchen, getoastet
3 EL Mayonnaise, zum Garnieren
1 kleine reife Avocado, geschält und in Scheiben geschnitten, zum Garnieren

1. Den Gartengrill vorbereiten oder den Backofengrill vorheizen.
2. Das Truthahnfleisch in eine Schüssel geben und mit Frühlingszwiebeln, Paprikaschote, Knoblauch, Koriander, Thymian, Kreuzkümmel, Paprika und Chiliflocken, Salz und Pfeffer würzen. Aus der Mischung 4 Burgerfrikadellen formen.
3. Die Frikadellen knapp 8 cm von der Wärmequelle entfernt 5–6 Minuten von jeder Seite grillen, bis sie gar sind.
4. Sofort auf den getoasteten und mit Mayonnaise bestrichenen Brötchen servieren und gegebenenfalls mit Acocadoscheiben garnieren.
Für 4 Personen

Turkey Curry Pot Pie
Gebackene Curry-Truthahn-Pastete

Wer ein Familienessen plant, weiß Truthahnreste sicher zu schätzen. Das nachfolgende Rezept ist geradezu ideal, um eine große Gästeschar zu bewirten. Die Füllung ist eher fest als cremig und läßt sich ausgezeichnet mit *Fresh Whole Cranberry Relish* (s. S. 202) kombinieren.

Wein: Dry Creek Valley (CA) Zinfandel
Bier: New York State brown ale

2 EL Olivenöl
1 große Zwiebel, gehackt
1 EL Knoblauch, gehackt
1 EL frischer Ingwer, gehackt
2 EL Currypulver
1 EL Mehl
2 mittelgroße Möhren, geschabt, der Länge nach halbiert und in 1–2 cm große Stücke geschnitten
1 Tasse Kartoffeln (140 g), geschält und in Würfel geschnitten
1 Granny-Smith-Apfel, entkernt und in 1–2 cm breite Stücke geschnitten
720 ml entfettete Truthahn- oder Hühnerbrühe, vorzugsweise selbstgemacht (s. S. 271)
1 Zimtstange (knapp 8 cm lang)
100 g helle Sultaninen
½ Tasse (75 g) frische oder aufgetaute Erbsen
1 Tomate, entkernt und in Würfel geschnitten
3 EL frische glatte Petersilie, gehackt
2 Tassen (320 g) gegartes Truthahnfleisch, grobgehackt
Salz und frisch gemahlener schwarzer Pfeffer
frischer Blätterteig, in Scheiben (gut 225 g), aufgetaut, wenn gefroren
1 Ei
1 EL Wasser
Fresh Whole-Cranberry Relish (s. S. 202), zum Servieren

1. Öl in einem großen schweren Topf bei geringer Temperatur erwärmen. Zwiebel zugeben und 8–10 Minuten unter gelegentlichem Rühren dünsten, bis sie zerfällt. Knoblauch und Ingwer zufügen und unter Rühren 2–3 Minuten dünsten. Mit Currypulver und Mehl bestäuben und unter ständigem Rühren 1–2 Minuten dünsten.

2. Möhren, Kartoffeln, Apfel, Brühe und Zimtstange zufügen. Aufkochen lassen. Die Temperatur reduzieren und alles mit halb geschlossenem Deckel 20 Minuten ziehen lassen, bis das Gemüse zart ist. Anschließend Sultaninen, Erbsen, Tomate, Petersilie und Truthahnfleisch zufügen und weitere 5 Minuten ziehen lassen. Mit Salz und Pfeffer würzen.

3. In der Zwischenzeit den Ofen auf 180 °C vorheizen.

4. Die Mischung in eine große runde ofenfeste Form geben. Zimtstange entfernen und wegwerfen. Den Blätterteig auf einer leicht bemehlten Fläche kreisrund und etwa 5 cm größer als den Durchmesser der Form ausrollen. Ei mit Wasser verquirlen und mit der Eimischung den Innen- und Außenrand der Form bestreichen. Den Blätterteig über die Form legen und den überhängenden Teigrand auf etwa 2–3 cm abschneiden. Den Teigrand gut an die Wand der Form andrücken. Den Teig in der Mitte gut 5 cm einschneiden, damit der Dampf entweichen kann, und mit dem restlichen Ei bestreichen.

5. Die Backform auf ein Blech stellen und die Pastete 40–45 Minuten backen, bis der Teig goldbraun ist. Heiß mit *Fresh Whole-Cranberry Relish* (s. S. 202) servieren.

Für 6 Personen

ROASTED DUCK WITH A CRISPY SKIN
KNUSPRIG GEBRATENE ENTE

★★★

Natürlich gibt es unterschiedliche Methoden, eine Ente zu braten. Ich bin jedoch voreingenommen und möchte Ihnen meine Methode vorstellen. Die Haut wird knusprig, und das Fleisch bleibt wunderbar saftig. Es ist wichtig, bei der Vorbereitung der Ente möglichst viel überschüssiges Fett zu entfernen. Dazu *Caramelized Pears* (s. folgendes Rezept) servieren.

Wein: Russian River Valley (CA) Pinot Noir
Bier: Pennsylvania bock

1 Ente (gut 2,3–2,5 kg)
1 Orange, halbiert
Salz und frisch gemahlener schwarzen Pfeffer
1 Granny-Smith-Apfel, geviertelt
1 großes Bund frischer Thymian
Caramelized Pears (s. folgendes Rezept)

1. Den Ofen auf 200 °C vorheizen.
2. Die Ente unter kaltem Wasser waschen und trockentupfen. Sämtliches überschüssiges Fett von der Bauchhöhle und am Halsansatz entfernen. Mit einer Gabel überall leicht in die Haut stechen, aber nicht ins Fleisch schneiden.
3. Die Ente innen und außen mit den Orangenhälften einreiben und mit Salz und Pfeffer bestreuen. Die Orangenhälften mit Apfelvierteln und 4 Thymianzweigen in die Bauchhöhle legen.
4. Die Beine mit Küchengarn zusammenbinden. Die Ente mit der Brustseite nach oben in einem Bräter auf mittlerer Schiene 30 Minuten braten.
5. Die Temperatur auf 180 °C reduzieren und je nach Größe die Ente gut 1½–2 Stunden braten. In regelmäßigen Abständen mit der Flüssigkeit, die sich im Bräter sammelt, begießen, damit sie schön braun und knusprig wird. Die Ente ist gar, wenn beim Einstechen mit einem spitzen Messer in die dickste Stelle des Oberschenkels klarer Bratensaft austritt. (Ein in die dickste Stelle des Oberschenkels gestecktes Bratenthermometer sollte 80 °C anzeigen.)
6. Die Ente aus dem Ofen nehmen und vor dem Tranchieren 15 Minuten ruhen lassen. Mit den restlichen Thymianzweigen garnieren.

Für 4 Personen

CARAMELIZED PEARS
KARAMELISIERTE BIRNEN

50 g helle Sultaninen
2 EL Orangensaft, frisch gepreßt
3 EL Butter
4 Birnen, z. B. Anjoubirnen, geschält, entkernt und in 2–3 cm dicke Stücke geschnitten
2 EL brauner Zucker
1 EL kandierter Ingwer, gehackt

1. Sultaninen und Orangensaft in einer Schüssel verrühren und 30 Minuten stehen lassen.
2. Butter bei mittlerer Temperatur in einer beschichteten Pfanne zerlassen. Birnen und Sultaninen zugeben und mit Zucker und Ingwer bestreuen. Das Ganze unter Rühren 20–25 Minuten kochen, bis das Obst zart und karamelisiert ist.

Für 4–6 Personen

MIDSEASON'S EVE DUCK
FRÜHLINGSENTE

Im Frühling ist ein nahrhafter Salat oft genau das Richtige. Die Entenbrust kann am Vortag zubereitet und im Kühlschrank aufbewahrt werden. Aber erst in Scheiben schneiden, wenn Sie den Salat zubereiten. Richten Sie die Teller erst kurz vor dem Servieren an.

Wein: California Rhône-style blend
Bier: American pale ale

2 ganze Entenbruststücke, entbeint (je etwa 340 g)
grobkörniges Salz und frisch gemahlener schwarzer Pfeffer
2 TL Olivenöl
110 g grüne Bohnen, die Enden entfernt und halbiert
110 g Wachsbohnen, die Enden entfernt und halbiert
½ Tasse (125 g) Maiskörner, vorzugsweise frisch
4 reife Strauchtomaten, jeweils in 8 Stücke zerteilt
6 weiße Champignonhüte, mit einem feuchten Lappen gereinigt und in dünne Scheiben geschnitten
¼ Tasse (15 g) frische Basilikumblätter, dünn geschnitten, und zusätzliche Basilikumblätter zum Garnieren
6 EL Orange Honey Dressing (s. S. 98)
Salz und frisch gemahlener schwarzer Pfeffer
2 Köpfe Radicchio, in Blätter zerlegt, gewaschen und trockengetupft

1. Die Entenbruststücke der Länge nach halbieren. Überschüssige Haut und überschüssiges Fett entfernen. Nach Belieben können Filetstücke abgetrennt und für einen anderen Zweck aufbewahrt werden. Die Brusthaut mit einem scharfen Messer dreimal einschneiden, ohne das Fleisch zu verletzen. Von allen Seiten mit Salz und Pfeffer würzen.

2. Öl in einer beschichteten Pfanne bei mäßig starker Temperatur erhitzen. Die Bruststücke mit der Hautseite nach unten in die Pfanne legen und 3–4 Minuten anbräunen. Drehen und von der anderen Seite 3–4 Minuten anbraten, wenn sie englisch (innen durchgehend rosa) gebraten sein sollen. Die Bruststücke auf eine Platte legen, abdecken und bis zur weiteren Verwendung in den Kühlschrank stellen.

3. Die Bruststücke schräg in dünne Scheiben schneiden.

4. Eine Schüssel mit Eiswasser vorbereiten.

5. Einen Topf Wasser zum Kochen bringen und beide Bohnensorten etwa 5 Minuten kochen, bis sie zart sind, aber noch Biß haben. Mit einem Schaumlöffel aus dem Topf heben und in das Eiswasser tauchen. Abtropfen lassen und trockentupfen, dann in eine große Schüssel geben. Mais im kochenden Wasser 2 Minuten blanchieren und anschließend ebenfalls in das Eiswasser tauchen. Abtropfen lassen, trockentupfen und mit dem restlichen Gemüse, Basilikum und 4 Eßlöffeln Dressing zu den Bohnen geben. Vorsichtig unterheben und mit Salz und Pfeffer würzen.

6. Radicchioblätter auf 4 großen Tellern jeweils in der Tellermitte anrichten. Den Salat gleichmäßig auf den Radicchioblättern verteilen. Ungefähr 8 Scheiben Entenbrust überlappend auf jedem Salat anrichten. Gleichmäßig mit der restlichen Vinaigrette beträufeln, mit Basilikum garnieren und sofort servieren.

Für 4 Personen

FRUITY DUCK BREASTS TWO WAYS

ENTENBRUST MIT FRÜCHTEN AUF ZWEIERLEI ART

Auf diese Weise bereite ich Entenbruststücke mit Vorliebe zu besonderen Anlässen zu. Beide Versionen werden mit Früchten garniert und lassen sich gut mit *Fennel and Acorn Squash Whip* (s. S. 306) und Wildreis als Beilage kombinieren. Sie können die Bruststücke mit einer von beiden

Saucen servieren. Es ist jedoch am besten, sie mit beiden Saucen zusammen auf einer Platte zu reichen.

Wein: Central Coast (CA) Pinot Noir
Bier: Oregon brown ale

*2 ganze Entenbruststücke, entbeint
   (je etwa 340 g)*
*grobkörniges Salz und frisch gemahlener
   schwarzer Pfeffer*
2 TL Olivenöl
*1½ Tassen (375 ml) entfettete Hühnerbrühe,
   vorzugsweise selbstgemacht (s. S. 271)*

ORANGENSAUCE
½ Tasse (180 g) bittere Orangenmarmelade
2 EL trockener Weißwein

KIRSCHSAUCE
½ Tasse (75 g) eingemachte süße Kirschen
1 EL trockener Weißwein

1. Die Entenbruststücke der Länge nach halbieren. Überschüssige Haut und überschüssiges Fett abschneiden. Nach Belieben können Filetstücke abgetrennt und für einen anderen Zweck aufbewahrt werden. Die Brusthaut mit einem scharfen Messer dreimal diagonal einschneiden, ohne das Fleisch zu verletzen. Von allen Seiten mit Salz und Pfeffer würzen.

2. In zwei beschichteten Pfannen jeweils 1 Teelöffel Olivenöl auf mittelhoher Stufe erhitzen. In jede Pfanne zwei Bruststücke mit der Hautseite nach unten legen und 3–4 Minuten anbraten, bis sie schön braun sind. Drehen und von der anderen Seite ebenfalls 3–4 Minuten anbraten, wenn sie englisch (innen durchgehend rosa) sein sollen. Die Bruststücke auf eine Platte legen, abdecken und bis zum Servieren ruhen lassen.

3. Fett aus den Pfannen abgießen und beide mit Küchenpapier auswischen. Die Pfannen auf mittlere Temperatur erhitzen. In jede 180 ml Brühe und den Fleischsaft der Bruststücke gießen. Aufkochen lassen, Bodensatz lösen und etwa 1 Minute kochen lassen. Die Temperatur reduzieren und Marmelade und Weißwein in eine der beiden Pfannen rühren. Aufkochen lassen und anschließend die Temperatur wieder reduzieren. 5–6 Minuten ziehen lassen, bis die Sauce einkocht und dicklich wird, dabei mit Salz und Pfeffer würzen. Diesen Vorgang mit den Kirschen und dem Weißwein in der zweiten Pfanne wiederholen.

4. Die Bruststücke schräg in Scheiben schneiden und fächerförmig auf 4 angewärmten Tellern anrichten. Über jede Portion etwas von beiden Saucen geben und sofort servieren.

Für 4 Personen

JUST-NORTH-OF-THE-BORDER GRILLED QUAIL

GEGRILLTE WACHTELN

Durch kurzes Marinieren erhalten diese Wachteln ihr würziges Aroma nach Art des Südwestens. Wenn Sie gut mit einem kleinen Ausbeinmesser umgehen können, dann versuchen Sie ruhig, die Brustknochen selbst auszulösen. Einfacher ist es natürlich, diese knifflige Aufgabe dem Metzger zu überlassen. Legen Sie die Wachteln flach auf den Grill und achten Sie darauf, daß sie nicht zu heiß werden, da sie sehr schnell austrocknen. Mit *Creamy Salsa Verde* (s. S. 213) servieren.

Wein: Amador County (CA) Barbera
Bier: Portland amber ale

8 Wachteln (je etwa 230 g), teilweise entbeint (s. o.)
4 EL Limettensaft, frisch gepreßt
2 EL extra natives Olivenöl
2 TL Knoblauch, feingehackt
1 TL Kreuzkümmel, gemahlen
¼ TL Zimt, gemahlen
Salz und frisch gemahlener schwarzer Pfeffer
2 EL frische Korianderblätter, kleingehackt
1 Tasse (250 ml) Creamy Salsa Verde (s. S. 213), zum Servieren
2 EL frische Korianderblätter, grobgehackt, zum Garnieren
frische gelbe und orangefarbene Kapuzinerkresseblüten, zum Garnieren

1. Die Wachteln unter kaltem Wasser abspülen; die Flügelspitzen abschneiden. Trockentupfen und in eine große Schüssel geben.
2. Limettensaft, Öl, Knoblauch, Kreuzkümmel, Zimt, Salz, Pfeffer und feingehackten Koriander in einer kleinen Schüssel verrühren. Dann die Wachteln darin wenden, so daß sie rundum mit der Marinade bedeckt sind. Abdecken und 1 Stunde in den Kühlschrank stellen.
3. Den Gartengrill vorbereiten und auf mittlere bis starke Hitze bringen oder den Backofengrill vorheizen.
4. Die Wachteln gut 10 cm von der Wärmequelle entfernt 3–4 Minuten von jeder Seite grillen, bis sie goldbraun und gar sind (mit einem Pfannenheber wenden).
5. Inzwischen die angemachte *Creamy Salsa Verde* (s. S. 213) im Wasserbad auf kleiner Flamme erhitzen.
6. Die Salsa auf 4 große Teller verteilen. Jeweils 2 Wachteln auf jede Portion Salsa legen. Mit grobgehackten Korianderblättern bestreuen und nach Belieben mit Kapuzinerkresse garnieren. Sofort servieren.
Für 4 Personen

Roasted Pheasant with Kentucky Bourbon Sauce
Gebratener Fasan in Bourbon-Sauce

Dieser kleine Wildvogel gelangte von China über England nach Amerika. Benjamin Franklins Schwiegersohn, der Engländer Richard Bache, versuchte als erster, in den Vereinigten Staaten Fasane zu züchten. Diese Vögel lassen sich ebenso einfach zubereiten wie Hühner. Wie viele Wildvögel sind Fasane im allgemeinen recht fettarm. Daher sollte die Brust mit Speckstreifen umwickelt werden, damit das Fleisch saftig bleibt. Runden Sie das Gericht mit *Down and Dirty Rice* (s. S. 342) und *October 31st Pumpkin Pure* (s. S. 321) ab.

Wein: Hudson Valley (NY) Pinot Noir
Bier: Massachusetts India pale ale

1 Fasan (gut 1,1 kg)
1 Orange, halbiert
2 EL Olivenöl
Salz und frisch gemahlener schwarzer Pfeffer
½ Granny-Smith-Apfel, geviertelt
2 Schalotten, halbiert
2 frische Salbeizweige plus Salbeizweige extra, zum Garnieren
6 Scheiben Frühstücksspeck
3 EL entfettete Hühnerbrühe, vorzugsweise selbstgemacht (s. S. 271)
2 EL Bourbon Whiskey
Kentucky Bourbon Sauce (s. folgendes Rezept)

1. Ofen auf 180 °C vorheizen.
2. Den Fasan waschen und das Innere gut säubern. Trockentupfen und überschüssiges Fett entfernen. Die Flügelspitzen mit einer Schere abschneiden.
3. Die Orange über dem gesamten Fasan und in der Bauchhöhle auspressen und den Fa-

san rundum mit Olivenöl bestreichen. Innen und außen salzen und pfeffern. Apfelstücke, Schalotten und 2 Salbeizweige in die Bauchhöhle legen; die Beine mit Küchengarn zusammenbinden.

4. Den Fasan mit der Brustseite nach oben in einen kleinen Bräter legen und die Speckstreifen in einer Schicht quer über den Fasan legen. Hühnerbrühe und Bourbon zugießen.

5. Auf mittlerer Schiene 1 Stunde im Ofen braten und dabei zwei- bis dreimal begießen. Den Speck entfernen und 15–20 Minuten weiterbraten, bis die Brust braun und der Fasan gar ist. Er ist gar, wenn beim Einstechen mit einem spitzen Messer in die dickste Stelle des Oberschenkels klarer Fleischsaft austritt. Den Fasan 10 Minuten ruhen lassen.

6. Tranchieren, mit Salbeizweigen garnieren und mit der *Kentucky Bourbon Sauce* (s. folgendes Rezept) servieren.

Für 2 Personen

Kentucky Bourbon Sauce

Bourbon-Sauce

★

Das feine Aroma eines Kentucky-Bourbon wird mit süßem Honig und Butter zu einer geschmacklich perfekt abgerundeten Sauce. Rührt man die Butter erst zum Schluß ein, wird die Sauce schön sämig.

½ Tasse (etwa 175 g) Kleehonig
4 EL Bourbon Whiskey
2 EL Butter, in kleine Stücke geschnitten

Honig und Bourbon in einem kleinen schweren Topf mischen und unter ständigem Rühren bei niedriger Hitze 2 Minuten ziehen lassen, bis sich der Honig verflüssigt. Butter zufügen und das Ganze unter Schwenken des Topfes 2 Minuten ziehen lassen, bis die Butter schmilzt und die Sauce eindickt. Kurz vor dem Servieren bei niedriger Hitze aufwärmen.

Ergibt etwa eine ¾ Tasse (200 ml)

Partridge and Potato Roast

Rebhuhn mit Röstkartoffeln

★★★

Wenn Rebhühner über Nacht in einer scharfen Rosmarinmarinade eingelegt werden, nehmen sie den intensiven Kräutergeschmack an. Mit Kartoffeln, Knoblauch und zusätzlichem Rosmarin wird daraus ein herrlich aromatisches Gericht für den Winter. Dazu schmecken *Summer Peach Relish* (s. S. 201), *Fresh Whole-Cranberry Relish* (s. S. 202) und *Sweetly Pickled Beets* (s. S. 206).

Wein: Montery County (CA) Pinot Noir
Bier: Oregon brown ale

4 Rebhühner (je etwa 340–450 g)
6 EL extra natives Olivenöl, evtl. etwas mehr
6 Knoblauchzehen, zerdrückt
4 große frische Rosmarinzweige,
 die Nadeln leicht zerstoßen
frisch gemahlener schwarzer Pfeffer
10 neue Kartoffeln, geviertelt
Salz
2 EL frische Rosmarinnadeln, gehackt

1. Die Rebhühner unter kaltem Wasser abspülen und die Innereien entfernen. Trockentupfen und Flügelspitzen und Hälse abschneiden.

2. 4 Eßlöffel Olivenöl, Knoblauch, Rosmarinzweige und Pfeffer in einer großen Schüssel mischen. Die Rebhühner darin wenden, so daß sie rundum mit Marinade bedeckt sind. Abdecken und mindestens 8 Stunden oder über Nacht im Kühlschrank kalt stellen.

3. Den Ofen auf 220 °C vorheizen.

4. Kartoffeln in einer Schüssel in den restlichen 2 Eßlöffeln Olivenöl wenden.

5. Eine beschichte Pfanne mäßig erhitzen. Die Rebhühner aus der Marinade nehmen und immer zwei von beiden Seiten jeweils 5–6 Minuten rasch anbraten. Mit der Brustseite nach unten in einen Bräter legen und Kartoffeln und Knoblauchzehen aus der Marinade zugeben. Mit Salz und Pfeffer und 1 Eßlöffel gehacktem Rosmarin bestreuen. Rosmarinzweige aus der Marinade darauf legen.

6. 10 Minuten braten, dabei ein- bis zweimal mit der restlichen Marinade bestreichen. Die Rebhühner drehen und nochmals 10 Minuten braten. Sie sind gar, wenn beim Einstechen mit einem spitzen Messer in die dickste Stelle des Oberschenkels klarer Fleischsaft austritt.

7. Die Rebhühner in der Mitte einer großen Platte anrichten und rundherum mit Kartoffeln dekorieren. Die gehackten Rosmarinnadeln darüberstreuen und servieren.

Für 4 Personen

BERRY-STEWED RABBIT

KANINCHENRAGOUT MIT CRANBERRIES

★★★

Dieses zarte, süß-saure Ragout wird Liebhaber von Kaninchenfleisch sicher begeistern. Dabei ist es kinderleicht zuzubereiten. Die Cranberries passen ausgezeichnet zu der herben Sauce, die über das Fleisch gegossen wird. Dieses Gericht eignet sich gut für kühle Tage, und am besten schmeckt es in flachen Tellern, serviert auf in Butter geschwenkten Eiernudeln.

Wein: Santa Barbara County (CA) Pinot Noir
Bier: American lager

1 Kaninchen (gut 1,1 kg), in 8 Teile zerlegt
4 Möhren, geschabt, der Länge nach halbiert und in 1–2 cm große Stücke geschnitten
½ Tasse (60 g) Mehl
Salz und frisch gemahlener schwarzer Pfeffer
2 EL Olivenöl
2 EL Butter
1 große Zwiebel, der Länge nach halbiert und in Scheiben geschnitten
1 große Knoblauchzehe, gehackt
1 ½ Tassen (375 ml) entfettete Hühnerbrühe, vorzugsweise selbstgemacht (s. S. 271)
1 Tasse (250 ml) trockener Rotwein
1 Tasse (250 g) Fresh Whole-Cranberry Relish (s. S. 202)
1 EL Rotweinessig
2 EL brauner Zucker
1 Msp. Piment, gemahlen
1 Msp. Kreuzkümmel, gemahlen
heiße Eiernudeln mit Butter, zum Servieren
2 EL frische glatte Petersilie, gehackt, zum Garnieren

1. Die Kaninchenteile unter kaltem Wasser abspülen und trockentupfen.

2. Wasser in einem kleinen Topf zum Kochen bringen. Möhren zufügen und 5 Minuten kochen lassen, bis sie weich sind. Abtropfen lassen und beiseite stellen.

3. Mehl, Salz und Pfeffer in einer Schale mischen. Die Kaninchenteile in der Mehlmischung wenden und das überschüssige Mehl abklopfen.

4. Öl und Butter in einem großen schweren Topf bei mittlerer bis hoher Temperatur erhitzen. Anschließend die Fleischstücke portionsweise anbraten, auf jeder Seite etwa 4 Minuten, dann aus dem Topf nehmen.

5. Die Temperatur auf mäßige Hitze reduzieren. Zwiebel und Knoblauch zugeben und unter gelegentlichem Rühren etwa 10 Minuten dünsten, bis beides zusammenfällt. Die Kaninchenstücke in den Topf zurücklegen und Möhren, Brühe, Wein und *Fresh Whole-Cranberry Relish* (s. S. 202) zufügen. Essig, braunen Zucker, Piment und Kreuzkümmel einrühren und die Mischung aufkochen lassen. Anschließend die Temperatur auf ganz geringe Hitze reduzieren und die Mischung ohne Deckel unter gelegentlichem Rühren 1 Stunde ziehen lassen, bis das Kaninchen gar ist, aber nicht kochen lassen!

6. Auf Eiernudeln und mit gehackter Petersilie garniert servieren.
Für 4 Personen

THYME-SCENTED RABBIT WITH ONIONS

KANINCHEN MIT THYMIAN UND ZWIEBELN

Dieses schmackhafte, cremige Ragout besticht durch seine Einfachheit. Frischer Thymian und geräucherter Frühstücksspeck verleihen dem Gericht ein kräftiges Aroma, so daß einfache Perlgraupen, die die Sauce aufsaugen, als Beilage völlig genügen. Als Vorspeise bietet sich ein Frisée-Salat an. Dieses Essen wird eine geradezu perfekte Mahlzeit, wenn Sie einen fruchtigen Pinot Noir dazu servieren und als Digestif nach dem Essen ein *Maytag Blue Dip* (s. S. 189). Zu allen Gängen ist krustiges Bauernbrot die ideale Beilage!

Wein: Russian River Valley (CA) Pinot Noir
Bier: Washington State extra special bitter

3 EL Butter
1 Kaninchen (1,1–1,4 kg), in 10–12 Teile zerlegt
Salz und frisch gemahlener schwarzer Pfeffer
knapp 2 kg Zwiebeln, der Länge nach halbiert und in Scheiben geschnitten
etwa 230 g Frühstücksspeck in Scheiben, ohne Schwarte, in Würfel geschnitten
1 Tasse (250 ml) trockener Weißwein
8 große frische Thymianzweige

1. Butter in einem großen schweren Topf bei mäßiger Hitze zerlassen. Die Kaninchenteile darin in zwei Portionen von jeder Seite etwa 10 Minuten anbraten, dabei den Topf hin- und herschwenken, damit das Fleisch nicht am Topfboden ansetzt.

2. Sobald die Kaninchenteile braun werden, die Temperatur herunterschalten. Das Fleisch salzen und pfeffern und mit Zwiebeln bedecken. Zudecken und 1 Stunde ziehen lassen

3. In der Zwischenzeit den Speck in einer beschichteten Pfanne bei mäßiger Hitze 8–10 Minuten ausbraten, bis er goldbraun ist. Mit einem Schaumlöffel in eine Schüssel heben.

4. Speck, Weißwein und Thymianzweige zum Kaninchen geben und zugedeckt 1 Stunde weiterkochen, bis das Fleisch zartweich ist.

5. Sofort mit etwas Sauce servieren.
Für 4 Personen

Dinner

Fisch

Wer den Roman *Huckleberry Finn* kennt, weiß, wie gern die beiden Romanhelden Katfisch aus dem Mississippi essen. Huck behauptet sogar, er habe einmal einen 90 kg schweren Fisch gefangen, »so groß wie ein Mann«. Das ist Seemannsgarn!

Meine eigenen »Geschichten« über Fisch hingegen sind ebenso wahr, wie die Rezepte, die ich auf meinen Reisen gesammelt habe, authentisch sind. Probieren Sie einfach einige aus! Viele sind etwas ausgefallener als die von Huck, Jim oder von Mark Twain.

In diesem Kapitel finden Sie Rezepte für Heilbutt mit einer Kruste aus Macadamianüssen, leckere Stachelmakrelen mit Papayasauce (Florida), kurzgebratenen Lachs (Nordwest-Staaten) und kroß gebratenen Tilapia (Louisiana). Außerdem habe ich Fisch mit Currysauce, Orangen, Limetten und Paprikagemüse geschmacklich verfeinert. Doch Sie finden hier ebenfalls den nach Bostoner Art gebackenen Dorsch und gegrillte Bachforelle. Hucks Lieblingsfisch habe ich paniert, weil die meisten Amerikaner aus den Südstaaten ihn so zubereiten.

Deep South Catfish

Katfisch nach Art des tiefsten Südens

Heute werden Katfische meistens auf Farmen gezüchtet. Dort suchen sie ihr Futter an der Gewässeroberfläche und schmecken deshalb milder als Wildwasserkatfische, die ihre Nahrung auf dem Grund suchen, was ihnen einen leicht »sumpfigen« Geschmack verleiht. Manche bestreuen den Fisch mit ungewürztem Maismehl, andere bestreichen ihn lieber mit feurigen Cajungewürzen. In Belzoni, Mississippi, findet jedes Jahr ein Katfisch-Fest statt. Die Katfischfarmer braten dann Tonnen von Filets und servieren sie mit *hushpuppies*, einer Art *marshmallows*, und Krautsalat. Die Filets schmecken aber auch mit gebratenen Schalotten, *Black Bean Salad* (s. S. 356) oder *Down-Home Greens* (s. S. 290).

Wein: Willamette Valley (OR) Chardonnay
Bier: American pale ale

4 Katfischfilets (à gut 100 g)
1 Tasse (250 ml) Milch
1 Tasse (160 g) gelbes Maismehl
1 TL Salz
½ TL Paprikapulver
¼ TL Kreuzkümmel, gemahlen
¼ TL Cayennepfeffer
Pflanzenöl, zum Anbraten
4 Limettenhälften, zum Garnieren

1. Die Katfischfilets abspülen und trockentupfen.

2. Milch in eine Schüssel geben. Maismehl, Salz, Paprika, Kreuzkümmel und Cayennepfeffer in einen tiefen Teller geben. Sorgfältig mischen.

3. Öl gut 0,5 cm hoch in eine schwere Pfanne gießen und mäßig stark erhitzen.

4. Die Fischfilets durch die Milch ziehen und abtropfen lassen, dann die Filets in der Maismehlmischung wenden und überschüssiges Mehl abklopfen.

5. Die Fischfilets 5 Minuten von beiden Seiten braten, bis sie goldbraun sind. Auf zweilagigem Küchenpapier abtropfen lassen. Mit den Limettenhälften garnieren und sofort servieren.

Für 4 Personen

Summer Cod Pot

Sommerlicher Kabeljautopf

Das magere, feste weiße Fleisch des Kabeljaus läßt sich auf vielerlei Art zubereiten und ist außerdem preiswert. Wenn man es auf kleiner Flamme langsam kocht oder brät, zerfällt es nicht. Kabeljaufleisch nimmt andere Aromen gut an – daher lasse ich es in einer süßlich-pikanten Sauce ziehen.

Wein: : California Viognier
Bier: Pennsylvania German-style lager

Flusskatfische und Zuchtkatfische

Im Süden der USA ist Katfisch besonders als Abendessen beliebt. Er wird mit gewürztem Maismehl bestäubt und entweder scharf oder nach Cajun-Art kroß gebraten, damit das zarte Fleisch eine knusprige, pfeffrige Kruste bekommt. Es gibt nach wie vor Leute, die Katfisch an sumpfigen Stellen aus dem Fluß angeln, doch wird er heute meist in Teichen gezüchtet. Die Zuchtfische schmecken süßlicher und milder als Flußkatfische und werden ähnlich zubereitet wie Seezunge, Flunder und Schnapper.

Es gibt viele unterschiedliche Arten, Katfisch zuzubereiten, ich finde die klassischen Katfischrezepte jedoch am besten. Um zu sehen, wie er in großen Mengen zubereitet wird, bin ich nach Belzoni, Mississippi, gefahren, wo das *World's Largest Catfish Fry* (das weltweit größte Katfischbraten) stattfindet. Dieses Fest lockt jedes Jahr 40 000 Besucher in die kleine Stadt. An jenem Tag war ich schon sehr früh in Belzoni, so daß ich mir noch die Janous-Farm ansehen konnte, wo Katfische gezüchtet werden. Die Janous-Farm ist eine der größten in der Region. Billy George, mein Gastgeber, führte mich an einigen seiner 4–8 Hektar großen Fischteiche entlang und erklärte mir dabei, wie kompliziert die Aufzucht der weißen Kanalkatfische ist, der Art unter den amerikanischen Katfischen, die am besten schmeckt. Er erzählte mir, daß sie lebend an die weiterverarbeitende Industrie geliefert werden, damit sie möglichst frisch bleiben. Fische, die den hohen Anforderungen nicht genügen, sind oft einfach noch »unreif«. Sie werden zurückgebracht und bleiben noch einige Zeit in den Aufzuchtteichen. Ich beobachtete Billy George und seine Männer dabei, wie sie mit einem großen ausgebreiteten Netz etwa 100 zappelnde Katfische aus einem Teich holten.

Nach dem Mittagessen, das anläßlich der Wahl der Katfischkönigin gegeben wurde, führte mich Faye, Billy Georges Frau, durch das kleine Katfischmuseum der *Catfish Women of America*, wo meine Bildung in Sachen Katfisch den letzten Schliff bekam. Nun war ich aber neugierig auf die Gerichte!

Am nächsten Morgen um 10.30 Uhr war ein ganzer Pulk von Männern vor dem Gerichtsgebäude bei der Arbeit: In massiven Riesenbratpfannen wendeten sie stapelweise goldfarbene *hushpuppies* und Katfischfilets in Maismehlpanade. Ich häufte mir Ketchup und Weißkohl auf den Teller und setzte mich an einen der mit roten, weißen und blauen Fähnchen geschmückten Tische. *The Best of Elvis* (der aus Tupelo und damit so gut wie aus dem Ort stammt) schallte von den Treppen des Gerichtsgebäudes herüber. Es wurden Spiele, ein Katfischwettessen, Farmbesichtigungen und sogar ein 10 000-Meter-Lauf geboten. Ich halte mich bei solchen Veranstaltungen allerdings lieber ans Essen. Zum Abschluß fand noch ein Umzug statt – und all das zu Ehren dieses köstlichen Fisches.

gut 1 kg Kabeljausteaks, Mittelgräte entfernt
2 EL extra natives Olivenöl
1 große Zwiebel, grobgehackt
2 EL Knoblauch, feingehackt
1 Dose (800 g) geschälte italienische Tomaten, abgetropft und kleingeschnitten, etwa ½ Tasse (125 ml) Saft übrigbehalten
Schale von 1 unbehandelten Orange, feingerieben
Saft von 1 Orange
¾ Tasse (120 g) entsteinte grüne Oliven, grobgehackt
½ Tasse (100 g) helle Sultaninen
2 EL kleine Kapern, abgetropft
2 frische Rosmarinzweige
Salz und frisch gemahlener Pfeffer
½ Tasse (25 g) frische Basilikumblätter, gezupft
4 Tassen (750 g) gekochter weißer Reis oder Perlgraupen
4 Zweige frisches Basilikum, zum Garnieren

1. Die Kabeljausteaks der Länge nach halbieren. Mit der Pinzette sämtliche Gräten entfernen.

2. Öl in einer großen, tiefen Pfanne mäßig stark erhitzen. Zwiebel zufügen und unter Rühren 8–10 Minuten dünsten, bis sie leicht zusammenfällt. Knoblauch zufügen und weitere 2 Minuten dünsten.

3. Tomaten, Tomatensaft, Orangenschale, Orangensaft, Oliven, Sultaninen, Kapern, Rosmarin, Salz und Pfeffer zugeben. Bei mittlerer Hitze unter Rühren 15–20 Minuten dünsten, damit sich die verschiedenen Aromen mischen.

4. Die Hitze etwas reduzieren, so daß die Flüssigkeit nur noch köchelt. Basilikumblätter und den Kabeljau zugeben. Etwas Flüssigkeit mit einem Löffel über den Fisch geben, so daß er mit Sauce bedeckt ist. Den Fisch 10 Minuten garen, die Pfanne dabei gelegentlich schwenken (er sollte zerfallen, wenn man mit einer Gabel hineinsticht). Eventuell weiter mit Sauce begießen.

5. Den Fisch auf gekochtem Reis servieren, die Sauce darübergeben. Mit Basilikumzweigen garnieren.

Für 4 Personen

Pan-Fried Flounder atop Chopped Garden Salad

Gebratene Flunder auf Salat

So sollte Flunder gegessen werden: mit Cajun-Gewürzen abgeschmeckt und nach kalifornischer Art auf Salat serviert. Die dabei entstehenden Kontraste sind sehr reizvoll. Darüber hinaus sind alle verwendeten Zutaten das ganze Jahr über erhältlich.

Wein: Willamette Valley (OR) Pinot Gris
Bier: New England amber lager

½ Tasse (65 g) Weizenmehl
½ TL süßes Paprikapulver
½ TL Chili-Gewürzmischung
½ TL Kreuzkümmel, gemahlen
Salz und frisch gemahlener schwarzer Pfeffer
1 Kopf Römischer Salat, harte äußere Blätter entfernt
1 Tasse (75 g) rote Paprikaschote, geputzt und in Würfel geschnitten
1 Tasse (120 g) Möhren, geschabt und in Würfel geschnitten
1 Tasse (120 g) Salatgurke, in Würfel geschnitten
1 Tasse (160 g) reife Tomaten, in Würfel geschnitten
2 Schalotten (mit etwa 8 cm Grün), in dünne Ringe geschnitten
1 reife Avocado
1 EL frischer Limettensaft
8 EL Luscious Lime Dressing (s. S. 348)
4 Flunderfilets (je etwa 230 g)
2 EL Butter
2 EL Olivenöl, bei Bedarf mehr
2 EL frischer Schnittlauch, kleingeschnitten

1. Mehl, Paprika, Chili-Gewürzmischung, Kreuzkümmel, Salz und Pfeffer in einer Schüssel gut mischen und beiseite stellen.

2. Harte Rippen aus den Salatblättern entfernen und dunkelgrüne Blattspitzen abschneiden. Die Salatblätter in etwa 1,5 cm große Stücke schneiden und in eine Schüssel legen. Paprikaschote, Möhren, Gurken, Tomaten und Schalotten zufügen.

3. Avocado schälen und entkernen und in Würfel schneiden. In eine kleine Schüssel legen und in Limettensaft wenden (um eine Verfärbung zu verhindern). Die Avocado zum übrigen Gemüse geben und mit 6 Eßlöffeln Vinaigrette anmachen. Mit Salz und Pfeffer abschmecken und den Salat auf vier große Teller verteilen.

4. Die Flunderfilets diagonal halbieren, im Mehlgemisch wenden und überschüssiges Mehl abklopfen.

5. Butter und Olivenöl in einer beschichteten Pfanne mäßig stark erhitzen. Die Flunderfilets portionsweise von beiden Seiten je 3 Minuten goldbraun braten; eventuell Öl nachgießen. Je 2 Fischstücke fächerförmig auf den Salat legen. Den Fisch mit der restlichen Vinaigrette beträufeln und mit Schnittlauch bestreuen. Sofort servieren.

Für 4 Personen

THE HURRICANE GROUPER ON A BUN

ZACKENBARSCHSANDWICH

Auf meine Frage nach den besten Eßlokalen in Tampa, Florida, antworteten sämtliche Befragten: »Sie sollten auf jeden Fall das Zackenbarschsandwich im Restaurant *The Hurricane* in

St. Petersburg probieren.« Also machte ich mich auf den langen Weg zu diesem kleinen, sonnengebleichten Holzrestaurant am Passagrille Beach. Dort bestellte ich gleich zwei Spezialitäten des Hauses. Ich begann mit dem gebratenen Zackenbarsch, der schon allein die Reise wert war. Anschließend versuchte ich noch die gegrillte Version. Auch dieses Gericht war keine Enttäuschung. Eine hauchdünne Kruste aus Mehl und Gewürzen macht aus diesem intensiv schmeckenden Fisch eine überaus delikate Mahlzeit.

Bier: Minnesota lager

1 Zackenbarschfilet (etwa 350 g)
1 Tasse (250 ml) Buttermilch
1 Tasse (125 g) Weizenmehl
½ TL Paprikapulver
Salz und frisch gemahlener schwarzer Pfeffer
2 EL Butter, evtl. etwas mehr
2 EL Maisöl, evtl. etwas mehr
4 weiche Mehrkorn- oder Vollkornbrötchen, halbiert und evtl. leicht getoastet
½ Tasse (125 ml) Tartar Sauce (s. folgendes Rezept)
Kopfsalat und Scheiben von reifen Tomaten, zum Servieren (nach Belieben)

1. Den Zackenbarsch auf eine ebene Fläche legen und sämtliche Gräten mit einer Pinzette entfernen. Den Fisch in Faserrichtung vorsichtig diagonal in 4 kleinere Filets schneiden.

2. Buttermilch in einen tiefen Teller gießen. Mehl, Paprikapulver, Salz und Pfeffer in einem zweiten tiefen Teller mischen. Die Fischfilets

durch die Buttermilch ziehen, anschließend im gewürzten Mehl wenden und überschüssiges Mehl abklopfen.

3. Butter und Öl bei mittlerer Temperatur in einer großen beschichteten Pfanne erhitzen. Je nach Größe der Pfanne entweder 1 oder 2 Filets hineingeben und von beiden Seiten etwa 3 Minuten braten, bis sie goldbraun und gar sind. Eventuell noch etwas Butter und Öl in die Pfanne geben und die restlichen Filets auf gleiche Weise braten.

4. Während der Fisch gart, die Brötchenhälften mit 1 Eßlöffel *Tartar Sauce* bestreichen.

5. Untere Brötchenhälften jeweils mit 1 Fischfilet und nach Belieben mit Salat und Tomate belegen; mit den oberen Brötchenhälften bedecken. Sofort servieren.

Für 4 Personen

TARTAR SAUCE
TARTARSAUCE

★

Tartar Sauce kommt ursprünglich aus Frankreich. Dort wird sie aus pürierten hartgekochten Eigelben und frischer Mayonnaise sowie Zwiebeln, Schnittlauch oder Schalotten zubereitet. Dieses Rezept erhält seine typisch amerikanische Note durch die kleingeschnittenen süßen *pickles*. Meine Version der Tatarsauce ist geschmacklich ausgewogen, mild, sehr cremig und hat dennoch etwas Biß. Sie eignet sich auch gut als Aufstrich auf einem Fisch- oder Krabbensandwich oder als Dip für leicht angebratene Garnelen. Eine schärfere Variante der *Tartar Sauce* ist die *Hot-Stuff Tartar Sauce* (s. S. 172).

1 Tasse (250 ml) Mayonnaise
1 TL Dijon-Senf
1 TL Zitronenschale, feingerieben
1 EL Zitronensaft, frisch gepreßt
1 Spritzer Tabasco
2 EL süße Pickles, abgetropft
2 EL frische glatte Petersilie, feingehackt
2 EL Schalotten, feingehackt
1 EL kleine Kapern, abgetropft
Salz und frisch gemahlener schwarzer Pfeffer

Mayonnaise, Senf, Zitronenschale, Zitronensaft, Tabasco und *pickles* in einer Schüssel mischen. Petersilie, Schalotten, Kapern, Salz und Pfeffer einrühren. Abgedeckt mindestens 1 Stunde, jedoch höchstens 3 Tage vor dem Servieren kalt stellen, damit sich die unterschiedlichen Aromen verbinden.

Ergibt etwa 1¼ Tassen (gut 300 ml)

GRILLED HALIBUT TERIYAKI
GEGRILLTER HEILBUTT MIT TERIYAKISAUCE

Nelda und Jon Osgood, Besitzer der »Tutka Bay Lodge« in der Nähe von Homer in Alaska, kennen herrliche Rezepte zur Zubereitung von Heilbutt. Dieses hier ist eines ihrer Lieblingsrezepte. Das feste weiße Heilbuttfleisch mariniert man in selbstgemachter Teriyakisauce. Während des Grillens karamelisiert der Zucker in der Sauce und verleiht dem Fisch eine glänzende Oberfläche. Da Heilbutt sehr dick ist, grillt man ihn am besten in einem Drahtkorb. Andernfalls lassen Sie das Filet ganz und wenden es während des Grillens vorsichtig.

Wein: California Gewürztraminer

TERIYAKISAUCE
4 EL milde Sojasauce
3 EL trockener Sherry
¼ *Tasse (60 g) Zucker*
2 EL Pflanzenöl
4 Knoblauchzehen, grobgehackt
1 EL frischer Ingwer, grobgehackt

1 Heilbuttfilet (etwa 1,5 kg) mit Haut
3 Schalotten (mit knapp 8 cm Grün), diagonal in dünne Scheiben geschnitten, zum Garnieren

1. Für die Teriyakisauce alle angegebenen Zutaten in einen Mixer geben und so lange rühren, bis sich alles gut vermischt hat.

2. Das Heilbuttfilet mit der Hautseite nach unten auf eine Arbeitsfläche legen. Das Filet in Abständen von knapp 4 cm bis zur Haut durchschneiden und dabei darauf achten, daß diese nicht durchtrennt wird. Die Teriyakisauce in einen der Größe des Filets entsprechenden flachen Teller geben. Das Filet mit der Hautseite nach oben auf den Teller legen und ganz mit Sauce bedecken. Beiseite stellen und bei Zimmertemperatur etwa 30 Minuten marinieren.

3. Den Gartengrill vorbereiten und auf starke Hitze bringen.

4. Den Fisch in den Drahtkorb legen und mit der Hautseite nach unten etwa 10 cm von der Wärmequelle entfernt 10 Minuten grillen, dabei häufig mit der Marinade übergießen. Den Fisch wenden und erneut unter Übergießen 5 Minuten grillen, bis er gar ist. Sofort aus dem Drahtkorb nehmen und auf eine Servierplatte legen. Mit Schalotten bestreuen und servieren.

Für 6 Personen

MACADAMIA-CRUSTED HALIBUT WITH COCONUT CURRY

HEILBUTT IN MACADAMIAKRUSTE MIT KOKOSCURRY

In Anchorage, Alaska, habe ich zur Sommersonnenwende im Restaurant »Marx Bros. Café« ein Gericht mit Meerestieren probiert, das ich so leicht nicht vergessen werde. Die Geschäftspartner Van Hale und Jack Amon stellten ein Menü zusammen, das mit frischen Austern begann, auf die Van Hales zu Recht berühmter Cäsarsalat folgte. Die Krönung des Essens war aber ein frischer Heilbutt in einer Kruste aus gehackten Macadamianüssen, der auf einer Kokosnuß-Curry-Sauce serviert wurde. Dazu wurde noch ein süßlich-scharfer Mangochutney gereicht. Ein Himbeercrisp und Eiscreme aus Birkensirup, Butter und Pekannüssen rundeten das Festmahl ab.

Wein: Russian River Valley (CA) Gewürztraminer
Bier: Washington State ale

MANGOCHUTNEY
¼ *Tasse (50 g) frischer Ingwer, grobgehackt*
3 Knoblauchzehen
3 kleine getrocknete rote Chilischoten, entkernt und grobgehackt
1½ Tassen (375 ml) Malzessig
1 Tasse (250 g) Zucker
2 reife Mangos, geschält, entkernt und in 1–2 cm große Stücke geschnitten
1 EL frische Korianderblätter, gehackt

KOKOS-CURRY-SAUCE
2 EL Erdnußöl
3 EL rote Currypaste (s. Hinweis)
3 Tassen (750 ml) Kokosmilch (s. Hinweis)
Salz

HEILBUTT
1 Tasse (125 g) Mehl
2 Eier
1 Msp. Cayennepfeffer
230 g ungesalzene geröstete Macadamianüsse, sehr fein gehackt
450 g frischer Heilbutt, in etwa 110 g schwere Filets geschnitten
¼ *Tasse (60 g) Butter, zerlassen*
2 EL frische Korianderblätter, gehackt, zum Garnieren

1. Für das Mangochutney Ingwer, Knoblauch, Chillies und 2 Eßlöffel Malzessig mit einer Küchenmaschine zerkleinern. Die Mischung in einen kleinen Edelstahltopf geben und den restlichen Malzessig und Zucker zufügen. Zum

MACADAMIANÜSSE

Macadamianüsse sind die Trüffeln unter den Nüssen, da sie besonders cremig, aber auch extrem teuer sind. Sie eignen sich hervorragend für ein luxuriöses Mahl. Benannt wurden sie nach dem schottischen Straßenbauingenieur J. L. McAdam, der vermutlich starb, bevor er sie überhaupt probieren konnte. Ein Freund von McAdam, der Botaniker Baron Ferdinand von Mueller, entdeckte die Nuß 1857 im Regenwald von Queensland in Australien – die Ureinwohner kannten sie allerdings schon länger. 1882 wurde die Nuß nach Hawaii gebracht und ist dort heute ein Staatssymbol.

Macadamianüsse sind sehr schwer zu knacken. Die ersten hawaiischen Nußanbauer fuhren dazu mit ihren Autos über die Nüsse. Heute benutzt man Stahlwalzen. Dennoch ist es nach wie vor eine schwierige Arbeit. Die Schalen sind so dick, daß 450 g Nüsse mit Schale nur etwa 110 g geschälte Nüsse ergeben.

Obgleich auch geröstete und gesalzene Macadamianüsse ein richtiger Genuß sind, fallen mir spontan mindestens ein Dutzend weitere Möglichkeiten ein, wie man sie verwenden kann. Ungesalzen und zerstoßen läßt sich aus ihnen eine saftige Kruste für Fleisch und Fisch zubereiten, oder man kann sie als buttrige Garnierung für Obstsalat, grünen Salat, Pilaw und Eiscreme verwenden. Gemahlene Macadamianüsse verfeinern Gebäck sehr gut. Und falls Sie noch keine mit Schokolade überzogenen Macadamias probiert haben, sollten Sie das unbedingt nachholen!

Kochen bringen. Die Hitze reduzieren und die Mischung etwa 25 Minuten köcheln lassen, bis sie sirupartig eingedickt ist. Den Topf vom Herd nehmen, Mangos zufügen und gut verrühren. Beiseite stellen und abkühlen lassen. Nach dem Abkühlen Korianderblätter einrühren.

2. Für die Kokos-Curry-Sauce Öl in einem schweren Topf bei mittelstarker Temperatur erhitzen. Currypaste zufügen und unter Rühren 1 Minute kochen, bis sich die Paste aufgelöst hat. Kokosmilch zugießen und die Mischung aufkochen lassen. Die Hitze reduzieren und die Mischung 25 Minuten köcheln lassen, bis sie sich etwa um die Hälfte reduziert hat. Mit einem Löffel Öl von der Saucenoberfläche abnehmen. Die Sauce mit Salz abschmecken, beiseite stellen und warm halten.

3. Den Ofen auf 200 °C vorheizen. Backblech leicht einfetten.

4. Mehl in eine flache Schüssel geben. In einer anderen flachen Schüssel Eier mit Cayennepfeffer mischen und cremig schlagen. Die gehackten Macadamianüsse in eine dritte Schüssel geben.

5. Die Heilbuttfilets im Mehl wenden, überschüssiges Mehl abklopfen. Durch die Eiermischung ziehen und in den gemahlenen Nüssen wenden, so daß die Filets völlig damit bedeckt sind. Die Filets auf das Backblech legen und jeweils mit 1 Eßlöffel zerlassener Butter beträufeln. Auf mittlerer Schiene 10–15 Minuten backen, bis die Filets gerade gar sind (s. Hinweis).

6. Je 5 Eßlöffel Kokos-Curry-Sauce auf vier vorgewärmte Teller geben. Die Heilbuttfilets in die Sauce legen und 3 Eßlöffel Mangochutney über jeden Fisch geben. Gehackte Korianderblätter gleichmäßig auf den Filets verteilen und sofort servieren.

Für 4 Personen

Hinweis: Rote Currypaste sowie Kokosmilch sind in Asienshops und Feinkostläden erhältlich.

Um zu testen, ob die Filets gar sind, mit einer Gabelspitze vorsichtig in das Ende eines Filets stechen. Zerfällt das Fleisch leicht, sind die Filets fertig.

Halibut Baked in Lemon Curry Sauce
Gebackener Heilbutt in Zitronen-Curry-Sauce

Dieses Gericht habe ich in Nelda und Jon Osgoods Restaurant »Tutka Bay Lodge« kennengelernt. Das Restaurant befindet sich etwas außerhalb der Stadt Homer, Alaska. An dem einzigen Eßtisch finden bis zu 18 Personen Platz, und meistens wird über den Fischfang gesprochen. Wenn Nelda jedoch ihren in Curry gebackenen Heilbutt serviert, dann herrscht sofort Stille, und alle Fischer konzentrieren sich nur auf ihren Teller.

Wein: Sonoma County (CA) Sauvignon Blanc

Auf Heilbuttfang

Einmal reiste ich nach Alaska, um dort selbst einen Heilbutt zu fangen. Diese prachtvollen Geschöpfe ziehen jeden Sommer von den Laichgründen in der Tiefsee in die eisigen Gewässer der Kenai-Halbinsel. Auch Lachs und Steinbutt werden hier in rekordverdächtigen Mengen gefangen: Den Fischen folgen Tausende von Sportanglern, die von Berichten über 180 Kilo schwere und 2,40 m lange Heilbutts angelockt werden. Der typische Heilbutt ist allerdings viel kleiner – er wiegt nur 12,5–13,5 Kilo.

Um 7 Uhr in der Frühe ging ich in Homer, einem Künstler- und Fischerdorf mit 5 000 Einwohnern, an Bord der etwa 9 m langen »Silver Fox I«. Es war Juni, und die Sonne war nach kurzem Absinken unter den Horizont bereits um vier Uhr morgens wieder aufgegangen. Die Temperatur war mit -1 °C relativ mild. Peter Karwowski, unser Skipper und Angellehrer, begann seinen Angelunterricht, während er die »Silver Fox« durch die neblige »Kachemak Bay« aufs Meer hinaus manövrierte. Er ließ mich und fünf weitere Schüler derweil die Köder präparieren und zeigte uns, wie man einen Angelhaken anbringt und wie man mit der Angelrute umgeht. »Der Heilbutt ist ein starker Fisch und besteht praktisch nur aus Muskeln«, warnte Peter. »Er wird sich befreien, wenn Sie die Schnur nicht gespannt halten.«

Auf dem offenen Meer warfen wir unsere Angeln aus. Es dauerte nicht lange, bis der erste Fisch anbiß. »Bleiben Sie jetzt ganz ruhig«, rief Peter, »und warten Sie, bis er fest am Köder hängt.« Fünf Minuten später schoß eine weiße Fischflanke über die Wasseroberfläche. Peter übernahm die Angel und zeigte uns, wie man den Fisch, der immerhin 22,5 Kilo wog, ganz langsam und vorsichtig nach oben hievte. Er warf einen *gaff*, einen schweren Haken, tief in die Flanke des Fischs und zog ihn dann auf Deck. Es sah aus wie eine übergroße Ausgabe der verwandten Flunder: flach, breit und gespenstisch.

Jetzt war ich an der Reihe. Ich hatte ein noch größeres Biest an meinem Haken und brauchte entsprechend mehr Hilfe, um den Fisch an Deck zu bringen. 36 Kilo! Es dauerte nicht lange, bis auch die anderen etwas am Haken hatten, und bald lagen 13, 20 und 22 Kilo schwere Heilbutte im Aufbewahrungsbehälter unter Deck.

Als wir um 16 Uhr Homer wieder erreichten, fühlte ich mich selbst wie aus dem Wasser gefischt. Ziemlich durchgefroren wartete ich ungeduldig auf die traditionelle Fotosession. Statt die Beute ausstopfen und präparieren zu lassen, ließen wir die Fische von einem Fachmann ausnehmen, zerschneiden, schockgefrieren und schickten sie per Luftpost nach Hause. Zu Hause erwarteten mich sagenhafte Steaks – etwa 8 cm dick, hauchzart und schmackhaft, eine schöne Erinnerung an diesen ereignisreichen, rauhen Tag. Diese Steaks ließen natürlich auch den Rest meiner Reise unvergeßlich werden. Ich nutzte den herrlichen Fisch aus Alaska, um die hier folgenden Rezepte zu kreieren.

1 Tasse (250 ml) Mayonnaise
1 Tasse (250 g) Crème fraîche (s. folgendes Rezept)
3 EL trockener Sherry
2 EL Zitronensaft, frisch gepreßt
2 TL Currypulver
1 Tasse (120 g) Zwiebeln, in dünne Ringe geschnitten
etwa 1,4 kg Heilbuttfilets, in 6 Portionen geschnitten, trockengetupft
1 Zitrone, in Scheiben geschnitten, zum Garnieren
1 EL frischer Schnittlauch, geschnitten, oder gehackte glatte Petersilie, zum Garnieren
4–6 Tassen (750 g–1,1 kg) gekochter weißer Reis, zum Servieren

1. Den Ofen auf 180 °C vorheizen. Ein Backblech leicht mit Butter einfetten.
2. Mayonnaise, Crème fraîche, Sherry, Zitronensaft und Currypulver in einer Schüssel gut verrühren.
3. Zwiebelscheiben gleichmäßig auf dem Backblech verteilen. Den Heilbutt auf die Zwiebeln legen und die Sauce darüber gießen.
4. Den Fisch 30 Minuten backen, bis er leicht auseinanderfällt, wenn man mit einer Gabel hineinsticht. Mit Zitronenscheiben und Schnittlauch garniert zu gekochtem Reis servieren.

Für 6 Personen

CRÈME FRAÎCHE

120 ml Schlagsahne
120 g saure Sahne

Schlagsahne und saure Sahne in einer kleinen Schüssel verrühren, in ein sterilisiertes Gefäß gießen und abgedeckt 12 Stunden an einem warmen Ort stehen lassen. Dann umrühren und 24 Stunden in den Kühlschrank stellen.

Ergibt 1 Tasse (250 g)

BAKED HALIBUT ON A BED OF PEPPERS

GEBACKENER HEILBUTT AUF PAPRIKASCHOTEN

Zartes Heilbuttfleisch schmeckt hervorragend, wenn es auf Paprikaschoten gebacken wird. Ein Schuß Balsamessig und Kräuter der Provence geben dem Gericht eine besondere Note, und einige frische schwarze Feigen und kalifornischer Ziegenkäse runden das Ganze ab.

Wein: Napa Valley (CA) Rhône-style blend
Bier: Wisconsin Dark Lager

3 EL extra natives Olivenöl
2 rote Paprikaschoten, geputzt und der Länge nach in 1–2 cm breite Streifen geschnitten
1 gelbe Paprikaschote, geputzt und der Länge nach in 1–2 cm breite Streifen geschnitten
1 Zwiebel, der Länge nach halbiert und in Scheibchen geschnitten
1 EL Balsamessig
1 TL Kräuter der Provence (s. Hinweis)
½ Tasse (80 g) entsteinte schwarze Oliven, z.B. Gaetaoliven
Salz und frisch gemahlener schwarzer Pfeffer
4 EL frische glatte Petersilie, gehackt
4 Heilbuttsteaks, in 2–3 cm dicke Stücke geschnitten (je etwa 230 g)
4 Zitronenhälften, zum Garnieren

1. Den Ofen auf 200 °C vorheizen.

2. 2 Eßlöffel Öl in einer großen beschichteten Pfanne bei mittlerer Temperatur erhitzen. Paprikaschoten und Zwiebel zugeben und 10 Minuten dünsten, bis das Gemüse leicht zusammenfällt, dabei häufig rühren.

3. Essig, Kräuter der Provence und Oliven dazugeben und weitere 15 Minuten dünsten, dabei wieder häufig rühren. Mit Salz und Pfeffer würzen und 3 Eßlöffel Petersilie unterrühren. Das Ganze mit einem Löffel auf dem Boden einer Backform verteilen, die der Größe des Fisches entspricht.

4. Den Fisch mit dem restlichen Eßlöffel Öl bestreichen und von beiden Seiten mit Salz und Pfeffer bestreuen; auf das Gemüse legen. Den Fisch 20 Minuten backen, bis er matt wird und leicht zerfällt, wenn man mit einer Gabelspitze hineinsticht.

5. Den Fisch mit dem restlichen Eßlöffel Petersilie bestreuen und mit Zitronenhälften garniert sofort servieren.

Für 4 Personen

Hinweis: Kräuter der Provence sind eine Gewürzmischung, die üblicherweise aus getrocknetem Thymian, Rosmarin, Majoran, Oregano, Sommerbohnenkraut und Basilikum besteht. Sie ist in Feinkostläden und in vielen Supermärkten zu finden.

BAKED HADDOCK ON A BED OF FENNEL

GEBACKENER SCHELLFISCH AUF FENCHEL

★★★

Dieser Fisch mit seinem schneeweißen Fleisch ist in den USA sehr beliebt. Auch in Deutschland kann man ihn das ganze Jahr über frisch oder tiefgefroren kaufen. Da er schnell auseinanderfällt, wird er normalerweise mit Haut verkauft. Gebackener Schellfisch auf Fenchel ist ein kräftig aromatisch schmeckendes Gericht.

Wein: Long Island (NY) Cabernet Franc
Bier: Pennsylvania lager

knapp 1,6 kg Fenchel mit Kraut (3–4 Knollen)
4 EL extra natives Olivenöl
2 EL Butter
1 große Zwiebel, der Länge nach halbiert und in Scheiben geschnitten
Salz und frisch gemahlener schwarzer Pfeffer
½ Tasse (60 g) entsteinte reife Oliven, grobgehackt, vorzugsweise nicht aus der Dose
5 EL frische glatte Petersilie, gehackt
4 Schellfischfilets (etwa 900 g)

1. Obere Enden der Fenchelknollen abschneiden. So viel Fenchelkraut grob hacken, bis es 3 Eßlöffel ergibt, und beiseite stellen. Knollen längs halbieren. Hartes Mittelstück entfernen und die Knollen in gut 0,5 cm breite Streifen schneiden. Beiseite stellen.

2. 3 Eßlöffel Olivenöl und Butter in einem großen schweren Topf auf mittlerer Flamme erhitzen. Fenchel und Zwiebel zugeben und gut verrühren. Abdecken und unter gelegentlichem Rühren etwa 40 Minuten dünsten, bis das Gemüse sehr weich und geleeartig wird.

3. Den Topfdeckel abheben, die Temperatur höher stellen und alles weitere 7–10 Minuten dünsten. Mit Salz und Pfeffer würzen. Oliven, 4 Eßlöffel Petersilie und restliches Fenchelkraut einrühren.

4. In der Zwischenzeit den Ofen auf 180 °C vorheizen.

5. Die Fenchelmischung gleichmäßig in einer Auflaufform verteilen.

6. Mit einer Pinzette sämtliche Gräten aus dem Schellfisch entfernen. Die Schellfischfilets quer halbieren, mit der Hautseite nach unten auf den Fenchel legen und leicht mit dem restlichen Eßlöffel Olivenöl bestreichen. Mit Salz und Pfeffer bestreuen. Den Fisch 30 Minuten backen, bis er leicht zerfällt, wenn man mit einer Gabelspitze hineinsticht. Mit der restlichen Petersilie bestreuen und sofort servieren.

Für 4 Personen

POMPANO WITH PAPAYA CREAM AND PAPAYA SALSA

STACHELMAKRELE MIT PAPAYACREME UND PAPAYASAUCE

Die schlanke silberne Stachelmakrele wird vor der Küste Floridas, vor der Golfküste und im Südosten bis hin nach Virginia gefangen, aber ebenso in ganz Europa. Für dieses Gericht werden gegrillte Stachelmakrelenfilets auf eine köstliche Papayacreme gebettet. Ein großzügiger Löffel würziger Sauce gibt noch zusätzlichen Geschmack. Die lebhaften Farben vermitteln schon rein optisch ein tropisches Flair.

Wein: Monterey County (CA) Pinot Blanc
Bier: Oregon wheat beer

PAPAYASAUCE
1 Tasse (200 g) reife Papaya, in Würfel geschnitten
1 Tasse (160 g) reife Tomaten, in Würfel geschnitten
¼ Tasse (30 g) Schalotten, in dünne Scheibchen geschnitten
1 EL frische Jalapeño-Chillies, entstielt, entkernt und feingehackt
1 EL unbehandelte Orangenschale, feingerieben
2 EL Orangensaft, frisch gepreßt
Salz und frisch gemahlener schwarzer Pfeffer

PAPAYACREME
¾ Tasse (200 ml) trockener Weißwein
2 Tassen (400 g) reife Papaya, gehackt
2 EL Schalotten, gehackt
125 ml Sahne
2 EL Orangensaft, frisch gepreßt
Salz und frisch gemahlener schwarzer Pfeffer

6 Stachelmakrelenfilets (je etwa 230 g)
2–3 EL Olivenöl
Paprikapulver
Salz und frisch gemahlener schwarzer Pfeffer

1. Für die Papayasauce etwa 1 Stunde vor dem Servieren sämtliche angegebenen Zutaten in einer kleinen Schüssel mischen. Beiseite stellen.

2. Für die Papayacreme Wein, Papaya und Schalotten in einem kleinen Topf zum Kochen bringen. Die Temperatur reduzieren und bei mäßiger Hitze 5 Minuten köcheln lassen, bis sich die Flüssigkeit auf etwa zwei Drittel reduziert hat. Sahne zugießen und weitere 5 Minuten köcheln lassen, bis sich die Sauce erneut auf zwei Drittel reduziert hat. Den Topf vom Herd nehmen und Orangensaft, Salz und Pfeffer einrühren. Etwas abkühlen lassen, dann die Sauce im Mixer pürieren und beiseite stellen.

3. Den Backofengrill vorheizen.

4. Die Fischfilets mit der Hautseite nach unten in eine Grillpfanne legen. Leicht mit Olivenöl bestreichen und mit Paprika, Salz und Pfeffer würzen.

5. Den Fisch knapp 10 cm von der Wärmequelle entfernt 5 Minuten grillen, dann die Filets wenden, erneut mit Olivenöl einpinseln, nachwürzen und weitere 5 Minuten grillen, bis der Fisch leicht zerfällt, wenn man mit einer Gabel hineinsticht.

6. Je 3 Eßlöffel der Papayacreme in die Mitte von 6 flachen Tellern geben. Jeweils ein Fischfilet leicht versetzt auf die Papayacreme legen und 4 Eßlöffel der Papayasauce darüber geben. Sofort servieren.

Für 6 Personen

DIE GARPROBE BEI FISCH

Um zu prüfen, ob ein Fischfilet oder Fischsteak gar ist, sticht man am besten mit einer Gabel in den dicksten Teil des Fisches. Zerfällt das Fleisch sehr leicht, ist es gar.

Bei Schwertfisch- oder Thunfischfilets nimmt man am besten einen Metallspieß oder ein Schälmesser und zieht das Fleisch leicht auseinander. Wenn das Fleisch innen noch durchsichtig ist, sollte der Fisch noch etwa 1 Minute ziehen; danach erneut die Garprobe machen. Der Fisch gart noch weiter, wenn er bereits von der Wärmequelle entfernt wurde.

SEARED SALMON

KURZGEBRATENER LACHS

In den 80er Jahren machten die Chefköche der »New Wave« Kurzgebratenes populär. Es ist eine hervorragende Methode, die z.B. Lachs einen ganz neuen Charakter verleiht und auch in herkömmlichen Haushalten angewandt werden kann. Beim Kurzbraten wird die Oberfläche des Fisches (oder Fleisches) auf dem Herd oder im Ofen – auch unter dem Ofengrill – blitzschnell braun gebraten. Bei diesem Gericht karamelisiert zusätzlich der Zucker aus der Marinade auf der Oberfläche des Lachses.

Wein: Washington State Merlot
Bier: California porter

MARINADE
1 Tasse (250 ml) Wasser
½ Tasse (125 ml) Weißweinessig
½ Tasse (85 g) Zucker
3 EL Knoblauch, feingehackt
½ TL Salz

4 Lachsfilets aus dem Mittelstück, mit Haut (je etwa 230 g)
1 TL Pflanzenöl

1. Für die Marinade sämtliche angegebenen Zutaten in einem kleinen Edelstahltopf mischen und bei mittlerer Hitze 30 Minuten kochen, bis die Sauce leicht andickt. Auf Zimmertemperatur abkühlen lassen.

2. Den Lachs in eine flache Auflaufform legen und mit Marinade bedecken. Bei Zimmertemperatur 30 Minuten ruhen lassen; dabei ab und zu wenden.

3. Das Öl in einer großen, schweren beschichteten Pfanne bei mittlerer Temperatur erhitzen.

4. Den Lachs aus der Marinade nehmen und mit der Hautseite nach unten in die heiße Pfanne legen (eventuell portionsweise). Die Temperatur etwas erhöhen und den Fisch 2–3 Minuten braten. Die Pfanne hin- und herschwenken und den Lachs mit einem Pfannenheber vorsichtig vom Pfannenboden lösen.

5. Die Temperatur auf mittlere Hitze reduzieren und den Lachs abgedeckt und unter gelegentlichem Schwenken der Pfanne 3–4 Minuten weiterbraten. Die Haut sollte knusprig und braun sein, das Fleisch dagegen innen gerade *medium*, zum Rand hin aber besser durchgebraten sein. Sofort servieren.

Für 4 Personen

1. Einen Gartengrill auf mäßige Hitze bringen. Den Grillrost gut einölen.

2. Die Hälfte der Barbecue-Sauce in eine kleine Schüssel geben und beiseite stellen. Den Lachs mit der Hautseite nach unten auf einen flachen Teller legen und mit der restlichen Barbecue-Sauce bestreichen.

3. Den Lachs mit der Hautseite nach unten knapp 10 cm von der Wärmequelle entfernt auf den Grill legen, 8–10 Minuten grillen, nach 4 Minuten wenden und erneut mit Barbecue-Sauce einpinseln. Der Lachs sollte eine knusprige Oberfläche haben, zum Rand hin durchgebraten und in der Mitte noch *medium* sein.

4. Den Lachs vorsichtig quer in 4 Portionen zerteilen, jeweils mit 1 Löffel Barbecue-Sauce beträufeln und sofort servieren.

Für 4 Personen

MANGO-MARINATED GRILLED SALMON
GEGRILLTER LACHS IN MANGOMARINADE

Ein optimal zubereiteter Lachs übertrifft in meinen Augen geschmacklich alle anderen Meerestiere. Wenn ich zu Hause Lachs grille, schaue ich immer ganz gespannt zu, wie die kräftig pinkfarbenen Filets allmählich perlmuttartig rosa werden, woran man erkennt, daß sie gar sind. Mit etwas *Maui Mango Barbecue Sauce* (s. S. 214) läßt sich aus Lachs eine köstliche Hauptmahlzeit zubereiten.

Wein: Napa Valley (CA) Pinot Noir
Bier: Washington State porter

1 Lachsfilet (900 g), quer in zwei Hälften geschnitten
½ Tasse (125 ml) Maui Mango Barbecue Sauce (s. S. 214)

BAKED SALMON ON A BED OF LEEKS
GEBACKENER LACHS AUF EINEM LAUCHBETT

Die Marinade aus Honig und Ingwer verleiht dem Lachs eine herrlich asiatische Note. Der süßliche Geschmack rundet das Fischaroma sehr gut ab. Die Marinade enthält Zitronensaft; daher sollten Sie den Fisch nicht länger als 30 Minuten darin ziehen lassen, sonst zerfällt er.

Wein: Willamette Valley (OR) Pinot Noir
Bier: Colorado ale

4 Stangen Lauch (insgesamt etwa 680 g), mit etwa 10 cm Grün
4 Lachsfilets (je 170–230 g)
4 EL frischer Limettensaft
4 EL Olivenöl
1 EL Honig plus 1 TL Honig extra
1 EL frischer Ingwer, feingehackt
Salz und frisch gemahlener schwarzer Pfeffer
2 EL frischer Schnittlauch, kleingeschnitten, zum Garnieren
4 Limettenhälften, zum Garnieren

1. Lauch in sehr dünne Streifen (etwa 10 x 0,3 cm) schneiden. In einem Sieb gründlich waschen, um sämtlichen Schmutz zu entfernen. Einen Topf mit Salzwasser zum Kochen bringen und den Lauch 2 Minuten blanchieren. Abtropfen lassen und beiseite stellen.

2. Die Lachsfilets in eine Glas- oder Keramikschüssel geben. 2 Eßlöffel Limettensaft, 1 Eßlöffel Olivenöl, Honig, Ingwer, Salz und Pfeffer in einer kleinen Schüssel mischen. Gut verrühren und über den Lachs gießen. Abgedeckt 30 Minuten kalt stellen und zwischendurch einmal wenden.

3. In der Zwischenzeit den Ofen auf 220 °C vorheizen.

4. Während der Lachs mariniert, den Lauch mit dem restlichen Limettensaft und maximal 3 Eßlöffeln Olivenöl anmachen (es kann auch weniger Öl verwendet werden). Mit Salz und

Tips zum Fisch

Frischer Fisch sollte klare, glänzende Augen haben und nicht »fischig« riechen. Die Kiemen sollten kräftig rot sein und gerade, gleichmäßige Ränder haben. Er ist von Natur aus »prall«, d.h., wenn man ihn mit den Fingern eindrückt, nimmt er sofort wieder seine ursprüngliche Form an. Frischer Seefisch hat eine glänzende Haut und riecht nach Meer. Man sollte Fisch immer gut in Frischhalte- oder Alufolie einwickeln und an der kühlsten Stelle im Kühlschrank aufbewahren. Frischen Fisch innerhalb von zwei Tagen verzehren oder einfrieren.

Gefrorener Fisch darf keine Anzeichen von Gefrierbrand oder Verfärbungen aufweisen, und an der Außenseite dürfen sich keine Eiskristalle gebildet haben (auf unbeschädigte Verpackung achten!). Im kältesten Fach des Gefrierschranks hält sich Fisch ungefähr einen Monat. Gefrorenen Fisch legt man ab besten 24 Stunden lang in den Kühlschrank und läßt ihn dort langsam auftauen.

Grundsätzlich gilt, daß Fisch 10 Minuten pro 2,5 cm Dicke gekocht werden muß. Um die Garzeit zu berechnen, sollten Sie sich also an der dicksten Stelle des Fisches orientieren (s. Kasten S. 466). Wenn man Fisch zu lange erhitzt, wird er trocken und hart. Am besten entfaltet sich sein Aroma, wenn er gerade gar ist.

Pfeffer abschmecken, dann den Lauch gleichmäßig auf dem Boden einer Auflaufform verteilen.

5. Den Lachs aus der Marinade nehmen und mit der Hautseite nach unten dekorativ auf dem Lauch anrichten. 15 Minuten backen, bis der Fisch gar ist (er sollte leicht zerfallen, wenn man mit einer Gabel hineinsticht). Mit Schnittlauch bestreuen und mit Limettenhälften garnieren. Anschließend sofort servieren.

Für 4 Personen

The Great U.S.A. Salmon Cake

Amerikanische Lachsküchlein

Für diese Lachsküchlein nimmt man am besten Lachs aus dem Nordwest-Pazifik, verfeinert ihn mit Gewürzen aus Louisiana und bereitet ihn nach New Yorker Art zu. Ich serviere die Küchlein am liebsten mit selbstgemachter *Tartar Sauce* (s. S. 458) und etwas *Zesty Picnic Slaw* (s. S. 118); beides kann entweder direkt zum Fisch oder separat auf Brötchen serviert werden. Wenn Sie das Gericht lieber etwas würziger mögen, können sie statt der *Tartar Sauce* auch *Summer Peach Relish* (s. S. 201) dazu servieren.

Wein: Napa Valley (CA) Pinot Noir
Bier: Washington State India pale ale

POCHIERSUD UND LACHS
4 Tassen (1 l) Wasser
1 Tasse (250 ml) trockener Weißwein
4 Zweige Sellerieblätter
6 Zweige frische glatte Petersilie
1 TL grobkörniges Salz
6 schwarze Pfefferkörner
gut 450 g Lachsfilets

KÜCHLEIN
1¼ Tassen (140 g) Semmelbrösel
1 EL frische Thymianblätter, gehackt, oder
   ½ TL getrockneter Thymian
1 TL getrockneter Oregano
½ TL Senfpulver
1 Prise Cayennepfeffer
Salz und frisch gemahlener schwarzer Pfeffer
1 Tasse (250 ml) Mayonnaise
½ Tasse (65 g) Zwiebeln, feingewürfelt
½ Tasse (75 g) Sellerie, in Würfel geschnitten
1 EL kleine Kapern, abgetropft und grobgehackt
1 EL frische glatte Petersilie, gehackt
1 TL Worcestersauce
1 Ei, leicht verquirlt
2 EL Olivenöl (evtl. etwas mehr)
Tartar Sauce (s. S. 458), zum Servieren

1. Für den Pochiersud sämtliche Zutaten (außer dem Lachs) in einem Topf aufkochen lassen, dann die Hitze reduzieren.

2. Die Lachsfilets hineingeben und 10 Minuten köcheln lassen, bis der Fisch gar ist (er sollte leicht zerfallen, wenn man mit einer Gabel hineinsticht). Den Lachs mit einem Schaumlöffel aus dem Sud nehmen und abkühlen lassen. Haut und Gräten entfernen und den Lachs in einer großen Schüssel in kleine Stückchen zerteilen. Beiseite stellen.

3. Für die Küchlein ¼ Tasse (30 g) Semmelbrösel mit Thymian, Oregano, Senfpulver, Cayennepfeffer, Salz und Pfeffer in einer kleinen Schüssel gut verrühren und mit Mayonnaise,

Zwiebeln, Sellerie, Kapern, Petersilie, Worcestersauce und Ei zum Lachs geben. Die Mischung vorsichtig verrühren.

4. Restliche Semmelbrösel in eine flache Schüssel geben. Aus der Lachsmischung dann 10 Küchlein formen und in den Semmelbröseln wenden. Auf einen Teller legen, mit Frischhaltefolie abdecken und mindestens 30 Minuten, jedoch höchstens eine Stunde kalt stellen.

5. Das Olivenöl in einer beschichteten Pfanne bei mittlerer Temperatur erhitzen. Die Küchlein darin von beiden Seiten jeweils 3 Minuten braten, bis sie goldbraun sind (eventuell noch Öl zufügen). Auf Küchenpapier abtropfen lassen, *Tartar Sauce* (s. S. 458) darüber geben und sofort servieren.

Für 5 Personen

ROASTED SCROD ON A MELTING BELL PEPPER COMPOTE

GEGRILLTER DORSCH AUF PAPRIKAGEMÜSE

Dorsch ist die marktübliche Bezeichnung für einen kleinen Kabeljau. Er eignet sich gut zum Backen oder Grillen und paßt hervorragend zu Paprikagemüse mit Kräutern. Der Fisch wird lediglich mit Salz und Pfeffer gewürzt und mit etwas Öl bestrichen, damit er während des Garens nicht austrocknet. Für dieses Gericht können Sie das Paprikagemüse schon im voraus zubereiten, dann braucht es nur noch rasch mit dem Fisch zusammen gebacken zu werden.

Wein: Hudson Valley (NY) Pinot Noir
Bier: Boston lager

6 EL extra natives Olivenöl
2 gelbe Paprikaschoten, geputzt und in gut 0,5 cm breite Streifen geschnitten
2 rote Paprikaschoten, geputzt und in gut 0,5 cm breite Streifen geschnitten
1 große Zwiebel, der Länge nach halbiert und in Scheiben geschnitten
2 TL frische Rosmarinnadeln, gehackt, oder ¾ TL getrocknete Rosmarinnadeln, zerstoßen
Salz und frisch gemahlener schwarzer Pfeffer
1 EL Knoblauch, feingehackt
6 EL frische glatte Petersilie, gehackt
etwa 900 g Dorschfilets (1 oder 2 Filets)

1. 4 Eßlöffel Öl in einem großen schweren Topf bei geringer Temperatur erhitzen. Paprikaschoten, Zwiebel, Rosmarin, Salz und Pfeffer zugeben und 20 Minuten dünsten, dabei gelegentlich rühren. Knoblauch zugeben und 10 Minuten weiterdünsten, bis das Gemüse sehr weich ist. 4 Eßlöffel gehackte Petersilie zufügen und das Gemüse gleichmäßig in einer Auflaufform verteilen.

2. In der Zwischenzeit den Ofen auf 180 °C vorheizen.

3. Die Dorschfilets quer in 4 Portionen zerteilen und mit der Hautseite nach unten auf das Gemüse legen. Den Fisch mit den restlichen 2 Eßlöffeln Olivenöl einpinseln und mit Salz und Pfeffer bestreuen. 30 Minuten im Ofen backen, bis der Dorsch gar ist (er sollte leicht zerfallen, wenn man mit einer Gabel hineinsticht). Mit den restlichen 2 Eßlöffeln gehackter Petersilie bestreuen und anschließend sofort servieren.

Für 4 Personen

Boston Baked Scrod

Gebackener Dorsch nach Bostoner Art

Wenn Sie ein Rezept für ein gesundes, leichtes und sehr schmackhaftes Abendessen suchen, empfehle ich Ihnen Dorschfilets mit Gemüse. Beträufeln Sie den Fisch mit etwas Olivenöl und frisch gepreßtem Zitronensaft und wickeln Sie ihn dann zum Backen in Alufolie. Frische Kräuter runden den Geschmack ab. Sie können die Fischpäckchen bereits 1–2 Stunden vor dem Bakken vorbereiten. Wenn Sie den Fisch noch früher zubereiten, stellen Sie ihn kalt. Backen Sie ihn aber erst, wenn er Zimmertemperatur hat.

Wein: Long Island (NY) Chardonnay
Bier: Pennsylvania pilsener

6 Dorschfilets (je etwa 230 g)
Salz und frisch gemahlener schwarzer Pfeffer
4 reife Strauchtomaten, entkernt und längs in Scheiben geschnitten
1 rote Paprikaschote, geputzt und längs in Scheiben geschnitten
1 kleine Zwiebel, halbiert und längs in Scheiben geschnitten
1 EL kleine Kapern, abgetropft
2 EL frische glatte Petersilie, gehackt
2 EL Zitronensaft, frisch gepreßt
3 EL extra natives Olivenöl

1. Den Ofen auf 200 °C vorheizen. 6 etwa 35 x 30 cm große Stücke Alufolie ausschneiden und mit der glänzenden Seite nach oben auslegen.

2. Die Dorschfilets jeweils in die Mitte der unteren Hälfte der Folienstücke legen. Die Filets mit Salz und Pfeffer bestreuen. Das gesamte Gemüse auf den Filets verteilen und diese anschließend gleichmäßig mit Kapern und Petersilie bestreuen. Jedes Filet mit 1 Teelöffel Zitronensaft und 2 Teelöffeln Olivenöl beträufeln.

3. Die obere Folienhälfte über den Fisch falten und die Päckchen von allen Seiten gut verschließen.

4. Die Päckchen gleichmäßig auf einem Backblech verteilen, dabei jeweils etwa 5 cm Abstand lassen, damit die Hitze gut zirkulieren kann. 15 Minuten backen, anschließend das Backblech aus dem Ofen nehmen und die Päckchen 5 Minuten ruhen lassen.

5. Auf jeden Teller ein verschlossenes Päckchen legen und sofort servieren. Vorsicht beim Öffnen der Päckchen: Ein nach Kräutern duftender heißer Dampf entweicht, an dem man sich leicht verbrennen kann.

Für 6 Personen

Citrus and Herb-Infused Sea Bass

Seebarsch mit Kräutern und Zitrone

Ein ganzer gegrillter Seebarsch sieht beeindruckend aus und hat sehr saftiges Fleisch. Ich bringe den fertig gegrillten Fisch immer erst ganz an den Tisch und präsentiere ihn, bevor ich dann in der Küche die Gräten entferne. Nur wenige Gastgeber sind mutig genug, die Gräten am Tisch zu entfernen. Wenn Sie dazugehören, alle Achtung! Der gegarte und entgrätete Zakkenbarsch ergibt vier köstliche Filets. Beträufeln Sie den Fisch mit etwas Olivenöl und frisch gepreßtem Zitronensaft und geben Sie ein wenig schwarzen Pfeffer darüber.

Wein: Virginia Chardonnay
Bier: New York State amber lager

Holzplanken-Maifisch

Wenn die Bewohner der mittleren Atlantikküste den Begriff *shad planking* hören, verbinden sie damit köstlich zubereiteten Maifisch und ein großes Fest, bei dem sich vergnügliche Picknick-Stimmung mit Lokalpolitik mischt. Bereits 1939, als die örtliche Geschäftsstelle des »Ruritan Club« mit zwölf Gästen ihr erstes Fest veranstaltete, lockte ein großes, von bunten Zelten umgebenes Feuer Generationen von *plankers* zum »Shad Planking Festival« nach Wakefield, Virginia, das seither alljährlich stattfindet. Der »Ruritan Club« in Wakefield ist mit seinen 100 Mitgliedern einer der ältesten und größten innerhalb der Organisation, die in den zwanziger Jahren in Holland, Virginia, gegründet wurde. Ziel dieses Vereins ist es, die Beziehungen zwischen den Land- und den Stadtbewohnern zu fördern. Seit dem ersten Fest haben die »Ruritaner« Tausende von Dollars für Stipendien gesammelt und unterstützen auf diese Weise die öffentliche Hand in Virginia.

Die Festvorbereitungen beginnen bereits am Dienstagnachmittag in einer malerischen Waldlichtung. Gut 900 kg Maifisch werden von Freiwilligen an über 80 m langen Tischen gesäubert und geschuppt. Der Rogen wird vorsichtig entfernt, und die Männer gönnen ihn sich später am Abend als Belohnung für ihre Arbeit.

Am kommenden Tag zündet das »Feuerkomitee« schon um fünf Uhr morgens auf der Lichtung einen über 30 m hohen Stapel Holz an. Eine Stunde später beginnt das *planking*-Komitee, die gesäuberten Maifische auf Eichenplanken zu nageln. Dann werden die Holzplanken wie strammstehende Soldaten um den nur noch glühenden Holzstapel aufgestellt. Die Maifische werden auf diese Weise etwa 6 Stunden geräuchert und währenddessen mindestens fünfmal mit *Carter Nettles Sauce* bestrichen, deren Rezept leider streng geheim ist. In der Küche des Vereinshauses werden die freiwilligen Helfer mit einem herzhaften Frühstück versorgt. Gesättigt machen sie sich wieder an die Arbeit, bis die Gäste auf die Lichtung strömen. Vertreter der politischen Parteien mischen sich unters Volk, um mit ihren Wählern ins Gespräch zu kommen. In Wahljahren ist der politische Aktivismus noch größer, und der Gouverneur von Virginia wird

als Ehrengast geladen. Doch es sind nicht nur politische Gründe, weshalb die Bürger von Virginia den Festtag rot im Kalender anstreichen und auf keinen Fall versäumen. Jeder, der irgendwann einmal das »Shad Planking Festival« in Wakefield besucht hat, wird bestätigen, daß der eigentliche Grund für den großen Andrang der vorzüglich zubereitete Fisch ist.

*2 ganze Seebarsche (à etwa 680 g),
    mit Köpfen und Schwänzen,
    geschuppt und ausgenommen
2–3 EL extra natives Olivenöl plus
    etwas Öl extra, zum Servieren
Salz und frisch gemahlener schwarzer
    Pfeffer
2 Orangenscheiben, halbiert
2 Zitronenscheiben, halbiert
4 frische Rosmarinzweige plus etwas
    Rosmarin extra, zum Garnieren
4 frische Estragonzweige plus etwas
    Estragon extra, zum Garnieren
3 EL Orangensaft, frisch gepreßt
3 EL trockener Weißwein
4 Zitronenhälften, zum Garnieren*

1. Den Ofen auf 180 °C vorheizen. Öl in eine flache Auflaufform geben, die so groß ist, daß beide Fische darin Platz haben.

2. Die Bauchhöhlen der Fische mit etwas Olivenöl einpinseln und mit Salz und Pfeffer würzen. Die Orangen- und Zitronenscheiben gleichmäßig in den Bauchhöhlen verteilen. Anschließend noch 1–2 Rosmarin- und Estragonzweige in die Bauchhöhle jedes Fisches legen. Die Seebarsche an zwei Stellen lose mit Küchengarn zubinden.

3. Die Fische in die Auflaufform legen und von allen Seiten mit Olivenöl einpinseln. Mit Salz und Pfeffer bestreuen. Orangensaft und Wein in einem kleinen Topf bei mittlerer Hitze 2–3 Minuten kochen lassen. Zum Beträufeln beiseite stellen.

4. Die Fische 40 Minuten backen, bis sie leicht zerfallen, wenn man mit einer Gabel hineinsticht. Während des Backens ein- oder zweimal mit dem Saftgemisch beträufeln.

5. Das Garn entfernen und die Fische mit Kräuterzweigen garniert auf einer Platte präsentieren. Dann entgräten und die Filetstücke auf Speisetellern verteilen. Mit extra nativem Olivenöl, Zitronenhälften und Pfeffer zum Selbermahlen bei Tisch servieren.

Für 4 Personen

Shad Roe on a Bed of Greens
Maifischrogen auf Salat

★★★

Ich hatte das große Glück, an dieses Rezept für Maifischrogen zu kommen, der am Vorabend des »Shad Planking Festival« (s. Kasten links) in Wakefield, Virginia, für die freiwilligen Helfer zubereitet wird. Traditionsgemäß ist dieses Essen ausschließlich Männern vorbehalten und gewissermaßen die Belohnung für das Schuppen und Ausnehmen von 900 kg Maifisch für das Fest am nächsten Tag. Dieses Essen, das im örtlichen Vereinshaus des »Ruritan Club« stattfindet, wird durch Regenbogenforellen, eimerweise scharfen Krautsalat, kochendheiße *hushpuppies*, Maisbrot und einige Fäßchen kaltes Bier abgerundet. Nach dem Fest versuchte ich mich zu Hause selbst an der Zubereitung von Maifischrogen und stellte fest, daß man ihn ganz langsam und vorsichtig garen sollte, denn dann kommt diese Frühlingsdelikatesse am besten zur Geltung.

Wein: Virginia Viognier
Bier: Louisiana ale

*Rogen von 2 Maifischen
8 Scheiben Frühstücksspeck
Salz und frisch gemahlener schwarzer Pfeffer
etwa 230 g gemischte junge Salatblätter
3 EL Orange Honey Vinaigrette (s. S. 98)
1 EL frischer Schnittlauch, kleingeschnitten
4 frische Schnittlauchhalme, zum Garnieren*

1. Den Rogen vorsichtig in einer Schüssel mit Eiswasser abspülen und dann mit Küchenpapier trockentupfen. Die Häutchen zwischen den beiden Seiten des Rogens durchtrennen und anschließend jedes Paar in zwei Stücke zerteilen.

2. Den Frühstücksspeck in einer beschichteten Pfanne bei mittlerer Hitze 6–8 Minuten ausbraten, auf Küchenpapier legen und abtropfen lassen. Die Temperatur auf schwache Hitze reduzieren.

3. Den Rogen in die Pfanne geben, abdecken und braten, bis er außen goldbraun wird und gar ist (das Innere sollte grau sein), dabei häufig vorsichtig wenden. Mit Salz und Pfeffer abschmecken.

4. Den Salat mit ein bißchen Vinaigrette anmachen. Je ein Stück Rogen auf die Tellermitte geben und etwas Salat rundherum anrichten. Mit geschnittenem Schnittlauch bestreuen. Eine Scheibe Speck auf jedes Stück Rogen legen und mit einem Schnittlauchhalm garnieren. Den restlichen Speck über dem Salat zerbröseln und sofort servieren.

Für 4 Personen

Pan-Fried Sole on a Bun
Seezungensandwich

★★★

Dieses Fischsandwich mit Seezunge ist ausgesprochen lecker. Damit die Seezunge beim Braten schön knusprig wird, braucht man sie nur leicht mit gewürztem Mehl zu bestäuben. In den USA wird das saftige, süßlich schmeckende Fleisch dieses Fisches gerne mit etwas frisch zubereiteter *Tartar Sauce* (s. S. 458), einer Lage Kopfsalat und einem getoasteten Brötchen serviert

Wein: Long Island (NY) Sauvignon Blanc
Bier: Midwestern lager

2 Seezungenfilets (à etwa 170 g)
½ Tasse (60 g) Weizenmehl
½ TL Paprikapulver
Salz und frisch gemahlener schwarzer Pfeffer
2 EL Erdnußöl oder anderes Pflanzenöl
3 EL Tartar Sauce (s. S. 458)
4 weiche Vollkornbrötchen, halbiert und getoastet
1 Kopfsalat, Blätter abgetrennt, abgespült und abgetropft

1. Die Fischfilets quer halbieren.

2. Mehl, Paprika, Salz und Pfeffer in eine Papier- oder Plastiktüte geben. Die Filets in die Tüte legen und leicht schütteln, damit sie überall mit dem Mehlgemisch bedeckt sind. Überschüssiges Mehl abklopfen.

3. Öl bei mittelstarker Temperatur in einer beschichteten Pfanne erhitzen. Die Fischfilets von beiden Seiten je 3–4 Minuten anbraten, bis sie gebräunt und gar sind; dabei einmal wenden.

4. 2 Teelöffel *Tartar Sauce* (s. S. 458) auf jede Brötchenhälfte streichen und die unteren Hälften jeweils mit einem Salatblatt belegen. Je ein halbes Filet und eine obere Brötchenhälfte darauflegen und servieren. Noch etwas *Tartar Sauce* getrennt dazu servieren.

Für 4 Personen

Lime-Broiled Lemon Sole
Gegrillte Seezunge mit Limetten

★★★

Generationen lang war für viele Amerikaner Seezunge der Inbegriff für Fisch, zu dem traditionell eine klassische buttrige Mandelsauce serviert wurde. Heute wird Seezunge kaum noch so zubereitet, sondern pfiffiger und gesünder z. B. mit einer pikantsüßen Zitrussauce. Limetten lassen sich ohne weiteres durch frisch gepreßten Zitronen-, Orangen- oder Grapefruitsaft und die Schalen der Früchte ersetzen.

Wein: Napa Valley (CA) Sauvignon Blanc
Bier: American lager

4 Seezungenfilets (à etwa 170 g)
3 EL Olivenöl
Salz und frisch gemahlener schwarzer Pfeffer
3 EL Limettensaft, frisch gepreßt
1 Knoblauchzehe, zerdrückt
1½ EL kleine Kapern, abgetropft
½ TL Limettenschale, feingerieben
1 EL frische Basilikumblätter, gehackt

1. Den Backofengrill vorheizen. Ein Backblech mit Alufolie auslegen.

2. Die Filets mit 1 Eßlöffel Olivenöl leicht einpinseln, mit Salz und Pfeffer bestreuen und nebeneinander auf das vorbereitete Backblech legen. Den Fisch etwa 10 cm von der Wärmequelle entfernt 8 Minuten grillen, bis er gar ist (er sollte leicht zerfallen, wenn man mit der Gabel hineinsticht).

3. In der Zwischenzeit das restliche Olivenöl, Limettensaft, Knoblauch, Kapern und Limettenschale in einem kleinen Topf mischen. Bei schwacher Hitze 2–3 Minuten kochen, dabei den Topf häufig schwenken. Mit Salz und Pfeffer würzen. Die Sauce abdecken und warm halten. Kurz vor dem Servieren Basilikum einrühren.

4. Die Filets auf eine Platte legen oder auf Tellern verteilen und etwas Sauce darüber geben.

Für 4 Personen

South Beach Red Snapper
Roter Schnapper von der Südküste

Der Rote Schnapper gehört zu den Lieblingsgerichten der Amerikaner. Dieser Fisch reizt zu Kreativität: In diesem Rezept wird er gegrillt, auf nach Jasmin duftendem Reis angerichtet und mit einer Sauce aus tropischen Früchten begossen – und paßt sich so in das von der Stadt Miami geprägte Südküsten-Ambiente ein.

Wein: California Gamay
Bier: Vermont lager

SAUCE
2 Tassen (300 g) reife Ananas, in Würfel geschnitten
2 Tassen (240 g) Salatgurke, in Würfel geschnitten
2 Tassen (320 g) reife Strauchtomaten, in Würfel geschnitten
1 Tasse (130 g) rote Zwiebeln, in Würfel geschnitten
3 EL Ananassaft
2 EL Knoblauch, gehackt
2 EL frischer Ingwer, gehackt
1 TL Maisstärke
Salz

FISCH
6 Roter-Schnapper-Filets (à etwa 170 g)
2 EL Olivenöl
2 EL Limettensaft, frisch gepreßt
Salz und frisch gemahlener schwarzer Pfeffer

½ Tasse (30 g) frische Basilikumblätter, gehackt
warmer gekochter weißer Reis mit Jasminaroma (s. Hinweis), zum Servieren

1. Den Backofengrill vorheizen. Eine Grillpfanne mit Aluminiumfolie auslegen.

Broiled Swordfish with Lemon-Caper Sauce

Gegrillter Schwertfisch in Zitronen-Kapern-Sauce

Schwertfisch hat sehr saftiges und aromatisches Fleisch, so daß er eigentlich kaum gewürzt zu werden braucht. Dennoch erweist sich die Zubereitung mit der würzigen Sauce in diesem Rezept als angenehme Überraschung. (Für eine Variation, bei der Limetten verwendet werden, s. S. 474.)

Beim Grillen sollte man den Fisch mit etwas Öl einpinseln, damit er nicht austrocknet. Um festzustellen, ob der Fisch gar ist, stechen Sie mit einem Metallspieß oder einem kleinen Messer in den dicksten Teil des Fischsteaks und öffnen das Fleisch etwas, um das Innere zu sehen. Wenn es noch klar und durchscheinend ist, sollten Sie den Fisch noch ein wenig länger grillen. Aber denken Sie beim Gartest daran, daß der Fisch nach dem Grillen noch 1–2 Minuten weitergart. Eventuell die Garprobe noch einmal wiederholen.

Wein: Sonoma County (CA) Sauvignon Blanc
Bier: Pennsylvania extra-bitter ale

4 Stücke vom Schwertfisch (à 170–230 g), 2–3 cm dick
3 EL Olivenöl
Salz und frisch gemahlener schwarzer Pfeffer
3 EL Zitronensaft, frisch gepreßt
1 Knoblauchzehe, zerdrückt
1½ EL kleine Kapern, abgetropft
½ TL unbehandelte Zitronenschale, feingerieben
1 EL frische glatte Petersilie, gehackt

---

2. Für die Sauce Ananas, Gurke, Tomaten, Zwiebeln und Ananassaft in einem schweren Topf, der nicht mit der Säure reagiert, mischen. Bei mittlerer bis starker Hitze unter gelegentlichem Rühren 5 Minuten dünsten. Auf mittlere Temperatur reduzieren, Knoblauch und Ingwer zufügen und unter Rühren 5 Minuten dünsten, bis die Zwiebeln und Tomaten weich sind.

3. 3 Eßlöffel von der Flüssigkeit aus dem Topf in eine kleine Schüssel geben, Stärkemehl zufügen und alles verrühren, bis es cremig wird. Mischung zurück in den Topf geben und unter Rühren 2 Minuten köcheln lassen, bis alles leicht eingedickt ist. Großzügig mit Salz und Pfeffer würzen und beiseite stellen.

4. Die Filets mit der Fleischseite nach oben in die Pfanne legen, mit Olivenöl einpinseln und mit Limettensaft beträufeln. Mit Salz und Pfeffer bestreuen. Die Filets knapp 8 cm von der Wärmequelle entfernt 7 Minuten grillen, bis sie gar sind und leicht zerfallen, wenn man mit der Gabel hineinsticht.

5. Während der Fisch gart, die Sauce erwärmen und Basilikum einrühren.

6. Den Fisch in tiefen Tellern auf Reis servieren und Sauce darüber geben.

Für 6 Personen

Hinweis: Jasminreis ist eine aromatische Reissorte, die vor allem in Thailand angebaut wird. In den USA wird eine ähnliche Reissorte, der »Jasmati«, angebaut. Jasminreis ist in Deutschland in gut sortierten Supermärkten erhältlich.

1. Den Backofengrill vorheizen.
2. Den Fisch von beiden Seiten mit 1 Eßlöffel Öl leicht einpinseln und mit Salz und Pfeffer bestreuen. Auf einem kleinen Rost in eine Grillpfanne legen. Den Fisch etwa 10 cm von der Wärmequelle entfernt 4 Minuten grillen, dann vorsichtig wenden und nochmals 4 Minuten grillen.
3. In der Zwischenzeit das restliche Öl mit Zitronensaft, Knoblauch, Kapern und Zitronenschale in einem kleinen Topf mischen. Das Ganze bei geringer Hitze 2–3 Minuten erwärmen, den Topf dabei mehrmals schwenken. Petersilie einrühren.
4. Die Fischstücke auf Tellern verteilen, einen Löffel der Sauce darüber geben und sofort servieren.

Für 4 Personen

Not-Quite-Blackened Tilapia

Tilapia kross gebraten

Wenn ich Tilapiafilets zubereite, schmecke ich sie gern mit Cajungewürzen ab und brate sie bei großer Hitze fast schwarz. Besonders schmackhaft sind sie, wenn sie mit *Garlicky Red Jacket Mashed Potatoes* (s. S. 317) und *Maque Choux* (s. S. 328) serviert werden. Ursprünglich wurden Tilapias frisch gefangen und hatten einen salzigen und etwas sumpfigen Geschmack. In den USA werden sie heutzutage vorwiegend auf Farmen gezüchtet und schmecken etwas süßlich. In Europa ist Tilapia als Speisefisch nicht üblich.

Wein: Monterey County (CA) Pinot Blanc
Bier: California pale ale

GEWÜRZMISCHUNG
1 TL Salz
1 TL süßes Paprikapulver
½ TL Kreuzkümmel, gemahlen
¼ TL Old-Bay-Gewürzmischung (s. Kasten S. 496)
¼ TL Knoblauchpulver
¼ TL getrockneter Thymian
¼ TL getrockneter Oregano
¼ TL Senfpulver
1 Prise frisch gemahlener schwarzer Pfeffer
1 Prise Cayennepfeffer

60 g Butter, zerlassen
4 Tilapiafilets (à etwa 170 g; ersatzweise Hecht, Wels oder Barsch)
4 Limettenhälften, zum Garnieren

1. Für die Gewürzmischung alle angegebenen Zutaten in einer kleinen Schüssel vermengen.
2. Zerlassene Butter in eine Schüssel geben.
3. Eine beschichtete Pfanne bei hoher Temperatur 5 Minuten erhitzen (s. Hinweis).
4. Währenddessen die Filets in der Butter wenden und von allen Seiten mit der Gewürzmischung bestreuen.
5. Die Temperatur leicht reduzieren und nacheinander immer 2 Filets gleichzeitig von beiden Seiten je 2 Minuten dunkelbraun und knusprig braten.
6. Die Filets mit Limettenhälften garniert sofort servieren.

Für 4 Personen

Die beste Art, eine Forelle zu kochen und zu entgräten: A la South Dakota

Nach einem erfolgreichen Forellenfang in Trout Haven, einem Anglercamp und Café außerhalb von Deadwood in South Dakota, panierte der Küchenchef die von mir gefangene Forelle mit Maismehl, garte sie und servierte sie mit cremigem Weißkohl, knusprigen Pommes frites und reichlich selbstgemachter *Tartar Sauce* – der reinste Genuß.

Von den Bewohnern in Trout Haven, die ihr Handwerk wirklich verstehen, erfuhr ich, was man beim Kochen und Entgräten einer Forelle beachten sollte.

Braten Sie Forellen immer ganz, also mit Kopf und Schwanz. Dadurch bleibt das Skelett unbeschädigt und läßt sich nach dem Braten problemlos entfernen.

Forellen brauchen nicht geschuppt zu werden. Die Schuppen sind so klein, daß sie beim Braten verbrutzeln und eventuell sogar mitgegessen werden können.

Forellen nicht zu lange braten. Das Fleisch sollte saftig und zart sein, wenn man mit der Gabel hineinsticht. Das Fleisch ist gar, wenn es nicht mehr klar und durchscheinend, sondern richtig weiß ist.

Hier einige Forellen-Rezepte aus Trout Haven: Forelle braten: In einer schweren Pfanne so viel Butter, Fett von ausgelassenem Speck oder Pflanzenöl erhitzen, daß der Pfannenboden etwa 3 mm bedeckt ist. Den gesäuberten Fisch mit einer Weizenmehl-Maismehl-Mischung panieren. Eine knapp 30 cm lange Forelle bei mäßiger Temperatur von beiden Seiten je etwa 8 Minuten anbraten, bis sie goldbraun ist. Die Forelle nur einmal wenden und die Pfanne nicht überladen.

Forelle backen: Die gesäuberte Forelle auf ein mit Alufolie ausgeschlagenes Backblech legen. Eine knapp 30 cm lange Forelle in einem auf 180 °C vorgeheizten Ofen etwa 20 Minuten bakken. Nicht wenden.

Forelle im Elektrogrill grillen: Die Forelle etwa 10 cm von der Wärmequelle entfernt 10–15 Minuten grillen. Mit Öl oder Butter beträufeln, aber nicht wenden.

Forelle in der Mikrowelle garen: Die Forelle locker abdecken. Auf hoher Stufe 2½–3½ Minuten garen (diese Angaben gelten jeweils nur für eine Forelle), dann abgedeckt 2 Minuten stehen lassen.

Eine gegarte Forelle entgräten: Die Rückenflosse, die Bauch- und die Brustflossen entfernen. Eine Gabel über den Rücken ziehen, um die Haut zu lösen. Den Kopf mit der Hand anheben und mit der Gabel das Fleisch an der Unterseite der Mittelgräte abziehen. Wenn sich das Fleisch auf dieser Seite gelöst hat, die Forelle drehen und den Vorgang wiederholen. Übriggebliebene Gräten können während des Essens enfernt und weggeworfen werden.

Hinweis: Bevor Sie eine Pfanne stark erhitzen, sollten Sie einige Vorsichtsmaßnahmen treffen. Überprüfen Sie, ob die Beschichtung der Pfanne so viel Hitze überhaupt verträgt, sonst sollten Sie eine gußeiserne Pfanne verwenden. Wenn möglich, schalten Sie eine Dunstabzugshaube ein. Halten Sie so viel Abstand von der Pfanne, daß Sie nicht von Spritzern getroffen werden können. Schützen Sie ihre Hände auf jeden Fall mit Topflappen, wenn Sie die Pfanne anheben.

PAN-FRIED TROUT

GEBRATENE FORELLE AUS DER PFANNE

Eine gut gewürzte Panade wird bei einer gebratenen Forelle zu einer schmackhaften Hülle. Je kleiner die Forelle ist, desto besser ist der Geschmack. Sparen Sie nicht an frischer Zitrone. Ich serviere meistens eine Zitronenhälfte pro Person und nicht nur eine Spalte. Als Beilagen eignen sich *East Norwalk Cole Slaw* (s. S. 117), *Piccalilli Corn Salad* (s. S. 204) und *Bread-and-Butter Pickles* (s. S. 210).

Wein: Washington State Chenin Blanc
Bier: Vermont lager

- ½ *Tasse (60 g) Weizenmehl*
- ½ *TL Paprikapulver*
- ½ *TL Salz*
- ¼ *TL frisch gemahlener schwarzer Pfeffer*
- 1 *EL Butter*
- 1 *EL Pflanzenöl*
- 4 *Bachforellen mit Köpfen und Schwänzen (à etwa 340 g), ausgenommen*
- 4 *Zitronenhälften, zum Garnieren*

1. Mehl, Paprikapulver, Salz und Pfeffer in eine Tüte geben, die so groß ist, daß ein Fisch hineinpaßt.
2. Butter und Öl in einer großen beschichteten Pfanne bei mäßiger Temperatur erhitzen.
3. Wenn die Butter zerlassen ist, die Forellen einzeln in die Tüte mit der Mehlmischung geben und leicht schütteln, so daß der ganze Fisch von der Mischung bedeckt ist; überschüssiges Mehl anschließend wieder abklopfen. Die Temperatur etwas erhöhen. Wenn das Fett siedet, die Forellen hineingeben und von beiden Seiten je etwa 5 Minuten braten, bis sich eine dünne Kruste gebildet hat und der Fisch leicht zerfällt, wenn man mit der Gabel in die dickste Stelle sticht.
4. Mit Zitronenhälften garnieren und sofort servieren. Die Forellen wie auf S. 478 beschrieben entgräten.

Für 4 Personen

GRILLED TROUT

GEGRILLTE FORELLE

Grillen ist meiner Meinung nach die wohlschmeckendste Art, eine frisch gefangene Forelle zuzubereiten. Sie ist obendrein sehr einfach: Sie brauchen den Fisch vor der Zubereitung lediglich mit etwas Öl zu bestreichen und mit ein paar Gewürzen zu bestreuen. Grillen Sie pro Person je eine Forelle und servieren Sie die Fische dann garniert mit Zitronenhälften.

Wein: Napa Valley (CA) Viognier
Bier: California pale ale

*4 Bachforellen mit Köpfen und Schwänzen
(à etwa 340 g), ausgenommen*
3 EL Olivenöl
*Salz und frisch gemahlener schwarzer
Pfeffer*
*4 Zitronenhälften,
zum Servieren*

1. Einen Gartengrill vorbereiten und auf mittlere Hitze bringen.
2. Die Forellen gut mit Olivenöl bestreichen und mit Salz und Pfeffer bestreuen.
3. Die Fische auf den Grill legen und von beiden Seiten je 5 Minuten grillen, bis sie braun sind und das Fleisch leicht zerfällt, wenn man mit einer Gabel in die dickste Stelle sticht. Pro Portion mit einer Zitronenhälfte garnieren und sofort servieren. Die Forellen anschließend wie auf S. 478 beschrieben entgräten.
Für 4 Personen

POACHED TROUT

POCHIERTE FORELLE

Alles, was Sie für dieses Rezept brauchen, sind zwei frische Forellen und ein kräftig schmeckender Fond, in dem Sie die Fische ziehen lassen. Dieser Fond kann einfach aus einem preisgünstigen trockenen Weißwein und etwas Suppengemüse zubereitet und mit etwas Petersilie und einigen Lorbeerblättern gewürzt werden. Zusätzlich können Sie auch noch ein paar Zweige frischen Thymian oder Rosmarin zugeben. Idealerweise bereitet man die Forellen in einem Fischtopf mit Einsatz zu, ein großer Topf ist aber fast genausogut geeignet. Sie sollten dann jedoch beim Herausnehmen des Fisches sehr vorsichtig vorgehen.

Pochierte Forellen schmecken einfach herrlich, da ihr Fleisch unbeschreiblich saftig ist. Das beste und zarteste Stück einer Forelle kennen nur die wenigsten: Es sind die kleinen, zarten Wangen, die direkt unter den Augen liegen.

Wein: Washington State Sauvignon Blanc
Bier: Oregon lager

POCHIERFOND
8 Tassen (2 l) Wasser
1½ Tassen (375 ml) trockener Weißwein
2 Selleriestangen mit Blättern, grobgehackt
1 große Möhre, grobgehackt
6 Zweige frische glatte Petersilie
2 Lorbeerblätter
6 schwarze Pfefferkörner
1½ TL Salz

*2 Bachforellen mit Köpfen und Schwänzen
(à etwa 340 g), ausgenommen*
2 Zitronenhälften, zum Servieren

1. Für den Pochierfond sämtliche angegebenen Zutaten in einen großen Edelstahltopf geben und bei starker Hitze zum Kochen bringen. Die Hitze reduzieren und bei halb geschlossenem Deckel 20 Minuten ziehen lassen. Die Flüssigkeit anschließend durch ein Sieb gießen, das Gemüse wegwerfen und den Fond in den Topf zurückgeben.
2. Die Forellen in den Fond geben, so daß sie teilweise bedeckt sind; 10–12 Minuten ziehen lassen, bis sie leicht zerfallen, wenn man mit einer Gabel in die dicksten Stellen sticht. Achtung: Den Sud nicht aufkochen lassen!
3. Mit einem Pfannenheber die Forellen vorsichtig aus der Flüssigkeit nehmen. Mit den Zitronenhälf-

ten garnieren und anschließend sofort servieren. Auf Wunsch kann die Forelle schon vor dem Servieren wie auf S. 478 beschrieben entgrätet werden.

Für 2 Personen

SEARED TUNA STEAKS

KURZGEBRATENE THUNFISCHSTEAKS

Meines Erachtens muß man Thunfisch einfach auf diese Weise zubereiten, aber ich gebe zu, daß er gegrillt fast genausogut schmeckt. Bei der Auswahl von Thunfisch sollten Sie darauf achten, daß die Flossen gelblich sind und der Fisch mindestens 2–3 cm dick ist. Es ist wichtig, daß Sie eine sehr schwere Pfanne benutzen, in der sich die Hitze gleichmäßig verteilt. Auch in einer gußeisernen Pfanne läßt sich Thunfischsteak gut kurzbraten. Nachdem Sie den Fisch aus der Pfanne genommen haben, gart er noch weiter. Nehmen Sie ihn also heraus, wenn er noch nicht völlig gar ist. Servieren Sie den Thunfisch mit einem großen Löffel *Fresh Pineapple Relish* (s. S. 204).

Wein: Dry Creek Valley (CA) Zinfandel
Bier: California porter

grob gemahlener schwarzer Pfeffer
2 Thunfischsteaks (à etwa 170–230 g), in 2–3 cm dicke Stücke geschnitten
1 EL Olivenöl

1. Die Steaks auf beiden Seiten großzügig pfeffern und den Pfeffer leicht andrücken.

2. Olivenöl in einer beschichteten Pfanne bei mittlerer Temperatur erhitzen. Die Steaks hineingeben und auf einer Seite 5 Minuten kurzbraten, bis sie hellbraun sind. Die Steaks wenden und 3 Minuten von der anderen Seite braten, bis sie fast ganz gar sind (s. Kasten S. 466). Vor dem Servieren 1 oder 2 Minuten ruhen lassen.

Für 2 Personen

SEARED FRESH TUNA AND NOODLES

KURZGEBRATENER FRISCHER THUNFISCH MIT NUDELN

Der früher in den gesamten USA beliebte Thunfischtopf mit Nudeln kam Ende der 60er Jahre gründlich aus der Mode. Wenn man dieses stärkehaltige Gemisch mit einer Schicht aus zerstoßenen Cornflakes oder Kartoffelchips auch nur erwähnt, rümpfen die Leute verächtlich die Nase. Es gibt eigentlich keinen Grund, weshalb das Gericht nicht seine alte Beliebtheit zurückerlangen sollte. Bei dieser Variation werden große Stücke frischen marinierten Thunfischs auf Nudeln serviert, mit einer schmackhaften Erdnußsauce angerichtet und mit gehackten Erdnüssen und frischem Koriander garniert.

Wein: Santa Barbara County (CA) Pinot Noir
Bier: Oregon ale

SAUCE
2 EL Sojasauce
2 EL Reisweinessig
2 EL Wasser
2 EL Zucker
¼ TL Salz
1 TL frischer Ingwer, feingehackt
1 TL Knoblauch, feingehackt
2 EL weiche Erdnußbutter
4 EL Erdnußöl

MARINADE
1 EL Erdnußöl
1 EL dunkles Sesamöl
1 EL milde Sojasauce
1 EL frischer Ingwer, feingehackt

2 Thunfischsteaks (à etwa 230 g), in 2–3 cm dicke Stücke geschnitten
230 g Fettuccine oder andere Bandnudeln
¼ Tasse (40 g) Erdnüsse, grobgehackt
¼ Tasse (30 g) Salatgurke, in Würfel geschnitten
3 EL frische Korianderblätter, gehackt
4 Limettenhälften, zum Garnieren

1. Für die Sauce Sojasauce, Reisweinessig, Wasser, Zucker, Salz, Ingwer, Knoblauch und Erdnußbutter in einer großen Schüssel zu einer glatten Masse verrühren. Das Öl langsam zugießen und weiterrühren, bis die Masse leicht eingedickt ist.

2. Für die Marinade die Zutaten in einer flachen Schüssel mischen. Die Thunfischsteaks hineinlegen und mit der Marinade gut bedecken. Bei Zimmertemperatur 15 Minuten ruhen lassen; den Fisch ein- oder zweimal wenden.

3. In der Zwischenzeit einen großen Topf mit Salzwasser zum Kochen bringen.

4. Die Steaks aus der Marinade nehmen. Eine beschichtete Pfanne bei mittlerer Temperatur erhitzen. Die Steaks hineingeben und 5 Minuten von der einen und 3 Minuten von der anderen Seite anbraten, bis sie außen hellbraun sind. Bei Zimmertemperatur 3–4 Minuten ruhen lassen. Die Steaks anschließend in 2–3 cm große Stücke schneiden und beiseite stellen.

5. Fettuccine 10–12 Minuten in Wasser kochen, bis sie *al dente* sind. Unter Wasser abspülen und abtropfen lassen, dann mit der Sauce anmachen.

6. Die Nudeln auf vier Teller verteilen und gleichmäßig mit Erdnüssen bestreuen. Über jede Portion Gurkenstücke streuen und die Fischstücke darauf legen. Mit gehacktem Koriander bestreuen, jeden Teller mit einer Zitronenhälfte garnieren und servieren.

Für 4 Personen

WHITE GULL INN TRADITIONAL FISH BOIL

GEKOCHTER FISCH

Wenn Sie auf die Halbinsel Door County, Wisconsin, reisen, die sich von der Ostküste des Staates bis nach Green Bay und hin zum Lake Michigan erstreckt, sollten Sie auf keinen Fall das berühmte *fish boil* verpassen. Dieses köstliche Gericht gelangte durch skandinavische Einwanderer nach Amerika. Mittlerweile ist das sogenannte *boil* auf der Insel zu einer echten Tradition geworden. Es wird im Freien über einem Holzfeuer zubereitet, und zwar in einem riesigen Topf, der über 80 Liter faßt und zwei Einsätze hat. In einem der Einsätze liegen die Fischsteaks, im anderen die Kartoffeln. Sie können ein *boil* aber auch zu Hause zubereiten. Man braucht dazu einen Topf, der etwa 20 Liter faßt und mit einem herausnehmbaren Einsatz ausgestattet ist. Haben Sie keinen Topf mit Einsatz, können Sie für den Fisch und die Kartoffeln Beu-

DAS FISCHFEST IN DOOR COUNTY

Sollten Sie einmal nach Door County, Wisconsin, kommen und nicht an einem »Fish Boil« teilnehmen, dann, glauben Sie mir, haben Sie das wichtigste verpaßt. Es handelt sich hierbei um ein regionales Fest zu Ehren der Tradition und der Natur. Dieses Fest findet den ganzen Sommer über abends statt – überall in den Restaurants und den *Inns*. Man muß lediglich den Dampfschwaden nachspüren, die aus riesigen Kesseln aufsteigen, unter denen Holzfeuer lodern.

Door County ist genau das, was man sich unter einer Halbinsel vorstellt: Es ist schmal, 120 km lang und ragt im Norden in den Lake Michigan hinein. Früher lebten hier skandinavische Fischer. Die Männer verspeisten einen Teil des Fangs als *domers*, d. h. mit Zwiebeln gefüllt, in Zeitung eingewickelt und unter der Haube des Dampfkessels (*dome*) gedämpft. Diese Mahlzeiten entwickelten sich zu »Fish Boils«, als die Schiffe so groß wurden, daß die Kombüsen mit Kanonenöfen ausgestattet werden konnten. Schließlich hielt diese Mahlzeit auch auf dem Festland Einzug und wurde zu allen möglichen festlichen Anlässen zubereitet. Das erste öffentliche »Fish Boil« fand 1961 statt und lockt seitdem Scharen von Besuchern an.

In diesem Bezirk, der allgemein »Cape Cod of the Midwest« heißt, gibt es viele staatliche Naturparks und malerische Fischerdörfer. Ich fuhr vor allem wegen der »Boils« nach Fish Creek. Meinen »Fish Boil« feierte ich im »White Gull Inn«, wo der »Chefboiler« Russ Ostrand seit 30 Jahren dieses Erlebnis organisiert und während der Pausen auf dem Akkordeon spielt. 25 neugierige Gäste sahen und hörten ihm zu, als er über den Brauch des »Fish Boil« erzählte. Er erläuterte zunächst die »Prise« Salz – ganze 500 g pro 7,5 Liter Wasser. Das Salz dient dazu, den Fischen das Öl zu entziehen. Dann werden die Kartoffeln und anschließend die Fischstücke in den Topf gegeben. Zum Schluß wird noch etwas Petroleum ins Feuer geschüttet, die Flüssigkeit »kocht über«, und das nach Fisch schmeckende Öl wird über den Rand geschwemmt.

Als Beilagen zum »Boil« gab es *Tartar Sauce*, Butter und Zitrone, Weißkohl und Blaubeeren, Bananen, Zitronen und schwedisches Limpa-Brot. Zum Nachtisch gab es den traditionellen Kirschkuchen mit Kirschen aus Door County.

Mehr Informationen über Reisen nach Door County und die Teilnahme an einem »Fish Boil« erhalten Sie unter der Rufnummer 001–800–527–3529 (Handelskammer von Door County).

tel aus Nesseltuch machen oder das Ganze durch ein Sieb gießen. Vergessen Sie den Weißkohl als Beilage und den Kirschkuchen zum Dessert nicht, ohne die das Gericht nicht originalgetreu ist.

Wein: Virginia Chardonnay
Bier: Wisconsin dark lager

12 kleine neue rotschalige Kartoffeln
7½ l Wasser
2 Tassen (500 g) Salz (s. Hinweis)
12 Steaks vom Weißfisch oder von Seeforellen,
 etwa 5 cm dick (à etwa 85–110 g)
2 EL frische glatte Petersilie, grobgehackt
Tartar Sauce (s. S. 458), zum Servieren
110 g Butter, zerlassen,
 zum Servieren
4 Zitronenhälften, zum Servieren

1. Kartoffeln gut abbürsten und an jedem Ende ein schmales Stück abschneiden (dadurch kann das Aroma der anderen Zutaten besser eindringen). Beiseite stellen.

2. Wasser in einen Topf mit etwa 20 Litern Fassungsvermögen gießen und zum Kochen bringen. Während des Kochvorgangs das Wasser so stark wie möglich kochen lassen.

3. 250 g Salz und die Kartoffeln in den Topf geben und kochen, bis die Kartoffeln fast gar sind. Das restliche Salz und den Fisch zufügen. 8–10 Minuten kochen, bis der Fisch noch fest ist, sich aber von den Gräten zu lösen beginnt, wenn man ihn mit der Gabel anhebt. Während des Kochens mit einem Löffel Fett von der Wasseroberfläche abschöpfen.

4. Die Kartoffeln und den Fisch aus dem Wasser heben und gut abtropfen lassen.

5. Beides auf einer großen Platte anrichten und mit Petersilie bestreuen. Mit *Tartar Sauce* (s. S. 458), zerlassener Butter zum Dippen oder Begießen und Zitronen sofort servieren.

Für 4 Personen (reichlich)

Hinweis: Die Salzmenge richtet sich nach der Wassermenge. Wollen Sie die Wassermenge erhöhen, müssen Sie 250 g Salz pro 4 Liter Wasser zufügen.

Dinner

Meeresfrüchte

Stellen Sie sich das Entzücken der ersten Siedler vor, als sie in der Neuen Welt den Reichtum an Meeresfrüchten entdeckten: riesige Austern-, Venusmuschel- und Miesmuschelbänke, eine bis dahin unbekannte Vielfalt an frischen Krabben und Garnelen und große, fleischige Hummer in Hülle und Fülle.

Kein Wunder, daß im Laufe der Zeit viele neue Gerichte mit Meeresfrüchten entstanden – nicht zuletzt dank der begabten kreolischen Köche aus New Orleans. Italienische Einwanderer brachten die *Shellfish Marinara* und *Scampis* mit nach Amerika. In diesem Kapitel habe ich die besten Rezepte zusammengestellt; manche sind moderne Kreationen wie z.B. *Blushing Spring Shrimp and Peas*, sommerliche *Grilled Soft-Shell Crabs with Roasted Tomato Sauce* und nach südwestlicher Art zubereitete *Seared Scallops in Chipotle Cream*, andere sind Küsten-Klasker wie *Broiled Stuffed Lobster* aus Connecticut, *Cajun Soft-Shell Crab on Buns* oder *Beaufort Shrimp Burgers* aus South Carolina. Ob die Gerichte nun im Landesinneren oder an der Küste gegessen werden: Sie schmecken stets nach Meer.

Pacific Northwest Light Mussels

Miesmuscheln aus dem Nordwestpazifik

Zu den besten Miesmuscheln Amerikas gehören die Arten, die heute im Nordwestpazifik an den Felsen von Puget Sound im Staat Washington gezüchtet werden. Dort haben Wissenschaftler im Laufe der letzten zehn Jahre eine neue Miesmuschelart entdeckt, die *Mytilus galloprovincialis*. Sie findet sich in unglaublichen Mengen an der kalifornischen Küste und in Puget Sound. Diese Muschelart stammt eigentlich aus Spanien und Italien, und niemand weiß genau, wie sie nach Amerika gekommen ist. Nach einer Theorie saß sie an den Rümpfen spanischer Galeonen, die auf dem Weg in die Neue Welt waren. Jedenfalls ist sie irgendwie dorthin gekommen und ein wahrer Segen für alle Muschelliebhaber. Können Sie diese Muscheln irgendwo bekommen, greifen Sie zu: Sie sind frei von Sand, fleischig und köstlich im Geschmack.

Wein: Oregon Müller-Thurgau
Bier: Washington State India pale ale

etwa 1,8 kg Miesmuscheln
¼ Tasse (60 g) Butter
1 Lauchstange, nur der weiße Teil, gründlich abgewaschen, trockengetupft und in dünne Ringe geschnitten
1 Tasse (100 g) Fenchelknolle, gewürfelt
¼ Tasse (30 g) Schalotten, feingehackt
2 Tassen (320 g) Tomaten, entkernt und gewürfelt
½ Tasse (30 g) frische glatte Petersilie, gehackt
1 EL Knoblauch, feingehackt
Salz und frisch gemahlener schwarzer Pfeffer
1 Tasse (250 ml) trockener Weißwein

1. Die Muscheln säubern (s. Kasten)
2. Butter in einem Edelstahltopf zerlassen. Lauch, Fenchel und Schalotten zufügen und unter Rühren 8 Minuten dünsten, bis das Gemüse zusammenfällt.
3. Tomaten, Petersilie und Knoblauch zugeben und weitere 2 Minuten dünsten. Mit Salz und Pfeffer würzen.
4. Muscheln und Wein zufügen und die Temperatur heraufschalten. Zudecken und unter gelegentlichem Schwenken des Topfes 6–8 Minuten kochen, bis sich die Muscheln öffnen. Verschlossene Muscheln entfernen. Sofort mit Gemüse und Sud in Schalen servieren.

Für 4 Personen

Miesmuscheln säubern

Wenn Sie Muscheln kaufen, dann achten Sie darauf, nur die frischesten zu bekommen. Reinigen Sie die Schalen mit einer harten Bürste und spülen Sie sie anschließend mehrfach unter kaltem Wasser ab. Kurz vor dem Kochen wird der Bart (die harten Fasern außen) entfernt. Tun Sie das jedoch zu früh, sterben die Muscheln und werden ungenießbar.

Tiny Cockles and Fresh Tomatoes over Linguine

Linguine mit kleinen Herzmuscheln und frischen Tomaten

Die winzigen, süßlich schmeckenden Herzmuscheln sind leicht zuzubereiten. In einer Schale serviert, sehen sie einladend aus, und es macht Spaß, sie zu essen. Ob die Muscheln auf Nudeln oder in einem Teller Suppe serviert werden: Ein anständiges Stück knuspriges Bauernbrot zum Eintunken ist dazu ein Muß. Garnieren Sie die Muscheln mit viel frischem Basilikum.

Wein: Sonoma County (CA) Sauvignon Blanc

etwa 1,8 kg Herzmuscheln oder Littleneck-Venusmuscheln
3 EL extra natives Olivenöl
3 EL Knoblauch, gehackt
½ Tasse (125 ml) trockener Weißwein
½ Tasse (125 ml) Hummerfond
4 Tassen Strauchtomaten, entkernt und gewürfelt
4 Schalotten (mit gut 8 cm Grün), in dünne Scheiben geschnitten
⅓ Tasse (20 g) frische Basilikumblätter, in Streifen geschnitten
Salz und frisch gemahlener schwarzer Pfeffer
340 g Linguine, gekocht

1. Die Herzmuscheln unter kaltem Wasser gut abspülen und in einem Sieb abtropfen lassen.
2. Öl in einem großen Edelstahltopf schwach erhitzen. Knoblauch zufügen und 2–3 Minuten unter Rühren dünsten.
3. Wein und Hummerfond zufügen. Den Topf abdecken, die Temperatur etwas erhöhen und 3–5 Minuten ziehen lassen.
4. Die Herzmuscheln zufügen, den Topf abdecken und 3–5 Minuten unter Schwenken bei geringer Hitze kochen lassen, bis sich die Herzmuscheln öffnen. Verschlossene Muscheln entfernen. Die Herzmuscheln samt Sud in eine große Servierschüssel geben. Tomaten und Schalotten untermischen und mit Basilikum, Salz und Pfeffer bestreuen.
5. Die Linguine auf vier tiefe Teller verteilen und die Herzmuscheln und den Sud darüber geben. Sofort servieren.

Für 4 Personen

Super Bowl Clambake

Muschelpicknick zu Hause

Ich bin dafür bekannt, daß mich stets in völlig unpassenden Momenten, etwa zum »Super Bowl Sunday«, dem alljährlichen American-Football-Turnier zwischen den besten Mannschaften der Nationalliga, die Lust auf eine Muschelfestivität am Strand packt. Aber das läßt sich auch im Sommer nicht immer organisieren. Daher habe ich ein Verfahren entwickelt, das dieses extravagante Essen auch im Haus und folglich zu jeder Jahreszeit ermöglicht.

Zuerst hole ich den großen Truthahnbräter hervor, der nach dem Erntedankfest wieder im Regal verschwunden ist. Dann kaufe ich statt Seetang große Bunde Thymian- und Rosmarinzweige, denn frische Kräuter gibt es das ganze Jahr über. Nur junge Maiskolben lassen sich außerhalb der Saison nicht so leicht besorgen. Für dieses Gericht reicht es aus, wenn die Maiskol-

Ein traditionelles Muschelpicknick

Als ich zum ersten Mal dieses Fest veranstaltete, war ich vielleicht zu ehrgeizig. Ich wollte es wirklich zünftig, am nebligen Strand von Malibu in einer Strandmulde, über weißglühenden Felsen und mit wildem Seetang als Gewürz. So gebietet es die Tradition, die von den Einheimischen in Neuengland begründet wurde. Das Graben war kein Problem, jedoch waren in Südkalifornien zwei äußerst wichtige »Zutaten« nur sehr schwer zu finden: große runde Steine am Strand – und dicke, fleischige Hummer. Die Hummer ließen sich beschaffen, aber nicht die richtigen Steine. Sie erwärmten sich nicht rechtzeitig. Deshalb landeten schließlich Hummer, Seetang, Huhn, Mais und Meeresfrüchte im größten Topf, den ich auftreiben konnte. Es war vielleicht nicht ganz authentisch, aber die Stimmung war trotzdem prächtig.

Das war 1972. Als ich 21 Jahre später zum zweiten Mal versuchte, ein Muschelpicknick zu veranstalten, war ich etwas klüger. Diesmal fand es auf der Insel Nantucket statt, und ich erwartete wie beim ersten Mal 25 Gäste. Das nieselige Wetter an diesem Junitag verhieß jedoch nichts Gutes – dennoch hoben die einheimischen Experten, die ich angeheuert hatte, auf der Miacomet-Beach eine gut 1,20 Meter tiefe Mulde aus, umrandeten diese mit Steinen (den richtigen!) und schaufelten brennende Kohle hinein.

Nach vier Stunden – die Wolkendecke hatte sich noch nicht gelichtet – wurden Holzpaletten geliefert und einzeln über der Kohle verbrannt, um die Steine aufzuheizen. Als dies geschehen war, entfernten die Arbeiter die Glut und legten feuchten Seetang aus. Der einheimische Seetang hat kleine, meerwassergefüllte Blasen, die beim Erhitzen platzen und salzigen Wasserdampf abgeben. Dann folgten die Hummer in Drahtkörben, Miesmuscheln, weichschalige Venusmuscheln (*steamer*), süße Zwiebeln, neue Kartoffeln und Mais. Schließlich wurde eine schwere Plane über alles gelegt (das bei einem Muschelpicknick unverzichtbare Hühnchen wurde separat gegrillt). Langsam heiterte sich auch der Himmel auf. Der späte Nachmittag versprach besseres Wetter – rechtzeitig zum Essen.

Als die Plane nach einer Stunde hochgehoben wurde, bot sich ein wundervoller Anblick: scharlachrote Hummer, offene Venus- und Miesmuscheln, glänzende rote Kartoffeln und saftiggrüne Maiskolben. Bei herrlichem Abendrot stießen wir mit eiskaltem Bier auf das Fest an.

Dieses Mal war es ein richtiges *clambake* und ein grandioses Ereignis. Dennoch muß ein solches Meeresfrüchtegelage nicht unbedingt draußen oder im Sommer steigen. Es sollte aber zu einem besonderen Anlaß stattfinden. Probieren Sie mein Rezept für ein Muschelessen zu Hause (S. 487) nächstes Jahr doch einmal aus – anstelle von oder gar zu einem Chili. Und selbst wenn Sie nicht unbedingt mit einem blauen Himmel rechnen können – kein anderes Essen eignet sich so gut, einer Party mitten im Winter den sommerlichen Touch zu verleihen.

ben schöne feste Hüllblätter haben und ein wenig milchige Flüssigkeit aus den Körnern rinnt, wenn man sie einsticht. Sehen die Kolben jedoch alt aus, sollten Sie statt dessen lieber tiefgekühlten Mais nehmen. Im Haus nehme ich gern Hummer hinzu und lasse das Hühnchen weg. Wenn es Ihnen lieber ist, können Sie das Essen jedoch auch mit Hühnchen vom Garten- oder Backofengrill zubereiten. Servieren Sie das Festessen in großen Schüsseln mit etwas Brühe zum Abspülen der Venusmuscheln, etwas zerlassener Butter zum Dippen und viel Zitrone. Abschließend wünsche ich Ihnen, daß der SuperBowl so gut wird wie das Essen und daß Sie Ihre Wetten gewinnen.

VENUSMUSCHELN SÄUBERN

Hartschalige Venusmuscheln unter kaltem Wasser abbürsten und alle beschädigten Exemplare aussortieren. In einer Schüssel mit kaltem Wasser bedecken. Mit jeweils 1 Eßlöffel Maismehl und Salz bestreuen. 1 Stunde ruhen lassen. Abtropfen lassen, abspülen und nochmals abtropfen lassen.

Weichschalige Venusmuscheln (*steamer*) mehrmals unter kaltem Wasser abspülen. Abtropfen lassen und beschädigte Muscheln entfernen.

Wein: Sonoma County (CA) Chardonnay
Bier: San Francisco Anchor steam beer

4 lebende Hummer (à knapp 570 g)
16 kleine rotschalige Frühkartoffeln
8 kleine Zwiebeln
3 große Bunde frischer Thymian, abgespült
2 große Bunde frischer Rosmarin, abgespült
etwa 2,3 kg Cherrystone-Venusmuscheln, gesäubert (s. Kasten)
8 Maiskolben, gesäubert (s. Hinweis)
gut 900 g weichschalige Venusmuscheln (steamer), gesäubert (s. Kasten)
gut 900 g Miesmuscheln, gesäubert (s. Kasten S. 486)
knapp 1 l Fischbrühe, vorzugsweise selbstgemacht (s. S. 272), oder Hummerfond
4 Tassen (1 l) Wasser
4–6 Zitronenhälften, zum Servieren
zerlassene Butter, zum Servieren (nach Belieben)

1. Einen großen Topf mit Salzwasser zum Kochen bringen. Die Hummer mit dem Kopf zuerst hineingeben und 2 Minuten kochen. Aus dem Wasser nehmen, auf eine glatte Fläche legen und die Schwänze flachdrücken.

2. Kartoffeln und Zwiebeln in einen tiefen Bräter (40 x 30 x 13 cm) mit Deckel geben. Ein Drittel der Kräuter über das Gemüse streuen. Die Cherrystone-Venusmuscheln gleichmäßig auf dem Gemüse verteilen und mit Maiskolben bedecken. Weichschalige Venusmuscheln (*steamer*) und Miesmuscheln zufügen und die restlichen Kräuter darauf verteilen.

3. Fischbrühe und Wasser zugießen, den Bräter abdecken und alles aufkochen lassen. Die Hitze etwas reduzieren und abgedeckt 10 Minuten mitkochen lassen.

4. Die Hummer gleichmäßig und flach auf die anderen Zutaten legen. Abgedeckt bei mittlerer Temperatur 15 Minuten kochen lassen.

5. Die Hummer halbieren und in den Bräter zurücklegen. Sämtliche ungeöffneten Venus- oder Miesmuscheln vor dem Essen entfernen! In großen tiefen Schalen mit Zitronenhälften, zerlassener Butter sowie etwas von der Brühe

aus dem Bräter, in die die Venusmuscheln zum Abspülen gedippt werden können, servieren.
Für 8 Personen

Hinweis: Wenn Sie Maiskolben mit Hüllblättern finden, können in Schritt 4 die Zutaten im Bräter mit den äußeren Blättern abgedeckt werden. Die Maiskolben in den Hüllblättern kochen – es genügt, die dünnen Fasern zu entfernen.

Freddie Gautreau's Beer Steamers
Weichschalige Venusmuscheln

Etwa 30 Minuten braucht die Fähre, um von Boothbay Harbor aus Cabbage Island in Maine zu erreichen. Auf dieser Insel habe ich einmal Mitte Juli an einem »Lobster Bake« teilgenommen, das viel mit dem Muschelpicknick am Strand gemein hat. Meine Freunde und ich hatten Karten für das Hummeressen direkt am Hafen reservieren lassen, eine appetitanregende Fahrt entlang einer atemberaubend schönen Küste war im Preis inbegriffen. Beim Essen der frisch gefangenen und gekochten Hummer kam ich mit meiner Tischnachbarin Barbara Miller ins Gespräch. Aus irgendeinem Grund kamen wir auf das Thema »Venusmuscheln«, und Barbara erzählte mir, wie ihr Vater diese Muscheln dämpft. Sobald ich wieder zu Hause war, arbeitete ich das Rezept aus und habe seitdem schon sehr viele weichschalige Venusmuscheln (*steamer*) à la Freddie Gautreau genossen.

Bier: American lager

1,8 kg weichschalige Venusmuscheln (steamer), gesäubert (s. Kasten S. 489)
1 große Zwiebel, in Ringe geschnitten
½ TL schwarze Pfefferkörner, zerstoßen
3 Flaschen (1 l) pale lager beer (ersatzweise ein beliebiges helles untergäriges Bier)
½ Tasse (125 g) Butter, zerlassen, zum Servieren (nach Belieben)

1. Die Venusmuscheln in einen großen Topf geben und Zwiebeln, Pfefferkörner und Bier zufügen. Bei starker Hitze zum Kochen bringen, dann die Temperatur etwas reduzieren. Abdecken und 5–7 Minuten kochen, bis sich die Muscheln öffnen. Den Topf dabei ein- oder zweimal schwenken.

2. Sofort auf Schalen verteilen, ungeöffnete Muscheln dabei entfernen. Den Sud durch ein Sieb in kleine Schüsseln gießen und eine davon an jeden Platz stellen. Eventuell ein kleines Schüsselchen mit zerlassener Butter dazustellen. Die Muscheln vor dem Essen in den Sud tauchen, um Sandreste zu entfernen, anschließend in die Butter tunken. Der aromatische Venusmuschelsud kann auch getrunken werden. Sie sollten jedoch einen kleinen Rest in der Schüssel lassen, da sich der Sand von den Venusmuscheln darin abgesetzt hat.
Für 4 Personen

Louisiana Fried Oysters
Fritierte Austern

Fritierte Austern mit einer knusprigen Kruste aus zerbröselten Salzcrackern gehören zu meinen Lieblingsgerichten. Ich serviere sie warm und frisch, manchmal nur mit viel frischen Zitronen und Tabasco, manchmal als *Po' Boys* mit Remouladensauce auf weichen Brötchen. Zuweilen kombiniere ich auch beide Arten der Zubereitung. Die Mengenangaben für dieses Rezept können leicht auf die Anzahl Ihrer Gäste umgerechnet werden. Verwenden Sie zum Fritieren nur frisches Pflanzenöl, damit der Austerngeschmack nicht beeinträchtigt wird.

Wein: Monterey County (CA) Pinot Blanc
Bier: California pale ale

12 Austern, ohne Schale, in ihrer Flüssigkeit
1 Ei
2 EL Milch
1 Spritzer Tabasco
½ Tasse (70 g) Mehl
Paprikapulver
Salz und frisch gemahlener schwarzer Pfeffer
1 Tasse Cracker (etwa 12 Stück), zerbröselt
Pflanzenöl, zum Fritieren

ZUM SERVIEREN
Zitronenhälften
Weiche Hot-Dog-Brötchen oder Baguettebrötchen
    (nach Belieben)
Rémoulade Sauce (s. S. 107; nach Belieben)
reife gelbe Tomaten, in Scheiben geschnitten
    (nach Belieben)
gemischte junger Salatblätter
    (nach Belieben)

1. Die Austern abgießen und beiseite stellen.
2. Ei mit Milch und Tabasco in einer kleinen Schüssel verquirlen. Beiseite stellen.
3. Mehl in eine andere Schüssel geben und mit Paprikapulver, Salz und Pfeffer würzen. Die Crackerbrösel in eine dritte Schüssel geben.
4. Öl knapp 4 cm hoch in einen mittelgroßen Topf gießen und auf 180 °C erhitzen.
5. Die Austern einzeln im gewürzten Mehl wenden; überschüssiges Mehl abklopfen. In die Eimischung tauchen und dann in den Crackerbröseln wenden. Bis zum Fritieren auf Backpapier ruhen lassen; die Austern aber nicht aufeinander legen.
6. Jeweils 2–3 Austern auf einmal 2 Minuten fritieren, bis sie goldbraun sind. Mit einem Schaumlöffel zum Abtropfen auf Küchenpapier legen. Sofort mit Zitronen zum Auspressen oder auf Brötchen mit Remouladensauce, reifen gelben Tomaten und Blattsalat servieren.

Für 3–4 Personen

SHELLFISH AND SHELLS MARINARA

CONCHIGLIE RIGATE MIT MEERESFRÜCHTEN

Aus Littleneck-Venusmuscheln und Garnelen können Sie ganz einfach und schnell ein herzhaftes Gericht *all' italiana* zubereiten. Zur Verfeinerung habe ich das Öl für die Sauce zuvor noch mit etwas Knoblauch angereichert. Erst kurz bevor Sie die Sauce über die Nudeln geben, werden die Meeresfrüchte zugefügt. Bitte verwenden Sie niemals Käse für Muschelsaucen – es sei denn, die Tradition schreibt es so vor.

Wein: Napa Valley (CA) Zinfandel
Bier: New York State amber lager

Riad's Linguine with Fresh Seafood

Linguine mit frischen Meeresfrüchten

Riad Aamar, ehemaliger Chef und Besitzer von »Doc's Restaurant« in New Preston, Connecticut, ist auch für seine ausgezeichneten Nudelgerichte bekannt. Dieses Gericht kombiniert Nudeln mit frischen Meeresfrüchten und ist leicht zu kochen. Ich nehme gern als Grundlage meine *Fresh Herbed Tomato Sauce* (s. S. 325) und als Beilagen warmes knuspriges Bauernbrot, salzige Oliven und einen bitteren grünen Salat.

Wein: California Rhône-style blend

3 EL extra natives Olivenöl
2 Knoblauchzehen, in Scheibchen geschnitten
12 Riesengarnelen, geschält und den Darm entfernt
12 Jakobsmuscheln
12 Miesmuscheln, gesäubert (s. Kasten S. 486)
12 Littleneck-Venusmuscheln, gesäubert (s. Kasten S. 489)
½ Tasse (125 ml) trockener Weißwein
1 TL Chiliflocken, zerstoßen
3 Tassen (750 ml) Fresh Herbed Tomato Sauce (s. S. 325)
2 EL frische glatte Petersilie, gehackt
Salz und frisch gemahlener schwarzer Pfeffer
340 g Linguine

3 EL extra natives Olivenöl
2 große Knoblauchzehen, zerdrückt
2 Dosen (à 800 g) italienische Strauchtomaten, abgetropft und grobgehackt
3 EL trockener Rotwein
3 EL frische glatte Petersilie, grobgehackt
3 EL Basilikumblätter, gezupft
1 TL getrockneter Oregano
Salz und frisch gemahlener schwarzer Pfeffer
1 Prise Zucker
340 g mittelgroße Conchiglie Rigate (Nudeln in Muschelform)
20 Littleneck-Venusmuscheln, gesäubert (s. Kasten S. 489)
etwa 230 g große Garnelen, geschält und den Darm entfernt

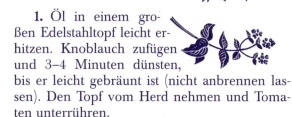

1. Öl in einem großen Edelstahltopf leicht erhitzen. Knoblauch zufügen und 3–4 Minuten dünsten, bis er leicht gebräunt ist (nicht anbrennen lassen). Den Topf vom Herd nehmen und Tomaten unterrühren.

2. Den Topf bei mäßiger Hitze auf den Herd setzen. Wein, Petersilie, Basilikum, Oregano, Salz, Pfeffer und Zucker zufügen. Bei offenem Deckel unter gelegentlichem Rühren 30 Minuten kochen lassen.

3. Kurz vor dem Servieren einen großen Topf mit Salzwasser zum Kochen bringen und darin die Nudeln kochen, bis sie *al dente* sind.

4. Während die Nudeln kochen, die Venusmuscheln in die Sauce geben und 8 Minuten darin garen, bis sich die Schalen öffnen. Dabei den Topf ein- oder zweimal schwenken. Die Garnelen zufügen und 5 Minuten weiterkochen, bis sie sich rosa färben. Den Knoblauch entfernen und wegwerfen.

5. Die Nudeln auf vier Schalen verteilen. Heiße Sauce darüber gießen und dabei die Muscheln und Garnelen gleichmäßig auf die Teller verteilen (ungeöffnete Muscheln entfernen!). Sofort servieren.

Für 4 Personen

1. Olivenöl in einem großen Edelstahltopf mäßig erhitzen. Knoblauch zufügen und etwa 5 Minuten dünsten, bis er leicht gebräunt ist; gelegentlich rühren.

2. Die Garnelen zufügen und 1 Minute unter Rühren kochen, dann die Jakobsmuscheln zugeben und 2 Minuten weiterkochen.

3. Miesmuscheln, Venusmuscheln, Wein, Chiliflocken, Tomatensauce und 1 Eßlöffel Petersilie zufügen. Die Sauce aufkochen lassen, dann bei mäßiger Hitze mit Deckel 5 Minuten kochen, bis sich alle Muscheln geöffnet haben (ungeöffnete Muscheln entfernen!). Mit Salz und Pfeffer würzen.

4. In der Zwischenzeit die Linguine in einem großen Topf mit Salzwasser kochen, bis sie *al dente* sind. Abtropfen lassen.

5. Die Nudeln auf vier Schalen verteilen, die Sauce darüber geben und die Meeresfrüchte gleichmäßig verteilen. Mit der restlichen Petersilie bestreuen und sofort servieren.

Für 4 Personen

SEARED SCALLOPS IN CHIPOTLE CREAM

KURZGEBRATENE JAKOBSMUSCHELN IN CHIPOTLECREME

★★★

Bei der Kombination von Chipotlecreme mit feinen Jakobsmuscheln findet eine geschmackliche Vereinigung zwischen den Ost- und den Südweststaaten der USA statt. Chipotles in Adobo sind in Deutschland nur in auf US-Waren spezialisierten Geschäften erhältlich. Es handelt sich um geräucherte Jalapeños, die langsam in einer scharfen Flüssigkeit gedünstet werden. Ich püriere die Chipotles, bevor ich sie in die herzhafte, pikante Sauce gebe.

Wein: Napa Valley (CA) Pinot Noir
Bier: New York State India pale ale

2 EL Olivenöl
3 Knoblauchzehen, zerdrückt
680 g Jakobsmuscheln
frisch gemahlener schwarzer Pfeffer
1 Tasse (250 ml) entfettete Hühnerbrühe, vorzugsweise selbstgemacht (s. S. 271)
1 EL Chipotles in Adobo, püriert (s. o.)
½ Tasse (125 ml) Sahne
Salz
½ Tasse (30 g) frische Basilikumblätter, in feine Streifen geschnitten

1. Öl in einer beschichteten Pfanne leicht erhitzen. Knoblauch zufügen und unter gelegentlichem Rühren etwa 5 Minuten dünsten, bis er goldbraun ist, dann herausnehmen und wegwerfen. Das Öl bis auf 1 Eßlöffel abgießen, aber aufbewahren.

2. Die Temperatur etwas erhöhen und die Jakobsmuscheln portionsweise auf jeder Seite 3 Minuten garen. Eventuell noch etwas von dem Öl zufügen. Die Muscheln mit Pfeffer würzen, auf eine Platte legen und im Ofen bei etwa 120 °C warm halten.

3. Die Hühnerbrühe in der Pfanne aufkochen lassen. 2 Minuten weiterkochen und braune Stellen vom Pfannenboden lösen. Anschließend die Temperatur reduzieren, Chipotlepüree zufügen und alles 2 Minuten kochen; dabei gelegentlich rühren. Sahne zugießen und auf kleiner Flamme 2–3 Minuten köcheln lassen, bis die Sauce soweit angedickt ist, daß sie an einem Löffelrücken kleben bleibt. Mit Salz abschmecken.

4. 1 großzügigen Löffel Sauce auf die Tellermitte geben. Jeweils 6 Jakobsmuscheln auf der Sauce anrichten, mit Basilikum bestreuen und sofort servieren.

Für 6 Personen

LOW COUNTRY SHRIMP AND SAUSAGE GRAVY

GARNELENSAUCE

Als ich nach einer herrlichen Woche aus Charleston, South Carolina, heimkehrte, befiel mich bald ein heftiges Verlangen nach *Creamy Grits* (s. S. 63) mit Garnelensauce. Einige Experimente in der Küche gingen diesem leckeren, sättigenden Gericht voraus, das sich gut zum Brunch am Wochenende oder als leichtes Abendessen eignet. Ich verwende möglichst Steingarnelen. Statt dessen können problemlos auch normal große Garnelen zum Einsatz kommen, die quer gedrittelt werden (weitere Informationen zu Steingarnelen s. S. 185).

Wein: Monterey County (CA) Riesling
Bier: Louisiana lager

etwa 230 g Garnelen, vorzugsweise Steingarnelen, möglichst geschält
1 EL Olivenöl
2 Cajun-Würste, z. B. Andouille (à etwa 110 g), in 1–2 cm große Stücke geschnitten
etwa 230 g gebratener Schinkenspeck, in gut 0,5 cm breite Scheiben geschnitten und grob zerkleinert
1 EL Butter
1 Knoblauchzehe, gehackt
1 Prise Old-Bay-Gewürzmischung (s. Kasten S. 496)
3 reife Tomaten, entkernt und gewürfelt
3 Frühlingszwiebeln (mit knapp 8 cm Grün), diagonal in feine Ringe geschnitten
1 EL Wasser
1 EL frische glatte Petersilie, gehackt
Creamy Grits (s. S. 63), zum Servieren

1. Da Steingarnelen eine harte Schale haben, kauft man sie am besten ohne Schale. Andernfalls schneidet man mit der Küchenschere an der äußeren Krümmung des Schwanzes entlang, entfernt die Schale und legt das Fleisch frei. Dann den Darm entfernen, die Garnelen abspülen und mit Küchenpapier trockentupfen. Wenn Sie normale Garnelen verwenden, sollten Sie große kaufen. Die geputzten Garnelen in 3 Stücke zerteilen.

2. Öl in einer großen beschichteten Pfanne mäßig erhitzen. Die Würste zufügen, leicht anbräunen und nach etwa 5 Minuten wenden. Den Schinken zugeben und 3 Minuten weiterbraten.

3. Butter und Garnelen zufügen und 3–5 Minuten anbraten, bis die Garnelen gar sind; die Pfanne dabei mehrmals schwenken.

4. Knoblauch und Old-Bay-Gewürzmischung (s. Kasten S. 496) zugeben und unter Rühren 1 Minute weiterbraten.

5. Tomaten, Schalotten und Wasser zufügen und 1–3 Minuten dünsten, bis das Gemüse zerfällt; dabei die Pfanne mehrmals schwenken. Mit Petersilie bestreuen und auf *Creamy Grits* servieren.

Für 4 Personen

BLUSHING SPRING SHRIMP AND PEAS

GERSTENBREI MIT GARNELEN UND ERBSEN

Wenn der Frühling endlich einzieht und leichtere Speisen gefragt sind, empfehlen sich die nun erhältlichen frischen Erbsen. Am besten schmecken sie mit Garnelen, reifen Tomaten und italienischem Schinken. Haben Sie Glück, und Ihr Gemüsehändler führt frische Erbsenranken (die separat verkauft werden), greifen

Sie zu. Geben Sie die Ranken in die Sauce, kurz bevor sie auf einem Bett von Gerstenbrei serviert wird.

Wein: Anderson Valley (CA) Gewürztraminer
Bier: New York State extra-special bitter

GERSTENBREI
5 Tassen (1¼ l) entfettete Hühnerbrühe, vorzugsweise selbstgemacht (s. S. 271)
2 Tassen (400 g) Gerste (Graupen)
3 EL frische Basilikumblätter, gehackt
1 EL unbehandelte Zitronenschale, feingerieben
1 EL extra natives Olivenöl
1 EL Zitronensaft, frisch gepreßt

GARNELEN
6 reife Eiertomaten, geschält
3 EL Olivenöl
1 EL Knoblauch, gehackt
1 TL Tomatenmark
110 g italienischer Schinken, in etwa 3 mm breite Scheiben geschnitten
½ Tasse (80 g) aufgetaute Erbsen oder frische Erbsen, 3–5 Minuten blanchiert
450 g mittelgroße Garnelen, geschält und den Darm entfernt
Salz und frisch gemahlener schwarzer Pfeffer
½ Tasse (30 g) frische Basilikumblätter, gezupft

1. Für den Gerstenbrei die Brühe in einem Topf zum Kochen bringen. Die Gerste zufügen und ohne Deckel 7–9 Minuten köcheln lassen, bis sie zart ist, aber noch Biß hat. Abtropfen lassen und zurück in den Topf geben. Restliche Zutaten zufügen und alles gut verrühren.

2. Tomaten längs halbieren, Stielansatz und Kerne wegwerfen. Beiseite stellen.

3. Öl in einer beschichteten Pfanne erhitzen. Knoblauch zufügen und 5 Minuten dünsten; die Pfanne dabei mehrmals schwenken. Tomaten, Tomatenmark, italienischen Schinken und Erbsen zugeben. 5 Minuten köcheln lassen, bis die Tomaten weich sind; dabei die Pfanne mehrmals schwenken.

4. Die Temperatur etwas erhöhen und die Garnelen zufügen. Mit Salz und Pfeffer würzen, Basilikum einrühren und die Garnelen 3–4 Minuten garen. Ab und zu wenden und die Pfanne schwenken.

5. Die Garnelen über die Gerste geben und in Schalen servieren.
Für 4 Personen

GRILLED SCAMPI ON A STICK
GEGRILLTE GARNELEN AM SPIESS

★★★

Gegrillte Garnelen zählen zu meinen Lieblingsgerichten für Parties unter freiem Himmel. Ich lege sie zunächst in einer Knoblauchmarinade ein, die ich der Schärfe wegen mit flockig gehobelten Chilischoten würze. Achten Sie beim Grillen darauf, daß die Garnelen nicht verbraten und zäh werden.

Wein: Idaho dry Riesling
Bier: Oregon red ale

900 g große Garnelen
2 EL extra natives Olivenöl
2 EL trockener Weißwein
1½ EL Knoblauch, feingehackt
1 Msp. Paprikapulver
1 Prise rote Chiliflocken, zerdrückt
Salz und frisch gemahlener schwarzer Pfeffer
2 EL frische glatte Petersilie, grobgehackt
6 Zitronenhälften, zum Servieren

1. Die Garnelen schälen, Därme entfernen, die Schwänze aber unversehrt lassen.
2. Öl, Wein, Knoblauch, Paprika, Chiliflocken, Salz, Pfeffer und 1 Eßlöffel Petersilie in einer Schüssel vermengen. Die Garnelen zufügen und mit der Marinade bedecken. Abgedeckt 1 Stunde kalt stellen.
3. In der Zwischenzeit den Gartengrill vorbereiten und auf starke Hitze bringen.
4. Jeweils 4–6 Garnelen auf einen Metallspieß stecken. Die Garnelen etwa eine Handbreit über den Kohlen 3–4 Minuten von beiden Seiten grillen, bis sie gerade gar sind; dabei mit der Marinade bestreichen.
5. Die Spieße auf einer Platte anrichten und mit der restlichen Petersilie bestreuen. Mit Zitronenhälften servieren.

Für 4–6 Personen

FROGMORE STEW FOR A CROWD

GARNELENEINTOPF

Vom Wildhüter Ben Moise aus South Carolina lernte ich das schmackhafte *Frogmore Stew* kennen, ein Gericht der einfachen Landküche. Benannt nach einem ehemaligen Stadtzentrum auf der Insel St. Helena, handelt es sich dabei nicht um den üblichen, suppenähnlichen Eintopf, sondern um eine Mischung aus geräucherter Wurst, Garnelen und Maiskolben, die in gewürztem Wasser gekocht werden. Am besten wirkt das Gericht, wenn es zum Höhepunkt der Maissaison auf Picknicktischen serviert wird, die mit Zeitungspapier bedeckt sind.

OLD-BAY-GEWÜRZMISCHUNG

Kurz nachdem der Deutsche Gustav Brunn 1939 nach Amerika ausgewandert war, gründete er in Baltimore die »Baltimore Spice Company« und verkaufte Gewürze an Wurst- und Konservenhersteller. Im Laufe der Zeit fragten auch die Köche der einheimischen Restaurants an, ob er ihnen nicht die Gewürze für die in Maryland beliebten *steamed crabs* (gedämpfte Krabben) mahlen könne. Brunn merkte sich die Zutaten und erfand schließlich seine eigene Gewürzmischung. Sie setzte sich aus folgenden Bestandteilen zusammen: Selleriesamen, Senfsaat, Pfeffer, Lorbeerblättern, Paprika, Ingwer, Muskatblüten, Gewürznelken, Piment, Kardamom und Zimt. Diese Mischung nannte er zunächst *India Girl Shrimp and Crab Seasoning* und später *Old Bay Seasoning* nach dem Dampfschiff »Old Bay«, das von Baltimore nach Norfolk in Virginia fuhr.

Fünfzig Jahre danach gilt für das *Old Bay Seasoning* immer noch dasselbe Rezept, doch gehört das Unternehmen mittlerweile McCormick & Company. Doch überall würzen Menschen ihre Schalentiere mit der »Old Bay« aus den beliebten blau-gelben Dosen.

Fürs Dippen der Garnelen wird eine Cocktailsauce gereicht – Sie können dafür z. B. meine *Tartar Sauce* (s. S. 458) oder die *Rémoulade Sauce* (s. S. 107) verwenden –; die Maiskolben werden mit Butter serviert. Die Gäste bedienen sich selbst und nehmen als einziges Hilfsmittel ihre Finger. Servieren Sie zusätzlich eine Beilage wie den *Zesty Picnic Slaw* (s. S. 118), sollten Sie vielleicht doch Gabeln dazulegen. Dieses Rezept reicht für 8 Personen, kann aber beliebig aufgestockt werden: Rechnen Sie pro Person 230 g Garnelen, gut 110 g Wurst und eineinhalb Maiskolben. Aus farblichen und geschmacklichen Gründen fügt Ben, wenn er den Mais kocht, *crawdads* (Langusten) oder gesäuberte Blaue Krabben hinzu. Das Kochen und Abgießen ist kinderleicht, wenn Sie einen großen Kochtopf mit Siebeinsatz verwenden.

Bier: American lager

4 EL Old-Bay-Gewürzmischung
900 g Räucherwurst, in etwa 5 cm große Stücke geschnitten
12 frisch geschälte Maiskolben, jeweils in 2 oder 3 Stücke zerteilt
1,8 kg mittelgroße Garnelen

Einen großen Suppentopf – möglichst mit Siebeinsatz – zu zwei Dritteln mit Wasser füllen. 3 Eßlöffel Gewürzmischung ins Wasser geben und gut aufkochen lassen. Das Sieb mit der Wurst zufügen, erneut aufkochen lassen, dann bei offenem Deckel 5 Minuten kochen. Den Mais zugeben und 2 Minuten dünsten, dann die Garnelen zufügen und 3 Minuten garen. Vor der Zugabe von Mais und Garnelen das Wasser nicht wieder aufkochen lassen, da sie sonst verkochen. Zum Abtropfen das Sieb aus dem Topf nehmen, andernfalls den Topfinhalt durch ein Sieb abseihen.

Den Eintopf mit der restlichen Gewürzmischung bestreuen. Ohne Teller und Besteck servieren.
Für 8 Personen

BEAUFORT SHRIMP BURGERS

GARNELENBURGER

Ich entdeckte diese delikaten Garnelenburger bei einem Besuch in Beaufort, South Carolina. Hier mangelt es weder an Garnelen noch an Ideen für ihre Zubereitung: Doch ein bißchen *Tartar Sauce* (s. S. 458) und frischer Kopfsalat reichen schon, um den Geschmack noch ein wenig zu verfeinern.

Wein: New York State dry Riesling
Bier: Wisconsin bock

gut 450 g mittelgroße Garnelen, geschält und den Darm entfernt
⅓ Tasse (45 g) Zwiebeln, gehackt
3 EL Mayonnaise
1 Ei, leicht verquirlt
2 TL frische Estragonblätter, gehackt, oder ¾ TL getrocknete Estragonblätter
1 Msp. Paprikapulver
Salz und frisch gemahlener schwarzer Pfeffer
1 EL Pflanzenöl, evtl. etwas mehr
1 EL Butter, evtl. etwas mehr
½ Tasse (125 ml) Tartar Sauce (s. S. 458)
6 Hamburgerbrötchen bester Qualität, leicht getoastet
1 Kopfsalat, in einzelne Blätter zerteilt, gewaschen und trockengetupft

1. Garnelen in einer Küchenmaschine grob zerkleinern, dann in eine Schüssel geben.
2. Zwiebel, Mayonnaise, Ei, Estragon, Paprikapulver, Salz und Pfeffer zu den Garnelen geben und gut verrühren.

3. Aus dem Gemisch 6 Burger von jeweils etwa 8 cm Durchmesser formen.

4. Öl und Butter in einer beschichteten Pfanne mäßig erhitzen. Die Burger portionsweise von jeder Seite 4 Minuten braten, bis sie goldbraun sind. Die Temperatur reduzieren und eventuell noch Öl und Butter zugeben.

5. Sämtliche Brötchenhälften mit *Tartar Sauce* bestreichen. Die Burger jeweils auf die untere Brötchenhälfte legen, darauf ein Salatblatt und mit der oberen Brötchenhälfte abdecken. Sofort servieren.

Für 6 Personen

SHRIMP AND LOBSTER ETOUFFÉE

ETOUFFÉE MIT GARNELEN UND HUMMER

Der Begriff *étouffée* bedeutet wörtlich »erstickt«. Er bezieht sich auf eine Zubereitungsweise vieler klassischer Cajungerichte mit reichlich Sauce. Dieses hier wird traditionell mit Langustenschwänzen, deren aromatischem Sud und wertvollem Fett gemacht. Obwohl ich schon viele delikate, blaßrosa Etouffées gegessen habe, hat mir keines so gut geschmeckt wie das von Paul Prudhomme, das, dank einer Mehlschwitze als Grundlage, seine tief rotbraune Farbe erhält.

Jedesmal wenn ich in New Orleans bin, versuche ich in Paul Prudhommes renommiertem Restaurant »K-Paul's Louisiana Kitchen« zu speisen. Natürlich gibt es dort die originalen Krustazeen, also die echte Louisiana-Languste, auch *mudbug* (»Schlammkäfer«) genannt. Die Langusten-Saison dauert nur von Dezember bis Juni, wenn sich die Tiere nicht im Schlick eingegraben haben. Da Langusten aber wie andere Meeresfrüchte mittlerweile gezüchtet werden, findet man sie zunehmend auch sonst. Lassen sich dennoch keine auftreiben, kann man sie ohne weiteres durch Garnelen und Hummer ersetzen.

Bei meinem Etouffée folge ich dem Beispiel Prudhommes und beginne mit einer herzhaften Mehlschwitze. Ich war jedoch nicht mutig genug, das Öl nach Pauls Vorschlag auf 260 °C zu erhitzen. Deshalb muß das Mehl etwas länger bräunen als bei Paul, damit es die richtige Farbe bekommt (weitere Einzelheiten hierzu finden Sie im Kasten auf S. 432). Servieren Sie das Gericht in Schalen mit heißem, lockerem Reis.

Wein: Mendocino (CA) Gewürztraminer
Bier: Louisiana lager

6 EL Pflanzenöl
½ Tasse (60 g) Weizenmehl
1 Tasse (130 g) Zwiebeln, feingehackt
½ Tasse (70 g) Sellerie, feingehackt
½ Tasse (75 g) grüne Paprikaschote, feingehackt
¼ Tasse (30 g) Schalotten, in dünne Scheiben geschnitten
1½ EL Knoblauch, feingehackt
1½ Tassen (375 ml) Fischbrühe, vorzugsweise selbstgemacht (s. S. 272), oder Hummerfond, erhitzt
4 reife Eiertomaten, geschält und in große Würfel geschnitten
2 TL Worcestersauce
½ TL Tabasco
1 TL getrockneter Thymian
¾ TL getrockneter Oregano
½ TL Salz
1 Msp. frisch gemahlener schwarzer Pfeffer
900 g mittelgroße Garnelen, geschält und den Darm entfernt
230 g gekochtes Hummerfleisch, in 2–3 cm große Stücke geschnitten, oder Krabbenfleisch, ausgelöst und Knorpelstücke entfernt
2 EL frische glatte Petersilie, gehackt
6–8 Tassen (1,1–1,5 kg) gekochter warmer weißer Reis, zum Servieren

1. Öl in einem gußeisernen Bräter stark erhitzen, dann langsam das Mehl einrühren. 5 Minuten stetig rühren, bis die Mehlschwitze eine kräftige rotbraune Farbe hat.

2. Zwiebeln, Sellerie, Paprika, Schalotten und Knoblauch zufügen und unter Rühren 5 Minuten dünsten, bis das Gemüse weich ist.

3. Unter stetigem Rühren die Fischbrühe in dünnem Strahl zugießen. Weiterrühren, bis die Masse glatt ist. Die Temperatur erhöhen und das Ganze aufkochen lassen, dabei ständig weiterrühren. Dann bei geringer Hitze 5–10 Minuten köcheln lassen, bis sie eindickt.

4. Tomaten, Worcestersauce, Tabasco, Thymian, Oregano, Salz und Pfeffer zufügen. Bei halb geschlossenem Deckel 30 Minuten köcheln lassen.

5. Kurz vor dem Servieren die Garnelen und das Hummerfleisch einrühren und 2–3 Minuten garen lassen. Petersilie einrühren und sofort auf warmem, lockerem Reis servieren.

Für 6–8 Personen

BROILED STUFFED LOBSTER
GEFÜLLTER HUMMER VOM GRILL

Ich wurde in East Norwalk, Connecticut, groß. Damals war es immer etwas ganz Besonderes, wenn wir ins Restaurant »The Pier« am Saugatuck River gingen. Diese Besuche beschränkten sich meist auf den Mutter- oder Vatertag. Ich bestellte stets gefüllten Hummer vom Grill, und die guten Erinnerungen an dieses Gericht haben mich veranlaßt, dieses Rezept neu zu kreieren. Es ist für zwei Personen berechnet, läßt sich jedoch leicht verdoppeln.

Wein: Willamette Valley (OR) Pinot Noir
Bier: San Francisco Anchor steam beer

CAJUN ODER KREOLISCH? EIN KURZER ÜBERBLICK

Worin unterscheidet sich die Cajun- von der kreolischen Küche? Die Bewohner Louisianas könnten Ihnen ganze Vorträge zu diesem Thema halten. Ich aber mach's kurz: Beide Küchen sind französischen Ursprungs und basieren geschmacklich auf der sogenannten »heiligen Dreifaltigkeit« von Paprikaschoten, Zwiebeln und Sellerie. Kräftiges Filé-Pulver (gemahlene Sassafrasblätter) spielt hier wie dort eine Schlüsselrolle zum Andicken von *gumbos* und Ragouts. Die kreolische Küche, in New Orleans zuhause, ist städtisch geprägt und raffinierter als die ländliche Cajun-Küche. Für die Saucen etwa nimmt man reichlich Butter und Sahne. Die Küche der Cajun, die von den Akadiern (den Nachfahren der französischen Kolonisten Louisianas und des Südostens Kanadas) abstammen, ist schärfer und rustikaler. Man arbeitet mit dunklerer Mehlschwitze und hat wildreiche, deftige, aber genauso leckere Gerichte.

So kochen und essen Sie Hummer richtig

Bevor Sie Hummer kochen, müssen Sie ihn erst einmal kaufen. Das sollte man meiner Meinung nach an dem Tag tun, an dem das Tier auch serviert wird. Auf dem Markt sollten Sie darauf achten, daß er lebhaft wirkt. Also ein Hummer, der sich im Bassin bewegt, auch wenn darin noch so viele zusammengepfercht sind. Aus dem Bassin gehoben, sollte er mit den Fühlern spielen und die Scheren bewegen. Ich kaufe am liebsten Hummer mit einem Gewicht von 570–680 g. So kann ich mit einem Tier pro Person rechnen. Zu Hause angekommen, sollten Sie die Hummer in einer eisgefüllten Schale im Bodenfach Ihres Kühlschranks deponieren, bis sie gekocht werden.

Um den Hummer zuzubereiten, bringen Sie viel Salzwasser zum Sprudeln. Die Hummer am Schwanz festhalten und mit dem Kopf voran in das kochende Wasser fallenlassen, damit sie sofort tot sind. Wenn das Wasser wieder kocht, bleiben die Hummer solange darin, bis sie leuchtend rot und gar sind; ein 570 g schwerer Hummer braucht etwa 6–8 Minuten. Die Tiere aus dem Wasser nehmen und 4–5 Minuten ruhen lassen. Warm mit zerlassener Butter und Zitronenhälften servieren oder kalt bzw. lauwarm mit Zitronen oder Ihrer Lieblings-Mayonnaisesauce.

Um einen Hummer zu essen, brauchen Sie nur einen Nußknacker, eine Hummergabel und viele Servietten.

1. Zuerst mit einer leichten Drehbewegung den Schwanz dort ausbrechen, wo der vordere Teil des Rumpfes ansetzt. Mit dem Daumen und dem Zeigefinger das Fleisch aus dem Schwanz ziehen. Wenn Sie eine dunkle Ader entdecken, die bis zur Mitte reicht, entfernen Sie sie.

2. Die großen Scheren und Arme am Gelenkkopf abbrechen. Die Scheren mit dem Nußknacker je nach Größe des Hummers an einer oder zwei Stellen aufbrechen. Das saftige Fleisch der Scheren mit der Gabel herausziehen.

3. Der Rumpf des Hummers hat nicht viel Fleisch (ziehen Sie das wenige mit der Hummergabel heraus). Ein Hummerliebhaber weiß natürlich, wie man den Magensack am Kopf des Hummers umgeht, er genießt den roten Corail (Rogen) der Hummerweibchen und die grüne Leber. Auch wenn sie sich gerade erst zu einem Hummerliebhaber entwickeln, sollten Sie diese beiden Spezialitäten unbedingt probieren.

4. Zum Schluß die Beinchen aus dem Rumpf herausziehen und das süße und saftige Fleisch heraussaugen, was eine ganze Weile dauern kann. Haben Sie jedoch echte Hummerliebhaber an einem schönen Sommertag eingeladen, dann sollte die Zeit ja kein Problem sein.

2 Hummer (à etwa 680–900 g)
½ Tasse (60 g) Semmelbrösel
1 große reife Eiertomate, entkernt und in große Würfel geschnitten
2 EL frische glatte Petersilie, gehackt
1 TL unbehandelte Zitronenschale, feingerieben
½–1 TL Knoblauch, feingehackt
Salz und frisch gemahlener schwarzer Pfeffer
½ Tasse (125 g) Butter, zerlassen
2 Zitronenhälften, zum Servieren

1. Lebende Hummer werden getötet, indem man sie mit dem Kopf voraus für einige Sekunden in sprudelnd kochendes Wasser taucht; sie sterben auf diese Weise innerhalb weniger Sekunden.

2. Die Hummer auf der Bauchseite vom Kopf bis zum Schwanz aufschneiden. Dabei die dünne Hautschicht, die das Schwanzfleisch bedeckt, durchtrennen, die Rückenschale aber unversehrt lassen. Den Darm und den Magensack am Kopf entfernen und wegwerfen. Die grünliche Leber aus der Bauchhöhle und, wenn vorhanden, den Corail (Rogen) herausnehmen und in eine Schüssel geben. Schwanz zurückbiegen, bis es knackt und der Schwanz flach daliegt.

3. Semmelbrösel, Tomaten, Petersilie, Zitronenschale, Knoblauch, Salz und Pfeffer zu Leber und Corail geben und alles gut verrühren. Mit zwei Eßlöffeln zerlassener Butter binden und die Füllung beiseite stellen.

4. Einen Gartengrill vorheizen.

5. Die Hummer mit der Bauchseite nach oben knapp zwei Handbreit von der Wärmequelle auf den Grill legen. 12–15 Minuten grillen, dabei häufig mit Butter bestreichen: Wenn die Hummer gar sind, ist das Fleisch fest, und die Schalen sind rot.

6. Nun die Füllung in die Bauchhöhle des Hummers geben und mit 1 Teelöffel zerlassener Butter beträufeln. 2 weitere Minuten grillen, bis die Füllung goldbraun ist (rechtzeitig mit Alufolie abdecken, wenn die Füllung anzubrennen droht).

7. Sofort mit Zitronenhälften und der restlichen zerlassenen Butter (gegebenenfalls aufgewärmt) servieren.

Für 2 Personen

Chesapeake Lobster Crab Cakes

Hummer-Krabben-Küchlein

Es gibt mehrere hundert Variationen des klassischen Maryland-Krabbenkuchens. Fast jeder Küchenchef verwandelt das Grundrezept durch Hinzufügen seiner Lieblingskräuter und -gewürze in sein eigenes. Für mich sind Worcestersauce, Tabasco, Zwiebeln und natürlich das köstliche weiße Fleisch der Blauen Krabbe unverzichtbare Bestandteile des Kuchens. Ich habe dieses Rezept durch Hinzufügen von Hummer, Orangenschale und einige zusätzliche Gewürze zu meiner eigenen Kreation gemacht. Diese Krabbenkuchen sind schön locker, leicht und köstlich, erfordern aber einiges Geschick.

Wein: Santa Barbara County (CA) Marsanne
Bier: Maryland pale ale

12 Scheiben Weißbrot bester Qualität, ohne Rinde
4 EL Olivenöl, evtl. etwas mehr
1 EL Old-Bay-Gewürzmischung (s. Kasten S. 496)
230 g Krabbenfleisch, ausgelöst und Knorpelstücke entfernt
230 g gekochtes Hummerfleisch, zerkleinert
1 EL kleine Kapern, abgetropft
½ Tasse (65 g) Zwiebeln, feingewürfelt
½ Tasse (70 g) Sellerie, gewürfelt
½ Tasse (75 g) rote Paprikaschote, geputzt und gewürfelt
1 Tasse (250 ml) Mayonnaise
1 EL frische glatte Petersilie, gehackt
2 TL unbehandelte Orangenschale, feingerieben
1 TL Worcestersauce
½ TL Senfpulver
1 Msp. Muskatblüte, gemahlen
1 Spritzer Tabasco
1 Ei, leicht verquirlt
1 EL Butter, evtl. etwas mehr
Joe's Mustard Sauce (s. folgendes Rezept) oder Tartar Sauce (s. S. 458), zum Servieren

1. Den Ofen auf 180 °C vorheizen.
2. Das Brot in Würfel schneiden und in einer Schüssel in 2 Eßlöffeln Olivenöl und Old-Bay-Gewürzmischung wenden, bis die Würfel gut bedeckt sind. In einer Lage auf einem Backblech verteilen und 10–12 Minuten rösten. Bei Zimmertemperatur 30 Minuten ruhen lassen und anschließend fein zerbröseln. Beiseite stellen.
3. Krabben- und Hummerfleisch, Kapern, Zwiebel, Sellerie, Paprika, Mayonnaise, Petersilie, Orangenschale, Worcestersauce, Senf, Muskatblüte, Tabasco und Ei mit 20 g Bröseln in einer Schüssel vorsichtig, aber gründlich mischen.
4. Die restlichen Brösel in eine flache Schüssel geben. Aus der Mischung 12 Küchlein mit einem Durchmesser von gut 5 cm formen und vorsichtig in den Bröseln wenden. In einer Lage auf eine Platte legen, mit Frischhaltefolie abdecken und 1 Stunde, mindestens jedoch 30 Minuten, im Kühlschrank gut abkühlen lassen.
5. 1 Eßlöffel Butter und das restliche Öl in einer beschichteten Pfanne mäßig erhitzen. Die Küchlein portionsweise von jeder Seite etwa 3 Minuten braten, eventuell noch etwas Butter und Öl zufügen. Auf Küchenpapier abtropfen lassen und sofort mit einem Löffel Senfsauce oder *Tartar Sauce* servieren.

Für 4–6 Personen

JOE'S MUSTARD SAUCE

JOES SENFSAUCE

Joes Restaurant »Stone Crab« in Miami gehört seit eh und je zu meinen Favoriten. In der Saison (Oktober bis Mai) sind seine frischen Steinkrabbenscheren einfach vorzüglich. Zu den Scheren mit dem weißen Fleisch wird Joes berühmter Senfdip gereicht, den ich auch zu anderen Gerichten mit Meeresfrüchten wie etwa den eben beschriebenen *Chesapeake Lobster Crab Cakes* einfach vorzüglich finde. Wenn Sie bei Joe einkehren, sollten Sie als Vorspeise unbedingt Tomatenscheiben und Zwiebeln bestellen, und zum Nachtisch sollten Sie die *Key Lime Pie* (s. S. 535) nicht versäumen.

3½ TL Senfpulver
1 Tasse (250 ml) Mayonnaise
2 EL fettarme Sahne (z. B. Kaffeesahne)
2 TL Worcestersauce
1 TL Steak Sauce
1 Msp. Salz

Senf und Mayonnaise in einer kleinen Schüssel verrühren. Die restlichen Zutaten zugeben und alles kräftig rühren, bis die Mischung cremig wird. Abgedeckt im Kühlschrank aufbewahren; zimmerwarm servieren.

Für 4–6 Personen

WERDEN SIE EIN ECHTER KRABBENLIEBHABER

Blaue Krabben finden sich in Hülle und Fülle an der Ostküste von Maryland, denn sie ziehen vorzugsweise dorthin, wo sich Salz- und Süßwasser mischen. Dafür bietet die Chesapeake Bay die idealen Bedingungen. Neues Leben entsteht, wenn die Krabbenweibchen zwischen Mai und Oktober ihre Eier ablegen. Die Babykrabbe, bei der Geburt etwa 1 mm lang, sieht aus wie ein schwimmendes Fragezeichen mit sieben Beinpaaren und langem Schwanz. Diese *zoea* streift ihre Schale dann mehrmals ab, nimmt allmählich das Aussehen erwachsener Krabben an und heißt dann *megalops*.

Während einer dieser »Häutungen« – im Idealfall ist die Krabbe 4–6 Monate alt und knapp 9–10 cm lang – kann man die weichschalige Krabbe samt Schale essen. Wird sie sautiert oder gegrillt, ist ihr Fleisch samtig weich, aber trotzdem fest. Gefangen werden die Tiere am besten zwischen Mitte Mai und Mitte Juni.

So säubert man weichschalige Krabben

Krabbe mit der Bauchseite auf eine Fläche legen. Mit einer Küchenschere den Kopf direkt hinter den Augen abschneiden. Schalenenden an beiden Seiten hochziehen und die schwammartigen Kiemen und die Innereien entfernen. Krabbe anschließend wenden und den Schwanzfächer bzw. *apron* (»Schürze«) abschneiden. Krabbe abwaschen und mit Küchenpapier trockentupfen. Nun kann sie sautiert oder gegrillt werden (s. S. 504), denn so schmeckt sie am besten.

So ißt man hartschalige Krabben

Ganze hartschalige blaue Krabben werden normalerweise großzügig mit Gewürzmischungen für Meeresfrüchte bestreut und über kochendem Wasser, eventuell mit Bier oder Essig, gedämpft. Abgedeckt garen sie in etwa 25 Minuten, bis sie leuchtend rot werden. Nach altem Brauch wird ein großer Stoß Krabben direkt an einem Tisch serviert, auf dem Zeitungs- oder Packpapier als Decke dient. Dazu reicht man Krautsalat, Brot oder herzhafte Muffins.

Mag es auch etwas mühsam sein, die Krabben zu öffnen, das saftige Fleisch ist der Mühe wert. An das Scherenfleisch kommen Sie aber nur mit Hilfe eines Holzhammers oder Fleischklopfers.

1. Mit dem Daumen oder einer schmalen Messerspitze den Schwanzfächer auf der Unterseite der Krabbe abbrechen und wegwerfen.

2. Dann mit dem Daumen oder einer schmalen Messerspitze die obere Schalenseite hochziehen und entfernen. Die großen, gezackten Scheren an beiden Seiten abbrechen und zum Verzehr aufbewahren.

3. Die federartigen Kiemen an beiden Seiten abschaben und wegwerfen.

4. Krabbe an beiden Seiten festhalten und in der Mitte auseinanderbrechen. Die Beine an den Seiten entfernen. Nun kann der Festschmaus beginnen: Das Rumpffleisch mit einer schmalen Messerspitze oder mit den Fingern herausziehen. Die großen Scheren mit einem Holzhammer zerschlagen und das Fleisch herausnehmen.

Cajun Soft-Shell Crabs on Buns

Brötchen mit Krabbenfleisch

Diese würzigen Brötchen schmecken am besten mit cremigem Krautsalat und einem Salat aus reifen Tomaten und Orangen, in den ein wenig Öl und frischer Limonensaft gehören. Wenn Sie die Krabben zubereiten, sollten Sie mit den Gewürzen, vor allem mit dem Cayennepfeffer, vorsichtig umgehen! Das gewürzte Mehl, in dem die Krabben gewendet werden, hat das gleiche Aroma wie die scharfe Mayonnaise, mit denen man die Brötchen bestreicht.

Wein: Napa Valley (CA) Sauvignon Blanc
Bier: Texas white beer

4 Softshell Crabs, gesäubert (s. Kasten S. 503)
1 Tasse (250 ml) Milch
¾ Tasse (100 g) Weizenmehl
½ TL Paprikapulver
¼ TL Knoblauchpulver
1 Msp. Cayennepfeffer, evtl. etwas mehr
¼ Tasse (60 g) Butter
4 runde Vollkorn- oder Mehrkornbrötchen, getoastet
4 EL Cajun-Mayonnaise (s. folgendes Rezept), evtl. etwas mehr
2 Frühlingszwiebeln (mit knapp 8 cm Grün), in dünne Scheiben geschnitten

1. Die Krabben 30 Minuten in Milch einlegen. In der Zwischenzeit Mehl, Paprika, Knoblauchpulver und Cayennepfeffer in einer Plastiktüte gut mischen.
2. Die Krabben aus der Milch nehmen und einzeln in der Tüte mit dem gewürzten Mehl schütteln. Herausnehmen und überschüssiges Mehl abklopfen.
3. Butter in einer großen Pfanne bei mäßiger Hitze zerlassen. Je 2 Krabben 4–5 Minuten darin von beiden Seiten braten, bis sie knusprig und braun sind. Zum Abtropfen auf Küchenpapier legen.
4. Jede untere Brötchenhälfte mit 1 Eßlöffel Mayonnaise (oder mehr) bestreichen, Schalotten darauf streuen und mit Krabben belegen. Mit den oberen Brötchenhälften bedecken und sofort servieren.

Für 4 Personen

Cajun Mayonnaise

Cajun-Mayonnaise

Bleibt bei obigem Rezept Mayonnaise übrig, nehmen Sie sie für einen Salat aus Dosenlachs und reifen, in Scheiben geschnittenen Tomaten.

3 EL Mayonnaise
3 EL Naturjoghurt (Magerstufe)
1 Msp. getrockneter Oregano
1 Msp. Knoblauchsalz
1 Msp. Kreuzkümmel, gemahlen
1 Prise Cayennepfeffer, evtl. etwas mehr
1 Prise frisch gemahlener schwarzer Pfeffer

Alle Zutaten in einer kleinen Schüssel gut verrühren. Abdecken und mindestens 24 Stunden in den Kühlschrank stellen, damit sich die Aromen gut miteinander verbinden.

Ergibt etwa ½ Tasse (125 ml)

Grilled Soft-Shell Crabs with Roasted Tomato Sauce

Gegrillte weichschalige Krabben in Tomatensauce

Jonathan Waxman, einer von Amerikas Spitzenköchen und nach meiner Ansicht am Grill unübertroffen, verriet mir großzügigerweise sein Rezept für gegrillte weichschalige Krabben. Wollen Sie die Krabben als Hauptgang servieren, dann reichen Sie am besten *Fabulous Fennel Bread Salad* (s. S. 289) oder *Eggplant-Zucchini Compote* (s. S. 304) dazu. Sind die Krabben als Kanapee gedacht, richten Sie sie in der Mitte einer großen Platte an und geben einen Löffel Sauce darüber. So sehen sie umwerfend aus.

Wein: Santa Barbara County (CA) Nebbiolo
Bier: California pale ale

4 Softshell Crabs (à etwa 110 g)

KRABBENMARINADE
½ Tasse (125 ml) Olivenöl
2 EL trockener Weißwein
1 EL Schalotten, gehackt
1 EL frische Rosmarinnadeln, gehackt
1 EL rote Paprikaschote, geputzt und gewürfelt
¼ TL Knoblauch, gehackt
¼ TL Chiliflocken, zerstoßen
Salz

GERÖSTETE TOMATENSAUCE
2 EL Rotweinessig
2 EL extra natives Olivenöl
¼ TL Knoblauch, feingehackt
3 reife Tomaten, entkernt
Salz und frisch gemahlener Pfeffer

1. Die Krabben säubern (s. Kasten S. 503).
2. Für die Marinade sämtliche angegebenen Zutaten in einer Schüssel gut verrühren. Die Krabben zufügen und mit der Marinade bedecken. Abgedeckt 3–5 Stunden in den Kühlschrank stellen und ziehen lassen, aber 15–20 Minuten vor dem Grillen wieder herausnehmen. Überschüssige Marinade mit einem Pinsel entfernen.
3. Den Gartengrill vorbereiten und mittelstark erhitzen.
4. Für die Tomatensauce Essig, Olivenöl und Knoblauch in eine Schüssel geben und beiseite stellen. Die Tomaten unter stetigem Wenden 10–12 Minuten grillen, bis sie weich und leicht angebräunt sind. Dann in die Schüssel geben und mit einer Gabel zerdrücken. Sämtliche Zutaten verrühren und mit Salz und Pfeffer abschmecken. Beiseite stellen.
5. Die Krabben mit der Schale nach unten etwa eine Handbreit von der Wärmequelle entfernt 3 Minuten auf einer Seite grillen, dann vorsichtig wenden und weitere 2–3 Minuten grillen. Wenn die Krabben richtig heiß sind, sind sie gar. Jeweils 2 in die Mitte eines Tellers legen und sofort mit Tomatensauce servieren.

*Für 2 Personen als Hauptgang oder
für 4 Personen als Vorspeise*

Teil VI

Zum Nachtisch

ZUM NACHTISCH

Fruchtdesserts und Kuchen

Ich mag Kuchen, *crisps*, *crumbles* und *buckles* am liebsten mit Früchten, die aus einem knusprigen Teig- oder Streuselmantel hervorgucken; mein Backwerk kann aber auch bis zum Bersten mit Äpfeln, Kirschen, Birnen, Pfirsichen oder Beeren der Saison gefüllt sein.

Vor allem die *pies* (Kuchen) sind – mit oder ohne Früchte – Ikonen amerikanischer Kultur. Sie werden in unseren Volksliedern gleich dutzendweise besungen und in vielen Comics vom Fensterbrett gestohlen. Solche Wertschätzung basiert wohl darauf, daß wir Amerikaner einfach verrückt nach *pies* sind! Denken Sie nur an die Fülle von *pies* zu Thanksgiving!

Alle hier aufgeführten Desserts, einschließlich der cremigen und sahnigen Puddings, werden zumindest den Amerikanern bekannt vorkommen, da es sich meist um altbewährte Rezepte handelt.

Harvest Baked Pears

Backbirnen

Nicht nur im Sommer werden Früchte zum Dessert gegessen. Der Herbst beschert uns eine reiche Ernte an Äpfeln und Birnen, die man zu Kompott, Kuchen und *crisps* verarbeiten oder einfach aus der Hand essen kann. Im Herbst dünste ich häufig Birnen in Wein und serviere sie als leichten Nachtisch. Seit kurzem bin ich jedoch dazu übergegangen, sie wie Äpfel zu backen. Und das mit bestem Erfolg! Mit einer Scheibe Maytag-Blauschimmelkäse geben sie gebratenem Schweinefleisch oder Truthahn eine besondere Geschmacksnote.

4 reife Anjou-Birnen
2 EL Zitronensaft, frisch gepreßt
⅓ Tasse (40 g) Walnüsse, grobgehackt
40–50 g helle Sultaninen
2 TL brauner Zucker
1 TL unbehandelte Zitronenschale, feingerieben
1 Msp. Zimt, gemahlen
4 EL Ahornsirup
1 EL Butter
160 ml Apfelsaft oder lieblicher Cidre

1. Den Ofen auf 180 °C vorheizen.
2. Die Birnen mit einem (Schäl-)Messer von oben entkernen, dabei die letzten 2–3 cm unversehrt lassen. Die Schale oben rundherum 2–3 cm abschälen und das freiliegende Obstfleisch mit Zitronensaft beträufeln, um eine Verfärbung zu verhindern. Dann von jeder Birne unten eine dünne Scheibe abschneiden und aufrecht in eine Auflaufform stellen.
3. Walnüsse, Sultaninen, Zucker, Zitronenschale, Zimt und 2 Eßlöffel Ahornsirup in einer kleinen Schüssel gut verrühren, dann die Aushöhlung in den Birnen damit füllen und auf jede Portion Butterflocken geben. Apfelsaft und restlichen Ahornsirup auf den Boden der Auflaufform gießen.
4. Die Birnen ungefähr 1 Stunde lang backen, bis sie zart sind. Häufig mit der Flüssigkeit begießen. Warm servieren.

Für 4 Personen

Big Beautiful Berry Salad

Obstsalat aus Beeren

Frische Beeren eignen sich an langen Sommertagen hervorragend als Nachtisch. Sie sehen appetitlich aus, haben einen frischen, süßlichen Geschmack und sind leicht verdaulich. Minzeblätter verleihen diesem Salat einen angenehm pfeffrigen Geschmack. Sie sollten die Beeren nicht abwaschen, sondern lediglich über der Küchenspüle leicht absprühen, um sie nicht zu beschädigen. Am besten mischen Sie die Zutaten etwa eine Stunde vor dem Servieren.

1,6 kg frische, reife Erdbeeren
550 g frische Blaubeeren
550 g frische Brombeeren
550 g frische Himbeeren
2 EL ungesüßtes Apfelsaftkonzentrat, aufgetaut, wenn gefroren (ersatzweise 6 EL Apfelsaft durch Erhitzen auf 2 EL reduzieren)
2 EL Orangensaft, frisch gepreßt
2 EL unbehandelte Orangenschale, feingerieben
3 EL frische Minzeblätter
8 frische Minzezweige, zum Garnieren
Sweetened Whipped Cream (s. S. 533), zum Servieren

1. Die Beeren abspülen und mit Küchenpapier vorsichtig trockentupfen. Erdbeeren entstielen und mit den anderen Beeren in eine Schüssel geben.

2. Apfelsaftkonzentrat, Orangensaft und Orangenschale sowie Minzeblätter in eine kleine Schüssel geben. Die Mischung unter die Beeren heben und vorsichtig wenden. Vor dem Servieren bei Zimmertemperatur mindestens 1 Stunde ruhen lassen.

3. Zum Servieren die Beeren in eine große Servierschüssel geben und mit einem Sträußchen Minze garnieren. Mit Schlagsahne servieren.

Für 12 Personen

PEACH RHUBARB COMPOTE

PFIRSICH-RHABARBER-KOMPOTT

Dieses leicht angedickte Sommerkompott serviere ich am liebsten in Weingläsern. Süße Pfirsiche runden den säuerlichen Geschmack des Rhabarbers ab. Mit einem Häubchen Schlagsahne gekrönt und mit leckeren Brombeeren und Minzezweigen garniert, wird aus diesem Kompott ein wunderbares Dessert.

6 reife Pfirsiche, geschält, halbiert und entsteint
10 große Stangen Rhabarber, geputzt und in 2–3 cm lange Stücke geschnitten
1 Tasse (250 g) Zucker
120 ml Orangensaft, frisch gepreßt
1 EL unbehandelte Orangenschale, feingerieben
2 TL Ingwer, gemahlen
½ TL Muskatblüte, gemahlen
½ TL Salz
Sweetened Whipped Cream (s. S. 533), zum Garnieren
frische Brombeeren, zum Garnieren
Minzezweige, zum Garnieren

1. Die Pfirsiche in große Stücke schneiden und mit dem Rhabarber in einen großen Topf geben. Zucker, Orangensaft und -schale, Ingwer, Muskatblüte und Salz einrühren.

2. Bei mittlerer Hitze aufkochen lassen. Die Temperatur reduzieren und abgedeckt 10–12 Minuten kochen, bis der Rhabarber weich ist. Ein- oder zweimal umrühren und den Schaum von der Oberfläche abschöpfen.

3. Das Kompott abkühlen lassen. Entweder sofort servieren oder abgedeckt bis zu 3 Tagen im Kühlschrank aufbewahren. Das Kompott kann kalt und garniert mit Schlagsahne, Brombeeren und einem Minzezweig serviert werden.

Für 12–14 Personen

BLUSHING PEACH CRUNCH

PFIRSICH-CRUNCH

Wenn der Sommer am heißesten ist, sehe ich mich nach weißen Pfirsichen um. Meist kommt mir das Warten dann endlos vor. Wenn die ersehnten Pfirsiche schließlich eintreffen, bereite ich sie nach diesem Rezept zu, da es flott von der Hand geht. (Natürlich esse ich auch einige aus der Hand!) Das köstliche Dessert serviere ich noch warm, was ich auch Ihnen empfehle, denn so schmeckt es besonders kräftig nach Pfirsichen. Ausgezeichnet mundet dazu eine Portion *Homey Vanilla Ice Cream* (s. S. 573) oder ein Löffel Schlagsahne.

6–8 reife Pfirsiche, geschält, halbiert und entsteint
½ Tasse (125 g) Butter
1 Tasse (250 g) Zucker
¾ Tasse (90 g) Mehl
¼ Tasse (25 g) Haferflocken
½ TL Zimt, gemahlen
½ TL Muskatnuß, gemahlen

1. Den Ofen auf 200 °C vorheizen.
2. Die Pfirsiche in große Stücke schneiden und in eine Auflaufform legen.
3. Butter in einem kleinen Topf bei niedriger Hitze zerlassen. Den Topf von der Herdplatte nehmen, die restlichen Zutaten zugeben und gut verrühren.
4. Die Mischung gleichmäßig auf den Früchten verteilen. Auf mittlerer Schiene ungefähr 40 Minuten backen, bis die Oberfläche goldbraun ist und Blasen wirft. Vor dem Servieren etwas abkühlen lassen.

Für 6 Personen

EINFACHE FRUCHTDESSERTS

Die Namen *cobbler*, *crisp*, *crunch* und *crumble* klingen so ähnlich, daß man sie leicht verwechselt. Diese typisch amerikanischen Desserts haben in der Tat eines gemeinsam: Sie bestehen alle aus gebackenen Früchten, über die eine Teigschicht kommt. Ein *cobbler* wird mit Biskuitteig überbacken; sein Name rührt daher, daß er nach dem Backen eine kopfsteinpflasterähnliche Oberfläche hat. *Crisps* ähneln den *cobblers*, nur daß sie mit Butterstreuseln bedeckt sind, die über den Biskuitteig gestreut werden bzw. diesen ersetzen. Bei einem *crunch* kommen dazu Nüsse oder Haferflocken zum Einsatz, damit die Streuselschicht dicker wird. Zerbröselt man eine Teigmischung über den Früchten, erhält man einen *crumble*. Möchte man eine Art Kuchen haben, sollte man einen dieser Beläge auf einen *buckle* geben, der aus Früchten und Kuchenteig besteht. Die Herausforderung dieser an sich leicht herzustellenden Desserts besteht darin, zu ergründen, welche Gewürze und Fruchtkombinationen am besten miteinander harmonieren und ob man die Desserts mit Sahne, Eiscreme oder ohne alle Zutaten serviert.

ORANGE RHUBARB CRUMBLE

ORANGEN-RHARBARBER-CRUMBLE

Jedes Jahr gegen Ende April fängt am Kopf meines Spargelbeets der Rhabarber an zu sprießen. Diese beiden Obst- und Gemüsesorten des Frühlings scheinen sich gut miteinander zu vertragen. Die ersten Stangen Rhabarber, blaßrot und zart im Wuchs, sind reif, wenn die Spargelzeit vorüber ist. Mit nahendem Sommer nehmen die Rhabarberstangen ein dunkles Rubinrot an, werden dicker und gedeihen prächtig. Rhabarber pflücke ich, indem ich den Blattstiel am Ansatz fasse, ihn vorsichtig hin und her bewege und ihn dann aus der Erde ziehe (die Pflanze sollte unbeschädigt bleiben). Alles weitere geschieht in der Küche. Bei diesem Dessert verleiht Orangenschale der säuerlichen Frucht eine delikate Süße. Mit Pekannüssen bekommt auch der Crumbleteig, nach dem Grundrezept gebacken, eine interessante Note.

knapp 1,4 kg frischer Rhabarber, vorzugsweise dünne Stangen
1¾ Tassen (220 g) Mehl
¾ Tasse (70 g) Haferflocken
½ Tasse (90 g) brauner Zucker
1 TL Zimt, gemahlen
½ Tasse (125 g) kalte Butter, in kleine Stücke geschnitten
½ Tasse (55 g) Pekannüsse, grobgehackt
1 Ei, leicht verquirlt
1 Tasse (250 g) Zucker
2 EL kandierter Ingwer, gehackt
Schale von 1 unbehandelten Orange, feingerieben
80 ml Orangensaft, frisch gepreßt
2 EL Stärkemehl

1. Den Ofen auf 180 °C vorheizen
2. Blätter von den Rhabarberstangen entfernen und wegwerfen. Knapp 4 cm an den Enden abschneiden. Die Stangen in etwa 2–3 cm große Stücke schneiden.
3. Mehl, Haferflocken, braunen Zucker und Zimt in einer Schüssel mischen. Die Butter stückchenweise einarbeiten, bis eine streuselartige Mischung entsteht. Pekannüsse und Ei zufügen und alles gut mischen.
4. Rhabarber, Raffinadezucker, kandierten Ingwer und Orangenschale in eine Backform mit einem Fassungsvermögen von etwa 3 Litern geben.
5. Orangensaft und Stärkemehl in einer kleinen Schüssel gut verrühren und zum Rhabarber geben. Den Rhabarber überall mit der Mischung bedecken.
6. Die Haferflockenmischung auf dem Rhabarber verteilen. Auf mittlerer Schiene 45–50 Minuten backen, bis der Belag goldbraun ist und Blasen wirft. Vor dem Servieren etwas abkühlen lassen.

Für 6 Personen

DOUBLE BERRY COBBLER

COBBLER MIT ZWEI BEERENSORTEN

Sticht der Löffel durch die knusprige Buttermilchschicht, gelangt er zu den saftigen Früchten darunter. Die Brom- und Blaubeeren, mit Zucker bedeckt, der den natürlichen Geschmack des Saftes intensiviert, scheinen wie füreinander geschaffen. Andere Kombinationen wie etwa Him- und Erdbeeren sind natürlich ebenfalls köstlich. In der *huckleberry*-Saison lasse ich mir diese amerikanischen Heidelbeeren auf keinen Fall entgehen!

BEERENFÜLLUNG

550 g frische Brombeeren, vorsichtig abgespült
550 g frische Blaubeeren, vorsichtig abgespült
¾ Tasse (190 g) Zucker
1½ TL Stärkemehl
1 TL Zitronensaft, frisch gepreßt

TEIG

1½ Tassen (190 g) Mehl
¼ Tasse (60 g) Zucker plus
 1 TL Zucker extra
1½ TL Backpulver
1 TL Natron
1 TL Salz
1 Msp. Zimt, gemahlen
2½ TL kalte Butter
1 TL unbehandelte Zitronenschale, feingerieben
¾ Tasse (200 ml) Buttermilch
Homey Vanilla Ice Cream (s. S. 573)
 oder Schlagsahne, zum Servieren

1. Den Ofen auf 200 °C vorheizen. Eine Springform von 24 cm Durchmesser leicht einfetten und mit Zucker bestreuen.

2. Für die Beerenfüllung die Beeren trockentupfen und vorsichtig mit den restlichen Zutaten in einer kleinen Schüssel mischen, dann gleichmäßig auf dem Boden der Backform verteilen. An einen kühlen Ort stellen.

3. Für den Teig Mehl, ¼ Tasse (60 g) Zucker, Backpulver, Natron und Salz in einer Schüssel verrühren. In einer anderen Schüssel 1 Teelöffel Zucker mit Zimt mischen und beiseite stellen.

4. Die Butter stückchenweise in die Mehlmischung einarbeiten, bis eine krümelige Masse entsteht. Zitronenschale untermischen.

5. In die Mitte der Mehlmischung eine Mulde drücken und die Buttermilch langsam hineingießen. Mit einer Gabel solange rühren, bis ein Teig entsteht. Den Teig auf einer leicht bemehlten Fläche zu einem Kreis von ungefähr 24 cm Durchmesser ausrollen. Vorsichtig von der Fläche heben und auf die Beeren legen.

6. Den Teig auf der ganzen Oberfläche mit Daumen und Zeigefinger immer wieder zusammendrücken und leicht hochziehen, bis er Ähnlichkeit mit einem Kopfsteinpflaster hat. Sollte der Teig reißen, wieder zusammendrücken. Mit einer Gabel auf der gesamten Fläche einstechen und mit dem restlichen Zimt und Zucker bestreuen. 35–40 Minuten backen, bis er goldbraun ist. 10–15 Minuten abkühlen lassen und mit Vanilleeis oder Sahne servieren.

Für 6 Personen

DOUBLE DIP CHOCOLATE PUDDING

SCHOKOLADENPUDDING MIT SAHNEHAUBE

Meine Mutter kochte stets Schokoladenpudding aus dem Supermarkt, und Ihre Mutter machte es wahrscheinlich ebenso. Doch wenn Sie einmal diese selbstgemachte Variante ausprobiert haben, werden Sie kaum noch einen Fertigpudding aus dem Regal holen: Sie ist cremiger, dichter und viel leckerer. Bei der Zubereitung dieses Puddings sollten Sie sich keine Gedanken machen, falls er etwas klumpig wird. Einfach so lange weiterrühren, bis er glatt ist.

Zur Abrundung des Ganzen tut ein Löffel geschlagene oder ungeschlagene Sahne auf dem Pudding gut. Ob nun aber Schokoladenpudding etwas feiner zubereitet wird oder nicht: Fest steht, daß er jung und alt gut schmeckt.

½ *Tasse (125 g) Zucker*
3 EL ungesüßtes Kakaopulver
2½ EL Stärkemehl
1 Prise Salz
1 Ei und
　　2 Eigelb
2 Tassen (500 ml) Milch
gut 110 g Halbbitter-Schokolade, gehackt
2 EL Butter
1 TL Instant Espresso-Kaffeepulver
1 TL Vanilleextrakt oder
　　2–3 Tropfen Vanillearoma
Sahne, nach Belieben geschlagen,
　　zum Servieren

1. Zucker, Kakaopulver, Stärkemehl und Salz in einer Schüssel mischen.

2. Ei und Eigelbe in einer kleinen Schüssel verquirlen, zur Zuckermischung geben und alles zu einer glatten Masse verrühren. Beiseite stellen.

3. Milch bei mittlerer Hitze in einem Topf aufkochen lassen; sofort vom Herd nehmen. ½ Tasse (125 ml) der heißen Milch in die Eimischung rühren, bis eine glatte Masse entsteht. Die Mischung langsam zurück in den Topf mit der heißen Milch gießen und glattrühren.

4. Die Masse unter stetigem Rühren bei mäßiger Hitze 5–7 Minuten kochen, bis sie eindickt und große Blasen wirft. Den Topf vom Herd nehmen, gehackte Halbbitter-Schokolade, Butter, Instantkaffee und Vanille zufügen und glattrühren.

5. Den Pudding in vier Dessertschälchen oder in eine große Schale geben und auf Zimmertemperatur abkühlen lassen. Mit Frischhaltefolie abdecken und im Kühlschrank auskühlen lassen. Mit Sahne servieren.

Für 4 Personen

Carolina Rice Pudding

Reispudding nach Carolina-Art

Nichts schmeckt besser als ein duftender, warmer Reispudding, der mit etwas frischer, dickflüssiger Sahne und reinem *New England Maple Syrup* (Ahornsirup) übergossen wird. Reispudding läßt sich meiner Meinung nach besser auf dem Herd als im Ofen zubereiten. Ich verwende den weniger stärkehaltigen Langkornreis und bin mit dem Ergebnis immer sehr zufrieden. Der Geschmack scheint klarer und milder, und der Pudding ist einfach rundum köstlich.

2½ Tassen (375 ml) Wasser
Schale von 1 unbehandelten Orange, ohne
　　die weiße Haut, in Streifen geschnitten
1 Zimtstange
1 Prise Salz
1 Tasse (200 g) Langkornreis
½ Tasse (100 g) helle Sultaninen
4 EL dunkler Rum
2 Tassen (500 ml) Milch
2 Tassen (500 ml) (Schlag-)Sahne plus
　　etwas Sahne extra, zum Servieren
1 Tasse (250 g) Zucker
2 EL Butter
Ahornsirup, angewärmt

1. Wasser, Orangenschale, Zimtstange und Salz in einem schweren Topf bei mittlerer bis starker Hitze zum Kochen bringen. Reis zufügen und gut verrühren. Die Hitze reduzieren, den Topf abdecken und auf kleiner Flamme etwa 20 Minuten ziehen lassen, bis der Reis weich und die Flüssigkeit verkocht ist.

2. Während der Reis kocht, Sultaninen in Rum einweichen.

3. Milch, Sahne, Zucker, Butter, Rosinen und Rum zum Reis geben und bei mäßiger Hitze 35–40 Minuten kochen, bis die Mischung eingedickt ist; dabei häufig rühren und eventuell die Hitze reduzieren. Den Topf von der Platte nehmen, Schale und Zimtstange wegwerfen.

4. Den Reispudding warm servieren, Sahne und Ahornsirup getrennt dazu reichen.
Für 8–10 Personen

LOW COUNTRY BREAD PUDDING
BROTPUDDING

Auf einer Reise nach South Carolina, wo ich roten Reis und *Frogmore Stew* (s. S. 496) essen wollte, fand ich auch unerwartete Schätze wie z. B. »Miss Daisy Mae Brown's Café« auf Edisto Island. Sobald ich Gelegenheit dazu hatte, machte ich mich auf die Suche danach. Äußerlich wirkte das Gebäude wie eine kleine ländliche Tankstelle. Doch kaum hatte man es betreten, wurde klar, daß es hier ausschließlich ums Essen ging: Es gab Tische mit Unmengen dampfender Speisen und bequeme Sitzgelegenheiten. Durch die Selbstbedienung herrschte geschäftiges Treiben. Ich konnte gar nicht genug von Miss Daisys rotem Reis, ihren Rippchen, *collards*, ihrem Brei oder Maisbrot bekommen. Doch glücklicherweise hatte ich mir noch etwas Platz für den Brotpudding gelassen. Saftig, dunkel und mit Rosinen gespickt, war er der beste Brotpudding, den ich je gegessen hatte. Halb benommen vom reichlichen Essen suchte ich nach Miss Daisy. Ich hoffte, ihr das Rezept für den Pudding entlocken zu können. Keine Chance! Miss Daisy wartete darauf, mit einem großen Unternehmen einen Vertrag über das Rezept abzuschließen. Als ich sagte, ich sei sicher, Gewürznelken herausgeschmeckt zu haben, erwiderte sie kühl, der Geschmack käme von den Pfirsichen aus der Dose, mit denen der Pudding zubereitet werde. Ich hoffe, Miss Daisy hat ihren Vertrag bekommen. Allerdings forderte sie mich dazu heraus, mir selbst ein Rezept für Brotpudding auszudenken. Ohne Gewürznelken – und auch ohne Dosenpfirsiche!

1 Brioche (etwa 570 g), Challah (jüdisches Hefebrot mit Eiern und Safran) oder anderes mit Ei zubereitetes Brot
2½ Tassen (625 ml) Milch
2½ Tassen (625 ml) Kaffeesahne
½ Tasse (100 g) helle Sultaninen
½ Tasse (100 g) dunkle Rosinen
3 EL Grand Marnier oder ein anderer Orangenlikör
3 EL Orangenmarmelade
1 EL Butter, zum Einfetten
3 Eier
1 Tasse (250 g) Zucker
2 EL Vanilleextrakt oder 10 Tropfen Vanillearoma
Homey Vanilla Ice Cream (s. S. 573) oder (Schlag-)Sahne, zum Servieren

1. Brioche bzw. Brot in Scheiben schneiden. In einer Lage in eine flache Backform legen und über Nacht bei Zimmertemperatur unbedeckt stehen lassen.

2. Brioche bzw. Brot in knapp 4 cm große Stücke reißen und in eine große Schüssel geben. Milch und Kaffeesahne zufügen und gut darin wenden, so daß sich alle Stücke mit Flüssigkeit vollsaugen. 1 Stunde stehen lassen und gelegentlich wenden.

3. In der Zwischenzeit Rosinen, Grand Marnier und Orangenmarmelade in einer kleinen Schüssel mischen und 1 Stunde ziehen lassen.

4. Den Ofen auf 160 °C vorheizen. Eine Backform (33 x 23 x 6 cm) mit Butter einfetten.

5. Eier, Zucker und Vanille in einer Schüssel verrühren und mit der Rosinenmischung zur Brioche bzw. zum Brot geben. Behutsam, aber gründlich verrühren. Die Mischung in die Backform geben und 45 Minuten bis 1 Stunde backen, bis sie goldbraun und vollständig durchgebacken ist. Heiß mit Eiscreme oder Sahne servieren, die über den Pudding geträufelt werden kann.

Für 8 Personen

DIXIE BANANA PUDDING

BANANENPUDDING

★★★

Den ersten sündhaft mächtigen Bananenpudding probierte ich in Savannah, Georgia. Dieser samtige, nach Bananen duftende Vanillepudding auf Milchbasis mit seiner luftigen Baiserschicht ist einfach himmlisch. Auch wenn einige Rezepte Puddingpulver statt selbstgemachtem Pudding vorschreiben, sollten Sie dieser Versuchung widerstehen. Der Mehraufwand lohnt immer, wenn man einen »echten« Pudding zubereiten möchte.

1¾ Tassen (435 g) Zucker
3 EL Mehl
2 EL Stärkemehl
Salz
5 Tassen (1¼ l) Milch
8 Eier, getrennt
2 EL Butter
1½ EL Vanilleextrakt oder
  7–8 Tropfen Vanillearoma
1 Packung (340 g) Vanillewaffeln
8 reife Bananen, geschält und quer in
  gut 0,5 cm große Scheiben geschnitten

1. 1½ Tassen (375 g) Zucker, Mehl, Stärkemehl und eine Prise Salz in einen großen schweren Topf sieben und beiseite stellen.

2. Milch in einem Topf bei mittlerer Hitze abkochen; anschließend sofort vom Herd nehmen. Unter ständigem Rühren die heiße Milch langsam in die Zuckermischung gießen und glattrühren.

3. Die Mischung bei mittlerer Hitze unter stetigem Rühren 10 Minuten kochen lassen, bis sie eindickt (sie sollte an einem Löffelrücken kleben bleiben). Den Topf vom Herd nehmen und unter stetigem Rühren die Eigelbe einzeln einrühren und gut untermischen.

4. Die Masse bei niedriger Hitze unter stetigem Rühren weitere 2–3 Minuten kochen, bis sie sehr dickflüssig ist. Den Topf vom Herd nehmen; Butter und Vanille einrühren. 5 Minuten beiseite stellen und leicht abkühlen lassen.

5. Den Ofen auf 200 °C vorheizen.

6. Eine Backform (33 x 23 x 6 cm) mit der Hälfte der Waffeln auslegen. Die Waffeln können sich dabei ruhig überlappen. Mit der Hälfte der Bananenscheiben belegen und gleichmäßig mit der Hälfte des Vanillepuddings bedecken. Eine weitere Schicht Waffeln und eine Schicht Bananenscheiben darüber legen und mit dem restlichen Vanillepudding bedecken.

7. Die Eiweiße mit einer Prise Salz in eine Schüssel geben und mit einem elektrischen Handmixer schaumig schlagen. Den restlichen Zucker teelöffelweise zufügen und weiterschlagen, bis das Eiweiß steif ist.

8. Den Eischnee gleichmäßig auf der Puddingoberfläche verteilen und darauf achten, daß die ganze Oberfläche bedeckt ist und der Eischnee den Rand der Backform berührt. Mit der Rückseite des Löffels oder einem Teigschaber dekorative Bögen ziehen.

9. Den Pudding auf mittlerer Schiene 5–8 Minuten backen, bis der Eischnee goldbraun ist, aber noch einige weiße Mulden hat. Lauwarm oder gut gekühlt servieren.

Für 10–12 Personen

Granny Reesman's Summer Berry Pie

Grossmutter Reesmans Beerenkuchen

In meiner Kindheit und Jugend backte Großmutter Reesman jeden Sommer diesen Kuchen, wenn die Beeren gerade richtig reif waren. Dann fehlte nur noch eine Prise Zimt, um das volle Aroma der wunderschön reifen Früchte zu entfalten. Ich kann mich an »Grannys« Kuchen noch sehr genau erinnern und freue mich, das Rezept nun auch an Sie weitergeben zu können.

Buttery Pie Crust (s. S. 540)
2 Tassen (320 g) frische reife Erdbeeren
2 Tassen (320 g) frische Blaubeeren,
    verlesen
2 Tassen (320 g) frische Himbeeren,
    verlesen
1 Tasse (250 g) Zucker plus
    1 EL Zucker extra
3 EL Stärkemehl
1 Msp. Zimt, gemahlen
2 TL unbehandelte Zitronenschale,
    feingerieben
1 TL Vanilleextrakt oder
    2–3 Tropfen Vanillearoma
1 Eiweiß, mit 1 EL Wasser
    leicht aufgeschlagen

1. Den Ofen auf 200 °C vorheizen.
2. Den Teig bis einschließlich Schritt 4 zubereiten und die untere Teigplatte so ausrollen, daß sie in eine Pie-Form von 24 cm Durchmesser paßt. Die obere Platte etwas größer ausrollen und in Viertel falten. Mit einem Messer auf beiden geraden Seiten dreimal einschneiden (damit der Dampf während des Backens entweichen kann); dabei etwa 2 cm von der Teigmitte entfernt beginnen. Die obere Platte auf einen Teller legen. Beide Platten abdecken und kalt stellen.
3. Jede Beerensorte einzeln abspülen, abtropfen lassen und mit Küchenpapier gründlich trockentupfen. Die Erdbeeren entstielen und mit den anderen Beeren in einer Schüssel mischen. Zucker, Stärkemehl, Zimt, Zitronenschale und Vanille behutsam unterheben.
4. Die Pie-Form aus dem Kühlschrank nehmen. Boden und Seiten der Teigplatte mit etwas Eiweißmischung bestreichen, damit der Teig nicht aufweicht. Die Beerenmischung mit einem Löffel auf den Teig geben.
5. Die obere Teigplatte aus dem Kühlschrank nehmen und über der Füllung auseinanderfalten. Den überhängenden Teig bis auf 2–3 cm abschneiden. Teigränder an den Schnittstellen mit Wasser bestreichen, leicht zusammendrücken und nach unten biegen. Den Rand dekorativ wellen. Die obere Teigplatte leicht mit Wasser bestreichen und mit 1 Eßlöffel Zucker bestreuen.

Blue Plate Special

New England Clam Chowder

Pan-Fried Sole on a Bun with Tartar Sauce

Sweetly Pickled Beets

East Norwalk Coleslaw

Granny Reesman's Summer Berry Pie

Sweet Cherry Pie

Kirschkuchen

6. Die Pie im unteren Drittel des Ofens 1–1¼ Stunden backen, bis die Füllung Blasen wirft und der Teig goldbraun ist. Vor dem Servieren abkühlen lassen und warm servieren.
Für 6–8 Personen

Es liegt in der Natur des Menschen, stets Lust auf das zu haben, was schwer und nur kurze Zeit zu bekommen ist. Zu den flüchtigen Ereignissen zählt leider auch die viel zu kurze Kirschsaison, die sich im Frühling durch zarte weiße und rosa Blüten ankündigt.

Da bei einem Kirschkuchen normalerweise Sauerkirschen verwendet werden, überrascht der Geschmack dieses Kuchens mit Süßkirschen angenehm. Wird der Kuchen außerdem mit einem Löffel *Homey Vanilla Ice Cream* (s. S. 573) serviert, könnten Sie eine völlig neue Geschmackserfahrung machen. Einige Tips zu den Kirschen: Kirschen erst kurz vor der Verwendung waschen und nicht feucht aufbewahren. Sie schmecken am besten, wenn sie Zimmertemperatur haben und direkt am Tisch aus der Schüssel gegessen werden.

Sweet Pie Crust (s. S. 541)
4 Tassen (600 g) süße Kirschen, entsteint
2 EL Orangensaft, frisch gepreßt
2 EL Zitronensaft, frisch gepreßt
2 EL Stärkemehl
1–1½ Tassen (250–375 g) Zucker (je nachdem, wie süß die Kirschen sind)
¼ TL Zimt, gemahlen
1 Prise Salz
1 EL unbehandelte Orangenschale, feingerieben
¼ TL Mandelextrakt oder 1–2 Tropfen Bittermandelaroma
1 Eiweiß, mit 1 EL Wasser leicht aufgeschlagen
1½ TL Butter, kalt und in kleine Stücke geschnitten

1. Ofen auf 220–240 °C vorheizen.

2. Den Teig bis einschließlich Schritt 4 zubereiten und die untere Platte so dünn ausrollen, daß sie in eine Pie-Form von 24 cm Durchmesser paßt. Die obere Teigplatte etwas größer ausrollen, in Viertel falten und auf einen Teller legen. Beide Platten mit Frischhaltefolie abdecken und kalt stellen.

3. Die Kirschen in eine Schüssel geben. Orangen- und Zitronensaft in einer zweiten Schüssel mit Stärkemehl vermischen, dann Zukker, Zimt und Salz einrühren. Die Mischung vorsichtig unter die Kirschen heben und 15 Minuten stehen lassen.

4. Orangenschale und Mandelaroma zu den Kirschen geben und gut unterheben.

5. Die Pie-Form aus dem Kühlschrank nehmen. Boden und Seiten der Teigplatte mit etwas Eiweißmischung bestreichen. Die Kirschfüllung auf den Teig geben und Butterflocken darauf verteilen.

6. Die obere Teigplatte aus dem Kühlschrank nehmen und über der Füllung auseinanderfalten. Überhängende Teigränder bis auf etwa 2–3 cm abschneiden, an den Schnittstellen mit Wasser befeuchten, leicht zusammendrücken und nach unten biegen. Den Rand de-

Der Kirschgarten

So eine Einladung konnte ich einfach nicht ausschlagen: ein Abendessen zur Obsternte auf einer der schönsten Kirschplantagen Michigans, umgeben von Obstbäumen, die schwer an der Last ihrer Früchte trugen. Ich war Gast von Charles und Julia Eisendrath, die sich nicht nur als liebenswürdige Gastgeber erwiesen, sondern auch phantastisch kochen konnten. Die Eisendraths wohnen im Landesinneren am Lake Charlevoix. Die Hälfte aller Früchte – darunter auch einige süße Sorten – in Amerikas Kirschkuchen stammt aus dieser Gegend. Der See hier garantiert ein gemäßigtes Klima, das für diese heiklen Früchte wie geschaffen ist. Auf den Hügeln stehen die Obstbäume dicht an dicht, und vor dem Hintergrund des Sees scheinen die Sauerkirschen regelrecht zu leuchten. Bei meiner Ankunft sah ich Tische mit blau-weiß gemusterten Tischdecken, die für 25 Gäste gedeckt waren. Mit dem Sonnenuntergang wurden Kerzen angezündet, und Charles setzte in seinem Edelstahlgrill abgelagertes Kirschholz in Brand.

Kirschen schmecken hervorragend zu Wildgeflügel. Und genau das hatte Charles für uns zubereitet: Stock- und Krickenten, Birk- und Rothühner, die er selbst erlegt hatte. Er bestrich sie mit einer Mischung aus Bratenfett, Kirschen, Kirschsaft, Knoblauch, Cognac und Kirschwasser. Als das Geflügel gar war, wurde das tranchierte Brustfleisch auf einem großen Brett angerichtet und mit fruchtbehangenen Zweigen umlegt. Zum Geflügel gab es eine aromatische Kirschsauce, Getreidesalat und Sommergemüse. Die Nachhut bildeten natürlich gewaltige Portionen Kirschen, serviert auf imposanten Eisbechern oder als Kuchen.

Am nächsten Tag besichtigte ich die ganze Gegend und probierte die Kirschen aus der Sommerernte, die nur noch eine oder zwei Wochen dauern würde. Ich aß gelbe *Queen-Anne-Kirschen*, süße Schwarzkirschen und rote, saure *Montmorencies* (letztere kann man nur selten im Geschäft bekommen; sie werden meist zu Kuchenfüllung oder Marmelade verarbeitet). Alle Farmen kultivieren ein halbes Dutzend verschiedener Kirschsorten, dazu offerieren sie selbstgemachte Kirschsaucen, Grillsaucen, Marmeladen, Säfte und Gelees. Und es gab wunderbaren Kuchen mit Zuckerkruste, verziert mit einem Gitter aus Teigstreifen, zwischen denen der Kirschsaft nur so herausquoll!

Auf dieser Reise sammelte ich viele Ideen, aus denen ich zu Hause etliche Sauerkirschrezepte entwickelte. Um sie zu erproben, hatte ich auf Eisendraths Plantage eigens mehrere Kilo Kirschen erstanden. Diese Reise fachte auch meine Leidenschaft für Kirschen wieder an. Am besten schmecken Früchte, die außen prall und glänzend sind und innen samtig und fest. Sie sollten keine klebrige Haut haben (dann sind sie überreif), aber auch nicht hart und knackig sein (dann sind sie unreif).

Wonach läßt sich ihre Qualität sonst noch beurteilen? Ich weiß es nicht, ich probiere einfach. Sie sollten in jedem Fall die Ware möglichst selbst kosten. Und verzehren Sie sie innerhalb von ein oder zwei Tagen. Aber das muß ich wohl kaum betonen, denn wer läßt Kirschen schon länger stehen?

korativ wellen. Die obere Platte garnieren: Aus den Teigresten Kirschen mit Stengel und Blättern ausschneiden. Unterseiten leicht mit Wasser bestreichen und vorsichtig auf die obere Teigplatte drücken. Die obere Platte mehrmals einschneiden.

7. Die Pie auf mittlerer Schiene 10 Minuten backen. Dann die Temperatur auf 180 °C reduzieren und die Pie 45–55 Minuten backen, bis die Füllung Blasen wirft und der Teig goldbraun ist. Auf einem Kuchengitter abkühlen lassen.

Für 6–8 Personen

KING ORCHARDS' SOUR CHERRY PIE

KIRSCHKUCHEN MIT SAUERKIRSCHEN

Jeder, mit dem ich in Michigan während der viel zu kurzen Kirschsaison (von Mitte Juli bis Anfang August) gesprochen habe, fror die köstlichen Früchte sofort ein, damit er sie das ganze Jahr über für Kirschkuchen verwenden konnte. Die frischen Kirschen schmeckten so außerordentlich gut, daß ich beinahe süchtig danach wurde, nachdem ich sie zum ersten Mal frisch vom Baum probiert hatte.

Das folgende Rezept stammt von der Kirschplantage »King Orchards« in Central Lake, Michigan. Sie liegt in der Nähe von Charles Eisendraths »Overlook Farm« (auf der ich während der Sauerkirschernte einen unvergeßlichen Abend verbrachte). Für diesen Kuchen benötigt man keine Gewürze – ein Tropfen Mandelextrakt genügt, um ihn geschmacklich abzurunden!

Sweet Pie Crust (s. S. 541)
3 Tassen (450 g) Sauerkirschen, entsteint
1 Tasse (250 g) Zucker
⅓ Tasse (40 g) Mehl
¼ TL Mandelextrakt oder
*   1–2 Tropfen Bittermandelaroma*
1 Eiweiß, mit 1 EL Wasser leicht aufgeschlagen

1. Den Ofen auf 200 °C vorheizen.
2. Den Teig bis einschließlich Schritt 4 zubereiten und die untere Platte so ausrollen, daß sie in eine Pie-Form von 24 cm Durchmesser paßt. Die obere Platte etwas größer ausrollen, in Viertel falten und auf einen Teller geben. Beide Teigplatten mit Frischhaltefolie abdecken und kalt stellen.
3. Kirschen, Zucker, Mehl und Mandelaroma in einem großen Topf verrühren und bei mittlerer Hitze zum Kochen bringen. Unter Rühren 1 Minute eindicken lassen. Den Topf von der Herdplatte nehmen und auf Zimmertemperatur abkühlen lassen.
4. Die Pie-Form aus dem Kühlschrank nehmen. Den Teig mit etwas Eiweißmischung bestreichen, damit er nicht aufweicht. Die abgekühlte Kirschfüllung in die Form geben.
5. Die obere Platte aus dem Kühlschrank nehmen und über der Füllung auseinanderfalten. Überhängende Ränder bis auf 2–3 cm abschneiden, an den Schnittstellen mit Wasser bestreichen, leicht zusammendrücken und nach unten falten. Den Rand dekorativ wellen. Die obere Platte mehrmals einschneiden.

6. Die Pie auf mittlerer Schiene 35 Minuten backen, bis die Füllung Blasen wirft und der Teig goldbraun ist. Auf einem Kuchengitter abkühlen lassen.
Für 6–8 Personen

PEACHY KEEN PIE

PFIRSICHKUCHEN

Pfirsichzeit ist die schönste Zeit, und es gibt kaum ein köstlicheres Dessert als frischen Pfirsichkuchen. Um den köstlichen Geschmack und die Farbe der Pfirsiche zu erhalten, verwende ich Tapioka als Bindemittel, außerdem hat es nicht den »pappigen« Geschmack von Stärke oder Mehl. Die Pfirsichhaut läßt sich am einfachsten entfernen, wenn die Pfirsiche in einem Topf mit kochendem Wasser knapp 30 Sekunden blanchiert werden. Anschließend werden sie aus dem Wasser gehoben, und die Haut wird abgezogen. Ich mag diesen Kuchen besonders gerne warm mit einem Löffel selbstgemachtem Pfirsicheis.

Buttery Pie Crust (s. S. 540)
4 Tassen (800 g) reife Pfirsiche, geschält, entsteint und in dicke Scheiben geschnitten
1 EL Zitronensaft, frisch gepreßt
2/3 Tasse (165 g) Zucker plus 1 EL Zucker extra
1/4 Tasse (30 g) Tapioka-Stärkemehl
1/2 TL Muskatnuß, gemahlen
1 Eiweiß, mit 1 EL Wasser leicht aufgeschlagen
2 EL Butter, in kleine Stücke geschnitten

1. Ofen auf 200 °C vorheizen.
2. Den Teig bis einschließlich Schritt 4 zubereiten und die untere Platte so ausrollen, daß sie in eine Pie-Form von 24 cm Durchmesser paßt. Die obere Platte etwas größer ausrollen und in Viertel falten. Mit einem Messer auf beiden geraden Teigseiten dreimal einschneiden; dabei etwa 2 cm von der Teigmitte entfernt beginnen. Die obere Platte auf einen Teller geben. Beide Teigplatten mit Frischhaltefolie abdecken und kalt stellen.
3. Die Pfirsichscheiben in eine große Schüssel geben und vorsichtig Zitronensaft unterheben.
4. 2/3 Tasse (165 g) Zucker, Tapioka-Stärkemehl und Muskatnuß mischen, zu den Pfirsichen geben und gut einrühren.
5. Die Pie-Form aus dem Kühlschrank nehmen. Boden und Seiten des Teigs mit etwas Eiweißmischung bestreichen, damit er nicht aufweicht. Die Pfirsichfüllung in die Form geben und Butterflocken darauf verteilen.
6. Die obere Platte aus dem Kühlschrank nehmen und über der Füllung auseinanderfalten. Die überhängenden Teigränder bis auf etwa 2–3 cm abschneiden, an den Schnittstellen mit Wasser bestreichen, leicht zusammendrücken und nach unten falten. Den Rand dekorativ wellen. Die obere Platte mit der Eiweißmischung bestreichen und mit 1 Eßlöffel Zucker bestreuen.
7. Die Pie auf mittlerer Schiene 1 Stunde backen, bis die Füllung Blasen wirft und der Teig goldbraun ist. Auf einem Kuchengitter abkühlen lassen.
Für 6–8 Personen

Wende's Blue Ribbon Apple Pie with Candied Ginger

Apfelkuchen mit kandiertem Ingwer

★★★

Es gibt Apfelkuchen und Apfelkuchen. Wenn ich die besten Köche auszeichnen könnte, wäre meine gute Freundin Wende bestimmt darunter: Ihr Apfelkuchen ist wirklich etwas ganz Besonderes! Die Füllung ist einfach perfekt, feucht, aber nicht flüssig, und der Teig ist schlichtweg köstlich. Die Kombination aus Ingwer und Granny-Smith-Äpfeln sorgt dafür, daß er nicht zu süß wird, und der Calvados, ein sehr feiner Apfelbranntwein aus der Normandie, verleiht dem Ganzen noch eine kräftige Geschmacksnote.

Buttery Pie Crust (s. S. 540)
5–6 große Granny-Smith-Äpfel
1½ EL Zitronensaft, frisch gepreßt
½ Tasse (125 g) Zucker
110 g kandierter Ingwer
2 EL Stärkemehl
1½ TL Zimt, gemahlen
2 EL Calvados
1 Eiweiß, mit 1 EL Wasser leicht aufgeschlagen
2 EL Butter, in kleine Stücke geschnitten
2 EL Milch
1 TL Zucker

1. Den Ofen auf 200 °C vorheizen.
2. Den Teig bis einschließlich Schritt 4 zubereiten und die untere Platte so ausrollen, daß sie in eine Pie-Form von 24 cm Durchmesser paßt. Die obere Platte etwas größer ausrollen und in Viertel falten. Mit einem Messer auf beiden geraden Seiten dreimal einschneiden und dabei etwa 2 cm von der Teigmitte entfernt beginnen, damit der Dampf während des Backens entweichen kann. Die obere Platte auf einen Teller legen. Beide Platten mit Frischhaltefolie abdecken und kalt stellen.

3. Die Äpfel schälen, vom Kerngehäuse befreien und in dicke Scheiben schneiden. In eine große Schüssel geben und mit Zitronensaft mischen.
4. Braunen Zucker, Ingwer, Stärkemehl und 1 Teelöffel Zimt in eine Küchenmaschine geben. Stoßweise verarbeiten, bis der Ingwer kleingehackt ist. Die Mischung mit Calvados behutsam unter die Äpfel heben.
5. Die Pie-Form aus dem Kühlschrank nehmen. Boden und Seiten des Teigs mit etwas Eiweißmischung bestreichen, damit der Teig nicht aufweicht. Die Apfelfüllung auf den Teig geben und Butterflocken darauf verteilen.
6. Die obere Teigplatte aus dem Kühlschrank nehmen und über der Füllung auseinanderfalten. Überhängende Ränder bis auf 2–3 cm abschneiden, an den Schnittstellen mit Wasser bestreichen, leicht zusammendrücken und nach unten falten. Den Rand dekorativ wellen. Die obere Platte leicht mit Milch bestreichen. Den restlichen Zimt mit Zucker mischen und über die Pie streuen.
7. Die Pie auf mittlerer Schiene 1 Stunde backen, bis die Äpfel gar sind und der Teig goldbraun ist. Auf einem Kuchengitter abkühlen lassen und warm oder lauwarm servieren.

Für 6–8 Personen

Ein paar Worte zum Thema Äpfel

Was soll ein Koch mit den unzähligen Apfelsorten anfangen, die inzwischen auf dem Markt sind? Das Angebot ist überwältigend, und die teils exotischen Namen machen die Verwirrung komplett. *Honey Crisp* lockt fast unwiderstehlich, aber hält der Apfel, was sein Name verspricht? Wer könnte an einem *Winter Banana* – was immer das sein mag – vorbeigehen, ohne danach zu greifen? Was muß man über *Jonathan*, *Jonamac* und *Jonagold* wissen; sind das ähnliche oder unterschiedliche Sorten? Und handelt es sich bei *Mutsus*, *Sensyus*, *Tsugarus* und *Fujis* um amerikanische oder japanische Äpfel oder gar um beides?

Seit der erste amerikanische Obstplantagenbesitzer John Chapman (alias Johnny Appleseed, 1774–1845) in Ohio, Illinois, Indiana und Iowa Hunderttausende von Bäumen anpflanzte, hat sich einiges geändert. Heute wachsen sie von Küste zu Küste, und es gibt über 300 verschiedene Sorten. Jede Apfelsorte ist einzigartig. Wenn Sie sie kennenlernen wollen, müssen Sie sie probieren! Viele neue Sorten kommen aus dem Ausland, aber auch die Amerikaner selbst haben Dutzende von Kreuzungen gezüchtet. Dank der gesunden biologischen Vielfalt gibt es in Amerika wie in Deutschland Äpfel in Hülle und Fülle, so daß man hier wie dort eine unglaubliche Auswahl an Sorten hat.

Ich kaufe Äpfel gern auf dem »New York City's Union Square Greenmarket« (Gemüsemarkt). Dort verteilen die Händler Apfelstücke zum Probieren und beraten die Kunden, welche Sorten sich wofür eignen. Da an manchen Tagen bis zu 35 verschiedene offeriert werden, ist man auf diese Hilfe angewiesen. Machen Sie sich aber keine Sorgen, wenn die Antwort des Händlers Sie nicht zufriedenstellt. Befolgen Sie meine Ratschläge, und Sie werden den richtigen Apfel erwerben:

Obstkuchen, Pfannkuchen, Muffins, Obsttorten: Nehmen Sie nicht zu wäßrige Apfelsorten mit intensivem Aroma. Die Äpfel sollten leicht herb schmecken wie etwa *Granny Smith*, *Pippin*, *Rhode Island Greening*, *Ida Red*, *Jonathan* und *Jonamac*.

Apfelmus: Apfelsorten, die sich für Apfelkuchen eignen, sind im allgemeinen auch gut für Mus. Oder verwenden Sie aromatische Sorten, die für Apfelkuchen zu wäßrig oder nicht fest genug sind. *McIntosh* bietet sich in der Hauptsaison dafür besonders an.

Zum Backen: Als Backäpfel eignen sich am besten feste Äpfel. Zu diesen zählen: *Cortland*, *Northern Spy* und *Rome Beauty*. Diese Sorten werden gern verwendet, weil sie ihre Form behalten.

Zum Essen: Die meisten Apfelsorten, mit Ausnahme der sauer oder mehlig schmeckenden, sind auch frisch sehr lecker. Äpfel mit sehr feinem Geschmack sollten roh bzw. im Salat gegessen werden. Probieren Sie *Empire*, *Fuji*, *Honey Crisp*, *Red Delicious*, *Royal Gala* und *Winter Banana*.

Apfelpaste: Hierfür eignen sich trockene, ja mehlige Äpfel. Mit diesen Sorten wird die süßsaure Paste dicker und gehaltvoller als mit Äpfeln, die für Saucen oder Apfelkuchen verwendet werden. Ich habe festgestellt, daß sich auch die Sorte *McIntosh* gut zu Paste verkochen läßt.

Old-Fashioned Apple Pie

Grossmutters Apfelkuchen

Wie in allen Ländern dieser Welt gibt es auch in Amerika ein absolutes Lieblingsrezept für Apfelkuchen. Meins kommt dem meiner Tante sehr nahe. Bei diesem Apfelkuchen meiner Kindheit war jeder noch so kleine, warme Bissen von Zimtgeschmack durchdrungen. Ich serviere den Kuchen mit einer dünnen Scheibe Vermont Cheddar. Da dieser Kuchen, einfach zubereitet und köstlich im Geschmack, immer noch zu den Highlights der amerikanischen Küche zählt, ist er auch bei mir ein Klassiker.

Classic Pie Crust (s. S. 539)
5–6 große Äpfel, z. B. Granny Smith oder Sturmer Pippin
1 EL Zitronensaft, frisch gepreßt
¾ Tasse (190 g) Zucker
1½ EL Stärkemehl
1 TL Zimt, gemahlen
1 Msp. Muskatnuß, gemahlen
1 Eiweiß, mit 1 EL Wasser leicht aufgeschlagen
1–2 EL Butter, in kleine Stücke geschnitten

1. Den Ofen auf 220–240 °C vorheizen.

2. Den Teig bis einschließlich Schritt 4 zubereiten und die untere Platte so ausrollen, daß sie in eine Pie-Form von 24 cm Durchmesser paßt. Die obere Platte etwas größer ausrollen und in Viertel falten. Mit einem Messer dreimal an den beiden geraden Teigseiten einschneiden, damit der Dampf während des Backens entweichen kann; dabei etwa 2 cm von der Teigmitte entfernt beginnen. Die obere Teigplatte auf einen Teller legen. Beide Platten mit Frischhaltefolie abdecken und kalt stellen.

3. Äpfel schälen, entkernen und in dicke Scheiben schneiden. In eine große Schüssel geben und vorsichtig mit Zitronensaft, Zucker, Stärkemehl, Zimt und Muskat mischen.

4. Die Pie-Form aus dem Kühlschrank nehmen. Boden und Seiten des Teigs mit etwas Eiweißmischung bestreichen, damit er nicht aufweicht. Die Apfelfüllung auf den Teig geben und Butterflocken darüber streuen.

5. Die obere Teigplatte aus dem Kühlschrank nehmen und über der Füllung auseinanderfalten. Überhängende Teigränder bis auf etwa 2–3 cm abschneiden, an den Schnittstellen mit Wasser bestreichen, leicht zusammendrücken und nach unten falten. Den Rand dekorativ wellen. Die obere Platte eventuell dekorieren: Aus übriggebliebenen Teigresten einen Apfel mit Stiel und Blättern ausschneiden, Unterseiten leicht mit Wasser befeuchten und vorsichtig auf die obere Teigplatte drücken. Die obere Platte mit dem restlichen Eiweiß bestreichen.

6. Die Pie auf die mittlere Schiene stellen und die Hitze sofort auf 180 °C reduzieren. 1 Stunde backen, bis die Äpfel gar sind und der Teig goldbraun ist. Die Pie auf einem Kuchengitter abkühlen lassen.

Für 6–8 Personen

APPLE-RASPBERRY PIE
APFEL-HIMBEER-KUCHEN

Das süße Aroma der Beeren gibt diesem Kuchen eine besonders sommerliche Note. Obwohl ich frische Himbeeren auf jeden Fall vorziehe, können Sie für diesen Kuchen auch tiefgefrorene Himbeeren, Blaubeeren oder Brombeeren verwenden. Sie müssen nur darauf achten, daß die Beeren nicht zuviel Wasser abgeben und ganz aufgetaut sind, bevor sie mit den Äpfeln gemischt werden.

Classic Pie Crust (s. S. 539)
5–6 große Äpfel (z. B. Granny-Smith)
1½ EL Zitronensaft, frisch gepreßt
½ Tasse (125 g) Zucker plus 3 EL Zucker extra
2 EL Mehl
1 TL Vanilleextrakt oder
   2–3 Tropfen Vanillearoma
1 Tasse (160 g) frische Himbeeren, vorsichtig
   abgewaschen
1 Eiweiß, mit 1 EL Wasser leicht aufgeschlagen

1. Den Ofen auf 220–240 °C vorheizen.

2. Den Teig bis einschließlich Schritt 4 zubereiten und die untere Platte so ausrollen, daß sie in eine Pie-Form von 24 cm Durchmesser paßt. Die obere Platte etwas größer ausrollen und in Viertel falten. Mit einem Messer auf beiden geraden Teigseiten dreimal einschneiden, damit der Dampf beim Backen entweichen kann; dabei etwa 2 cm von der Teigmitte entfernt beginnen. Die obere Platte auf einen Teller legen. Beide Platten mit Frischhaltefolie abdecken und kalt stellen.

3. Äpfel schälen, entkernen und in dicke Scheiben schneiden. In eine große Schüssel geben und mit Zitronensaft, ½ Tasse (125 g) Zucker, Mehl und Vanille mischen. Himbeeren trocknen und vorsichtig unterheben.

4. Die Pie-Form aus dem Kühlschrank nehmen. Den Teig mit der Eiweißmischung bestreichen, damit er nicht aufweicht. Die Obstfüllung auf den Teig geben.

5. Die obere Teigplatte aus dem Kühlschrank nehmen und über der Füllung auseinanderfalten. Überhängende Teigränder bis auf etwa 2–3 cm abschneiden, an den Schnittstellen mit Wasser bestreichen, leicht zusammendrücken und nach unten biegen. Den Rand dekorativ wellen.

6. Obere Teigplatte überall leicht mit Wasser bestreichen und gleichmäßig mit 3 Eßlöffeln Zucker bestreuen.

7. Die Pie auf unterer Schiene 20 Minuten backen, dann Temperatur auf 180 °C reduzieren und 1 Stunde weiterbacken. Wird der Teig zu schnell braun, mit Alufolie abdecken und diese während der letzten 20 Minuten entfernen. Die Pie auf einem Kuchengitter abkühlen lassen.

Für 6–8 Personen

PEAR-CRANBERRY CRUMBLE TART
STREUSELKUCHEN MIT BIRNEN UND CRANBERRIES

Jeden Herbst, wenn die ersten frischen Cranberries auf dem Markt verkauft werden, überlege ich, wie man diese Beeren noch verarbeiten könnte, ehe sie kurz nach Weihnachten wieder von den Märkten verschwinden. Bei der folgenden Variation setzen süße Birnen die Akzente. Eine Schicht Streusel macht den Kuchen zum idealen Festtagsgebäck. Richten Sie die einzelnen warmen Stücke mit einem Löffel *Homey Vanilla Ice Cream* (s. S. 573) oder *New Orleans Praline Ice Cream* (s. S. 575) an.

TEIG
½ Tasse (125 g) Butter, in Stücke geschnitten
¼ Tasse (60 g) Zucker
½ TL Vanilleextrakt oder
  2–3 Tropfen Vanillearoma
1 Tasse (125 g) Mehl
1 Prise Salz

FÜLLUNG
4 reife Birnen (gut 900 g)
2 EL Zitronensaft, frisch gepreßt
1¼ Tassen (200 g) frische Cranberries oder
  Preiselbeeren
½ Tasse (125 g) Zucker
2 EL Mehl
2 EL kandierter Ingwer, feingehackt

STREUSEL
⅓ Tasse (80 g) Zucker
⅓ Tasse (40 g) Mehl
3 EL kalte Butter, in Stücke geschnitten

2 TL Puderzucker (nach Belieben)

1. Für den Teig Butter in eine Küchenmaschine geben und zu einer cremigen Masse verarbeiten. Zucker und Vanille zufügen, etwa 20 Sekunden rühren. Zwischendurch die Maschine anhalten, um den Teig von der Schüsselwand zu schaben.

2. Mehl und Salz in die Küchenmaschine geben und kurz verrühren. Die Maschine anhalten, den Teig von der Schüsselwand schaben und nochmals einige Sekunden rühren.

3. Den Teig mit leicht bemehlten Händen gleichmäßig auf den Boden und an die Seiten einer Pie-Form von 24 cm Durchmesser drücken. Der Teig darf am Bodenrand nicht zu dick sein.

4. Überstehende Teigränder abschneiden, dann mit dem Daumen leicht um den Rand der Form klappen und festdrücken, so daß etwa 3 mm überstehen. Den Teig überall mit einer Gabel einstechen, mit Frischhaltefolie abdecken und mindestens 30 Minuten ins Gefrierfach oder über Nacht in den Kühlschrank stellen.

5. Den Ofen auf 180–200 °C vorheizen.

6. Den Teig etwa 25 Minuten backen, bis er goldbraun ist. Auf einem Kuchengitter abkühlen lassen.

7. Für die Füllung Birnen halbieren, entkernen und schälen, dann quer in gut 0,5 cm breite Scheiben schneiden. In eine Schüssel geben und mit Zitronensaft mischen. Preiselbeeren, Zucker, Mehl und Ingwer zufügen. Die Birnenfüllung auf den Teig geben.

8. Für die Streusel Zucker, Mehl und Butter in eine Küchenmaschine geben und so lange verarbeiten, bis die Mischung grob bröselig ist. Die Streusel auf der gesamten Oberfläche der Pie verteilen.

9. Die Pie nochmals etwa 1 Stunde backen, bis sie oben goldbraun ist und die Birnen weich sind. Teigränder während des Backens mit Alufolie abdecken, wenn sie zu dunkel werden. Die Pie auf einem Kuchengitter abkühlen lassen. Auf Wunsch vor dem Servieren mit Puderzucker bestäuben.

Für 8–10 Personen

PLUMTART WITH GINGER CRUST
PFLAUMENKUCHEN MIT INGWER

Wenn die roten Pflaumen im Juni auf den Markt kommen, sollten Sie etliche für diesen Kuchen reservieren, der leicht zu backen ist. Sie müssen den Teig noch nicht einmal ausrollen – es reicht, wenn Sie ihn mit den Fingern gleichmäßig in die Kuchenform drücken. Die kleine Menge Ingwer, die in den Teig gegeben wird, unterstreicht den süßen Geschmack der reifen Pflaumen wie auch den angenehm säuerlichen Grundgeschmack.

TEIG
½ Tasse (125 g) Butter, in kleine Stücke geschnitten
¼ Tasse (60 g) Zucker
¼ TL Vanilleextrakt oder 1–2 Tropfen Vanillearoma
1 Tasse (125 g) Mehl
¼ Tasse (35 g) Ingwerkekse, feingemahlen
½ TL Ingwer, gemahlen
1 Prise Salz

FÜLLUNG
680 g rote Pflaumen, entsteint und geviertelt
3 EL Zucker
1 Msp. Ingwer, gemahlen
1 Msp. Zimt, gemahlen
3 EL rotes Johannisbeergelee oder
   Aprikosenmarmelade, erwärmt

1. Für den Teig Butter in die Küchenmaschine geben und zu einer cremigen Masse verarbeiten. Danach Zucker und Vanille zufügen und alles etwa 20 Sekunden rühren. Die Küchenmaschine dazwischen ein- oder zweimal anhalten, um den Teig von der Schüsselwand abzuschaben.

2. Mehl, Ingwerkekse, Ingwer und Salz in die Küchenmaschine geben. So lange rühren, bis der Teig an den Seiten der Schüssel haften bleibt, dann die Schüsselwand abschaben und nochmals einige Sekunden rühren.

3. Den Teig mit leicht bemehlten Händen gleichmäßig auf dem Boden und dem Rand einer Springform von 24 cm Durchmesser verteilen und festdrücken. Der Teig darf am Boden nicht zu dick sein.

4. Überstehende Teigränder mit einem Messer abschneiden, dann mit dem Daumen leicht um den Rand klappen und festdrücken, so daß etwa 3 mm überstehen. Den Teig überall mit einer Gabel einstechen, mit Frischhaltefolie abdecken und mindestens 30 Minuten ins Gefrierfach oder über Nacht in den Kühlschrank stellen.

5. Den Ofen auf 180–200 °C vorheizen.

6. Für die Füllung die Pflaumen mit Zucker, Ingwer und Zimt in eine Schüssel geben. Alles gut mischen und beiseite stellen.

7. Den Teig 25 Minuten backen, bis er goldbraun ist, dann auf einem Kuchengitter abkühlen lassen. Die Ofentemperatur auf 180 °C reduzieren.

8. Den Teig überall mit der Hälfte des Gelees bzw. der Marmelade bestreichen. Die Pflaumen mit der Hautseite nach oben von außen nach innen auf dem Teig verteilen, so daß sie leicht übereinanderliegen, dann mit dem restlichen Gelee bzw. der übrigen Marmelade bestreichen.

9. Den Kuchen auf ein Backblech geben. Den Rand mit Alufolie abdecken, damit er nicht zu dunkel wird. Den Kuchen etwa 30 Minuten backen, bis die Pflaumen weich sind. Auf einem Kuchengitter abkühlen lassen, dann den Rand der Form entfernen und den Kuchen servieren.

Für 8 Personen

SOUTHERN PEKAN PIE MY WAY

PEKANNUSSKUCHEN AUF MEINE ART

Ich mag den Kuchen am liebsten mit vielen Nüssen, was dieses Rezept garantiert. Für meinen Pekannußkuchen verwende ich nur schöne, große Nußhälften. So erhält jedes Kuchenstück einen kräftigen Geschmack. Zudem nehme ich statt Vanilleextrakt lieber echte Bourbon-Vanille, die ausgezeichnet zu Pekannüssen paßt und die Füllung noch verführerischer macht. Je frischer die Pekannüsse sind, desto besser schmeckt Ihr Kuchen. Mit einem Löffel Schlagsahne oben-

PEKANNÜSSE

Was ist amerikanischer als *applepie*? Pekannußkuchen! War Apfelkuchen in Europa lange vor der Entdeckung der Neuen Welt verbreitet, sind Pekannüsse in Nordamerika heimisch und stammen aus dem Tal des Mississippi. Forschungsreisende erhielten die Nüsse von Händlern, die sie *pakan*, *pagan* oder ähnlich nannten. Washington und Jefferson bauten sie auf ihren Gütern an, und im Laufe des 19. Jahrhunderts wurde die Nuß immer beliebter (ein Sklave aus Louisiana, Antoine, kultivierte als erster einen Pekannußbaum). Heute gibt es überall in den Südstaaten Pekannußplantagen.

Die buttrige Pekannuß ist eine wichtige Ingredienz Dutzender verschiedener Süßigkeiten – Eiscremes, Gebäck, Kuchen und Konfekt (inklusive der herrlichen Pralinen aus New Orleans). Sie dient als Füllung von Festtagsgerichten, und viele Köche (mich eingeschlossen) geben sie das ganze Jahr über an Pilaws und Salate. Die Cajun mögen sie gern würzig. Meine Version der *Cajun Spiced Pekans* finden Sie auf S. 175.

Manche kaufen die Nüsse direkt nach der Ernte noch mit Schale. Pekannüsse müssen frisch sein, da sie sehr ölig sind und schnell ranzig werden. Achten Sie darauf, daß die Nüsse schwer und glatt sind und nicht klappern, wenn man sie schüttelt. Geschälte, luftdicht verschlossene Nüsse halten sich im Kühlschrank bis zu 9 Monaten und in der Tiefkühltruhe bis zu 2 Jahren.

drauf kann ich selbst nie nein sagen und schlage daher vor, die Kuchenstücke mit einem Häubchen Schlagsahne zu verzieren.

Classic Pie Crust (s. S. 539)
3 Eier, verquirlt
1 Tasse (250 ml) dunkler Maissirup
½ Tasse (90 g) brauner Zucker
¼ Tasse (60 g) Butter, zerlassen
2 EL Bourbon
1 Prise Salz
1½ Tassen (135 g) Pekannußhälften
Sweetened Whipped Cream (s. S. 533), zum Servieren

1. Den Ofen auf 220 °C vorheizen.
2. Den Teig bis einschließlich Schritt 3 zubereiten, dann so ausrollen, daß er in eine Pie-Form von 24 cm Durchmesser paßt. Mit Frischhaltefolie abdecken und kalt stellen.
3. Eier, Maissirup, Zucker, Butter, Bourbon und Salz in eine Schüssel geben und gut mischen.
4. Die Pie-Form aus dem Kühlschrank nehmen und 1 Tasse (90 g) Pekannüsse auf dem Teig verteilen. Die Füllung auf die Pekannüsse geben und die restlichen Nüsse darauf verteilen.
5. Die Pie auf mittlerer Schiene 15 Minuten backen. Die Temperatur auf 180 °C reduzieren und weitere 40 Minuten backen, bis die Füllung gar ist. Teigränder gegebenenfalls mit Alufolie abdecken, damit sie nicht verbrennen. Die Pie auf einem Kuchengitter abkühlen lassen und mit Sahne servieren.

Für 6–8 Personen

BLITZREZEPT FÜR TEIG

Dieser Teig aus Keksbröseln ist lekker, schnell zubereitet und macht das Kuchenbacken zum Kinderspiel. Er gelingt jedem, da er nur aus Bröseln und Butter besteht. Diese Mischung wird einfach mit den Fingern in eine Kuchenform gedrückt. Der aromatische Teig muß nur kurze Zeit backen und kann anschließend entweder mit Vanillepudding oder mit Eiscreme bestrichen werden.

Passendes Gebäck dazu sind Butter-, Schokoladen-, Ingwerkekse oder Graham Cracker. Obwohl dieser Teig an sich schon ausgezeichnet schmeckt, ergänze ich Butterkekse manchmal mit etwas Zimt oder Muskat oder süße Graham Cracker wie z. B. im Rezept für die *Key Lime Pie* (s. S. 535) mit Zucker. Dadurch kommt die Füllung meiner Ansicht nach besser zur Geltung.

CHOCOLATE-PEKAN BANANA CREAM PIE

SCHOKOLADEN-PIE MIT PEKANNÜSSEN UND BANANENCREME

Amerikanische Kuchenbäcker nutzen die kurze Saison besonders gefragter Früchte, um sie zu

Obstkuchen zu verarbeiten. Dennoch werden für die besten Kuchen nicht immer Sommer- oder Herbstfrüchte benötigt. Es gibt auch Sahnetorten, die das ganze Jahr über vorzüglich schmecken. Im 19. Jahrhundert hatten die Hausfrauen eine Vorliebe für solch sahnige Köstlichkeiten, zu denen auch dieser noch sehr beliebte Kuchen gehört. Er schmeckt auch ohne die zusätzlichen Schichten gut.

TEIG
1¼ Tassen (150 g) Schokoladenkekse, zerbröselt
¼ Tasse (60 g) Butter, zerlassen

FÜLLUNG
3 Eigelb
¾ Tasse (190 g) Zucker
3 EL Stärkemehl
¼ TL Salz
1½ Tassen (375 ml) Milch
1 El Butter
1 TL Vanilleextrakt oder 2–3 Tropfen Vanillearoma
½ Tasse (125 ml) Sahne, evtl. etwas mehr, zum Garnieren
3 reife Bananen
½ Tasse (65 g) Pekannüsse, feingehackt

1. Ofen auf 200 °C vorheizen.

2. Für den Teig Keksbrösel und Butter in einer kleinen Schüssel mischen. Eine Pie-Form von 24 cm Durchmesser mit dem Teig auslegen und im Backofen auf mittlerer Schiene 7 Minuten backen. Auf einem Kuchengitter vollständig abkühlen lassen.

3. Für die Füllung Eigelbe in einem Topf schaumig schlagen. Zucker, Stärkemehl, Salz und Milch einrühren.

4. Butter in die Mischung geben und bei mittlerer Temperatur unter ständigem Rühren 5–7 Minuten kochen, bis die Butter geschmolzen ist und die Creme Blasen wirft.

5. Den Topf vom Herd nehmen und die Vanille einrühren. Die Creme in eine Schüssel geben und mit Frischhaltefolie direkt über der Oberfläche abdecken, damit sich keine Haut bildet. Abkühlen lassen, danach 2 Stunden in den Kühlschrank stellen.

6. Sahne steif schlagen und vorsichtig, aber gründlich unter die gekühlte Creme ziehen. 2 Bananen schälen, in Scheiben schneiden und in einer Lage auf den Teig legen. Die Creme auf die Bananen geben, alles mit Frischhaltefolie abdecken und mindestens 6 Stunden oder über Nacht kalt stellen.

7. Vor dem Servieren die Folie entfernen. Die restliche Banane schälen, in Scheiben schneiden und den Rand damit belegen. Die Pie in der Mitte mit Pekannüssen bestreuen und nach Belieben mit Schlagsahne garnieren.
Für 6–8 Personen

HARVEST SWEET POTATO PIE

PIE AUS SÜSSKARTOFFELN

★★★

Dieses leichte Rezept bietet sich für das *Thanksgiving*-Wochenende an. Als Grundlage für die Füllung aus pürierten Süßkartoffeln eignen sich sowohl *Sweet Pie Crust* (süßer Kuchenteig, s. S. 541) als auch *Classic Pie Crust* (klassischer Kuchenteig, s. S. 539).

*Sweet Pie Crust oder Classic Pie Crust
(s. S. 541 bzw. 539)*
*1¼ Tassen (250 g) Süßkartoffeln,
gekocht und püriert*
½ Tasse (125 g) Zucker
½ TL Salz
1 Msp. Zimt, gemahlen
1 Prise Muskatnuß, gemahlen
2 Eier, leicht verquirlt
*½ Tasse (125 g) Naturjoghurt
(Magerstufe)*
3 EL Milch
1 EL Butter, zerlassen
*12 Pekannußhälften
(nach Belieben)*
*Sweetened Whipped Cream
(s. S. 533)*

1. Den Teig bis einschließlich Schritt 3 zubereiten. Eine Pie-Form von 24 cm Durchmesser mit dem Teig auslegen, mit Frischhaltefolie abdecken und kalt stellen.

2. Den Ofen auf 200 °C vorheizen.

3. Süßkartoffeln, Zucker, Salz, Zimt und Muskat in einer großen Schüssel gut verrühren, dann Eier, Joghurt, Milch und Butter untermengen.

4. Die Pie-Form aus dem Kühlschrank nehmen und die Folie entfernen. Die Süßkartoffelmischung auf den Teig geben und am Rand nach Belieben mit Pekannüssen garnieren. 45 Minuten auf mittlerer Schiene backen, bis die Füllung gar (wenn bei der Stäbchenprobe kein Teig mehr kleben bleibt) und der Teig goldbraun ist. Auf einem Kuchengitter abkühlen lassen. Dann mit Sahne servieren.

Für 8 Personen

SPICED CARROT PIE

WÜRZIGE MÖHREN-PIE

In den Monaten ohne Süßkartoffeln und Kürbisse ist eine Möhren-Pie mit aromatischen Gewürzen und Zimtteig ein delikater Nachtisch. Man kann sie an einem Festtag ebensogut als Dessert wie nach einem gebratenen Truthahn oder einem *Shaker Cranberry Brisket* (s. S. 364) reichen. Ich bevorzuge diese Füllung, da sie nicht so fest wie das traditionelle Süßkartoffel- oder Kürbispüree aus der Dose ist. Obwohl man die Möhren selbstverständlich mit der Küchenmaschine pürieren kann, benutze ich zu diesem Zweck lieber ein grobes Sieb, damit sie genau die richtige Konsistenz haben.

ZIMTTEIG
1¼ Tassen (155 g) Mehl
½ TL Zimt, gemahlen
1 Prise Salz
½ Tasse (125 g) kalte Butter, in Stücke geschnitten
9 EL Eiswasser

FÜLLUNG
570 g Möhren, geschabt und in gut 0,5 cm breite Scheiben geschnitten
½ Tasse (125 g) Zucker
½ TL Ingwer, gemahlen
¼ TL Zimt, gemahlen
1 Msp. Gewürznelken, gemahlen
1 Msp. Muskatnuß, gemahlen
1 Prise Salz
2 Eier, leicht verquirlt
1 Tasse (250 ml) Sahne
Sweetened Whipped Cream (nach Belieben; s. folgendes Rezept)

1. Für den Zimtteig Mehl, Zimt und Salz in eine Küchenmaschine geben und stoßweise verrühren. Butter zugeben und die Maschine

mehrmals ein- und ausschalten, bis die Mischung grob bröselig ist.

2. Bei laufender Maschine Eiswasser in die Rührschüssel tröpfeln lassen und rühren, bis ein Teig entsteht. Den Teig aus der Schüssel nehmen und mit den Händen zu einer dicken Platte flachdrücken. Mit Frischhaltefolie abdecken und mindestens 1 Stunde kalt stellen.

3. Den Teig aus dem Kühlschrank nehmen und auf einer leicht bemehlten Arbeitsfläche oder zwischen zwei Lagen Backpapier zu einer runden Platte von etwa 28 cm Durchmesser ausrollen. Der Kreis sollte gut 3 mm dick sein. Eine Lage Backpapier abziehen. Den Teig mit dem Papier in Viertel falten, dann vorsichtig in die Form legen, so daß die Ecke der zusammengefalteten Teigplatte in der Mitte liegt. Den Teig auseinanderklappen und in die Form drücken. Den Rand auf 2–3 cm Höhe abschneiden und den Teig überall mit einer Gabel einstechen, dann mit Frischhaltefolie abdecken und kalt stellen.

4. Den Ofen auf 220–240 °C vorheizen.

5. Für die Füllung die Möhren in einem Topf mit kaltem Wasser bedecken und aufkochen lassen. Die Hitze reduzieren und die Möhren ohne Deckel etwa 15 Minuten köcheln lassen, bis sie sehr zart sind. Abtropfen lassen.

6. Die Möhren durch ein grobes Sieb streichen. 1 Tasse (200 g) Püree abmessen und in eine Schüssel geben (restliches Püree für andere Zwecke aufbewahren).

7. Die restlichen Zutaten außer der Sahne zu den Möhren geben und gut verrühren.

8. Den Teig aus dem Kühlschrank nehmen und die Füllung darauf verteilen. Die Pie auf mittlerer Schiene 20 Minuten backen, dann die Hitze auf 180 °C reduzieren und die Pie 30 Minuten weiterbacken, bis die Füllung gar (wenn bei der Stäbchenprobe kein Teig mehr kleben bleibt) und der Teig goldbraun ist. Die Pie auf einem Kuchengitter mindestens 30 Minuten abkühlen lassen und mit einem Löffel Sahne servieren.

Für 6–8 Personen

SWEETENED WHIPPED CREAM

SÜSSE SCHLAGSAHNE

1 Tasse (250 ml) Schlagsahne
2 EL Zucker
½ TL Vanilleextrakt oder
  1–2 Tropfen Vanillearoma

Die Sahne in einer großen Schüssel mit dem elektrischen Handmixer schaumig schlagen. Zucker und Vanille zugeben und weiterschlagen, bis die Sahne steif ist. Nicht zu lange rühren. Die Sahne mit Frischhaltefolie abdecken und höchstens 1 Stunde kalt stellen, besser aber sofort servieren.

Ergibt 2 Tassen (500 ml)

LEMON CHESS PIE

ZITRONEN-PIE

Es gibt viele unterschiedliche Geschichten darüber, wie die *Chess Pie* zu ihrem Namen kam. Manche meinen, der einfache Kuchen, den man lange als Südstaatengebäck ansah, sei so etwas wie ein Käse- (= *cheese*) Kuchen. Aber er enthält keinen »Käse« (auch wenn die Füllung ein wenig an Quark erinnert). Die beste *Chess Pie* überhaupt tischte mir bisher das Restaurant »Virgil's Barbecue« in der West 44th Street in New York auf. Das folgende Rezept hat der Küchenchef des »Virgil's«, Daniel Russo, angeregt. Die Füllung ähnelt der des Zitronenbaiserkuchens, die jedoch cremiger ist als das feste, leicht körnige Innere der *Lemon Chess Pie.* Der Kuchen schmeckt einfach köstlich, wenn er an einem schwülen Sommernachmittag zu einem Glas Eistee oder mit Minze dekorierter Limonade gereicht wird.

Simple Pie Crust (s. S. 537)
1½ Tassen (375 g) Zucker
6 EL Butter, zimmerwarm
3 EL Stärkemehl
2 EL Zitronenschale, feingerieben
4 Eier
4 EL Zitronensaft, frisch gepreßt
Sweetened Whipped Cream (s. S. 533)
Frische Minzezweige,
zum Garnieren

1. Den Ofen auf 180 °C vorheizen.
2. Den Teig bis einschließlich Schritt 3 zubereiten, anschließend so ausrollen, daß er in eine Pie-Form von 24 cm Durchmesser paßt. Den Teig überall mit einer Gabel einstechen, dann mit Alufolie abdecken und mit einer Schicht Backerbsen belegen (s. S. 538). Auf mittlerer Schiene 8 Minuten goldgelb backen. Folie und Backerbsen entfernen und den Teig auf einem Kuchengitter abkühlen lassen. Den Ofen noch nicht ausschalten.
3. Zucker und Butter in einer Schüssel verrühren, bis eine lockere Masse entsteht. Stärkemehl und Zitronenschale einrühren. Die Eier einzeln zugeben und nach jedem Ei kräftig rühren. Zitronensaft einrühren; die Mischung dann auf den vorgebackenen Teig geben.

4. Die Pie auf mittlerer Schiene 40–45 Minuten backen, bis die Füllung gar und die Oberfläche goldbraun ist. Auf einem Kuchengitter abkühlen lassen. Mit 1 Löffel Sahne und mit einem kleinen Minzezweig garniert servieren.
Für 8 Personen

LEMON MERINGUE PIE

ZITRONENBAISER-PIE

Zitronenbaiserkuchen, einer der großen amerikanischen Klassiker, mit seiner »Wolke« von goldbraun schimmernden Baisers und seiner hauchzarten Zitronenfüllung rundet nahezu jedes Menü perfekt ab. Bei einem gelungenen Baiser sind die Spitzen leicht gebräunt, während andere Stellen schneeweiß bleiben. Für eine wirklich schöne Baiserdecke sollte die Eimischung so auf dem Kuchen verteilt werden, daß sie auch die letzte Ecke bedeckt und zur Kuchenmitte hin etwas höher ist. Behalten Sie den Kuchen während des Backvorgangs gut im Auge, damit er nicht zu dunkel wird. Lassen Sie ihn vor allem nicht bei extremer Wärme, Feuchtigkeit oder Zugluft abkühlen, denn das schadet dem Baiser! Frische oder kandierte Veilchen geben dem Kuchen seinen letzten Schliff.

Classic Pie Crust (s. S. 539)

ZITRONENFÜLLUNG
*1¼ Tassen (310 g)
   Zucker
⅓ Tasse (40 g)
   Stärkemehl
¼ TL Salz
1½ Tassen (375 ml) lauwarmes
   Wasser
4 Eigelb
3 EL Zitronensaft, frisch gepreßt
2 EL unbehandelte Zitronenschale,
   feingerieben
2 EL Butter*

BAISER
*5 Eiweiß
¼ TL Weinstein (Treibmittel)
¼ TL Salz
½ Tasse (125 g) Zucker*

1. Den Ofen auf 180 °C vorheizen.

2. Den Teig bis einschließlich Schritt 3 zubereiten, dann so ausrollen, daß er in eine Pie-Form von 24 cm Durchmesser paßt. Den Teig überall mit einer Gabel einstechen, mit Alufolie abdecken und mit einer Schicht Backerbsen (s. S. 538) belegen. Auf mittlerer Schiene 8 Minuten goldgelb backen. Folie und Backerbsen entfernen und den Teig weitere 5 Minuten backen. Auf einem Kuchengitter abkühlen lassen und die Temperatur auf 200 °C erhöhen.

3. Für die Füllung Zucker, Stärkemehl und Salz in einem Topf mischen. Wasser langsam zugießen und gut verrühren, bis eine cremige Masse entsteht. Bei mittlerer Temperatur erhitzen und unter stetigem Rühren aufkochen lassen. 1 Minute eindicken lassen und dann vom Herd nehmen.

4. Eigelbe in einer Schüssel verquirlen. 3 Eßlöffel der Zuckermischung einrühren, alles zurück in den Topf gießen und weiterrühren, bis die Masse cremig ist. Zitronensaft, Zitronenschale und Butter einrühren und den Topf zurück auf den Herd stellen. Aufkochen lassen und 1 Minute eindicken lassen, dabei ständig rühren. Den Topf vom Herd nehmen und Füllung auf den Teigboden gießen.

5. Für das Baiser Eiweiß, Weinstein und Salz in einer großen Schüssel verrühren, bis das Eiweiß leicht steif ist. Bei laufendem Handmixer Zucker löffelweise zufügen, bis das Eiweiß sehr steif ist. Nicht zu lange schlagen.

6. Den Eischnee auf der Füllung verteilen. Auf die Mitte der Pie etwas mehr geben und darauf achten, daß auch der Teigrand bedeckt ist. Mit der Rückseite eines Löffels oder Gummischabers dekorative Wellen in den Eischnee ziehen.

7. Die Pie auf mittlerer Schiene 5–7 Minuten backen, bis der Eischnee leicht angebräunt ist. Er darf nicht zu dunkel werden. Die Pie auf einem Kuchengitter in einem kühlen Raum, in dem kein Durchzug herrscht, abkühlen lassen und vor dem Servieren mindestens 3 Stunden kalt stellen.

Für 8 Personen

KEY LIME PIE
LIMETTEN-PIE

Bei einem Besuch der Florida Keys sollte man sich auf keinen Fall die saftige und erfrischende *Key Lime Pie* entgehen lassen. Es gibt sie in zahlreichen leckeren Varianten, die alle mit gezuckerter Kondensmilch zubereitet werden. Die Key-Limetten wachsen im Süden Floridas und haben eine dünne, grüngelbe Schale. Ihr Saft ist intensiver und kräftiger als der herkömmlicher Limetten. Sollten Sie keine frischen Key-Limetten bekommen, finden Sie den Saft auch in den Regalen der Feinkostgeschäfte und Supermärkte mit einer Feinkostabteilung. Einfacher Limettensaft bringt nicht das gleiche Resultat, stellt also keinen echten Ersatz dar. Der Kuchen sollte vor dem Servieren lange genug kalt stehen, damit die Füllung schön fest wird.

TEIG
1¼ Tassen (140 g) Homemade Graham Crackers
   (s. S. 560), zerbröselt
¼ Tasse (60 g) Zucker
⅓ Tasse (80 g) Butter, zerlassen

FÜLLUNG
4 Eigelb
1 Dose (400 g) gezuckerte Kondensmilch
120 ml Limettensaft

BELAG
1 Tasse (250 ml) Schlagsahne
¼ Tasse (40 g) Puderzucker
dünne Limettenscheiben, zum Garnieren

1. Den Ofen auf 180 °C vorheizen.
2. Für den Teig Crackerbrösel, Zucker und Butter in einer kleinen Schüssel gut mischen. Die Mischung gleichmäßig in einer Pie-Form von 24 cm Durchmesser verteilen. Auf mittlerer Schiene 8 Minuten backen, dann auf einem Kuchengitter vollständig abkühlen lassen.
3. Für die Füllung Eigelbe in einer Schüssel schaumig schlagen. Kondensmilch und Limettensaft zugießen und alles gut vermischen. Die Füllung auf den Teig geben und auf mittlerer Schiene etwa 15 Minuten backen, bis die Füllung fest, aber noch cremig ist. Die Pie auf einem Kuchengitter vollständig abkühlen lassen und dann mindestens 4 Stunden kalt stellen.
4. Für den Belag Schlagsahne mit Puderzucker steif schlagen. Mit einem Gummispatel auf der Pie verteilen oder mit einem Spritzbeutel dekorativ aufspritzen. Mit Limettenscheiben dekorieren und die Pie bis zum Servieren erneut kalt stellen.
Für 6–8 Personen

DEBBIE'S BALL PARK ICE CREAM PIE
EISTORTE

Meine alte Freundin Debbie Glassman Shenkel ist eine hervorragende Köchin. Einmal beschrieb sie mir ihre Eistorte so verlockend, daß mir das Wasser im Munde zusammenlief und ich mich selbst an diesem kulinarischen Prachtstück versuchte. Erstaunt stellte ich fest, daß wie durch Zauberhand Stück für Stück aus meinem Gefrierfach verschwand. Da diese Torte wirklich gigantische Ausmaße hat, eignet sie sich am besten für Partys. Ich empfehle Ihnen, das Eis und die Saucen selbst zuzubereiten. Das ist ganz einfach, und auf diese Weise zaubern sie einen großartigen Nachtisch.

40 Butterkekse
3 EL Butter, zerlassen
2 Liter weiche Homey Vanilla Ice Cream
   (s. S. 573)
½ Tasse (125 ml) Old-Fashioned Butterscotch
   Sauce (s. S. 582)
½ Tasse (80 g) Erdnüsse, gehackt
½ Tafel (50 g) Nußschokolade, gehackt
Silky Hot Chocolate Sauce (s. S. 580),
   zum Servieren

1. Butterkekse in einer großen Plastiktüte mit einem Nudelholz zerbröseln oder in einer Küchenmaschine zerkleinern. Die Brösel in eine Springform von 26 cm Durchmesser geben, Butter zufügen und mischen. Die aufgeweichten Brösel in der Form verteilen und an den Rändern etwa 2–3 cm hochdrücken. Mit Frischhaltefolie abdecken und ins Gefrierfach stellen, bis der Teig fest ist.

2. Die Hälfte der Eiscreme auf dem Teig verteilen. Ins Gefrierfach stellen und fest werden lassen.

3. *Old-Fashioned Butterscotch Sauce* (s. S. 582) auf der Eiscreme verteilen und mit Erdnüssen bestreuen. Ins Gefrierfach stellen und fest werden lassen.

4. Das restliche Eis über den Erdnüssen verteilen und im Gefrierfach fest werden lassen.

5. Die gehackten Schoko-Nuß-Riegel auf der Torte verteilen und leicht andrücken. Die Torte wieder ins Gefrierfach stellen.

6. Die Torte mindestens 1 Stunde vor dem Servieren im Kühlschrank antauen lassen. Mit einem warmen Messer an der Innenseite der Form entlangfahren und den Rand abnehmen. Mit warmer Schokoladensauce servieren.

Für 10–12 Personen

SIMPLE PIE CRUST

EINFACHER KUCHENTEIG

★★★

Dieser Kuchenteig hat eine ähnliche Konsistenz wie der von Plätzchen und kann sehr leicht reißen. Sollte er auf dem Weg zwischen der Arbeitsfläche und der Kuchenform Schaden nehmen, müssen Sie ihn vorsichtig wieder »flikken«, indem sie den Teig zusammendrücken. Aber er schmeckt wunderbar zu Obstkuchen und paßt ebenfalls gut zu Cremefüllungen.

1¼ Tassen (155 g) Mehl
½ Tasse (125 g) Zucker
½ TL Salz
½ Tasse (125 g) kalte Butter, in kleine Stücke geschnitten
6 EL Sahne
1 TL Vanilleextrakt oder
  2–3 Tropfen Vanillearoma

1. Mehl, Zucker und Salz in einer Küchenmaschine stoßweise vermischen. Butter zugeben und die Zutaten verrühren, bis sie grob bröselig werden.

2. Sahne und Vanille zufügen und einrühren, bis alles gut vermischt ist. Den Teig aus der Maschine nehmen und halbieren. Jede Hälfte mit den Händen zu einer dicken Scheibe flachdrücken, in Frischhaltefolie wickeln und mindestens 1 Stunde kalt stellen.

3. Eine Teigplatte aus dem Kühlschrank nehmen. Folie entfernen und Teig auf einer leicht bemehlten Fläche oder zwischen zwei Blättern Backpapier 3 mm dick ausrollen, und zwar 5 cm breiter als die Backform. Den Teig lose in 2 Hälften und anschließend in Viertel falten. Vorsichtig in die Backform legen, so daß die Teigecke in der Mitte der Form liegt. Den Teig auseinanderklappen und in die Form drücken. Überhängende Teigränder bis auf 2–3 cm Höhe abschneiden. Soll der Kuchen oder die Pie aus einer Teigplatte bestehen, die Ränder umschlagen und dekorativ wellen.

4. Eventuell vorgesehenen Teigdeckel oder weiteren Boden auf die gleiche Weise ausrollen. Bei einer 20 cm großen Form sollte der Teigdeckel einen Durchmesser von 24 cm, bei einer 24 cm großen Form von 26 cm haben.

5. Hinsichtlich der Füllungen und Backzeiten nach Rezeptanweisung arbeiten.

Reicht für einen 20 oder 24 cm großen, zweischichtigen Kuchen

So gelingt der Kuchen noch besser

1. Beim Zubereiten des Teigs darauf achten, daß die Zutaten nach Zugabe der Flüssigkeit nicht zu lange verrührt werden, sonst wird er zu hart.

2. Den Teig zu einer Kugel formen, flachdrücken, mit etwas Mehl bestäuben, in Frischhaltefolie wickeln und mindestens 1 Stunde kalt stellen. Für einen Kuchen mit Boden und Deckel den Teig halbieren, aus jeder Hälfte eine runde Platte formen, mit Frischhaltefolie abdecken und die Platten getrennt kalt stellen. Die Platten erst zur Weiterverarbeitung aus dem Kühlschrank nehmen.

3. Zum Ausrollen die gekühlte Teigplatte auf eine leicht bemehlte Arbeitsfläche legen. Mit der Handfläche flachdrücken oder, wenn er noch hart ist, einige Male mit der Teigrolle klopfen. Von der Mitte nach außen ausrollen und dabei häufig anheben und wenden, damit der Teig nicht haften bleibt. Arbeitsfläche und Teigrolle nach Bedarf bemehlen. Teig etwa 3 mm dick ausrollen. Der Durchmesser des Teigbodens sollte 5 cm, der des Teigdeckels 2,5 cm größer sein als die Form.

4. Um den ausgerollten Teig in die Form zu legen, Teigoberfläche leicht bemehlen und Teig in zwei Hälften und anschließend lose in Viertel falten. Vorsichtig hochheben, in die Backform legen, wobei die Spitze des gefalteten Teigs in der Mitte der Form liegen muß. Teig vorsichtig entfalten.

5. Damit er in die Form paßt, den Teig behutsam an Boden und Rand festdrücken, so daß er die Form gut ausfüllt und keine Luftblasen entstehen. Sollte der Teig reißen, ihn wieder flicken, indem man die Enden mit den Fingern zusammendrückt oder ein schmal ausgerolltes Stück Teig über die gerissene Stelle legt. Falls erforderlich, kann der Teig zunächst mit ein wenig Wasser angefeuchtet werden.

6. Bei einem einschichtigen Kuchen überhängende Teigränder bis auf 2–3 cm abschneiden. Rand nach unten biegen und vorsichtig, aber fest an den Rand der Kuchenform drücken. Teigrand dekorativ wellen, indem er zwischen dem Daumen der einen und Daumen und Zeigefinger der anderen Hand fest angedrückt wird. Die Backzeit für den nicht belegten Teig hängt von der Temperatur ab. In den Rezepten in diesem Kapitel ist die für die jeweilige Temperatur erforderliche Backzeit angegeben. Die folgenden allgemeinen Tips beziehen sich auf das Vorbacken.

Vorgebackener Kuchen: Ofen auf 180 °C vorheizen. Teigboden und -rand mit einer Gabel einstechen. Kuchenteig mit Alufolie oder Backpapier abdecken und mit getrockneten Bohnen oder Kuchengewichten beschweren. Auf mittlerer Schiene 8 Minuten backen, bis er eine zartgoldene Farbe hat. Anschließend Folie und Gewichte vorsichtig entfernen, den Teig erneut einstechen und weitere 5 Minuten backen, bis er leicht golden wird.

Fertig gebackener Kuchen: Nach Entfernen der Folie und Gewichte den Teig noch 10–12 Minuten weiterbacken, bis er goldbraun ist.

7. Die Füllung in die mit Teig ausgelegte Form geben. Kommt eine Fruchtfüllung auf einen ungebackenen Boden, diesen zunächst mit einer Mischung aus leicht verquirltem Eiweiß und Wasser bepinseln, damit er nicht aufweicht.

8. Das Einschneiden der Teigdecke, um den Dampf entweichen zu lassen, eignet sich für alle Teigarten außer für *Sweet Pie Crust* (s. S. 541), die leicht auseinanderfällt. Bei dieser den Deckel zuerst auf den Kuchen legen, um ihn einschneiden zu können. Bei anderen Kuchen mit Boden und Deckel die zweite Platte wie die erste (s. Schritt 3) ausrollen und in Viertel falten. Mit einem Messer etwa 2 cm von der Teigmitte auf beiden geraden Seiten dreimal im Abstand von 1,5 cm einschneiden, damit später der Dampf entweichen kann. Teigdecke auf die Füllung legen, die Spitze in der Mitte. Den Teig vorsichtig entfalten und überstehende Ränder auf 2–3 cm abschneiden. Die Stelle, wo Deckel und Boden aufeinanderliegen, anfeuchten, dann den Rand des Deckels und den Teigboden übereinanderklappen. Teigrand dekorativ wellen (s. Schritt 6).

9. Um den Teigdeckel noch zu verschönern, mit Eiweiß, Milch oder Zucker bepinseln.

10. Kuchen auf mittlerer Schiene oder im unteren Drittel des Ofens backen; Obstkuchen auf Backpapier stellen, da die Füllung Blasen werfen und spritzen kann.

11. Den Rand eventuell mit Alufolie abdecken, damit er nicht zu dunkel wird.

12. Auf einem Kuchengitter abkühlen lassen.

CLASSIC PIE CRUST

KLASSISCHER KUCHENTEIG

Es gibt Rezepte, die unbedingt ins kulinarische Repertoire gehören, so auch die Backanleitung für diesen vielseitig verwendbaren Kuchenteig: Er eignet sich für alle Sorten von Sahnekuchen wie der *Lemon Meringue Pie* (s. S. 534) bis zu Obstkuchen wie der *Old-Fashioned Apple Pie* (s. S. 525). In diesen Teig kommt Pflanzenfett; dadurch wird er leicht, blättrig, zart und dennoch knusprig. Butter macht ihn zwar aromatisch, gehaltvoll und fest, aber auch bröselig. Bevorzugen Sie dennoch Butter, nehmen Sie eine Kombination aus ungefähr 110 g Pflanzenfett und 60 g Butter. So wird der Teig aromatisch, fest und dennoch flockig.

Falls Ihnen dieser Teig gut gelingt, wird Sie so schnell nichts mehr in Verlegenheit bringen. Bereiten Sie ruhig eine Extraportion vor und bewahren Sie sie gut verpackt im Kühlschrank für eventuelle Notsituationen auf.

2 Tassen (250 g) Mehl
1 TL Salz
¾ Tasse (190 g) gehärtetes Pflanzenfett
 (z. B. Palmin), in kleine Stücke geschnitten
4–5 EL Eiswasser

1. Mehl und Salz in einer Küchenmaschine mischen. Pflanzenfett zufügen und stoßweise einrühren, bis die Masse grob bröselig ist.

2. Bei laufender Maschine 4 Eßlöffel Eiswasser tropfenweise zugeben, bis die Masse tei-

gig wird. (Falls der Teig zu trocken ist, noch bis zu 1 Eßlöffel Wasser in Spritzern zugeben.) Den Teig aus der Maschine nehmen, halbieren und mit den Händen zu einer dicken Platte flachdrücken. Die Teigplatten mit Frischhaltefolie abdecken und mindestens 1 Stunde in den Kühlschrank stellen.

3. Eine Teigplatte aus dem Kühlschrank nehmen und die Folie entfernen. Auf einer leicht bemehlten Arbeitsfläche oder zwischen zwei Blättern Backpapier zu einem etwa 3 mm dicken Teig ausrollen, dessen Durchmesser 5 cm größer ist als die Backform. Erst lose in Hälften, dann in Viertel falten und behutsam in die Form heben, die Spitze des gefalteten Teigs in die Mitte der Form. Den Teig auseinanderklappen und vorsichtig in die Form drücken. Überstehende Ränder bis auf 2–3 cm Höhe abschneiden. Besteht der Kuchen nur aus einer Schicht, die Ränder umschlagen und wellen.

4. Eventuell Teigdeckel oder zweiten Boden ebenso ausrollen. Bei einer 20 cm großen Form sollte er einen Durchmesser von 24 cm, bei einer 24 cm großen Form von 26 cm haben.

5. Hinsichtlich der Füllungen und Backzeiten nach Rezeptanweisung arbeiten.

Reicht für einen 20–24 cm großen zweischichtigen Kuchen

NIE WIEDER WEICHE TEIGBÖDEN

Damit der Boden von Obstkuchen nicht die Flüssigkeit aufsaugt und aufweicht, reichlich Eiweiß mit 1 Eßlöffel Wasser verquirlen und den ungebackenen Teigboden damit bestreichen, ehe die Füllung darauf kommt.

BUTTERY PIE CRUST
BUTTRIGER KUCHENTEIG

★★★

Dieser buttrige, ebenso gehaltvolle wie aromatische Teig eignet sich wunderbar für Obstkuchen. Ich mische die Zutaten mit der Hand, damit er nicht zu lange gerührt wird.

3 Tassen (375 g) Mehl
1 Prise Salz
¾ Tasse (190 g) kalte Butter plus
 2 EL Butter extra, in kleine Stücke geschnitten
1 Ei
6 EL Eiswasser

1. Mehl und Salz in einer großen Schüssel mischen. Butter mit den Fingern einarbeiten, bis die Masse grob bröselig ist.

2. Ei und Wasser in einer kleinen Schüssel vermengen und unter die Buttermischung heben, bis ein Teig entsteht. Nicht zu lange kne-

ten. Den Teig halbieren und jede Hälfte mit den Händen zu einer dicken Teigplatte flachdrücken. Die Teigplatten mit Frischhaltefolie abdecken und mindestens 1 Stunde kalt stellen.

3. Eine Teigplatte aus dem Kühlschrank nehmen. Auswickeln und auf einer leicht bemehlten Arbeitsfläche oder zwischen zwei Blättern Backpapier zu einem etwa 3 mm dicken runden Teig ausrollen, dessen Durchmesser 5 cm größer ist als die Backform. Den Teig lose in Hälften und anschließend in Viertel falten und behutsam in die Form heben, so daß die Spitze des gefalteten Teigs in der Mitte der Backform liegt. Den Teig auseinanderklappen und vorsichtig in die Form drücken. Überstehende Ränder bis auf 2–3 cm abschneiden. Soll der Kuchen oder die Pie nur aus einer Teigplatte bestehen, die Ränder umschlagen und dekorativ wellen.

4. Einen eventuell vorgesehenen Teigdeckel auf die gleiche Weise ausrollen. Bei einer 20 cm großen Form sollte die Teigplatte einen Durchmesser von 24 cm, bei einer 24 cm großen von 26 cm haben.

5. Hinsichtlich der Füllungen und Backzeiten nach Rezeptangaben arbeiten.

Reicht für einen 20–24 cm großen zweischichtigen Kuchen

SWEET PIE CRUST
SÜSSER KUCHENTEIG

In diesen Kuchenteig kommen sowohl Butter (damit der Teig aromatisch und fest wird) als auch Pflanzenfett (damit der Teig blättrig wird), und er wird mit etwas Zucker gesüßt. Es handelt sich hierbei ebenfalls um ein Grundrezept, das Sie für alle Pies oder Obstkuchen verwenden können. Ein Hauch Zimt oder Piment, auf keinen Fall jedoch mehr als ein Viertel Teelöffel, kann hinzukommen, um den Geschmack der diversen Füllungen abzurunden. Rollen Sie den Teig an einer kühlen Stelle aus! An einem warmen Ort oder auf einer warmen Arbeitsfläche wird er klebrig und läßt sich dann nur schwer bearbeiten.

2 Tassen (250 g) Mehl
2 EL Zucker
1 TL Salz
½ Tasse (125 g) kalte Butter, in kleine Stücke geschnitten
⅓ Tasse (80 g) gehärtetes Pflanzenfett, kalt
5-6 EL Eiswasser

1. Mehl, Zucker und Salz in einer Küchenmaschine stoßweise vermischen. Butter und Pflanzenfett zufügen und ebenfalls stoßweise verarbeiten, bis eine grob bröselige Masse entsteht.

2. Bei laufender Maschine etwa 5 Eßlöffel Eiswasser tropfenweise zugeben, bis die Masse teigig wird (bis zu 1 Eßlöffel Wasser in Spritzern zufügen, falls der Teig zu trocken ist). Den Teig aus der Maschine nehmen, halbieren und jede Hälfte mit den Händen zu dicken Platten flachdrücken. Die Platten mit Frischhaltefolie abdecken und anschließend mindestens 1 Stunde kalt stellen.

3. Eine Teigplatte aus dem Kühlschrank nehmen, auswickeln und auf einer leicht bemehlten Arbeitsfläche oder zwischen zwei Blättern Backpapier kreisförmig etwa 3 mm dick ausrollen. Der Durchmesser sollte 5 cm größer sein als die Backform. Erst lose in Hälften und anschließend in Viertel falten. Den Teig behutsam in die Form heben, so daß die Spitze in der Mitte der Backform liegt. Den Teig auseinanderklappen und vorsichtig in die Form drücken. Überstehende Ränder auf 2–3 cm abschneiden. Soll der Kuchen oder die Pie nur aus einer Teigplatte

bestehen, Teigränder umschlagen und dekorativ wellen.

4. Einen eventuell vorgesehenen Teigdeckel oder weiteren Boden auf die gleiche Weise ausrollen. Bei einer 20 cm großen Form sollte die Teigplatte einen Durchmesser von 24 cm, bei einer 24 cm großen Form von 26 cm haben.

5. Hinsichtlich der Füllungen und Backzeiten nach Rezeptangaben arbeiten.

Reicht für einen 20–24 cm großen zweischichtigen Kuchen

Zum Nachtisch

Kuchen & Plätzchen

Als ich klein war, gehörte der Grundschulkarneval zu den Höhepunkten des Jahres. Die Schüler spielten dabei eine Art »Reise nach Jerusalem«, sie wetteiferten um selbstgemachte Süßigkeiten, die auf einem Tisch aufgetürmt waren. Dort lockten zartglasierte Biskuit- und opulent überzogene Schokoladenschichtkuchen mit dickem Zuckerguß. Uns Erwachsenen schmeckt Kuchen natürlich ebensogut wie Kindern. Am beliebtesten sind die amerikanischen Rezepte wie *Devil's Food*, *Coconut Cake*, *Lady Baltimore*, der unübertroffene *New York-Style Cheesecake* und natürlich *Brownies*.

Sie finden in diesem Kapitel auch viele landestypische Plätzchensorten. *Chocolate Chip* etwa, *Oatmeal* und *Southern Pecan Sandwich Cookies*, *Campfire S'Mores* oder die *Gingerbread Cookies* aus der guten alten Zeit.

LADY BALTIMORE CAKE

KUCHEN MIT FEIGEN, ROSINEN UND PEKANNÜSSEN

Dieser traumhafte Kuchen soll Ende des 19. Jahrhunderts zu den Spezialitäten des »Lady Baltimore Tea Room« in Charleston, South Carolina, gezählt haben und ist auch heute noch aus gutem Grund ein beliebter Nachtisch. Bereits 1906 wurde das Gebäck in Owen Wisters Buch *Lady Baltimore* verewigt – was nicht erstaunt, wenn man bedenkt, daß es aus saftigen hellen Kuchenschichten besteht, die mit Pekannüssen, Feigen und Rosinen gefüllt sind. Ein bauschiger Guß aus Eiweiß und Zuckersirup umhüllt das Ganze, kurzum, es ist ein Meisterwerk. Eines sollten Sie noch wissen: Für die Zubereitung des Zuckergusses benötigen Sie ein Süßspeisenthermometer und einiges Geschick!

KUCHEN
3 Tassen (375 g) feines Mehl
1 EL Backpulver
½ TL Salz
1 Tasse (250 g) Butter, zimmerwarm
2 Tassen (500 g) Zucker
1 TL Vanilleextrakt oder 2–3 Tropfen Vanillearoma
1 Tasse (250 ml) Milch
8 Eiweiß, zimmerwarm
1 Prise Salz

ZUCKERGUSS
4 Eiweiß, zimmerwarm
1 Prise Salz
1½ Tassen (375 g) Zucker
½ Tasse (125 ml) Wasser
¼ TL Weinstein
2 TL Vanilleextrakt oder 4–6 Tropfen Vanillearoma

FÜLLUNG
1 Tasse (125 g) Pekannüsse, gehackt
½ Tasse (85 g) getrocknete Feigen, gehackt
½ Tasse (85 g) Rosinen

1. Den Ofen auf 175 °C vorheizen. Drei Springformen von 22 cm Durchmesser einfetten, mit Backpapier auslegen und einfetten. Die Formen mit Mehl bestäuben und überschüssiges Mehl abklopfen.
2. Für den Kuchen Mehl und Backpulver sieben und Salz einrühren, dann beiseite stellen.
3. Butter und Zucker in einer großen Schüssel mit einem elektrischen Handmixer schaumig schlagen. Vanille zugeben; abwechselnd Mehlmischung und Milch zufügen und alles zu einer glatten Masse verrühren.
4. Eiweiße und Salz in einer anderen Schüssel steif schlagen, bis sich kleine Spitzen bilden. Ein Drittel des Eischnees in den Teig einbringen, dann den Rest mit einem Teigschaber unterheben, aber nicht zu stark rühren. Den Teig gleichmäßig in die Formen streichen und in der Ofenmitte 25–30 Minuten backen, bis bei der Stäbchenprobe kein Teig mehr kleben bleibt. Die Kuchen in der Form 20 Minuten abkühlen lassen, dann auf ein Kuchengitter stürzen, das Papier vorsichtig abziehen und vollständig auskühlen lassen.
5. Für den Zuckerguß Eiweiße mit Salz in einer großen Schüssel mit dem Handmixer ganz steif schlagen. Danach beiseite stellen.
6. Zucker, Wasser und Weinstein in einen schweren Kochtopf geben, aufkochen lassen und weiterkochen, bis das Zuckerthermometer 120 °C anzeigt (die Masse wird fest). Sofort vom

Herd nehmen und den Sirup langsam mit dem Handmixer in den Eischnee schlagen, bis er ganz untergerührt ist. Den Sirup nicht direkt auf die Quirlstäbe tröpfeln lassen, da er sonst an die Schüsselwände geschleudert wird und dort erstarrt. 7 Minuten weiterschlagen, bis der Zuckerguß ganz abgekühlt ist, dann die Vanille unterrühren.

7. Für die Füllung ein Drittel des Zuckergusses in eine andere Schüssel geben und Pekannüsse, Feigen und Rosinen unterheben.

8. Eine Kuchenschicht auf eine Servierplatte legen. Die Hälfte der Füllung darauf verteilen und mit der nächsten Kuchenschicht bedecken. Die restliche Füllung darauf verteilen und mit der letzten Schicht bedecken. Den Kuchen oben und an den Rändern mit dem restlichen Zuckerguß bestreichen.

Für 12 Personen

LIBERTY BAR'S CHOCOLATE CAKE

SCHOKOLADENKUCHEN

Als Dwight Hobart, Besitzer der »Liberty Bar« in San Antonio, sein Restaurant 1985 eröffnete und einen ganz besonderen Schokoladenkuchen auf seine Speisekarte setzen wollte, vermittelte seine Mutter Minerva ihn an ihre Freundin Virginia Green aus Pampa, Texas. Wie erwartet, war Virginias Kuchen genau das, was Dwight gesucht hatte, und wurde entsprechend als *Virginia Green's Chocolate Cake* in die Speisekarte aufgenommen. Einen so saftigen, köstlichen Schokoladenkuchen hatte ich tatsächlich noch nie gegessen!

Sind die Zutaten vorher entsprechend abgemessen, ist der Kuchenteig in der Küchenmaschine schnell zubereitet. Der Zuckerguß erfordert allerdings größte Sorgfalt, da er genau 9 Minuten kochen muß. Verwenden Sie hierfür einen großen Kochtopf und kontrollieren Sie die Temperatur genau, damit die Zuckergußmasse nicht überkocht. Lassen Sie den Guß gut abkühlen und fest werden, bevor Sie den Kuchen zusammensetzen. Dann kann's losgehen!

SCHOKOLADENGUSS
2 Tassen (500 g) Zucker
2 Tassen (500 ml) Kondensmilch
gut 300 g Bitterschokolade, in kleine Stückchen gehackt
1 Tasse (250 g) kalte Butter, in 2–3 cm große Würfel geschnitten
1 TL Vanilleextrakt oder 2–3 Tropfen Vanillearoma

KUCHENTEIG
2¼ Tassen (280 g) feines Mehl
1½ TL Backpulver
1 TL Natron
¼ TL Salz
1⅓ Tassen (145 g) ungesüßtes Kakaopulver
1 Tasse (250 ml) kochendes Wasser
3 Eier, zimmerwarm
1 Tasse (250 g) Zucker
170 g brauner Zucker
¾ Tasse (190 g) Butter, zimmerwarm, in kleine Stücke geschnitten
1¼ Tassen (310 ml) Buttermilch, zimmerwarm

1. Für den Schokoladenguß Zucker und Kondensmilch in einem großen Topf verrühren und bei mittlerer Hitze zum Kochen bringen. Genau (!) 9 Minuten ohne zu rühren weiterkochen lassen und darauf achten, daß der Inhalt nicht überkocht. Den Topf vom Herd nehmen und Schokolade, Butter und Vanille zugeben. Die Mischung glattrühren und abkühlen lassen.

Abdecken und 2–3 Stunden oder über Nacht kalt stellen.

2. Den Ofen auf 175 °C vorheizen. Zwei Springformen von 22 cm Durchmesser einfetten, mit Backpapier auslegen und das Papier ebenfalls einfetten. Die Formen mit Mehl bestäuben und überschüssiges Mehl abklopfen.

3. Für den Kuchen Mehl, Backpulver und Natron sieben und Salz einrühren. Beiseite stellen.

4. Kakaopulver in einen Becher sieben, nach und nach kochendes Wasser zugeben und glattrühren. Beiseite stellen.

5. Eier und sämtlichen Zucker in die Küchenmaschine geben und 1 Minute vermischen. Die Maschine ausstellen und die Masse von den Wänden der Schüssel schaben. 30 Sekunden weitermixen, dann Butter zugeben und 1 Minute mixen. Wieder die Masse von den Wänden der Schüssel schaben und 30 Sekunden weiterrühren.

6. Buttermilch zugeben und das Gerät viermal an- und ausstellen, dann die Masse von den Wänden der Schüssel schaben und die Maschine erneut viermal an- und ausstellen. Danach die Kakaomischung zufügen und die Küchenmaschine viermal an- und ausstellen. Wiederum den Teig von den Wänden der Schüssel schaben, dann die Mehlmischung zugeben und wie oben beschrieben untermixen. Erneut den Teig von der Schüssel kratzen und das Gerät noch ein letztes Mal viermal an- und ausstellen. Dann den Teig in die Formen streichen und in der Ofenmitte etwa 35 Minuten backen, bis bei der Stäbchenprobe kein Teig mehr kleben bleibt. Die Kuchen 20 Minuten in der Form abkühlen lassen, danach auf einem Kuchengitter ganz auskühlen lassen und das Papier vorsichtig abziehen.

7. Den Schokoladenguß mindestens 30 Minuten vor Gebrauch aus dem Kühlschrank nehmen und gut durchrühren.

8. Eine Kuchenschicht auf eine Platte legen (eventuell oben geradeschneiden) und mit Schokoladenguß bestreichen. Die zweite Kuchenschicht darüber legen und den Kuchen oben und an den Rändern mit dem restlichen Guß bestreichen.

Für 10–12 Personen

THE QUEEN OF COCONUT CAKES
KOKOSTORTE

Für diese Kokostorte variierte das Restaurant »Ark« den Klassiker von Paul Prudhomme. Sie ist mit ihren drei goldbraunen Kuchenschichten, der üppigen Kokosfüllung und dem Überzug aus Frischkäse ein Genuß, der jeden Gast beeindrucken wird. Die Torte besteht aus vier Teilen: der Füllung, den Teigschichten, dem Überzug und dem Sirup. Sie kann an zwei Tagen zubereitet werden, falls Sie keine Zeit haben, alles auf einmal zu machen. Da es einige Zeit dauert, bis die Füllung im Kühlschrank fest wird, sollten Sie diese so früh wie möglich herstellen.

170 g Bitterschokolade
1 Tasse (250 g) Butter
6 Eier
2½ Tassen (625 g) Zucker
2 TL Vanilleextrakt oder 5 Tropfen Vanillearoma
1¾ Tassen (215 g) Mehl, gesiebt
½ TL Salz
2 Tassen (250 g) Walnüsse, gehackt (nach Belieben)

1. Den Ofen auf 190 °C vorheizen. Eine Kastenform von 35 cm Länge leicht einfetten, mit Mehl einstäuben und überschüssiges Mehl abklopfen.

2. Schokolade und Butter in einem kleinen Topf bei geringer Hitze oder im Wasserbad schmelzen. Glattrühren, beiseite stellen und leicht abkühlen lassen.

3. Eier und Zucker mit einem elektrischen Handmixer in einer Schüssel schaumig schlagen. Vanille zugeben und gut verrühren.

4. Die Schokolade in die Eiermischung rühren. Mehl und Salz zugeben und alles gut vermengen, aber nicht zu lange mixen. Nach Belieben gehackte Walnüsse unterheben, den Teig in die Form füllen und gleichmäßig verteilen.

5. In der Ofenmitte 25–30 Minuten backen, bis die Kuchenmitte fest wird. Ganz abkühlen lassen und in die gewünschten Portionen schneiden.
Ergibt 35 Brownies von 5 cm Länge

MARBLED CREAM CHEESE BROWNIES

MARMORBROWNIES MIT KÄSESAHNE UND SCHOKOLADE

★★★

Bei einem guten Käsesahne-*Brownie* kann ich nur schwer nein sagen. Idealerweise harmoniert seine sahnige Käsemischung mit der sämig dicken Schokoladenmasse. Diese *Brownies* sind nicht nur lecker, sondern sehen auch toll aus und lassen sich kinderleicht backen. Äußerst professionell wirkt ein Marmormuster auf der Oberfläche. Es entsteht, indem Sie den Teig vor dem Backen mit einem Messer leicht verwirbeln.

KÄSESAHNEMISCHUNG
85 g Frischkäse, zimmerwarm
2 EL Butter, zimmerwarm
¼ Tasse (60 g) Zucker
1 Ei, leicht verquirlt
1 EL Mehl
½ TL Vanilleextrakt oder
2–3 Tropfen Vanillearoma

BROWNIEMISCHUNG
60 g Bitterschokolade
½ Tasse (125 g) Butter
2 Eier
1 TL Vanilleextrakt oder
2–3 Tropfen Vanillearoma
¾ Tasse (190 g) Zucker
½ TL Salz
½ Tasse (60 g) Mehl, gesiebt

1. Den Ofen auf 175 °C vorheizen. Eine runde Backform mit einem Durchmesser von 22 cm einfetten.

2. Für die Käsesahnemischung Frischkäse und Butter in einer Schüssel mit einem elektrischen Handmixer schaumig schlagen, Zucker zugeben und glattrühren.

3. Ei, Mehl und Vanille unterrühren, gut vermengen und beiseite stellen.

4. Für die Browniemischung Schokolade und Butter in einem großen Topf bei geringer Hitze oder im Wasserbad schmelzen. Glattrühren, beiseite stellen und etwas abkühlen lassen.

5. Die Eier einzeln zugeben und jeweils gut untermischen. Vanille, Zucker und Salz zugeben und gut einrühren.

6. Mehl zugeben und schnell unterrühren; nicht zu lange schlagen. ½ Tasse (125 ml) Brow-

Schokolade der Spitzenklasse aus Hawaii

Kakao stammt zwar aus der Neuen Welt, doch wurde er in Europa jahrhundertelang am besten verarbeitet. Allerdings entsteht nun amerikanische Konkurrenz. Jim und Marie Walsh aus Kona auf Hawaii stellen eine der weltbesten Schokoladen her, und das aus den einzigen Kakaobohnen, die gewerbsmäßig in den USA angebaut werden. *Newsweek* bezeichnet diese Schokolade als »umwerfend im Geschmack« – dem kann ich nur beipflichten. Die Schokolade hat eine seidenweiche Konsistenz und verändert wie Wein alljährlich ihren Charakter. Trockenheit erzeugt ein fruchtiges, blumiges Aroma, viel Regen fördert die herzhaft schokoladige Grundnote. Die Bohnen kommen von zwei verschiedenen Standorten auf der Hauptinsel Hawaiis: Der eine ist eher trocken-sonnig, der andere feucht und bewaldet. Die Bohnen werden nicht mit Pestiziden behandelt und von Mücken natürlich befruchtet. Nach dem Pflücken fermentieren sie in Holzbehältern, trocknen an der Sonne und werden in San Francisco weiterverarbeitet: sorgfältig geröstet, gemahlen, gemischt, gepreßt und gelagert. Der Aufwand ist erheblich, so daß Schokolade aus Hawaii teurer ist als europäische Sorten. Ich finde aber, daß sie ihren Preis wert ist.

---

6. Den Kuchen im unteren Drittel des Ofens 40–50 Minuten backen, bis er goldbraun ist; mit Alufolie abdecken, falls er zu schnell bräunt. Mindestens 1 Stunde in der Form abkühlen lassen. Kurz vor dem Servieren mit Puderzucker bestäuben und den Rand der Form abnehmen.

Für 8–10 Personen

Granny Ruth's Brownies

Schokoladenbrownies mit Nüssen

Es fing damit an, daß meine Freundin Enid Alexander Fisher heiratete. Er war üppigen Schokoladendesserts und insbesondere *Brownies* leidenschaftlich zugetan, und sie erzählte ihrer Mutter Ruth davon. Als ebenso leidenschaftliche wie kreative Bäckerin machte diese sich sofort auf die Suche nach den perfekten *Brownies.* Ruth probierte viele verschiedene Rezepte aus, die sie aus Zeitschriften und Kochbüchern herausgeschrieben hatte, und Alexander brachte Proben aus Bäckereien der ganzen Stadt mit. Einige waren zu trocken, enthielten zuviel Teig oder zu viele Nüsse, andere zuwenig Schokolade. Nach zahllosen Versuchen tüftelten sie schließlich folgendes Rezept aus, das zu Ehren von Enids Mutter nach dieser benannt wurde.

STEPHAN PYLES'S HEAVEN AND HELL CAKE

SCHOKOLADEN-BISKUITTORTE MIT ERDNUSSBUTTERMOUSSE

Stephan Pyles, Besitzer und Küchenchef des »Star Canyon« in Dallas, Texas, serviert in seinem Restaurant diesen herrlichen Kuchen. Sollten Sie noch Appetit auf ein Dessert haben, kann ich Ihnen seinen *Heaven and Hell Cake* wärmstens empfehlen. Er ist ein echtes Kunstwerk, besteht aus vier Kuchenschichten, d. h. je zwei Schichten Biskuit- und Schokoladenteig, die mit Erdnußbuttermousse zusammengehalten und dick mit Ganache aus cremiger Milchschokolade überzogen werden. Lassen Sie sich für die Zubereitung reichlich Zeit und glauben Sie mir: Die Mühe lohnt sich! Haben Sie eine leistungsstarke Küchenmaschine, dann kommt sie jetzt zum Einsatz, da sich damit schneller arbeiten läßt. Allerdings tut auch ein elektrischer Handmixer seine Dienste.

Achten Sie darauf, daß die Ganache kalt, also dick genug ist, um die Ränder des Kuchens zu überziehen. Für das Zusammenhalten der Schichten ist wichtig, daß der Kuchen vor dem Schneiden zwei Minuten abkühlt. Verwenden Sie dann ein warmes, angefeuchtetes Messer. Das erste Stück darf ruhig etwas dicker ausfallen, damit Sie den restlichen Kuchen sauber aufschneiden können.

BISKUITKUCHEN
⅔ Tasse (80 g) feines Mehl
1 Tasse (155 g) Puderzucker
7–8 Eiweiß, zimmerwarm
1 Prise Salz
1 TL Weinstein
⅔ Tasse (165 g) Zucker
1 TL Vanilleextrakt oder
  2–3 Tropfen Vanillearoma
½ TL reiner Mandelextrakt oder
  1–2 Tropfen Bittermandelaroma

SCHOKOLADENKUCHEN
½ Tasse (55 g) ungesüßtes Kakaopulver
1 Tasse (250 ml) stark aufgebrühter Kaffee
½ Tasse (125 g) Pflanzenfett
⅔ Tasse (165 g) Zucker
1 TL Vanilleextrakt oder
  2–3 Tropfen Vanillearoma
2 Eier
1½ Tassen (190 g) feines Mehl
1 TL Natron
¾ TL Salz
¼ TL Backpulver

ERDNUSSMOUSSE
340 g Frischkäse, zimmerwarm
1¾ Tassen (270 g) Puderzucker
2 Tassen Erdnußbutter (600 g), zimmerwarm
2 EL Schlagsahne

SCHOKOLADENGANACHE
2 Tassen (500 ml) Schlagsahne
900 g Milchschokolade, grobgehackt

1. Den Ofen auf 190 °C vorheizen. Den Boden einer Springform von 24 cm Durchmesser mit Backpapier auslegen. Form und Papier nicht einfetten.

2. Für den Biskuit Mehl und Puderzucker in eine Schüssel sieben. Beiseite stellen.

3. Eiweiße in eine Schüssel geben und mit einem elektrischen Handmixer schlagen; Salz und Weinstein zugeben. Eine Minute weiterschlagen, bis sich leichte Spitzen bilden. Den

Zucker teelöffelweise zugeben und unterrühren. Sobald der Eischnee steif ist, Vanille- und Mandelaroma untermischen.

4. Die Hälfte der Mehlmischung über den Eischnee streuen und mit einem Teigschaber unterheben. Dann die restliche Mehlmischung dazufügen. Nicht zu stark rühren, da der Eischnee sonst zusammenfällt. Die Mischung so in die Form streichen, daß in der Mitte eine leichte Wölbung entsteht. In der Ofenmitte 40–50 Minuten goldbraun backen. Nicht zu lange backen, da der Kuchen sonst zusammenfällt.

30 Minuten in der Form abkühlen lassen. Danach auf ein Kuchengitter stürzen, das Papier vorsichtig abziehen und den Kuchen ganz auskühlen lassen.

5. Für den Schokoladenkuchen die Ofentemperatur auf 175 °C reduzieren. Eine Springform von 24 cm Durchmesser einfetten, den Boden mit Backpapier auslegen und ebenfalls einfetten; die Form leicht mit Mehl bestäuben. Kakaopulver in eine Schüssel sieben, mit Kaffee beträufeln und die Mischung glattrühren. Beiseite stellen.

EISCHNEE SCHLAGEN

Da für viele meiner Kuchenrezepte geschlagenes Eiweiß benötigt wird, hier einige Tips, wie es am besten steif wird.

Beim Schlagen von Eischnee muß möglichst viel Luft in die Masse kommen. Haben Sie kräftige Armmuskeln, nehmen Sie am besten eine Kupferschüssel und einen großen Schneebesen. Viele Hobbyköche verwenden auch einen Handmixer mit entsprechenden Quirlstäben.

Denken Sie daran, daß der Eischnee das sechsfache Volumen der Ausgangsmenge (Eiklar) hat, und wählen Sie eine entsprechend große Schüssel.

Achten Sie darauf, daß Schüssel und Schneebesen trocken und sauber sind! Feuchtigkeitsrückstände beeinträchtigen die Konsistenz.

Um Eiweiß von Eigelb zu trennen, schlagen Sie das Ei in zwei Hälften. Halten Sie die Hand dabei über eine Schüssel und legen Sie das Ei in die gewölbte Hand. Lassen Sie das Eiweiß durch die Finger gleiten, so daß nur das Eigelb aufgefangen wird. Läßt man das Eigelb von einer Schalenhälfte in die andere gleiten, reißt das Eigelb leicht und vermischt sich mit dem Eiweiß.

Der geschlagene Eischnee entfaltet bei Zimmertemperatur sein maximales Volumen.

Eine Prise Salz hilft, die gallertartige Konsistenz des Eiweißes etwas zu lösen. Mit einer Prise Weinstein bleibt der Eischnee steif.

Wenn Eischnee halbfest geschlagen wird, bilden sich kleine, weiche Spitzen, wenn der Schneebesen senkrecht herausgezogen wird. Bei steiferem Eischnee bleiben beim Herausziehen größere und festere Spitzen stehen.

6. Fett, Zucker, Vanille und Eier in einer großen Schüssel mischen und mit einem Handmixer 2 Minuten schlagen. Mehl, Natron und Backpulver in eine Schüssel sieben, Salz unterrühren und abwechselnd mit der Kakaomischung in die Fettmasse geben. Alles gut verrühren, dann den Teig in die Form füllen und in der Ofenmitte 30 Minuten backen, bis bei der Stäbchenprobe kein Teig mehr kleben bleibt. Den Kuchen in der Form 30 Minuten abkühlen lassen, dann auf ein Kuchengitter stürzen, das Papier vorsichtig abziehen und ganz auskühlen lassen.

7. Für die Erdnußmousse Frischkäse in einer großen Schüssel mit dem Handmixer leicht cremig schlagen. Erst Puderzucker, dann portionsweise Erdnußbutter zugeben und weiterrühren. Sahne zugießen und die Mischung schaumig schlagen. Beiseite stellen.

8. Für die Schokoladenganache Sahne bei mittelstarker Hitze in einem Kochtopf aufkochen lassen. Vom Herd nehmen, Schokolade zugeben und die Mischung glattrühren. Beiseite stellen und abkühlen lassen.

9. Die ausgekühlten Kuchen mit einem Messer mit Wellenschliff waagerecht halbieren, so daß insgesamt vier Schichten entstehen. Eine Schokoladenschicht mit der Schnittseite nach oben auf eine Platte legen und ein Drittel der Erdnußmousse darauf verteilen. Eine Biskuitschicht mit der Schnittseite nach oben darüber legen und mit der Hälfte der restlichen Erdnußmousse bestreichen. Eine weitere Kuchenschicht darüber legen, mit der restlichen Mousse bestreichen und dann mit der letzten Kuchenschicht abdecken.

10. Die Schokoladenganache umrühren und auf die Oberfläche und die Ränder des Kuchens gießen. Mit einem Spachtel vollständig gut verteilen. Vor dem Servieren mindestens 2 Stunden kalt stellen. Kalt servieren.

Für 12–14 Personen

»SCHOOL'S OUT« STRAWBERRY SHORTCAKE
ERDBEERTÖRTCHEN

Möglicherweise gehören auch Sie zu den Liebhabern von Mürbeteig-Erdbeertörtchen, dann müssen Sie diese Variante unbedingt probieren! Als ich zu Besuch in Seattle war, lud mich der Meeresfrüchteberater Jon Rowley zur Entlassung seiner Tochter Megan aus der fünften Grundschulklasse ein. Nach der Feier ging ich zusammen mit den Kindern Erdbeeren pflücken. Danach startete wie jedes Jahr eine tolle Party, auf der Jon uns in das Geheimnis seiner leckeren Mürbeteigtörtchen einweihte. Die Grundlage bilden *Shortcake Biscuits* von Sally McArthur, der leitenden Küchenchefin von »Anthony's«, einem Meeresfrüchte-Restaurant am Pier 66 in Puget Sound. Sally hatte sie für Jon gebacken und der Schule gestiftet. Damit die Füllung optimal gerät, verarbeitet Jon die Beeren am liebsten in drei Stufen. Zuerst werden ein paar Beeren grob in Scheiben geschnitten und dann mit weiteren, leicht zerdrückten Beeren gemischt. Kurz vor dem Servieren werden frische, geschnittene Beeren untergehoben. Jon glaubt, die besten Erdbeertörtchen kreiert zu haben. Nachdem ich mehrere gegessen hatte, war mir klar, weshalb er mit seiner Meinung nicht allein stand.

1,5 kg reife Erdbeeren, vorsichtig gewaschen, trockengetupft und entstielt
¼ Tasse (60 g) Zucker
2 Tassen (500 ml) Schlagsahne
6 Sally McArthur's Shortcake Biscuits (s. folgendes Rezept)

1. 500 g Erdbeeren (am besten unterschiedlich große) in Scheiben schneiden und in eine Schüssel geben.

2. Ein weiteres Pfund Erdbeeren zwischen den Handflächen leicht zerdrücken. Die Beeren nur aufbrechen, damit sie den Saft freigeben, nicht zerquetschen.

3. Die zerdrückten Erdbeeren in einer Schüssel mit den geschnittenen mischen und den Zucker unterheben. Eine Stunde ruhen lassen.

4. Die restlichen Erdbeeren kurz vor dem Servieren in die Beerenmischung schneiden; 6 ganze Beeren zum Garnieren zurücklegen. Sahne mit 1 Eßlöffel Zucker schlagen, bis weiche Spitzen entstehen.

5. Das obere Drittel der Mürbeteigtörtchen vor dem Servieren abschneiden. Die Böden auf 6 Dessertteller setzen und zwei Drittel der Erdbeeren mitsamt Saft darauf verteilen. Die Deckel auf die Törtchen setzen, löffelweise die übrigen Beeren und die Schlagsahne darüber geben, dann mit den ganzen Beeren garnieren und mit Saft beträufeln. Sofort servieren.

Für 6 Personen

SALLY MCARTHUR'S SHORTCAKE BISCUITS

MÜRBETEIGTÖRTCHEN

Sally McArthur, Küchenchefin des Restaurants »Anthony's« in Seattle, Washington, verwendet für ihre hausgemachten Mürbeteigtörtchen am liebsten das in den USA beliebte *self-raising flour*, also Mehl, das bereits mit einem Triebmittel versetzt ist und kein Backpulver mehr benötigt. Sie gelingen aber genausogut, wenn man das übliche Mehl und Backpulver nimmt. Damit die Törtchen schön leicht werden, den Teig nicht zu lange kneten.

250 g Mehl
2½ TL Backpulver
2½ EL Zucker
1 Msp. Salz
½ Tasse (125 g) kalte Butter, in kleine Stücke geschnitten
¾ Tasse (200 ml) Milch
2 EL Sahne

1. Den Ofen auf 200 °C vorheizen. Ein Backblech einfetten.

2. Mehl, Zucker und Salz in einer Schüssel mischen. Butter zufügen und mit den Fingern einarbeiten, bis die Masse bröselig wird. Milch einarbeiten, bis ein weicher, glatter Teig entsteht. Nicht zu lange kneten.

3. Den Teig in sechs gleich große Portionen teilen, zu runden Törtchen formen und auf das Backblech legen. Jedes Törtchen mit etwas Sahne bestreichen.

4. Die Törtchen in der Mitte des Ofens 15–20 Minuten backen, bis sie goldbraun sind. Auf einem Kuchengitter abkühlen lassen.

Ergibt 6 Törtchen

JUNIOR'S FAMOUS CHEESECAKE

AMERIKANISCHER KÄSEKUCHEN

Das an der Grenze von Brooklyn gelegene Restaurant »Junior's« ist seit 1949 ein Synonym für üppig belegte Delikateßsandwiches, Cheeseburger, Blinis, riesige Portionen Süßspeisen und zudem berühmt für den besten Käsekuchen von Brooklyn ... New York ... den USA ... nein, der ganzen Welt! Zwar konkurrierte »Junior's« Käsekuchen lange Zeit heftig mit den sahnigen Käsekuchen anderer New Yorker Hersteller wie »Lindy's«, »Reuben's« und »Brass Rail«. Doch »Junior's« konnte mit Unterstützung des deutschen Bäckers Egil Peterson, seiner Geheimwaffe, den Käsekuchen zu einer regelrechten Kunstform entwickeln (Peterson zog sich dann Ende der sechziger Jahre aus dem Geschäft zurück).

Die Familie Rosen, Besitzer von »Junior's«, vertraute mir freundlicherweise ihr berühmtes Rezept an. Während für »Junior's« Originalrezept ein Biskuitkuchen als Grundlage dient, habe ich das Rezept vereinfacht und mache den Boden aus süßen Weizenkeksen, mit denen die Form im Nu ausgelegt ist. Da der Käsekuchen während des Backens oben ziemlich braun wird, decke ich ihn während der letzten 15 Minuten mit Alufolie ab.

BODEN
1½ Tassen (165 g) Homemade Graham Crackers (s. S. 560), zerbröselt
6 EL Butter, zerlassen

FÜLLUNG
1 knappe Tasse (200 g) Zucker
3 EL Maisstärke
850 g Frischkäse, zimmerwarm
1 Ei (höchste Gewichtsklasse)
½ Tasse (125 ml) Schlagsahne
¾ TL Vanilleextrakt oder
1–2 Tropfen Vanillearoma

1. Den Ofen auf 175 °C vorheizen.
2. Für den Boden Crackerbrösel und Butter in einer Springform von 24 cm Durchmesser gut mischen. Die Mischung auf dem Boden verteilen, andrücken und an den Seiten einen 2–3 cm hohen Rand stehen lassen. In der Mitte des Ofens 10 Minuten backen, dann abkühlen lassen. Die Ofentemperatur auf 230 °C erhöhen.
3. Für die Füllung Zucker und Stärke in eine große Schüssel geben. Frischkäse zufügen und mit einem elektrischen Handmixer cremigglatt schlagen.
4. Das Ei zugeben und gut unterrühren. Portionsweise Sahne zufügen und alles zu einer glatten Masse schlagen, dann Vanille einrühren.
5. Die Füllung auf den Boden streichen. In der Mitte des Ofens 40 Minuten backen, bis die Oberfläche anbräunt und die Füllung an den Rändern fest wird (eventuell den Kuchen in den letzten 15 Minuten der Backzeit mit Alufolie abdecken, damit er nicht zu dunkel wird). In der Form abkühlen lassen. Mindestens 3 Stunden bzw. über Nacht kalt stellen, erst dann aus der Form nehmen und servieren.

Für 12 Personen

CHERRY-STUDDED POUND CAKE

KIRSCHKUCHEN

Dieser üppig-cremige, mit köstlich-fruchtigen Sommerkirschen belegte Kuchen harmoniert hervorragend mit einer Tasse Tee, am besten Tee mit natürlichem Orangenaroma. Als I-Tüpfelchen sollten Sie dazu ein wenig Kirschsorbet in einer hübschen Sektschale servieren, dem sicher niemand widerstehen kann.

1 Tasse (250 g) Butter, zimmerwarm
1 Tasse (250 g) Zucker
4 Eier, getrennt
1 TL Vanilleextrakt oder
2–3 Tropfen Vanillearoma
½ Tasse (125 g) saure Sahne
1½ Tassen (190 g) Mehl
1 TL Backpulver
1 Prise Salz
1¾ Tassen (260 g) frische Süßkirschen, entsteint

Chocolate Silk Cake

Schokoladenkuchen

Bei diesem Kuchen hatte ich den Ehrgeiz, daß er möglichst üppig wird und auf der Zunge zergeht. Ziemlich sicher habe ich mein Ziel erreicht.

Auch wenn der Kuchen nicht schwierig zu backen ist, sollte man einige wichtige Tips beachten. Damit der Teig möglichst geschmeidig wird, achten Sie darauf, daß die Schokolade kalt ist, bevor sie in die Eiermischung kommt. Den Teig nach der Zugabe der trockenen Ingredienzien zügig verarbeiten, er wird sonst zäh. Nur so lange rühren, bis sie gleichmäßig im Teig verteilt sind.

Wollen Sie einmal so richtig sündigen, servieren Sie den Kuchen warm mit Schlagsahne oder Ihrer Lieblingseiscreme.

225 g Zartbitterschokolade, in Stückchen gebrochen
1 Tasse (250 g) Butter, zimmerwarm
1 Tasse (250 g) Zucker
4 Eier
1 TL Vanilleextrakt oder
  2–3 Tropfen Vanillearoma
½ Tasse (125 g) saure Sahne
1½ Tassen (190 g) Mehl
1 TL Backpulver
1 Prise Salz

1. Den Ofen auf 175 °C vorheizen. Eine Kastenform von 23 cm Länge leicht einfetten. Den Boden mit Backpapier auslegen und einfetten. Die Form mit Mehl einstäuben und überschüssiges Mehl abklopfen.

2. Die Schokolade in einem kleinen Topf bei ganz niedriger Hitze schmelzen und glattrühren. Zum Abkühlen zur Seite stellen.

1. Den Ofen auf 175 °C vorheizen. Eine Kastenform von 23 cm Länge leicht einfetten, den Boden mit einem Stück Backpapier auslegen und einfetten. Boden und Ränder der Form mit Mehl einstäuben und überschüssiges Mehl abklopfen.

2. Butter und Zucker in einer Schüssel mit einem elektrischen Handmixer leicht schaumig schlagen. Eigelb und Vanille zugeben und glattrühren. Saure Sahne zugeben und gut unterrühren.

3. Mehl und Backpulver sieben, Salz einrühren und die Mischung bis auf 2 Eßlöffel in drei Portionen unter den Teig heben, bis alles gut vermengt ist. Die restlichen 2 Eßlöffel mit den Kirschen in einer Schüssel mischen und beiseite stellen.

4. Eiweiße in einer separaten Schüssel schlagen, bis sich weiche Spitzen bilden. Ein Drittel des Eischnees unter den Teig rühren, bis alles gut vermengt ist, dann den restlichen Eischnee mit einem Teigschaber unterheben, so daß die Masse gut durchmischt ist. Den Teig nicht zu lange rühren.

5. Kirschen unter den Teig heben und diesen dann in die Form geben. Den Kuchen 35 Minuten backen, die Ofentemperatur auf 160 °C reduzieren und nochmals etwa 45 Minuten backen, bis bei der Stäbchenprobe kein Teig mehr kleben bleibt. Den Kuchen 15 Minuten in der Form abkühlen lassen, danach auf ein Kuchengitter stürzen, das Papier abziehen und ganz auskühlen lassen.

Für 8–10 Personen

PLÄTZCHEN & KUCHEN

3. Butter und Zucker in einer großen Schüssel mit einem elektrischen Handmixer leicht schaumig schlagen. Eier einzeln zugeben und jeweils gut unterrühren. Vanille und saure Sahne zufügen und gut schlagen, dann die abkühlte Schokolade einrühren.

4. Mehl und Backpulver auf den Teig sieben, Salz zugeben und rühren, bis alles gerade vermengt ist.

5. Den Teig in die Form geben. In der Mitte des Ofens 60–70 Minuten backen, bis bei der Stäbchenprobe kein Teig mehr kleben bleibt. Den Kuchen 15 Minuten in der Form abkühlen lassen, dann auf ein Kuchengitter stürzen, das Papier abziehen und ganz auskühlen lassen.

Für 8–10 Personen

BOSTON CREAM PIE (OR CAKE?)

SAHNEKUCHEN

Mitte des 19. Jahrhunderts war das Bostoner »Parker House Hotel« der Inbegriff kulinarischer Kreativität. Die schmelzig-zarte Konsistenz der *Parker House Rolls* zeichnet auch die *Boston Cream Pie* aus. Ob dieses prachtvolle Konditorwerk nun ein Kuchen oder eine Torte ist, tut hier nichts zur Sache, obwohl ich es eher für einen Kuchen halte. Hat man einmal genüßlich in den zweischichtigen, buttergelben Kuchen mit seiner opulenten Ei-Vanille-Füllung und der himmlischen Schokoladenglasur gebissen, erübrigt sich jede Diskussion.

KUCHEN
1 Tasse (125 g) feines Mehl
1 TL Backpulver
½ TL Salz
½ Tasse (125 g) Butter, zimmerwarm
1 Tasse (250 g) Zucker
1½ TL Vanilleextrakt oder
  3–4 Tropfen Vanillearoma
1 EL unbehandelte Orangenschale, feingerieben
2 Eier
½ Tasse (125 ml) Milch

EI-VANILLE-FÜLLUNG
3 Eigelb
6 EL Zucker
3 EL Mehl
1½ Tassen (375 ml) Milch
1½ TL Butter
1½ TL Orangensaft, frisch gepreßt
½ TL Vanilleextrakt oder
  1–2 Tropfen Vanillearoma

SCHOKOLADENGLASUR
115 g halbbittere Schokolade,
  kleingehackt
2 EL Puderzucker
3 EL Schlagsahne

1. Den Ofen auf 175 °C vorheizen. Eine Springform von 20 cm Durchmesser leicht einfetten, den Boden mit Backpapier auslegen und einfetten. Die Form mit Mehl einstäuben und überschüssiges Mehl abklopfen.

2. Für den Kuchen Mehl und Backpulver sieben, Salz unterrühren und beiseite stellen.

3. Butter und Zucker in einer großen Schüssel mit einem Handmixer leicht schaumig schlagen. Vanille und Orangenschale zugeben und gut einrühren. Die Eier einzeln zufügen und jeweils gut verrühren.

4. Die Mehlmischung abwechselnd mit der Milch zufügen und jeweils gut unterrühren. Den Teig in die Form geben und in der Mitte des Ofens 40 Minuten backen, bis bei der Stäbchenprobe kein Teig mehr kleben bleibt. Den Kuchen 30 Minuten in der Form abkühlen lassen, dann aus der Form lösen, das Papier abziehen und ganz auskühlen lassen.

5. Für die Ei-Vanille-Füllung Eigelbe in einer kleinen Schüssel verquirlen. Zucker und Mehl zugeben und zu einer glatten Masse verrühren.

6. Milch in einem schweren Topf erhitzen, dann vom Herd nehmen und langsam ½ Tasse (125 ml) unter die Eiermischung rühren, bis sich eine glatte Masse bildet. Diese Mischung in die Milch zurückgießen, dabei stetig umrühren. Den Topfinhalt bei mittlerer Hitze aufkochen lassen und weiterhin ununterbrochen rühren. 1 Minute weiterkochen, bis die Masse andickt. Den Topf vom Herd nehmen und Butter, Orangensaft und Vanille unterrühren. Die Ei-Vanille-Füllung in eine Schüssel gießen, ein Stück Frischhaltefolie direkt auf die Oberfläche legen (damit sich keine Haut bildet) und abkühlen lassen.

7. Den Kuchen ganz abkühlen lassen und mit einem Messer mit Wellenschliff waagerecht in zwei Hälften schneiden. Die untere Hälfte mit der Schnittseite nach oben auf eine Servierplatte legen.

8. Die Ei-Vanille-Mischung umrühren und gleichmäßig auf der unteren Kuchenhälfte verteilen, dann die andere Kuchenhälfte mit der Schnittseite nach unten auflegen.

9. Für die Glasur die Schokolade in einem kleinen Topf bei niedrigster Hitze schmelzen und glattrühren. Den Topf vom Herd nehmen, Puderzucker und Sahne zugeben und alles glattrühren. Schokoladenmischung langsam über den Kuchen gießen, so daß sie an den Seiten herunterläuft. Falls nötig, die Oberfläche mit einem Spachtel glattstreichen, jedoch nicht die Ränder, an denen die Glasur herunterlaufen soll. Kuchen vor dem Servieren mindestens eine Stunde stehen lassen.

Für 8–10 Personen

BLUEBERRY CORNMEAL CAKE

HEIDELBEERKUCHEN

Dieser einfache, leckere Kuchen schmeckt zur Blaubeerzeit am besten. Mit einem großen Glas Eistee ist er an heißen Nachmittagen eine köstliche Erfrischung, rundet als Dessert aber auch jedes sommerliche Abendessen harmonisch ab. Seien Sie geduldig und lassen Sie den Kuchen nach dem Backen etwa 1 Stunde stehen. Vanille- oder Zimteis bilden den krönenden Abschluß.

1 Tasse (125 g) Mehl plus 2 EL extra
1½ TL Backpulver
¾ Tasse (120 g) Maismehl
1 Prise Salz
¾ Tasse (190 g) Butter, zimmerwarm
⅔ Tasse (165 g) Zucker plus 3 EL extra
1 Ei
500 g Heidelbeeren, verlesen, vorsichtig gewaschen und trockengetupft
1 EL Puderzucker, zum Bestäuben

1. Den Ofen auf 190 °C vorheizen.

2. Mehl und Maismehl in eine Schüssel sieben, Salz unterrühren und beiseite stellen.

3. Butter und die ⅔ Tasse (165 g) Zucker in einer großen Schüssel mit dem elektrischen Handmixer schlagen. Eier zugeben und gut unterrühren. Die Mehlmischung zugeben und zu einer gleichmäßigen Masse verarbeiten.

4. Drei Viertel des Teigs gleichmäßig auf dem Boden einer Springform von 22 cm Durchmesser verteilen, andrücken und an den Seiten einen 2–3 cm hohen Rand stehen lassen.

5. Die Heidelbeeren in einer Schüssel mit 3 Eßlöffeln Zucker süßen und auf den Teig geben. Vom restlichen Teig kleine Mengen abteilen und gleichmäßig auf den Beeren verteilen.

und die nächste Schicht darauf legen. Diese Schicht mit der restlichen Füllung bestreichen und mit der letzten Schicht bedecken. Den Kuchen oben und an den Rändern mit der Überzugmasse bestreichen und mit Kokosraspel bestreuen.

Für 12 Personen

DER LETZTE SCHLIFF

So mancher ißt Kuchen nur wegen des *frostings* (Überzug) das dann nicht üppig genug sein kann und das sich auch als Füllung eignet. Zuckerguß (bzw. eine Ganache, ein spezieller Schokoladenguß) und die noch etwas dünnere Glasur sind dünnere Auflagen. Zuckerguß wird schnell auf dem Kuchen fest und härtet aus, sobald der Zucker trocknet, während Glasuren zwar fest werden, aber nicht aushärten, da sie weniger Zucker enthalten. Wollen Sie einen Kuchen mit Zuckerguß oder Glasur überziehen, legen Sie vier 30 x 7,5 cm große Streifen Backpapier oder Folie längs unter seine Ränder, damit der Überzug nicht auf die Kuchenplatte tropft. Wenn Sie fertig sind, ziehen Sie die Streifen nach außen wieder heraus. Ist der Kuchen auf der Oberseite dekoriert, stellen Sie ihn bis zum Servieren unter eine Kuchenglocke.

Frosting für Schichtkuchen
Die abgekühlte Bodenschicht umgekehrt auf eine Kuchenplatte legen, so daß die glatte Seite nach oben zeigt. Ist der Kuchen in mehrere Schichten geteilt, sollte die aufgeschnittene Seite oben liegen. Sämtliche Krümel auf oder neben dem Kuchen entfernen. Die unterste Schicht gleichmäßig mit *frosting* oder Füllung (für einen 20 cm großen Kuchen je etwa eine ¾ Tasse bzw. 200 ml) bestreichen. Tragen Sie den Überzug nie auf, wie man ein Toast mit Butter schmiert, weil sich sonst unweigerlich Krümel mit dem *frosting* mischen. Verwenden Sie am besten einen dünnen Zuckergußspachtel aus Metall, mit dem Sie das *frosting* vorsichtig dorthin streichen, wo Sie es haben wollen. Ist die untere Schicht mit *frosting* bedeckt, die obere mit der Backseite nach oben auflegen und leicht andrücken.

Die Kuchenränder zuerst, die Oberseite zuletzt überziehen. Bei den meisten Kuchen wird das *frosting* an den Rändern zum Schluß mit einem Spachtel geglättet, wobei man vorsichtig in beide Richtungen streicht. Abschließend mit ruhigen, gleichmäßigen Bewegungen über die obere Seite des Kuchens fahren. Das *frosting* 30 Minuten hart werden lassen.

Überzug aus Zuckerguß oder Glasur
Um einen Kuchen mit Zuckerguß oder Glasur zu überziehen, gießen Sie Guß oder Glasur mit einem Löffel großzügig auf die Kuchenmitte, so daß die Masse über die Oberseite und die Ränder laufen kann. Dann mit dem Löffelrücken oder einem dünnen Spachtel nach außen hin verteilen. Sobald der Guß bzw. die Glasur fest wird, nicht mehr verstreichen, damit die glatte Oberfläche erhalten bleibt.

FÜLLUNG
1¼ Tassen (310 ml) Schlagsahne
¾ Tasse (190 g) Zucker
2 EL Kokoscreme (Coco Lopez)
1 EL Maisstärke
1 EL Milch
½ Tasse (125 g) Butter, zimmerwarm
1 Tasse (90 g) Kokosraspel

KUCHEN
3 Tassen (375 g) Mehl
1 EL Backpulver
¼ TL Salz
1½ Tassen (375 g) Zucker
4 Eier
¾ Tasse (190 g) Butter, zimmerwarm,
    in kleine Stücke geschnitten
1 Tasse (250 ml) Milch
1 EL Vanilleextrakt oder
    5 Tropfen Vanillearoma

ÜBERZUG
170 g Frischkäse, zimmerwarm
½ Tasse (125 g) Butter, zimmerwarm
¼ TL Salz
450 g Puderzucker
3 EL Milch
1 EL Vanilleextrakt oder
    5 Tropfen Vanillearoma

SIRUP
1 Tasse (250 g) Zucker
1 Tasse (250 ml) Wasser
¼ TL Vanilleextrakt oder
    1–2 Tropfen Vanillearoma

½ Tasse (45 g) Kokosraspel, zum Garnieren

1. Für die Füllung Sahne, Zucker und Kokoscreme in einem Topf bei mittlerer Hitze aufkochen lassen. Stärke und Milch in einer kleinen Schüssel zu einer glatten Masse verrühren, dann zur Sahne geben und unter ständigem Rühren 3 Minuten weiterkochen, bis sie leicht andickt. Butter und Kokoscreme zufügen und 3 Minuten weiterkochen, dabei ständig rühren. Den Topf vom Herd nehmen und abkühlen lassen, dann bis zur Verwendung, mindestens jedoch 2 Stunden, kalt stellen.

2. Den Ofen auf 175 °C vorheizen. Drei runde Springformen von 22 cm Durchmesser einfetten, mit Backpapier auslegen und ebenfalls einfetten. Die Formen mit Mehl bestäuben und überschüssiges Mehl abklopfen.

3. Für den Kuchen Mehl und Backpulver sieben und Salz einrühren. Beiseite stellen.

4. Zucker und Eier in einer großen Schüssel mit einem elektrischen Handmixer auf mittlerer Stufe eine Minute schlagen. Butter, Milch und Vanille portionsweise zugeben und 2 Minuten weiterrühren. Die Mehlmischung zugeben und 1 Minute auf kleinster Stufe rühren.

5. Den Teig gleichmäßig in die Formen streichen und in der Ofenmitte 20 Minuten bakken, bis bei der Stäbchenprobe kein Teig mehr kleben bleibt. 20 Minuten in der Form abkühlen lassen, dann auf ein Kuchengitter stürzen, das Papier vorsichtig abziehen und ganz auskühlen lassen.

6. Für den Überzug Frischkäse und Butter in eine Schüssel geben und mit dem Mixer cremig schlagen. Salz, Puderzucker, Milch und Vanille zugeben und zu einer weichen, glatten Masse verrühren. Beiseite stellen.

7. Für den Sirup Zucker, Wasser und Vanille in einem Kochtopf mischen und aufkochen. 3 Minuten unter gelegentlichem Rühren weiterkochen. Vom Herd nehmen und mit einem Kuchenpinsel jede Kuchenschicht oben mit dem Sirup bestreichen, so daß sie leicht getränkt ist; es darf noch Sirup übrigbleiben.

8. Die erste Kuchenschicht auf eine Platte legen, mit der Hälfte der Füllung bestreichen

niemischung zurückstellen und den restlichen Teig in die Form füllen.

7. Die zurückgestellte Käsesahnemischung über die Browniemischung gießen und mit einem Teigschaber gleichmäßig verteilen. Die restliche Schokoladenmischung gleichmäßig mit dem Löffel darauf verteilen. Wenn Sie eine Messerspitze durch den Teig ziehen, entsteht der Marmoreffekt.

8. Den Teig auf mittlerer Schiene 35–40 Minuten backen, bis er in der Mitte fest wird, aber noch feucht ist. Vor dem Anschneiden ganz abkühlen lassen.

Ergibt 16 Brownies von 5 cm Länge

More Than S'Mores

Kekse mit Marshmallow-Eisfüllung

★★★

In jungen Jahren war ich Pfadfinderin und avancierte im Laufe der Zeit vom Wichtel zur Rangerin. Zu den schönsten Erlebnissen aus dieser Zeit gehören unsere Ausflüge ins Zeltlager und die Abende am Lagerfeuer. Diese Gelegenheiten ließen wir nie ungenutzt, um *marshmallows* zu rösten und *s'mores* zu machen. Diese jedem in Nordamerika bekannte und allseits beliebte Leckerei besteht aus zwei Keksen, zwischen die ein gerösteter *marshmallow* und ein Riegel Schokolade gelegt werden, die

wir dann begeistert am Lagerfeuer verputzten. (Meine Lagerfeuersongs erspare ich Ihnen lieber!) Ich hätte nicht im Traum daran gedacht, daß ich einmal in der eigenen Küche solche *s'mores* backen würde!

Zum ersten Mal probiert habe ich Melissa Kellys vorzügliche Kekskreation bei Larry Forgione in der »Beekman Arms Tavern« in der Stadt Rhinebeck, New York. Danach ging Melissa zur »Old Chatham Sheepherding Company & Inn« in Old Chatham, New York, teilte mir aber großzügigerweise ihr Rezept mit. Es ist zwar nicht die klassische Mixtur, zu der eigentlich Eiscreme und Schokoladensauce gehören. Und wenn das Rezept natürlich auch mehr Arbeit macht, als wenn man die Kekse mit Zutaten aus dem Geschäft backt, so hält sich der Aufwand bei guter Planung doch ziemlich in Grenzen. Legen Sie nur alle Zutaten rechtzeitig bereit: Eis und Sauce etwa eine Woche, die *marshmallows* ein paar Tage und die Kekse am Tag vorher. Ich kann Ihnen versichern, daß dies die leckersten *s'mores* der Welt – und aus diesem Buch – sind. Und das will etwas heißen!

Homemade Graham Crackers
 (s. folgendes Rezept)
Marshmallows in zwei Größen,
 z. B. 6 cm und 4 cm große (s. S. 561)
Homey Vanilla Ice Cream (s. S. 573)
Silky Hot Chocolate Sauce (s. S. 580),
 aufgewärmt

1. Den Backofengrill vorheizen. Ein Backblech mit Backpapier oder Alufolie auslegen. Ein zweites Backblech im Gefrierfach kalt stellen.

2. Sechs Cracker auf das Backblech legen und auf jeden einen etwa 6 cm großen *marshmallow* setzen. Dann sechs der knapp 4 cm großen *marshmallows* direkt auf das Backpapier setzen.

3. Das Backblech unter den Grill schieben und 3–6 Minuten grillen, bis die *marshmallows* braun werden. Das Blech aus dem Ofen nehmen; das gekühlte Blech aus dem Gefrierfach holen und das Backpapier vom heißen Blech auf das kalte legen. So lassen sich die *marshmallows*, die auf dem Papier liegen, leichter ablösen.

4. Die Kekse mit den *marshmallows* auf 6 Dessertteller setzen. Auf jeden *marshmallow* einen kleinen Klecks Vanilleeis setzen und mit einem zweiten Keks abdecken. Mit dem Löffel etwas warme Schokoladensauce auf die Teller geben und einen 4 cm großen *marshmallow* mitten auf die Sauce setzen. Sofort servieren.
Für 6 Personen

HOMEMADE GRAHAM CRACKERS

GRAHAM CRACKER

¾ Tasse (90 g) Mehl
½ Tasse (60 g) Vollkornmehl
   plus 1 EL extra
¼ Tasse (30 g) Roggenmehl
3 EL Zucker
½ TL Backpulver
1 Msp. Natron
½ TL Zimt, gemahlen
¼ TL Salz
2 TL kalte Butter, in 1–2 cm große
   Würfel geschnitten
2 EL festes kaltes Pflanzenfett,
2 EL kaltes Wasser
2 EL Honig
1 EL Melasse
1 TL Vanilleextrakt oder
   2–3 Tropfen Vanillearoma

1. Die verschiedenen Mehlsorten, Zucker, Backpulver, Natron, Zimt und Salz in eine Küchenmaschine geben. Zum Mischen drei- oder viermal stoßweise mixen. Butter und Backfett gleichmäßig im Kreis um die Klingen verteilen und die Masse nochmals kurz mixen. Wasser, Honig, Melasse und Vanille zugeben und 5–10 Sekunden rühren, bis der Teig sich von den Rändern der Schüssel löst. Den Teig auf einer glatten Fläche zu einer Kugel formen und dann zu einer Platte von etwa 13 cm Durchmesser flachdrücken.

2. Die Teigplatte mit einem Nudelholz zwischen zwei Blättern Backpapier zu einem etwa 28 cm langen und 0,3 cm dicken Quadrat ausrollen. Das Backblech unter das untere Blatt Backpapier schieben und 30–40 Minuten kalt stellen, bis der Teig fest ist.

3. Das obere Backpapier abziehen, den Teig auf ein anderes Blech stürzen und das restliche Papier abziehen. Die Ränder des Quadrats mit einem scharfen Messer begradigen. Die Oberfläche mit einer Gabel einstechen und dann in etwa 6,5 cm große Quadrate schneiden. Das Blech mit den Quadraten 20–30 Minuten kalt stellen, bis sie fest sind.

4. Den Ofen auf 175 °C vorheizen.

5. Die gekühlten Teigquadrate mit einem Pfannenheber im Abstand von knapp 4 cm auf das Backblech setzen. In der Ofenmitte 12–15 Minuten backen, bis sie leicht anbräunen.

6. Die Cracker 5 Minuten auf dem Backblech abkühlen lassen, dann auf ein Kuchengitter setzen und ganz auskühlen lassen. Luftdicht verschlossen halten sich die Cracker bei Zimmertemperatur bis zu 5 Tagen.
Ergibt 16 Cracker

MARSHMALLOWS

MARSHMALLOWS

Pflanzenöl, zum Einfetten
½ Tasse (60 g) Maisstärke
½ Tasse (75 g) Puderzucker
1 Tasse (250 g) Zucker
1 Tasse (360 g) heller Maissirup
¾ Tasse (200 ml) kaltes Wasser
1 Prise Salz
2 Tütchen weiße Gelatine, geschmacksneutral
1½ TL Vanilleextrakt oder
*   3–4 Tropfen Vanillearoma*
1 Eiweiß, zimmerwarm

1. Eine quadratische Backform mit einer Seitenlänge von 23 cm mit Alufolie auslegen, an zwei gegenüberliegenden Seiten 5 cm überstehen lassen und nach außen über den Rand falten. Stärke und Puderzucker in einer kleinen Schüssel mischen. Die Hälfte der Mischung über Boden und Ränder der Form sieben; den Überschuß nicht abklopfen. Restliche Stärkemischung aufbewahren.

2. Zucker, Sirup, 3 Eßlöffel Wasser und Salz in einen mittelgroßen Topf geben. Mit einem Holzlöffel bei mäßiger Hitze rühren, bis sich der Zucker ganz aufgelöst hat. Einen Backpinsel in warmes Wasser tauchen und die Ränder des Topfes damit säubern, um den festklebenden Zucker zu entfernen. Dann bei mittelhoher Hitze den Sirup aufkochen lassen. Achten Sie jedoch darauf, daß die Spitze des Zuckerthermometers den Topfboden keinesfalls berührt. Den Sirup 8–12 Minuten kochen, bis das Thermometer 115 °C anzeigt (Probe: Wenn einige Tropfen in Eiswasser gegeben werden, bilden sich sofort Klümpchen).

3. Während der Sirup kocht, das restliche Wasser in ein Schüsselchen geben und die Gelatine darüber streuen. Die Gelatine mindestens 5 Minuten quellen lassen.

4. Wenn der Sirup die richtige Temperatur hat, den Topf vom Herd nehmen und 1 Minute abkühlen lassen. Danach die Gelatinemischung und Vanille unterrühren.

5. In einer Schüssel mit einem elektrischen Handmixer das Eiweiß steif schlagen, bis sich Spitzen bilden. Weiterschlagen und den heißen Sirup langsam in den Eischnee gießen. 10–15 Minuten weiterschlagen, bis die Mischung lauwarm ist und schwache, glänzende Spitzen bildet.

6. Die Masse in die Form geben und gleichmäßig verteilen; die restliche Stärkemischung ebenfalls gleichmäßig darüber sieben. Mit einer Frischhaltefolie abdecken und mindestens 12 Stunden kalt stellen.

7. Die abgekühlte Masse auf ein Küchenbrett stürzen und die Folie abziehen. Mit einem scharfen Messer in sechs gut 6 cm große und sechs mindestens knapp 4 cm große Quadrate schneiden. Die Marshmallows mit der Stärkemischung bestäuben, die beim Schneiden auf das Brett gefallen ist. Sie halten sich im Kühlschrank luftdicht abgeschlossen mindestens 5 Tage.

Ergibt sechs 6 cm große und sechs 4 cm große Marshmallows

PINWHEEL COOKIES

SCHWARZWEISSGEBÄCK

Als ich das erste Mal diese mürben Plätzchen probierte, hatte sie meine Schwester Elaine gerade stapelweise für ihren Verlobten gebacken, der in Langley Field, Virginia, bei der Air Force stationiert war. Wie immer stand ich ihr bei der Arbeit ständig im Wege, um möglichst viele Plätzchen zu stibitzen, die sie sorgfältig zwischen Backpapier in dekorative Dosen füllte.

Ich weiß noch, wie fasziniert ich war, daß sie so liebevoll und sorgfältig mit dem Gebäck umging. Mit der gleichen Hingabe haben Elaine und ich nun dieses Rezept für Sie vorbereitet.

3 Tassen (375 g) Mehl
2 TL Backpulver
½ TL Salz
1 Tasse (250 g) Butter, zimmerwarm
1 Tasse (250 g) Zucker
2 Eier
2 TL Vanilleextrakt oder
  5 Tropfen Vanillearoma
40 g Zartbitterschokolade, geschmolzen
  und wieder abgekühlt

1. Mehl und Backpulver sieben, Salz einrühren und beiseite stellen.
2. Butter und Zucker in einer großen Schüssel mit einem elektrischen Handmixer leicht schaumig schlagen. Eier und Vanille zugeben und unterrühren. Portionsweise die Mehlmischung zufügen und auf niedriger Stufe weiterschlagen.
3. Die Hälfte des Teigs aus der Schüssel nehmen. Halbieren und jede Hälfte zu einem runden Fladen formen, getrennt in Frischhaltefolie wickeln und in den Kühlschrank legen.
4. Die Schokolade in den restlichen Teig geben und gut einrühren. Den Teig halbieren, jede Hälfte zu einem runden Fladen formen, getrennt in Frischhaltefolie wickeln und für zwei Stunden in den Kühlschrank legen.
5. Eine Teigportion aus dem Kühlschrank nehmen. Die Folie entfernen und den Teig zwischen zwei Blättern Backpapier zu einem etwa 30 x 20 cm großen, 0,3–0,5 cm dicken Rechteck ausrollen. Den Teig wieder kalt stellen und restliche Teigportionen ebenso verarbeiten.
6. Das obere Backpapier von einem weißen und von einem dunklen Teigrechteck abnehmen. Den Schokoladenteig mit dem Papier auf den weißen Teig stürzen und das obenliegende Papier abziehen. Die Ränder begradigen, damit beide Schichten gleich groß sind. Den Teig von der breiten Seite her aufrollen, wobei die Schichten fest aufeinanderliegen müssen. Restliches Backpapier entfernen. Die Rolle auf ein Blech legen, mit Frischhaltefolie abdecken und etwa 1 Stunde kalt stellen. Die restlichen Teigportionen genauso verarbeiten.
7. Den Ofen auf 190 °C vorheizen. Zwei Backbleche gut einfetten.
8. Die Teigrollen aus dem Kühlschrank nehmen und in etwa 0,5 cm dicke Scheiben schneiden. Im Abstand von 2,5 cm auf das vorbereitete Backblech legen. Die Bleche nacheinander in der Ofenmitte 10–12 Minuten backen, jedoch nicht zu dunkel werden lassen, da der Kontrast sonst nicht deutlich ist. Die Plätzchen auf einem Kuchengitter auskühlen lassen. Sie halten sich luftdicht verschlossen wochenlang.
Ergibt etwa 60 Plätzchen

TOLL HOUSE COOKIES
SCHOKO-KOKOSPLÄTZCHEN

Kein Buch über die amerikanische Küche wäre vollständig, wenn es nicht mindestens ein Rezept für Plätzchen mit Schokostückchen enthielte – und die Erzählung, wie diese entdeckt wurden. Meine Geschichte beginnt 1930, als Ruth Wakefield und ihr Mann das »Toll House Inn« in Whiteman, Massachusetts, kauften. Gerade machten die beiden wieder eine große Schüssel Teig mit braunem Zucker für das traditionelle Kolonistenrezept der Butterplätzchen. Da hatte Ruth die Idee, einen Schokoladenriegel in die Schüssel zu schneiden, der dann schmelzen und dem Teig eine schokoladige Note geben sollte. Die Schokostückchen wurden jedoch nur langsam weich und schmolzen nicht vollständig. Aber so wird Geschichte gemacht: Die *Chocolate Chip Cookies* waren entstanden! Weil die Plätzchen großen Anklang fanden, gab Mrs. Wakefield ihnen einen Namen und benannte sie nach ihrem Gasthaus. Später kaufte das Unternehmen Nestlé den Namen »Toll House« und kreierte die kleinen Schokoplätzchen, die wir in Amerika alle kennen und lieben. Dieses Rezept entstand mit freundlicher Genehmigung der Firma Nestlé, wurde aber von mir leicht variiert. Ich verwende zusätzlich Sultaninen und Kokosraspel, damit die Plätzchen krosser werden. Die *cookies* halten sich im luftdichten Behälter eine Woche oder auch länger.

2¼ Tassen (280 g) Mehl
1 TL Natron
1 TL Salz
1 Tasse (250 g) weiche Butter
¾ Tasse (190 g) Zucker
¾ Tasse (135 g) brauner Zucker
1 TL Vanilleextrakt oder
 2–3 Tropfen Vanillearoma
2 Eier
350 g Zartbitterschokolade, in Stückchen
 gehackt (oder auch Schoko-Tröpfchen)
½ Tasse (60 g) Wal- oder Pekannüsse,
 gehackt
½ Tasse (100 g) helle Sultaninen
½ Tasse (45 g) Kokosraspel

1. Den Ofen auf 190 °C vorheizen.
2. Mehl, Natron und Salz in einer kleinen Schüssel mischen und beiseite stellen.
3. Butter, Zucker, braunen Zucker und Vanille in einer großen Schüssel cremig schlagen. Eier einzeln zugeben und jedes Mal gut unterrühren.
4. Die Mehlmischung portionsweise untermengen, dann Schokostückchen, Nüsse, Sultaninen und Kokosraspel zufügen.
5. Jeweils 1 gehäuften Eßlöffel Teig auf ein nicht eingefettetes Backblech setzen. 9–11 Minuten backen, bis die *cookies* goldbraun sind. 2 weitere Minuten auf dem Blech liegen lassen, dann auf ein Kuchengitter setzen und ganz auskühlen lassen.

Ergibt etwa 60 Plätzchen

Steffi's Best Chocolate Chip Cookies

Hafer-Schokoplätzchen

Die Kochbuchautorin Steffi Berne bewahrt in ihren Dosen einige der weltbesten Plätzchen auf. Als meine Nachbarin bringt sie mir immer ein paar Leckereien vorbei, und ich frage sie

natürlich stets nach dem Rezept. Der Teig für diese Hafer-Schokoplätzchen wird in der Küchenmaschine geknetet und gehört zu meinen Lieblingsvariationen.

1¼ Tassen (115 g) feine Haferflocken
1 Tasse (125 g) Mehl
½ TL Backpulver
½ TL Natron
1 Prise Salz
½ Tasse (125 g) Zucker
½ Tasse (90 g) brauner Zucker
60 g kalte Halb- oder Zartbitterschokolade
½ Tasse (125 g) kalte Butter
1 Ei
½ TL Vanilleextrakt oder
  1–2 Tropfen Vanillearoma
¾ Tasse (75 g) Walnüsse
1 Tasse (170 g) Halbbitterschokolade
  in Stückchen

1. Zwei Backgitter in den Ofen schieben, so daß er gedrittelt wird, und auf 190 °C vorheizen. Zwei Backbleche mit Backpapier auslegen.

2. Haferflocken in der Küchenmaschine fein mixen, bis sie fast pulverförmig sind. In eine mittelgroße Schüssel geben und Mehl, Backpulver, Natron und Salz unterheben. Beiseite stellen.

3. Den gesamten Zucker sowie die Schokolade in die Küchenmaschine geben und die Maschine an- und ausstellen, bis die Schokolade zerkleinert ist. Die Butter stückchenweise zugeben. Alles gut mixen, dann die Masse in eine andere Schüssel umfüllen. Ei und Vanilleextrakt in die Maschine geben und gut mixen.

4. Die Mehlmischung zufügen und die Maschine fünf- bis sechsmal an- und ausstellen. Nüsse zugeben und stoßweise mixen, bis ein Teig entsteht. Den Teig in eine große Schüssel umfüllen und Schokoladenstückchen gut unterheben.

5. Jeweils 1 gestrichenen Eßlöffel Teig zu gleich großen Kugeln rollen und im Abstand von 5 cm auf die Backbleche setzen. Die Kugeln mit den Händen zu 1–1,5 cm dicken, runden Plätzchen flachdrücken. Jeweils zwei Bleche gleichzeitig 12–15 Minuten backen, bis die Plätzchen in der Mitte leicht fest werden. Nach 7 Minuten das obere Blech nach unten setzen und umgekehrt, damit die Plätzchen gleichmäßig durchbacken. 3–4 Minuten auf dem Blech abkühlen, dann auf einem Kuchengitter ganz auskühlen lassen. Die Plätzchen halten sich luftdicht verschlossen eine Woche und länger.
Ergibt etwa 36 Plätzchen

Cookie Jar Peanut Butter Cookies

Erdnussbutterplätzchen

Als Kind war ich ganz versessen darauf, Erdnußbutterplätzchen zu backen. Ich weiß zwar nicht mehr, woher dieses kinderleichte Rezept stammt, aber die Plätzchen schmeckten großartig. Vielleicht ist meine aktuelle Erwachsenen-Version nicht mehr ganz dieselbe, doch werden die Plätzchen außen ein wenig knusprig und bleiben innen schön mürbe. Bei einem Glas kalter Milch stellen sich die schönsten Kindheitserinnerungen wieder ein. Etwa 10–12 Minuten backen, dann werden die Plätzchen unten goldbraun. Doch behalten Sie sie gut im Auge! Sind sie auch nur eine Spur zu dunkel, ist ihr frischer Geschmack verloren.

2½ Tassen (310 g) Mehl
1 TL Backpulver
½ Teelöffel Natron
½ TL Salz
½ Tasse (125 g) Butter, zimmerwarm
½ Tasse (125 g) festes Pflanzenfett, zimmerwarm
1 Tasse (180 g) brauner Zucker
1 Tasse (250 g) Zucker
2 Eier
1 Tasse (300 g) Erdnußbutter, zimmerwarm

1. Den Ofen auf 175 °C vorheizen.
2. Mehl, Backpulver und Natron in eine Schüssel sieben und Salz untermengen. Beiseite stellen.
3. Butter, Fett und den gesamten Zucker in einer großen Schüssel mit einem elektrischen Mixer auf mittlerer Stufe leicht schaumig schlagen. Die Eier einzeln zufügen und jedesmal gut verrühren, dann die Erdnußbutter unterschlagen.
4. Die Mehlmischung tassenweise zugeben und gut einrühren.
5. Den Teig zu 2–3 cm großen Kugeln formen und diese im Abstand von 4–5 cm auf ein nicht eingefettetes Blech setzen. Jede Kugel mit einer Gabel zweimal flachdrücken, so daß Karomuster entstehen und die Plätzchen gut 0,5 cm dick werden.
6. In der Ofenmitte 10–12 Minuten goldbraun backen, dann auf einem Kuchengitter abkühlen lassen. Die Plätzchen halten sich luftdicht abgeschlossen bis zu einer Woche.

Ergibt etwa 60 Plätzchen

ERDNÜSSE

Erdnüsse stammen ursprünglich aus Amerika oder, genauer, aus Südamerika. Schon im alten Peru und in Brasilien kultiviert, kamen sie erst im 18. Jahrhundert nach Norden. Obwohl die kleinwüchsigen Pflanzen bereits Mitte des 19. Jahrhunderts in allen Südstaaten wuchsen, wurden sie erst durch den unermüdlichen Forscherdrang George Washington Carvers bekannt. Seit der Jahrhundertwende sind sie als nährstoffreiches Nahrungsmittel etabliert, das auf vielerlei Weise verarbeitet wird. Heute liegt der jährliche Erdnußverbrauch in Amerika bei über 300 Millionen Kilo Nüssen und 350 Millionen Kilo Erdnußbutter. Tatsächlich ißt jedes amerikanische Kind bis zum Abitur durchschnittlich 1500 Erdnußbutterbrote. Und der Verbrauch hört selbstredend nicht mit der Schulzeit auf, vielmehr verzehrt jeder Erwachsene noch etwa 1,5 kg Erdnußbutter pro Jahr.

Hier die vier Erdnußsorten, die in Amerika angebaut werden:

Runner-Erdnüsse: Sie werden aufgrund ihrer einheitlichen Größe vorwiegend zu Erdnußbutter und Süßigkeiten verarbeitet.

Virginia-Erdnüsse: Diese größte Sorte wird meist geröstet und als Snack angeboten.

Spanische Erdnüsse: Aus der etwas kleineren Sorte mit rötlichbrauner Samenschale werden vor allem Süßigkeiten und Erdnußöl gewonnen.

Valencia-Erdnüsse: In der Regel trägt jeder Fruchtstiel dieser Sorte drei oder mehr Nüsse, die geröstet und in der Schale verkauft werden.

OATMEAL CHERRY COOKIES

HAFER-KIRSCHPLÄTZCHEN

Die Liebhaber von Haferplätzchen teilen sich in zwei Lager: solche, die sie mürbe, und solche die sie knusprig mögen. Ich selbst zähle zu ersteren. Meine momentane Lieblingsversion enthält getrocknete Kirschen oder Cranberries. Sie geben den *cookies* einen wunderbar fruchtig-herben Charakter.

1¾ Tassen (215 g) Mehl
1 TL Natron
½ TL Zimt, gemahlen
1 Prise Salz
1 Tasse (250 g) Butter, zimmerwarm
1⅓ Tassen (240 g) brauner Zucker
⅓ Tasse (80 g) Zucker
2 Eier
3 EL Milch
1 TL Vanilleextrakt oder
    2–3 Tropfen Vanillearoma
2½ Tassen (225 g) Haferflocken
1 Tasse (170 g) getrocknete Kirschen
    oder Cranberries

    1. Den Ofen auf 175 °C vorheizen.
    2. Mehl, Natron und Zimt in eine Schüssel sieben und Salz einrühren. Beiseite stellen.
    3. Butter und den gesamten Zucker in einer großen Schüssel leicht schaumig schlagen. Eier, Milch und Vanille zugeben und gut einrühren. Die Mehlmischung portionsweise zugeben und jeweils gut rühren.
    4. Haferflocken und getrocknete Kirschen unterrühren, bis alles gut vermischt ist.
    5. Jeweils 1 Teelöffel Teig im Abstand von 4–5 cm auf ein nicht eingefettetes Backblech setzen und etwa 10 Minuten backen, bis die *cookies* goldbraun sind. Auf einem Kuchengitter abkühlen lassen. Die *cookies* sind luftdicht abgeschlossen bis zu einer Woche haltbar.
Ergibt etwa 60 Plätzchen

WILLIAMSBURG SUGAR COOKIES

ZUCKERPLÄTZCHEN

Eine Reise nach Williamsburg, Virginia, führt zurück in die amerikanische Kolonialzeit. Als ich an einem strahlenden Oktobertag dort war, avancierten diese altmodischen Zuckerplätzchen, die Verkäufer im Kolonialdress überall an kleinen Ständen feilboten, zu meinem Lieblingsimbiß (neben *Gingerbread Cakes*, s. folgendes Rezept). Ich ließ ihn mir zu einem Becher kalten Apfelwein und einem knackigen roten Apfel schmecken. Falls Sie die *cookies* in der kalten Jahreszeit backen, passen auch heiße Schokolade oder heißer Apfelwein hervorragend dazu.

2 Tassen (250 g) Mehl
2 TL Weinstein
1 TL Natron
¼ TL Salz
¼ Tasse (60 g) Butter, zimmerwarm
¼ Tasse (60 g) festes Pflanzenfett,
    zimmerwarm
1¼ Tassen (310 g) Zucker
1 Ei
3 EL Milch
1 TL Vanilleextrakt oder
    2–3 Tropfen Vanillearoma
1½ TL unbehandelte Orangenschale, feingerieben

1. Den Ofen auf 175 °C vorheizen.
2. Mehl, Weinstein, Natron und Salz zusammen sieben und beiseite stellen.
3. Butter, Fett und 1 Tasse (250 g) Zucker in einer großen Schüssel mit einem elektrischen Handmixer leicht schaumig schlagen. Ei, Milch, Vanille und Orangenschale zugeben und gut vermengen. Portionsweise die Mehlmischung zugeben und gut untermischen.
4. Den Teig mit den Händen zu knapp 4 cm dicken Kugeln formen. Die Kugeln im restlichen Zucker wälzen, im Abstand von 4 cm auf ein nicht eingefettetes Backblech setzen und mit dem Boden eines Glases zu 7,5 cm großen und gut 0,5 cm dicken Plätzchen flachdrücken.
5. Die Plätzchen in der Ofenmitte 8–10 Minuten backen, bis sie goldbraun sind. 10 Minuten auf dem Blech abkühlen lassen, dann auf einem Kuchengitter ganz auskühlen lassen. Sie sind luftdicht abgeschlossen bis zu einer Woche und länger haltbar.

Ergibt etwa 25 Plätzchen

COLONIAL GINGERBREAD CAKES

INGWERKÜCHLEIN

Die Backstube der »Raleigh Tavern« im Kolonialmuseum Williamsburg verkauft zahlreiche traditionelle Backwaren. Sie werden in mit Leinen ausgeschlagenen Körben vor einem gewaltigen Herd angeboten. Daneben drängen sich große Fässer Apfelwein und Flaschen mit gekühltem *root beer*, die zum sofortigen Verzehr einladen. Und die saftigen, mürben, zart gewürzten Ingwerküchlein gehören zu den Gebäcksorten, die ich mir zum Apfelwein munden ließ. Sie schmecken ebensogut zu Eis wie zu einer Ecke Cheddar und einem Apfel.

1 Tasse (250 g) Zucker
2 TL Ingwer, gemahlen
1 TL Muskatnuß, gemahlen
1 TL Zimt, gemahlen
1½ TL Natron
½ TL Salz
1 Tasse (250 g) Butter, zerlassen
1 Tasse (360 g) Melasse
½ Tasse (125 ml) Kondensmilch
¾ TL Vanilleextrakt oder
  1–2 Tropfen Vanillearoma (nach Belieben)
¾ TL Zitronenextrakt oder
  1–2 Tropfen Zitronenaroma (nach Belieben)
4–4½ Tassen (500–560 g) Mehl, gesiebt

1. Den Ofen auf 190 °C vorheizen. Zwei Backbleche leicht einfetten.
2. Zucker, Ingwer, Muskatnuß, Zimt, Natron und Salz in einer Schüssel mischen. Butter, Sirup und Kondensmilch sowie wahlweise Vanille- und Zitronenextrakt zugeben und gut mischen.
3. 4 Tassen (500 g) Mehl tassenweise zufügen und gut einrühren. Der Teig sollte so fest sein, daß er beim Verarbeiten nicht an den Fingern kleben bleibt. Den Teig auf einer leicht bemehlten Fläche kneten und eventuell noch Mehl zugeben, wenn er zu klebrig ist.
4. Den Teig halbieren. Eine Hälfte in Frischhaltefolie wickeln und bis zum Gebrauch kalt stellen. Die andere Hälfte auf einer leicht bemehlten Fläche 0,5 cm dick ausrollen. Die Oberseite leicht mit Mehl bestäuben (damit die Plätzchen nach dem Backen rustikal aussehen) und mit einem etwa 6 cm großen, runden Ausstecher Plätzchen ausstechen. Die Plätzchen im Abstand von 2–3 cm auf die Backbleche setzen. Den restlichen Teig genauso verarbeiten. Teig-

reste erneut ausrollen und noch möglichst viele Plätzchen ausstechen.

5. Die Plätzchen in der Ofenmitte 10–12 Minuten backen, bis sie bei leichtem Druck ihre Form behalten. Auf einem Kuchengitter abkühlen lassen. Sie sind luftdicht abgeschlossen bis zu einer Woche und länger haltbar.

Ergibt gut 40 Plätzchen

Georgia Pecan Sandwich Cookies

Pekannuss-Schichtplätzchen

Die Idee zu diesen leckeren Schichtplätzchen kam mir, als ich frische Pekannüsse aus Georgia mit nach Hause brachte. Besonders gut schmecken diese *cookies* nachmittags als Imbiß zu Tee oder zu einem großen Glas Limonade. Der Plätzchenteig ist schnell angerührt und ausgerollt. Man sollte nur darauf achten, daß er vor dem Ausstechen kalt wird. In dekorativen Dosen hübsch verpackt, legen die Plätzchen auch als nettes Urlaubsgeschenk Ehre ein.

3 Tassen (375 g) Mehl
1 TL Zimt, gemahlen
½ TL Gewürznelken, gemahlen
½ TL Salz
1 Tasse (250 g) weiche Butter
½ Tasse (125 g) Zucker
¼ Tasse (45 g) brauner Zucker
2 EL Ahornsirup
1 Ei
2 Tassen (250 g) Pekannüsse, feingehackt
2 Eiweiß, leicht geschlagen
3 EL Himbeermarmelade
3 EL Aprikosenmarmelade
¼ Tasse (40 g) Puderzucker, zum Bestäuben

1. Mehl in eine Schüssel sieben, Zimt, Nelken und Salz einrühren und beiseite stellen.

2. Butter, den gesamten Zucker und den Ahornsirup in einer großen Schüssel mit einem elektrischen Handmixer cremig schlagen. Das Ei zugeben und gut einrühren. Die Mehlmischung portionsweise zufügen und gründlich unterrühren; Pekannüsse einrühren.

3. Den Teig zu einer Kugel formen und mit Frischhaltefolie abdecken. Mindestens 2 Stunden kalt stellen.

4. Den Ofen auf 190 °C vorheizen und mehrere Backbleche leicht einfetten.

5. Den Teig auf einer leicht bemehlten Fläche etwa 0,3 cm dick ausrollen und mit einem 7,5 cm großen Ausstecher Plätzchen ausstechen. Teigreste erneut ausrollen und wieder möglichst viele Plätzchen ausstechen. Sie sollten eine gerade Zahl erreichen. Bei der Hälfte der Plätzchen mit einem Entkerner kleine Kreise aus der Mitte ausstechen. Die Plätzchen vorsichtig im Abstand von 2,5 cm auf die Backbleche setzen und die mit Loch leicht mit Eiweiß einpinseln.

6. Die Plätzchen 8–10 Minuten backen, bis sie leicht braun sind, dann auf einem Kuchengitter abkühlen lassen.

7. Jeweils ½ Teelöffel Marmelade auf die flache Seite der Plätzchen streichen und die mit Loch mit der Eiweiß-Seite nach oben darauf setzen. Plätzchen vorsichtig zusammendrücken. Zum Servieren mit Puderzucker bestäuben. Die Plätzchen sind luftdicht abgeschlossen bis zu einer Woche haltbar.

Ergibt etwa 35 Schichtplätzchen

Zum Nachtisch

Eis & heiß

Norman Rockwell malte Eisdielen, Thornton Wilder beschrieb in *Unsere kleine Stadt* einen Eissalon. Warum? Weil sie seit gut einem Jahrhundert die geselligsten Stätten amerikanischen Lebens sind. Dort bekommt man traumhafte Leckereien in umwerfenden Farbtönen. Früher gab es solche Eisdielen in jeder Stadt, wo man meist in Drugstores mit Tresen aus kühlem Formicamarmor und Drehstühlen residierte. Auf Nantucket Island, Massachusetts, entdeckte ich zwei altmodische Eisdielen, die in derselben Kopfsteinpflasterstraße friedlich nebeneinander existierten. Konkurrenz war hier ein Fremdwort, denn der ständige Kundenstrom bescherte beiden ein blendendes Geschäft.

Dieses Kapitel ist eine Hommage an alle Eisdielen und enthält Rezepte für klassische kalte Desserts wie Erdnußbuttereis, Kirschmilchshake und einige der erfrischendsten Limonaden.

Sweet Cherry Ice Cream

Süsses Kirscheis

Wenn im Mai die ersten Kirschen auf den Markt kommen, läuft mir beim bloßen Anblick meiner Lieblingsfrüchte das Wasser im Mund zusammen. Dann packt mich die Lust auf fruchtiges, frisches Kirscheis und Obstkuchen. Granatrote Süßkirschen eignen sich für dieses Rezept ganz besonders. Erst im Juni und Juli sind sie richtig reif, dick, saftig und fast schwarz.

3 Tassen (750 ml) Schlagsahne
1 Tasse (250 ml) Milch
½ Tasse (125 g) Zucker
1 EL Vanilleextrakt oder 5 Tropfen Vanillearoma
4 Eigelb
2 Tassen (300 g) Süßkirschen, entsteint und grobgehackt

1. Sahne, Milch, Zucker und Vanille in einem Topf unter häufigem Rühren bei mittlerer Temperatur 10 Minuten sieden lassen, bis der Zucker sich aufgelöst hat. Nicht aufkochen lassen. Den Topf vom Herd nehmen.

2. Eigelbe in einer kleinen Schüssel verquirlen. Unter ständigem Rühren langsam 1 Tasse (250 ml) von der heißen Milchmischung zugießen und glattrühren.

3. Die Eimischung unter ständigem Rühren langsam in den Topf zurückgießen und gut verquirlen. Den Topf bei mittlerer Hitze auf den Herd stellen und die Masse 6–8 Minuten weiterrühren, bis sie so fest ist, daß sie am Löffelrücken klebt; nicht aufkochen lassen.

4. Die Mischung in eine Schüssel umfüllen und abkühlen lassen.

5. In der Eismaschine einfrieren. In den letzten fünf Minuten des Gefriervorgangs die Kirschen zugeben.

Ergibt knapp 1½ Liter

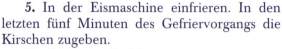

Summertime Peach Ice Cream

Pfirsicheis

Im Sommer, wenn die Früchte reif und saftig an den Bäumen hängen, ist nichts so gut wie selbstgemachtes Eis, vor allem das gute alte Pfirsicheis. Wird die Vanillecreme mit den Schalen und Kernen der Pfirsiche gekocht, erhält sie einen besonders intensiven Geschmack. Frische, reife Pfirsiche mit einem Schlag Pfirsicheis zu *Granny Ruth's Brownies* (s. S. 557) – toll!

1 kg reife Pfirsiche
1 EL Zitronensaft, frisch gepreßt
¾ Tasse (190 g) Zucker
720 ml Schlagsahne
1 Tasse (250 ml) Milch
1 EL Vanilleextrakt oder
    5 Tropfen Vanillearoma
4 Eigelb

1. Pfirsiche schälen, entsteinen und in Scheiben schneiden. Schalen und Steine zurückstellen. Die Pfirsiche mit Zitronensaft und ½ Tasse (knapp 60 g) Zucker in eine Schüssel geben, gut verrühren und beiseite stellen.

2. Sahne, Milch, den restlichen Zucker, Vanille sowie Pfirsichschalen und Pfirsichkerne in einen Topf geben. Bei mittlerer Temperatur unter ständigem Rühren erhitzen, bis die Milch heiß ist (nicht kochen lassen!) und der Zucker sich aufgelöst hat. Die Mischung durch ein Sieb in einen anderen Topf gießen.

3. Eigelbe in einer Schüssel verquirlen. Unter ständigem Rühren 1 Tasse (250 ml) von der heißen Milchmischung zugießen und gut verrühren.

4. Die Eimischung langsam wieder in den Topf zurückgießen und glattrühren. Den Topf bei mittlerer Hitze auf den Herd stellen und die Mischung 6–8 Minuten weiterrühren, bis sie am Löffelrücken klebt; nicht aufkochen lassen.

5. Abkühlen lassen, dann in eine Schüssel umfüllen.

6. Die Pfirsiche in einer Küchenmaschine pürieren, in die Crememischung einrühren und in der Eismaschine einfrieren.

Ergibt knapp 2 Liter

STRAWBERRY FAIR ICE CREAM

ERDBEEREIS

Zu den schönsten Ereignissen im Frühsommer gehört die Erdbeerernte beim Bauern. Ich sammle einen Korb voll praller, saftiger Beeren, aus denen sich besonders leckeres frisches Erdbeereis machen läßt. Zuerst wird ein Großteil der Beeren püriert und in die Vanillemischung gerührt, der restliche Teil der Beeren wird zerkleinert und gegen Ende des Gefriervorgangs untergemischt, um dem Ganzen eine interessantere Struktur zu geben.

Manchmal verwende ich das Eis auch für Mixgetränke. Dafür werden je 2 Eßlöffel Erdbeersirup und Milch in einem großen Glas verrührt. Dann kommen zwei Kugeln Erdbeereis hinein, und das Ganze wird schließlich mit etwas Selterswasser aufgefüllt. Noch ein Schuß Sekt – und dieser Drink schmeckt als krönender Abschluß eines heißen Sommernachmittags besser als in der Eisdiele.

1,5 kg reife Erdbeeren, vorsichtig gewaschen
½ Tasse (125 g) Zucker plus 2 EL extra
3 Tassen (750 ml) Schlagsahne
1 Tasse (250 ml) Milch
1 EL Vanilleextrakt oder 5 Tropfen Vanillearoma
4 Eigelb

1. Die Erdbeeren trockentupfen, Stiele entfernen, dann vierteln. 1 Kilo Beeren mit 2 Eßlöffeln Zucker bestreuen und beiseite stellen. Die restlichen Erdbeeren grob zerkleinern und beiseite stellen.

2. 100 g Zucker, Sahne, Milch und Vanille in einem Topf mischen. Unter ständigem Rühren bei mittlerer Temperatur 10 Minuten erhitzen (nicht kochen lassen!), bis der Zucker sich aufgelöst hat. Den Topf vom Herd nehmen.

3. Eigelbe in einer Schüssel verquirlen. Unter ständigem Rühren langsam 1 Tasse (250 ml) der Milchmischung zugießen und glattrühren.

4. Die Eimischung langsam wieder in den Topf gießen und gut rühren. Den Topf bei mittlerer Hitze auf den Herd stellen und die Mischung 6–8 Minuten unter ständigem Rühren andicken lassen, bis sie am Löffelrücken klebt. Die Mischung darf nicht kochen.

5. Die Crememischung in eine Schüssel abgießen und abkühlen lassen. Die gezuckerten Erdbeeren in der Küchenmaschine pürieren, die Crememischung unterrühren und in einer Eismaschine einfrieren.

6. Während der letzten fünf Minuten des Gefriervorgangs die zerkleinerten Erdbeeren zugeben.

Ergibt knapp 2 Liter

BITTERSWEET CHOCOLATE ICE CREAM

ZARTBITTER-SCHOKOLADENEIS

Wenn ich Heißhunger auf Schokoladeneis habe, ist mir nichts zu teuer, da dieses Eis nur mit einer großen Portion erstklassiger Schokolade richtig gelingt. Bei solchen Gelegenheiten greife ich im Feinkostgeschäft auch tief ins Portemonnaie. Keine Milchschokolade nehmen, da das Eis sonst in der Farbe blaß und fad im Geschmack wird.

3 Tassen (750 ml) Schlagsahne
1 Tasse (250 ml) Milch
½ Tasse (125 g) Zucker
4 Eigelb
350 g hochwertige Zartbitterschokolade, zerkleinert

1. Sahne, Milch und Zucker in einem Topf unter ständigem Rühren bei mittlerer Temperatur etwa 10 Minuten erhitzen (nicht kochen lassen!), bis der Zucker sich aufgelöst hat. Den Topf vom Herd nehmen.

2. Eigelbe in einer Schüssel verquirlen. Unter ständigem Rühren langsam 1 Tasse (250 ml) der Milchmischung zugießen und glattrühren.

3. Die Eimischung langsam wieder in den Topf gießen und gut verrühren. Den Topf bei mittlerer Hitze auf den Herd stellen und die Mischung 6–8 Minuten unter ständigem Rühren andicken lassen, bis sie am Löffelrücken klebt. Die Mischung darf nicht kochen.

4. Die Schokolade in einen großen Topf geben und bei sehr geringer Hitze vollständig schmelzen. Vom Herd nehmen.

5. Die Crememischung in die geschmolzene Schokolade geben und gut einrühren. Abkühlen lassen.

6. In einer Eismaschine einfrieren.

Ergibt etwa 5 Tassen (1¼ Liter)

ESKIMOTÖRTCHEN

Eigentlich ist das gar kein Törtchen, sondern Amerikas erstes Eis am Stiel mit Schokoladenüberzug. Es wurde 1921 von Christian Nelson erfunden, einem Lehrer aus Iowa und Besitzer einer Konfiserie. Einmal konnte sich ein kleiner Junge in seinem Laden nicht zwischen einem Schokoladenriegel und einer Eiswaffel entscheiden. Nelson fragte ihn, was er lieber wolle, und der Junge antwortete: »Ich will beides, hab' aber nur einen Cent.« Das gab den Anstoß zu einer cleveren Idee. Nach einigem Experimentieren hatte Nelson Schokolade und Eis miteinander kombiniert und so das Eis am Stil erfunden, das später als *Eskimo-Pie* bekannt wurde. Das erste Eis erhielt den Namen *I-Scream-Bar* (»Eis-/Ich-schreie-Riegel«), wurde jedoch später, als Nelson mit Russel Stover, dem Direktor und Schokoladenkönig aus Omaha zusammenarbeitete, in *Eskimo-Pie* umbenannt, da der Name verlockender klang.

Homey Vanilla Ice Cream
Vanilleeis

Manchmal denke ich, daß Vanilleeis doch das beste selbstgemachte Eis ist. Ob man es nun schlicht oder aufwendig zubereitet: Es hat meiner Meinung nach immer ein äußerst verführerisches Aroma.

3 Tassen (750 ml) Sahne
1 Tasse (250 ml) Milch
½ Tasse (125 g) Zucker
2 Vanilleschoten, längs aufgeschnitten
1 EL Vanilleextrakt oder
 5 Tropfen Vanillearoma
4 Eigelb

1. Sahne, Milch, Zucker und Vanilleschoten in einen Topf geben und bei mittlerer Temperatur unter ständigem Rühren etwa 10 Minuten erhitzen (nicht kochen lassen!), bis der Zucker sich aufgelöst hat. Anschließend den Topf vom Herd nehmen und Vanillearoma einrühren.
2. Eigelbe in einer Schüssel verquirlen. Unter ständigem Rühren langsam 1 Tasse (250 ml) der Milchmischung zugießen und glattrühren.
3. Die Eimischung langsam wieder in den Topf gießen und gut verrühren. Den Topf bei mittlerer Hitze auf den Herd stellen und die Mischung unter ständigem Rühren andicken lassen, bis sie am Löffelrücken klebt. Die Mischung darf nicht kochen.
4. Die Crememischung in eine Schüssel füllen und abkühlen lassen.
5. In einer Eismaschine einfrieren.
Ergibt knapp 1 Liter

Laurie's Winter Lemon Ice Cream
Zitroneneis

Ob nun in Form von Obstkuchen, Plätzchen, Fruchteis oder Sorbets: Ich mag jede Art von Zitronendesserts, da sie stets sehr erfrischend sind. Und meine Kollegin Laurie teilt diese Auffassung. Daher hat sie ein cremiges Zitroneneis kreiert, das richtig schön sahnig und soft ist. Mit einer Handvoll Blaubeeren, Himbeeren oder frischer Erdbeersauce schenkt es im Sommer vollendeten Genuß. Doch rundet ein Schlag Zitroneneis, wenn man es etwa mit einer heißen Schokoladensauce verziert, auch jedes deftige Winteressen perfekt ab. Kein Wunder also, daß Laurie ihrer Kreation diesen für ein Eis doch eher ungewöhnlichen Namen gegeben hat!

3 unbehandelte Zitronen
1 Tasse (etwa 250 ml) Simple Sugar Syrup for Sorbets (s. S. 579)
3 Tassen (750 ml) Schlagsahne
1 Tasse (250 ml) Milch
½ Tasse (125 g) Zucker
4 Eigelb

1. Die Schale von zwei Zitronen mit einem Sparschäler in langen Streifen abschälen und mit dem Zuckersirup in einem kleinen Topf aufkochen lassen. 5 Minuten kochen und dann vom Herd nehmen. Die Schale mit einem Schaumlöffel aus dem Sirup nehmen und beiseite stellen. Den Sirup abkühlen lassen.

2. Die Schale der dritten Zitrone abschälen und fein hacken. Beiseite stellen. Eine halbe Tasse (125 ml) Zitronensaft auspressen und beiseite stellen.

3. Sahne, Milch und Zucker in einem Topf bei mittlerer Temperatur unter ständigem Rühren etwa 10 Minuten erhitzen (nicht aufkochen lassen!), bis der Zucker sich aufgelöst hat. Den Topf vom Herd nehmen.

4. Eigelbe in einer Schüssel verquirlen. Unter ständigem Rühren langsam 1 Tasse (250 ml) der Milchmischung zugießen und glattrühren.

5. Die Eimischung langsam wieder in den Topf gießen und gut verrühren. Den Topf bei mittlerer Hitze auf den Herd stellen und die Mischung 6–8 Minuten unter ständigem Rühren andicken lassen, bis sie am Löffelrücken klebt. Die Mischung darf nicht kochen.

6. Die Crememischung in eine Schüssel füllen und abkühlen lassen.

7. Den abgekühlten Sirup, den Zitronensaft und die feingehackte Zitronenschale unterrühren. Die Mischung in einer Eismaschine nach Gebrauchsanweisung einfrieren. Kurz vor Ende des Gefriervorgangs das Gerät abstellen und die Zitronenstreifen unterheben.

Ergibt knapp 1½ Liter

Creamy Peanut Butter Ice Cream
Erdnussbuttereis

Dieses weiche, sahnige Eis mit seinem intensiven Erdnußbuttergeschmack ist, vor allem mit heißer Fondantsauce, ein echter Renner. Als I-Tüpfelchen empfiehlt sich ein gehäufter Löffel frische Erdbeersauce. Verwenden Sie hier bitte nur sämig weiche Erdnußbutter!

3 Tassen (750 ml) Schlagsahne
1 Tasse (250 ml) Milch
1½ Tassen (450 g) cremige Erdnußbutter
½ Tasse (125 g) Zucker
1 TL Vanilleextrakt oder
   2–3 Tropfen Vanillearoma
4 Eigelb

1. Sahne, Milch, Erdnußbutter, Zucker und Vanille in einem Topf mischen. Unter ständigem Rühren bei mittlerer Temperatur etwa 10 Minuten erhitzen (nicht kochen lassen!), bis der Zucker sich aufgelöst hat. Den Topf vom Herd nehmen.

2. Eigelbe in einer Schüssel verquirlen. Unter ständigem Rühren langsam 1 Tasse (250 ml) der Milchmischung zugießen und glattrühren.

3. Die Eimischung langsam wieder in den Topf gießen und gut verrühren. Den Topf bei mittlerer Hitze auf den Herd stellen und die Mischung 6–8 Minuten unter ständigem Rühren andicken lassen, bis sie am Löffelrücken klebt. Die Mischung darf nicht kochen.

4. Die Crememischung in eine Schüssel füllen und abkühlen lassen.

5. In einer Eismaschine einfrieren.

Ergibt etwa 5 Tassen (1¼ Liter)

NEW ORLEANS PRALINE ICE CREAM

PRALINÉ-EIS

New Orleans ist unter anderem auch berühmt für seine Pralinen. Aus Sahne, Pekannüssen und braunem Zucker hergestellt, sind sie ein äußerst beliebtes Konfekt, schmecken aber ebenso herrlich, wenn sie zu Eis verarbeitet werden. Ein üppiger Löffel davon, serviert zu Beignets (Krapfen), einem aromatischen Espresso oder Ingwerbrot, ist einfach unwiderstehlich!

3 Tassen (750 ml) Schlagsahne
1 Tasse (250 ml) Milch
1 Tasse (180 g) brauner Zucker
4 Eigelb
1½ Tassen (190 g) Pekannüsse, grobgehackt

1. Sahne, Milch und Zucker in einem Topf mischen. Unter ständigem Rühren bei mittlerer Temperatur etwa 10 Minuten erhitzen (nicht kochen lassen!), bis der Zucker sich aufgelöst hat. Den Topf vom Herd nehmen.

2. Eigelbe in einer Schüssel verquirlen. Unter ständigem Rühren langsam 1 Tasse (250 ml) der Milchmischung zugießen und glattrühren.

3. Die Eimischung langsam wieder in den Topf gießen und gut verrühren. Den Topf bei mittlerer Hitze auf den Herd stellen und die Mischung 6–8 Minuten unter ständigem Rühren andicken lassen, bis sie am Löffelrücken klebt. Die Mischung darf nicht kochen.

4. Die Crememischung in eine Schüssel füllen und abkühlen lassen.

5. In einer Eismaschine einfrieren. Kurz vor Ende des Gefriervorgangs das Gerät abstellen und die gehackten Pekannüsse unterheben.

Ergibt etwa 5 Tassen (1¼ Liter)

RED-AND-WHITE PEPPERMINT ICE CREAM

PFEFFERMINZEIS

In meiner Kindheit wurde gutes Betragen gelegentlich mit einem Besuch in der örtlichen Eisdiele belohnt. Dort bestellte ich mir jedesmal meine Lieblingssorte, nämlich Pfefferminzeis. Das folgende Rezept ehrt das Andenken an dieses Vergnügen aus meiner Kindheit: eine Kreation von pastelfarbenem, köstlichem Rosa, gesprenkelt mit Stückchen zerkleinerten, rotweißen Pfefferminzkonfektes. Gönnen Sie sich doch auch einmal für besonders gutes Betragen einen Pfefferminzeisbecher – mit viel Pfefferminzeiscreme, verziert mit heißer Schokoladensauce, Pfefferminzstückchen und einem Häubchen Schlagsahne.

1¼ Tassen (90 g) rotweißes Pfefferminzkonfekt
    (ersatzweise Pfefferminzdragées), grobgehackt
3 Tasse (750 ml) Schlagsahne
1 Tasse (250 ml) Milch
½ Tasse (125 g) Zucker
4 Eigelb

1. Eine ¾ Tasse (70 g) Pfefferminzkonfekt in einer Küchenmaschine zu Pulver zerkleinern. Beiseite stellen.

2. Sahne, Milch und Zucker in einem Topf mischen. Unter ständigem Rühren bei mittlerer Temperatur etwa 10 Minuten erhitzen (nicht kochen lassen!), bis der Zucker sich aufgelöst hat. Den Topf vom Herd nehmen.

3. Eigelbe in einer Schüssel verquirlen. Unter ständigem Rühren langsam 1 Tasse (250 ml) der Milchmischung zugießen und glattrühren.

4. Die Eimischung langsam wieder in den Topf gießen und gut verrühren. Den Topf bei mittlerer Hitze auf den Herd stellen und die Mischung 6–8 Minuten unter ständigem Rühren andicken lassen, bis sie am Löffelrücken klebt. Die Mischung darf nicht kochen.

5. Die Crememischung in eine Schüssel füllen. Pfefferminzpulver zufügen und verrühren, bis sich alles aufgelöst hat. Abkühlen lassen.

6. In einer Eismaschine einfrieren. Kurz vor Ende des Gefriervorgangs das Gerät abstellen, das restliche Konfekt zugeben und gut unterheben.

Ergibt etwa 5 Tassen (1¼ Liter)

1 kg reife Erdbeeren, vorsichtig gewaschen, trockengetupft, entstielt und halbiert
1 Tasse (250 ml) Simple Sugar Syrup for Sorbets (s. S. 579)
2 EL Zitronensaft, frisch gepreßt

1. Die Erdbeeren in einer Küchenmaschine mit 3 EL *Simple Sugar Syrup for Sorbets* pürieren.

2. Das Püree mit dem restlichen Sirup und dem Zitronensaft in eine Eismaschine füllen und einfrieren.

Ergibt etwa 4 Tassen (1 Liter)

JUNE STRAWBERRY SORBET

ERDBEERSORBET

Dieses köstliche, mit den kleinsten der frischen Beeren und frischen Minzeblättern wunderschön garnierte Sorbet ist so gut und so leicht, daß Sie es wahrscheinlich am liebsten mit niemandem teilen würden. Das sollten Sie jedoch unbedingt tun: Die Komplimente sind es wert!

STRAWBERRY-RHUBARB SORBET

ERDBEER-RHABARBER-SORBET

Zusammen mit anderen Frühlingsboten kündigen Rhabarber und Erdbeeren den Sommer an. Hier verarbeite ich beide zu einem Sorbet, das die Konsistenz von Fruchteis hat und leicht säuerlich schmeckt. Es ist jedoch ein überraschend süßes Dessert und besonders willkommen, wenn das Winterobst seinen Charme verloren hat.

*4 Tassen (480 g) frischer Rhabarber,
    in Scheiben geschnitten*
1¼ Tassen (310 g) Zucker
½ Tasse (125 ml) Wasser
*500 g reife Erdbeeren, vorsichtig gewaschen,
    trockengetupft, entstielt und halbiert*
¾ Tasse (200 ml) Orangensaft, frisch gepreßt

1. Rhabarber mit Zucker und Wasser in einem Topf aufkochen lassen, die Hitze etwas reduzieren und etwa 20 Minuten köcheln lassen, bis der Rhabarber gar ist.
2. Den Rhabarber in einer Küchenmaschine pürieren und dann in eine große Schüssel füllen.
3. Erdbeeren und Orangensaft in der Küchenmaschine pürieren und unter den warmen Rhabarber rühren. Abkühlen lassen.
4. In einer Eismaschine einfrieren.
Ergibt etwa 5 Tassen (1¼ Liter)

Blood Orange Sorbet

Blutorangensorbet

Blutorangen gibt es während der kalten Jahreszeit im Überfluß, und ihr Saft funkelt als Sorbet rubinrot. Dieses Rezept läßt sich leicht zubereiten, und das Gericht ist ein wunderbares Finale nach einem winterlichen Eintopf. Der *Simple Sugar Syrup for Sorbets* (s. S. 579) läßt sich vorher zubereiten und lange aufbewahren.

2 Tassen (500 ml) Blutorangensaft, frisch gepreßt
*2 Tassen (500 ml) Simple Sugar Syrup
    for Sorbets (s. S. 579)*

Saft und Zuckersirup in eine Eismaschine geben und einfrieren
Ergibt etwa 4 Tassen (1 Liter)

»Hot«
Red Cherry Sorbet

»Heisses« Kirschsorbet

Sobald die saftigen Süßkirschen Saison haben, fällt es mir richtig schwer, sie nicht überall zu verwenden. Abgesehen von meinem Süßkirschkuchen reicht kein anderes Dessert an den konzentrierten Geschmack dieses »heißen« Kirschsorbets heran. Ein schmaler Zweig frische Minze oder eine Rosenknospe reichen aus, um das Sorbet vollendet in Szene zu setzen.

4 Tassen (600 g) Süßkirschen, entsteint
*2 Tassen (500 ml) Simple Sugar Syrup
    for Sorbets (s. S. 579)*
3 EL Zitronensaft, frisch gepreßt
*½ TL Mandelextrakt oder
    1–2 Tropfen Bittermandelaroma*

1. Kirschen und ½ Tasse (125 ml) Zuckersirup in einer Küchenmaschine pürieren.
2. Die Mischung in eine Schüssel geben und den restlichen Sirup, Zitronensaft und Mandelextrakt unterrühren.
3. In einer Eismaschine einfrieren.
Ergibt etwa 1½ Liter

KOSTPROBEN AUS DEM EISSALON

Zwar sind Eisdielen in Amerika noch nicht ganz von der Bildfläche verschwunden, doch findet man sie heute fast nur noch an den Stränden der Sommerurlaubsorte. Glücklicherweise haben aber die traumhaften Eiskreationen, denen sie ihre Popularität verdankten, überlebt.

Eiscremesoda/*float*: Dem Vernehmen nach bot Robert Green aus Philadelphia 1874 bei der Fünfzigjahrfeier des Franklin-Instituts ein Mischgetränk aus Sirup, Sahne und Mineralwasser feil. Nachdem ihm die Sahne ausgegangen war, ersetzte er diese durch Vanilleeis. Der Erfolg war durchschlagend. Heute werden Eiscremesodas aus Sirup zubereitet, der mit etwas Milch gemixt, mit Selterswasser aufgegossen und anschließend durch eine Portion Eiscreme abgerundet wird. *Floats* sind alkoholfreie, kohlensäurehaltige Getränke, denen eine Kugel Eiscreme den Pfiff verleiht.

Flip: Gehaltvolles Getränk aus Sirup, einem ganzen Ei oder einem Eigelb, Aroma und Mineralwasser. Das Getränk sollte immer »geflippt«, also kräftig mit zerkleinertem Eis geschüttelt werden, damit es schaumig und eiskalt wird.

Fizz: Leichtes Erfrischungsgetränk aus Sirup, Mineralwasser und Puderzucker, der für die spritzige Note verantwortlich ist.

Eiercreme: New Yorker wissen, was Eiercreme ist. Allerdings enthält dieses schokoladige Mixgetränk weder Eier noch Sahne, sondern nur Milch. Ihren Namen verdankt die Eiercreme dem Geschmack, der so intensiv ist, als enthielte sie Eier. Werden die Zutaten richtig gemixt, ähnelt die Schaumkappe zudem Eischnee. Die Zutaten – Schokoladensirup, Milch und Selterswasser – sind zwar einfach, doch hängen Aroma und Konsistenz vom richtigen Mischungsverhältnis ab. Im Idealfall sollte das Selterswasser aus einem echten, alten Siphon kommen. Er gibt dem Wasserstrahl den richtigen Druck, um die Zutaten optimal zu verbinden und die gut 1 cm dicke Schaumkappe zu bilden, das Markenzeichen jeder guten Eiercreme.

Milkshake: Seit jeher gehört der Milchshake zu den unverzichtbaren Milchgetränken jeden Eissalons. Ursprünglich kam in die Milch nur Sirup mit Geschmack oder manchmal auch Eiscreme, um das Ganze dann schaumig und cremig zu mixen. Inzwischen wurde Eiscreme zum wichtigsten Bestandteil. Die gehaltvolleren Milchshakes heißen auch Eiershakes und enthalten Eier, Sahne oder Buttermilch. Milchshakes werden wie Malzmilch (s. u.) normalerweise in einem speziellen Mixbecher zubereitet, dessen Inhalt häufig noch für einen kleinen Nachschlag reicht.

Malzmilch: besteht aus Milch, Sirup mit Geschmack, Eiscreme und einem Schuß Malzpulver (Trockenvollmilch, Weizenextrakte und Malzgerste); auch mit Ei als Eiermalzshake.

Frappé: Andere Bezeichnung für Milchshake. Früher war dies eine einfache Mischung aus Fruchtsäften, die angefroren und dann als Drink serviert wurden.

Eisbecher: Getränke aus dem Siphon hatten im 19. Jahrhundert den Ruf, süchtig zu machen, was ein Verkaufsverbot von Sodawasser am Sonntag nach sich zog. Um 1880 kreierten die Eisdielen zur Umgehung dieses puritanischen Gesetzes den Eisbecher, eine Mischung aus Eiscreme, Sirup und Schlagsahne, aber ohne Soda, so daß er am Sonntag serviert werden durfte. Heute gehören zu den beliebten Eisspezialitäten der Schokoladenbecher mit heißer Fondantsauce (mehrere Kugeln Vanilleeis werden mit warmer Schokoladensauce übergossen, auf die Schlagsahne und eine Maraschinokirsche kommen) und der heiße Karamelbecher, bei dem Karamelsauce die Fondantsauce ersetzt. Es lohnt sich, den Eisbecher mit gehackten Nüssen zu bestreuen.

Parfait: *Parfait* bedeutet im Französischen »perfekt«, es ist also ein etwas raffinierterer Eisgenuß mit sahnigerem, cremigerem Eis, serviert in einem hohen Glaskelch. Parfaits sehen delikater aus und waren früher besonders bei Damen sehr beliebt. Normalerweise wird ein Glas Mineralwasser dazu serviert.

Bananensplit: Viele halten Bananensplit für das Nonplusultra der Eisspezialitäten. Es wird auf länglichen Desserttellern serviert und besteht aus einer längs halbierten Banane, drei verschiedenen Eis- und Sirupsorten und ist üppig garniert. Probieren Sie doch einmal mein Rezept auf dieser Seite.

SIMPLE SUGAR SYRUP FOR SORBETS
ZUCKERSIRUP FÜR SORBETS

Dieser Sirup ist kinderleicht zu machen und sollte für die Zubereitung von Sorbets immer zur Hand sein. Dicht verschlossen, läßt er sich im Kühlschrank sehr lange aufbewahren.

4 Tassen (1 kg) Zucker
4 Tassen (1 l) Wasser

Zucker und Wasser in einem Topf aufkochen lassen. Die Hitze reduzieren und etwa 5 Minuten weiterköcheln lassen, bis sich der Zucker aufgelöst hat. Abkühlen lassen. Der Sirup kann sofort verbraucht oder fast beliebig lange in einem verschlossenen Behälter im Kühlschrank aufbewahrt werden.
Ergibt etwa 5 Tassen (1¼ Liter)

BIG-TIME BANANA SPLIT
BANANENSPLIT

Kaum jemand wird abstreiten, daß ein gutes altes Bananensplit eigentlich zu den Drei-Sterne-Desserts gehören müßte. Drei Eissorten, drei Saucen, viel frisch geschlagene Sahne und drei Kirschen als Krönung: Was gibt es Aufregenderes? Diese köstliche Spezialität steht in den Eisdielen an der Spitze der Beliebtheitsskala und läßt sich auch zu Hause mit gekaufter Eiscreme und Sauce leicht zubereiten – sofern Sie nicht den Ehrgeiz haben, hausgemachtes Eis zu verwenden. Die Kombination sorgfältig aufeinander abgestimmter Geschmacksrichtungen gibt Bananensplit sein besonderes Flair. Wenn Sie das Eis und die Saucen nicht selbst zubereiten, sollten Sie wenigstens die Sahne selbst schlagen!

1 reife Banane, geschält und längs
   aufgeschnitten
1 Kugel Bittersweet Chocolate Ice Cream
   (s. S. 572)
1 Kugel Sweet Cherry Ice Cream (s. S. 570)
1 Kugel New Orleans Praline Ice Cream
   (s. S. 575)
1 EL Silky Hot Chocolate Sauce
   (s. übernächstes Rezept), erwärmt
1 EL Cherry Sauce (s. folgende Seite)
1 EL Old-Fashioned Butterscotch Sauce
   (s. S. 582), erwärmt
1–2 EL geröstete Erdnüsse, gehackt
½ Tasse (125 ml) Sweetened Whipped Cream
   (s. S. 533)
3 Maraschinokirschen mit Stengel

   1. Die beiden Bananenhälften mit der Schnittseite nach unten auf beiden Seiten an den Rand eines langen, ovalen Desserttellers legen. Die Eiskugeln zwischen den Bananen in der Tellermitte arrangieren
   2. Mit einem Löffel Schokoladensauce über dem Schokoladeneis, Kirschsauce über dem Kirscheis und Karamelsauce über dem Pralinéeis verteilen. Das Ganze mit Erdnüssen bestreuen und jede Kugel mit etwas Sahne und einer Kirsche verzieren. Sofort servieren.
   Für 1–2 Personen

Drive-in Cherry Milkshake

Kirschmilchshake

Sparen Sie sich diesen Kirschmilchshake für die Kirschenernte auf, wenn es Früchte in Hülle und Fülle gibt. Sollten Sie keine frische Kirschsauce im Haus haben, eignen sich auch eingemachte Delikateßkirschen sehr gut. Erschrecken Sie nicht vor der Menge an Eis. Solche Portionen werden auch in Eisdielen serviert! Natürlich brauchen Sie etwas Durchhaltevermögen, um das Glas bis auf den letzten Schluck zu leeren, wenn Sie den Shake, wie üblich, mit dem Strohhalm trinken. Die Kirschen lassen sich auch durch eine andere Fruchtsauce oder Eingemachtes ersetzen.

½ Tasse (125 ml) Milch
2 EL Cherry Sauce (s. folgende Seite) oder
   eingelegte Kirschen
3 Kugeln (à 100 g) Homey Vanilla Ice Cream
   (s. S. 573)

   1. Milch und Kirschsauce im Mixer vermischen.
   2. Eiscreme zugeben und ganz unterrühren. Sofort in einem großen Glas servieren.
   Für 1 Person

Silky
Hot Chocolate Sauce

Heisse Schokoladensauce

Schokoladensauce eignet sich perfekt zum Garnieren von Eisbechern, ist aber ebenso köstlich über Früchtekuchen oder frischem Obstsalat. Vanilleextrakt verleiht ihr zusätzliches Aroma, kann aber – für erwachsene Gäste – auch durch Ihren Lieblingslikör ersetzt werden.

350 g hochwertige Zartbitterschokolade
1 Tasse (250 ml) Schlagsahne
2 TL Vanilleextrakt oder
   5 Tropfen Vanillearoma

   1. Schokolade fein hacken und beiseite stellen.
   2. Sahne in einem Topf bei mittlerer Temperatur erhitzen. Kurz bevor die Sahne kocht, den Topf vom Herd nehmen. Gehackte Schokolade und Vanille zugeben und alles glattrühren. Kann gut verschlossen bis zu 2 Wochen im Kühlschrank aufbewahrt werden. Im Wasserbad aufwärmen.
   Ergibt etwa 2 Tassen (500 ml)

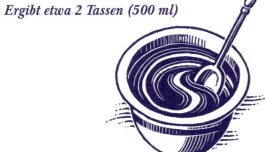

CHERRY SAUCE
KIRSCHSAUCE

Wenn Sie Lust auf einen frischen Kirschshake oder einen Eisbecher mit schwarzen Kirschen haben, dann ist diese üppige Sauce genau das richtige. Holen Sie im Juni, in der Hochsaison, den Obstentsteiner heraus und machen Sie sich an die Arbeit. Da der Zucker als Konservierungsmittel wirkt, kann die Sauce 3–4 Wochen im Kühlschrank aufbewahrt werden. Der dabei gewonnene Sirup läßt sich gut einfrieren.

750 g Süßkirschen, Stengel und Steine entfernt
750 g Zucker
¾ Tasse (200 ml) Wasser
¼ TL Mandelextrakt oder
   1–2 Tropfen Bittermandelaroma
1 EL Zitronensaft, frisch gepreßt

   1. In einem Topf abwechselnd Kirschen und Zucker übereinanderschichten. Den Topf beiseite stellen und die Kirschen mindestens 1 Stunde ziehen lassen.
   2. Wasser und Mandelextrakt zugeben und alles bei starker Hitze unter gelegentlichem Rühren zum Kochen bringen. Die Hitze etwas reduzieren und etwa 15 Minuten köcheln lassen, bis die Mischung andickt, dabei Schaum von der Oberfläche abschöpfen. Zitronensaft unterrühren und den Topf vom Herd nehmen. Abkühlen lassen und vor dem Servieren kalt stellen.
   Ergibt etwa 4 Tassen (1 Liter)

FRESH STRAWBERRY SAUCE
FRISCHE ERDBEERSAUCE

Wenn die Erdbeeren in Ihrer Gegend reif sind, sollten Sie unbedingt eine große Portion Erdbeersauce zubereiten. Die Mikrowelle eignet sich dafür sehr gut. Falls Sie eine haben, ist die Sauce schnell fertig, sieht gut aus und schmeckt köstlich. Durch den frischen Zitronensaft wird sie nicht zu süß. Dank der Menge an Zucker hält sich die Sauce im Kühlschrank bis zu einem Monat. Man serviere Sie zu Erdbeereis oder – das ist unübertroffen – zu Bananensplit.

3 Tassen (500 g) reife Erdbeeren, gewaschen, trockengetupft, entstielt und halbiert
2 Tassen (500 g) Zucker
2 TL unbehandelte Zitronenschale, feingerieben
1 EL Zitronensaft, frisch gepreßt

1. Alle Zutaten in eine möglichst große mikrowellenfeste Schüssel geben.
2. Ohne Deckel auf hoher Stufe (s. Hinweis) 10 Minuten kochen. Aus der Mikrowelle nehmen, umrühren und nochmals 5 Minuten in der Mikrowelle kochen.
3. Erst ganz abkühlen lassen, dann umfüllen; im Kühlschrank aufbewahren.

Ergibt etwa 3 Tassen (750 ml)

Hinweis: Dieses Rezept wurde in einer Mikrowelle mit Drehteller bei 650–700 Watt unter Verwendung von Mikrowellengeschirr getestet.

Lanai Sweet Pineapple-Ginger Sauce

Ananas-Ingwer-Sauce

Während eines Besuchs auf Hawaii verbrachte ich einige Tage auf der Insel Lanai, wo ich eine Ananasplantage besichtigen konnte. Wieder zu Hause, inspirierte mich diese Reise zu etlichen neuen Rezepten mit frischer Ananas, darunter auch die folgende Sauce. Sie schmeckt frisch köstlich zu Eiscreme und wurde deshalb ins Drei-Saucen-Triumvirat für Bananensplit aufgenommen. Ebensogut paßt sie zu einem Stück Schokoladenkuchen mit einem Klecks Schlagsahne. Eines sollten Sie jedoch wissen: Frische Ananas hält sich selbst gekocht nicht gut und sollte deshalb innerhalb von 24 Stunden verbraucht werden.

1 reife Ananas, geschält und holziges Mittelstück entfernt
1 Tasse (250 g) Zucker
2 EL kandierter Ingwer, feingehackt

1. Die Ananas in sehr kleine Würfel schneiden und den Saft auffangen. Mit dem Saft, Zucker und Ingwer in einen großen Topf geben.
2. Aufkochen, die Hitze reduzieren und die Sauce 15 Minuten unter gelegentlichem Rühren köcheln lassen, bis sie andickt. Abkühlen lassen und gut verschlossen bis zu 24 Stunden im Kühlschrank aufbewahren.

Ergibt etwa 3 Tassen (750 ml)

Old-Fashioned Butterscotch Sauce

Karamelsauce

Diese Sauce ist ein Muß für jedes Bananensplit. Haben Sie sie erst einmal zubereitet und probiert, werden Sie diese Köstlichkeit noch zu vielen anderen Desserts servieren wollen. Sie ist das I-Tüpfelchen auf einer *New Orleans Praline Ice Cream* (s. S. 575) und läßt sich wunderbar mit *Old-Fashioned Apple Pie* (s. S. 525), *Harvest Baked Pears* (s. S. 510) oder *Granny Ruth's Brownies* (s. S. 557) mit Vanilleeiscreme kombinieren. Als delikater Dip zu frischem Obst ist sie zwar weniger spektakulär, aber genauso gut.

1⅓ Tassen (240 g) brauner Zucker
¾ Tasse (360 g) heller Maissirup
4 EL Butter
2 EL Wasser
1 Prise Salz
6 EL Schlagsahne

Zucker, Maissirup, Butter, Wasser und Salz in einem Topf mischen. Bei mittlerer Hitze aufkochen lassen und unter Rühren 2 Minuten weiterkochen. Den Topf vom Herd nehmen und abkühlen lassen, dann Sahne unterrühren. Die Sauce kann gut verschlossen bis zu zwei Wochen im Kühlschrank aufbewahrt werden.
Ergibt etwa 2 Tassen (500 ml)

Vanilla Bean Syrup

Vanilleschotensirup

Falls Sie ein Dessert mit Vanilleeis planen, möchten Sie sicher nicht auf diesen Sirup verzichten. Er wird in jeder Eisdiele angeboten, läßt sich aber auch kinderleicht selbst machen und hält sich gut. Sie sollten also schon im Mai eine große Menge davon kochen, um ihn den ganzen Sommer über für Eisdesserts aus Ihrer Küche verwenden zu können. So werden auch Sie zum Profi in Sachen Eiscreme!

1 Tasse (250 g) Zucker
1 Tasse (250 ml) Wasser
1 Vanilleschote, längs aufgeschnitten

Zucker, Wasser und Vanilleschote in einem Topf aufkochen lassen und Zucker unter Rühren auflösen. Sobald die Mischung kocht, die Hitze reduzieren und 5 Minuten köcheln lassen; dabei den Topf gelegentlich schwenken. Die Mischung ganz abkühlen lassen. Der Sirup kann in verschlossenem Behälter vier Monate im Kühlschrank aufbewahrt werden. Vanilleschote vor dem Servieren entfernen.
Ergibt 1¼ Tassen (310 ml)

Fresh Strawberry Syrup

Erdbeersirup

Dieser Sirup steht in jeder Eisdiele auf der Karte und gehört notwendig zu Bananensplit sowie zu Erdbeershake und Erdbeerbecher, zwei Eisspezialitäten, auf die ich nur schwer verzichten könnte. Wenn Sie die zerkleinerten Beeren durch ein Stück Gaze seihen, sollten Sie darauf achten, daß nicht zu viel Fruchtfleisch in die Flüssigkeit gelangt, da es den Sirup zu sehr trübt.

4 Tassen (650 g) reife Erdbeeren, vorsichtig gewaschen
1¼ Tassen (330 ml) Wasser
2 TL unbehandelte Zitronenschale, feingeraspelt
1¼ Tassen (310 g) Zucker

1. Die Beeren zerkleinern und in einem großen Topf mit 1 Tasse Wasser (250 ml) und

Zitronenschale aufkochen lassen. Die Temperatur auf mittlere Stufe reduzieren, 5 Minuten köcheln lassen und Schaum von der Oberfläche abschöpfen. Die Mischung abkühlen lassen.

2. In der Zwischenzeit Zucker und das restliche Wasser in einem kleinen Topf aufkochen lassen. Zucker unter Rühren auflösen und den Sirup weiterkochen, bis das Zuckerthermometer 125 °C anzeigt. Den Topf vom Herd nehmen und beiseite stellen.

3. Die Erdbeermischung durch ein Sieb mit einer doppelten Lage Musselinstoff in eine Schüssel abseihen. Die Mischung gut ausdrükken, bis nur noch Fruchtfleisch und Kerne zurückbleiben; beides wegwerfen.

4. Den aufgefangenen Erdbeersaft in einen sauberen Topf geben und Zuckersirup zugießen. Bei mittlerer Temperatur erhitzen und 8 Minuten kochen lassen. Der Sirup hält sich abgedeckt im Kühlschrank zwei Wochen.

Ergibt etwa 2 Tassen (500 ml)

Deep Blueberry Syrup
Heidelbeersirup

Dieses Rezept entstand eigentlich durch einen Zufall, als ich ein Kompott kochen wollte, das dann aber nicht richtig fest wurde. Anstatt die Heidelbeeren wegzuwerfen, goß ich sie durch ein Sieb und erhielt so einen intensiven, aromatischen Sirup. Er war ein solcher Erfolg, daß ich das Rezept noch ein wenig verfeinerte. Da der Zucker als Konservierungsmittel dient, hält sich der Sirup verschlossen und im Kühlschrank bis zu zwei Monaten. Er ist etwas ganz Besonderes zu Waffeln, Pfannkuchen und belegtem Toast, aber auch zu Eisbechern.

1,5 kg Blaubeeren, vorsichtig abgewaschen
3 Tassen (750 g) Zucker
1 Vanilleschote, längs aufgeschnitten
¾ Tasse (200 ml) Wasser
1 TL Zitronensaft, frisch gepreßt

1. Heidelbeeren und Zucker in einen großen Topf geben und vorsichtig mit einem Gummispatel mischen. Dann die Vanilleschote in die Mitte stecken und alles 1 Stunde ziehen lassen.

2. Wasser und Zitronensaft zu den Beeren geben und bei starker Hitze unter gelegentlichem Rühren aufkochen lassen. Die Hitze reduzieren und etwa 15 Minuten weiterköcheln lassen, bis die Mischung andickt; Schaum von der Oberfläche abschöpfen.

3. Den Topf vom Herd nehmen und die Mischung durch ein feines Sieb streichen. Abkühlen lassen und bis zum Verzehr gut verschlossen im Kühlschrank aufbewahren.

Ergibt etwa 2 Tassen (500 ml)

Three Lemonades and a Cherry Cola
Drei Limonaden und Kirschcola

Nichts löscht den Durst so gut wie ein großes Glas eisgekühlte, süß-saure Limonade. Hier sind drei Varianten, die auch den heißesten Sommertag erträglich machen. Die *County Fair Lemonade* enthält frischen Zitronensaft, dessen saurer Geschmack durch Zuckersirup gemildert wird, so daß ein köstlich erfrischendes Getränk entsteht. Die *Old-Fashioned Lemonade* ist kinderleicht zuzubereiten und beschwört die Atmosphäre der Jahrhundertwende herauf (ich meine nicht die kommende!). *Bernice »Toots« Zipperman's Old-Fashioned Lemonade* erhält durch Orangensaft ihr gewisses Etwas und ist stets das richtige, wenn Ihnen einmal der Sinn nach einem ganz anderen Getränk steht, das auch noch belebt.

Oder haben Sie eher Lust auf ein kühles Mixgetränk? Nichts leichter als das: *Cameron's Cherry Cola* mit Maraschinokirschen und -saft, aufgefüllt mit Ihrer Lieblingslimonade, ist im Geschmack kaum zu schlagen!

BERNICE »TOOTS« ZIPPERMAN'S OLD-FASHIONED LEMONADE

ZITRONENLIMONADE MIT ORANGE UND MINZE

★

Als Gast in Sue Zelicksons Radiosendung in Minneapolis, Minnesota, erwähnte ich, daß ich auf den Volksfesten der Gegend statt Eis- überall nur Limonadenstände gesehen hätte. Nach einem kurzen Gespräch über dieses Thema gab Sue mir ein hervorragendes Rezept von ihrer Mutter, das geschmacklich durch Orange abgerundet wird.

2 große Zitronen
1 mittelgroße Orange
½ Tasse (125 g) Zucker
4 Tassen (1 l) Wasser
12–16 frische Minzeblätter
Eiswürfel, zum Servieren

Zitronen und Orangen auspressen und den Saft in einen Krug (am besten aus Glas) füllen. Zucker, Wasser und Minzeblätter zugeben und verrühren, bis der Zucker aufgelöst ist. Mit Eiswürfeln servieren.

Ergibt etwa 1 Liter (ohne Eis)

COUNTY FAIR LEMONADE

ZITRONENLIMONADE

In den Sommern 1994 und 1995 besuchte ich mehr Volksfeste, als ich mir je hätte träumen lassen. Zwischen Attraktionen wie Ochsenziehen, Schafscheren und Kunsthandwerk sah ich zahlreiche mit den vertrauten rotweißblauen Fähnchen geschmückte Limonadenstände. Hier ist eines der vielen amerikanischen Rezepte für frische Limonade aus Zuckersirup. Süßen Sie Ihr Getränk nach Gusto – die angegebenen Mengen sind für Leute, die es gerne sauer mögen. Einmal gekocht, kann der Sirup im Kühlschrank fast beliebig lange aufbewahrt werden. Frischer Zitronensaft ist ein Muß!

2 Tassen (500 g) Zucker
6 Tassen (1½ l) Wasser
2 Tassen (500 ml) Zitronensaft, frisch gepreßt, durch ein Sieb gegossen
1–2 unbehandelte Zitronen, in hauchdünne Scheiben geschnitten, zum Garnieren
Eiswürfel, zum Servieren

1. Zucker und 2 Tassen (500 ml) Wasser in einem Topf zum Kochen bringen, den Zucker unter Rühren auflösen und noch 2 Minuten weiterkochen. Den Topf vom Herd nehmen und abkühlen lassen. Ergibt 2½ Tassen (625 ml) Sirup, der gut verschlossen fast beliebig lange im Kühlschrank aufbewahrt werden kann.

2. Den abgeseihten Zitronensaft in einen großen Krug (am besten aus Glas) gießen. Das restliche Wasser und eine Tasse (250 ml) oder mehr Zuckersirup zugeben. Mit Zitronenscheiben garnieren und vor dem Servieren Eiswürfel in den Krug geben. In großen Gläsern servieren.

Ergibt etwa 2 Liter (ohne Eis)

OLD-FASHIONED LEMONADE

ZITRONENLIMONADE MIT MINZE

★

Fegen Sie Ihre Veranda, sammeln Sie die verwelkten Geranienblüten auf, stellen Sie die Stühle raus, füllen Sie die Krüge und laden Sie mich ein! Diese Limonade gab es immer bei meiner Großmutter, wenn die Stachel- und Brombeeren für ihren Obstkuchen gepflückt waren. Ein Glas genügt schon, um festzustellen, daß es gut ist, während des Sommers immer eine große Schale Zitronen zum Entsaften auf dem Küchentisch zu haben.

2 Tassen (500 ml) Zitronensaft, frisch gepreßt, durch ein Sieb gegossen
4 Tassen (1 l) Wasser
½ Tasse (125 g) Zucker
1–2 unbehandelte Zitronen, in hauchdünne Scheiben geschnitten, zum Garnieren
Eiswürfel, zum Servieren
einige Zweige Zitronenminze, zum Garnieren

Den Zitronensaft in einen großen Krug (am besten aus Glas) geben. Wasser und Zukker zufügen und gut verrühren, bis sich der Zucker aufgelöst hat. Zitronenscheiben zugeben und vor dem Servieren den Krug mit Eiswürfeln füllen. In großen, mit Minzezweigen dekorierten Gläsern servieren.

Ergibt etwa 1½ Liter (ohne Eis)

CAMERON'S CHERRY COLA

KIRSCHCOLA

★

Diese Kirschcola hat mein Freund Cameron Wright kreiert. Sie wird aus Cola, einer Handvoll zerkleinerter Maraschinokirschen und deren Saft gemacht. Servieren Sie diesen Drink mit zerstoßenem Eis. Getrunken wird er mit dem Strohhalm, in dem die Kirschfleischstückchen immer wieder steckenbleiben. (Sie können aber wieder aus dem Strohhalm herausgeblasen werden, was vor allem Ihre kleinen Gäste begeistern dürfte.) Bei der Vanillecola, einer Variante, die statt auf Kirsch- auf Vanillesirup basiert, hat man diese Probleme mit dem Strohhalm nicht.

100 g Maraschinokirschen aus dem Glas
zerstoßene Eiswürfel, zum Servieren
1¼ Tassen (310 ml) Cola

1. Kirschen abtropfen lassen, den Saft auffangen; Stiele, falls vorhanden, wegwerfen. Die Kirschen hacken und wieder in den Saft geben.

2. Zwei Gläser (à 330 ml) zu drei Vierteln mit zerstoßenem Eis füllen.

3. Dann 2 gehäufte Eßlöffel Kirschmischung über das Eis geben und die Gläser bis zum Rand mit Cola auffüllen. Umrühren und mit Strohhalm servieren!

Für 2 Personen

Volksfeste & Festivals

American Royal International Invitational Barbecue Contest
Zeitpunkt: erstes Oktoberwochenende
Informationen:
1701 American Royal Court
Kansas City, Missouri 64102
(816) 221-9800; fax (816) 221-8189

Dies ist der größte Grillwettbewerb der Welt mit Live-Musik rund um die Uhr (Bluegrass, Jazz und Rock'n Roll) und Unterhaltung für die Familie (Holzschuhtanz- und Fiedelwettbewerb, Spiele, Kunsthandwerk, Streichelzoo und vieles mehr). Auf einer großen Freifläche werden gegrillte Spezialitäten angeboten. Aufgrund von Gesundheitsvorschriften dürfen die Grillgerichte der Kandidaten allerdings nicht probiert werden. Der Wettbewerb beginnt Freitagabend. Besucher sind herzlich willkommen, um die witzigen, selbstgemachten Grillgeräte zu bestaunen, sich von den Kandidaten Grilltechniken abzugucken und die Musik und das Freizeitangebot zu genießen.

Castroville Artichoke Festival
Zeitpunkt: Ende September
Dauer: zwei Tage
Informationen:
California Artichoke Advisory Board
P.O. Box 747
10719 Merritt Street
Castroville, California 95012
(408) 633-4411

Auf diesem Festival rund um die Artischocke gibt es neben Spezialitäten einen Umzug, eine Artischockenschau, ein Artischockenwettessen, Spiele, Kunsthandwerk, die Kür der Artischockenkönigin, einen 10-Kilometer-Lauf und vieles mehr.

World Catfish Festival
Zeitpunkt: erster Samstag im April
 (wenn er nicht auf Ostern fällt)
Informationen:
Belzoni-Humphreys County Industrial
Development Foundation, Inc.
528 North Hayden Street
Belzoni, Mississippi
(601) 247-4238

Einen Tag lang dreht sich hier alles um den Katfisch: vom opulenten Mittagessen mit Katfisch, *Hush Puppy* und Kohlsalat über die Kür der Katfischkönigin, Unterhaltung für Kinder bis hin zum beliebten Katfischwettessen. Weiterhin gibt es Live-Musik, einen 10 000-Meter-Lauf, einen Rundgang entlang der Katfischteiche im Ort, einen Kunsthandwerkermarkt und vieles mehr. Das Katfischmuseum liegt auf der Straßenseite dem Gericht gegenüber.

Fiesta San Antonio
Zeitpunkt: zweite Aprilhälfte
Dauer: 10 Tage
Informationen:
Fiesta San Antonio Commission
122 Heiman Street
San Antonio, Texas 78205
(210) 227-5191

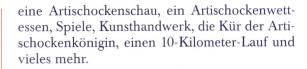

Diese Paraden, Straßenpartys, Konzerte, Sportveranstaltungen, Kunstausstellungen und elegante Bälle finden zur Feier der texanischen Unabhängigkeit von Mexiko statt, die am 21. April 1836 in der Schlacht von Jacinto, 46 Tage nach dem Fall der Missionsstation Alamo, errungen wurde. Zu den Höhepunkten gehört die »Night in Old San Antonio«, ein extravagantes Ereignis mit reichlicher Bewirtung und vielfältiger Unterhaltung auf dem Marktplatz (El Mercado), das sich über vier Abende erstreckt. Sie sollten Alamo auf alle Fälle besuchen!

Georgia Peach Festival
Zeitpunkt: Anfang Juni
Dauer: eine Woche
Informationen:
Georgia Peach Festival
P.O. Box 2001
Fort Valley, Georgia 31030
(912) 825-4002

Als Land der Pfirsichbäume feiert Georgia die jährliche Ernte mit einem Pfirsichdessert-Rezeptwettbewerb, dem größten Pfirsichcocktail der Welt, Kunsthandwerk, Sportveranstaltungen, musikalischer Unterhaltung, einem 5000-Meter-Lauf, einer historischen Ausstellung und Pfirsichen in Hülle und Fülle. Besichtigen Sie auch die Pfirsichverpackungsanlagen von Fort Valley und vergessen Sie nicht, frische Pfirsicheiscreme und die *cobblers* zu probieren, die überall angeboten werden!

Gilroy Garlic Festival
Zeitpunkt: Ende Juni
Dauer: drei Tage
Informationen:
Gilroy Garlic Festival
P.O. Box 2311
Gilroy, California 95021
(408) 842-1625

Den Mittelpunkt des Knoblauchfestivals bildet die Gourmet Alley, die sogenannte Feinschmeckergasse, in der Sie alle erdenklichen Knoblauchleckerbissen wie Pfeffersteak, Calamari, Scampi, Knoblauchbrot und sogar Knoblaucheis probieren können. Zu den weiteren Höhepunkten zählen Live-Musik, und Unterhaltung für Kinder sowie die Kür der Knoblauchkönigin.

Great Wisconsin Cheese Festival
Zeitpunkt: erstes Juniwochenende
Informationen:
Great Wisconsin Cheese Festival
1940 Buchanan Street
Little Chute, Wisconsin 54140
(414) 788-7390

Hier, im Zentrum der amerikanischen Milchwirtschaft, frönen Tausende von Menschen ihrer Leidenschaft für Käse. Am Samstagmorgen findet die Große Käseparade statt, am Sonntag das Große Käsefrühstück. Weitere Attraktionen sind ein Käsewettessen, Ausstellung von Käseschnitzereien, eine Käsedegustation und ein Käsekuchenwettbewerb, ein Gladiatorentournier, Zaubervorstellungen, Spiele für Kinder, Handwerks- und Kuriositätenstände und Reiten. Dazu wird rund um die Uhr Live-Musik gespielt.

The Gumbo Festival
Zeitpunkt: Mitte Oktober
Informationen:
The Gumbo Festival
P.O. Box 9096
Bridge City, Louisiana 70094
(504) 436-4712

Auf dem Festgelände in Bridge City werden täglich über 7500 Liter Meeresfrüchtegumbo und Hähnchen- bzw. Wurstgumbo frisch gekocht. Auch andere typische Gerichte aus Louisiana wie Jambalaya, rote Bohnen und Reis mit Wurst sind neben selbstgebackenen Kuchen und vielem mehr erhältlich. Es gibt einen Gumbokochwettbewerb, Unterhaltung mit Cajun, Country, Zydeco, Jazz, Blues und Rockmusik. Miss Creole Gumbo sowie King Creole Gumbo begrüßen die Besucher. Außerdem gibt es einen 5000-Meter-Lauf und Spiele.

Lima Bean Festival
Zeitpunkt: erster Samstag im Oktober
Informationen:
Alys Dolmetch
(609) 884-4086

Einen Tag lang wird in West Cape May, New Jersey, die Ernte der Limabohnen aus Fordhook gefeiert, und zwar mit Live-Musik, Essensständen, wo unendlich viele verschiedene Gerichte mit Limabohnen angeboten werden, Antiquitäten- und Kunsthandwerkständen und der Kür der Limabohnenkönigin.

Marysville Strawberry Festival
Zeitpunkt: Mitte Juni
Informationen:
(360) 659-7664

Das größte Erdbeerfest wird in Marysville, Washington, dem Zentrum des Erdbeeranbaus, gefeiert. In den dreißiger Jahren wurde es von einheimischen Erdbeerbauern ins Leben gerufen und zieht heute über 100 000 Besucher an. Zu den Festivitäten zählen die Grand Parade, der Kunsthandwerkermarkt, eine Autoshow, Go-Cart-Rennen, Talentshows, Golf- und Softballturniere, viele Degustationen – und natürlich gibt es die berühmten Erdbeertörtchen. Sie können auch selbst auf einer der einheimischen Farmen Erdbeeren pflücken.

National Mushroom (Morel) Hunting Championship
Zeitpunkt und Ort: im Mai
Informationen:
Boyne City Chamber of Commerce
(616) 582-6222

Neben dem Pilzesuchen (Morcheln) werden in Boyne City, Michigan, Pfannkuchenfrühstück, ein Kunsthandwerkermarkt, Freizeitaktivitäten für Kinder, Live-Musik und Vergnügungsfahrten angeboten. Die umliegenden Restaurants versorgen die Besucher mit den unterschiedlichsten Morchelspezialitäten.

Taste of Charleston
Zeitpunkt: im Oktober
Informationen:
Charleston Restaurant Association
(803) 577-4030

Auf der Boon Hall Plantation stehen die kreolische, die cajunische und die bürgerliche Küche der guten Restaurants von Charleston im Mittelpunkt. Außerdem gibt es Weinproben und einem Eisschnitzwettbewerb.

Wakefield Ruritan Club Shad Planking
Zeitpunkt: dritter Mittwoch im April
Informationen:
(800) 642-6887; tickets available in March

Dieses Fest findet etwa 5 km westlich von Wakefield, Virginia, statt. Die Besucher erwartet ein vorzügliches Mittagessen mit auf Holzplanken gegartem Maifisch, der mit einer Sauce, *Hush Puppies*, Kohlsalat und Eistee serviert wird. Außerdem halten hier Politiker aus Virginia ihre Reden. In der Nähe des Festplatzes liegt ein Erdnußbuttermuseum (First Peanut Butter Museum) und das Virginia Diner, wo alle erdenklichen Spezialitäten aus oder mit Erdnußbutter zu haben sind.

Yarmouth Clam Festival

Zeitpunkt: drittes Juliwochenende
Dauer: drei Tage
Informationen:
Yarmouth Chamber of Commerce
(207) 846-3984

Anläßlich dieses Festivals in Yarmouth, Maine, werden den Besuchern ein vorzügliches Essen und kostenlose Unterhaltung geboten. Höhepunkte sind ein Umzug, Konzerte, ein Kunsthandwerkermarkt, Sportwettkämpfe, Vergnügungsfahrten, Feuerwerke und ein Unterhaltungsprogramm für Kinder. Das Festessen besteht aus Venusmuscheln – gedünstet, gebraten oder als Suppe –, Hummer, Kammuschelbrötchen, selbstgebackenen Obstkuchen, gebratenen Mehlklößen, *Lime Rickeys* (Likör mit Limettensaft, Zucker und Mineralwasser), Pfirsichkuchen, Zuckerwatte und Wassermelonen.

»On the Road« in den USA

★ ★ ★

Einige Adressen und Telefonnummern von empfehlenswerten Restaurants, Märkten und Museen in den USA:

Al's Breakfast
413 14th Avenue, S. E.
Minneapolis, Minnesota
   55414
Tel.: (612) 331-9991

American Classic Tea
Charleston Tea Plantation
P. O. Box 12810
Charleston, South
   Carolina 29412
Tel.: (803)
   559-0383

American Spoon Foods, Inc.
P. O. Box 566
1668 Clarion Avenue
Petoskey, Michigan 49770
Tel.: (800) 222-5886;
   (616) 347-9030;
Fax: (616) 347-2512

Anchor Bar
1047 Main Street
Buffalo, New York 14209
Tel.: (716) 886-8920

Antoine's Restaurant
713 St. Louis Street
New Orleans, Louisiana 70130
Tel.: (504) 581-4422

Arcadia
21 East 62nd Street
New York, New York
   10021
Tel.: (212) 223-2900

Avalon
844 Front Street
Lahaina, Hawaii 96761
Tel.: (808) 667-5559

Bayona
430 Dauphine Street
New Orleans, Louisiana
   70112
Tel.: (504) 525-4455

Beekman Arms
 4 Mill Street, Routes 9 and
   308
 Rhinebeck, New York 12572
Tel.: (914) 876-7077

Ben & Jerry's Ice Cream
Route 100
P. O. Box 240
Waterbury, Vermont 05676
Tel.: (802) 244-5641

Elizabeth Berry Heirloom Beans
Box 706
Abiquiu, New Mexico 87510
Tel.: (505) 685-4888

Big Six Farm
P. O. Box 981
Fort Valley, Georgia 31030
Tel.: (912) 825-7504

Biringer Strawberry Farm
Highway 529 between
   Marysville and Everett
4625 40th Place N.E.
Marysville, Washington
   98271
Tel.: (206) 259-0255

The Blue Willow Inn Restaurant
294 North Cherokee Road
Georgia Highway 11
Social Circle, Georgia
   30279
Tel.: (404) 464-2131

BP Gas Station of Edisto
Miss Daisy Mae Brown's
101 Palmetto Boulevard
Edisto Island, South Carolina
   29438
Tel.: (808) 869-3434

Broken Arrow Ranch
104 Highway 27
West Ingram, Texas 78025
Tel.: (210) 367-5875
For mail order:
Tel.: (800) 962-4263

The Brown Hotel
335 West Broadway
Louisville, Kentucky 40202
Tel.: (502) 583-1234

Arthur Bryant's
1727 Brooklyn Avenue
Kansas City, Missouri 64127
Tel.: (816) 231-1123

Butternut Mountain Maple Syrup Farm
Main Street
P. O. Box 381
Johnson, Vermont 05656
Tel.: (802) 635-7483

Cabbage Island Clambakes
The Moore Family
Boothbay Harbor, Maine 04538
Tel.: (207) 633-7200
June 24th through Labor Day

Cabot Creamery
P.O. Box 128
Cabot, Vermont 05647
Tel.: (802) 563-2231

Cafe du Monde
800 Decatur Street
New Orleans, Louisiana 70130
Tel.: (504) 525-4544

Cafe Pasqual's
121 Don Gasper Avenue
Santa Fe, New Mexico 87501
Tel.: (505) 983-9340

Campanile
624 South La Brea Avenue
Los Angeles, California 90036
Tel.: (213) 938-1447

Capriole, Inc.
P. O. Box 117
Greenville, Indiana 47124
Tel.: (812) 923-9408

Carolina Gold Rice
Route 3, Box 258
Grahamville, South Carolina 29943

Cheyenne Crossing Cafe
Junction of Highways 14A and 85
Lead, South Dakota 57754
Tel.: (605) 584-3510

Coach Farm, Inc.
105 Mill Hill Road
Pine Plains, New York 12567
Tel.: (518) 398-5325

Colonial Williamsburg
P. O. Box 1776
Williamsburg, Virginia 23187-1776
Tel.: (800) HISTORY oder (804) 220-7645

The Convention Grill
3912 Sunnyside Avenue
Edina, Minnesota 55424
Tel.: (612) 920-6881

Corky's Bar-B-Q
5259 Poplar Avenue
Memphis, Tennessee 38119
Tel.: (901) 685-9744

Doc's
62 Flirtation Avenue at Route 45
New Preston, Connecticut 06777
Tel.: (860) 868-9415

The Dog Team Tavern
Dog Team Road P. O. Box 421
Middlebury, Vermont 05753
Tel.: (802) 388-7651

Ed's Tastee Freeze
Highway 90 West
(88 College Avenue)
De Funiak Springs, Florida 32433
Tel.: (904) 892-9843

Elizabeth's on 37th
105 East 37th Street
Savannah, Georgia 31401
Tel.: (912) 236-5547

Empress Chili
5675 Rapid Run Road (auch andere in der Stadt)
Cincinnati, Ohio 45233
Tel.: (513) 922-6669
Geöffnet jeden Tag 11.00–22.00 Uhr, Freitags bis 23.00 Uhr

First Peanut Museum in the U.S.A.
Route 460 West
Waverly, Virginia 23890
Tel.: (804) 834-2969; (804) 834-2151
Geöffnet von Do–Mo, 14.00–17.00 Uhr
Eintritt frei, freiwillige Spende

Flaherty's Mapleworks
HCR, Box 120
Boy River, Minnesota 56632
Tel.: (218) 889-2258

Fog City Diner
1300 Battery Street
San Francisco, California 94111
Tel.: (415) 982-2000

The French Laundry
6640 Washington Street
Yountville, California 94599
Tel.: (707) 944-2380

Frontera Grill
445 N. Clark Street
Chicago, Illinois 60610
Tel.: (312) 661-1434

Gold's Delicatessen
421 Post Road East
Westport, Connecticut
06880
Tel.: (203) 227-0101

Goode Company BBQ
5109 Kirby, zwei Blöcke
südlich des Highway 59
Houston, Texas 77098
Tel.: (713) 522-2530 and
8911 Katy Freeway
Houston, Texas 77024
Tel.: (713) 464-1901

Gosman's Dock
500 West Lake Drive
Montauk, New York 11954
Tel.: (516) 668-5330

Gordon's
500 N. Clark Street
Chicago, Illinois 60610
Tel.: (312) 467-9780

Hancock Shaker Village
P. O. Box 898
An der Kreuzung der Routes
20 und 41
Pittsfield, Massachusetts 01202
Tel.: (413) 443-0188

The Herbfarm
32804 Issaquah-Fall City Road
Fall City, Washington 98024
Tel.: (206) 784-2222

The Heritage Diner
80 River Street
Hackensack, New Jersey
07601
Tel.: (201) 342-6757

Hotel Bel-Air
701 Stone Canyon Road
Los Angeles, California 90077
Tel.: (310) 472-1211

The Hume Beefalo Farm
R.D. 1-Andover
Chester, Vermont 05143
Tel.: (802) 875-3352

The Hurricane Seafood Restaurant
807 Gulf Way
St. Petersburg Beach,
Florida 33741
Tel.: (813) 360-9558

Inn of the Anasazi
113 Washington Avenue
Santa Fe, New Mexico 87501
Tel.: (505) 988-3236

Janous Fish Farms, Inc.
Route 1, Box 255
Belzoni, Mississippi 39038
Tel.: (601) 247-2221

Jesperson's Restaurant
312 Howard Street
Petoskey, Michigan 49770
Tel.: (616) 347-3601

Joe's Stone Crab
227 Biscayne Street
Miami Beach, Florida 33139
Tel.: (305) 673-0365

Joyner of Smithfield
315 Main Street
Smithfield, Virginia 23430
Tel.: (804) 357-2161

Junior's
386 Flatbush Avenue
Brooklyn, New York 11201
Tel.: (800) 958-6467

K.C. Masterpiece Restaurant
10985 Metcalf
Overland Park, Kansas
66210
Tel.: (913) 345-1199

Katz's Delicatessen
205 Houston Street
New York, New York 10002
Tel.: (212) 254-2246

Kea Lani Restaurant
Kea Lani Hotel
4100 Wailea Alanui Wailea
Maui, Hawaii 96753
Tel.: (808) 875-4100

Keys Diner
767 Raymond
St. Paul, Minnesota 55114
Tel.: (612) 646-5756
(Das Original – inzwischen gibt es davon 10 Restaurants)

King's Orchards
4620 North M 88
Central Lake, Michigan 49622
Tel.: (616) 544-6479

K-Paul's Louisiana Kitchen
416 Chartres Street
New Orleans, Louisiana 70130
Tel.: (504) 524-7394

Lancaster Central Market
Penn Square
Lancaster, Pennsylvania 17607
Tel.: (717) 291-4723

La Tasha's
43A Cannon Street
Charleston, South Carolina
29403
Tel.: (803) 723-3222

Laura Chenel's Chèvre, Inc.
4310 Fremont Drive
Sonoma, California 95476
Tel.: (707) 996-4477

Leech Lake Indian Reservation
Route 3, Box 100
Cass Lake, Minnesota 56633
Tel.: (218) 335-8200

Liberty Bar
328 East Josephine
San Antonio, Texas 78215
Tel.: (210) 227-1187

Lively Run Goat Dairy
8978 County Road 142
Interlaken, New York 14847
Tel.: (607) 532-4647

Manganaro's Hero Boy
492 Ninth Avenue
New York, New York 10018
Tel.: (212) 947-7325

The Marx Bros. Cafe
627 West Third Avenue
Anchorage, Alaska 99501
Tel.: (907) 278-2133

Maytag Dairy Farms
P. O. Box 806
Newton, Iowa 50208-9986
Tel.: (515) 792-1133
Mail-Order: (800) 247-2458

McIlhenny Company (Tabasco)
Avery Island, Louisiana 70513
Tel.: (318) 365-8173

Mrs. Wilkes's Boarding House
107 West Jones Street
Savannah, Georgia 31401
Tel.: (912) 232-5997

Mulate's
325 Mills Avenue
Breaux Bridge, Louisiana 70517
Tel.: (318) 332-4648

Mustard's Grill
7399 St. Helena Highway
Napa Valley, California 94558
Tel.: (707) 944-2424

Ocean Spray Cranberries, Inc.
One Ocean Spray Drive
Lakeville-Middleboro, Massachusetts 02349
Tel.: (508) 946-7488

The Old Inn on the Green
Route 57
New Marlborough, Massachusetts 01230
Tel.: (413) 229-3131

Pete's Kitchen
1962 East Colfax
Denver, Colorado 80206
Tel.: (303) 321-3139

The Rainbow Room
30 Rockefeller Plaza (zwischen der 49th und der 50th Street), 65th floor
New York, New York 10112
Tel.: (212) 632-5000

Red's Eats
Water Street
Wiscasset, Maine 04578
Tel.: (207) 882-6128

Reuben's
244 Madison Avenue
New York, New York 10036
Tel.: (212) 867-7800

Rosario's Cafe y Cantina
1014 South Alamo
San Antonio, Texas 78210
Tel.: (210) 223-1806

Royal Hawaiian Hotel
2259 Kalakaua Avenue
Honolulu, Hawaii 96815
Tel.: (808) 923-7311

Shelburne Farms
102 Harbor Road
Shelburne, Vermont 05482
Tel.: (802) 985-8686

Simon's Specialty Cheese
Highways 41 and N
Little Chute, Wisconsin 54140-0223
Tel.: (414) 788-6311

Skyline Chili
1007 Vine Street
(an der Court Street; andere Skyline-Chili-Lokale über die Stadt verteilt)
Cincinnati, Ohio 45202
Tel.: (513) 721-4715
Geöffnet Mo-Fr, 10.00–17.00 Uhr

Sole Mio Restaurant
917 West Armitage
Chicago, Illinois 60614
Tel.: (773) 477-5858

The Solie House Bed and Breakfast
914 East Hancock Street
Appleton, Wisconsin 54911
Tel.: (414) 733-0863

Sonny Bryan's Smokehouse
2202 Inwood Road
Dallas, Texas 75235
Tel.: (214) 357-7120

Sonoma Cheese Factory
2 Spain Street
Sonoma, California 95476
Tel.: (707) 996-1931
Geöffnet Mo-Fr, 8.30–17.30 Uhr
Sa-So, 8.30–18.00 Uhr

The Spent Grain Baking Company, Inc.
P.O. Box 127
Edmonds, Washington 98020
Tel.: (206) 776-6010

The Stage Deli
834 Seventh Avenue
New York, New York 10019
Tel.: (2120 245-7850

Star Canyon
3102 Oaklawn Avenue
Dallas, Texas 75219
Tel.: (214) 520-7827

Stroud's Restaurant & Bar
1015 East 85th Street
Kansas City, Missouri 64131
Tel.: (816) 333-2132

Tapawingo
9502 Lake Street
Ellsworth, Minnesota 49729
Tel.: (616) 588-7971

Tecolote Cafe
1203 Cerrillos Road
Santa Fe, New Mexico 87501
Tel.: (505) 988-1362

The Tick Tock Diner
281 Allwood Road
Route 3
Clifton, New Jersey 07011
Tel.: (201) 777-0511

Tip Top Diner
2814 Fredericksburg Street
San Antonio, Texas 78231
Tel.: (210) 735-2222

Tony Luke's
39 East Oregon Avenue
Philadelphia, Pennsylvania 19148
Tel.: (215) 551-5725

Tra Vigne
1050 Charter Oak Street
St. Helena, California 94574
Tel.: (707) 963-4444

Trout Haven Ranch
14 km nördlich von Hot Springs, bei den Highways 385 and 79
Deadwood, South Dakota 57732
Tel.: (605) 342-6009
Geöffnet an Werktagen 8.00–20.00 Uhr

Tutka Bay Lodge
Nelda and Jon Osgood
P.O. Box 960
Homer, Alaska 99603
Tel.: (907) 235-3905

Vella Cheese Company
315 Second Street East
Sonoma, California 95476-0191
Tel.: (707) 938-3232

Virgil's
152 West 44th Street
New York,
New York 10036
Tel.: (212) 921-9494

Virginia Diner
U. S. Route 460
Wakefield, Virginia 23888
Tel.: (804) 899-3106
Geöffnet an 7 Tagen die Woche

Walker Art Center
725 Vineland Place
(an der Lyndale Avenue)
Minneapolis, Minnesota 55403
Tel.: (612) 375-7600

The Whistle Stop Cafe
Route 1, Box 54
McCrackin Street
Juliette, Georgia 31046
Tel.: (912) 994-3670

The White Gull Inn
P.O. Box 160
Main Street
Fish Creek, Wisconsin 54212
Tel.: (414) 868-3517
Fish boils mittwochs, freitags, samstags und sonntags im Sommer, im Winter nur an Samstagen.

Woodenknife Cafe
Box 104
Interior, South Dakota 57750
Tel.: (605) 433-5463

US-Lebensmittel Einkaufen

Erstaunlich viele US-spezifische Lebensmittel findet man inzwischen in größeren Supermärkten. Sollten Sie aber weder dort noch in Feinkostgeschäften und Reformhäusern fündig werden, können Sie sich an die folgenden Adressen wenden:

Bundesrepublik:

A.J.'s US Shop Bedow & Grothe GbR
Am Eiken 2
58849 Herscheid
Tel.: 02357-903 358
Fax: 02357-903 359

American Store & Deli
Kastanienplatz 3
44143 Dortmund
Tel.: 0231-531 16 87
Fax: 0231-531 16 87
Link: http://www.hajocom.com/american-store

C.M.C. Taste America GmbH
Elbestr. 40
45478 Mülheim a. d. Ruhr
Tel.: 0208-588 53 0
Fax: 0208-588 53 60

North American Stores
Siedlerstr. 42
85614 Kirchseeon
Tel.: 08091-31 17
Fax: 08091-49 27

The Grocery Store, American & British Foods
Corneliusstr. 3
40215 Düsseldorf
Tel.: 0277-385 85 01
Fax: 0211-385 85 02

U.S. Agricultural Trade Office
Alsterufer 27/28
20354 Hamburg
Tel.: 040-4146070
Fax: 040-41460720
Auf Anfrage verschickt das Office den Katalog »American Food in Europe«, ein Verzeichnis europäischer Lieferanten amerikanischer Agrar- und Nahrungsmittel, das nach Produktgruppen geordnet ist.

Mail-Order-Firmen in den USA:

Earthy Delight
4180 Keller Suite B, Holt
Michigan 48842
Tel.: (800) 367-4709 oder
(517) 699-1530
Fax: (517) 699-1750
E-Mail: ed@earthy.com

Louisiana French Market Online tm
4614 Tupello Street
Baton Rouge, LA 70808
Tel.: (800) 574-4420
Fax: (504) 293-9345
Link: http://www.louisianafrenchmarket.com
Spezialist für die Cajun-Küche

Southernfood.com
http://www.elle.de
E-Mail: webmaster@southern-food.com
Tel: (Toll Free) (888)-531-3663
Online-Mail-Order-Firma für die Südstaaten-Küche

The Smithfield Collection
Tel.: (800) 628-2242
Fax: (757) 357-5407
E-Mail: info@smithfield-companies.com
Spezialisiert auf Räucherfleisch und Schinken (besonders Smithfield-Schinken)

Virtual Vineyards
3803 East Bayshore Rd.
Suite 175
Palo Alto, CA 94303
Tel: (650) 938-9463
Fax: 650-919-1977
http://www.virtualvin.com

VERWENDETE LITERATUR (AUSWAHL)

Alters Jamison, Cheryl, and Bill Jamison. »A Flavorful History.« *The Official 1994 Santa Fe Guide.*

The American Heritage Cookbook and Illustrated History of American Eating and Drinking. New York: Simon & Schuster, 1964.

Angers, Trent (Hg.). *Louisiana Festivals Cookbook: Book One.* Lafayette, LA: Acadian House, 1992.

Bear, John, and Marian Bear. *How to Repair Food.* Berkeley, CA: Ten Speed Press, 1987.

Beard, James A. *American Cookery.* Boston, MA: Little, Brown and Company, 1972.

Belsinger, Susan, and Carolyn Dille. *The Chile Pepper Book.* Loveland, CO: Interweave Press, 1994.

Bianchini, Francesco, Francesco Corbetta, and Marilena Pistoia. *The Complete Book of Fruits and Vegetables.* New York: Crown Publishers, 1976.

Bissell, Frances. *The Book of Food.* New York: Henry Holt and Company, 1994.

Bittman, Mark. *Fish: The Complete Guide to Buying and Cooking.* New York: Macmillan Publishing Company, 1994.

Black, Maggie and Susan Dixon. *Mrs. Beeton's Cookery and Household Management.* Great Britain: Ward Lock Limited, 1980.

Bradley, Susan. *Pacific Northwest Palate.* New York: Addison-Wesley Publishing Company, 1989.

Carson, Jane. *Colonial Virginia Cookery.* Williamsburg, VA: The Colonial Williamsburg Foundation, 1968.

Chalmers, Irena, and Milton Glaser. *Great American Food Almanac.* New York: Harper & Row, 1986.

Chandonnet, Ann. *The Alaska Heritage Seafood Cookbook.* Anchorage: Alaska Northwest Books, 1995.

Chiarello, Michael. *Flavored Oils: 50 Recipes for Cooking with Infused Oils.* San Francisco: Chronicle Books, 1995.

Claiborne, Craig. *The New York Times Food Encyclopedia.* New York: Wing Books, 1985.

Collins, Douglas. *America's Favorite Food—The Story of Campbell Soup Company.* New York: Harry N. Abrams, 1994.

Czarnecki, Jack. *A Cook's Book of Mushrooms.* New York: Artisan, 1995.

Damrosch, Barbara. *The Garden Primer.* New York: Workman Publishing Company, 1988.

Davidson, Alan. *Seafood: A Connoisseur's Guide and Cookbook.* New York: Simon & Schuster, 1989.

Delmar, Charles. *The Essential Cook: Everything You Really Need to Know About Foods and Cooking.* Chapel Hill, NC: Hill House Publishing Company, 1989.

DeWitt, Dave, and Nancy Gerlach. *The Whole Chile Pepper Book.* Boston: Little, Brown and Company, 1990.

DeWitt, Dave, and Mary Jane Wilan. *The Food Lover's Handbook to the Southwest.* Rocklin, CA: Prima Publishing, 1992.

Ellis, Merle. *The Great American Meat Book.* New York: Alfred A. Knopf, 1996.

Fuss, Edward, and Susan Hazen-Hammond. *Chile Pepper Fever: Mine's Hotter Than Yours.* Stillwater, MN: Voyageur Press, 1993.

Geffen, Alice M., and Carole Berglie. *Food Festival: The Guidebook to America's Best Regional Food Celebrations.* 2nd ed. Woodstock, VT: The Countryman Press, 1994.

Guste, Roy F., Jr. *The Tomato Cookbook.* Gretna, LA: Pelican Publishing Company, 1995.

Herbst, Sharon Tyler. *The New Food Lover's Companion*. Hauppauge, NY: Barron's Educational Series, ²1995.

Hirasuna, Delphine, et al. *Vegetables*. San Francisco: Chronicle Books, 1985.

Idone, Christopher. *Lemons: A Country Garden Cookbook*. San Francisco: Collins Publishers, 1993.

James, Michael. *Slow Food: Flavors and Memories of America's Hometowns*. New York: Warner Books, 1992.

Johnston, Ruth Mossock. *The Buffalo Cookbook*. Blaine, WA: Hancock House Publishers, 1995.

Kavasch, Barrie. *Native Harvests*. New York: Vintage Books, 1979.

Kavasch, E. Barrie. *Earth Maker's Lodge*. Peterborough, NH: Cobblestone Publishing, 1994.

~. *Enduring Harvests*. Old Saybrook, CT: The Globe Pequot Press, 1995.

Keegan, Marcia. *Southwest Indian Cookbook*. Santa Fe, NM: Clear Light Publishers, 1987.

Kimball, Christopher. *The Cook's Bible*. New York: Little, Brown and Company, 1996.

King, Shirley. *Fish: The Basics*. New York: Simon & Schuster, 1990.

Leonard, Jonathan N. *American Cooking: New England*. New York: Time-Life Books, 1971.

Loomis, Susan H. *The Great American Seafood Cookbook*. New York: Workman Publishing Company, 1988.

~. *Farmhouse Cookbook*. New York: Workman Publishing Company, 1991.

Manning, Jo. *Seasonal Florida*. Ponte Vedra Beach, FL: Yardbird Productions, 1994.

Mariani, John F. *The Dictionary of American Food and Drink*. Rev. Fassung. New York: William Morrow and Company, 1994.

Marshall, Lydie. *A Passion for Potatoes*. New York: Harper Perennial, 1992.

Martin, Alexander C. *Trees: A Guide to Familiar American Trees*. New York: Golden Press, 1956.

McGee, Harold. *On Food and Cooking*. New York: Collier Books, 1984.

McLaughlin, Michael. *The Mushroom Book*. San Francisco: Chronical Books, 1994.

Miller, Mark. *The Great Chile Book*. Berkeley, CA: Ten Speed Press, 1991.

Rain, Patricia. *The Artichoke Cookbook*. Berkeley, CA: Celestial Arts, 1985.

Root, Waverley. *Food*. New York: Konecky & Konecky, 1980.

Rosengarten, Frederic, Jr. *The Book of Edible Nuts*. New York: Walker Publishing Company, 1984.

Schapira, David, Karl Schapira, and Joel Schapira. *The Book of Coffee & Tea*. New York: St. Martin's Press, 1982.

Schneider, Elizabeth. *Uncommon Fruits and Vegetables: A Commonsense Guide*. New York: Harper & Row, 1986.

Schremp, Gerry. *Celebration of American Food: Four Centuries in the Melting Pot*. Golden, CO: Fulcrum Publishing, 1996.

Seyfer, Eudora. »Beloved Blue Willow.« *House Beautiful Magazine,* Nov. 1995.

Stall, Gaspar J. »Buddy.« *Proud, Peculiar New Orleans: The Inside Story*. Baton Rouge, LA: Claitor's Publishing Division, 1970.

Taylor, John Martin. *Hoppin' John's Lowcountry Cooking*. New York: Bantam Books, 1992.

Trager, James. *The Food Chronology*. New York: Henry Holt and Company, 1995.

Travers, Carolyn Freeman (Hg.). *The Thanksgiving Primer*. Plymouth, MA: Plimouth Plantation Inc., 1987.

Worth, Helen. *Down-on-the-Farm Cookbook*. New York: Greenberg Publisher, Inc. 1943.

Verzeichnis der amerikanischen Rezeptnamen

A

A Risotto for Spring 344
A Russian Dressing Trio 120
A Summer Tomato Sandwich 148
A Vegetable Spring Salad 277
Alaskan Potato Salad 114
All American Harvard Beets 297
All-American Deviled Eggs 178
All-American Firepot 369
American Bean Salad 289
American Beauty Cocktail 161
American Macaroni and Cheese 332
An American Christmas Salad 292
Annabel's French Toast 52
Anne Rosenzweig's Watermelon Salad 292
Apple Cinnamon Waffles 49
Apple Puff Pancake 47
Apple-Raspberry Pie 526
Applesauce Pecan Muffins 76
Apricot, Ham, and Cheese Salad 95
Aromatic Meat Loaf 374
Asian-Style Barbecue Sauce 390
Asian-Style Barbecued Pork Tenderloin 389
August Confetti Corn Chowder 249
Aunt Mare's Bloody Mary 164
Austin Baked Beans 350
Autumn Duck Salad 100
Avocado Mint Mayonnaise 121

B

Backyard Barbecue Sauce 373
Backyard Macaroni Salad 116
Bacon and Egg Salad 35
Bacon, Lettuce, and Fried Green Tomato Sandwich 147
Baked Haddock on a Bed of Fennel 464
Baked Halibut on a Bed of Peppers 463
Baked Salmon on a Bed of Leeks 467
Banana Buttermilk Waffles 51
Banana Gingerbread 79
Bar Cheese Soup 260
Barbecued Chicken Quesadillas 151

Barbecued Short Ribs of Beef 372
Barbecued Spareribs 394
Barbecued Steak 359
Basil Sauce 293
Bayou Shrimp and Celery Root Remoulade 107
Bayou Turkey Burger 444
Beaufort Shrimp Burgers 497
Beef and Vegetable Barley Soup 264
Beef Broth 270
Bernice »Toots« Zipperman's Old-Fashioned Limonade 585
Berry-Stewed Rabbit 451
Berta's Carrot Muffins 74
Berta's Chicken Vegetable Soup 265
Best-Time-Chili 378
Between the Sheets (»Im Bett«) 161
Big Beautiful Berry Salad 510
Big-Time Banana Split 579
Bing Cherry Chutney 211
Bittersweet Chocolate Ice Cream 572
Black Bean Salad 356
Blood Orange Sorbet 577
Bloody Bull 164
BLT Salad 98
Blue Plate Creamed Spinach 324
Blue Ribbon Split Pea Soup 240
Blue Wally Pancakes 44
Blueberry Cornmeal Cake 556
Blushing Peach Crunch 512
Blushing Spring Shrimp and Peas 494
Blythe's Tuna Fish Sandwich 140
Boarding House Potato Salad 110
Boston Baked Scrod 471
Boston Brown Bread 228
Boston Cream Pie (or Cake?) 555
Bowl of Red with Heirloom Beans 415
Braised and Glaced Celery 301
Braised Pork 391
Bread-and-Butter Picklets 210
Breakfast Chicken Livers and Onions 59
Brisket BBQ with Goode's Mop 365
Broiled Stuffed Lobster 499
Broiled Swordfish with Lemon-Caper Sauce 476
Bronx Cocktail 163
Brunch Ham-and-Cheese French Toast 53
Buffalo Chicken Wings 188

Butterflied Leg of Lamb Mosaic 404
Buttermilk Corn Pancakes 45
Butter-Sautéed Apples 50
Buttery Pie Crust 540

C

Caesar Dressing 121
Caesar Sandwich 142
Cajun Mayonnaise 504
Cajun Soft-Shell Crabs on Buns 504
Cajun Spiced Pecans 175
Cakey Buttermilk Doughnuts 83
Calabacitas 433
California Garden Goat Cheese Scramble 30
California Shellfish Soup 266
Cameron's Cherry Cola 586
Caramelized Onions 314
Caramelized Pears 446
Carole Solie's Fresh Berry Bundt Cake 86
Carolina Rice Pudding 515
Carolyn's Creamed Dried Beef on Biscuits 57
Cauliflower »Rarebit« 300
Celery Apple Soup 239
Charro Pintos 355
Cheddar Chive Omelet 38
Cheery Cherry Chicken Salad 94
Cheese Grits Souffle 63
Cherry Carrot Salad 280
Cherry Cornbread Stuffing 442
Cherry Sauce 581
Cherry-Studded Pound Cake 553
Chesapeake Lobster Crab Cakes 501
Chicken Apple Hash 42
Chicken Broth 271
Chiffon Potato Salad 112
Chili Burger 385
Chili Chicken Salad 94
Chinatown Lamb Chops 409
Chippewa Wild Rice Soup 240
Chocolate Silk Cake 554
Chocolate-Pekan Banana Cream Pie 530
Cider-Glazed Apricot Ham with Raisin Sauce 399

REGISTER

Cider-Splashed Roasted Pork Loin 388
Cilantro Pesto Grilled Shrimp 182
Cinnamon Raisin Oatmeal 25
Citrus and Herb-Infused Sea Bass 471
Citrus Cream 168
Classic Pie Crust 539
Cobb Salad »Club« 136
Cocktail Corn Cakes 173
Colonial Gingerbread Cakes 567
Confetti Corn Fritters 172
Confetti Spoonbread 229
Convention Grill Egg Salad 108
Cookie Jar Peanut Butter Cookies 564
Corky's Memphis-Style Coleslaw 117
Corn and Lima Chowder 250
Cosmopolitan 162
Country Cornbread 232
Country Meat Loaf with Mushroom Gravy 377
County Fair Lemonade 585
Cowboy Rice Salad 345
Crab Louis and Avocado Melt 141
Crab Louis Salad with Hard-cooked Eggs 104
Cranberry Blueberry-Buckle Muffins 70
Cranberry Orange Bread 77
Cranberry Walnut Maple Oatmeal 25
Cranberry Walnut Muffins 71
Cream of Mushroom Soup 254
Creamed Chicken with Zucchini and Corn 425
Creamed Corn 303
Creamy Caraway Cabbage 299
Creamy Fiddlehead Fern Soup 251
Creamy Fresh Morel Soup 253
Creamy Grits 63
Creamy Leek Ribbons 309
Creamy Peanut Butter Ice Cream 574
Creamy Salsa Verde 213
Crème fraîche 463
Crispy Shrimp Nestled in a Blanket 183
Crown Roast of Pork 390

D

Dale's Mint Julep 165
Debbie's Ball Park Ice Cream Pie 536
Deep Blueberry Syrup 584
Deep South Catfish 454
Deep South Crab Dollop 192
Delicate Cauliflower Salad 287
Denver Pete's Home Fries 60

Denver Style Baked Beans 349
Deviled Lamb Chops 410
Devilishly Good Roasted Chicken 420
Dew Drop Fruit Salad 24
Dixie Banana Pudding 517
Dixie Benne Wafers 192
Double Berry Cobbler 513
Double Dip Chocolate Pudding 514
Down-and-Dirty Rice 342
Down-Home Greens 308
Dress-up Cucumber Dill Soup 238
Dress-up Lobster, Fava, and Barley Salad 103
Dress-Up Tomato Orange Mayonnaise 122
Dressy Fresh Tuna Salad 101
Drive-in Cherry Milkshake 580
Dropped Ham Biscuits 234
Duck and Caramelized Onion Quesadillas 153

E

Early Garden Salad 277
East Coast Asparagus Herb Soup 246
East Norwalk Coleslaw 117
Eggplant-Zucchini Compote 304
Erv Nussbaum's Dill Picklets 211
Eula Mae Dore's Potato Salad 109

F

Fabulous Fennel Bread Salad 289
Fennel and Acorn Squash Whip 306
Fishbroth 272
Flaherty's Maple Pecan Scones 81
Fourth of July Ham and Cabbage Slaw 119
Freddie Gautreau's Beer Steamers 490
French Toast and Jelly 53
Fresh Basil Oil 317
Fresh Blueberry Compote 28
Fresh Great Lakes Whitefish Salad 102
Fresh Herbed Tomato Sauce 325
Fresh Pineapple Relish 204
Fresh Salmon Potato Salad 115
Fresh Strawberry Sauce 581
Fresh Strawberry Syrup 583
Fresh Whole-Cranberry Relish 202
Fried Chicken Gravy 423
Fried Egg Sandwich to go 33

Frogmore Stew for a Crowd 496
Fruity Duck Breasts Two Ways 447

G

Garden Broccoli Vegetable Soup 250
Garden Chili Sauce 215
Garden Hash 40
Garden Lamb Chops 407
Garden Orzo Salad 291
Garden Shower Shrimp Rolls 144
Garlic Sauce 408
Garlicky Red-Jacket Mashed Potatoes 317
Gentleman Jack Country Pork Ribs 392
Georgia Pecan Sandwich Cookies 568
Ginger Spice Cooler 170
Gingerbread Buttermilk Pancakes 46
Gingered Sunchokes and Pears 309
Glaced Turnips 327
Glazed Country Ham 401
Gold's Deli Grilled Pastrami 127
Golden Eggplant Curry 305
Goode's Barbecue Beef Rub 359
Goode's BBQ Mop 366
Gorgeous Smoked Duck and Cashew Butter 137
Granny Reesman's Summer Berry Pie 518
Granny Ruth's Brownies 557
Granny Smith Tuna Salad 102
Green Goddess Dressing 139
Grilled Aloha Club 138
Grilled Barbecued Chicken 425
Grilled Halibut Teriyaki 458
Grilled Scallions 322
Grilled Scampi on a Stick 495
Grilled Soft-Shell Crabs with Roasted Tomato Sauce 505
Grilled Tomato, Bacon, and Cheddar Sandwich 149
Grilled Trout 479
Grilled Vegetable and Indiana Goat Cheese Sandwich 149
Guacamole Soup 236
Guacamole 194

H

Halibut Baked in Lemon Curry Sauce 461
Ham and Egg Salad for Brunch 34
Ham Steak with Sheila's Redeye Gravy 56

Harvest Baked Pears 510
Harvest Sweet Potato Pie 531
Hash-Brown Pancake 61
Hawaiian Tuna Melt 139
Herb-Crusted Rack of Lamb 408
Hog Neck Chili 379
Home Vanilla Ice Cream 573
Homemade Graham Crackers 560
Home-Style Mushroom Barley Soup 254
Horseradish Mustard Tarragon Sauce 364
Hot and Smooth Breakfast Burrito 36
»Hot« Red Cherry Sorbet 577
Hot Stuff Tartar Sauce 172
Hot Time Party Shrimp 185
Hughe's Spaghetti with Vension 335

I

Indian Fry Bread 226
Indian Summer Borscht 237
Indian Taco 151
Iowa Fruit-Stuffed Pork Chops 398

J

Jalapeño Cheese Bread 227
Jazzed-up Limas and Black-eyed Peas 354
Jelly Muffins 72
Joe's Mustard Sauce 502
June Strawberry Sorbet 576
Junior's Famous Cheesecake 552
Just-North-of-the-Border Grilled Quail 448

K

Kentucky Bourbon Sauce 450
Kentucky Colonel 165
Key Lime Pie 535
Keys Caramel Rolls 82
King Orchards' Sour Cherry Pie 521

L

La Tasha's Jambalaya – The Real Thing 428
Lacquered Maple Syrup Game Hens 437

Lady Baltimore Cake 544
Lamb Stew with Beans and Escarole, too 411
Lanai Sweet Pineapple-Ginger Sauce 582
Lancaster Apple Butter 217
Larry Smith's Mother's Pork Chops 397
Laurie's Luscious Cinnamon Toast 56
Laurie's Winter Lemon Ice Cream 573
Lemon Basil Artichoke Soup 247
Lemon Chess Pie 533
Lemon Dill Yogurt Dressing 116
Lemon Meringue Pie 534
Lemon Poppy-Seed Loaf 79
Lemony Dressing 104
Lentil Barley Vegetable Stew 339
Liberty Bar's Chocolate Cake 545
Liberty Spinach Salad 276
Light and Spicy Tomato Soup 257
Light Lemony Lamb Salad 406
Lightly Creamed Mushrooms 59
Lime Rickey 168
Lime-Broiled Lemon Sole 474
Little Beet Horseradish Pancakes 175
Little Carrot Ginger Pancakes 174
Lone Star Creamy Potato Salad 110
Los Angeles Lamb Burgers 418
Louisiana Fried Oysters 490
Low Country Bread Pudding 516
Low Country Shrimp and Sausage Gravy 494
Luscious Lime Dressing 348

M

Macadamia-crusted Halibut with Coconut Curry 459
Maccan Family Zucchini Relish 200
Maine Scallop Rolls 143
Mango-Marinated Grilled Salmon 467
Maple Butter Carrots 300
Maque Choux 328
Marbled Cream Cheese Brownies 558
Mardi Gras Salad 278
Marion Cunningham's Raised Waffles 51
Marshmallows 561
Mashed Yukon Golds 316
Maude Abrams School Lima Bean Soup 243
Maui Mango Barbecue Sauce 216
Maytag Blue Dip 189
Meat-and-Potatoes Pot Pie 371

Mellow Breakfast Salsa 37
Melting Golden Squash in a Skillet 322
Midseason's Eve Duck 446
Minty New Potatoes and Fennel 318
Minty Sweet Peas 316
Molly's Egg-in-the-Hole 34
Monday Red Beans and Rice 348
More Cocktail Tomato Surprises 177
More than S'Mores 559
Morels and Butterflies 333
Morning Glory Granola 27
Mrs. Green's Southern Fried Chicken 421
Muffuletta Slather 193
My Hero 128
My Mai Tai 164
My Thanksgiving Turkey 440

N

Napa Valley Leg of Lamb 404
Napa Wild Mushrooms 310
Nathalie's She-Crab 265
Neat Sloppy Joes 383
New American Ham and Cheese Quesadillas 154
New Deli Rye Bread 222
New England Boiled Dinner 362
New England Clam Chowder 267
New Orleans Praline Ice Cream 575
New World Succotash Salad 291
New York-Style Cincinnati Chili 416
Nice and Hot Vension Chili 382
North Carolina Tacos al Pastor 189
North Carolina-Style Pulled Pork Barbecue 394
Not-Quite-Blackened Tilapia 477
Number One Hot Open Turkey Sandwich 132

O

Oatmeal Cherry Cookies 566
Oatmeal Raisin Muffins 73
October 31st Pumpkin Purée 321
Old Inn on the Green Seafood Bisque 269
Old-Fashioned Apple Pie 525
Old-Fashioned Butterscotch Sauce 582
Old-Fashioned Lemonade 586
Orange Blossom Butterflied Leg of Lamb 405

Orange Ducky Potato Salad 114
Orange Honey Dressing 98
Orange Rhubarb Crumble 513
Orange Sour Cream Doughnuts 84
Orange, Ham, and Avocado Salad 98
Orange-Scented Crab Salad 105
Oven-Roasted Beets 297
Oyster Stew 270
Oysters Rockefeller 179

P

Pacific Northwest Light Mussels 486
Pan-Fried Flounder atop Chopped Garden Salad 456
Pan-Fried Scallions 322
Pan-Fried Sole on a Bun 474
Pan-Fried Trout 479
Panhandle Pickled Shrimp 182
Pan-Roasted Baby Whites 318
Pan-Seared Chipotle-Shrimp Fajitas 145
Papaya Confetti Sauce 212
Parker House Rolls 225
Parsnip and Apple Whip 315
Partridge and Potato Roast 450
Pastrami Reuben 127
Pastrami Vegetable Hash 40
Paul McIlhenny's Tabasco-Seared Steak 358
Peach Rhubarb Compote 511
Peachy Keen Pie 522
Pear and Watercress Soup 238
Pear-Cranberry Crumble Tart 526
Penne with Summertime Red and Yellow Peppers 334
Pennsylvania Dutch Chowchow 205
Perfect Baked Potatoes 319
Petoskey Sour Cherry Salsa 212
Philly Cheese Steak Sandwich, Sheila Style 124
Picadillo Meat Loaf 376
Piccalilli Corn Salad 204
Pickled Watermelon Rind 208
Pico de Gallo 214
Pimiento Cheese with Cucumber Sandwich 150
Pineapple Smothered Porkloin 388
Pinwheel Cookies 561
Plumtart with Ginger Crust 528
Poached Trout 480
Poached Whitefish 103
Polenta with Mascarpone 339
Pompano with Papaya Cream and Papaya Salsa 465
Popeye Scrambled Eggs 31

Portobello Barley Risotto 337
Portobellos in Tomato Sauce 311
Pumpkin Pecan Tea Bread 76

Q

Queen's Cake 87

R

Rainbow Punch 167
Rainbow Roasted Pepper Salad 279
Raisin Pumpernickel Bread 224
Ramos Fizz 168
Ranch Dressing 99
Raspberry Melon Smoothie 22
Real Cream of Tomato Soup 258
Really Thick Chicken Reuben 135
Red Rice 343
Red, White, and Blue Breakfast Parfait 24
Red, White, and Blue Roasted Potato Salad 111
Red-and-White Peppermint Ice Cream 575
Red's Eats Lobster Rolls 140
Rémoulade Sauce 107
Riad's Linguine with Fresh Seafood 492
Rich Little Po' Boy 124
Rigatoni with Eggplant and Tomato Sauce 334
Rise and Shine Coffee Cake 85
Roasted and Fresh Vegetable Gazpacho 236
Roasted Asparagus 296
Roasted Duck with a Crispy Skin 445
Roasted Garlic Mayonnaise 130
Roasted Garlic 308
Roasted Lamb and Yellow Pepper Sandwich 130
Roasted Pheasant with Kentucky Bourbon Sauce 449
Roasted Root Vegetables 327
Roasted Rosy Salsa 214
Roasted Scrod on a Melting Bell Pepper Compote 470
Roasted Tenderloin Beef 358
Roasted Tomato Sandwich 146
Roasted Winter Vegetable Soup 260
Robin Lee's Dilly Beans 208
Rolled Baking Powder Biscuits 232
Rolled Buttermilk Biscuits 233
Rosemary-Roasted Chicken 420
Rosy Strawberry Banana Smoothie 22

Ruby Grapefruit Shallot Dressing 279
Russian Salad Dressing 120
Russian Sandwich Dressing 120
Russian Seafood Dressing 121
Rustic Chicken in Repose 433

S

Sally McArthur's Shortcake Biscuits 552
Salmon Quesadillas with a Schmear 155
San Antonio Cilantro Piñon Pesto 183
San Antonio Fiesta Chicken 434
San Fran Chicken Kebabs 187
Sandi Hillmer's Wisconsin Cassoulet 429
Santa Fe Border Game Hens 436
Santa Fe Heavenly Hot Chocolate 88
Santa Fe Lamb Stew 414
Saturday Morning Salami and Eggs 33
Sauted Fiddlehead Ferns 307
Savannah Cocktail Crab Bites 186
Savannah Curry 430
Savory Chicken Pot Pie 426
Savory Herbed Farmer Cheese 218
Savory Vension Chili 381
Scalloped Green Tomatoes 324
»School's out« Strawberry Shortcake 551
Scintillating Scallions and Ripe Tomatoes 286
Scratch White Gravy 133
Seared Fresh Tuna and Noodles 481
Seared Salmon 466
Seared Scallops in Chipotle Cream 493
Seared Tuna Steaks 481
Seattle Slather 194
Shad Roe on a Bed of Greens 473
Shaker Applesauce 218
Shaker Cranberry Brisket 364
Shallot Mustard Vinaigrette 101
Sheila's Basic scrambled Eggs 30
Sheila's Basic Waffles 48
Sheila's Black Bean Soup 245
Shellfish and Shells Marinara 491
Short Ribs Baked in Beer 372
Shrimp and Lobster Etouffée 498
Shrimp Quesadillas 154
Shrimp Remoulade Parfait 106
Sidecar 162
Silky Corn Pudding 302
Silky Hot Chocolate Sauce 580
Silky Papaya Relish 200

Simple Pie Crust 537
Simple Sugar Syrup for Drinks 170
Simple Sugar Syrup for Sorbets 579
Simply Aspargus Salad 280
Simply Super Shrimp Nachos 186
Skirt Steak Fajita Party 362
Slowly Roasted Plum Tomatoes 325
Smoked Salmon Egg Salad 108
Smothered Beef Shanks 369
Smothered Red, Red Cabbage 299
Sonny Bryan's Onion Rings 314
Sorrel Soup 256
Sour Cherry Lamb Shanks 411
South Beach Red Snapper 475
Southern Fried Grits 64
Southern Pekan Pie My Way 529
Southern Sausage Gravy 58
South-of-the-Border Chicken with Mango 135
Southwestern Grilled Corn with a Flair 304
Southwestern Sunrise 35
Spearfish Canyon Buffalo Steak 361
Spiced Broiled Grapefruit 22
Spiced Cantaloupe Picklets 209
Spiced Carrot Pie 532
Spiced Maple Cocktail Ribs 190
Spiced Tomato Ketchup 216
Spiced-up Grilled Chicken Salad 435
Springtime Lamb Stew 413
Steffi's Bran Muffins 72
Steffi's Best Chocolate Chip Cookies 563
Stephan Pyle's Heaven and Hell Cake 549
Stewed White Beans 351
Strawberry Fair Ice Cream 571
Strawberry-Rhubarb Sorbet 576
Succulent White Beans 355
Summer Beach Relish 201
Summer Bean, Sugar Snap, and Tomato Salad 281
Summer Cocktail Quesadillas 191
Summer Cod Pot 454
Summer Farm Stand Tomato Salad 284
Summer Garden Noodles 336
Summer Stewed Tomatoes 326
Summertime Peach Ice Cream 570
Sumptuous Southwestern Brisket 368
Sunburst Salad 23
Sunday Herb-Roasted Capon 439
Sunday Southwest Meat Loaf 375
Sunny Hollandaise Sauce 39
Sunny Roasted Red Pepper Soup 255
Sunny Sommer Squash Bake 323
Sunset Red Lentil Soup 243
Super Bowl Clambake 487
Super-Crispy Buttermilk Fried Chicken 422
Sweet Cherry Ice Cream 570
Sweet Cherry Pie 519
Sweet Jalapeño Sauce 184
Sweet Pie Crust 541
Sweet Sweet Pea Soup 242
Sweet-and-Sour Squabs 438
Sweetened Whipped Cream 533
Sweetly Pickled Beets 206

T

Taco Polish-Style 395
Tartar Sauce 458
The Best Brussels Sprouts Ever 298
The Classic Denver Omelet 37
The Cocktail Club 191
The Fitzgerald 163
The Great U.S.A. Salmon Cake 469
The Hot Brown 131
The Hurricane Grouper on a Bun 457
The Manhattan 160
The Martini 160
The Maytag Blue Cheeseburger 385
The Queen of Coconut Cakes 546
Thousand Island Dressing 128
Three Lemonades and a Cherry Cola 584
Thumbs-up Broccoli 298
Thyme-Scented Rabbit with Onions 452
Tiny Cockles and Fresh Tomatoes over Linguine 487
Tiny Tomato Surprises 177
Toll House Cookies 562
Tomato Balsamic Vinaigrette 286
Tomato Salad in a Bread Bowl 283
Traditional Fried Ham and Real Redeye Gravy 402
Turkey Curry Pot Pie 444
Turkey Meatball Grinder 134

U

Uptown Ham and Eggs 32

V

Vanilla Bean Syrup 583
Vegetable Broth 273
Vegetable Chili 329
Vegetable Jambalaya 330
Vegetable Split Pea Soup 241
Vegetable-studded Barley 338
Velvet Squash Soup 257
Velvety Mango Cream 153
Virgin Kir Royale 169
Virgin Melon Daiquiri 169
Virgin Royal Hawaiian 169
Virginia Waldorf Salad 293

W

Walla Walla Onion Salad 288
Walla Walla Tomato and Sardine Sandwich 145
Weekend Eggs Benedict 38
Well-Dressed Asparagus 296
Wende's Blue Ribbon Apple Pie with Candied Ginger 523
Whipped Sweet Potatoes 320
White Gull Inn Traditional Fish Boil 482
White Toasting Loaf 220
Whole-Wheat Sour Cream Waffles 49
Whole-Wheat Wheat Berry Bread 220
Wild Morel Saute 314
Wild Mushroom Scramble 31
Wild Rice and Autumnal Fruits 340
Wild Rice Tabbouleh 341
Williamsburg Sugar Cookies 566
Wisconsin Cherry Bounce 167

Y

»Ya Ya« Gumbo 431
Yukon Gold and Leek Soup 252

Z

Zesty Blueberry Muffins 70
Zesty Picnic Slaw 118
Zesty Sausage Patties 58
Zucchini and Swiss Chard Soup 259
Zucchini Herb Pancakes 173
Zucchini Lemon Loaf 78

Verzeichnis der Infotexte

»Anchor Bar«, Die 188
Ahornsirup, Die Herstellung von 54
Äpfel, Ein paar Worte zum Thema 524
Artischocken: Eine schöne Distel 248
Auster, Die Kunst, eine ~ zu essen 180
Avery Island, Ein Besuch auf 360
Avocado – so gut, so grün, Die 195

Barbecue, Südstaaten- 393
Beefalo, Sagten Sie ~ ? 384
Biscuits – typisch amerikanische Brötchen 233
»Blue Plate Special«, Was ist ein ~ ? 133
Blumenkohl verarbeiten 287
Bohnen rasch quellen 354
Bohnentopf, Der amerikanische 352
Bratkartoffeln: Hash browns oder Home fries 61
Brote, Belegte 131
Brühe, Ein paar Tips zur 273

Cajun oder kreolisch? Ein kurzer Überblick 499
Clam Chowder: Dick mag ich es am liebsten 268
Cranberries: In Nordamerika zu Hause 203

Dicke Bohnen, Frische ~ zubereiten 278
Dill trocknen 211
Dressing oder Vinaigrette? 120

Eier pochieren 39
Eier, Hartgekochte 34
Eischnee schlagen 550
Eissalon, Kostproben aus dem 578
Eistee, der Champagner des Südens 423
Enten, Wissenswertes über 100
Erdnüsse 565
Eskariol, Nehmen Sie doch einmal statt ~ Spinat 412
Eskimotörtchen 572

Fischfest in Door County, Das 483
Flußkatfische und Zuchtkatfische 455
Forelle, Die beste Art, eine ~ zu kochen und zu entgräten: à la South Dakota 478
Fruchtdesserts, Einfache 512

Geflügelsprache 424
Grits (Maisgrütze) – Seele der Südstaaten 62

Hackbraten, Der ruhmreiche amerikanische 375
Hafer, Die hohe Schule des 26
Hefebrote, Grundsätzliches zu 223
Heilbuttfang, Auf 462
»Helden-Verehrung« 129
Holzplanken-Maifisch 472
Hot, hot, hot 380
Hummer, So kochen und essen Sie ~ richtig 500

Jakobsmuscheln, Ein paar Worte zu 143

Kaffee – perfekt zubereitet 75
Kaffee in den USA, Ein paar Worte zu 87
Kalifornisches Olivenöl 282
Kartoffeln, Ein paar Worte zu 113
Käse-Steak, Bestellcode für 126
Käse-Steaks, Francine Maroukian über Philadelphias 125
Kirschgarten, Der 520
Krabbenliebhaber, Werden Sie ein echter 503
Kuchen, So gelingt der ~ noch besser 538

Lamm, Ein paar Worte zu 406
Limabohnen von der Quelle 244
Lobet das Brot und reicht den Käse 230

Macadamianüsse 460
Mangold aussuchen 259
Markt mit Herz, Ein 207
Mehlschwitzen 432
Mesclun 277
Miesmuscheln säubern 486
Morcheln, Von ~ und anderen Pilzen 312
Muschelpicknick, Ein traditionelles 488

Obst und Gemüse, Ein paar Worte zu 415
Old-Bay-Gewürzmischung 496

»Pancake«, Was sich so alles hinter dem ~ verbirgt 47
Pancakes bei Al's, Die 44

Paprikaschote, Eine ~ grillen 150
Pekannüsse 529
Pfannengerichte – mehr als nur Resteverwertung 41
Pfirsiche, Ein paar Worte zu ~ 201
Pinienkerne rösten 261

Quesadillas 152

Rippenstück vorbereiten, Ein 409

Schliff, Der letzte 548
Schokolade der Spitzenklasse aus Hawaii 557
Speisen flambieren 269
Spirituose, Die typisch amerikanische 166
Straußfarnsprossen 307
Succotash 290
Süßkartoffel, Auf jeden Fall 320
Süßmais im Sommer 302

Taschenkrebse kochen 105
Tee aufbrühen 88
Tee in den USA, Ein paar Worte zu 80
Teig, Blitzrezept für 530
Teigböden, Nie wieder weiche 540
Teigwaren aus der Packung 333
Teufels-Ei, Was zum Teufel ist ein 178
Thanksgiving, Das erste 443
Thanksgiving, Menüvorschlag für 442
Tips zum Fisch 468
Tomaten schälen und entkernen 326
Tomaten, Eine Leidenschaft für 285
Truthahn, So tranchiert man einen 440

Überraschung, Eine leckere 23

Venusmuscheln säubern 489

Waffeln 50
Wein und Bier, Ein paar Worte zu 96
Weizenbrötchen 221
»Whistle Stop Cafe«, Das legendäre 147
Wildreis 341
Wintergemüse 262

Zwiebeln: süß und scharf 288
Zydeco 176

Thematisches Verzeichnis der deutschen Rezeptnamen

A

Ahornsirup
  Cornishhühnchen mit ~ 437
  Haferbrei mit Cranberries und Walnüssen 25
  Herstellung 54
  Möhren mit -butter 300
  Scones mit Pekannüssen und ~ 81
  Würzige Schweinerippchen mit ~ 190
Alaska, Gerichte aus
  Kartoffelsalat mit Lachs 115
  Kartoffelsalat aus ~ 114
Ananas
  Club-Sandwich Aloha 138
  -Ingwer-Sauce 582
  -Relish 204
  Sauce aus tropischen Früchten 475
  Schweinelende mit ~ 388
Apfel, Äpfel 524
  -Himbeer-Kuchen 526
  -kuchen mit kandiertem Ingwer 523
  -Pfannkuchen aus dem Ofen 47
  -Zimt-Waffeln 49
  -paste 524
  gebackene ~ 524
  Gebackene Bohnen nach Texas Art 350
  Großmutters -kuchen 525
  Hähnchen-~-Pfanne 42
  In Butter gebratene Äpfel 50
  Pastinaken-~-Creme 315
  Sellerie-~-Suppe 239
  Süß-saure -paste 217
  Thunfischsalat mit ~ 102
Apfelmus
  Äpfel für ~ 524
  ~ der Shaker 218
  Muffins mit ~ und Pekannüssen 76
Aprikose(n)
  Dressing mit -konfitüre 95
  Mit Cidre glasierter -schinken in Rosinensauce 399
  Schinken-Käse-Salat 95

Arme Ritter 52–55
  ~ mit Konfitüre 53
  ~ mit Schinken und Käse 53
  ~ nach Annabel 52
Artischocke(n) 248
  -suppe 247
Asien, Gerichte aus
  Gebackener Lachs auf einem Lauchbett 467
  Schweinelende vom Grill auf asiatische Art 389
  Barbecue-Sauce im asiatischen Stil 390
  Lammkoteletts Chinatown 409
  s. a. Pazifische Gerichte
Aubergine(n)
  -curry 305
  -Zucchini-Mischgemüse 304
  Rigatoni mit ~ und Tomatensauce 334
  Sandwich mit Gemüse und Ziegenkäse 149
Augenbohnen
  Gemüsejambalaya 330
  Lima- und ~ mit Pepp 354
Auster(n) 180
  ~ öffnen 181
  ~ Rockefeller 179
  -stew 270
  Fritierte ~ 490
Avocado(s) 195
  -creme mit Minze 121
  -suppe 236
  Club-Sandwich mit buntem Geflügelsalat 136
  Feiner Kartoffelsalat 112
  Gemüsegazpacho 236
  Guacamole (Würzige -creme) 194
  Krebsfleischtoast mit ~ 141
  Milde Frühstücks-Salsa 37
  Nudelsalat mit Gemüse 336
  Schinken-~-Salat 98

B

Banane(n)
  -Buttermilch-Waffeln 51

  -pudding 517
  Erdbeer-~- Shake 22
  Pfefferkuchen mit ~ 79
  Schokoladen-Pie mit Pekannüssen und -creme 530
Barbecue 393
  Gebratene Ochsenbrust mit würziger Sauce 365
  Gegrillte Fleischrippen vom Rind 372
  Hähnchen vom Holzkohlengrill 425
  Quesadillas mit Huhn 151
  Schweine- im North-Carolina-Stil 394
  Schweinelende vom Grill auf asiatische Art 371
  Spareribs 394
  Steak vom Grill 359
  Südstaaten- 393
  -Würzmischung 359
Barbecue-Sauce(n) 393, 395
  ~ im asiatischen Stil 390
  Mango- 216
  Tomaten- 373
  Würzige ~ 366
Basilikum
  Frisches -öl 317
  Artischockensuppe 247
  -Mayonnaise 138
  -sauce 293
BBQ s. Barbecue
Beeren
  -kuchen 86
  Cobbler mit zwei -sorten 513
  Großmutter Reesmans -kuchen 518
  Obstsalat aus ~ 510
  s. a. einzelne Beerensorten
Beilagen
  Apfelmus der Shaker 218
  Frühlingsrisotto 344
  Gebackene Bohnen nach Denver Art 349
  Karamelisierte Birnen 446
  Lima- und Augenbohnen mit Pepp 354
  Rigatoni mit Auberginen und Tomatensauce 334
  Roter Reis 343

REGISTER

Taboulé aus Wildreis 341
Wildreis mit Herbstfrüchten 340
s. a. Eingelegtes, Gemüsegerichte, Relish(es), Salate, Vorspeisen, würzige Beigaben

Belegte Brötchen s. Sandwich(es)
Bier 97
　Gebackene Ochsenrippe in -sauce 372
　Weichschalige Venusmuscheln 490
Birne(n)
　Back- 510
　Karamelisierte ~ 446
　Spinatsalat 276
　Streuselkuchen mit ~ und Cranberries 526
　Suppe aus ~ und Brunnenkresse 238
　Topinambur und ~ mit Ingwer 309
　Waldorfsalat Virginia 293
Blauschimmelkäse (Maytag Blue)
　-Dressing 189
　-Mayonnaise 136
　Cheeseburger aus ~ 385
Blue Plate Special
　-Menüs 109, 132, 276, 328, 349, 383, 518
　zum Begriff 133
Blumenkohl
　~ überbacken 300
　Chowchow (Süß-sauer eingelegtes Gemüse) 205
　Delikater -salat 287
Bohne(n) 331, 348–356
　amerikanische -topf, Der 352
　Amerikanischer -salat 289
　~ rasch quellen 354
　-stew 351
　Cassoulet 429
　Chowchow (Süß-sauer eingelegtes Gemüse) 205
　Cincinnati-Chili nach New Yorker Art 416
　Feuertopf mit Anasazi- oder Kidney- 415
　Frische Dicke ~ zubereiten 278
　Gebackene ~ nach Denver Art 34
　Gebackene ~ nach Texas Art 350
　Gefleckte Feld- Texmex 355
　Herbstlicher Entensalat 100
　Hummer-~-Salat mit Perlgraupen 103
　Lammeintopf mit ~ und Eskariol 411

Reissalat 345
Rote ~ mit Reis 348
Saftige Weiße ~ 355
Schwarze -suppe 245
Schwarze-~-Salat 356
s. a. Augenbohnen, Grüne Bohnen, Dicke Bohnen, Limabohnen, Schwarze Bohnen, Weiße Bohnen
Bourbon 148
　-Sauce 450
Bratensauce
　~ nach Art des Südens 58
　~ vom Brathähnchen 423
　Garnelensauce 494
　Gebratener Schinken mit Real Redeye Gravy 402
　Helle Sauce 133
　Sauce mit den Innereien (Truthahn) 441
　Schinkensteak mit Sheila's Rotaugensauce 56
Brokkoli
　~ in Tomatensauce 298
　-Gemüsesuppe 250
　Rührei auf kalifornische Art 30
Brombeeren
　Cobbler mit zwei Beerensorten 513
　Obstsalat aus Beeren 510
Brot(e) 219–234
　Ausgebackenes indianisches ~ 226
　Beerenkuchen 86
　-pudding 516
　Buttermilch-Donuts 83
　Cranberry-Orangen- 77
　Donuts mit saurer Sahne 84
　Fenchel-~-Salat 289
　Karamelbrötchen 82
　Korinthenkuchen 87
　Kürbis- mit Pekannüssen 76
　Löffel- 229
　Mais- 232
　Muffins und süße ~ 51–88, 228–234
　Pfefferkuchen mit Banane 79
　Rosinen-Dattel-Kuchen 85
　Schwarz- nach Bostoner Art 228
　Scones mit Pekannüssen und Ahornsirup 81
　Tomatensalat in der -schüssel 283
　Zitronen-Mohn-Kuchen 79
　Zucchini-Zitronen- 78
　s. a. Hefebrot, Maisbrot

Brötchen 233
　Buttermilch- 233
　Chipped beef in Sahnesauce 57
　Karamel- 82
　Milch- 232
　Mürbeteigtörtchen 552
　Parker-House- 225
　Schinken- 234
　Weizen- 221
Brownies
　Marmor- mit Käsesahne und Schokolade 558
　Schokoladen- mit Nüssen 557
Brühe(n)
　~ aus den Innereien (Truthahn) 441
　Fisch- 272
　Gemüse- 273
　Hausgemachte Rinder- 270
　Hühner- 271
　Tips 255
Burger
　Bayou Truthahn- 444
　Cheese- aus Blauschimmelkäse 385
　Chili- 385
　Garnelen- 497
　Lammfleisch- 418
Buttermilch
　Bananen-~-Waffeln 51
　Brathähnchen in ~ 422
　-brötchen 233
　-Donuts 83
　-Pfannkuchen mit Mais 45
　-Pfannkuchen mit Pfefferkuchengewürz 46

C

Cajun-Gerichte
　Bayou Truthahnburger 444
　Bratwurstsauce nach Art des Südens 58
　Brötchen mit Krabbenfleisch 504
　Cajun-Mayonnaise 504
　Cajun oder kreolisch? Ein kurzer Überblick 499
　Etouffée mit Garnelen und Hummer 498
　Gebratene Flunder auf Salat 456
　Kartoffelsalat nach Eula Mae Dore 109
　Krabbencreme aus dem amerikanischen Süden 192

Party-Garnelen im Cajun-Stil 185
Pekannüsse im Cajunstil 175
Reis nach Cajun-Art 342
Tilapia kroß gebraten 477

Cheddar
Amerikanischer Nudelauflauf 332
Arme Ritter mit Schinken und Käse 53
Blumenkohl überbacken 300
-Omelett mit Schnittlauch 38
Chili-Käse-Brot 227
Käsesandwich mit gegrillten Tomaten und Speck 149
Käsesuppe 260
Maisgrieß-Soufflé mit Käse 63
Quesadillas mit Schinken und Käse 154

Chili
~ con Carne 378
-burger 385
Cincinnati- nach New Yorker Art 416
Feuertopf mit Anasazi-Bohnen oder Kidney-Bohnen 415
Feuriger Geflügel-Paprika-Salat 94
Gartenfrische -sauce 215
Gemüse- 329
Scharfes Reh- 382
Schweinenacken- 379
Würziges Reh- 381

Chipotle
Fajitas mit Chili-Garnelen-Füllung 145
Kurzgebratene Jakobsmuscheln in -creme 493

Chowdersuppe
Chowder aus Mais und Limabohnen 250
Sommerliche Maissuppe 249
Venusmuschelsuppe 267

Chutney(s)
Kirsch- 211
Mango- 460

Cidre
Mit ~ glasierter Aprikosenschinken in Rosinensauce 399
Schweinelendchen in ~ 388

Club Sandwich(es)
~ Aloha 138
~ mit buntem Geflügelsalat 136
Cocktail- 191

Cobbler 512
~ mit zwei Beerensorten 513

Cocktail(s) 159–170
Alkoholfreier Daiquiri mit Melone 169
Alkoholfreier Kir Royale 169
Alkoholfreier Royal Hawaiian 169
American Beauty ~ 161
Aufgesetzter mit Kirschen 167
Between the Sheets (»Im Bett«) 161
Bloody Bull 164
Bloody Mary 164
Bronx ~ 163
Cosmopolitan 162
Dale's Mint Julep 165
Einfacher Zuckersirup für Drinks 170
Ginger Spice Cooler 170
Kentucky Colonel 165
Lime Rickey 168
Mai Tai 164
Rainbow Punch 167
Ramos Fizz 168
Sidecar 162
The Fitzgerald 163
The Manhattan 160
The Martini 160
Zitrus-Sahne 168

Cranberry, Cranberries 203
-Heidelbeer-Muffins mit Streuseln 70
-Orangen-Brot 77
-Walnuß-Muffins 71
Haferbrei mit ~ und Walnüssen 25
Kaninchenragout mit ~ 451
Ochsenbrust mit ~ 364
Relish von frischen ~ 202
Streuselkuchen mit Birnen und ~ 526

Crumble(s) 512
Orangen-Rhabarber- 513
Streuselkuchen mit Birnen und Cranberries 526

Crunches 512
Pfirsich-Crunch 512

Curry
Auberginen- 305
-huhn »Savannah« 430
Gebackene -Truthahn-Pastete 444
Gebackener Heilbutt in Zitronen-~-Sauce 461
Heilbutt in Macadamiakruste mit Kokos- 459

D

Desserts 507–586
Kekse mit Marshmallow-Eisfüllung 559
Marmorbrownies mit Käsesahne und Schokolade 558
Schokoladenbrownies mit Nüssen 557
Streuselkuchen mit Birnen und Cranberries 526
s. a. Eiskrem, Frucht-Desserts, Kuchen (süß), Pies, Plätzchen, Pudding, Sorbet

Dessertsaucen
Ananas-Ingwer-Sauce 582
Blaubeersirup 584
Erdbeersirup 583
Frische Erdbeersauce 581
Heiße Schokoladensauce 580
Karamelsauce 582
Kirschsauce 581
Süße Schlagsahne 533
Vanilleschotensirup 583

Dicke Bohnen
Frische ~ zubereiten 278
Frischer Frühlingssalat 277
Hummer-Bohnen-Salat mit Perlgraupen 103

Dill
~ trocknen 211
-bohnen 208
-gurken 211
Gurken-~-Suppe 238
Joghurt-Dressing mit Zitrone und ~ 116

Dips
Blauschimmel-Dressing 189
Guacamole (Würzige Avocadocreme) 194
Knoblauchsauce 408
Salsa verde 213
Scharfe Tartarsauce 172

Donuts
Buttermilch- 83
~ mit saurer Sahne 84

Dorsch
Gebackener ~ nach Bostoner Art 471
Gegrillter ~ auf Paprikagemüse 470

Dressing(s)
Caesar- 121
~ aus Mayonnaise, saurer Sahne und Senf 119
~ oder Vinaigrette? 120
Erdnußsauce 481

Grapefruit-Schalotten- 279
Grüne Salatsauce 139
Joghurt- mit Zitrone und Dill 116
Kreuzkümmel- 276
Limetten- 348
Louis- 105, 141
Meeresfrüchte- 121
Orangen-Honig- 98
Ranch- 99
Russisches ~ in drei Variationen 120
Russisches Salat- 120
Sandwich- 120
Thousand-Island- 128
Zitronen- 104
s. a. Mayonnaise, Vinaigrette

E

Ei(er) 29–39
Arme Ritter mit Konfitüre 53
Arme Ritter mit Schinken und Käse 53
Arme Ritter nach Annabel 52
Caesar-Sandwich 142
Cheddar-Omelett mit Schnittlauch 38
Club-Sandwich mit buntem Geflügelsalat 136
~ Benedict 38
~ pochieren 39
-salat Convention Grill 108
-salat mit Räucherlachs 108
-salat mit Schinken 34
-salat mit Speck 35
-schnee schlagen 550
Frühstücks-Burrito 36
Hartgekochte ~ 34
Klassisches Denver-Omelett 37
Krebsalat mit hartgekochten ~ 104
Mollys ~ im Brot 34
Rühr- (Grundrezept) 30
Rühr- auf kalifornische Art 30
Rühr- mit Wildpilzen 31
Samstagmorgen-Frühstück mit Rühr- und Salami 33
Schinken-Rühr- auf die feine Art 32
Spiegel-~-Sandwich 33
Spinat mit Rühr- 31
Teufels- 178
Eichelkürbis 263
Fenchel-~-Püree 306

Eingelegtes 186–193
Chowchow (Süß-sauer eingelegtes Gemüse) 205
Dillbohnen 208
Dillgurken 211
Eingelegte Garnelen 182
Kantalup-Melonen-Pickle 209
Piccalilli-Maissalat 204
Süß-saure Gurken 210
Süß-saure rote Bete 206
Wassermelonen-Pickle 208
Eingemachtes
Auberginen-Zucchini-Mischgemüse 304
Frisches Heidelbeer-Kompott 28
Pfirsich-Rhabarber-Kompott 511
Eintopf
Austernstew 270
Bohnenstew 351
Chili con Carne 378
Cincinnati-Chili nach New Yorker Art 416
Feuertopf mit Anasazi-Bohnen oder Kidney-Bohnen 415
Frühlingslamm- 413
Garnelen- 496
Gedämpfte Sommertomaten 326
Hühnertopf 431
Hühnertopf mit Zucchini 433
Kaninchen mit Thymian und Zwiebeln 452
Kaninchenragout mit Cranberries 451
Lamm- mit Bohnen und Eskariol 411
Lamm- Santa Fe 414
Linsen-Gerste-Gemüsestew 339
Scharfes Rehchili 382
Schweinenacken-Chili 379
Würziges Rehchili 381
Eiscreme 569–580
Bananensplit 579
Eissorten 578
Eistorte 536
Erdbeereis 571
Erdnußbuttereis 574
Eskimotörtchen 572
Kekse mit Marshmallow-Eisfüllung 559
Kirschmilchshake 580
Pfefferminzeis 575
Pfirsicheis 570
Praliné-Eis 575

Süßes Kirscheis 570
Vanilleeis 573
Zartbitter-Schokoladeneis 572
Zitroneneis 573
s. a. Sorbets
Ente(n) 100
-brust mit Früchten auf zweierlei Art 447
Frühlings- 446
Herbstlicher -salat 100
Kartoffelsalat mit -fleisch 114
Knusprig gebratene ~ 445
Quesadillas mit -fleisch und karamelisierten Zwiebeln 153
Sandwich mit geräucherter -brust und Cashewmus 137
Erbsen
Frischer Frühlingssalat 277
Frühlingsrisotto 344
Gemüsesuppe mit ~ 241
Gerstenbrei mit Garnelen und ~ 494
Gourmet-~-suppe 240
Sommerlicher Nudelsalat 291
Süße ~ mit Minze 316
Zucker-~-suppe 242
s. a. Zuckererbsen
Erdbeere(n)
Beerenkuchen 86
-Bananen-Shake 22
-eis 571
-Rhabarber-Sorbet 576
-sirup 583
-sorbet 576
-törtchen 551
Frische -sauce 581
Frühstücksparfait Rot-Weiß-Blau 24
Großmutter Reesmans Beerenkuchen 518
Obstsalat aus Beeren 510
Erdnuß, Erdnüsse 565
-sauce 481
Waldorfsalat Virginia 293
Erdnußbutter
-eis 574
-plätzchen 564
Schokoladen-Biskuittorte mit -mousse 549
Erntedankfest s. Thanksgiving
Eskariol 412
Lammeintopf mit Bohnen und ~ 411
Estragon
Meerrettich-Senf-~-Sauce 364
Rustikales Hähnchen auf Gemüsebett 433

F

Fajitas
- ~ mit Chili-Garnelen-Füllung 145
- Gegrillte Ochsenbrust- 362

Fenchel
- Amerikanischer Weihnachtssalat 292
- -Brot-Salat 289
- -Eichelkürbis-Püree 306
- Gebackener Schellfisch auf ~ 464
- Junge Kartoffeln mit ~ und Minze 318

Feta-Käse
- Salat à la Mardi Gras 278
- Wassermelonensalat 292

Fisch 453–484
- -brühe 272
- -Muschel-Shrimp-Suppe 269
- -salat 102
- Garprobe bei ~ 466
- Gebackener Dorsch nach Bostoner Art 471
- Gebackener Schell- auf Fenchel 464
- Gebratene Flunder auf Salat 456
- Gebratene Forelle aus der Pfanne 479
- Gegrillte Forelle 479
- Gegrillte Seezunge mit Limetten 474
- Gegrillter Dorsch auf Paprikagemüse 470
- Gegrillter Schwert- in Zitronen-Kapern-Sauce 476
- Gekochter ~ 482
- Holzplanken-Mai- 472
- Kat- nach Art des Tiefsten Südens 454
- Mai-~-rogen auf Salat 473
- Pochierte Forelle 480
- Roter Schnapper von der Südküste 475
- Seebarsch mit Kräutern und Zitrone 471
- Seezungensandwich 474
- Sommerlicher Kabeljautopf 454
- Stachelmakrele mit Papayacreme und Papayasauce 465
- Tilapia kroß gebraten 477
- Tips zum ~ 468
- Zackenbarschsandwich 457

s. a. Forelle(n), Heilbutt, Lachs, Maräne, Thunfisch

Florida, Gerichte aus
- Roter Schnapper von der Südküste 475
- Stachelmakrele mit Papayacreme und Papayasauce 465

Forelle(n)
- ~ entgräten: à la South Dakota 478
- ~ kochen: à la South Dakota 478
- Gebratene ~ aus der Pfanne 479
- Gegrillte ~ 479
- Pochierte ~ 480

Fruchtdesserts 509–514
- Arten von ~ 512
- Backbirnern 510
- Cobbler mit zwei Beerensorten 513
- Obstsalat aus Beeren 510
- Orangen-Rhabarber-Crumble 513
- Pfirsich-Crunch 512
- Pfirsich-Rhabarber-Kompott 511

Früchte
- Entenbrust mit ~ auf zweierlei Art 447
- Feuertopf mit Anasazi-Bohnen oder Kidney-Bohnen 415
- Granola »Morgenduft« 27
- Schweinekoteletts mit ~ 398
- Wildreis mit Herbstfrüchten 340

s. a. einzelne Fruchtsorten

Früchte, zum Frühstück 21–25
- Obstsalat »Tautropfen« 24
- Frisches Heidelbeer-Kompott 28
- Himbeer-Melonen-Shake 22
- Frühstücksparfait Rot-Weiß-Blau 24
- Erdbeer-Bananen-Shake 22
- Gegrillte Grapefruit 22
- Fruchtiger Zitrussalat 23

Frühlingszwiebeln
- ~ aus der Pfanne 322
- ~ mit Tomaten 286
- Gegrillte ~ 322

G

Garnele(n)
- Conchiglie Rigate mit Meeresfrüchten 491
- Das echte Jambalaya 428
- Eingelegte ~ 182
- Etouffée mit ~ und Hummer 498
- Fajitas mit Chili-~-Füllung 145
- Fisch-Muschel-Shrimp-Suppe 269
- ~ in Remoulade 106
- -brote 144
- -burger 497
- -eintopf 496
- -sauce 494
- -Sellerie-Salat mit Remoulade 107
- Gefüllte Kirschtomaten 177
- Gegrillte ~ am Spieß 495
- Gegrillte ~ in Koriander-Pesto 182
- Gerstenbrei mit ~ und Erbsen 494
- Knusper- im Teigmantel 183
- Linguine mit frischen Meeresfrüchten 492
- Party- im Cajun-Stil 185
- Quesadillas mit ~ 154
- Suppe aus Meeresfrüchten 266
- Würzige -Nachos 186

Gebratene Gerichte
- Bratensauce vom Brathähnchen 423
- Brathähnchen in Buttermilch 422
- Brathähnchen mit Honigdip 421
- Gebratene Maisgrütze 64
- Gebratener Schinken mit Real Redeye Gravy 402
- Spiegelei-Sandwich 33

Geflügel 419–448
- Cornishhühnchen mit Ahornsirup 437
- Gebratener Kapaun mit Kräutern 439
- Jungtaube süß-sauer 438
- Wildhühner Santa Fe 436

s. a. Huhn, Ente, Truthahn

Gemüsegerichte 295–330
- Auberginencurry 305
- Auberginen-Zucchini-Mischgemüse 304
- Bertas Hühner-Gemüse-Suppe 265
- Blumenkohl überbacken 300
- Brokkoli in Tomatensauce 298
- Brokkoli-Gemüsesuppe 250
- Creamed Corn 303
- Fenchel-Eichelkürbis-Püree 306
- Feuertopf mit Anasazi-Bohnen oder Kidney-Bohnen 415

Frühlingszwiebeln aus der Pfanne 322
Gartenkürbispüree 321
Gebackene Eiertomaten 325
Gebackene grüne Tomaten 324
Gebackener Sommerkürbis 323
Gebratenes Wurzelgemüse 327
Gedämpfte Sommertomaten 326
Gedünstete Straußfarnsprossen 307
Gedünsteter Rotkohl 299
Gegrillte Frühlingszwiebeln 322
Gelber Sommerkürbis aus der Pfanne 322
Gemüsebrühe 273
Gemüse-Chili 329
Gemüsegazpacho 236
Gemüsegerste 338
Gemüsejambalaya 330
Gemüsesuppe mit Erbsen 241
Gericht aus frischen Morcheln 314
Gerösteter Knoblauch 308
Geschmorter glasierter Staudensellerie 301
Glasierte Zwiebeln 314
Große Waldchampignons in Tomatensauce 311
Grüner gebackener Spargel 296
Grüner Spargel mit Sauce 296
Im Ofen gebackene Rote Bete 297
Junge Kartoffeln mit Fenchel und Minze 318
Kartoffelpüree 316
Kartoffelpüree mit Knoblauch 317
Kleine Röstkartoffeln 318
Kohl Hausmacherart 308
Köstlicher Rosenkohl 298
Lauchstreifen in Rahm 309
Linsen-Gerste-Gemüsestew 339
Mais vom Grill 304
Maispudding 302
Maque Choux 328
Möhren mit Ahornsirupbutter 300
Ofenkartoffeln 319
Pastinaken-Apfel-Creme 315
Pastrami-Gemüsepfanne 40
Pilzgericht aus Napa Valley 310
Rahmspinat 324
Rindfleisch-Gemüse-Suppe 264
Rote Bete auf Harvard Art 297
Sahnewirsing mit Kümmel 299
Sandwich mit Gemüse und Ziegenkäse 149

Sonny Bryans Zwiebelringe 314
Süße Erbsen mit Minze 316
Süßkartoffelpüree 320
Topinambur und Birnen mit Ingwer 309
Weiße glasierte Rüben 327
Wintergemüse 262
Wintergemüse aus dem Ofen 260
s. a. einzelne Gemüsesorten
Gemüsezwiebel(n) 288
-salat 288
Sandwich mit ~, Tomaten und Sardinen 145
Thunfisch-Sandwiches 140
Gerste
Gemüse- 338
-Pilz-Risotto 337
Hummer-Bohnen-Salat mit Perlgraupen 103
Linsen-~-Gemüsestew 339
Pilz-~-Suppe Hausmacherart 254
Rindfleisch-Gemüse-Suppe 264
Getränke
Eistee 423
Erdbeer-Bananen-Shake 22
Heiße Schokolade 88
Himbeer-Melonen-Shake 22
Kaffee 75, 87
Kirschcola 586
Limonaden 584
Tee 80, 88
s. a. Cocktails
Graham Cracker 560
Kekse mit Marshmallow-Eisfüllung 559
Grapefruit
Amerikanischer Weihnachtssalat 292
Fruchtiger Zitrussalat 23
Gegrillte ~ 22
-Schalotten-Dressing 279
rosafleischige ~ 23
Grillspeisen
Bisonsteak 361
Club-Sandwich Aloha 138
Cornishhühnchen mit Ahornsirup 437
Feurige Lammkoteletts 410
Gefüllter Hummer vom Grill 499
Gegrillte Forelle 479
Gegrillte Frühlingszwiebeln 322
Gegrillte Garnelen am Spieß 495
Gegrillte Garnelen in Koriander-Pesto 182

Gegrillte Grapefruit 22
Gegrillte Seezunge mit Limetten 474
Gegrillte Wachteln 448
Gegrillte weichschalige Krabben in Tomatensauce 505
Gegrillter Heilbutt mit Teriyakisauce 458
Gegrillter Lachs in Mangomarinade 467
Gegrillter Schwertfisch in Zitronen-Kapern-Sauce 476
Hähnchen vom Holzkohlengrill 425
Hähnchen zur »Fiesta von San Antonio« 434
Käsesandwich mit gegrillten Tomaten und Speck 149
Lammkoteletts Chinatown 409
Lammkoteletts mit frischem Gemüse 407
Lammrollbraten mit Orangenblüten 405
Mais vom Grill 304
Pastrami-Sandwich 127
Roter Schnapper von der Südküste 475
Sandwich mit Gemüse und Ziegenkäse 149
Schweinekotelett im Countrystil 392
Schweinelende vom Grill auf asiatische Art 389
Spareribs 394
Steak mit Tabasco 358
Steak vom Grill 359
Wildhühner Santa Fe 436
Würziger Hühnchensalat 435
Grüne Bohnen
Amerikanischer Bohnensalat 289
Bunter Sommersalat 281
Chowchow (Süß-sauer eingelegtes Gemüse) 205
Dillbohnen 208
Succotashsalat 291
Guacamole (Würzige Avocadocreme) 194
Avocadosuppe 236
Gurke(n)
Chowchow (Süß-sauer eingelegtes Gemüse) 205
Dill- 211
Gemüsegazpacho 236
-Dill-Suppe 238
Nudelsalat mit Gemüse 336
Sandwich mit pikantem Käse und ~ 150

Sauce aus tropischen Früchten 475
Süß-saure ~ 210
Tomatensalat in der Brotschüssel 283

H

Hackbraten 375
    ~ Picadillo 376
    Ländlicher ~ mit Pilzsauce 377
    Sonntags- 375
    Würziger ~ 374

Hafer
    Granola »Morgenduft« 27
    -brei mit Cranberries und Walnüssen 25
    -brei mit Rosinen und Zimt 25
    -Kirschplätzchen 566
    -Muffins mit Rosinen 73
    -Schokoplätzchen 563
    -Sorten 26

Haferflocken 25-27
    Granola »Morgenduft« 27
    Haferbrei mit Cranberries und Walnüssen 25
    Haferbrei mit Rosinen und Zimt 25

Hähnchen s. Huhn

Hauptgerichte
    Amerikanische Lachsküchlein 469
    Amerikanischer Feuertopf 369
    Amerikanischer Nudelauflauf 332
    Bayou Truthahnburger 444
    Bisonsteak 361
    Brathähnchen in Buttermilch 422
    Brathähnchen mit Honigdip 421
    Brötchen mit Krabbenfleisch 504
    Cassoulet 429
    Chili con Carne 378
    Chiliburger 385
    Cincinnati-Chili nach New Yorker Art 416
    Conchiglie Rigate mit Meeresfrüchten 491
    Cornishhühnchen mit Ahornsirup 437
    Curryhuhn »Savannah« 430
    Das echte Jambalaya 428
    Entenbrust mit Früchten auf zweierlei Art 447

    Etouffée mit Garnelen und Hummer 498
    Farfalle mit Morcheln 333
    Festliche Ochsenbrust 368
    Feuertopf mit Anasazi-Bohnen oder Kidney-Bohnen 415
    Feurige Lammkoteletts 410
    Feuriges Brathähnchen 420
    Fleisch-Kartoffel-Pie 371
    Fritierte Austern 490
    Frühlingsente 446
    Frühlingslammeintopf 413
    Frühlingsrisotto 344
    Garnelenburger 497
    Garneleneintopf 496
    Garnelensauce 494
    Gebackene Bohnen nach Texas Art 350
    Gebackene Curry-Truthahn-Pastete 444
    Gebackene Hühnerpastete 426
    Gebackene Ochsenrippe in Biersauce 372
    Gebackene Rinderlende 358
    Gebackener Dorsch nach Bostoner Art 471
    Gebackener Heilbutt auf Paprikaschoten 463
    Gebackener Heilbutt in Zitronen-Curry-Sauce 461
    Gebackener Lachs auf einem Lauchbett 467
    Gebackener Schellfisch auf Fenchel 464
    Gebratene Flunder auf Salat 456
    Gebratene Forelle aus der Pfanne 479
    Gebratene Forelle aus der Pfanne 479
    Gebratene Ochsenbrust mit würziger Sauce 365
    Gebratene Fasan in Bourbon-Sauce 449
    Gebratener Kapaun mit Kräutern 439
    Gebratener Schinken mit Real Redeye Gravy 402
    Gebratenes Hähnchen mit Rosmarin 420
    Gefleckte Feldbohnen »Tex-Mex« 355
    Gefüllte Schweinekrone 390
    Gefüllter Hummer vom Grill 499
    Gegrillte Fleischrippen vom Rind 372
    Gegrillte Garnelen am Spieß 495

    Gegrillte Ochsenbrust-Fajitas 362
    Gegrillte Seezunge mit Limetten 474
    Gegrillte Wachteln 448
    Gegrillter Dorsch auf Paprikagemüse 470
    Gegrillter Heilbutt mit Teriyakisauce 458
    Gegrillter Lachs in Mangomarinade 467
    Gegrillter Schwertfisch in Zitronen-Kapern-Sauce 476
    Gekochter Fisch 482
    Gemüsegerste 338
    Gersten-Pilz-Risotto 337
    Geschmorte Rinderbeinscheibe 369
    Geschmorte Schweineschulter 391
    Glasierter Landschinken 401
    Hackbraten Picadillo 376
    Hähnchen in Sahnesauce mit Zucchini und Mais 425
    Hähnchen vom Holzkohlengrill 425
    Hähnchen zur »Fiesta von San Antonio« 434
    Heilbutt in Macadamiakruste mit Kokoscurry 459
    Hühnertopf 431
    Hühnertopf mit Zucchini 433
    Hummer-Krabben-Küchlein 501
    Jungtaube süß-sauer 438
    Kaninchen mit Thymian und Zwiebeln 452
    Kaninchenragout mit Cranberries 451
    Katfisch nach Art des Tiefsten Südens 454
    Knusprig gebratene Ente 445
    Kurzgebratene Jakobsmuscheln in Chipotlecreme 493
    Kurzgebratene Thunfischsteaks 481
    Kurzgebratener frischer Thunfisch mit Nudeln 481
    Kurzgebratener Lachs 466
    Lammcarré in Kräuterkruste 408
    Lammeintopf mit Bohnen und Eskariol 411
    Lammeintopf Santa Fe 414
    Lammfleisch-Burger 418
    Lammkeule Napa Valley 404
    Lammkoteletts Chinatown 409
    Lammkoteletts mit frischem Gemüse 407

Lammrollbraten 404
Lammrollbraten mit
    Orangenblüten 405
Ländlicher Hackbraten mit
    Pilzsauce 377
Leichter Lammfleischsalat mit
    Zitrone 406
Linguine mit frischen
    Meeresfrüchten 492
Linguine mit kleinen
    Herzmuscheln und frischen
    Tomaten 487
Linsen-Gerste-Gemüsestew 339
Maifischrogen auf Salat 473
Miesmuscheln aus dem
    Nordwestpazifik 486
Mit Cidre glasierter
    Aprikosenschinken in
    Rosinensauce 399
Muschelpicknick am Strand
    487
Nudelsalat mit Gemüse 336
Ochsenbrust mit Cranberries
    364
Penne mit Paprika 334
Pochierte Forelle 480
Polenta mit Mascarpone 339
Rebhuhn mit Röstkartoffeln
    450
Reissalat 345
Rigatoni mit Auberginen und
    Tomatensauce 334
Rindereintopf aus New England
    362
Rote Bohnen mit Reis 348
Roter Schnapper von der
    Südküste 475
Rustikales Hähnchen auf
    Gemüsebett 433
Saftige Weiße Bohnen 355
Scharfes Rehchili 382
Schweinebarbecue im North-
    Carolina-Stil 394
Schweinefiletkoteletts mit Salbei
    397
Schweinekotelett im Countrystil
    392
Schweinekoteletts mit Früchten
    398
Schweinelendchen in Cidre 388
Schweinelende mit Ananas
    382
Schweinelende vom Grill auf
    asiatische Art 389
Schweinenacken-Chili 379
Seebarsch mit Kräutern und
    Zitrone 471
Seezungensandwich 474

Sloppy Joes mit Rindfleisch
    383
Sommerlicher Kabeljautopf
    454
Sonntagshackbraten 375
Spaghetti mit Rehfleisch 335
Spareribs 394
Stachelmakrele mit Papayacreme
    und Papayasauce 465
Steak mit Tabasco 358
Steak vom Grill 359
Taco auf polnische Art 395
Tilapia kroß gebraten 477
Truthahn zum Thanksgiving
    Day 440
Vorderschenkel vom Lamm mit
    Sauerkirschen 411
Weichschalige Venusmuscheln
    490
Wildhühner Santa Fe 436
Würziges Rehchili 381
Würziger Hackbraten 374
Würziger Hühnchensalat 435
Zackenbarschsandwich 457
Hawaii, Gerichte aus
    Ananas-Ingwer-Sauce 582
    Club-Sandwich Aloha 138
    Mango-Barbecue-Sauce 216
    Schweinelende mit Ananas
        388
    Thunfisch-Sandwich Hawaii
        139
Hefebrot 220
    Chili-Käse-Brot 227
    Grundsätzliches 223
    Helles Toastbrot 220
    Parker-House-Brötchen 225
    Roggenmischbrot 222
    Rosinen-Pumpernickel 224
    Weizenbrot mit ganzen Körnern
        220
Heidelbeer(en)
    Beerenkuchen 86
    Cobbler mit zwei Beerensorten
        513
    Cranberry-~-Muffins mit
        Streuseln 70
    Frisches -Kompott 28
    Frühstücksparfait Rot-Weiß-
        Blau 24
    Großmutter Reesmans
        Beerenkuchen 518
    -kuchen 556
    -Muffins 70
    -Pfannkuchen 44
    -sirup 584
    Obstsalat »Tautropfen« 24
    Obstsalat aus Beeren 510

Heilbutt
    Gebackener ~ auf
        Paprikaschoten 463
    Gebackener ~ in Zitronen-
        Curry-Sauce 461
    Gegrillter ~ mit Teriyakisauce
        458
    -fang 462
    ~ in Macadamiakruste mit
        Kokoscurry 459
Himbeere(n)
    Apfel-~-Kuchen 526
    Frühstücksparfait Rot-Weiß-
        Blau 24
    Großmutter Reesmans
        Beerenkuchen 518
    -Melonen-Shake 22
    Obstsalat »Tautropfen« 24
    Obstsalat aus Beeren 510
Honig
    Orangen-Honig-Dressing 98
Huhn 420–436
    Bertas Hühner-Gemüse-Suppe
        265
    Bratensauce vom Brathähnchen
        423
    Brathähnchen in Buttermilch
        422
    Brathähnchen mit Honigdip
        421
    Cassoulet 429
    Club-Sandwich mit buntem
        Geflügelsalat 136
    Curry- »Savannah« 430
    Das echte Jambalaya 428
    Extradickes Reuben-Sandwich
        mit ~ 135
    Feuriger Geflügel-Paprika-Salat
        94
    Feuriges Brathähnchen 420
    Gebackene Hühnerpastete 426
    Gebratenes Hähnchen mit
        Rosmarin 420
    Geflügelsalat mit Kirschen 94
    Geflügelsprache 424
    Hähnchen in Sahnesauce mit
        Zucchini und Mais 425
    Hähnchen vom Holzkohlengrill
        425
    Hähnchen zur »Fiesta von San
        Antonio« 434
    Hähnchen-Apfel-Pfanne 42
    Hühnchen-Sandwich mit Mango
        135
    Hühnerbrühe 271
    Hühner-Kebabs 187
    Hühnertopf 431
    Hühnertopf mit Zucchini 433

Indianische Suppe aus Wildreis 240
Quesadillas mit ~ 151
Rustikales Hähnchen auf Gemüsebett 433
Würzige Hühnerflügel 188
Würziger Hühnchensalat 435

Hühnchen s. Huhn
Hühnerleber
~ mit Zwiebel 59
Reis nach Cajun-Art 342

Hummer
Etouffée mit Garnelen und ~ 498
Gefüllter ~ vom Grill 499
-Bohnen-Salat mit Perlgraupen 103
-brote 140
-Krabben-Küchlein 501
Muschelpicknick am Strand 487
~ richtig essen 500
~ richtig kochen 500

I

Indianische Gerichte 47, 54, 62, 203, 290, 341, 488
Ausgebackenes indianisches Brot 226
Indianische Suppe aus Wildreis 240
Indianischer Taco (Tex-Mex-Sandwich) 151

Ingwer
Ananas-~-Sauce 582
Apfelkuchen mit kandiertem ~ 523
Ginger Spice Cooler 170
Möhren-~-Küchlein 174
Pflaumenkuchen mit ~ 528
Topinambur und Birnen mit ~ 309

J

Jalapeño
Chili-Käse-Brot 227
Süße -Chilisauce 184

Jambalaya
Das echte ~ 428
Gemüse- 330

Joghurt
Erdbeer-Bananen-Shake 22

Frühstücksparfait Rot-Weiß-Blau 24
Himbeer-Melonen-Shake 22
-Dressing mit Zitrone und Dill 116

Jungtaube(n) 424
~ süß-sauer 438

K

Kaffee
~ in den USA 87
-sorten 75

Kalifornien
Olivenölproduktion in 282
Weinherstellung in 96

Kalifornische Gerichte
Gebratene Flunder auf Salat 456
Rührei auf kalifornische Art 30
Sandwich mit Lammbraten und gelber Paprika 130
Suppe aus Meeresfrüchten 266

Kaninchen
~ mit Thymian und Zwiebeln 452
-ragout mit Cranberries 451

Kantalup-Melone(n)
Himbeer-Melonen-Shake 22
-Pickle 209
Krabbensalat mit Melonen 105
Obstsalat »Tautropfen« 24

Kapaun 424
Gebratener ~ mit Kräutern 439

Kartoffel(n) 113
Brat- 60
Bunte Gemüsepfanne 40
Fleisch-~-Pie 371
Gemüse-Chili 329
Geschichte 113
Hash browns 61
Home fries 61
Junge ~ mit Fenchel und Minze 318
-Lauch-Suppe (Vichyssoise) 252
-püree 316
-püree mit Knoblauch 317
Kleine Röst- 318
Ofen- 319
Pastrami-Gemüsepfanne 40
Rebhuhn mit Röst- 450
Rösti 61
Sorten 113

Kartoffelsalat(e)
Feiner ~ 112
~ aus Alaska 114

~ aus gebackenen Kartoffeln 111
~ aus Georgia 110
~ mit Entenfleisch 114
~ mit Lachs 115
~ nach Eula Mae Dore 109
Texanischer ~ 110

Käse
Amerikanischer Nudelauflauf 332
Arme Ritter mit Schinken und ~ 53
Chili-~-Brot 227
Cocktail-Club-Sandwich 191
Extradickes Reuben-Sandwich mit Huhn 135
Frisch- mit Kräutern 218
»Helden«-Sandwich 128
-Steak-Sandwich nach Sheila 124
-suppe 260
Krebsfleischtoast mit Avocado 141
Maisgrieß-Soufflé mit ~ 63
Pastrami-Reuben-Sandwich 127
Polenta mit Mascarpone 339
Quesadillas mit Schinken und ~ 154
Salat à la Mardi Gras 278
Sandwich mit pikantem ~ und Gurken 150
Schinken-~-Salat 95
Thunfisch-Sandwich Hawaii 139
Wassermelonensalat 292
s. a. Cheddar, Ziegenkäse

Katfish
Allgemeines 455
Katfisch nach Art des Tiefsten Südens 454

Kirsch(en) 520
Aufgesetzter mit ~ 167
Geflügelsalat mit ~ 94
Hafer-~-plätzchen 566
»Heißes« -sorbet 577
-Chutney 211
-cola 586
-Karotten-Salat 280
-kuchen 519, 553
-kuchen mit Sauer- 521
-Maisbrot-Füllung 442
-milchshake 580
-sauce 448, 581
Sauer-~-Salsa 212
Süßes -eis 570
Vorderschenkel vom Lamm mit Sauer- 411
Waldorfsalat Virginia 293
Wildreis mit Herbstfrüchten 340

Knoblauch
    Gerösteter ~ 308
    Kartoffelpüree mit ~ 317
    -mayonnaise 130
    -sauce 408

Kohl
    Bunter Krautsalat 118
    Gedünsteter Rot- 299
    Sahnewirsing mit Kümmel 299
    Schinken-Krautsalat 119
    Weiß-~-salat 117
    Weiß-~-salat Memphis 117

Kokos
    Heilbutt in Macadamiakruste mit -curry 459
    -torte 546

Konfitüre
    Arme Ritter mit ~ 53
    Muffins mit Gelee 72

Koriander
    Gegrillte Garnelen in -Pesto 182
    -Pesto mit Pinienkernen 183

Krabbe(n), Krebs(e)
    Brötchen mit Krabbenfleisch 504
    Cocktail-Krabbenküchlein 186
    Gegrillte weichschalige Krabben in Tomatensauce 505
    Hummer-Krabben-Küchlein 501
    Krabben essen 503
    Krabben reinigen 503
    Krabbencreme aus dem amerikanischen Süden 192
    Krabbensalat mit Melonen 105
    Krebse mit Madeira 265
    Krebsfleischtoast mit Avocado 141
    Krebssalat mit hartgekochten Eiern 104
    Mit Krabbencurry gefüllte Kirschtomaten 177
    Taschenkrebse kochen 105

Kräuter
    Frischkäse mit ~ 218
    Gebratener Kapaun mit ~ 439
    Lammcarré in -kruste 408
    Seebarsch mit ~ und Zitrone 471
    Spargel-~-Suppe 246
    Tomatensauce mit frischen ~ 325
    Zucchinipüfferchen 173

Krautsalat s. Kohl
Krebse s. Krabbe(n)

Kreolische Gerichte
    Cajun oder kreolisch? Ein kurzer Überblick 499
    Gemüsejambalaya 330
    Krabbencreme aus dem amerikanischen Süden 192

Kuchen (süß) 543–557
    Amerikanischer Käse- 552
    Äpfel für ~ 524
    Beeren- 86
    Blaubeer- 556
    Erdbeertörtchen 551
    Kirsch- 553
    Kokostorte 546
    ~ mit Feigen, Rosinen und Pekannüssen 544
    Sahne- 555
    Schokoladen-Biskuittorte mit Erdnußbuttermousse 549
    Schokoladen- 545, 554
    Überzug (frosting) 548

Kuchenteig 519–524
    Blitzrezept für ~ 530
    Buttriger Kuchenteig 540
    Durchweichen des ~ verhindern 540
    Einfacher ~ 537
    Klassischer ~ 539
    Pflaumenkuchen mit Ingwer 528
    Süßer Kuchenteig 541
    Teig aus Graham-Cracker-Bröseln 536
    Teig aus Schokoladenwaffelplätzchen 531
    Tips 538
    Zimtteig 532

Kuchenüberzug (»Frosting«) 548

Küchlein (herzhaft)
    Amerikanische Lachs- 469
    Cocktail-Krabben- 186
    Gebratene Mais- 173
    Hummer-Krabben- 501
    s. a. Pancakes

Kürbis 245
    Fenchel-Eichel-~-Püree 306
    Garten-~-püree 321
    Gebackener Sommer- 323
    Gelber Sommer- aus der Pfanne 322
    Gemüse-Chili 329
    -brot mit Pekannüssen 76
    Nudelsalat mit Gemüse 336
    Rührei auf kalifornische Art 30
    Sommer-~-suppe 257
    Wintergemüse allgemein 262
    Wintergemüse aus dem Ofen 260
    s. a. Zucchini

L

Lachs
    Amerikanische -küchlein 469
    Eiersalat mit Räucher- 108
    Gebackener ~ auf einem Lauchbett 467
    Gegrillter ~ in Mangomarinade 467
    Kartoffelsalat mit ~ 115
    Kurzgebratener ~ 466
    Quesadillas mit Räucher- und Ziegenkäse 155

Lamm 393–418
    Cincinnati-Chili nach New Yorker Art 416
    Ein Paar Worte zu ~ 406
    Feuertopf mit Anasazi-Bohnen oder Kidney-Bohnen 415
    Feurige -koteletts 410
    Frühlings-~-eintopf 413
    -carré in Kräuterkruste 408
    -eintopf mit Bohnen und Eskariol 411
    -eintopf Santa Fe 414
    -fleisch-Burger 418
    -keule Napa Valley 404
    -koteletts Chinatown 409
    -koteletts mit frischem Gemüse 407
    -rollbraten 404
    -rollbraten mit Orangenblüten 405
    Leichter -fleischsalat mit Zitrone 406
    Sandwich mit -braten und gelber Paprika 130
    Vorderschenkel vom ~ mit Sauerkirschen 411

Lauch 263
    Gebackener Lachs auf einem -bett 467
    Kartoffel-~-Suppe (Vichyssoise) 252
    -streifen in Rahm 309
    Linsen-Gerste-Gemüsestew 339

Limabohnen
    Chowder aus Mais und ~ 250
    Gebackene Bohnen nach Denver Art 349
    ~ und Augenbohnen mit Pepp 354

~ allgemein 244
-suppe 243
Maque Choux 328
Succotashsalat 291
Limette(n)
Fruchtiger Zitrussalat 23
Gegrillte Seezunge mit ~ 474
Lime Rickey 168
-dressing 348
-Pie 535
Limonade 584–586
Zitronen- 585
Zitronen- mit Minze 586
Zitronen- mit Orange und Minze 585
Linguine
~ mit frischen Meeresfrüchten 492
~ mit kleinen Herzmuscheln und frischen Tomaten 487
Linsen
-Gerste-Gemüsestew 339
Suppe aus roten ~ 243
Louisiana, Gerichte aus
Fritierte Austern 490
Garnelen in Remoulade 106
Garnelen-Sellerie-Salat mit Remoulade 107
Hühnertopf 431
Louisiana-Sandwich »Po'boy« 124
s. a. Cajun-Gerichte, Kreolische Gerichte; New Orleans, Gerichte aus

M

Macadamianüsse 460
Heilbutt in Macadamiakruste mit Kokoscurry 459
Mais
Ausgebackene -küchlein 172
Bunte Gemüsepfanne 40
Buttermilch-Pfannkuchen mit ~ 45
Chowder aus ~ und Limabohnen 250
Creamed Corn 303
Garneleneintopf 496
Gebratene -küchlein 173
Hähnchen in Sahnesauce mit Zucchini und ~ 425
Hühnertopf mit Zucchini 433
~ vom Grill 304
-pudding 302
Maque Choux 328

Piccalilli-~-salat 204
Sommerliche -suppe 249
Succotashsalat 291
Zucker- verarbeiten 302
Maisbrot 232
Kirsch-~-Füllung 442
Löffelbrot 229
Maisgrütze 62–65
Gebratene ~ 64
Maisgrieß-Soufflé mit Käse 63
Sahnige ~ 63
Maismehl
Blaubeerkuchen 556
Polenta mit Mascarpone 339
Makkaroni
Amerikanischer Nudelauflauf 332
-Salat 116
Mango
Gegrillter Lachs in -marinade 467
Herbstlicher Entensalat 100
Hühnchen-Sandwich mit ~ 135
-Barbecue-Sauce 216
-chutney 460
-creme 153
Mangold 259
Zucchini-~-Suppe 259
Maräne
Fischsalat 102
Pochierte ~ 103
Marshmallow(s) 561
Kekse mit -Eisfüllung 559
Mayonnaise
Avocadocreme mit Minze 121
Cajun- 504
Knoblauch- 130
Schinken-Käse-Salat 95
Tomaten-Orangen- 122
Meeresfrüchte 467–487
Old-Bay-Gewürzmischung 496
s. a. Auster(n), Muschel(n), Krabbe(n), Hummer, Garnele(n)
Meerrettich
-Senf-Estragon-Sauce 364
Pikante Rote-Bete-Pfannkuchen 175
Melone(n)
Alkoholfreier Daiquiri mit ~ 169
Himbeer-~-Shake 22
Kantalup-~-Pickle 209
Krabbensalat mit ~ 105
Obstsalat »Tautropfen« 24
Mesclun 277
Frühlingssalat 277
Milkshake(s) 578
Kirsch- 580

Minze
Avocadocreme mit ~ 121
Dale's Mint Julep 165
Junge Kartoffeln mit Fenchel und ~ 318
Wassermelonensalat 292
Zuckererbsen mit ~ 316
Möhren 262
Bohnenstew 351
Gebratenes Wurzelgemüse 327
Gemüse-Chili 329
Gemüsegerste 338
Gemüsejambalaya 330
Kirsch-~-Salat 280
Linsen-Gerste-Gemüsestew 339
~ mit Ahornsirupbutter 300
-Ingwer-Küchlein 174
-Muffins 74
Wintergemüse aus dem Ofen 260
Würzige -Pie 532
Monterey-Jack-Käse
Extradickes Reuben-Sandwich mit Huhn 135
Krebsfleischtoast mit Avocado 141
Thunfisch-Sandwich Hawaii 139
Morchel(n) 312, 313
Farfalle mit ~ 333
Frühlingsrisotto 344
Gericht aus frischen ~ 314
-rahmsuppe 253
Muffins 69–76
Äpfel für ~ 524
Cranberry-Heidelbeer- mit Streuseln 70
Cranberry-Walnuß- 71
Hafer- mit Rosinen 73
Heidelbeer- 70
Kleie- 72
Möhren- 74
~ mit Apfelmus und Pekannüssen 76
~ mit Gelee 72
Muffuletta 129
-Paste 193
Mürbeteig
Erdbeertörtchen 551
-törtchen 552
Muschel(n)
allgemein 143
Conchiglie Rigate mit Meeresfrüchten 491
Fisch-~-Shrimp-Suppe 269
Hot Dogs mit Jakobs- 143
Kurzgebratene Jakobs- in Chipotlecreme 493

Linguine mit frischen Meeresfrüchten 492
Linguine mit frischen Meeresfrüchten 492
Linguine mit kleinen Herz- und frischen Tomaten 487
Meeresfrüchte-Dressing 121
Mies- aus dem Nordwestpazifik 486
Mies- säubern 486
-picknick am Strand 487
Suppe aus Meeresfrüchten 266
Traditionelles -picknick 488
Venus- säubern 489
Venus- ~ -suppe 267
Weichschalige Venus- 490
s. a. Auster(n)

N

New England, Gerichte aus
Austernstew 270
Haferbrei mit Cranberries und Walnüssen 25
Relish von frischen Cranberries 202
Rindereintopf aus New England 362
Venusmuschelsuppe 267
Wintergemüse aus dem Ofen 260
Würzige Schweinerippchen mit Ahornsirup 190

New Orleans, Gerichte aus 499
Muffuletta-Paste 193
Praliné-Eis 575
Rote Bohnen mit Reis 348
Sommerliche Cocktail-Quesadillas 191
s. a. Cajun-, Kreolische Gerichte

Nudeln 331–337
Amerikanischer -auflauf 332
Conchiglie Rigate mit Meeresfrüchten 491
Farfalle mit Morcheln 333
Gerstenbrei mit Garnelen und Erbsen 494
Kurzgebratener frischer Thunfisch mit ~ 481
Linguine mit frischen Meeresfrüchten 492
Linguine mit kleinen Herzmuscheln und frischen Tomaten 487
~ aus der Packung 333
-salat mit Gemüse 336

Penne mit Paprika 334
Rigatoni mit Auberginen und Tomatensauce 334
Sommerlicher -salat 291
Spaghetti mit Rehfleisch 335

Nüsse
s. a. Erdnüsse, Macadamianüsse, Pekannüsse, Walnüsse

O

Obstsalat(e)
Fruchtiger Zitrussalat 23
~ »Tautropfen« 24
~ aus Beeren 510

Ochsenbrust
Festliche ~ 368
Gebratene ~ mit würziger Sauce 365
~ mit Cranberries 364
Rindereintopf aus New England 362

Olive(n)
Amerikanischer Weihnachtssalat 292
Muffuletta-Paste 193
Salat à la Mardi Gras 278
Sommerlicher Nudelsalat 291
Tomatensalat in der Brotschüssel 283

Omelett
Cheddar- mit Schnittlauch 38
Klassisches Denver- 37

Orange(n)
Blut- ~ -sorbet 577
Cranberry- ~ -Brot 77
Donuts mit saurer Sahne 84
Fruchtiger Zitrussalat 23
Kartoffelsalat mit Entenfleisch 114
Krabbensalat mit Melonen 105
Lammrollbraten mit -blüten 405
-Honig-Dressing 98
-sauce 448
-Rhabarber-Crumble 513
Schinken-Avocado-Salat 98
Tomaten- ~ -Mayonnaise 122

P

Pancakes 43–48
Apfel-Pfannkuchen aus dem Ofen 47

Buttermilch-Pfannkuchen mit Mais 45
Buttermilch-Pfannkuchen mit Pfefferkuchengewürz 46
Heidelbeer-Pfannkuchen 44
Möhren-Ingwer-Küchlein 174
-Sorten 47
Pikante Rote-Bete-Pfannkuchen 175
Rösti 61
Tips 44
Zucchinipüfferchen 173

Papaya
-Relish 200
Pikante -Sauce 212
Stachelmakrele mit -creme und Papayasauce 465

Paprikaschote(n)
Bunte Gemüsepfanne 40
Chowchow (Süß-sauer eingelegtes Gemüse) 205
Gartenfrische Chilisauce 215
Gebackene Bohnen nach Texas Art 350
Gebackener Heilbutt auf ~ 463
Gegrillter Dorsch auf Paprikagemüse 470
Gemüse-Chili 329
Gemüsegazpacho 236
Gemüsejambalaya 330
Klassisches Denver-Omelett 37
Nudelsalat mit Gemüse 336
Paprikasalat 279
~ grillen 150
Pastrami-Gemüsepfanne 40
Penne mit Paprika 334
Rote Paprikasuppe 255
Salat à la Mardi Gras 278
Salsa Rosa 214
Sandwich mit Gemüse und Ziegenkäse 149
Sandwich mit Lammbraten und gelber Paprika 130
Sandwich mit pikantem Käse und Gurken 150
Sommerlicher Nudelsalat 291
Tomatensalat in der Brotschüssel 283

Pasta s. Nudeln
Pastete(n)
Fleisch-Kartoffel-Pie 371
Gebackene Curry-Truthahn- 444
Gebackene Hühner- 426

Pastrami
-Gemüsepfanne 40
-Reuben-Sandwich 127
-Sandwich 127

Pazifische Gerichte
    Gebackener Heilbutt in Zitronen-Curry-Sauce 461
    Gegrillter Heilbutt mit Teriyakisauce 458
    Heilbutt in Macadamiakruste mit Kokoscurry 459
    Hühner-Kebabs 187
    Miesmuscheln aus dem Nordwestpazifik 486
    Ziegenkäse-Lachs-Creme 194

Pekannuß, Pekannüsse 529
    Kuchen mit Feigen, Rosinen und ~ 544
    Kürbisbrot mit ~ 76
    Muffins mit Apfelmus und ~ 76
    ~ im Cajunstil 175
    -kuchen auf meine Art 529
    -Schichtplätzchen 568
    Praliné-Eis 575
    Schokoladen-Pie mit ~ und Bananencreme 530
    Scones mit ~ und Ahornsirup 81
    Wildreis mit Herbstfrüchten 340

Pennsylvania, Gerichte aus
    Chipped Beef in Sahnesauce 57
    Chowchow (Süß-sauer eingelegtes Gemüse) 205
    Süß-Saure Apfelpaste 217

Pesto
    Gegrillte Garnelen in Koriander- 182
    Koriander- mit Pinienkernen 183

Pfannengerichte 40–42
    Bratkartoffeln 60
    Bratkartoffeln: Hash browns oder Home fries 61
    Bunte Gemüsepfanne 40
    Hähnchen-Apfel-Pfanne 42
    Pastrami-Gemüsepfanne 40
    ~ – mehr als nur Resteverwertung 41
    Rösti 61

Pfannkuchen s. Pancakes
Pfefferkuchen
    Buttermilch-Pfannkuchen mit -gewürz 46
    Ingwerküchlein 567
    ~ mit Banane 79

Pfirsich(e)
    -Crunch 512
    -eis 570
    -kuchen 522
    -Relish 201
    -Rhabarber-Kompott 511
    Tips 201

Pie(s) 509, 518–542
    Äpfel für ~ 524
    Apfel-Himbeer-Kuchen 526
    Apfelkuchen mit kandiertem Ingwer 523
    Eistorte 536
    Großmutter Reesmans Beerenkuchen 518
    Großmutters Apfelkuchen 525
    Kirschkuchen 519
    Kirschkuchen mit Sauerkirschen 521
    Limetten- 535
    Pekannußkuchen auf meine Art 529
    Pfirsichkuchen 522
    Pflaumenkuchen mit Ingwer 528
    ~ aus Süßkartoffeln 531
    Sahnekuchen 555
    Schokoladen- mit Pekannüssen und Bananencreme 530
    Würzige Möhren- 532
    Zitronenbaiser- 534
    Zitronen- 533

Pilz(e) 312–313
    Champignons in Sahnesauce 59
    Farfalle mit Morcheln 333
    Frühlingsrisotto 344
    Gemüsegerste 338
    Gericht aus frischen Morcheln 314
    Gersten-~-Risotto 337
    Große Waldchampignons in Tomatensauce 311
    Ländlicher Hackbraten mit -sauce 377
    Morchelrahmsuppe 253
    -cremesuppe 254
    -gericht aus Napa Valley 310
    -Gersten-Suppe Hausmacherart 254
    -sorten 313
    Rührei mit Wild- 31
    Shiitake- 313

Pinienkerne
    Koriander-Pesto mit ~ 183
    Pinienkerne rösten 261

Plätzchen 543, 561–568
    Erdnußbutter- 564
    Hafer-Kirsch- 566
    Hafer-Schoko- 563
    Ingwerküchlein 567
    Pekannuß-Schicht- 568
    Schoko-Kokos- 562
    Zucker- 566

pochiert(e)
    pochieren 39
    ~ Forelle 480
    ~ Maräne 103

Portobello(s) 313
    Gersten-Pilz-Risotto 337
    Große Waldchampignons in Tomatensauce 311

Pudding (herzhaft)
    Mais- 302

Pudding (süß) 509, 514–518
    Bananen- 517
    Brot- 516
    Reis- nach Carolina-Art 515
    Schokoladen- mit Sahnehaube 514

Q

Quesadillas 134
    ~ mit Entenfleisch und karamelisierten Zwiebeln 153
    ~ mit Garnelen 154
    ~ mit Huhn 151
    ~ mit Räucherlachs und Ziegenkäse 155
    ~ mit Schinken und Käse 154
    Sommerliche Cocktail- 191

R

Reis
    Frühlingsrisotto 344
    Gemüsejambalaya 330
    ~ nach Cajun-Art 342
    -pudding nach Carolina-Art 515
    -salat 345
    Rote Bohnen mit ~ 348
    Roter ~ 343
    s. a. Wildreis

Relish(es) 199–206
    Ananas- 204
    Chowchow (Süß-sauer eingelegtes Gemüse) 205
    Papaya- 200
    Pfirsich- 201
    Piccalilli-Maissalat 204
    ~ von frischen Cranberries 202
    Zucchini ~ 200
    s. a. Chutney(s), Eingelegtes

Remoulade 107
    Garnelen in ~ 106

Garnelen-Sellerie-Salat mit ~ 107
Rhabarber
    Erdbeer-~-Sorbet 576
    Orangen-~-Crumble 513
    Pfirsich-~-Kompott 511
Rind(er) 357
    Amerikanischer Feuertopf 369
    Barbecue-Würzmischung 359
    Cheeseburger aus Blauschimmelkäse 385
    Chili con Carne 378
    Chiliburger 385
    Chipped Beef in Sahnesauce 57
    Cincinnati-Chili nach New Yorker Art 416
    Festliche Ochsenbrust 368
    Fleisch-Kartoffel-Pie 371
    Gebackene Ochsenrippe in Biersauce 372
    Gebackene -lende 358
    Gebratene Ochsenbrust mit würziger Sauce 365
    Gegrillte Fleischrippen vom ~ 372
    Gegrillte Ochsenbrust-Fajitas 362
    Geschmorte -beinscheibe 369
    Hackbraten Picadillo 376
    Hausgemachte -brühe 270
    Indianischer Taco (Tex-Mex-Sandwich) 151
    Käse-Steak-Sandwich nach Sheila 124
    Ländlicher Hackbraten mit Pilzsauce 377
    Louisiana-Sandwich »Po'boy« 124
    Ochsenbrust mit Cranberries 364
    Pastrami-Reuben-Sandwich 127
    Pastrami-Sandwich 127
    -eintopf aus New England 362
    -gemüsesuppe 264
    Schweinenacken-Chili 379
    Sloppy Joes mit -fleisch 383
    Sonntagshackbraten 375
    Steak mit Tabasco 358
    Steak vom Grill 359
    Würziger Hackbraten 374
Ripp(ch)e(n)
    Gebackene Ochsen- in Biersauce 372
    Gegrillte Fleisch- vom Rind 372
    Schweinekotelett im Countrystil 392
    Spareribs 394
    Würzige Schweine- mit Ahornsirup 190

Rosine(n)
    Haferbrei mit ~ und Zimt 25
    Hafer-Muffins mit ~ 73
    Kuchen mit Feigen, ~ und Pekannüssen 544
    Mit Cidre glasierter Aprikosenschinken in -sauce 399
    -Dattel-Kuchen 85
    -Pumpernickel 224
Rotaugensauce
    Gebratener Schinken mit Real Redeye Gravy 402
    Schinkensteak mit Sheila's ~ 56
rote Bete
    Gebratenes Wurzelgemüse 327
    Herbstlicher Entensalat 100
    Im Ofen gebackene ~ 297
    Pikante -Pfannkuchen 175
    ~ auf Harvard Art 297
    Salat à la Mardi Gras 278
    Spätsommerlicher Borschtsch 237
    Süß-saure ~ 206
Rührei s. Ei(er)

S

Sahnesauce
    Champignons in ~ 59
    Chipped Beef in ~ 57
    Creamed Corn 303
    Hähnchen in ~ mit Zucchini und Mais 425
    Rahmspinat 324
Salami
    »Helden«-Sandwich 128
    Samstagmorgen-Frühstück mit Rührei und Salami 33
Salat(e)
    Amerikanischer Bohnen- 289
    Bunter Kraut- 118
    Bunter Sommer- 281
    Club-Sandwich mit buntem Geflügel- 136
    Delikater Blumenkohl- 287
    Eier- Convention Grill 108
    Eier- mit Räucherlachs 108
    Eier- mit Schinken 34
    Eier- mit Speck 35
    Feiner Kartoffel- 112
    Fenchel-Brot- 289
    Feuriger Geflügel-Paprika- 94
    Fisch- 102
    Frischer Frühlings- 277
    Frühlings- 277
    Frühlingszwiebeln mit Tomaten 286
    Garnelen in Remoulade 106
    Garnelen-Sellerie- mit Remoulade 107
    Gebratene Flunder auf ~ 456
    Geflügel- mit Kirschen 94
    Gemüsezwiebel- 288
    Herbstlicher Enten- 100
    Hummer-Bohnen- mit Perlgraupen 103
    Kartoffel- aus Alaska 114
    Kartoffel- aus gebackenen Kartoffeln 111
    Kartoffel- aus Georgia 110
    Kartoffel- mit Entenfleisch 114
    Kartoffel- mit Lachs 115
    Kartoffel- nach Eula Mae Dore 109
    Kirsch-Karotten- 280
    Krabben- mit Melonen 105
    Krebs- mit hartgekochten Eiern 104
    Leichter Lammfleisch- mit Zitrone 406
    Makkaroni- 116
    Nudel- mit Gemüse 336
    Paprika- 279
    Piccalilli-Mais- 204
    Reis- 345
    ~ à la Mardi Gras 278
    ~ von frischem Thunfisch 101
    ~ als Beilagen 110–119, 275–294
    ~ als Hauptgerichte 94–109
    ~ als Vorspeisen 110–119, 275–294
    Schinken-Avocado- 98
    Schinken-Käse- 95
    Schwarze-Bohnen- 356
    Sommerlicher Nudel- 291
    Sommerlicher Tomaten- 284
    Spargel- 280
    Speck-Tomaten- 98
    Spinat- 276
    Succotash- 291
    Texanischer Kartoffel- 110
    Thunfisch- mit Äpfeln 102
    Tomaten- in der Brotschüssel 283
    Waldorf- Virginia 293
    Wassermelonen- 292
    Weißkohl- 117
    Weißkohl- Memphis 117
    Würziger Hühnchen- 435
    s. a. Obstsalat(e)

Salsa(s)
  Milde Frühstücks- 37
  Papayasauce 465
  Pico de Gallo (Mexikanische Sauce) 214
  Sandwich Rosa 214
  Sauerkirsch- 212
  Sauce aus tropischen Früchten 475
  Salsa verde 213

Sandwich(es) (auch belegte Brötchen) 123–155
  Bayou Truthahnburger 444
  Belegte Brötchen 113
  Belegtes Brot mit Truthahnbrust 132
  Brötchen mit Krabbenfleisch 504
  Brown- 131
  Caesar- 142
  Cheeseburger aus Blauschimmelkäse 385
  Chiliburger 385
  Club- Aloha 138
  Club- mit buntem Geflügelsalat 13
  Cocktail-Club- 191
  Extradickes Reuben- mit Huhn 135
  Fajitas mit Chili-Garnelen-Füllung 145
  Garnelenbrote 144
  »Helden«- 128
  Hot Dogs mit Jakobsmuscheln 143
  Hühnchen- mit Mango 135
  Hummerbrote 140
  Indianischer Taco (Tex-Mex-) 151
  Käse-Steak- nach Sheila 124
  Krebsfleischtoast mit Avocado 141
  Lammfleisch-Burger 418
  Louisiana- »Po' boy« 124
  Pastrami- 127
  Pastrami-Reuben- 127
  Philadelphia Käse-Steaks 125
  Quesadillas mit Entenfleisch und karamelisierten Zwiebeln 153
  Quesadillas mit Garnelen 154
  Quesadillas mit Huhn 151
  Quesadillas mit Räucherlachs und Ziegenkäse 155
  Quesadillas mit Schinken und Käse 154
  Riesen- mit Truthahn-Fleischklößchen 134
  ~ mit gebackenen Tomaten 146
  ~ mit Gemüse und Ziegenkäse 149
  ~ mit Gemüsezwiebeln, Tomaten und Sardinen 145
  ~ mit geräucherter Entenbrust und Cashewmus 137
  ~ mit Lammbraten und gelber Paprika 130
  ~ mit pikantem Käse und Gurken 150
  ~ mit Speck, Salat und gebratenen grünen Tomaten 147
  Seezungen- 474
  Sloppy Joes mit Rindfleisch 383
  Sommerliches Tomaten- 148
  Spiegelei- 33
  Thunfisch- Hawaii 139
  Thunfisch- 140
  Zackenbarsch- 457

Sauce(n)
  Basilikum- 293
  Bourbon- 450
  Gartenfrische Chili- 215
  Gegrillte weichschalige Krabben in Tomaten- 505
  Gegrillter Heilbutt mit Teriyaki- 458
  Große Waldchampignons in Tomaten- 311
  Joes Senf- 502
  Kirsch- 448
  Knoblauch- 408
  Kokos-Curry- 460
  Koriander-Pesto mit Pinienkernen 183
  Meerrettich-Senf-Estragon- 364
  Orangen- 448
  Papayacreme 465
  Pikante Papaya- 212
  Remoulade 107
  Rigatoni mit Auberginen und Tomaten- 334
  ~ hollandaise 39
  Scharfe Tartar- 172
  Süße Jalapeño-Chili- 184
  Tartar- 458
  Tomatenketchup 216
  Tomaten- mit frischen Kräutern 325
  Tomaten- 134, 298
  s. a. Barbecue-Saucen, Dessertsaucen, Salsa(s)

Saure Sahne
  Donuts mit ~ 84
  Weizenvollkornwaffeln mit ~ 49

Schalotte(n)
  Grapefruit-~-Dressing 279
  -Senf-Vinaigrette 101

Schinken
  Arme Ritter mit ~ und Käse 53
  Cocktail-Club-Sandwich 191
  Eiersalat mit ~ 34
  Gebackene Bohnen nach Texas Art 350
  Gebratener ~ mit Real Redeye Gravy 402
  Glasierter Land- 401
  Klassisches Denver-Omelett 37
  Land- 400
  Mit Cidre glasierter Aprikosen- in Rosinensauce 399
  Quesadillas mit ~ und Käse 154
  -Avocado-Salat 98
  -brötchen 234
  -Käse-Salat 95
  -Krautsalat 119
  -Rührei auf die feine Art 32
  -steak mit Sheila's Rotaugensauce 56

Schokolade(n)
  Hafer-Schokoplätzchen 563
  hawaiische ~ 557
  Heiße ~ 88
  Heiße -sauce 580
  Kekse mit Marshmallow-Eisfüllung 559
  Kuchen mit Feigen, Rosinen und Pekannüssen 544
  Marmorbrownies mit Käsesahne und ~ 558
  Schoko-Kokosplätzchen 562
  -brownies mit Nüssen 557
  -kuchen 554
  -Pie mit Pekannüssen und Bananencreme 530
  -pudding mit Sahnehaube 514
  Schwarzweißgebäck 561
  Zartbitter-~-eis 572

Schwarze Bohnen
  Herbstlicher Entensalat 100
  -Salat 356
  -suppe 245

Schwein(e) 387–402
  Gebackene Bohnen nach Texas Art 350
  Gefüllte -krone 390
  Geschmorte -schulter 391
  Hackbraten Picadillo 376
  Lima- und Augenbohnen mit Pepp 354
  -barbecue im North-Carolina-Stil 394
  -filetkoteletts mit Salbei 397

-kotelett im Countrystil 392
-koteletts mit Früchten 398
-lendchen in Cidre 388
-lende mit Ananas 382
-lende vom Grill auf asiatische Art 389
-nacken-Chili 379
Sonntagshackbraten 375
Spareribs 394
Tacos mit Grillfleisch 189
Würzige -rippchen mit Ahornsirup 190
Würziger Hackbraten 374
s. a. Schinken, Wurst

Schweizer Käse
Cocktail-Club-Sandwich 191
Pastrami-Reuben-Sandwich 127

Schwertfisch
Garprobe 466
Gegrillter ~ in Zitronen-Kapern-Sauce 476

Seezunge
Gegrillte Seezunge mit Limetten 474
-sandwich 474

Sellerie
Garnelen-~-Salat mit Remoulade 107
Gemüsejambalaya 330
Geschmorter glasierter Stauden- 301
Knollen- 263
Linsen-Gerste-Gemüsestew 339
-Apfel-Suppe 239
Waldorfsalat Virginia 293

Senf
Joes -sauce 502
Meerrettich-~-Estragon-Sauce 364

Shake(s)
Erdbeer-Bananen- 22
Himbeer-Melonen- 22

Shaker, Gerichte der
Apfelmus der Shaker 218
Ochsenbrust mit Cranberries 364

Sirup
Blaubeer- 584
Erdbeer- 583
Vanilleschoten- 583
Zucker- für Sorbets 579

Sorbet(s)
Blutorangen- 577
Erdbeer-Rhabarber- 576
Erdbeer- 576
»Heißes« Kirsch- 577
Zuckersirup für ~ 579

South Carolina, Gerichte aus
Brotpudding 516
Garneleneintopf 496
Garnelensauce 494

Spargel
Frischer Frühlingssalat 277
Frühlingsrisotto 344
Frühlingssalat 277
Grüner gebackener ~ 296
Grüner gebackener ~ 296
-Kräuter-Suppe 246
-salat 280

Speck
Brown-Sandwich 131
Club-Sandwich Aloha 138
Club-Sandwich mit buntem Geflügelsalat 136
Cocktail-Club-Sandwich 191
Eiersalat mit ~ 35
Käsesandwich mit gegrillten Tomaten und ~ 149
Sandwich mit ~, Salat und gebratenen grünen Tomaten 147
-Tomaten-Salat 98

Spinat
Rahm- 324
~ mit Rührei 31
-salat 276

Steak
Bison- 361
Gegrillte Ochsenbrust-Fajitas 362
Käse-~-Sandwich nach Sheila 124
~ mit Tabasco 358
~ vom Grill 359

Stew s. Eintopf

Straußfarnsprossen 307
Frühlingssalat 277
Gedünstete ~ 307
Sahnige Straußfarnsuppe 251

Succotash 290
-salat 291

Südstaaten, Gerichte aus den
Bananenpudding 517
Brathähnchen mit Honigdip 421
Bratwurstsauce nach Art des Südens 58
Brotpudding 516
Cocktail-Krabbenküchlein 186
Curryhuhn »Savannah« 430
Eistee 423
Fritierte Austern 490
Garnelenburger 497
Garneleneintopf 496

Garnelensauce 494
Gebratene Maisgrütze 64
Hühnertopf 431
Hummer-Krabben-Küchlein 501
Katfisch nach Art des Tiefsten Südens 454
Kohl Hausmacherart 308
Krabbencreme aus dem amerikanischen Süden 192
Krebse mit Madeira 265
Lima- und Augenbohnen mit Pepp 354
Maisgrieß-Soufflé mit Käse 63
Maque Choux 328
Pekannußkuchen auf meine Art 529
Pekannuß-Schichtplätzchen 568
Reispudding nach Carolina-Art 515
Sahnige Maisgrütze 63
Sandwich mit pikantem Käse und Gurken 150
Schinkensteak mit Sheila's Rotaugensauce 56
Schweinebarbecue im North-Carolina-Stil 394
Sesamplätzchen 192
Südstaaten-Barbecue 393
Zitronen-Pie 533
s. a. Maisgrütze

Südwesten, Gerichte aus dem
Avocadosuppe 236
Der amerikanische Bohnentopf 352
Fajitas mit Chili-Garnelen-Füllung 145
Festliche Ochsenbrust 368
Feuriger Geflügel-Paprika-Salat 94
Gegrillte Garnelen in Koriander-Pesto 182
Gegrillte Wachteln 448
Gemüsegazpacho 236
Große Waldchampignons in Tomatensauce 311
Hackbraten Picadillo 376
Knuspergarnelen im Teigmantel 183
Koriander-Pesto mit Pinienkernen 183
Lammeintopf Santa Fe 414
Mais vom Grill 304
Rote Paprikasuppe 255
Scharfe Küche 380
Sonnenaufgang im Südwesten 35

Sonntagshackbraten 375
Spinatsalat 276
Wildhühner Santa Fe 436
Würzige Schweinerippchen mit Ahornsirup 190
s. a. Salsa(s)

Suppe(n) 235–274
Artischocken- 247
Austernstew 270
Avocado- 236
Bertas Hühner-Gemüse- 265
Brokkoli-Gemüse- 250
Chowder aus Mais und Limabohnen 250
Echte Tomatencreme- 258
Fisch-Muschel-Shrimp- 269
Gemüsegazpacho 236
Gemüse- mit Erbsen 241
Gourmet-Erbsen- 240
Gurken-Dill- 238
Indianische ~ aus Wildreis 240
Kartoffel-Lauch- (Vichyssoise) 252
Käse- 260
Krebse mit Madeira 265
Limabohnen- 243
Morchelrahm- 253
Pilzcreme- 254
Pilz-Gersten- Hausmacherart 254
Rindfleisch-Gemüse- 264
Rote Paprika- 255
Sahnige Straußfarn- 251
Sauerampfer- 256
Schwarze Bohnen- 245
Sellerie-Apfel- 239
Sommerkürbis 257
Sommerliche Mais- 249
Spargel-Kräuter- 246
Spätsommerlicher Borschtsch 237
~ aus Birnen und Brunnenkresse 238
~ aus Meeresfrüchten 266
~ aus roten Linsen 243
Venusmuschel- 267
Wintergemüse aus dem Ofen 260
Würzige Tomaten- 257
Zucchini-Mangold- 259
Zuckererbsen- 242
s. a. Brühe(n)

Süßkartoffel(n) 320
Gebratenes Wurzelgemüse 327
Pie aus ~ 531
-püree 320

T

Tabasco 360
Steak mit ~ 358
Taco(s)
Indianischer ~ (Tex-Mex-Sandwich) 151
~ auf polnische Art 395
~ mit Grillfleisch 189
Tartarsauce 458
Scharfe ~ 172
Tee
Eis- 423
kochen 88
-Sorten 80
Texanisch-Mexikanische Gerichte
Chili-Käse-Brot 227
Frühstücks-Burrito 36
Gefleckte Feldbohnen »Tex-Mex« 355
Gegrillte Ochsenbrust-Fajitas 362
Guacamole (Würzige Avocadocreme) 194
Hühnertopf mit Zucchini 433
Indianischer Taco (Tex-Mex-Sandwich) 151
Quesadillas mit Entenfleisch und karamelisierten Zwiebeln 153
Quesadillas mit Garnelen 154
Quesadillas mit Huhn 151
Quesadillas mit Schinken und Käse 154
Hähnchen à la San Antonio Fiesta 434
Würzige Garnelen-Nachos 186
s. a. Salsa(s)
Thanksgiving
Das erste ~ 443
Truthahn zum ~ Day 440
Thunfisch
Garprobe 460
Kurzgebratene -steaks 481
Kurzgebratener frischer ~ mit Nudeln 481
Salat von frischem ~ 101
-salat mit Äpfeln 102
-Sandwich Hawaii 139
-Sandwiches 140
Toasts
Lauries Zimt-Toast 56
s. a. Arme Ritter
Tomate(n) 285
Bunter Sommersalat 281
Echte -cremesuppe 258
Frühlingszwiebeln mit ~ 286

Gebackene Eier- 325
Gebackene grüne ~ 324
Gedämpfte Sommer- 326
Gefüllte Kirsch- 177
Gemüsegazpacho 236
Käsesandwich mit gegrillten ~ und Speck 149
Linguine mit kleinen Herzmuscheln und frischen ~ 487
Milde Frühstücks-Salsa 37
Mit Krabbencurry gefüllte Kirsch- 177
Pico de Gallo (Mexikanische Sauce) 214
Roter Reis 343
Sandwich mit gebackenen ~ 146
Sandwich mit Gemüse und Ziegenkäse 149
Sandwich mit Gemüsezwiebeln, ~ und Sardinen 145
Sandwich mit Speck, Salat und gebratenen grünen ~ 147
Sauce aus tropischen Früchten 475
Sommerlicher -salat 284
Sommerliches -sandwich 148
~ schälen und entkernen 326
-Balsamico-Vinaigrette 286
-Orangen-Mayonnaise 122
-salat in der Brotschüssel 283
Würzige -suppe 257
Truthahn
Bayou -burger 444
Belegtes Brot mit -brust 132
Brown-Sandwich 131
Gebackene Curry-~-Pastete 444
Kirsch-Maisbrot-Füllung 442
Riesen-Sandwich mit -Fleischklößchen 134
~ tranchieren 440
~ zum Thanksgiving Day 440
Waldorfsalat Virginia 293

V

Vanille
-eis 573
-schotensirup 583
Vinaigrette(n) 281–283, 291–292, 356–357
Dressing oder ~? 120
Limettendressing 348

Schalotten-Senf- 101
Tomaten-Balsamico- 286
Vorspeisen 171–195
   Amerikanischer Weihnachtssalat 292
   Ausgebackene Maisküchlein 172
   Austern Rockefeller 179
   Cocktail-Club-Sandwich 191
   Cocktail-Krabbenküchlein 186
   Eingelegte Garnelen 182
   Frischer Frühlingssalat 277
   Frühlingsrisotto 344
   Frühlingssalat 277
   Gebratene Maisküchlein 173
   Gefüllte Kirschtomaten 177
   Gegrillte Garnelen in Koriander-Pesto 182
   Gegrillte weichschalige Krabben in Tomatensauce 505
   Guacamole (Würzige Avocadocreme) 194
   Hühner-Kebabs 187
   Hummer-Bohnen-Salat mit Perlgraupen 103
   Kirsch-Karotten-Salat 280
   Knuspergarnelen im Teigmantel 183
   Krabbencreme aus dem amerikanischen Süden 192
   Krebssalat mit hartgekochten Eiern 104
   Mit Krabbencurry gefüllte Kirschtomaten 177
   Möhren-Ingwer-Küchlein 174
   Muffuletta-Paste 193
   Party-Garnelen im Cajun-Stil 185
   Pekannüsse im Cajunstil 175
   Pikante Rote-Bete-Pfannkuchen 175
   Pilzgericht aus Napa Valley 310
   Salat à la Mardi Gras 278
   Sesamplätzchen 192
   Sommerliche Cocktail-Quesadillas 191
   Sonnenaufgang im Südwesten 35
   Spargelsalat 280
   Spinatsalat 276
   Tacos mit Grillfleisch 189
   Teufels-Eier 178
   Wassermelonensalat 292
   Würzige Garnelen-Nachos 186
   Würzige Hühnerflügel 188
   Würzige Schweinerippchen mit Ahornsirup 190
   Ziegenkäse-Lachs-Creme 194
   Zucchinipüfferchen 173

W

Waffel(n) 43, 48–52
   Apfel-Zimt- 49
   Bananen-Buttermilch- 51
   Geschichte 50
   Hefe- nach Marion Cunningham 51
   Tips 50
   ~ (Grundrezept) 48
   Weizenvollkorn- mit saurer Sahne 49
Walnüsse
   Cranberry-~-Muffins 71
   Haferbrei mit Cranberries und ~ 25
   Heidelbeer-Pfannkuchen 44
Wassermelone(n)
   Krabbensalat mit Melonen 105
   -Pickle 208
   -salat 292
Weiße Bohnen
   Bohnenstew 351
   Saftige ~ 355
Weiße Rübe(n) 262
   Bunte Gemüsepfanne 40
   Weiße glasierte Rüben 327
   Gebratenes Wurzelgemüse 327
Weißkohl s. Kohl
Weizenvollkorn
   Weizenbrot mit ganzen Körnern 220
   -waffeln mit saurer Sahne 49
Wild 448–452
   Gebratener Fasan in Bourbon-Sauce 449
   Gegrillte Wachteln 448
   Kaninchen mit Thymian und Zwiebeln 452
   Kaninchenragout mit Cranberries 451
   Rebhuhn mit Röstkartoffeln 450
   Scharfes Rehchili 382
   Spaghetti mit Rehfleisch 335
   Würziges Rehchili 381
Wildhühner 424
   Cornishhühnchen mit Ahornsirup 437
   ~ Santa Fe 436
Wildreis 341
   Indianische Suppe aus ~ 240
   Taboulé aus ~ 341
   ~ mit Herbstfrüchten 340
Wintergemüse 262
   ~ aus dem Ofen 260
   s. a. einzelne Gemüsesorten

Winterkürbis 263
   Wintergemüse aus dem Ofen 260
Wurst
   Bratwurstsauce nach Art des Südens 58
   Das echte Jambalaya 428
   Frühstücks-Burrito 36
   Garneleneintopf 496
   Garnelensauce 494
   Gerstenbrei mit Garnelen und Erbsen 494
   Hühnertopf 431
   Taco auf polnische Art 395
   Ländlicher Hackbraten mit Pilzsauce 377
   Rote Bohnen mit Reis 348
   Würzige Frikadellen 58
würzige Beigaben 199–218
   Crème fraîche 463
   Kirsch-Chutney 211
   Piccalilli-Maissalat 204
   Sauerkirsch-Salsa 212
   Süß-Saure Apfelpaste 217
   Tabasco 360
   Tomatenketchup 216
   s. a. Relish(es), Salsa(s), Sauce(n)

Z

Ziegenkäse
   Herstellung 231
   Nudelsalat mit Gemüse 336
   Pilzgericht aus Napa Valley 310
   Rührei auf kalifornische Art 30
   Sandwich mit gebackenen Tomaten 146
   Sandwich mit Gemüse und ~ 149
   -Lachs-Creme 194
Zimt
   Apfel-~-Waffeln 49
   Haferbrei mit Rosinen und ~ 25
   Lauries ~-Toast 56
   -teig 532
Zitrone(n)
   Artischockensuppe 247
   Gebackener Heilbutt in -Curry-Sauce 461
   Gegrillter Schwertfisch in -Kapern-Sauce 476
   -Pie 533
   -Dressing 104

-eis 573
Leichter Lammfleischsalat mit ~ 406
-baiser-Pie 534
-Mohn-Kuchen 79
Zucchini-~-Brot 78

Zitrusfrüchte
Seebarsch mit Kräutern und Zitrone 471
Zitrus-Sahne 168
flämmen von Zitrusschalen 162

Zucchini
Auberginen-~-Mischgemüse 304
Gemüse-Chili 329
Gemüsejambalaya 330
Hähnchen in Sahnesauce mit ~ und Mais 425
Hühnertopf mit ~ 433
Linsen-Gerste-Gemüsestew 339
Nudelsalat mit Gemüse 336
Rührei auf kalifornische Art 30
-Mangold-Suppe 259
-püfferchen 173
-Relish 200
-Zitronen-Brot 78

Zucker
-plätzchen 566
-sirup für Sorbets 579

Zuckererbsen
Bunter Sommersalat 281
Frischer Frühlingssalat 277
Reissalat 345

Zwiebel(n)
Bunte Gemüsepfanne 40
Gartenfrische Chilisauce 215
Gemüse-Chili 329
Gemüsegazpacho 236
Gemüsejambalaya 330
Gemüse-~-salat 288
Glasierte ~ 314
Hühnerleber mit ~ 59
Kaninchen mit Thymian und ~ 452
Klassisches Denver-Omelett 37
Maque Choux 328
Milde Frühstücks-Salsa 37
Quesadillas mit Entenfleisch und karamelisierten ~ 153
Sandwich mit Gemüse und Ziegenkäse 149
Sandwich mit Gemüse-, Tomaten und Sardinen 145
Sonny Bryans -ringe 314
-sorten 288